CORSO DI ECONOMIA ED ESTIMO

STEFANO AMICABILE

CORSO DI ECONOMIA ED ESTIMO

Nuova Edizione
in preparazione all'Esame di Stato

Volume 2

Estimo generale - Estimo immobiliare
Standard internazionali - Estimo legale
Estimo ambientale - Estimo catastale
L'attività professionale del perito

EDITORE ULRICO HOEPLI MILANO

via Hoepli 5, 20121 Milano (Italy)
tel. +39 02 864871 - fax +39 02 8052886
e-mail hoepli@hoepli.it

www.hoepliscuola.it

Ristampa:

4 3 2 2021 2022 2023 2024

Copertina realizzata da Federico Gerli – Design Evolution

Stampato da Arti Grafiche Franco Battaia S.r.l., Zibido San Giacomo (Milano)

Printed in Italy

Indice

Prefazione

Parte prima: Estimo generale

1	**I principi dell'estimo**	**3**
1.1	Che cos'è l'estimo	3
	1.1.1 Evoluzione storica della disciplina estimativa	3
1.2	I principi basilari dell'estimo italiano	5
1.3	Gli aspetti economici di stima	7
	1.3.1 Valore di mercato	8
	1.3.2 Valore di costo	8
	1.3.3 Valore di capitalizzazione (o di rendimento)	9
	1.3.4 Valore di trasformazione	9
	1.3.5 Valore complementare	10
	1.3.6 Valore di surrogazione	11
1.4	Il metodo di stima	11
	1.4.1 La comparazione	12
	1.4.2 Il principio dell'ordinarietà	15
	1.4.3 Correzioni del valore ordinario	15
	1.4.4 Le fasi della stima	16
1.5	La relazione di stima	17
In sintesi		18
Attività pratiche e di verifica		20

Parte seconda: Estimo immobiliare

2	**Stima dei fabbricati**	**23**
2.1	Generalità	23
	2.1.1 Caratteristiche estrinseche	23
	2.1.2 Caratteristiche intrinseche	25
	2.1.3 Stato giuridico e catastale	28
	2.1.4 Schema descrittivo nella relazione di stima	29
2.2	Valore di mercato	31
	2.2.1 Il metodo di stima	31
	2.2.2 Stima a vista	31
	2.2.3 Procedimento monoparametrico	31
	2.2.4 Procedimento multiparametrico	39
	2.2.5 Procedimento per capitalizzazione dei redditi	42
	2.2.6 Valore di mercato delle autorimesse	46
2.3	Valore di costo	47
	2.3.1 Introduzione	47
	2.3.2 Il costo totale di costruzione	48
	2.3.3 Il metodo di stima	49
	2.3.4 Procedimento sintetico	50
	2.3.5 Procedimento analitico	51
	2.3.6 Coefficienti di deprezzamento e vetustà	54
2.4	Valore di capitalizzazione	56
	2.4.1 I presupposti teorici	56
	2.4.2 Il saggio di rendimento	57
2.5	Valore di trasformazione	57

2.5.1 Introduzione ... 57
2.5.2 Valutazione ... 59
2.5.3 Valore di demolizione ... 60
2.6 Valore complementare ... 61
2.7 Stima dei fabbricati rurali ... 62
2.7.1 Criteri di stima ... 62
In sintesi ... 63
Attività pratiche e di verifica ... 68
Esercizi svolti: Stima di un appartamento ... 71
Valore di trasformazione di un appartamento ... 74
Valore di trasformazione di un fabbricato rurale ... 77
Stima di un alloggio collettivo dismesso ... 80

3 Stima delle aree edificabili ... 84
3.1 Generalità ... 84
3.1.1 Caratteristiche dell'area edificabile ... 84
3.1.2 Criteri di stima ... 87
3.2 Valore di mercato ... 87
3.2.1 Il mercato delle aree edificabili ... 87
3.2.2 Metodo di stima ... 88
3.2.3 Procedimenti di stima ... 89
3.2.4 Correzioni del valore ordinario ... 90
3.3 Valore di trasformazione ... 91
3.3.1 Valore del fabbricato che si potrà edificare ... 91
3.3.2 Giudizio di convenienza di un progetto edilizio ... 95
3.3.3 Stima indiretta del valore di trasformazione di un'area edificabile ... 96
3.4 Stima di piccole aree edificabili ... 96
In sintesi ... 98
Attività pratiche e di verifica ... 99
Esercizi svolti: Stima di un'area edificabile ... 101

4 Condominio ... 104
4.1 Introduzione ... 104
4.2 Millesimi di proprietà generale ... 105
4.2.1 Criteri di calcolo dei millesimi ... 105
4.2.2 I procedimenti di calcolo ... 108
4.3 Millesimi d'uso ... 111
4.3.1 Ascensore ... 111
4.3.2 Riscaldamento ... 114
4.3.3 Acqua potabile ... 116
4.3.4 Manutenzione straordinaria di solai, balconi e terrazzi ... 117
4.3.5 Infiltrazioni d'acqua ... 118
4.4 Le innovazioni ... 118
4.4.1 Le modificazioni ... 118
4.5 La revisione delle tabelle millesimali ... 119
4.6 Il governo del condominio ... 120
4.6.1 Il regolamento di condominio ... 120
4.6.2 L'amministratore ... 121
4.6.3 L'assemblea ... 123
4.6.4 Il rendiconto ... 125
4.7 Sopraelevazione di un fabbricato condominiale ... 127
4.7.1 Indennità di sopraelevazione ... 127

4.7.2 Valore del diritto di sopraelevazione ... 128
In sintesi ... 129
Attività pratiche e di verifica ... 132
Esercizi svolti: Millesimi di condominio e ripartizione spese ... 135
5 Stima dei terreni non edificabili ... 145
5.1 Stima dei fondi rustici ... 145
5.1.1 Le caratteristiche del fondo rustico ... 145
5.1.2 Valore di mercato ... 147
5.1.3 Valore di mercato degli arboreti ... 153
5.1.4 Valore complementare ... 155
5.2 Stima delle cave ... 156
5.2.1 Generalità ... 156
5.2.2 Valutazione ... 157
In sintesi ... 160
Esercizi svolti: Valore di mercato di un fondo rustico ... 162
Valore di un fondo rustico per valori unitari ... 164

Parte terza: Standard internazionali di valutazione

6 Principi di stima secondo gli IVS ... 169
6.1 Che cosa sono gli IVS? ... 169
6.2 Le basi del valore ... 170
6.2.1 Principi valutativi ... 170
6.2.2 Tipi di valore ... 170
6.2.3 Il valore di mercato ... 170
6.2.4 Ordinarietà e *Highest and Best Use* (HBU) ... 172
6.3 Metodi di stima ... 172
6.3.1 Metodo del confronto di mercato ... 173
6.3.2 Metodo del reddito ... 173
6.3.3 Metodo del costo ... 173
6.4 Rilevazione dei prezzi e delle carattersistiche immobiliari ... 174
6.4.1 Caratteristiche immobiliari ... 174
6.4.2 Misurazioni ... 175
6.4.3 Rapporti mercantili ... 175
6.4.4 La rilevazione dei dati immobiliari ... 176
6.4.5 Dati non validi ... 176
6.5 Operazioni conclusive ... 177
6.5.1 Il rapporto di valutazione ... 177
6.5.2 Il riesame ... 178
6.5.3 Il codice di condotta ... 178
In sintesi ... 179
7 Stima dei fabbricati secondo il MCA ... 180
7.1 Introduzione ... 180
7.2 Metodo del confronto di mercato ... 180
7.2.1 Procedura di stima ... 180
7.2.2 Parametri del segmento di mercato ... 181
7.2.3 Tabella dati (*sales summary grid*) ... 182
7.2.4 Aggiustamento ... 182
7.2.5 Tabella di valutazione (*sales adjustment grid*) ... 183
7.2.6 Sintesi valutativa (*reconciliation*) ... 184
7.3 Metodo del confronto di mercato con sistema di stima ... 185
In sintesi ... 187
Esercizi svolti: Stima di un appartamento (MCA) ... 188

Parte quarta: Estimo legale

8 Stima dei danni ai fabbricati 197

8.1 Generalità 197
- 8.1.1 Il danno e il suo risarcimento 197
- 8.1.2 Il contratto di assicurazione 198

8.2 Stima dei danni ai fabbricati causati da incendio 200
- 8.2.1 Criteri di risarcimento 200
- 8.2.2 Procedura di risarcimento 201
- 8.2.3 Stima del danno 202

Attività pratiche e di verifica 204

In sintesi 205

9 Espropriazioni per causa di pubblica utilità 206

9.1 Normativa essenziale 206
- 9.1.1 Le fonti della normativa 206
- 9.1.2 Il testo unico 206
- 9.1.3 Oggetto dell'espropriazione 207

9.2 L'iter espropriativo 207
- 9.2.1 I soggetti dell'espropriazione 207
- 9.2.2 Le fasi dell'espropriazione 208

9.3 L'indennità di esproprio 211
- 9.3.1 Criteri generali 211
- 9.3.2 Aree edificabili 213
- 9.3.3 Aree edificate 214
- 9.3.4 Aree non edificabili 214

9.4 Il prezzo di cessione volontaria 216
- 9.4.1 Aree edificabili 216
- 9.4.2 Aree legittimamente edificate 216
- 9.4.3 Aree non edificabili 216

9.5 La retrocessione dei beni espropriati 217

9.6 L'occupazione temporanea 217
- 9.6.1 Indennità 218

In sintesi 218

Attività pratiche e di verifica 220

Esercizi svolti: Espropriazione di terreni agricoli ed edificabili 222

10 Usufrutto 226

10.1 Normativa essenziale 226
- 10.1.1 Costituzione e durata 226
- 10.1.2 Oggetto 226
- 10.1.3 Spese a carico dell'usufruttuario e del nudo proprietario 227

10.2 Valore dell'usufrutto 227
- 10.2.1 Criteri di stima 227
- 10.2.2 Reddito netto ritraibile dall'usufruttuario da un fabbricato 228
- 10.2.3 Durata dell'usufrutto 228
- 10.2.4 Saggio di capitalizzazione 229

10.3 Valore della nuda proprietà 230
- 10.3.1 Procedimento alternativo 230

10.4 Miglioramenti eseguiti dall'usufruttuario 231
- 10.4.1 Indennità di miglioramento 231
- 10.4.2 Valore della nuda proprietà di un immobile migliorato .. 232

In sintesi 232
Attività pratiche e di verifica 233

11 Servitù prediali **235**
11.1 Normativa essenziale 235
11.1.1 Generalità 235
11.1.2 Servitù di passaggio 236
11.1.3 Servitù per infrastrutture lineari energetiche e per le telecomunicazioni 237
11.2 Stima dell'indennità 240
11.2.1 Criteri generali di indennizzo 240
11.2.2 Indennità per la servitù di passaggio 242
11.2.3 Indennità per la servitù acquedotto e scarico coattivo 242
11.2.4 Indennità per le servitù elettrodotto e metanodotto 244
In sintesi 246
Attività pratiche e di verifica 247

12 Diritto di superficie **249**
12.1 Normativa essenziale 249
12.1.1 Il diritto di superficie nell'edilizia convenzionata 249
12.2 Valore del diritto 250
12.2.1 Diritto di durata limitata 250
12.2.2 Diritto di durata illimitata 251
In sintesi 251

13 Rendite **252**
13.1 Rendite perpetue 252
13.1.1 Normativa essenziale 252
13.1.2 Prezzo del riscatto 252
13.1.3 Valore di un immobile gravato da rendita fondiaria 253
13.2 Rendite vitalizie 253
13.2.1 Rata del vitalizio 253
13.2.2 Valore del vitalizio e dell'immobile gravato da vitalizio 254
In sintesi 251

14 Successioni ereditarie **255**
14.1 Normativa essenziale 255
14.1.1 Generalità 255
14.1.2 Successione legittima 256
14.1.3 Successione testamentaria 260
14.1.4 Successione necessaria 261
14.1.5 Fasi della successione 261
14.2 L'asse ereditario 262
14.2.1 La comunione ereditaria 262
14.2.2 La riunione fittizia 262
14.3 La divisione 263
14.3.1 Il progetto della divisione 263
14.3.2 Quote di diritto 264
14.3.3 Quote di fatto 266
14.4 La dichiarazione di successione 271
In sintesi 272
Attività pratiche e di verifica 274
Esercizi svolti: Successione legittima 277

Parte quinta: Estimo ambientale

15 Criteri di stima dei beni ambientali ... 283
15.1 Introduzione ... 283
15.1.1 L'estimo ambientale ... 283
15.1.2 Il valore d'uso sociale ... 284
15.1.3 Caratteristiche economiche dei beni pubblici ... 284
15.2 Metodologie estimative dei beni ambientali ... 286
15.2.1 Metodi monetari ... 286
15.2.2 Metodi non monetari ... 288
In sintesi ... 289
Attività pratiche e di verifica ... 290

16 Analisi costi-benefici ... 291
16.1 Finalità e caratteristiche dell'ACB ... 291
16.2 Valutazione dei costi e dei benefici ... 292
16.2.1 Criteri e limiti dell'ACB nell'analisi economica ... 292
16.2.2 Determinazione dei costi ... 293
16.2.3 I prezzi ombra ... 293
16.2.4 Il saggio di sconto ... 294
16.3 Criteri di giudizio ... 294
16.3.1 Valore attuale netto ... 295
16.3.2 Saggio di rendimento interno ... 295
16.3.3 Altri metodi di giudizio ... 295
Attività pratiche e di verifica ... 296
In sintesi ... 297
Esercizi svolti: Analisi costi-benefici per una pista forestale ... 298

17 Valutazioni d'impatto ambientale ... 301
17.1 Introduzione ... 301
17.1.1 Principi generali ... 301
17.2 Le valutazioni ambientali ... 303
17.2.1 La valutazione ambientale strategica (VAS) ... 303
17.2.2 La valutazione d'impatto ambientale (VIA) ... 303
17.2.3 L'autorizzazione integrata ambientale (AIA) ... 307
17.3 Lo studio d'impatto ambientale ... 307
17.3.1 Norme tecniche per lo studio d'impatto ambientale ... 308
17.3.2 Gli indicatori ambientali ... 310
17.3.3 Individuazione degli impatti ... 312
17.3.4 Misura degli impatti ... 314
17.3.5 Confronto tra le alternative progettuali ... 315
In sintesi ... 321
Esercizi svolti: VIA per una cava ... 323

Parte sesta: Estimo catastale

18 Catasto dei terreni ... 331
18.1 Generalità ... 331
18.1.1 Catasto dei terreni e dei fabbricati ... 331
18.1.2 L'Agenzia delle entrate ... 331
18.1.3 Le origini storiche del catasto italiano ... 332
18.1.4 Le caratteristiche del catasto italiano ... 333
18.1.5 Le fasi del catasto ... 334
18.2 Formazione ... 334
18.2.1 Operazioni topografiche ... 334

18.2.2 Operazioni estimative 336
18.2.3 Calcolo del reddito dominicale e del reddito agrario 341
18.2.4 Le revisioni degli estimi 342
18.3 Pubblicazione e attivazione 344
18.3.1 La partita catastale 345
18.4 Il sistema informativo catastale 345
18.4.1 La visura 346
18.5 Conservazione 347
18.5.1 Variazioni soggettive (la voltura) 348
18.5.2 Variazioni oggettive 350
18.5.3 Atti di aggiornamento geometrico 351
In sintesi 354
Attività pratiche e di verifica 357

19 Catasto dei fabbricati 358
19.1 Dall'unità d'Italia al catasto attuale 358
19.2 Formazione 359
19.2.1 Normativa 359
19.2.2 Rilievo geometrico 360
19.2.3 Operazioni estimative 360
19.2.4 Formazione delle tariffe e delle rendite catastali 366
19.2.5 Pubblicazione e attivazione 371
19.3 Conservazione 371
19.3.1 Dichiarazione delle unità immobiliari urbane 371
In sintesi 376
Attività pratiche e di verifica 378

Parte settima: L'attività professionale del perito

20 L'attività professionale del perito 381
20.1 Il contesto estimativo 381
20.2 La mediazione civile 382
20.3 Il processo civile 383
20.3.1 Attività del CTU 384
20.4 L'arbitrato 385
20.5 Le esecuzioni immobiliari 386
20.6 Le stime cauzionali 388
In sintesi 389
Attività pratiche e di verifica 390

Prefazione

Questa nuova edizione del *Corso di economia ed estimo* non si limita al puntuale aggiornamento dei contenuti, con costante riferimento alla nuova normativa, ma propone un testo rinnovato anche dal punto di vista didattico, per una più facile e rapida lettura e con una diversa collocazione di alcuni argomenti nel primo e nel secondo volume, e quindi nel quarto e quinto anno.

Per quanto riguarda il primo aspetto, l'ampio colonnino laterale di ogni pagina riporta informazioni aggiuntive che potrebbero inizialmente appesantire la lettura del testo principale, ma che, in molti casi, rendono i contenuti più completi e, a volte, più interessanti. La trattazione è quindi sempre concisa, ma comunque esaurientemente fondata sui capisaldi della disciplina estimativa, che potranno costituire solide basi per futuri sviluppi nel mondo del lavoro o in cicli di studio successivi.

Per quanto riguarda la struttura del testo, i capitoli relativi al mercato immobiliare e locativo (la "gestione dei fabbricati") sono stati spostati dal secondo al primo volume, in quanto collegati al capitolo che tratta il mercato in generale. Viceversa la trattazione degli standard internazionali di valutazione (IVS), indicata dalle linee guida per il secondo biennio, è stata trasferita nel secondo volume. Tutto ciò consente al docente di affrontare quanto prima, nel quinto anno, i temi estimativi veri e propri e di preparare gli studenti, in tempo utile e in modo più completo, per le prime simulazioni ministeriali della seconda prova scritta. A tale scopo è stato anche posticipato in coda al secondo volume il capitolo che tratta dell'attività professionale del perito.

I due volumi mantengono in ogni capitolo una breve sintesi dei contenuti e un complesso di suggerimenti per supportare l'attività dell'insegnante tecnico-pratico che affianca il docente per circa il 50% dell'orario di lezione per esercitazioni e attività di laboratorio.

I cambiamenti in questa nuova edizione, in ogni caso coerenti con un'organica trattazione della materia, derivano da una riflessione sull'esperienza acquisita "sul campo", giorno dopo giorno per molti anni. L'insegnamento dell'estimo non è infatti facile, per molti motivi, ma il continuo riferimento alla realtà scolastica e professionale ha permesso di produrre un testo utilizzato da anni, reso sempre attuale dal costante aggiornamento e apprezzato dai docenti e dagli studenti.

STEFANO AMICABILE

Parte prima
Estimo generale

1 I principi dell'estimo

- ✓ Che cos'è l'estimo
- ✓ I principi basilari dell'estimo italiano
- ✓ Gli aspetti economici di stima
- ✓ Il metodo di stima
- ✓ La relazione di stima

1.1 CHE COS'È L'ESTIMO

L'estimo è una disciplina, derivata dall'economia, che studia le metodologie applicabili per la determinazione del **valore di beni economici** in funzione di esigenze pratiche. Gli strumenti metodologici dell'estimo hanno origine da fondamentali teorie economiche (*v.* volume primo), ma trovano applicazione pratica in tecniche operative che la disciplina estimativa ha messo a punto in tempi recenti.

Inizialmente, fin dalle origini antiche, le stime riguardavano il mondo agricolo (i possedimenti fondiari). Col passare del tempo, con lo sviluppo degli altri settori della produzione (secondario e terziario), questa disciplina ha allargato di molto il suo campo di azione; si possono così individuare tre fasi evolutive:

- la prima ha per oggetto i fondi rustici, le scorte, i miglioramenti fondiari, le coltivazioni ecc. (**estimo rurale**);
- la seconda si estende al settore edilizio e industriale (**estimo civile e industriale**);
- la terza riguarda le risorse ambientali (**estimo ambientale**).

Una definizione di estimo
L'estimo è la disciplina che ha la finalità di fornire gli *strumenti metodologici* per la valutazione dei beni per i quali non sussiste un apprezzamento univoco" (M. Grillenzoni, G. Grittani, *Estimo, teorie, procedure di valutazione e casi applicativi*, Edizioni Agricole, Bologna, 1994).

Vi sono poi contesti estimativi in cui le valutazioni devono essere effettuate secondo *criteri stabiliti per legge* e che per questo motivo è detto *convenzionale*:

- l'**estimo legale**, inerente ai *diritti* (espropriazioni per pubblica utilità, successioni ereditarie, servitù prediali ecc.);
- l'**estimo catastale**, in cui le valutazioni inerenti ai fabbricati e ai terreni hanno essenzialmente *finalità fiscali*.

1.1.1 Evoluzione storica della disciplina estimativa

L'estimo italiano

La *cultura estimativa moderna* nasce in Italia nelle università, nella facoltà di agraria e di ingegneria, nella seconda metà dell'Ottocento. L'esigenza avvertita dagli studiosi, allora come oggi, era di rendere l'estimo "scientifico" al pari delle altre discipline tecniche. Non a caso è nella facoltà di ingegneria di Torino che nasce,

La "scuola piemontese"
Il contributo dato alla teoria estimativa della facoltà di ingegneria di Torino è basato sul lavoro di G. Borio, G. Fettarappa, C. Tommasina e altri.

I fondatori dell'estimo italiano
Oltre a Serpieri, Famularo e Medici, molti studiosi, docenti nelle facoltà di agraria, hanno contribuito all'evoluzione dell'estimo italiano: E. Di Cocco, F. Malacarne, E. Marenghi, G. Tassinari, S. Misseri, G. Lo Bianco, C. Forte, F. Brizi, F. Campus, R. Romiti, L. Iacoponi, I. Michieli e altri ancora. Più recentemente M. Grillenzoni, G. Grittani, M. Polelli.

con l'**antica scuola estimativa**, la proposta di un *estimo razionale* come superamento di un diffuso *estimo empirico* basato in gran parte sull'esperienza personale del perito. Il motto della scuola razionalista era: "un bene vale per ciò che rende" e lo strumento con cui si realizzava questo algoritmo era la matematica finanziaria. La razionalità, il bilancio e il calcolo erano dunque le leve con cui, secondo questi autori, veniva rimosso l'empirismo dalle stime.
La scuola razionalista ha avuto seguito nella prima metà del Novecento in tutte le università italiane, prevalentemente nelle facoltà di agraria, diventate, soprattutto grazie ad Arrigo Serpieri, Nino Famularo e Giuseppe Medici, la "culla" degli studi estimativi. Grazie al dialogo e al confronto schietto e continuo tra questi studiosi si formò in Italia una disciplina estimativa *condivisa dalla comunità scientifica*, che prese il nome di **nuova scuola estimativa**.
Il concetto basilare, che differenziò la nuova scuola da quella antica, è l'attenzione per il metodo. Il procedimento di stima viene definito infatti, essenzialmente, come un *processo logico guidato dal metodo*, in cui convergono molti ed eterogenei fattori e dove il calcolo ha un'importanza secondaria.
Nonostante ciò, la stima analitica del valore di mercato mediante la capitalizzazione dei redditi rimase per molto tempo un caposaldo della disciplina estimativa ma, a partire dagli anni '60-'70, questo principio dell'estimo razionale, già obsoleto nell'applicazione professionale, tramontò definitivamente con gli interventi degli studiosi di nuova generazione.

Il nuovo estimo

A partire dagli anni '70, come si è detto, l'estimo amplia il proprio settore operativo ai **beni ambientali** (aria, acqua, suolo, ecosistemi ecc.), che costituiscono una sottospecie dei beni pubblici. La nuova normativa per l'ambiente introduce infatti l'esigenza di stimare preventivamente l'impatto ambientale di un'opera o il danno causato dall'inquinamento. L'estimo, pertanto, che in precedenza si era occupato solamente di *beni privati* (*microestimo*), ora ha per oggetto anche i *beni pubblici* (*macroestimo*) su cui non esistono diritti di proprietà individuale e quindi non sono scambiati nel mercato. Ne consegue che l'approccio metodologico è completamente diverso, tanto da richiedere la creazione di apposite procedure, profondamente diverse da quelle messe a punto per i beni privati.
Si può quindi affermare che la stima dei beni privati, basata su metodologie consolidate, rappresenta l'estimo "tradizionale", mentre la stima dei beni pubblici rappresenta il "nuovo" estimo.

Gli standard internazionali

Gli IVS in Italia
Il *Codice delle valutazioni immobiliari* di Tecnoborsa (Consorzio per lo sviluppo del mercato immobiliare) è frutto del lavoro di un ampio comitato tecnico-scientifico presieduto da M. Simonotti.
M. Simonotti è stato docente di estimo di lungo corso nella facoltà di ingegneria di Palermo.

Lo scenario operativo della disciplina estimativa si amplia ulteriormente, in questi ultimi anni, con una nuova scuola, che ha però le sue radici al di fuori della comunità scientifica italiana. Si tratta degli **standard internazionali** (IVS, *International valuations standard*): un complesso di regole uniformi e condivise a livello internazionale, di natura metodologica e applicativa, per la stima degli immobili. Gli IVS sono definiti dall'IVSC (*International valuation standard council*) di Londra, organizzazione non governativa costituita nel 1981 e membro delle Nazioni Unite.
In Italia la diffusione degli IVS è avvenuta a partire dal 2000 con il *Codice delle valutazioni immobiliari* (CDVI), pubblicato da Tecnoborsa sotto la guida del prof. Marco Simonotti, che costituisce di fatto l'impianto teorico e metodologico di queste procedure.
Gli IVS si caratterizzano per il rilievo puntuale e rigoroso di dati reali di mercato (compravendite di immobili simili) e sull'applicazione di procedimenti mate-

matici e statistici per determinare il valore dell'immobile oggetto di stima. Si vuole superare in questo modo una prassi estimativa, largamente diffusa in ambito professionale, basata (ancora) sull'empirismo; si deve infatti notare come l'estimo "del metodo" della tradizione italiana, in mancanza di concrete basi teorico-metodologiche da parte degli operatori (non di rado improvvisati), abbia dimostrato sovente, nella pratica, di produrre stime poco motivate e deboli sul piano scientifico (non dimostrabili, non ripetibili, troppo legate alla persona che ha eseguito la stima). L'obiettivo degli IVS è invece di introdurre principi operativi che consentano di eseguire valutazioni degli immobili secondo parametri di "certezza del prezzo e trasparenza".
Gli standard internazionali, pur di recente introduzione in Italia, stanno trovando un crescente interesse nel mondo delle professioni (banche, ordini professionali soprattutto) e per questo motivo sono di interesse scolastico, anche se in genere non possono riguardare i beni pubblici.

Gli ambiti estimativi

Per quanto detto, si deve suddividere lo scenario della cultura estimativa in tre ambiti, per i quali si applicano differenti impianti metodologici e che quindi saranno trattati in sezioni separate di questo volume:

- l'**estimo secondo la scuola tradizionale italiana** (**estimo del metodo**), tuttora condiviso dalla comunità scientifica (nelle facoltà universitarie) e quindi ancora largamente diffuso;
- l'**estimo ambientale** dove, per la specificità del bene oggetto di stima, si applicano apposite procedure;
- gli **standard internazionali**, basati su procedure condivise a livello internazionale, ripetibili e razionali, particolarmente richieste in determinati contesti (l'ABI li ha formalmente adottati).

In questo capitolo si proseguirà trattando dei principi generali dell'estimo secondo la scuola italiana, nelle sezioni dedicate si tratterà invece dei principi metodologici dell'estimo ambientale e degli IVS. Tuttavia, quando possibile, si riporteranno metodologie e definizioni generalmente condivisi, come d'altra parte già si sta facendo a livello accademico.
Le norme UNI 11558:2014, "Valutatore immobiliare - Requisiti di conoscenza, abilità e competenza", prevedono per il perito *estimatore esperto* abilità sia negli standard nazionali sia internazionali.

1.2 I PRINCIPI BASILARI DELL'ESTIMO ITALIANO

L'estimo italiano tradizionale ha per oggetto beni, come tipicamente i fabbricati e i terreni, su cui esistono diritti individuali di proprietà privata. Il "problema estimativo" nasce sovente nel momento in cui sorgono *conflitti*, tra individui diversi, in merito alla titolarità e alla consistenza patrimoniale di questi diritti. La necessità di risolvere il conflitto spinge i soggetti interessati a rivolgere un *quesito* a una persona esperta e imparziale, dotata di adeguate competenze tecniche. Si può quindi affermare che, per soddisfare date esigenze pratiche, si pongono dei quesiti e l'estimo come disciplina insegna come rispondere. In questo ambito l'attività estimativa è così definita dal Medici: "*il carattere fondamentale dell'estimo è quello di insegnare a esprimere giudizi circa la somma di moneta che si può attribuire, per soddisfare date esigenze pratiche, a un qualsiasi bene economico oggetto di stima*".

Giuseppe Medici (1907-2000), autore di *Principi di estimo* (Calderini, 1972) da cui sono tratte le citazioni in questo paragrafo.

Da questa definizione si evince che:
- la stima è un **giudizio** pronunciato da una persona (*il perito*);
- scopo della stima è soddisfare **esigenze pratiche** (i rapporti conflittuali);
- oggetto di stima può essere **qualsiasi bene economico** (privato);
- il giudizio di stima è una **somma di moneta**.

Il procedimento di stima è quindi essenzialmente una *quantificazione monetaria*: "valutare un bene economico non significa altro che stabilire un'equivalenza tra il bene da stimare e la moneta"; le esigenze pratiche dell'estimo sono infatti di tipo economico, regolabili in denaro. Per questo motivo la valutazione deve continuamente avere riferimenti con la moneta e cioè con i **prezzi**. I prezzi sono i dati fondamentali della stima, che il mercato, o comunque la realtà economica circostante al bene oggetto di stima, mette a disposizione.
In alcuni casi, tuttavia, le valutazioni vengono richieste al di fuori di un contesto di conflittualità, ma servono unicamente a soddisfare le esigenze del committente (giudizi di convenienza su progetti, pareri in merito al prezzo in una compravendita ecc.); si parla in questo caso, anziché di **valutazioni estimative**, di **valutazioni economiche**.

Il giudizio di stima

Secondo la definizione del Medici, l'estimo è un **giudizio**, "cioè *una proposizione logica che muove da determinate premesse e che si conclude e perfeziona in una cifra*". Questo giudizio viene espresso da una persona, *il perito* (l'esperto) che, "raccolto" il quesito, lo sviluppa logicamente, applicando un **metodo**, e trae alla fine le opportune conclusioni. Nel processo estimativo è quindi presente l'opera di una persona che interpreta fatti, costruisce ipotesi, rileva dati, applica procedimenti e, in questo suo agire, manifesta la propria **soggettività**. Pur applicando un metodo, il perito evidenzia infatti, inevitabilmente, un comportamento che gli è proprio; ne consegue che più periti chiamati a stimare lo stesso bene giungeranno a conclusioni diverse. Questa divergenza di risultati è insopprimibile come lo sono le differenze nei connotati genetici di persone diverse. Ciò che conta è che tali differenze non siano sostanziali e che, comunque, *il metodo sia stato applicato correttamente*. Non esiste quindi la stima assolutamente esatta. L'estimo, infatti, non è una disciplina scientifica come la matematica o la fisica in cui, osservando un fenomeno, si possono formulare leggi precise; *la scientificità dell'estimo sta nel metodo* che consente al perito di *rendere la stima più oggettiva*. Il metodo, si può dire, **è** la disciplina estimativa. Il valore di stima non è dunque certo, matematico, ma è il *valore più probabile*.

La soggettività del giudice
In modo analogo al giudizio estimativo, in un tribunale, per lo stesso reato e applicando la stessa legge, i giudici emettono sentenze diverse nei tre gradi di giudizio.

Il calcolo nel procedimento estimativo tradizionale

I principi valutativi

In sintesi, i principi valutativi su cui si basa l'estimo, condivisi dalla tradizione italiana e dagli IVS, sono i seguenti.

1) Il **prezzo**: la risposta al quesito è una quantità di moneta.
2) La **previsione**: la quantificazione monetaria è una previsione di quanto "più probabilmente" potrebbe accadere nella realtà. La previsione è inseparabile dal giudizio di stima e quindi si dice che è un suo carattere "immanente".
3) **Scopo pratico**: il giudizio di stima nasce da una particolare ragione pratica. In funzione di ogni scopo lo stesso bene può avere un valore diverso.
4) **Comparazione**: la risposta monetaria al quesito estimativo ha come basi altri prezzi di beni simili, cioè comparabili (*v.* più avanti).
5) **Ordinarietà**: l'oggettività del metodo estimativo (la comparazione) porta a considerare condizioni medie in senso statistico (*v.* più avanti).

Il ruolo del perito

Per svolgere il ruolo di "giudice" il perito incaricato della stima dovrà possedere:

1) la chiara cognizione dello *scopo della stima* (il quesito);
2) la conoscenza delle *basi teoriche della disciplina estimativa*;
3) la *conoscenza tecnica* del bene da stimare;
4) la conoscenza dei *rapporti legali* esistenti tra le persone e le cose implicate nella stima;
5) la conoscenza dei *dati* che gli permetteranno poi di sviluppare il procedimento individuato.

1.3 GLI ASPETTI ECONOMICI DI STIMA

L'*aspetto economico* o *criterio di stima* o *tipo di valore* è uno schema logico di carattere generale che costituisce la premessa fondamentale per svolgere la stima, ma che non indica concretamente il modo di procedere.

Attualmente gli studiosi di estimo, in seguito anche all'avvento dei nuovi standard internazionali, sono concordi nel definire tre concetti di valore *fondamentali*:

1) il più probabile **valore di mercato**;
2) il più probabile **valore di costo**;
3) il più probabile **valore di capitalizzazione** o *di rendimento.*

Il concetto di valore è stato ulteriormente articolato, per i fini pratici dell'estimo italiano, con altri tre tipi di valore:

4) il più probabile **valore di trasformazione**;
5) il più probabile **valore complementare**;
6) il più probabile **valore di surrogazione**.

Questi ultimi sono considerati "*accessori*" o "*derivati*", in quanto derivano, in tutto o in parte, dai tre criteri fondamentali.

Uno stesso bene può avere quindi un diverso valore in funzione del criterio di stima applicato; l'"*aspetto*" del valore dipende infatti dal "*punto di osservazione*" (il mercato, il costo di produzione ecc.) da cui si esprime il giudizio (*v.* esempio 1.1). Tuttavia il valore di stima non sarà uno qualsiasi dei valori che può assumere un bene, ma sarà quello che ha maggiore probabilità di verificarsi in funzione dello scopo pratico della stima (*più probabile valore di*...).

Aspetti economici e mercato perfetto

Secondo il Medici, "in condizioni di equilibrio (mercato concorrenziale perfetto), i sei aspetti economici tendono a identificarsi", nel senso che *tendono a coincidere tutti con il valore di mercato.*

Infatti nel **mercato perfetto** si ipotizza un *profitto nullo* e quindi:
valore di mercato = costo di produzione.

Nel **mercato imperfetto** si ha invece:
valore di mercato = costo di produzione + profitto.

ESEMPIO 1.1 ASPETTI ECONOMICI CHE SI POTREBBERO APPLICARE PER STIMARE UN LIBRO

Si ipotizzi di stimare un oggetto di uso comune per uno studente: un libro di testo. Si potrebbero individuare diversi criteri di stima.

Valore di mercato. Il libro viene venduto al mercatino del libro usato. Il suo valore dipenderà dalla richiesta del mercato e dalla quantità offerta. Se il prezzo di copertina è di 28 € e il mercato dell'usato lo valuta al 40%, il suo valore potrà essere di 11,20 €.

Valore di costo. Il libro viene riprodotto mediante fotocopie. Il suo valore può essere espresso sulla base della spesa necessaria per fotocopiarlo interamente (ma la legge lo proibisce! [N.d.E.]).

Valore di capitalizzazione. Il suo valore potrebbe essere ottenuto scontando all'attualità il reddito netto ritraibile col noleggio del libro.

Valore di trasformazione. Il libro non serve più a nessuno, perché, per esempio, è superato da una nuova edizione. Il volume ha comunque un valore che deriva dal suo utilizzo come carta da macero, pari alla differenza tra il valore dei beni ottenuti con la trasformazione e i costi della lavorazione industriale per ottenere quei beni.

Valore complementare. Il libro da stimare è il Corso di economia ed estimo sprovvisto del prontuario allegato. Il valore può essere ottenuto dalla differenza tra il valore di mercato del volume completo di prontuario e il valore di mercato o di costo del solo prontuario.

Valore di surrogazione. Il libro non viene più stampato dalla Casa editrice. Se può essere sostituito con altri libri aventi ciascuno, in parte, i medesimi contenuti, il suo valore potrà essere espresso sommando il prezzo di acquisto di tali altri libri.

È dunque evidente che uno stesso bene può avere diversi valori di stima in funzione dell'aspetto economico adottato.

1.3.1 Valore di mercato

Il codice IVS

Le citazioni inerenti agli IVS in questo capitolo sono tratte dal *Codice delle valutazioni immobiliari* di Tecnoborsa.

Il valore di mercato rappresenta *il prezzo più probabile che un bene potrebbe spuntare in una libera contrattazione di compravendita*. Secondo la definizione degli IVS, "il valore di mercato è il più probabile prezzo di mercato al quale una determinata proprietà può essere compravenduta alla data della stima, posto che l'acquirente e il venditore hanno operato in modo indipendente, non condizionato e nel proprio interesse, dopo un'adeguata attività di *marketing* durante la quale entrambe le parti hanno agito con eguale capacità, con prudenza e senza alcuna costrizione".

Nel processo di stima del valore di mercato il perito deve prevedere, in base alla comparazione con i prezzi realmente pagati *in passato* per beni simili, quale potrebbe essere il probabile prezzo pagabile *oggi* (nel momento della stima). Viene effettuata pertanto una previsione basata su dati "storici", elaborati statisticamente, che consentono di ricostruire le curve della domanda e dell'offerta e di individuare quindi il probabile prezzo di equilibrio.

1.3.2 Valore di costo

Il valore di costo è dato dalle *spese più probabili che un imprenditore ordinario dovrebbe sostenere per produrre o riprodurre il bene oggetto di stima*. Questo criterio di stima può essere applicato solo per valutare beni riproducibili come, tipicamente, i fabbricati.

Secondo lo schema di bilancio di Serpieri, tradizionalmente usato in estimo, il valore di costo (V_k) è dato dalla seguente espressione:

$$V_k = Q + Sv + Tr + Sa + St + I + Bf$$

Questa formula comprende:

- le spese per l'acquisto di beni e servizi (*quote, spese varie* e *tributi*);
- la retribuzione dei lavoratori (*salari* e *stipendi*);
- la remunerazione dei capitali utilizzati (*interessi, beneficio fondiario*).

A queste spese potrebbe essere aggiunto poi, per determinate finalità di stima, il profitto dell'imprenditore ordinario ($\pm T$), dotato di "medie capacità e mezzi" (*profitto normale d'impresa*).

1.3.3 Valore di capitalizzazione (o di rendimento)

Con il criterio del valore di capitalizzazione un bene viene valutato *accumulando all'attualità i redditi futuri ordinariamente ritraibili dal proprietario* con l'uso appropriato delle formule di matematica finanziaria. Il termine "capitalizzazione", indica appunto la conversione di un flusso di redditi futuri in una somma attuale.

Per un immobile il reddito del proprietario (il beneficio fondiario, *Bf*) è un importo annuo da considerarsi illimitato. Il valore di capitalizzazione o *valor capitale* (V_0) è dato allora dalla formula (*v.* esempio 1.2):

$$V_0 = \frac{Bf}{r}$$

Se invece il bene da stimare è in grado di fornire un reddito annuo per un periodo di tempo limitato, il valore di capitalizzazione sarà dato dalla formula:

$$V_0 = Bf\,\frac{q^n - 1}{r\,q^n}$$

ESEMPIO 1.2 **VALORE DI CAPITALIZZAZIONE DI UN FABBRICATO**

Rendita catastale: 1.200 €
Saggio di capitalizzazione: 0,625%

Valore di capitalizzazione:

$$V = \frac{1.200}{0{,}00625} = 192.000\ €$$

che equivale a:
$V = 1.200 \times 160 = 192.000$ € che è il valore fiscale delle abitazioni ai fini IMU.

1.3.4 Valore di trasformazione

Questo criterio di stima viene applicato a un bene che è *ordinariamente destinato a una trasformazione* tale da determinare una variazione sostanziale del suo stato e quindi del suo valore. Questo criterio di stima si applica di solito ai fabbricati da restaurare (*v.* esempio 1.3) o ai terreni edificabili.

Il più probabile valore di trasformazione (V_t) è dato dalla differenza tra il *valore di mercato* del bene ottenuto con la trasformazione (V_m) e il *costo* della trasformazione (K):

$$V_t = V_m - K$$

ESEMPIO 1.3 **VALORE DI TRASFORMAZIONE**

Un vecchio fabbricato fatiscente, nel centro storico di una città, viene restaurato. L'immobile misura 820 m^2 di superficie commerciale.

Valore di mercato del fabbricato restaurato:
$820\ m^2 \times 4.300\ €/m^2 = 3.526.000$ €

Costo del restauro:
$820\ m^2 \times 1.500\ €/m^2 = 1.230.000$ €

Valore di trasformazione (del fabbricato nello stato attuale):
$3.526.000 - 1.230.000 = 2.296.000$ €

Come si può notare osservando la formula, il valore di trasformazione non è altro che l'applicazione congiunta dei due aspetti economici fondamentali: il *valore di mercato* (del bene trasformato) e il *valore di costo* (della trasformazione). È anche evidente che il valore di trasformazione dipende in primo luogo dal valore di mercato del bene trasformato e che il costo della trasformazione non è altro che un "aggiustamento" di questo valore (detrazione al valore ordinario, come si vedrà più avanti). Perché non dire dunque che si tratta di valore di mercato e basta?

In realtà la disciplina estimativa ha preferito accentuare (o, se si vuole, enfatizzare) sul piano operativo il fenomeno della trasformazione, definendo un nuovo criterio di stima. Pertanto, affinché non si crei confusione, è bene precisare che si ha una stima del valore di trasformazione quando il bene trasformato si potrà considerare *ex-post* profondamente diverso, per caratteristiche intrinseche, da quello originario.

Valore di trasformazione: dalla teoria alla pratica

È bene ribadire infine che l'azione che determina la trasformazione deve essere conforme a una gestione ordinaria del bene, in quanto sarebbe eseguita da chiunque abbia comportamenti economici "normali" e cioè nell'ordine della maggiore probabilità. È per esempio normale che un'area edificabile sia poi trasformata in un fabbricato.

1.3.5 Valore complementare

L'aspetto economico del valore complementare viene applicato quando si deve stimare *un bene che è parte integrante di un bene unitario*. Il bene complementare è infatti in grado di accrescere il valore o il reddito di uno o più altri beni (o parti di essi). Trova tipicamente applicazione nelle stime relative alle espropriazioni per pubblica utilità (*v.* esempio 1.4) e alle servitù prediali coattive.

Una definizione di valore complementare
"Dato un insieme di beni complementari, il valore complementare di un bene è il valore che detto bene assume nei confronti del complesso originario" (Di Cocco).

Il valore complementare di un bene (V_A) si ottiene dalla differenza tra il *valore del complesso originario di beni di cui fa parte* (V) e il *valore che questo avrebbe senza il bene oggetto di stima* (V_B):

$$V_A = V - V_B$$

Questo tipo di valore deriva quindi da *due valori* (V e V_B), che possono essere stimati entrambi in base a uno degli aspetti economici fondamentali.

ESEMPIO 1.4 VALORE COMPLEMENTARE PER UN ESPROPRIO PARZIALE

Con la realizzazione di un raccordo autostradale, viene espropriata un'area edificabile di 1286 m^2 che fa parte di un lotto di 2145 m^2 a destinazione residenziale. La porzione residua, di 859 m^2 non può più essere edificata a uso residenziale, ma industriale.

Il perito ha potuto stabilire che, nella zona, il valore unitario delle aree edificabili è:
- a destinazione residenziale, 300 €/m^2;
- a destinazione industriale, 130 €/m^2.

Valore di mercato dell'area prima dell'esproprio:
$V = 2145\ m^2 \times 300\ €/m^2 = 643.500\ €$

Valore della parte residua, dopo la realizzazione del raccordo autostradale:
$V_B = 859\ m^2 \times 130\ €/m^2 = 111.670\ €$

Valore complementare dell'area oggetto di stima (l'area espropriata):
$V_A = 643.500 - 111.670 = 531.830\ €$

pari a 414€/m^2

1.3.6 Valore di surrogazione

Il valore di surrogazione (o *valore di sostituzione*) di un bene viene determinato sulla base del *valore di altri beni in grado di sostituirlo*, cioè in funzione del valore di beni aventi la stessa utilità. Questi altri beni possono essere valutati in base al valore di mercato o in base al costo.

La condizione indispensabile per applicare questo criterio di stima è che il bene oggetto di stima sia, appunto, sostituibile, surrogabile con altri beni.

Il valore di surrogazione è un criterio di stima che trova scarse possibilità di applicazione nell'ambito dell'estimo civile. Era usato invece, a volte, nell'estimo agrario per stimare il valore delle scorte aziendali (letame, foraggi ecc.), quando, per la mancanza di compravendite di riferimento, non era possibile applicare l'aspetto economico del valore di mercato.

1.4 IL METODO DI STIMA

Procedimento e metodo

Il **procedimento** (o procedura) è *l'insieme delle operazioni logiche e aritmetiche da eseguire per giungere alla definizione di un giudizio di stima*. Tale giudizio deriva, come si è detto, dall'applicazione di un metodo; si può così affermare che *il procedimento è il modo in cui viene applicato il metodo*.

Se per giungere a una valutazione monetaria occorre una base di prezzi, allora il procedimento non è altro che la tecnica usata per comparare il bene oggetto di stima con beni simili di cui si conoscono i prezzi. Quindi **il metodo è unico e consiste nella comparazione, ma i procedimenti possono essere molti** (monoparametrici, multiparametrici ecc.).

Il principio dell'unicità del metodo di stima è stato affermato da importanti autori come il Famularo e il Medici: "si può affermare che, nonostante la diversità apparente dei vari metodi, sostanzialmente il metodo è unico, perché si conclude immancabilmente nei due momenti indicati:

- costruzione della scala dei prezzi;
- inserimento in essa del bene da stimare".

La "scala dei prezzi"

La scala dei prezzi è l'insieme dei beni simili presi a confronto, di cui si conoscono i prezzi di vendita, ordinati in classi di qualità omogenea.

La costruzione della scala dei prezzi costituisce la **fase oggettiva** della stima, in quanto il perito si limita a rilevare i dati del mercato e a suddividerli in base ai corrispondenti *segmenti di mercato* (*v.* esempio 1.5).

L'atto successivo della stima consiste nel collocare il bene da stimare nel giusto gradino della scala, a cui corrisponde un determinato livello di valore. Questa è la **fase soggettiva** della stima, in quanto il perito deve *giudicare* le caratteristiche del bene in esame.

Nell'esecuzione di queste fasi il perito deve affrontare di solito difficoltà di ordine pratico:

- la *scarsità di dati* di mercato (per costruire la scala dei prezzi);
- la *non perfetta confrontabilità* dei beni, per caratteristiche che in parte accomunano il bene da stimare con i beni simili e per altre lo differenziano.

Pertanto applicare il metodo, in pratica, non è tanto facile come può sembrare concettualmente.

ESEMPIO 1.5 **LA SCALA DEI PREZZI (I SEGMENTI DI MERCATO)**

Per la stima di un'abitazione, considerando l'ubicazione del fabbricato (centro, zona intermedia e periferia) e l'epoca di costruzione (nuovo, recente), potrebbe essere costruita, sulla base dei prezzi di mercato conosciuti, la scala dei prezzi riportata nella figura. Ciascun gradino rappresenta quindi una classe omogenea di beni simili.

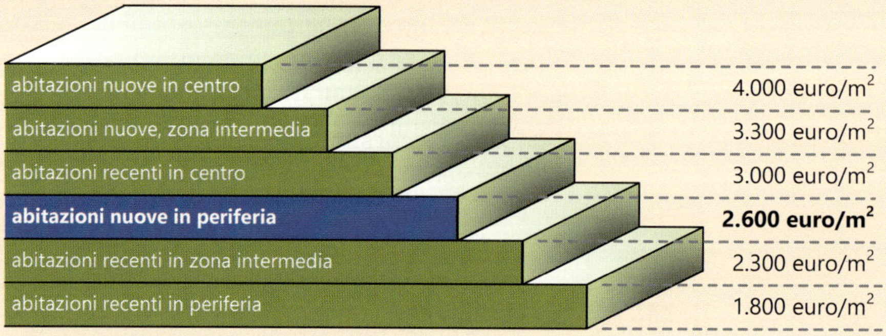

Se il fabbricato oggetto di stima è nuovo e in periferia, il suo probabile valore ordinario di mercato sarà di 2.600 €/m².

1.4.1 La comparazione

Per il principio dell'unicità del metodo, qualsiasi procedimento per la stima del valore di mercato consiste nel confrontare il bene in esame con altri beni simili dei quali sono noti i prezzi pagati. La comparazione viene effettuata sulla base di un parametro comune (p) che può essere, per esempio, la superficie di un fabbricato o di un terreno. Il procedimento si svolge quindi secondo la seguente **equazione generale**:

> **Prezzo e valore**
> Nella simbologia, per omogeneità, si usa V per indicare sia il *valore* di stima sia i *prezzi* dei beni simili.

$$\Sigma V : \Sigma p = V_x : p_x$$

dove:

ΣV = sommatoria dei prezzi di mercato relativi a beni simili;
Σp = sommatoria dei parametri relativi a beni simili;
V_x = valore ordinario del bene oggetto di stima;
p_x = parametro relativo al bene oggetto di stima.

Il valore ordinario del bene oggetto di stima si ottiene da:

$$V_x = \frac{\Sigma V}{\Sigma p} p_x$$

I procedimenti di stima elaborano quindi, logicamente e matematicamente, dati costituiti dai *prezzi* o dai *parametri* dei beni simili. È però di fondamentale importanza definire inizialmente le condizioni che consentono di considerare dei beni economici effettivamente simili.

Requisiti dei beni simili

Per beni simili si intendono i beni aventi le medesime caratteristiche estrinseche e intrinseche.

Le **caratteristiche estrinseche** dipendono da fattori esterni al bene, in quanto sono dovute a relazioni di diverso tipo che si possono instaurare con l'ambiente circostante. Nel caso di un fabbricato si potrà considerare per esempio l'ubicazione nella città.

Le **caratteristiche intrinseche** sono interne al bene e ne determinano la struttura, la funzione, la comodità. Per un fabbricato è per esempio intrinseca la tipologia edilizia (abitazione, capannone ecc.).
Stabilire in pratica se beni dello stesso tipo si possono considerare davvero simili a volte non è facile, anche perché le caratteristiche da esaminare contestualmente sono numerose e ciascuna di esse incide diversamente sul valore. Il perito dovrà quindi possedere le *competenze tecniche* necessarie per poterle apprezzare in modo equilibrato.

Requisiti dei prezzi dei beni simili

I prezzi dei beni simili devono essere **recenti**, devono cioè derivare da compravendite verificatesi in un passato prossimo al momento della stima (*ambito temporale omogeneo*). Se, al contrario, i prezzi fossero riferiti a epoche non recenti, la loro validità ai fini della stima potrebbe essere messa in discussione in quanto:
- i *mercati cambiano* e fluttuano tra periodi di stagnazione, crescita e recessione;
- il valore della moneta subisce variazioni per effetto dell'*inflazione*.

I prezzi devono essere **reali** e cioè effettivamente pagati. Non di rado, infatti, "circolano" informazioni in merito a compravendite che poi si sono concluse con un prezzo sensibilmente diverso: in molti casi le pretese iniziali del venditore (che punta al massimo) vengono ridimensionate nel corso della trattativa.

I parametri di confronto

Il parametro è *la grandezza in base alla quale viene effettuato il confronto tra il bene oggetto di stima e i beni simili*. La grandezza usata può essere quantitativa o qualitativa.

I **parametri quantitativi** possono essere *tecnici*, se la grandezza è fisica, o *economici*, se la grandezza è monetaria.

I **parametri qualitativi** sono costituiti invece da aspetti descrittivi di vario tipo, come la forma, la veduta ecc.

Il parametro da preferire sarà in genere *la grandezza misurabile che, più di ogni altra, sia accertabile riducendo al minimo la possibilità di errore.*

Scrittura corretta delle unità di misura

Il *Sistema Internazionale delle unità di misura* (SI) si basa sul sistema metrico decimale adottato in Italia con il DPR n. 802/1982. Il suo utilizzo è quindi obbligatorio nella stesura di atti e documenti con valore legale. Si dovrebbe quindi scrivere, in minuscolo, "m" e non "mt", "m²" e non "mq", "m³" e non "mc", "100 kg" e non "quintale" ecc. I simboli non devono mai essere seguiti da un punto di abbreviazione ("kg" e non "Kg."). In un testo discorsivo vanno scritti per esteso e non con il simbolo.

Parametri tecnici

I parametri tecnici sono quantità fisiche esprimibili principalmente come **superficie** (metri quadrati, ettari ecc.) o come **volume** (metri cubi). La loro caratteristica specifica è la *misurabilità*.
La possibilità di misurare un bene contribuisce a rendere la stima più oggettiva: eseguendo nuovamente la misura a distanza di tempo e da parte di persone diverse il risultato sarà invariato. Quindi i parametri tecnici, a differenza di quelli economici e qualitativi, *non sono opinabili, non risentono più di tanto di diverse modalità di calcolo e non si alterano col tempo.*

Parametri economici

I parametri economici sono, in genere, i *redditi* lordi o netti dei beni immobili determinati con appositi bilanci estimativi. I più importanti nell'uso pratico sono le *rendite catastali*, il *canone di locazione*, il *beneficio fondiario*.
Tra i parametri economici, le **rendite catastali** dei terreni e dei fabbricati hanno un'importanza particolare in quanto:
- *pronte* (sono disponibili in catasto);
- *omogenee* (sono calcolate con le stesse modalità in tutto lo Stato italiano);
- *imparziali* (sono calcolate da soggetto pubblico che non ha interessi di parte).

Validità nel tempo dei parametri economici
I parametri economici, a causa dell'inflazione della moneta, hanno *validità limitata nel tempo*. Non si potrà pertanto fare riferimento a parametri economici calcolati in periodi diversi, se non applicando coefficienti di rivalutazione; inoltre possono differenziarsi, a volte, per le diverse modalità di calcolo da cui hanno origine.

Purtroppo, però, hanno anche importanti controindicazioni:
- sono riferite a caratteristiche (qualità e classi), determinate in passato, che a volte non corrispondono con lo stato attuale degli immobili;
- sono riferite a un'epoca censuaria non recente e quindi risultano inferiori alle rendite attuali ed effettive.

Parametri qualitativi

I parametri qualitativi possono essere utilizzati quando la stima viene effettuata sulla base di più parametri di confronto o possono costituire un parametro ulteriore per "aggiustare" un valore inizialmente determinato in base a un solo parametro quantitativo (correzioni al valore ordinario). Possono essere usati, per esempio, per "pesare" l'aspetto architettonico di un fabbricato oppure la vista e l'esposizione, come avviene normalmente nella stima dei valori condominiali.

I parametri qualitativi, per essere utilizzati nei calcoli, devono prima essere tradotti in valori numerici (parametri). In questa fase si inserisce, in una certa misura, la soggettività del perito che li attribuisce.

Tipi di dati per la stima

I parametri, insieme ai prezzi di mercato dei beni simili, costituiscono i **dati** della stima.

È definito **elementare** "*qualsiasi dato utilizzato nei calcoli estimativi che non risulti a sua volta dall'applicazione di un procedimento di calcolo*" (Di Cocco).

I dati **elaborati** o *complessi* derivano invece da un calcolo effettuato precedentemente. Sono per esempio dati complessi i valori unitari ottenuti con l'analisi dei prezzi dei beni simili o i redditi che derivano dall'esecuzione di un bilancio estimativo.

I dati utilizzati per la stima possono essere inoltre:
- **di fatto**, se sono evidenti per la loro entità e natura (per esempio la superficie di un appartamento o il prezzo pagato);
- **ipotetici**, quando derivano da una stima (per esempio il tipo di trasformazione che subirà un fabbricato).

Tipi di procedimento

I procedimenti di stima utilizzati per comparare il bene oggetto di stima con altri di cui si conoscono i prezzi di mercato, sono classificati in (*v.* figura 1.1):
- **analitici**, basati sull'elaborazione di dati elementari;
- **sintetici**, basati su dati che all'origine hanno già subito una fase di elaborazione.

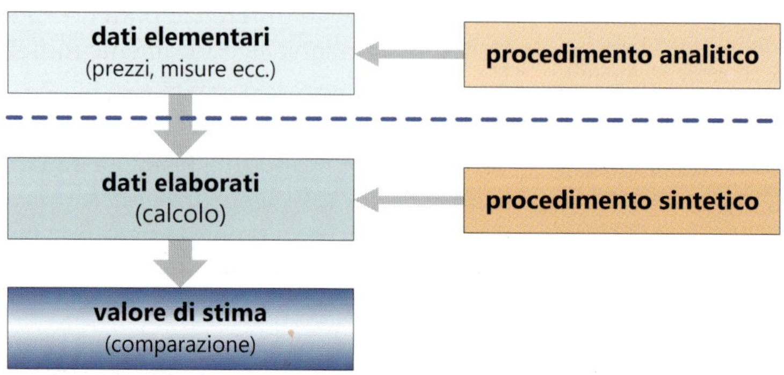

Figura 1.1
Schema del tipo di procedimento: analitico o sintetico.

La stima analitica
"Il metodo analitico si applica ogni qualvolta si deve pervenire a un giudizio di stima sulla base della raccolta ed elaborazione di dati elementari." (M. Polelli, *Trattato di estimo*, Maggioli Editore, 1997, pag. 111).

Questa classificazione supera la convinzione, radicata nella teoria estimativa tradizionale, che un procedimento analitico sia costituito necessariamente dalla capitalizzazione dei redditi. Questo procedimento, di cui si parlerà tra breve, è da considerarsi analitico solo se ha origine effettivamente da un bilancio (per la determinazione del reddito) nel quale sono riportati tutti i dati elementari. Viceversa, se il bilancio viene eseguito in forma abbreviata, con l'uso di percentuali o di altri accorgimenti, il procedimento non si può considerare analitico, ma sintetico.

1.4.2 Il principio dell'ordinarietà

Se stimare un bene significa effettuare una comparazione con beni simili, è logico allora porsi una domanda: quanti sono i dati di mercato necessari per effettuare una buona comparazione? Sono necessarie 3, 30 o 300 osservazioni del mercato per rendere una stima affidabile? La risposta a tale domanda è deducibile dalle nozioni basilari della scienza statistica: il confronto sarà tanto più efficace quanto più numerosi e significativi saranno i dati di mercato rilevati.
Osservando per esempio il mercato di immobili con le medesime caratteristiche, si noterà che i prezzi si distribuiscono, in base alla frequenza, secondo la *curva normale* o *gaussiana* (*v.* volume primo, parte di statistica). La frequenza di un prezzo tenderà a essere massima intorno a un valore medio, cioè a *un importo che più di altri avrà la probabilità di verificarsi*. Nella terminologia estimativa tale importo è detto **valore ordinario**.
Il principio dell'ordinarietà è uno dei cardini su cui deve essere basata ogni stima. Il perito infatti non può agire sulla base di particolarismi o singolarità, ma deve sempre fare riferimento a condizioni *medie*, *normali* e cioè, appunto, *ordinarie*, che rendono la stima *oggettiva* e "*generalmente valida*". Il principio dell'ordinarietà deve essere applicato anche alle ipotesi di fondo di una stima, in particolare nella scelta dell'aspetto economico. Anche la determinazione del reddito, per svariate finalità estimative, deve far riferimento all'*imprenditore ordinario*, mediamente dotato di capacità e mezzi, che trae dall'azienda un *reddito ordinario*.

1.4.3 Correzioni del valore ordinario

Per valore ordinario si intende quanto inizialmente si ottiene comparando il bene oggetto di stima con altri beni simili di cui si conoscono i prezzi di mercato. Si può dire per esempio che 2.800 €/m² è valore ordinario in quanto rappresenta il prezzo medio pagato per i fabbricati di un certo tipo in una data zona.
Il bene da stimare potrà essere perfettamente assimilabile alla media oppure potrà evidenziare delle diversità che lo collocano al di sopra o al di sotto di essa. Alcune di queste differenze potrebbero essere poco significative, oppure potrebbero annullarsi algebricamente (differenze positive = differenze negative), oppure ancora potrebbero essere tali da richiedere una **correzione del valore ordinario**. Le correzioni del valore ordinario possono essere di due tipi: comodi-scomodi e aggiunte-detrazioni.

Comodi e scomodi

I comodi e scomodi sono **caratteristiche non modificabili** del bene da stimare che lo collocano al di sopra o al di sotto della media dei beni simili presi a confronto, pur nell'ambito della stessa classe omogenea, cioè dello stesso gradino della scala dei prezzi (*v.* figura 1.2). Sono comodi, per esempio, la particolare ubicazione di un appartamento come il livello di piano.

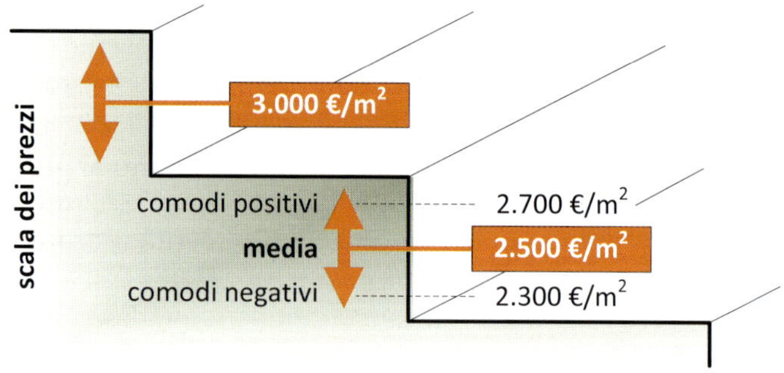

Figura 1.2
Correzione del valore ordinario per comodi e scomodi.

Comodi e scomodi...
...oppure *comodi positivi e negativi*. Le differenze lessicali, opinabili tra queste due espressioni, indicano lo stesso concetto: positivi per l'aumento del valore, negativi per la diminuzione.

I comodi, in quanto tali, non sono facilmente quantificabili monetariamente, tuttavia incidono nettamente sul valore complessivo del bene per la maggiore o minore domanda di mercato che possono indurre. Tramite analisi dei prezzi è comunque possibile determinare l'incidenza di uno di essi sul valore del bene. L'apprezzamento viene effettuato, in termini relativi, rispetto al valore ordinario, mediante **coefficienti di differenziazione**. Spetta quindi al perito, o a chi elabora statisticamente grandi quantità di dati (soggetti istituzionali), il compito di quantificare il coefficiente di differenziazione appropriato (per esempio –7% per l'ubicazione di un appartamento al piano terra).

Aggiunte e detrazioni

Vi sono differenze tra il bene da stimare e i beni simili che non sono dovute a caratteristiche non modificabili del bene (comodi e scomodi), ma che sono riferibili a un suo **stato momentaneo** e quindi *modificabile* dovuto a fattori **quantificabili monetariamente** in quanto tali. Per esempio la necessità di lavori di manutenzione straordinaria può essere quantificata con un computo metrico estimativo delle opere da eseguire.
Tali importi dovranno essere sommati o sottratti al valore ordinario e costituiranno le aggiunte o detrazioni al valore ordinario.

1.4.4 Le fasi della stima

Le **fasi della stima** di un immobile che seguono guidano il perito nell'esecuzione della stima stessa e nella stesura della relazione. Le fasi attraverso cui si svolge la comparazione si possono così schematizzare (*v.* figura 1.3):

1) ricerca e analisi dei beni simili e dei relativi prezzi;
2) calcolo del valore ordinario (che corrisponde al valore medio);
3) correzioni al valore ordinario (comodi e scomodi, aggiunte e detrazioni);
4) determinazione del valore reale (cioè del valore corretto).

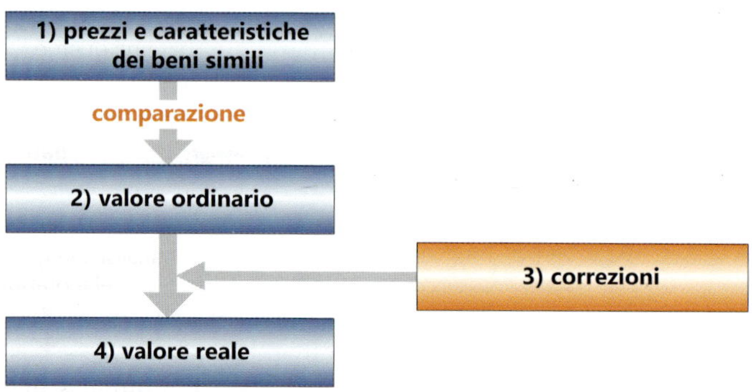

Figura 1.3
Schema delle fasi della stima del valore di mercato.

1.5 LA RELAZIONE DI STIMA

Lo scopo della **relazione di stima** è di rispondere al quesito di stima. Il perito illustrerà i presupposti logici del processo di valutazione e quindi le modalità operative che hanno condotto al giudizio finale. In questo *iter* operativo deve dimostrare equilibrio tra teoria e prassi e le capacità di interpretare le complesse relazioni tra tecnica, economia e diritto (... e "umanità", secondo il Di Cocco). Con la *forma scritta* la stima può essere utilizzata dal committente (privato, Tribunale, ente amministrativo ecc.) e servire quindi ai fini pratici per cui è stata richiesta.

Nella stesura della relazione il perito affronterà con ordine logico le varie fasi della stima, inquadrandole nel contesto in cui essa si svolge (stima giudiziaria o stragiudiziaria). Il perito dovrà quindi elaborare in modo chiaro e semplice (per quanto possibile), secondo uno schema riconoscibile dal committente, la procedura di stima, individuando l'aspetto economico, scegliendo il tipo di procedimento, analizzando i rapporti legali ed economici esistenti tra persone e cose, rilevando e utilizzando i dati (di fatto e ipotetici) in modo congruo e affidabile.

La costruzione di uno **schema** per la relazione di stima può essere effettuata solo sommariamente, in quanto può variare in funzione del tipo di committente e del tipo di stima richiesta. Lo schema è quindi flessibile, anche se alcuni passaggi sono un riferimento fisso per una corretta valutazione.

In genere la struttura della relazione prevede una fase introduttiva e una fase conclusiva, a cui corrispondono, rispettivamente, il quesito e la risposta del perito. La parte centrale contiene invece gli aspetti tecnici trattati dal professionista per effettuare la stima.

Lo schema della relazione è quindi, sommariamente, il seguente (*v.* figura 1.4):

- **quesito**, che costituisce lo scopo della stima;
- individuazione del **tipo di valore** e scelta del **procedimento**;
- acquisizione dei **dati** necessari;
- **analisi, interpretazione ed elaborazione** dei dati;
- **conclusione** (giudizio di valore).

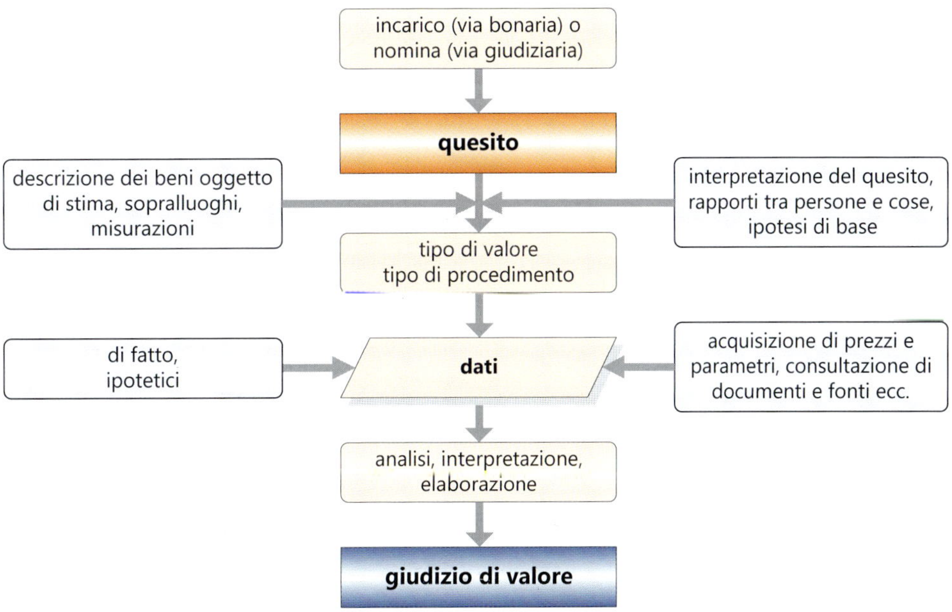

Figura 1.4
Schema della fase di valutazione della relazione di stima.

1 . I PRINCIPI DELL'ESTIMO

QUESTIONARIO

1. Quali sono gli ambiti di svolgimento dell'attività estimativa?
2. Quali sono le dottrine estimative a cui è possibile riferirsi?
3. Quali sono gli elementi che caratterizzano la definizione dell'estimo secondo il Medici?
4. In che senso l'estimo è una disciplina scientifica?
5. Chi è il "perito" estimatore? Che ruolo svolge? Che requisiti deve possedere?
6. Che cosa si intende per aspetto economico di stima? Quanti e quali sono?
7. Da che cosa dipende la scelta dell'aspetto economico di stima?

IN SINTESI

La cultura estimativa moderna è composta di tre diversi approcci: la scuola tradizionale italiana, l'estimo ambientale e gli standard internazionali (IVS).

L'estimo italiano ha, secondo la definizione del Medici, lo scopo di insegnare a esprimere giudizi circa la somma di moneta che si può attribuire, per soddisfare date esigenze pratiche, a un qualsiasi bene economico. Da questa definizione si evince che:
- la stima è un *giudizio* pronunciato da una persona (il perito);
- scopo della stima è soddisfare *esigenze pratiche*, date dai rapporti conflittuali tra gli individui per questioni economiche;
- oggetto di stima può essere qualsiasi *bene economico* (privato);
- il giudizio di stima è una *somma di moneta*.

In quanto "giudizio", il processo estimativo è costituito dall'attività di una persona ed è quindi, in una certa misura, soggettivo. Si basa infatti su dati oggettivi, ma anche su ipotesi, su previsioni, su circostanze che il perito deve saper interpretare. La scientificità dell'estimo consiste quindi nell'applicare un *metodo* che possa rendere la stima più oggettiva. Pertanto il valore di stima non è certo, matematico, ma è il valore più probabile nel contesto in cui la stima è stata svolta. A tale scopo il perito dovrà conoscere:
- lo scopo della stima (il quesito);
- le basi teoriche della disciplina estimativa;
- le caratteristiche tecniche del bene da stimare;
- i rapporti legali esistenti tra le persone e le cose implicate nella stima;
- i dati che gli permetteranno poi di eseguire la stima.

Aspetti economici di stima. La prima fase della stima consiste nell'inquadrare il tipo di valore che si può attribuire a un bene economico. Il concetto di valore è stato infatti articolato, per i fini pratici dell'estimo, in sei diversi tipi.

1) *Valore di mercato*. Rappresenta la stima del prezzo che un bene potrebbe spuntare in una libera contrattazione di compravendita, determinato in base alla comparazione con i prezzi pagati per beni simili.

2) *Valore di costo*. Si ottiene sommando le spese che un imprenditore ordinario dovrebbe sostenere per produrre o riprodurre il bene oggetto di stima.

3) *Valore di capitalizzazione*. Viene determinato accumulando all'attualità i redditi futuri ordinariamente ritraibili dal proprietario dal bene oggetto di stima.

4) *Valore di trasformazione*. È dato dalla differenza tra il valore di mercato del bene ottenuto con una trasformazione e il costo della trasformazione.

5) *Valore complementare*. Si ottiene dalla differenza tra il valore di un bene unitario di cui il bene da stimare fa parte e il valore che questo avrebbe senza il bene oggetto di stima.

6) *Valore di surrogazione*. Viene determinato sulla base del valore di altri beni in grado di sostituire il bene oggetto di stima.

8. Che cosa si intende per procedimento e metodo di stima?

9. Che cosa si intende per fase soggettiva e fase oggettiva della stima?

10. In che cosa consiste, essenzialmente, la stima del valore di mercato?

Metodo e procedimento. Il metodo è concettualmente unico e consiste nella comparazione, che si svolge in due fasi:
- costruzione della scala dei prezzi e cioè dei prezzi di beni simili ordinati in classi di qualità omogenea (*fase oggettiva*);
- inserimento del bene da stimare nel giusto gradino di questa scala (*fase soggettiva*).

La comparazione viene effettuata sulla base di un parametro comune:

$$\Sigma V : \Sigma p = V_x : p_x$$

dove:

ΣV sommatoria dei prezzi di mercato relativi a beni simili;
Σp sommatoria dei parametri dei beni simili;
V_x valore ordinario del bene oggetto di stima;
p_x parametro relativo al bene oggetto di stima.

Il *procedimento* è l'insieme delle operazioni logiche e aritmetiche da eseguire per giungere alla definizione di un giudizio di stima. Comprende l'analisi dei requisiti dei beni simili e dei loro prezzi e la scelta e quantificazione del parametro di confronto.

11. Di che tipo possono essere i dati per la stima? Che cos'è un "parametro"?

Il **parametro** da preferire è in genere la grandezza misurabile che, più di ogni altra, sia accertabile riducendo al minimo la possibilità di errore. I parametri possono essere *tecnici*, per esempio la superficie, o *economici*, per esempio il canone. Possono essere anche *qualitativi*, come per esempio l'esposizione di un fabbricato; in questo caso, per essere utilizzati nei calcoli, devono prima essere trasformati in valori numerici.

12. Che cosa si intende per procedimento sintetico o analitico per la stima del valore?

I dati che si utilizzano in una stima possono essere **elementari**, se non sono a loro volta frutto di un calcolo, o **elaborati**. Nel primo caso il procedimento è detto *analitico*, nel secondo *sintetico*.

13. Che cosa si intende per ordinarietà nella stima?

Il principio dell'ordinarietà. Sulla base dei prezzi dei beni simili il valore che si ottiene inizialmente è detto ordinario, proprio perché rappresenta la media dei beni simili. È quindi il valore statisticamente più probabile. Il principio dell'ordinarietà deve essere applicato anche alle ipotesi di fondo di una stima, in particolare nella scelta dell'aspetto economico.

14. A che cosa sono dovute e come si apportano le più comuni correzioni del valore ordinario?

Correzioni del valore ordinario. I *comodi* positivi o negativi sono caratteristiche non modificabili del bene da stimare (per esempio l'altezza di piano di un appartamento) che lo collocano al di sopra o al di sotto della media dei beni simili presi a confronto. Le *aggiunte e detrazioni* sono invece differenze tra il bene da stimare e i beni simili che sono riferibili a un suo stato momentaneo e quindi modificabile dovuto a fattori quantificabili monetariamente in quanto tali (per esempio la necessità di lavori di manutenzione).

ATTIVITÀ PRATICHE E DI VERIFICA

AREA DIGITALE — QUESTIONARIO A RISPOSTA MULTIPLA

1. Il giudizio di stima è:
- ☐ **a.** obiettivo e pertanto deve tenere in debito conto anche il cosiddetto valore di affezione
- ☐ **b.** scientifico, perché consente di determinare i valori con procedimenti matematici
- ☐ **c.** inevitabilmente soggettivo, ma la scientificità dell'estimo consente di renderlo più oggettivo

2. Per "aspetto economico" di stima si intende:
- ☐ **a.** il prezzo più probabile che il mercato sarebbe disposto a pagare per un bene economico
- ☐ **b.** uno schema logico di carattere generale per la stima
- ☐ **c.** il procedimento di stima

3. Il valore di trasformazione di un bene si ottiene:
- ☐ **a.** sommando al valore attuale del bene non trasformato il costo della trasformazione
- ☐ **b.** detraendo dal valore di mercato del bene trasformato il costo della trasformazione
- ☐ **c.** sommando i valori di mercato delle parti di cui si compone

4. Il valore complementare si ottiene da:
- ☐ **a.** differenza tra un valore di mercato e un valore di costo
- ☐ **b.** somma di due valori di mercato
- ☐ **c.** differenza tra due valori di mercato (o di costo)

5. Il valore di surrogazione di un bene si ottiene:
- ☐ **a.** dal valore del bene intero meno il valore della parte residua
- ☐ **b.** dal valore di uno o più altri beni capaci di sostituirlo tecnicamente e/o economicamente
- ☐ **c.** dall'accumulazione all'attualità dei redditi futuri

6. Si potrà concretamente determinare il valore di mercato di un bene:
- ☐ **a.** se si conoscono adeguatamente i prezzi pagati per beni simili
- ☐ **b.** se è possibile determinare il reddito ordinario capitalizzabile
- ☐ **c.** se si conosce o è possibile determinare il costo di produzione di quel bene

7. Per costo di un bene economico si intende:
- ☐ **a.** la quantità di moneta con cui è stato scambiato nel mercato
- ☐ **b.** il prezzo di vendita praticato direttamente dal produttore
- ☐ **c.** la somma di tutte le spese sostenute per la sua produzione

8. I comodi e scomodi sono dovuti a caratteristiche non modificabili:
- ☐ **a.** di per sé valutabili
- ☐ **b.** di per sé non valutabili, ma la cui presenza è apprezzata dal mercato sul valore complessivo
- ☐ **c.** di per sé non valutabili e quindi ininfluenti sul valore di stima

9. Le aggiunte e le detrazioni sono caratteristiche straordinarie dovute a fattori:
- ☐ **a.** di per sé valutabili
- ☐ **b.** di per sé non valutabili, ma la cui esistenza è apprezzata dal mercato sul valore complessivo del bene
- ☐ **c.** di per sé non valutabili e quindi ininfluenti sul valore di stima

10. Secondo quale aspetto economico si può effettuare, in particolare, la stima di un'area espropriata parzialmente?
- ☐ **a.** valore di trasformazione
- ☐ **b.** valore complementare
- ☐ **c.** valore di capitalizzazione

Parte seconda
Estimo immobiliare

2 Stima dei fabbricati

- ✓ Generalità
- ✓ Valore di mercato
- ✓ Valore di costo
- ✓ Valore di capitalizzazione
- ✓ Valore di trasformazione
- ✓ Valore complementare
- ✓ Stima dei fabbricati rurali

2.1 GENERALITÀ

Per **fabbricato** si intende qualsiasi costruzione coperta, infissa al suolo, isolata da vie e spazi vuoti oppure separata da altre costruzioni mediante muri maestri che si elevano dalle fondamenta al tetto, che disponga di uno o più accessi sulla via e abbia, eventualmente, una o più scale autonome.
La classificazione più tradizionale e generica distingue tre tipologie di fabbricati:
- **civili** (della città), adibiti ad abitazioni, negozi, uffici ecc.;
- **rurali**, per le esigenze della produzione agricola;
- **industriali**, destinati a specifiche attività produttive.

Un fabbricato è costituito di una o più **unità immobiliari**, cioè di *parti economicamente indipendenti*. Secondo la definizione catastale, per unità immobiliare si intende "un fabbricato intero o una porzione di fabbricato o un insieme di fabbricati che nello stato in cui si trovano, producono, secondo l'uso locale, un reddito proprio".

La **descrizione del fabbricato** ha lo scopo di individuare esattamente il bene oggetto di stima e di mettere in rilievo le caratteristiche che possono influenzare il valore. Tali caratteristiche possono essere *estrinseche* (esterne), *intrinseche* (interne) e di tipo *legale e catastale* (*v.* più avanti esempio 2.1).

2.1.1 Caratteristiche estrinseche

Le caratteristiche estrinseche considerano le *relazioni del fabbricato con il territorio* in cui si trova. Quelle che hanno maggiore importanza per la stima sono le seguenti.

Ubicazione (georeferenzazione)

Il mercato immobiliare è suddiviso in segmenti a cui corrispondono **zone omogenee** del territorio comunale. Tali zone sono definite innanzitutto in funzione della distanza dal centro della città e quindi per altre caratteristiche

posizionali che ne determinano la qualità urbanistica e ambientale. In genere le zone per le quali sono rilevate diverse quotazioni di mercato sono le seguenti:
- *centro*, che può essere *storico* se vi sono agglomerati di edifici antichi, monumenti ecc.;
- *zona intermedia* tra centro e periferia (le grandi città hanno diverse di queste zone concentriche);
- *periferia*, che può essere totalmente urbanizzata o, in parte, ancora agricola (*zona suburbana*);
- *zona industriale* o *artigianale*;
- *zona agricola*.

Il valore di un fabbricato dipende in buona parte dalla sua ubicazione. Per i fabbricati residenziali, per gli uffici e soprattutto per i negozi il valore aumenta con la vicinanza al centro della città. Vi sono tuttavia zone residenziali periferiche di particolare pregio per panoramicità, salubrità (molto verde, assenza di inquinamento chimico e acustico), qualità urbanistica, servizi ecc. nelle quali i valori sono comunque su livelli elevati.
Ogni zona può essere suddivisa, soprattutto nelle grandi città, in *sottozone* aventi particolari caratteristiche. Per fini catastali i Comuni suddividono il territorio in *microzone* omogenee sul piano dei valori e dei redditi, aderenti alle quotazioni del mercato immobiliare.

Infrastrutture

La posizione di un fabbricato all'interno di un Comune beneficia, o meno, della presenza di infrastrutture che consentano alle famiglie di vivere nel miglior modo possibile nello spazio urbano e alle imprese di svolgere proficuamente le loro attività.
Le infrastrutture di maggiore importanza sono le **vie di comunicazione** per la mobilità delle persone e delle merci, che possono essere:
- *su gomma* e cioè *stradali*, su cui transita il traffico privato e pubblico (autobus di linea urbana o interurbana);
- *su rotaia* (metropolitana, ferrovia ecc.).

Nelle zone residenziali sono necessarie **altre infrastrutture**, che consentano alla popolazione di "abitare" in senso pieno il territorio urbano:
- *asili e scuole* per l'istruzione e la custodia dei bambini (asili nido, scuole dell'infanzia, scuole dell'obbligo);
- *esercizi commerciali* (negozi, supermercati, bar ecc.);
- *edifici per il culto* (chiese, oratori ecc.);
- *strutture per il tempo libero* (aree verdi, centri sportivi ecc.);
- *eventuali altri servizi* (banche, ufficio postale, centro sociale ecc.).

Qualità urbanistico-sociale

Le caratteristiche di una zona dipendono anche dal tessuto *urbanistico*, dato dalla qualità dei fabbricati esistenti, e *sociale*, dato dalla popolazione che vi abita. La qualità urbanistica e sociale di una zona è comunque determinata da molti fattori che non è facile schematizzare in modo fisso, tra cui si annoverano la presenza di aree verdi, di palazzi storici e monumenti, di piazze, di aree a traffico limitato oppure di insediamenti produttivi fonte di inquinamento, di traffico intenso, di traffico pesante ecc.
Col tempo una zona può subire un'*evoluzione urbanistica*, soprattutto nelle grandi città: quartieri originariamente di prestigio possono degradarsi nel

La qualità "sociale"
Vi sono quartieri di grandi aree metropolitane famigerati per la concentrazione della piccola criminalità; viceversa altre zone, abitate dai "vip", offrono la sensazione di appartenere a un'area ristretta di prestigio.

tempo; viceversa, interventi di recupero possono riqualificare la zona, per esempio con la demolizione di fabbricati industriali dismessi.

2.1.2 Caratteristiche intrinseche

Le caratteristiche intrinseche dipendono dalle modalità e dagli scopi per cui il fabbricato è stato costruito. Possono essere *quantitative*, come la dimensione, o *qualitative*, come lo stato di manutenzione delle finiture e degli impianti. La loro descrizione, nella relazione di stima di un immobile residenziale, riguarderà inizialmente il fabbricato nel suo complesso e quindi la singola unità immobiliare oggetto di stima.

Tipologie edilizie

La tipologia edilizia si riferisce alla dimensione, alla distribuzione degli spazi utili del fabbricato e delle singole unità immobiliari, nonché all'uso e alla funzionalità delle parti comuni (*v.* tabella 2.1).

In genere sono preferite le unità immobiliari con maggiore indipendenza dalle parti comuni (ville, appartamenti in villa ecc.), ma alcune tipologie possono essere particolarmente di moda (*loft*, case di ringhiera ben restaurate vicino al centro, attici panoramici ecc.).

Nel definire la destinazione d'uso del fabbricato, nella relazione di stima, si fa riferimento innanzitutto alle categorie definite dal catasto.

2.1 Tipologie edilizie di fabbricati residenziali

Tipologia	Descrizione
Case singole	Edifici liberi da ogni lato destinati a ospitare un solo nucleo familiare. Possono essere di notevoli dimensioni, con ampie pertinenze (giardino) e finiture di un certo *pregio* (ville); di *più modesta entità* (villini); di tipo *economico* (case singole comuni, case rurali).
Case singole raggruppate	Case indipendenti, contigue dal tetto alle fondamenta, aventi uno o due lati in comune con altri edifici, destinati a ospitare ciascuno un nucleo familiare, con ingresso indipendente direttamente sulla strada pubblica (*ville bifamiliari*, *ville a schiera* ecc.).
Case singole condominiali ("condomini orizzontali")	Case indipendenti aventi uno o due lati in comune con altri edifici, ma con pertinenze comuni con le altre case vicine (ingresso, giardino, cortile ecc.). Possono essere contigue dal tetto alle fondamenta (*villette a schiera*) od occupare livelli sovrapposti (per esempio, piano terra e taverna o primo piano e mansarda), ma con ingresso indipendente dal cortile comune (*appartamenti in villa*).
Case condominiali	Case multipiano (*palazzi*, *palazzine*) composte da più unità immobiliari (appartamenti), aventi in comune parti dell'edificio (vano scala, ascensore, tetto ecc.). Nel caso l'edificio sia composto da piccole unità immobiliari con abbondanti servizi comuni (piscina, campi da tennis ecc.), destinate in genere a esigenze abitative temporanee (case-vacanze), è definibile come *residence*.

Dimensione

La dimensione dei fabbricati viene misurata, come si vedrà in seguito, con il parametro della superficie commerciale. Tuttavia, in prima battuta, la dimensione delle abitazioni viene indicata sommariamente con il *numero di vani aventi destinazione principale* nell'ambito dell'unità immobiliare (soggiorno, camera, cucina abitabile); i vani restanti sono genericamente indicati come *servizi* (bagno, cucina non abitabile, corridoi ecc.).

I "doppi servizi" indicano la presenza di un secondo bagno, ormai sempre presente nei fabbricati di nuova costruzione a partire dai trilocali.
Il numero di vani dà una semplice e immediata indicazione della dimensione dell'appartamento:

- *piccolo* (monolocale), inferiori a 45 m^2;
- *medio-piccolo* (bilocale), da 45 a 70 m^2;
- *medio* (3÷4 locali), da 70 a 100 m^2;
- *medio-grande* (4÷5 locali), da 100 a 150 m^2;
- *grande*, oltre 150 m^2.

Le tipologie più richieste sono in genere i bi- e trilocali, anche se è aumentata la richiesta di monolocali. La domanda di appartamenti grandi (oltre 100÷110 m^2) è esercitata in genere da persone abbienti, che richiedono solo alloggi di qualità (in zona adeguata, con buone rifiniture ecc.) con doppi o tripli servizi.

Caratteristiche costruttive

L'attività edilizia, come tutti i settori produttivi, si è evoluta nel tempo con l'utilizzo di nuovi materiali e tecnologie, con nuovi criteri di progettazione nell'ambito di nuove normative. Nella relazione di stima è in genere necessario precisare quanto segue.

Aspetto architettonico

La qualità di un fabbricato è determinata anche dal suo aspetto: abitazioni in anonimi palazzoni sono meno appetibili di unità immobiliari in complessi residenziali che evidenziano, oltre a una migliore funzionalità, uno *stile* esteriore (*v.* figura 2.1).

Figura 2.1 Edifici condominiali nuovi: a sinistra di tipo comune, a destra con un particole stile architettonico.

Struttura portante

Il tipo di struttura può essere in *muratura, cemento armato, prefabbricato* o *metallo*. A volte in uno stesso fabbricato coesistono diverse tipologie costruttive, soprattutto nei fabbricati ampliati o ristrutturati nel tempo (tipologia *mista*). Per fabbricati particolari si potrà entrare nel dettaglio degli accorgimenti tecnici usati per realizzare la struttura portante.
Nelle **zone soggette al rischio sismico** ha ovviamente importanza l'edificazione secondo le norme di legge e la relativa certificazione in funzione al rischio della zona.

Tipologie costruttive

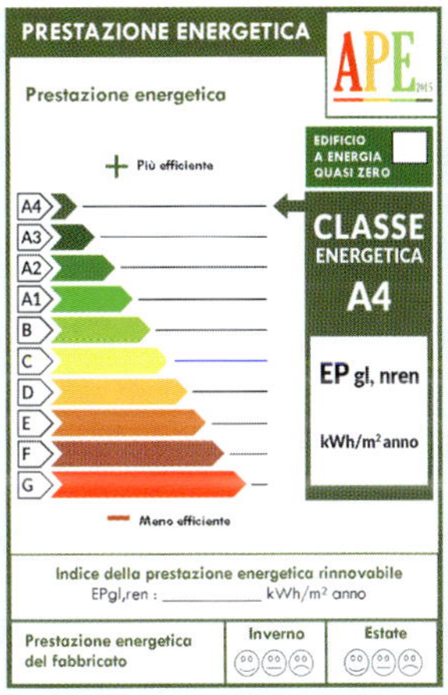

Etichetta per l'APE con le relative classi energetiche.

Classe energetica

La classificazione energetica serve a stabilire quanto consuma un edificio, sulla base delle sue caratteristiche costruttive (cappotto, infissi, tipo di impianto di climatizzazione ecc.), per il riscaldamento, per il raffrescamento e per la produzione di acqua calda sanitaria.
La classe energetica è determinata da un tecnico abilitato con l'**attestato di prestazione energetica** (**APE**) che deve essere allegato alla stima.

Finiture

Le finiture e gli impianti presenti in un fabbricato dipendono dall'epoca di costruzione e dall'esecuzione recente di lavori di manutenzione straordinaria.
Quelle di maggiore importanza sono i pavimenti, i rivestimenti, gli intonaci, i serramenti. Possono riguardare le parti interne alle unità immobiliari o le parti comuni (atri, scale, recinzioni ecc.).

Accessibilità

Nei fabbricati multipiano d'epoca può essere o meno presente l'**ascensore** che impedisce o rende molto difficoltoso l'accesso a persone anziane o disabili. Inoltre va precisata la presenza di **barriere architettoniche** ai sensi della legge 13/1989 (scale o altri ostacoli).

Impianti sportivi e aree verdi

Alcuni fabbricati (case singole o complessi condominiali) possono essere dotati di piscina o campi da tennis. In alcuni casi l'area verde di pertinenza è un parco con alberi ad alto fusto di pregio.

Posizione dell'unità immobiliare nell'ambito dell'edificio

L'unità immobiliare è di solito una parte di fabbricato; occupa quindi una posizione nell'ambito dell'edificio che si caratterizza per il *livello di piano*, l'*esposizione* e il *prospetto*. Questa posizione viene descritta inizialmente nella relazione di stima indicando le *coerenze* (i confini con le altre unità immobiliari), con riferimento ai punti cardinali e agli estremi catastali (per esempio, a est l'unità immobiliare n. 123/12, a sud il cortile comune ecc.).

Piano

Negli edifici condominiali, dotati di ascensore, le abitazioni al piano terra, al primo piano e anche al secondo hanno in genere valori proporzionalmente inferiori a quelli dei piani superiori. In particolare è apprezzata la posizione all'ultimo piano e nel sottotetto (*attici*). Queste unità immobiliari sono dotate infatti di panoramicità, maggiore sicurezza, migliore isolamento acustico e sovente di ampi terrazzi.

Esposizione

L'esposizione al sole contribuisce a riscaldare il fabbricato e fornisce un'illuminazione naturale per più ore al giorno, con i relativi risparmi energetici.
Per giudicare la qualità dell'esposizione di un appartamento si dovrà considerare il *numero di lati esposti*. Per lati esposti si intendono le pareti dotate di aperture dirette verso l'esterno (finestre, porte finestre su balconi e terrazzi ecc.).
Le esposizioni ritenute migliori sono sud, sud-est (sole alla mattina) e sud-ovest (sole al pomeriggio). Per un fabbricato con più affacci si potrà considerare la zona dell'appartamento: è preferibile una buona esposizione della zona giorno piuttosto che della zona notte.

Prospetto, panoramicità

La veduta fruibile da un appartamento può incidere sul valore. Sono apprez-

zate le aree verdi, la via principale di accesso al fabbricato (se non troppo trafficata); viceversa sono sgradite la vista sui cortili interni, sulle aree industriali e comunque su tutto quanto può essere fonte di disturbo visivo e acustico.
Nelle zone di interesse turistico la panoramicità ha una grande importanza. In particolare ha una forte incidenza sul valore la "vista mare" (anche gli hotel praticano prezzi diversi). Nelle diverse zone del Bel Paese si potrà valutare anche la vista su paesaggi lacustri, vallate alpine, centri storici caratteristici ecc.

2.1.3 Stato giuridico e catastale

I vincoli di tipo giuridico possono influenzare il valore di un fabbricato, a volte anche più delle caratteristiche posizionali ed edilizie.

Norme urbanistiche

I condoni
Le irregolarità edilizie potrebbe essere state sanate con i condoni edilizi del 1985, del 1994 o del 2003.

Il primo elemento che deve essere preso in considerazione è la **regolarità dell'edificazione**. Una casa costruita abusivamente ha infatti un valore ridotto a quello del suolo non edificato, al netto degli oneri della demolizione.
Un fabbricato è regolarmente costruito quando l'edificazione è avvenuta in seguito al rilascio da parte del Comune del **titolo abilitativo**, che può essere, in funzione dell'epoca di edificazione, il *permesso di costruire,* la *concessione edilizia* o la *licenza edilizia*. La non regolarità può essere totale o parziale e può essere stata "sanata" o può essere sanabile grazie ad apposite leggi, pagando i relativi oneri (art. 36, legge n. 380/2001).
L'immobile può essere effettivamente utilizzabile solo dopo il rilascio del **certificato di agibilità** (in passato esisteva anche il *certificato di abitabilità*, per i fabbricati residenziali).

Norme catastali

Tutti i fabbricati esistenti devono essere dichiarati in catasto. I dati dei fabbricati di recente edificazione sono in genere allineati con l'archivio catastale. Per i fabbricati vecchi, invece, vi possono essere delle irregolarità (volture non presentate, modifiche interne non dichiarate ecc.) che devono essere necessariamente sanate in occasione del primo trasferimento dell'immobile.
I dati catastali, che consentono di identificare in modo esatto l'immobile, sono:
- la *toponomastica* (Comune, via, numero civico, piano);
- il *foglio e il numero di mappa;*
- la *categoria* e la *classe;*
- la *dimensione* (esempio, in funzione della categoria: vani catastali, metri cubi, metri quadrati);
- la *rendita catastale.*

Identificazione catastale
I dati catastali di un fabbricato sono, per esempio: foglio 3, mappale 325, sub. 6, categoria A2, classe 3, rendita catastale 798,64 €, intestata a Rossi Luigi e a Bianchi Maria per 50/100.

Conformità degli impianti

La normativa vigente (DM n. 37/2008) prevede l'obbligo della certificazione della conformità degli impianti alle norme tecniche sulla sicurezza. L'obbligo riguarda l'impianto elettrico, l'impianto di riscaldamento, l'ascensore ecc. L'impianto elettrico, per esempio, deve avere la "messa a terra" e il "salvavita"; le cucine devono avere la "ventilazione diretta" e così via.

Diritti reali e stato di possesso

Si dovrà verificare la presenza di **diritti di terzi**, comunemente i seguenti:
- *contratti di locazione* in corso;
- *ipoteche* di primo grado, dovute a mutui ancora da estinguere;
- *diritti di godimento* (usufrutto, abitazione ecc.).

La casa acquistata nell'ambito del matrimonio da coniugi in regime di comunione dei beni appartiene a entrambi, anche se nell'atto di acquisto dovesse comparire un solo proprietario.

Oneri condominiali

Si deve indicare l'esistenza di eventuali *debiti nei confronti del condominio* per la gestione passata o spese straordinarie deliberate ma non ancora scadute.

2.1.4 Schema descrittivo nella relazione di stima

Codice di procedura civile
L'art. 173 *bis* del c.p.c. riguarda il *Contenuto della relazione di stima e compiti dell'esperto* nell'ambito delle esecuzioni immobiliari.

La descrizione del fabbricato oggetto di stima può essere effettuata in modo sintetico e schematico, come nell'esempio 2.1, o in modo più analitico e descrittivo. Nelle relazioni per organi istituzionali (tribunali) la relazione segue di solito uno stile più analitico. A volte il tribunale impone uno schema predefinito per consentire al giudice di individuare con facilità, e quindi in modo abituale, alcuni punti della relazione che, in ogni caso, deve contenere le informazioni dell'art. 173 *bis* del codice di procedura civile.

ESEMPIO 2.1 **CHECK LIST PER LA DESCRIZIONE DI UN FABBRICATO**

Facsimile di una scheda per la descrizione rapida di un fabbricato.

1) *Zona*:
- ☐ Centrale
- ☐ Intermedia
- ☐ Periferia
- ☐ Periferia di pregio
- ☐ Agricola, suburbana
- ☐ ....

2) *Importanza della strada*:
- ☐ Via principale o piazza
- ☐ Via secondaria

3) *Collegamenti con mezzi pubblici*:
- ☐ Stazione ferroviaria a km ....
- ☐ Metropolitana a km ....
- ☐ Autobus linea urbana a km ....
- ☐ Autobus linea interurbana a km ....

4) *Collegamenti stradali*:
- ☐ Autostrada a km ....
- ☐ ....

5) *Servizi pubblici*:
- ☐ Scuola dell'infanzia a km ....
- ☐ Scuola primaria a km ....
- ☐ Scuola secondaria a km ....
- ☐ Supermercati
- ☐ Negozi alimentari
- ☐ ....

6) *Destinazione d'uso*:
- ☐ Abitazione
- ☐ Negozio
- ☐ Ufficio
- ☐ Box
- ☐ Magazzino
- ☐ ....

7) *Tipologia edilizia*:
- ☐ Appartamento in palazzo
- ☐ Appartamento in palazzina
- ☐ Villa
- ☐ Villetta a schiera
- ☐ Villino
- ☐ ....

8) *Tipologia costruttiva*:
- ☐ Muratura
- ☐ Prefabbricato
- ☐ Cemento armato
- ☐ Metallo

9) *Complessivamente di tipo*:

☐ Lusso ☐ Economico
☐ Signorile ☐ Popolare
☐ Civile (medio) ☐ ....

10) *Età*: .... anni (edificato nel ....)

11) *Piano*: .... 12) *Altezza utile dei vani*: .... m

13) *Descrizione sommaria dei materiali di facciata*: ....

14) *Pavimenti e rivestimenti* (stato complessivo):

☐ nuovo ☐ medio ☐ da restaurare

Materiale prevalente:

☐ ceramica, cotto ecc. ☐ marmo o pietra naturale ☐ parquet

☐ moquette o gomma ☐ ....

15) *Serramenti interni* (stato complessivo):

☐ nuovo ☐ medio ☐ da restaurare

Materiale:

☐ legno .... ☐ legno verniciato ☐ ....

16) *Serramenti esterni* (stato complessivo):

☐ nuovo ☐ medio ☐ da restaurare

Materiale:

☐ legno .... ☐ alluminio ☐ plastica

17) *Ascensore*:

☐ automatico ☐ semiautomatico ☐ no

18) *Impianto idrico-sanitario*:

☐ nuovo ☐ medio ☐ da restaurare

19) *Impianto elettrico*:

☐ a norme UNI ☐ efficiente ☐ obsoleto

20) *Impianto di riscaldamento*:

☐ autonomo ☐ centralizzato ☐ mancante
☐ a norme UNI

21) *Finiture esterne*:

☐ nuovo ☐ medio ☐ da restaurare

22) *Regolarità della costruzione*

☐ Permesso di costruire (o concessione o licenza) n. .... del ....
☐ Concessione in sanatoria n. .... del ....
☐ Edificato prima dell'1.9.1967

23) *Certificazione di agibilità* (o di abitabilità) n. .... del ....

24) *Identificazione catastale*

☐ Regolarmente censito con i seguenti estremi: (foglio, mappale, categoria, classe, consistenza, reddito imponibile)
☐ Dichiarazione presentata con protocollo n. .... del ....
☐ Non dichiarato

Allegati:

- fotografie del fabbricato e dell'interno dell'unità immobiliare;
- planimetria della zona (1:2000) e dell'unità immobiliare (1:100);
- mappa stradale per l'identificazione della zona nell'ambito del Comune.

2.2 VALORE DI MERCATO

Stimare un fabbricato secondo l'aspetto economico del valore di mercato significa stabilire il più probabile prezzo a cui lo si potrebbe vendere in una libera compravendita con riferimento al momento in cui la stima viene richiesta. Il valore di mercato dipende quindi dalla previsione della domanda e dall'offerta in funzione delle caratteristiche dell'immobile.

2.2.1 Il metodo di stima

Il metodo di stima del valore di mercato consiste sempre nella *comparazione*. Pertanto il giudizio di stima può essere espresso oggettivamente, con procedimento sintetico o analitico, solo sulla base della conoscenza di un numero adeguato di prezzi pagati per beni simili di recente oggetto di compravendita, dei quali è possibile conoscere le caratteristiche. Il confronto può essere effettuato in base a uno o più parametri. Il metodo di stima consiste quindi, in ogni caso, nell'applicazione della nota e fondamentale proporzione (*v.* paragrafo 1.4.1):

$$\Sigma V_m : \Sigma p = V_m : p$$

da cui:

$$V_m = \frac{\Sigma V_m}{\Sigma p} p$$

Il parametro di confronto basilare è la *superficie commerciale*. Con procedimento analitico, mediante capitalizzazione dei redditi, il parametro è invece il *beneficio fondiario*. Altri parametri possono essere presi in considerazione in base al tipo di procedimento.

2.2.2 Stima a vista

La stima *a vista*, *a impressione* o *sommaria* viene svolta dal perito osservando il bene da stimare: mentalmente egli costruisce la scala dei prezzi (i segmenti di mercato) e inserisce poi il bene in esame nel gradino che ritiene più appropriato; esprime quindi il suo giudizio conclusivo di valore.

La valutazione può essere *immediata*, se è pronunciata oralmente subito dopo il sopralluogo, o *differita*, quando il perito prima di emettere il suo giudizio assume informazioni su beni simili. Il rapporto di stima può essere poi reso in forma scritta.

Questo tipo di procedimento, relativamente semplice, è basato totalmente sull'esperienza del perito e ha il vantaggio della rapidità e del basso costo. I committenti potrebbero richiedere questo tipo di *stima informale* nelle fasi preliminari di situazioni conflittuali, per valutare la convenienza di un'azione legale (nelle successioni ereditarie, per esempio).

2.2.3 Procedimento monoparametrico

La stima si svolge sinteticamente a partire dal **valore unitario ordinario** (V_u), derivante dal rapporto tra la sommatoria dei prezzi pagati per i fabbricati simili e la sommatoria delle loro superfici:

$$V_u = \frac{\Sigma V_m}{\Sigma p} = \frac{\Sigma V_m}{\Sigma \text{m}^2}$$

Con questo procedimento il perito non svolge però la fase di rilievo di ogni dato immobiliare (i singoli prezzo e superfici di fabbricati simili), ma acquisisce la quotazione da fonti note e, presumibilmente, attendibili.
Il valore del fabbricato si ottiene quindi moltiplicando il valore unitario per la superficie:

$$V = V_u \times p \qquad \text{e cioè:} \qquad V = [€/m^2] \times [m^2]$$

Correzioni del valore ordinario

La superficie è l'unico parametro che viene preso in considerazione per elaborare i dati elementari ma, in un secondo tempo, vengono apprezzate le **altre caratteristiche** che possono incidere sul valore. Il valore unitario ordinario può essere infatti modificato dal perito in funzione delle caratteristiche che differenziano l'unità immobiliare oggetto di stima dalla media dei fabbricati simili presi come riferimento. Le differenze sono quantificate mediante *coefficienti di differenziazione* (c) o con *aggiunte* e *detrazioni* (A/D). Il valore reale del fabbricato risulta quindi dalla seguente espressione:

$$V_m = V_u\, p\; c \pm A/D$$

Le fasi della stima

Sul piano operativo le **fasi della stima** sono le seguenti (*v.* figura 2.2):
1) determinazione della superficie commerciale;
2) determinazione del valore unitario ordinario;
3) determinazione di eventuali coefficienti di differenziazione (per comodi e scomodi);
4) calcolo del valore unitario applicabile;
5) calcolo del valore totale;
6) calcolo di eventuali aggiunte e detrazioni;
7) valore reale.

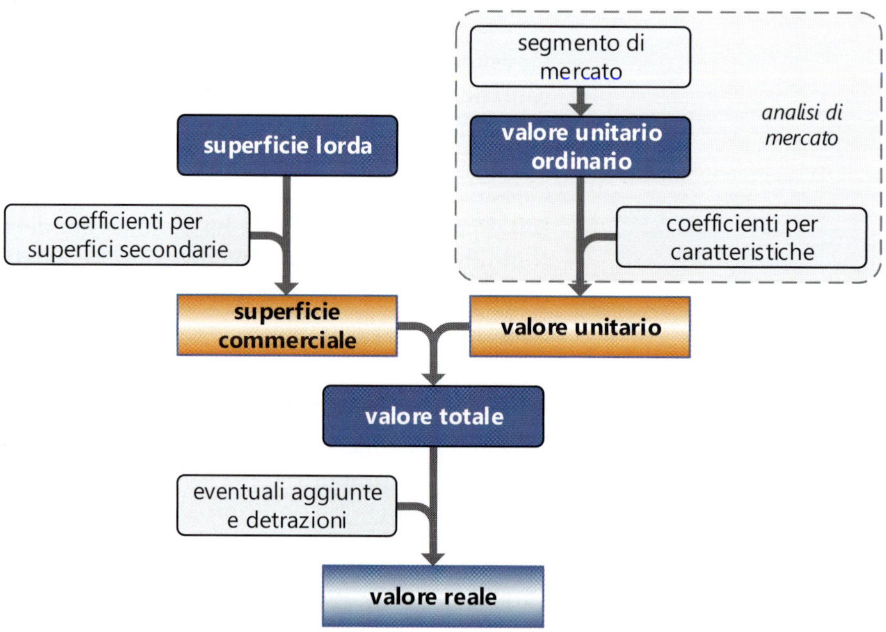

Figura 2.2
Schema della stima sintetica dei fabbricati.

La superficie commerciale

Norme UNI e "linee guida"
Questi riferimenti, spesso citati nella manualistica tecnica, non hanno comunque valore di legge e quindi rappresentano solo l'impegno di uniformare le terminologie e le procedure per agevolare le attività a cui si riferiscono, rendendole più efficienti.

I criteri per determinare la superficie commerciale non sono attualmente regolati da alcuna normativa. Il calcolo viene effettuato quindi secondo prassi condivise che, in genere, fanno ancora riferimento alla norma UNI 10750 (ritirata) e al DPR n. 138/1998 per la determinazione della superficie catastale (usata dall'OMI). Tale prassi prevede il calcolo della superficie commerciale sommando alla superficie principale le superfici secondarie ridotte con appositi coefficienti.

La **superfice principale** comprende:
- la superficie *netta calpestabile*;
- la superficie occupata dai *muri divisori interni*;
- il 50% della superficie occupata dai *muri perimetrali* e dai *muri portanti interni*.

La **superfice accessoria** (o *secondaria*) comprende una frazione delle superfici delle pertinenze, che possono essere di vario tipo: balconi, cantine, taverne, soffitte, giardini a uso esclusivo, posti auto ecc. I coefficienti riportati nella tabella 2.2 derivano dal *rapporto tra i prezzi delle superficie secondarie e il prezzo della superficie principale* (**rapporti o indici mercantili**) e quindi, disponendo di dati sufficienti, possono essere calcolati analiticamente.

2.2 Coefficienti indicativi per il calcolo delle superfici secondarie

Tipo di superficie	%
"Taverne" nel piano interrato	50
Balconi e terrazze scoperti	25
Balconi e terrazzi coperti (chiusi su tre lati)	35
Patii e porticati	35
Verande	60
Giardini di appartamento (nei limiti del 30% della superficie coperta)	15
Giardini di ville e villini (nei limiti del 30% della superficie coperta)	10

Il valore unitario ordinario

Il valore unitario ordinario deriva dal confronto con un numero adeguato di fabbricati simili: dal rapporto tra sommatoria dei prezzi pagati nelle compravendite e le relative superfici si ottiene un dato medio statisticamente significativo.

Sul piano operativo un singolo perito non sempre ha la possibilità o la convenienza per effettuare direttamente una ricerca sufficientemente ampia di dati immobiliari e ricorre quindi, in molti casi, alle quotazioni rese note dagli intermediari della compravendita. Queste informazioni sono di due tipi:
- *informazioni personali* derivanti dall'attività professionale del perito (collaborazioni in compravendite);
- *listini immobiliari.*

I listini (o borsini) immobiliari sono pubblicati da privati, come le catene di agenzie immobiliari (Tecnocasa, Gabetti ecc.), riviste specializzate o da soggetti istituzionali come l'Agenzia delle entrate (OMI), le Camere di commercio di alcune Province (*mercuriali*), Nomisma (Osservatorio sul mercato immobiliare, quadrimestrale). Le quotazioni riportate tengono conto di due caratteristiche principali:
- dell'*ubicazione*, distinguendo tra zona centrale, intermedia e periferica;
- dell'*età*, con riferimento a fabbricati nuovi, recenti (5÷35 anni) e vecchi.

Tuttavia, è bene precisare, la consultazione dei listini non esaurisce la stima. Infatti le quotazioni pubblicate, per svariati motivi, non coincidono quasi mai tra di loro e nessuna può essere considerata più autorevole di altre. Il compito del perito è allora quello di interpretare questi dati, elaborandoli o verificandoli sulla base di informazioni acquisite direttamente.
L'interpretazione dei listini e delle informazioni dirette rende inevitabilmente soggettiva la stima ma, soprattutto quando il mercato è attivo (per le tipologie di fabbricati più comuni), la professionalità e l'esperienza consentono di portare a termine il procedimento con sufficiente affidabilità.
Vi sono poi problemi specifici per la stima di **particolari fabbricati**. Il mercato è infatti molto attivo nei centri urbani intensamente edificati, dove si vendono e si acquistano moltissimi appartamenti, ma per certe tipologie di fabbricato (per esempio ville, palazzi storici ecc.) i dati di mercato sono assai più scarsi. In questi casi il perito dovrà elaborare ulteriormente le quotazioni riferite a tipologie ordinarie per poterle applicare a quelle meno diffuse, usando eventualmente un procedimento multiparametrico.

Il valore unitario con citazione dei dati immobiliari

Con riferimento all'attività svolta per l'indagine di mercato, il perito può riportare nella relazione di stima gli immobili a cui ha fatto riferimento (se disponibili e pubblicabili per motivi di privacy). Questa procedura rende più oggettiva e motivata la stima (*v.* esempio 2.2).

ESEMPIO 2.2 **CALCOLO DEL VALORE ORDINARIO UNITARIO**

Nella relazione sono riportati l'ubicazione e i prezzi dei fabbricati simili (nella stessa zona e nello stesso stato di manutenzione).

Ubicazione	Superficie (€)	Prezzo di vendita (€)
Via	102,8	175.000
Via	85,2	140.000
Via	92,4	136.000
Via	84,3	144.000
Via	97,5	163.000
Totale	**462,2**	**758.000**

Valore unitario ordinario:

$$V_u = \frac{758.000}{462,2} = \mathbf{1.640\ €/m^2}$$

I coefficienti di differenziazione (o rapporti mercantili)

Il valore unitario ordinario può essere corretto dal perito quando il fabbricato da stimare evidenzia differenze rispetto alle caratteristiche medie dei fabbricati simili presi a confronto. Tali differenze, definite *comodi* o *scomodi* (oppure *comodi positivi* o *negativi*, sono apprezzate con coefficienti di differenziazione, pubblicati a volte a corredo dei listini immobiliari.
Per una corretta applicazione dei coefficienti il perito dovrà individuare:
- il **tipo medio** di fabbricato a cui si possa applicare il valore ordinario unitario;
- le **particolari caratteristiche dell'immobile oggetto di stima** (rispetto a quelle medie) che fanno variare in modo significativo il valore ordinario.

Le caratteristiche di cui si tiene conto sono la tipologia edilizia, l'altezza di piano, la dimensione, l'esposizione e il prospetto, l'età e lo stato di conservazione, la funzionalità interna, lo stato di diritto.

I coefficienti altro non sono che *rapporti* (o *indici*) *mercantili* fissati in modo empirico o calcolati in modo analitico e razionale dal rapporto tra il *valore ordinario* e il valore corrispondente alla *variazione di una determinata caratteristica* (*v.* esempio 2.3).

ESEMPIO 2.3 DETERMINAZIONE DI UN RAPPORTO MERCANTILE

Si consideri, come caratteristica che dà luogo a una variazione del valore ordinario, l'altezza di piano. Noti i seguenti valori unitari, determinati per confronto con categorie omogenee di fabbricati:

- appartamenti al piano intermedio: 2.350 €/m^2
- appartamenti al piano terra: 2.200 €/m^2

Il coefficiente applicabile al valore ordinario (piano intermedio) per l'ubicazione al piano terra sarà:

$$\frac{2.200}{2.350} = 0{,}94 \quad \text{pari a una variazione del } -6\%.$$

Tipologia edilizia

Le quotazioni medie sono riferite alla tipologia di fabbricato più comune nell'area urbana di riferimento e quindi, in genere, ad *abitazioni in condominio*. Vi sono tuttavia condomini di diverso tipo: popolari, economici, signorili, a cui corrispondono grandi e anonimi palazzi o eleganti palazzine (*v.* tabella 2.3 e figura 2.3). Vi sono però tipi di casa che si potrebbero inquadrare in un diverso segmento di mercato, di qualità più elevata, come *ville, villini, ville a schiera, appartamenti in villa* o, viceversa, su livelli di qualità economica, come gli appartamenti, anche autonomi e restaurati internamente, che però fanno parte di una *casa a corte*. Infine un particolare segmento di mercato è rappresentato dai *palazzi e dalle ville storiche* (*v.* figura 2.4).

2.3 Coefficienti per la qualità edilizia

Tipo di fabbricato	Coefficiente
Signorile	Fino a 1,2
Civile, buono	Fino a 1,1
Economico (normale)	1

Figura 2.3 Ville e palazzi storici (Monza, zona Villa Reale).

L'altezza del piano

Per gli appartamenti in edifici multipiano il valore ordinario è riferito a un livello di altezza dal suolo *intermedio* (oltre il secondo piano, escluso l'ultimo). Soprattutto nelle grandi città molto inquinate, se il fabbricato è dotato di ascensore, hanno un valore maggiore i piani alti; hanno infatti i rumori della strada attenuati, l'aria meno inquinata, una vista migliore. L'ultimo piano gode poi del vantaggio di un particolare isolamento (non è di passaggio per raggiungere gli altri piani, mancano i rumori del piano superiore). Nei vecchi fabbricati privi di ascensore il criterio è invece opposto: il valore si riduce con l'altezza del piano (*v.* tabella 2.4).

2.4 Coefficienti per il piano

Piano	Edifici con ascensore	Edifici senza ascensore
Piano terreno o rialzato	0,9	0,90÷0,97
Primo piano	0,93÷0,95	0,92÷1,00
Secondo piano	0,95÷0,97	0,9
Terzo piano	0,97÷1,00	0,8
Piani superiori	1	0,7 per il 4°, 0,6 ecc.
Ultimo piano	1,0÷1,2	

Dimensione

La dimensione dell'unità immobiliare influenza il valore unitario; cambiano infatti la domanda e l'offerta. Per i piccoli tagli, monolocali e bilocali, la domanda è maggiore e quindi si hanno quotazioni unitarie più elevate; viceversa per gli appartamenti grandi, soprattutto se di scarsa qualità (senza doppi o tripli servizi), le quotazioni unitarie sono inferiori (*v.* tabella 2.5).

2.5 Coefficienti per la dimensione

Dimensione dell'appartamento	Coefficiente
Monolocali (inferiori a 45 m^2)	1,1÷1,2
Bilocali (inferiori a 70 m^2)	1,05÷1,1
Grandi dimensioni (> di 110÷120 m^2) con doppi servizi	0,9
Grandi dimensioni (> di 110÷120 m^2) senza doppi servizi	0,8÷0,85

Esposizione e prospetto

L'**esposizione al sole** e la **veduta** dell'immobile, per i motivi già citati nella fase di descrizione dei fabbricati, possono incidere in modo significativo sul valore. Sono per esempio più elevate le quotazioni:
- nelle zone con vista mare o lago o valle (questa caratteristica può incidere anche fino al 10% del valore e oltre);
- nelle zone collinari che possono circondare grandi città;
- nelle zone con vista su centri storici e monumenti famosi.

Età e stato di conservazione

Le quotazioni medie sono di solito riferite a fabbricati nuovi (meno di 5 anni di età), recenti (fino a 30÷40 anni) ed eventualmente vecchi. Indipendentemente dall'età il fabbricato può presentarsi in **ottimo** (o *ristrutturato*), **normale** o **scadente** (o *rustico*, non rifinito) stato di manutenzione (*v.* tabella 2.6).

Per la determinazione dello stato di conservazione e di manutenzione si tiene conto degli *elementi propri del fabbricato* (facciata, infissi, impianto elettrico, rivestimenti e intonaci delle parti comuni, impianto di riscaldamento centralizzato, impianto fognario, impianto idraulico, ascensore, impianto citofonico/videocitofono) e degli *elementi propri dell'unità immobiliare* (pavimenti, pareti e soffitti, infissi, impianto elettrico, impianto idrosanitario, impianto di riscaldamento, impianto di condizionamento, allarme antintrusione).

2.6 Coefficienti per lo stato di manutenzione

Età dell'edificio	Ottimo	Normale	Scadente
20÷40 anni	Fino a 1,05	1	Fino a 0,9
Oltre 40 anni	Fino a 1,1	1	Fino a 0,8

Funzionalità

Alcune caratteristiche legate alla funzionalità d'uso del fabbricato sono apprezzate dal mercato.

Un'elevata **classe energetica** dell'unità immobiliare determina una gestione personalizzata dell'erogazione del calore per produrre il desiderato livello termico nel momento voluto, con risparmio delle spese di esercizio.

La **distribuzione interna dei vani** poco funzionale può causare la necessità di eseguire lavori di adeguamento, con demolizione o spostamento di muri divisori interni soprattutto nelle abitazioni più "datate".

In determinate zone le abitazioni sono state costruite, in passato, in zone non raggiunte dalla **strada carrabile**. Questo problema può riguardare case in posizione panoramica, in vecchi paesi, in zone costiere o in montagna (*v.* figura 2.5). Anche nel centro città a volte si creano situazioni simili, in case prive di spazi privati per il parcheggio (cortili, parcheggi interni) e con divieto di sosta sulla strada pubblica. Con le odierne esigenze di mobilità è evidente che l'impedimento a raggiungere l'abitazione con l'automobile costituisce un notevole fattore di deprezzamento dell'immobile, proporzionale alla distanza dalla strada e quindi dal parcheggio (*v.* tabella 2.7).

2.7 Coefficienti per la funzionalità

Funzionalità	Coefficiente
Classe energetica A o B	1,05÷1,10
Irrazionale od obsoleta distribuzione interna dei vani	0,95
Edifici non raggiungibili con auto per mancanza di strada fino a 100 m di distanza (meno 0,1 per ogni ulteriore 100 m, fino a 0,45)	0,75

Figura 2.4
Esempi di fabbricati in posizioni non raggiungibili con l'automobile.

Stato di diritto

La presenza di un **contratto di locazione in corso** rende l'immobile non disponibile per il proprietario che, per un certo tempo, non può utilizzarlo (occuparlo, ristrutturarlo ecc.). Per questo motivo la domanda di mercato degli alloggi occupati è debole e, conseguentemente, sono inferiori le quotazioni di mercato rispetto a quelle degli appartamenti liberi di analoghe caratteristiche.
L'entità del deprezzamento è proporzionale alla durata residua del contratto in corso e ai tempi legali eventualmente necessari per ottenere forzosamente la disponibilità dell'abitazione. Per i fabbricati a uso produttivo l'esecuzione dello sfratto può avvenire invece in tempi molto più brevi (orientativamente 3÷4 mesi), per cui il deprezzamento è trascurabile. Si deve però pagare, se l'attività è a contatto col pubblico, l'indennità di avviamento commerciale.

Lo sfratto esecutivo
Per ottenere una sentenza di *sfratto* (per morosità o finita locazione) occorrono pochi mesi, ma per ottenerne l'esecuzione effettiva i tempi possono diventare molto più lunghi (almeno 2÷3 anni), in relazione anche allo "stato di necessità" del locatore.

In caso di **vendita forzata**, per immobili che devono essere venduti all'asta nelle esecuzioni fallimentari, le condizioni di mercato sono alterate. La vendita deve essere effettuata infatti in un contesto di scarsa trasparenza del mercato, con la partecipazione di un numero limitato di potenziali acquirenti, in tempi brevi. I prezzi pagati sono quindi in genere inferiori ai livelli medi di mercato per la stessa tipologia di immobile (*v.* tabella 2.8).

2.8 Coefficienti per lo stato di diritto

Stato legale	Coefficiente
Abitazioni locate a canone libero	0,95
Abitazioni locate a canone convenzionato	0,90÷0,95
Immobili in regime di vendita forzata (per fallimento o altra causa)	0,75÷0,85

Valore unitario reale

Il valore unitario di stima (V_u) si ottiene applicando al valore unitario ordinario i coefficienti di differenziazione precedentemente individuati. Si ha quindi:

$$V_u = V_u' \times (c_1 + c_2 + \ldots + c_n) \qquad \text{oppure:} \qquad V_u = V_u' \times c_1 \times c_2 \times \ldots \times c_n$$

dove V_u' è il valore unitario e c_i i coefficienti del caso.

L'uso del prodotto dei coefficienti o della somma algebrica dei coefficienti non comporta una variazione sostanziale del risultato finale (*v.* esempio 2.4).

ESEMPIO 2.4 VALORE UNITARIO

Valore unitario ordinario: 1.800 €/m²
Coefficiente per fattore posizionale: –10%
Coefficiente per fattore edilizio: +5%

Valore unitario (reale):
1.800 –5% (–10% + 5%) = 1.800 × 0,95= 1.710 €/m²

oppure:
1.800 × 0,9 × 1,05 = 1.800 × 0,945 = 1.701 €/m²

Aggiunte e detrazioni

Le aggiunte e detrazioni al valore ordinario sono dovute a uno *stato momentaneo e modificabile* del fabbricato nel momento in cui viene effettuata la stima che lo differenzia dai fabbricati simili presi a confronto. Tali differenze, o comunque le circostanze in cui viene a trovarsi il fabbricato, sono individuabili e *quantificabili singolarmente in termini monetari* (*v.* tabella 2.9). L'importo dell'aggiunta o della detrazione, opportunamente calcolato, sarà poi sommato o detratto al valore del fabbricato (*v.* esempio 2.5).

2.9	Principali aggiunte e detrazioni
Aggiunte	**Detrazioni**
– Stato di manutenzione superiore alla norma, finiture di pregio (pavimentazioni, serramenti ecc.). – Maggiori redditi temporanei. – Esenzioni fiscali temporanee.	– Stato di manutenzione inferiore alla norma. – Mutui ipotecari. – Mancati redditi temporanei. – Valore dell'usufrutto. – Valore di rendite perpetue o vitalizie.

Valore reale

Il calcolo del valore reale rappresenta l'operazione conclusiva della stima, con la quale si effettuano le eventuali aggiunte e detrazioni e si arrotonda l'importo finale stimato. È quindi la risposta al quesito di stima.

ESEMPIO 2.5 **DETRAZIONE AL VALORE ORDINARIO PER UN MUTUO IPOTECARIO**

Il valore ordinario di un fabbricato è di 190.000 €. L'immobile è però gravato da un mutuo estinguibile con una rata mensile di 560 € da pagarsi per 8 anni (r = 2,2%).

Debito residuo:

$$560 \times \left(12 + 0,022\frac{12-1}{2}\right) \times \frac{1,022^8 - 1}{0,022 \times 1,022^8} = 49.298 \cong 49.000 \text{ €}$$

Valore reale:
190.000 – 49.000 = **141.000 €**

2.2.4 Procedimento multiparametrico

Al fine di rendere più razionale e oggettiva la stima, il confronto può essere effettuato sulla base di più parametri di confronto, secondo l'espressione:

$$\Sigma V : \Sigma(p_1 \times p_2 \times \ldots \times p_n) = V_x : (p_{1x} \times p_{2x} \times \ldots \times p_{nx})$$

dove:
ΣV = sommatoria dei prezzi pagati per beni simili;
$\Sigma(p_1 \times p_2 \times \ldots \times p_n)$ = sommatoria dei prodotti dei parametri dei beni simili;
$(p_{1x} \times p_{2x} \times \ldots \times p_{nx})$ = prodotto dei parametri del bene da stimare.

Il valore del bene oggetto di stima sarà dato da:

$$V_x = \frac{\Sigma V}{\Sigma(p_1 \times p_2 \times \ldots \times p_n)} \times (p_{1x} \times p_{2x} \times \ldots \times p_{nx})$$

Il procedimento si basa sull'analisi, *per ogni contrattazione presa come riferimento*, di più parametri di confronto, ed è pertanto da considerarsi come un procedimento analitico.

Le fasi della stima prevedono le seguenti operazioni:
– *rilievo dei dati* e cioè dei prezzi e delle caratteristiche dei fabbricati simili;
– *scelta e quantificazione dei parametri di confronto.*

I parametri di confronto sono gli stessi visti per il procedimento monoparametrico (caratteristiche estrinseche e intrinseche e i relativi coefficienti di differenziazione). Mentre i parametri tecnici sono già quantificati con la specifica unità di misura, i **parametri qualitativi** devono essere trasformati in *scale numeriche* per essere introdotti nell'elaborazione aritmetica dei dati.
Questo tipo di procedimento, se da un lato può migliorare la qualità della stima, dall'altro deve fare i conti con le immancabili difficoltà pratiche:
- il rilievo analitico di dati elementari è lungo e costoso, soprattutto in relazione a stime di modesta importanza (singole unità immobiliari);
- le caratteristiche qualitative devono essere tradotte empiricamente in valori numerici.

Vi sono tuttavia casi in cui il procedimento multiparametrico può essere particolarmente utile, per esempio nel caso di *immobili di notevole importanza* per i quali si hanno *poche ed eterogenee contrattazioni di riferimento* (*v.* esempio 2.6).

ESEMPIO 2.6 STIMA MULTIPARAMETRICA

Si deve stimare una **villa ubicata in riva al mare** (o al lago, vedi la figura indicativa), in vicinanza di una piccola località turistica, edificata negli anni '30.
Lo stato di conservazione dell'immobile è scadente e richiede numerosi interventi di manutenzione straordinaria nelle parti interne ed esterne. Le contrattazioni verificatesi di recente in zona per fabbricati simili sono poche e riferite a immobili che, pur essendo della stessa tipologia edilizia (ville), evidenziano diversità di rilievo in merito ad alcune importanti caratteristiche.

Caratteristiche delle ville prese per il confronto

	Villa 1	Villa 2	Villa 3
Ubicazione	Comune di	Comune di	Comune di ....
Prezzo pagato (€)	1.100.000	1.570.000	1.400.000
Superficie (m²)	242	446	533
Accesso	Carrabile direttamente dalla strada pubblica	Pedonale, percorrendo in discesa un vialetto di 50 m	Carrabile, da una strada secondaria
Ubicazione dal mare	Sul mare	A 60 m dal mare	A 200 m dal mare
Ubicazione dal paese	Periferica	Periferica	Centrale
Stile architettonico	Moderno, comune	In stile, bello	Stile particolare, molto bello (liberty)
Anno di edificazione	Anni '60	Primi anni '50	Primi anni del '900
Stato di conservazione	Discreto	Buono	Richiede importanti lavori di manutenzione
Area di pertinenza	Ampio parco	Piccola area di pertinenza	Ampio parco secolare

Caratteristiche della villa oggetto di stima

Superficie (m²)	Accesso	Ubicazione dal mare	Ubicazione dal paese	Stile architettonico	Stato di conservazione	Area di pertinenza
419	Dalla strada pubblica	Sul mare (scogli)	A circa 2 km dal paese	Buono, normale	Scadente	Normale

Coefficienti

Per ogni parametro di confronto preso in considerazione viene assegnato un coefficiente che rappresenta in termini relativi l'incidenza della caratteristica sul valore.

Accesso:
- 1 ai fabbricati con accesso carrabile dalla strada pubblica;
- 0,7÷0,85 ai fabbricati con accesso pedonale (in base alla distanza dalla strada carrabile).

Ubicazione rispetto al mare:
- 1÷1,1 ai fabbricati posti sul mare in funzione del tipo di costa (scogli o spiaggia);
- 0,8÷0,95 ai fabbricati non direttamente sul mare, in funzione della distanza.

Ubicazione rispetto al centro del Comune più vicino:
- 1 posizione centrale o comunque nella zona più prestigiosa del Comune;
- 0,97 posizione periferica;
- 0,9÷0,96 fuori dal centro abitato (in funzione della distanza dal paese).

Stile architettonico:
- 1,05 ai fabbricati di stile prestigioso (molto bello);
- 1,02÷1,03 ai fabbricati in stile (bello);
- 0,97÷1 ai fabbricati privi di uno stile architettonico.

Stato di conservazione:
- 1,03÷1,1 ai fabbricati in discreto-ottimo stato di conservazione;
- 1 ai fabbricati in normale stato di conservazione;
- 0,9÷0,95 ai fabbricati in mediocre stato di conservazione;
- 0,6÷0,8 ai fabbricati in scadente stato di conservazione (in funzione del degrado).

Area di pertinenza:
- 1,02÷1,1 con grande area, in funzione anche della presenza di alberi ad alto fusto;
- 1 ai fabbricati con area pari a 4÷6 volte la superficie coperta;
- 0,94÷0,97 con aree minime.

Rif.	Prezzo pagato (€)	Superficie (m^2)	Accesso	Distanza dal mare	Distanza dal centro abitato	Stile architettonico	Età e stato di conservazione	Area di pertinenza	Prodotto
Villa 1	1.100.000	345	1,00	1,00	0,97	0,98	1,00	1,05	344,35
Villa 2	1.570.000	446	0,85	0,93	0,97	1,00	1,05	0,97	348,31
Villa 3	1.400.000	533	1,00	0,92	1,00	1,05	0,80	1,07	440,74
Totale	**4.070.000**	**1.324**							**1.133,40**

Per la **villa oggetto di stima** vengono fissati i seguenti coefficienti.

Superficie (m^2)	Accesso	Distanza dal mare	Distanza dal centro abit.	Stile architettonico	Età e stato di conservaz.	Area di pertinenza	Prodotto
419	1,00	1,00	0,92	1,00	0,75	1,00	289,11

Il valore della villa risulta:

$$\frac{4.070.000}{1.133,40} \times 289,11 = 1.038.184 \cong \mathbf{1.040.000\ €}$$

Risulta quindi che una stima monoparametrica basata sulla superficie avrebbe dato un valore unitario di 3.074 €/m^2, mentre con l'inserimento degli altri parametri il valore unitario finale risulta di 2.478 €/m^2.

2.2.5 Procedimento per capitalizzazione dei redditi

Il valore di mercato di un fabbricato può essere ottenuto accumulando all'attualità il reddito netto annuo del proprietario, utilizzando un saggio idoneo. Il reddito da capitalizzare, il beneficio fondiario, deve essere *ordinario* e *continuativo*, deve cioè potersi considerare costante e illimitato nel tempo.

Il valore si ottiene applicando la formula:

$$V_m = \frac{Bf}{r}$$

Occorrerà pertanto determinare (*v.* figura 2.6):
- il *Bf* ordinario;
- il saggio (*r*) di capitalizzazione.

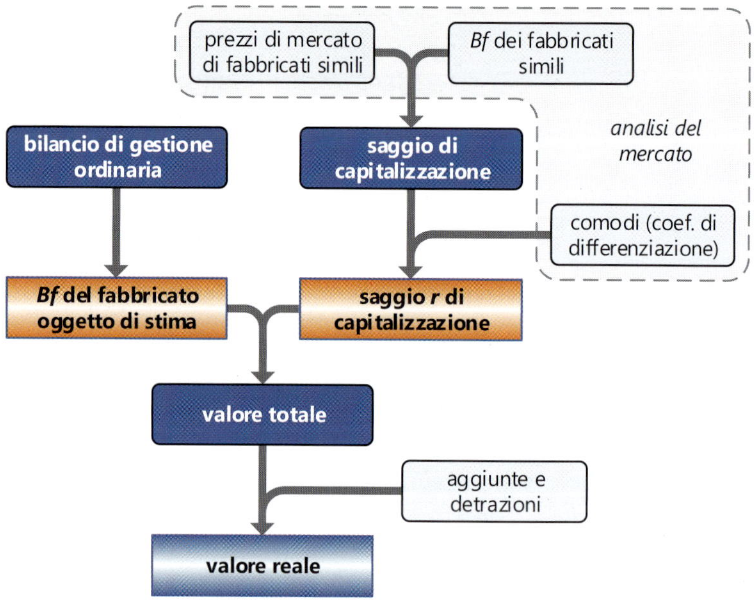

Figura 2.5
Schema della stima del valore di mercato con procedimento analitico.

Determinazione del beneficio fondiario

Il beneficio fondiario (*Bf*) è il *reddito netto annuo posticipato* che il proprietario può ordinariamente ricavare con la locazione del fabbricato.
Nel momento della stima il fabbricato può essere occupato dal proprietario stesso o sfitto, ma il canone di locazione è l'unico reddito che si può ipotizzare.

Il beneficio fondiario si ottiene detraendo le spese dal reddito lordo, secondo la formula (*v.* esempio 2.13 a pag. 57):

$$Bf = Rlt - (Q + Tr + Amn + Svz + Sf\text{-}In + I)$$

> **Interessi sul deposito cauzionale**
> Gli interessi al tasso legale sul *deposito cauzionale* devono essere versati dal locatore al conduttore, per cui non concorrono alla formazione del reddito lordo (legge 392/1978).

Il reddito lordo

Il reddito lordo totale (*Rlt*) (o *reddito padronale lordo*) è composto da:
- canone annuo di mercato;
- interessi sulle rate pagate anticipatamente nel corso dell'anno.

Le spese

Le spese che gravano sul proprietario-locatore sono le seguenti.

Quote (*Q*). Sono spese sostenute per la conservazione del fabbricato: reintegrazione, manutenzione *straordinaria*, assicurazione. Le spese di manutenzione *ordinaria* sono invece a carico del conduttore.

Tributi (*Tr*). Le imposte a carico del locatore sono l'IRPEF, l'IMU e il 50% dell'imposta di registro.

Amministrazione (*Amn*). Sono spese inerenti alla gestione del contratto di locazione (consulenze, cancelleria ecc.), l'assistenza legale e fiscale ecc.

Servizi (*Svz*). Comprendono le spese di gestione del fabbricato a carico del proprietario. In pratica si tratta solo del 10% delle spese di portineria; gli "oneri accessori" (pulizia parti comuni, riscaldamento, luce, gas ecc.) sono per legge a carico del conduttore (art. 9, legge n. 392/1978).

Sfitto e inesigibilità (*Sf-In*). Sono i mancati redditi che il proprietario può subire quando l'immobile non è locato (*sfitto*) o quando il locatario non paga, o paga in ritardo, le rate del canone (*inesigibilità*).

Interessi (*I*). Sono dovuti per il pagamento anticipato delle spese. Gli interessi passivi sono calcolati in modo analogo a quelli attivi (sulle rate del canone). In genere le spese, distribuite in vario modo nel corso dell'anno, vengono considerate globalmente a metà dell'anno.

In pratica

Il calcolo delle spese può essere effettuato in modo analitico o sintetico.

La **determinazione analitica** consiste nel ricercare e calcolare dettagliatamente ogni singolo importo. Questo lavoro di ricerca e analisi dei dati può essere lungo e complicato, anche per spese di entità modesta, e richiede ipotesi che a volte sono opinabili e approssimative. Per esempio non è facile prevedere il livello di imposizione fiscale ai fini IRPEF o l'ammontare della quota di manutenzione straordinaria.

Con la **determinazione sintetica** l'importo delle spese viene calcolato, in modo forfetario, applicando un'*aliquota sul canone annuo* (*v.* tabella 2.10 ed esempio 2.13 a pag. 57). Come si può notare nella tabella, le spese che incidono maggiormente sono le quote e i tributi (*v.* esempio 2.7)
Affinché la stima sia attendibile e "scientifica", queste aliquote devono essere frutto di una seria analisi economica eseguita per fabbricati simili e non di un sommario giudizio. Infatti è sufficiente una modesta variazione del beneficio fondiario, come del saggio di capitalizzazione, per far variare sensibilmente il valore. Si deve anche tenere conto del fatto che l'incidenza delle spese può essere diversa per locazioni a canone libero o concordato, per fabbricati a uso abitazione o commerciale (negozi, uffici ecc.).

2.10 Incidenza indicativa delle spese sul canone di locazione

Tipo di spesa	% indicativa sul canone annuo
Quote (reintegrazione 3÷8%, assicurazione 1÷2%, manutenzione straordinaria 4÷8%)	8÷18
Tributi (IRPEF, IMU)	23÷40
Amministrazione e servizi	2÷4
Sfitto e inesigibilità	2,5÷5
Interessi	0,5÷1
Totale	**36÷68**

ESEMPIO 2.7 **INCIDENZA DELLA QUOTA DI REINTEGRAZIONE E DEI TRIBUTI SUL CANONE**

Canone annuo di locazione: 7.200 €

Quota di reintegrazione

Valore del fabbricato:	120.000 €	(costo di costruzione area esclusa)
Saggio di interesse:	1,5%	
Vita utile del fabbricato:	100 anni	

$$Q_{rein} = 120.000 \times \frac{0,015}{1,015^{100} - 1} = 524\ €$$

pari al 7,3% del canone.

Tributi (tassazione minima per canone concordato)

Rendita catastale:	785,56 €	
Aliquota IMU:	1,06%	
IRPEF, cedolare secca:	7.200 × 10% =	720 €
IMU:	785,56 × 1,05 × 160 × 1,06% × 75%=	1.049 €
Totale		1.769 €

pari al 24,6% del canone.

Determinazione del saggio di capitalizzazione

Metodo diretto

La stima del valore di mercato per capitalizzazione dei redditi consiste in una comparazione che utilizza come parametro di confronto il beneficio fondiario. Infatti se:

$$V = \frac{Bf}{r} \quad \text{e} \quad r = \frac{\Sigma Bf}{\Sigma V}$$

sostituendo r nella prima formula si ottiene:

$$V = \frac{Bf}{\frac{\Sigma Bf}{\Sigma V}} \qquad \text{e quindi:} \qquad \frac{V}{Bf} = \frac{\Sigma V}{\Sigma Bf}$$

Ponendo $Bf = p$ (parametro) si ottiene, come si doveva dimostrare, l'ormai nota equazione fondamentale per la determinazione del valore di mercato:

$$\Sigma V : \Sigma p = V_x : p_x$$

Il saggio di capitalizzazione deve essere determinato quindi con riferimento ai benefici fondiari (Bf_i) e ai corrispondenti prezzi di mercato (V_i) dei beni simili presi a confronto (*v.* esempio 2.8):

$$r = \frac{Bf_1 + Bf_2 + ... + Bf_n}{V_1 + V_2 + ... + V_n}$$

Il saggio ottenuto rappresenta la *media dei saggi di capitalizzazione relativi ai fabbricati simili*. Affinché questa media sia statisticamente significativa e attendibile è necessario che:

- gli immobili simili presi a confronto siano in *numero* sufficiente;
- sia possibile conoscere i *prezzi* realmente pagati;
- sia eseguito il calcolo analitico di ciascun *beneficio fondiario*.

Il saggio di capitalizzazione così determinato potrà essere corretto dal perito, se necessario, in presenza di comodi (*riduzione del saggio*) o scomodi (*aumento del saggio*).

ESEMPIO 2.8 **CALCOLO DEL SAGGIO DI CAPITALIZZAZIONE**

Nella tabella che segue sono riportati i redditi e i prezzi dei fabbricati simili. Il *reddito lordo* è dato dal montante delle rate mensili anticipate (r = 2,5%). Le spese sono già considerate a fine anno.

Ubicazione	Canone annuo (€)	Reddito lordo (€)	Spese (€)	*Bf* (€)	Prezzo di mercato (€)
Via	7.300	7.399	3.420	3.979	225.000
Via	8.600	8.716	3.985	4.731	230.000
Via	9.200	9.325	4.268	5.057	240.000
Via	8.400	8.514	3.963	4.551	210.000
Via	6.650	6.740	3.112	3.628	225.000
Totale				**21.946**	**1.130.000**

Saggio di capitalizzazione:

$$r = \frac{21.946}{1.130.000} = 0{,}0194 = 1{,}94\%$$

Dato per esempio un beneficio fondiario ordinario e continuativo di 4.500 €, il valore del fabbricato risulterebbe:

$$V = \frac{4.500}{0{,}0194} = 231.959 \text{ €}$$

Metodo indiretto

Il metodo indiretto consiste nel simulare un mercato "parallelo", con riferimento a beni che si possano considerare analoghi al fabbricato dal punto di vista economico. L'analogia consiste in un equivalente rapporto tra rendimento e valor capitale a parità di altre condizioni. È stato proposto, per esempio, il confronto con i saggi di rendimento di titoli di credito a lunga durata e a basso rischio, come per esempio i BTP trentennali.

In realtà l'analogia non è mai sufficientemente adeguata, anche per il fatto che il fabbricato ha una sua utilità intrinseca che gli altri beni, supposti come analoghi, in genere non hanno. I fabbricati e i beni mobili hanno infatti un mercato ben diverso.

Dalla teoria alla pratica

Il procedimento per capitalizzazione dei redditi è anche definito per antonomasia come "analitico". In realtà può essere definito tale solo se ha origine da dati elementari, anche per quanto riguarda la determinazione del saggio di capitalizzazione. In caso contrario potrà essere solo genericamente definito, appunto, "per capitalizzazione dei redditi".

Si deve far notare, al riguardo, come la stima analitica del valore di mercato sia poco usata in ambito professionale a causa della sua scarsa affidabilità e anche dei presupposti teorici su cui è basata. È innanzitutto discutibile l'ipotesi basilare, che cioè il valore di mercato coincida con l'accumulazione all'attualità del reddito netto del proprietario. L'assunto presuppone, tra l'altro, che il reddito ritraibile oggi sia costante e illimitato nel tempo. Ma al di là di non semplici teorie economico-estimative, non di rado accademiche, il procedimento incontra le sue maggiori difficoltà nella fase di determinazione del saggio di capitalizzazione. È sufficiente infatti una modesta variazione del saggio per avere una variazione del valore molto consistente. Se allora per la determinazione del saggio occorrono i prezzi di mercato di fabbricati simili (oltre ai relativi benefici fondiari), e tali prezzi sono disponibili, il valore di mercato è di per sé perseguibile in base a più semplici e affidabili parametri tecnici, primo fra tutti la superficie. Che senso ha, a questo punto, analizzare i redditi, quando la procedura di stima ha già pienamente raggiunto il suo obiettivo (il valore di mercato)?

2.2.6 Valore di mercato delle autorimesse

Tipi di autorimesse

Le **autorimesse** o *box* o *garage* sono vani chiusi destinati al deposito delle automobili. Nei fabbricati residenziali i box sono di solito singoli (un solo posto-auto), ma nei nuovi fabbricati sta aumentando la presenza dei box doppi, ricavati negli ampi piani interrati.

Box doppi orizzontali e verticali
Il box doppio può avere una forma che consente l'accesso indipendente delle due automobili o una forma allungata, con le due auto accodate. Ovviamente ha maggiore "comodità" il box orizzontale.

La *dimensione* di un box singolo è di circa 5÷6 × 2,4÷3 m. In funzione dell'abbondanza della dimensione, oltre all'automobile possono essere parcheggiate biciclette o motocicli o si può utilizzare il box come ripostiglio. Di questo aspetto si può eventualmente tenere conto come comodi o scomodi.
Le autorimesse ubicate *nel piano interrato* del fabbricato hanno accesso tramite uno scivolo direttamente dalla strada pubblica. Il piano interrato è direttamente collegato col vano scala e con l'ascensore e quindi ai piani. La schiera di box non incide così (negativamente) sull'aspetto estetico del fabbricato. Inoltre il passaggio delle automobili e il rumore provocato dalle porte basculanti non disturba gli abitanti dei piani bassi. Vi è poi una specifica normativa antincendio.
Viceversa, le autorimesse ubicate *fuori terra*, di solito in corpi di fabbrica separati, accessibili dal cortile comune, sono presenti soprattutto in condomini di tipo economico di non recente edificazione.

I **posti-auto** sono spazi delimitati e contrassegnati nell'ambito delle parti comuni del condominio (in cortile o nel piano interrato). Possono essere *coperti*, nella maggior parte dei casi, o *scoperti*. I posti-auto consentono di parcheggiare l'automobile in un luogo di proprietà privata, ma evidentemente non offrono la possibilità di depositare altri oggetti o la maggiore sicurezza dei box.

Regime pertinenziale

Le *autorimesse di un condominio* sono economicamente indipendenti e possono essere vendute o locate indipendentemente dall'appartamento, anche a soggetti esterni al condominio. Sono quindi autonome unità immobiliari, anche se è evidente il loro utilizzo come pertinenza dell'abitazione.
L'autorimessa nel *piano interrato di una villetta a schiera*, comunicante con i vani a uso residenziale, è invece pertinenza solo dell'unità immobiliare a cui è collegata funzionalmente (anche se in catasto viene comunque dichiarata come autonoma unità immobiliare).
I *posti-auto* sono sempre abbinati a un appartamento e possono essere trasferiti solo nell'ambito condominiale.

Aspetti estimativi

La domanda di mercato delle autorimesse è particolarmente forte nei *centri delle grandi città* e nelle zone limitrofe, dove non vi è equilibrio tra il numero delle

abitazioni e il numero delle autorimesse. In questi casi, per lo sbilanciamento tra domanda e offerta, le quotazioni possono raggiungere 40÷50.000 € e oltre per un box singolo. Nelle *zone periferiche* o nei piccoli Comuni le quotazioni sono ben inferiori, indicativamente di 15÷20.000 € cadauno.
Analogamente incide sul valore di un box il rapporto tra il numero di appartamenti e il numero di autorimesse nell'ambito di uno stesso condominio: se il numero delle autorimesse è insufficiente e vi sono scarse possibilità di parcheggiare l'auto sul suolo pubblico, la domanda sarà molto sostenuta. In questo caso è anche evidente la *complementarità* tra abitazione e box: la presenza di quest'ultimo può far salire la quotazione dell'abitazione per la presenza di comodi positivi.
Le quotazioni dei **posti-auto** sono indicativamente pari alla *metà* dei box se sono coperti e pari a *un terzo* se sono scoperti.

2.3 VALORE DI COSTO

2.3.1 Introduzione

Valore di costruzione, di ricostruzione e di recupero

Per valore di costo si intendono le spese che un imprenditore ordinario dovrebbe sostenere per edificare un nuovo fabbricato (**valore di costruzione**), per ricostruire un fabbricato esistente (**valore di ricostruzione**) o per ristrutturare un fabbricato in stato di degrado (**valore di recupero**).

La ricostruzione di un fabbricato
La ricostruzione non è intesa come una riproduzione modellistica, ma come realizzazione di un fabbricato della medesima dimensione e qualità edilizia.

Il *valore di ricostruzione* considera l'edificazione di un fabbricato che abbia la stessa utilità funzionale di un fabbricato esistente o già esistito, deprezzato in funzione dell'età e dello stato di conservazione. La ricostruzione avviene con materiali e tecniche attuali e ha come risultato un immobile che non è necessariamente uguale, in senso fisico, a quello oggetto di stima.

Per *valore di recupero* si intendono le spese necessarie per la ristrutturazione, per il restauro o per la manutenzione straordinaria di un fabbricato esistente. Il costo di recupero dipende dallo stato di degrado del fabbricato (leggero, medio, grave) e dal tipo e dalla qualità del fabbricato che si vuole ottenere con i lavori di recupero.

Il valore di costo, che può comprendere o meno il valore dell'area edificabile, viene determinato con riferimento alle spese che sarebbero sostenute da un **imprenditore ordinario**: una figura astratta che viene ipotizzata dal perito per rappresentare la media degli imprenditori edili che operano nella zona per l'edificazione di fabbricati dello stesso tipo. L'imprenditore ordinario agisce in un contesto di "normalità" in quanto mediamente dotato di capacità imprenditoriali, di mezzi produttivi, di tecniche di produzione e di ogni altro fattore influente sui costi di produzione.

Casi di stima

Un fabbricato viene stimato secondo il criterio del costo in genere nei seguenti casi pratici:
– quando *non esiste un mercato* di fabbricati simili;
– nelle stime dei *danni*;
– per la stima del *valore di trasformazione* di un'area edificabile.

La stima del valore di costo può essere richiesta anche in un contesto economico (non estimativo-conflittuale):
- per fornire un *giudizio sulla convenienza* a eseguire un determinato progetto edilizio (il costo deve essere inferiore ai ricavi previsti);
- per la partecipazione a una *gara d'appalto* (preventivazione).

2.3.2 Il costo totale di costruzione

Il costo totale di costruzione comprende due tipi di spesa: il *costo di cantiere* e le *spese generali*.

Il costo di cantiere

Il costo di cantiere o "*secco*" comprende le spese necessarie per edificare fisicamente il fabbricato, dall'apertura fino alla chiusura del cantiere. Comprende quindi le spese per l'acquisto dei materiali da costruzione, per la manodopera, per i noleggi ecc.
Le diverse categorie di opere incidono sul costo totale in misura diversa in funzione del tipo di fabbricato e dell'ubicazione all'interno o all'esterno di zone sismiche, dove gli standard edilizi stabiliti dalla legge fanno lievitare i costi di produzione. Nella tabella 2.11 è riportata l'incidenza indicativa dei costi per le diverse categorie di opere per fabbricati residenziali e per capannoni prefabbricati.

2.11 Ripartizione del costo di cantiere per categorie di opere in %

	Edifici residenziali	Capannoni prefabbricati
Scavi, fondazioni e reinterri	7÷8	6÷8
Strutture portanti, solai	18÷20	28÷30
Copertura	2÷3	10÷12
Tamponamento esterno	9÷10	3÷4
Impianti generali (idrico-sanitario, elettrico, termico ecc.)	15÷17	13÷15
Fognature (orizzontali e verticali)	1,5÷2	2÷4
Finiture esterne (rivestimenti, serramenti ecc.)	8÷9	2÷4
Finiture interne (muri divisori, rivestimenti, serramenti ecc.)	22÷24	3÷5
Impiantistica specifica	0÷0	2÷5
Spese generali di cantiere	9÷11	15÷17
Totale	**91,5÷104**	**84÷104**

Le spese generali

Le spese generali comprendono il progetto, gli oneri relativi al permesso di costruire e il profitto normale d'impresa. L'ammontare di queste spese è di solito quantificato forfetariamente, con una percentuale sul costo di cantiere (*v.* tabella 2.12). Tale importo può oscillare da un minimo del 25% a un massimo del 50% in funzione dell'importanza della città e della tipologia di fabbricato.
Le spese di **progetto** vengono sostenute inizialmente per la produzione degli elaborati necessari per il rilascio del permesso di costruire. Viene poi realizzato il progetto esecutivo, completo del capitolato d'appalto. Deve essere nominato un *direttore dei lavori* che verifichi l'esecuzione effettiva secondo il progetto.
Anche l'uso del *cemento armato* e la *sicurezza* (Dlgs n. 81/2008) prevedono un progetto e un responsabile.
Nelle spese di progetto sono anche inclusi i costi per l'*accatastamento* e per il calcolo dei *millesimi condominiali*.

L'autorizzazione paesaggistica
L'autorizzazione paesaggistica, regolamentata dal Codice dei beni culturali (Dlgs 42/2004), è obbligatoria per interventi in aree tutelate. A seconda dell'intervento edilizio, si accede a una procedura per l'autorizzazione semplificata od ordinaria.

Il **permesso di costruire**, da richiedere ai sensi del Testo unico per l'edilizia, DPR n. 380/2001, richiede il pagamento di un *contributo di costruzione* e degli *oneri di urbanizzazione primaria e secondaria*. In molte zone è richiesta l'**autorizzazione paesaggistica**, rilascia da un'apposita commissione.

Il **profitto normale d'impresa** tiene conto dei rischi e dell'utile che ordinariamente un imprenditore può conseguire. La quantificazione del profitto normale è piuttosto "complicata". Dall'analisi dei prezzi di vendita e dei costi di costruzione, pur considerando valori elevati delle aree, il profitto d'impresa sembra essere di notevole entità (fino al 30÷40% del costo di costruzione). Non è quindi semplice stabilire la misura "normale", soprattutto quando la qualità dell'imprenditore che viene premiata maggiormente è la capacità di ottenere la disponibilità di aree da edificare.

Opere di urbanizzazione
Sono opere *primarie* gli allacciamenti (elettrico, idrico, gas, fognatura), la viabilità, i parcheggi; *secondarie* gli asili nido, le scuole per l'infanzia, le scuole dell'obbligo, gli edifici per il culto e la cultura, gli impianti sportivi e le aree verdi di quartiere.

2.12 Incidenza indicativa delle spese generali

Tipo di spesa	% sul costo di costruzione
Oneri relativi al permesso di costruire	5÷10
Oneri di urbanizzazione:	
– residenziale, nuove costruzioni	10÷15
– residenziale, ristrutturazioni	5÷10
– commerciale, terziario direzionale	10÷20
– industriale e artigianale	5÷15
Progetto e direzione lavori, progetto sicurezza	4÷10
Profitto normale d'impresa	10÷15

2.3.3 Il metodo di stima

La stima del valore di costruzione è basata sul confronto con i costi sostenuti per edificare fabbricati simili e quindi sulla nota equazione fondamentale:

$$\Sigma V_k : \Sigma p = V_k : p \qquad \text{da cui:} \qquad V_k = \frac{\Sigma V_k}{\Sigma p} p$$

dove:

ΣV_k = sommatoria dei costi di costruzione sostenuti di recente per edificare fabbricati simili (esclusa l'area);
Σp = sommatoria dei parametri di confronto relativi ai fabbricati simili;
V_k = valore di costo del fabbricato oggetto di stima;
p = parametro relativo alla consistenza del fabbricato oggetto di stima.

Parametri di confronto

Il parametro di confronto per la stima del valore di costo è sempre tecnico: il metro cubo vuoto per pieno, la superficie netta calpestabile, la superficie lorda di pavimento, in funzione anche della tipologia di fabbricato.

La **cubatura lorda vuoto per pieno** (m^3 vpp) si ottiene moltiplicando la superficie del fabbricato, misurata all'esterno dei muri perimetrali, per l'altezza che va dal livello del piano di campagna all'estradosso (parte esterna della soletta) del tetto. Non si considera di solito la cubatura delle parti interrate, comunque comprese nel costo di costruzione delle parti fuori terra.

La **superficie lorda di pavimento** (*Slp*) è costituita dalla somma delle superfici di ciascun piano al lordo delle murature (anche perimetrali), nonché di ogni altra superficie coperta. Le scale e i vani ascensore sono considerati una sola volta. Sono esclusi dal calcolo i balconi, le logge e i vani tecnici (ascensore, caldaia, autoclave ecc.).

La **superficie netta calpestabile** (o *superficie utile abitabile*) si ottiene misurando i vani al netto dei muri. La superficie netta nei fabbricati residenziali incide, indicativamente, nella misura dell'80÷90% sulla superficie lorda totale di pavimento.

2.3.4 Procedimento sintetico

Con procedimento sintetico il dato iniziale per la stima è il *valore unitario di costo* ottenuto dal rapporto tra i costi di costruzione sostenuti per edificare fabbricati simili e i relativi parametri dimensionali (*v.* figura 2.7):

$$K_u = \frac{\Sigma V_k}{\Sigma p} \quad (€/m^3 \text{ o } €/m^2)$$

Il valore del fabbricato risulta da:

$$V_k = K_u \; p \; c_v$$

dove p è il parametro (la dimensione del fabbricato) e c_v è l'eventuale coefficiente di vetustà.

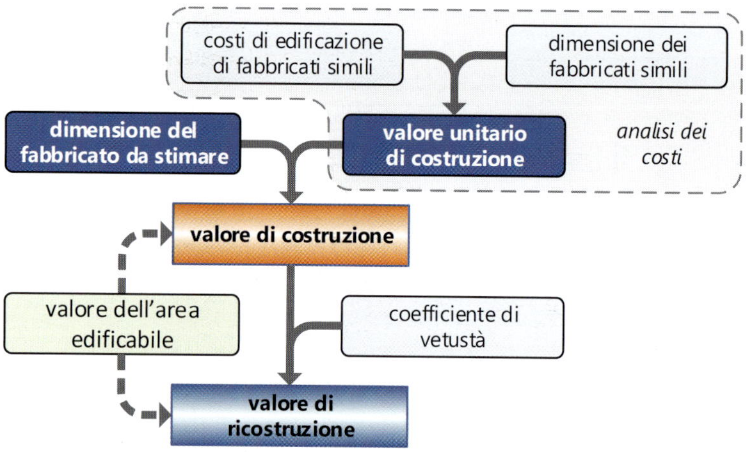

Figura 2.6
Schema della stima del valore di costruzione e ricostruzione con procedimento sintetico.

Il valore unitario di costruzione

Il valore unitario di costruzione (K_u) è rilevabile da:

- **imprenditori edili** operanti nella zona, che abbiano edificato di recente fabbricati analoghi, per dimensione e tipologia, a quello da stimare;
- **pubblicazioni specializzate**, a cura di ordini professionali, associazioni dei costruttori ecc., che hanno rilevato i costi su ampia scala, analizzando in dettaglio i prezzi delle materie prime e della manodopera.

I *costi rilevati direttamente da imprenditori edili*, al netto dell'area edificabile, devono comprendere le stesse tipologie di spesa (progetto e direzione lavori, oneri relativi al permesso di costruire, profitto normale d'impresa) e devono essere riferiti a un'epoca recente (in caso contrario possono essere rivalutati utilizzando gli indici pubblicati dall'ISTAT).

I *costi noti tramite pubblicazioni specializzate* hanno il vantaggio di essere pronti e calcolati da specialisti; per contro, peccano di genericità, in quanto sono riferiti a fabbricati tipo.

A titolo indicativo il costo totale di costruzione *ex novo* per un fabbricato di medie dimensioni e qualità è attualmente di 400÷600 €/m^3 vpp (*v.* esempio 2.9) o circa 1.200÷1.600 €/m^2 di superficie commerciale, in funzione anche della zona geografica (esclusa l'area edificabile, comprese le spese generali).

ESEMPIO 2.9 **STIMA DEL COSTO UNITARIO DI COSTRUZIONE**

Sia da stimare il valore di costruzione di un fabbricato a uso residenziale di 7.200 m^3 edificato su un'area di 4.800 m^2.
Si considera un costo unitario di costruzione, acquisito in seguito a indagini eseguite presso imprenditori edili (e/o determinato consultando le pubblicazioni...), di:

400 €/m^3 vpp

Costo di cantiere:

7.200 m^3 × 400 €/m^3 =		2.880.000 €
Spese generali:		
– oneri relativi al permesso di costruire	2.880.000 × 22% =	633.600 €
– progetto, direzione lavori	2.880.000 × 8% =	230.400 €
– profitto normale d'impresa	2.880.000 × 10% =	288.000 €
Costo totale (costo di cantiere + spese generali)		4.032.000 €
Valore dell'area edificabile		2.200.000 €
Valore totale di costruzione		6.232.000 €

Costo unitario, comprese le spese generali:

$$\frac{3.744.000}{7.200} = 560 \text{ €/m}^3 \text{ vpp}$$

2.3.5 Procedimento analitico

Il procedimento analitico per la determinazione del valore di costo consiste in un'*analisi e calcolo dettagliati di tutte le spese che un imprenditore ordinario dovrebbe sostenere per edificare un fabbricato*. L'elaborato tecnico con cui viene svolto tale calcolo è detto **computo metrico estimativo**.
Il computo metrico è un elaborato importante e ricorrente nella professione del geometra, ma difficilmente può essere utilizzato per la stima di un intero fabbricato. Si tratta infatti di un elaborato molto lungo e complesso, e quindi talmente oneroso da non poter essere giustificato in un ambito microestimativo. È invece più frequente l'esecuzione di *computo metrico estimativo parziale*, limitato ad alcune opere edilizie (una manutenzione, la riparazione di un danno ecc.).

Tipi di computo metrico

Le diverse tipologie di computo metrico dipendono dalle finalità che esso può avere.

Il **computo metrico preventivo** ha lo scopo di stabilire il costo che una determinata impresa potrebbe sostenere per l'edificazione di un nuovo manufatto edilizio. I prezzi dei materiali e della manodopera, i tempi di esecuzione ecc. sono quelli previsti per quell'impresa e possono essere più bassi o più alti rispetto all'ordinarietà in funzione delle sue caratteristiche (organizzazione interna, dotazione di mezzi, profitti sperati ecc.).

ESTIMO IMMOBILIARE

Il **computo metrico consuntivo** è invece il costo che una determinata impresa ha sostenuto per edificare un fabbricato. I prezzi e le quantità sono in questo caso dati certi, perché realmente sostenuti e rilevabili dalla contabilità aziendale. Lo scopo di questo tipo di computo è calcolare l'utile realizzato (o la perdita subita).

Il **computo metrico estimativo** è il costo per l'edificazione di un fabbricato determinato con riferimento all'imprenditore ordinario (non quindi a "una determinata impresa"). I prezzi, come i tempi di esecuzione dei lavori e ogni altro dato, saranno perciò riferiti alla media delle imprese operanti nella zona per l'esecuzione di fabbricati simili (*v.* figura 2.8).

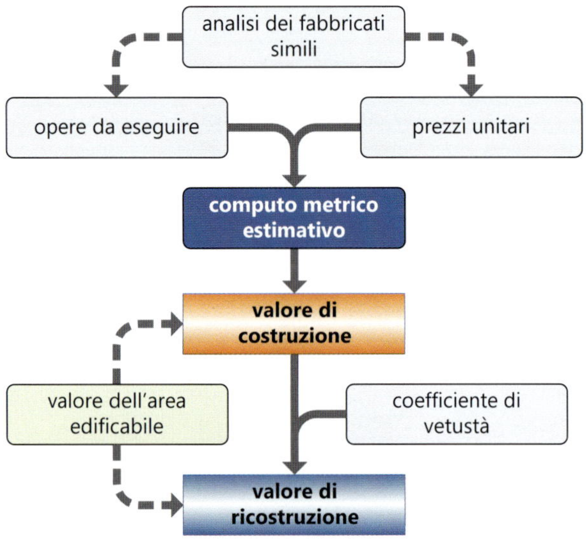

Figura 2.7
Schema della stima del valore di costruzione e ricostruzione con procedimento analitico.

Esecuzione del computo metrico

Il computo metrico consiste nel riportare analiticamente tutte le spese da sostenere per l'esecuzione di un'opera edilizia. L'esecuzione comprende (*v.* esempio 2.10 a pag. 54):
- la classificazione e descrizione delle opere;
- la misurazione;
- la determinazione dei prezzi unitari.

L'esecuzione di un computo metrico estimativo richiede una notevole esperienza per l'elencazione completa di tutti i lavori necessari e per la determinazione dei prezzi unitari; le competenze devono essere quindi sia nel campo tecnico sia in quello economico-estimativo.

Software per computi metrici
L'esecuzione di questo elaborato, lungo e complesso, è oggi assistito da software che si interfaccia con i programmi CAD per il rilievo delle misure e che contiene la descrizione completa delle voci di spesa e i prezzi di riferimento.

Classificazione dei lavori

La classificazione dei lavori deve seguire uno schema ordinato e logico, che consenta una chiara leggibilità. I criteri di classificazione possono seguire, più o meno fedelmente, i criteri adottati dai prezziari delle CCIAA o della norma UNI 8290:1983.

Classificazione per lavorazioni e materiali. È adottata nei prezziari pubblicati dalle Camere di commercio provinciali. I lavori sono raggruppati in macrocategorie (*v.* tabella 2.13):
- *opere da imprenditore edile* (nuove costruzioni, ristrutturazioni, fabbricati);
- *opere specialistiche* (lattoniere, falegname, stuccatore, pavimentista ecc.);
- *impianti tecnologici* (elettrico, riscaldamento, idrico-sanitario ecc.).

2.13 Categorie di opere nel computo metrico estimativo	
Costo di cantiere	**Lavori da eseguire**
Opere edili	Scavi, fondazioni, struttura portante, solai, copertura, muri di tamponamento esterni e interni, intonaci, pavimenti, rivestimenti interni, rivestimenti esterni, verniciature, tinteggiature, impianto fognario, pavimentazione esterna, recinzione.
Opere di falegname	Serramenti interni ed esterni, cassonetti tapparelle ecc.
Opere di fabbro	Ringhiere, recinzioni, porte in ferro ecc.
Opere di lattoniere	Canali, grondaie ecc.
Opere di giardiniere	Creazione aiuole, semina giardino, piantumazioni ecc.
Impianto idrico-sanitario	Tubazioni per l'acqua calda e fredda, scarichi fognari, apparecchi sanitari ecc.
Impianto di riscaldamento	Centrale termica, rete di distribuzione ecc.
Impianto elettrico	Rete energia elettrica, citofono, antenna TV ecc.
Impianto di ascensore	
Spese generali di cantiere	Direzione, impianto del cantiere, tasse varie ecc. (8÷15% sulle spese precedenti).

Classificazione UNI 8290:1983. La norma definisce i *metodi di classificazione e codificazione degli elementi tecnici della costruzione*. La classificazione viene effettuata su tre livelli:
- *classi di unità tecnologiche omogenee* (es. Struttura portante);
- *unità tecnologiche* (es. Struttura di fondazione);
- *classi di elementi tecnici* (es. Struttura di fondazioni dirette).

Misurazione

La misurazione, effettuata di solito su supporti grafici del progetto, prevede l'utilizzo delle unità di misura proprie del materiale o della categoria di opera presa in considerazione. Per esempio:
- *cubatura* (effettiva), per opere in calcestruzzo, pilastri, travi ecc.;
- *cubatura vuoto per pieno*, per la demolizione totale di fabbricati;
- *metro quadrato*, per casseforme, solai, sottofondi, intonaci, pavimenti ecc.;
- *metro lineare*, per pali di fondazione, gronde, recinzioni, battiscopa ecc.;
- *percentuale* su un costo già calcolato, per l'assistenza muraria alla posa dei pavimenti o all'installazione dell'impianto elettrico ecc.;
- *a corpo* (cadauno), per un pozzetto, un elemento sanitario, un albero ecc.;
- *a peso*, per opere in ferro o rame;
- *a tempo* (ora di lavoro), per la manodopera.

Prezzi unitari

I prezzi unitari sono determinati, per fini estimativi, seguendo il criterio dell'ordinarietà. Il punto di riferimento iniziale sono i prezzi pubblicati dalle Camere di commercio, ma anche da associazioni dei costruttori, da ordini professionali, da enti pubblici. I prezzi unitari così individuati possono variare in funzione di *particolari difficoltà tecniche* per l'esecuzione dell'opera edilizia: opere architettoniche con soluzioni tecniche inusuali, mancanza di strade, falde acquifere superficiali ecc. I prezzi possono poi variare in funzione del numero di imprese che operano in una determinata zona (dove operano numerose imprese edili in regime di concorrenza i prezzi potrebbero essere più bassi).

ESEMPIO 2.10 **COMPUTO METRICO ESTIMATIVO**

Elenco delle spese per una pavimentazione.

Cod.	Descrizione	U.m.	L_1	L_2	H	Tot.	Prezzo u. (€/U.m.)	Importi (€)
	PAVIMENTI							
...	Sottofondo di pavimento spessore 4 cm	m^2	3,0	2,2		6,6	14,25	94,05
	Piastrelle in grés tipo ...	m^2	3,0	2,2		6,6	24,50	161,70
...	Posa in opera	m^2	3,0	2,2		6,6	22,00	145,20
...	Assistenza muraria, compresa manovalanza in aiuto a posatori	m^2	3,0	2,2		6,6	12,00	79,20
	Totale pavimenti							480,15

2.3.6 Coefficienti di deprezzamento e vetustà

Il **coefficiente di deprezzamento** esprime la diminuzione di valore di un fabbricato in funzione dall'età e dello stato di conservazione. Può essere stimato sommariamente (per esempio 35%, 60% o 1/4, 1/3 ecc.) oppure può essere calcolato con la formula degli esperti contabili dell'UE (*v.* esempio 2.11):

Esperti della UE
Gli esperti sono selezionati dalla Commissione europea per contribuire all'elaborazione di politiche e di programmi. Gli esperti che ne fanno domanda, e che hanno i requisiti per essere ammessi, sono inclusi in un apposito registro europeo.

$$c_d(\%) = \frac{\left(\frac{n}{E_u} \times 100 + 20\right)^2}{140} - 2,86$$

dove n è l'età attuale ed E_u la vita utile del fabbricato (anni).

Il coefficiente così determinato può essere aumentato o diminuito in funzione dello stato di conservazione dell'immobile. Oppure nella formula si può inserire, invece dell'età effettiva, l'età che può corrispondere allo stato di conservazione. I coefficienti di deprezzamento calcolati sulla base di diverse età utili del fabbricato sono riportati nella tabella 2.14.

Il **coefficiente di vetustà** è applicabile al valore a nuovo per ottenere il valore di ricostruzione ed è dato da:

$$c_v = 1 - c_d$$

ESEMPIO 2.11 **VALORE DI RICOSTRUZIONE DI UN FABBRICATO**

Un fabbricato ha un'età di 50 anni e una vita utile di 100:

$$c_d = \frac{\left(\frac{50}{100} \times 100 + 20\right)^2}{140} - 2,86 = 32\%$$

Il coefficiente di vetustà risulta:

$c_v = 1 - 0,32 = 0,68$

Dato un valore di costruzione *ex novo* di 500 €/m^3 (area esclusa), il valore di ricostruzione per un appartamento di 100 m^2, pari a circa 300 m^3, risulta:

V_k = 500 €/m^3 × 300 m^3 × 68% = **102.000 €**

2.14	Coefficienti di deprezzamento calcolati con la formula contabile (%)					
Anni	**Base su 120 anni**	**Base su 100 anni**	**Base su 70 anni**	**Base su 50 anni**	**Base su 40 anni (finiture)**	**Base su 30 anni (finiture)**
5	1	2	2	4	5	7
10	3	4	6	9	12	17
15	5	6	9	15	21	32
20	7	9	14	23	32	51
25	9	12	19	32	46	73
30	12	15	25	43	62	100
35	14	19	32	55	80	
40	17	23	40	69	100	
45	21	27	48	84		
50	24	32	57	100		
55	28	37	67			
60	32	43	77			
65	36	49	88			
70	41	55	100			
75	46	62				
80	51	69				
85	56	76				
90	62	84				
95	67	92				
100	73	100				
105	80					
110	86					
115	93					
120	100					

Coefficiente di deprezzamento disaggregato

La stima forfetaria o la formula contabile di deprezzamento non tengono conto della durata delle diverse parti che costituiscono un edificio e dei lavori di rinnovo eseguiti nel tempo. Si potrebbe allora calcolare in modo più accurato il coefficiente di vetustà scomponendo il fabbricato, in funzione della durata, in due parti:

- le *strutture portanti* (strutture in cemento armato, muri portanti, muri di tamponamento, solai, tetto ecc.);
- le *finiture* e gli *impianti* (rivestimenti interni, pavimenti, serramenti, apparecchi sanitari, impianto elettrico ecc.).

Le **strutture portanti** hanno una vita utile molto lunga, nell'ordine di 80÷120 anni e anche più. Per fabbricati a uso di specifiche attività produttive (particolari lavorazioni industriali, stalle, serre ecc.) l'obsolescenza tecnica riduce l'età utile anche a 50 anni.

Per le **finiture** e gli **impianti** si sostengono invece, a cadenze più brevi, spese di rinnovo (opere di manutenzione straordinaria o di restauro). Questi lavori si rendono necessari per l'usura degli impianti, ma anche per i cambiamenti delle mode e dei gusti legati al ricambio generazionale. Per queste opere si deve pertanto ipotizzare una durata inferiore, pari a circa 30÷40 anni.

Per ognuna di queste due parti si dovrà determinare la probabile **vita utile** e il **peso** sul valore complessivo.

Per le strutture il coefficiente di vetustà avrà come base l'età del fabbricato a partire dalla data di costruzione, per le finiture e gli impianti il numero di anni trascorsi da quando sono state eseguite in modo organico le opere di manutenzione straordinaria o di restauro. Il peso delle due parti, vista anche la ripartizione in percentuale del costo totale di costruzione per le varie tipologie di opere edilizie (*v.* tabella 2.11), è in genere, per un fabbricato residenziale, il seguente: strutture, 60÷65%, finiture e impianti, 35÷40%. Combinando i due parametri, si potrà determinare il coefficiente di vetustà applicabile al valore di costo complessivo (*v.* esempio 2.12).

ESEMPIO 2.12 **COEFFICIENTE DI DEPREZZAMENTO DISAGGREGATO**

Si consideri per esempio un fabbricato di 50 anni (vita utile 100 anni) per il quale si è proceduto a eseguire 10 anni fa opere di manutenzione straordinaria per il rinnovo degli impianti e delle finiture (vita utile di queste ultime 35 anni).

Si considerano i seguenti coefficienti di deprezzamento (dalla tabella 2.14):

– strutture (età 50 anni su 100) 32%
– finiture e impianti (età 10 anni su 35) 15%

Il valore di costo dell'edificio viene così suddiviso:

– 65% per le strutture,
– 35% per le finiture e gli impianti.

Si ottiene quindi il seguente coefficiente di vetustà disaggregato:

$65 \times 32\% + 35 \times 15\% = 26\%$

Il valore di ricostruzione risulta (dati dell'esempio 2.11):

$500\ €/m^3 \times 300\ m^3 \times (1 - 26\%) = 111.000\ €$

2.4 VALORE DI CAPITALIZZAZIONE

2.4.1 I presupposti teorici

Il valore di capitalizzazione (o di *rendimento*) si ottiene accumulando all'attualità i redditi futuri e ordinari del fabbricato, con la formula ormai nota:

$$V_0 = \frac{Bf}{r}$$

Come si può notare, il procedimento è apparentemente uguale a quello già visto per la determinazione del valore di mercato mediante capitalizzazione (a cui si rimanda). Tuttavia, in questo caso, assume un particolare significato il saggio di capitalizzazione, che **non rappresenta un indice di comparazione col mercato**. Il valore di capitalizzazione ha quindi una sua autonoma rilevanza e non deve essere confuso con il valore di mercato. Mancano anche le correzioni al valore ordinario (comodi, aggiunte e detrazioni), in quanto non si deve fare alcun aggiustamento rispetto a un valore medio di riferimento.

Il valore di capitalizzazione può essere determinato anche moltiplicando il reddito per un *coefficiente moltiplicatore* determinato in misura pari all'inverso del saggio di capitalizzazione (*v.* esempio 2.13):

$$V_0 = Bf \times c$$

dove:

$$c = \frac{1}{r}$$

Valore ai fini IMU
Questo procedimento di calcolo è comunemente usato per determinare il valore per fini fiscali (IMU).
Il noto coefficiente 160 corrisponde a un saggio di capitalizzazione dello 0,625%, che si applica però a rendite catastali molto basse rispetto ai redditi reali.

ESEMPIO 2.13 **VALORE DI CAPITALIZZAZIONE**

Un appartamento è locato per un canone annuo di 70 €/m^2, da pagare in rate mensili anticipate, con spese annue a carico del proprietario pari al 46% del canone, mediamente anticipate (r = 2,5%).

$$Rlt = \frac{70}{12} \times \left(12 + 0{,}025 \frac{12+1}{2}\right) = 70{,}95 \text{ €/m}^2$$

$$Sp = 70 \times 46\% \times \left(1 + 0{,}025 \frac{6}{12}\right) = 32{,}60 \text{ €/m}^2$$

$$Bf = 70{,}95 - 32{,}6 = 38{,}35 \text{ €/m}^2$$

Fissato, in funzione dello scopo della stima, un saggio del 1,8%, il valore di capitalizzazione risulta:

$$V_0 = 38{,}35 : 0{,}018 = 2.130{,}56 \text{ €/m}^2$$

oppure:

$$V_0 = 38{,}35 \times 55{,}56 = 2.130{,}56 \text{ €/m}^2$$

Per un appartamento di 100 m^2 il valore risulterebbe quindi di 213.056 €.

2.4.2 Il saggio di rendimento

Conoscere il saggio di rendimento è utile a chi opera nel settore immobiliare, come investitore o come consulente, per effettuare *confronti con il rendimento di possibili investimenti alternativi.*

Il reddito di un fabbricato può essere *lordo* (il canone di locazione) o *netto* (il beneficio fondiario). A tali redditi corrisponde il relativo **saggio lordo** e **netto** in rapporto al valore di mercato (V):

$$r = \frac{Ca}{V} \qquad \text{e} \qquad r = \frac{Bf}{V}$$

Viceversa, noto il saggio di rendimento lordo e il valore, è possibile *calcolare il canone ordinario* di locazione:

$$Ca = V\, r$$

Dato per esempio un fabbricato con un valore di mercato di 240.000 € e un saggio lordo del 3,2%, il canone annuo ordinario di locazione risulta:

240.000 € × 3,2% = 7.680 € (640 € mensili)

2.5 VALORE DI TRASFORMAZIONE

2.5.1 Introduzione

Un tipo di valore "derivato"
Il valore di trasformazione è un criterio di stima *accessorio* in quanto "deriva" dal valore di mercato e di costo (criteri *fondamentali*).

Il criterio del valore di trasformazione viene applicato quando si ritiene che l'attuale destinazione economica del fabbricato non sia da considerarsi ordinaria ma, al contrario, che si debbano eseguire opere che, trasformando il fabbricato, permettano di *massimizzare la redditività o il valore*. La trasformazione è da ritenersi ordinaria, nel senso che è da considerarsi come la più probabile destinazione dell'immobile.

Il criterio del valore di trasformazione è in genere utilizzato per stimare:
- fabbricati da restaurare o ristrutturare;
- fabbricati che cambiano destinazione d'uso;
- fabbricati dismessi;
- fabbricati non ancora ultimati.

Il caso dei *fabbricati da restaurare* è tipico nei centri storici delle città, dove vi sono immobili che possono essere poi destinati a negozi, uffici, abitazioni di pregio nelle vie più importanti e frequentate (*v.* figura 2.9).
Altri casi tipici di trasformazione sono:
- le *aree industriali dismesse*, con ristrutturazioni urbanistiche che riqualificano le aree da destinare all'edilizia residenziale;
- i *fabbricati rurali* che, in determinate circostanze, sono trasformati in casali o ville di prestigio (*v.* paragrafo 2.7).

Figura 2.8 Nelle vie del centro città gli appartamenti al piano terra vengono trasformati per ottenere negozi.

La trasformazione più radicale, e non di rado più conveniente, prevede la *demolizione totale* e poi la ricostruzione.

Il criterio del valore di trasformazione è utilizzato anche come indicatore economico della *convenienza a eseguire un determinato intervento edilizio.* Se infatti il costo per la realizzazione del progetto fosse troppo elevato rispetto al valore del fabbricato che si potrà ottenere, si otterrà un valore di trasformazione negativo o comunque un valore che potrebbe essere giudicato troppo basso dall'investitore.

Per procedere alla stima è necessario innanzitutto verificare la fattibilità della trasformazione sotto due punti di vista:
- **legale**, accertando che gli strumenti edilizi e gli eventuali regolamenti condominiali consentano la trasformazione (per esempio molti condomini vietano il cambio di destinazione d'uso);
- **tecnico**, verificando il progetto di trasformazione dal punto di vista strutturale (per esempio in caso di sopraelevazione in zona sismica) e funzionale (per esempio un negozio può essere ricavato solo se esiste un accesso dalla strada pubblica ecc.).

2.5.2 Valutazione

Il valore di trasformazione (V_t) si ottiene detraendo dal valore di mercato del fabbricato trasformato (V_m) il costo della trasformazione (K):

$$V_t = V_m - K$$

Per la stima si applicano quindi le procedure già viste, rispettivamente, per la stima del valore di mercato e del valore di costo.
Il **valore di mercato dell'immobile trasformato** dipende dalla *tipologia edilizia* (abitazione, negozio ecc.) e dalla *dimensione*. Se si ottengono unità immobiliari di diversa tipologia, la dimensione totale sarà suddivisa in proporzione. I dati tecnici necessari saranno definiti con uno schematico progetto di massima.

Il **costo della trasformazione** è costituito di due tipi di spese: dirette e indirette. Le *spese dirette* sono quelle sostenute per l'esecuzione delle opere edili, le *spese indirette* sono invece i mancati redditi che si verificano nel periodo transitorio, a causa dell'esecuzione dei lavori di trasformazione.

Per eseguire il procedimento di stima è quindi necessario definire i *dati tecnici ed economici* che dipendono dall'ipotesi di trasformazione. In mancanza di un progetto sufficientemente definito, la stima avviene sulla base di dati di massima, che fanno oscillare il valore in modo notevole.

Elaborazione finanziaria

Gli importi stimati del valore di mercato del fabbricato trasformato e dei costi di trasformazione si verificano in un arco temporale, detto *periodo transitorio*, che va dall'inizio dei lavori di trasformazione alla fine degli stessi. Si ha quindi:
- il valore di mercato dell'immobile trasformato al termine del periodo transitorio;
- i costi distribuiti nel corso del periodo transitorio.

È necessario pertanto anticipare gli importi al momento della stima (all'attualità), utilizzando le formule di matematica finanziaria e i saggi appropriati:
- il saggio *di rendimento fondiario* (o saggio di capitalizzazione, r_c) per l'anticipazione del valore di mercato del fabbricato trasformato;
- il saggio *commerciale* per l'anticipazione dei costi della trasformazione.

La formula da applicare per la stima del valore di trasformazione diventa quindi la seguente (*v.* figura 2.10 e l'esempio 2.14):

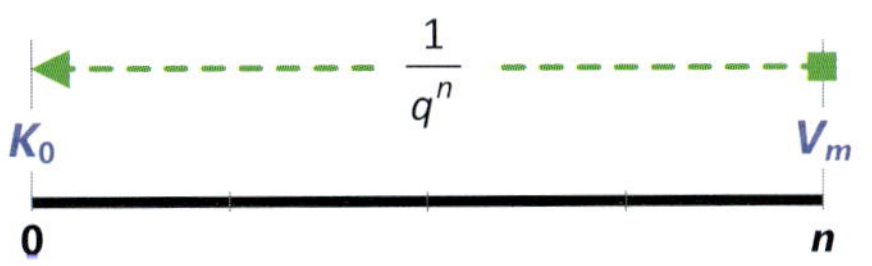

$$V_t = \frac{V_m}{(1+r_c)^n} - K_0$$

Figura 2.9
Anticipazione degli importi nel calcolo del valore di trasformazione.

dove K_0 è il costo totale di trasformazione scontato all'attualità.

È opportuno ricordare, tuttavia, che l'anticipazione finanziaria degli importi appare a volte "fuori misura", dal punto di vista pratico. Infatti il procedimento è già condizionato da variabili di altra natura e di maggiore spessore (per esempio è opinabile il tipo di trasformazione, la stima dei costi è sommaria ecc.). Per questo motivo, in molti casi, è sufficiente, per lo scopo della stima, una semplice somma aritmetica degli importi in gioco.

Valore di trasformazione con procedimento "analitico".

ESEMPIO 2.14 VALORE DI TRASFORMAZIONE

Si deve stimare un fabbricato adibito a laboratorio artigianale (di circa 450 m^2), edificato negli anni '60, che deve essere ristrutturato con cambio di destinazione d'uso in negozio. La stima è richiesta dalla banca per l'erogazione di un mutuo per il finanziamento dei lavori.

Sulla base delle quotazioni correnti nella zona è stato possibile determinare il valore di mercato del fabbricato trasformato nella misura di 1.400.000 €.

Il *Bf* ordinario prima della trasformazione era di 30.000 €, il *Bf* medio nel periodo transitorio è –5.000 € (negativo). La trasformazione sarà ultimata in 2 anni.

I costi per eseguire la trasformazione sono i seguenti:

- 1° anno 300.000 €
- 2° anno 120.000 €
- saggio di interesse 2,5%
- saggio di capitalizzazione 1,8%

Costi diretti all'attualità:

$$K_d = \frac{300.000}{1,025} + \frac{120.000}{1,025^2} = 406.901 \text{ €}$$

Costi indiretti all'attualità (mancati redditi):

$$K_i = [30.000 - (-5.000)] \times \frac{1,025^2 - 1}{0,025 \times 1,025^2} = 67.460 \text{ €}$$

Costo totale della trasformazione:

$$K_0 = 406.901 + 67.460 = 474.361 \text{ €}$$

Valore di trasformazione:

$$V_t = \frac{1.400.000}{1,018^2} - 474.361 \cong 877.000 \text{ €}$$

Oppure, senza elaborazione finanziaria:

$$V_t = 1.400.000 - 300.000 - 120.000 - 35.000 \times 2 = 910.000 \text{ €}$$

Come si può notare, la differenza tra i due procedimenti (33.000 €) incide nella misura del 3,63% e quindi, nell'ambito delle ipotesi di massima della stima (in particolare per la determinazione dei costi della trasformazione), si può considerare non essenziale.

2.5.3 Valore di demolizione

Il *valore di demolizione* o "*a sito e cementi*" è un particolare caso di applicazione del valore di trasformazione che si applica quando la destinazione ritenuta ordinaria per il fabbricato oggetto di stima è la demolizione. Questa eventualità si verifica sovente per i fabbricati che, per motivi tecnici, legali o economici, non possono essere trasformati. I casi più comuni riguardano:

- i *fabbricati rurali* eccedenti il fabbisogno dell'azienda agricola;
- i *fabbricati abusivi* (esclusi dalla possibilità di un condono);
- le *aree industriali dismesse*.

Nella stima del valore di demolizione, rispetto a quanto si è già visto per la stima del valore di trasformazione, si ha che:

- l'immobile trasformato non è un nuovo fabbricato, ma è solo l'area di sedime;
- con la demolizione si potrebbero ricavare dei materiali riutilizzabili.

Il valore di demolizione (V_d) si può esprimere quindi con la seguente formula (*v.* esempio 2.15):

$$V_d = V - K + V_r$$

dove:

V = *valore dell'area* che si potrà ottenere con la demolizione del fabbricato (un'area edificabile o agricola);

K = *costo della demolizione* (costo della trasformazione);

V_r = *valore di recupero*, cioè valore dei materiali che eventualmente si possono ricavare con la demolizione.

ESEMPIO 2.15 **VALORE DI DEMOLIZIONE**

Superficie dell'area agricola:	18.000 m^2
Valore agricolo dell'area (10 €/m^2):	180.000 €
Dimensione del fabbricato:	5.430 m^3
Costo della demolizione:	30 €/m^3
Valore dei materiali recuperabili:	3.000 € a forfait

Demolizione completa con mezzi meccanici, compresi trasporto alla discarica delle macerie e recupero di materiali riutilizzabili:

5.430 m^3 × 30 €/m^3 = 162.900 €

Valore di demolizione:

V_d = 180.000 – 162.900 + 3.000 = 20.100 €

Il valore sarebbe ovviamente ben diverso se l'area fosse edificabile.

2.6 VALORE COMPLEMENTARE

L'aspetto economico del più probabile valore complementare viene applicato quando si deve stimare un fabbricato o una porzione di fabbricato che è legato da rapporti di complementarità con un altro fabbricato. Le parti sono complementari quando almeno una di esse è in grado di accrescere il valore o il reddito dell'altra. È evidente per esempio la complementarità tra i vani che compongono un'unità immobiliare o anche tra un appartamento e il box.

Il valore complementare (V_A) si ottiene dalla differenza tra il valore (di mercato o di costo) del fabbricato intero (V) e il valore di mercato del fabbricato senza la parte oggetto di stima (V_B):

$$V_A = V - V_B$$

Questo aspetto economico viene adottato di solito nella stima per *danni* a fabbricati distrutti parzialmente. In questo caso la stima del fabbricato intero o della porzione residua viene effettuata in base al costo. Al di fuori di questo contesto la stima con il criterio del valore complementare non è però molto frequente, in quanto anche una parte di fabbricato può costituire o dare origine a un'unità immobiliare indipendente.

2.7 STIMA DEI FABBRICATI RURALI

Sono considerati rurali i fabbricati necessari alle esigenze di coltivazione del fondo. Questi fabbricati possono essere di due tipi:

- **abitazioni** degli addetti al fondo;
- **fabbricati strumentali**, come *ricoveri per il bestiame* (stalle), *depositi di prodotti* (fienili, pagliai ecc.), *deposito di mezzi produttivi* (magazzini per concimi, antiparassitari ecc.), *depositi di macchinari, locali per la trasformazione* dei prodotti (cantine, caseifici ecc.), *serre*.

La stima dei fabbricati viene richiesta comunemente nei seguenti casi pratici:

- successioni ereditarie;
- danni (incendio ecc.);
- aggiunte o detrazioni al valore ordinario dei fondi rustici;
- per fini amministrativi o fiscali.

2.7.1 Criteri di stima

Abitazioni rurali

La denominazione locale dei fabbricati rurali
Questi fabbricati sono denominati localmente in vario modo: casolare, casale, casa colonica, rustico, cascina (pianura Padana), masseria (Puglia), maso (trentino Alto Adige), baglio (Sicilia).

Le abitazioni rurali, tipicamente di categoria catastale A/6, sono oggi di norma dichiarate in catasto nelle normali categorie civili (A/2, A/3, A/7 ecc.), purché ne abbiano le caratteristiche.

La stima può essere effettuata in genere in base al **valore di mercato**, in quanto si possono determinare, nella maggior parte dei casi, fabbricati simili oggetto di compravendita. Questi fabbricati, infatti, possono essere utilizzati anche indipendentemente dalla gestione dell'azienda agraria, come spesso avviene in seguito a divisioni ereditarie (fabbricati "in corte").

Ai fini della comparazione si possono considerare simili a un'abitazione rurale i fabbricati ubicati in zone periferiche di piccoli paesi o in posizione isolata. Tuttavia, ai valori determinati con riferimento a tali immobili, si applicano sovente alcuni *coefficienti di differenziazione* per le particolari caratteristiche di questo tipo di fabbricato.

Non di rado i fabbricati rurali sono trasformati, mantenendo la destinazione abitativa, per ottenere case di notevole qualità e valore, come spesso avviene in zone di particolare interesse turistico e paesaggistico, (*v.* figura 2.11). Il contesto rurale è oggi, di per sé, un'attrattiva che ha determinato un grande sviluppo dell'*agriturismo.*

Per la stima si applica quindi, in molti casi, il **valore di trasformazione** che, come si è detto, è un modo particolare per stimare il valore di mercato in funzione dei costi di restauro.

Fabbricati strumentali

I fabbricati strumentali comprendono le stalle, i capannoni ecc., che rientrano nella categoria catastale D/10.

La stima sarà effettuata in questo caso, di norma, in base all'aspetto economico del più probabile **valore di costo**.

Se però il *fabbricato è eccedente rispetto alle esigenze di coltivazione del fondo*, la stima potrà essere effettuata in base al criterio del **valore di trasformazione**, se è ordinariamente possibile utilizzare il fabbricato per un uso diverso (officina, laboratorio artigianale ecc.). Infine si può applicare il *valore di demolizione*, quando lo scopo più probabile è liberare l'area per ottenere un terreno da destinare alle coltivazioni.

Figura 2.10
Casolare in stato di degrado (sopra) e la villa ottenuta dopo la ristrutturazione, nell'entroterra del lago di Garda.

2. Stima dei fabbricati

Questionario	In sintesi
1. Quali sono le caratteristiche e gli aspetti legali che è necessario descrivere nella relazione di stima di un fabbricato?	La stima dei fabbricati ha per oggetto le unità immobiliari e cioè un fabbricato intero o una porzione di fabbricato o un insieme di fabbricati in grado di produrre un reddito proprio. **Caratteristiche estrinseche**. Sono date dall'ubicazione, dalle infrastrutture e dalla qualità urbanistico-sociale e ambientale della zona. Per quanto riguarda l'*ubicazione*, il mercato immobiliare è suddiviso in segmenti a cui corrispondono zone omogenee del territorio comunale (centro, periferia ecc.). Anche le *infrastrutture* presenti nel territorio possono influenzare il valore. Quelle più importanti sono le vie di comunicazione (strade, trasporti pubblici ecc.), ma possono aver importanza anche i parcheggi, le scuole dell'infanzia ecc. Un altro fattore estrinseco importante è dato dalla *qualità urbanistico-sociale* (tipologia di fabbricati e popolazione residente) *e ambientale* (verde, inquinamento ecc.) della zona.

Caratteristiche intrinseche. Dipendono dalle modalità e dagli scopi per cui il fabbricato è stato costruito.
Nel definire la *destinazione d'uso* del fabbricato (abitazione, negozio, ufficio ecc.) si fa in genere riferimento alle categorie definite dal catasto.
Per i fabbricati residenziali vi sono numerose *tipologie edilizie* dove le unità immobiliari possono avere diverso aspetto (qualità architettonica) e diversa indipendenza dalle parti comuni (appartamenti, ville ecc.) in funzione anche del livello di intensità edilizia (grande palazzo, palazzina ecc.).
La *tipologia costruttiva* dipende dai materiali utilizzati per l'edificazione (cemento armato, muratura ecc.). Ha molta importanza anche la qualità delle finiture e degli impianti, soprattutto per quanto riguarda la prestazione energetica.
Per gli appartamenti ha importanza anche la posizione dell'unità immobiliare nell'ambito dell'edificio di cui fanno parte. Questa posizione è determinata dal *livello di piano* (piano terra, attico ecc.), dalla *esposizione* rispetto al sole, dalla *veduta*.
Un'altra classificazione che divide il mercato residenziale in segmenti è data dalla *dimensione* (monolocale, bilocale ecc.).

Stato giuridico e catastale. La regolarità dell'edificazione è il primo elemento che deve essere preso in considerazione, considerando le normative urbanistiche (titolo abilitativo), tecniche (conformità degli impianti ecc.) e catastali (dichiarazioni e planimetrie).
Si dovrà verificare anche la presenza di diritti di terzi. Un contratto di locazione in atto o un vincolo ipotecario possono incidere sul valore in modo significativo.

2. In che cosa consiste la stima del valore di mercato di un fabbricato?

Valore di mercato. Il metodo di stima consiste nel confrontare il fabbricato da stimare con fabbricati simili di recente oggetto di compravendita, dei quali si conoscono i prezzi pagati e le caratteristiche. Il parametro di confronto usato per la stima del valore di mercato di un fabbricato è la superficie commerciale.

3. Come si svolge il procedimento sintetico per la stima del valore di mercato?

Procedimento sintetico monoparametrico. La stima si svolge a partire dal valore ordinario unitario (V_u), derivato dal rapporto tra la sommatoria dei prezzi pagati per i fabbricati simili e la sommatoria delle loro superfici:

$$V_u = \frac{\Sigma V}{\Sigma \text{m}^2}$$

Tale dato è disponibile a priori in seguito a ricerche di mercato effettuate dal perito. Il valore del fabbricato si ottiene quindi moltiplicando il valore ordinario unitario per la superficie del fabbricato da stimare:

$$V_m = [€/\text{m}^2] \times [\text{m}^2]$$

Il valore ordinario può essere corretto dal perito in funzione delle caratteristiche che differenziano l'unità immobiliare oggetto di stima dalla media dei fabbricati simili presi come riferimento per comodi positivi o scomodi e con aggiunte e detrazioni.

4. Come si calcola la superficie commerciale di un fabbricato?

Superficie commerciale. Si ottiene sommando alla superficie principale (che comprende la superficie netta calpestabile, la superficie dei muri divisori interni, dei muri perimetrali esterni e il 50% dei muri perimetrali interni) le superfici accessorie (balconi, cantine, giardini a uso esclusivo ecc.) con coefficienti di riduzione.

5. Quali sono le più comuni correzioni al valore ordinario dei fabbricati?

I *coefficienti di differenziazione* sono spesso usati per correggere il valore ordinario a causa delle seguenti caratteristiche:
- qualità edilizia (casa popolare, signorile, villa ecc.);
- livello di piano per gli appartamenti condominiali;
- dimensione (per piccole dimensioni i valori unitari sono maggiori);
- esposizione (rispetto al sole) e prospetto (veduta);
- età e stato di conservazione;
- funzionalità legata a particolari impianti o posizione del fabbricato.

6. Quale influenza ha una locazione in corso sul valore di un fabbricato?

Anche lo stato di diritto può influenzare il valore a causa di diritti (contratti di locazione), ipoteche o altri pesi gravanti sul fabbricato.

7. Come si volge il procedimento multiparametrico per la stima del valore di mercato?

Procedimento multiparametrico. Il confronto viene effettuato sulla base di più parametri (caratteristiche estrinseche e intrinseche e i relativi coefficienti di differenziazione). Le fasi della stima prevedono le seguenti operazioni:
- *rilievo dei dati* e cioè dei prezzi e delle caratteristiche dei fabbricati simili;
- *scelta e quantificazione dei parametri di confronto.*

Il valore sarà dato da:

$$V_x = \frac{\Sigma V}{\Sigma\left(p_1 \times p_2 \times \ldots \times p_n\right)} \times \left(p_{1x} \times p_{2x} \times \ldots \times p_{nx}\right)$$

8. Come si procede nella stima di un fabbricato secondo l'aspetto economico del valore di mercato con procedimento per capitalizzazione dei redditi?

Procedimento per capitalizzazione dei redditi. Il valore di mercato di un fabbricato si ottiene accumulando all'attualità il reddito netto annuo ordinario e continuativo del proprietario:

$$V_m = \frac{Bf}{r}$$

9. Come si calcola il Bf ordinario capitalizzabile?

Beneficio fondiario. È il reddito netto annuo posticipato che il proprietario può ordinariamente ricavare con la locazione del fabbricato. Il reddito si ottiene detraendo le spese dal reddito lordo, secondo la formula):

$$Bf = Rlt - (Q + Tr + Amn + Svz + Sf\text{-}In + I)$$

Il reddito lordo totale (Rlt) è dato dal canone annuo e dagli interessi sulle rate.

Le spese che gravano sul locatore sono le *quote* di reintegrazione, manutenzione straordinaria, assicurazione, i *tributi* (IRPEF, IMU e imposta di registro), *amministrazione*, *servizi* (eventuali), *sfitto e inesigibilità* e *interessi passivi*. Il calcolo delle spese può essere effettuato in modo analitico o sintetico.

10. Come si determina il saggio di capitalizzazione?

Saggio di capitalizzazione. È determinato con riferimento ai benefici fondiari e ai corrispondenti prezzi di mercato dei beni simili presi a confronto:

$$r = \frac{Bf_1 + Bf_2 + \ldots + Bf_n}{V_1 + V_2 + \ldots + V_n}$$

In alternativa può essere determinato con riferimento al rendimento di beni che si possano considerare analoghi (BTP trentennali, per esempio).

11. Quali sono le particolarità di cui si deve tenere conto per la stima dei box e dei posti auto?

Autorimesse e posti auto. Le autorimesse sono autonome unità immobiliari e possono essere vendute o locate indipendentemente dall'appartamento di cui sono una pertinenza. I posti-auto sono sempre abbinati a un appartamento e possono essere trasferiti solo nell'ambito condominiale. La domanda di mercato delle autorimesse è particolarmente sostenuta nei *centri delle città*, dove non vi è equilibrio tra il numero delle abitazioni e il numero delle autorimesse. Nelle *zone periferiche* o nei piccoli Comuni le quotazioni sono inferiori, indicativamente di 15÷20.000 € per posto macchina. Le quotazioni dei posti-auto sono indicativamente pari alla *metà* dei box se sono coperti e pari a *un terzo* se sono scoperti.

12. Che cos'è il saggio di rendimento? A che cosa può servire? Quali differenze ha rispetto al saggio di capitalizzazione?

Valore di capitalizzazione. Il procedimento è apparentemente uguale a quello già visto per la determinazione del valore di mercato con procedimento per capitalizzazione dei redditi. La differenza è nel saggio di capitalizzazione, che non rappresenta un indice di comparazione col mercato, ma è determinato a priori in funzione dello scopo della stima.

13. Come si ottiene il costo di costruzione?

14. In che cosa consiste il metodo di calcolo del valore di costo?

15. Quando, di solito, un fabbricato viene stimato in base al costo?

Valore di costruzione, di ricostruzione e di recupero. È dato dalla somma delle spese che un imprenditore ordinario deve sostenere per edificare un nuovo fabbricato (*valore di costruzione*), per ricostruire un fabbricato esistente (*valore di ricostruzione*) o per recuperare un fabbricato in stato di degrado (*valore di recupero*). Può comprendere o meno il valore dell'area edificabile.
Il valore di costo viene utilizzato in genere quando non esiste un mercato di fabbricati simili, nelle stime dei danni, per la stima del valore di trasformazione di un'area edificabile.
Il costo totale di costruzione comprende due tipi di spesa: il costo di cantiere e le spese generali. Il *costo di cantiere* o "secco" comprende le spese necessarie per edificare fisicamente il fabbricato (materiali da costruzione, manodopera ecc.). Le *spese generali* comprendono il progetto, gli oneri relativi al permesso di costruire e il profitto normale d'impresa.
Il metodo di stima del valore di costruzione è basato sul confronto con i costi sostenuti per edificare fabbricati simili. Il parametro di confronto per la stima del valore di costo può essere il metro cubo vuoto per pieno, la superficie netta calpestabile, la superficie lorda di pavimento, in funzione anche della tipologia di fabbricato.

16. Come si procede nella stima di un fabbricato secondo l'aspetto economico del valore di costruzione con procedimento sintetico?

17. Come si procede invece con procedimento analitico?

18. Quali sono le possibili finalità di un computo metrico?

Con *procedimento sintetico* il dato iniziale per la stima è il valore unitario di costruzione rilevato nell'attività di imprenditori edili operanti nella zona o da pubblicazioni specializzate. Il valore sarà dato da:

$$V_k = Vu_k\ [€/m^3] \times m^3\ \text{vpp}$$

Il *procedimento analitico* consiste in un'analisi e calcolo dettagliato di tutte le spese che un imprenditore ordinario dovrebbe sostenere per edificare un fabbricato mediante un computo metrico estimativo.
L'esecuzione di un computo metrico comprende la classificazione e descrizione delle opere, la misurazione e la determinazione dei prezzi unitari. Tale complessa procedura richiede una notevole esperienza per l'elencazione completa di tutti i lavori necessari e per la determinazione dei prezzi unitari.

19. Che cos'è il coefficiente di deprezzamento? Come può essere determinato?

20. Come si utilizzano nella stima i coefficienti di deprezzamento e vetustà?

Coefficiente di deprezzamento e vetustà. Il deprezzamento del fabbricato in funzione dall'età e dello stato di conservazione può essere stimato sommariamente oppure può essere calcolato con la formula degli esperti contabili dell'UE:

$$c_d(\%) = \frac{\left(\frac{n}{E_u} \times 100 + 20\right)^2}{140} - 2,86$$

dove n è l'età attuale ed E_u la vita utile del fabbricato (anni).

Il coefficiente di vetustà è dato da: $c_v = 1 - c_d$.

21. Quando un fabbricato viene stimato in base al valore di trasformazione?

22. Come si calcola il valore di trasformazione di un fabbricato? Quali procedimenti è possibile applicare?

23. Come si calcola il costo della trasformazione?

Valore di trasformazione. Viene applicato quando si considera ordinaria una trasformazione dell'organismo edilizio da stimare. È in genere utilizzato per stimare fabbricati che cambiano destinazione d'uso, fabbricati dismessi, fabbricati non ancora ultimati.
Verificata la fattibilità della trasformazione, il valore di trasformazione (V_t) si ottiene detraendo dal valore di mercato del fabbricato trasformato (V_m) il costo della trasformazione (K):

$$V_t = V_m - K$$

Se si considera l'intervallo temporale, il valore di mercato dell'immobile trasformato si ha al termine del periodo transitorio (in cui si eseguono i lavori di trasformazione) e i costi distribuiti nel corso del periodo transitorio. Si dovrà pertanto scontare ogni importo all'attualità.

24. Che cos'è il valore di demolizione?

Il *valore di demolizione* o *"a sito e cementi"* è un particolare caso di applicazione del valore di trasformazione che si applica quando la destinazione ritenuta ordinaria per il fabbricato oggetto di stima è la demolizione per ottenere così un'area libera. Il valore di demolizione è dato quindi dal valore dell'area meno il costo della demolizione, più *il valore di eventuali* materiali di recupero.

25. Quando un fabbricato può essere stimato secondo l'aspetto economico del valore complementare? Come si procede?

Valore complementare. Questo aspetto economico viene adottato di solito nella stima per danni a fabbricati (fabbricati distrutti parzialmente). In questo caso la stima del fabbricato intero o della porzione residua viene effettuata in base al costo. Al di fuori di questo contesto la stima con il criterio del valore complementare non è però molto frequente, in quanto anche una parte di fabbricato può costituire o dare origine a un'unità immobiliare indipendente.

26. Quali sono i fabbricati rurali?

27. Come si valuta un fabbricato con destinazione agricola?

28. Come si valuta un fabbricato rurale che è suscettibile di una diversa utilizzazione?

Stima dei fabbricati rurali. Sono considerati rurali i fabbricati necessari alle esigenze di coltivazione del fondo e utilizzati per abitazione degli addetti al fondo.
La stima viene richiesta comunemente nelle successioni ereditarie, per danni, aggiunte o detrazioni al valore ordinario dei fondi rustici.
Le *abitazioni rurali* si possono stimare in genere in base al valore di mercato, con riferimento alla particolare ubicazione. In alcuni casi i fabbricati rurali sono trasformati per ottenere case di notevole qualità e valore, come spesso avviene in zone di particolare interesse turistico e paesaggistico (casali e ville).
I *fabbricati strumentali* (le stalle, i capannoni ecc.) la stima viene effettuata di norma in base al costo. Se però il fabbricato è eccedente rispetto alle esigenze di coltivazione del fondo, la stima potrà essere effettuata in base al criterio del valore di trasformazione.

ATTIVITÀ PRATICHE E DI VERIFICA

TEMI D'ESAME DI STATO

Anno 2014, Progetto 5

Nella periferia di una città vi è uno stabilimento industriale che ha smesso di produrre nel 2012. Esso comprende un capannone della superficie di 3.000 m^2, dell'altezza utile di 6,50 m; una palazzina di uffici e servizi aziendali di 400 m^2, disposta su due piani; un'area esterna di 3.200 m^2, per il 70% pavimentata e per il 30% a verde ornamentale. Tutta la proprietà è recintata e dotata di due accessi carrai sui due lati opposti del lotto che danno su strade comunali.

La zona è urbanizzata e la destinazione prevalente è mista residenziale-terziaria. Lo strumento urbanistico consente il mantenimento dell'attuale destinazione industriale, ma non è da escludere che il Comune, con una variante al Piano regolatore, possa permettere il mutamento della destinazione d'uso dell'area da industriale a residenziale.

La proprietà si rivolge a un tecnico e gli affida il compito di determinare il valore dello stabilimento nell'ipotesi che:

- riprenda l'attività produttiva; i fabbricati sono stati costruiti nel 1970 e hanno strutture normali in cls armato e tamponamenti in muratura; il capannone ha copertura tipo *shed* e la palazzina copertura a padiglione;
- possa essere concesso in locazione al canone di € 12.000 mensili; la rendita catastale è pari a 18.400 € e il fabbricato è censito in categoria D/7;
- venga demolito con cambio della destinazione dell'area da industriale a residenziale. Nelle aree residenziali vicine sono previsti i seguenti parametri urbanistici: indice di edificabilità 1,5 m^3/m^2; rapporto di copertura 50%; altezza massima dei fabbricati 3 piani.

Il candidato, assumendo opportunamente tutti i dati necessari, valuti lo stabilimento nelle tre ipotesi prospettate.

Anno 2010, Corsi di ordinamento e progetto Sirio

Un costruttore è interessato all'acquisto di un appartamento di 5 vani, in cattivo stato di manutenzione, posto all'ultimo piano di un condominio di 4 piani costituito da 8 appartamenti e 8 posti auto. L'appartamento potrebbe essere frazionato in 2 unità immobiliari, più appetibili dal mercato, che verrebbero immediatamente vendute.

Il candidato, dopo aver analizzato il caso estimativo proposto, provveda a:

1) calcolare analiticamente il costo del frazionamento e della ristrutturazione;
2) determinare il più probabile valore dell'appartamento originario;
3) calcolare la rata annua di ammortamento di un mutuo che il costruttore intende richiedere per procedere all'acquisto, di importo pari all'80% del valore dell'appartamento, da estinguere in 10 anni a tasso fisso;
4) descrivere le variazioni da apportare ai millesimi di proprietà generale in conseguenza del frazionamento;
5) indicare le operazioni catastali necessarie per l'aggiornamento degli atti in conseguenza dell'intervento proposto.

1. STIMA DI UN APPARTAMENTO

SCOPO DELLA STIMA

La stima è richiesta dal giudice del tribunale di .... nel procedimento giudiziario per l'espropriazione forzata dei beni intestati a Rossi Alfredo per la copertura dei debiti contratti nell'esercizio dell'impresa Edil Nuova Snc. Il valore stimato sarà utilizzato per fissare il prezzo minimo della vendita all'asta.

Oppure... la stima è richiesta da una banca per l'erogazione di un mutuo.

INDIVIDUAZIONE DEL BENE OGGETTO DI STIMA

La stima ha per oggetto un appartamento e un box-auto di pertinenza.

Ubicazione

L'appartamento da stimare fa parte di un palazzo di quattro piani ubicato nella periferia della città di ...., nel quartiere ...., in via Ugo Foscolo n. 18.

Riferimenti catastali

L'*appartamento* è censito nel catasto fabbricati al foglio 4, mappale 245/12, categoria A/2, classe 3, vani 6,5, reddito imponibile 1.212,48 €.
Il *box* per un'auto è censito al foglio 4, mappale 245/57, categoria C/6, classe 2, superficie 14,3 m^2, reddito imponibile 257,88 €.

Coerenze

L'appartamento confina con altre proprietà come segue:
- nord, parti comuni e mappale 245/11;
- est, strada di accesso;
- sud, giardino pubblico;
- ovest, giardino pubblico.

Il box è compreso tra i mappali 245/56 e 245/58.

DESCRIZIONE DELLA ZONA

Il comune di .... in cui si trova il fabbricato è una cittadina di circa 26.000 abitanti ubicata a poca distanza dal capoluogo .... Questa città è tuttora interessata da una fase di intenso sviluppo edilizio, a causa anche della richiesta di alloggi in zone decentrate, più tranquille e vivibili, ma ben collegate con il capoluogo. Il quartiere in cui si trova l'immobile è una zona di recente edificazione, con una struttura urbanistica caratterizzata da una prevalenza di fabbricati intensivi di buona qualità.
La via U. Foscolo è una perpendicolare alla principale via Manzoni che collega il comune in cui si trova il fabbricato con il comune di .... I collegamenti sono garantiti dalla stazione ferroviaria a circa 1,5 km e dall'autostrada ...., casello di ...., a circa 6 km. È presente anche una linea di autobus a percorso interurbano che collega i comuni che gravano sulla direttrice .... (tra il capoluogo e il più importante tra i comuni della provincia) a circa 300 m.
Il quartiere è servito a sufficienza, tenendo conto dell'ubicazione periferica, delle normali infrastrutture: sono presenti una scuola per l'infanzia, una scuola primaria e una scuola secondaria di primo grado. Vi sono anche, nelle vicinanze, un'area verde attrezzata e un supermercato.

DESCRIZIONE DEL FABBRICATO

Il condominio in cui si trova l'appartamento da stimare è stato edificato nel .... dall'impresa edile Mosca e ha pertanto un'età di anni 12. È costituito di una scala con ingresso diretto dalla strada pubblica. Si eleva in altezza per quattro piani; il piano interrato è adibito a cantine; il piano terra è a pilotis. Le finiture sono di tipo medio. Lo stato di manutenzione è ottimo essendo il fabbricato pressoché nuovo.

ESERCIZI SVOLTI

ASPETTI LEGALI

Il fabbricato è stato edificato in base a una regolare concessione edilizia ed è stato dichiarato abitabile (estremi della concessione e della certificazione di abitabilità ......).
L'appartamento è del tutto libero da vincoli e da diritti di terzi (contratti d'affitto, diritti reali, ipoteche ecc.).

CRITERI DI STIMA

La valutazione dell'appartamento viene effettuata, in funzione dello scopo della stima, secondo l'aspetto economico del **valore di mercato**. Si valuterà pertanto il probabile prezzo che l'appartamento in oggetto potrebbe spuntare qualora fosse immesso sul mercato e sottoposto a una libera compravendita.
Il metodo di stima consiste nella comparazione con fabbricati simili, sulla base di un parametro comune, dei quali sono note le quotazioni dagli intermediari della compravendita. Il procedimento di stima è quindi di tipo **sintetico-comparativo monoparametrico**.
Le fasi della stima sono le seguenti:
- determinazione della consistenza dell'unità immobiliare;
- determinazione del valore unitario ordinario;
- coefficienti di differenziazione;
- valore unitario applicabile;
- eventuali aggiunte e detrazioni e valore reale.

1) CONSISTENZA

La dimensione dell'unità immobiliare viene misurata con il parametro della superficie commerciale. Si terrà conto al 100% della superficie residenziale interna al lordo dei muri, mentre per i balconi e la cantina si applicano appositi coefficienti di riduzione.

Superficie commerciale

Destinazione	Superficie lorda (m^2)	Coefficiente di destinazione	Superficie com. (m^2)
Superficie residenziale	88,1	1,00	88,1
Balconi coperti (n. 2)	21,2	0,30	6,36
Cantina	9,2	0,25	2,3
Totale	**118,5**		**96,76**

2) VALORE UNITARIO ORDINARIO

In questa zona il mercato degli alloggi è molto attivo e si è a conoscenza di un numero adeguato di contrattazioni di appartamenti simili, verificatesi di recente. Il quartiere è infatti edificato intensivamente e sono frequenti le compravendite di unità immobiliari dello stesso tipo. Le quotazioni sono state rilevate presso agenzie di mediazione di fiducia operanti nella zona e sono considerate attendibili.
L'analisi del mercato immobiliare ha evidenziato in genere quotazioni in crescita negli ultimi due anni (oppure, attualmente il mercato immobiliare è stagnante, con prezzi stabili o in minima crescita). La domanda è tuttavia più elevata per:
- immobili di qualità;
- tagli medio-piccoli (trilocali e bilocali);
- fabbricati di recente edificazione (fino a 25÷30 anni).

Per questo tipo di fabbricati le quotazioni correnti ammontano in genere a 2.000÷2.200 €/m^2.
Viste le caratteristiche della zona, del fabbricato e dell'unità immobiliare oggetto di stima, si ritiene equo applicare un valore unitario ordinario di:

2.100 €/m^2

3) COEFFICIENTI DI DIFFERENZIAZIONE

La quotazione ordinaria di mercato corrisponde in gran parte alle caratteristiche dell'unità immobiliare oggetto di stima. Si deve però tenere conto di due parametri che differenziano l'appartamento oggetto di stima rispetto alla media dei fabbricati simili:

- il livello di piano;
- l'età del fabbricato.

Livello di piano

Gli appartamenti al primo piano, soprattutto nei quartieri intensamente edificati, sono meno richiesti rispetto a immobili di analoghe caratteristiche posizionati su livelli di piano più elevati. Si applica quindi una diminuzione del valore di mercato del **7%**.

Età

Il fabbricato ha solo 12 anni di età; ha quindi un'età inferiore, rispetto alla media dei fabbricati simili, di circa 10 anni. Si applica quindi un coefficiente maggiorativo del **3%**.

4) VALORE UNITARIO APPLICABILE

La somma algebrica dei coefficienti di differenziazione sopra descritti porta alla determinazione del seguente coefficiente globale di differenziazione:

– livello di piano	–7%
– età	+3%
coefficiente globale	–4%

Il valore unitario applicabile risulta pari a:

2.100 €/m^2 × 0,96 = **2.016 €/m^2**

5) VALORE REALE

In assenza di circostanze particolari, dovute a uno stato particolare dell'immobile nel momento della stima che possa determinare l'applicazione di aggiunte e detrazioni, il valore del fabbricato in oggetto risulta come segue:

96,76 m^2 × 2.016 €/m^2 = 195.068 €

Il più probabile valore di mercato dell'appartamento oggetto di stima è, arrotondando, pari a:

195.000 €

BOX

La stima del box viene fatta a corpo. Con riferimento a compravendite recenti, si è potuto stabilire che le quotazioni medie di mercato nella zona delle autorimesse singole sono di: **20.000 €**

CONCLUSIONI

Il valore complessivo dell'immobile, costituito dall'appartamento e dal box di pertinenza, risulta:

195.000 + 20.000 =

215.000 €

Si allegheranno alla stima: fotografie, certificazioni e mappe catastali, planimetrie, dichiarazioni di conformità degli impianti ecc.

ESERCIZI SVOLTI

2. VALORE DI TRASFORMAZIONE DI UN APPARTAMENTO

SCOPO DELLA STIMA

Gli eredi di Mario Rossi sono in disaccordo tra di loro per quanto riguarda il valore di un appartamento al momento destinato ad abitazione (del *de cuius*). Si rivolgono quindi a un perito per conoscere il valore dell'immobile, ubicato nel centro della città di......... Alcuni eredi infatti individuano nel fabbricato potenzialità di valore, legate a un eventuale cambio di destinazione, che altri eredi non riconoscono.

DESCRIZIONE DELL'IMMOBILE

Ubicazione

L'appartamento si trova al piano terreno di un edificio di due piani risalente agli anni '20, ubicato nel centro storico della città di ....

Identificazione catastale

L'appartamento oggetto di stima è di proprietà del sig. Mario Rossi. È censito al catasto dei fabbricati alla partita n. .... intestata a ....; foglio 4, mappale 245/8, categoria civile (A/2), classe 5, vani 4, reddito imponibile 527 €.

Caratteristiche costruttive e stato di manutenzione

Il fabbricato è stato edificato nel 1924 in muratura e con finiture, all'epoca, di pregio. Lo stato generale di manutenzione del fabbricato è scadente; anche all'interno l'unità immobiliare, pur avendo subito alcune parziali ristrutturazioni nei primi anni '60, si trova in cattivo stato di conservazione. Le parti che maggiormente richiederebbero lavori di manutenzione straordinaria sono gli intonaci, i pavimenti e gli impianti.
L'immobile ha accesso alla via pubblica e, sul fronte opposto, esiste un cortile interno al quale si accede da un portone carrabile.

Consistenza

L'appartamento è composto da soggiorno-cucina, due camere, bagno, ripostiglio per una superficie netta calpestabile di 74,2 m^2. La superficie commerciale è di 87,3 m^2 (*v.* planimetria).
L'altezza utile dei locali è di 3 m; l'ampiezza sul fronte stradale di oltre 9 m.

CRITERI DI STIMA

La via .... in cui si trova è senz'altro di notevole interesse commerciale: nella zona e nella stessa via numerosi fabbricati simili sono stati di recente ristrutturati e si sono ottenuti immobili in stile di prestigio, destinati a sede di negozi, esercizi pubblici (bar, pizzerie), importanti studi privati, banche e abitazioni di lusso. Si prevede quindi, ancora di più nel futuro, un aumento dell'attività edilizia per il recupero dei numerosi fabbricati d'epoca presenti e conseguentemente, nella maggior parte dei casi, un cambio della destinazione d'uso di questi immobili.
Si ritiene quindi che l'attuale destinazione dell'immobile non sia da considerarsi ordinaria e che in un prossimo futuro, per l'ubicazione al piano terreno, l'unità immobiliare potrà diventare, in seguito all'esecuzione di adeguate opere di trasformazione, un negozio. Il criterio di stima che si intende applicare è pertanto il valore di trasformazione: il valore dell'appartamento nello stato attuale (V_t) sarà ottenuto dalla differenza tra il valore di mercato del negozio (V_m) e il valore di costo delle opere di adattamento, secondo la formula:

$$V_t = V_m - K$$

Fabbricato attuale (abitazione)

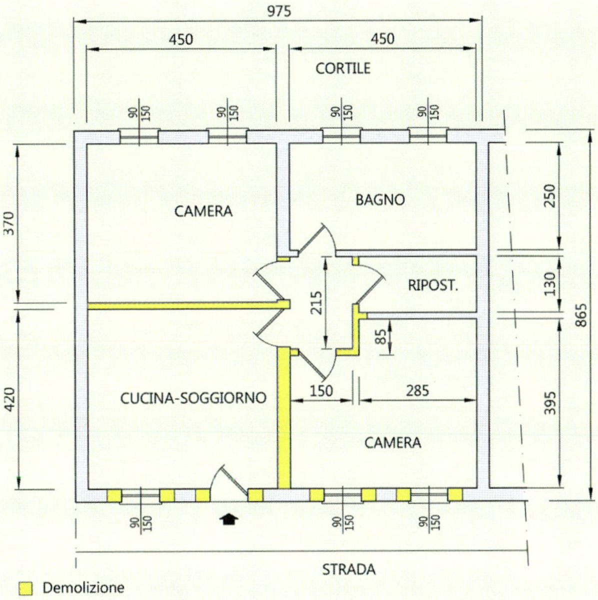

Fabbricato trasformato (negozio)

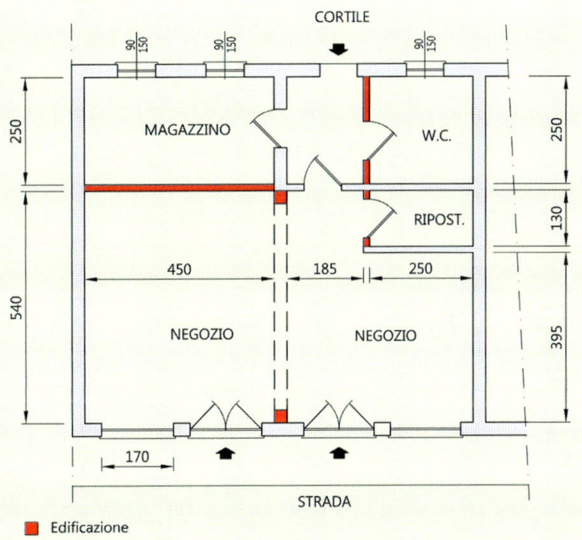

VALORE DI MERCATO DEL NEGOZIO

Per la determinazione del valore ordinario di mercato del negozio che si potrà ottenere si sono eseguite indagini presso gli operatori dell'intermediazione immobiliare, consultando i listini immobiliari e, di persona, gli agenti che maggiormente operano nella zona. In particolare si sono ricercate le informazioni sulle quotazioni di negozi venduti di recente nella stessa via e in vie limitrofe di analoga importanza. Si è potuto così stabilire che per negozi situati nella stessa zona, ristrutturati, i prezzi di vendita sono stati mediamente di:

3.500 €/m^2 di superficie commerciale

Tale importo, non dovendosi considerare sostanziali differenze rispetto agli immobili simili, si considera equo e applicabile al caso in esame. Il valore del negozio che si potrà ottenere con la trasformazione risulta dunque:

$V_m = 87{,}3\ m^2 \times 3.500\ €/m^2 =$ **305.550 €**

COSTO DELLA TRASFORMAZIONE

Le opere da eseguire sono:
- demolizione di parte dei muri divisori interni;
- adeguamento delle luci esterne sul lato strada;
- opere di consolidamento della struttura;
- rifacimento degli intonaci interni;
- sostituzione di pavimenti e rivestimenti interni;
- sostituzione dei serramenti interni ed esterni;
- ristrutturazione dell'impianto elettrico e idrosanitario.

Tali opere necessitano del rilascio del permesso di costruire da parte del Comune. Bisognerà inoltre dichiarare in catasto il cambio di destinazione d'uso.

Opere edili

Tenuto conto delle demolizioni e dell'ubicazione dell'immobile, si considera un costo di ristrutturazione pari all'85% del costo da sostenere per l'edificazione *ex novo*. Tale costo, in seguito a informazioni assunte presso alcuni rappresentativi imprenditori operanti nella zona, viene stabilito nella misura di 1.200 €/m^2 di superficie, con esclusione delle spese generali. Si ottiene così:

1.200 €/m^2 × 85% × 87,3 m^2 = 89.046 €

Oneri relativi al permesso di costruire

L'ammontare degli oneri relativi al permesso di costruire incide nel comune di ...., per immobili a destinazione commerciale, nella misura di 90 €/m^2:

87,3 m^2 × 90 €/m^2 = 7.857 €

Progetto e direzione lavori

Le spese per il progetto sono quantificate in misura pari al 7,5% del costo delle opere edili. Tali spese comprendono anche il progetto relativo alla sicurezza e la dichiarazione in catasto del nuovo fabbricato. Si ha quindi:

89.046 × 7,5% = 6.678 €

Profitto normale d'impresa

Si considera un utile medio dell'imprenditore edile, in funzione anche dei rischi per tale tipo di attività, in misura pari al 15% del costo di cantiere:

89.046 × 15% = 13.357 €

Costo totale

Il costo totale della trasformazione ammonta a:

89.046 + 7.857 + 6.678 + 13.357 = 116.938 €

CONCLUSIONI

In funzione del valore di mercato dell'immobile trasformato e dei costi necessari per eseguire la trasformazione, il valore dell'immobile nello stato attuale risulta:

V_t = 305.550 − 116.938 = 188.612 €

che si arrotonda a:

190.000 €

Oppure... anticipando gli importi e considerando:
- il valore di mercato del fabbricato trasformato tra 2 anni e il costo totale tra un anno;
- un saggio di capitalizzazione dell'1,7% e un saggio di interesse commerciale del 1,5%;

il valore di trasformazione dell'appartamento nello stato in cui si trova si ottiene da:

$$V_t = \frac{366.660}{1,017^2} - \frac{116.938}{1,015} = 180.210 \text{ €}$$ che si arrotonda a:

180.000 €

3. VALORE DI TRASFORMAZIONE DI UN FABBRICATO RURALE

SCOPO DELLA STIMA

Un giudice incarica il CTU di stimare il valore di un rustico, un tempo adibito a fienile, nell'ambito di una causa civile di divorzio. Il fabbricato, acquistato in regime di comunione dei beni, fa parte del patrimonio che deve essere diviso tra gli ex coniugi.

DESCRIZIONE DELL'IMMOBILE

Ubicazione

Il rustico si trova in zona collinare e verde, in posizione isolata nel comune di ...., a sua volta ubicato a circa 18 km di distanza dalla città di .... (di una certa importanza).

Il territorio in cui si trova il fabbricato ha subito col tempo una trasformazione profonda. In origine le attività economiche prevalenti nella zona erano quelle agricole, in seguito si sono evolute altre attività produttive: negli anni '50 ha avuto grande sviluppo la media e piccola industria, a partire dagli anni '90, nella fase economica post-industriale, molte attività sono state convertite nel settore dei servizi.

La notevole ricchezza prodotta nel tempo ha trasformato il territorio anche dal punto di vista urbanistico. Dopo l'edilizia "modernista" degli anni '60 e '70, le richieste di immobili sono orientate oggi su tipologie di qualità, immerse nel verde, in posizione dominante e autonome. Pertanto molti immobili, in possesso di requisiti idonei, sono stati trasformati in abitazioni di pregio.

Caratteristiche costruttive e stato di manutenzione

Il fabbricato oggetto di stima è stato edificato nel 1903 (probabilmente) a circa 50 m di distanza da un fabbricato principale adibito a casa colonica.

La struttura portante è in muratura. Lo stato di manutenzione è scadente: il fabbricato è in stato di abbandono, da tempo è utilizzato come deposito di vecchi attrezzi agricoli.

Identificazione catastale

Il fabbricato oggetto di stima è attualmente censito nel catasto terreni al foglio 1, mappale 347, come fabbricato rurale privo di rendita.

CRITERI DI VALUTAZIONE

Il territorio collinare in cui si trova il fabbricato, come si è detto, è cambiato urbanisticamente nel tempo e oggi i fabbricati, per la qualità ambientale della zona, sono prevalentemente destinati a uso residenziale, come abitazione principale, ma anche come seconda casa.

Per questo motivo si ritiene che la destinazione ordinaria dell'immobile sia quella di diventare un'abitazione assimilabile a una villa di modeste dimensioni, ma con una vasta area verde. Il criterio di stima che si intende applicare è pertanto il valore di trasformazione: il valore del rustico nello stato attuale (V_t) sarà ottenuto dalla differenza tra il valore di mercato della residenza (V_m) che si potrà ricavare e il valore di costo delle opere di ristrutturazione (K), secondo la formula:

$$V_t = V_m - K$$

VALORE DI MERCATO DEL FABBRICATO TRASFORMATO

In base al progetto di trasformazione (v. figura) si potrà ricavare un'unità immobiliare su due livelli, secondo lo schema della villetta a schiera: zona giorno al piano terra e zona notte al primo piano.

La stima viene effettuata con procedimento sintetico, in base al parametro della superficie commerciale.

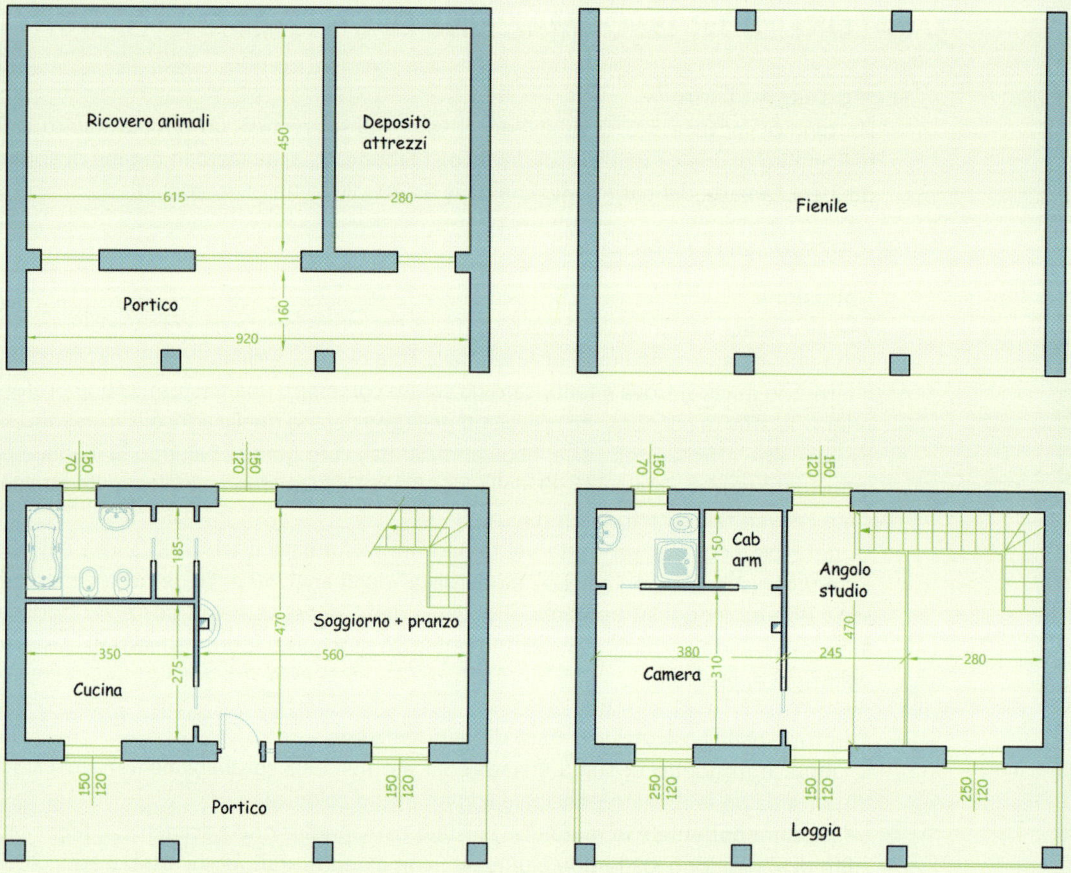

Piante del fienile (sopra) e del fabbricato ristrutturato (sotto).

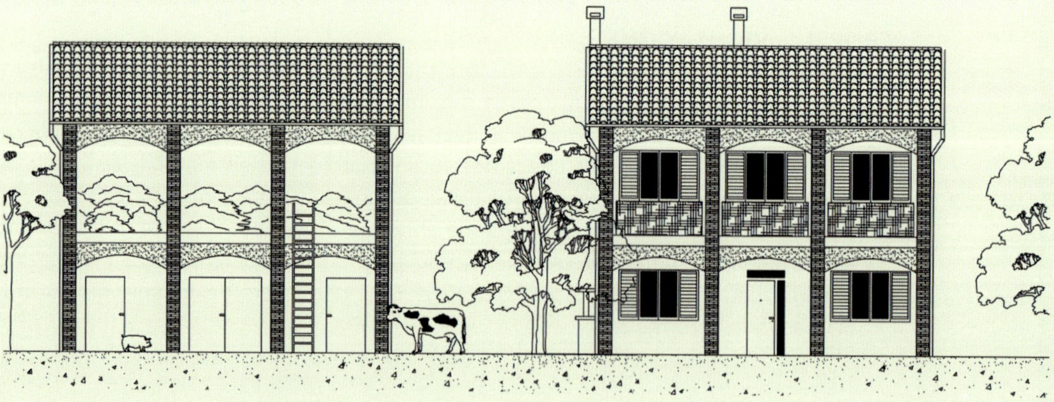

Il fienile (a sinistra) e il fabbricato ristrutturato (a destra).

1) Consistenza

Il fabbricato insiste su una superficie coperta di 73 m^2 e ha un'altezza di 7 m. L'area di pertinenza misura 10.359 m^2.

Il porticato e la loggia, ottenuti all'interno del corpo del fabbricato, sono valutati in misura pari al 65% della superficie residenziale interna. La superficie commerciale è la seguente.

Destinazione	Superficie lorda (m^2)	Coefficiente di destinazione	Superficie commerciale (m^2)
Superficie residenziale	55,0	1	55
Portico e loggia	18,0	0,5	9,0
Totale			**64**

2) Valore unitario

Per la determinazione del valore ordinario di mercato del fabbricato che si potrà ottenere con la trasformazione si sono eseguite indagini presso gli operatori dell'intermediazione immobiliare. Con riferimento a fabbricati:

- di nuova edificazione;
- di tipologia media secondo gli standard attuali;
- in posizione periferica nel comune di ....;

si è potuto determinare un probabile e ordinario valore di mercato di:

2.800 €/m^2 di superficie commerciale

3) Coefficienti di differenziazione

La caratteristica che differenzia il fabbricato oggetto di stima dalla media dei fabbricati simili è, in sostanza, solo l'ubicazione. Il fabbricato si trova infatti in posizione periferica e isolata, ma anche panoramica, con molto verde e in una fase di crescita urbanistica con immobili di qualità. Per questi motivi si ritiene equo applicare un incremento al valore ordinario nella misura del 5%.

4) Valore reale

Il valore unitario applicabile risulta:

$2.800\ €/m^2 \times 1{,}05 = 2.940\ €/m^2$

Valore del fabbricato che si potrà ottenere con la ristrutturazione:

$64\ m^2 \times 2.940\ €/m^2 = 188.160\ €$

Al valore del fabbricato si somma il valore dell'area di pertinenza, oltre le necessità edificatorie, stimata a valore agricolo in 8 €/m^2, che quindi risulta:

$10.359\ m^2 \times 8\ €/m^2 = 82.872\ €$

Valore totale dell'immobile:

$188.160 + 82.872 =$

271.032 €

COSTO DELLA TRASFORMAZIONE

Le opere da eseguire per ristrutturare il fienile comprendono la demolizione del tetto e di alcuni muri divisori e quindi la ricostruzione totale del fabbricato. Sono mantenuti invece i muri portanti in muratura, pur con opere di rinforzo statico.
Nella ricostruzione si useranno materiali di buona qualità con uso importante del legno a vista, in particolare per l'orditura del tetto.

Opere edili

Tenuto conto delle demolizioni, si considera un costo di ristrutturazione pari all'85% del costo da sostenere per l'edificazione ex novo di fabbricati di tipologia media. Tale costo, in seguito a informazioni assunte presso rappresentativi imprenditori edili operanti nella zona, viene stabilito nella misura di 350 €/m^3 vuoto per pieno. Tale importo comprende solo le opere edili, sono escluse quindi le spese generali. Si ottiene così un costo di cantiere pari a:

$73\ m^2 \times 7\ m \times 350\ €/m^3 \times 0{,}85 = 152.023\ €$

ESERCIZI SVOLTI

Spese generali

	Incidenza sul costo di cantiere (%)	Importo (€)
Oneri relativi al permesso di costruire	8	12.162
Progetto e direzione lavori	7	10.642
Profitto normale d'impresa	10	15.202
Totale	**25**	**38.006**

Costo totale

Il costo totale della ristrutturazione ammonta a:

152.023 + 38.006 = **190.029 €**

CONCLUSIONI

In funzione del valore di mercato dell'immobile trasformato e dei costi necessari per eseguire la trasformazione, il valore dell'immobile nello stato attuale risulta:

$V_t = 271.032 - 190.029 = 81.003$ €

che si arrotonda a:

80.000 €

ESERCIZI SVOLTI

4. STIMA DI UN ALLOGGIO COLLETTIVO DISMESSO

SCOPO DELLA STIMA

L'immobile da stimare è un grande alloggio collettivo appartenente a un istituto religioso, utilizzato originariamente come casa di riposo del clero, casa per esercizi spirituali e attività similari.

L'ente proprietario, che da tempo non utilizza il fabbricato, è intenzionato a vendere l'immobile per ricollocare il capitale in altre attività. Richiede quindi una perizia da utilizzare come base per l'imminente contrattazione.

DESCRIZIONE

Il fabbricato è ubicato nella periferia del comune di ...., in prossimità del lago di .... L'edificio si trova in posizione interna rispetto al lago, in zona collinare e panoramica, a un'altitudine di 360 m slm. È raggiungibile agevolmente con una strada asfaltata comunale al servizio anche di piccole frazioni sparse sulla collina.

Il fabbricato risale alla fine degli anni '50 e si eleva per tre piani fuori terra, più un piano seminterrato adibito a cucine, magazzini ecc. La superficie coperta misura 668 m^2, per una cubatura totale fuori terra di circa 7.000 m^3.

L'aspetto esterno è sobrio, classico, senza particolari influssi stilistici, conforme all'uso a cui era destinato. La struttura portante è in muratura, il tetto è a falde, ricoperto di coppi (*v.* figura a pag. 81).

Lo stato generale di conservazione è discretamente buono, ma gli impianti e le finiture sono in sostanza quelli dell'epoca di costruzione; quindi, per un uso commerciale, il fabbricato dovrebbe essere completamente restaurato.

L'area di pertinenza, al lordo della superficie coperta, misura 14.278 m^2 e forma parco con la presenza anche di alberi ad alto fusto (alcune conifere, in prevalenza latifoglie).

Riferimenti legali e catastali

Il fabbricato è stato regolarmente costruito e dichiarato agibile.

È censito nel catasto fabbricati: mappali n. 345 e 127; partita n. ...... intestata alla ditta ....; categoria D/4; classe 2.

È incluso nel piano urbanistico comunale nella zona E (agricola).

VALUTAZIONE

Criteri di stima

Per l'immobile in esame non vi sono sufficienti riferimenti di mercato; non vi sono infatti mai state nella zona contrattazioni di fabbricati simili. Si trova infatti in posizione isolata, scarsamente edificata, nella quale non esistono fabbricati che, pur diversi, in qualche modo si possano considerare simili. Si ritiene tuttavia, per la posizione panoramica, immersa nel verde, che il fabbricato possa essere convenientemente trasformato e destinato, per esempio, a casa di riposo per anziani, a clinica privata o a destinazioni analoghe.

Pur considerando la trasformazione come la destinazione ordinaria dell'immobile, in alternativa si procede alla stima secondo l'aspetto economico del valore di ricostruzione, da considerare come prezzo minimo, da assumere come base per la futura compravendita.

Un fabbricato in cui è stata realmente effettuata la trasformazione ipotizzata in questo esercizio.

1) VALORE DI TRASFORMAZIONE

Il valore dell'immobile oggetto di stima si ottiene dalla differenza tra il valore del fabbricato che si potrà ottenere con la trasformazione ritenuta ordinaria e il costo della stessa trasformazione.

ESERCIZI SVOLTI

Valore di mercato del fabbricato trasformato

Con l'esecuzione di profondi lavori di ristrutturazione edilizia l'immobile potrà essere destinato a casa di cura privata, a residenza sanitaria assistenziale (RSA) o a una destinazione similare. La superficie commerciale che si può ricavare per tale destinazione è la seguente:

668 m^2 × 3 (piani fuori terra) + 668 m^2 × 50% (piano seminterrato) = 2.338 m^2

Il valore di mercato viene determinato, con riferimento alle quotazioni ordinarie di fabbricati per *uso commerciale* (uffici, negozi, hotel ecc.) ubicati nelle zone periferiche dei comuni limitrofi, nella misura di:

2.500 €/m^2

Per la presenza di un'ampia area di pertinenza, destinata a parco (non edificabile), il valore ordinario viene aumentato del 5%. Il valore unitario ordinario risulta quindi:

2.500 €/m^2 × 1,05 = 2.625 €/m^2

Il valore del fabbricato che si potrà ricavare risulta:

2.338 m^2 × 2.625 €/m^2 =

6.137.250 €

Costo della trasformazione

La struttura portante del fabbricato esistente viene conservata. Si devono però rinnovare completamente gli impianti, i rivestimenti interni ed esterni e i serramenti. Considerando le demolizioni e l'assistenza muraria per i nuovi impianti, il costo per eseguire la trasformazione viene determinato in misura pari all'80% del costo per la costruzione *ex novo*.
Per la determinazione del costo unitario di costruzione si sono eseguite indagini presso qualificati imprenditori edili operanti nella zona. È stato possibile così definire un costo unitario di costruzione a nuovo per fabbricati a uso residenziale, di tipo economico, utilizzando tecniche e materiali attuali, riferibile a un imprenditore ordinario, di:

600 €/m^3 vpp

Tale valore non comprende l'area, sono invece comprese le spese generali (progetto, permesso di costruire, profitto normale d'impresa).
Il costo unitario di costruzione viene applicato alla cubatura fuori terra di 7.000 m^3 e comprende le spese per realizzare anche il piano seminterrato adibito a locali accessori (magazzini, cantine ecc.).
Il costo della trasformazione ammonta quindi a:

600 €/m^3 × 7.000 m^3 × 80% =

3.360.000 €

Valore di trasformazione

Il valore del fabbricato risulta:

6.137.250 – 3.360.000 = 2.777.250 €

che si arrotonda a:

2.780.000 €

2) VALORE DI RICOSTRUZIONE

Valore di costruzione *ex novo*

Dato il valore di costruzione di 600 €/m^3 (determinato al punto 1), il più probabile costo totale di costruzione ammonta a :

600 €/m^3 × 7.000 m^3 =

4.200.000 €

Coefficiente di vetustà

Il coefficiente di vetustà considera l'età e lo stato di obsolescenza del fabbricato in funzione della vita utile. Per quanto riguarda la struttura, il fabbricato da stimare, in muratura, si può considerare "moderno" e in buono stato. Le finiture e gli impianti sono invece, come si è detto, da rifare. Nel complesso l'immobile manifesta in pieno la sua età di circa 60 anni. Il coefficiente di vetustà, in rapporto a una vita utile di circa 100 anni, risulta quindi il seguente:

$$c_V = \frac{\left(\dfrac{60}{100} \times 100 + 20\right)^2}{140} - 2{,}86 = 43\%$$

Valore di ricostruzione

Visto il costo di costruzione *ex novo* e il coefficiente di deprezzamento precedentemente determinati, il valore di costo dell'immobile nello stato attuale risulta:

4.200.000 × (1 – 43%) =

2.394.000 €

Valore dell'area di pertinenza

L'immobile è ubicato in una zona definita agricola dal piano urbanistico. Il valore unitario dell'area di pertinenza viene pertanto determinato con riferimento al valore di aree con tale destinazione. Con riferimento alle quotazioni di piccoli appezzamenti a uso agricolo in zone limitrofe suburbane, si assume un valore base di:

10 €/m^2 (100.000 €/ha)

A tale valore si applica un incremento di valore del 5% per la presenza significativa di alberi ornamentali ad alto fusto. Il più probabile valore dell'area di pertinenza viene quindi determinato in misura pari a:

10 €/m^3 × 14.278 m^2 × 1,05 =

149.919 €

Valore di ricostruzione

Il valore dell'immobile risulta dalla somma del valore deprezzato del manufatto edilizio e del valore dell'area di pertinenza:

2.394.000 + 149.919 = 2.543.919 €

che si arrotonda, in funzione delle ipotesi sommarie e dello scopo pratico della stima, a:

2.540.000 €

CONCLUSIONI

Sulla base delle ipotesi effettuate, il più probabile valore dell'immobile nello stato in cui si trova attualmente risulta definito intorno a un importo di **2,8 milioni di euro** (valore di trasformazione).

In caso di vendita in regime di mercato condizionato dalla necessità di vendere in tempi brevi o, per situazioni congiunturali, dalla scarsità di domanda, si ritiene comunque che il valore non possa essere inferiore a circa **2,5 milioni di euro** (valore di ricostruzione).

3 Stima delle aree edificabili

- ✓ Generalità
- ✓ Valore di mercato
- ✓ Valore di trasformazione
- ✓ Stima di piccole aree edificabili

3.1 GENERALITÀ

L'area edificabile è un terreno su cui, in base agli *strumenti edilizi* in vigore, è possibile costruire un nuovo fabbricato. I Comuni approvano i piani urbanistici di loro competenza, nel rispetto del *Piano territoriale regionale* (PTR), con lo scopo di rendere lo sviluppo urbano ordinato e sostenibile, tutelando le esigenze abitative della popolazione e le necessità di produzione delle imprese.

I principali strumenti edilizi da cui dipendono le potenzialità edificatorie di un'area sono:

- i **piani urbanistici comunali** (PGT, PUC ecc.) e le relative *norme tecniche di attuazione* (NTA);
- i **piani attuativi** (piani pluriennali di attuazione, piani di lottizzazione ecc.);
- il **regolamento edilizio** (RE).

In seguito alla presentazione di un progetto che rispetti la normativa vigente, il Comune rilascia il **permesso di costruire**. Il permesso è oneroso e comporta il pagamento del *contributo di costruzione*.

La denominazione del titolo abilitativo in permesso di costruire è dovuta al *Testo unico sull'edilizia*, DPR n. 380/2001, in vigore dall'1.1.2002. La prima forma di titolo abilitativo per l'edificazione prevista dalla normativa italiana fu la **licenza edilizia**, introdotta con la fondamentale *legge urbanistica n. 1150/1942* e richiesta solo per edificare in determinate zone del territorio comunale. Dal 1° settembre 1967, dopo la promulgazione della legge n. 765/1967, la licenza era necessaria per edificare in qualsiasi zona. Con la *legge Bucalossi*, n. 10 del 28 gennaio 1977, è stata introdotta la **concessione edilizia**, con la quale il diritto di edificare è diventato oneroso.

3.1.1 Caratteristiche dell'area edificabile

Il valore di un'area edificabile, come di ogni altro bene immobile, dipende dalle sue caratteristiche estrinseche e intrinseche. Le prime dipendono essenzialmente dalla sua posizione, le seconde dai vincoli urbanistici e dalla conformazione e natura del terreno.

Ubicazione

I piani urbanistici comunali suddividono il territorio in **zone territoriali omogenee** (ZTO) (*v.* tabella 3.1). Dalla zona territoriale dipendono:

- il *tipo* di fabbricato che si potrà edificare (residenziale, commerciale, industriale, direzionale);
- la *dimensione* del fabbricato.

La prima fase della procedura di stima è pertanto quella di accertare la destinazione di zona stabilita dal piano urbanistico. I Comuni rilasciano al riguardo un apposito *certificato di destinazione urbanistica* (CDU).

3.1 Le zone urbanistiche (ZTO)

Zona	Descrizione
Zona A (centro storico)	Parti del territorio interessate da agglomerati urbani che rivestono carattere storico, artistico o di particolare pregio ambientale o da porzioni di essi, comprese le aree circostanti, che possono considerarsi parte integrante, per tali caratteristiche, degli agglomerati stessi. In questa zona sono previsti interventi di recupero sul patrimonio edilizio esistente.
Zona B (semicentro)	Parti del territorio *totalmente o parzialmente edificate*, diverse dalle zone A. Si considerano parzialmente edificate le zone in cui la superficie coperta dagli edifici esistenti non sia inferiore al 12,5% (un ottavo) della superficie fondiaria della zona e nelle quali la densità territoriale sia superiore a 1,5 m^3/m^2.
Zona C (periferia)	Parti del territorio destinate a *nuovi complessi insediativi*, che risultino inedificate o nelle quali l'edificazione preesistente non raggiunga i limiti di superficie e densità della zona B.
Zona D (industriale)	Parti del territorio destinate a nuovi insediamenti per impianti industriali. Deve avere particolari caratteristiche che consentano da un lato agevoli collegamenti per il trasporto delle merci, dall'altro non deve interferire negativamente (col traffico e i rumori) con le attività residenziali. Sono quindi ubicate, in genere, nell'estrema periferia (non di rado al confine con altri Comuni).
Zona E (agricola)	Parti del territorio destinate ad usi agricoli, escluse quelle in cui il frazionamento delle proprietà richieda insediamenti da considerare come zone C. In questa zona è possibile costruire esclusivamente fabbricati necessari alle esigenze di coltivazione del fondo.
Zona F (pubblica)	Parti del territorio destinate ad attrezzature e impianti di interesse generale in cui l'edificazione avviene, di solito, in seguito a un esproprio.

Cubatura edificabile

Il piano urbanistico comunale e il regolamento edilizio stabiliscono una serie di norme tecniche per l'edificazione, da cui dipende la dimensione dell'edificio che si potrà realizzare. Il parametro di maggiore importanza è l'**indice di edificabilità** (o *indice di fabbricabilità*, m^3/m^2) che dà un'immediata indicazione sulle possibilità edificatorie dell'area. Tale indice può essere riferito alla *superficie fondiaria*, al netto delle opere di urbanizzazione, o *territoriale*, che comprende tutta la superficie dell'area (*v.* tabella 3.2).

Altri parametri possono condizionare lo sfruttamento edificatorio dell'area: il *rapporto di copertura* (o superficie copribile), l'*altezza massima*, la *distanza dai fabbricati vicini*, la *distanza dall'asse stradale*, la *larghezza sul fronte stradale* ecc. Questi vincoli incidono in modo particolare sul valore delle aree di piccole dimensioni,

Limiti inderogabili (DM n. 1444/1968)

per le quali il rispetto delle distanze e del rapporto di copertura limitano, a volte pesantemente, la reale possibilità edificatoria.

3.2 Principali definizioni edilizie uniformi (Intesa nazionale del 20 ottobre 2016)

Parametro		Definizione
1 Superficie territoriale	*ST*	Superficie reale di una porzione di territorio oggetto di intervento di trasformazione urbanistica. Comprende la superficie fondiaria e le aree per dotazioni territoriali ivi comprese quelle esistenti.
2 Superficie fondiaria	*SF*	Superficie reale di una porzione di territorio destinata all'uso edificatorio. È costituita dalla superficie territoriale al netto delle aree per dotazioni territoriali ivi comprese quelle esistenti.
3 Superficie permeabile	*SP*	Porzione di superficie territoriale o fondiaria priva di pavimentazione o di altri manufatti permanenti, entro o fuori terra, che impediscano alle acque meteoriche di raggiungere naturalmente la falda acquifera.
4 Indice di copertura	*IC*	Rapporto tra la superficie coperta e la superficie fondiaria.
5 Indice di edificabilità fondiaria	*IF*	Quantità massima di superficie o di volume edificabile su una determinata superficie fondiaria, comprensiva dell'edificato esistente.
6 Indice di edificabilità territoriale	*IT*	Quantità massima di superficie o di volume edificabile su una determinata superficie territoriale, comprensiva dell'edificato esistente.
7 Indice di permeabilità	*IPT* *IPF*	Rapporto tra la superficie permeabile e la superficie territoriale (indice di permeabilità territoriale) o fondiaria (indice di permeabilità fondiaria).
8 Superficie coperta	*SC*	Superficie risultante dalla proiezione sul piano orizzontale del profilo esterno perimetrale della costruzione fuori terra, con esclusione degli aggetti e sporti inferiori a 1,50 m.
9 Sedime		Impronta a terra dell'edificio o del fabbricato, corrispondente alla localizzazione dello stesso sull'area di pertinenza.
10 Superficie lorda	*SL*	Somma delle superfici di tutti i piani comprese nel profilo perimetrale esterno dell'edificio escluse le superfici accessorie.
11 Volume totale	*VT*	Volume della costruzione costituito dalla somma della superficie totale di ciascun piano per la relativa altezza lorda.

Altre caratteristiche

Il valore di un'area edificabile dipende dalle sue peculiari caratteristiche; da un punto estimativo ognuna di esse potrà risultare un caso a sé stante. Definita la cubatura teorica edificabile, le caratteristiche che possono condizionare l'edificabilità effettiva sono di vario tipo: la dimensione, la forma, l'inclinazione, le coerenze, la natura del terreno, le servitù ecc.

- **Dimensione**. Deve essere sufficiente, tenuto conto dei vincoli urbanistici, per edificare almeno un piccolo fabbricato indipendente.
- **Forma**. La forma irregolare (contorno frastagliato, a rettangolo molto lungo e stretto ecc.), anche di aree non molto piccole, può determinare una limitazione o addirittura un impedimento dell'utilizzo edificatorio.
- **Coerenze**. La presenza di fabbricati vicini può imporre vincoli, dovuti alle distanze di rispetto, che rendono difficile l'edificazione.
- **Pendenza, esposizione, vista**. Queste caratteristiche, in genere dipendenti tra di loro, devono essere valutate in relazione alla zona. La pendenza del terreno è in sé una caratteristica negativa, ma se consente una vista pano-

ramica e una buona esposizione diventa, entro certi limiti, una caratteristica che dà valore all'immobile.
- **Natura del terreno**. I terreni di riporto, i terreni con falde acquifere superficiali, i terreni rocciosi ecc. possono creare difficoltà all'esecuzione delle fondazioni, per le quali si dovranno sostenere maggiori spese.
- **Servitù**. La presenza di servitù apparenti (elettrodotto, gasdotto, fognature ecc.) e non apparenti (servitù di cubatura) possono incidere sul valore del fabbricato o sui costi di costruzione. Con la *servitù di cubatura* una parte (o tutta) della cubatura edificabile è stata già utilizzata per costruire un fabbricato adiacente.

3.1.2 Criteri di stima

La stima di un'area edificabile può avvenire in base ai seguenti aspetti economici:
- valore di *mercato;*
- valore di *trasformazione;*
- valore *complementare.*

Per la stima del valore di mercato devono esistere, per poter effettuare una comparazione, aree simili che siano state oggetto di compravendita. Questa circostanza, a causa della progressiva edificazione delle aree adiacenti, non di rado viene a mancare. Il valore dell'area può essere allora determinato secondo l'aspetto economico del valore di trasformazione, anche perché *la trasformazione in fabbricato si può considerare sempre, per un'area edificabile, come la destinazione ordinaria*. Infine l'aspetto economico del valore complementare viene applicato a volte per la stima di aree di piccole dimensioni.

3.2 VALORE DI MERCATO

3.2.1 Il mercato delle aree edificabili

La domanda

La domanda di aree edificabili è la conseguenza della domanda di nuovi fabbricati da destinare a scopi residenziali o produttivi. I fattori che maggiormente incidono sulla domanda di fabbricati sono: la crescita demografica, le condizioni di benessere sociale, l'incremento delle attività produttive, la redditività degli investimenti alternativi.

La **crescita demografica** può essere dovuta a movimenti naturali (incremento dei nati sui morti) o migratori (incremento degli immigrati sugli emigrati). I nuovi insediamenti residenziali sono collocati nelle periferie urbane, secondo le indicazioni contenute nei piani urbanistici. Nelle zone destinate all'edilizia economico-popolare le aree acquisite a prezzo di esproprio o in diritto di superficie consentono di contenere i prezzi di vendita e di soddisfare una parte del mercato.

Il **benessere sociale** orienta la domanda di abitazioni verso zone più qualificate e appetibili o dove comunque si verifica un buon compromesso tra vivibilità della zona e distanza dal posto di lavoro (zone con molto verde, prevalentemente edificate con ville, ville a schiera, palazzi signorili ecc.). Si può assistere così a graduali migrazioni di popolazione da zone o Comuni in cui col tempo il tessuto urbanistico e sociale si è degradato ad altre più tranquille.

Nelle zone in cui vi è un incremento o una **ricollocazione delle attività produttive** vi sarà anche un incremento della richiesta di aree da edificare a tale scopo.

Anche le attività produttive richiedono infatti aree adatte, con infrastrutture e collegamenti efficienti.
L'attività edilizia riceve un particolare impulso quando la **redditività degli investimenti mobiliari** è bassa e rischiosa. Il "mattone" è infatti anche un bene rifugio che gli investitori acquistano, a volte, per conservare il valore della moneta.

L'offerta

Con la costruzione di nuovi fabbricati il suolo edificabile viene progressivamente consumato. Essendo le aree edificabili beni non riproducibili, l'offerta diminuisce fino al totale esaurimento. Il mercato si caratterizza quindi per l'**offerta rigida**.
L'offerta di nuove aree edificabili può essere aumentata solo in tempi lunghi (se possibile), con l'approvazione di nuovi piani urbanistici che, cambiando la destinazione urbanistica, rendono edificabili terreni destinati in precedenza ad attività agricole ("consumo di suolo"). Le motivazioni che portano le pubbliche amministrazioni a incrementare le aree edificabili sono essenzialmente di due tipi: soddisfare un bisogno avvertito dalla popolazione (la richiesta di case) e finanziare le casse comunali con gli introiti fiscali. I fabbricati sono infatti per i Comuni un'importante fonte di finanziamento, nel momento del rilascio del permesso di costruire e continuativamente nel tempo per effetto delle imposte comunali (IMU).
Nei Comuni con vocazione turistica, i nuovi fabbricati sono anche uno strumento che dà impulso alle attività collegate e quindi contribuiscono allo sviluppo economico: inizialmente è favorita l'attività edilizia, poi le attività dei servizi (bar, ristoranti, negozi ecc.).

La rendita edilizia

Quando una zona viene progressivamente edificata le aree residue, per effetto della riduzione dell'offerta, aumentano il loro valore. Il proprietario di un'area ha quindi la possibilità di scegliere il momento in cui vendere l'area: maggiore sarà l'attesa e più alto sarà il prezzo di vendita. Ne consegue che ogni anno trascorso comporta una rendita (*rendita edilizia*) di entità pari all'incremento di valore dell'area. La rendita edilizia non è incassabile dal proprietario alla fine di ogni anno, ma solo nel momento della vendita, come plusvalenza tra valore iniziale e valore finale. Pertanto l'ipotesi di determinare un reddito annuo ordinario capitalizzabile non può essere presa in considerazione, anche perché questo tipo di rendita non è facilmente prevedibile.

3.2.2 Metodo di stima

Il valore di mercato di un'area edificabile, come di ogni altro bene immobile, viene determinato mediante il confronto, sulla base di un parametro tecnico, con aree simili, applicando la nota equazione fondamentale:

$$\Sigma V_m : \Sigma p = V_m : p$$

dove:

ΣV_m = sommatoria dei prezzi di mercato, reali e recenti, di aree simili prese a confronto;
Σp = sommatoria dei parametri relativi alle aree simili prese a confronto;
V_m = valore ordinario dell'area oggetto di stima;
p = parametro relativo all'area oggetto di stima.

Il presupposto indispensabile per poter procedere con la stima del valore di mercato è quindi l'esistenza delle **aree simili**. Questa condizione si verifica più frequentemente nelle zone periferiche dei comuni in espansione edilizia; viceversa, nelle zone da tempo edificate, non si potrà fare altro, in molti casi, che eseguire la stima secondo il criterio del valore di trasformazione.
Le aree edificabili si considerano simili quando hanno in comune le principali caratteristiche: destinazione di zona del piano urbanistico, indice di fabbricabilità, ubicazione nel Comune, dimensione ecc.

Il **parametro di confronto** può essere:
- il *metro quadrato di superficie* territoriale o fondiaria;
- il *metro cubo edificabile*.

La superficie è un parametro quantitativo, mentre il metro cubo edificabile tiene conto anche della "qualità" dell'area e cioè della sua attitudine edificatoria in funzione dei parametri urbanistici. Con il metro cubo edificabile si potrà per esempio fare riferimento anche ad aree che hanno diversi indici di edificabilità.

Dall'equazione fondamentale si ricava il **valore unitario ordinario** (V_u) (in €/m^2 o €/m^3 edificabile):

$$V_u = \frac{\Sigma V}{\Sigma p}$$

3.2.3 Procedimenti di stima

Con **procedimento sintetico** il valore unitario è noto a chi esegue la stima in seguito a indagini eseguite nella zona (*v.* esempio 3.1), che in ogni caso fanno riferimento al suddetto rapporto fra prezzi e dimensione. Il valore di mercato dell'area da stimare è allora dato da:

$$V_m = V_u \times p$$

ESEMPIO 3.1 **STIMA SINTETICA DEL VALORE DI MERCATO DI UN'AREA EDIFICABILE**

Si deve stimare un'area edificabile di 2.108 m^2 di superficie *territoriale*, edificabile per 1,5 m^3/m^2 di superficie *fondiaria*. A tale scopo si sono eseguite indagini presso gli imprenditori edili che hanno edificato di recente nella zona fabbricati simili a quello che è possibile edificare nell'area oggetto di stima. In base a tali indagini è stato possibile determinare il prezzo medio pagato per le aree edificabili nella misura di:

300 €/m^3 edificabile

La cubatura edificabile sull'area da stimare, considerando un'incidenza del 20% sulla superficie territoriale delle opere di urbanizzazione, risulta:

2.108 m^2 × 80% × 1,5 m^3/m^2 = 2.529,6 m^3

Valore dell'area:

2.529,6 m^3 × 300 €/m^3 = 758.880 ≅ **760.000 €**

pari a 360 €/ m^2 di superficie territoriale.

Con **procedimento analitico** il valore unitario è determinato elaborando i dati elementari relativi a ogni singola compravendita (*v.* esempio 3.2).

ESTIMO IMMOBILIARE

ESEMPIO 3.2 STIMA ANALITICA DEL VALORE DI MERCATO DI UN'AREA EDIFICABILE

Si deve stimare un'area edificabile di 2.108 m² ubicata nel Comune di ...., in cui si possono edificare 3.100 m³ di fabbricato.
Si sono rilevate nella zona le seguenti contrattazioni relative ad aree aventi simili caratteristiche edificatorie.

Ubicazione	Superficie (m²)	Cubatura edificata (m³)	Prezzo pagato (€)
Via	2.520	3.200	850.000
Via	1.650	2.040	610.000
Via	1.220	1.630	235.000
Via	3.130	4.280	1.200.000
Totale	**8.520**	**11.150**	**2.895.000**

Valore ordinario unitario (in funzione della superficie):

$$V_u = \frac{2.895.000}{8.520} = 340 \text{ €/m}^2$$

Valore dell'area:

$2.108 \text{ m}^2 \times 340 \text{ €/m}^2 = 716.275 \cong$ **716.000 €**

Oppure:

Valore ordinario unitario (in funzione della cubatura):

$$V_u = \frac{2.895.000}{11.150} = 260 \text{ €/m}^3$$

Valore dell'area:

$3.100 \text{ m}^3 \times 260 \text{ €/m}^3 = 804.888 \cong$ **805.000 €**

Questa seconda procedura si dimostra più accurata in quanto basata sulla reale edificazione delle aree simili, ma richiede appunto il rilievo di questo dato, che non sempre è reperibile.

3.2.4 Correzioni del valore ordinario

Vi sono alcune circostanze che possono determinare una variazione del valore ordinario di un'area edificabile.
Innanzitutto si dovrà considerare la progressiva diminuzione dell'offerta e il conseguente aumento di valore delle aree residue (come si è detto, le aree edificabili sono beni non riproducibili, per le quali si verifica il fenomeno della rendita edilizia). Per questo motivo i valori delle aree edificabili sono tendenzialmente in aumento rispetto alla media dei prezzi delle aree simili.
Si potranno poi considerare *caratteristiche di natura tecnica*, legate per esempio alla conformazione dell'area, alla pendenza e al tipo di terreno ecc. Ha anche importanza la presenza di *opere di urbanizzazione*, che determinano minori oneri per il rilascio del permesso di costruire e quindi differenti quotazioni di mercato per aree "urbanizzate" e "non urbanizzate".
Le correzioni del valore ordinario potranno essere quantificate con opportuni coefficienti di differenziazione, quando le caratteristiche in esame costituiscono dei *comodi* o *scomodi*, o direttamente in termini monetari se le correzioni sono classificabili come *aggiunte* o *detrazioni* al valore ordinario (*v.* tabella 3.3).

3.3	Aggiunte e detrazioni
Aggiunte	**Detrazioni**
– Recinzioni. – Opere di sistemazione dei terreni (muri di sostegno, sistemazione idraulica ecc.). – Presenza di opere di urbanizzazione che comportino un minor contributo per il permesso di costruire.	– Spese di demolizione di opere preesistenti. – Spese di spostamento di scarichi d'acqua, condotte interrate, elettrodotti ecc. – Spese di sbancamento oltre la norma. – Presenza di servitù prediali, usufrutto, ipoteche.

3.3 VALORE DI TRASFORMAZIONE

La stima di un'area edificabile secondo l'aspetto economico del valore di trasformazione viene effettuata frequentemente in quanto, come si è detto, l'edificazione si può sempre considerare come la destinazione ordinaria per questo tipo di terreno. Il criterio del valore di trasformazione si applica anche quando non si ha un numero sufficiente di prezzi di mercato relativi ad aree simili per effettuare la stima secondo l'aspetto economico del valore di mercato.
Il valore di trasformazione di un'area edificabile (V_t) si ottiene dalla *differenza tra il* **valore di mercato** *del fabbricato che si potrà edificare* (V_m) *e il* **costo** *di edificazione* (K), secondo la formula:

$$V_t = V_m - K$$

Mentre per la determinazioni del costo di costruzione ci si potrà riferire a quanto visto nel capitolo precedente, per la determinazione del valore di mercato del fabbricato si dovrà tenere conto di quanto segue.

3.3.1 Valore del fabbricato che si potrà edificare

Nella stima del valore di trasformazione di un'area edificabile non si ha un fabbricato esistente, ma si deve ipotizzare il fabbricato che ordinariamente si potrà edificare. Sul piano operativo bisognerà quindi definire (*v.* esempio 3.4):

- il **tipo** di fabbricato che si potrà ottenere in base alla zona urbanistica (residenziale, commerciale, industriale, agricola);
- la **dimensione** del fabbricato, suddivisa eventualmente per ogni tipologia edilizia realizzabile (per esempio negozi al piano terra e appartamenti ai piani superiori);
- i **valori unitari** applicabili.

Per quanto riguarda la dimensione, è necessario eseguire alcuni essenziali calcoli planovolumetrici per calcolare la superficie commerciale, il parametro basilare per la stima del valore di mercato.

Dimensione del fabbricato (calcoli planovolumetrici)

Simbologia adottata
I termini e i simboli adottati in questo capitolo sono, se previsti, conformi alle citate *definizioni edilizie uniformi* dell'intesa nazionale del 20 ottobre 2016, allegato A.

Il volume totale (*VT*)
Il volume totale di un fabbricato è dato dalla **cubatura edificabile fuori terra** che si ottiene moltiplicando la *superficie dell'area edificabile* (*SAE*), che può essere territoriale (*ST*) o fondiaria (*SF*), per l'*indice di edificabilità* (*IE*), che può essere territoriale (*IT*) o fondiario (*IF*) (*v.* figura 3.1):

$$VT = SAE \times IE \qquad [m^3 = m^2 \times m^3/m^2]$$

La superficie fondiaria è data dalla superficie territoriale meno la superficie da destinare a opere di urbanizzazione (parcheggi, marciapiedi ecc.).

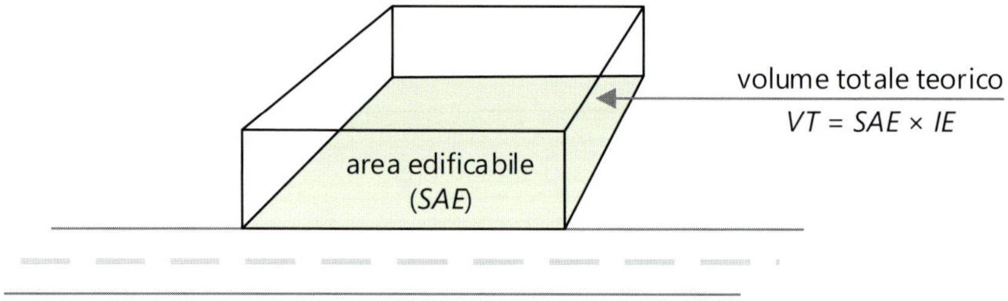

Figura 3.1
Volume edificabile teorico.

La **superficie coperta** dal fabbricato (*SC*) (o area di *sedime*) è data dal rapporto tra cubatura edificabile e altezza del fabbricato:

$$SC = \frac{VT}{H}$$

Fissato il numero di piani, si avrà per esempio l'altezza di 3, 6, 9 m per 1, 2 o 3 piani (l'altezza di un piano è in genere 2,7 m netti + 0,3 m di solaio). L'altezza del fabbricato dovrà essere nei limiti dell'altezza massima fissata dalle norme edilizie.
Si dovrà quindi eventualmente verificare se *la superficie coperta* è inferiore a quella massima prevista dall'*indice di copertura* (*IC*) (*v.* figura 3.2):

$$SC \leq SAE \times IC$$

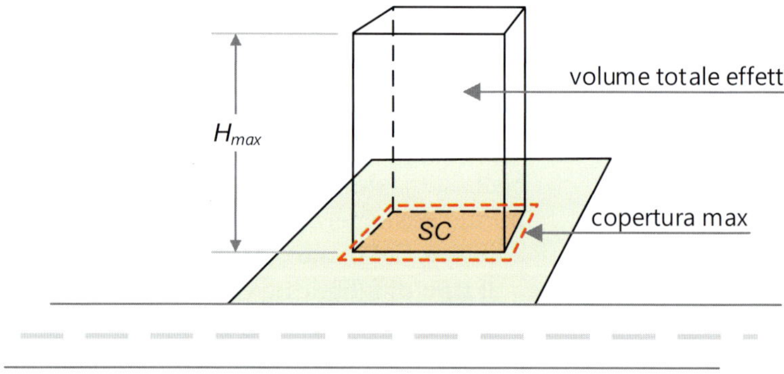

Figura 3.2
Volume edificabile effettivo.

Se la condizione non è soddisfatta si aumenterà l'altezza del fabbricato per far diminuire la superficie coperta. Se però è stata raggiunta l'altezza massima si è costretti a diminuire la cubatura edificabile che risulterà pari a (*v.* esempio 3.3):

$$VT = SAE \times IC \times H_{max}$$

ESEMPIO 3.3 **CUBATURA EDIFICABILE**

Superficie area edificabile:	2.000 m^2
Indice di edificabilità:	3 m^3/m^2
Indice di copertura:	30%
Altezza massima:	9 m

Volume edificabile teorico:
2.000 m^2 × 3 m^3/m^2 = 6.000 m^3

Superficie coperta:

$$SC = \frac{VT}{H} = \frac{6.000\ m^3}{9\ m} = 666,67\ m^2$$

Copertura massima:
$2.000\ m^2 \times 0,3 = 600\ m^2 < 666,67\ m^2$

Essendo la superficie coperta maggiore di quella massima consentita, si dovrà ridurre la cubatura edificabile a:

$600\ m^2 \times 9\ m = 5.400\ m^3 < 6.000\ m^3$

Superficie commerciale

Data la cubatura edificabile fuori terra, si dovrà calcolare la superficie commerciale di tutte le unità immobiliari che si potranno ricavare, allo scopo di determinare poi il valore di mercato dell'intero fabbricato.

Innanzitutto si calcola la **superficie lorda** di pavimento (*SL*):

$$SL = \frac{VT}{H_{piano}}$$

La superficie lorda corrisponde alla superfice lorda di un piano (la superficie coperta, *SC*) per il numero di piani:

$$SL = SC \times N.\ piani \qquad \text{da cui:} \qquad SC = \frac{SL}{N.\ piani}$$

La *superficie commerciale* (*SCOM*) è data dalla superficie lorda di pavimento meno la *superficie delle parti comuni* (*SPC*) più la *superficie commerciale delle pertinenze* (*SCP*) (balconi, cantine, box):

$$SCOM = SL - SPC + SCP$$

La **superficie delle parti comuni** di un edificio condominiale, è quella occupata dal vano scala (circa 15 m²), dall'ascensore (circa 2,5 m²), dai pianerottoli (circa 10 m²) ecc.

La **superficie commerciale delle pertinenze** (o superficie accessoria) si calcola con i coefficienti di riduzione già visti nel paragrafo 2.2.3 (superficie commerciale).

Indicativamente la superficie commerciale è pari alla **superficie lorda di pavimento maggiorata del 5÷10%** in per fabbricati con più di due piani. La tabella 3.4 fornisce, senza dover eseguire ulteriori calcoli, la superficie commerciale di un fabbricato residenziale in funzione della cubatura fuori terra e del numero di piani, secondo la visione schematica del fabbricato riportata nella figura 3.3:

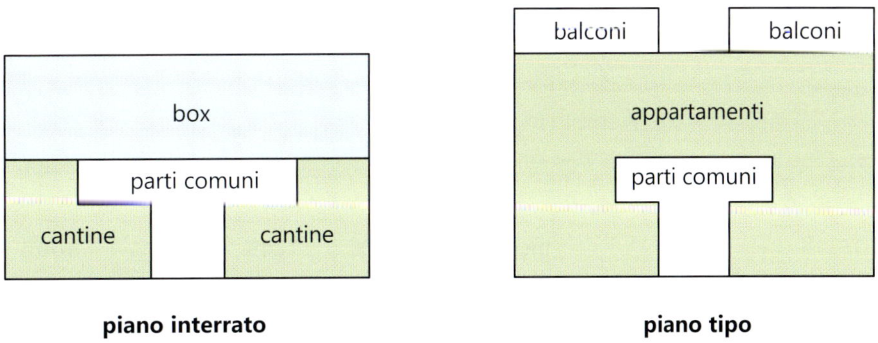

Figura 3.3
Visione schematica di un condominio per la suddivisione in superficie principali e accessorie.

I dati nella tabella che segue sono calcolati considerando i seguenti parametri:
- incidenza delle parti comuni sulla superficie lorda, 5%;
- incidenza dei balconi sulla superficie lorda, 8%;
- incidenza delle cantine sulla superficie coperta del fabbricato, 40%;
- incidenza dei box sulla superficie coperta del fabbricato, 80% (i box sono interrati oltre l'area di sedime);
- coefficiente di destinazione per i balconi, 35%;
- coefficiente di destinazione per le cantine, 25%;
- coefficiente di destinazione per i box, 40%.

Sulla base di questi dati la superficie commerciale incide mediamente sulla superficie lorda di pavimento nella misura indica nell'ultima riga della tabella.

3.4	Superficie commerciale (m²) in funzione della cubatura fuori terra						
Cubatura (m³)	Numero di piani fuori terra						
	1	2	3	4	5	6	7
500	230	200	190				
1.000	470	400	370				
1.500	700	590	560				
2.000	930	790	750				
2.500	1.170	990	930	900			
3.000	1.400	1.190	1.120	1.080			
3.500		1.390	1.300	1.260			
4.000		1.580	1.490	1.440	1.420		
4.500		1.780	1.680	1.620	1.590		
5.000		1.980	1.860	1.810	1.770	1.750	
5.500		2.180	2.050	1.990	1.950	1.920	
6.000		2.400	2.200	2.200	2.100	2.100	2.100
6.500			2.400	2.300	2.300	2.300	2.200
7.000			2.600	2.500	2.500	2.400	2.400
7.500			2.800	2.700	2.700	2.600	2.600
8.000			3.000	2.900	2.800	2.800	2.800
8.500			3.200	3.100	3.000	3.000	2.900
9.000			3.400	3.200	3.200	3.100	3.100
9.500			3.500	3.400	3.400	3.300	3.300
10.000			3.700	3.600	3.500	3.500	3.500
10.500				3.800	3.700	3.700	3.600
11.000				4.000	3.900	3.800	3.800
11.500				4.200	4.100	4.000	4.000
12.000				4.300	4.200	4.200	4.200
12.500				4.500	4.400	4.400	4.300
13.000				4.700	4.600	4.500	4.500
13.500				4.900	4.800	4.700	4.700
14.000				5.100	5.000	4.900	4.800
14.500				5.200	5.100	5.100	5.000
15.000				5.400	5.300	5.200	5.200
Incidenza	**140%**	**120%**	**112%**	**108%**	**106%**	**105%**	**104%**

ESEMPIO 3.4 **VALORE DI TRASFORMAZIONE DI UN'AREA EDIFICABILE PER USO RESIDENZIALE**

Si deve stimare un'area edificabile di 3.200 m^2 di superficie fondiaria, edificabile per 1,5 m^3/m^2. Su quest'area è possibile edificare un fabbricato a uso abitazione il cui valore a nuovo è di 2.800 €/m^2, mentre il costo totale di costruzione è di 600 €/m^3.

Volume massimo edificabile fuori terra:
3.200 m^2 × 1,5 m^3/m^2 = 4.800 m^3

Superficie lorda di pavimento (altezza lorda del piano 3 m):
4.800 m^3 : 3 m = 1.600 m^2

Superficie coperta:
1.600 m^2 : 3 piani = 533 m^2

Superficie commerciale. Si calcola l'incidenza delle parti del fabbricato non comprese nella cubatura edificabile, ma che rientrano nella superficie vendibile. I box sono realizzati in parte al di fuori della superficie coperta dal fabbricato (sotto il giardino o cortile comune).

		Superficie totale (m^2)	Coeff. sup. accessoria	Superficie com. (m^2)
Superficie residenziale lorda (incidenza parti comuni del 5%):	1.600 m^2 × 95% =	1.520	100%	1.520
Balconi:	1.600 m^2 × 8% =	128	35%	45
Cantine:	533 m^2 × 40% =	213	25%	53
Box interrati:	533 m^2 × 80% =	426	40%	170
Totale				**1.788**

Valore del fabbricato che si potrà costruire:
1.788 m^2 × 2.800 €/m^2 = 5.006.400 €

Costo di costruzione del fabbricato:
4.800 m^3 × 600 €/m^3 = 2.880.000 €

Valore dell'area edificabile:
5.006.400 – 2.880.000 = 2.126.400 ≅ **2.130.000 €**

pari a 665 €/m^2 di superficie fondiaria.

3.3.2 Giudizio di convenienza di un progetto edilizio

Il criterio del valore di trasformazione può essere utilizzato anche per giudicare la convenienza a eseguire un determinato progetto edilizio. Infatti il valore di un fabbricato che si potrà edificare (V_m) è dato dal valore dell'area (V_{ae}) più il costo di edificazione (K). Se il *prezzo di acquisto dell'area edificabile* (P_{ae}) fosse superiore a un importo massimo, la somma con il costo di costruzione sarebbe maggiore del valore di mercato del fabbricato e quindi renderebbe non conveniente l'esecuzione del progetto edilizio.
Invece dovrà essere che:

$$P_{ae} \leq V_m - K$$

Nel costo di costruzione l'imprenditore dovrà includere anche un *margine di profitto*, da considerare non tanto come guadagno proprio, ma come copertura, almeno parziale, dei rischi che dovrà affrontare.

3.3.3 Stima indiretta del valore di trasformazione di un'area edificabile

Il valore di trasformazione di un'area edificabile risulta da due fattori: il valore di mercato del fabbricato che si potrà edificare e il costo di costruzione. Note quindi le quotazioni medie di mercato dei fabbricati nuovi di una data zona (ΣV) e i costi medi di edificazione (ΣK) è possibile determinare l'incidenza media, in percentuale, del valore dell'area (I_a):

$$I_a(\%) = \left(1 - \frac{\Sigma K}{\Sigma V}\right) \times 100$$

Se è nota l'incidenza media (viene pubblicata per esempio dal *Consulente Immobiliare*), il valore dell'area potrà essere determinato in funzione del solo valore a nuovo del fabbricato (V_m) (*v.* esempio 3.4):

$$V_{ae} = V_m \times I_a$$

ESEMPIO 3.5 **STIMA SINTETICA DEL VALORE DI TRASFORMAZIONE DI UN'AREA EDIFICABILE**

Si deve stimare un'area edificabile di 3.200 m^2 di superficie da cui è possibile ricavare un fabbricato con 1.700 m^2 di superficie commerciale. Il valore ordinario di mercato del fabbricato che si potrà edificare è di 2.800 €/m^2. È nota anche l'*incidenza del valore dell'area* sul valore complessivo del fabbricato in misura pari al 36%.

Valore del fabbricato che si potrà edificare:

1.700 m^2 × 2.800 €/m^2 = 4.760.000 €

Valore dell'area edificabile:

4.760.000 × 36% = 1.713.600 ≅ **1.710.000 €**

pari a 535,5 €/m^2

3.4 STIMA DI PICCOLE AREE EDIFICABILI

Per piccole aree edificabili si intendono i terreni che per dimensione, forma o per altri impedimenti non possono essere edificati. Tali aree, dette **reliquati** (o *relitti*), derivano in molti casi da frazionamenti, espropri di aree limitrofe.
Il criterio per la stima dei reliquati viene individuato in funzione delle *possibili e ordinarie interazioni con aree adiacenti già edificate*. Si possono così effettuare le seguenti ipotesi:

- il reliquato *consente l'ampliamento* di un fabbricato adiacente;
- il reliquato non consente l'ampliamento di un fabbricato adiacente, ma ne *aumenta la comodità;*
- *non esistono fabbricati adiacenti* che consentano ampliamenti o maggiori comodi.

Il reliquato consente l'ampliamento di un fabbricato adiacente

Il reliquato apporta all'edificio adiacente una volumetria edificabile sufficiente per realizzare nuove unità immobiliari o per ampliare unità immobiliari esistenti. Il valore della piccola area sarà determinato in base all'aspetto economico del **valore di trasformazione**, in misura pari alla differenza tra il valore di mercato del fabbricato che si potrà edificare *in più* e il costo per la sua edificazione.

Il reliquato non consente l'ampliamento di un fabbricato adiacente

I maggiori comodi che un reliquato può apportare a un'area adiacente, senza aumentarne la volumetria, possono essere di vario genere. Il caso più comune è probabilmente il semplice incremento del verde privato, che potrebbe consentire di coltivare un orto, di realizzare un *bersau* o una piscina e così via. Se il reliquato è nell'angolo tra due vie potrebbe modificare e rendere più agevole l'accesso al fabbricato, aprire il prospetto su un'altra strada ecc. In questo caso il criterio di stima potrà essere il più probabile **valore complementare** (V_A):

$$V_A = V - V_B$$

dove V è il valore del fabbricato adiacente con il reliquato annesso e V_B il valore dello stesso fabbricato senza il reliquato.

Non esistono fabbricati adiacenti abbinabili

Se il reliquato non consente alcun ampliamento e non accresce in alcun modo il valore di un fabbricato adiacente la stima non potrà che essere effettuata in base al **valore agricolo**, con riferimento a quotazioni di piccole aree (orti, giardini ecc.). Tale sarà anche il *valore minimo* che si potrà attribuire all'area oggetto di stima.

In pratica

Il valore di un reliquato può essere stimato, nella migliore delle ipotesi, secondo l'aspetto economico del valore di trasformazione e del valore complementare. Si è presa in considerazione anche l'ipotesi che non esistano aree adiacenti abbinabili. È tuttavia plausibile l'ipotesi opposta: esistono *più* fabbricati adiacenti con cui ipotizzare la complementarità o l'ampliamento. In questo caso si dovrà stabilire *quale* abbinamento è da considerarsi ordinario, il che oggettivamente non è facile. Se infatti è vera l'ipotesi che i fabbricati adiacenti esistono, bisognerà verificare poi l'esistenza e l'intensità dell'interesse dei rispettivi proprietari per l'area abbinabile con una fusione. Costoro potranno infatti identificare nell'area il mezzo per soddisfare un bisogno avvertito fortemente (la necessità di ampliare il fabbricato) oppure, viceversa, il loro interesse potrà essere insignificante.

3. Stima delle aree edificabili

Questionario

1. Da quali fattori dipende il valore di un'area edificabile?
2. Che cos'è la rendita edilizia?
3. Come si procede nella stima di un'area edificabile secondo l'aspetto economico del valore di mercato?
4. Quali sono i parametri di confronto che si possono usare?
5. Quando e come si procede nella stima di un'area edificabile secondo l'aspetto economico del valore di trasformazione?
6. In base a quali elementi si può giudicare conveniente l'esecuzione di un progetto edilizio?

In sintesi

L'area edificabile è un terreno su cui, in base agli strumenti edilizi in vigore, è possibile costruire un nuovo fabbricato. In seguito alla presentazione di un progetto che rispetti la normativa vigente, il Comune rilascia il permesso di costruire.

Caratteristiche dell'area edificabile. La caratteristica più importante ai fini del valore è l'*ubicazione all'interno del piano urbanistico comunale*. Dalla zona territoriale omogenea dipende infatti il tipo e la dimensione del fabbricato che si potrà edificare. La zona C è destinata all'espansione dell'edilizia residenziale.
La *cubatura edificabile* è determinata dall'indice di edificabilità e da altri parametri fissati dalla normativa: il rapporto di copertura, l'altezza massima, la distanza dai fabbricati vicini, la distanza dall'asse stradale ecc.
Altre caratteristiche che possono condizionare l'edificabilità effettiva sono di vario tipo: la dimensione, la forma, la pendenza, le coerenze, la natura del terreno, le servitù ecc.
La *domanda* di aree edificabili è determinata da numerosi fattori: la crescita demografica, le condizioni di benessere sociale, l'incremento delle attività produttive, la redditività degli investimenti alternativi. L'*offerta* dipende dalla disponibilità di suolo. Essendo le aree edificabili beni non riproducibili, si avrà progressivamente nel tempo un mercato a offerta sempre più rigida. Questo fattore determina il fenomeno della *rendita edilizia*, che è data dall'incremento annuo di valore di un'area per effetto dell'esaurimento di aree limitrofe.

Valore di mercato. Il valore di mercato di un'area edificabile viene determinato mediante il confronto, sulla base di un parametro tecnico (m^3 edificabile o superficie), con aree simili (se esistono). Il valore di mercato dell'area da stimare è allora dato da:

$$V_m = V_u \times p$$

Con *procedimento analitico* il valore unitario è determinato elaborando i dati elementari relativi a ogni singola compravendita di riferimento.
Le *correzioni del valore ordinario* potranno essere effettuate per fattori di natura tecnica (conformazione dell'area ecc.) e per la presenza di *opere di urbanizzazione*, che determinano minori oneri per il rilascio del permesso di costruire.

Valore di trasformazione. Si ottiene dalla differenza tra il valore di mercato del fabbricato che si potrà edificare (V_m) e il costo di edificazione (K). Dipende quindi dal tipo e dalla dimensione del fabbricato e dai costi di costruzione.
Il valore di trasformazione è sempre applicabile per la stima di un'area edificabile, proprio perché è la destinazione ordinaria. Questo criterio è utilizzato anche per giudicare la convenienza a eseguire un determinato progetto edilizio e a stabilire il prezzo massimo che si potrebbe pagare per un'area:

$$V_{ae} \leq V_m - K$$

Dal rapporto tra le quotazioni di mercato dei fabbricati nuovi di una data zona e i costi di costruzione è possibile determinare l'incidenza media, in percentuale, del valore dell'area (I_a). Nota a priori tale incidenza, il valore dell'area potrà essere determinato da:

$$V_{ae} = V_m \times I_a$$

7. Che cos'è un reliquato? Come può essere valutato?

Reliquati. Sono piccole aree edificabili che, per dimensione o forma, non possono essere edificate. Se però il reliquato apportasse a un fabbricato adiacente una cubatura sufficiente per eseguire un ampliamento, la stima potrebbe essere effettuata in base al *valore di trasformazione*. Se invece l'apporto si limitasse a un generico miglioramento dei comodi, la stima potrebbe essere effettuata in base al *valore complementare*. Se infine non fosse possibile ipotizzare l'abbinamento con fabbricati adiacenti, la stima non potrà che essere effettuata in base al *valore agricolo*, con riferimento a quotazioni di piccole aree (orti, giardini ecc.).

AREA DIGITALE — QUESTIONARIO A RISPOSTA MULTIPLA

1. L'indice urbanistico di maggiore importanza per l'utilizzazione economica di un'area edificabile è:
   - ☐ **a.** l'indice di fabbricabilità
   - ☐ **b.** l'altezza massima
   - ☐ **c.** la distanza dai fabbricati vicini

2. Quali delle seguenti caratteristiche non costituiscono comodi o scomodi nella valutazione di un'area edificabile?
   - ☐ **a.** la forma
   - ☐ **b.** le caratteristiche fisiche del terreno
   - ☐ **c.** la demolizione di un vecchio fabbricato che insiste sull'area

3. Qual è il parametro di confronto più significativo per la stima delle aree edificabili?
   - ☐ **a.** la superficie fondiaria
   - ☐ **b.** la superficie territoriale
   - ☐ **c.** la cubatura edificabile fuori terra

4. La rendita edilizia è:
   - ☐ **a.** quanto si ricava dall'affitto di un'area edificabile
   - ☐ **b.** l'incremento annuo di valore di un'area edificabile
   - ☐ **c.** quanto ricava un costruttore dalla vendita di un fabbricato, al netto del costo di costruzione

5. Il mercato delle aree edificabili è in genere più attivo:
   - ☐ **a.** vicino al centro città
   - ☐ **b.** nelle zone urbane periferiche
   - ☐ **c.** nelle zone agricole

6. Quando il mercato delle aree edificabili non è sufficientemente attivo la stima potrà avvenire secondo il seguente aspetto economico:
   - ☐ **a.** valore di costo
   - ☐ **b.** valore di trasformazione
   - ☐ **c.** valore complementare

7. Per reliquato si intende un'area:
   - ☐ **a.** troppo piccola per poter essere edificata
   - ☐ **b** situata in zona da tempo intensamente edificata
   - ☐ **c.** su cui si concentra la maggior parte della domanda di mercato

8. Un reliquato viene stimato in genere in base al valore:
   - ☐ **a.** di mercato, di trasformazione
   - ☐ **b.** di trasformazione, complementare
   - ☐ **c.** complementare, di capitalizzazione

ATTIVITÀ PRATICHE E DI VERIFICA

ESERCIZI DA SVOLGERE

1. Stima di un'area edificabile lottizzata

Un'area edificabile, in zona C del PGT, misura 12.394 m^2 di superficie territoriale. In seguito al piano di lottizzazione presentato si potranno edificare ville bifamiliari costituite da piano interrato (box ecc.), piano terra e primo piano.
I dati che si sono rilevati dal PGT sono i seguenti:
- indice di edificabilità fondiaria: 1,5 m^3/m^2;
- rapporto di copertura: 25% della superficie fondiaria;
- altezza massima: 6 m;
- area da destinare a opere di urbanizzazione: 1/3 della superficie territoriale.

Stimare il valore dell'area.

2. Stima di un'area che comprende un fabbricato in costruzione

In seguito al fallimento dell'impresa costruttrice si deve stimare un'area edificabile di 1.698 m^2 sulla quale è presente un edificio in costruzione. In seguito ai rilievi del caso si sono determinati i seguenti dati:
- indice di edificabilità fondiaria 2,5 m^3/m^2;
- area da destinare a opere di urbanizzazione: 25%;
- superficie coperta dal fabbricato in costruzione: 265 m^2;
- piani 6;
- l'edificazione è limitata alle strutture portanti, fino al tetto.

3. Stima di un'area parzialmente edificata

Sia da stimare un immobile ubicato in zona nota con superficie coperta di 10 × 30 m, costituito da un piano terreno adibito a laboratorio artigianale e da un primo piano in cui si sono ricavati due appartamenti. Il fabbricato insiste su un'area di 1.996 m^2 edificabile con un indice di 2 m^3/m^2.
Si proceda alla valutazione dell'intero immobile con adeguata esposizione nella relazione di stima.

4. Stima di un'area industriale dismessa

Sia da stimare un'area industriale dismessa ubicata in zona intermedia tra il centro storico e la periferia di una città di rilevante importanza, in un quartiere da tempo completamente edificato. La cubatura edificabile potrà essere edificata, in base agli strumenti edilizi in vigore, a uso commerciale per il 50%, a uffici per il 20% e a uso abitazione (residence) per la parte rimanente. L'indice di edificabilità previsto è di 3,5 m^3/m^2.
L'area misura 14.000 m^2 circa e comprende tuttora capannoni e strutture produttive industriali per circa 50.000 m^3 edificati che dovranno essere demoliti per fare posto al nuovo insediamento. Con riferimento a una città nota si proceda alla valutazione dell'area nello stato in cui si trova.

STIMA DI UN'AREA EDIFICABILE

SCOPO DELLA STIMA

La stima viene richiesta dal proprietario, per valutare la congruità delle offerte ricevute per la vendita dell'area.

DESCRIZIONE

Ubicazione

L'area da stimare si trova nel Comune di .... in via .... ed è compresa tra i numeri civici 12 e 20.

La zona in cui si trova, un tempo a prevalente destinazione agricola con radi insediamenti artigianali, oggi è interessata da una forte espansione dell'attività edilizia di tipo residenziale. L'area confina con altri lotti, già edificati di recente, aventi la stessa destinazione urbanistica. Sul lato ovest è presente invece una vecchia abitazione rurale, risalente agli anni '30, parzialmente ristrutturata.

Disposizioni del PRG

In base al piano regolatore generale in vigore l'area rientra nella zona territoriale omogenea C destinata all'espansione dell'edilizia residenziale. L'indice di edificabilità territoriale previsto è di 1,5 m^3/m^2. L'area da stimare misura 7.215 m^2.

Caratteristiche del terreno

Il lotto ha una forma pressoché rettangolare con il lato più corto, di 56 m, sul fronte stradale. È completamente pianeggiante e dotato di terreno argilloso.

Riferimenti catastali

L'area oggetto di stima è composta dai mappali al foglio IX nn. 245, 249 e 267, intestati alla partita n. 2.345. Superficie: 0.72.15 ha.

1. VALORE DI MERCATO

L'attività edilizia nella zona è stata di recente abbastanza attiva grazie a un numero significativo di aree che si sono rese disponibili per scopo edificatorio. Si sono pertanto eseguite indagini presso gli operatori immobiliari (intermediari, imprese costruttrici ecc.) in merito ai prezzi pagati per aree aventi caratteristiche simili a quelle dell'area oggetto di stima. In particolare sono state prese come riferimento le seguenti contrattazioni.

Data di vendita	Ubicazione	Superficie territ. (m^2)	Prezzo di vendita (€)
....	Via	4.756	2.650.000
....	Via	6.005	3.400.000
....	Via	5.518	3.150.000
....	Via	5.253	3.600.000
Totale		**21.532**	**12.800.000**

Il valore ordinario unitario risulta:

$$V_u = \frac{\Sigma V}{\Sigma p} = \frac{12.800.000}{21.532} = 594 \text{ €/m}^2$$

Le contrattazioni di riferimento si sono verificate in un arco di tempo di 2-3 anni. In questo periodo nel quartiere vi è stata una progressiva edificazione delle aree disponibili. Si ritiene pertanto che, per la riduzione delle aree residue disponibili, le quotazioni di mercato siano sensibilmente lievitate. Si applicano quindi i seguenti coefficienti di differenziazione.

– Per la maggiore domanda che si è creata nella zona per l'edificazione delle aree limitrofe	+5%
– Le contrattazioni di riferimento devono essere aggiornate per l'inflazione di due anni	+4%
Coefficiente di differenziazione globale	+9%

Il valore unitario applicabile all'area in esame è quindi:
594 €/m^2 × (1 + 9%) = 647,46 €/m^2

Tale prezzo si considera applicabile all'area in esame, il cui valore risulterà:
7.215 m^2 × 647,46 €/m^2 = 4.671.424 €

arrotondando

4.670.000 €

Oppure... in base al metro cubo edificabile

Data	Ubicazione	Superficie (m^2)	Indice di fabb. (m^3/m^2)	Volume edificabile (m^3)	Prezzo di vendita (€)
....	Via	4.756	1,0	4.756	2.650.000
....	Via	6.005	1,5	9.008	3.400.000
....	Via	5.518	2,0	11.036	3.750.000
....	Via	5.253	1,5	7.880	2.820.000
Totale				**32.680**	**12.620.000**

Valore unitario ordinario:

$$V_u = \frac{\Sigma V}{\Sigma p} = \frac{12.620.000}{32.680} = 386 \text{ €/m}^3$$

Valore unitario ordinario applicabile:
386 × (1 + 9%) = 421 €/m^3

Volume edificabile:
7.215 m^2 × 1,5 m^3/m^2 = 10.823 m^3

Valore dell'area:
10.823 m^3 × 421 €/m^3 = 4.556.483

arrotondando

4.560.000 €

pari a 632 €/m^2 di superficie territoriale.

2. VALORE DI TRASFORMAZIONE

Criteri di stima

Il valore dell'area edificabile viene determinato secondo l'aspetto economico del valore di trasformazione e cioè in funzione del valore di mercato del fabbricato che si potrà edificare e del costo per l'edificazione.

Valore del fabbricato che si potrà realizzare

Il valore di mercato del fabbricato si ottiene moltiplicando il valore unitario corrente per fabbricati simili per la superficie commerciale che si potrà ordinariamente ricavare con l'edificazione. La superficie commerciale si determina con i calcoli che seguono.

Cubatura edificabile:
7.215 m^2 × 1,5 m^3/m^2 = 10.823 m^3 (40÷50 appartamenti)

Superficie lorda di pavimento (altezza di piano di 3 m):
10.823 m^3 : 3 m = 3.608 m^2

Rapporto di copertura:
7.215 m^2 × 33,3% = 2.403 m^2

Si potranno così edificare 3 piani fuori terra con una superficie coperta di:
3.608 m^2 : 3 piani = 1.203 m^2 (<2.403 m^2)

Superficie commerciale del fabbricato che si potrà edificare:

Tipo di superficie	Superficie totale (m^2)	Coefficiente destinazione	Superficie comm. (m^2)
Superficie residenziale, considerando un'incidenza delle parti comuni del 7%: 3.608 m^2 × 93% =	3.355	100%	3.355
Balconi: 3.608 m^2 × 12% =	433	35%	152
Cantine: 1.203 m^2 × 40% =	481	25%	120
Box: 1.203 m^2 × 80% =	962	40%	385
Totale			**4.012**

Il valore medio di mercato per fabbricati simili a quello che si potrà realizzare è attualmente nella zona di:

2.900 €/m^2 di superficie commerciale

Il valore totale del fabbricato risulta:
4.012 m^2 × 2.900 €/m^2 = **11.634.800 €**

Costo di costruzione

Il costo di costruzione, determinato con riferimento ai costi sostenuti di recente da imprenditori operanti nella zona per l'edificazione di fabbricati simili, comprensivo dell'incidenza sulla cubatura edificata fuori terra delle parti interrate, degli oneri relativi al permesso di costruire, degli oneri di urbanizzazione e delle spese di progettazione e direzione lavori è di:

580 €/m^3

Costo totale di costruzione:
10.823 m^3 × 580 €/m^3 = **6.277.340 €**

Valore dell'area edificabile

Il valore di trasformazione dell'area risulta:
11.634.800 – 6.277.340 = 5.357.460 €

arrotondando

5.360.000 €

pari a 743 €/m^2 di superficie.

4 Condominio

- ✓ Introduzione
- ✓ Millesimi di proprietà generale
- ✓ Millesimi d'uso
- ✓ Le innovazioni
- ✓ La revisione delle tabelle millesimali
- ✓ Il governo del condominio
- ✓ Sopraelevazione di un fabbricato condominiale

4.1 INTRODUZIONE

Definizione di condominio

Normativa
La normativa sul condominio è dettata dal codice civile, artt.117-1139, e dalle collegate norme di attuazione, artt. 61-72. L'intera normativa è stata modificata con la legge n. 220 dell'11 dicembre 2012, "Modifiche alla disciplina del condominio negli edifici", in vigore dal 18 giugno 2013.

Il condominio è un fabbricato in cui vi sono **parti in proprietà esclusiva** e **parti in proprietà comune**. Le parti in proprietà esclusiva sono le singole unità immobiliari: appartamenti con le relative pertinenze (balconi, cantine), i box ed eventualmente negozi e uffici. Le parti comuni, definite dall'art. 1117 del codice civile, sono:

1) *tutte le parti dell'edificio necessarie all'uso comune*, come il suolo su cui sorge l'edificio, le fondazioni, i muri maestri, i pilastri e le travi portanti, i tetti e i lastrici solari, le scale, i portoni di ingresso, i vestiboli, gli anditi, i portici, i cortili e le facciate;
2) le *aree destinate a parcheggio* nonché i *locali per i servizi in comune*, come la portineria, incluso l'alloggio del portiere, la lavanderia, gli stenditoi e i sottotetti destinati, per le caratteristiche strutturali e funzionali, all'uso comune;
3) le *opere*, le *installazioni*, i *manufatti di qualunque genere* destinati all'uso comune, come gli ascensori, i pozzi, le cisterne, gli impianti idrici e fognari, i sistemi centralizzati di distribuzione e di trasmissione per il gas, per l'energia elettrica, per il riscaldamento e il condizionamento dell'aria, per la ricezione radiotelevisiva e per l'accesso a qualunque altro genere di flusso informativo, anche da satellite o via cavo, e i relativi collegamenti fino al punto di diramazione ai locali di proprietà individuale dei singoli condomini, ovvero, in caso di impianti unitari, fino al punto di utenza, salvo quanto disposto dalle normative di settore in materia di reti pubbliche.

Ciascun partecipante al condominio è proprietario delle **parti comuni** in proporzione al valore delle rispettive parti in proprietà esclusiva, ma:
- non può cambiarne la destinazione;
- non può impedire agli altri condomini di farne parimenti uso secondo il loro diritto.

Tuttavia per soddisfare esigenze di interesse condominiale, l'assemblea, con un numero di voti che rappresenti i 4/5 dei partecipanti al condominio e i 4/5 del valore dell'edificio, può modificare la destinazione d'uso delle parti comuni (art. 1117-*ter* c.c.).

Tipi di condominio

Comproprietà e multiproprietà
Il condominio non deve essere confuso con la comproprietà, dove non vi è distinzione tra parti esclusive e parti comuni, e con la multiproprietà, *in cui* tra diversi soggetti vi è l'uso esclusivo solo in un periodo dell'anno.

Il condominio si costituisce con l'edificazione *ex novo* di un fabbricato in cui vi sono più unità immobiliari, ma può essere costituito anche successivamente in seguito al frazionamento di un intero fabbricato di proprietà esclusiva.
Anche *due soli proprietari* costituiscono un condominio, che viene detto **condominio minimo**. In questo caso si applicano, in merito alle decisioni sulla gestione delle parti comuni, le norme sulla comunione (art. 1104 e seg. del c.c.).
Si definisce **supercondominio** (o *condominio orizzontale*) l'edificio composto da *più fabbricati indipendenti che hanno in comune alcuni servizi* (la portineria, il giardino, la piscina, il campo da tennis ecc.). Può essere costituito anche da una serie di ville o di villette a schiera.
Si ha infine il **condominio parziale** nei casi in cui la proprietà comune di alcune parti o impianti è attribuita soltanto ad alcuni dei proprietari dei piani o porzione di piano.

Le stime condominiali

I problemi estimativi inerenti al condominio riguardano la determinazione dei millesimi necessari per la gestione del fabbricato. I millesimi sono di due tipi: *di proprietà generale* e *d'uso*. I primi rappresentano il diritto di proprietà di ogni condomino sulle parti comuni, i secondi la misura del contributo per la ripartizione di alcune particolari spese.
Viene stimata anche l'indennità che il proprietario dell'ultimo piano deve pagare agli altri condomini in caso di *sopraelevazione*.

4.2 MILLESIMI DI PROPRIETÀ GENERALE

Il valore standard
Il valore (di mercato) di ogni unità immobiliare è considerato in *condizioni ordinarie* (o "al grezzo"), senza tenere conto di eventuali migliorie apportate dai singoli condomini.

I millesimi di proprietà generale esprimono *il valore di ogni unità immobiliare ragguagliato al valore dell'intero edificio*, rappresentano quindi il diritto-dovere dei proprietari sulle parti comuni. Il valore *deve* essere espresso in **millesimi** per ogni unità immobiliare (art. 68 delle disposizioni di attuazione del codice civile).
I *box-auto* hanno propri millesimi in quanto sono autonome unità immobiliari, sono invece da considerarsi come *pertinenze*, prive di millesimi propri, i balconi, le cantine, i posti-auto ecc. Se però le *cantine* sono accatastate autonomamente, avranno anch'esse, come i box-auto, propri millesimi.
La tabella dei millesimi di proprietà generale integra in modo sostanziale il regolamento e costituisce il fondamentale strumento di governo del condominio. In pratica servono, come si vedrà in seguito, per la formazione delle maggioranze nelle assemblee e per la ripartizione delle spese generali.

4.2.1 Criteri di calcolo dei millesimi

Per la determinazione dei millesimi di condominio il valore di ogni unità immobiliare viene stimato in termini di **superficie virtuale** (Sv). La superficie virtuale è un parametro quanti-qualitativo, non monetario, basato sulla dimensione (S, superficie) e sulle caratteristiche qualitative dell'unità immobiliare. Queste ultime sono apprezzate mediante coefficienti di differenziazione (c). Si ha quindi la seguente espressione:

Il tipo di valore millesimale

$$Sv = S \times c$$

La superficie virtuale di ciascuna unità immobiliare darà, in proporzione a 1000 (valore complessivo dell'edificio), i corrispondenti millesimi di proprietà generale (M_i):

$$\Sigma Sv_i : 1000 = Sv_i : M_i$$

I millesimi di ciascuna unità immobiliare si ottengono da:

$$M_i = \frac{1000}{\Sigma Sv_i} \times Sv_i$$

La circolare n. 12.480/1966
La circolare aveva lo scopo di evitare che i collaudatori di fabbricati realizzati con contributo pubblico adottassero, nella ripartizione del costo di costruzione, criteri diversi e quindi eterogenei.

Questa modalità di calcolo dei millesimi ha origine dalla circolare del Ministero dei lavori pubblici n. 9400 del 1° luglio 1926, poi sostituita con la circolare n. 12.480 del 26 marzo 1966, "*Norme per i collaudi dei fabbricati costruiti da cooperative edilizie fruenti di contributo statale e per la ripartizione delle spese tra i singoli soci*". La circolare stabilisce il procedimento di calcolo e i coefficienti da adottare per la determinazione dei millesimi di proprietà nell'*edilizia sovvenzionata*, che è stato poi adottato, con modifiche più o meno consistenti, anche nell'edilizia privata. Tale procedura è comunque da considerarsi come un semplice punto di riferimento, non come una modalità operativa obbligatoria.

La superficie

La dimensione delle unità immobiliari viene espressa in genere come **superficie netta calpestabile**, L'uso della superficie netta ha origine dalla circolare MLP n. 12.480/1966, ma nessuna norma o criterio di stima vieta di usare un altro parametro, in particolare la superficie lorda.
Le misure delle superfici possono essere ricavate dalle *planimetrie* predisposte dal progettista o dal tecnico incaricato dell'iscrizione in catasto. Può comunque essere necessario verificare con misurazioni dirette l'esattezza della rappresentazione cartografica e del reale stato di fatto.

I coefficienti

I coefficienti hanno lo scopo di mettere in evidenza le *differenze di valore esistenti tra le diverse unità immobiliari* nell'ambito dello stesso edificio. L'attribuzione dei coefficienti è quindi la vera fase estimativa nella determinazione dei millesimi di condominio, in essi infatti è contenuto il *giudizio di valore*.
Per la stima dei coefficienti il perito fa in genere riferimento ai coefficienti fissati dalla circolare MLP n. 12.480/1966 (*v.* tabella 4.1) o a pubblicazioni specializzate. In ogni caso deve agire in modo tale da rappresentare equamente le **differenze di valore di mercato** tra le unità immobiliari che fanno parte del condominio. Da un punto di vista pratico, nell'attribuire i coefficienti, si definiscono inizialmente i limiti massimi e minimi e quindi si graduano i livelli intermedi. Si pone per esempio uguale 1 il coefficiente per la condizione ottimale o normale per una determinata caratteristica e quindi, per l'unità immobiliare o il vano più sfavorito, si fissa il limite minimo, per esempio, 0,9. Per le situazioni intermedie si attribuiranno coefficienti che variano da 1 a 0,9. Per caratteristiche particolari si potranno fissare coefficienti maggiori di 1.
I coefficienti di cui normalmente si tiene conto, come si è già visto per la stima dei fabbricati, sono la *destinazione*, l'*altezza di piano*, il *prospetto* e l'*esposizione*.

4.1 Coefficienti fissati dalla circolare n. 12.480/1966

	Coefficiente
Destinazione	
Camere	1
Servizi (cucina, bagno, ripostiglio)	0,9
Corridoi, disimpegni	0,8
Logge racchiuse da tre pareti	0,35÷0,5
Cantine, soffitte (non abitabili)	0,3÷0,45
Balconi coperti	0,3
Balconi scoperti	0,25
Terrazzo a livello	0,22
Giardini e aree di rispetto	0,1÷0,15
Piano (edifici con ascensore)	
Scantinato	0,75
Terreno	0,85
Rialzato	0,9
Primo	0,95
Piani sovrastanti	1
Orientamento	
Quadranti sud-est, sud-ovest	1÷0,97
Quadranti nord-ovest, nord-est	0,8÷0,9
Quadranti residui (a est e ovest)	0,9÷0,97
Vano senza finestra	0,75
Prospetto	
Giardini, vedute panoramiche, strade	0,95÷1
Zone di rispetto	0,85÷0,9
Cortili	0,85
Chiostri	0,8
Locali senza finestre e cantine	0,75

Coefficiente di destinazione

Il coefficiente di destinazione esprime la differenza di valore tra le unità immobiliari dovuta alla diversa destinazione d'uso. La destinazione normale per le unità immobiliari di un condominio è l'uso abitazione (coefficiente 1), ma non di rado sono presenti negozi e uffici ai quali si assegnano coefficienti maggiori di 1. Alle autorimesse si assegnano invece, in proporzione alle quotazioni di mercato, coefficienti inferiori a 1. I coefficienti riportati nella tabella 4.2 derivano quindi da pubblicazioni specializzate e si possono calcolare con metodo comparativo (*v.* esempio 4.1).
La circolare n. 12.480/1966 prevede invece solo coefficienti di destinazione per i singoli vani a uso abitativo, in quanto nell'ambito dell'edilizia sovvenzionata non si realizzano negozi e uffici.

4.2 Coefficienti di destinazione

Destinazione	Coefficiente
Abitazioni	1
Negozi in zone centrali	1,4÷2,5
Negozi in periferia	1,1÷1,5
Uffici	1,2÷2
Autorimesse singole	0,4÷0,5

ESEMPIO 4.1 **CALCOLO DEL COEFFICIENTE DI DESTINAZIONE PER I NEGOZI**

Valore di mercato delle abitazioni: 2.000 €/m^2
Valore di mercato dei negozi: 3.000 €/m^2

Si assegna coefficiente 1 alle unità immobiliari a uso abitazione. Il coefficiente di destinazione da applicare ai negozi risulta:

$$\frac{3.000}{2.000} = 1,5$$

Coefficiente di piano

Il livello di piano fa variare il valore di mercato delle abitazioni. I valori sono inferiori per i piani bassi (piano terra, primo piano e secondo piano) negli edifici dotati di ascensore; sono infatti meno isolati dagli effetti dell'inquinamento acustico e chimico causato dal traffico e sono più esposti ai rischi per la sicurezza delle cose e delle persone. L'ultimo piano ha invece un valore maggiore; è infatti più isolato, panoramico e sicuro (paga però maggiori spese condominiali per l'ascensore).

Coefficiente di prospetto

Il coefficiente di prospetto tiene conto della "vista" che hanno le diverse unità immobiliari o singoli vani. Sono ottimali eventuali viste panoramiche (mare, montagna, lago ecc.); in zone di pianura può essere invece rilevante la veduta su piazze, centri storici, importanti arterie di traffico ecc. o, più modestamente, sulla via di ingresso al condominio. Al contrario sono da ritenersi scadenti le vedute su aree industriali, cortili chiusi o quant'altro possa diminuire la luminosità, la tranquillità, la salubrità o la "privacy" dell'appartamento.

Coefficiente di orientamento o esposizione

Il coefficiente di esposizione tiene conto di vantaggi o svantaggi derivanti dall'orientamento dell'immobile rispetto ai punti cardinali in relazione al riscaldamento e alla luminosità dei vani che compongono l'unità immobiliare (ed eventualmente all'esposizione ai venti dominanti).
In genere l'esposizione ritenuta migliore è quella verso sud, che consente di avere locali più luminosi e caldi. L'esposizione a est si caratterizza per il sole alla mattina, a ovest per il sole al pomeriggio. Viceversa l'esposizione a nord è considerata come peggiore. In ogni caso il clima della zona può essere determinante per l'attribuzione dei coefficienti appropriati.

4.2.2 I procedimenti di calcolo

Il calcolo dei millesimi consiste, come si è visto, nell'applicare i coefficienti di differenziazione alla superficie delle unità immobiliari e di tutte le loro pertinenze (cantina, balcone). L'attribuzione dei coefficienti può essere effettuata considerando:
- **l'unità immobiliare nel suo complesso** (*procedimento sintetico*);
- **ogni singolo vano** (*procedimento analitico*).

Procedimento sintetico

La tabella di calcolo prevede la suddivisione della superficie dell'unità immobiliare in funzione del diverso valore di mercato (come si fa per la determinazione della superficie commerciale). Tale suddivisione riguarda (*v.* esempio 4.2):
- la *superficie utile* di abitazioni, negozi, uffici e box;
- le *pertinenze*, come i balconi e le cantine.

Procedimento sintetico
Come si può notare il procedimento di stima dei millesimi è simile a quello già visto nel capitolo 2 (valore di mercato dei fabbricati), con la sola differenza che non è richiesta una quantificazione monetaria (bensì millesimale).

Per la superficie utile, che corrisponde alla superficie residenziale interna degli appartamenti, si considerano tutti i coefficienti che possono influire sul valore (destinazione, piano, prospetto ecc.). Ciascun coefficiente viene assegnato con riferimento all'intero appartamento. In altri termini, con un solo coefficiente si valuta l'orientamento (oppure il prospetto, la destinazione ecc.) di tutti i vani che compongono l'unità immobiliare. Per i balconi e le cantine ci si limita invece a considerare il solo coefficiente di destinazione.

Per i negozi e gli uffici i coefficienti devono essere determinati con particolari criteri in quanto il loro valore, in rapporto a quello delle abitazioni (posto come riferimento), non dipende dall'altezza di piano, dalla veduta e dall'esposizione. Per queste unità immobiliari potrebbe essere quindi opportuno considerare il solo coefficiente di destinazione, determinato in funzione dell'uso specifico.

ESEMPIO 4.2 **PROCEDIMENTO SINTETICO**

Scala	Piano	Interno	Destinazione	Proprietario	Superficie utile						Balconi			Cantina			Superficie virtuale totale (m²)	Millesimi di proprietà generale
					Superficie (m²)	Coefficienti				Sup. virt. (m²)	Superficie (m²)	Coef. di dest.	Sup. virt. (m²)	Superficie (m²)	Coef. di dest.	Sup. virt. (m²)		
						Dest.	Altez.	Prosp.	Esp.									
...	...	...	...	....	......	......	......	......	......	......	......	......	......	......	......	......	....	....
A	3	23	Ab.	Rossi Paolo	102,3	1	1	0,9	1	92,1	15,9	0,3	4,8	9,6	0,2	1,9	98,8	26,31
A	3	24	Ab.	Bianchi Mario	82,3	1	1	1	0,98	80,7	10,6	0,3	3,2	7,7	0,2	1,5	85,4	22,74
A	3	25	Ab.	Verdi Marco	115,3	1	1	0,95	0,98	107,3	11,9	0,3	3,6	10,8	0,2	2,2	113,1	30,12
...	...	...	...	....	......	......	......	......	......	......	......	......	......	......	......	......	....	....
-	T	38	Neg.	Di Lio Rosaria	72,4	1,4	-	-	-	101,4	-	-	-	12,4	0,2	2,5	103,9	27,67
...	...	...	...	....	......	......	......	......	......	......	......	......	......	......	......	......	....	....
-	-	52	Box	Rossi Paolo	15,5	0,6	-	-	-	9,3	-	-	-	-	-	-	9,3	2,48
...	...	...	...	....	......	......	......	......	......	......	......	......	......	......	......	......	....	....
Totale																	**3.755,6**	**1.000,00**

I millesimi si ottengono da: $\frac{98{,}8}{3.755{,}6} \times 1.000 = 26{,}31‰$ ecc.

Procedimento analitico

Il procedimento previsto nella circolare n. 12.480/1966, che potremmo definire analitico, consiste nell'applicare i coefficienti di differenziazione a *ogni singolo vano o pertinenza* dell'unità immobiliare. Mette pertanto in evidenza le differenze esistenti tra le diverse unità immobiliari in funzione della destinazione interna dei singoli vani (*v.* esempio 4.3). Ne consegue che, per la stessa superficie totale e a parità di ogni altra condizione, risultano millesimi diversi se viene destinata una superficie più o meno ampia a "servizi accessori" (cucina, bagno, corridoi ecc.) piuttosto che a "camere" (soggiorno, camera da letto ecc.). Questo procedimento di stima non è quindi conforme con normali criteri di mercato, che attribuiscono lo stesso valore a tutta la superficie residenziale interna (superficie "principale"). D'altra parte né la normativa né la precisione del risultato fanno pensare a un procedimento analitico da preferire a uno sintetico, tant'è vero che, per le tabelle millesimali, le operazioni estimative, in quanto tali, non sono comprese tra gli "errori essenziali" che possono dar luogo a una revisione giudiziaria (sentenza Cassazione n. 1801/1964). Non è nemmeno obbligatoriamente richiesta l'esecuzione da parte di un tecnico iscritto a un albo professionale (anche se, ovviamente, sarebbe auspicabile).

Forma scritta dei millesimi
La forma scritta, con evidenza dei calcoli eseguiti, non è richiesta dalla normativa; è richiesta invece l'approvazione unanime dei condomini (sentenza Cass. n. 1057/1985). Infatti le tabelle millesimali sono in genere note ai condomini solo per il risultato finale e non per i coefficienti che sono stati usati.

ESEMPIO 4.3 PROCEDIMENTO ANALITICO

Il modello di scheda da utilizzare per il calcolo della superficie virtuale di *ciascuna unità immobiliare* che compone il condominio è allegato alla circolare MLP n. 2945 del 26 luglio 1993, "Precisazioni alla circolare 26 marzo 1966, n. 12.480" ed è riprodotto fedelmente in questo esempio.

Unità immobiliare n. 14

Proprietario: Rossi Mario

Scala: seconda - **Piano**: terzo - **Interno**: A

TABELLA A

Vani	Sup. netta (m^2)	Coefficienti					Sup. virt. (m^2)	Coefficienti			Sup. virt. (m^2)
		Dest.	Orient.	Prosp.	Lumin.	Prodotto		Piano	Funz. globale	Prodotto	
Ingresso	5,8	0,8	0,75	0,75	0,9	0,41	2,38	1	1	1,00	2,38
Soggiorno	20,1	1	1	1	1	1,00	20,10	1	1	1,00	20,10
Cucina	10,3	0,9	0,9	1	0,94	0,76	7,83	1	1	1,00	7,83
Corridoio	5,6	0,8	0,75	0,75	0,9	0,41	2,30	1	1	1,00	2,30
Letto 1	19,6	1	1	0,9	0,94	0,85	16,66	1	1	1,00	16,66
Letto 2	12,9	1	1	0,9	0,94	0,85	10,97	1	1	1,00	10,97
Letto 3											
Ripostiglio	1,6	0,9	0,75	0,75	0,9	0,46	0,74	1	1	1,00	0,74
Bagno	8,6	0,9	0,95	1	0,92	0,79	6,79	1	1	1,00	6,79
W.C.											
Balcone cop.	7,8	0,3	1	1	1	0,30	2,34	1	1	1,00	2,34
Balcone scop.											
Loggia											
Terrazza											
Totale											**70,11**

TABELLA B

Vani	Superficie netta (m^2)	Coefficiente di destinazione	Superficie virtuale (m^2)
Soffitta			
Cantina	8,9	0,35	3,12
Posto macchina			
Garage	11,5	0,45	5,18
Totale			**8,30**

TABELLA C

	Superficie netta (m^2)	Coefficienti			Superficie virtuale (m^2)
		Destinazione	Assimilazione	Prodotto	
Giardino	0				0
Aree di rispetto	0				0
Totale					**0**

Superficie virtuale totale: 70,11 + 8,30 + 0 = **78,41** m^2

4.3 MILLESIMI D'USO

I criteri per la ripartizione delle spese condominiali sono stabiliti dalla normativa: "per la conservazione e il godimento delle parti comuni dell'edificio, per la prestazione dei servizi nell'interesse comune e per le innovazioni, le spese sono sostenute dai condomini *in proporzione al valore della proprietà di ciascuno*, salvo diversa convenzione. Se si tratta di cose destinate a servire i condomini in misura diversa, le spese sono ripartite *in proporzione all'uso che ciascuno può farne*" (art. 1123 c.c.).
I criteri quindi sono due:
- **il valore delle proprietà** (*millesimi di proprietà generale*), per ripartire le spese generali, relative alle parti comuni;
- **in proporzione all'uso** (*millesimi d'uso*), per i servizi o gli impianti comuni dei quali i partecipanti al condominio usufruiscono in modo diverso.

Nella gestione condominiale le tabelle dei millesimi d'uso riguardano normalmente:
- l'uso dell'impianto di *ascensore;*
- l'uso dell'impianto di *riscaldamento;*
- *altre spese* a carattere ordinario (acqua potabile) o straordinario (ricostruzione dei solai, adeguamento impianto TV ecc.).

Vi sono infine spese dovute a un uso esclusivo delle parti comuni, che sono addebitate per intero a chi ne ha godimento (*spese personali*).

4.3.1 Ascensore

L'ascensore, raggiungibile mediante rampe prive di gradini, è obbligatorio per ogni scala principale in tutti gli edifici di nuova costruzione con più di tre piani fuori terra (legge n. 13/1989), ma spesso è presente anche in edifici di 2 o 3 piani.

Tipi di spesa e criteri di ripartizione

Le spese sostenute per l'impianto di ascensore possono essere di tre tipi: di esercizio, di manutenzione straordinaria e di nuova installazione.

Le **spese di esercizio** comprendono la forza motrice (l'energia elettrica), la manutenzione ordinaria, l'assicurazione, le tasse ecc. Questo tipo di spesa deve essere ripartita tra i *condomini che usufruiscono dell'impianto in proporzione all'uso che ne fanno*. A tale scopo si redigono le apposite tabelle millesimali (**millesimi di ascensore**) in cui sono inclusi solo i piani interessati dal servizio.

La **manutenzione straordinaria** comprende la sostituzione di parti dell'impianto, resa necessaria da un guasto, dall'usura o dall'obsolescenza. Il criterio da applicare per la ripartizione della spesa è in genere quello dei millesimi di ascensore, in quanto dipendenti dall'uso. È possibile però ripartire la spesa in base ai millesimi di proprietà generale quando è previsto dal regolamento di condominio o per spese di manutenzione obbligatorie per l'adeguamento dell'impianto a nuove norme tecniche.

Le **spese di installazione** *ex novo*, in fabbricati che originariamente ne erano privi, sono ripartite in base ai millesimi di proprietà generale. L'art. 1117 del c.c. annovera infatti l'ascensore tra le parti comuni dell'edificio, che quindi appartiene a tutti i condomini, anche a coloro che non usano l'ascensore (box ed eventuali negozi compresi).

Normativa
Oltre alla legge 13/1989, il DMLP 14.6.1989, n. 236, contiene le prescrizioni tecniche necessarie a garantire l'accessibilità, l'adattabilità e la visitabilità degli edifici privati e di edilizia residenziale pubblica sovvenzionata e agevolata.

Negozi con accesso dall'esterno
Le sentenze della Corte di cassazione n. 2328/1977 e n. 6499/1986 hanno confermato la partecipazione dei negozi alle spese di installazione dell'ascensore.

Millesimi di ascensore

Criteri dell'art. 1124 c.c.
Il codice civile prevede quindi la media tra due criteri di ripartizione: in proporzione al potenziale "uso quantitativo" (il valore dipende infatti dalla dimensione dell'appartamento e quindi dal numero di residenti "potenziale") e in proporzione all'"uso qualitativo" e cioè all'altezza del piano.

L'articolo 1124 c.c. fissa i criteri di ripartizione della spesa per la manutenzione e ricostruzione delle scale e degli ascensori. Tali spese devono essere sostenute dai proprietari delle unità immobiliari a cui servono *"per metà in ragione del valore del piano o porzione di piano e per l'altra metà in misura proporzionale all'altezza di ciascun piano dal suolo"*. Non è prevista dalla normativa la ripartizione in base al numero dei residenti.

Ripartizione in base al valore

I primi 500 millesimi, proporzionali al valore, saranno calcolati in funzione della superficie virtuale o, che è lo stesso, dei millesimi di proprietà generale delle unità immobiliari che si servono dell'ascensore (comprese le cantine).

Ripartizione in base all'altezza

I secondi 500 millesimi, proporzionali all'altezza "dal suolo", saranno calcolati in due fasi:

1) determinando i millesimi spettanti a ciascun piano;
2) ripartendo i millesimi di ciascun piano tra le unità immobiliari del piano.

I **millesimi di ciascun piano** si ottengono ripartendo i 500 millesimi con criterio proporzionale all'altezza (H_i) secondo l'espressione:

$$500 : \Sigma H_i = MP_i : H_i \qquad \text{da cui:} \qquad MP_i = \frac{500}{\Sigma H_i} H_i$$

L'altezza dal suolo è determinata in genere a partire dalla quota di partenza dell'impianto. Se tutti i piani hanno la stessa altezza si potrà usare indifferentemente un numero ordinale di piano (1, 2, 3...) o l'effettiva distanza in metri (3, 6, 9...); se invece i piani hanno diversa altezza si potrà usare la misura in metri.

I **millesimi di ciascuna unità immobiliare del piano**, per la parte relativa all'altezza (MH_i), saranno ottenuti ripartendo i millesimi di tutto il piano in proporzione al valore (V_i) di ciascuna di esse (*v.* esempio 4.4).

ESEMPIO 4.4 MILLESIMI DI ASCENSORE

Un condominio è costituito dal piano terreno e da 3 piani in elevazione. Su ogni piano vi sono 3 appartamenti per i quali sono state determinate le seguenti superfici virtuali: A = 67,8; B = 85,1; C = 78,6.

N.	Piano	Inter.	Millesimi per valore		Millesimi per altezza		Millesimi ascensore
			Superficie virtuale	‰	‰ piano	‰ alt.	
1	1	A	67,8	48,812	83,333	24,406	73,218
2	1	B	85,1	61,267		30,633	91,900
3	1	C	78,6	56,587		28,294	84,881
4	2	A	67,8	48,812	166,667	48,812	97,624
5	2	B	85,1	61,267		61,267	122,534
6	2	C	78,6	56,587		56,588	113,175
7	3	A	67,8	48,812	250,000	73,218	122,030
8	3	B	85,1	61,267		91,901	153,168
9	3	C	78,6	56,587		84,881	141,468
			694,5	**500,00**	**500,00**	**500,00**	**1000,00**

Millesimi spettanti al **primo piano** (MP_x),:

$$500 : (1 + 2 + 3) = MP_x : 1 \qquad \text{da cui:} \qquad MP_x = \frac{500}{6} \times 1 = 83{,}333$$

I millesimi dell'intero piano sono ripartiti tra le unità immobiliari del piano in proporzione ai relativi millesimi di proprietà:

$$MH_A = 83{,}333 \times \frac{67{,}8}{67{,}8 + 85{,}1 + 78{,}6} = 24{,}406$$

$$MH_B = 83{,}333 \times \frac{85{,}1}{67{,}8 + 85{,}1 + 78{,}6} = 30{,}633$$

$$MH_C = 83{,}333 \times \frac{78{,}6}{67{,}8 + 85{,}1 + 78{,}6} = 28{,}294$$

Totale	83,333

Millesimi di ascensore con ingresso da due livelli

Nei moderni condomini l'ascensore raggiunge di solito il piano interrato in cui sono ubicati i box e le cantine. Per il calcolo dei millesimi di ascensore si potrà tenere conto in questo caso dell'utilizzo dell'impianto, "in proporzione all'uso che ciascuno può farne" (art. 1123 c.c.), per raggiungere il piano interrato quando si utilizza l'automobile (o altro veicolo ivi custodito) o per accedere alle cantine. In questo caso anche il piano terra partecipa alle spese in quanto può utilizzare l'impianto per salire o scendere dal piano interrato.

Se quindi l'art. 1124 del c.c. stabilisce che metà della spesa deve essere ripartita in proporzione all'altezza di ciascun piano dal suolo, e per "suolo" si intende il livello da cui ha inizio la corsa dell'ascensore, l'ingresso negli appartamenti potrà avvenire da due livelli (*v.* figura 4.1):

- dal *piano terra* e cioè dal livello del piano stradale da cui si accede al condominio come ingresso pedonale (**corsa "normale"**);
- dal *piano interrato*, quando è stata parcheggiata l'automobile nel garage (**corsa "particolare"**).

A ogni tipo di corsa si applicherà un **coefficiente di utilizzo** proporzionale alla frequenza d'uso. A titolo indicativo si potrà considerare un coefficiente di utilizzo del 70÷85% (700÷850 millesimi) per la corsa normale e il rimanente per la corsa particolare. Componendo le due parti si otterranno i millesimi totali di ascensore (*v.* esempio 4.5).

Corsa normale e particolare
Il frazionamento dei millesimi di ascensore in due parti non è previsto dalla normativa (quindi non è obbligatorio), ma è un criterio comunque compatibile con il principio dell'"uso che ciascuno può farne" previsto dall'art. 1123 c.c.

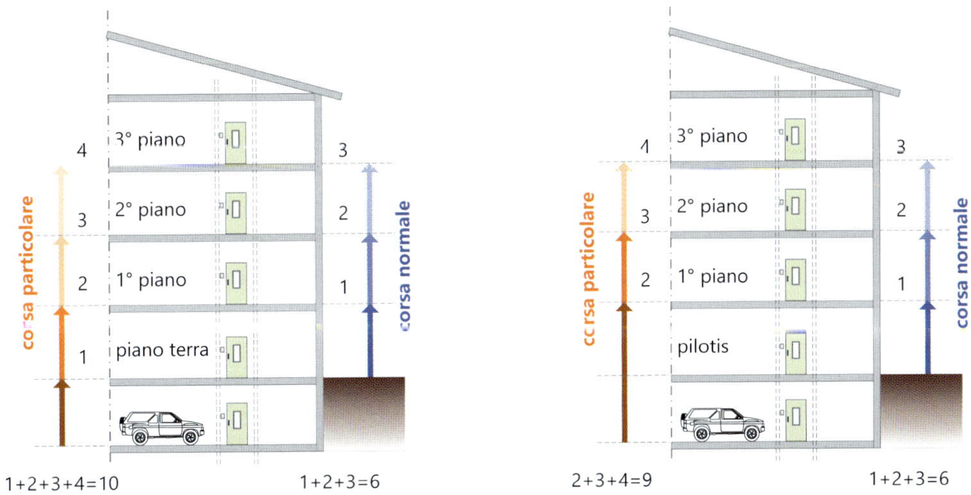

Figura 4.1
Corsa normale e corsa particolare dell'ascensore.

ESEMPIO 4.5 **MILLESIMI DI ASCENSORE**

Un condominio è costituito da un piano terreno e 3 piani in elevazione. L'ascensore raggiunge il piano interrato in cui sono presenti i box.
Viene redatta una tabella che comprende la corsa normale e quella particolare.

N.	Dest.	Piano	Int.	Corsa normale (800‰)					Corsa particolare (200‰)					‰ ascen-sore
				‰ per valore		‰ per altezza			‰ per valore		‰ per altezza			
				Sup. virt.	‰	*H*	‰ piano	‰ alt.	Sup. virt.	‰	*H*	‰ piano	‰ alt.	
1	Abit.	T	A						67,80	7,32	1	10,00	2,93	10,25
2	Abit.	T	B						85,10	9,19			3,68	12,87
3	Abit.	T	C						78,60	8,49			3,40	11,88
4	Abit.	1	A	67,8	39,05	1	66,67	19,52	67,80	7,32	2	20,00	5,86	71,75
5	Abit.	1	B	85,1	49,01			24,51	85,10	9,19			7,35	90,06
6	Abit.	1	C	78,6	45,27			22,63	78,60	8,49			6,79	83,18
7	Abit.	2	A	67,8	39,05	2	133,33	39,05	67,80	7,32	3	30,00	8,79	94,21
8	Abit.	2	B	85,1	49,01			49,01	85,10	9,19			11,03	118,25
9	Abit.	2	C	78,6	45,27			45,27	78,60	8,49			10,19	109,21
10	Abit.	3	A	67,8	39,05	3	200,00	58,57	67,80	7,32	4	40,00	11,71	116,66
11	Abit.	3	B	85,1	49,01			73,52	85,10	9,19			14,70	146,43
12	Abit.	3	C	78,6	45,27			67,90	78,60	8,49			13,58	135,24
				694,5	**400,00**		**400,00**	**400,00**	**926,00**	**100,00**		**100,00**	**100,00**	**1000,00**

4.3.2 Riscaldamento

Gli impianti di riscaldamento centralizzati sono parti comuni ai sensi dell'art. 1117 del c.c. e le relative spese devono essere ripartite secondo i criteri previsti dalla legge. Tali spese possono essere di due tipi:

- *installazione e manutenzione straordinaria* (sostituzione della caldaia, adeguamento tecnico ecc.);
- *esercizio* (combustibile, manutenzione ordinaria, conduttore ecc.).

Spese di installazione e manutenzione straordinaria

Le spese di installazione e manutenzione straordinaria devono essere ripartite secondo i criteri previsti per le parti comuni e quindi in base ai millesimi di proprietà generale. La giurisprudenza ha chiarito che anche la spesa per la sostituzione della caldaia è manutenzione straordinaria, da ripartire quindi in base al valore.

Spese di esercizio

Ai fini del risparmio energetico e del contenimento dell'inquinamento atmosferico la legge n. 10/1991 ha introdotto in Italia l'*obbligo di adottare sistemi di termoregolazione e contabilizzazione del calore per ogni singola unità immobiliare* per i fabbricati di nuova costruzione (la cui concessione edilizia è stata rilasciata entro il 30.6.2000) o in fase di ristrutturazione. L'obbligo della contabilizzazione del calore è stato esteso dal Dlgs n. 102/2014, in attuazione della direttiva 2012/27/UE sull'efficienza energetica, a tutti i fabbricati condominiali esistenti dotati di impianto di riscaldamento centralizzato. Pertanto attualmente esistono i fabbricati di recente edificazione (o ristrutturazione) dotati fin dall'inizio di contabilizzatori del calore *per ogni unità immobiliare* e fabbricati che hanno installato successivamente un sistema di ripartizione del consumo basato su valvole di termoregolazione e contabilizzatori *su ogni elemento radiante* in impianti a colonne montanti (*v.* figura 4.2).

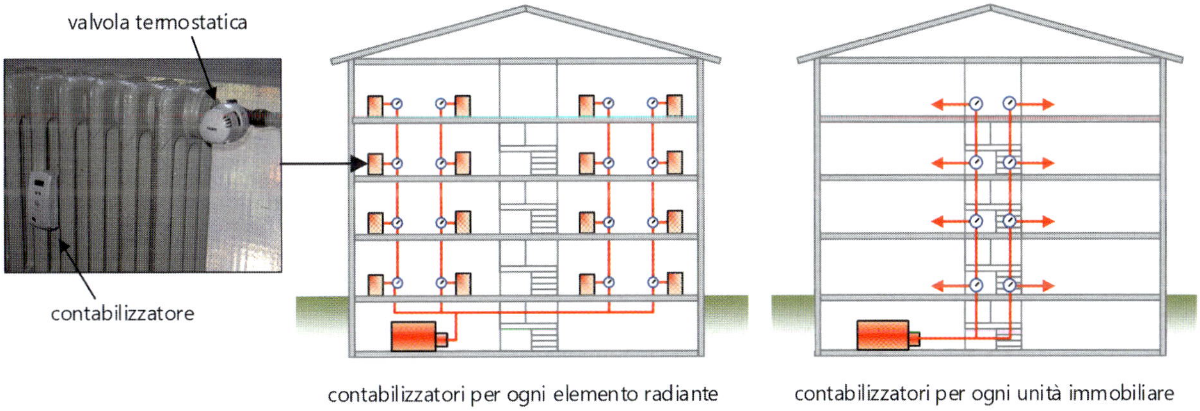

Figura 4.2 Sistemi di contabilizzazione del calore.

Il sistema con impianto centralizzato e contabilizzazione singola, al contrario di tanti piccoli impianti autonomi, consente da un lato un maggior rendimento termico (con gestione affidata all'amministratore...), dall'altro la flessibilità dell'uso personalizzato ed economico. Infatti ogni utente paga principalmente il calore effettivamente consumato; avrà quindi interesse a regolare il funzionamento del riscaldamento solo quando è realmente necessario e sul livello termico più gradito (anche per motivi economici). L'utente potrà anche impostare livelli termici differenziati nei diversi locali (per esempio basso in cucina e in camera da letto, più alto nel soggiorno). Avrà anche interesse ad adottare accorgimenti tecnici per evitare la dispersione del calore (coibentazioni, doppi vetri ecc.). Per legge non possono essere riscaldati i box e le parti comuni.

Criteri di ripartizione

La normativa citata impone l'obbligo per tutti i fabbricati con sistemi comuni di riscaldamento, pena sanzioni, la ripartizione delle spese sulla base della **norma UNI 10200** che prevede la ripartizione del costo dell'energia utile in uscita dal generatore di calore in:

- un *prelievo volontario*, erogato da ogni corpo scaldante, da ripartire in base al consumo misurato;
- un *prelievo involontario*, dato dall'energia dispersa dalla rete di distribuzione, da ripartire con criterio fisso.

La ripartizione della spesa totale tra consumo involontario (fisso) e volontario (variabile) deve essere fatta sulla base delle dispersioni calcolate annualmente da un termotecnico, con una relazione tecnica asseverata, sulla base anche dei consumi volontari da cui dipendono indirettamente i consumi involontari. Nei condomìni in qui i residenti occupano l'abitazione in modo stabile nel corso dell'anno la quota fissa, calcolata in base alla norma UNI 10200, si attesta sempre intorno al 30%.

Il caso si complica invece, notevolmente, nelle case per vacanze estive, quando alcuni condomini abitano stabilmente il fabbricato mentre altri solo o prevalentemente nel periodo estivo. In questi casi la quota fissa è molto più alta, dal 60 al 90% in funzione del rapporto tra il numero di residenti e di non residenti.

Le case per vacanze
Se in una casa al mare abitano stabili residenti e vacanzieri occasionali, il l prelievo volontario (circa il 70% della spesa totale) sarebbe pagato solo dai primi (una minoranza), quando l'impianto in realtà è stato tenuto acceso (col "motore" al minimo) per le eventuali richieste di tutti i potenziali abitanti (i vacanzieri). La quota fissa deve essere quindi, in questi casi, opportunamente aumentata.

Ripartizione del prelievo involontario

Attualmente i millesimi di riscaldamento sono necessari solo per ripartire il prelievo involontario.
Il calcolo dei millesimi di riscaldamento può avvenire in pratica in base alla *superficie* o alla *cubatura riscaldata* (*v.* esempio 4.6).

ESEMPIO 4.6 **MILLESIMI DI RISCALDAMENTO, CONSUMO INVOLONTARIO**

Ripartizione della parte di spesa fissa, entro il limite del 30% della spesa totale.

Inter.	Piano	Tipo	Dest.	Utente	Cubatura riscaldata (m^3)	Millesimi di riscaldamento
......	......	......	......	....	....	....
12	T	1	N	Rossi Paolo	243	28,57
......	......	......	......	....	....	....
23	1	1	Ab.	Bianchi Mario	186	21,87
24	1	2	Ab.	Verdi Marco	289	33,98
......	......	......	......	....	....	....
					8.505	**1.000,00**

Ripartizione del prelievo volontario

La spesa viene suddivisa in base al consumo contabilizzato tramite un contatore posizionato sulla diramazione dell'impianto verso l'intera unità immobiliare oppure un contatore installato su ogni erogatore di calore per i vecchi impianti a colonne montanti che sono stati adeguati alla contabilizzazione singola (come si è visto nella figura 4.2). La lettura dei contatori viene fatta automaticamente con dispositivi wi-fi installati nelle parti comuni del condominio.
I dispositivi di contabilizzazione installati nelle unità immobiliari o sui singoli apparecchi di erogazione calcolano il consumo in "unità di calore" in funzione di parametri tecnici che tengono conto delle caratteristiche dell'impianto (a distribuzione orizzontale o verticale).

4.3.3 Acqua potabile

In base alla normativa attualmente in vigore le spese per il consumo di acqua potabile devono essere ripartite in base ai **consumi individuali** accertati con appositi contatori per ogni unità immobiliare (così è stabilito dal paragrafo 8.2.8 del DPCM 4 marzo 1996, *Disposizioni in materia di risorse idriche*). La ripartizione viene fatta quindi in base ai metri cubi d'acqua realmente consumati.
Nei condomini di non recente costruzione, con utenze raggruppate e dove non è possibile installare un contatore per ogni unità immobiliare, la ripartizione viene effettuata, secondo il criterio generale dell'articolo 1123 del c.c., utilizzando come parametro il **numero delle persone residenti**. Per le unità immobiliari a uso negozio o ufficio, occupate solo durante l'orario di lavoro, si dovrà trasformare il numero di utenti in "*abitanti-equivalenti*", con coefficienti di riduzione.
Il numero di residenti dovrà essere costantemente aggiornato in base ai cambiamenti che avvengono nel tempo: variazioni demografiche (nascita, morte ecc.) e cambiamenti di residenza dovuti ad altre cause (nuovi proprietari, locazione, matrimonio ecc.). Il riparto sarà quindi diretto e composto in base al *numero di residenti* e al *tempo di permanenza* (*v.* esempio 4.7).

ESEMPIO 4.7 **RIPARTIZIONE SPESE ACQUA POTABILE**

Si deve ripartire la spesa di 8.240 € fra una trentina di unità immobiliari.

Inter.	Piano	Tipo	Dest.	Utente	N. residenti	Tempo di permanenza (mesi)	Quota di spesa (€)
......	......	......	......	....			....
12	T	1	N	Rossi Paolo	3	36	313,57
......	......	......	......	....			....
23	1	1	Ab.	Bianchi Mario	1	12	104,52
24	1	2	Ab.	Verdi Marco	4	42	365,84
......	......	......	......	....			....
Totale						**946**	**8.240,00**

Se per esempio una coppia residente ha un figlio nel mese di aprile, i mesi contabilizzati sono:

$2 \times 12 + 1 \times 9 = 33$

4.3.4 Manutenzione straordinaria di solai, balconi e terrazzi

Solai

Le spese per la manutenzione e ricostruzione dei solai devono essere suddivise in parti uguali tra i proprietari dei due piani (art. 1125 c.c.). Restano a carico dei rispettivi proprietari le finiture: l'intonaco e la tinteggiatura per il proprietario del piano inferiore e la pavimentazione per il proprietario del piano superiore.

Balconi e terrazzi

Le stesse norme dei solai sono applicabili ai balconi e ai terrazzi per i quali la giurisprudenza ha sentenziato l'analogia per quanto riguarda la struttura e la funzione. Infatti questi elementi architettonici non hanno la funzione di tetto per i piani sottostanti, ma solo una maggiore comodità *tra piani contigui*.
I frontalini dei balconi (il rivestimento del lato esterno della soletta del balcone), così come i rivestimenti esterni dei parapetti in muratura, devono invece essere considerati come componenti della facciata, per cui la spesa relativa deve essere ripartita in base ai millesimi di proprietà generale. Le balaustre in metallo, vetro ecc. sono da considerarsi di proprietà esclusiva, per cui la spesa di manutenzione o ricostruzione spetta ai rispettivi proprietari.

Terrazzi a livello

Il terrazzo a livello è una superficie scoperta che costituisce la copertura di una parte del fabbricato e nel contempo è parte integrante di un appartamento adiacente posto allo stesso livello, con il quale è funzionalmente e strutturalmente connessa, che ne ha l'uso esclusivo. Il terrazzo a livello deve sporgere al di fuori della sagoma del tetto in quanto, in caso contrario, è solo quest'ultimo ad avere funzione di copertura di tutte le unità abitative poste ai piani inferiori.
Per le spese relative alla manutenzione e ricostruzione di questi terrazzi si applica l'art. 1126 c.c. relativo ai **lastrici solari a uso esclusivo**. La spesa deve essere suddivisa per *1/3 a carico di chi ne ha l'uso esclusivo* mentre i restanti *2/3 spettano agli altri condomini*. Per individuare i condomini tenuti al concorso nella spesa è necessario determinare a priori quali sono le unità abitative poste al di sotto della terrazza a livello, in proiezione verticale.

4.3.5 Infiltrazioni d'acqua

Nei condomini si verificano frequentemente nelle parti di proprietà esclusiva infiltrazioni d'acqua causate da guasti agli impianti tecnici. In questi casi si dovrà individuare il punto da cui ha origine la perdita. Le spese di riparazione e i danni arrecati saranno addebitati:

- al *singolo proprietario* (spese personali), se la perdita ha origine da un impianto di proprietà esclusiva (in genere tubazioni orizzontali incassate nella soletta);
- a *tutti i condomini* in base ai millesimi di proprietà, se la perdita ha origine da un impianto di proprietà comune, come le tubazioni verticali che convogliano le acque di scarico dai singoli appartamenti al sistema di smaltimento pubblico, da un giardino pensile o da un cortile comune.

4.4 LE INNOVAZIONI

I condomini possono disporre tutte le innovazioni dirette al miglioramento o all'uso più comodo o al maggior rendimento delle cose comuni, definite nell'art. 1120 del c.c. come **innovazioni**, con la *maggioranza degli intervenuti e almeno 2/3 del valore* dell'edificio (art. 1136, quinto comma).

Tali opere non devono però alterare il "decoro architettonico" dell'edificio o impedire o limitare l'uso delle parti comuni anche di un solo condomino.

Qualora l'innovazione comporti una spesa *molto gravosa* o abbia *carattere voluttuario* e consista in opere suscettibili di *utilizzazione separata*, i condomini che non intendono farne uso sono esonerati dal contributo alla spesa (art. 1121). Per esempio si può limitare l'uso di un ascensore con una chiave di apertura.

Rientrano per legge tra le innovazioni:

1) gli interventi per migliorare la *sicurezza* e la *salubrità* degli edifici e degli impianti;
2) gli interventi previsti per eliminare le *barriere architettoniche*, per il *contenimento del consumo energetico* degli edifici, per realizzare *parcheggi*, nonché per la *produzione di energia* mediante l'utilizzo di impianti con fonti rinnovabili;
3) l'installazione di *impianti centralizzati per la ricezione radiotelevisiva* e per l'accesso a qualunque altro genere di flusso informativo, anche da satellite o via cavo, e i relativi collegamenti fino alla diramazione per le singole utenze.

4.4.1 Le modificazioni

Innovazioni e modificazioni
La distinzione tra innovazioni e modificazioni è stata definita da numerose sentenze della Corte di cassazione, tra cui: 23 ottobre 1999, n. 11936; 29 ottobre 1998, n. 1389; 5 novembre 1990, n. 10602, 26 maggio 2006 n. 12654, 4 settembre 2017, n. 20712.

Dal punto di vista pratico non sempre è facile distinguere le opere che costituiscono un'effettiva innovazione. La giurisprudenza ha chiarito che si devono intendere innovazioni solo le opere che alterano l'*entità sostanziale* o la *destinazione originaria* e non le opere che mirano a potenziare o a rendere più comodo il godimento della cosa comune, definite invece come **modificazioni**.

Per l'approvazione di queste ultime è sufficiente, come per le opere di manutenzione straordinaria, la maggioranza degli intervenuti e almeno 1/2 del valore dell'edificio.

Per gli interventi finalizzati al risparmio energetico o all'uso di fonti di energia rinnovabile eseguiti in seguito a un *attestato di prestazione energetica* (APE) è ancora applicabile la legge n. 10/1991 (art. 26, comma 2) che prevede l'approvazione con la *maggioranza degli intervenuti* in assemblea che rappresentino almeno *un terzo* del valore dell'edificio.

4.5 LA REVISIONE DELLE TABELLE MILLESIMALI

I millesimi di condominio sono accettati all'unanimità nel momento di costituzione del condominio e sono parte integrante del contratto di acquisto. Le tabelle millesimali possono essere pertanto modificate con il consenso all'*unanimità* dei condomini (**revisione consensuale**).

I millesimi possono essere rettificati o modificati anche con la maggioranza prevista dall'articolo 1136, secondo comma (**revisione assembleare**) maggioranza degli intervenuti e metà del valore), nei seguenti casi:

1) quando risulta che sono conseguenza di un *errore*;
2) quando, per le *mutate condizioni* di una parte dell'edificio, in conseguenza di sopraelevazione, di incremento di superfici o di incremento o diminuzione delle unità immobiliari, è alterato per più di *un quinto* il valore proporzionale dell'unità immobiliare anche di un solo condomino.

In mancanza della delibera assembleare, la revisione può essere ottenuta mediante sentenza (**revisione giudiziaria**).

Revisione per errore

Normativa
La Corte di cassazione ha descritto gli errori essenziali con le sentenze n. 1801/1964 e n. 116/1982

La giurisprudenza ha ribadito che possono dar luogo alla revisione delle tabelle millesimali solo gli "**errori essenziali**", definiti come *errori nella determinazione degli elementi di calcolo*, distinguendoli in errori di fatto ed errori di diritto.

Costituiscono **errori di fatto**:

- l'errata *misurazione* della superficie dei vani;
- gli errori materiali di *calcolo*;
- l'errata *acquisizione degli elementi di base* per l'attribuzione dei valori (destinazione, altezza di piano, prospetto ecc.);
- l'involontaria adozione di *coefficienti impropri* rispetto a quelli intenzionalmente stabiliti dal tecnico (per esempio, errata trascrizione di coefficienti da pubblicazioni specializzate).

Gli **errori di diritto** derivano da una errata interpretazione di leggi o della giurisprudenza (per esempio quando si tiene conto delle migliorie apportate da un singolo proprietario e non del "valore standard").
Non possono invece dar luogo a errori essenziali i criteri più o meno soggettivi intervenuti nel processo di formazione delle tabelle. Rientrano in questa categoria gli errori imputabili alle *operazioni estimative*, come l'attribuzione dei coefficienti. Per tali elementi del procedimento di calcolo delle tabelle millesimali non può sussistere un errore essenziale.

Revisione per mutate condizioni

Per mutate condizioni devono intendersi:

- la **sopraelevazione** di nuovi piani;
- l'**espropriazione parziale**;
- le **innovazioni di vasta portata**.

Per quanto riguarda le innovazioni, resta da definire cosa si intende per "vasta portata". Nonostante la giurisprudenza non sia del tutto concorde, si possono far rientrare in questo tipo di innovazioni:

- l'installazione di un *ascensore* in un fabbricato che ne era privo;
- l'*edificazione nel sottosuolo* (autorimesse);
- *opere abusive oggetto di sanatoria* (trasformazioni del piano interrato in taverna, del sottotetto in mansarda, chiusura di balconi o porticati ecc.).

Anche il **cambio di destinazione d'uso** (per esempio da abitazione a negozio o viceversa, un sottotetto che diventa abitabile ecc.), nel caso in cui determinino consistenti variazioni del valore di mercato, danno luogo a una variazione dei millesimi di condominio.

4.6 IL GOVERNO DEL CONDOMINIO

Il condominio è costituito dall'insieme dei proprietari delle unità immobiliari, che sono le persone giuridiche titolari dei diritti reali sulle parti in proprietà esclusiva e, *pro quota*, sulle parti comuni. La gestione delle parti comuni è affidata a una persona (l'amministratore) che agisce in *rappresentanza* di tutti i condomini. Ai fini fiscali il condominio è una *persona giuridica*; tra gli obblighi dell'amministratore vi è quindi anche quello, per esempio, di agire come sostituto d'imposta.

Gli strumenti per la gestione di un condominio sono quindi i seguenti:
- le *fonti normative*, costituite dalle leggi e dai regolamenti;
- l'*amministratore*, che agisce come persona giuridica a nome del condominio per quanto riguarda i rapporti con il fisco e per semplice rappresentanza per ogni altra questione;
- l'*assemblea*, che è la sede in cui si forma la volontà dei condomini in merito alla gestione delle parti comuni.

4.6.1 Il regolamento di condominio

Tipi di regolamento

Il regolamento di condominio, obbligatorio quando i condomini sono più di *dieci*, contiene norme concernenti (art. 1138 del c.c.):
- l'uso delle parti comuni;
- la tutela del decoro dell'edificio;
- l'amministrazione e la ripartizione delle spese.

Vi sono due tipi di regolamento: il regolamento contrattuale e il regolamento assembleare.

Il **regolamento contrattuale** (o *esterno*) è quello predisposto al momento dell'edificazione del fabbricato e accettato dal primo proprietario; è parte integrante dell'atto di compravendita. Il regolamento non deve essere necessariamente inserito materialmente nel testo del contratto di vendita, ma deve essere in esso espressamente richiamato.

Il regolamento contrattuale contiene norme che riguardano la *destinazione delle diverse parti* di cui si compone l'edificio condominiale e i *criteri di ripartizione delle spese*. Solo questo tipo di regolamento può quindi contenere clausole che limitino il diritto dei singoli sulle parti di proprietà esclusiva e sulle parti comuni.

Per **regolamento assembleare** (o *interno*) deve intendersi qualsiasi modificazione del regolamento contrattuale ottenuta con la maggioranza del secondo comma dell'art. 1136. Esso contiene in genere norme che regolamentano l'*uso delle parti comuni* (orario del gioco dei bambini, modalità per stendere i panni da asciugare, divieti di sbattere i tappeti in certi orari ecc.). Le norme del regolamento non possono in alcun modo menomare i diritti di ciascun condomino, quali risultano dagli atti di acquisto e dalle convenzioni e non possono vietare di possedere o detenere animali domestici.

Formazione e modifica del regolamento

Il regolamento contrattuale è predisposto dal costruttore dell'edificio e viene di fatto accettato con la sottoscrizione dell'atto di acquisto di ogni unità immobiliare. Invece l'iniziativa per la formazione o per la modifica di un regolamento assembleare può essere di ciascun condomino e l'approvazione da parte dell'assemblea regolarmente costituita può avvenire con la maggioranza degli intervenuti che rappresentino almeno la metà del valore condominiale.

Obblighi fiscali dell'amministratore

La *trascrizione nei registri immobiliari* è obbligatoria per i regolamenti contrattuali; è altresì obbligatoria la trascrizione di successive norme, deliberate all'unanimità, che limitino l'utilizzo delle parti di proprietà comune. In ogni caso il regolamento non può in alcun modo menomare i diritti di ciascun condomino come indicato nell'ultimo comma dell'art. 1138; ogni deliberazione in tal senso è nulla.

Infrazioni al regolamento

Per le infrazioni al regolamento di condominio può essere stabilito, a titolo di sanzione, il pagamento di una somma fino a **200 €** e, in caso di recidiva, fino a **800 €**. La somma è devoluta al fondo di cui l'amministratore dispone per le spese ordinarie.

L'irrogazione della sanzione pecuniaria è di competenza dell'assemblea; che la può deliberare con un numero di voti che rappresenti la maggioranza degli intervenuti e almeno la metà del valore dell'edificio. Resta comunque il problema dell'arbitrarietà con cui può essere inflitta; non sono stati infatti definiti i criteri secondo cui modulare l'importo in funzione della gravità dell'infrazione.

4.6.2 L'amministratore

Quando i condomini sono **più di otto** (quindi almeno 9), l'assemblea deve nominare un amministratore che dura in carica un anno. In mancanza di dimissioni o di revoca da parte dell'assemblea, l'incarico è tacitamente rinnovato per un altro anno (art. 1129 c.c.). Se l'assemblea del condominio con più di 8 condomini non nomina l'amministratore, questa è fatta dall'autorità giudiziaria su ricorso di uno o più condomini o dell'amministratore dimissionario. Per la conferma annuale dell'amministratore è sufficiente in assemblea la maggioranza semplice, mentre per la nuova nomina o per la revoca serve la maggioranza qualificata.

Chi può essere nominato amministratore

Per svolgere l'attività di amministratore la legge (art. 71 *bis* delle disposizioni di attuazione del codice civile) prevede i cosiddetti "requisiti di onorabilità" (godimento dei diritti civili, esenzione da condanne per delitti contro la pubblica amministrazione, esclusione dall'elenco dei protesti cambiari ecc.), ma anche:

1) il *diploma di scuola secondaria di secondo grado;*
2) la frequenza di un corso di *formazione iniziale* di 72 ore e di *formazione annuale* di 15 ore.

Questi ultimi due requisiti non sono necessari qualora l'amministratore sia nominato tra i condomini dello stabile.

Per svolgere l'attività di amministratore non è necessario quindi appartenere a una categoria professionale per la quale è prevista l'iscrizione a un ordine, come per esempio il geometra. Il geometra (o l'architetto e l'ingegnere civile), il ragioniere, l'avvocato, il commercialista hanno specifiche competenze nel proprio

Le "doti" dell'amministratore
All'amministratore non devono nemmeno mancare doti di "varia umanità" per gestire le assemblee e gli immancabili conflitti tra condomini, per risolvere i quali è richiesto a volte, più che competenza, buon senso e autorevolezza.

settore (manutenzione, contabilità, normativa, fisco), ma le conoscenze necessarie non possono che essere "trasversali".
L'attività di amministratore rientra quindi nelle *professioni non organizzate* che possono costituire associazioni a carattere professionale (legge n. 4/2013).
Le *associazioni professionali* degli amministratori (ANACI, ANAIP, ANAC ecc.) promuovono corsi di formazione e di aggiornamento.

I doveri dell'amministratore

Il sito internet
Su richiesta dell'assemblea l'amministratore è tenuto ad attivare un *sito internet* del condominio che consenta agli aventi diritto di consultare ed estrarre copia in formato digitale dei documenti previsti dalla delibera assembleare. Le spese per l'attivazione e la gestione del sito internet sono però poste a carico dei condomini.

L'anagrafe condominiale
Questo registro, tenuto dall'amministratore, ha importanza anche fiscale, contro l'evasione sui canoni di locazione, da quando il controllo è stato affidato ai Comuni (art. 1, comma 49, legge n. 147/2013).

I poteri e i doveri dell'amministratore riguardano l'ordinaria amministrazione delle parti comuni dell'edificio, per il resto sono competenti i condomini riuniti in assemblea (per le parti comuni) o singolarmente (per le parti esclusive).

L'amministratore deve per legge (art. 1130 c.c.):

1) **redigere il rendiconto** condominiale annuale della gestione e convocare l'assemblea per la relativa approvazione entro centottanta giorni;
2) **eseguire le deliberazioni dell'assemblea** e curare l'osservanza del regolamento di condominio;
3) **disciplinare l'uso delle cose comuni** e la fruizione dei servizi nell'interesse comune, in modo che ne sia assicurato il miglior godimento a ciascuno dei condomini;
4) **riscuotere i contributi** ed erogare le spese occorrenti per la manutenzione ordinaria e per l'esercizio dei servizi comuni;
5) **compiere gli atti conservativi** relativi alle parti comuni dell'edificio;
6) **eseguire gli adempimenti fiscali**;
7) curare la tenuta del **registro di anagrafe condominiale** contenente le generalità dei singoli proprietari e dei titolari di diritti reali e di diritti personali di godimento;
8) curare la **tenuta del registro dei verbali delle assemblee**, del registro di nomina e revoca dell'amministratore e del registro di contabilità;
9) **conservare tutta la documentazione** inerente alla propria gestione riferibile sia al rapporto con i condomini sia allo stato tecnico-amministrativo dell'edificio e del condominio;
10) **fornire le attestazioni** relative allo stato dei pagamenti degli oneri condominiali e delle eventuali liti in corso al condomino che ne faccia richiesta.

Conto corrente. L'amministratore è obbligato a far transitare le somme ricevute a qualunque titolo dai condomini o da terzi su uno specifico conto corrente intestato al condominio; ciascun condomino, per il tramite dell'amministratore, può chiedere di prendere visione ed estrarre copia, a proprie spese, della rendicontazione periodica.

Generalità dell'amministratore. Sul luogo di accesso al condominio o di maggior uso comune, accessibile anche ai terzi, è affissa l'indicazione delle generalità, del domicilio e dei recapiti, anche telefonici, dell'amministratore.

Assicurazione. L'amministratore deve essere assicurato per la responsabilità civile per gli atti eseguiti nell'esercizio del mandato.

Consiglio di condominio. L'assemblea *può* nominare un consiglio di condominio, composto di almeno tre condomini negli edifici con almeno dodici unità immobiliari, con funzioni consultive e di controllo per l'amministratore.

Lavori straordinari

Per lavori di manutenzione di notevole importanza l'amministratore deve far eseguire un *capitolato dei lavori* in base al quale saranno richiesti i preventivi alle ditte (*gara d'appalto*). L'assemblea deve costituire obbligatoriamente un fondo speciale per tali opere e sceglierà poi a chi affidare l'esecuzione dei lavori. In seguito all'approvazione dei lavori, l'amministratore deve nominare un *direttore dei lavori* al quale sarà affidato il compito di vigilare sull'esecuzione delle opere a "regola d'arte" e in conformità al contratto d'appalto stipulato.

Il condomino moroso

L'esazione delle spese di gestione dai condomini rientra tra i doveri fondamentali dell'amministratore. Contro il condomino moroso l'amministratore può ottenere un *decreto ingiuntivo* immediatamente esecutivo, che costituisce uno dei suoi reali poteri nel far rispettare il regolamento di condominio.
Se il condomino moroso dopo l'ingiunzione non salda il proprio debito (comprese le spese legali), l'amministratore è obbligato a dare avvio all'azione legale che può portare all'esecuzione dell'espropriazione forzata dell'immobile.
Chi subentra nei diritti di un condomino è obbligato solidalmente con questo al pagamento dei contributi relativi all'*anno in corso e a quello precedente* (art. 63 disposizioni di attuazione del c.c.).

Il compenso dell'amministratore

Il compenso dell'amministratore è determinato con una libera contrattazione con l'assemblea. Dal compenso ordinario sono escluse le spese per fotocopie, postali, cancelleria, dichiarazioni fiscali (mod. 770), tenuta dei libri paga del portiere, presenza in eventuali assemblee straordinarie. Indicativamente tale compenso può essere di 50÷80 € per ogni unità immobiliare di media dimensione (80÷90 m^2)
Per l'esecuzione di opere straordinarie il compenso richiesto è pari di solito al 2% dell'importo dei lavori.

4.6.3 L'assemblea

Assemblea ordinaria e straordinaria

L'assemblea è l'organo deliberante del condominio, in cui si verifica l'operato dell'amministratore e dove si prendono le decisioni inerenti alla gestione che eccedono l'ordinaria amministrazione.

Ogni anno, al termine del periodo di gestione, deve essere convocata l'**assemblea ordinaria** che avrà come ordine del giorno (art. 1135 c.c.):

- la *nomina, conferma o revoca dell'amministratore*, la determinazione della sua retribuzione;
- l'*approvazione del bilancio consuntivo e preventivo* presentato dall'amministratore, le modalità e i tempi con cui i condomini devono pagare le quote di spesa;
- la deliberazione in merito a eventuali *opere di manutenzione straordinaria*, costituendo, se occorre, un fondo speciale.

Il periodo di gestione può avere inizio da qualsiasi giorno dell'anno solare.

Ogni altra convocazione, in un giorno intermedio del periodo annuo di gestione, darà luogo a un'**assemblea straordinaria**.

Convocazione

La convocazione dell'assemblea compete all'amministratore. L'assemblea è **regolarmente convocata** quando sono presenti (art. 1136 c.c.):

- in prima convocazione, la *maggioranza dei partecipanti al condominio* che rappresentino i 2/3 *del valore* (667 millesimi) dell'intero edificio (comma 1);
- *in seconda convocazione* (entro 10 giorni dalla prima convocazione), 1/3 *dei partecipanti al condominio* che rappresentino 1/3 *del valore* (334 millesimi) dell'intero edificio (comma 3).

L'avviso di convocazione, contenente l'indicazione dell'ordine del giorno, deve essere comunicato almeno *cinque giorni* prima della data fissata per l'adunanza in prima convocazione, a mezzo di posta raccomandata, posta elettronica certificata, fax o tramite consegna a mano, e deve contenere l'indicazione del luogo e dell'ora della riunione. In caso di omessa, tardiva o incompleta convocazione degli aventi diritto, la deliberazione assembleare è annullabile su istanza dei dissenzienti o assenti.

Diritto di partecipazione all'assemblea

Partecipazione dei coniugi
Qualora un'unità immobiliare appartenga in proprietà indivisa a più persone, come è il caso di molti coniugi, queste hanno diritto a *un solo rappresentante* nell'assemblea (ma di solito questa norma viene elusa...).

Per condomino si intende un rappresentante per ogni unità immobiliare, presente *fisicamente* o *per rappresentanza* mediante una delega scritta ad altra persona. Se i condomini sono *più di venti*, il delegato non può rappresentare più di *un quinto* dei condomini e del valore proporzionale.
All'amministratore non possono essere conferite deleghe per la partecipazione a qualunque assemblea.
Il *conduttore degli appartamenti locati* può partecipare all'assemblea e votare al posto del proprietario in materia di gestione dell'impianto di riscaldamento (art. 10, legge 392/78).

Le maggioranze

Le delibere dell'assemblea sono valide quando viene raggiunta una doppia maggioranza, costituita di un adeguato numero di voti e di una quota parte del valore millesimale del condominio. Esistono diversi tipi di maggioranza in funzione del tipo di delibera (*v.* tabella 4.3). I tipi di maggioranza più comuni sono due:

- **maggioranza "semplice"**, che prevede la maggioranza degli intervenuti nell'assemblea e almeno 1/3 dei millesimi;
- **maggioranza "qualificata"**, che prevede la maggioranza degli intervenuti e almeno 1/2 dei millesimi.

Il verbale

Di ogni riunione dell'assemblea deve essere redatto un verbale da trascrivere in un apposito *registro* tenuto dall'amministratore. È obbligo dell'amministratore inviare copia del verbale dell'assemblea ai *condomini assenti*.

Impugnazione delle delibere assembleari

I condomini, compresi quelli assenti, possono impugnare entro 30 giorni le deliberazioni e chiederne l'**annullamento**, mediante ricorso all'autorità giudiziaria, qualora esse siano contrarie al regolamento condominiale o alla normativa in vigore. Invece **sono nulle** le deliberazioni che limitano il diritto dei condomini nell'uso delle parti comuni e possono essere impugnate in qualsiasi tempo.

4.3 Maggioranze nelle assemblee condominiali

Riferimento normativo	Numero di condomini	Millesimi di proprietà	Applicazione
Art. 1136 c. c., comma 1	Maggioranza dei partecipanti al condominio	2/3 (666,67)	Validità assemblea in prima convocazione. La delibera è valida se approvata dalla maggioranza degli intervenuti che rappresenti almeno metà del valore.
Art. 1136 c. c., comma 2, art. 1120, comma 2 (maggioranza "qualificata")	Maggioranza degli intervenuti	1/2 (500,00)	Nomina o revoca dell'amministratore; manutenzioni straordinarie di notevole entità; liti attive e passive; approvazione del regolamento; innovazioni in materia di sicurezza, barriere architettoniche, opere per il contenimento del consumo energetico (fonti rinnovabili) ecc., installazione di impianti centralizzati per la ricezione radiotelevisiva e per l'accesso a qualunque altro genere di flusso informativo, installazione sulle parti comuni di impianti volti a consentire la videosorveglianza; modifica dei millesimi quando sono frutto di errore o per mutate condizioni; attivazione di un sito internet per il condominio; sanzioni pecuniarie.
Legge 10/1991, art. 26, comma 2	Maggioranza degli intervenuti	1/3 (333,33)	Opere per il contenimento del consumo energetico dimostrate da un attestato di prestazione energetica o da una diagnosi redatta da un tecnico abilitato.
Art. 1136 c. c., comma 3 (maggioranza "semplice")	1/3 dei partecipanti al condominio	1/3 (333,33)	Validità dell'assemblea in seconda convocazione: la delibera è valida se approvata dalla maggioranza degli intervenuti che rappresenti almeno 1/3 del valore. Conferma dell'amministratore.
Art. 1136 c. c., comma 5	Maggioranza degli intervenuti	2/3 (666,67)	Innovazioni; impianti non centralizzati di ricezione radiotelevisiva e di produzione di energia da fonti rinnovabili.
Art. 1117 *ter* c. c., comma 1	4/5 dei partecipanti al condominio	4/5 (800,00)	Cambio di destinazione d'uso delle parti comuni.
Art. 69, Disposizioni di attuazione del codice civile.	Unanimità		Modifica dei millesimi di condominio. Modifica del regolamento contrattuale.

4.6.4 Il rendiconto

Uno dei compiti più importanti dell'amministratore è la stesura del "rendiconto" annuale, con il quale egli porterà a conoscenza dell'assemblea le voci di entrata e di uscita e ogni altro dato inerente alla situazione patrimoniale del condominio, espressi in modo da consentire l'immediata verifica.

Il rendiconto si compone di tre parti (art. 1130 *bis* c.c.):

- il **registro di contabilità**, che riporta analiticamente le spese sostenute;
- il **riepilogo finanziario**, che riporta sinteticamente le spese raggruppate per capitoli omogenei, corrispondenti ai diversi criteri di ripartizione (spese generali, ascensore, riscaldamento, acqua potabile ecc.);
- la **nota esplicativa** della gestione, con l'indicazione anche dei rapporti in corso e delle questioni pendenti.

Le entrate e le spese sostenute nell'anno appena trascorso formano il **bilancio consuntivo**, quelle previste per l'anno seguente il **bilancio preventivo** (*v.* esempio 4.8). Con il bilancio consuntivo viene calcolato il *saldo di gestione* dovuto da ogni condomino (somma delle rate versate meno quota annua totale consuntiva). Con il bilancio preventivo l'amministratore può calcolare invece l'importo da far pagare a rate nell'anno seguente.
I condomini possono prendere visione dei documenti giustificativi di spesa in ogni tempo ed estrarne copia a proprie spese.

ESEMPIO 4.8 **BILANCIO CONSUNTIVO-PREVENTIVO (RIEPILOGO FINANZIARIO)**

Dati indicativi per un condominio costituito di circa 35 appartamenti.

Tipo di spesa	Consuntivo (€)	Preventivo (€)
Spese generali		
Assicurazione:		
– polizza fabbricati	3.231,40	3.200,00
Imposte e tasse:		
– passo carraio	251,45	250,00
– tributi vari parti comuni (IMU, TOSAP ecc.)	387,16	390,00
Amministrazione:		
– compenso amministratore	2.578,16	2.600,00
– cancelleria, postali, telefoniche	56,95	70,00
Pulizia, portineria:		
– addetto, compresi i contributi	16.117,38	16.500,00
– prodotti di pulizia ecc.	262,18	280,00
Manutenzione ordinaria:		
– importo per lavori vari	5.550,82	6.000,00
– spurghi delle fosse biologiche	2.986,20	3.200,00
Spese varie	3.620,00	4.000,00
Giardino:		
– addetto	750,00	800,00
– acquisto mezzi vari	82,43	100,00
Totale spese generali	**35.874,13**	**37.390,00**
Riscaldamento		
Consumo gas	38.148,11	40.000,00
Conduzione e manutenzione	1.860,00	1.900,00
Forza motrice	437,87	500,00
Totale riscaldamento	**40.445,98**	**42.400,00**
Ascensore		
Manutenzione obbligatoria	1.485,00	1.500,00
Forza motrice	557,42	600,00
Totale ascensore	**2.042,42**	**2.100,00**
Acqua potabile		
Consumo acqua	5.438,55	5.500,00
Manutenzione impianto	776,31	750,00
Forza motrice	167,39	170,00
Totale acqua potabile	**6.382,25**	**6.420,00**
Totale generale	**84.744,78**	**88.310,00**

4.7 SOPRAELEVAZIONE DI UN FABBRICATO CONDOMINIALE

L'art. 1127 del codice civile prevede il diritto di sopraelevazione a favore del proprietario dell'ultimo piano di un edificio condominiale. Tale diritto non può essere esercitato quando:

- le condizioni statiche dell'edificio non lo consentono;
- pregiudica l'aspetto architettonico dell'edificio;
- diminuisce notevolmente l'aria o la luce dei piani sottostanti.

Art. 1127 c.c.
"Il proprietario dell'ultimo piano dell'edificio può elevare nuovi piani o nuove fabbriche, salvo che risulti altrimenti dal titolo. La stessa facoltà spetta a chi è proprietario esclusivo del lastrico solare." (...)

Inoltre la sopraelevazione non può essere effettuata quando il regolamento condominiale non la consente.
Vi sono poi motivazioni tecniche, contenute negli strumenti urbanistici (piano urbanistico comunale, regolamento edilizio ecc.), che possono impedire la sopraelevazione. In particolare si dovrà verificare che vi sia una cubatura residua edificabile, che non sia superata l'altezza massima e così via.
Spesso i regolamenti di condominio negano la possibilità di eseguire sopraelevazioni. Quando invece la sopraelevazione è possibile, chi intende eseguirla deve pagare agli altri condomini l'indennità stabilita per legge.

4.7.1 Indennità di sopraelevazione

Lo scopo dell'indennità è di riequilibrare, a causa della sopraelevazione, le quote di comproprietà dell'area su cui sorge l'edificio, includendo il nuovo piano. In altri termini chi esegue la sopraelevazione deve prima "acquistare" l'area necessaria. Il proprietario che esegue la sopraelevazione deve corrispondere ai proprietari degli altri piani "*un'indennità pari al valore attuale dell'area da occuparsi con la nuova fabbrica, diviso il numero dei piani, ivi compreso quello da edificare, e detratto l'importo della quota a lui spettante*" (art. 1127 c.c.).
Da tale norma si ricava la formula:

Il valore dell'"area da occuparsi con la nuova fabbrica"

$$Ind = \frac{V_a}{n+1} - \frac{V_a}{n+1} \times \frac{1}{n}$$

dove V_a è il valore attuale dell'area e n è il numero dei piani dell'edificio prima della sopraelevazione (*v.* esempio 4.9).
Per **valore attuale dell'area** si deve intendere tutta l'area su cui sorge l'edificio, comprese quindi tutte le *parti comuni coperte* (androni, vani scala ecc.) e *scoperte* (cortili, giardini ecc.).

ESTIMO IMMOBILIARE

ESEMPIO 4.9 INDENNITÀ DI SOPRAELEVAZIONE PER UN PIANO

Valore dell'area:	200.000 €
Numero dei piani esistenti prima della sopraelevazione:	3
Piani edificati in più:	1

$$Ind = \frac{200.000}{3+1} - \frac{200.000}{3+1} \times \frac{1}{3} = 50.000 - 16.667 = 33.333\ €$$

Sopraelevazione di più piani

Nel caso in cui l'edificio esistente sia sopraelevato di **più di un piano**, applicando il dettato dell'art. 1127 del c.c. si avrebbe paradossalmente una diminuzione dell'indennità. La formula precedente deve essere perciò modificata nel modo che la Corte di cassazione ha indicato con una sua sentenza (n.

1084/1976): "la determinazione dell'indennità deve essere effettuata dividendo il valore del suolo per il numero dei piani preesistenti e di quelli di nuova costruzione; il quoziente va moltiplicato per il numero di questi ultimi, sottraendo dal prodotto così ottenuto la quota che, tenuto conto del precedente stato di fatto e di diritto, spetterebbe al condomino che ha eseguito la sopraelevazione". Si ricava quindi la seguente formula (*v.* esempio 4.10):

$$Ind = \frac{V_a}{n+s} \times s - \frac{V_a}{n+s} \times s \times \frac{1}{n}$$

dove s è il numero di piani edificati in più.

ESEMPIO 4.10 INDENNITÀ DI SOPRAELEVAZIONE PER PIÙ PIANI

Valore dell'area:	200.000 €
Numero dei piani esistenti prima della sopraelevazione:	3
Piani edificati in più:	2

Indennità di sopraelevazione:

$$Ind = \frac{200.000}{3+2} \times 2 - \frac{200.000}{3+2} \times 2 \times \frac{1}{3} = 80.000 - 26.667 = 53.333 \text{ €}$$

Sopraelevazione parziale

Nel caso di sopraelevazione parziale l'indennità riferita all'intero ultimo piano deve essere ridotta in proporzione alla porzione di piano che viene sopraelevata. Se, per esempio, viene sopraelevato il 60% dell'area coperta del fabbricato, anche l'indennizzo dovrà essere stabilito nella stessa misura (*v.* esempio 4.11).

ESEMPIO 4.11 INDENNITÀ DI SOPRAELEVAZIONE PARZIALE

Valore dell'area:	200.000 €
Numero dei piani esistenti prima della sopraelevazione:	3

Millesimi di proprietà generale dell'ultimo piano:

– dell'appartamento che ha sopraelevato	79,8
– dell'appartamento che non ha sopraelevato	94,7

Indennità a carico dell'intero ultimo piano:

$$Ind = \frac{200.000}{3+1} - \frac{200.000}{3+1} \times \frac{1}{3} = 50.000 - 16.667 = 33.333 \text{ €}$$

Indennità a carico del proprietario che ha effettuato la sopraelevazione parziale:

$$33.333 \times \frac{79,8}{79,8+94,7} = 15.244 \text{ €}$$

4.7.2 Valore del diritto di sopraelevazione

Il valore del diritto di sopraelevazione (V_{ds}) sarà dato dal *valore di trasformazione* del fabbricato che si potrà ottenere con la sopraelevazione meno l'indennità da pagare agli altri condomini e cioè (*v.* esempio 4.12):

$$V_{ds} = V_m - K_0 - Ind$$

dove:

V_m = valore di mercato del fabbricato ottenuto con la sopraelevazione;
K_0 = costo di costruzione della sopraelevazione;
Ind = indennità di sopraelevazione.

ESEMPIO 4.12 **VALORE DEL DIRITTO DI SOPRAELEVAZIONE**

Cubatura edificabile in sopraelevazione:	840 m^3
Superficie commerciale ricavabile:	196 m^2
Valore di mercato del fabbricato ricavabile:	2.800 €/m^2
Costo unitario di sopraelevazione:	600 €/m^3
Indennità di sopraelevazione:	33.333 €

Valore di mercato della porzione di fabbricato ottenuta con la sopraelevazione:
196 m^2 × 2.800 €/m^2 = 548.800 €

Costo della sopraelevazione:
840 m^3 × 600 €/m^3 = 504.000 €

Valore del diritto di sopraelevazione:
V_{ds} = 548.800 – 504.000 – 33.333 = 11.467€

4. Condominio

Questionario

1. Che cos'è un condominio? Esistono tipi particolari di condominio?
2. Che cosa sono e a che cosa servono i millesimi di proprietà generale?
3. Come si procede nel calcolo dei millesimi di proprietà generale?

In sintesi

Il condominio è un fabbricato in cui vi sono parti in proprietà esclusiva e parti in proprietà comune. Ciascun partecipante al condominio è proprietario delle parti comuni in proporzione al valore delle rispettive parti in proprietà esclusiva.

I **millesimi di proprietà generale** esprimono *il valore di ogni unità immobiliare ragguagliato al valore dell'intero edificio*. Servono in pratica per la formazione delle maggioranze nelle assemblee e per la ripartizione delle spese generali.
Per la determinazione dei millesimi di proprietà il valore di ogni unità immobiliare viene stimato con il parametro della *superficie virtuale* (*Sv*) data dalla superficie moltiplicata per coefficienti di differenziazione. I millesimi di ciascuna unità immobiliare (M_i) si ottengono da:

$$\Sigma Sv_i : 1000 = Sv_i : M_i \quad \text{da cui:} \quad M_i = \frac{1000}{\Sigma Sv_i} \times Sv_i$$

4. In che cosa consiste la fase estimativa nella determinazione dei millesimi di proprietà condominiale?

Il *coefficiente di destinazione* esprime la differenza di valore tra le unità immobiliari dovuta alla diversa destinazione d'uso.

Il *coefficiente di piano* è fissato considerando che, negli edifici con ascensore, i piani più bassi sono meno richiesti e viceversa negli edifici senza ascensore.

Il *coefficiente di prospetto* considera la veduta che hanno le diverse unità immobiliari.

Il *coefficiente di esposizione* tiene conto di vantaggi o svantaggi derivanti dall'orientamento dell'immobile rispetto ai punti cardinali.

Il procedimento di calcolo può essere *sintetico*, assegnando i coefficienti all'unità immobiliare nel suo complesso, o *analitico*, assegnandoli ai singoli vani. In ogni caso si terrà distinta la superficie per destinazione d'uso (superficie residenziale, balconi, box, cantine ecc.).

5. Quali sono i criteri per la ripartizione delle spese di esercizio dell'ascensore?

Millesimi d'uso. I criteri per ripartire le spese condominiali sono due:
- i *millesimi di proprietà*, per le spese generali (pulizia, illuminazione, giardino ecc.);
- i *millesimi d'uso*, per i servizi di cui i condomini usufruiscono in modo diverso (ascensore, riscaldamento ecc.).

6. Come si ripartiscono le spese per l'installazione di un ascensore in un edificio che originariamente ne era privo?

Millesimi di ascensore. Le tabelle millesimali per la ripartizione delle spese di esercizio sono sostenute dai proprietari delle unità immobiliari a cui servono "per metà in ragione del valore del piano o porzione di piano e per l'altra metà in misura proporzionale all'altezza di ciascun piano dal suolo".

I primi 500 millesimi, proporzionali al valore, saranno calcolati in funzione della superficie virtuale o, che è lo stesso, dei millesimi di proprietà generale.

I secondi 500 millesimi, proporzionali all'altezza del piano, saranno calcolati in due fasi determinando i millesimi spettanti a ciascun piano e quindi ripartendo i millesimi di ciascun piano tra le relative unità immobiliari.

Se l'ascensore raggiunge il piano interrato destinato a box e cantine, il calcolo dei millesimi potrà essere diversificato con una corsa "normale" dal piano terra (700÷850 millesimi) e con una corsa "particolare" dal piano interrato.

7. Come si ripartiscono le spese di riscaldamento?

Millesimi di riscaldamento. Negli impianti centralizzati di nuova generazione, dotati di contabilizzatori per ogni unità immobiliare, la spesa di esercizio dell'impianto di riscaldamento viene suddivisa in due parti:
- 20÷50% da ripartire in proporzione alla cubatura riscaldata;
- 50÷80% da ripartire in proporzione al consumo contabilizzato.

Acqua potabile. Se non sono presenti contatori individuali, la ripartizione sarà fatta in base al numero delle persone residenti.

8. Come si ripartiscono le spese per la manutenzione e la ricostruzione dei solai?

Solai, balconi e terrazzi. Le spese per la manutenzione e ricostruzione devono essere suddivise in parti uguali tra i proprietari dei due piani.

Terrazzo a livello. La spesa deve essere suddivisa per 1/3 a carico di chi ne ha l'uso esclusivo mentre i restanti 2/3 spettano agli altri condomini.

9. Che cosa sono le innovazioni? Come sono deliberate?

Innovazioni. Hanno lo scopo di migliorare o rendere più comodo l'uso delle cose comuni. Serve la maggioranza degli intervenuti e almeno 2/3 del valore dell'edificio. Tali opere non devono però alterare il "decoro architettonico" dell'edificio o impedire o limitare l'uso delle parti comuni anche di un solo condomino.

10. Quando si possono modificare i millesimi di proprietà generale successivamente alla costituzione del condominio?

Revisione delle tabelle millesimali. Possono essere modificate in caso di *errore* o per *mutate condizioni* dell'edificio.
Gli *errori essenziali* possono essere *di fatto* (errata misurazione, errori di calcolo ecc.) o *di diritto* (errata interpretazione di leggi).
Per *mutate condizioni* si intende la sopraelevazione di nuovi piani o le innovazioni di vasta portata (per esempio l'installazione di un ascensore in un fabbricato che ne era privo).

11. Qual è la differenza tra regolamento contrattuale e regolamento assembleare?

12. Quando il regolamento è obbligatorio e quando è facoltativo? Esiste differenza tra i due tipi di regolamento?

13. A che cosa serve il regolamento di condominio?

Il governo del condominio. Il regolamento di condominio, obbligatorio quando i condomini sono più di *dieci*, contiene norme che riguardano l'uso delle parti comuni, la tutela del decoro dell'edificio, l'amministrazione e la ripartizione delle spese.
Il *regolamento contrattuale* è predisposto al momento dell'edificazione del fabbricato ed è parte integrante dell'atto di compravendita.
Il *regolamento assembleare* contiene norme che regolamentano l'uso delle parti comuni. Tali norme non possono menomare i diritti contrattuali di ciascun condomino.
Per le infrazioni al regolamento di condominio può essere stabilita una sanzione fino a 200 €.

14. Quando è obbligatorio l'amministratore? Quali sono i suoi compiti?

Amministratore. Quando i condomini sono più di otto, l'assemblea deve nominare un amministratore che dura in carica un anno.
L'amministratore deve per legge redigere il rendiconto, eseguire le deliberazioni dell'assemblea, disciplinare l'uso delle cose comuni, riscuotere i contributi, compiere gli atti conservativi alle parti comuni dell'edificio, eseguire gli adempimenti fiscali, tenere il registro di anagrafe condominiale, curare la tenuta del registro dei verbali delle assemblee, conservare tutta la documentazione.

15. Quando l'assemblea è regolarmente convocata? Quando l'assemblea si dice ordinaria o straordinaria?

16. Quanti tipi di maggioranza esistono nelle assemblee condominiali? Quando occorre l'unanimità?

L'assemblea. Ogni anno l'assemblea ordinaria avrà come ordine del giorno la nomina, conferma o revoca dell'amministratore, la determinazione della sua retribuzione, l'approvazione del bilancio consuntivo e preventivo, la deliberazione in merito a eventuali opere di manutenzione straordinaria.
La convocazione dell'assemblea compete all'amministratore. È regolarmente convocata in prima convocazione con la maggioranza dei condomini che rappresentino i 2/3 del valore dell'intero edificio e in seconda convocazione con 1/3 dei partecipanti al condominio che rappresentino 1/3 del valore dell'intero edificio.

17. Quando è possibile sopraelevare un fabbricato condominiale?

18. Come si calcola l'indennità di sopraelevazione?

Diritto di sopraelevazione. Non può essere esercitato quando le condizioni statiche dell'edificio non lo consentono, se pregiudica l'aspetto architettonico o diminuisce notevolmente l'aria o la luce dei piani sottostanti. Il proprietario che esegue la sopraelevazione deve corrispondere ai proprietari un'indennità data da:

$$Ind = \frac{V_a}{n+1} - \frac{V_a}{n+1} \times \frac{1}{n}$$

dove V_a è il valore attuale dell'area e n è il numero dei piani dell'edificio prima della sopraelevazione.

ESTIMO IMMOBILIARE

ATTIVITÀ PRATICHE E DI VERIFICA

AREA DIGITALE — QUESTIONARIO A RISPOSTA MULTIPLA

1. I millesimi di proprietà generale rappresentano:
- [ ] **a.** il valore standard di ogni unità immobiliare in rapporto al valore dell'intero edificio
- [ ] **b.** il valore di ogni unità immobiliare, tenuto conto delle eventuali modifiche apportate dal proprietario
- [ ] **c.** una quota parte del costo di costruzione sostenuto per il fabbricato

2. I millesimi di proprietà generale di un condominio servono:
- [ ] **a.** per deliberare nelle assemblee di condominio
- [ ] **b.** per ripartire le spese generali di condominio
- [ ] **c.** in tutti i casi precedenti

3. Quale delle seguenti cause può dar luogo a una revisione delle tabelle millesimali per "errore"?
- [ ] **a.** la fusione tra due unità immobiliari
- [ ] **b.** la sopraelevazione del fabbricato
- [ ] **c.** l'errata misurazione delle superfici

4. I millesimi di ascensore spettanti a ogni unità immobiliare sono determinati in base a:
- [ ] **a.** l'altezza dal suolo
- [ ] **b.** il valore dell'unità immobiliare
- [ ] **c.** l'altezza dal suolo per il 50% e il valore per il restante 50%

5. Le innovazioni in un condominio sono:
- [ ] **a.** qualsiasi cosa nuova stabilmente inserita nelle parti comuni
- [ ] **b.** quelle opere che rendono più comodo ed efficiente l'uso delle parti comuni
- [ ] **c.** le opere che alterano l'entità sostanziale o la destinazione delle parti comuni

6. Le spese per la ricostruzione e manutenzione dei solai a uso esclusivo sono a carico:
- [ ] **a.** del proprietario del piano superiore per metà e del proprietario del piano inferiore per l'altra metà
- [ ] **b.** di chi ne ha uso esclusivo per un terzo e di tutti i condomini per gli altri due terzi
- [ ] **c.** di chi ne ha uso esclusivo per due terzi e di tutti i condomini per un terzo

7. La nomina di un amministratore è obbligatoria:
- [ ] **a.** in ogni caso
- [ ] **b.** quando i condomini sono più di 8
- [ ] **c.** quando i condomini sono più di 10

8. L'assemblea ordinaria di condominio deve deliberare ogni anno, obbligatoriamente, in merito a:
- [ ] **a.** nomina o revoca dell'amministratore
- [ ] **b.** approvazione del rendiconto
- [ ] **c.** nomina o revoca dell'amministratore e approvazione del rendiconto

9. Per maggioranza qualificata si intende:
- [ ] **a.** 1/3 dei partecipanti al condominio e 1/3 del valore dell'edificio
- [ ] **b.** 1/2 degli intervenuti all'assemblea e 1/2 del valore dell'edificio
- [ ] **c.** 1/2 dei partecipanti al condominio e 2/3 del valore dell'edificio

10. L'assemblea è regolarmente convocata in seconda convocazione quando sono presenti:
- [ ] **a.** 1/3 dei partecipanti e 1/3 del valore
- [ ] **b.** 1/2 dei partecipanti e 1/2 del valore
- [ ] **c.** 2/3 dei partecipanti e 2/3 del valore

ESERCIZI DA SVOLGERE

1. Calcolo dei millesimi e ripartizione delle spese

Si determinino i millesimi di proprietà generale e di ascensore di un condominio costituito di 6 piani in elevazione (*v.* planimetria).
Le superfici delle unità immobiliari tipo sono le seguenti (m^2):

	Superficie abitabile	Balconi	Cantina
A	69,45	4,46	6,9
B	96,22	7,14	7,6
C	71,92	1,23	6,4
D	85,16	4,12	7,1

Ogni unità immobiliare dispone nel piano interrato di un box di 12,2 m^2.
Motivare in una breve relazione i criteri di stima che sono adottati. Si proceda quindi alla ripartizione delle seguenti spese consuntive:
- spese generali, 83.885 €;
- spese di ascensore, 4.868 €.

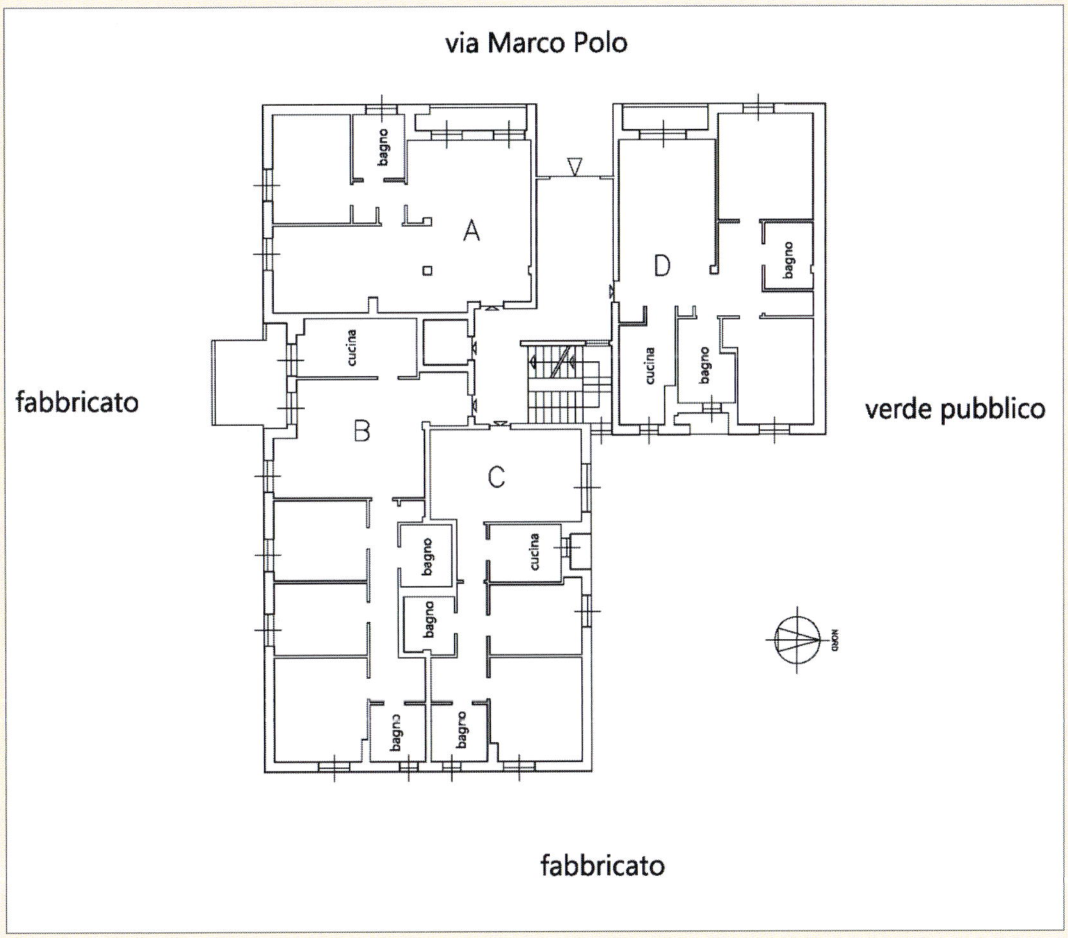

ATTIVITÀ PRATICHE E DI VERIFICA

TEMI MINISTERIALI D'ESAME

Anno 2010, Corso sperimentale progetto Brocca

In un fabbricato per civili abitazioni realizzato su tre piani fuori terra ed un piano seminterrato, in zona residenziale di un centro di 15.000 abitanti, circondato per l'intero perimetro da un'ampia area scoperta recintata, i condomini, con regolare delibera assembleare, hanno deciso di assegnare in proprietà esclusiva ai due proprietari degli appartamenti al piano rialzato uno spazio di 100 m^2 ciascuno, situato nella zona retrostante il fabbricato.
Lo scopo è quello di costituire un capitale da destinare alla costruzione di un ascensore dipartentesi dal piano box-garage.
Il fabbricato, costruito all'inizio degli anni 70, risulta composto da:

- 6 U.I.U. ad uso abitativo di 120 m^2;
- 6 U.I.U. box-garage forniti di servizi idrici;
- 2 aree di 100 m^2 ognuna antistante all'ingresso ed un'area di 200 m^2 retrostante.

Tutte le U.I.U. sono di uguale dimensione; gli appartamenti sono disposti a 2 per piano; la copertura è a lastrico solare, l'orientamento della facciata prospiciente la strada principale è a sud-est.
Il candidato, sulla scorta degli elementi forniti e di eventuali dati che riterrà opportuno definire, risponda ai seguenti quesiti:

a) valutazione della particella retrostante di 200 m^2 da dividersi in due porzioni uguali;
b) adeguamento della tabella generale dei millesimi di proprietà;
c) elaborazione della tabella per le spese per l'ascensore;
d) definizione delle procedure catastali per il trasferimento delle due aree ai condomini interessati.

Anno 1993, Corsi di ordinamento e sperimentali

I proprietari di una palazzina di nuova costruzione decidono di realizzare un regolamento condominiale con relative tabelle millesimali.
Affidano l'incarico a un tecnico che, esperite le necessarie indagini, rileva quanto segue.
Il complesso dei beni consiste di una palazzina di 4 piani, provvista di ascensore, circondata da un cortile esteso per circa 500 m^2.
Su ciascun piano, di 198 m^2, esistono due appartamenti di identica superficie, suddivisi in modo che uno sia esposto a est, l'altro a ovest.
Gli appartamenti dell'ultimo piano godono ciascuno di una porzione di soffitta di 80 m^2.
Sulla parte retrostante del cortile insistono sei locali separati, di 25 m^2, adibiti a garage, appartenenti ai proprietari dei sei appartamenti.
Anteriormente il cortile collega la palazzina a una strada comunale.
Il candidato, dopo aver illustrato gli aspetti estimativi che giustificano l'elaborazione delle richieste tabelle, esponga i conseguenti criteri da adottare e proceda alla definizione delle stesse.

MILLESIMI DI CONDOMINIO E RIPARTIZIONE SPESE

Un condominio è composto (*v.* figure che seguono):
- dal piano terra (pilotis);
- dal 1° e 2° piano con 4 appartamenti ciascuno (2 trilocali, 1 bilocale e 1 monolocale);
- dal 3° piano con due appartamenti grandi;
- dal sottotetto agibile come soffitta;
- dal piano interrato con 9 autorimesse (6 box doppi e 3 singoli), 12 cantine.

Ogni appartamento è accatastato con la *cantina di pertinenza* con le quali formano un unico mappale; le due cantine eccedenti (cantina 3 e 12 nella figura) sono invece accatastate come *autonome unità immobiliari* (categoria C/2).

Le due *soffitte* sono per contratto pertinenza esclusiva dei due appartamenti dell'ultimo piano e quindi sono accatastate con l'abitazione.

Palazzina: vista tridimensionale.

ESERCIZI SVOLTI

Piano terra (pilotis)

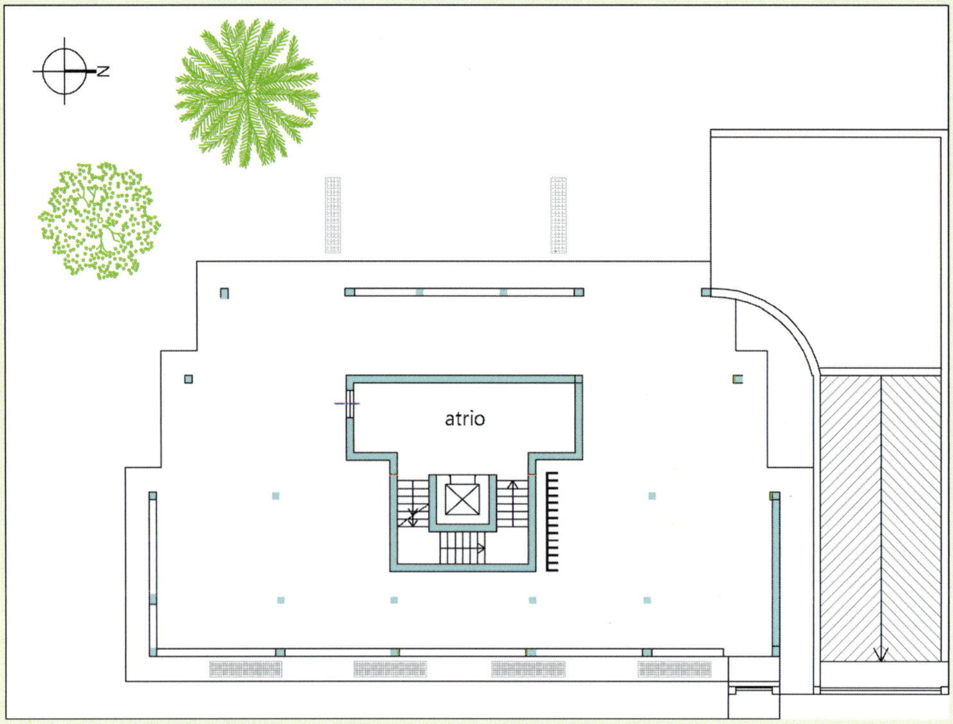

Piano interrato

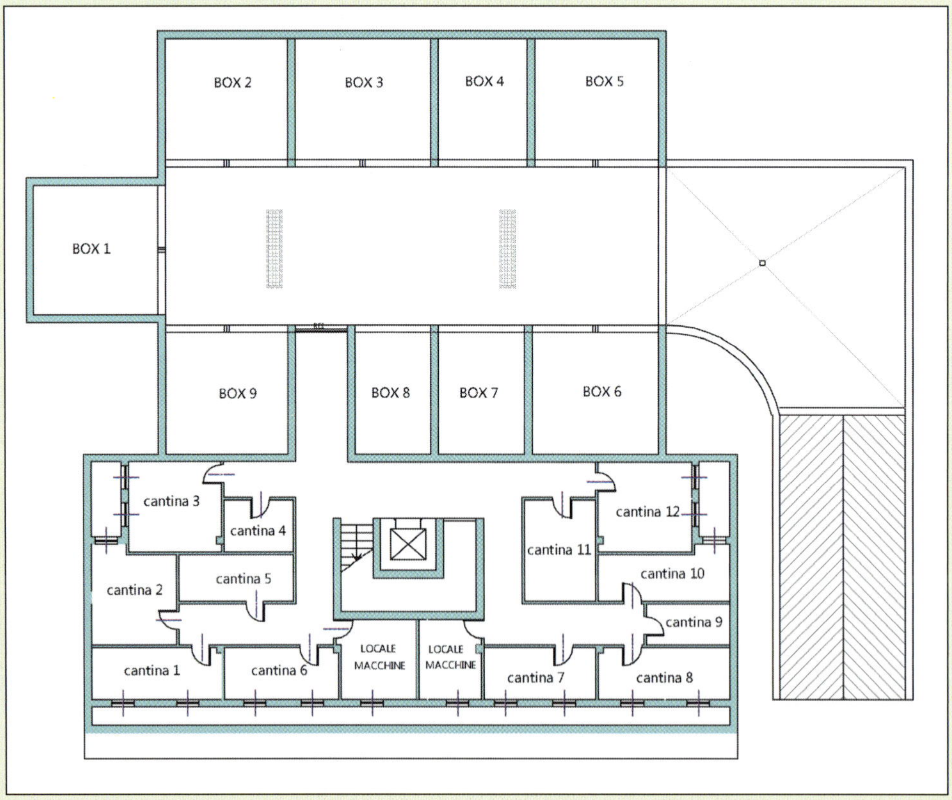

Piano primo e secondo

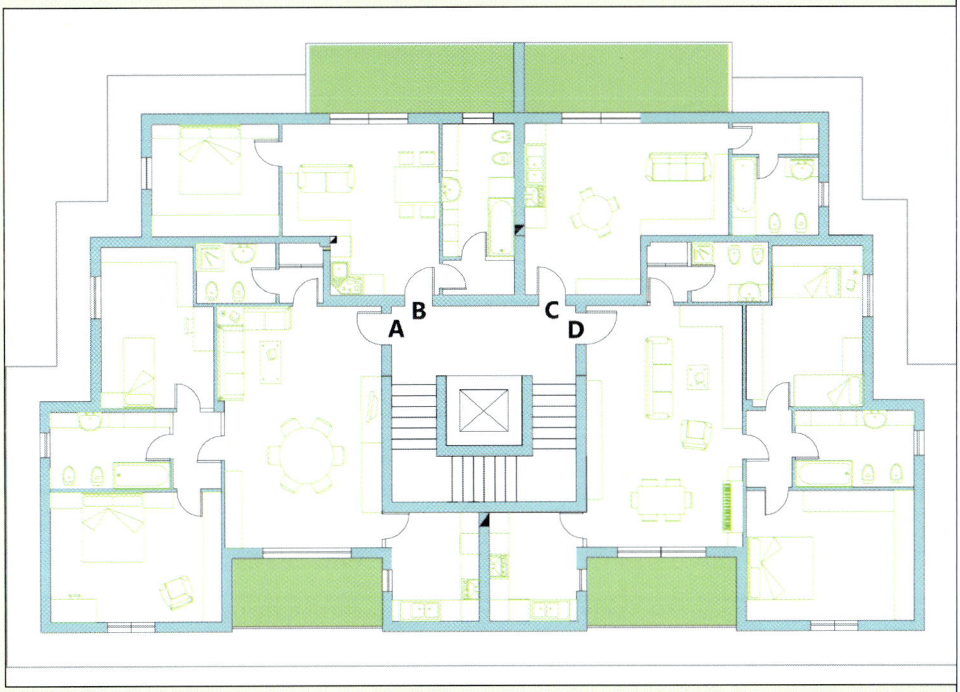

Piano terzo

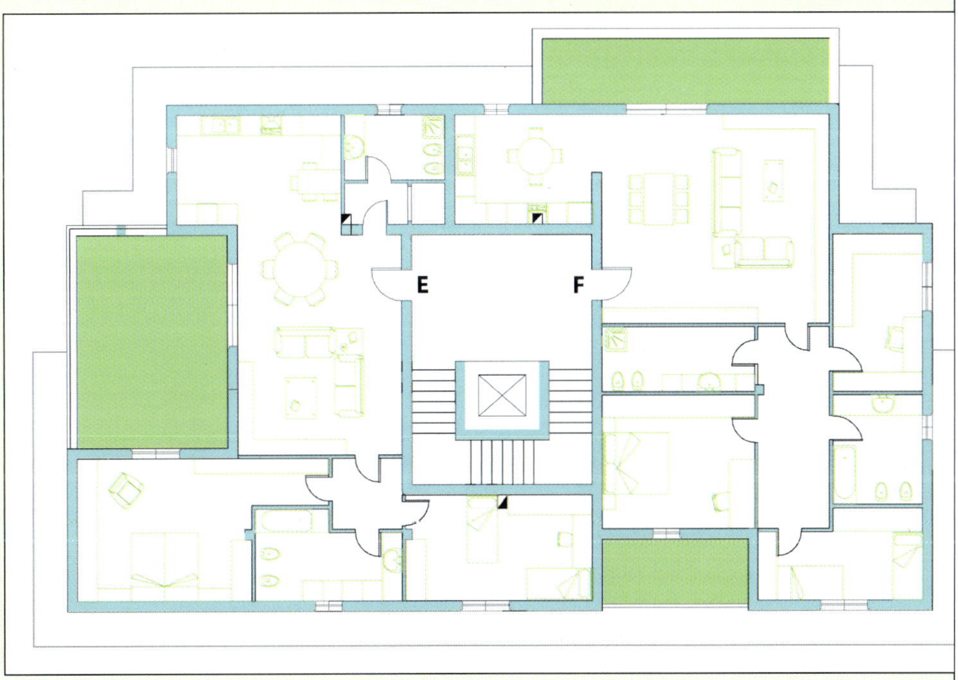

ESERCIZI SVOLTI

Sottotetto

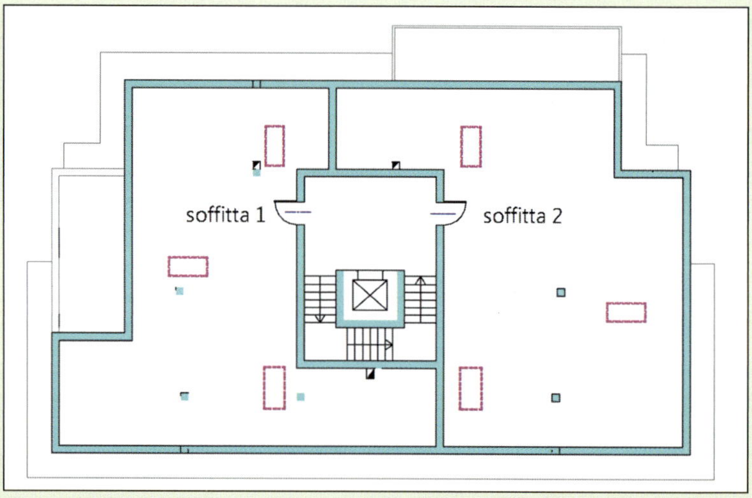

CRITERI DI STIMA

La stima dei millesimi viene effettuata determinando la superficie virtuale in base alla superficie netta calpestabile.

Coefficienti di piano

Il piano migliore è l'ultimo, con solo due appartamenti e senza altri residenti al piano superiore:

- primo piano 0,95
- piano intermedio 1,00
- ultimo piano 1,05

Coefficienti di prospetto

Vengono assegnati i seguenti coefficienti:

- appartamento E e F, con veduta su tre lati 1,02
- appartamento A e D, con veduta sulla strada di accesso e su verde privato 1,00
- appartamento B e C, con veduta su area di pertinenza interna 0,98

Coefficienti di esposizione

Vengono assegnati i seguenti coefficienti:

- appartamento E, esposto a est-sud-ovest 1
- appartamento A, esposto a sud-est 0,98
- appartamento B, esposto a sud-ovest 0,98
- appartamento F, esposto a est-nord-ovest 0,95
- appartamento D, esposto a nord-est 0,93
- appartamento C, esposto a nord-ovest 0,93

Coefficienti di destinazione

- Balconi: 0,25
- Terrazzi: 0,35
- Logge: 0,75
- Soffitta: 0,50
- Box: 0,50
- Cantina con finestrino: 0,25
- Cantina: 0,20

SUPERFICIE VIRTUALE APPARTAMENTI

Unità immobiliare 1		Mappale	123/1		Destinazione	Abitazione
Proprietà	Rossi A.	Piano	Primo		Interno	A
Tipo di superficie	**Superficie netta (m^2)**	**Coefficienti**				**Superficie virtuale (m^2)**
		Destinaz.	**Piano**	**Prospetto**	**Esposizione**	
Abitazione	92,6	1,00	0,95	1,00	0,98	86,21
Loggia	8,6	0,75				6,45
Cantina 1	10,24	0,25				2,56
Totale						**95,22**

Unità immobiliare 2		Mappale	123/2		Destinazione	Abitazione
Proprietà	Villa F.	Piano	Primo		Interno	B
Tipo di superficie	**Superficie netta (m^2)**	**Coefficienti**				**Superficie virtuale (m^2)**
		Destinaz.	**Piano**	**Prospetto**	**Esposizione**	
Abitazione	42,6	1,00	0,95	0,98	0,98	38,87
Balcone	11,7	0,25				2,93
Cantina 2	12,5	0,25				3,13
Totale						**44,93**

Unità immobiliare 3		Mappale	123/3		Destinazione	Abitazione
Proprietà	Bianchi C.	Piano	Primo		Interno	C
Tipo di superficie	**Superficie netta (m^2)**	**Coefficienti**				**Superficie virtuale (m^2)**
		Destinaz.	**Piano**	**Prospetto**	**Esposizione**	
Abitazione	33,5	1,00	0,95	0,98	0,93	29,01
Balcone	11,7	0,25				2,93
Cantina 4	5,6	0,25				1,40
Totale						**33,34**

Unità immobiliare 4		Mappale	123/4		Destinazione	Abitazione
Proprietà	Autieri M.	Piano	Primo		Interno	D
Tipo di superficie	**Superficie netta (m^2)**	**Coefficienti**				**Superficie virtuale (m^2)**
		Destinaz.	**Piano**	**Prospetto**	**Esposizione**	
Abitazione	92,6	1,00	0,95	1,00	0,93	81,81
Loggia	8,6	0,75				6,45
Cantina 5	8,4	0,25				2,10
Totale						**90,36**

Unità immobiliare 5		Mappale	123/5		Destinazione	Abitazione
Proprietà	Esposito S.	Piano	Secondo		Interno	A
Tipo di superficie	**Superficie netta (m^2)**	**Coefficienti**				**Superficie virtuale (m^2)**
		Destinaz.	**Piano**	**Prospetto**	**Esposizione**	
Abitazione	92,6	1,00	1,00	1,00	0,98	90,75
Loggia	8,6	0,75				6,45
Cantina 6	9,2	0,25				2,30
Totale						**99,50**

ESERCIZI SVOLTI

Unità immobiliare 6		Mappale	123/6	Destinazione	Abitazione
Proprietà	Gentili S.	Piano	Secondo	Interno	B

Tipo di superficie	Superficie netta (m²)	Coefficienti				Superficie virtuale (m²)
		Destinaz.	Piano	Prospetto	Esposizione	
Abitazione	42,6	1,00	1,00	0,98	0,98	40,91
Balcone	11,7	0,25				2,93
Cantina 7	8,8	0,25				2,20
Totale						**46,04**

Unità immobiliare 7		Mappale	123/7	Destinazione	Abitazione
Proprietà	Rinaldi A.	Piano	Secondo	Interno	C

Tipo di superficie	Superficie netta (m²)	Coefficienti				Superficie virtuale (m²)
		Destinaz.	Piano	Prospetto	Esposizione	
Abitazione	33,5	1,00	1,00	0,98	0,93	30,53
Balcone	11,7	0,25				2,93
Cantina 8	10,4	0,25				2,60
Totale						**36,06**

Unità immobiliare 8		Mappale	123/8	Destinazione	Abitazione
Proprietà	Ratti N.	Piano	Secondo	Interno	D

Tipo di superficie	Superficie netta (m²)	Coefficienti				Superficie virtuale (m²)
		Destinaz.	Piano	Prospetto	Esposizione	
Abitazione	92,6	1,00	1,00	1,00	0,93	86,12
Loggia	8,6	0,75				6,45
Cantina 9	5,3	0,25				1,33
Totale						**93,90**

Unità immobiliare 9		Mappale	123/9	Destinazione	Abitazione
Proprietà	Errani M.	Piano	Terzo	Interno	E

Tipo di superficie	Superficie netta (m²)	Coefficienti				Superficie virtuale (m²)
		Destinaz.	Piano	Prospetto	Esposizione	
Abitazione	116,6	1,00	1,05	1,02	1,00	124,88
Terrazzo	28,0	0,30				8,40
Soffitta	129,5	0,50				64,75
Cantina 10	9,9	0,25				2,48
Totale						**200,51**

Unità immobiliare 10		Mappale	123/10	Destinazione	Abitazione
Proprietà	Calvi E.	Piano	Terzo	Interno	F

Tipo di superficie	Superficie netta (m²)	Coefficienti				Superficie virtuale (m²)
		Destinaz.	Piano	Prospetto	Esposizione	
Abitazione	132,0	1,00	1,05	1,02	0,95	134,30
Balconi	16,5	0,25				4,13
Loggia	8,6	0,75				6,45
Soffitta	142,0	0,50				71,00
Cantina 11	10,9	0,25				2,73
Totale						**218,61**

SUPERFICIE VIRTUALE PIANO INTERRATO

N. unità immobiliare	Mappale	Identificativo	Superficie netta (m^2)	Coefficiente di destinazione	Superficie virtuale (m^2)
11	123/11	Cantina 3	12,9	0,25	3,23
12	123/12	Cantina 12	12,9	0,25	3,23
13	123/13	Autorimessa 1	25,0	0,50	12,50
14	123/14	Autorimessa 2	23,0	0,50	11,50
15	123/15	Autorimessa 3	25,4	0,50	12,70
16	123/16	Autorimessa 4	16,5	0,50	8,25
17	123/17	Autorimessa 5	23,0	0,50	11,50
18	123/18	Autorimessa 6	23,0	0,50	11,50
19	123/19	Autorimessa 7	16,5	0,50	8,25
20	123/20	Autorimessa 8	14,1	0,50	7,05
21	123/21	Autorimessa 9	23,0	0,50	11,50

Le altre cantine sono incluse nella superficie virtuale degli appartamenti.

MILLESIMI DI PROPRIETÀ GENERALE

N.	Proprietà	Mappale	Identificativo	Superficie virtuale (m^2)	Millesimi
1	Rossi A.	123/1	Appartamento + cantina 1	95,22	89,86
2	Villa F.	123/2	Appartamento + cantina 2	44,93	42,40
3	Bianchi C.	123/3	Appartamento + cantina 4	33,34	31,46
4	Autieri M.	123/4	Appartamento + cantina 5	90,36	85,27
5	Esposito S.	123/5	Appartamento + cantina 6	99,50	93,90
6	Gentili S.	123/6	Appartamento + cantina 7	46,04	43,45
7	Rinaldi A.	123/7	Appartamento + cantina 8	36,06	34,03
8	Ratti N.	123/8	Appartamento + cantina 9	93,90	88,61
9	Errani M.	123/9	Appartamento + cantina 10	200,51	189,22
10	Calvi E.	123/10	Appartamento + cantina 11	218,61	206,30
11	Rossi A.	123/11	Cantina 3	3,23	3,05
12	Ratti N.	123/12	Cantina 12	3,23	3,05
13	Rossi A.	123/13	Autorimessa 1	12,50	11,80
14	Villa F.	123/14	Autorimessa 2	11,50	10,85
15	Autieri M.	123/15	Autorimessa 3	12,70	11,98
16	Esposito S.	123/16	Autorimessa 4	8,25	7,79
17	Gentili S.	123/17	Autorimessa 5	11,50	10,85
18	Rinaldi A.	123/18	Autorimessa 6	11,50	10,85
19	Ratti N.	123/19	Autorimessa 7	8,25	7,79
20	Errani M.	123/20	Autorimessa 8	7,05	6,65
21	Calvi E.	123/21	Autorimessa 9	11,50	10,85
			Totale	**1.059,68**	**1.000,01**

ESERCIZI SVOLTI

MILLESIMI DI ASCENSORE

Come stabilito dall'art. 1124 del c.c., la ripartizione delle spese viene effettuata per metà in proporzione al valore dell'unità immobiliare e per metà in proporzione all'altezza dal suolo (piano terra, pilotis).

Millesimi proporzionali al valore

Per il calcolo dei primi 500 millesimi il valore è espresso come superficie virtuale.

I millesimi per valore nella tabella sono calcolati come segue (prima riga).

$$\frac{500}{958{,}47} \times 95{,}22 = 49{,}67$$

Millesimi proporzionali all'altezza

L'altezza dal suolo è calcolata dal piano pilotis (considerato come "suolo" per la normativa). Essendo i piani tutti della stessa altezza, si useranno i numeri ordinali 1, 2 e 3.

Millesimi di ciascun piano (*Mp*):

$$Mp_1 = \frac{500}{1+2+3} \times 1 = \quad 83{,}333$$

$$Mp_2 = \frac{500}{1+2+3} \times 2 = \quad 166{,}667$$

$$Mp_3 = \frac{500}{1+2+3} \times 3 = \quad 250{,}000$$

Totale 500,000

I millesimi per altezza nella tabella sono calcolati ripartendo i millesimi del piano in base alla superficie virtuale delle relative unità immobiliari.

Nella tabella che segue il calcolo è il seguente (prima riga):

$$\frac{83{,}333}{95{,}22 + 44{,}93 + 33{,}34 + 90{,}36} \times 95{,}22 = 30{,}07$$

N.	Piano	Mappale	Superficie virtuale (m^2)	Millesimi per valore	Millesimi per altezza	Millesimi di ascensore
1	Primo	123/1	95,22	49,67	30,07	79,74
2	Primo	123/2	44,93	23,44	14,19	37,63
3	Primo	123/3	33,34	17,39	10,53	27,92
4	Primo	123/4	90,36	47,14	28,54	75,68
5	Secondo	123/5	99,50	51,91	60,19	112,10
6	Secondo	123/6	46,04	24,02	27,85	51,87
7	Secondo	123/7	36,06	18,81	21,81	40,62
8	Secondo	123/8	93,90	48,98	56,81	105,79
9	Terzo	123/9	200,51	104,60	119,60	224,20
10	Terzo	123/10	218,61	114,04	130,40	244,44
			958,47	**500,00**	**500,00**	**999,99**

MILLESIMI DI RISCALDAMENTO

L'impianto di riscaldamento è formato da una caldaia centralizzata a condensazione con contabilizzazione dei consumi individuali. I millesimi di riscaldamento sono necessari per la ripartizione della quota di spesa fissa che, nel regolamento condominiale, è stata fissata nella misura del 25% della spesa totale (il 75% è pagato in base ai consumi).
Il calcolo dei millesimi di riscaldamento viene effettuato in base alla cubatura netta delle unità immobiliari. Essendo l'altezza dei vani uguale, si userà la *superficie calpestabile* di ogni unità immobiliare. Le soffitte sono riscaldate ma, per l'altezza media ridotta, sono calcolate per 1/2.

N.	Piano	Mappale	Superficie calpestabile (m^2)	Millesimi di riscaldamento
1	Primo	123/1	92,60	102,10
2	Primo	123/2	42,60	46,97
3	Primo	123/3	33,50	36,94
4	Primo	123/4	92,60	102,10
5	Secondo	123/5	92,60	102,10
6	Secondo	123/6	42,60	46,97
7	Secondo	123/7	33,50	36,94
8	Secondo	123/8	92,60	102,10
9	Terzo	123/9	181,35	199,96
10	Terzo	123/10	203,00	223,82
			906,95	**1.000,00**

MILLESIMI TOTALI PER PROPRIETÀ

N.	Proprietà	Unità	Millesimi appartam. e cantina	Millesimi box	Totale millesimi
1	Rossi A.	App. + cantina 1 e 3 + box 1	92,91	11,80	104,71
2	Villa F.	App. + cantina 2 + box 2	42,40	10,85	53,25
3	Bianchi C.	App. + cantina 4	31,46	0	31,46
4	Autieri M.	App + cantina 5 + box 3	85,27	11,98	97,25
5	Esposito S.	App. + cantina 6 + box 4	93,90	7,79	101,69
6	Gentili S.	App. + cantina 7 + box 5	43,45	10,85	54,30
7	Rinaldi A.	App. + cantina 8 + box 6	34,03	10,85	44,88
8	Ratti N.	App. + cantina 9 e 12 + box 7	91,66	7,79	99,45
9	Errani M.	App. + cantina 10 + box 8	189,22	6,65	195,87
10	Calvi E.	App. + cantina 11 + box 9	206,30	10,85	217,15
	Totale		**910,60**	**89,41**	**1.000,01**

BILANCIO CONSUNTIVO-PREVENTIVO (RIEPILOGO)

Tipo di spesa	Consuntivo	Preventivo
Spese generali		
Assicurazione	811,66	900,00
Imposte e tasse	270,49	350,00
Amministrazione	700,00	700,00
Pulizia	4.288,12	5.000,00
Manutenzione ordinaria	2.252,95	2.500,00
Varie	610,40	500,00
Totale spese generali	**8.933,62**	**9.950,00**
Ascensore		
Manutenzione ordinaria obbligatoria	644,00	700,00
Manutenzione straordinaria	816,80	800,00
Forza motrice	422,64	450,00
Totale ascensore	**1.883,44**	**1.950,00**
Riscaldamento		
Manutenzione ordinaria	644,00	700,00
Conduzione	816,80	800,00
Combustibile (gas)	13.422,64	15.000,00
Totale riscaldamento	**14.883,44**	**16.500,00**
Totale generale	**25.700,50**	**28.400,00**

RIPARTIZIONE SPESE A CONSUNTIVO

N.	Proprietà	Spese generali		Ascensore		Riscaldamento (25 + 75%)				Totale (€)
		Millesimi	Quota (€)	Millesimi	Quota (€)	Millesimi	Quota (€)	Consumo	Quota (€)	
1	Rossi A.	104,71	935,44	79,74	150,19	102,10	379,90	4.128	1.402,29	2.867,82
2	Villa F.	53,25	475,72	37,63	70,87	46,97	174,77	3.005	1.020,80	1.742,16
3	Bianchi C.	31,46	281,05	27,92	52,59	36,94	137,45	1.253	425,65	896,74
4	Autieri M.	97,25	868,79	75,68	142,54	102,10	379,90	4.638	1.575,53	2.966,76
5	Esposito S.	101,69	908,46	112,10	211,13	102,10	379,90	3.204	1.088,40	2.587,89
6	Gentili S.	54,30	485,10	51,87	97,69	46,97	174,77	1.842	625,73	1.383,29
7	Rinaldi A.	44,88	400,94	40,62	76,51	36,94	137,45	621	210,95	825,85
8	Ratti N.	99,45	888,45	105,79	199,25	102,10	379,90	4.109	1.395,83	2.863,43
9	Errani M.	195,87	1.749,83	224,20	422,27	199,96	744,02	5.258	1.786,15	4.702,27
10	Calvi E.	217,15	1.939,94	244,44	460,39	223,82	832,80	4.802	1.631,24	4.864,37
		1.000,01	**8.933,72**	**999,99**	**1.883,43**	**1.000,00**	**3.720,86**	**32.860**	**11.162,57**	**25.700,60**

I consumi individuali sono contabilizzati come "unità di calore".

5 Stima dei terreni non edificabili

- ✓ Stima dei fondi rustici
- ✓ Stima delle cave

Per **terreni non edificabili** si possono intendere:

- i *terreni agricoli* che, accorpati in un'unità aziendale, sono tradizionalmente definiti come "fondi rustici" o "poderi";
- ogni altro terreno non destinato a scopi edificatori e, in particolare, le *cave* e le *torbiere*.

Nel primo caso i terreni sono destinati alla coltivazione del suolo, nel secondo alla coltivazione del sottosuolo.

5.1 STIMA DEI FONDI RUSTICI

Il termine "fondo rustico" identifica, secondo una terminologia più attuale, l'*azienda agraria* e cioè il complesso di beni che l'imprenditore agricolo coordina per i suoi fini produttivi.

Il fondo rustico è composto di due parti:

- il **capitale fondiario**, costituito dalla *terra nuda* (il terreno naturale) e dai *miglioramenti fondiari* (i fabbricati, le piantagioni, le sistemazioni dei terreni);
- il **capitale agrario**, costituito dalle *scorte* (bestiame, macchine, prodotti da reimpiegare, rimanenze di mezzi produttivi ecc.) e dal *capitale di anticipazione* (denaro necessario per anticipare le spese di coltivazione).

La metafora del cancello
Il cancello aperto o chiuso è un chiaro riferimento al concetto della mobilità delle scorte. Se è aperto le scorte "escono" e la stima riguarda solo il capitale fondiario.

Il capitale fondiario è la parte fisicamente fissa dell'azienda agraria, mentre le scorte sono mobili. Per questo motivo la stima di un fondo rustico può essere effettuata:

- a "*cancello aperto*", se riguarda solo il capitale fondiario;
- a "*cancello chiuso*", se comprende anche le scorte.

La stima può avere per oggetto un intero fondo rustico o, in molti casi, solo una porzione di esso e cioè un terreno non edificabile.

5.1.1 Le caratteristiche del fondo rustico

Le caratteristiche di un fondo rustico sono oggetto di studio dell'economia agraria e delle discipline agronomiche.

Le caratteristiche estrinseche inquadrano il fondo nel contesto del territorio in cui è inserito (*v.* figura 5.1), le caratteristiche intrinseche riguardano i fattori interni all'azienda da cui dipende la sua produttività. I punti di maggiore importanza, che devono essere descritti nella fase iniziale della relazione di stima, sono i seguenti.

Figura 5.1
Il fondo rustico è costituito dalla terra e dai miglioramenti eseguiti su di essa (fabbricati, piantagioni ecc.).

Caratteristiche estrinseche

Le Colline del Prosecco
Questo luogo famoso per i suoi prodotti enologici, data l'interazione tra le caratteristiche ubicazionali, climatiche e infrastrutturali, è stato dichiaratO patrimonio dell'UNESCO, e ciò ha influito ulteriormente, al rialzo, sulle quotazioni degli immobili.

Ubicazione. L'individuazione fisica dell'azienda è data dalla zona geografica, dalla Provincia, dal Comune, dalla località, dalle coerenze (le proprietà confinanti). In questa fase possono essere utili i riferimenti visivi e le denominazioni tipiche del luogo.

Clima. Questa caratteristica della zona determina, insieme al terreno, la *vocazione agricola* di un territorio e ne caratterizza in modo tipico i prodotti. In alcuni casi l'ambiente pedoclimatico caratterizza in modo unico i prodotti dell'azienda.

Infrastrutture di *trasporto*, di *commercializzazione*, di *trasformazione* o di *tutela* dei prodotti (consorzi, cooperative ecc.). Per molti prodotti agricoli è molto importante il marchio di origine, la cui fama determina il valore dei prodotti e, di conseguenza, dei terreni da cui essi provengono.

Caratteristiche intrinseche

In base alla **dimensione** le aziende agrarie si possono orientativamente classificare come segue: *grandi*, oltre 50 ha; *medie*, 10-50 ha; *piccole*, 2-10 ha; *singoli lotti* di terreno agricolo, fino a circa 20.000 m^2.

Forma e **accorpamento**. La forma, il numero di appezzamenti contigui (corpi) di cui si compone e la distanza tra essi possono influire sull'"appetibilità" del fondo. Il fondo ottimale è *accorpato*, di *forma regolare* e con fabbricati in posizione baricentrica.

Giacitura ed **esposizione**. I terreni sono classificati, in funzione della pendenza, in *pianeggianti*, *collinari* e *di montagna*. Se il terreno è inclinato risulterà esposto in modo particolare verso il sole (a sud, a nord-est ecc.).

Tipo di terreno. La fertilità di un terreno dipende dalle sue proprietà fisico-chimico-biologiche. Tali proprietà, connesse fra loro, sono la tessitura (sabbioso, argilloso ecc.), la dotazione di sostanza organica ecc.

Sistemazioni del terreno. Le opere idraulico-agrarie si rendono necessarie in pianura per evitare il ristagno idrico o per effettuare l'irrigazione, in collina per evitare l'erosione. Lo scopo delle sistemazioni è anche quello di sfruttare al meglio il suolo coltivabile (per esempio i terrazzamenti in montagna) e di favorire la meccanizzazione.

Disponibilità di acqua irrigua. L'irrigazione estiva determina il livello produttivo della maggior parte delle colture, soprattutto nelle regioni del sud. L'irrigazione può essere effettuata, utilizzando acque consortili o risorse interne all'azienda (pozzi), con diversi sistemi irrigui (a pioggia, per scorrimento ecc.).

Fabbricati. Nella descrizione si farà riferimento alla tipologia edilizia (abitazione, stalla ecc.), alla tipologia costruttiva (muratura, prefabbricato ecc.), alla dimensione, all'epoca di costruzione e allo stato di manutenzione. I fabbricati devono essere considerati anche per la loro adeguatezza rispetto alle esigenze produttive del fondo.

Piantagioni (vigneti, frutteti o boschi). La loro importanza dipende dal valore commerciale dei prodotti ottenibili, dall'età, dalla modernità della forma di allevamento, dal portainnesto ecc. Possono occupare l'intera superficie coltivabile, parte di essa o, in alcuni casi, valorizzare terreni marginali (pioppeti in terreni umidi, di golena o vigneti e frutteti in zone collinari difficilmente arabili ecc.).

Aspetti legali

Vincoli della normativa agraria. La politica agraria comunitaria (PAC) stabilisce, con appositi regolamenti, le condizioni in cui si devono svolgere le attività agricole dei Paesi dell'UE. Queste misure normative hanno lo scopo di garantire un reddito adeguato agli agricoltori in funzione anche delle vocazioni agronomiche delle diverse aree geografiche. Per questo motivo un'azienda agraria in Italia può disporre o meno dei diritti per impiantare vigneti, per denominare i prodotti con un marchio (IGP, DOP ecc.) ecc.

Diritti di terzi. Il fondo può essere gravato da un diritto di *usufrutto*, da un contratto di *affitto*, da un'*ipoteca* accesa per l'ottenimento di un mutuo, da una *servitù* o da altro vincolo. Il valore di questi diritti può incidere sul valore del fondo.

L'indirizzo produttivo

L'imprenditore utilizza il fondo, coordinandone i fattori, secondo un determinato *indirizzo produttivo* allo scopo di ricavare un profitto. In funzione delle caratteristiche dell'azienda, le attività agricole possono essere orientate verso indirizzi produttivi di diverso tipo:
- vendita dei *prodotti vegetali* (indirizzo cerealicolo, a colture industriali, frutticolo ecc.);
- *trasformazione dei prodotti vegetali* con l'allevamento (per produrre latte o carne) o con una lavorazione industriale (per produrre vino, olio, formaggi ecc.);
- *attività connesse* (agriturismo, contoterzismo ecc.).

5.1.2 Valore di mercato

Il valore di un fondo rustico viene stimato di solito in base al valore di mercato. È tuttavia possibile, in determinate circostanze (come prevede la tradizionale

(seminativi, frutteti ecc.). Non comprendono però l'incidenza dei fabbricati e di altri miglioramenti fissi. I VAM, per loro stessa definizione, sono medi e quindi non tengono conto delle particolari caratteristiche di un dato fondo oggetto di stima.

I terreni nel listino INEA sono classificati come segue:

- *seminativi irrigui* e *asciutti*, in cui sono compresi i terreni destinati a *colture orticole*, *floricole* e a *vivai*;
- *prati*, suddivisi in *prati permanenti* e *pascoli*;
- *frutteti*, suddivisi in *frutteti in genere* e *agrumeti*;
- *vigneti*, suddivisi in *vigneto DOC*, *vigneto non DOC* e *vigneto di uva da tavola*;
- *oliveti*.

ESEMPIO 5.1 PROCEDIMENTO SINTETICO

Si deve stimare un fondo rustico di 24,2 ha ubicato nella zona ...., prevalentemente pianeggiante e irriguo, coltivato a seminativi. Comprende i fabbricati ordinariamente necessari. Il perito incaricato della stima ha potuto rilevare le seguenti informazioni:

- VAM (seminativo irriguo) 41.800 €/ha;
- INEA (azienda agricola di pianura della zona ....) 43.500 €/ha;
- informazioni dirette e quotazioni di agenzie immobiliari 50.000 €/ha.

Considerato che le informazioni dirette e le quotazioni di agenzie immobiliari sono riferite ad appezzamenti di piccole dimensioni, mentre la stima "a corpo" riguarda un'azienda di media dimensione, compresi i fabbricati, il perito ritiene equo e applicabile un valore unitario ordinario di **46.000 €/ha**. Il valore ordinario del fondo risulta quindi:

$V = 24{,}2 \text{ ha} \times 46.000\ €/\text{ha} = 1.113.200 \cong$ **1.100.000 €**

Procedimento per valori unitari

Con il procedimento per valori unitari (o per *valori tipici*) il valore del fondo viene ottenuto sommando i valori delle parti omogenee di cui è costituito.

Si consideri per esempio un fondo per due terzi irriguo e per un terzo asciutto. Con le ricerche di mercato si è potuto determinare il valore unitario applicabile a fondi irrigui e il valore unitario applicabile a fondi asciutti. Qual è dunque il valore unitario applicabile a un fondo *parzialmente* irriguo?

Con procedimento per valori unitari il primo dei due valori unitari sarà applicabile a due terzi della superficie (la parte irrigua) e il secondo valore unitario sarà applicabile alla parte rimanente (la parte non irrigua); il valore complessivo sarà dato dalla somma dei valori parziali così ottenuti (*v.* esempio 5.2).

Vi sono ovviamente altri casi in cui potrebbe essere opportuno applicare un procedimento per valori unitari, per esempio quando un fondo è in parte pianeggiante e in parte collinare, in parte a seminativo e in parte a vigneto o frutteto ecc.

ESEMPIO 5.2 PROCEDIMENTO PER VALORI UNITARI

Si deve stimare un fondo di 26 ha nel quale il 20% della superficie è in una zona depressa altimetricamente e soggetta a frequenti ristagni idrici. Questi terreni hanno quindi una fertilità e un valore inferiori del 15%.

Il valore di mercato ordinario, in base all'analisi delle quotazioni di fondi simili, risulta di:

48.000 €/ha

Valore della parte con minor fertilità:
48.000 €/ha × 85% = 40.800 €/ha

Valore del fondo:
V = 26 ha × 80% × 48.000 €/ha + 26 ha × 20% × 40.800 €/ha = 1.210.560 €

pari a 46.560 €/ha, che si arrotonda a:

1.210.000 €

Correzioni del valore ordinario

Il valore ordinario di mercato può essere corretto, all'occorrenza, nel caso il fondo avesse *differenze rispetto alla media dei fondi presi per confronto*. Le correzioni del valore ordinario possono essere di due tipi: i comodi e le aggiunte e detrazioni.

I comodi

I comodi e scomodi (oppure comodi positivi o negativi) sono differenze dovute a caratteristiche non modificabili. Non sono quantificabili singolarmente in termini assoluti, ma solo in termini relativi (rispetto al valore ordinario).
L'entità della correzione viene di solito giudicata dal perito in modo empirico, applicando *coefficienti di differenziazione* e perciò in modo soggettivo; deve quindi essere, possibilmente, di *modesta entità* e limitata ai *casi di effettiva necessità*.

La quantificazione dei comodi

Per determinate caratteristiche (suddivisione in più corpi, terreno svantaggiato per giacitura, fertilità, esposizione ecc.) potrà essere apprezzata una variazione di valore dell'x% in proporzione al valore iniziale (quindi non è possibile a priori dire che la suddivisione in più corpi vale sempre x-mila euro). Ma, se possibile, la variazione potrebbe essere determinata calcolando un indice mercantile (rapporto tra prezzi standard e prezzi con la caratteristica specifica).

Aggiunte e detrazioni

Le aggiunte e detrazioni si hanno quando le differenze tra il fondo da stimare e i fondi simili sono dovute a circostanze momentanee e modificabili, individuabili e quantificabili singolarmente. Il relativo importo, adeguatamente calcolato, sarà aggiunto o detratto dal valore ordinario. Si otterrà così il valore reale.

Rientrano tra le più comuni **aggiunte** al valore ordinario:
- le scorte nella stima a "cancello chiuso";
- i prodotti in corso di maturazione (*v.* frutti pendenti/anticipazioni colturali);
- le piantagioni non presenti nelle aziende simili prese a confronto;
- i fabbricati che eccedono le dotazioni ordinarie dei fondi simili;
- la presenza di porzioni di terreno edificabile.

Fra le **detrazioni** si includono:
- i fabbricati carenti rispetto alle esigenze di conduzione del fondo o fabbricati in cattivo stato di manutenzione;
- il debito residuo di mutui ipotecari;
- il valore del diritto di usufrutto;
- la temporanea diminuzione di reddito dovuta a incuria, danni ecc.;
- l'indennità spettante all'affittuario o all'usufruttuario nel caso questi abbia eseguito a sue spese miglioramenti fondiari;
- il deprezzamento dei fondi affittati quando il valore di mercato è stato determinato con riferimento a fondi liberi.

La quantificazione delle aggiunte o detrazioni può essere effettuata:
- *sinteticamente*, apprezzando l'incidenza sul valore mediante coefficienti di differenziazione (in modo analogo a quanto si è visto per i comodi);
- *analiticamente*, mediante un calcolo dettagliato (per esempio un computo metrico estimativo).

L'incidenza dei fabbricati

La presenza o meno di fabbricati rurali può essere stimata (*v.* esempio 5.3):
- calcolando il valore di ogni fabbricato in funzione della dimensione, della tipologia, della vetustà ecc.;
- sinteticamente apprezzando l'incidenza del valore dei fabbricati sul valore del fondo (dal 20% al 60% in funzione dell'indirizzo produttivo).

ESEMPIO 5.3 **DETRAZIONE AL VALORE ORDINARIO PER LA MANCANZA DI FABBRICATI**

Si deve stimare il valore di mercato di un fondo di 26 ha. In base all'analisi dei prezzi di vendita di fondi simili (fondi accorpati, con stessa destinazione produttiva e dotati dei fabbricati necessari) è stato possibile determinare un valore unitario ordinario di 45.000 €/ha. Il valore ordinario del fondo oggetto di stima risulta quindi:

$V = 26 \text{ ha} \times 45.000 \text{ €/ha} = 1.170.000 \text{ €}$

Nel fondo da stimare manca un'idonea abitazione per le necessità di una famiglia, presente invece mediamente nelle aziende simili prese a confronto. Per tale immobile si applicano i seguenti dati:
- superficie 100 m^2
- costo di costruzione a nuovo 1.200 €/m^2
- coefficiente di vetustà 40%

Importo della detrazione (valore di costo deprezzato del fabbricato):

$D = 100 \text{ m}^2 \times 1.200 \text{ €/m}^2 \times 60\% = 72.000 \text{ €}$

Valore reale del fondo:

$V = 1.170.000 - 72.000 = \mathbf{1.098.000 \text{ €}}$

Affitto del fondo

I terreni utilizzati per fini agricoli possono essere coltivati dal proprietario, nella conduzione in *economia diretta*, o possono essere dati in *affitto*. La presenza di un contratto di affitto incide negativamente sul valore del fondo, a causa del calo di domanda rispetto ai fondi "liberi".

Sul piano operativo il valore di mercato di un fondo affittato viene determinato applicando un coefficiente di deprezzamento (indicativamente, del 5÷10%) al valore del fondo considerato libero dal contratto (*v.* esempio 5.4).

ESEMPIO 5.4 **DETRAZIONE AL VALORE ORDINARIO PER IL CONTRATTO DI AFFITTO IN CORSO**

In base all'analisi dei prezzi di vendita di fondi simili non affittati è stato possibile determinare un valore unitario ordinario di 50.000 €/ha.

Il mercato apprezza per fondi affittati in regime di patti in deroga quotazioni di mercato inferiori del 10% rispetto a fondi di analoghe caratteristiche non gravati dal contratto di affitto. Si ritiene perciò applicabile al fondo oggetto di stima un valore di:

$V = 50.000 \times 90\% = 45.000 \text{ €/ha}$

Oppure... ricavando l'indice mercantile

In base all'analisi dei prezzi di vendita di fondi simili non affittati è stato possibile determinare un valore unitario ordinario di 50.000 €/ha mentre i prezzi di mercato di fondi dati in affitto hanno spuntato in media quotazioni di 45.000 €/ha. Pertanto risulta che il contratto di affitto incide sul valore di mercato del fondo in misura pari al 10% (5.000 : 50.000 = 0,1).

5.1.3 Valore di mercato degli arboreti

Generalità

Per arboreto si intende una *porzione di terreno* destinata a coltivazioni arboree (vigneto, frutteto ecc.).

Per quanto riguarda la destinazione produttiva si possono individuare due tipi di arboreto: **da frutto** e **da legno**. L'arboreto da frutto è ovunque molto comune (vigneto, meleto, pescheto ecc.), l'arboreto da legno è invece limitato alla coltivazione del *pioppo* in certe zone della pianura padana, dove rappresenta un mezzo spesso idoneo per la valorizzazione di terreni marginali (golene, ripe ecc.).

Il bosco
La coltivazione legnosa si distingue dal *bosco* per l'intensività della tecnica colturale a cui viene sottoposta (trattamenti antiparassitari, lavorazioni, concimazioni ecc.).

L'arboreto può essere:
- *specializzato*, se è coltivato intensivamente, senza consociazione con colture erbacee o colture arboree e con l'applicazione di moderne tecniche colturali;
- *coetaneo*, se costituito da piante aventi tutte la stessa età;
- *perpetuo*, se la destinazione economica ad arboreto è da considerarsi ordinaria e pertanto continuativa nel tempo;
- *autonomo*, quando tutta la superficie aziendale è occupata dall'arboreto e non vi sono quindi coltivazioni di altro tipo.

Nelle aziende italiane gli appezzamenti coltivati ad arboreto sono quasi sempre specializzati e coetanei. Quando più arboreti formano un complesso aziendale si hanno diverse varietà (per esempio uva bianca e uva nera), specie (vigneti e frutteti) ed età. Non di rado gli arboreti fanno parte di un aziende in cui si coltivano anche seminativi e sono quindi avvicendati, nel lungo periodo, con coltivazioni erbacee.

Caratteristiche tecniche

Le caratteristiche tecniche che hanno maggiore importanza per un arboreto, e che quindi hanno rilevanza estimativa, sono le seguenti.
- La *specie*, cioè il tipo di prodotto (uva, mele, pesche ecc.).
- La *varietà* (mele Golden A, pesche Redhaven ecc.), da cui dipende la richiesta del mercato, l'epoca di maturazione, la resistenza alle malattie ecc.
- Il *portainnesto*, che determina la precocità di entrata in produzione, la vigoria, l'adattabilità al terreno e al clima, l'affinità con la varietà ecc.
- La *forma di allevamento*, attuabile con portainnesti adatti, che influenza i costi di impianto (investimenti fitti, necessità di sostegni ecc.) e i costi della manodopera per la potatura e la raccolta.

Ciclo economico

L'arboreto, da un punto di vista estimativo, può essere suddiviso in due parti: la **terra nuda** e il **soprassuolo**. La terra nuda è costituita dal terreno privo della coltivazione arborea in atto, che costituisce invece il soprassuolo. Quest'ultimo (le piante "in piedi") è considerato privo dei *prodotti in corso di maturazione*, il cui valore è stimato separatamente.

Il frutti pendenti e le anticipazioni colturali
Il valore dei prodotti in corso di maturazione, studiati nell'estimo agrario, può essere stimato secondo due criteri di stima: il valore di trasformazione (frutti pendenti) o di costo (anticipazioni colturali).

La terra nuda mantiene nel tempo le sue caratteristiche; il soprassuolo, invece, attraversa un ciclo caratterizzato da varie *fasi*:
- *fase di impianto*, nella quale si sostengono le spese iniziali per l'avvio della coltivazione (l'arboreto non è ancora produttivo e quindi il reddito annuo è fortemente negativo);
- *fase produttiva*, in cui le produzioni sono crescenti (*fase giovanile*), costanti (*fase di maturità*) e decrescenti (*fase di vecchiaia*). Per un arboreto *da legno*, invece, la

produzione è concentrata nell'ultimo anno; non si ha quindi una vera fase produttiva.

Al termine del ciclo di *n* anni, se si considera ordinaria tale destinazione, l'arboreto viene reimpiantato.
La durata di ogni fase dipende dalla specie, dalla varietà e dal portainnesto. Nei moderni impianti la fase improduttiva e di giovinezza sono molto brevi, a scapito di una riduzione della durata complessiva del ciclo economico.

Rischi economici e tecnici

Rispetto a una coltura erbacea, l'arboreto è soggetto a maggiori rischi economici e tecnici. I **rischi economici** sono dovuti alle rilevanti *spese di impianto* e alla *durata* dell'immobilizzo del capitale investito. A questi fattori si sovrappone l'incertezza del prezzo del prodotto, che spesso risente della competizione esercitata dai prodotti d'importazione e dei cambiamenti nelle richieste del mercato. Vi sono poi **rischi tecnici** dovuti ai costi e all'evoluzione tecnologica dei mezzi di produzione (prezzi dei concimi, del gasolio agricolo ecc.), a eventi meteorologici ecc. Tali fattori determinano a volte la necessità di *abbattere anzitempo i frutteti* per sostituirli con impianti più moderni e razionali, usando, in molti casi, nuove varietà e nuove forme di allevamento.

Casi di stima

La casistica estimativa richiede comunemente le seguenti valutazioni:
- il valore dell'*arboreto in un anno intermedio*;
- il valore del *soprassuolo*.

Il valore di mercato di un arboreto in un anno intermedio (m) del suo ciclo economico comprende il valore della terra nuda (V_0) e del soprassuolo (V_{ss}). Essendo costante V_0, il valore dell'arboreto varia nel tempo in funzione dell'età e delle caratteristiche del soprassuolo.

Valore in un anno intermedio

La stima del valore di mercato di un arboreto con metodo comparativo si svolge in modo analogo a quanto si è già visto per la stima di un fondo destinato a seminativi. Dal punto di vista operativo la condizione sempre necessaria è la possibilità di rilevare i prezzi di mercato di terreni simili e cioè, nella fattispecie, di arboreti simili. La similitudine è condizionata, in questo caso anche dalle caratteristiche del soprassuolo (specie, varietà, età e forma di allevamento ecc.). Per la stima di un intero fondo rustico si potrà eventualmente applicare un *procedimento per valori tipici*, stimando separatamente le singole parti omogenee (seminativo, vigneti, frutteti ecc.) e sommando poi i valori ottenuti. (*v.* esempio 5.5).

ESEMPIO 5.5 **VALORE DI UN FONDO PARZIALMENTE ARBORATO**

Si deve stimare un fondo rustico di 46 ha composto, per circa la metà della superficie, da seminativi e arboreti. La superficie arborata è così suddivisa: vigneto 15 ha, pescheto 8 ha.

Stima sintetica. Il valore unitario determinato sulla base delle contrattazioni verificatesi di recente per fondi simili, ubicati nella stessa zona e investiti per circa metà della superficie a vigneto o frutteto, risulta di: 60.000 €/ha.
Valore complessivo del fondo:

$V = 46 \text{ ha} \times 60.000 \text{ €/ha} = \mathbf{2.760.000 \text{ €}}$

Stima per valori unitari. I valori di mercato che si sono potuti rilevare sono i seguenti:

- seminativo 40.000 €/ha
- vigneto 80.000 €/ha
- frutteto 70.000 €/ha

Valore complessivo del fondo:

V = 23 ha × 40.000 €/ha + 15 ha × 80.000 €/ha + 8 ha × 70.000 €/ha = **2.680.000 €**

Valore del soprassuolo

La stima del valore del soprassuolo viene richiesta comunemente nella stima dei *danni* (creazioni di servitù prediali, occupazione temporanea o esproprio, inquinamento o altre cause accidentali).

Il valore del soprassuolo (V_{ss}) si ottiene per differenza, detraendo al valore dell'arboreto in un anno intermedio (V_m) il valore della terra nuda (V_0) (*v.* esempio 5.6):

Stima dei frutti pendenti e delle anticipazioni colturali

$$V_{ss} = V_m - V_0$$

Per la determinazione del valore del suolo nudo si farà riferimento a terreni a seminativo, nella stessa zona, che hanno la medesima vocazione agronomica.

ESEMPIO 5.6 VALORE DEL SOPRASSUOLO

Valore nel 12° anno: 78.000 €
Valore della terra nuda: 54.000 €

Valore del soprassuolo:

V_{ss} = 78.000 – 54.000 = 24.000 €

5.1.4 Valore complementare

L'aspetto economico del valore complementare viene applicato quando oggetto di stima è la parte di un fondo che viene separata dal fondo unitario preesistente. Le due parti sono funzionali l'una all'altra e manifestano evidenti sinergie nel loro utilizzo per fini produttivi e per quanto riguarda l'appetibilità di mercato.

Il valore di una parte (V_A) sarà ottenuto per differenza, considerando inizialmente il valore di mercato del bene nel suo complesso (V) e detraendo quindi il valore di mercato della parte residua (V_B) (*v.* esempio 5.7):

$$V_A = V - V_B$$

Dal punto di vista pratico è necessario stabilire inizialmente *se* effettivamente tra le parti esistono rapporti di complementarità e se tali rapporti sono coerenti con lo scopo della stima. Per esempio la stima di una parte di un fondo nell'ambito di una divisione ereditaria non potrà essere effettuata in base al valore complementare, in quanto le parti dovranno avere lo stesso valore unitario.

Il caso tipico di applicazione del criterio del valore complementare, come previsto dalla normativa, è l'esproprio parziale: la parte espropriata può deprezzare, per la divisione del fondo in due o più corpi, anche la parte non espropriata (*v.* Estimo legale).

ESTIMO IMMOBILIARE

ESEMPIO 5.7 **VALORE COMPLEMENTARE**

Si deve stimare, a causa di un esproprio, una porzione di fondo rustico avente la superficie di 1 ha (importo arrotondato a scopo esemplificativo).

Superficie del fondo intero:	32 ha
Superficie del fondo senza la parte da valutare:	31 ha
Valore unitario di mercato del fondo intero:	48.000 €/ha

Valore del fondo intero:

32 ha × 48.000 €/ha = 1.536.000 €

Per lo smembramento del fondo in due parti, il valore di mercato del fondo sarà di 45.600 €/ha. Valore del fondo dopo l'esproprio:

31 ha × 45.600 €/ha = 1.413.600 €

Valore complementare (di 1 ha espropriato):

V_c = 1.536.000 − 1.413.600 = 122.400 €

che è ben diverso da 48.000 €/ha del fondo antecedente l'esproprio.

5.2 STIMA DELLE CAVE

5.2.1 Generalità

La coltivazione delle sostanze minerali

Il Regio decreto n. 1443 del 29 luglio 1927, *Norme di carattere legislativo per disciplinare la ricerca e la coltivazione delle miniere nel Regno*, è tuttora la normativa basilare per la ricerca e la coltivazione di sostanze minerali e delle energie del sottosuolo industrialmente utilizzabili.

La ricerca e la coltivazione di sostanze minerali è regolata dal RD n. 1443 del 29 luglio 1927 (aggiornato col Dlgs n. 213/1999) che distingue tali attività in due categorie: miniere e cave. Le **miniere** sono imprese che esercitano la ricerca e la coltivazione di *minerali metalliferi* e *acque minerali e termali* nel sottosuolo, le **cave** esercitano la ricerca e coltivazione di *materiali per costruzioni* edilizie o stradali e la coltivazione delle torbe. La *torbiera* è dunque una cava in cui l'estrazione riguarda la torba, un materiale usato in passato come surrogato del carbone e utilizzato oggi soprattutto in agricoltura. Mentre l'attività di estrazione nelle cave è ancora fiorente, pur nell'ambito della problematica dell'impatto ambientale, l'estrazione della torba è oggi un'attività marginale.

Per la ricerca di giacimenti minerari nel sottosuolo, che è patrimonio dello Stato (art. 820 e seg. c.c.), occorre un apposito *permesso*. I possessori dei fondi entro cui si effettua la ricerca non possono opporsi ai lavori; il ricercatore dovrà però pagare i *danni* arrecati.

Sistemi di coltivazione

La miniera, quando è di modesta importanza, appartiene al *proprietario* del suolo a cui viene esteso il diritto di proprietà del sottosuolo (**sistema fondiario**). Quando invece il giacimento è frutto di una ricerca ed è di notevole importanza, la miniera appartiene al ritrovatore che abbia la necessaria *capacità tecnica ed economica* per coltivarla. A tale soggetto lo Stato (Ministero dell'industria) concede il diritto di sfruttamento del sottosuolo mediante il rilascio di una *concessione* (**sistema industriale**). In alcuni casi, infine, sia la ricerca dei minerali che lo sfruttamento dei giacimenti vengono esercitati dallo Stato (**sistema demaniale**). Le cave sono del primo tipo, in cui il proprietario conserva il diritto di sfruttamento del sottosuolo.

La coltivazione delle cave può essere a cielo aperto o in gallerie sotterranee. Il primo tipo di lavorazione, per ragioni economiche, è di gran lunga il più diffuso (è modesto il valore unitario del materiale estratto in relazione ai costi dell'estrazione in galleria).
Il ciclo di coltivazione delle cave a cielo aperto è suddivisibile in:
- *fase preliminare* per la creazione delle strade di accesso, il disboscamento, l'asportazione dello strato superficiale di terreno non soggetto a coltivazione;
- *fase di lavorazione* che comprende l'escavazione del giacimento, il lavaggio e sfangatura, la vagliatura e lo stoccaggio.

5.2.2 Valutazione

Si possono configurare due ambiti estimativi:
- l'ambito microestimativo in quanto la cava, essendo un bene economico di proprietà privata (o in concessione a privati), può essere valutata con gli strumenti dell'estimo tradizionale (in questo capitolo);
- l'ambito macroestimativo in quanto una cava può essere portatrice di danni all'ambiente (*v.* parte di Estimo ambientale).

In ambito macroestimativo il problema delle cave a cielo aperto sta assumendo notevole importanza. Se da un lato una cava può essere fonte di reddito e di occupazione, dall'altro è portatrice di possibili *danni ambientali* non trascurabili, in particolare i seguenti:
- diminuzione della bellezza paesaggistica di una zona;
- inquinamento per l'immissione di sostanze nell'aria (per esempio polveri) e nelle acque;
- disagi causati alle popolazioni per rumori e vibrazioni causati dagli impianti o dai mezzi di trasporto;
- alterazione degli ecosistemi preesistenti, in particolare di un'eventuale copertura boschiva o di presenze faunistiche di un certo interesse.

Questo tipo di danno può essere valutato solo con lo strumento della valutazione dell'impatto ambientale.

Stima di una cava in corso di utilizzo

Il valore di una cava può essere stimato accumulando all'attualità i redditi futuri, secondo l'aspetto economico del **valore di capitalizzazione** (o **di rendimento**). Per le cave non esiste infatti un mercato sufficientemente attivo per poter effettuare una stima per confronto diretto.
Per la determinazione del valore di capitalizzazione di una cava è necessario determinare i seguenti elementi:
- il reddito annuo ordinario (R);
- la durata dello sfruttamento (n);
- il saggio (r).

La durata della coltivazione può essere limitata o illimitata. Nei due casi il valore di rendimento si ottiene applicando le formule:

$$V = R\,\frac{q^n - 1}{r\,q^n} \qquad \text{e} \qquad V = \frac{R}{r}$$

Si dovrà poi tener conto del possibile utilizzo della cava al termine del suo ciclo economico. Se dopo lo sfruttamento, per vincoli contrattuali, la cava dovrà essere bonificata da un punto di vista ambientale, i costi da sostenere a tale scopo saranno detratti dal valore della cava.

Reddito annuo

Il reddito ottenibile dalla cava (o dalla torbiera) dipende dalla *ricchezza del giacimento* e dal *costo di estrazione*. Le cave sono infatti eterogenee sia per la qualità del giacimento che per il costo di estrazione.

La **ricchezza del giacimento** consiste nella quantità e qualità dei materiali estraibili. L'estrazione può riguardare materiali di scarso valore (sabbia, ghiaia ecc.) o materiali di un certo pregio (marmo, granito ecc.). In ogni caso sono determinanti i costi di estrazione che, ovviamente, non dovranno essere superiori al valore dei materiali estratti.

I **costi di estrazione** dipendono dalla specifica lavorazione richiesta dai materiali estratti. Ha poi particolare rilevanza, trattandosi di materiali voluminosi e pesanti, il costo del trasporto; per cui la cava sorgerà in genere, dove esistono o possono essere creati i collegamenti necessari (stradali, ferroviari, fluviali ecc.) e possibilmente nelle vicinanze dei luoghi in cui i minerali estratti possono essere utilizzati (quest'ultima condizione è prioritaria per materiali di scarso valore come la sabbia o la ghiaia).

Durata della coltivazione

In genere le cave hanno durata limitata e si esauriscono dopo un certo periodo. La durata di tale periodo dipende anche dal ritmo di sfruttamento, cioè dalla quantità estratta ogni anno. Vi sono casi in cui lo sfruttamento della cava cessa prima del suo esaurimento; per esempio quando il prezzo di mercato del materiale estratto diminuisce sensibilmente per la diffusione di surrogati più convenienti o, viceversa, quando aumentano i costi di estrazione. Il perito dovrà perciò tenere presente, per quanto è possibile nel momento della stima, di questi importanti fattori.

Il saggio

Il saggio da usare deve servire per scontare all'attualità un flusso di redditi futuri, sarà pertanto il saggio commerciale. Si dovrà comunque tenere conto dei possibili rischi economici e di altro genere dell'attività estrattiva, per cui il saggio potrà essere modificato in proporzione all'entità e alla probabilità di tali rischi.

Stima di una cava esausta o prossima all'esaurimento

Al termine dello sfruttamento la cava può essere semplicemente abbandonata (come si faceva in passato) oppure può essere oggetto di recupero ambientale o produttivo.

Recupero ambientale. Può essere ottenuto con il riempimento della cava, anche destinandola provvisoriamente a discarica controllata e con successivo rimboschimento, oppure mediante la creazione di un bacino d'acqua che si possa integrare con l'ambiente naturale circostante.

I costi di recupero ambientale sono in genere elevatissimi, per cui è improbabile che le cave vengano realizzate dove vi sono rigorosi vincoli di tal genere, a meno che tali costi non siano a carico di amministrazioni pubbliche.

Uso produttivo. Nell'alveo della cava (di sabbia, per esempio) può essere creato un bacino d'acqua artificiale utilizzabile per fini ittici (pesca sportiva, allevamento ecc.), irrigui o altro (parchi faunistici, parchi acquatici ecc.).

In casi particolari il sito può essere destinato come **area edificabile** per insediamenti industriali, turistici o di altro tipo (*v.* figura 5.2). La destinazione come area industriale è motivata con il fatto che, nell'alveo della cava, l'insediamento produttivo risulta celato alla visuale e quindi con basso impatto ambientale.

Valutazione

Il valore di una cava al termine del suo sfruttamento dipende dal suo possibile utilizzo futuro, si applica cioè l'aspetto economico del **valore di trasformazione**. Il valore si otterrà pertanto dalla differenza tra il valore di mercato di ciò che si potrà ottenere con la trasformazione e i costi per eseguire la trasformazione stessa. Se la cava non è ancora totalmente esaurita, ma può essere sfruttata ancora per alcuni anni, il suo valore di trasformazione terrà conto dei residui redditi dell'attività estrattiva, secondo la formula:

$$V_t = V_m - K - R\,\frac{q^n - 1}{r\,q^n} \qquad \text{oppure} \qquad V_t = \frac{V_m}{\left(1 + r_f\right)^n} - \frac{K}{\left(1 + r\right)^n} - R\,\frac{q^n - 1}{r\,q^n}$$

dove:

V_m = valore di mercato dell'immobile ottenuto nella cava;
K = costo della trasformazione;
R = reddito annuo ordinario della cava negli ultimi anni di esercizio;
n = numero di anni residui di produttività della cava;
r = saggio di interesse commerciale;
r_f = saggio di rendimento fondiario riferito all'immobile ottenuto con la trasformazione della cava.

Figura 5.2
Esempi di utilizzo di cave dismesse a scopo edificatorio: villaggio turistico "La cava" sul lago di Como (Pognana Lario) e Spotorno (SV).

5 . Stima dei terreni non edificabili

Questionario	In sintesi
1. Che cos'è un fondo rustico? Di che cosa è composto economicamente? Che cosa riguarda la stima? 2. Quali sono le più importanti caratteristiche del fondo rustico da riportare nella relazione di stima?	Il fondo rustico è composto di due parti: il *capitale fondiario*, costituito dalla terra nuda e dai miglioramenti fondiari, e dal *capitale agrario*, costituito dalle scorte e dal capitale di anticipazione. La stima si dice a "cancello aperto" se riguarda solo il capitale fondiario, a "cancello chiuso", se comprende anche le scorte. Le *caratteristiche estrinseche*, da cui dipende il valore di un fondo rustico, sono l'ubicazione, il clima e le infrastrutture di trasporto, di commercializzazione, di trasformazione o di tutela dei prodotti (consorzi, cooperative ecc.). Tra le *caratteristiche intrinseche* si hanno: la dimensione, la forma e l'accorpamento, la giacitura e l'esposizione, il tipo di terreno e la sua fertilità, le sistemazioni idrauliche di cui è eventualmente dotato, la disponibilità di acqua irrigua, la presenza di fabbricati e di piantagioni. Hanno anche importanza i vincoli *di natura legale* dati dalla normativa agraria europea (PAC) e dai diritti di terzi (usufrutto, contratto di affitto ecc.).
3. Secondo quali aspetti economici si può esprimere il valore di un fondo rustico? 4. Quali sono i fattori che possono influenzare, in generale, il mercato dei terreni agricoli? 5. In che cosa consiste il procedimento di stima del valore di mercato di un fondo rustico? 6. Che cosa si intende per comodi e aggiunte o detrazioni nella stima del valore di mercato di un fondo rustico? 7. In che cosa consiste il procedimento di stima del valore di mercato per valori unitari?	**Valore di mercato**. Il metodo di stima consiste nel confronto con beni simili. Con *procedimento sintetico* la stima ha inizio con l'acquisizione del valore ordinario unitario (€/ha) che deriva dal rapporto tra la sommatoria dei prezzi di vendita dei fondi simili e delle loro superfici. Il valore di stima sarà dato da: $V_m = V_u \times [\text{ha}]$ Con il *procedimento per valori unitari* (o per *valori tipici*) il valore del fondo viene ottenuto sommando i valori delle parti omogenee di cui è costituito. Le *correzioni del valore ordinario* possono essere di due tipi: i comodi e le aggiunte e detrazioni. I *comodi* possono essere dovuti per esempio per la suddivisione in più corpi o per un terreno svantaggiato per giacitura, fertilità, esposizione ecc. La correzione viene effettuata applicando coefficienti di differenziazione. Le *aggiunte e detrazioni* possono essere dovute alle scorte nella stima a "cancello chiuso", alla presenza di fabbricati, al debito residuo di mutui ipotecari ecc.
8. Quali sono le caratteristiche di un arboreto che hanno maggior importanza per fini estimativi? 9. Che cos'è il soprassuolo? Per quali fini in genere ne è richiesta la stima? Come si procede per la valutazione?	**Valore degli arboreti**. Per arboreto si intende un terreno la cui superficie è destinata ordinariamente a coltivazioni arboree (vigneto, frutteto ecc.). Le caratteristiche tecniche che hanno maggiore importanza per un arboreto, rispetto a un normale terreno agricolo, sono: la specie (melo, vite ecc.), la varietà, il portainnesto, la forma di allevamento. L'arboreto, da un punto di vista estimativo, può essere suddiviso in due parti: la *terra nuda* e il *soprassuolo*. Il soprassuolo attraversa un ciclo caratterizzato da varie fasi: impianto, giovinezza, maturità e vecchiaia. La durata di ciascuna fase dipende dalle caratteristiche agronomiche della specie. Il *valore in un anno intermedio* si determina, con metodo comparativo, sulla base dei prezzi di mercato relativi ad arboreti simili.

Il *valore del soprassuolo* viene richiesto comunemente nella stima dei danni. Si ottiene per differenza, detraendo al valore dell'arboreto in un anno intermedio (V_m) il valore della terra nuda:

$$V_{ss} = V_m - V_0$$

Per la determinazione del valore del suolo nudo si farà riferimento a terreni a seminativo, nella stessa zona, che hanno la medesima vocazione agronomica.

10. In quali casi si pone la necessità di stimare un fondo secondo l'aspetto economico del valore complementare? Come si ottiene questo tipo di valore?

Valore complementare. Questo criterio viene applicato quando oggetto di stima è la parte di un fondo che viene separata dal fondo unitario preesistente. Il valore di una parte (V_A) sarà ottenuto per differenza, considerando inizialmente il valore di mercato del bene nel suo complesso (V) e detraendo quindi il valore di mercato della parte residua (V_B):

$$V_A = V - V_B$$

11. Che cosa sono le cave? Qual è la normativa che ne regola l'utilizzo?

Stima delle cave. Le *miniere* sono imprese che esercitano la ricerca e la coltivazione di minerali metalliferi e acque minerali e termali nel sottosuolo, le *cave* esercitano la ricerca e coltivazione di materiali per costruzioni edilizie o stradali e la coltivazione delle torbe.
Per la ricerca di giacimenti minerari nel sottosuolo occorre un apposito permesso. I possessori dei fondi entro cui si effettua la ricerca non possono opporsi ai lavori; il ricercatore dovrà però pagare i danni arrecati.
Le cave sono coltivazioni di minerali di modesta importanza, per le quali al proprietario del suolo viene concesso il diritto di proprietà del sottosuolo (*sistema fondiario*).
La coltivazione delle cave viene effettuata di solito a cielo aperto (non in galleria). Il ciclo di coltivazione delle cave a cielo aperto si suddivide in una *fase preliminare*, per la creazione delle strade di accesso, e nella *fase di lavorazione*, che consiste nell'estrazione del prodotto.

12. Come si valuta una cava in corso di utilizzo?

Il *valore di una cava in corso di utilizzo* può essere stimato accumulando all'attualità i redditi futuri (valore di rendimento):

$$V = R\,\frac{q^n - 1}{r\,q^n}$$

dove R è il reddito annuo ordinario, n la durata dello sfruttamento r il saggio commerciale.
Si dovrà poi tener conto del possibile utilizzo della cava al termine del suo ciclo economico. Se dovrà essere bonificata da un punto di vista ambientale, i costi da sostenere saranno detratti dal valore.

13. Come si valuta una cava esausta?

Il *valore di una cava al termine del suo sfruttamento* dipende dal suo possibile utilizzo futuro, si applica cioè l'aspetto economico del valore di trasformazione:

$$V_t = V_m - K - R\,\frac{q^n - 1}{r\,q^n}$$

dove V_m è il valore di mercato dell'immobile ottenuto, K il costo della trasformazione, R è il reddito annuo ordinario della cava negli ultimi anni di esercizio, n il numero di anni residui di produttività della cava, r il saggio commerciale.

ESERCIZI SVOLTI

1. VALORE DI MERCATO DI UN FONDO RUSTICO

PREMESSA

La stima viene richiesta nell'ambito di una esecuzione immobiliare ordinata dal tribunale di .... per i debiti contratti dal proprietario del fondo.

CARATTERISTICHE ESSENZIALI DEL FONDO

L'azienda agraria "Villa Valentino" è ubicata nel Comune di .... in località .... È costituita da un solo corpo esteso per 27.25.43 ha di superficie catastale, con giacitura collinare ed esposizione prevalente a est. Il terreno è argilloso, non irriguo. L'indirizzo produttivo è a seminativo. Il fondo comprende alcuni fabbricati, costituiti da un cascinale ristrutturato a uso abitazione e da un vecchio edificio rustico utilizzato come magazzino e deposito macchine. Il fondo è attualmente gestito direttamente dal proprietario. Si vedano in allegato le mappe e le visure catastali (*omissis*).

VALUTAZIONE

Il fondo, che sarà messo in vendita in un'asta giudiziaria, viene valutato secondo l'aspetto economico del *valore di mercato* con *procedimento sintetico*. La stima viene effettuata pertanto mediante il confronto con fondi simili di recente oggetto di compravendita. Le informazioni acquisite, poste alla base della stima, sono le seguenti.

1) Informazioni assunte direttamente nella zona

Il mercato dei terreni a uso agricolo è, nella zona, poco attivo. Le compravendite avvenute di recente hanno riguardato prevalentemente appezzamenti di *piccola dimensione* con quotazioni molto variabili in funzione della particolare ubicazione. Nella maggior parte dei casi i terreni sono stati venduti *senza i fabbricati*. Il prezzo medio pagato è stato di:

41.500 €/ha

2) Valore agricolo medio per fini espropriativi

Il valore agricolo medio determinato dall'apposita Commissione provinciale per gli espropri per la zona agraria n. 2 della Provincia di ...., per la qualità di coltura seminativo, per l'anno ...., esclusi i fabbricati, è:

39.200 €/ha

3) Quotazioni INEA

È stato acquisito il valore determinato dall'Istituto nazionale di economia agraria per la zona denominata "seminativo asciutto della collina litoranea". L'importo, riferito a 2 anni fa, viene rivalutato del 4% e risulta di:

37.600 €/ha

Valore unitario ordinario stimato

Visti i valori unitari acquisiti e le caratteristiche del fondo oggetto di stima, si definisce un valore unitario ordinario riferito a:

- fondi di piccola dimensione (inferiori a 5 ha)
- coltivati a seminativi
- non irrigui
- privi di sufficienti fabbricati rurali

nella misura di:

39.000 €/ha

COMODI, AGGIUNTE E DETRAZIONI

a) L'estensione

La stima ha per oggetto un fondo rustico di media dimensione. Il valore ordinario a cui si fa riferimento riguarda invece, in prevalenza, appezzamenti di piccola dimensione. Si ritiene quindi che la vendita "a corpo" dell'intero fondo di oltre 27 ettari possa avvenire, a causa della minore domanda, solo con una riduzione del prezzo di vendita di circa il 10%.

b) I fabbricati

Il fondo da stimare è dotato di fabbricati destinati ad abitazione, tra cui un appartamento ristrutturato di circa 100 m^2 (320 m^3 vpp), assenti invece nei fondi simili presi per il confronto. Il valore viene stimato in base al costo di ricostruzione e dovrà essere sommato al valore del terreno.

Tipo	Dimensione (m^3)	Valore a nuovo (€/m^3)	Età, stato di conservazione	Coeff. di deprez.	Valore di ricostruz. (€)
Abitazione	320	450	Recente, buono	35%	93.600
Altri fabbricati (rustici)	1.400	180	Vecchio, scadente	75%	63.000
Totale					**156.600**

CONCLUSIONI

Valore unitario applicabile per la vendita "a corpo" dell'intero fondo:

39.000 €/ha × 90% = 35.100 €/ha

Valore del fondo, senza i fabbricati:

35.100 €/ha × 27,2543 ha = 956.626 €

Valore del fondo, compresi i fabbricati:

956.626 + 156.600 = 1.113.226 €

che si arrotonda a:

1.110.000 €

ESERCIZI SVOLTI

2. VALORE DI UN FONDO RUSTICO PER VALORI UNITARI

DESCRIZIONE DEL FONDO

Il fondo, denominato ...., si trova in località .... nel Comune di .... (......). È costituito da un solo corpo, di forma regolare, esteso per circa 20 ha. Metà della superficie aziendale giace in pianura, la parte rimanente in dolce collina arabile esposta a est. L'origine morenica del terreno è rivelata da un'elevata presenza di scheletro. La terra fine ha la seguente composizione: sabbia 58%, limo 27%, argilla 15%, per cui si può giudicare nel complesso sabbio-limosa. La parte pianeggiante è irrigabile.
La superficie pianeggiante è destinata a seminativo. Le coltivazioni erbacee praticate sono quelle al momento più remunerative (in prevalenza mais e frumento). La parte collinare, di circa 9 ettari, è coltivata a vigneto con produzione di vini DOP bianchi e rossi denominati .... Parte dell'uva viene vinificata in azienda e parte è invece venduta.
Il fondo comprende i seguenti fabbricati:

- abitazione, in antico fabbricato ristrutturato, di circa 700 m^3;
- cantina di circa 500 m^3;
- deposito macchinari, edificato negli anni '70 in prefabbricato, di circa 400 m^3;
- rustico in scadente stato di conservazione adibito a deposito, di circa 500 m^3.

Descrizione del soprassuolo

Il vigneto si trova interamente in zona DOP ed è composto di 3 porzioni omogenee (*v.* figura).
Uva bianca di varietà Trebbiano toscano. Questo vigneto, di 23 anni di età, è in fase di produzione decrescente ed è allevato a Gujot modificato (doppio archetto), una forma di allevamento tradizionale nella zona.
Uva bianca di varietà Pinot. L'impianto recente di questo vigneto, di 7 anni di età, si è reso opportuno per adeguare la produzione di vino bianco alle nuove esigenze del mercato. La forma di allevamento adottata (cortina semplice) è quella ritenuta al momento migliore per quanto riguarda l'impiego di manodopera e per la possibilità di meccanizzazione della vendemmia.
Uva nera varietà Merlot. Questo vigneto ha da poco iniziato la sua fase di maturità (12 anni di età). La forma a cordone speronato è considerata, anche se non ottimale, ancora valida per le odierne esigenze colturali.

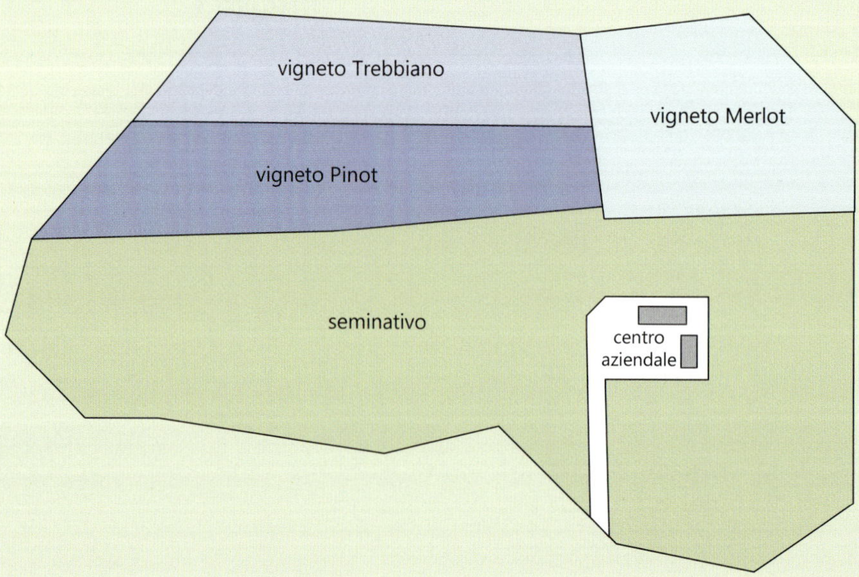

Riferimenti catastali. L'azienda è composta dalle particelle elencate nella documentazione allegata, rappresentate in mappa al foglio II, in carico alla ditta intestata a .... La superficie catastale è di 19.68.95 ha. Si allegano l'estratto di mappa e le visure catastali (*omissis*).

Ripartizione della superficie catastale

	Superficie (ha)	**Età (anni)**	**Forma di allevamento**
Uva bianca varietà Trebbiano	2,3	23	Gujot
Uva bianca varietà Pinot	4,0	7	Cortina semplice
Uva nera varietà Merlot	3,0	12	Cordone speronato
Totale vigneto	*9,3*		
Seminativo	*10,4*		
Totale	**19,7**		

La superficie delle varie parti comprende in proporzione la superficie occupata dai fabbricati.

VALUTAZIONE

Il mercato dei terreni a uso agricolo è stato caratterizzato negli ultimi anni da un'offerta debole e da una domanda, seppur tendenzialmente maggiore dell'offerta, altrettanto tiepida. Fanno eccezione i piccoli appezzamenti a vigneto in zona DOP per i quali la domanda è comunque sostenuta. L'analisi del mercato ha reso possibile il rilievo di distinte quotazioni per fondi a seminativo e a vigneto in zona DOP. Non vi sono state infatti sufficienti contrattazioni per fondi simili, composti da seminativo e vigneto in parti pressoché uguali. Il valore di mercato viene determinato quindi mediante il *procedimento per valori unitari*: il valore del fondo sarà ottenuto sommando al valore del seminativo il valore dei singoli lotti coltivati a vigneto.

A) Valore del seminativo

Si sono effettuate indagini di mercato in base alle quali è stato possibile conoscere alcuni prezzi pagati in recenti compravendite per terreni simili. Tali compravendite hanno riguardato in genere piccoli appezzamenti e, solo in un caso, un'intera azienda (di circa 20 ha). Si sono quindi visti i valori agricoli medi per fini espropriativi e i valori rilevati dall'INEA. In base a tali informazioni, viste le caratteristiche del fondo oggetto di stima, si attribuisce un valore ordinario di mercato *per terreni pianeggianti e irrigui* di:

48.000 €/ha.

Tale quotazione è riferibile a fondi:
- di piccola dimensione (meno di 4 ha);
- privi dei necessari fabbricati.

Per la dimensione di circa 20 ha si applica una riduzione di valore del 10%. Il valore unitario applicabile risulta quindi:

48.000 €/ha × 0,9 =

43.200 €/ha

Valore di mercato della parte a seminativo:

10,4 ha × 43.200 €/ha = 449.280 €

che si arrotonda a:

450.000 €

ESERCIZI SVOLTI

B) Valore del vigneto

Valore di mercato

Per il vigneto le compravendite avvenute di recente nella zona hanno riguardato appezzamenti molto diversi per varietà, età e forma di allevamento. Il mercato ha evidenziato un notevole interesse per i terreni a vigneto in zona DOP. I prezzi osservati, con riferimento a:

- la stessa giacitura e qualità di terreno
- un'età intermedia del soprassuolo

sono stati in media di:

60.000 €/ha

Tale valore si considera applicabile al vigneto oggetto di stima considerato nel suo complesso (in parte obsoleto e in parte di recente impianto).

Valore di mercato della parte coltivata a vigneto:

9,3 ha × 60.000 €/ha = 558.000 €

che si arrotonda a:

560.000 €

C) Valore dei fabbricati

Il valore dei fabbricati viene stimato in base al costo.

Tipo	Dimensione (m^3)	Valore a nuovo (€/m^3)	Coeff. di deprezzamento	Valore di ricostruzione (€)
Abitazione	700	400	40%	168.000
Cantina	500	220	60%	44.000
Deposito macchinari	400	150	50%	30.000
Deposito	500	150	80%	15.000
Totale				**257.000**

che si arrotonda a:

260.000 €

CONCLUSIONI

Con procedimento per valori unitari, il valore complessivo del fondo è dato dalla somma dei valori della parte a seminativo, della parte a vigneto e dei fabbricati:

450.000 + 560.000 + 260.000 =

1.270.000 €

Parte terza
Standard internazionali di valutazione

6 Principi di stima secondo gli IVS

- ✓ Che cosa sono gli IVS?
- ✓ Le basi del valore
- ✓ Metodi di stima
- ✓ Rilevazione dei prezzi e delle caratteristiche immobiliari
- ✓ Operazioni conclusive

6.1 CHE COSA SONO GLI IVS?

Gli **Standard internazionali di valutazione** o *International valuation standards* (IVS) sono un complesso di regole uniformi e condivise a livello internazionale, di natura metodologica e applicativa, per la stima degli immobili.

Gli IVS sono definiti dall'IVSC (*International valuation standard council*) di Londra, organizzazione non governativa costituita nel 1981 e membro delle Nazioni Unite.

In Italia gli IVS sono definiti nel **codice delle valutazioni immobiliari (CDVI)**, pubblicato da Tecnoborsa, che costituisce di fatto l'impianto teorico e metodologico di queste procedure. Il codice tratta i seguenti aspetti:

- le definizioni dei valori di stima;
- i criteri di misurazione delle consistenze;
- i procedimenti di stima;
- gli elementi essenziali per la stesura del rapporto di valutazione (o relazione di stima);
- i principi per il riesame del rapporto di valutazione.

Tecnoborsa
È una società consortile per azioni senza fini di lucro – organizzata dalle Camere di commercio, industria, artigianato e agricoltura – fondata nel 1997 per contribuire allo sviluppo, alla regolazione, alla trasparenza del mercato immobiliare. Inoltre svolge attività di studio e ricerca nel campo dell'economia immobiliare italiana e internazionale.

Il CDVI si occupa anche:

- del codice etico-deontologico del valutatore;
- di un sistema di formazione e selezione dei valutatori (istituzioni scolastiche, associazioni di categoria, formazione specialistica);
- di uniformare gli standard valutativi con gli standard contabili.

Le fonti di riferimento primarie del CDVI sono:

- *International Valuation Standards* (IVS) dell'*International Valuation Standards Committee*.
- *European Valuation Standards* (EVS) dell'*European Group of Valuers' Associations*.
- *Appraisal and Valuation Standards* della *Royal Institution of Chartered Surveyors* (RICS).
- *Uniform Standards of Professional Appraisal Practice* (USPAP) dell'*Appraisal Standards Board - Appraisal Foundation*.

6.2 LE BASI DEL VALORE

6.2.1 Principi valutativi

(1) Marco Simonotti è direttore scientifico di un lavoro collettivo di numerosi esperti italiani.

(2) CDVI, quarta edizione, cap. 3, punto 2.2.

Il CDVI, nella versione italiana a cura del prof. Simonotti (1), recepisce alcuni concetti basilari propri della teoria estimativa secondo la tradizione italiana, definiti *principi valutativi* (2) o *postulati estimativi*:

1) il **prezzo** è il fondamento del giudizio di stima;
2) la **previsione** è il carattere immanente del giudizio di stima;
3) il valore dipende dallo **scopo pratico** della stima;
4) il giudizio di stima è **ordinario**;
5) il giudizio di stima è **comparativo**.

6.2.2 Tipi di valore

In merito alla definizione dei tipi di valore, la classificazione che viene fatta negli IVS è la seguente:
I tipi di valore vengono classificati come segue:

- **valore di mercato**;
- **valori diversi da quello di mercato**.

(3) CDVI, quarta edizione, cap. 1, punto 2.4.1.

Il primo si stima con dati tratti dalle informazioni di mercato, i valori diversi dal valore di mercato usano i principi di stima che considerano le utilità alternative di un immobile (3). Si può quindi ritenere che il valore di mercato sia il normale criterio di stima; gli altri tipi di valore, molti e genericamente classificati come "diversi dal valore di mercato", considerano casi particolari.

6.2.3 Il valore di mercato

(4) CDVI, quarta edizione, cap. 4, punto 2.2.

Il valore di mercato è "l'*ammontare stimato* per il quale un determinato immobile può essere compravenduto alla *data della valutazione* tra un acquirente e un venditore, essendo *entrambi i soggetti non condizionati, indipendenti e con interessi opposti*, dopo un'*adeguata attività di marketing* durante la quale entrambe *le parti hanno agito con eguale capacità, con prudenza e senza alcuna costrizione*" (4). Ogni elemento della definizione può essere spiegato separatamente al fine di comprenderne al meglio il significato.

"...**ammontare stimato**...": si riferisce a una quantità di moneta pagabile per l'immobile in un'operazione di mercato.

"...**alla data della valutazione**...": richiede che il valore di mercato si riferisca a una data definita, in quanto i mercati e le loro condizioni possono variare e il valore può risultare scorretto o inappropriato in un momento differente.

"...**dopo un'adeguata attività di marketing**...": per la quale l'immobile è offerto sul mercato nella maniera più appropriata, affinché sia venduto al miglior prezzo ragionevolmente ottenibile. La durata di esposizione sul mercato può variare secondo l'immobile e l'andamento del mercato, ma deve essere sufficiente da permettere all'immobile di essere posto all'attenzione di un adeguato numero di potenziali acquirenti (*trasparenza del mercato*).

"...**essendo entrambi i soggetti non condizionati, indipendenti e con interessi opposti**..." e poi "...**entrambe le parti hanno agito con eguale capacità, con prudenza e senza alcuna costrizione**...": nella compravendita i soggetti interessati agiscono nel proprio interesse (*principio edonistico*), comprendono tutti gli elementi che possono influenzare la compravendita e non sono forzati da particolari motivi per portarla a compimento.

Nella definizione di valore di mercato non sono comprese le spese di transazione (notaio, imposte ecc.) e le spese di trascrizione nei pubblici registri immobiliari.

Valore diversi dal valore di mercato

Gli immobili possono essere valutati anche in base a valori diversi dal valore di mercato. Tali valori sono di interesse operativo nell'ambito della grande variabilità dei casi di stima e si integrano con i criteri di stima della metodologia estimativa italiana che prevede, oltre al valore di mercato: il *valore di costo*, il *valore di trasformazione*, il *valore complementare* e il *valore di sostituzione*. Negli IVS i tipi di valore sono ulteriormente ampliati di numero per affrontare valutazioni specifiche in ambito contabile, legale, fiscale, creditizio ecc. I principali tipi sono i seguenti.

Valore accertato o **imponibile**: importo convenzionale basato sulla normativa applicata alla valutazione ai fini fiscali.

Valore locativo: è il più probabile canone lordo di mercato al quale una determinata proprietà immobiliare può essere locata alla data della stima, posto che il locatore e il locatario abbiano operato in modo indipendente, non condizionato e nel proprio interesse, dopo un'adeguata attività di marketing durante la quale entrambe le parti hanno agito con eguale capacità, con prudenza e senza alcuna costrizione.

Valore di costo deprezzato: considera il valore di mercato del terreno e il costo lordo di ricostruzione dell'opera sovrastante, diminuito di un'aliquota che considera il deterioramento fisico e l'obsolescenza.

Valore di trasformazione: importo rappresentato dalla differenza fra il previsto valore di mercato del bene trasformato e i costi di trasformazione.

Valore complementare: importo pari alla differenza fra il valore di mercato dell'immobile complesso e il valore di mercato della parte o delle parti dell'insieme che residua, una volta separata la parte oggetto di stima.

Valore di sostituzione: è il prezzo o il costo di un altro bene se i due beni sono perfetti sostituti per certi fini.

Valore di liquidazione o **di vendita forzata**: importo che si può ragionevolmente ricavare dalla vendita di un bene entro un intervallo di tempo più breve di quello richiesto nella definizione di valore di mercato.

Valore di investimento: importo che assume l'immobile agli occhi di uno specifico investitore con obiettivi e criteri di investimento identificabili.

Valore cauzionale: importo determinato dal valutatore mediante una stima prudenziale della commerciabilità futura tenendo conto della sostenibilità a lungo termine, delle condizioni normali e di quelle del mercato di riferimento, dell'uso corrente e dei possibili usi alternativi.

Valore speciale: importo che riflette particolari attributi di un *asset* che valgono solo per uno specifico acquirente.

Valore assicurabile: importo definito in un contratto o nella polizza assicurativa.

Valore di realizzo: valore attuale di un immobile, senza considerare il terreno, che è prossimo o ha raggiunto il termine di vita utile.

6.2.4 Ordinarietà e *Highest and Best Use* (HBU)

La teoria estimativa tradizionale italiana e i postulati estimativi degli IVS riconoscono il principio dell'ordinarietà, basato sulla maggiore probabilità statistica (rappresentata graficamente dalla curva gaussiana), come un caposaldo della procedura di valutazione. Gli IVS, tuttavia, interpretano tale principio in funzione dei possibili *usi alternativi* dell'immobile, considerando che un immobile presenta un *valore di mercato nell'attuale destinazione d'uso* (*market value for existing use*, MVEU) e può presentare, con diverse probabilità, *tanti valori di trasformazione quante sono le potenziali destinazioni alternative*. In tale ambito l'*Highest and Best Use* (HBU) è l'uso migliore e più conveniente dell'immobile, cioè quello che presenta il massimo valore di trasformazione o di mercato (5). In altri termini è la destinazione **più redditizia**, determinata con criteri di probabilità statistica, prendendo atto del fatto che i potenziali acquirenti sono disposti a pagare il prezzo che riflette le loro aspettative circa il più proficuo impiego dell'immobile.

(5) CDVI, quarta edizione, cap. 3, punto 2.10.

L'analisi degli usi alternativi porta alla determinazione, nella sintesi estimativa, del **valore atteso** (il valore stimato), dato dalla media del valore di mercato nell'attuale destinazione d'uso e dei valori di trasformazione negli usi alternativi, ciascuno di questi ponderato con la rispettiva probabilità che la trasformazione possa verificarsi.

6.3 METODI DI STIMA

Secondo gli IVS il valore di un immobile può essere determinato con tre metodi ("approcci") (6) (*v.* figura 6.1):

- **metodo del confronto di mercato** (*Market Comparison Approach*, **MCA**), quando sono noti i *prezzi di beni simili;*
- **metodo finanziario** (*Income Approach*, **IA**) o per capitalizzazione dei redditi, quando sono noti i *redditi di beni simili;*
- **metodo del costo** (*Cost Approach*, **CA**), quando non sono noti *né prezzi né redditi di beni simili.*

(6) CDVI, quarta edizione, cap. 7, punto 1.3.

"Procedimento" e "metodo" negli IVS
Negli IVS sembra venir meno la distinzione tra "procedimento" e "metodo", in quanto si afferma che "i procedimenti di stima possono essere classificati: nel metodo del confronto di mercato..." ecc.

I tre metodi sono gerarchici, nel senso che normalmente va usato il primo e i successivi solo quando non si verificano le condizioni operative per applicare i precedenti.

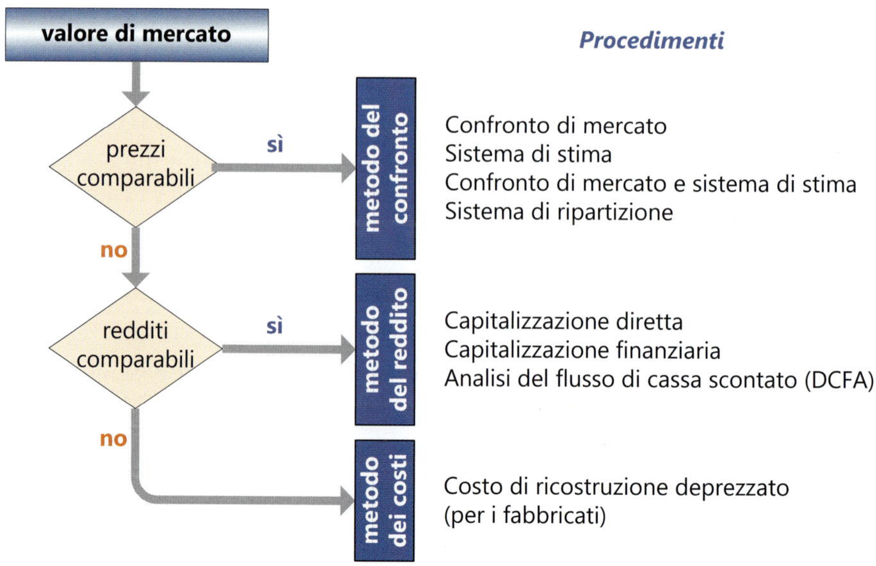

Figura 6.1
Schema dei criteri di stima dell'IVS.

6.3.1 Metodo del confronto di mercato

Il metodo del confronto di mercato è il procedimento di stima immobiliare più noto e diffuso nel mondo. È un procedimento di stima del prezzo di mercato degli immobili che si svolge attraverso il **confronto tra l'immobile oggetto di stima e un insieme di immobili di confronto simili contrattati di recente e di prezzo noto**. Si fonda sull'assunto elementare per il quale il mercato stabilirà il prezzo dell'immobile da stimare allo stesso modo dei prezzi già fissati in passato per gli immobili presi a confronto.

Il MCA si basa dunque sulla rilevazione dei **dati immobiliari** (prezzi di mercato e caratteristiche degli immobili), *presupponendo che tali dati di mercato esistano e siano reperibili e attendibili.*

Il valore dell'immobile può essere determinato con le seguenti procedure, trattate in parte nel capitolo successivo (7):

(7) CDVI, quarta edizione, cap. 8, punto 1.2.

1) confronto di mercato;
2) sistema di stima;
3) confronto di mercato e sistema di stima;
4) sistema di ripartizione.

6.3.2 Metodo del reddito

Il metodo del reddito si basa sulla *capitalizzazione del reddito* di un immobile e cioè sull'accumulazione all'attualità, scontandoli, dei redditi futuri. Comprende i metodi, le tecniche e le procedure per analizzare la capacità di generare benefici monetari di un immobile e la possibilità di convertire questi benefici nel valore di mercato (*valor capitale*). Si articola nei seguenti procedimenti (8).

(8) CDVI, quarta edizione, cap. 9, punto 2.1.

Capitalizzazione diretta (*Direct Capitalization*)

Il valore di stima viene ottenuto direttamente, dividendo il reddito annuo per un *saggio di capitalizzazione* oppure moltiplicandolo per un fattore (*gross rent multiplier*) che esprime il numero di volte per il quale il valore è maggiore del reddito dell'immobile.

Capitalizzazione finanziaria (*Yield Capitalization*)

Il metodo della capitalizzazione finanziaria calcola il valore attuale dei redditi netti (ricavi e spese, al lordo o al netto dei tributi) di un immobile dal momento dell'acquisto al momento della rivendita, prevedendo un valore di mercato finale. La previsione del prezzo di rivendita è necessaria per tenere conto delle svalutazioni o rivalutazioni nel medio e lungo termine. Il procedimento mira quindi a simulare il ciclo completo dell'investimento immobiliare.

Analisi del flusso di cassa scontato (*Discounted Cash Flow Analysis*, DCFA)

Si applica allo studio dei flussi di cassa immobiliari in situazioni speciali, particolari o complesse, che non rientrano negli schemi degli altri due metodi della capitalizzazione del reddito.

6.3.3 Metodo del costo

Il metodo del costo è un procedimento di stima finalizzato a determinare il valore di mercato di un immobile attraverso la somma del valore di mercato del suolo edificato e del costo di ricostruzione dell'edificio eventualmente deprezzato (9).

(9) CDVI, quarta edizione, cap. 10, punto 1.1.

Tale metodo si fonda sull'assunto per il quale un compratore non è disposto a pagare per un immobile una somma maggiore del valore del terreno edificabile e del costo di costruzione di un altro immobile che presenta la stessa utilità funzionale di quello esistente, considerato nel suo stato di uso [10].

Il procedimento di stima si compone quindi di due elementi: il valore del terreno e il costo di ricostruzione del fabbricato.

(10) CDVI, quarta edizione, cap. 10, punto 1.2.

6.4 RILEVAZIONE DEI PREZZI E DELLE CARATTERSISTICHE IMMOBILIARI

Nelle operazioni che precedono la valutazione sono di fondamentale importanza le rilevazioni dei prezzi di mercato (o dei canoni) e delle caratteristiche degli immobili presi a confronto, mentre per l'immobile da stimare si rilevano, ovviamente, solo le caratteristiche.

I **dati immobiliari** sono il *prezzo* di compravendita o di locazione, riferiti alla data in cui si sono formati, e le *caratteristiche* tecniche ed economiche dell'immobile preso a confronto. Senza queste informazioni non è possibile procedere ulteriormente con la stima.

In un mercato non trasparente la rilevazione di dati veritieri può essere svolta su atti ufficiali, se ritenuti attendibili, e su ogni altra fonte considerata affidabile.

Le fonti possono essere:

- i *documenti* di trasferimento ufficiali (atti e contratti);
- le *parti interessate*, venditore e acquirente, locatore e conduttore (devono essere contattati per fornire o confermare i dati raccolti);
- le *parti terze*, come notai, commercialisti, consulenti fiscali, funzionari di banca, tecnici di imprese edili, liberi professionisti, amministratori di condominio, agenti immobiliari.

Nella ***best practice*** (migliore pratica) estimativa la rilevazione dei dati deve essere necessariamente vera e completa; deve anche essere effettuata con diligenza, competenza e precisione. Nell'***expertise*** immobiliare il dato è invece un giudizio di un esperto che, di fatto, non può essere dimostrato. Le stime basate sull'*expertise* non rispondono quindi ai requisiti previsti per gli standard valutativi.

6.4.1 Caratteristiche immobiliari

Ai fini dell'osservazione del mercato immobiliare il CDVI propone una definizione comune e univoca del segmento di mercato, della scheda di rilevazione del dato immobiliare e dei campi applicativi.

La caratteristica immobiliare è la qualità peculiare che meglio contribuisce alla descrizione dell'immobile ai fini della rilevazione e della valutazione immobiliare; possono essere classificate come segue [11].

- **Locazionali**: descrivono l'ubicazione e il contesto urbano, territoriale e ambientale dell'immobile.
- **Posizionali**: descrivono la collocazione dell'immobile nel contesto edilizio o nella ripartizione di un'area in lotti.
- **Tipologiche**: descrivono il quadro classificatorio delle proprietà edilizie immobiliari.
- **Economiche**: descrivono le condizioni, le limitazioni d'uso e le condizioni di finanziamento.
- **Istituzionali**: descrivono il quadro normativo.

(12) CDVI, quarta edizione, cap. 5, punto 2.13.

Le caratteristiche possono essere [12]:

- **quantitative**, se vengono misurate in una *scala cardinale* mediante unità tecniche ed economiche (superficie, impianti ecc.);
- **qualitative**, se possono essere misurate nelle *scale nominale* e *ordinale* (livello di piano, panoramicità, inquinamento ecc.).

6.4.2 Misurazioni

(13) CDVI, quarta edizione, cap. 19, punto 1.1.

Negli IVS la superficie viene considerata alla pari di tutte le altre caratteristiche immobiliari che concorrono a descrivere l'immobile e il relativo prezzo. A differenza delle altre caratteristiche immobiliari, però, la superficie può essere misurata utilizzando metodi condivisi dagli operatori e dai contraenti [13]. Tra le varie misurazioni possibili, ai fini estimativi si distingue la superficie principale dalle superfici secondarie.

La **superficie principale** è la tipologia di area misurata ritenuta di importanza primaria, *di riferimento nella determinazione del valore dell'immobile*. La **superficie secondaria** è la tipologia di area dell'immobile che non viene misurata bensì *rapportata alla superficie principale*.

Per la stima dei terreni l'unità di misura della superficie sarà ovviamente l'ettaro o il metro quadrato. Per i fabbricati si utilizzano varie misurazioni per le diverse aree di pertinenza.

6.4.3 Rapporti mercantili

I rapporti mercantili si ottengono **dividendo i prezzi delle superfici secondarie e il prezzo della superficie principale** (in percentuale) (esempio 6.1). Tali rapporti sono rilevati dalle transazioni di mercato per le tipologie immobiliari più diffuse, ma sono mancanti in altri casi. Solitamente derivano da semplificazioni, convenzioni e usi accettati dalle parti. Nelle trattative e nei rapporti commerciali a misura sono palesi (riportate nell'atto), mentre nelle trattative a corpo sono inesistenti. In alcuni casi i rapporti mercantili sono fissati empiricamente dal perito (*expertise*), ma si tratta di una pratica non conforme agli standard valutativi.

I rapporti mercantili possono essere anche calcolati direttamente sulla base di dati oggettivi di mercato anche per altre caratteristiche immobiliari (non solo per la superficie).

ESEMPIO 6.1 INDICE MERCANTILE PER LA SUPERFICIE DELLE PERTINENZE

Nella compravendita degli appartamenti i balconi (con determinate caratteristiche) sono pagati il 25% del prezzo di mercato. Questo dato è un indice mercantile che deriverebbe da:

- prezzo di mercato della superficie abitabile 3.000 €/m²
- prezzo di mercato del balcone 750 €/m²

Indice mercantile:

$$\frac{750}{3.000} = 0{,}25 = 25\%$$

In realtà il dato del 25% è accettato ovunque a priori, come convenzione abituale, per pagare i balconi. Rappresenta però un rapporto tra due grandezze dimensionali omogenee ed è quindi adimensionale.

6.4.4 La rilevazione dei dati immobiliari

L'osservazione del mercato immobiliare ai fini della valutazione prevede rilevazioni finalizzate a individuare il *segmento di mercato* e rilevazioni atte a rilevare i *dati immobiliari* dei comparabili.

La rilevazione del mercato immobiliare deve possedere i seguenti requisiti di:

- *veridicità*, in presenza di un diffuso comportamento a occultare i prezzi effettivamente pagati;
- *completezza*, relativa alla presenza di tutti gli elementi costitutivi del dato immobiliare;
- *accuratezza*, relativa alla diligenza, alla competenza e alla precisione della rilevazione.

Concorrono al raggiungimento delle finalità dell'indagine di mercato:

- il reperimento, il controllo e la rotazione delle fonti;
- la definizione di uno standard di rilevazione;
- la definizione di procedure di controllo di qualità dei dati;
- la predisposizione di una scheda standard di rilevazione, con il compito di facilitare le successive operazioni di archiviazione ed elaborazione.

La rilevazione dei dati immobiliari deve essere svolta con indagini dirette sul campo con sopralluoghi e interviste agli operatori di settore per raccogliere usi e consuetudini commerciali e deve essere effettuata da professionisti competenti e qualificati che aderiscano a codici di autodisciplina.

La **scheda di rilevazione** dei dati immobiliari è un documento composto da una *parte letteraria*, una *parte grafica* e una *parte fotografica*.

Il modello schematico di scheda di rilevazione riporta:

- il prezzo o il canone di mercato e la data;
- le caratteristiche immobiliari (locazionali, posizionali, tipologiche, economiche ed eventualmente istituzionali);
- i parametri e i rapporti mercantili;
- la planimetria di insieme con identificazione dell'immobile;
- la pianta di insieme dell'edificio o del lotto di terreno;
- la pianta di insieme dell'unità immobiliare;
- le fotografie dell'edificio o del lotto di terreno.

I dati rilevati possono costituire una **banca dati** in cui gli operatori attingono per le necessità professionali.

6.4.5 Dati non validi

Alcuni tipi di compravendita e di affitto sono ritenuti non validi ai fini della rilevazione.

Le vendite e le locazioni, attive e passive, **tra parenti stretti o tra imprese affiliate** o i passaggi di quote tra comproprietari, di solito, non sono operazioni riconducibili a un mercato aperto.

Le vendite e le locazioni di **immobili alla pubblica amministrazione** avvengono spesso a prezzi diversi da quelli altrimenti realizzabili nel mercato. Questi dati devono essere accuratamente esaminati prima di un eventuale uso.

Le vendite e le locazioni che riguardano gli **enti con finalità benefiche, educative e caritatevoli** possono presentare propositi filantropici e concludersi con un corrispettivo nominale e con clausole restrittive. Questi dati spesso comprendono parziali elargizioni o benefici e pertanto non sono in genere rappresentative del valore di mercato.

Le quotazioni immobiliari

Le numerose quotazioni immobiliari, pubblicate da varie fonti, secondo gli IVS non riportano le finalità della rilevazione, le modalità di elaborazione, le indicazioni applicative. Inoltre non si fondano su rilevazioni sistematiche dei dati immobiliari e spesso sono realizzate in base a interviste fatte agli operatori di mercato. I prezzi di compravendita e di locazione vengono esposti con valori minimi, medi e massimi e sono rapportati alla superficie commerciale. Frequentemente le quotazioni sono riferite ad ampi contesti, a segmenti di mercato definiti in maniera approssimativa, con fonti disomogenee e spesso contraddittorie. Per questi e altri motivi, *negli standard immobiliari, le quotazioni immobiliari sono ritenute improprie,* con valenza descrittiva generale di una tendenza complessiva del mercato e sconsigliate nell'applicazione estimativa.

6.5 OPERAZIONI CONCLUSIVE

6.5.1 Il rapporto di valutazione

Le operazioni di stima devono essere descritte nel rapporto di valutazione, che ha lo scopo di:
- comunicare al lettore il valore dell'immobile;
- confermare le finalità della valutazione;
- esporre il procedimento;
- indicare le eventuali assunzioni o condizioni limitanti alla base della stima.

Nel rapporto di valutazione sono riportati i processi analitici e i dati utilizzati per la valutazione allo scopo di guidare il lettore attraverso le procedure e le prove utilizzate dal valutatore. In definitiva, nello schema del rapporto di valutazione emerge il complesso delle operazioni effettuate dall'assunzione dell'incarico o nomina fino alla sintesi estimativa (*v.* figura 6.2).

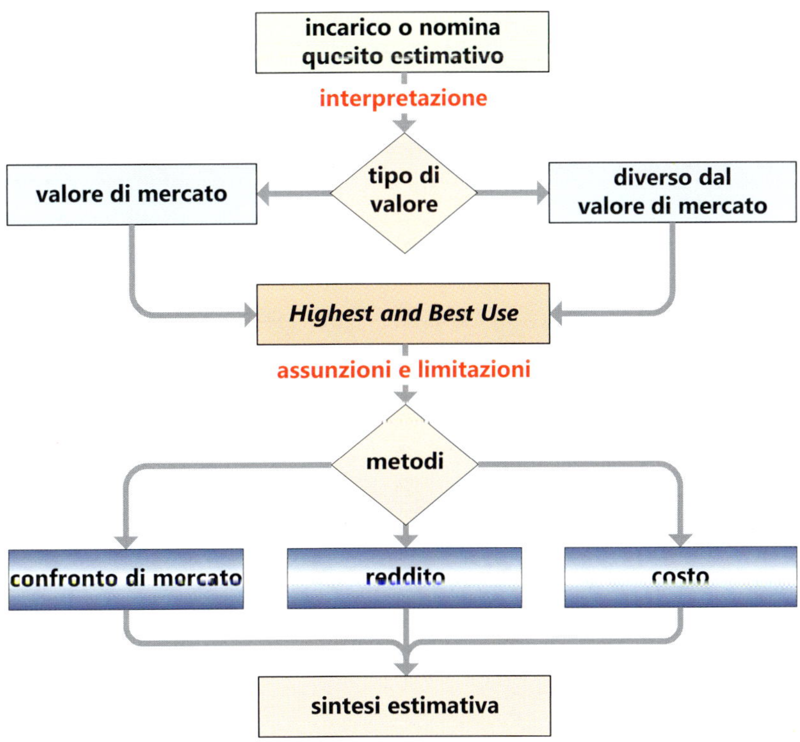

Figura 6.2
Schema della stima secondo gli IVS.

6.5.2 Il riesame

Il riesame consiste nella revisione del rapporto di valutazione, *da parte di un professionista diverso dal primo valutatore*, attraverso la verifica di:

- **veridicità** e **attinenza al caso di stima** dei dati utilizzati e delle indagini svolte;
- **correttezza** nell'applicazione delle metodologie estimative utilizzate;
- **fondatezza** delle analisi, delle opinioni e conclusioni.

Il riesame può essere di vari tipi:

- **tecnico**, per verificare l'adeguatezza dei procedimenti, dei metodi utilizzati, delle analisi esposte, della correttezza dei risultati e delle conclusioni riportate nel rapporto di valutazione;
- **a tavolino**, per verificare la veridicità dei dati, l'adeguatezza della metodologia, l'esattezza dei calcoli, la correttezza delle conclusioni;
- **sul campo**, per verificare la veridicità e coerenza dei dati e delle informazioni raccolte (anche con il sopralluogo dei beni oggetto di stima e dei beni comparabili), la correttezza dell'utilizzo dei programmi informatici.

Il revisore deve considerare le informazioni disponibili al momento della data della valutazione, seguire le indicazioni contenute nel CDVI indicando in modo chiaro ed esauriente i motivi e l'esito della revisione indicando le eventuali limitazioni riscontrate e conformando la valutazione ai requisiti previsti dal CDVI.

6.5.3 Il codice di condotta

Affinché i principi, le regole, i procedimenti siano applicati correttamente è fondamentale che i valutatori dimostrino onestà, competenza, assenza di pregiudizi o interessi personali. I valutatori devono essere in grado di svolgere l'incarico ricevuto e di redigere rapporti di valutazione chiari e contenenti gli aspetti essenziali per la corretta interpretazione della valutazione.
Gli standard internazionali sono complementari alle normative legali esistenti che già regolano l'attività del valutatore immobiliare italiano e promuovono la figura del professionista che deve essere in grado di rispettare anche precisi **valori etici**:

- *in generale*, applicando cura e diligenza nel rispetto degli impegni, dichiarando eventuali incompatibilità e/o conflitti di interesse, dichiarando di possedere il titolo di studio e la competenza adeguata, sottoscrivendo solo prestazioni svolte direttamente e nei limiti di competenza e responsabilità professionale, seguendo un programma di aggiornamento professionale, rispettando il codice di condotta;
- *nei rapporti con ordini, collegi e ruoli*, rispettando le norme e adeguandosi alle decisioni del rispettivo ordine, collegio o ruolo;
- *nei rapporti con i colleghi*, improntando il rapporto sulla massima lealtà e correttezza;
- *nei rapporti con il committente*, fondando il rapporto sulla lealtà, chiarezza e correttezza, attenendosi al segreto professionale, definendo preventivamente e chiaramente contenuti e termini anche economici dell'incarico.

6. Principi di stima secondo gli IVS

Questionario	In sintesi
1. Che cosa sono gli IVS?	Gli *International valuation standards* (IVS) sono un complesso di regole condivise a livello internazionale per la stima degli immobili. In Italia gli IVS sono definiti nel *Codice delle valutazioni immobiliari* (CDVI), pubblicato da Tecnoborsa.
2. Come viene definito, in sintesi, il valore di mercato?	I tipi di valore vengono classificati come valore di mercato e valori diversi da quello di mercato. Il valore di mercato è il più probabile prezzo di mercato al quale un determinato immobile può essere compravenduto alla data della stima.
3. In che cosa consiste l'Highest and Best Use?	Negli IVS la stima viene effettuata in funzione dei possibili usi alternativi dell'immobile, considerando il valore di mercato con l'attuale destinazione d'uso e tanti valori di trasformazione quante sono le potenziali destinazioni alternative. Viene definito quindi l'*Highest and Best Use* (HBU), cioè l'uso che presenta il massimo valore di trasformazione o di mercato.
4. Quali sono i tipi di valore secondo gli IVS? Come sono classificati?	Il valore di un immobile può essere determinato con tre metodi ("approcci").
5. Come si determina il valore con il metodo del confronto di mercato (MCA)?	**Metodo del confronto di mercato**. Si svolge attraverso il confronto tra l'immobile oggetto di stima e un insieme di immobili di confronto simili contrattati di recente e di prezzo noto.
6. In quali modi si può determinare il valore con il metodo finanziario?	**Metodo finanziario.** Si basa sulla capitalizzazione del reddito di un immobile. **Metodo del costo.** È basato sul valore di mercato del terreno e del costo di ricostruzione dell'edificio, tenuto conto del livello di deprezzamento.
7. Che cos'è il dato immobiliare? 8. Quali sono i dati immobiliari che non si possono considerare validi?	Il **dato immobiliare** è costituito dal prezzo di compravendita o di locazione, riferiti alla data in cui si sono formati e alle caratteristiche tecniche ed economiche dell'immobile. Il CDVI riporta dettagliatamente i dati che dovranno essere rilevati così come i dati che non si possono considerare validi (per esempio nelle cessioni volontarie espropriative, nelle vendite tra parenti stretti, nelle vendite all'asta ecc.). Ai fini dell'osservazione del mercato immobiliare il CDVI propone una definizione del **segmento di mercato** in funzione delle caratteristiche locazionali, posizionali, tipologiche, economiche, istituzionali. Le caratteristiche possono essere quantitative e qualitative. La superficie viene considerata alla pari di tutte le altre caratteristiche immobiliari che concorrono a descrivere l'immobile.
9. Che cosa si intende per indice mercantile?	Gli **indici mercantili** in percentuale sono rapporti fra i prezzi delle superfici abitabili e quelle secondarie (pertinenze). Solitamente derivano da convenzioni accettate dalle parti nei rapporti commerciali.
10. Quali sono le finalità del rapporto di valutazione? Con quali fasi viene svolto?	Il **rapporto di valutazione** contiene la descrizione delle operazioni di stima e comprende le seguenti fasi: 1) definizione dell'incarico; 2) selezione e raccolta dei dati per l'analisi preliminare; 3) analisi del più conveniente e miglior uso; 4) stima dell'immobile e applicazione dei procedimenti di valutazione; 5) sintesi conclusiva.
11. Cosa si intende per riesame? Che scopo ha?	Il **riesame** consiste nella revisione del rapporto di valutazione, da parte di un professionista diverso dal primo valutatore.

7 Stima dei fabbricati con il MCA

- ✓ Introduzione
- ✓ Metodo del confronto di mercato
- ✓ Metodo del confronto di mercato con sistema di stima

7.1 INTRODUZIONE

Il metodo del confronto di mercato (MCA) è il principale procedimento di stima del valore di mercato. Si svolge mediante il confronto dell'immobile oggetto di stima (*soggetto* o *subject*) con immobili simili (*comparabili* o *comparables*) recentemente oggetto di compravendita. Il confronto viene effettuato su **base multiparametrica**.

I metodi di stima secondo il confronto di mercato possono considerare solo le caratteristiche quantitative, con le quali è possibile determinare i prezzi marginali, o anche le caratteristiche qualitative dell'immobile. Nei due casi si avranno, rispettivamente:

- il **metodo del confronto di mercato** (propriamente detto);
- il **metodo del confronto di mercato con il sistema di stima**.

7.2 METODO DEL CONFRONTO DI MERCATO

7.2.1 Procedura di stima

L'applicazione del MCA consiste in aggiustamenti sistematici ai prezzi di mercato rilevati in funzione delle caratteristiche di fabbricati presi per il confronto e delle corrispondenti caratteristiche dell'immobile oggetto di stima.

La procedura di stima prevede la **rilevazione dei dati immobiliari** relativi a ogni immobile comparabile e da stimare (dovrà quindi esistere un mercato attivo). Il dato immobiliare comprende tutte le **caratteristiche** dell'immobile significative per la formazione del valore. Il compito del perito è quindi, inizialmente, di:

- cercare le contrattazioni relative a immobili simili;
- rilevare i dati immobiliari;
- scegliere le caratteristiche immobiliari da analizzare (*elements of comparison*).

Per fabbricati simili si intendono fabbricati appartenenti allo stesso **segmento di mercato**. Il segmento di mercato è definito in base alle caratteristiche tecniche ed economiche dei fabbricati (ubicazione, destinazione, tipologia edilizia, stato di conservazione, dimensione ecc.).

Le caratteristiche oggetto di analisi possono essere:
- **quantitative** o *aestimabilis*, per le quali *è possibile individuare un parametro monetario*, detto *prezzo marginale*, direttamente collegato ai prezzi di mercato (per esempio lo stato di manutenzione o il livello di piano);
- **qualitative** o *inaestimabilis*, per le quali non è possibile ottenere in modo diretto un riferimento ai prezzi di mercato (per esempio l'inquinamento della zona o l'aspetto architettonico di un fabbricato).

Con la disponibilità dei dati necessari, si potrà procedere con la stesura del rapporto di valutazione che comprenda, nella fase di calcolo:
1) i **parametri** del segmento di mercato;
2) la **tabella dati** (*sales summary grid*);
3) i **prezzi marginali** (*adjustment*);
4) la **tabella di valutazione** (*sales adjustment grid*);
5) la **sintesi valutativa** (*reconciliation*).

La tabella dati, come le altre tabelle che costituiscono la procedura di stima, può essere creata con un foglio di calcolo elettronico o usando l'apposito software.

7.2.2 Parametri del segmento di mercato

I parametri sono le caratteristiche che si intendono analizzare per la stima in funzione del segmento di mercato a cui appartiene il fabbricato. Le caratteristiche sono ovviamente ben diverse per fabbricati a uso abitazione, a uso produttivo, per terreni edificabili, per terreni agricoli ecc.
Per la stima di qualsiasi tipo di fabbricato il parametro fondamentale è in genere la *superficie commerciale*. Per i fabbricati a uso abitazione si considereranno anche le caratteristiche specifiche, per esempio, il livello di piano, lo stato di manutenzione, la vista ecc.
Il parametro di stima può essere una **rilevazione effettiva** (metri quadrati, altezza di piano ecc.) o un **nomenclatore** che descrive, con una scala di giudizio stabilita dal perito, il parametro in esame (per esempio 1 = scarso; 2 = normale ecc.) (*v.* esempio 7.1).

ESEMPIO 7.1 **PARAMETRI DEL SEGMENTO DI MERCATO DI UN APPARTAMENTO**

Per la stima di un appartamento il perito ha individuato per la comparazione le seguenti caratteristiche.

1) Tipo di superficie

Il prezzo pagato riguarda globalmente l'appartamento che comprende, nella *superficie commerciale totale*, la *superficie abitabile* e la *superficie delle pertinenze* (balconi, cantina ecc.). In base alle contrattazioni di mercato, viene fissato a un indice mercantile del 100% per la superficie principale e del 50% per la superficie dei balconi.

2) Stato di manutenzione

Lo stato di conservazione viene giudicato sulla base di 4 livelli:
1 = *pessimo;*
2 = *scarso;*
3 = *discreto;*
4 = *buono.*

3) Livello di piano

Si usa la seguente scala:
0 = piano terra;
1 = primo piano;
2 = secondo piano;
3 = dal terzo piano, escluso l'ultimo;
4 = ultimo piano.

7.2.3 Tabella dati (*sales summary grid*)

La tabella dati contiene i **prezzi** e le **caratteristiche** rilevate degli immobili simili (definiti *comparabili*) e dell'immobile oggetto di stima (definito *subject*) (*v.* esempio 7.2). Il MCA si può applicare a tutti i tipi di immobili quando si dispone di almeno una transazione di confronto rilevata nello stesso segmento di mercato dell'immobile da stimare. Naturalmente, maggiore è il numero delle transazioni e migliori sono le condizioni di svolgimento della stima ([1]).

(1) CDVI, terza edizione, cap. 8, punto 4.5

La rilevazione dei dati richiede l'accesso a informazioni dirette sulle compravendite. Questo passaggio non è privo di difficoltà dal punto di vista pratico; le informazioni necessarie sono infatti note a soggetti esterni (intermediari, contraenti, notai, tecnici ecc.) che devono essere contattati fisicamente e che devono collaborare col perito pur non avendo alcun interesse diretto alla procedura di stima.

ESEMPIO 7.2 **TABELLA DATI**

Per la stima di un appartamento è stato possibile rilevare i dati relativi alla compravendita di tre unità immobiliari appartenenti allo stesso segmento di mercato. Nella tabella si riportano le quantificazioni dei parametri scelti.

Id.	Prezzo e caratteristiche	Comparabile A	Comparabile B	Comparabile C	Soggetto da stimare
PRZ	Prezzo totale (€)	190.000	170.000	195.000	
S1	Superficie principale (m^2)	91,7	82,8	84,6	86,5
SUB	Superficie balconi (m^2)	18,7	9,5	22,0	**11,6**
STM	Stato di manutenzione	1	2	3	**3**
LIV	Livello di piano	4	1	3	**2**

7.2.4 Aggiustamento

La procedura del confronto di mercato consiste nell'apportare "aggiustamenti" ai prezzi di mercato rilevati in misura pari ai *prezzi marginali* delle caratteristiche immobiliari scelte fra quelle ritenute più importanti da compratori e venditori in quel segmento di mercato.

Il **prezzo marginale** (P_m) è lo strumento principale di analisi delle caratteristiche dell'immobile nel MCA, in quanto esprime la variazione del prezzo P al variare della caratteristica o parametro p di confronto considerato:

$$P_m = \frac{\Delta P}{\Delta p}$$

I prezzi marginali possono essere stimati anche *in percentuale* (sulla base di indici mercantili) o *in valore* (a forfait, computo metrico ecc.) (*v.* esempio 7.3).

ESEMPIO 7.3 ANALISI DEI PREZZI MARGINALI

Caratteristica superficie principale (*S*1)

La formula che determina il prezzo marginale è:

$$p(S1) = PMM \times i(S)$$

dove $i(S)$ è l'indice mercantile relativo alla superficie.

In base al mercato, si è stabilito che:

$i(S1) = 1{,}0$ (superficie principale)

Analisi e scomposizione del prezzo della superficie principale

	Comparabile A	Comparabile B	Comparabile C	*Subject*
Prezzo totale (€)	190.000	170.000	195.000	
Superficie commerciale (m²)	96,38	85,18	90,1	89,40
Prezzo medio (€/m²)	1.971,36	1.995,77	2.164,26	

Il prezzo marginale viene posto pari alla media dei prezzi medi dei comparabili per l'indice mercatile (primo teorema mercantile) e quindi pari a 2.043,8 €/m² per la superficie principale.

Caratteristica superficie balconi (*SUB*)

Indice mercantile: $i(SUB) = 0{,}25$

Considerato l'indice mercantile del 25% [$i(SUB)$], il prezzo marginale per la caratteristica balconi risulta:

$2.043{,}8 \times 0{,}25 = 510{,}95$ €/m²

Caratteristica stato di manutenzione

Il prezzo marginale dello stato di manutenzione è posto pari al costo di intervento per passare da un livello all'altro secondo il nomenclatore:

1 = *pessimo*, richiede un rifacimento totale delle finiture degli impianti per tutto l'appartamento.
2 = *scarso*, richiede il rifacimento di bagno, cucina, pavimenti e serramenti.
3 = *discreto*, richiede il rifacimento di bagno, cucina.
4 = *buono*, richiede solo spese di manutenzione ordinaria normalmente a carico dell'acquirente.

Considerando una superficie media dell'unità immobiliare di 85 m² prezzo unitario marginale di 150 €/m², ad ogni passaggio di livello corrisponde una spesa di:

85 m² × 150 €/m² = 12.750 €

Caratteristica livello di piano

Per passare da un livello all'altro secondo il nomenclatore si stima a forfait una variazione di valore di 5.000 €.

7.2.5 Tabella di valutazione (*sales adjustment grid*)

La tabella di valutazione riporta i prezzi di mercato rilevati e le caratteristiche degli immobili presi a confronto. In corrispondenza di ogni caratteristica si applicano gli aggiustamenti ai prezzi di mercato in base ai prezzi marginali calcolati. Per ogni immobile si ottiene quindi il **prezzo corretto** (*v.* esempio 7.4). Il prezzo corretto rappresenta l'ipotetico prezzo dell'immobile derivante dalla comparazione.

ESEMPIO 7.4 TABELLA DI VALUTAZIONE

(segue dagli esempi precedenti)

Comparabile A

Id.	Prezzo e caratteristica	*Subject*	Comparabile A	Differenza	Prezzo marginale	Valorizzazione (€)
PRZ	Prezzo totale (€)					190.000,00
S1	Superficie principale (m²)	86,5	91,7	−5,20	2.043,80	−10.627,76
SUB	Superficie balconi (m²)	11,6	18,7	−7,10	510,95	−3.627,75
STM	Stato manutenzione	3	1	2	12.750,00	25.500,00
LIV	Livello di piano	2	4	−2,00	5.000,00	−10.000,00
Prezzo corretto						**191.244,49**

Comparabile B

Id.	Prezzo e caratteristica	*Subject*	Comparabile B	Differenza	Prezzo marginale	Valorizzazione (€)
PRZ	Prezzo totale (€)					170.000,00
S1	Superficie principale (m²)	86,5	82,8	3,7	2.043,80	7.562,06
SUB	Superficie balconi (m²)	11,6	9,5	2,1	510,95	1.073,00
STM	Stato manutenzione	3	2	1	12.750,00	0
LIV	Livello di piano	2	1	1	5.000,00	5.000,00
Prezzo corretto						**183.635,06**

Comparabile C

Id.	Prezzo e caratteristica	*Subject*	Comparabile C	Differenza	Prezzo marginale	Valorizzazione (€)
PRZ	Prezzo totale (€)					195.000,00
S1	Superficie principale (m²)	86,5	84,6	1,9	2.043,80	3.883,22
SUB	Superficie balconi (m²)	11,6	22,0	−10,40	510,95	−5.313,88
STM	Stato manutenzione	3	3	0,00	12.750,00	,00
LIV	Livello di piano	2	3	−1,00	5.000,00	−5.000,00
Prezzo corretto						**188.569,34**

Il prezzo massimo è 191.244,49 €, il prezzo minimo 183.635,06 €. La variazione è del 4,0%.

Si considerano accettabili per la procedura di stima variazioni fino al 5÷8%. In caso contrario si devono trovare altri comparabili più affini e/o procedere con l'analisi di altre caratteristiche.

7.2.6 Sintesi valutativa (*reconciliation*)

La sintesi valutativa è la conclusione della procedura di stima, con la quale si comunica al committente l'esito della procedura.

Il valore della stima a *Market Comparison Approach* del *subject* è rappresentato dalla **media dei prezzi corretti** secondo il principio di equiprobabilità (2), per il quale i prezzi corretti hanno pari probabilità, peso e dignità di figurare nella sintesi conclusiva (*v.* esempio 7.5).

(2) M. Simonotti, *Metodi di stima immobiliare*, Flaccovio editore, 2006, pag. 219.

ESEMPIO 7.5 **SINTESI VALUTATIVA**

Comparabile A	191.244,49		
Comparabile B	183.635,06		
Comparabile C	188.569,34		
Totale e media	563.448,89	/ 3	= 187.816,3

Il valore dell'immobile risulta quindi, arrotondando:

188.000 €

In questo esempio l'HBU è la destinazione attuale, l'unica possibile per l'immobile in esame.

Confronto col procedimento multiparametrico tradizionale

Stato di manutenzione
0,7 = pessimo;
0,8 = scarso;
0,9 = discreto;
1,0 = buono.

Livello di piano
1,000 = piano terra;
1,025 = primo piano;
1,050 = secondo piano;
1,075 = dal terzo piano, escluso l'ultimo;
1,100 = ultimo piano.

Prezzo e caratteristiche	Comparabile A	Comparabile B	Comparabile C	Totale comparabili	Fabbricato da stimare
Prezzo totale (€)	190.000	170.000	195.000	555.000	
Superficie commerciale (m^2)	110,40	92,3	106,60	309,30	98,10
Stato di manutenzione	0,70	0,80	0,90		0,85
Livello di piano	1,10	1,00	1,05		1,025
Prodotto parametri	85,01	73,84	100,74	259,59	85,47
Valore di stima					**182.734**

7.3 METODO DEL CONFRONTO DI MERCATO CON SISTEMA DI STIMA

Il sistema di stima è un'ulteriore fase che può essere inserita nella procedura per l'analisi delle caratteristiche qualitative. Pertanto alla tabella di valutazione, basata sui prezzi marginali, seguirà una **tabella delle caratteristiche qualitative** (*sistema di stima*).

L'incidenza delle caratteristiche qualitative, non essendo parametrizzabili direttamente in termini di prezzi marginali, viene considerata sulla base dei *punteggi assegnati dal nomenclatore*. Si dovranno quindi modificare i prezzi corretti, ottenuti in base alle sole caratteristiche quantitative, per l'incidenza delle caratteristiche qualitative. Si otterrà così il valore medio (valore atteso) in funzione di tutte le caratteristiche dei fabbricati comparabili.

Il *sistema di stima* è formato da una **matrice**, costituita dai punteggi attribuiti alle caratteristiche, che viene eguagliata a un **vettore colonna** costituito dai prezzi corretti noti. La matrice è a sua volta costituita di:

- un vettore che rappresenta in proporzione il valore dei prezzi corretti di riferimento (i cui valori matriciali sono settati tutti a 1);
- un vettore per ogni caratteristica qualitativa, i cui valori sono dati dalle differenze tra le caratteristiche in base al nomenclatore.

La soluzione della matrice restituisce il valore di stima.

Il *calcolo matriciale*, quando le caratteristiche qualitative considerate non sono poche, può essere molto complesso e per questo è in genere assistito da applicazioni informatiche (disponibili in commercio). Tale calcolo si semplifica notevolmente nel caso di una matrice quadrata 2 × 2 o 3 × 3 (*v.* esempio 7.6).

ESEMPIO 7.6 TABELLA CARATTERISTICHE QUALITATIVE E SISTEMA DI STIMA

Con i dati degli esempi precedenti, si aggiungono due caratteristiche qualitative: l'affaccio e il panorama. In base al nomenclatore si ha la tabella che segue.

Immobile	Affaccio	Panorama
Comparabile A	2	1
Comparabile B	2	0
Comparabile C	3	0
Subject	**3**	**1**

Si ottiene quindi una matrice con tre variabili:

- *x*, posta a 1 per tutti i comparabili, a cui corrisponde il vettore dei **prezzi corretti noti**;
- *y*, che rappresenta l'incidenza della **caratteristica affaccio** (punteggio del comparabile meno punteggio del *subject*);
- *z* che rappresenta l'incidenza della **caratteristica panorama**.

Immobile	Matrice di valutazione			Vettore prezzi corretti noti
	Prezzo (*x*)	Affaccio (*y*)	Panorama (*z*)	
Comparabile A	1	–1	0	178.999,77
Comparabile B	1	–1	–1	183.328,99
Comparabile C	1	0	–1	175.870,04

In forma matriciale:

$$\begin{pmatrix} 1 & -1 & 0 \\ 1 & -1 & -1 \\ 1 & 0 & -1 \end{pmatrix} \times \begin{pmatrix} x \\ y \\ z \end{pmatrix} = \begin{pmatrix} 235.633,80 \\ 232.101,11 \\ 278.562,79 \end{pmatrix}$$

La matrice viene risolta con il seguente sistema di equazioni:

(1) $x \quad - y \qquad = 178.999,77$

(2) $x \quad - y \quad - z = 183.328,99$

(3) $x \qquad\quad - z = 175.870,04$

(1) $x = 178.999,77 + y$

Si procede per sostituzione nelle altre equazioni.

(2) $178.999,77 + y - y - z = 183.328,99$

$z = 178.999,77 - 183.328,99 = -4.329,22$

(3) $x - (-4.329,22) = 175.870,04$

$x = 175.870,04 + (-4.329,22) =$ **171.540,82**

(1) $171.540,82 = 178.999,77 + y$

$y = 171.540,82 - 178.999,77 = -7.458,95$

Tabella di verifica del sistema

Immobile	Prezzo corretto (*x*)	Affaccio (*y*)	Panorama (*z*)	Valore di stima
Comparabile A	178.999,77	-7.458,95	0	171.540,82
Comparabile B	183.328,99	-7.458,95	–4.329,22	171.540,82
Comparabile C	175.870,04	0	–4.329,22	171.540,82

che si arrotonda

172.000 €

Le caratteristiche qualitative hanno determinato quindi una riduzione del valore di:

188.000 – 172.000 = 7.000 € (pari al 4,07%)

7. Stima dei fabbricati con il MCA

Questionario

1. Quali sono le fasi di stima del MCA?
2. Quali sono i parametri di confronto? Come possono essere? Con che criterio sono scelti?
3. Che cosa contiene la tabella dati?
4. Che cos'è il prezzo marginale?
5. In che cosa consiste la fase di aggiustamento nella procedura di stima del MCA?
6. Come si conclude la stima del MCA?
7. Quando, nella procedura di stima del MCA, si ricorre al sistema di stima?
8. Come si imposta e come si risolve un sistema di stima? Quali sono le difficoltà pratiche?

In sintesi

Il MCA consiste in aggiustamenti sistematici ai prezzi di mercato rilevati in funzione delle caratteristiche di fabbricati presi per il confronto. La procedura prevede la rilevazione del dato immobiliare relativo a ogni immobile comparabile e di quello da stimare.

I **parametri** sono le caratteristiche che si intendono analizzare per la stima in funzione del segmento di mercato a cui appartiene il fabbricato. Il parametro di stima può essere una rilevazione effettiva (metri quadrati, altezza di piano ecc.) o un nomenclatore che descrive, con una scala di giudizio stabilita dal perito, il parametro in esame.

La **tabella dati** contiene i prezzi e le caratteristiche rilevate dei fabbricati simili e del fabbricato oggetto di stima (definito *subject*).

Gli "**aggiustamenti**" sono correzione ai prezzi di mercato rilevati in misura pari ai prezzi marginali delle caratteristiche immobiliari scelte fra quelle ritenute più importanti.

Il *prezzo marginale* (*Pm*) esprime la variazione del prezzo *P* al variare della caratteristica o parametro *p* di confronto considerato.

Gli aggiustamenti possono essere stimati anche in percentuale, a forfait o mediante un computo metrico ecc.

Nella **tabella di valutazione** si applicano a ogni comparabile gli aggiustamenti dei prezzi di mercato in base ai prezzi marginali calcolati.

Con la **sintesi valutativa** si comunica al committente il valore di stima rappresentato dalla media dei prezzi corretti.

Il **sistema di stima** è un'ulteriore fase che può essere inserita nella procedura per l'analisi delle caratteristiche qualitative per le quali vengono stabiliti dei punteggi definiti in base al nomenclatore.

Il sistema di stima è formato da una matrice, costituita dai punteggi attribuiti alle caratteristiche, che viene eguagliata a un vettore colonna costituito dai prezzi corretti noti. La soluzione della matrice restituisce il valore di stima.

ESERCIZI SVOLTI

STIMA DI UN APPARTAMENTO (MCA)

Si deve stimare un appartamento per un istituto bancario a scopo cauzionale (erogazione di un mutuo). È richiesta l'applicazione degli IVS.

Rapporto di valutazione

OGGETTO

Appartamento usato, in zona periferica, di tre locali e doppi servizi, al terzo piano con ascensore.
Richiedente la valutazione: rag. Giuseppe Verdi di Banca Popolare.

VALUTATORE

Geom. Mario Rossi, via Roma 21, Milano. Tel. 02 1234567
Data di valutazione: 2.12.2019

PREMESSA

Il presente documento di valutazione immobiliare mira a comunicare al lettore il valore di stima, a confermare le finalità della valutazione, a esporre il procedimento e a indicare le eventuali assunzioni alla base della valutazione e le condizioni limitanti.
Nel rapporto sono riportati i processi analitici e i dati utilizzati per la stima del valore finale, allo scopo di guidare il lettore attraverso le procedure e le prove utilizzate dal valutatore per elaborare la valutazione.
Il rapporto, finalizzato a perseguire gli obiettivi di trasparenza ed efficienza dei mercati immobiliari moderni, è svolto in applicazione degli standard di valutazione internazionali e nazionali.

MANDATO E ASSUNZIONI PRELIMINARI

Il committente in data 2.9.2019 incaricava il valutatore di determinare il più probabile valore di mercato del compendio immobiliare descritto negli immobili oggetto di stima.

Fasi e operazioni peritali

Data	Fase e operazione peritale	Soggetto
5.9.2019	Ispezione esterna dell'immobile	Rossi Mario (valutatore)
5.9.2019	Ispezione interna al fabbricato	Rossi Mario (valutatore)
14.9.2019	Ricerca dati immobiliari comparabili	Rossi Mario (valutatore)

Valore di mercato

Secondo l'*International Valuation Standards* (IVS), il valore di mercato è l'importo stimato al quale un determinato immobile può essere compravenduto alla data della stima, posto che l'acquirente e il venditore abbiano operato in modo indipendente, non condizionato e nel proprio interesse, dopo un'adeguata attività di marketing durante la quale entrambe le parti abbiano agito con eguale capacità, con prudenza e senza alcuna costrizione.

Procedimento

Il *Market Comparison Approach* (MCA o metodo del confronto di mercato) è un procedimento di stima del prezzo di mercato o del reddito degli immobili che si svolge attraverso il confronto tra l'immobile oggetto di stima e un insieme di immobili di confronto simili, contrattati di recente e di prezzo o di reddito noti e ricadenti nello stesso segmento di mercato. Il MCA si basa sulla rilevazione dei dati reali di mercato e delle caratteristiche degli immobili, quali termini di paragone nel confronto estimativo.

SCHEDA IMMOBILE OGGETTO DI VALUTAZIONE (*SUBJECT*)

Descrizione

Appartamento usato, zona periferica, composto di ingresso, cucina, soggiorno, due bagni, ripostiglio, due camere con balcone; cantina al piano interrato. Piano terzo con ascensore.

Ubicazione

Provincia: Monza e Brianza
Comune: Monza
Zona: quartiere Cazzaniga
Indirizzo: via della Birona, 12

Confini

Nord: proprietà privata (palazzina);
Est: via della Birona;
Sud: via della Birona;
Ovest: proprietà privata (villino).

Provenienza e titolarità

Atto di compravendita repertorio 12345, stipulato presso lo studio notarile del dott. Bianchi Mario di Milano.

Consistenza catastale - Comune catastale di Monza (F704)

N.	Sezione	Foglio	Particella	Sub.	Categoria	Classe	Vani	RI (€)
1	C	11	69	21	A/2	2	3,5	934,63

Ubicazione dell'immobile oggetto di stima (X) e degli immobili comparabili A e B.

COMPARABILI

Gli immobili che formano il campione d'indagine per la comparazione estimativa dell'immobile oggetto di stima sono due appartamenti ubicati nello stesso quartiere, in vie limitrofe.

Comparabile A

Tipologia	Appartamento
Ubicazione	Via Lorenzo Perosi, 16, Monza
Zona	Cazzaniga
Tipo di dato	Compravendita
Descrizione	Appartamento usato, zona periferica, composto di ingresso, cucina, soggiorno, bagno, ripostiglio, 2 camere, 2 balconi, cantina.
Piano	Terzo
Destinazione	Residenziale
Fonte dato	Intervista diretta
Data compravendita	2.9.2019
Prezzo	145.000 €

Comparabile B

Tipologia	Appartamento
Ubicazione	Via Arrigo Boito, 47, Monza
Zona	Cazzaniga
Tipo di dato	Compravendita
Descrizione	Appartamento usato, zona periferica, composto di ingresso, cucina, soggiorno, bagno, ripostiglio, camera, camera, cantina.
Piano	Primo
Destinazione	Residenziale
Fonte dato	Agente immobiliare
Data compravendita	1.8.2019
Prezzo	150.000 €

CARATTERISTICHE IMMOBILIARI UTILIZZATE PER LA STIMA

Considerato il segmento di mercato immobiliare (appartamenti in quartiere periferico), le caratteristiche utilizzate per la stima sono le seguenti.

Data (DAT). La data del contratto è una caratteristica economica rilevata insieme al prezzo di mercato al quale si riferisce. Il suo compito consiste nell'aggiornare alla data di stima i prezzi degli immobili di confronto. Unità di misura: giorni, mesi o anni.

Superficie principale (S1). La superficie principale è una caratteristica relativa ai locali di maggiore importanza componenti l'immobile. Unità di misura: m^2.

Superficie balconi (SUB). La superficie dei balconi è una superficie secondaria che contribuisce alla determinazione della superficie commerciale con la propria reale superficie corretta con il relativo indice mercantile. Unità di misura: m^2.

Superficie cantine (SUC). La superficie delle cantine è una superficie secondaria che contribuisce alla determinazione della superficie commerciale con la propria reale superficie corretta con il relativo indice mercantile. Unità di misura: m^2.

Livello di piano (LIV). Il livello di *piano* è una caratteristica posizionale che tiene conto del livello di piano ove è collocata l'unità immobiliare. La variazione di prezzo indotta sull'immobile all'aumentare del livello di piano (in un edificio multipiano) può essere positiva, in genere in presenza dell'ascensore, nulla e negativa in genere in assenza dell'ascensore. Il nomenclatore usato è il seguente: piano terra 0; piano primo 1; piano secondo 2; piani intermedi 3; piano ultimo 4.

Stato di manutenzione generale del fabbricato (SMF). La caratteristica stato di manutenzione generale del fabbricato rappresenta il grado di conservazione delle strutture portanti, delle finiture esterne e interne non esclusive nonché degli impianti comuni del fabbricato.

Unità di misura: 1 = scarso; 2 = mediocre; 3 = sufficiente; 4 = discreto; 5 = buono.

- *Buono* (o massimo). Le condizioni di conservazione del fabbricato sono nello stato originario e tali da non dover richiedere alcuna opera di manutenzione né ordinaria né straordinaria, in quanto rispondono pienamente allo scopo.
- *Discreto*. Le condizioni di conservazione del fabbricato sono generalmente buone con esclusione di alcune parti che richiedono interventi di manutenzione ordinaria.
- *Sufficiente*. Le condizioni di conservazione del fabbricato sono accettabili e tali da dover richiedere opere di manutenzione ordinaria.
- *Mediocre*. Il fabbricato manifesta accettabili condizioni di conservazione, seppur presenti contenuti fenomeni di degrado che richiedono interventi di manutenzione specifici e limitati riconducibili alla normale manutenzione ordinaria necessaria al corretto mantenimento in buono stato del fabbricato e delle sue parti più esposte.
- *Scarso* (o minimo). Il fabbricato presenta notevoli situazioni di degrado richiedenti l'esecuzione di un organico intervento di manutenzione straordinaria e/o ristrutturazione per il ripristino delle originarie funzionalità.

Stato di manutenzione dell'unità immobiliare (STM). La caratteristica stato di manutenzione dell'unità immobiliare rappresenta il grado di *conservazione* delle finiture interne, dei serramenti, dei pavimenti e rivestimenti esclusi gli impianti dell'unità immobiliare.

Unità di misura: 1 = scarso; 2 = mediocre; 3 = medio; 4 = discreto; 5 = buono.

- *Buono*. Le condizioni di conservazione dell'unità immobiliare sono nello stato originario e tali da non dover richiedere alcuna opera di manutenzione né ordinaria né tanto meno straordinaria, in quanto rispondono pienamente allo scopo.
- *Discreto*. Le condizioni di conservazione dell'unità sono generalmente buone con esclusione di alcune parti che richiedono interventi di manutenzione ordinaria.
- *Medio*. L'unità immobiliare manifesta accettabili condizioni di conservazione, seppur presenti contenuti fenomeni di degrado che richiedono interventi di manutenzione specifici e limitati riconducibili alla normale manutenzione ordinaria necessaria al corretto mantenimento in buono stato delle parti di specifica competenza.
- *Mediocre*. L'unità immobiliare manifesta accettabili condizioni di conservazione, seppur presenti contenuti fenomeni di degrado che richiedono interventi di manutenzione specifici e limitati riconducibili alla normale manutenzione ordinaria necessaria al corretto mantenimento in buono stato dell'unità e delle sue parti più esposte.
- *Scarso*. L'unità immobiliare presenta notevoli situazioni di degrado richiedenti l'esecuzione di un organico intervento di manutenzione straordinaria per il ripristino delle originarie funzionalità.

Altre caratteristiche immobiliari sono importanti per gli immobili classificati come appartamento, come quelle indicate nel profilo immobiliare. Nel caso in esame queste caratteristiche non vengono considerate perché *il campione estimativo presenta parità di condizioni*.

TABELLA DEI DATI

Caratteristica	Acronimo	U.m.	Comparabile A	Comparabile B	*Subject*
Prezzo totale	*PRZ*	€	145.000	150.000	-
Data	*DAT*	mesi	3	4	0
Superficie principale	*S1*	m^2	87,0	91,0	95,3
Superficie balconi	*SUB*	m^2	8,0	11,0	8,7
Superficie cantine	*SUC*	m^2	12,3	8,2	9,1
Livello di piano	*LIV*	n.	3	1	3
Stato di manut. fabbricato	*SMF*		4	4	4
Stato di manutenzione u.i.	*STM*		2	3	3

ANALISI DEI PREZZI MARGINALI

Prezzo marginale della caratteristica data (*DAT*)

Il prezzo marginale della data *p*(*DAT*) è stimato con il saggio di variazione mensile dei prezzi del particolare segmento di mercato immobiliare.
[*i*(*DAT*)] = 0,03 (3%) indice mercantile

Il prezzo marginale dei comparabili rilevati risulta allora:
pA(*DAT*) = 145.000 × 0,03 / 12 = 1.087,50 €/mese
pB(*DAT*) = 150.000 × 0,03 / 12 = 1.125,00 €/mese

Prezzo marginale della caratteristica superficie (*S1*, *SUB* e *SUC*)

i(*S1*) = 1,00 indice mercantile superficie principale
i(*SUB*) = 0,33 indice mercantile superficie balconi
i(*SUC*) = 0,25 indice mercantile superficie cantina

Superfici *subjet*

Id.	Tipo	Superficie effettiva (m^2)	Indice mercantile	Superficie comm. (m^2)
S1	Superficie principale	95,3	1,00	95,3
SUB	Superficie balconi	8,7	0,33	2,9
SUC	Superficie cantine	9,1	0,25	2,3
SC	**Superficie commerciale (m^2)**			**100,5**

Superfici comparabile A

Id.	Tipo	Superficie effettiva (m^2)	Indice mercantile	Superficie comm. (m^2)
S1	Superficie principale	87,0	1,00	87,0
SUB	Superficie balconi	8,0	0,33	2,6
SUC	Superficie cantine	12,3	0,25	3,1
SC	**Superficie commerciale (m^2)**			**92,7**

Superfici comparabile B

Id.	Tipo	Superficie effettiva (m^2)	Indice mercantile	Superficie comm. (m^2)
S1	Superficie principale	91,0	1,00	91,0
SUB	Superficie balconi	11,0	0,33	3,6
SUC	Superficie cantine	8,2	0,25	2,1
SC	**Superficie commerciale (m^2)**			**96,7**

Prezzi medi

Id.	Descrizione	Comparabile A	Comparabile B	*Subject*
PRZ	Prezzo totale (€)	145.000	150.000	
SC	Superficie commerciale (m^2)	92,7	96,7	100,5
PM	Prezzo medio (€/m^2)	1.564,19	1.551,19	

La determinazione del *prezzo medio minimo* [*PMM*] e del *prezzo medio massimo* [*PMX*] della superficie principale avviene mediante l'applicazione del primo teorema mercantile (prezzo medio della superficie commerciale per il rapporto mercantile).

Prezzo medio della superficie commerciale = 1.557,69 €/m^2

Prezzo marginale superficie principale (*S1*)
$p(S1) = 1.557{,}69 \times 1{,}00 = 1.557{,}69$ €/m^2

Prezzo marginale della caratteristica superficie balconi (*SUB*)
$p(SUB) = 1.557{,}69 \times 0{,}33 = 514{,}04$ €/m^2

Prezzo marginale della caratteristica superficie cantine (*SUC*)
$p(SUC) = 1.557{,}69 \times 0{,}25 = 389{,}42$ €/m^2

Prezzo marginale della caratteristica livello di piano (*LIV*)

Il passaggio da un livello di piano all'altro comporta una variazione del valore di mercato del 2%, si ha quindi un indice mercantile:
$[i(LIV)] = 0{,}02$

Il prezzo marginale dei comparabili rilevati risulta allora:
$pA(LIV) = 145.000 \times 0{,}02 = 2.900{,}00$ €/livello di piano
$pB(LIV) = 150.000 \times 0{,}02 = 3.000{,}00$ €/livello di piano

Prezzo marginale della caratteristica stato di manutenzione generale del fabbricato (*SMF*)

Il prezzo marginale dello stato di manutenzione *p*(*SMF*) è posto pari al costo di intervento per passare da un livello all'altro secondo il nomenclatore.
I costi di intervento si riferiscono al costo di manutenzione (deperimento fisico) ed eventualmente al costo di adeguamento (deperimento funzionale). Il costo di intervento è calcolato con un computo analitico, con un preventivo di spesa o, in subordine, è stimato a forfait. Si considera un costo medio per passare da un livello all'altro secondo il nomenclatore di **6.000,00 €** (pro quota condominiale), determinato da preventivo di costi.

Prezzo marginale della caratteristica stato di manutenzione dell'unità immobiliare (*STM*)

Il prezzo marginale dello stato di manutenzione *p*(*STM*) è posto pari al costo di intervento per passare da un livello all'altro secondo il nomenclatore.
I costi di intervento si riferiscono al costo di manutenzione (deperimento fisico) ed eventualmente al costo di adeguamento (deperimento funzionale). Il costo di intervento è calcolato con un computo analitico, con un preventivo di spesa o in subordine stimato a forfait. Si considera un costo per passare da un livello all'altro del nomenclatore di **10.000,00 €** da preventivo di costi.

TABELLA DI VALUTAZIONE DEL MCA

Per ogni comparabile e per ogni caratteristica è svolto un aggiustamento al prezzo totale (*PRZ*) pari al *prodotto della differenza dell'ammontare delle caratteristiche e il prezzo marginale della caratteristica considerata*. Il confronto delle caratteristiche avviene sempre fra l'immobile oggetto di stima (*Subject*) e l'immobile di confronto (A e B).

Comparabile A

Id.	Prezzo e caratteristica	Differenza	Prezzo marginale A	Valorizzazione (€)
PRZ	Prezzo totale (€)			145.000,00
DAT	Data (mesi)	(0 – 3) –3,00	1.087,50	–3.262,50
S1	Superficie principale (m²)	(95,3 – 87) 8,3	1.557,69	12.928,83
SUB	Superficie balconi (m²)	(8,7 – 8) 0,7	514,04	359,83
SUC	Superficie cantine (m²)	(9,1 – 12,3) –3,20	389,42	–1.246,14
LIV	Livello di piano	(3 – 3) 0	2.900,00	0,00
SMF	Stato manutenzione fabb.	(4 – 4) 0	6.000,00	0,00
STM	Stato manutenzione unità i.	(3 – 2) 1	10.000,00	10.000,00
				163.780,02

Comparabile B

Id.	Prezzo e caratteristica	Differenza	Prezzo marginale B	Valorizzazione (€)
PRZ	Prezzo totale (€)			150.000,00
DAT	Data (mesi)	(0 – 4) –4,00	1.125,00	–4.500,00
S1	Superficie principale (m²)	(95,3 – 91) 4,3	1.557,69	6.698,07
SUB	Superficie balconi (m²)	(8,7 – 11) –2,30	514,04	–1.182,29
SUC	Superficie cantine (m²)	(9,1 – 8,2) 0,9	389,42	350,48
LIV	Livello di piano	(3 – 1) 2	3.000,00	6.000,00
SMF	Stato manutenzione fabb.	(4 – 4) 0	6.000,00	0
STM	Stato manutenzione unità i.	(3 – 3) 0	10.000,00	0
				157.366,26

In linea teorica i prezzi corretti degli immobili di confronto devono coincidere, tuttavia nell'esperienza concreta ciò è puramente casuale, anche se generalmente si manifesta una sostanziale convergenza. La presenza di prezzi corretti divergenti si accetta mediante l'analisi della divergenza percentuale assoluta *d%* che si calcola tra il prezzo massimo (*Pmax*) e il prezzo minimo (*Pmin*) ed esprime la divergenza massima dei prezzi corretti. Nel caso in esame è pari a:

$d\% = (163.780,02 - 157.366,26) / 163.780,02 = 3,92\% < 5\%$

Sintesi di stima

Il valore della stima a *Market Comparison Approach* del *subject* è rappresentato dalla media dei prezzi corretti secondo il principio di equiprobabilità, per il quale i prezzi corretti hanno pari probabilità, peso e dignità di figurare nella sintesi conclusiva. Tale valore è uguale a:

(163.780,02 + 157.366,26) / 2 = 160.573,14 €

In conclusione il valore di mercato dell'immobile oggetto di valutazione è pari a:

161.000,00 €

Parte quarta
Estimo legale

Il **risarcimento del danno** è previsto dalla legge a carico del soggetto responsabile per un *fatto illecito*, doloso o colposo. Nel caso di un sinistro, per la mancanza del soggetto responsabile, il danno può essere risarcito solo nell'ambito del contratto di assicurazione.
L'**indennità** è quanto viene pagato per *risarcire un danno secondo quanto è stabilito contrattualmente* (assicurazione) *o in base alla legge* (come nel caso delle espropriazioni per causa di pubblica utilità). Ne consegue che l'entità dell'indennizzo non corrisponde, in genere, a quella del danno.

8.1.2 Il contratto di assicurazione

L'assicurazione è il contratto, detto *polizza*, col quale l'assicuratore, in cambio del pagamento di un *premio*, si obbliga a risarcire l'assicurato, entro i limiti convenuti, del danno a esso prodotto da un *sinistro* (art. 1882 c.c.).
Gli elementi fondamentali di una polizza di assicurazione sono pertanto:
- l'**impresa o Compagnia assicuratrice**;
- il **rischio** assunto dalla Compagnia (senza rischio il contratto è nullo);
- il **premio**, pagato dall'assicurato, commisurato al rischio (entità e frequenza statistica del sinistro).

Il contratto di assicurazione dei fabbricati può offrire due tipi di garanzie:
- garanzie *dirette*, che coprono i **danni arrecati al bene assicurato**;
- garanzia di *responsabilità civile* per i **danni arrecati a terzi**, come per esempio le lesioni personali o a cose per la caduta di un cornicione ammalorato.

Questo contratto è regolato dal codice civile, artt. 1882÷1918. Gli articoli più importanti sono riportati, in tutto o in parte, nella tabella 8.1.

8.1 Le principali norme che regolano il contratto di assicurazione (codice civile)

Art.	Oggetto	Contenuto della norma
1904	Interesse all'assicurazione	Il contratto di assicurazione contro i danni è nullo se, nel momento in cui l'assicurazione deve avere inizio, non esiste un interesse dell'assicurato al risarcimento del danno.
1905	Limite del risarcimento	L'assicuratore è tenuto a risarcire, nei modi e nei limiti stabiliti dal contratto, il danno sofferto dall'assicurato in conseguenza del sinistro.
1906	Vizio intrinseco della cosa	L'assicuratore non risponde dei danni prodotti da vizio intrinseco della cosa assicurata che non gli sia stato denunziato.
1907	Assicurazione parziale	Se l'assicurazione copre solo una parte del valore che la cosa assicurata aveva al tempo del sinistro, l'assicuratore risponde dei danni in proporzione della parte suddetta, a meno che non sia diversamente convenuto.
1908	Valore della cosa assicurata	Nell'accertare il danno non si può attribuire alle cose distrutte o danneggiate un valore superiore a quello che avevano al tempo del sinistro. Il valore delle cose assicurate può essere stabilito al tempo della conclusione del contratto mediante stima accettata per iscritto dalle parti. Non equivale a stima la dichiarazione di valore delle cose assicurate contenuta nella polizza.
1909	Assicurazione per somma eccedente il valore delle cose	L'assicurazione per somma che eccede il valore reale della cosa assicurata non è valida se vi è stato dolo da parte dell'assicurato; l'assicuratore, se è in buona fede, ha diritto ai premi del periodo di assicurazione in corso.
1910	Assicurazione presso diversi assicuratori	Se per il medesimo rischio sono contratte separatamente più assicurazioni presso diversi assicuratori, l'assicurato deve dare avviso di tutte le assicurazioni a ciascun assicuratore.

(continua)

(*segue*)

Art.	Oggetto	Contenuto della norma
1911	Coassicurazione	Qualora i rischi relativi alle stesse cose siano ripartiti tra più assicuratori per quote determinate, ciascuno di essi è tenuto al pagamento dell'indennità soltanto in proporzione alla rispettiva quota.
1912	Terremoto, guerra, insurrezione, tumulti popolari	Salvo patto contrario, l'assicuratore non è obbligato per i danni determinati da movimenti tellurici, da guerra, da insurrezione o da tumulti popolari.
1913	Avviso all'assicuratore in caso di sinistro	L'assicurato deve dare avviso del sinistro entro tre giorni da quello in cui il sinistro si è verificato o l'assicurato ne ha avuto conoscenza.
1914	Obbligo del salvataggio	L'assicurato deve fare quanto gli è possibile per evitare o diminuire il danno. Le spese fatte a questo scopo dall'assicurato sono a carico dell'assicuratore, in proporzione al valore assicurato, salvo che l'assicuratore provi che le spese sono state fatte inconsideratamente.

Il contratto per i rischi dei fabbricati

I danni ai fabbricati possono verificarsi in seguito a straordinari fatti accidentali o, più frequentemente, a casi di più modesta importanza. Si possono avere quindi danni a beni di proprietà o danni a terzi con obbligo di risarcimento. Per questi motivi sono molto diffusi i contratti di assicurazione.

Nel caso di edifici condominiali i contratti sono sottoscritti dall'amministratore e coprono l'intero fabbricato (parti esclusive e comuni) e considerano i condomini terzi sia tra loro sia nei confronti della proprietà comune (cioè sono assicurati i danni che i condomini si possono arrecare reciprocamente e i danni che i condomini possono arrecare alle parti comuni).

La polizza globale fabbricati

La polizza globale fabbricati è un'assicurazione che copre molte tipologie di rischio (*polizza multirischio*). Le **garanzie di base** sono:
- il danno causato da *incendio*, scoppio, esplosione, implosione;
- *caduta accidentale* di aeromobili, urto di veicoli di terzi.

Classificazione dei fabbricati in base al rischio di incendio

In funzione del rischio di incendio a cui sono soggetti, i fabbricati sono classificati in quattro classi, a cui si applicano aliquote crescenti.

Sinistri poco frequenti
I contratti di assicurazione multirischio prevedono anche danni causati da agenti inusuali come i *meteoriti* o l'*onda sonica*, quest'ultima provocata da aeromobili che superano la velocità del suono (la cui dannosità forse non è accertata o accertabile).

Altre garanzie assicurabili sono i danni causati da:
- *atti vandalici e dolosi*, che si possono verificare in seguito a furto, rapina, scioperi, tumulti popolari ecc.;
- *eventi meteorologici eccezionali*, come trombe d'aria, grandine, vento, sovraccarico di neve, gelo;
- *azione della corrente elettrica*, da qualunque causa provocata, compresi i danni subiti da apparecchiature e componenti elettronici;
- *fuoriuscita d'acqua dalle condutture* per causa accidentale, in seguito a guasto di impianti idrosanitari e di condizionamento o a macchine collegate a condutture d'acqua.

Inoltre l'impresa assicuratrice può indennizzare l'assicurato, entro determinati limiti, per i danni dovuti a:
- le cose contenute, in particolare i macchinari, gli arredamenti e le merci per i fabbricati a uso produttivo;
- spese necessarie per demolire, sgomberare e trasportare alla più vicina discarica i residuati del sinistro;
- mancato godimento dei locali (perdita delle "pigioni");

- spese di trasferimento o soggiorno in albergo o residence per sé e per le persone conviventi;
- onorari a periti.

Ogni rischio aggiuntivo assunto dalla Compagnia comporta ovviamente un aumento del premio.

8.2 STIMA DEI DANNI AI FABBRICATI CAUSATI DA INCENDIO

8.2.1 Criteri di risarcimento

Il **danno totale** (o *danno economico*) è costituito da:

- **danno patrimoniale** (o *danno emergente* o *danno materiale*), dato dalle spese per riprodurre il bene danneggiato e alla sua eventuale permanente diminuzione di valore;
- **danno finanziario** (o *lucro cessante*), dato dai mancati redditi.

Le assicurazioni pagano l'importo del risarcimento, nei limiti previsti dagli accordi contrattuali (art. 1905 c.c.), secondo la stima eventualmente effettuata. L'entità dell'indennizzo nell'ambito dell'assicurazione dipende dal tipo di contratto, "a pieno rischio" o "a primo rischio", e comprende spesso la franchigia o lo scoperto.

Assicurazioni "a pieno rischio"

Il risarcimento del danno è proporzionale al *valore assicurato* (art. 1907 c.c.). L'assicurato può infatti pagare un premio che copre l'intero valore del bene o solo una parte di esso (*sottoassicurazione*).
Quando l'assicurazione copre solo una parte del valore l'assicuratore risponde dei danni secondo la proporzione:

$$V_r : V_a = D : Ind$$

da cui (*v.* esempio 8.1):

$$Ind = D\ \frac{V_a}{V_r}$$

dove:

Ind = indennizzo;
V_r = valore reale dell'immobile;
V_a = valore assicurato;
D = danno.

Il rapporto tra valore assicurato e valore reale dà il *coefficiente di assicurazione* (c_a). Esiste comunque un'ampia approssimazione nel giudicare il coefficiente di assicurazione, nell'ordine del 10÷20%.

ESEMPIO 8.1 INDENNIZZO PER DANNI A UN FABBRICATO ASSICURATO PARZIALMENTE

Valore del fabbricato: 5.000.000 €
Valore assicurato: 3.000.000 €
Danno subito: 500.000 €

Indennizzo:

$$Ind = 500.000 \times \frac{3.000.000}{5.000.000} = 300.000\ €$$

Assicurazioni "a primo rischio" o a massimale

In determinati casi è difficile quantificare l'entità del rischio oppure il rischio è tale da comportare un premio, proporzionalmente elevato, eccessivamente gravoso per l'assicurato (che quindi non si assicurerebbe). In questi casi si può ricorrere a un contratto "a primo rischio" in cui la Compagnia si impegna a indennizzare il danno fino al raggiungimento di un *massimale* concordato (*valore assicurato*), inferiore al valore reale del fabbricato (*valore assicurabile*).
Il premio di assicurazione per questo tipo di contratto è, a parità di valore assicurato, maggiore. Infatti, in caso di sinistro, nel contratto "a pieno rischio" l'indennizzo è *proporzionale* al danno totale ($Ind = D \times c_a$), mentre nel contratto "a primo rischio" l'indennizzo è *pari* al danno totale fino al limite del massimale.

Franchigia e scoperto

La franchigia e lo scoperto sono la *parte del danno che, per contratto, non è indennizzata* e che quindi resta a carico dell'assicurato. In tal modo la Compagnia non risponde per sinistri di lieve entità (franchigia) o paga indennizzi inferiori al danno (scoperto) con lo scopo di indurre l'assicurato a limitare, per quanto gli è possibile, la probabilità di un sinistro.
La **franchigia** è determinata in *misura fissa*, con un valore assoluto, lo **scoperto** in *misura variabile*, con una percentuale (*v.* esempio 8.2).

ESEMPIO 8.2 **FRANCHIGIA E SCOPERTO**

Nella tabella si può notare la diversità di calcolo dell'indennizzo in caso di franchigia o di scoperto.

Danno (€)	Franchigia (€)	Indennizzo (€)
10.000		0
50.000	10.000	40.000
100.000		90.000

Danno (€)	Scoperto 10% (€)	Indennizzo (€)
10.000	1.000	9.000
50.000	5.000	45.000
100.000	10.000	90.000

8.2.2 Procedura di risarcimento

In caso di sinistro l'assicurato deve mantenere inalterato il sito danneggiato e conservare ogni prova del fatto. Deve quindi presentare, quanto prima, la **denuncia del sinistro**, correttamente compilata.
L'ammontare del danno è determinato sulla base della **perizia di un libero professionista** incaricato dalla Compagnia (*liquidatore*). È comunque facoltà dell'assicurato rivolgersi a un perito di sua fiducia, accollandosene le spese, qualora reputi inadeguata la somma proposta. Si ha in questo caso una *procedura concordata* tra l'impresa assicuratrice e il contraente, sulla base della perizia. In alternativa, su richiesta di una delle parti, si può attivare la *procedura arbitrale*, con un perito nominato dall'impresa assicuratrice e uno dal contraente; i due periti devono nominarne un terzo quando si verifichi un disaccordo fra di loro. Ciascuna delle parti sostiene le spese del proprio perito; quelle del terzo sono divise a metà. Ulteriori disaccordi possono essere definiti in sede giudiziaria.

I periti devono:
- indagare su circostanze, natura e modalità del sinistro;
- verificare che il bene danneggiato sia effettivamente quello assicurato e identificato nella polizza;
- verificare che l'assicurato abbia adempiuto all'obbligo del salvataggio;
- verificare che non esistevano circostanze, non comunicate alla Compagnia, che abbiano aggravato il danno;
- stimare il valore del fabbricato nel momento del sinistro;
- stimare il danno, comprese le spese di salvataggio e di demolizione.

La procedura di valutazione deve essere verbalizzata.

8.2.3 Stima del danno

L'ammontare del danno è determinato con riferimento alle *spese da sostenere per ricostruire ex novo o ripristinare il fabbricato* nello stato originale, al netto del deprezzamento dovuto al grado di vetustà e allo stato di conservazione. In ogni caso la Compagnia di assicurazione non è tenuta a pagare una somma maggiore al valore del bene nel momento del sinistro (art. 1908 c.c.).
I danni ai fabbricati riguardano in genere due ipotesi: il fabbricato è distrutto *totalmente* o *parzialmente*.

Fabbricato distrutto totalmente

Il danno a un fabbricato distrutto totalmente sarà determinato secondo l'aspetto economico del **valore di ricostruzione**, al lordo delle *spese di demolizione* e al netto del valore degli eventuali *materiali recuperabili*. Il danno (D) sarà dato perciò dalla seguente espressione (*v.* esempio 8.3:

$$D = V_k + K_d - V_r$$

dove:

V_k = valore di ricostruzione del fabbricato intero, deprezzato in funzione dell'età e dello stato di conservazione;

K_d = costo della demolizione delle parti residue e del trasporto delle macerie alla discarica;

V_r = valore di materiali eventualmente recuperabili.

Se il contratto di assicurazione lo prevede si potrà eventualmente sommare al danno materiale anche il danno finanziario, costituito dai mancati redditi nel periodo che va dal momento del sinistro a quello di ultimazione della ricostruzione del fabbricato.
Quando il contratto di assicurazione copre anche i macchinari e le merci contenute nei fabbricati danneggiati si dovrà procedere alla loro stima.

ESEMPIO 8.3 **INDENNIZZO PER UN CAPANNONE DISTRUTTO TOTALMENTE DA UN INCENDIO**

Dimensione del fabbricato:	5.000 m^3 vpp
Costo di ricostruzione:	350 €/m^3 vpp
Costo di demolizione:	40 €/m^3 vpp
Valore materiali recuperabili:	0
Reddito netto:	60 €/m^2
Età del fabbricato:	30 anni
Coefficiente di deprezzamento:	35%
Coefficiente di assicurazione:	80%

Danno patrimoniale

Valore di ricostruzione deprezzato:

$V_k = 5.000\ m^3 \times 350\ €/m^3 \times 65\% = 1.137.500\ €$

Costo di demolizione delle parti pericolanti e trasporto delle macerie:

$K_d = 5.000\ m^3 \times 40\ €/m^3 = 200.000\ €$

Indennizzo per il danno patrimoniale:

$Ind = (1.137.500 + 200.000) \times 80\% = \mathbf{1.070.000\ €}$

Danno finanziario (se compreso nel contratto)

Si considera un periodo di improduttività di 2 anni e un saggio commerciale del 2,5%. L'altezza del capannone è di 6 m.

Importo annuo dei mancati redditi:

$5.000\ m^3 : 6\ m \times 60\ €/m^2 = 50.000\ €$

Accumulazione all'attualità dei mancati redditi ($r = 2{,}5\%$):

$$Mr = 50.000 \times \frac{1{,}025^2 - 1}{0{,}025 \times 1{,}025^2} = 96.371\ €$$

Indennizzo per il danno finanziario:

$96.371 \times 80\% = \mathbf{77.097\ €}$

Indennizzo totale

$1.070.000 + 77.097 = \mathbf{1.147.097\ €}$

Fabbricato distrutto parzialmente

L'ammontare del danno al fabbricato distrutto parzialmente viene determinato secondo l'aspetto economico del *valore complementare*, a cui si somma il costo delle eventuali demolizioni e si detrae il valore dei materiali eventualmente recuperabili. Il danno (D) sarà dato perciò dalla formula (*v.* esempio 8.4:

$$D = (V_k - V'_k) + K_d - V_r$$

dove V'_k è il *valore di ricostruzione del fabbricato dopo l'incendio* considerato per la consistenza e lo stato di conservazione risultante in seguito al sinistro.

Nel determinare tale valore si terrà conto dell'eventuale deprezzamento che ha subito la parte apparentemente illesa (snervamento delle strutture portanti, usura degli impianti comuni ecc.), utilizzando un adeguato coefficiente, come se il fabbricato fosse invecchiato precocemente a causa dell'incendio.

ESEMPIO 8.4 INDENNIZZO PER UN CAPANNONE DISTRUTTO PARZIALMENTE DA UN INCENDIO

Ai dati dell'esempio precedente si aggiungono i seguenti:

- cubatura del fabbricato dopo l'incendio: $3.000\ m^3$ vpp
- costo di demolizione parziale: $130\ €/m^3$
- coefficiente di deprezzamento dopo l'incendio: 45%

Danno patrimoniale

Valore di ricostruzione deprezzato del *fabbricato intero*:

$V_k = 5.000\ m^3 \times 350\ €/m^3 \times 65\% = 1.137.500\ €$

Valore di ricostruzione deprezzato della *parte di fabbricato residua*:

$V_k' = 3.000\ m^3 \times 350\ €/m^3 \times 55\% = 577.500\ €$

Costo di demolizione delle parti pericolanti e del trasporto delle macerie (volume delle parti da demolire pari al 15% del volume vuoto per pieno):

$K_d = (5.000 - 3.000)\ m^3 \times 15\% \times 130\ €/m^3 = 39.000\ €$

Indennizzo del danno patrimoniale:

$Ind = (1.137.500 - 577.500 + 39.000) \times 80\% =$ **479.200**

ATTIVITÀ PRATICHE E DI VERIFICA

Esercizi da svolgere

Stima dei danni da incendio per un capannone industriale

Un capannone industriale, realizzato con struttura in prefabbricato, viene danneggiato da un incendio. I danni riguardano per il 100% gli impianti e le finiture, mentre la struttura, che sostanzialmente ha resistito, richiede opere di verifica e consolidamento per un importo pari al 20% del costo di costruzione a nuovo delle strutture.

Il fabbricato misura in pianta 3.422 m^2, di cui 280 occupati da uffici, e ha un'altezza di 7,5 m. Nel momento del sinistro aveva 30 anni di età.

Il costo ordinario di costruzione per fabbricati industriali è, nella zona, di 220 €/m^3 vpp, 400 €/m^3 per gli uffici. Il costo di costruzione delle sole strutture è di 160 €/m^3 vpp. è assicurato per 3,5 milioni di euro.

Calcolare l'indennità che la Compagnia assicuratrice deve pagare.

8 . Stima dei danni ai fabbricati

Questionario

1. Quali possono essere le cause di un danno? Chi lo risarcisce? Che tipo di danno si può verificare?
2. In che cosa consiste il contratto di assicurazione? Quali sono le principali norme che lo regolano? Quali sono le clausole?
3. Che cosa si intende per danno economico? Che altri tipi di danno esistono?
4. Che cosa significa contratto "a pieno rischio" o "a primo rischio"?
5. Che cos'è il coefficiente di assicurazione?
6. Qual è la differenza tra franchigia e scoperto?
7. Quali sono le indagini che devono svolgere i periti chiamati alla valutazione di un danno ai fabbricati?
8. Secondo quali criteri vengono stimati i danni causati da incendio ai fabbricati?

In sintesi

Il danno è una diminuzione di valore o di reddito di un bene causato da sinistro o da fatto illecito. I danni causati da fatto illecito sono risarciti dalla persona responsabile, i danni causati da sinistro possono essere indennizzati nell'ambito di un contratto di assicurazione (*polizza*) in cambio del pagamento di un *premio*.
Gli elementi fondamentali di una polizza di assicurazione sono l'impresa assicuratrice, il rischio e il premio.

Il danno totale (o danno economico) è costituito dal danno patrimoniale (o danno emergente o danno materiale) e dal danno finanziario (o lucro cessante), pari ai mancati redditi.
Nelle assicurazioni "a pieno rischio" il risarcimento del danno è proporzionale al valore assicurato. L'assicurato può infatti pagare un premio che copre l'intero valore del bene o solo una parte di esso (sottoassicurazione). Quando l'assicurazione copre solo una parte del valore, l'assicuratore risponde dei danni in proporzione:

$$Ind = D \frac{V_a}{V_r}$$

dove V_r è il valore reale del fabbricato, V_a il valore assicurato e D il danno.
Nelle assicurazioni "a primo rischio" l'indennizzo è pari al danno totale fino al limite di un massimale fissato a priori.
La franchigia (in misura fissa) e lo scoperto (in percentuale) sono la parte del danno che, per contratto, non è indennizzata

L'ammontare del danno è concordato tra l'impresa assicuratrice e il contraente sulla base della perizia del liquidatore oppure, a richiesta di una delle parti, da due periti nominati uno dall'impresa assicuratrice e uno dal contraente.
I periti devono indagare su circostanze, natura e modalità del sinistro e stimare il danno.

Il criterio per stimare il danno, eseguite le verifiche del caso, è il *valore di ricostruzione* (V_k), al netto delle spese di demolizione (K_d) e al lordo del valore degli eventuali materiali recuperabili (V_r):

$$D = V_k + K_d - V_r$$

Se il contratto lo prevede, si potrà eventualmente sommare il danno finanziario, costituito dai mancati redditi.
Se il fabbricato è distrutto parzialmente il danno viene determinato secondo l'aspetto economico del valore complementare:

$$D = \left(V_k - V_k'\right) + K_d - V_r$$

dove V_k' è il valore di ricostruzione del fabbricato dopo l'incendio.

9 Espropriazioni per causa di pubblica utilità

- ✓ Normativa
- ✓ L'iter espropriativo
- ✓ L'indennità di esproprio
- ✓ Il prezzo di cessione volontaria
- ✓ La retrocessione dei beni espropriati
- ✓ L'occupazione temporanea

9.1 NORMATIVA ESSENZIALE

9.1.1 Le fonti della normativa

L'espropriazione forzata
L'espropriazione per causa di pubblica utilità non deve quindi essere confusa con l'espropriazione forzata; quest'ultima è imposta dal giudice al debitore per l'estinzione di un debito personale.

L'espropriazione per causa di pubblica utilità è una limitazione del diritto di proprietà privata prevista dalla Costituzione (art. 42) e dal codice civile (art. 834). Tale limitazione è condizionata alle esigenze dell'**interesse pubblico** e al pagamento di una **giusta indennità**.
È bene precisare subito che tale indennità di esproprio integra, nella migliore delle ipotesi, il valore venale, non quindi il valore che soggettivamente un individuo può attribuire al bene espropriato (valore affettivo). In ogni caso chi ha subito l'esproprio, con l'indennità ricevuta, non potrà riacquistare un bene uguale; subirà quindi, comunque, un danno, ma tale è il sacrificio imposto al singolo in nome dell'interesse collettivo.

Art. 42 della Costituzione
"La proprietà privata è riconosciuta e garantita dalla legge" (...).
"La proprietà privata può essere, nei casi previsti dalla legge, e salvo indennizzo, espropriata per motivi d'interesse generale." (...)

Art. 834 del codice civile
"Nessuno può essere privato in tutto o in parte dei beni di sua proprietà, se non per causa di pubblico interesse, legalmente dichiarata, e contro il pagamento di una giusta indennità."

9.1.2 Il testo unico

La normativa sulle espropriazioni per causa di pubblica utilità è costituita dal "*Testo unico delle disposizioni legislative e regolamentari in materia di espropriazione per pubblica utilità*", **DPR n. 327 dell'8 giugno 2001**. Questa norma sostituisce numerose leggi promulgate a partire dal 1865, di cui però ha recepito i criteri di indennizzo. Il testo unico (TU) ha anche semplificato l'*iter* espropriativo, assegnando maggiori poteri agli organi amministrativi periferici e coinvolgendo il soggetto espropriato nella fase decisionale, per la determinazione dell'indennità, al fine anche di rendere più rapida l'esecuzione dei lavori.

Il TU è stato successivamente modificato con:

- la **legge 24 dicembre 2007, n. 244**, in seguito alla *sentenza della Corte costituzionale n. 348/2007*, che, principalmente, ha modificato i commi 1 e 2 dell'art. 37 (Determinazione dell'indennità di esproprio per un'area edificabile);
- la **sentenza della Corte costituzionale n. 338/2011**, che ha abrogato il comma 7 dell'art. 37;
- la **sentenza della Corte costituzionale n. 181/2011**, che ha abrogato i commi 2 e 3 dell'art. 40 (Determinazione dell'indennità di esproprio per un'area non edificabile).

Evoluzione storica della normativa

9.1.3 Oggetto dell'espropriazione

La disciplina dell'espropriazione si applica per l'*esecuzione di opere pubbliche* o *di pubblica utilità*.
Sono oggetto dell'espropriazione, anche a favore di privati, i *beni immobili* o i relativi diritti. (art. 1).
I beni appartenenti al *demanio pubblico* (la spiaggia, i porti, i laghi, le opere militari di difesa ecc.) non possono essere espropriati fino a quando non ne viene pronunciata la sdemanializzazione.
I beni appartenenti al *patrimonio indisponibile dello Stato* e degli altri enti pubblici (foreste, miniere, cave, cose di interesse storico, architettonico ecc.) possono essere espropriati per perseguire un interesse pubblico di rilievo superiore a quello soddisfatto con la precedente destinazione (art. 4).

9.2 L'ITER ESPROPRIATIVO

9.2.1 I soggetti dell'espropriazione

La legge in vigore (art. 3) definisce i soggetti dell'espropriazione come segue:

- **espropriato**, il soggetto, pubblico o privato, proprietario del bene espropriato;
- **autorità espropriante**, l'autorità amministrativa titolare del *potere di espropriare* e che cura il relativo procedimento;
- **beneficiario dell'espropriazione**, il soggetto, pubblico o privato, a favore del quale è emesso il decreto di esproprio;
- **promotore dell'espropriazione**, il soggetto che chiede l'espropriazione.

L'autorità competente alla realizzazione di un'opera di pubblica utilità è anche competente per quanto riguarda l'*emanazione degli atti del procedimento espropriativo*. A tal fine le **amministrazioni statali**, le **Regioni**, le **Province**, i **Comuni** e **altri enti pubblici** individuano e organizzano l'*Ufficio per le espropriazioni* al quale è preposto un *dirigente*. Per ciascun procedimento espropriativo è designato un *responsabile* che dirige, coordina e cura tutte le operazioni e gli atti del procedimento, avvalendosi anche dell'ausilio di tecnici esterni all'amministrazione pubblica (art. 6).
Il Comune può espropriare, in particolare, le aree non edificate e quelle su cui vi siano costruzioni in contrasto con la destinazione di zona del piano urbanistico generale (art. 7).

9.2.2 Le fasi dell'espropriazione

L'espropriazione per causa di pubblica utilità può essere attuata in due modi, in funzione dell'accettazione o meno dell'indennità provvisoria di esproprio offerta (*v.* figura 9.1):

- con l'**accettazione** il trasferimento dei diritti immobiliari avviene con un *contratto di vendita*;
- con la **"non accettazione"** il trasferimento avviene con un *decreto di esproprio*.

Il **decreto di esproprio** può essere emanato qualora (art. 8):

1) l'opera da realizzare sia prevista nello strumento urbanistico generale, o in un atto di natura ed efficacia equivalente, e sul bene da espropriare sia stato apposto il *vincolo preordinato all'esproprio*;
2) vi sia stata la *dichiarazione di pubblica utilità*;
3) sia stata determinata, anche se in via provvisoria, l'*indennità di esproprio*.

1) Il vincolo preordinato all'esproprio

Un'area è sottoposta al vincolo preordinato all'esproprio (art. 9) con l'**approvazione dello strumento urbanistico** che prevede su di essa la realizzazione di un'opera pubblica o di pubblica utilità. Per strumento urbanistico si intende in genere il piano urbanistico comunale o una sua variante. Il vincolo ha la durata di *cinque anni*. Entro tale termine, deve essere emanato il provvedimento che comporta la dichiarazione di pubblica utilità dell'opera.

Al proprietario del bene sul quale si intende apporre il vincolo preordinato all'esproprio deve essere inviato l'**avviso dell'avvio del procedimento**.

2) La dichiarazione di pubblica utilità

La dichiarazione di pubblica utilità (art. 12) si intende disposta con l'**approvazione del progetto definitivo** dell'opera o con l'**approvazione del piano di attuazione** nell'ambito del quale l'opera stessa deve essere realizzata. Il piano di attuazione può essere un piano particolareggiato, un piano di lottizzazione, un piano di recupero, un piano delle aree da destinare a insediamenti produttivi ecc.

L'autorità che emana un atto di dichiarazione di pubblica utilità ne trasmette una copia al *Ministero delle infrastrutture e dei trasporti*, per le opere di competenza statale, e al *presidente della Regione*, per le opere di competenza regionale.

3) L'indennità di espropriazione

Indennità provvisoria

Entro i 30 giorni successivi alla dichiarazione di pubblica utilità il promotore dell'espropriazione compila l'*elenco dei beni da espropriare* con i relativi proprietari (**piano particellare**) e indica le somme che offre per le loro espropriazioni (art. 20, comma 1). L'elenco va notificato a ciascun proprietario. Gli interessati, nei successivi 30 giorni, possono presentare osservazioni scritte e depositare documenti.

L'autorità espropriante, se lo ritiene opportuno e compatibile con le esigenze di celerità del procedimento, invita il proprietario espropriando e il beneficiario dell'espropriazione a precisare, in base anche a una relazione esplicativa, *quale sia, a loro parere, il valore da attribuire all'area* (art. 20, comma 2). Infine, valutate le osservazioni degli interessati, l'autorità espropriante, avvalendosi anche della *consulenza degli uffici tecnici del catasto*, determina la misura dell'**indennità provvisoria di esproprio**.

Si ha quindi la possibilità di attivare una procedura per la determinazione dell'indennità che coinvolge il proprietario espropriando, con la possibilità di stipulare accordi preventivi.
L'atto che determina in via provvisoria la misura dell'indennità di espropriazione è notificato al proprietario.

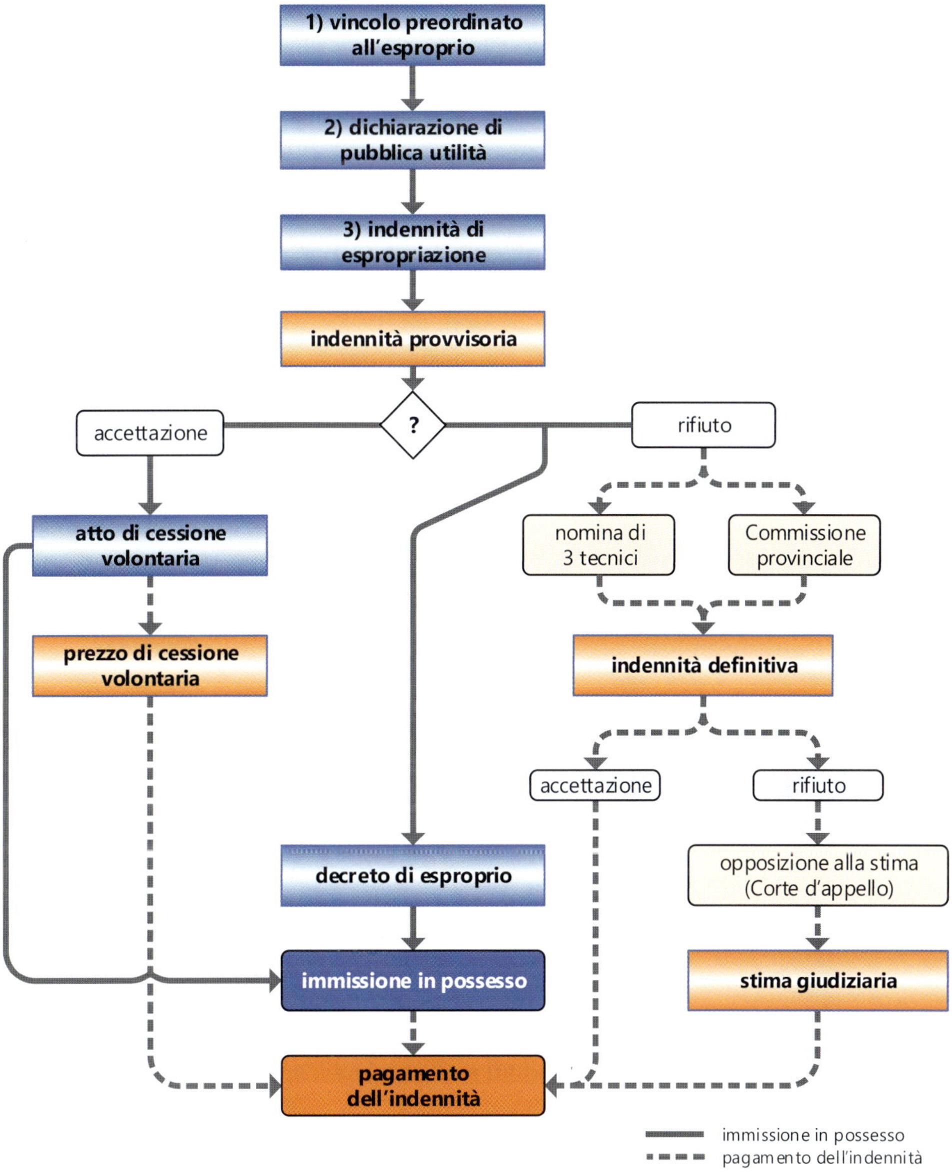

Figura 9.1 Schema dell'iter espropriativo.

Accettazione dell'indennità

Nei 30 giorni successivi alla notificazione dell'indennità provvisoria il proprietario può comunicare all'autorità espropriante, con dichiarazione irrevocabile, che *accetta* tale indennità (art. 20, comma 5). Il beneficiario dell'esproprio e il proprietario espropriato sono tenuti quindi a concludere un **atto di cessione volontaria** (art. 20, comma 9), che deve essere trascritto entro quindici giorni, a cura e a spese dell'acquirente, presso l'ufficio dei registri immobiliari. La somma offerta deve essere pagata al proprietario entro sessanta giorni (decorso tale termine, sono dovuti anche gli interessi legali). In questo caso l'iter espropriativo si conclude quindi con un atto di compravendita, non con un decreto di esproprio.

Rifiuto dell'indennità provvisoria e determinazione dell'indennità definitiva

Se entro 30 giorni dalla notificazione dell'indennità provvisoria il proprietario espropriando non risponde con l'accettazione, l'indennità si intende rifiutata ("silenzio-rifiuto") e l'autorità competente dispone il *deposito della somma presso la Cassa depositi e prestiti*. Effettuato il deposito, l'autorità espropriante può emettere ed eseguire il decreto d'esproprio (art. 20, comma 14).
Si procede quindi, in mancanza di un accordo, alla determinazione dell'**indennità definitiva**. L'autorità espropriante invita quindi il proprietario interessato, con atto notificato a mezzo di ufficiale giudiziario, a comunicare se intenda avvalersi, per la determinazione dell'indennità, della procedura arbitrale.

Procedura arbitrale (art. 21). Per attivare la procedura arbitrale il proprietario espropriando deve darne comunicazione all'autorità espropriante entro 20 giorni dall'apposita notifica, con indicazione del tecnico designato. L'autorità espropriante nomina due tecnici, tra cui quello eventualmente già designato dal proprietario, e fissa il termine entro il quale va presentata la *relazione* da cui si evinca la stima del bene. Il terzo tecnico, scelto tra i professori universitari di estimo o tra coloro che risultano inseriti nell'albo dei periti o dei consulenti tecnici del tribunale, è nominato dal presidente del tribunale civile.
Con la procedura arbitrale si ha pertanto un contraddittorio tra i soggetti interessati, in cui l'autorità espropriante e il proprietario espropriando sono messi sullo stesso piano. In caso di disaccordo fra i tre tecnici si procede a maggioranza.

Determinazione urgente dell'indennità provvisoria (art. 22 e 22 *bis*). Qualora l'avvio dei lavori rivesta carattere di urgenza, tale da non consentire una determinazione concordata dell'indennità provvisoria, può essere emanato, senza particolari indagini o formalità, un *decreto motivato* che determina in via provvisoria l'indennità di espropriazione e che dispone l'occupazione anticipata dei beni immobili necessari. Successivamente all'occupazione sarà avviata la fase di consultazione al fine di ricercare un accordo in merito all'indennità definitiva.
La procedura d'urgenza può essere attivata anche nei seguenti casi:
- per realizzare infrastrutture e insediamenti produttivi strategici per il rilancio delle attività produttive (ai sensi della legge 21 dicembre 2001, n. 443);
- quando il numero degli espropriati sia superiore a 50.

Commissione provinciale per gli espropri. Nel caso in cui il proprietario che ha rifiutato l'indennità provvisoria non intenda avvalersi della procedura arbitrale (art. 21, comma 15), l'indennità definitiva è determinata dalla Commissione provinciale per gli espropri formata da nove membri (art. 41):
- il presidente della Provincia (o un suo delegato) che la presiede;
- l'ingegnere capo dell'Ufficio del territorio;
- l'ingegnere capo del genio civile;
- il presidente dell'Istituto autonomo delle case popolari della Provincia;
- due esperti in materia urbanistica ed edilizia nominati dalla Regione;
- tre esperti in materia di agricoltura e di foreste, nominati dalla Regione su terne proposte dalle associazioni sindacali maggiormente rappresentative.

Il decreto di esproprio

Il decreto...

...è un atto normativo che ha lo scopo di *attuare una legge*. Può essere emesso da uno o più ministri (DM), dal Presidente del consiglio (DPCM) o da una pubblica amministrazione per definire nel dettaglio norme tecniche od esecutive su uno specifico argomento.

Stato di consistenza

Il decreto di esproprio, emanato dall'autorità competente (amministrazione statale, Regione, Provincia o Comune), dispone il passaggio del diritto di proprietà e quindi consente l'occupazione dell'immobile. Il decreto deve essere emanato entro il termine di *cinque anni* dalla data in cui diventa efficace l'atto che dichiara la pubblica utilità dell'opera (art. 13).
L'esecuzione del decreto deve avvenire entro due anni (art. 24), ma può essere contestuale alla notifica al proprietario. Il decreto viene eseguito con l'occupazione e si effettua mediante:
- il *verbale di immissione in possesso*;
- la compilazione dello *stato di consistenza*.

Il decreto indica:
- gli estremi degli atti da cui è sorto il vincolo preordinato all'esproprio;
- gli estremi del provvedimento che ha approvato definitivamente il progetto;
- l'indennità provvisoria, precisando se sia stata accettata dal proprietario, e quindi pagata, o se sia stata depositata presso la Cassa depositi e prestiti;
- i nominativi dei tecnici eventualmente incaricati di determinare l'indennità definitiva.

Con il decreto di esproprio si ha ("senza indugi") la trascrizione nei *registri immobiliari* e l'operazione di *voltura catastale* a spese del beneficiario dell'esproprio (art. 23).
L'espropriazione del diritto di proprietà comporta l'*estinzione automatica di tutti gli altri diritti*, reali o personali, gravanti sul bene espropriato. Dopo la trascrizione del decreto di esproprio, tutti i diritti relativi al bene espropriato possono essere fatti valere unicamente sull'indennità (art. 25).

Opposizione alla stima

Se l'indennità definitiva determinata dai tre tecnici o dalla Commissione provinciale viene accettata si procede al pagamento, altrimenti l'autorità espropriante ne ordina il deposito presso la *Cassa depositi e prestiti* e procede comunque all'emanazione del decreto di esproprio.
Il proprietario, decorsi 30 giorni dalla comunicazione dell'indennità di esproprio definitiva, può fare opposizione alla stima con ricorso alla **Corte d'appello** del distretto in cui si trova il bene espropriato.
L'opposizione alla stima è eseguita con *atto di citazione* notificato all'autorità espropriante, al promotore e al beneficiario dell'espropriazione.

9.3 L'INDENNITÀ DI ESPROPRIO

9.3.1 Criteri generali

Il valore del bene espropriato deve essere determinato, secondo i **criteri generali** dettati dagli articoli 32 e 33 del DPR n. 327/2001, sulla base delle *caratteristiche del bene stesso al momento dell'accordo di cessione volontaria o alla data dell'emanazione del decreto di esproprio*, senza considerare gli effetti del vincolo preordinato all'esproprio e quelli connessi alla realizzazione dell'eventuale opera prevista.
Il proprietario può asportare a sue spese dal bene i materiali e tutto ciò che può essere tolto senza pregiudizio dell'opera da realizzare.

Indennità per esproprio parziale

In caso di esproprio parziale "di un bene unitario", il valore della parte espropriata è determinato tenendo conto della "relativa diminuzione di valore" (art. 33, comma 1) e cioè della diminuzione di valore della parte non espropriata. Si applica quindi l'aspetto economico del **valore complementare** (1) (*v.* figura 9.2): l'indennità sarà data dalla differenza tra il valore dell'immobile prima dell'esproprio (V) e il valore della parte residua dopo l'esproprio (V_r):

$$Ind = V - V_r$$

Questa ipotesi si può verificare in diversi casi pratici:

- esproprio finalizzato all'esecuzione di opere pubbliche che causano inquinamento chimico o acustico;
- vincoli di inedificabilità dovuti alla realizzazione di sedi stradali;
- immobile che, a causa dell'esproprio, rimane intercluso (senza accesso alla strada pubblica);
- fabbricato privato di parcheggio o di garage;
- villetta espropriata del giardino o del parco;
- riduzione dell'estensione totale di un'azienda agricola e frazionamento dei terreni, che causano una maggiore onerosità della gestione;
- azienda agricola privata di approvvigionamento idrico;
- immobile a destinazione industriale che perde la possibilità di utilizzare beni mobili (mezzi di trasporto) per la mancanza di sufficienti aree di manovra e parcheggio.

In caso di un vantaggio per la parte non espropriata

Il comma 3 dell'art. 33 prevede anche l'ipotesi opposta allo svantaggio creato dall'esecuzione dell'opera, e cioè un vantaggio "immediato e speciale" alla parte non espropriata. In questo caso dal valore della parte espropriata è detratto l'importo corrispondente al vantaggio (2).

Tale riduzione *non si applica* qualora essa risulti superiore a 1/4 dell'indennità dovuta e il proprietario abbandoni l'intero bene (3).

L'espropriante può non accettare l'abbandono, qualora corrisponda una somma non inferiore a 3/4 dell'indennità dovuta (4) (*v.* esempio 9.1).

L'art 33 del TU

L'articolo, che riguarda l'"espropriazione parziale di un bene unitario", prevede che, "in ogni caso", l'indennità dovuta dall'espropriante non può essere inferiore a 1/2 di quella che gli spetterebbe ai sensi del comma 1.

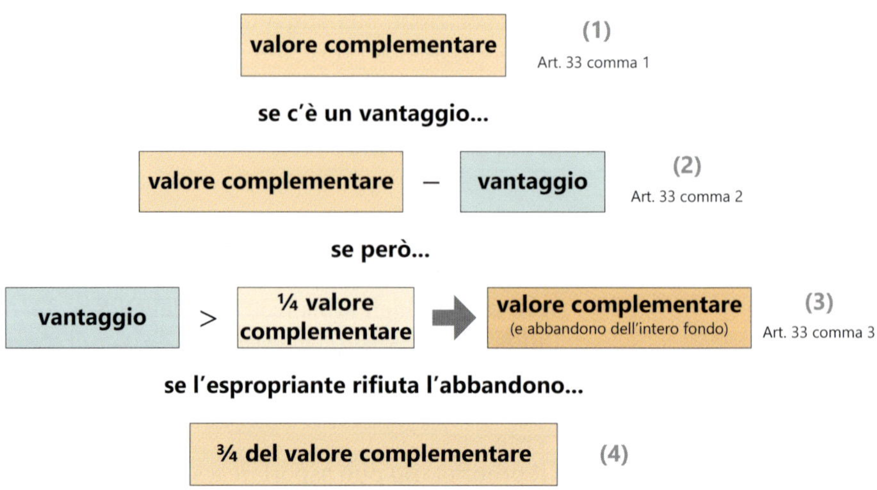

Figura 9.2
Schema dell'indennità per esproprio parziale

ESEMPIO 9.1 **INDENNITÀ PER ESPROPRIAZIONE PARZIALE**

Valore complementare (*indennità 1*): 200.000 €
¼ del valore complementare: 50.000 €

Vantaggio non maggiore di ¼ del valore complementare

Vantaggio: 30.000 €

Indennità 2 (a causa del vantaggio)
200.000 – 30.000 = **170.000 €**

Indennità 3 (verifica del vantaggio)
30.000 > 50.000 €, la condizione non è verificata e quindi l'indennità resta 170.000 €

Vantaggio maggiore di ¼ del valore complementare

Vantaggio: 60.000 €

Indennità 2 (a causa del vantaggio)
200.000 – 60.000 = **140.000 €**

Indennità 3
60.000 > 50.000 €, la condizione è verificata e quindi l'espropriato può abbandonare l'intero fondo per: **200.000 €**

Indennità 4
In caso di rifiuto di abbandono dell'intero fondo, esproprio parziale per:
¾ × 200.000 = **150.000 €**

9.3.2 Aree edificabili

Il valore venale
Il vocabolo "venale" non rientra nei normali termini estimativi; indica solo il valore "materiale" del bene, con esclusione quindi di qualsiasi altro tipo di valore (affettivo) e senza considerare l'esproprio in corso.

Il regolamento del comma 5 dell'art. 37
Questa norma prevedeva un regolamento con i criteri oggettivi per giudicare le possibilità " legali ed effettive" di edificazione, che però non è mai stato emanato.

L'indennità di esproprio di un'area edificabile, prevista dall'art. 37 del Testo unico, è pari al **valore venale** (V_v). Quando l'espropriazione è finalizzata ad attuare interventi di "riforma economico-sociale", l'indennità è *ridotta del 25%* (v. esempio 9.2):

$$Ind = V_v\left(\times 75\%\right)$$

Il valore venale si ottiene applicando i normali criteri di stima previsti per le aree edificabili (valore di mercato, di trasformazione o altro).
Nel determinare il valore venale si terrà conto eventualmente della presenza di *opere di urbanizzazione*. In ogni caso sono escluse dall'indennizzo le costruzioni abusive.
Affinché un'area si possa considerare edificabile, ai fini dell'applicabilità di questo criterio d'indennizzo, si devono considerare le "possibilità legali ed effettive" di edificazione esistenti al momento dell'emanazione del decreto di esproprio o dell'accordo di cessione. In mancanza di un regolamento, per giudicare le possibilità effettive di edificazione si valutano le caratteristiche oggettive dell'area.

Interventi di "riforma economico-sociale"

I criteri per stabilire quali siano gli interventi di "*riforma economico-sociale*", che comportano una riduzione dell'indennità del 25%, non sono definiti dalla normativa. L'intenzione del legislatore è, presumibilmente, quello di distinguere tra espropriazioni per pubblica utilità connesse a *interventi di grande impatto*, volte a modificare situazioni consolidate di "equilibrio sociale", ed espropriazioni connesse a piani urbanistici di portata limitata.

Indennità IMU

Se negli ultimi cinque anni è stata pagata dall'espropriato un'imposta maggiore di quella da pagare sull'indennità, la differenza è corrisposta dall'espropriante all'espropriato (comma 8, art. 37).
La *sentenza della Corte costituzionale n. 338 del 22 dicembre 2011* ha abrogato il comma 7 dell'articolo 37 del TU che prevedeva inizialmente la verifica della congruità del valore dichiarato ai fini ICI (oggi IMU) con l'indennità di esproprio.

Area edificabile utilizzata per scopi agricoli (indennità aggiuntiva)

Qualora l'area edificabile sia utilizzata a scopi agricoli, al *proprietario coltivatore diretto* (o imprenditore agricolo professionale, IAP) spetta anche un'indennità pari al **valore agricolo medio (VAM)** corrispondente al *tipo di coltura effettivamente praticato.*
La stessa indennità spetta all'*affittuario coltivatore diretto* che, per effetto della procedura, sia costretto ad abbandonare in tutto o in parte il fondo direttamente coltivato, da almeno un anno, col lavoro proprio e di quello dei familiari (art. 37, comma 9).

ESEMPIO 9.2 INDENNITÀ PROVVISORIA PER UN'AREA EDIFICABILE

Viene espropriata un'area edificabile di 968 m^2.
Con procedura arbitrale è stato determinato un valore unitario di 320 €/m^2.

L'indennità di esproprio risulta:

$Ind = 968\ m^2 \times 320\ €/m^2 =$ **309.760 €**

Se l'esproprio è finalizzato per scopi di "riforma economico-sociale" l'indennità è ridotta a:

$Ind = 968\ m^2 \times 320\ €/m^2 \times 75\% =$ **232.320 €**

9.3.3 Aree edificate

Nel caso di esproprio di un'"area legittimamente edificata", e cioè di un *fabbricato*, l'indennità è determinata in misura pari al **valore venale** (comma 1 dell'art. 38):

$$Ind = V_v$$

Il valore venale può essere determinato in base all'aspetto economico del valore di mercato o del valore di ricostruzione. Quest'ultimo criterio di stima è opportuno quando il mercato, per la tipologia di immobile in esame, non è attivo.
Se invece il fabbricato è stato realizzato in assenza del titolo abilitativo (il permesso di costruire) o dell'autorizzazione paesistica, l'indennità è calcolata tenendo conto solo del *valore dell'area di sedime* o solo della parte di fabbricato edificato legittimamente (art. 38 comma 2).

9.3.4 Aree non edificabili

L'indennità di esproprio è determinata in base al criterio del **valore agricolo (VA)**, *tenendo conto delle colture effettivamente praticate sul fondo* e del *valore dei manufatti edilizi legittimamente realizzati* (fabbricati, muri di contenimento ecc.),

Valore agricolo, non medio
La *sentenza n. 181/2011* ha abrogato i commi 2 e 3 dell'articolo 40 che prevedevano la determinazione dell'indennità provvisoria in base al valore agricolo medio (VAM).

anche in relazione all'esercizio dell'azienda agricola, senza valutare la possibile o l'effettiva utilizzazione diversa da quella agricola (art. 40). Tale criterio è applicabile sia in fase di offerta dell'indennità provvisoria sia in fase di determinazione dell'indennità definitiva.

La locuzione "tenendo conto delle colture effettivamente praticate sul fondo" lascia intendere che il valore agricolo comprende il valore dei frutti pendenti.

L'indennità è aumentata delle somme pagate dall'espropriato per qualsiasi imposta relativa all'ultimo trasferimento dell'immobile (art. 40, comma 5).

Indennità aggiuntiva per il coltivatore diretto

Al *proprietario coltivatore diretto* o *imprenditore agricolo professionale* spetta un'indennità aggiuntiva, determinata in misura pari al **valore agricolo medio (VAM)** *corrispondente al tipo di coltura effettivamente praticata* (art. 40, comma 4). L'indennità è corrisposta a seguito di una dichiarazione dell'interessato e di un riscontro dell'effettiva sussistenza dei relativi presupposti (art. 42).

I valori agricoli medi sono determinati ogni anno (entro il 31 gennaio) dalle Commissioni provinciali per gli espropri. I valori sono indicati *per ettaro*, per ogni *regione agraria* e ogni *qualità catastale di coltura* con riferimento ai valori dei terreni considerati liberi da vincoli di contratti agrari, secondo i tipi di coltura effettivamente praticati, e rilevati nell'anno solare precedente.

La *regione agraria* è costituita da gruppi di Comuni nell'ambito del territorio provinciale secondo criteri di continuità territoriale omogenee in relazione a determinate caratteristiche naturali e agrarie e alla zona altimetrica.

I VAM sono pubblicati nel sito internet dell'Agenzia del territorio (*v.* figura 9.3).

Ufficio del territorio di MANTOVA

Agenzia Entrate

Data: 15/02/2019
Ora: 12.33.56

Valori Agricoli Medi della provincia

Annualità 2019

Dati Pronunciamento Commissione Provinciale — *n.2 del 23/01/2019*

Pubblicazione sul BUR — *n.- del -*

	REGIONE AGRARIA N°: 1 REGIONE AGRARIA N. 1 Comuni di: CASTIGLIONE D STIVIERE, CAVRIANA, MONZAMBANO, PONTI SUL MINCIO, SOLFERINO, VOLTA MANTOVANA				**REGIONE AGRARIA N°: 2** REGIONE AGRARIA N. 2 Comuni di: ACQUANEGRA SUL CHIESE, ASOLA, CANNETO SULL'OGLIO, CASALMORO, CASALOLDO, CASALROMANO, CASTEL GOFFREDO, CERESARA, GOITO, GUIDIZZOLO, MARIANA MANTOVANA, MEDOLE, PIUBEGA, REDONDESCO			
COLTURA	**Valore Agricolo (Euro/Ha)**	**Sup. > 5%**	**Coltura più redditizia**	**Informazioni aggiuntive**	**Valore Agricolo (Euro/Ha)**	**Sup. > 5%**	**Coltura più redditizia**	**Informazioni aggiuntive**
PRATO STABILE					65000,00			
SEMINATIVO	36000,00				36000,00			
SEMINATIVO IRRIGUO	62000,00				57000,00	SI	SI	
VIGNETO	72000,00	SI	SI	2-"BIOLOGICO" SE CERTIFICATO + 20% RISPETTO ALLA CORRISPONDENTE COLTURA NORMALE)	67000,00			2-"BIOLOGICO" - SE CERTIFICATO + 20% RISPETTO ALLA CORRISPONDENTE COLTURA NORMALE)
VIGNETO D.O.C.	89000,00			3-"BIOLOGICO" - SE CERTIFICATO IN ZONA IGP/DOC HA IL VALORE DELLA STESSA COLTURA IGP/DOC)				
VIVAIO					68500,00			1-IL SOPRASSUOLO VIENE STIMATO A PARTE)

Pagina: 2 di 10

Figura 9.3 Esempio di VAM.

siano dipendenti del soggetto espropriante. Possono partecipare alle operazioni il possessore e i titolari di diritti reali o personali sul bene da occupare.
Le norme per l'occupazione temporanea si applicano anche, in quanto compatibili, nel caso di frane, alluvioni, rottura di argini e in ogni altro caso in cui si utilizzano beni altrui per urgenti ragioni di pubblica utilità (art. 49).

9.6.1 Indennità

Nel caso di occupazione di un'area, è dovuta al proprietario un'indennità per ogni anno pari a **un dodicesimo di quanto sarebbe dovuto nel caso di esproprio** dell'area e, per ogni mese o frazione di mese, un'indennità pari a un dodicesimo di quella annua (art. 50). Si ha pertanto un'indennità annua di occupazione temporanea determinata inizialmente come segue.

Per un'area edificabile:

$$Ind = V_v \left(\times 75\%\right) \times \frac{1}{12}$$

Per un'area agricola:

$$Ind = VA \times \frac{1}{12}$$

Se però manca l'accordo, l'indennità è determinata dalla Commissione provinciale per gli espropri. Contro l'indennità determinata dalla Commissione provinciale è proponibile l'opposizione alla stima mediante ricorso presso la Corte d'appello.

9 . Espropriazioni per causa di pubblica utilità	
Questionario	**In sintesi**
1. Quali sono le fasi dell'iter espropriativo?	L'espropriazione per causa di pubblica utilità è una limitazione del diritto di proprietà privata prevista dalla legge (DPR n. 327/2001). I soggetti dell'espropriazione sono l'espropriato, l'autorità espropriante, il beneficiario dell'espropriazione e il promotore dell'espropriazione. L'autorità competente per la realizzazione di un'opera di pubblica utilità (Stato, Regioni, Comuni e altri enti pubblici) organizzano l'Ufficio per le espropriazioni al quale è preposto un responsabile. Il *vincolo preordinato all'esproprio* viene posto con l'approvazione dello strumento urbanistico che prevede la realizzazione di un'opera pubblica.

2. Come si procede per la determinazione dell'indennità provvisoria di esproprio?

La *dichiarazione di pubblica utilità* è disposta con l'approvazione del progetto definitivo o con l'approvazione del piano di attuazione nell'ambito del quale l'opera deve essere realizzata.
Entro i 30 giorni successivi alla dichiarazione di pubblica utilità il promotore dell'espropriazione compila l'elenco dei beni da espropriare con i relativi proprietari (*piano particellare*) e indica le somme che offre per le loro espropriazioni (*indennità provvisoria*).

3. Come si procede per la determinazione dell'indennità definitiva?

4. Che cos'è l'"opposizione alla stima"?

Nei 30 giorni successivi alla notificazione dell'indennità provvisoria il proprietario può comunicare all'autorità espropriante, con dichiarazione irrevocabile, che accetta l'indennità. In questo caso il beneficiario dell'esproprio e il proprietario espropriato sono tenuti a concludere un *atto di cessione volontaria.*
Se entro 30 giorni dalla notificazione dell'indennità provvisoria il proprietario espropriando non risponde con l'accettazione, l'indennità si intende rifiutata e l'autorità espropriante può eseguire il *decreto d'esproprio*. Il decreto viene eseguito mediante il verbale di immissione in possesso e la compilazione dello stato di consistenza.
Si procede quindi, in mancanza di un accordo, alla determinazione dell'*indennità definitiva*.
L'autorità espropriante invita quindi il proprietario a comunicare se intenda avvalersi della procedura arbitrale. In caso negativo, l'indennità definitiva è determinata dalla Commissione provinciale.
Se l'indennità definitiva non viene accettata si procede comunque all'emanazione del decreto di esproprio. Il proprietario può fare quindi *opposizione alla stima* con ricorso alla Corte d'appello.

5. Secondo quali criteri generali si determina l'indennità di esproprio parziale?

In caso di esproprio parziale "di un bene unitario", il valore della parte espropriata è determinato secondo l'aspetto economico del valore complementare

6. Secondo quali criteri si determina l'indennità di esproprio per un'area edificabile?

Aree edificabili. L'indennità di esproprio è pari al valore venale (V_v). Quando l'espropriazione è finalizzata ad attuare interventi di "riforma economico-sociale", l'indennità è ridotta del 25%. In ogni caso sono escluse dall'indennizzo le costruzioni abusive.

Aree edificate. L'indennità è determinata in misura pari al valore venale (valore di mercato o di ricostruzione).

7. Secondo quali criteri si determina l'indennità di esproprio per un'area non edificabile?

Aree non edificabili. L'indennità è determinata in base al criterio del valore agricolo (VA), tenendo conto delle colture effettivamente praticate sul fondo e del valore dei manufatti edilizi legittimamente realizzati.

8. Che cosa si intende per indennità aggiuntiva? A quanto ammonta?

Indennità aggiuntiva per il coltivatore diretto. Al proprietario coltivatore diretto o imprenditore agricolo professionale spetta un'indennità aggiuntiva, determinata in misura pari al valore agricolo medio (VAM) corrispondente al tipo di coltura effettivamente praticata, sia per un'area edificabile sia per un'area non edificabile.

9. In che modo varia l'indennità di esproprio in caso di cessione volontaria?

Prezzo di cessione volontaria. Per le *aree edificabili* l'indennità provvisoria è aumentata del 10%. Per le *aree legittimamente edificate* il prezzo di cessione è pari all'indennità provvisoria (valore venale). Per le *aree non edificabili,* in seguito alla sentenza n. 181/2011 della Corte costituzionale, l'indennità di esproprio deve essere determinata sulla base del valore venale per le aree non edificabili non coltivate e del valore agricolo effettivo per le aree non edificabili coltivate.

10. Quando può attuarsi la retrocessione dei beni espropriati?	**Retrocessione dei beni espropriati.** Se l'opera non è stata realizzata o cominciata entro il termine di legge, l'espropriato può chiedere che sia accertata la decadenza della dichiarazione di pubblica utilità e che siano disposti la restituzione del bene espropriato (retrocessione totale) e il pagamento di una somma a titolo di indennità.
11. Che cosa si intende per occupazione temporanea? Come si calcola la relativa indennità?	**Occupazione temporanea.** L'autorità espropriante può disporre l'occupazione temporanea di aree non soggette al procedimento espropriativo. In questo caso al proprietario è dovuta un'indennità per ogni anno pari a: $Ind = V_v(\times 75\%) \times \frac{1}{12}$ per un'area edificabile e pari a $Ind = VA \times \frac{1}{12}$ per un'area agricola.

ATTIVITÀ PRATICHE E DI VERIFICA

AREA DIGITALE — QUESTIONARIO A RISPOSTA MULTIPLA

1. Qual è la normativa attualmente in vigore sulle espropriazioni?
   - [ ] a. DPR 23 marzo 1998, n. 138
   - [ ] b. DPR 8 giugno 2001, n. 327
   - [ ] c. legge fondamentale, 25 giugno 1865, n. 2359

2. L'indennità provvisoria di esproprio viene offerta quando:
   - [ ] a. è posto il vincolo preordinato all'esproprio
   - [ ] b. è dichiarata la pubblica utilità
   - [ ] c. è emanato il decreto di esproprio

3. L'indennità provvisoria di esproprio per un'area agricola è pari a:
   - [ ] a. valore agricolo
   - [ ] b. valore agricolo medio
   - [ ] c. valore agricolo medio maggiorato del 50%

4. Il rifiuto dell'indennità provvisoria di esproprio si effettua:
   - [ ] a. con il "silenzio"
   - [ ] b. con un atto scritto di rifiuto
   - [ ] c. ricorrendo all'autorità giudiziaria

5. L'indennità definitiva è quella che:
   - [ ] a. viene effettivamente pagata
   - [ ] b. è determinata quando l'espropriando ha rifiutato l'indennità provvisoria
   - [ ] c. è stabilita in sede giudiziaria

6. Il prezzo della "cessione volontaria" di un'area edificabile è:
   - [ ] a. valore venale × 1,1
   - [ ] b. valore venale × 75%
   - [ ] c. valore venale + VAM

7. L'indennità provvisoria di esproprio per un'area edificabile è:
   - [ ] a. valore venale
   - [ ] b. valore venale × 75%
   - [ ] c. valore venale × 1,1

8. In caso di cessione volontaria di un terreno agricolo al proprietario spetta:
   - [ ] a. il valore agricolo
   - [ ] b. il valore agricolo aumentato del 50%
   - [ ] c. il valore agricolo raddoppiato

9. All'affittuario di un terreno agricolo espropriato spetta un'indennità pari a:
   - [ ] a. VAM
   - [ ] b. VAM + 50%
   - [ ] c. VAM triplicato

10. L'indennità annua di occupazione temporanea di un'area edificabile è pari a:
    - [ ] a. valore venale × 1/12
    - [ ] b. valore venale × 1,1 × 1/12
    - [ ] c. VAM × 1/12

Temi d'esame di Stato

Anno 2014, Corsi di ordinamento e PNI

Espropriazione di un'area edificabile e di un'area agricola.

La costruzione di una nuova scuola dell'infanzia comporta l'espropriazione di un lotto della superficie di 3.600 m^2. È stato approvato il progetto definitivo e ne è stata data comunicazione ai proprietari espropriandi. L'Ente espropriante deve predisporre il piano particellare di esproprio e determinare l'indennità provvisoria da notificare ai proprietari.

L'area oggetto di intervento interesserà tre fondi contigui costituiti da:

A. Un lotto edificabile con destinazione residenziale, della superficie fondiaria di 1.000 m^2 per il quale sono previsti i seguenti parametri urbanistici:
   - indice di edificabilità: 2 m^3/m^2
   - rapporto di copertura: 0,30
   - altezza massima dei fabbricati: 2 piani
   - distanze dai confini: 5 m

B. Un terreno agricolo della superficie di 2.400 m^2, facente parte di un fondo rustico di 4.02.39 ha con ordinamento produttivo cerealicolo-foraggero.

C. Una porzione di 200 m^2 di un giardino privato della superficie di 1.200 m^2. Il giardino è di proprietà di una villa di due piani fuori terra per una superficie complessiva di 300 m^2, con un piano interrato destinato ad autorimessa di 150 m^2.

Il candidato indichi quali sono i dati necessari per la compilazione del piano particellare di esproprio e illustri i criteri generali di stima delle varie aree interessate dall'opera pubblica.

Assumendo opportunamente tutti i dati mancanti, calcoli le indennità di espropriazione che l'Ente espropriante dovrà notificare ai proprietari interessati.

Indichi infine quali facoltà hanno per legge i singoli proprietari dopo aver ricevuto la notifica delle indennità offerte.

Anno 2010, Corsi di ordinamento e PNI

Espropriazione di un'area edificabile e di un'area agricola.

Per la realizzazione di un'opera pubblica viene espropriata interamente una proprietà fondiaria, estesa per 4,70 ha, provvista di un fabbricato di 108 m^2 di superficie coperta, adibito ad abitazione del proprietario conduttore, sita in prossimità di un centro di sviluppo urbano.

Il consulente del proprietario, officiato per esprimere un'ipotesi valutativa, dimostra in modo convincente che 1,70 ha della superficie, a valle del fabbricato, possono essere considerati a destinazione edificatoria, mentre la rimanente porzione debba essere ritenuta agricola, quale seminativo irriquo seguendo la certificazione catastale. Poiché l'ente espropriante sostanzialmente concorda sull'indicata destinazione delle superfici, le parti decidono di procedere alla valutazione del bene con i propri tecnici, applicando le vigenti norme sull'espropriazione.

Il candidato, definendo nei particolari la situazione esposta con una plausibile descrizione, proceda alla determinazione del più probabile indennizzo spettante al proprietario, motivando i dati che assume per rispondere al quesito.

ESERCIZI SVOLTI

ESPROPRIAZIONE DI TERRENI AGRICOLI ED EDIFICABILI

Caso di stima

A un proprietario conduttore di un fondo rustico esteso ettari 25,50 viene espropriata, per la realizzazione di un'opera pubblica (un impianto di depurazione consortile delle acque reflue), una superficie di 8 ettari.

Alcune particelle di tale superficie, di circa 2,50 ha, rientrano urbanisticamente nella zona industriale, con indice di edificabilità 2 m³/m², mentre la rimanente estensione è costituita da terreno agricolo con soprassuolo a pomacee per 3,90 ha e a drupacee per 1,60 ha.

Si determini l'indennizzo spettante giustificandone opportunamente l'ammontare.

SVOLGIMENTO

DESCRIZIONE DEL FONDO

Il fondo rustico espropriato, denominato "Ca' nuova", si trova nel Comune di Mombello, Provincia di .... Il proprietario espropriato, il sig. Manzoni Celestino, conduce direttamente l'azienda con l'ausilio della propria famiglia e di manodopera avventizia.

Il terreno è pianeggiante, di natura alluvionale, con tessitura di medio impasto, di buona fertilità.

La superficie aziendale rientra nel comprensorio di bonifica "Valle bassa" che si occupa della derivazione dell'acqua per fini irrigui dal fiume Randone e, nelle stagioni piovose, del drenaggio delle acque piovane in eccesso.

La giacitura pianeggiante rende agevole la viabilità poderale come i collegamenti con i centri urbani delle vicinanze.

Nell'azienda vengono praticate alcune delle colture a seminativo tipiche della zona: mais, bietola, soia e alcune colture orticole, soprattutto la patata. Nell'avvicendamento colturale rientrano sovente anche i cereali vernini (frumento oppure orzo). Quasi metà della superficie utile è investita a frutteto con coltivazione, su portainnesti adatti, di pere, pesche e susine. La frutticoltura beneficia nella zona di strutture cooperative per la commercializzazione dei prodotti.

Il fondo è dotato dei necessari fabbricati, che comprendono l'abitazione in casa unifamiliare (tipologia "villino"), di recente edificazione, ubicata in prossimità dell'antico casale. Quest'ultimo, in mediocre stato di conservazione, è tuttora utilizzato per il ricovero delle macchine e dei mezzi necessari all'impresa.

La *superficie catastale* risulta ripartita come segue:

– seminativi	12,70 ha
– frutteto di pomacee (pere di diversa varietà, età media 12 anni)	5,40 ha
– frutteto di drupacee (pesche e susine, età media 7 anni)	6,20 ha
– area occupata da fabbricati, con le loro pertinenze	1,20 ha
Totale	25,50 ha

L'ESPROPRIO

I terreni espropriati sono adiacenti all'autostrada A99 che attraversa il comune di Mombello. Questa zona, proprio per la vicinanza con l'autostrada, è stata destinata nel piano urbanistico generale all'espansione dell'edilizia industriale (zona D). Risulta quindi che parte del terreno dell'azienda è edificabile.

Visto il piano particellare di esproprio, con indicazione dei riferimenti catastali delle particelle, la *superficie espropriata* risulta:

– area edificabile (seminativo)	2,50 ha
– frutteto di pomacee	3,90 ha
– frutteto di drupacee	1,60 ha
Totale	8,00 ha

I criteri di indennizzo per le espropriazioni per causa di pubblica utilità sono definiti dall'attuale normativa in vigore (Testo unico, DPR 327/2001) in tre casi:
- *indennità provvisoria*, offerta all'espropriato entro 30 giorni dalla dichiarazione di pubblica utilità delle opere;
- *indennità definitiva*, determinata con apposita procedura, in caso di rifiuto dell'indennità provvisoria;
- *prezzo di cessione volontaria*, nel caso il proprietario espropriato convenga con l'espropriante per un atto di cessione dei beni.

È poi prevista un'*indennità aggiuntiva* per il coltivatore diretto.

INDENNITÀ PROVVISORIA

Aree agricole

L'indennità è determinata secondo il criterio del valore di mercato. Viste le contrattazioni più recenti, sono considerate attendibili le seguenti quotazioni:
- frutteto di pomacee (ad alta densità) 75.000 €/ha
- frutteto di drupacee (ad alta densità) 62.000 €/ha

Indennità provvisoria:

– frutteto di pomacee	3,90 ha × 75.000 €/ha =	292.500 €
– frutteto di drupacee	1,60 ha × 62.000 €/ha =	99.200 €
Totale		**391.700 €**

Aree edificabili

L'indennità offerta è determinata secondo il criterio del valore di mercato. L'espropriante:
- viste le quotazioni di mercato dei terreni edificabili;
- viste le quotazioni stabilite dal Comune ai fini IMU;

offre un'indennità di

90 €/m^2

pari a: 25.000 m^2 × 90 €/m^2 =

2.250.000 €

INDENNITÀ DEFINITIVA

In caso di accettazione dell'indennità provvisoria, con dichiarazione scritta irrevocabile, viene sottoscritto un accordo di cessione volontaria; in caso contrario si procede alla determinazione dell'indennità definitiva.

Viste le procedure previste dalla legge, il proprietario espropriato opta per la determinazione dell'indennità definitiva nel contesto arbitrale. I periti consultati esprimono le seguenti considerazioni.

Aree agricole

L'esproprio parziale determina una diminuzione di valore della parte del fondo non espropriata. La stima dell'indennità viene quindi effettuata secondo l'aspetto economico del *valore complementare* come previsto dall'art. 33 del TU, DPR 327/2001.

Valore del fondo ante-esproprio. Viene determinato con procedimento per valori unitari. Nella valutazione si tiene conto della qualità del soprassuolo e della dotazione di fabbricati. Effettuate le necessarie indagini di mercato, si sono stabiliti i seguenti valori unitari:
- seminativo irriguo 60.000 €/ha
- frutteto di pomacee (pere di diversa varietà, età media 12 anni), 80.000 €/ha
- frutteto di drupacee (pesche e susine, età media 7 anni), 70.000 €/ha

I fabbricati, che comprendono un villino di nuova edificazione, sono valutati a corpo, con il criterio del valore di ricostruzione, compresa l'area di pertinenza, in misura pari a 300.000 €.

ESERCIZI SVOLTI

Valore del fondo ante-esproprio:

– seminativi	12,70 ha × 60.000 €/ha =	762.000 €
– frutteto di pomacee	5,40 ha × 80.000 €/ha =	432.000 €
– frutteto di drupacee	6,20 ha × 70.000 €/ha =	434.000 €
– fabbricati		300.000 €
Totale		1.928.000 €

Valore del fondo post-esproprio. A causa dell'esproprio il fondo subisce una diminuzione della sua dimensione di 8 ha, circa 1/3 della superficie totale. Ne consegue, oltre a una riduzione di offerta di lavoro per la famiglia coltivatrice, una diversa combinazione dei fattori produttivi che rende l'azienda meno efficiente, con ridotta possibilità di effettuare economie di scala. Per questi motivi viene ipotizzata una diminuzione del reddito annuo ordinariamente ritraibile dal fondo (*Bf*) di 60 €/ha.
Tale diminuzione di reddito determina, per capitalizzazione del mancato reddito, stabilito un saggio di rendimento fondiario dell'1,6%, una riduzione di valore di:

$$\frac{60}{1{,}6\%} = 3.750 \text{ €/ha},$$

che incide su un valore medio del terreno di circa 70.000 €/ha nella misura del 5,4%.
Si ritiene quindi equo applicare all'intero valore del fondo un deprezzamento medio, arrotondando, del 5%.

Il valore del fondo post-esproprio risulta quindi:

– seminativi	10,20 ha × 60.000 €/ha × 0,95 =	581.400 €
– frutteto di pomacee	1,50 ha × 80.000 €/ha × 0,95 =	114.000 €
– frutteto di drupacee	4,60 ha × 70.000 €/ha × 0,95 =	305.900 €
– fabbricati	300.000 × 0,95 =	285.000 €
Totale		1.286.300 €

Valore complementare della parte espropriata:

1.928.000 – 1.286.300 =

641.700 €

Aree edificabili

Il valore venale dell'area è determinato in base all'aspetto economico del **valore di trasformazione** in misura pari alla differenza tra il valore di mercato del fabbricato che si potrà edificare e il costo di costruzione.

Cubatura edificabile:

25.000 m^2 × 2 m^3/m^2 = 50.000 m^3

Superficie commerciale dei capannoni:

50.000 m^3 : 6 m = 8.333 m^2

Le quotazioni ordinarie di mercato di capannoni per uso industriale, a nuovo, sono nella zona di 1.200 €/ m^2.

Valore di mercato:

8.333 m^2 × 1.200 €/ m^2 = 9.999.600 €

Assunte le necessarie informazioni, si stabilisce un costo di costruzione *ex novo* di 150 €/m^3, comprensivo di spese generali. Il costo totale di costruzione risulta pertanto:

50.000 m^3 × 150 €/m^3 = 7.500.000 €

Valore di trasformazione dell'area:

9.999.600 – 7.500.000 = **2.499.600 €** (pari a 100 €/m^2)

INDENNITÀ AGGIUNTIVA PER IL COLTIVATORE DIRETTO

Al proprietario coltivatore diretto spetta un'indennità aggiuntiva; l'indennità spetta anche per le aree edificabili effettivamente coltivate al momento dell'esproprio.

L'indennità aggiuntiva è definita in base al **valore agricolo medio** (VAM) determinato ogni anno dalla Commissione provinciale per gli espropri e reso noto tramite l'Agenzia del territorio. Nella Provincia di ....., alla regione agraria n. 3 in cui si trova il Comune, si hanno i seguenti VAM:

– seminativo	48.800 €/ha
– frutteto (in genere)	54.200 €/ha

Indennità aggiuntiva:

– seminativo	2,5 ha × 48.800 €/ha =	122.000 €
– frutteto	5,5 ha × 54.200 €/ha =	298.100 €
Totale		**420.100 €**

PREZZO DI CESSIONE VOLONTARIA

Aree agricole

In seguito alla sentenza n. 181/2011 della Corte costituzionale, che ha abrogato il comma 3 dell'art. 40 del DPR n. 381/2001, vista la deliberazione n. 29 del 21 marzo 2012 della Corte dei conti, in caso di cessione volontaria l'indennità di esproprio viene determinata sulla base del *valore agricolo effettivo* e quindi in misura pari all'indennità provvisoria accettata. In questo caso spetta l'indennità aggiuntiva prevista per il coltivatore diretto.

Aree edificabili

Per le aree edificabili il prezzo di cessione volontaria è pari all'indennità provvisoria maggiorata del 10%:

2.250.000 × 1,1 =

2.475.000 €

NB. Al proprietario coltivatore diretto spetta anche un'*indennità aggiuntiva* pari al VAM di 420.100 €.

10 Usufrutto

- ✓ Normativa essenziale
- ✓ Valore dell'usufrutto
- ✓ Valore della nuda proprietà
- ✓ Miglioramenti eseguiti dall'usufruttuario

10.1 NORMATIVA ESSENZIALE

L'usufrutto è il diritto di godimento da parte di una *persona*, detta **usufruttuario**, di un *bene altrui*. Il proprietario del bene oggetto di usufrutto è detto **nudo proprietario**. L'usufrutto è quindi un diritto *personale* e *reale*, regolato dal codice civile (art. 978 e seguenti).

10.1.1 Costituzione e durata

L'usufrutto legale
L'usufrutto si può costituire anche per legge. L'unica ipotesi nota di *usufrutto legale* riguarda i genitori esercenti la patria potestà sui beni del figlio.

La costituzione del diritto di usufrutto avviene di norma mediante **testamento** o **contratto** ("volontà dell'uomo"), nella **forma scritta** di atto pubblico o scrittura privata prevista per i beni immobili dall'art. 1350 del c.c.

La durata dell'usufrutto non può eccedere **la vita dell'usufruttuario** (vita "natural durante"). L'usufrutto costituito a favore di una persona giuridica non può durare più di **trent'anni**.
La morte dell'usufruttuario pone fine all'usufrutto, anche se non è stata raggiunta l'eventuale data di scadenza prevista.
Il diritto di usufrutto non può essere trasferito agli eredi, compreso il coniuge superstite. Se il diritto di usufrutto spetta a più persone e una di queste muore, il diritto si concentra in capo ai superstiti.

L'usufrutto ha termine anche per:
- *prescrizione*, cioè per effetto del non uso continuato per venti anni;
- *riunione* dell'usufrutto e della proprietà nella stessa persona;
- per il totale *perimento della cosa* su cui è costituito (art. 1014 c.c.).

10.1.2 Oggetto

L'usufrutto può avere per oggetto *beni immobili* e *beni mobili*. L'usufrutto si estende a tutte le accessioni della cosa.
L'usufruttuario ha diritto di godere i frutti naturali e civili della cosa, ma *deve rispettarne la destinazione economica* (art. 981 c.c.). Può disporre del suo diritto,

può cederlo, dare in locazione ecc. Deve comunque usare il bene con la "diligenza del buon padre di famiglia".
Se la cosa è espropriata per pubblico interesse, l'usufrutto si trasferisce sull'indennità relativa.
Se l'usufrutto comprende **cose consumabili** (*quasi usufrutto* o *usufrutto improprio*), l'usufruttuario ha diritto di servirsene e ha l'obbligo di pagarne il valore al termine dell'usufrutto secondo la stima convenuta. Mancando la stima, è facoltà dell'usufruttuario di pagare le cose secondo il valore corrente al tempo in cui finisce l'usufrutto o di restituirne altre in eguale qualità e quantità (art. 995 c.c.). L'usufrutto equivale perciò, in questo caso, a un prestito gratuito e può avere per oggetto anche il denaro.
Se l'usufrutto comprende **cose che si deteriorano a poco a poco**, l'usufruttuario ha diritto di servirsene secondo l'uso al quale sono destinate e alla fine dell'usufrutto è soltanto tenuto a restituirle nello stato in cui si trovano (art. 996 c.c.).

10.1.3 Spese a carico dell'usufruttuario e del nudo proprietario

La legge pone a carico dell'usufruttuario:
- le spese e, in genere, gli oneri relativi all'*amministrazione, manutenzione ordinaria* e *custodia* della cosa (art. 1004 c.c.);
- le *imposte*, i *contributi* e gli altri pesi *che gravano sul reddito* (art. 1008 c.c.).

L'usufruttuario deve eventualmente altresì corrispondere al nudo proprietario gli *interessi legali* sulle eventuali somme da lui sostenute per:
- le riparazioni straordinarie (art. 1005 c.c.);
- l'esecuzione nel fondo di costruzioni o piantagioni (miglioramenti fondiari) (art. 983 c.c.).

Sono quindi a carico dell'usufruttuario le **spese per la gestione ordinaria**, mentre restano carico del nudo proprietario le **spese per la conservazione del bene immobile**: manutenzione straordinaria, reintegrazione e assicurazione.

10.2 VALORE DELL'USUFRUTTO

La stima del valore del diritto di usufrutto di un immobile è richiesta in genere:
- quando il nudo proprietario vuole *estinguere l'usufrutto prima della scadenza* offrendo all'usufruttuario una cifra pari al valore del diritto;
- per la *stima del valore della nuda proprietà*.

10.2.1 Criteri di stima

Il valore del diritto di usufrutto si ottiene *accumulando all'attualità il reddito netto annuo ritraibile dall'usufruttuario*; viene applicato quindi l'aspetto economico del **valore di capitalizzazione**. Essendo la durata dell'usufrutto pari, al massimo, alla vita dell'usufruttuario (e al massimo 30 anni per le persone giuridiche), il valore del diritto (V_u) risulta da:

$$V_u = R_u \frac{q^n - 1}{r\, q^n}$$

dove:

R_u = reddito netto annuo mediamente ritraibile dall'usufruttuario *negli anni di durata residua dell'usufrutto*;

$\frac{q^n - 1}{r\, q^n}$ = coefficiente finanziario di accumulazione iniziale di un'annualità limitata posticipata;
n = numero di anni di durata residua dell'usufrutto;
r = saggio commerciale.

La stima dell'usufrutto richiede quindi la determinazione (*v.* esempio 10.1 a pag. 230):
- del *reddito ritraibile dall'usufruttuario;*
- della *durata* dell'usufrutto;
- del *saggio di capitalizzazione.*

10.2.2 Reddito netto ritraibile dall'usufruttuario da un fabbricato

Il reddito netto di un fabbricato
Le spese di gestione e i relativi simboli sono stati già visti nel paragrafo 2.2.5 per la stima con procedimento per capitalizzazione dei redditi.

Il reddito dell'usufruttuario (R_u) è ottenuto dalla differenza tra il reddito lordo totale e le spese a suo carico:

$$R_u = Rlt - (Tr + Amn + Svz + Sf/In + I)$$

Il **reddito lordo totale** che l'usufruttuario può ricavare da un fabbricato deriva dalla locazione dell'immobile, con riferimento al *canone ordinario ritraibile nel periodo residuo* dell'usufrutto. Si considera tale reddito anche quando il fabbricato non è effettivamente dato in locazione perché, per esempio, è utilizzato direttamente dall'usufruttuario come abitazione (non è possibile ipotizzare altri tipi di reddito…).

Interessi legali sulle spese straordinarie
A carico dell'usufruttuario vi sono eventualmente gli *interessi legali sulle spese sostenute dal nudo proprietario per la manutenzione straordinaria* (art. 1005 c.c.). In questo caso, però, il canone di locazione subisce un aumento di analoga entità (art. 23, legge n. 392/1978) per cui si può ritenere che il reddito dell'usufruttuario non cambi significativamente.

Tra le **spese** citate nella formula non sono citate le *quote* (Q), in quanto:
- le quote di manutenzione ordinaria ricadono sul locatario;
- le quote di manutenzione straordinaria, di reintegrazione e di assicurazione sono per legge a carico del nudo proprietario.

Come si potrà notare, il reddito dell'usufruttuario non coincide con il beneficio fondiario ritraibile dal proprietario, ma è più elevato (anche se non di molto). Alcune spese restano infatti a carico del nudo proprietario.
La stima del reddito dell'usufruttuario può essere effettuata sinteticamente, applicando le aliquote della tabella 10.1 determinate con riferimento a fabbricati simili, o analiticamente, con un calcolo dettagliato di ogni spesa.

10.1 Incidenza delle spese a carico dell'usufruttuario

Tipo di spesa	% sul canone di locazione
Tributi (art. 1008 c.c.)	25÷40
Amministrazione e servizi (art. 1004 c.c.)	3÷5
Sfitto e inesigibilità	1÷3
Interessi	0,5÷2
Totale	**29,5÷50**

10.2.3 Durata dell'usufrutto

La durata residua dell'usufrutto per una persona fisica è determinata statisticamente mediante l'uso delle **tavole di mortalità per sesso** pubblicate dall'ISTAT (*v.* tabella 10.2). Tale durata potrà essere modificata in caso di malattia dell'usufruttuario sulla base di perizie mediche.
Se invece la durata è stabilita *per contratto*, la durata residua è data semplicemente dal tempo mancante alla scadenza contrattuale.

10.2 **Vita media probabile della popolazione italiana (ISTAT, 2015)**

Età attuale	Vita residua probabile (anni)		Età attuale	Vita residua probabile (anni)		Età attuale	Vita residua probabile (anni)	
	Femmine	Maschi		Femmine	Maschi		Femmine	Maschi
0	84,606	80,115	**41**	44,272	40,186	**82**	8,585	7,097
1	83,830	79,377	**42**	43,300	39,227	**83**	7,974	6,591
2	82,847	78,394	**43**	42,329	38,271	**84**	7,393	6,113
3	81,860	77,407	**44**	41,360	37,318	**85**	6,836	5,659
4	80,869	76,418	**45**	40,395	36,370	**86**	6,309	5,233
5	79,876	75,426	**46**	39,432	35,426	**87**	5,810	4,834
6	78,881	74,432	**47**	38,472	34,486	**88**	5,345	4,464
7	77,887	73,439	**48**	37,516	33,551	**89**	4,922	4,128
8	76,892	72,445	**49**	36,564	32,622	**90**	4,539	3,825
9	75,896	71,451	**50**	35,616	31,698	**91**	4,188	3,543
10	74,901	70,457	**51**	34,672	30,780	**92**	3,878	3,295
11	73,905	69,463	**52**	33,731	29,868	**93**	3,603	3,078
12	72,909	68,468	**53**	32,793	28,961	**94**	3,338	2,870
13	71,914	67,475	**54**	31,859	28,061	**95**	3,057	2,643
14	70,920	66,482	**55**	30,929	27,166	**96**	2,762	2,415
15	69,926	65,492	**56**	30,005	26,279	**97**	2,474	2,194
16	68,932	64,505	**57**	29,085	25,400	**98**	2,240	2,001
17	67,940	63,521	**58**	28,170	24,528	**99**	2,057	1,849
18	66,948	62,540	**59**	27,262	23,665	**100**	1,920	1,729
19	65,958	61,562	**60**	26,358	22,812	**101**	1,807	1,626
20	64,967	60,585	**61**	25,458	21,967	**102**	1,664	1,498
21	63,977	59,609	**62**	24,563	21,134	**103**	1,535	1,382
22	62,987	58,634	**63**	23,674	20,315	**104**	1,420	1,279
23	61,997	57,659	**64**	22,791	19,504	**105**	1,316	1,186
24	61,008	56,685	**65**	21,918	18,705	**106**	1,223	1,103
25	60,019	55,711	**66**	21,051	17,917	**107**	1,139	1,029
26	59,030	54,738	**67**	20,192	17,141	**108**	1,065	0,963
27	58,041	53,764	**68**	19,333	16,370	**109**	0,999	0,904
28	57,052	52,788	**69**	18,478	15,607	**110**	0,940	0,853
29	56,063	51,813	**70**	17,631	14,852	**111**	0,888	0,807
30	55,074	50,838	**71**	16,799	14,115	**112**	0,842	0,767
31	54,086	49,865	**72**	15,978	13,391	**113**	0,801	0,732
32	53,099	48,892	**73**	15,175	12,694	**114**	0,765	0,701
33	52,112	47,920	**74**	14,382	12,010	**115**	0,733	0,675
34	51,126	46,948	**75**	13,598	11,341	**116**	0,705	0,651
35	50,141	45,978	**76**	12,825	10,682	**117**	0,680	0,631
36	49,158	45,009	**77**	12,063	10,030	**118**	0,658	0,614
37	48,177	44,042	**78**	11,318	9,393	**119**	0,640	0,599
38	47,198	43,076	**79**	10,596	8,781			
39	46,222	42,111	**80**	9,900	8,193			
40	45,246	41,148	**81**	9,230	7,634			

10.2.4 Saggio di capitalizzazione

Valore dell'usufrutto per fini fiscali

Il saggio da usare per l'accumulazione all'attualità del reddito dell'usufruttuario è determinabile con riferimento alla media tra i tassi bancari sui depositi e sui prestiti per tempi paragonabili a quelli di durata dell'usufrutto (*saggio commerciale*).
Per determinare il valore dell'usufrutto per fini fiscali si usa il saggio *legale* (0,8% nel 2019).

ESEMPIO 10.1 VALORE DEL DIRITTO DI USUFRUTTO

Canone di locazione:	9.600 €
Spese (incidenza sul canone):	42%
Durata residua dell'usufrutto:	9 anni
Saggio commerciale:	2,2%

Reddito lordo totale (rate mensili anticipate):

$$Rlt = \frac{9.600}{12} \times \left(12 + 0,022 \times \frac{12+1}{2}\right) = 9.714 \text{ €}$$

Reddito dell'usufruttuario:

$$R_u = 9.714 - 9.600 \times 42\% = 5.682 \text{ €}$$

Valore del diritto di usufrutto:

$$V_u = 5.682 \times \frac{1,022^9 - 1}{0,022 \times 1,022^9} = 45.938 \text{ €}$$

10.3 VALORE DELLA NUDA PROPRIETÀ

La stima del valore della nuda proprietà può essere richiesta quando, in qualsiasi ambito, la valutazione riguarda un immobile gravato da usufrutto.
Il valore della nuda proprietà (V_{np}) si ottiene *detraendo dal valore del bene considerato libero da usufrutto* (V) *il valore dell'usufrutto stesso* (V_u) (*v.* esempio 10.2):

$$V_{np} = V - V_u \qquad [1]$$

Il valore del bene libero da usufrutto viene determinato in genere secondo l'aspetto economico del **valore di mercato**; il valore dell'usufrutto costituisce in pratica una *detrazione al valore ordinario* di mercato. Si potranno comunque applicare altri criteri di stima in base alle circostanze reali in cui si trova il bene, per esempio il valore di trasformazione.

Le fasi di stima sono quindi essenzialmente due:
- la stima del valore dell'immobile considerato libero da usufrutto;
- la stima del valore del diritto di usufrutto.

ESEMPIO 10.2 VALORE DELLA NUDA PROPRIETÀ

Valore di mercato del fabbricato:	280.000 €	
Valore del diritto di usufrutto:	45.938 €	(*v.* esempio precedente)

$$V_{np} = 280.000 - 45.938 = 234.062 \text{ €}$$

10.3.1 Procedimento alternativo

Il valore della nuda proprietà può essere calcolato anche scontando all'attualità il valore di mercato del fondo considerato libero da usufrutto (*v.* esempio 10.3):

$$V_{np} = \frac{V}{q^n} \qquad [2]$$

Con questa formula non è necessario determinare a priori il valore dell'usufrutto; il valore della nuda proprietà è calcolato esclusivamente in funzione del *valore dell'immobile libero da usufrutto* (V) e del *saggio di sconto.*

Dimostrazione matematica di equivalenza delle formule

L'eguaglianza matematica tra la formula [1] e la formula [2] si ha alle seguenti condizioni:

- il reddito dell'usufruttuario coincide con quello del proprietario (*Bf*);
- il saggio di capitalizzazione coincide con il saggio commerciale.

Tali condizioni, dal punto di vista pratico, e cioè nel contesto dell'approssimazione estimativa, si possono considerare plausibili (*v.* l'esempio precedente e quello che segue).

ESEMPIO 10.3 **VALORE DELLA NUDA PROPRIETÀ**

Valore di mercato del fabbricato:	280.000 €
Durata residua dell'usufrutto:	9 anni
Saggio:	1,8%

$$V_{np} = \frac{280.000}{1,018^9} = 238.467\ €$$

Con il saggio del 2,2% (come nell'esempio precedente):

$$V_{np} = \frac{280.000}{1,022^9} = 230.197\ €$$

La differenza fra le due formule (esempi 11.2 e 11.3) di circa ±4.000 € su 234.062 € è quindi nell'ordine dell'1,5÷2%

10.4 MIGLIORAMENTI ESEGUITI DALL'USUFRUTTUARIO

10.4.1 Indennità di miglioramento

La legge consente all'usufruttuario di eseguire addizioni e miglioramenti, a condizione che non sia alterata la destinazione economica della cosa. Le addizioni si possono separare senza danneggiamento della cosa; in caso contrario devono essere considerate come miglioramento della cosa stessa.

Le addizioni
L'usufruttuario ha diritto di togliere le addizioni alla fine dell'usufrutto, salvo che il proprietario preferisca tenerle. In questo caso deve corrispondere all'usufruttuario un'indennità pari alla *minor somma tra l'importo della spesa e il valore delle addizioni* al tempo della riconsegna (artt. 986 c.c.).

Nel caso l'usufruttuario esegua dei **miglioramenti** (per esempio la ristrutturazione di un fabbricato) il nudo proprietario, alla scadenza del diritto, deve pagare "un'indennità per i miglioramenti che sussistono al momento della restituzione della cosa. L'indennità si deve corrispondere nella *minor somma tra l'importo delle spese sostenute e l'aumento di valore* conseguito dalla cosa per effetto dei miglioramenti" (art. 985 c.c.).

La stima dell'indennità richiederà quindi due valutazioni: una per lo "speso" e una per l'incremento di valore (o "migliorato"), per individuare in tal modo l'importo minore.

L'*incremento di valore* si determina con la differenza tra il valore di mercato dell'immobile migliorato, come risulta al termine dell'usufrutto, e il valore che avrebbe lo stesso immobile se non fosse stato migliorato.

Per la determinazione dello *speso* si procederà al calcolo con riferimento ai materiali, alle tecniche e ai prezzi correnti nel momento della stima. Al costo di esecuzione a nuovo dovrà essere applicato un coefficiente di vetustà che tenga conto dello stato di conservazione e dell'obsolescenza delle opere eseguite.

10.4.2 Valore della nuda proprietà di un immobile migliorato

Per la stima del valore della nuda proprietà di un fabbricato migliorato dall'usufruttuario si dovrà effettuare un'ulteriore detrazione al valore pari all'indennità (*Ind*) da pagare, con la formula:

$$V_{np} = V - V_u - \frac{Ind}{(1+r)^n}$$

dove V è il valore del fabbricato già migliorato dall'usufruttuario, V_u il valore del diritto, r è il saggio commerciale e n il numero di anni di durata residua.

10. Usufrutto

Questionario	In sintesi
1. Quali sono le norme che regolano il diritto di usufrutto?	L'**usufrutto** è il diritto di godimento da parte di una persona, detta *usufruttuario*, di un bene altrui. Il proprietario del bene oggetto di usufrutto è detto *nudo proprietario*. La costituzione del diritto di usufrutto avviene di solito, mediante testamento o contratto. La durata dell'usufrutto non può eccedere la vita dell'usufruttuario e 30 anni per una persona giuridica. L'usufruttuario ha diritto di godere i frutti della cosa, ma deve rispettarne la destinazione economica.
2. Secondo quale aspetto economico si valuta il diritto di usufrutto? 3. Quali sono i dati che è necessario determinare per procedere nella stima del valore dell'usufrutto?	Il valore del diritto di usufrutto si ottiene accumulando all'attualità il reddito annuo ritraibile dall'usufruttuario (valore di capitalizzazione): $V_u = R_u \frac{q^n - 1}{r q^n}$ dove R_u è il reddito annuo netto dell'usufruttuario, n il numero di anni di durata residua dell'usufrutto e r il saggio commerciale. Il reddito dell'usufruttuario (R_u) si calcola a partire dal canone di locazione, reale o presunto, dell'immobile ed è dato dalla differenza tra il reddito lordo totale e le spese a suo carico: $R_u = Rlt - (Tr + Amn + Svz + Sf/In + I)$ La durata residua dell'usufrutto è determinata statisticamente, mediante l'uso delle tavole di mortalità per sesso pubblicate dall'ISTAT. Il saggio da usare è commerciale.
4. Come si calcola il valore della nuda proprietà?	Il **valore della nuda proprietà** (V_{np}) si ottiene detraendo dal valore del bene libero da usufrutto (V) il valore dell'usufrutto stesso (V_u) : $V_{np} = V - V_u$ Il valore del bene libero da usufrutto viene determinato in genere secondo l'aspetto economico del valore di mercato; il valore dell'usufrutto è in pratica una detrazione al valore ordinario. Si potranno comunque applicare altri criteri di stima in base alle circostanze reali in cui si trova il bene, per esempio il valore di trasformazione.
5. Come si determina l'indennità per chi ha eseguito un miglioramento sul fondo altrui?	Nel caso l'usufruttuario esegua dei **miglioramenti** (per esempio la ristrutturazione di un fabbricato) il nudo proprietario, alla scadenza, deve pagare un'indennità pari alla *minor somma tra l'importo delle spese sostenute e l'aumento di valore* conseguito dalla cosa.

AREA DIGITALE

QUESTIONARIO A RISPOSTA MULTIPLA

1. La durata dell'usufrutto può essere per una persona fisica al massimo:
   - ☐ **a.** 20 anni
   - ☐ **b.** 30 anni
   - ☐ **c.** la durata della vita naturale

2. La durata dell'usufrutto a favore di una società può essere al massimo:
   - ☐ **a.** 20 anni
   - ☐ **b.** 30 anni
   - ☐ **c.** 40 anni

3. Le quote di manutenzione straordinaria di un fabbricato sono a carico:
   - ☐ **a.** dell'usufruttuario
   - ☐ **b.** del nudo proprietario
   - ☐ **c.** di entrambi al 50%

4. I tributi come l'IMU sono a carico:
   - ☐ **a.** dell'usufruttuario
   - ☐ **b.** del nudo proprietario
   - ☐ **c.** di entrambi al 50%

5. Il valore del diritto di usufrutto è dato:
   - ☐ **a.** dall'accumulazione all'attualità dei redditi ritraibili dall'usufruttuario
   - ☐ **b.** dal valore di mercato del fabbricato gravato da usufrutto
   - ☐ **c.** dalla differenza tra il valore di mercato del fabbricato e la somma dei redditi ritraibili dall'usufruttuario

6. L'aspetto economico che si applica nella stima del valore del diritto di usufrutto è:
   - ☐ **a.** il valore di mercato
   - ☐ **b.** il valore di costo
   - ☐ **c.** il valore di capitalizzazione

7. Il saggio di capitalizzazione è determinato con riferimento:
   - ☐ **a.** al prezzo d'uso del denaro per fini commerciali
   - ☐ **b.** al rendimento immobiliare
   - ☐ **c.** al tasso legale

8. Il valore di un immobile dato in usufrutto si ottiene:
   - ☐ **a.** capitalizzando il reddito dell'usufruttuario
   - ☐ **b.** capitalizzando il reddito lordo del nudo proprietario
   - ☐ **c.** detraendo dal valore attuale di mercato dell'immobile, considerato libero dal diritto, il valore dell'usufrutto

9. In caso di miglioramenti fondiari eseguiti dall'usufruttuario, il nudo proprietario:
   - ☐ **a.** non deve alcuna indennità
   - ☐ **b.** paga un'indennità pari alla spesa sostenuta
   - ☐ **c.** paga un'indennità pari alla minor somma tra quanto è stato speso e l'incremento di valore dell'immobile

ATTIVITÀ PRATICHE E DI VERIFICA

TEMI D'ESAME DI STATO

Anno 2008, Abilitazione professionale

Usufrutto di un appartamento

Un alloggio è gravato da un diritto di usufrutto vita natural durante per 1/2. Di fronte alla possibilità di una vendita il nudo proprietario incarica un tecnico di determinare il valore della nuda proprietà.

Sono stati accertati i seguenti dati:

- la superficie commerciale dell'alloggio è 140 m^2;
- il canone mensile medio ordinario di locazione nella zona è pari a 8 € al metro quadrato di superficie commerciale;
- la vita probabile residua del titolare del diritto di usufrutto, secondo le tavole di mortalità, è di 12 anni;
- l'immobile ha una rendita catastale di 2.540 €;
- l'alloggio fa parte di uno stabile dotato di portineria le cui spese annue per la quota di competenza ammontano a 1.200 €.

L'usufruttuario ha sostenuto spese di ristrutturazione pari a 6.000 €.

Assumendo opportunamente tutti i dati necessari a determinare il reddito della piena proprietà e il reddito dell'usufruttuario il candidato proceda alla stima del valore richiesto.

Se l'usufruttuario accetta di estinguere subito il diritto in cambio di un equo corrispettivo e il proprietario, riacquistata la piena proprietà, decide di frazionare l'alloggio in due unità prima della vendita, il candidato esponga quali pratiche edilizie e catastali sono necessarie.

11 Servitù prediali

✓ Normativa essenziale
✓ Stima dell'indennità

11.1 NORMATIVA ESSENZIALE

11.1.1 Generalità

Una servitù prediale (dal latino *praedium*, che significa fondo) è definita dal codice civile come un "*peso imposto sopra un fondo per l'utilità di un altro fondo appartenente a diverso proprietario*" (art. 1027). "L'utilità può consistere anche nella maggiore comodità o amenità del fondo dominante" (art. 1028).
Il fondo gravato dalla servitù è detto **servente**, il fondo a favore del quale è stata creata la servitù è detto **dominante**.
Le servitù prediali, come l'usufrutto, rientrano nei *diritti reali di godimento sulla cosa altrui*; nel caso dell'usufrutto il diritto è costituito a favore di una persona, nel caso delle servitù prediali a favore di un altro fondo.

Tipi di servitù

Le **servitù coattive** sono "tipiche" in quanto ciascuna di esse ha un *contenuto predeterminato per legge*. Le più importanti servitù prediali coattive previste dal codice civile sono l'acquedotto e scarico coattivo, il passaggio coattivo e l'elettrodotto coattivo.
Le **servitù volontarie** possono invece avere per oggetto *qualsiasi utilità* (servitù "atipiche") a vantaggio di un fondo a carico di un altro fondo appartenente a diverso proprietario.
Le servitù si dicono **apparenti** se sono visibili con segni o opere permanenti che indichino in modo inequivocabile l'esistenza del peso gravante sul fondo, in caso contrario sono dette **non apparenti**.

Servitù reciproche
Sono reciproche se due fondi sono contemporaneamente dominanti e serventi.

Costituzione, durata ed estinzione

La costituzione di una servitù prediale può avvenire:
- *coattivamente*, con la forza della legge (*sentenza*);
- *volontariamente*, con un contratto fra le parti o mediante testamento;

Altri modi di costituzione
Le servitù apparenti si possono costituire per *destinazione del padre di famiglia*, quando il fondo dominante e servente erano un tempo di un unico proprietario e questi ha posto o lasciato le cose, con segni visibili, nello stato dal quale risulti la servitù (art. 1062 c.c.). È un caso non raro in seguito a divisioni ereditarie.

- con *atto dell'autorità amministrativa* (art. 1032 c.c.), quando viene attivata, in base a una normativa speciale, una procedura espropriativa (infrastrutture lineari energetiche: elettrodotto, gasdotto, oleodotto);
- per *usucapione*, con l'esercizio continuativo per 20 anni.

Per quanto riguarda la **durata**, le servitù si considerano:
- *temporanee*, quando la durata è *inferiore a nove anni*,
- *permanenti*, quando la durata è *superiore a nove anni*.

L'**estinzione** di una servitù coattiva può avvenire per:
- *confusione*, quando una sola persona riunisce la proprietà del fondo dominante e del fondo servente;
- *prescrizione*, quando la servitù non viene esercitata per almeno 20 anni.

I contratti che costituiscono o modificano le servitù prediali richiedono, pena la nullità, la **forma scritta** (art. 1350 c.c.).

11.1.2 Servitù di passaggio

Il proprietario il cui fondo è *intercluso*, in quanto non ha accesso sulla strada pubblica e né può procurarselo senza eccessivo dispendio, può ottenere il passaggio sul fondo altrui (*v.* figura 11.1). La servitù può essere ottenuta anche a favore di un fondo *non intercluso* se si dimostra che il passaggio esistente non è sufficiente e non può essere ampliato (art. 1052 c.c.), per esempio quando l'accesso non è sufficiente per i veicoli usati in agricoltura o nell'industria.
La servitù di passaggio si deve stabilire per la via più breve e comunque in modo tale da arrecare il minor danno possibile al fondo servente (art. 1051 c.c.). Infatti a volte può risultare più adatto un percorso più lungo quando, per esempio, si può utilizzare, almeno in parte, una strada esistente.
Se il fondo è intercluso a causa di alienazioni o frazionamenti di proprietà confinanti, per effetto di compravendite o divisioni ereditarie, il proprietario ha diritto di ottenere dai nuovi possessori il passaggio senza pagare alcuna indennità (art. 1054 c.c.).
Se il passaggio cessa di essere necessario, può essere soppresso in qualunque momento su istanza del proprietario del fondo dominante o del fondo servente. Quest'ultimo deve restituire il compenso ricevuto; ma l'autorità giudiziaria può disporre una riduzione della somma, in funzione della durata della servitù e del danno sofferto (art. 1055 c.c.).

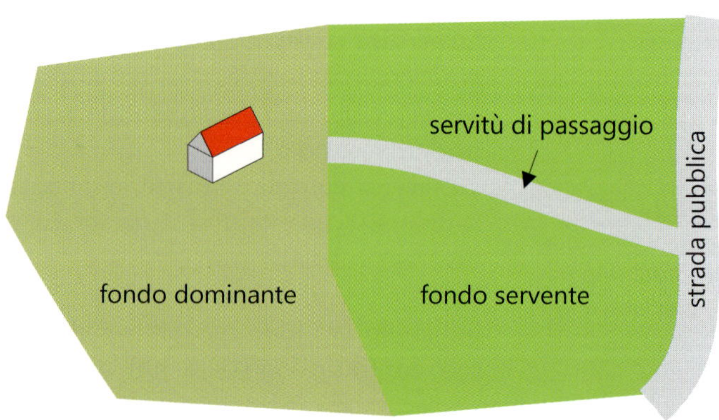

Figura 11.1
Servitù di passaggio.

Servitù di acquedotto e scarico coattivo

Il proprietario è tenuto a **dare passaggio alle acque di ogni specie** per i suoi fondi, a favore di chi ha, anche solo temporaneamente, il diritto di utilizzarle per i *bisogni della vita* o per *usi agrari* o *industriali*.

La servitù di acquedotto coattivo può essere istituita a condizione che, durante il tempo per cui è richiesto il passaggio, *l'acqua sia sufficiente agli scopi cui è destinata* e che il passaggio richiesto sia il meno dannoso per il fondo servente (art. 1037 c.c.).
È stabilito inoltre, nel caso in cui il corso d'acqua impedisca l'accesso dei proprietari a fondi contigui, che gli utilizzatori dell'acqua provvedano a *costruire e a mantenere a proprie spese i ponti* e le opere accessorie per un facile e sicuro accesso ai fondi medesimi (art. 1042 c.c.).
La servitù di acquedotto comprende la *facoltà di accedere al fondo servente* e di passare lungo i canali o le condotte per vigilarne il corso, eseguire gli spurghi e le manutenzioni necessarie.
Sono esenti da questa servitù le case, i cortili, i giardini e le aie a esse attinenti (art. 1033 c.c.).
Le disposizioni di legge per la servitù di acquedotto si applicano anche quando il passaggio è richiesto al fine di **scaricare acque sovrabbondanti**. Lo scarico può essere richiesto anche per *acque impure* (condotte fognarie), purché siano adottate le precauzioni atte a evitare qualsiasi pregiudizio o molestia (art. 1043 c.c.).

11.1.3 Servitù per infrastrutture lineari energetiche e per le telecomunicazioni

Procedura

Per infrastrutture lineari energetiche si intendono i gasdotti, gli elettrodotti, gli oleodotti e le reti di trasporto di fluidi termici o di altri idrocarburi. Queste infrastrutture non sono realizzate a beneficio di *un* fondo dominante, ma hanno, in modo evidente, i connotati del servizio pubblico. In questo caso il "fondo dominante" è in realtà la collettività degli utenti, ma da un punto di vista tecnico-giuridico il fondo dominante è rappresentato dall'impianto stesso, da ritenersi come bene immobile ai sensi dell'art. 812 del c.c.
Le servitù per le infrastrutture lineari energetiche sono realizzate in seguito al rilascio dell'**autorizzazione unica** (istituita con la legge n. 55 del 9 aprile 2002) da parte del Ministero delle attività produttive. Al procedimento unico per il rilascio dell'autorizzazione partecipano, mediante la convocazione di una *conferenza dei servizi*, le amministrazioni statali e locali interessate. La *valutazione di impatto ambientale* (VIA) con esito favorevole è parte necessaria del procedimento. Il procedimento autorizzativo deve concludersi entro il termine di sei mesi.

Le conferenze di servizi
Le conferenze di servizi sono indette, ai sensi della legge n. 241/1990, quando è richiesto un esame contestuale di vari interessi pubblici coinvolti in un procedimento amministrativo.

Per le infrastrutture lineari energetiche che non fanno parte della rete energetica nazionale, che quindi hanno un interesse esclusivamente locale, i necessari provvedimenti amministrativi sono esercitati dai Comuni.
Allo scopo di evitare che l'opposizione di singoli proprietari possa impedire o rallentare i lavori di creazione o di adeguamento della rete di distribuzione, le servitù per la realizzazione di infrastrutture lineari energetiche sono considerate di **pubblica utilità**. La nuova normativa sulle espropriazioni (*v.* capitolo 9) ha razionalizzato e snellito i procedimenti amministrativi. La *dichiarazione di pubblica utilità* è implicita con l'emanazione dell'apposita autorizzazione. Il *decreto di imposizione della servitù* (previsto dall'art. 52 *octies* del DPR n. 327/2001) ha gli stessi contenuti del decreto di esproprio e dispone in tempi brevi l'occupazione temporanea delle aree necessarie.

L'elettrodotto

La normativa per questa servitù è dettata inizialmente dal **RD n. 1775/1933**, "Testo unico delle disposizioni di legge sulle acque e sugli impianti elettrici" (artt. 119-137), con cui ogni proprietario è tenuto a dar passaggio per i suoi fondi alle condutture elettriche aeree o sotterranee a chi ne abbia ottenuto permanentemente o temporaneamente l'autorizzazione dall'autorità competente (art. 121).

Il proprietario del fondo servente può chiedere all'ente titolare della servitù, in seguito alla costruzione di un fabbricato o ad altre innovazioni, la rimozione dell'elettrodotto offrendo in cambio un luogo adatto per una diversa collocazione delle condutture (art. 122). Le spese dello spostamento sono a carico dell'ente. Tuttavia sono consentiti accordi preventivi che rendano inamovibile la servitù. In particolare sono inamovibili per legge gli elettrodotti ad alta tensione.

Il **DM 21 marzo 1988, n. 449**, "Approvazione delle norme tecniche per la progettazione, l'esecuzione e l'esercizio delle linee elettriche aeree esterne", suddivide le linee elettriche in quattro classi (tabella 11.1).

11.1 Classi di linee elettriche (DM n. 449/1988)

Classe	Tensione nominale (kV)	Altra definizione	Utilizzo
Zero	-	-	Linee telefoniche, telegrafiche, per segnalazione e comando a distanza a servizio di impianti elettrici.
Prima Seconda Terza	< 1 1÷30 > 30	Bassa tensione (BT) Media tensione (MT) Alta tensione (AT)	Linee di trasporto e distribuzione di energia elettrica.

Su questo tipo di infrastruttura grava la normativa per la protezione contro l'*inquinamento elettromagnetico* che impone una fascia di rispetto per i fabbricati.

Il **DPCM 8 luglio 2003** fissa i *limiti di esposizione*, i *valori di attenzione* e gli *obiettivi di qualità* per la protezione della popolazione dalle esposizioni ai campi elettrici e magnetici generati dagli elettrodotti.

La fascia di rispetto
È definita dalla legge come lo "spazio circostante un elettrodotto che comprende tutti i punti al di sopra e al disotto del livello del suolo caratterizzati da un'induzione magnetica di intensità maggiore o uguale all'obiettivo di qualità".

Il **DM 29 maggio 2008** contiene la *metodologia di calcolo per la determinazione delle fasce di rispetto degli elettrodotti* (ovvero linee elettriche e cabine di trasformazione), esistenti e di progetto, con linee interrate o aeree.
Il calcolo della distanza da un elettrodotto può essere effettuato in due modi:
- calcolo della *distanza di prima approssimazione* (DPA) (procedimento semplificato);
- *calcolo esatto* in base alle caratteristiche geometriche, meccaniche ed elettriche della linea.

A titolo indicativo, le DPA per una terna semplice di una linea a media tensione sono di 5÷7 m, per una terna doppia 8÷11 m, per le cabine 1,5÷2 m (figura 11.2).

Il Dlgs n. 81/2008 (allegato IX) fissa per le attività lavorative i limiti di distanza riportati nella tabella 11.2.

11.2 Distanze di sicurezza per i lavoratori da linee elettriche

Tensione nominale (kV)	Distanza di sicurezza (m)
≤ 1	3
1÷30	3,5
30÷132	5
>132	7

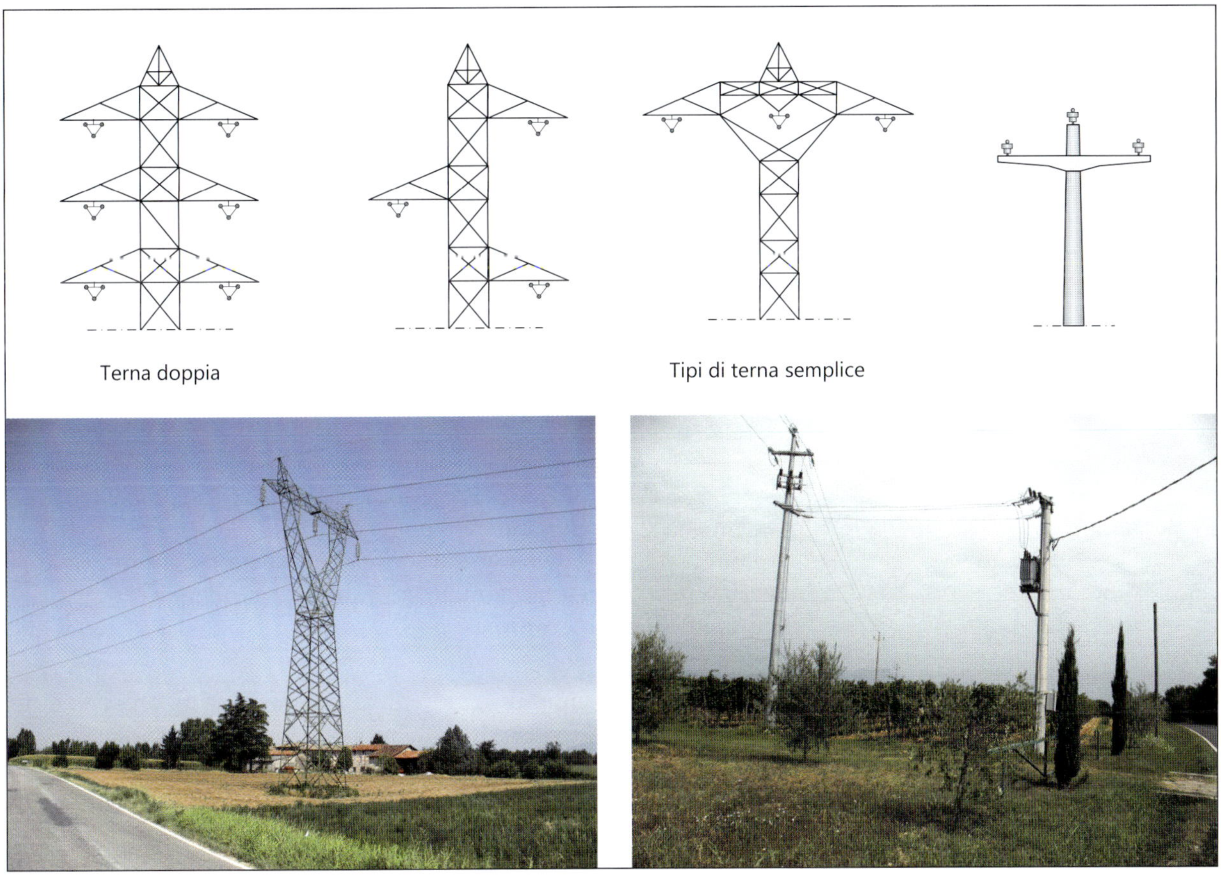

Figura 11.2 Diversi tipi di elettrodotto.

Linee di comunicazione

La normativa per questo tipo di servitù è dettata dal **Dlgs n. 259/2003**, "Codice delle comunicazioni elettroniche", che definisce di pubblica utilità gli impianti di reti di comunicazione elettronica a uso pubblico e le opere accessorie occorrenti. La *legge n. 133/2008* integra la normativa per le linee a banda larga (fibra ottica). La normativa prevede, in sintesi, quanto segue.

Senza appoggio. Possono passare, anche senza il consenso del proprietario, fili o cavi sia al di sopra delle proprietà pubbliche o private, sia dinanzi a quei lati di edifici ove non vi siano finestre o altre aperture praticabili a prospetto. Il proprietario o il condominio non può opporsi all'appoggio di antenne, di sostegni, nonché al passaggio di condutture, fili o qualsiasi altro impianto. I fili, i cavi e ogni altra installazione debbono essere collocati in modo da non impedire il libero uso della cosa secondo la sua destinazione. Per questo tipo di servitù al proprietario non è dovuta alcuna indennità (art. 91).

Con appoggio. Le servitù di fili, cavi e impianti connessi, sul suolo, nel sottosuolo o sull'area soprastante, sono imposte, in mancanza del consenso del proprietario, secondo la procedura espropriativa. La domanda, corredata dal progetto degli impianti e del piano descrittivo dei luoghi, è diretta all'autorità competente che, nel caso, impone la servitù richiesta e determina l'indennità dovuta ai sensi dell'articolo 44 del DPR n. 327/2001.

11.2 STIMA DELL'INDENNITÀ

L'imposizione di una servitù è subordinata al pagamento di un'indennità che viene offerta inizialmente, in fase di accordo bonario, dal proprietario del fondo dominante al proprietario del fondo servente.
Per le grandi servitù lineari vengono fissati i criteri generali (*convenzione standard*), che poi sono proposti per l'accettazione a tutti i proprietari interessati. Le modalità di calcolo dell'indennizzo sono, in questo ambito, abbastanza liberi, seppur ispirati ai criteri fissati per legge. L'indennità offerta può essere accettata o rifiutata. In caso di rifiuto si procede coattivamente, in sede giudiziaria. Nella sentenza saranno fissate le *modalità* di realizzazione della servitù e l'*indennità* sarà determinata sulla base di una perizia effettuata dal consulente tecnico d'ufficio (CTU) nominato dal giudice.

11.2.1 Criteri generali di indennizzo

Per le modalità di calcolo dell'indennizzo il riferimento legislativo basilare è l'*articolo 1038 del codice civile* inerente alla servitù di acquedotto, che prevede:
1) un'**indennità per la servitù**, costituita dal valore dei terreni da occupare;
2) un'**indennità per i danni**, compresi quelli arrecati per la divisione del fondo in due o più parti.

Per le parti di suolo che hanno un grado di asservimento inferiore, come nel caso dei "terreni che sono occupati soltanto per il deposito delle materie estratte", l'indennità viene ridotta in proporzione.
Per le diverse tipologie di servitù si procede per analogia e comunque in base a equi criteri estimativi.

L'articolo 1038 del codice civile

Prima di intraprendere la costruzione dell'acquedotto, chi vuol condurre acqua per il fondo altrui deve pagare il valore, secondo la stima, dei terreni da occupare, senza detrazione delle imposte e degli altri carichi inerenti al fondo, oltre all'indennità per i danni, ivi compresi quelli derivanti dalla separazione in due o più parti o da altro deterioramento del fondo da intersecare.
Per i terreni, però, che sono occupati soltanto per il deposito delle materie estratte e per il getto dello spurgo non si deve pagare che la *metà del valore* e sempre senza detrazione delle imposte e degli altri carichi inerenti.

Indennità per la servitù

Terreni occupati
Il valore dei terreni occupati dalla servitù (V) è determinato ("secondo la stima") in base ai criteri estimativi già noti e quindi, in genere, secondo l'aspetto economico del valore di mercato.
In pratica la stima dei valori viene effettuata, soprattutto per le infrastrutture lineari energetiche, con riferimento iniziale ai *valori agricoli medi* (*VAM*) determinati per fini espropriativi.
In caso di stima giudiziaria il perito dovrà però considerare il valore *effettivo* (non medio) con riferimento alle particolari caratteristiche del fondo in esame.

Aree di rispetto
Una servitù prediale richiede sovente la creazione di un'area adiacente, con limitazione di utilizzo, per esigenze legate alla funzionalità della servitù stessa. Per i terreni adiacenti a un *acquedotto* l'art. 1038 del c.c. prevede, per il

terreno adiacente interessato per il deposito dei materiali di spurgo, che sia pagata solo la metà del valore. Per la servitù di *elettrodotto* è richiesta una superficie sottostante la proiezione dei cavi per il servizio alle condutture e un'ulteriore area di rispetto dalle condutture.
Per queste aree l'indennità sarà determinata in misura ridotta, in proporzione al grado della limitazione di utilizzo (metà del valore o meno).

Valore dei tributi

Al valore del terreno si deve sommare il *valore dei tributi* (Tr) che restano a carico del proprietario del fondo servente; con l'imposizione della servitù non vi è infatti il trasferimento della proprietà. Quindi si dovrà:
- calcolare l'importo annuo dei tributi gravanti sull'area occupata;
- accumulare all'attualità tale importo.

L'importo dei tributi è finanziariamente, per le servitù permanenti, un'annualità illimitata, che si accumula all'attualità con la formula: a/r. Il *saggio* di sconto da usare è quello commerciale (si attualizza un flusso monetario).
Per i terreni adiacenti con limitazione di utilizzo, anche il valore dei tributi sarà proporzionalmente ridotto.

Servitù temporanea

In caso di servitù temporanea l'indennità è ridotta alla sola *metà* e il proprietario del fondo dominante al termine dell'utilizzo dovrà riportare il fondo servente nello stato originario.
Il passaggio temporaneo può essere reso *perpetuo* pagando prima della scadenza la seconda metà dell'indennizzo con gli interessi legali a partire dal giorno in cui la servitù ha avuto inizio (art. 1039 c.c.).

Indennità per i danni

Nel momento dell'occupazione dei terreni asserviti, l'esecuzione dei lavori per la costituzione della servitù può arrecare danni di diverso tipo. La *superficie* da calcolare per questa parte dell'indennità sarà quella effettivamente danneggiata e non solo quella occupata dalla servitù.
I danni tipici per la creazione della servitù sono quelli relativi alle coltivazioni in atto:
- **prodotti di coltivazioni in corso di maturazione** determinati secondo il criterio del valore dei *frutti pendenti* (Fp) o delle *anticipazioni colturali* (Ac);
- **soprassuolo di coltivazioni arboree** (V_{ss}), gli alberi che vengono abbattuti.

Vi sono poi gli **altri danni** (D), secondo i criteri dell'art. 1038 del c.c., che prevede, oltre all'indennità per la servitù, un'indennità per i danni, "ivi compresi quelli derivanti dalla separazione in due o più parti o da altro deterioramento del fondo da intersecare". Nella normativa viene quindi previsto a priori il criterio della diminuzione di valore che può subire il fondo, con evidente riferimento all'aspetto economico del *valore complementare*.
I fattori che possono far diminuire il valore di un *fondo rustico* in seguito all'imposizione di una servitù possono essere di diverso tipo:
- un canale che attraversa un fondo crea una separazione fisica tra due parti, che ne fanno diminuire il valore complessivo;
- i pali o i tralicci degli elettrodotti posti in mezzo ai campi costituiscono un intralcio per le lavorazioni agricole; i pali ai bordi dei fossi di scolo ostacolano la pulizia e il diserbo degli stessi con mezzi meccanici ecc.

La diminuzione di valore è poi ben diversa per le *aree edificabili* se, a causa dei vincoli imposti dalle fasce di rispetto, viene meno la possibilità edificatoria.

Anche il valore di eventuali *fabbricati esistenti* nelle vicinanze dell'elettrodotto potrebbe subire una consistente diminuzione di valore. Oggi infatti è particolarmente temuto il danno potenziale alla salute dell'uomo causato dall'elettrosmog.

11.2.2 Indennità per la servitù di passaggio

L'art. 1053 del c.c. stabilisce che l'indennità per la servitù di passaggio "*è proporzionale al danno cagionato dal passaggio*, con esplicito riferimento ai criteri del primo comma dell'art. 1038 (indennità per la servitù di acquedotto). L'indennizzo sarà dato dal valore dell'area occupata, al lordo dei tributi attualizzati, e dall'ammontare dei danni arrecati.

L'indennità totale si può esprimere quindi con la seguente formula:

$$Ind = V + \frac{Tr}{r} + Fp / Ac + V_{ss} + D$$

dove V è il valore dell'area occupata dalla strada e Tr i tributi relativi.

Nel caso di una *pluralità di fondi dominanti*, ciascuno di essi contribuirà al pagamento dell'indennità in ragione del grado di utilizzo esercitato.

L'articolo 1053 del codice civile

Nei casi previsti dai due articoli precedenti è dovuta un'indennità proporzionale al danno cagionato dal passaggio.

Qualora, per attuare il passaggio, sia necessario occupare con opere stabili o lasciare incolta una zona del fondo servente, il proprietario che lo domanda deve, prima d'imprendere le opere o d'iniziare il passaggio, pagare il valore della zona predetta nella misura stabilita dal primo comma dell'art. 1038.

ESEMPIO 11.1 INDENNITÀ PER SERVITÙ DI PASSAGGIO

Superficie area occupata dalla strada:	1.000 m²
Superficie occupata nei lavori di costruzione:	1.600 m²
Valore di mercato del terreno:	38.000 €/ha
Tributi (imposte + contributi consortili):	380 €/ha
Saggio di interesse commerciale:	2,5%
Valore dei frutti pendenti per il seminativo in atto:	1.800 €/ha

Valore del terreno:	$3{,}8$ €/m$^2 \times 1.000$ m^2 =	3.800 €
Tributi:	($0{,}038$ €/m$^2 \times 1.000$ m^2) : 2,5% =	1.520 €
Frutti pendenti:	$0{,}18$ €/m$^2 \times 1.600$ m^2 =	288 €
Totale		**5.608 €**

11.2.3 Indennità per la servitù acquedotto e scarico coattivo

L'indennità comprende l'area occupata dal canale e l'area adiacente necessaria per l'ispezione e il deposito del materiale di spurgo (*v.* figura 11.3), come previsto dall'art. 1038 del c.c.

L'indennità totale, per servitù e per danni, è data quindi dalla seguente espressione:

$$Ind = V_1 + \frac{Tr_1}{r} + \frac{1}{2}\left(V_2 + \frac{Tr_2}{r}\right) + Fp / Ac + V_{ss} + D$$

dove V_1 è l'area occupata dall'acquedotto e V_2 il valore dell'area adiacente.

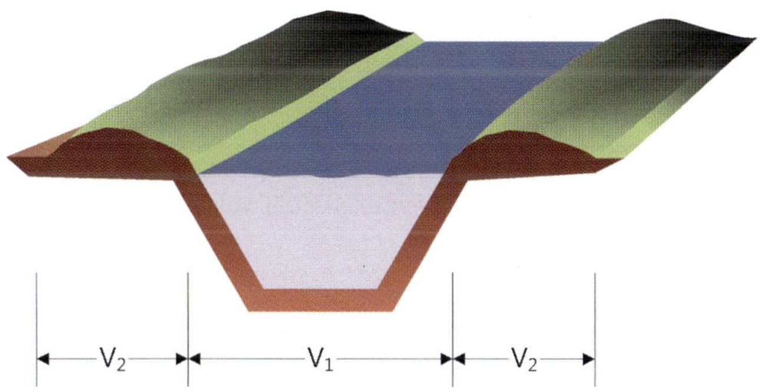

Figura 11.3
Aree da indennizzare nella servitù di acquedotto e scarico coattivo.

Se l'acquedotto è costituito da una *condotta interrata* i criteri di indennizzo sono gli stessi per la servitù di gasdotto oppure oleodotto (*v.* in seguito).

ESEMPIO 11.2 INDENNITÀ PER SERVITÙ DI ACQUEDOTTO (CANALE A CIELO APERTO)

Lunghezza del canale:	500 m
Superficie occupata dal canale: (500 × 3) =	1.500 m²
Superficie adiacente al canale: 500 × (1+1) =	1.000 m²
Superficie occupata nei lavori: (500 × 6) =	3.000 m²
Valore di mercato del terreno:	42.000 €/ha
Importo dei tributi:	230 €/ha
Valore dei frutti pendenti:	1.800 €/ha
Altri danni:	nessuno
Saggio di interesse:	2,5%

Indennità per la parte occupata dal canale

Valore del terreno:	4,2 €/m² × 1.500 m² =	6.300 €
Tributi:	(0,023 €/m² × 1.500 m²) : 2,5% =	1.380 €
Totale		7.680 €

Indennità per la parte adiacente

Valore del terreno:	½ × (4,2 €/m² × 1.000 m²) =	2.100 €
Tributi:	½ × (0,023 €/m² × 1.000 m²) : 2,5% =	460 €
Totale		2.560 €

Danni

Frutti pendenti: 0,18 €/m² × 3.000 m² = 540 €

Indennità totale

7.680 + 2.560 + 540 = 10.780 €

11.2.4 Indennità per le servitù elettrodotto e metanodotto

Il decreto di imposizione della servitù per un'infrastruttura lineare prevede l'indicazione della relativa indennità. L'indennità è prevista dall'art. 44 del DPR 327/2001 per il proprietario del fondo che, per l'esecuzione delle opere di pubblica utilità, sia gravato da una servitù o subisca una permanente diminuzione di valore per la perdita o la ridotta possibilità di esercizio del diritto di proprietà. L'art. 44 prevede anche la possibilità di concordare l'indennità fra gli interessati durante la realizzazione dell'opera e le relative misure di contenimento del danno.
I criteri di calcolo dell'indennità sono analoghi per le diverse tipologie di infrastruttura lineare, siano esse sospese nell'aria (elettrodotto, figura 11.4) o interrate (metanodotto e similari, figure 11.5, 11.6 e 11.7). Si possono individuare tre tipi di area da indennizzare, a cui corrispondono diversi gradi di "ridotta possibilità di esercizio del diritto di proprietà"

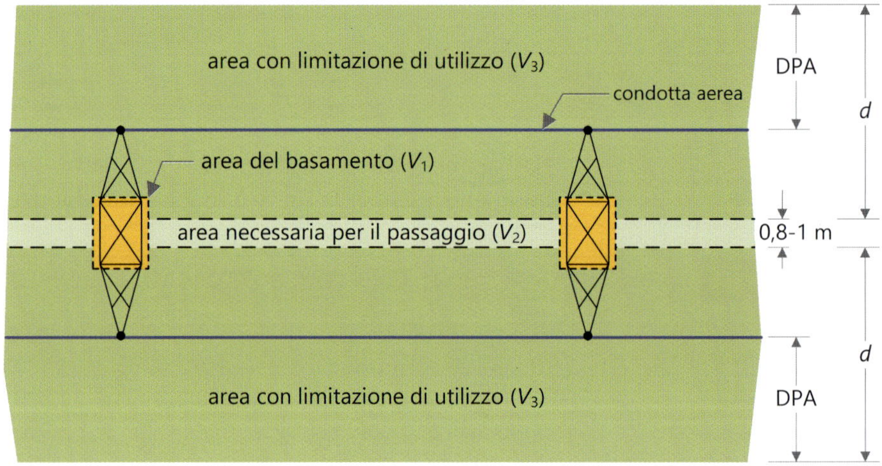

Figura 11.4
Aree da indennizzare nelle servitù lineari sospese (in pianta).

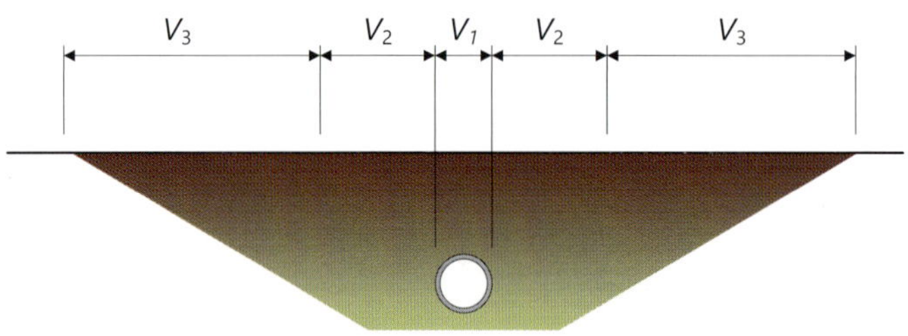

Figura 11.5
Aree da indennizzare nelle servitù lineari interrate (in sezione).

1) **Area occupata dall'impianto** (V_1). In funzione del tipo di servitù (elettrodotto, gasdotto), è l'area occupata dai basamenti dei sostegni delle condutture aeree, dalle tubazioni interrate, dalle cabine o da costruzioni di qualsiasi genere, aumentate, ove occorra, di un'adeguata zona di rispetto. Quest'area è indennizzata al 100%.

2) **Area su cui si proiettano i conduttori** (V_2). L'imposizione della servitù prevede il diritto di passaggio sul percorso delle condutture del personale addetto all'ispezione e alla manutenzione, per la "parte di terreno strettamente necessaria al transito per il servizio delle condutture". L'area interessata è quella su cui si proiettano i conduttori aerei (per la servitù di elettrodotto) o l'area sovrastante le condutture interrate (per gasdotti, oleodotti e acquedotti). La stima prevede quindi l'indennizzo di una striscia di

terreno larga 0,8÷1 m circa che viene in genere valutata per 1/4 (25%) del valore.

3) **Area adiacente di rispetto** (V_3). Le servitù lineari energetiche prevedono in molti casi anche un'area di rispetto adiacente (V_3), sulla quale sono poste limitazioni di utilizzo. Per esempio è posto il vincolo di non edificare o di non impiantare alberi ad alto fusto. Questo tipo di area viene in genere valutata per 1/8 (12,5%) del corrispondente valore di mercato. Se vi fosse un'ulteriore area adiacente, con una minore riduzione del grado di utilizzo, la valutazione potrebbe essere effettuata per 1/16 (6,25%) del valore.

L'indennità totale per le servitù per infrastrutture lineari potrà essere indicata con la seguente espressione:

$$Ind = V_1 + \frac{Tr_1}{r} + \frac{1}{4}\left(V_2 + \frac{Tr_2}{r}\right) + \frac{1}{8}\left(V_3 + \frac{Tr_3}{r}\right) + Fp / Ac + V_{ss} + D$$

Figura 11.6
Allestimento della tubazione in attesa dello scavo.

Figura 11.7
Posa in opera del metanodotto.

11 . Servitù prediali

Questionario

1. Che cos'è una servitù prediale? Come può essere?
2. Quali sono le più comuni servitù prediali? Quali sono le norme specifiche che le regolano?
3. Da quali elementi è costituita l'indennità per servitù prediali?
4. Secondo quali criteri si determina in pratica il valore dei terreni gravati da servitù?
5. Come si calcola l'indennità in caso di servitù temporanea?
6. Per quale motivo si deve sommare all'indennità l'importo capitalizzato delle imposte?
7. Che comprende l'indennità per danni?
8. Da che cosa è data l'indennità per la servitù di passaggio?
9. Quali sono le particolarità nella stima dell'indennità per una servitù di acquedotto costituita da un canale a cielo aperto?
10. Quali sono le particolarità nella normativa e nella stima dell'indennità per una servitù di elettrodotto o metanodotto?

In sintesi

Una **servitù prediale** è un "peso" imposto sopra un fondo per l'utilità di un altro fondo appartenente a diverso proprietario. Il fondo gravato dalla servitù è detto *servente*, il fondo a favore del quale è stata creata la servitù è detto *dominante*. Le servitù si considerano *temporanee* quando la durata è inferiore a nove anni.

Con la *servitù di passaggio* il proprietario il cui fondo è intercluso può ottenere il passaggio sul fondo altrui. La servitù di passaggio si deve stabilire in modo tale da arrecare il minor danno possibile al fondo servente.

Con la *servitù di acquedotto e scarico coattivo* il proprietario è tenuto a dare passaggio per i suoi fondi alle acque che si vogliono condurre da parte di chi ha il diritto di utilizzarle per i bisogni della vita o per usi agrari o industriali.

Le *servitù per i gasdotti, gli elettrodotti, gli oleodotti e le reti di trasporto di fluidi termici o di altri idrocarburi* sono costituite per un servizio pubblico e hanno quindi la caratteristica della pubblica utilità ai sensi del DPR n. 327/2001.

L'imposizione di una servitù è subordinata al pagamento di un'indennità. È prevista un'indennità *per la servitù*, costituita dal valore dei terreni da occupare, e un'indennità *per i danni arrecati*.

Per le diverse tipologie di servitù si procede per analogia. Il valore dei terreni occupati dalla servitù (V) è determinato in base a equi criteri estimativi (secondo il valore di mercato).

Per i terreni con limitazione di utilizzo, adiacenti ai canali o alle linee di trasporto energetico, l'indennizzo è ridotto in proporzione.

In caso di servitù temporanea l'indennità è ridotta alla metà.

Al valore del terreno si deve sommare il valore dei tributi (Tr) che restano a carico del proprietario del fondo servente, da accumulare all'attualità.

L'indennità per danni può comprendere:

- il valore dei prodotti in corso di maturazione e cioè dei frutti pendenti (Fp) o delle anticipazioni colturali (Ac);
- il valore del soprassuolo di coltivazioni arboree (V_{ss});
- altri danni (D), in particolare quelli derivanti dalla separazione del fondo in due o più parti.

L'indennità totale si può esprimere quindi con le seguenti formule.

Servitù di passaggio:

$$Ind = V + \frac{Tr}{r} + Fp / Ac + V_{ss} + D$$

Servitù di acquedotto:

$$Ind = V_1 + \frac{Tr_1}{r} + \frac{1}{2}\left(V_2 + \frac{Tr_2}{r}\right) + Fp / Ac + V_{ss} + D$$

Servitù di elettrodotto:

$$Ind = V_1 + \frac{Tr_1}{r} + \frac{1}{4}\left(V_2 + \frac{Tr_2}{r}\right) + \frac{1}{8}\left(V_3 + \frac{Tr_3}{r}\right) + Fp / Ac + V_{ss} + D$$

AREA DIGITALE — QUESTIONARIO A RISPOSTA MULTIPLA

1. Le servitù prediali sono costituite a favore di:
- ☐ a. un fondo
- ☐ b. una persona
- ☐ c. un fondo o una persona

2. Le servitù tipiche sono quelle che:
- ☐ a. si presentano più frequentemente
- ☐ b. sono contemplate nelle leggi vigenti e si possono costituire anche coattivamente
- ☐ c. si possono costituire solo coattivamente

3. Una servitù temporanea ha una durata inferiore a:
- ☐ a. 9 anni
- ☐ b. 15 anni
- ☐ c. 30 anni

4. Il criterio generale per la determinazione dell'indennità per servitù di passaggio, di acquedotto e scarico coattivo è contenuto:
- ☐ a. nell'articolo 1038 del c.c. inerente alla servitù di acquedotto
- ☐ b. nell'articolo 1053 del c.c. inerente alla servitù di passaggio
- ☐ c. nel DPR n. 327/2001, "Testo unico sulle espropriazioni per causa di pubblica utilità"

5. L'indennità per la servitù prediale è dovuta per:
- ☐ a. il terreno occupato
- ☐ b. i danni arrecati
- ☐ c. il terreno occupato e i danni

6. L'indennità "per danni" nella costituzione di una servitù prediale comprende:
- ☐ a. il valore dell'area
- ☐ b. il valore dell'area più i relativi tributi capitalizzati
- ☐ c. il valore dei frutti pendenti e del soprassuolo

7. La stima dell'indennità per una servitù di passaggio è determinata in base a:
- ☐ a. il beneficio che riceve il proprietario del fondo dominante
- ☐ b. i mancati redditi che subisce il proprietario del fondo servente
- ☐ c. due tipi di indennità, una per l'imposizione della servitù e una per i danni arrecati

8. L'area adiacente a quella occupata da un acquedotto è indennizzata in base a:
- ☐ a. 1/8 del valore
- ☐ b. 1/4 del valore
- ☐ c. 1/2 del valore

9. Per una infrastruttura lineare energetica il fondo dominante è:
- ☐ a. quello precedente sul percorso della linea
- ☐ b. l'impianto stesso
- ☐ c. quello indicato nell'autorizzazione unica

10. L'area sottostante la proiezione dei cavi di un elettrodotto è indennizzata in base a:
- ☐ a. 1/8 del valore
- ☐ b. 1/4 del valore
- ☐ c. 1/2 del valore

ATTIVITÀ PRATICHE E DI VERIFICA

Temi d'esame di stato

Anno 1996, Corsi di ordinamento

Servitù volontaria di cubatura.

Il proprietario di una costruzione per civile abitazione, realizzata sfruttando appieno gli indici volume/superficie previsti dal Piano regolatore, vuole sopraelevare al fine di realizzare un nuovo appartamento per complessivi 500 m^3 circa.

Deve, per poter realizzare tale intenzione, acquistare una porzione di un confinante terreno al fine di ottemperare alle condizioni dell'indice di edificabilità previsto in 0,5 m^3/m^2.

Il proprietario confinante non è disposto a vendere il terreno sul quale esercita un'attività agricola remunerativa, ma, dopo una serie di tentativi, dichiara di poter cedere solo eventuali diritti.

Dopo aver illustrato gli aspetti giuridici della indicata situazione, il candidato determini il valore del diritto in esame secondo criteri obiettivi accettabili da entrambe le parti interessate.

Anno 2003, Abilitazione professionale

Servitù di elettrodotto ed esproprio

Si vuole realizzare un elettrodotto che attraverserà il territorio di alcuni Comuni creando servitù permanenti coattive.

Il proprietario di un fondo rustico ed il proprietario di una villa che risulteranno danneggiati dalla costruzione della nuova linea elettrica, hanno incaricato un geometra per valutare le congruità dell'indennità offerta da parte dell'ente proprietario degli impianti.

Sono stati rilevati i seguenti dati.

- L'elettrodotto attraverserà il fondo rustico con uno sviluppo in lunghezza di 300 m. Sono previsti: l'impianto di un traliccio di sostegno dei cavi aerei su un plinto quadrato con lato di 3,50 m; l'esproprio di un'area di 100 m^2 per la costruzione di una cabina di trasformazione di 2,30 × 3,86 m; una stri-scia di rispetto di 2 m sottostante i cavi indispensabile al transito degli ad-detti alla manutenzione.
  Il fondo rustico ha una superficie di 26.04.84 ha con giacitura pianeggiante e presenta terreni omogenei coltivati a seminativo che costituisce la qualità di coltura prevalente e ordinaria della zona. Il fondo dà una *Plv* di 34.500 € e richiede spese di produzione di 22.800 € delle quali 2.000 € costituite da imposte. La servitù da elettrodotto sarà causa di una svalutazione per la diminuita appetibilità del fondo; l'occupazione dei terreni per la realizzazione della linea avverrà in un momento in cui non vi sono colture in atto.
- La linea elettrica lambirà il terreno di pertinenza della villa: si tratta di un fabbricato censito in categoria A/8 della superficie lorda di 280 m^2, con un giardino della superficie di circa 2.000 m^2.
  Il fabbricato ha una cubatura di 900 m^3, inferiore alla cubatura massima realizzabile sul lotto che è di 1.100 m^3. Il nuovo elettrodotto impedirà qualsiasi nuova costruzione ad una distanza inferiore ai 18 m dai cavi causando anche una svalutazione dell'immobile per le eventuali rotture dei cavi e danneggiamento di persone e cose.

Assumendo opportunamente tutti i dati mancanti valutare l'indennità che dovrà essere corrisposta al proprietario del fondo rustico e al proprietario della villa.

Infine, il candidato indichi, in una breve relazione, le procedure da seguire e i documenti richiesti per l'accatastamento della cabina di trasformazione.

12 Diritto di superficie

✓ Normativa essenziale
✓ Valore del diritto

12.1 NORMATIVA ESSENZIALE

Il diritto di superficie consiste nel *diritto di edificare un fabbricato su un terreno di proprietà altrui* (art. 952 c.c.). Chi ha diritto di edificare è detto **superficiario** e acquisisce la proprietà del fabbricato; il proprietario dell'area è detto **concedente**.

Il diritto di superficie può essere **temporaneo** o **perpetuo**. Se è temporaneo, alla scadenza il concedente diventa proprietario anche del fabbricato.

La **costituzione** del diritto di superficie può avvenire per *contratto* o per *testamento*; può essere a titolo *gratuito* oppure *oneroso*.

Si **estingue**:
- alla *scadenza contrattuale*, quando la durata del diritto è *limitata* (in genere da 60 a 99 anni);
- per *prescrizione*, quando il diritto di edificare sul suolo altrui non viene esercitato per 20 anni.

12.1.1 Il diritto di superficie nell'edilizia convenzionata

Il diritto di superficie trova applicazione nell'ambito dei *Piani per l'edilizia economico-popolare* (PEEP), istituiti in Italia con la **legge n. 167/1962**, e obbligatori per i Comuni con più di 50.000 abitanti. Per attuare i PEEP, l'art. 35 della **legge "per la casa", n. 865/1971**, prevede la possibilità di espropriare le aree necessarie. Tali aree sono cedute in proprietà alle cooperative edilizie o vanno a far parte del patrimonio indisponibile del Comune.

Nel primo caso, coloro che ricevono l'area espropriata in diritto di piena proprietà pagano l'intero importo del prezzo di acquisizione (l'indennità di esproprio per finalità di riforma "economico-sociale"). I proprietari devono rispettare il *vincolo di non alienazione e non locazione per cinque anni*.

Nel secondo caso il Comune concede l'area in diritto di superficie per una durata compresa tra 60 e 99 anni. I superficiari, cioè i proprietari degli alloggi, dovranno pagare un *canone annuo di concessione* commisurato al prezzo di acquisizione dell'area (l'indennità di esproprio pagata dal Comune) e agli oneri di urbanizzazione. Al termine dei 60÷99 anni il fabbricato diventa proprietà del Comune.

La legge n. 448/1998 (modificata dalla legge n. 147/2013) prevede la possibilità di **trasformare il diritto di superficie in piena proprietà** e quindi di evitare di rendere l'alloggio di proprietà pubblica alla scadenza. Il corrispettivo della cessione in proprietà è determinato dal Comune in misura pari al 60% del valore venale dell'area.

12.2 VALORE DEL DIRITTO

12.2.1 Diritto di durata limitata

Diritto del superficiario

Alla scadenza del diritto il *concedente* acquisirà la piena proprietà del fabbricato (già detiene la proprietà del suolo); il superficiario potrà perciò godere i redditi prodotti dall'immobile (l'area edificabile) solo per un tempo n pari alla durata residua del diritto. Il valore del diritto di superficie sarà dato così dall'accumulazione all'attualità del reddito ritraibile dal superficiario, utilizzando il saggio di interesse commerciale. Si avrà pertanto la formula:

$$V_{ds} = R \frac{q^n - 1}{r\, q^n}$$

dove:

R = reddito annuo ritraibile dal superficiario;
n = numero di anni di durata residua del diritto di superficie;
r = saggio commerciale.

ESEMPIO 12.1 VALORE DEL DIRITTO DEL SUPERFICIARIO DI DURATA LIMITATA

Rendita annua posticipata del superficiario:	15.000 €
Durata residua del diritto di superficie:	18 anni
Saggio commerciale:	3%

Valore del diritto del superficiario:

$$V_{ds} = 15.000 \times \frac{1,03^{18} - 1}{0,03 \times 1,03^{18}} = 206.303 \text{ €}$$

Diritto del concedente

Il proprietario del suolo (concedente) alla scadenza contrattuale del diritto di superficie assumerà la piena proprietà del fabbricato. Il valore del suo diritto (V_{dc}) in un momento anteriore alla scadenza del contratto sarà pari al valore del fabbricato alla scadenza del diritto scontato all'attualità utilizzando un saggio di capitalizzazione. Si ha quindi la formula:

$$V_{dc} = \frac{V}{q^n}$$

dove:

V = valore del fabbricato al termine del diritto;
n = durata residua in anni del diritto di superficie.

Al valore del fabbricato al momento della scadenza contrattuale bisognerà detrarre le *spese di estinzione* del diritto (notaio, tributi).

Il valore può essere espresso anche come differenza tra il valore che avrebbe oggi l'immobile libero da vincoli e il valore del diritto di superficie. In formula:

$$V_{dc} = V - V_{ds}$$

Il valore del diritto di superficie rappresenta quindi in pratica una detrazione al valore ordinario dell'immobile e sono evidenti le analogie con la stima del valore della nuda proprietà di un immobile.

12.2.2 Diritto di durata illimitata

In caso di concessione permanente il diritto del superficiario coincide con la piena proprietà dell'immobile: egli infatti può disporre pienamente e illimitatamente del fabbricato e dell'area su cui esso insiste. Pertanto il valore del diritto del superficiario sarà pari al *valore di mercato del fabbricato.*
Il concedente invece non potrà più usufruire dell'area che è asservita per sempre al fabbricato di proprietà del superficiario, per cui il valore del suo diritto è nullo.

12. DIRITTO DI SUPERFICIE

QUESTIONARIO	IN SINTESI
1. Che cos'è e da quali norme è regolato il diritto di superficie?	Il **diritto di superficie** consiste nel diritto di edificare un fabbricato su un terreno di proprietà altrui. Chi ha diritto di edificare è detto *superficiario* e acquisisce la proprietà del fabbricato; il proprietario dell'area è detto *concedente*. Il diritto di superficie può essere temporaneo o perpetuo. Se è temporaneo, con durata in genere di 60÷99 anni, alla scadenza il concedente diventa proprietario anche del fabbricato.
2. Come si stima il valore del diritto del superficiario?	Il *valore del diritto del superficiario* di durata limitata sarà dato dall'accumulazione all'attualità del reddito ritraibile dal superficiario (*R*), utilizzando il saggio di interesse commerciale: $V_{ds} = R \dfrac{q^n - 1}{r\, q^n}$
3. Come si stima il valore del diritto del concedente?	Il valore del diritto del concedente di durata limitata sarà pari al valore del fabbricato alla scadenza del diritto scontato all'attualità utilizzando un saggio di capitalizzazione. Si ha quindi la formula: $V_{dc} = \dfrac{V}{q^n}$

13.2.2 Valore del vitalizio e dell'immobile gravato da vitalizio

Il **valore del vitalizio** (V_v) sarà ottenuto accumulando all'attualità le rate residue del vitalizio, cioè le rate ancora da pagare, in base alla probabilità statistica, a partire dal momento della stima. Si avrà la formula (inversa alla precedente):

$$V_v = R_v \frac{q^n - 1}{r\, q^n}$$

Il **valore dell'immobile gravato da vitalizio** sarà pari al suo valore venale meno il valore del vitalizio. Come per la rendita perpetua, il valore del vitalizio costituisce una detrazione al valore ordinario dell'immobile.

13 . Rendite

Questionario	In sintesi
1. Che cos'è una rendita perpetua?	La **rendita perpetua** è il contratto mediante il quale una parte conferisce all'altra il diritto di esigere perpetuamente la prestazione periodica di una somma di denaro quale corrispettivo dell'alienazione di un immobile o della cessione di un capitale. Il debitore ha la possibilità di sciogliere il proprio vincolo pagando un prezzo di riscatto (P_r) ottenuto capitalizzando con il saggio legale la rendita annua (R_p): $P_r = \frac{R_p}{r}$ L'importo della rendita annua perpetua (R_p) è dato dalla relazione: $R_p = V\, r$
2. Come si stima il valore del diritto del creditore?	Il valore del diritto del creditore (V_{dc}) sarà pari al prezzo di riscatto se questo può avvenire subito. Se invece potrà avvenire solo tra n anni tale valore si otterrà da: $V_{dc} = R_p \frac{q^n - 1}{r\, q^n} + \frac{P_r}{q^n}$
3. Che cos'è una rendita vitalizia?	La **rendita vitalizia** è un contratto mediante il quale una persona (debitore) si obbliga, gratuitamente o contro un corrispettivo, a versare a un'altra persona (creditore) una somma di denaro o di altre cose fungibili per tutta la vita di questo. Il pagamento della cifra periodica prosegue fino alla morte del creditore. L'importo della *rata del vitalizio* (R_v) dipende dal valore dell'immobile o dall'entità del capitale versato (V), dalla durata probabile del vitalizio (n) e da un adeguato saggio di interesse commerciale (r): $R_v = V \frac{r\, q^n}{q^n - 1}$ Il *valore del vitalizio* (V_v) sarà ottenuto accumulando all'attualità le rate residue del vitalizio: $V_v = R_v \frac{q^n - 1}{r\, q^n}$

14 Successioni ereditarie

- ✓ Normativa essenziale
- ✓ L'asse ereditario
- ✓ La divisione
- ✓ La dichiarazione di successione

14.1 NORMATIVA ESSENZIALE

14.1.1 Generalità

Con la successione per causa di morte i beni intestati al "*de cuius*" (il defunto) vengono trasferiti agli *aventi diritto*. La successione **si apre** al *momento* della morte, nel *luogo* dell'ultimo domicilio del defunto (art. 456 c.c.).
Sono **capaci di succedere** *tutti coloro che sono nati o concepiti al tempo dell'apertura della successione*. Salvo prova contraria (per esempio il test del DNA), si presume concepito al tempo dell'apertura della successione chi è nato entro i trecento giorni dalla morte del *de cuius* (art. 462 c.c.).

Accettazione dell'eredità

Trascrizione dell'atto di accettazione tacita
Chiunque desiderasse vendere un immobile di cui sia entrato in possesso per successione, deve trascrivere davanti al notaio l'accettazione *tacita* dell'eredità, che quindi diventa *espressa*. Questa formalità prova il possesso del bene immobile e quindi il diritto a vendere. In caso contrario un eventuale creditore del venditore (o un ipotetico nuovo erede) potrebbe rivalersi sul bene venduto a scapito dell'acquirente che dovrebbe restituire il bene.

L'**accettazione** è *espressa* quando, in un atto pubblico o in una scrittura privata, il chiamato all'eredità ha dichiarato di accettarla (art. 475 c.c.); è *tacita* quando il chiamato all'eredità compie un atto che presuppone necessariamente la sua volontà di accettare e che non avrebbe il diritto di fare se non nella qualità di erede (art. 476 c.c.). Per esempio si ritiene accettata l'eredità quando viene esercitato il possesso dei beni per almeno tre mesi.
L'eredità può essere accettata *puramente e semplicemente* oppure col *beneficio d'inventario* (art. 470 c.c.). L'accettazione col beneficio d'inventario, effettuata mediante dichiarazione ricevuta da un notaio o dal cancelliere del tribunale (art. 484 c.c.), è una limitazione legale della responsabilità patrimoniale dell'erede che non è tenuto al pagamento dei debiti oltre il valore dei beni a lui pervenuti. L'effetto del beneficio d'inventario è quindi di tenere distinto il patrimonio del defunto da quello dell'erede.
La **rinuncia** all'eredità deve farsi con dichiarazione ricevuta dal notaio o dal cancelliere del tribunale del luogo in cui si è aperta la successione (art. 519 c.c.). La rinuncia può essere causata, oltre che da motivi economici (debiti), per esempio dalla volontà del coniuge superstite, già molto anziano, di favorire nella successione altri eredi (i figli).

Nelle successioni legittime la parte di colui che rinunzia accresce la quota di coloro concorrono nella successione (*devoluzione*).
Il diritto di accettazione si prescrive in *dieci anni* dal giorno dell'apertura della successione (art. 480 c.c.). Trascorso tale termine, l'eredità è quindi da considerarsi sempre accettata.

Esclusione dall'eredità

È escluso dalla successione come indegno (art. 463 c.c.):
- chi ha volontariamente ucciso o tentato di uccidere la persona della cui successione si tratta, o il coniuge, o un discendente, o un ascendente;
- chi ha indotto con dolo o violenza a fare, revocare o mutare il testamento;
- chi ha soppresso, celato o alterato il testamento dal quale la successione sarebbe stata regolata;
- chi ha formato un testamento falso o ne ha fatto scientemente uso.

Tipi di successione

La successione può essere:
- **legittima**, che si attua *in assenza di testamento;*
- **testamentaria**, quando *esiste un testamento;*
- **necessaria**, nel caso in cui le disposizioni testamentarie o le donazioni fatte in vita abbiano leso la *quota di riserva* che, necessariamente, deve essere destinata agli eredi legittimi.

14.1.2 Successione legittima

La successione legittima avviene quando il *de cuius* non ha lasciato testamento oppure quando i chiamati dal testamento non lo abbiano accettato. In questi casi l'asse ereditario viene trasferito agli **eredi legittimi** secondo il grado di parentela con il *de cuius* (*v.* figura 14.1 a pag. 259). Tali persone sono il *coniuge superstite*, i *parenti fino al sesto grado* e lo *Stato*.
La legge stabilisce anche l'ordine in base al quale gli eredi sono chiamati a succedere sulla base di due criteri (*v.* tabella 14.1):
- **il parente più prossimo esclude il più remoto**, se eredita il figlio non eredita il nipote;
- **i discendenti escludono gli ascendenti e gli altri parenti**, se eredita il figlio non ereditano i genitori e i fratelli.

Viceversa, se il parente più prossimo è deceduto ("premorto"), subentrano nell'eredità per **rappresentazione** i suoi discendenti (se ci sono). Se, per esempio, al momento della morte il figlio del *de cuius* è già deceduto, i suoi figli subentrano nella successione. Se muore una persona senza figli che ha dei fratelli, e uno di questi fratelli è premorto, ereditano i figli del fratello (non il coniuge).
Nel caso non esistano successori testamentari o legittimi entro il sesto grado, l'eredità si dice *vacante* e il patrimonio viene devoluto allo Stato.

14.1 Ordine di successione

Grado	Eredi
Primo	Discendenti. Coniuge
Secondo	Ascendenti (genitori) e collaterali (fratelli, sorelle e i loro discendenti)
Terzo	Tutti gli altri parenti fino al sesto grado

L'eredità dei figli

Al padre e alla madre succedono i figli in **parti uguali** (art. 566 c.c.).

I figli
In passato si distingueva tra *figli legittimi*, nati dal matrimonio, e *figli naturali* da un rapporto non ufficializzato. Queste distinzioni sono state superate dal Dlgs n. 154/2013 che attribuisce ai figli naturali gli stessi diritti patrimoniali dei figli legittimi. Nella normativa si parla ora semplicemente di "figli".

I figli adottivi

Per i figli adottivi vi sono ancora delle diversità ai fini della successione in funzione del tipo di adozione che può essere:
- *legittimante*, nei confronti di *minori*;
- di *persone maggiorenni*;
- in *casi particolari*.

Adozione legittimante. Questa forma di adozione (detta anche *adozione piena*) ha lo scopo di tutelare gli orfani, i minori abbandonati o i bambini privi di adeguata assistenza dalla propria famiglia e recide ogni legame dell'adottato con la sua famiglia biologica. In questo caso, perciò, la famiglia adottiva diviene l'unica famiglia del minore il quale perde qualsiasi diritto, anche successorio, nei confronti della famiglia d'origine. Il figlio adottivo partecipa anche alla successione dei parenti dell'adottante.

Adozione dei maggiorenni. Essa intende tutelare in via prioritaria l'interesse dell'adottante che, non avendo una discendenza propria, voglia trasmettere a un figlio il proprio cognome e patrimonio, assicurandosi, in taluni casi, un'assistenza duratura. In tal caso, l'adottato conserva i legami giuridici con la famiglia biologica, acquistando, al contempo, quelli con la nuova famiglia. L'adottante non acquista però diritti successori nei confronti dell'adottato. Il figlio adottivo non partecipa alla successione dei parenti dell'adottante.

Adozione in casi particolari. Questa forma di adozione è consentita (anche al non coniugato e sempre che vi sia una *differenza di età superiore a diciott'anni* tra adottante e adottato) solo quando:
- il minore sia orfano e l'adottante sia un *parente entro il sesto grado* o un estraneo che ha stabilito con il minore, prima della morte dei genitori, un rapporto stabile e duraturo;
- l'adottante sia *coniuge del genitore del minorenne*;
- il minore sia portatore di *gravi handicap e orfano di entrambi i genitori*;
- non si possa ricorrere all'affidamento preadottivo.

Anche in questo caso il figlio adottivo non partecipa alla successione dei parenti dell'adottante.

In conclusione, il figlio minore adottato con adozione legittimante acquisisce il pieno stato di figlio, perdendo ogni diritto ereditario nei confronti della famiglia d'origine (con la quale viene reciso ogni tipo di rapporto); al contrario sia il figlio maggiorenne sia quello adottato nei casi particolari conservano i diritti successori nei confronti della famiglia d'origine e, agli stessi, aggiungono quelli nei confronti degli adottanti.

L'eredità del coniuge

Il regime patrimoniale tra i coniugi

Al momento del matrimonio i coniugi devono scegliere un regime patrimoniale che può essere di comunione o separazione dei beni. In caso di opzione per la **comunione**, tutti i beni acquistati dopo le nozze, anche se intestati a uno solo di essi, sono di proprietà di entrambi i coniugi. Saranno parte del patrimonio comune anche i debiti, sia quelli contratti insieme sia quelli contratti separatamente. Rimarranno invece di proprietà esclusiva di ciascun coniuge:
- i beni posseduti da prima delle nozze;
- eredità o donazioni, anche se avute dopo il matrimonio;

- beni personali e i loro accessori;
- beni necessari all'esercizio della propria professione;
- il ricavato della vendita di uno dei beni suddetti.

La comunione può avere termine con:
- la morte di uno dei coniugi;
- annullamento del matrimonio, la separazione o il divorzio;
- la decisione di entrambi i coniugi di cambiare il regime patrimoniale.

In caso di opzione per la **separazione** dei beni i coniugi hanno invece la proprietà esclusiva dei beni acquistati sia prima sia dopo il matrimonio, anche se fruiti in comune.

I diritti ereditari del coniuge

Alla morte di uno dei coniugi, il coniuge superstite eredita assieme ai parenti di primo e secondo grado ed esclude i parenti di terzo grado. Le quote spettanti sono stabilite dalla legge in funzione dei soggetti che concorrono alla successione. Al coniuge superstite sono comunque riservati i *diritti di abitazione* sulla casa adibita a residenza familiare e *di uso* sui mobili che la corredano, se di proprietà del defunto o comuni.

Con la legge n. 76/2016 (legge "Cirinnà") sono riconosciuti alle **unioni civili** *tra persone dello stesso sesso* i diritti previsti per il matrimonio. L'unione civile si costituisce con apposita dichiarazione di fronte all'ufficiale di stato civile in presenza di due testimoni.

La convivenza di fatto

L'istituto delle unioni civili non va confuso con le coppie di fatto, indifferentemente omosessuali o eterosessuali, per le quali, pur unite stabilmente da legami affettivi di coppia e di reciproca assistenza morale e materiale, manca qualsiasi vincolo giuridico. Il regime patrimoniale può essere però regolato con un *contratto di convivenza*.

I diritti ereditari del coniuge separato o divorziato

In caso di **separazione giudiziaria** il coniuge non ha diritto all'eredità quando il giudice gli ha attribuito pienamente la *colpa della separazione*; in caso contrario ha gli stessi diritti del coniuge non separato.

Il coniuge a cui è stata addebitata la separazione ha diritto soltanto a un *assegno vitalizio* se al momento dell'apertura della successione godeva degli alimenti a carico del coniuge deceduto. L'assegno è commisurato alle sostanze ereditarie e alla qualità e al numero degli eredi legittimi, e non è comunque di entità superiore a quella della prestazione alimentare goduta precedentemente. La medesima disposizione si applica nel caso in cui la separazione sia stata addebitata a entrambi i coniugi. Anche in caso di *separazione consensuale* il coniuge mantiene tutti i diritti alla successione.

Quando invece sopraggiunge la **sentenza di divorzio**, pronunciata dal giudice, il coniuge perde ogni diritto all'eredità, ma mantiene eventualmente, come il coniuge separato a cui è stata addebitata la colpa, l'assegno di mantenimento, a condizione che sia privo di redditi adeguati e si trovi nell'oggettiva impossibilità di procurarseli.

L'eredità degli ascendenti, dei collaterali e di altri parenti

Se colui che muore non lascia una propria discendenza, ereditano gli ascendenti (genitori, nonni, cugini ecc.) e i collaterali (fratelli, sorelle e loro discendenti) secondo le quote previste dalla normativa (*v.* in seguito). I fratelli e le sorelle *unilaterali* ereditano però solo la metà della quota dei *germani*.

I fratelli unilaterali hanno in comune solo un genitore: se hanno in comune la madre sono chiamati "uterini", se hanno in comune il padre "consanguinei".

In mancanza sia dei genitori sia dei fratelli e dei loro discendenti, succedono per metà gli *ascendenti in linea paterna* e per metà gli *ascendenti in linea materna*. fino al sesto grado.

Gli affini

Gli affini sono i parenti dell'altro coniuge (come i figli di precedenti matrimoni e il suocero), il marito della figlia (genero), il marito della sorella (cognato), il marito della cugina ecc. con i quali manca un legame di *consanguineità*. Gli affini, non essendo parenti in senso stretto, non hanno diritti ereditari (*v.* esempio 14.1).

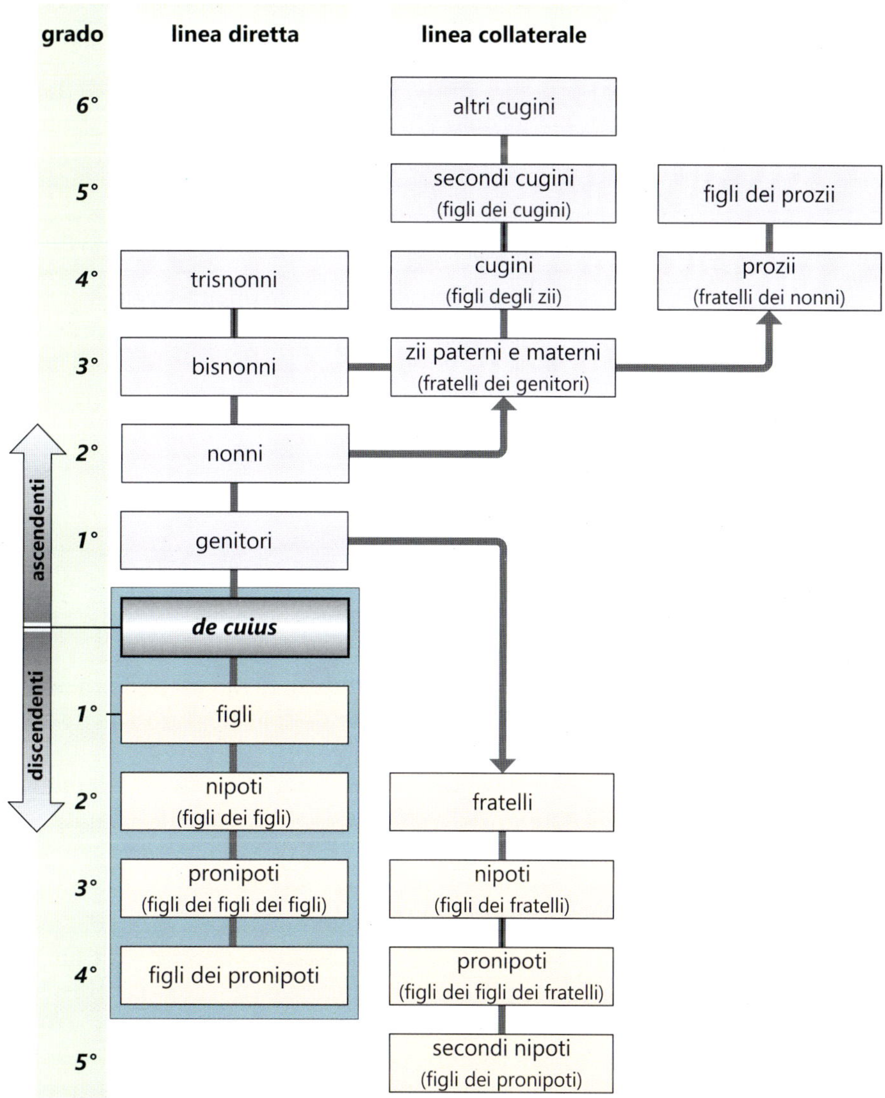

Figura 14.1
Gradi di parentela col *de cuius*.

ESEMPIO 14.1 EREDITÀ DEI FIGLI E DEL CONIUGE

Una coppia di coniugi regolarmente unita in matrimonio è così composta:
- il marito con due figli da un precedente matrimonio;
- una moglie con un figlio da un precedente matrimonio;
- un figlio in comune.

Alla morte del marito 1/3 dell'eredità è devoluta alla moglie (e 2/3 ai tre figli del marito). In seguito al successivo decesso della moglie, la quota a suo tempo eredita andrà in eredità al figlio del precedente matrimonio di lei e al figlio comune, escludendo i due figli del marito che, con la donna, non hanno alcuno legame di parentela, ma solo di affinità.

14.1.3 Successione testamentaria

Il **testamento** è un atto volontario e revocabile, sottoscritto in vita dal *de cuius* (*testatore*), contenente le disposizioni per l'attribuzione del patrimonio o parte di esso per quando avrà cessato di vivere (art. 587 c.c.).

Le disposizioni testamentarie devono sottostare ai limiti di legge imposti per la tutela dei parenti più stretti. Agli **eredi legittimari** spetta infatti, comunque, una parte di eredità (**quota di riserva**), la parte restante (**quota disponibile**) può essere invece assegnata liberamente.

Eredi legittimi e legittimari
Sono eredi legittimi coloro che ereditano per successione legittima, eredi legittimari coloro che devono per forza ricevere una parte dell'eredità nella successione testamentaria.

La successione testamentaria può essere di due specie:

- a **titolo universale**, quando gli aventi diritto alla successione (**eredi**) subentrano nella *totalità dei beni*, assumendone le attività e le passività;
- a **titolo particolare**, quando gli aventi diritto (**legatari**) rientrano nella successione solo per alcuni beni che *non vengono considerati come quota dell'intero patrimonio*.

Il **legato** consiste quindi in un'attribuzione patrimoniale relativa solo a determinati beni che fanno parte dell'asse ereditario derivante dalle volontà testamentarie. A differenza dell'erede, il legatario risponde dei debiti ereditari solo nel limite del valore del bene assegnatogli in legato.

Tipi di testamento

Le forme ordinarie di testamento sono (art. 601 c.c.):

- il testamento *olografo*;
- il *testamento per atto di notaio, pubblico o segreto.*

Il **testamento olografo** deve essere scritto per intero, datato e sottoscritto a mano dal testatore (art. 602 c.c.).

Il **testamento pubblico** è ricevuto dal notaio in presenza di due testimoni. Il testatore, in presenza dei testimoni, dichiara al notaio la sua volontà, la quale è ridotta in scritto dal notaio stesso. Questi dà lettura del testamento al testatore in presenza dei testimoni. Di ciascuna di tali formalità deve essere fatta menzione nel testamento. Il testamento deve indicare il luogo, la data del ricevimento e l'ora della sottoscrizione, ed essere sottoscritto dal testatore, dai testimoni e dal notaio (art. 603 c.c.).

Il **testamento segreto** può essere scritto dal testatore o da un terzo. Se è scritto dal testatore deve essere sottoscritto da lui alla fine delle disposizioni, se è scritto in tutto o in parte da altri o se è scritto con mezzi meccanici deve portare la sottoscrizione del testatore anche in ciascun mezzo foglio, unito o separato. Chi non sa o non può leggere non può fare testamento segreto (art. 604 c.c.). La carta in cui sono stese le disposizioni o quella che serve da involucro deve essere sigillata con un'impronta, in modo che il testamento non si possa aprire né estrarre senza rottura. Il testatore, in presenza di due testimoni, consegna personalmente al notaio la carta e dichiara che in essa è contenuto il suo testamento. Quindi il notaio scrive l'atto di ricevimento.

Sono **incapaci di testare** (art. 591 c.c.):

- i *minori* di 18 anni;
- gli *interdetti* per infermità mentale;
- gli *incapaci*, cioè coloro che al momento della stesura del testamento non sono in grado di intendere e di volere.

In caso di incapacità il testamento può essere impugnato. L'azione di impugnazione si prescrive in *cinque anni* dal giorno in cui è stata data esecuzione alle disposizioni testamentarie.

14.1.4 Successione necessaria

Alla successione necessaria (art. 553 e seg. c.c.) si ricorre ogni qual volta il *de cuius* abbia disposto dei propri beni mediante testamento o donazioni fatte in vita oltre i limiti della quota disponibile, sottraendo così una parte riservata ai legittimari. Tali donazioni sono soggette a riduzione fino alla capienza della quota medesima. Bisognerà perciò, innanzitutto, stabilire *se* e *di quanto* la quota legittima è stata lesa e integrare poi le quote insufficienti riducendo in proporzione le quote assegnate ad altri eredi con il testamento o con le donazioni (**azione di riduzione**).

La *dichiarazione di successione* all'AdE, che deve essere presentata entro un anno dall'apertura della successione, deve indicare le quote di proprietà secondo le disposizioni testamentarie, anche se lesive delle quote legittime. Se però è stata fatta prima un'azione di riduzione, con un *accordo tra i legittimari*, con atto pubblico o con una scrittura privata autenticata, la dichiarazione di successione riporterà subito le quote corrette (allegando gli atti). In mancanza di tale accordo, l'azione di riduzione sarà effettuata successivamente alla dichiarazione di successione, con un accordo tra gli eredi o in sede giudiziale.

14.1.5 Fasi della successione

La divisione si svolge attraverso le seguenti fasi (*v.* figura 14.2):

1) *individuazione degli aventi diritto*;
2) *valutazione* dei beni mobili e immobili e determinazione patrimonio lordo (*relictum*);
3) detrazione dei debiti (*debitum*);
4) *riunione fittizia* per collazione (*donatum*), per la formazione dell'asse ereditario;
5) formazione delle *quote di diritto* e delle *quote di fatto*.

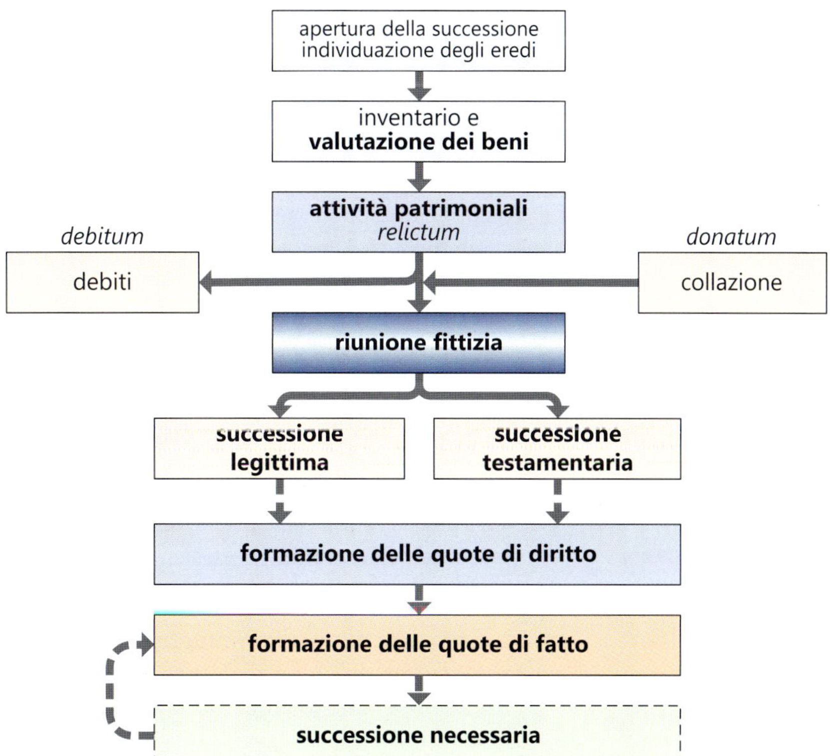

Figura 14.2
Schema delle fasi della successione ereditaria.

14.2 L'ASSE EREDITARIO

14.2.1 La comunione ereditaria

All'apertura della successione, quando gli eredi sono più di uno, si crea temporaneamente tra essi uno stato di comunione ereditaria a cui ognuno partecipa secondo la quota virtuale di diritto. In presenza di immobili la comunione ereditaria è resa formale, entro un anno dall'apertura della successione, con la **dichiarazione di successione** presso l'Agenzia delle entrate (*v.* in seguito) a cui segue, entro 30 giorni, la voltura catastale. Gli eredi sono ora proprietari dei beni ereditati e ne rispondo fiscalmente.

La comunione ereditaria può prolungarsi nel tempo; se invece almeno uno dei coeredi lo desidera, come avviene di solito, può attuarsi la divisione. In questa fase sarà un *atto notarile* a distinguere le proprietà immobiliari esclusive degli eredi, previo accordo tra gli stessi. Se per esempio un erede diventa proprietario del 50% di un appartamento, dovrà accordarsi con gli altri eredi per avere il restante 50%, cedendo altri suoi beni caduti in successione (per esempio il 50% di un altro appartamento con un atto di donazione reciproco) o pagando il corrispettivo. In mancanza di un accordo si procede in sede giudiziaria.

14.2.2 La riunione fittizia

La riunione fittizia è operazione contabile che consiste nel sommare il *valore dei beni appartenenti al defunto, detraendo i debiti e sommando il valore delle donazioni fatte in vita*, per ottenere così il **valore globale dell'asse ereditario** (art. 556 c.c.).

La collazione

La collazione è un'operazione preliminare alla divisione che consiste nell'*obbligo imposto a ciascun erede legittimo di conferire nella massa ereditaria da dividere i beni ricevuti in donazione* (*donatum*) dal *de cuius*, salvo che il defunto non li abbia da ciò dispensati. La donazione può essere infatti in "conto legittima" se è soggetta poi alla divisione con i coeredi, o in "conto disponibile" se ne è esclusa. La dispensa da collazione non produce comunque effetti se non nei limiti della quota disponibile (art. 737 c.c.). In altri termini la dispensa equivale in pratica a una disposizione testamentaria.

Il corredo nunziale e le spese per l'istruzione
Le spese per il corredo nuziale e quelle per l'istruzione artistica o professionale sono soggette a collazione solo per quanto eccedono notevolmente la misura ordinaria, tenuto conto delle condizioni economiche del defunto (art. 742 c.c.).

La collazione può essere effettuata in due modi:

- **per imputazione**, in questo caso il donatario conserva il possesso dei beni che avrebbe dovuto conferire (salvo eventuale conguaglio);
- **in natura**, se il donatario restituisce la donazione alla massa ereditaria.

Il codice civile prevede che *è soggetto a collazione* anche quanto il defunto ha speso a favore dei suoi discendenti per causa di matrimonio, per avviarli all'esercizio di un'attività produttiva o professionale, per soddisfare premi relativi a contratti di assicurazione sulla vita a loro favore o per pagare i loro debiti (art. 741 c.c.).

Non sono soggette a collazione le spese di mantenimento e di educazione e quelle sostenute per malattia.

La collazione di un bene immobile

La collazione di un bene immobile si fa, come per gli altri beni, in natura o con imputazione del valore alla propria quota, a scelta di chi conferisce. Se però l'immobile è stato alienato o ipotecato, la collazione si fa soltanto con l'imputazione (art. 746 c.c.).

Nel caso in cui il donatario (chi ha ricevuto la donazione) non possa adempiere alla ricostituzione dell'asse ereditario in termini monetari, gli eredi lesi nella propria quota legittima possono opporsi alla donazione e attuare un'azione di rivalsa sull'immobile, anche nei confronti di terzi acquirenti. L'azione nei confronti dei terzi si prescrive dopo 20 anni dalla donazione (legge n. 80/2005).
In tutti i casi si deve dedurre a favore del donatario il valore delle **migliorie** apportate all'immobile nei limiti del loro valore al tempo dell'apertura della successione. Devono anche computarsi a favore del donatario le *spese straordinarie* da lui sostenute per la conservazione della cosa, non cagionate da sua colpa. Il coerede che conferisce un immobile in natura può ritenerne il possesso sino all'effettivo rimborso delle somme che gli sono dovute per spese e miglioramenti (art. 748 c.c.).
Il donatario da parte sua è obbligato per i **deterioramenti** che, per sua colpa, hanno diminuito il valore dell'immobile.

La collazione di un bene mobile

La collazione dei beni mobili si fa soltanto per imputazione, sulla base del valore che essi avevano al tempo dell'apertura della successione.
Se si tratta di cose delle quali non si può far uso senza consumarle, e il donatario le ha già consumate, si determina il valore che avrebbero avuto secondo le quotazioni correnti al tempo dell'apertura della successione.
La determinazione del valore dei titoli dello Stato, degli altri titoli di credito quotati in borsa e delle derrate e delle merci il cui prezzo corrente è stabilito dalle *mercuriali* (listino prezzi delle Camere di commercio), si fa in base ai listini di borsa e alle mercuriali del tempo dell'apertura della successione (art. 750 c.c.).

Prelevamenti

Ogni qual volta il donatario trattiene un bene che è tenuto a conferire per imputazione, *gli altri eredi possono prelevare* dalla massa ereditaria beni simili in proporzione alle quote loro spettanti, per goderne i frutti allo stesso modo di chi gode dei beni avuti in donazione (art. 725 c.c.).

14.3 LA DIVISIONE

14.3.1 Il progetto della divisione

La divisione ereditaria avviene nella maggior parte dei casi, soprattutto per patrimoni di modesta entità, in modo bonario; gli eredi trovano infatti un accordo che evita i tempi e i costi di un percorso giudiziario. Le formalità della successione sono in questo caso solo quelle legali, fiscali e catastali.
In altri casi gli eredi, pur in un contesto bonario, affidano a un perito il compito di redigere un **progetto di divisione**. I criteri per la formazione delle quote sono spesso suggeriti dagli stessi eredi, che hanno già raggiunto un sostanziale accordo in merito all'assegnazione dei beni, in base alle rispettive preferenze, ma vogliono definire l'"esattezza" delle quote e degli eventuali conguagli in denaro con delle perizie asseverate da un tecnico. In questo ambito il perito si deve calare, tra l'altro, nella parte del mediatore, per cercare di conciliare le esigenze contrapposte degli eredi, al fine di risolvere bonariamente la divisione.
Quando invece la conflittualità è esasperata e gli eredi non trovano un accordo, l'assegnazione delle quote formate dal CTU è decisa dal giudice del tribunale.

14.3.2 Quote di diritto

Successione legittima

Nella successione legittima l'eredità si devolve al coniuge, ai discendenti, agli ascendenti, ai collaterali, agli altri parenti e allo Stato, nell'ordine e secondo le regole stabilite per legge. Le quote spettanti sono stabilite dagli artt. 566÷572 del c.c. (*v.* tabella 14.2, esempi 14.2 e 14.3).

14.2 Quote di eredità nella successione legittima

Art. c.c.	Grado di parentela col *de cuius*	Quote di eredità
566	Figli (in assenza del coniuge)	in parti uguali
581	Coniuge e figlio unico	1/2 1/2
581	Coniuge e più figli	1/3 2/3
583	Coniuge solo (in mancanza di figli, di ascendenti, di fratelli o sorelle)	tutto
582	Coniuge e fratelli e sorelle	2/3 1/3
582	Coniuge e ascendenti	2/3 1/3
582	Coniuge, ascendenti e fratelli e sorelle	2/3 1/4 1/12
568	Genitori	in parti uguali
569	Altri ascendenti	1/2 linea paterna 1/2 linea materna
570	Fratelli e sorelle (*)	in parti uguali
571	Genitori e fratelli e sorelle (*)	1/2 in parti uguali
572	Altri parenti entro il 6° grado	in parti uguali

(*) I fratelli e le sorelle unilaterali ereditano solo la metà dei germani.

ESEMPIO 14.2 QUOTE DI DIRITTO NELLA SUCCESSIONE LEGITTIMA

Eredi

- coniuge superstite, che eredita 1/3;
- 3 figli, ciascuno eredita 1/3 del restante 2/3.

Asse ereditario da dividere

- 50% dell'appartamento di residenza;
- 100% di altro appartamento.

Quote di diritto

	Coniuge superstite	Figlio A	Figlio B	Figlio C	Totale
Quota di diritto	**1/3**	**2/9**	**2/9**	**2/9**	**1**
Appartamento di residenza	16,6%	11,1%	11,1%	11,1%	50%
Altro appartamento	33,3%	22,2%	22,2%	22,2%	100%

ESEMPIO 14.3 QUOTE DI DIRITTO NELLA SUCCESSIONE LEGITTIMA SENZA DISCENDENTI

Eredi

- coniuge superstite;
- 1 fratello germano;
- 1 sorella unilaterale.

Asse ereditario

- 50% dell'appartamento di residenza;
- 100% di altro appartamento.

La legge prevede che la sorella unilaterale abbia solo la metà del fratello germano. La metà che non le viene assegnata è ripartita tra gli altri coeredi in proporzione alla rispettiva quota.

Quote di diritto

	Coniuge superstite	Fratello germano	Sorella unilaterale	Totale
Quota di diritto in frazione	2/3	1/6	1/12	11/12
Quota di diritto (%) Ripartizione 1/12 della sorella (*)	66,67% 6,67%	16,67% 1,67%	8,33%	91,67% 8,34%
Totale	**73,34%**	**18,34%**	**8,33%**	**100,0%**
Appartamento di residenza (50%)	36,67%	9,17%	4,17%	50,0%
Altro appartamento (100%)	73,34%	18,34%	8,33%	100,0%

(*) Si ottiene da: 8,33 / (66,67 + 16,67) * 66,7 = 6,67 ecc.

Successione testamentaria

In caso di successione testamentaria la normativa fissa le quote spettanti agli eredi legittimi e il limite massimo della quota disponibile (*v.* tabella 14.3). Quest'ultima può essere assegnata, a titolo particolare, ai legatari.

La quota disponibile può essere destinata con il testamento:

- a soggetti che non hanno alcun rapporto di parentela col *de cuius;*
- agli eredi legittimari, che così potranno integrare la propria quota di riserva.

Ne consegue che la quota di diritto spettante a un erede legittimo potrà oscillare da un *minimo* pari alla quota di riserva e un *massimo* pari alla stessa quota di riserva più la quota disponibile. In caso contrario si dovrà procedere a una successione necessaria.

14.3 Quote di eredità nella successione testamentaria

Art. c.c.	Grado di parentela col "*de cuius*"	Quota di riserva	Quota disponibile
540	Coniuge solo	1/2	1/2
537	Figlio unico	1/2	1/2
	Più figli	2/3	1/3
542	Coniuge e figlio unico	1/3 1/3	1/3
	Coniuge e più figli	1/4 1/2	1/4
544	Coniuge e ascendenti legittimi	1/2 1/4	1/4
538	Solo ascendenti legittimi	1/3	2/3

14.3.3 Quote di fatto

La formazione delle quote di fatto consiste nell'assegnare a ciascun erede una porzione dei diversi beni costituenti l'asse ereditario in proporzione alle quote di diritto. Al progetto di divisione (*v.* esempio 14.4), una volta accettato in via bonaria o imposto giudizialmente, segue l'assegnazione formale delle quote con atto notarile.

Criteri di divisione

Le porzioni devono essere formate, previa stima dei beni, comprendendo una *quantità di mobili, immobili e crediti di eguale natura e qualità, in proporzione all'entità di ciascuna quota* (art. 727 c.c.).

La **stima** deve essere fatta con riferimento alla data di apertura della successione. Per esempio un'area può essere agricola all'apertura della successione ed edificabile successivamente; il valore da computare è quello agricolo.

L'**assegnazione** delle porzioni eguali è fatta mediante estrazione a sorte. Per le porzioni diseguali si procede mediante attribuzione (art. 729 c.c.). L'ineguaglianza in natura nelle quote ereditarie si compensa con **conguagli in danaro** (art. 728 c.c.).

Diritto di prelazione del coerede
Il coerede che vuole *alienare a un estraneo* la sua quota o parte di essa deve notificare la proposta di alienazione, indicandone il prezzo, agli altri coeredi, i quali hanno diritto di prelazione (art. 732 c.c.).

Quando **il testatore ha stabilito particolari norme per formare le porzioni**, queste norme sono vincolanti per gli eredi (art. 733 c.c.). Se nella divisione fatta dal testatore non sono compresi tutti i beni lasciati al tempo della morte, i *beni in essa non compresi sono attribuiti conformemente alla legge* (art. 734 c.c.).

Se nell'eredità vi sono **beni immobili non comodamente divisibili** (per esempio un appartamento) e la divisione non può effettuarsi senza il loro frazionamento, essi devono preferibilmente essere compresi per intero nella porzione di uno o più dei coeredi aventi diritto alla quota maggiore, con addebito dell'eccedenza. Se nessuno dei coeredi è a ciò disposto, si fa luogo alla vendita all'incanto (art. 720 c.c.).

Annullamento e rescissione della divisione

La divisione può essere **annullata** quando è l'effetto di *violenza* o di *dolo*. L'azione si prescrive in *cinque anni* dal giorno in cui è cessata la violenza o in cui il dolo è stato scoperto (art. 761 c.c.).

La divisione può essere **rescissa** quando taluno dei coeredi prova di essere stato *leso oltre il quarto*. L'azione si prescrive in *due anni* dalla divisione (art. 763 c.c.).

ESEMPIO 14.4 PROGETTO DI DIVISIONE

Quote di diritto

Emilio muore e lascia in eredità ai figli Silvino e Lodovico, senza testamento, un fondo rustico con annessi fabbricati rurali.

Entro il termine di legge di un anno viene presentata la dichiarazione di successione all'Agenzia delle entrate, con assegnazione a ciascun fratello, indistintamente, di una quota del 50% di ogni particella che forma l'asse ereditario.

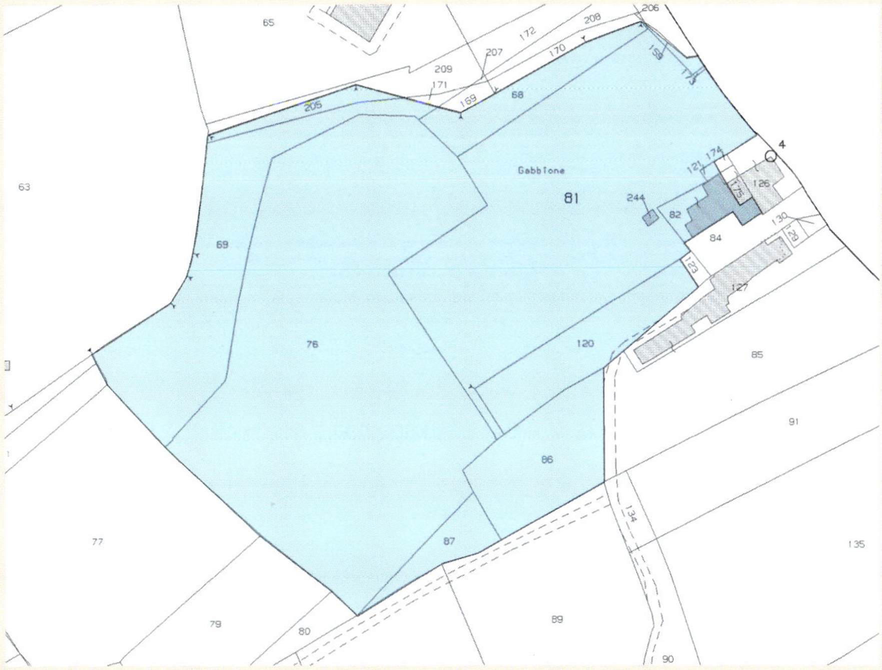

Quote di fatto

Data la volontà delle parti di dividere il fondo, il geometra incaricato presenta il progetto di divisione che prevede l'assegnazione in egual quantità dei terreni e dei fabbricati ai due eredi. Il progetto è frutto di un accordo tra le parti e dei suggerimenti del tecnico stesso.

Una volta definito il progetto in ogni dettaglio, con creazione di eventuali servitù, il notaio provvederà a redigere l'atto che prevede una reciproca donazione tra i due fratelli del 50% della quota delle particelle che non rientrano nella rispettiva quota di fatto, mentre il tecnico provvede a frazionare le particelle interessate e ad aggiornare gli atti catastali.

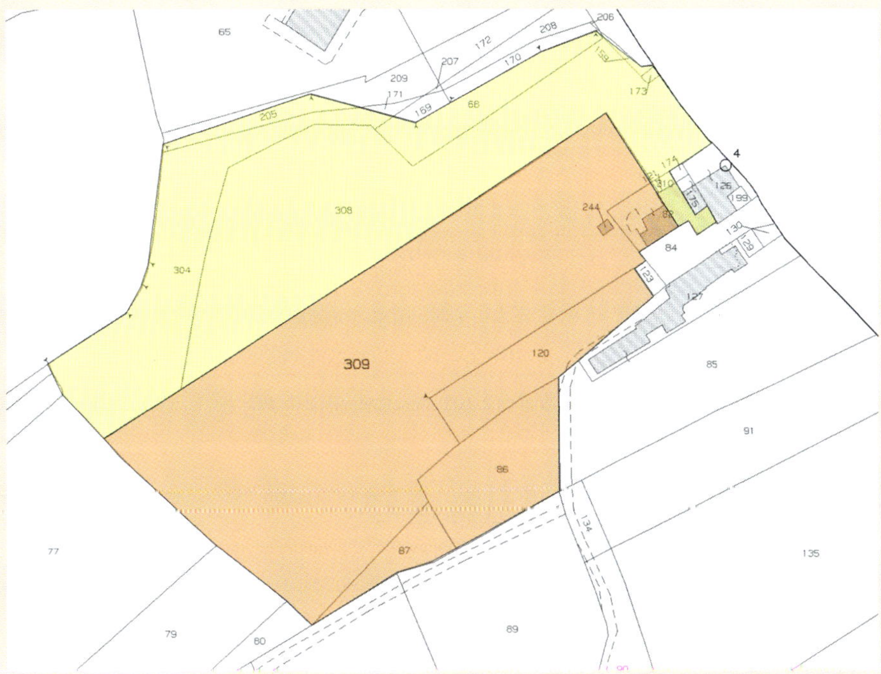

ESEMPIO 14.5 SUCCESSIONE LEGITTIMA (SENZA DONAZIONI)

Eredi
- coniuge superstite
- 2 figli

Asse ereditario

– appartamento:	250.000 €
– fabbricato rurale con terreno circostante:	180.000 €
Valore totale	**430.000 €**

Quote

Erede	Quota di diritto (€)		Quota di fatto (€)		Conguagli (€)
Coniuge	1/3	143.333,33	50% appartamento	125.000	18.333,33
Figlio F1	1/3	143.333,33	50% appartamento	125.000	18.333,33
Figlio F2	1/3	143.333,33	Fabbricato rurale	180.000	–36.666,67
Totale	**1**	**430.000,00**		**430.000**	**0**

ESEMPIO 14.6 SUCCESSIONE LEGITTIMA (CON DONAZIONI SOGGETTE A COLLAZIONE)

Eredi
- coniuge superstite
- 2 figli

Asse ereditario

– appartamento A:	250.000 €
– fabbricato rurale con terreno circostante:	180.000 €

Donazioni fatte in vita al figlio F1

– appartamento B:	200.000 €

Riunione fittizia

– appartamento A:	250.000 €
– appartamento B (collazione):	200.000 €
– fabbricato rurale con terreno circostante:	180.000 €
Valore totale asse ereditario	**630.000 €**

Quote

Erede	Quota di diritto (€)		Quota di fatto (€)		Conguagli (€)
Coniuge	1/3	210.000	Appartamento A	250.000	–40.000
Figlio F1	1/3	210.000	Appartamento B	200.000	10.000
Figlio F2	1/3	210.000	Fabbricato rurale	180.000	30.000
Totale	**1**	**630.000**		**630.000**	**0**

ESEMPIO 14.7 SUCCESSIONE LEGITTIMA (CON DONAZIONI NON SOGGETTE A COLLAZIONE)

Come nell'esempio precedente, ma la donazione non è soggetta a collazione.

Eredi
- coniuge superstite
- 2 figli

Asse ereditario
- appartamento A: 250.000 €
- fabbricato rurale con terreno circostante: 180.000 €

Donazioni fatte in vita con dispensa da collazione al figlio F1
- appartamento B: 200.000 €

Il valore globale dell'asse ereditario è 630.000 €

La dispensa da collazione ha effetto *nei limiti della quota disponibile* (art. 737 c.c.). Si procederà quindi a verificare che tale quota non sia stata superata e alla divisione della parte rimanente del patrimonio in base alle quote legittime.

La quota di legge *disponibile* per le donazioni è 1/4 dell'asse ereditario, pari a:

630.000 × 1/4 = 157.500 €

Essendo il valore della donazione (200.000 €) maggiore della quota disponibile, il figlio F1 dovrà conferire per **collazione** la differenza di:

200.000 – 157.500 = 42.500 €

Riunione fittizia
- appartamento A: 250.000 €
- differenza appartamento B (collazione): 42.500 €
- fabbricato rurale con terreno circostante: 180.000 €

Valore quota di riserva	**472.500 €**

Quote (parte di riserva)

Erede	Quota di diritto (€)		Quota di fatto (€)		Conguagli (€)
Coniuge	1/3	157.500	50% appartamento A	125.000	32.500
Figlio F1	1/3	157.500	50% app. A + diff. app. B	167.500	–10.000
Figlio F2	1/3	157.500	Fabbricato rurale	180.000	–22.500
Totale	**1**	**472.500**		**472.500**	**0**

Il **figlio F1**, con la donazione dispensata da collazione, riceve una quota totale di:
- appartamento B: 200.000 €
- 50% appartamento A: 125.000 €
- conguaglio: -10.000 €

Totale	**315.000 €**

che coincide con il limite di legge costituito dalla parte legittima (1/4 dell'asse ereditario) più la quota disponibile (ancora 1/4 dell'asse ereditario, totale 1/2), pari a:

630.000 × 1/2 = 315.000 €

ESEMPIO 14.8 SUCCESSIONE TESTAMENTARIA CON CONIUGE E FIGLI

Eredi

- coniuge superstite
- 2 figli

Asse ereditario

– appartamento A:	250.000 €
– appartamento B:	200.000 €
– fabbricato rurale con terreno circostante:	180.000 €
Valore globale dell'asse ereditario	**630.000 €**

Tipo di successione: testamentaria.

Il *de cuius* ha stabilito che sia assegnato al coniuge l'appartamento A, al figlio F1 l'appartamento B e al figlio F2 il fabbricato rurale, pur mantenendo uguali le quote tra i due figli.

La *quota minima* di legge spettante al coniuge, come a ciascuno dei figli, è 1/4 dell'asse ereditario (quota di riserva), pari a:
630.000 × 1/4 = 157.500 €

La *quota massima* è data dalla quota di riserva più la quota disponibile (ancora 1/4):
630.000 × 1/2 (1/4+1/4) = 315.000 €

Nella tabella si può notare come le disposizioni testamentarie siano nei limiti di legge (non occorre una successione necessaria).

Quote

Erede	Quota di diritto (riserva) (€)		Quota di diritto (massima) (€)		Quota di fatto (€)		Conguagli (€)	Quota (€)
Coniuge	1/4	157.500	1/2	315.000	Appartamento A	250.000	0	250.000
Figlio F1	1/4	157.500	1/2	315.000	Appartamento B	200.000	–10.000	190.000
Figlio F2	1/4	157.500	1/2	315.000	Fabbricato rurale	180.000	10.000	190.000
Totale	**3/4**	**472.500**				**630.000**	**0**	**630.000**

ESEMPIO 14.9 SUCCESSIONE TESTAMENTARIA SENZA CONIUGE E FIGLI

Eredi

Il *de cuius* non ha coniuge né figli. Gli unici eredi legittimi sono 3 fratelli premorti. Per rappresentanza subentrano nelle quote di diritto i relativi figli.

- 4 figli del fratello A
- 2 figli del fratello B
- 2 figli del fratello C

Mediante testamento il *de cuius* ha escluso dall'eredità i due figli del fratello C.

Asse ereditario

– villa	800.000 €
– denaro, titoli	350.000 €
Valore globale dell'asse ereditario	**1.150.000 €**

Tipo di successione
In presenza di testamento, con esclusione del fratello C, si deve verificare l'eventuale lesione della quota degli eredi legittimari.
La legge non prevede però una quota di riserva per i fratelli e pertanto la successione può avvenire secondo le disposizioni testamentarie: a ognuno dei due fratelli A e B spetta metà del patrimonio, pari a 575.000 €. I figli di C non possono impugnare il testamento. Ogni cespite sarà diviso tra i nipoti di A e di B.

	Nipote A1	Nipote A2	Nipote A3	Nipote A4	Nipote B1	Nipote B2	Totale
Quote di diritto	1/8 12,50%	1/8 12,50%	1/8 12,50%	1/8 12,50%	1/4 25,00%	1/4 25,00%	1 1
	143.750 €	143.750 €	143.750 €	143.750 €	287.500 €	287.500 €	1.150.000 €

Le **quote di fatto** saranno una parte della liquidità (denaro e titoli) e una quota di proprietà della villa (che presumibilmente dovranno vendere).

	Nipote A1	Nipote A2	Nipote A3	Nipote A4	Nipote B1	Nipote B2	Totale
Quota della villa (€)	100.000	100.000	100.000	100.000	200.000	200.000	800.000
Quota in denaro (€)	43.750	43.750	43.750	43.750	87.500	87.500	350.000
Totale	**143.750**	**143.750**	**143.750**	**143.750**	**287.500**	**287.500**	**1.150.000**

14.4 LA DICHIARAZIONE DI SUCCESSIONE

La presentazione telematica
Per la compilazione del modello è disponibile un software dedicato e gratuito prodotto dall'AdE.

Dal 2017 la dichiarazione deve essere presentata con il nuovo modello che integra la **dichiarazione di successione** e le **domande di volture catastali**.
È necessario presentare la dichiarazione, entro 12 mesi dall'apertura della successione, solo se nell'asse ereditario sono presenti *beni immobili* o se il valore dell'*attivo ereditario è superiore a 100.000 €*.
La dichiarazione va presentata *esclusivamente per via telematica direttamente* dal dichiarante o dagli intermediari abilitati (professionisti e CAF).

Soggetti obbligati

Devono presentare la dichiarazione (è sufficiente uno di essi):
- i *chiamati all'eredità*, cioè i soggetti che non hanno ancora accettato l'eredità, ai quali potenzialmente può essere trasmesso il patrimonio del defunto;
- gli *eredi*, cioè i parenti che hanno accettato l'eredità;
- i *legatari*, destinatari di uno o più beni attribuiti dal defunto con il testamento (il legato si acquista senza bisogno di accettazione);
- altri soggetti (curatori, rappresentanti legali ecc.).

Allegati alla dichiarazione

Alla dichiarazione deve essere allegato l'*albero genealogico* dal quale risulti il nome, cognome, luogo e data di nascita del coniuge e degli altri parenti del *de cuius* e, a seconda dei casi:
- la copia dell'atto di rinuncia all'eredità;
- la copia degli atti di ultima volontà del defunto (testamento);

La successione in banca
Per lo sblocco del patrimonio del defunto depositato in banca è necessario presentare, con il *certificato di morte*, una *dichiarazione sostitutiva di atto di notorietà* con indicazione dei soggetti aventi diritto alla successione e copia dell'eventuale *testamento*.

- visure catastali degli immobili o relativa autocertificazione;
- il certificato di destinazione urbanistica (CDU) o la dichiarazione sostitutiva di atto notorio dalla quale risulti la destinazione urbanistica dei terreni;
- richiesta di agevolazione per la prima casa;
- la certificazione bancaria o postale per i rapporti di conto corrente o deposito titoli;
- la copia dei documenti che provano le passività e i debiti;
- la copia dell'ultimo bilancio o inventario dal quale risulti il patrimonio netto dell'azienda alla data di apertura della successione;
- prospetto di liquidazione delle imposte e i relativi modelli di versamento (F24).

I quadri del modello di dichiarazione

Il modello di dichiarazione è composto da un frontespizio e da diversi quadri (dal quadro EA al quadro ES). I quadri da compilare necessariamente sono i seguenti.

- **Dati generali**: nel quadro vanno indicati i dati del defunto, del soggetto che presenta la dichiarazione di successione ecc.
- **Quadro EA**: con indicazione dei beneficiari.
- **Quadro EE**: viene riepilogato il valore dei cespiti, raggruppati per tipologie di beni o diritti (beni immobili, aziende, azioni, obbligazioni, altri titoli e quote sociali, navi, aeromobili e imbarcazioni, altri beni), il valore totale dell'attivo ereditario, le passività e il valore globale netto. Il valore globale netto dell'asse ereditario è costituito dalla differenza tra il valore complessivo dei beni e diritti che compongono l'attivo ereditario (al momento dell'apertura della successione) e l'importo complessivo delle passività deducibili e degli oneri a carico degli eredi e dei legatari.
- **Quadro EG**: sono elencati i documenti da allegare alla dichiarazione di successione distinti per tipologia e per numero.

Altri quadri devono essere compilati in caso di necessità.

Adempimenti fiscali

Per il conseguente trasferimento dei diritti immobiliari si devono pagare le **imposte ipocatastali** (imposta ipotecaria e catastale) e di **bollo** (l'imposta di registro non è dovuta). L'**imposta di successione**, se dovuta, viene liquidata dall'Ufficio in base ai dati indicati nella dichiarazione di successione.

14 . SUCCESSIONI EREDITARIE

QUESTIONARIO	IN SINTESI
1. Come può essere accettata l'eredità?	Con la successione per causa di morte i beni intestati al "*de cuius*" vengono trasferiti agli aventi diritto. L'eredità può essere accettata puramente e semplicemente oppure col beneficio d'inventario. La successione può essere legittima, testamentaria o necessaria, nel caso in cui le disposizioni testamentarie o le donazioni fatte in vita abbiano leso la quota destinata agli eredi legittimi.

2. In che cosa consiste la successione legittima?	Con la **successione legittima** l'asse ereditario viene trasferito agli eredi legittimi secondo il grado di parentela con il *de cuius*. La legge stabilisce anche l'ordine in base al quale gli eredi sono chiamati a succedere. Se mancano gli eredi, l'eredità si dice vacante e viene devoluta allo Stato. Il coniuge superstite eredita assieme ai parenti di primo e secondo grado. Se il *de cuius* non lascia una propria discendenza, ereditano gli ascendenti (genitori, nonni, cugini ecc.) e i collaterali (fratelli, sorelle e loro discendenti).
3. In che cosa consiste la successione testamentaria? 4. In quali modi può essere redatto un testamento? 5. Chi è un legatario?	Con la **successione testamentaria** il *de cuius* può destinare in vita, con un atto scritto, una parte dell'eredità secondo le proprie volontà (*quota disponibile*), pur destinando una quota minima stabilita per legge agli eredi legittimi (*quota di riserva*), se presenti. La successione testamentaria può essere a *titolo universale*, quando gli aventi diritto alla successione (eredi) subentrano nella totalità dei beni, assumendone le attività e le passività, e a *titolo particolare*, quando gli aventi diritto (legatari) rientrano nella successione solo per alcuni beni che non vengono considerati come quota dell'intero patrimonio.
6. Che cosa si intende per successione necessaria?	Alla **successione necessaria** si ricorre ogni qual volta il *de cuius* abbia disposto dei propri beni mediante testamento o donazioni fatte in vita oltre i limiti della quota disponibile, sottraendo così una parte riservata ai legittimari.
7. Che cos'è la riunione fittizia? 8. Come si può attuare la collazione? Quali beni sono soggetti a collazione e quali no? Che cos'è la dispensa dalla collazione? Che effetti ha?	Con la **riunione fittizia** si ottiene il valore dell'asse ereditario sommando il valore dei beni appartenenti al defunto, detraendo i debiti e sommando il valore delle donazioni fatte in vita. La *collazione* è un'operazione preliminare alla divisione che consiste nell'obbligo imposto a ciascun erede legittimo di conferire nella massa ereditaria da dividere i beni ricevuti in donazione dal *de cuius*, salvo che il defunto non li abbia da ciò dispensati. La collazione può essere effettuata per imputazione o in natura.
9. Che cosa sono le quote di diritto? Come si stabiliscono? 10. Chi sono i legittimari?	**Quote di diritto.** Nella successione legittima l'eredità si devolve al coniuge, ai discendenti e agli altri parenti secondo le regole stabilite per legge (artt. 566 e seguenti del c.c.). In caso di successione testamentaria la normativa fissa le quote spettanti agli eredi legittimi e il limite massimo della quota disponibile. La quota spettante a un erede legittimo potrà quindi oscillare da un minimo, pari alla quota di riserva, e un massimo, pari alla quota di riserva più la quota disponibile.
11. Quali sono i criteri che per legge devono essere rispettati nella divisione dell'asse ereditario? 12. Come si può operare quando vi sono beni immobili non comodamente divisibili?	**Quote di fatto.** La formazione delle quote di fatto consiste nell'assegnare a ciascun erede una porzione dei diversi beni costituenti l'asse ereditario in proporzione alle quote di diritto. Le porzioni devono essere formate comprendendo una quantità di mobili, immobili e crediti di eguale natura e qualità, in proporzione all'entità di ciascuna quota. L'ineguaglianza in natura nelle quote ereditarie si compensa con conguagli in danaro.
13. Quando la divisione può essere annullata o rescissa?	La divisione può essere annullata quando è l'effetto di violenza o di dolo.

ATTIVITÀ PRATICHE E DI VERIFICA

AREA DIGITALE

QUESTIONARIO A RISPOSTA MULTIPLA

1. Gli eredi sono coloro che:
- ☐ **a.** succedono a titolo universale
- ☐ **b.** succedono a titolo particolare
- ☐ **c.** succedono a titolo universale, ma senza alcun obbligo per quanto riguarda le passività dell'asse ereditario

2. Il diritto di accettazione dell'eredità si prescrive:
- ☐ **a.** dopo 10 anni dall'apertura della successione
- ☐ **b.** dopo 1 anno dall'apertura della successione
- ☐ **c.** dopo 5 anni dall'apertura della successione

3. Si ha una successione necessaria quando:
- ☐ **a.** i beni intestati al *de cuius* sono trasferiti agli aventi diritto
- ☐ **b.** con il testamento o con le donazioni sono state lese le quote legittime
- ☐ **c.** il testamento è nullo per difetto di forma o per altra causa

4. La riunione fittizia è un'operazione contabile con la quale:
- ☐ **a.** si sommano i valori dei beni mobili e immobili intestati al *de cuius*
- ☐ **b.** si sommano i valori dei beni donati in vita dal *de cuius* agli eredi legittimi, nonché i debiti e i crediti
- ☐ **c.** si sommano i valori dei beni intestati al *de cuius*, i debiti, i crediti e i valori dei beni soggetti a collazione

5. La collazione consiste:
- ☐ **a.** nel prelevare dai beni della comunione ereditaria una quota parte proporzionale alla quota virtuale di diritto
- ☐ **b.** nell'obbligo di conferire nella massa ereditaria i beni acquistati dal *de cuius* quando egli era ancora in vita
- ☐ **c.** nell'obbligo per gli eredi di conferire nella massa ereditaria i beni ricevuti in dono dal *de cuius*

6. Per quota di riserva si intende la parte dell'asse ereditario che:
- ☐ **a.** per legge spetta agli eredi legittimi
- ☐ **b.** il testatore ha assegnato agli eredi legittimi
- ☐ **c.** per legge, spetta al coniuge superstite

7. Nella successione testamentaria la quota massima di ogni erede legittimo è pari a:
- ☐ **a.** la quota di riserva prevista per legge
- ☐ **b.** la quota disponibile prevista per legge
- ☐ **c.** la quota di riserva prevista per legge più la quota disponibile

8. Nella formazione delle quote di fatto, quando vi sono beni non comodamente divisibili:
- ☐ **a.** si assegnano per intero all'erede che ha diritto alla quota maggiore, il quale dovrà pagare un conguaglio agli altri eredi
- ☐ **b.** si vendono (in ogni caso) e il ricavato viene versato agli eredi legittimi in proporzione alle loro quote
- ☐ **c.** si procede per estrazione a sorte (in ogni caso): chi riceve il bene deve poi pagare l'eventuale eccedenza agli altri eredi

ESERCIZI DA SVOLGERE

1. Succession legittima in assenza di discendenti

Anna, sposata con Luigi, muore senza lasciare figli e, data la tarda età, non ha nemmeno i genitori.
Le sue proprietà erano:
- un appartamento del valore presunto di 400.000 €, cointestato col coniuge;
- mobili e quadri per un valore di 18.000 €;
- liquidità sul conto corrente cointestato di 28.000 €;
- risparmi investiti in titoli: 160.000 € (conto titoli condiviso).

Concorre all'eredità, in assenza di testamento, il fratello.
Determinare la quota di eredità eventualmente spettante a quest'ultimo.

2. Successione testamentaria

Tizio è morto lasciando due figli. La moglie è premorta.

I beni caduti in eredità sono:
- un appartamento 130.000 €;
- conto corrente 50.000 €.

Ha lasciato poi una polizza vita, di cui è beneficiaria la signora Rosa estranea alla famiglia, per un importo di 20.000 € (la polizza vita equivale a una donazione).

Mediante testamento assegna la sola quota disponibile nel seguente modo:
- 10.000 € alla signora Celeste (altra estranea);
- 15.000 € a una nipote (figlia di fratello);
- l'eventuale parte restante della disponibile alla suddetta signora Rosa.

Si esegua la divisione ereditaria con determinazione delle quote spettanti ai figli.

3. Successione testamentaria

Mario, separato da Franca senza addebito, redige testamento e lascia tutto il suo patrimonio mobile ed immobile ai nipoti Marco e Paolo, dal fratello Luigi, e Marta dal fratello Carlo, entrambi premorti. Non ha ascendenti ne discendenti diretti.
I beni caduti in successione sono:
- la casa di abitazione (unico proprietario) di 98 m^2 in una città di media dimensione;
- quota del 50% di un appartamento in zona turistica di montagna di 62 m^2;
- quota del 75% di un capannone artigianale di 410 m^2;
- quota di 1/3 dei terreni boschivi di 3.56.80 ha;
- liquidità (conti correnti e titoli) per 95.000 €.

Si rediga il progetto di divisione.

ATTIVITÀ PRATICHE E DI VERIFICA

TEMI D'ESAME DI STATO

Anno 2010, Progetto 5

Stima di vari immobili. Divisione ereditaria testamentaria.

È richiesta la valutazione di un asse ereditario composto dai seguenti beni:
- un vecchio fabbricato residenziale in condizioni di degrado, posto al centro di una vasta area di pertinenza e avente dimensioni di base di 15 × 18 m e un'altezza all'estradosso dell'ultimo solaio di 7,50 m; il fabbricato potrebbe convenientemente essere demolito per la costruzione di una palazzina di abitazioni, sfruttando la possibilità offerta dalla legge di aumentare del 35% la cubatura esistente;
- un'area fabbricabile in zona residenziale con lati di 30 × 29 m, con uno dei lati maggiori rivolto su strada e gli altri verso privati; sono previsti i seguenti vincoli urbanistici: indice di cubatura 2 m^3/m^2, rapporto di copertura 0,34, altezza massima 6 m, distanze dai confini 5 m, distanza dal ciglio stradale 10 m;
- l'abitazione del *de cuius* di 140 m^2, ubicata nel centro storico di una città; l'abitazione richiede interventi urgenti di manutenzione straordinaria per i quali è stato preventivato un costo di 36.000 €;
- tre negozi della superficie di 80 m^2 ciascuno, locati al canone equo di 9 €/m^2 mensili;
- titoli per un valore nominale di 200.000 €;
- un deposito bancario di 25.000 €;
- mobili e arredi dell'abitazione del *de cuius* per un valore complessivo di 40.000 €.

Sono eredi legittimari tre figli. Il *de cuius* ha disposto nel testamento un legato di 300.000 € a favore di un Ente; lascia conti da pagare per 12.000 €.
Il candidato, assumendo giustificatamente i dati occorrenti proceda:
- alla valutazione dell'asse ereditario;
- alla verifica che il legato non leda le legittime;
- alla stima della massa dividenda netta;
- alla determinazione delle quote di diritto e alla proposta di formazione delle quote di fatto.

Anno 2005, Abilitazione professionale (testo modificato e ridotto)

Stima di vari immobili. Divisione ereditaria legittima.

Un tecnico è stato incaricato di procedere alla divisione di un patrimonio ereditario. L'apertura della successione del *de cuius*, morto senza lasciare testamento, è avvenuta tre anni fa con il concorso del coniuge, dei genitori e di una sorella.
Al momento della morte risultano di proprietà esclusiva del defunto i seguenti beni:
- un appartamento sito in una località balneare di interesse turistico;
- un appartamento abitato dalla sorella;
- un ex fabbricato rurale della superficie lorda di 130 m^2, sito in un borgo agricolo collinare, composto da tre vani al primo piano, stalla e fienile al piano terra, in cattive condizioni e richiedente spese immediate per il rifacimento della copertura;
- beni mobili personali per un valore di 27.000 €.

Il *de cuius* ha lasciato ancora i seguenti beni, di proprietà comune con il coniuge:
- la casa d'abitazione familiare, consistente in un alloggio signorile della superficie di 240 m^2, situato in una zona centrale urbana di una grande città;
- mobilio di casa, per un valore di 130.000 €;
- titoli per un valore nominale di 200.000 €;
- un conto bancario di 80.000 €.

Assumendo i dati necessari, si determini il valore della massa dividenda, si stabiliscano le quote di diritto e si progetti la formazione delle quote di fatto.

SUCCESSIONE LEGITTIMA

Caso di stima

Una persona lascia alla morte i seguenti beni.

1. *Un alloggio di vecchia costruzione, situato nel centro storico di una grande città, della superficie commerciale di 200 m², in comproprietà al 50% con il coniuge.*
2. *Un alloggio, di cui è proprietario per il 100%, attualmente dato in locazione, della superficie commerciale di 75 m².*
3. *Un appezzamento di terreno edificabile, di cui è proprietario per il 100%, di forma rettangolare, che misura 35 × 70 m. Le norme di attuazione del piano urbanistico prevedono i seguenti parametri:*
   - *indice di edificabilità, 1 m³/m²;*
   - *rapporto di copertura massimo, 50%.*

Sono eredi legittimari il coniuge e i due figli.

Si stimi il valore dell'asse ereditario e si rediga un progetto di divisione legittima assegnando al coniuge superstite la proprietà dei fabbricati, mentre l'area edificabile sarà divisa in due lotti assegnati ai figli.

SVOLGIMENTO

STIMA DEI BENI

Alloggio di vecchia costruzione in comproprietà

L'appartamento è ubicato nel centro storico della città di .... Il fabbricato è vecchio e in scadente stato di conservazione.

Si assume come base la quotazione di mercato di fabbricati *completamente ristrutturati* ubicati nel centro della città di .... (grande città) di 3.800 €/m² di superficie commerciale. Si applica al fabbricato da stimare, per l'età e lo stato di manutenzione un *coefficiente di vetustà* del 60%. Il valore unitario applicabile risulta quindi:

$3.800\ €/m^2 \times 0,4 = 1.520\ €/m^2$

Valore dell'appartamento:

$200\ m^2 \times 1.520\ €/m^2 =$

304.000 €

Alloggio dato in locazione

L'appartamento è ubicato nella periferia della città di ...., ha circa 25 anni di età ed è in normale stato di conservazione.

Le quotazioni di mercato per fabbricati simili nella città di .... (di media importanza), nella stessa zona, di recente edificazione, sono mediamente di:

$2.300\ €/m^2$

Per la presenza di un contratto di locazione in corso in base alla legge n. 431/1998 (canone libero), si applica una *detrazione al valore ordinario del 5%*. Il valore dell'immobile risulta:

$75\ m^2 \times 2.300\ €/m^2 \times 95\% \cong$

164.000 €

Terreno edificabile

Il valore dell'area viene stimato in base al valore di trasformazione. Si svolgono essenziali *calcoli planovolumetrici* al fine di determinare la dimensione del fabbricato che si potrà edificare.

Dimensione dell'area:
(35×70) m = 2.450 m^2

Dato un indice di edificabilità territoriale di 1 m^3/m^2, la cubatura edificabile fuori terra risulta:
2.450 m^2 × 1 m^3/m^2 = 2.450 m^3

Considerata un'altezza di piano di 3 m, la *superficie lorda di pavimento* risulta:
2.450 m^3 : 3 m = 816,67 m^2

L'incidenza sulla *superficie commerciale* del piano interrato e dei balconi è equivalente alla superficie delle parti comuni; la superficie commerciale risulta quindi uguale alla superficie lorda, arrotondando, di 820 m^2.
Note le quotazioni di mercato di fabbricati nuovi nella zona periferica del Comune di ...... in cui si trova l'immobile, di 3.000 €/m^2, il **valore dell'edificio** che si potrà ottenere sull'area risulta:

820 m^2 × 3.000 €/m^2 = 2.460.000 €

Rilevato un *costo di costruzione* unitario, comprensivo di spese generali e del piano interrato, di 550 €/m^3, si ottiene un **costo di costruzione totale** di:

2.450 m^3 × 550 €/m^3 = 1.347.500 €

Il *valore dell'area* risulta dalla differenza tra il valore del fabbricato e il costo di costruzione:

2.460.000 – 1.347.500 =

1.112.500 €

pari a 454,08 €/m^2

QUOTE DI DIRITTO

Per procedere alla formazione delle quote di diritto è necessario innanzitutto comporre l'asse ereditario, sommando il valore di eventuali beni soggetti a collazione e detraendo eventuali debiti.

Valore dell'asse ereditario

Alloggio 1	304.000 : 2 =	152.000 €
Alloggio 2		164.000 €
Area edificabile		1.112.500 €
Totale asse ereditario		**1.428.500 €**

Le quote di successione legittima per il coniuge e i due figli prevedono 1/3 dell'asse ereditario per ciascuno degli eredi.

Erede	Quote di diritto	
Coniuge	1/3	476.166,67
Figlio 1	1/3	476.166,67
Figlio 2	1/3	476.166,67
Totale	**1**	**1.428.500,01**

QUOTE DI FATTO

Si assegna al coniuge superstite la proprietà dei fabbricati, mentre l'area edificabile viene divisa tra i figli. L'ipotesi di divisione prevede quindi i seguenti conguagli in denaro.

Eredi	Quote di diritto	Quote di fatto			Conguagli
		Beni assegnati	Parziale	Totale	
Coniuge	476.166,67	Alloggio 1 (50%) Alloggio 2	152.000 164.000		
				316.000	160.166,67
Figlio 1	476.166,67	Area edificabile (1.225,0 m^2)		556.250	-80.083,33
Figlio 2	476.166,67	Area edificabile (1.225,0 m^2)		556.250	-80.083,33
Totale	**1.428.500,01**			**1.428.500**	**0,01**

Parte quinta
Estimo ambientale

15 Criteri di stima dei beni ambientali

- ✓ Introduzione
- ✓ Metodologie estimative dei beni ambientali

15.1 INTRODUZIONE

15.1.1 L'estimo ambientale

L'attenzione della società nei confronti dell'ambiente è notevolmente aumentata, a partire soprattutto dagli anni Settanta, per due ordini di motivi:

- ci si è resi conto della "scarsità" di questa categoria di beni pubblici , che pertanto acquisiscono valore economico;
- nella società del benessere l'interesse degli individui, soddisfatti i bisogni primari, è orientato ad aumentare la qualità della vita e quindi a migliorare l'ambito (l'ambiente) entro cui essa si svolge.

La metafora del cow-boy e dell'astronauta
Questa metafora, diventata famosa, è riportata da C. Malagoli in "Metodologie di ordinamento dei progetti nelle VIA" in *Genio Rurale* n. 2, 1989.

In passato l'interesse per questo tipo di beni è stato assai più modesto. Le cause del mutato atteggiamento si possono descrivere con la metafora del *cow-boy* e dell'astronauta. Il primo, che ha a disposizione grandi spazi liberi, è impegnato a occupare il territorio e a colonizzarlo; trascura invece gli effetti della sua presenza sull'ambiente originario, contando sulla capacità della natura di sovrapporsi alle sue "tracce"; l'astronauta, invece, che vive nel luogo angusto del suo abitacolo, sa che dovrà condividere il poco spazio disponibile con i rifiuti che egli stesso produce e sa di non avere, nello spazio, un luogo alternativo in cui abitare.

Queste nuove esigenze della società, avvertite in particolare nei paesi sviluppati dell'Occidente, ma ormai in quasi tutto il mondo, hanno portato alla promulgazione di un'abbondante legislazione al riguardo, che prevede la valutazione dell'impatto ambientale di ogni opera in grado di determinare variazioni significative nell'ambiente, con attenzione prioritaria per la salute dell'uomo. La tradizionale disciplina estimativa ha dovuto così adeguarsi a un nuovo settore, in forte espansione, fortemente voluto dalla comunità nazionale e internazionale.

Dal punto di vista metodologico le stime ambientali devono essere affrontate in un modo del tutto nuovo; la quantificazione monetaria infatti non sempre è essenziale: vi sono valutazioni monetarie, ma anche non monetarie per quanto riguarda lo stato ecologico dell'aria, dell'acqua ecc. Anche quando la valutazione può essere monetaria ci si riferisce a un ambito collettivo, all'interesse

l'aspetto del paesaggio urbano, aumenta il valore delle aree e dei fabbricati circostanti ecc.
Nell'ambito dei beni ambientali è però più frequente il caso di produzione di esternalità negative, configurabili come inquinamento sotto diverse forme (dell'aria, dell'acqua, del suolo). Quando ciò avviene si ha una *diminuzione del valore del bene ambientale* interessato.
La legge prevede che l'autore di qualunque fatto doloso o colposo che comprometta l'ambiente, alterandolo, deteriorandolo, o distruggendolo in tutto o in parte, è obbligato al risarcimento nei confronti dello Stato. Il problema della valutazione del danno si pone ancor più frequentemente in *sede preventiva*, ossia nella stima delle possibili modificazioni che un progetto o un piano urbanistico potrà arrecare all'ambiente.

15.2 METODOLOGIE ESTIMATIVE DEI BENI AMBIENTALI

I metodi di valutazione dei beni ambientali possono essere *monetari* e *non monetari* (*v.* figura 15.1). Quando si ricorre al metro monetario si effettua un'**analisi costi-benefici** (ACB); se invece la valutazione non può essere monetaria, si effettua una **valutazione di impatto ambientale** (VIA). Se le modificazioni ambientali che si prevedono sono valutabili sia col metro monetario che non monetario, il giudizio complessivo potrà essere espresso adottando entrambe le procedure (**analisi multicriteri**).

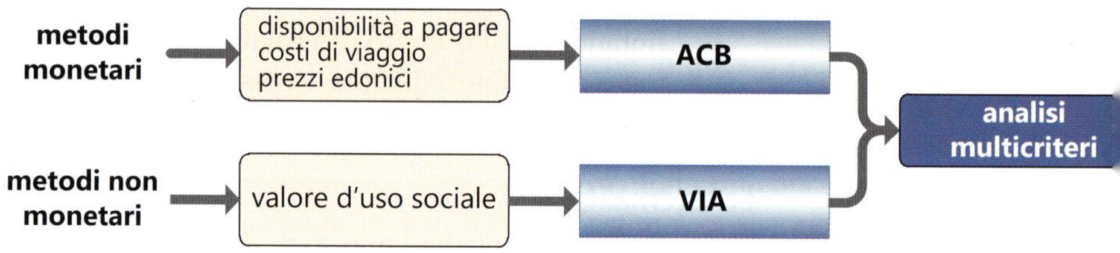

Figura 15.1
Schema delle metodologie di valutazione dei beni ambientali.

15.2.1 Metodi monetari

I metodi di valutazione monetaria possono essere *diretti* e *indiretti*. I primi attribuiscono il valore attraverso l'analisi di variazioni nel consumo di beni di mercato connessi al bene ambientale in esame. I secondi stimano il bene ambientale sulla base di relazioni con beni che evidenzino l'utilità sociale del bene ambientale.

Metodi diretti

Tra i metodi diretti quello più diffuso e più studiato è la *valutazione contingente*. Si tratta di una metodologia con la quale si perviene a valutare la **disponibilità a pagare** delle persone per poter fruire di un certo bene ambientale, oppure per ripristinare una situazione alterata da un danno; in altri casi si perviene invece a quantificare la **disponibilità ad accettare** una certa somma di denaro per sopportare una diminuzione della qualità ambientale o quale risarcimento per compensare la perdita del bene.
La valutazione contingente viene concretamente svolta attraverso rilevazioni dirette, fatte mediante *questionari* o *interviste*, con cui si chiede essenzialmente se il soggetto è disposto a pagare (o ad accettare) una certa somma per usufruire (o come risarcimento) di un bene di cui non esiste il mercato o tale mercato risulta non rappresentativo. Se la risposta è negativa, si diminuisce il valore (o lo si aumenta, a seconda delle situazioni) fino a quando l'intervistato non

considera raggiunto il livello massimo di moneta che è disposto a pagare, o il livello minimo di moneta che è disposto ad accettare.
Con la valutazione contingente si arriva direttamente al punto fondamentale della problematica dell'apprezzamento dei beni pubblici e delle esternalità. Si cerca infatti di misurare, senza ricorrere a mercati paralleli o ad altri artifici, la disponibilità a pagare del consumatore, anche se in tal modo si incappa nel problema del *free-rider*.
Per comprendere chi sia il *free-rider* occorre rifarsi alla caratteristica di non esclusione dei beni pubblici. Dato che non è possibile impedire a un individuo di usufruire del bene, una volta che questo sia stato messo a disposizione, è sicuramente difficile, se non impossibile, far sì che un individuo paghi il bene secondo il beneficio che gliene deriva. Egli infatti può pubblicamente attribuire un beneficio nullo e confidare nel fatto che il bene sia utile ad altri per sperare che esso continui a essere fornito. Tale individuo è il cosiddetto *free-rider*: il viaggiatore non pagante. A causa dell'esistenza di *free-rider* anche la stima della disponibilità a pagare risulta problematica e il risultato è sovente una stima per difetto del reale beneficio derivante da un certo bene.
I valori ottenuti con i metodi diretti hanno tutte le prerogative proprie dei prezzi ombra (*v.* paragrafo 16.2.3) e tali possono essere definiti, sia nel caso di valutazione di beni ambientali, sia nella stima delle esternalità.

Metodi indiretti

I metodi indiretti si basano sul tentativo di *trovare relazioni di vario genere (funzionali, di surrogazione, di complementarità) tra i valori dei beni da stimare e quelli di altri beni*. Lo scopo è quello di superare l'assenza di un mercato ma, al contrario dei metodi diretti, non ne viene simulata l'attivazione, vengono invece ricercati **beni spia** in grado di evidenziare le funzioni di utilità dei consumatori. Esempi di metodi indiretti, consolidati nella metodologia, sono le *funzioni di spesa*, di cui i costi di viaggio e i prezzi edonici rappresentano applicazioni di particolare interesse.

Metodo dei costi di viaggio

Il metodo dei costi di viaggio è stato utilizzato spesso per valutare l'utilità di un'area avente funzione ricreativa (un bosco, un parco ecc.). Di questo metodo sono state fatte numerose applicazioni e numerose varianti. In generale si tratta di esaminare un campione di visitatori e, sulla base di questionari o interviste, valutare i costi sostenuti per compiere l'escursione nell'area interessata. Sulla base di tali costi si viene a conoscere indirettamente la disponibilità a pagare per fruire del bene ambientale in questione.
I problemi principali, dal punto di vista metodologico, consistono nel *legare in modo preciso i costi sostenuti per raggiungere un sito con l'utilità ricevuta*. Le difficoltà maggiori derivano dalla monetizzazione del tempo impiegato per raggiungere l'area e dalla corretta attribuzione delle spese sostenute a tale scopo. Per quest'ultimo aspetto risulta difficile separare i costi qualora vi siano *altri scopi accomunati nel medesimo viaggio*, che porterebbero a una sovrastima del valore della fruizione del bene. Al contrario, se la scelta dell'area ricreativa viene fatta scegliendo tra diverse alternative, il valore ottenuto potrebbe derivare da una sottostima del servizio ambientale fornito, se confrontato con quanto emerge in aree che non presentano simili pluralità di opportunità. Inoltre occorre verificare la natura del bene ambientale esaminato. La fruizione di un'area naturale si configura come bene pubblico impuro, in quanto l'utilità fornita si mantiene costante fino a una certa soglia, al di sopra della quale l'utilità fruita tende a diminuire.

ESEMPIO 15.1 COSTI DI VIAGGIO

Il valore di un parco pubblico di interesse nazionale può essere stimato in funzione dei costi di viaggio per raggiungerlo. In questo esempio un parco viene visitato ogni anno da 1.000.000 persone provenienti da:

- 50.000 dalle vicinanze, con percorrenze medie di 10 km;
- 150.000 dai comuni della provincia, con percorrenze medie di 40 km;
- 300.000 dai comuni delle altre province della regione, con percorrenze medie di 100 km;
- 500.000 da altre regioni, con percorrenze medie di 400 km.

Fissato un costo di viaggio di 0,54 €/km, il costo totale risulterebbe:

50.000 × 10 km × 0,54 €/km =	270.000 €
150.000 × 40 km × 0,54 €/km =	3.240.000 €
300.000 × 100 km × 0,54 €/km =	16.200.000 €
500.000 × 400 km × 0,54 €/km =	108.000.000 €
Totale	127.710.000 €

Capitalizzando l'annualità al saggio del 2,3% il valore del parco ammonterebbe a:

$$V = \frac{127.710.000}{0,023} = 5.552.608.696 \approx 5.553.000.000\ €$$

Metodo dei prezzi edonici

Il metodo dei prezzi edonici (o *impliciti*) consiste nel *rinvenire un mercato in cui siano implicite le valutazioni dei fattori che danno origine alle esternalità* (positive o negative). Il metodo è stato elaborato tipicamente per l'analisi delle influenze ambientali sul mercato delle abitazioni di zone circoscritte. Le ipotesi su cui si fonda il metodo sono costituite essenzialmente nel considerare rigida l'offerta immobiliare, per cui ogni variazione di prezzo dipende esclusivamente dalla domanda. Inoltre, conoscendo tutti gli elementi che possono influire sul valore delle abitazioni, si ipotizza che le variazioni di prezzo non spiegate dai parametri normalmente considerati (tipologia, età, rifiniture, piano ecc.) dipendano dalle condizioni ambientali in cui si trovano le unità immobiliari.
Occorre poi considerare il *mercato privo di imperfezioni*, quali la mancanza di trasparenza o la presenza dei costi di trasferimento della proprietà (fiscali, notarili, di mediazione ecc.), in modo da attribuire le variazioni tra i prezzi alle differenze dovute alle diverse condizioni ambientali.

15.2.2 Metodi non monetari

I metodi di valutazione non monetari, al contrario di quelli monetari, traggono la loro ragione d'essere dalla constatazione che il metro monetario non sempre è in grado di esprimere il valore d'uso di un bene ambientale o le variazioni di tale valore.
Il **valore d'uso** si può definire come *il valore attribuito a un bene affinché si possa fruirne*. È normalmente definito dalla disponibilità a pagare, già descritta in precedenza, ed è utilizzato quando non esiste un mercato del bene e non è definibile neppure un costo di produzione, come nel caso appunto dei beni ambientali.
La forma più evoluta tra i metodi non monetari è costituita dalla **valutazione di impatto ambientale** (di cui si tratterà diffusamente più avanti) che si è imposta come necessità con il preciso scopo di comprendere quegli aspetti di cui l'analisi economica non è in grado di tener conto.

15. Criteri di stima dei beni ambientali

Questionario	In sintesi
1. Secondo quale aspetto economico si valutano i beni ambientali?	Il valore dei beni ambientali (aria, acqua, i parchi e le riserve naturali ecc.) viene stimato con il criterio di stima del *valore d'uso sociale*, definito in funzione del valore dei servizi resi da un bene collettivo alla società. Le tecniche operative dell'estimo mirano in questo ambito a quantificare con parametri oggettivi, monetari e non, le utilità che il bene ambientale può apportare. Per la loro natura pubblica, i beni ambientali non sono scambiati nel mercato e quindi non sono noti i prezzi di vendita. La valutazione viene effettuata, in questo caso, su base non monetaria.
2. Quali sono le proprietà dei beni pubblici? 3. Che cosa sono le esternalità?	**Proprietà dei beni pubblici.** I beni *esauribili* non possono essere consumati da tutti gli individui, tra i quali vi è una *rivalità*. I beni non esauribili possono essere invece consumati contemporaneamente da soggetti diversi (non rivalità). La proprietà della *non esclusione* indica che non esiste un meccanismo per cui il consumo possa essere razionato o controllato. Tutti, quindi, ne possono fruire. Per *esternalità* si intende la variazione di utilità apportata ai beni pubblici in seguito agli effetti esterni di un'azione individuale di produzione o di consumo. Può essere negativa (per esempio l'inquinamento da parte di un'industria) o positiva (per esempio la riqualificazione urbana di un intervento edilizio).
4. Quali sono i metodi monetari per la valutazione dei beni ambientali	**Metodologie estimative dei beni ambientali**. I metodi monetari si applicano con un'analisi costi-benefici (ACB); se invece la valutazione non può essere monetaria, si effettua una valutazione di impatto ambientale (VIA). Se si usano entrambi, si effettua un'analisi multicriteri. Il **Metodi monetari diretti**. Si perviene a valutare la disponibilità a pagare delle persone per poter fruire di un certo bene ambientale. Viene svolta attraverso rilevazioni dirette, fatte mediante questionari o interviste, con cui si chiede se il soggetto è disposto a pagare una certa somma per usufruire di un bene di cui non esiste il mercato. Questo metodo risente dell'atteggiamento del *free rider* (viaggiatore non pagante) che, data la non esclusione del bene, attribuisce pubblicamente ad esso un beneficio nullo o scarso sapendo che, in quanto utile a molti altri, continuerà ad essere fornito. **Metodi monetari indiretti**. Il metodo dei *costi di viaggio* è stato utilizzato spesso per valutare l'utilità di un'area avente funzione ricreativa (un bosco, un parco ecc.). Si esamina un campione di visitatori e, sulla base di questionari, si valutano i costi sostenuti per compiere l'escursione nell'area interessata. Il *metodo dei prezzi edonici* (o impliciti) consiste nel rinvenire un mercato in cui siano implicite le valutazioni dei fattori che danno origine alle esternalità (positive o negative). Il metodo è stato elaborato per l'analisi delle influenze ambientali sul mercato delle abitazioni di zone particolari.
5. Quali sono i metodi non monetari per la valutazione dei beni ambientali?	**Metodi non monetari**. La forma più evoluta tra i metodi non monetari è costituita dalla valutazione di impatto ambientale, che si è imposta come necessità con il preciso scopo di comprendere quegli aspetti di cui l'analisi economica non è in grado di tenere conto.

ATTIVITÀ PRATICHE E DI VERIFICA

AREA DIGITALE

QUESTIONARIO A RISPOSTA MULTIPLA

1. La principale caratteristica economica dei beni pubblici è che:
   - ☐ a. sono beni primari
   - ☐ b. sono beni non riproducibili
   - ☐ c. sono beni per i quali non esiste un mercato attivo

2. Le esternalità sono:
   - ☐ a. effetti esterni di un'azione individuale di produzione o di consumo
   - ☐ b. aspetti esteriori di un'opera pubblica
   - ☐ c. effetti sui mercati indotti con la realizzazione di un progetto

3. I beni pubblici esauribili sono quelli che:
   - ☐ a. sono disponibili in quantità limitata
   - ☐ b. consumati da un individuo, non possono essere consumati da nessun altro
   - ☐ c. non è possibile consumare in modo razionato

4. L'analisi economica nell'ACB:
   - ☐ a. considera solo i flussi monetari
   - ☐ b. considera i costi e i benefici in senso lato
   - ☐ c. considera solo le variazioni dei costi

5. I costi di viaggio sono:
   - ☐ a. una metodologia di valutazione dei beni ambientali
   - ☐ b. un indicatore ambientale
   - ☐ c. prezzi ombra

6. I prezzi edonici sono:
   - ☐ a. i prezzi rilevati nei mercati in cui sono impliciti gli effetti di fattori che determinano esternalità positive o negative
   - ☐ b. i prezzi sul mercato mondiale
   - ☐ c. i prezzi dei beni pubblici rilevati su mercati simulati

7. Il valore d'uso sociale è dato:
   - ☐ a. dalla sommatoria dei valori di mercato dei beni pubblici fruiti da una collettività di individui
   - ☐ b. dalla somma delle utilità che una collettività di individui può ritrarre da una determinata opera pubblica
   - ☐ c. dalla sommatoria delle spese che una collettività nel suo complesso deve sostenere per poter fruire di un determinato bene pubblico

16 Analisi costi-benefici

- ✓ **Finalità e caratteristiche dell'ACB**
- ✓ **Valutazione dei costi e dei benefici**
- ✓ **Criteri di giudizio**

16.1 FINALITÀ E CARATTERISTICHE DELL'ACB

L'analisi costi-benefici è una tecnica per valutare la convenienza a eseguire un investimento sul territorio tramite un progetto definito a priori. La stima delle grandezze connesse all'investimento e l'analisi della convenienza richiedono la definizione degli obiettivi in funzione della tipologia di soggetto economico interessato all'esecuzione del progetto. Si possono identificare due grandi categorie di soggetti economici (*v.* figura 16.1): l'operatore privato e l'operatore pubblico.

L'**operatore privato** tende a porre a confronto i costi e i ricavi che deriveranno dalla realizzazione del progetto; si effettua cioè un'analisi, tipica delle scelte imprenditoriali, in cui l'obiettivo è la *massimizzazione del profitto*. Per esempio si esegue un investimento immobiliare (costruzione, restauro ecc.) e si valuta se i costi da sostenere sono compensati adeguatamente dai ricavi previsti. L'analisi costi-benefici assume i caratteri di un'*analisi finanziaria*: vengono cioè valutati i flussi monetari che nel corso degli anni sono causati dall'investimento (positivi per quanto riguarda i ricavi; negativi per ciò che concerne i costi).

L'**operatore pubblico** pone sul piatto della bilancia non solo gli aspetti finanziari relativi all'esecuzione del progetto, ma individua una gamma di costi e di benefici che sono in relazione con l'obiettivo tipico delle scelte pubbliche: la *massimizzazione del benessere sociale*. In altri termini l'operatore pubblico massimizza il valore d'uso sociale, costituito dalla somma di tutte le utilità individuali. Si è soliti parlare in questo caso di *analisi economica*: ciò sta a significare che non si valutano i flussi finanziari, ma i *costi e i benefici in senso lato*, relativi a tutta la collettività. In tale situazione si cerca di valutare in termini monetari tutti gli svantaggi (costi) e tutti i vantaggi (benefici) che l'investimento arreca alla popolazione interessata.

Appare quindi evidente come l'analisi della convenienza dal punto di vista pubblico prende in considerazione tutti quegli aspetti che possono influire sull'utilità degli individui interessati dal programma di investimento, mentre nella stima della convenienza dal punto di vista privato gli elementi monetari, che interessano più direttamente l'operatore, costituiscono l'elemento principale di decisione. L'analisi economica risulta quindi, generalmente, più articolata e complessa dell'analisi finanziaria. Infatti, mentre per l'analisi finanziaria i valori monetari presi in considerazione risultano essere di solito espliciti, per quanto riguarda i costi, o stimati, per quanto riguarda i benefici, *nell'analisi economica occorre sovente ricorrere a giudizi di valore e a stime di larga massima per molti fattori che concorrono a formare i benefici e i costi della collettività*, caratterizzati spesso da elementi che sfuggono a qualsiasi criterio di misurazione (per esempio il miglioramento della qualità del paesaggio, la migliore salubrità dell'ambiente ecc.).

Le metodologie sviluppate per l'analisi economica, più avanti descritte, mirano tutte alla definizione di *un criterio di valutazione delle variabili in gioco il più obiettivo possibile*, senza trascurare anche altre importanti valutazioni. Una di queste è costituita dall'individuazione di come i benefici derivanti da un investimento vanno a distribuirsi tra i diversi strati sociali. In verità è sovente parte integrante degli obiettivi dell'operatore pubblico la preoccupazione che la ricaduta degli effetti di un progetto non comporti un'accentuazione delle disparità di reddito, ma contribuisca alla sua ridistribuzione, in armonia con le linee generali della politica economica facenti capo in genere alle manovre fiscali e previdenziali.

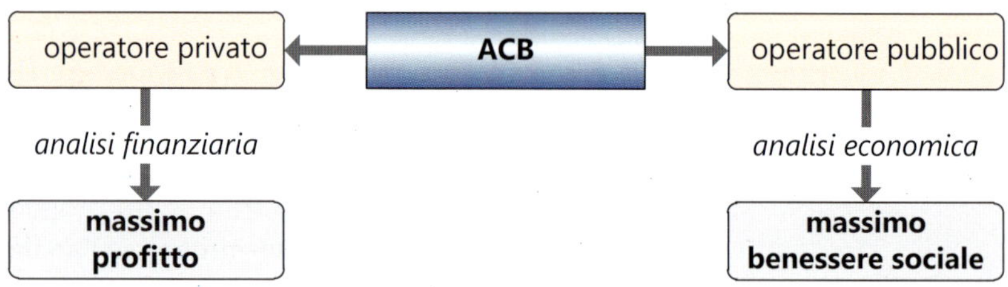

Figura 16.1
Schema degli obiettivi dell'ACB.

16.2 VALUTAZIONE DEI COSTI E DEI BENEFICI

16.2.1 Criteri e limiti dell'ACB nell'analisi economica

L'analisi costi-benefici consente, poste determinate condizioni, di massimizzare il benessere sociale. Così descritta l'ACB abbraccia un campo vastissimo: può infatti misurare in forma di variazione di reddito nazionale l'effetto di qualsivoglia intervento capace di incidere su questa variabile. Per limitare il discorso a proporzioni più ristrette ci si limiterà all'applicazione più sviluppata dell'ACB e più inerente alle implicazioni di carattere estimativo, ossia la valutazione degli *investimenti pubblici*. L'ACB, comunque, può essere facilmente adattata alla valutazione di altri tipi di decisioni pubbliche come pure alla valutazione degli *investimenti privati*.

L'ACB si avvale delle metodologie monetarie viste nel capitolo precedente. Si devono tuttavia affrontare in pratica alcune importanti problematiche dovute principalmente al fatto che, dal punto di vista sociale, *le spese e i ricavi previsti dal progetto in esame non rispecchiano gli effettivi costi e benefici* e ciò per due motivi:

- i prezzi reali che si utilizzano normalmente nelle analisi finanziarie rispecchiano il punto di vista di un singolo operatore, normalmente privato; occorre allora modificare i prezzi reali e trasformarli nei cosiddetti **prezzi ombra** che rappresentano i *prezzi in grado di rappresentare al meglio il punto di vista della collettività*;
- esistono altri costi e altri benefici esterni (**esternalità**) alla logica dell'operatore privato che devono essere tenuti in considerazione quando la valuta-

zione di convenienza a eseguire un progetto deve essere effettuata da rappresentanti della collettività (operatore pubblico).

Più in generale l'ACB risente delle seguenti problematiche:

- in alcuni casi prevalgono costi o benefici intangibili, non quantificabili monetariamente, perché inerenti a beni privi di un mercato (il valore della salute umana, del paesaggio ecc.);
- la sottovalutazione o indeterminabilità di costi o benefici che si verificano a lungo termine;
- scarsa capacità di partecipazione della collettività, in quanto per la persona comune è in genere molto difficile esprimere in termini monetari il grado di benessere che riceve da un bene ambientale, non disponendo al riguardo di validi e razionali parametri.

16.2.2 Determinazione dei costi

La disciplina economica definisce come costi le spese da sostenere per produrre un bene. I **costi espliciti** sono i costi *effettivamente sostenuti* con un esborso monetario; i **costi impliciti** sono invece quelli che, pur non essendo determinati da un pagamento effettuato, sono individuabili come costi in quanto hanno comportato l'*utilizzo di risorse interne* all'azienda. Per esempio il noleggio di una macchina costituisce un costo esplicito, mentre l'utilizzo di macchine aziendali è un costo implicito, perché non corrisposto realmente ogni volta che se ne fa uso, ma è rilevabile con un'analisi economica basata su numerosi fattori (costo di acquisto, durata economica, impiego annuo ecc.).

Nell'ACB il concetto di costo deve essere considerato in un'ottica diversa da quella tradizionale, che consideri adeguatamente le rinunce sopportate in relazione ai possibili impieghi alternativi del capitale investito. Il costo così determinato, detto **costo-opportunità**, è pari al *valore di mercato o di costo dei beni a cui si è dovuto rinunciare per usufruire di un determinato bene*. Infatti se è evidente per chiunque che l'esborso monetario costituisce un costo esplicito e se è evidente per il contabile il concetto di costo implicito, l'economista compie un ulteriore passo, considerando i possibili impieghi alternativi di un fattore produttivo. L'impiego di un fattore in un ciclo produttivo lo ha sottratto a un'altra possibile destinazione. Il costo-opportunità rappresenta quindi il sacrificio subito negli impieghi alternativi di un fattore.

16.2.3 I prezzi ombra

I criteri per la determinazione dei prezzi ombra consistono, in genere, in modificazioni, le più semplici possibili, da apportare ai corrispondenti prezzi di mercato. Una delle regole pratiche che è spesso suggerita per la valutazione di un'ampia categoria di beni, quelli commercializzati internazionalmente, è di assumere come prezzo ombra il loro **prezzo sul mercato mondiale**.

È assai meno chiaro invece quali riferimenti utilizzare per quanto riguarda la valutazione dei beni non commercializzati internazionalmente. La valutazione di tali beni comporta comunque un'indagine diretta degli effetti del progetto sulla domanda e sull'utilità dei consumatori, compito, questo, tutt'altro che agevole.

Generalmente, sia per i costi che per i benefici, i prezzi ombra differiscono da quelli di mercato, impiegati nelle analisi finanziarie, per le voci riguardanti i trasferimenti, quali per esempio le imposte e gli interessi.

Per **trasferimenti** si intendono i passaggi finanziari all'interno del sistema in cui sono presenti gli operatori coinvolti nel progetto. In quanto tali, i trasferimenti rappresentano per alcuni operatori un costo e per altri un ricavo. Ciò è facilmente comprensibile se si tiene presente che l'analisi costi-benefici mira a valutare gli effetti di un progetto dal punto di vista sociale e, in quest'ottica, perdono di significato quelle grandezze che determinano passaggi finanziari all'interno della collettività. Le *imposte*, sia dirette che indirette, non costituiscono un costo in quanto rimangono all'interno del sistema economico; infatti per un operatore pubblico (come lo Stato, per esempio) i tributi sono in prima battuta pagati per la realizzazione dell'opera, ma poi incassati in quanto soggetto fiscale attivo. In tal senso il costo del lavoro deve essere valutato al netto delle imposte dirette, mentre il prezzo dei materiali e il costo di esecuzione delle opere viene valutato al netto dell'IVA.

16.2.4 Il saggio di sconto

L'analisi costi-benefici valuta la convenienza a realizzare un investimento sulla base del confronto tra i *benefici attualizzati* e i *costi attualizzati* derivanti dal progetto; ciò significa che occorre accumulare all'attualità tutti i benefici e i costi che si presentano in momenti diversi. Sorge quindi il problema di determinare il saggio di sconto dei costi e dei benefici futuri, dato che questi non hanno il medesimo valore sociale dei costi e dei benefici presenti. A tale scopo viene usato il **saggio sociale di preferenza temporale**, che esprime *le condizioni alle quali gli individui sono disposti a privarsi della disponibilità del denaro e di rinviarla nel futuro*. Queste condizioni, espresse in pratica da un saggio di interesse, esprimono la disponibilità a investire in opere pubbliche per avere benefici in tempi futuri.

Il saggio di sconto è, per definizione, il saggio di deprezzamento nel tempo dell'unità di moneta. Nell'analisi più tradizionale si assumeva come saggio di sconto per l'analisi costi-benefici il tasso di interesse di mercato, sulla base del ragionamento che, se nel mercato del capitale non esistono distorsioni, il saggio di interesse di mercato deve uguagliare il saggio sociale di preferenza temporale riferito a tutti gli individui. È però evidente che nel mercato non esiste un saggio di interesse, bensì una pluralità di saggi, e che alcuni soggetti (per esempio le imprese piccole, rispetto a quelle di grosse dimensioni) non si trovano nelle stesse condizioni nell'accesso al credito. Non si può quindi assumere che il mercato dei capitali sia "perfetto". Ma anche prescindendo dalle normali distorsioni, si può osservare che la postulata uguaglianza tra tasso di interesse di mercato e tasso di preferenza intertemporale può venire meno a causa dell'esistenza di esternalità.

Quindi la scelta del saggio di sconto deve essere fatta sì *sulla base del tasso corrente di remunerazione del capitale, ma anche tenendo presente che generalmente la società preferisce un investimento in grado di fornire benefici futuri anziché consumi presenti*. Pertanto il saggio di sconto avrà tendenzialmente valori inferiori a quelli del mercato dei capitali. È comunque facilmente intuibile che anche la determinazione del saggio costituisce una fase delicata e non semplice nel processo di valutazione ACB.

16.3 CRITERI DI GIUDIZIO

Una volta individuati e quantificati tutti i costi e i benefici di un progetto e il saggio per attualizzare il loro valore, occorre decidere, in base a queste informazioni, l'opportunità di un dato investimento.

16.3.1 Valore attuale netto

Un primo tipo di decisione riguarda l'accettazione o il rifiuto del progetto. In tal caso un semplice criterio suggerito è quello del **valore attuale netto** (*VAN*), dato dalla somma dei suoi benefici (*B*) attualizzati, al netto dei costi (*C*) pure attualizzati (*v.* figura 16.2):

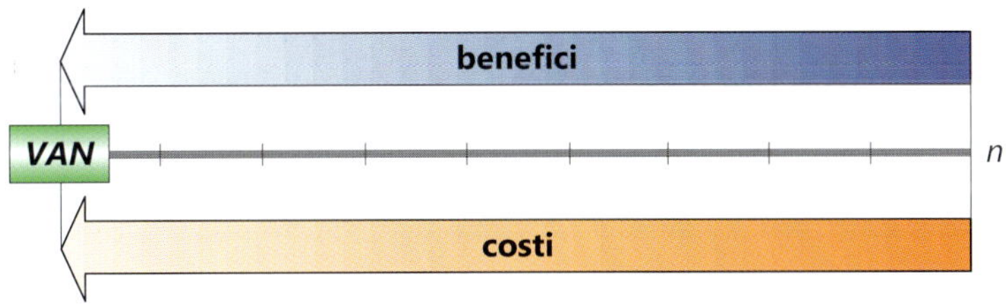

Figura 16.2
Schema del *VAN*.

$$VAN = \sum_{i=1}^{n} \frac{B_i - C_i}{q^i}$$

dove n è la durata economica in anni del progetto.

Il progetto è conveniente, e quindi accettato, se il *VAN* è maggiore di zero:

$$VAN > 0$$

16.3.2 Saggio di rendimento interno

Un altro criterio che viene spesso suggerito è quello del cosiddetto **saggio di rendimento interno** (*SRI*) che consiste nel calcolare il tasso di sconto che rende uguali il valore dei costi e dei benefici attualizzati. Il saggio di rendimento interno può essere ricavato solo per tentativi e, una volta trovato, può essere confrontato con un tasso di sconto predeterminato: se il primo è maggiore del secondo il progetto viene accettato.
In pratica il *SRI* è quel saggio per cui si abbia un *VAN* uguale a zero:

$$\sum_{i=1}^{n} \frac{B_i - C_i}{q^i} = 0$$

L'uso del *SRI* deve essere fatto con cautela. Infatti l'equazione da cui si deve calcolare il *SRI* è sensibile alla vita economica del progetto e può esagerare la desiderabilità di progetti a vita breve. Inoltre se i benefici sono lontani nel tempo, questi vengono penalizzati molto più che non quelli distribuiti più uniformemente nel tempo.
Si può quindi concludere che *un solo criterio di valutazione di un investimento è insufficiente per poter dare un giudizio completo.* È bene quindi affiancare diversi metodi.

16.3.3 Altri metodi di giudizio

Oltre al *VAN* e al *SRI* si possono ricordare i seguenti metodi.

Metodo dell'annualità

Consiste nel trovare l'annualità A_b equivalente all'accumulazione iniziale dei benefici. Analogamente si procede per i costi, trovando A_c, e i progetti alternativi vengono valutati secondo la differenza $A_b - A_c$.

Metodo del periodo di recupero

Si tratta di trovare il periodo di tempo T di vita del progetto tale che:

$$\sum_{i=1}^{T} (B_i - C_i) = 0$$

Metodo del valore finale

Consiste nel calcolare il valore dell'accumulazione finale, al momento della fine della vita economica del progetto, dei *benefici* $[VF(B)]$ e dei *costi* $[VF(C)]$ e ordinare i progetti secondo la relazione:

$$[VF(B)-VF(C)]_1 > [VF(B)-VF(C)]_2 > \ldots [VF(B)-VF(C)]_n$$

ATTIVITÀ PRATICHE E DI VERIFICA

TEMI D'ESAME DI STATO

Anno 1996, Progetto Cinque

Danno ambientale da incendio.

Nel corso di lavori di sistemazione di una vasta zona collinare, per cause accidentali si origina un incendio che arreca danni gravissimi a un soprastante parco, esteso su una superficie di 7 ha e costituito essenzialmente da conifere di alto fusto.
La zona in cui detto parco venne realizzato è posta alla periferia di una cittadina di 40.000 abitanti e dista, altresì, circa 12 km da un'altra cittadina di 35.000 abitanti sita in pianura.
Il candidato descriva molto sinteticamente i probabili caratteri dell'indicato bene pubblico; illustri poi i criteri secondo i quali è possibile procedere alla valutazione dei danni, fornendo ovviamente elementi per l'identificazione dello stesso ed esemplifichi infine un procedimento di stima che, tenuto conto non solo dei costi da affrontare, ma anche della funzione pubblica del bene, conduca alla determinazione del corrispondente valore monetario.

16. Analisi costi-benefici

Questionario	In sintesi
1. Quali sono le finalità dell'ACB? 2. In che cosa differiscono l'analisi finanziaria e l'analisi economica?	L'analisi costi-benefici è una tecnica per valutare la convenienza a eseguire un investimento sul territorio tramite un progetto definito a priori. A tale scopo l'*operatore privato* tende a porre a confronto i costi e i ricavi con l'obiettivo della massimizzazione del profitto (analisi finanziaria). L'*operatore pubblico*, oltre agli aspetti finanziari, considera una gamma di costi e di benefici che hanno lo scopo di massimizzazione del benessere sociale (analisi economica).
3. Su che tipo di prezzi è basata l'ACB? 4. Che cosa si intende per prezzi ombra?	Dal punto di vista sociale, le spese e i ricavi previsti dal progetto nell'analisi finanziaria non coincidono con i costi e i benefici dell'analisi economica. Infatti i prezzi nelle analisi finanziarie rispecchiano il punto di vista di un operatore privato e devono quindi essere modificati per trasformarli nei cosiddetti *prezzi ombra*, che rappresentano il punto di vista della collettività. Inoltre esistono altri costi e altri benefici esterni (*esternalità*) alla logica dell'operatore privato che devono essere tenuti in considerazione. I *prezzi ombra* sono determinati modificando i normali prezzi di mercato. Di solito, per i beni commercializzati internazionalmente, si fa riferimento al prezzo sul mercato mondiale. Inoltre, sia per i costi che per i benefici, i prezzi ombra differiscono da quelli di mercato per le voci riguardanti i trasferimenti (le imposte e gli interessi).
5. Che cos'è il saggio di preferenza temporale?	Per l'elaborazione finanziaria dei costi e dei benefici, nell'analisi economica si fa riferimento al *saggio sociale di preferenza temporale*, che esprime le condizioni alle quali gli individui sono disposti a privarsi della disponibilità del denaro e di rinviarla nel futuro. Quindi la scelta del saggio di sconto deve essere fatta sulla base del tasso corrente di remunerazione del capitale, ma tenendo presente che generalmente la società preferisce un investimento in grado di fornire benefici futuri anziché consumi presenti. Pertanto il saggio di sconto avrà tendenzialmente valori inferiori a quelli del mercato dei capitali.
6. In base a quali altri criteri è possibile giudicare un investimento nell'ACB? 7. Che cos'è il valore attuale netto? 8. Che cos'è il saggio di rendimento interno?	Un primo tipo di decisione per l'accettazione o il rifiuto del progetto è dato dal **valore attuale netto** (*VAN*), ottenuto dalla somma dei suoi benefici (*B*) attualizzati, al netto dei costi (*C*): $VAN = \sum_{i=1}^{n} \frac{B_i - C_i}{q^i}$ dove *n* è la durata economica in anni del progetto. Il progetto è conveniente, e quindi accettato, se il *VAN* è maggiore di zero. Un altro criterio ulteriore è quello del **saggio di rendimento interno** (*SRI*) che consiste nel calcolare il tasso di sconto che rende uguali il valore dei costi e dei benefici attualizzati. In pratica il *SRI* è quel saggio per cui si abbia un *VAN* uguale a zero: $\sum_{i=1}^{n} \frac{B_i - C_i}{q^i} = 0$

ESERCIZI SVOLTI

ANALISI COSTI-BENEFICI PER UNA PISTA FORESTALE

DESCRIZIONE DEL PROGETTO

Il progetto riguarda la realizzazione di piste forestali per consentire un migliore utilizzo delle risorse forestali, a scopi sia produttivi, sia protettivi e ricreativi. Il programma, elaborato da un ente regionale, parte dalla considerazione che si è in presenza di una forte carenza di viabilità forestale di servizio e che una tale realizzazione consentirebbe un migliore sfruttamento di ingenti risorse forestali, anche con sistemi meccanizzati.

Il progetto prevede la realizzazione di 280 km di piste forestali di servizio, in un tempo complessivo di due anni, che consentano una migliore utilizzazione di circa 7.500 ettari di bosco d'alto fusto e 6.500 ettari di bosco ceduo, riducendo sensibilmente i costi di taglio e, soprattutto, di esbosco.

Gli effetti indotti del progetto possono essere anche individuati nei seguenti aspetti:

- miglioramento del controllo degli incendi con conseguenti minori danni;
- impulso alla locale industria del legno;
- aumento dell'occupazione, elevato in fase di realizzazione, ma sensibile anche in fase di esercizio, sia per le attività di gestione delle infrastrutture e dei boschi, sia per le attività di prima lavorazione del legno;
- impulso alle industrie della meccanizzazione del sistema di esbosco.

Il programma è regionale e totalmente a carico dell'ente pubblico, mentre i beneficiari diretti (coloro che traggono vantaggio dall'esecuzione delle opere) sono individuabili in altri enti pubblici (i Comuni che possiedono i boschi demaniali) e nei privati.

ANALISI ECONOMICA DEI COSTI

Per la realizzazione del progetto si devono sostenere:

- costi di investimento distribuiti su due anni (*v.* tabella 1), che comprendono le spese per realizzare le piste e gli oneri per espropri e indennizzi relativi a eventuali danni arrecati;
- costi di esercizio (*v.* tabella 2), che compaiono a partire dal terzo anno (ossia dal primo anno dopo il completamento delle opere).

Il costo per la realizzazione delle piste è determinato in 90 €/m. Il tracciato delle piste segue il percorso di preesistenti mulattiere. Non sono pertanto necessari importanti lavori di scavo nella roccia.

Tabella 1 - Costi di investimento (€)

	Primo anno	Secondo anno	Totale
Esecuzione piste forestali (140 km × 90.000 €/km)	12.600.000	12.600.000	25.200.000
Progettazione e D.L. (5%)	630.000	630.000	1.260.000
Espropri e indennizzi	50.000	50.000	100.000
Totale	**13.280.000**	**13.280.000**	**26.560.000**

Tabella 2 - Costi annui di manutenzione

	€/km	Totale
Riparazione del fondo stradale	100	28.000
Pulizia canalette	20	5.600
Totale		**33.600**

Non sono riscontrabili costi esterni (esternalità) all'intervento progettato. Ciò significa che non vi sono soggetti che ricevono un danno dalle opere previste e che, oltre ai costi considerati, non ve ne sono altri, neppure configurabili sotto forme non monetarie.
La vita economica delle opere è fissata in 50 anni, in considerazione del fatto che per una tale durata è possibile mantenere efficiente la rete viaria forestale con le sole manutenzioni ordinarie.

ANALISI ECONOMICA DEI BENEFICI

I benefici economici sono:

- attivazione di benefici economici sul sistema produttivo durante la fase di realizzazione;
- incremento di valore del legname prodotto;
- riduzione del danno da incendio.

Benefici nella fase di investimento

I benefici economici sul sistema produttivo dipendono dall'insorgere di fabbisogno di materiali, macchinari e manodopera che attiva a sua volta lo sviluppo dei settori collegati. Il risultato è l'effetto sul reddito che viene riportato nella tabella 3.

Tabella 3 - Benefici nella fase di investimento (€)

	Primo anno	Secondo anno	Totale
Benefici economici sul sistema produttivo	600.000	400.000	1.000.000

Benefici annui

Per quanto riguarda la *produzione di legname* si è tenuto conto dei minori costi, dovuti alla presenza delle piste carrabili, per le operazioni di taglio ed esbosco. L'ammontare dei benefici si calcola sulla base dei seguenti dati:

- produzione media annua (ceduo e fustaia): 6,5 m^3/ha
- minori costi unitari di taglio ed esbosco: 10 €/m^3

Risulta un beneficio di (*v.* tabella 4):
6,5 m^3/ha × 10 €/m^3 = 65 €/ha

Per quanto riguarda la *riduzione del danno da incendio*, da rilevazioni in zona è emerso che gli incendi riguardano annualmente circa il 3,6% delle superfici boschive. La presenza di strade forestali consente, secondo una stima prudenziale, di ridurre il danno di 60.000 € (*v.* tabella 4).

Tabella 4 - Benefici annui (€)

	Importi
Minori costi di produzione del legname (65 €/ha × 14.000 ha)	910.000
Riduzione danno da incendio	60.000
Totale	**970.000**

ANALISI DEI RISULTATI

Nella tabella 5 è riportata l'analisi economica dei costi e dei benefici derivanti dal progetto. Si può notare che utilizzando un tasso di sconto pari al 2%, ritenuto sufficiente per garantire una conveniente attualizzazione di valori futuri, il valore attuale netto risulta pari a 4,7 milioni di euro, fornendo così un risultato ampiamente positivo.
Se si ricerca il pareggio tra benefici e costi, si ottiene il corrispondente saggio di rendimento interno pari a circa 2,93%, valore superiore a moltissime attività produttive, anche esterne al settore forestale. Il progetto viene quindi giudicato positivamente.

Tabella 5 - Analisi costi-benefici

Anni	Costi totali	Benefici	Benefici netti	Calcolo del *VAN*		Calcolo del *SRI*	
				Benefici attualizzati ($r = 2\%$)	*VAN*	Benefici attualizzati ($r = 2{,}93\%$)	*SRI*
1	13.280.000	1.570.000	-11.710.000	-11.480.392	-11.480.392	-11.376.664	-11.376.664
2	13.280.000	1.370.000	-11.910.000	-11.447.520	-22.927.912	-11.241.592	-22.618.256
3	33.600	970.000	936.400	882.391	-22.045.521	858.688	-21.759.568
4	33.600	970.000	936.400	865.089	-21.180.432	834.245	-20.925.323
5	33.600	970.000	936.400	848.126	-20.332.306	810.497	-20.114.826
6	33.600	970.000	936.400	831.496	-19.500.810	787.426	-19.327.400
7	33.600	970.000	936.400	815.193	-18.685.617	765.011	-18.562.389
8	33.600	970.000	936.400	799.208	-17.886.409	743.234	-17.819.155
9	33.600	970.000	936.400	783.538	-17.102.871	722.077	-17.097.078
10	33.600	970.000	936.400	768.174	-16.334.697	701.523	-16.395.555
11	33.600	970.000	936.400	753.112	-15.581.585	681.553	-15.714.002
12	33.600	970.000	936.400	738.345	-14.843.240	662.152	-15.051.850
13	33.600	970.000	936.400	723.868	-14.119.372	643.303	-14.408.547
14	33.600	970.000	936.400	709.674	-13.409.698	624.991	-13.783.556
15	33.600	970.000	936.400	695.759	-12.713.939	607.200	-13.176.356
16	33.600	970.000	936.400	682.117	-12.031.822	589.916	-12.586.440
17	33.600	970.000	936.400	668.742	-11.363.080	573.123	-12.013.317
18	33.600	970.000	936.400	655.629	-10.707.451	556.809	-11.456.508
19	33.600	970.000	936.400	642.774	-10.064.677	540.958	-10.915.550
20	33.600	970.000	936.400	630.170	-9.434.507	525.560	-10.389.990
21	33.600	970.000	936.400	617.814	-8.816.693	510.599	-9.879.391
22	33.600	970.000	936.400	605.700	-8.210.993	496.064	-9.383.327
23	33.600	970.000	936.400	593.824	-7.617.169	481.943	-8.901.384
24	33.600	970.000	936.400	582.180	-7.034.989	468.224	-8.433.160
25	33.600	970.000	936.400	570.765	-6.464.224	454.896	-7.978.264
26	33.600	970.000	936.400	559.573	-5.904.651	441.947	-7.536.317
27	33.600	970.000	936.400	548.601	-5.356.050	429.366	-7.106.951
28	33.600	970.000	936.400	537.844	-4.818.206	417.144	-6.689.807
29	33.600	970.000	936.400	527.298	-4.290.908	405.270	-6.284.537
30	33.600	970.000	936.400	516.959	-3.773.949	393.733	-5.890.804
31	33.600	970.000	936.400	506.823	-3.267.126	382.525	-5.508.279
32	33.600	970.000	936.400	496.885	-2.770.241	371.636	-5.136.643
33	33.600	970.000	936.400	487.142	-2.283.099	361.057	-4.775.586
34	33.600	970.000	936.400	477.590	-1.805.509	350.780	-4.424.806
35	33.600	970.000	936.400	468.226	-1.337.283	340.794	-4.084.012
36	33.600	970.000	936.400	459.045	-878.238	331.093	-3.752.919
37	33.600	970.000	936.400	450.044	-428.194	321.668	-3.431.251
38	33.600	970.000	936.400	441.220	13.026	312.512	-3.118.739
39	33.600	970.000	936.400	432.568	445.594	303.616	-2.815.123
40	33.600	970.000	936.400	424.087	869.681	294.973	-2.520.150
41	33.600	970.000	936.400	415.771	1.285.452	286.576	-2.233.574
42	33.600	970.000	936.400	407.619	1.693.071	278.419	-1.955.155
43	33.600	970.000	936.400	399.626	2.092.697	270.493	-1.684.662
44	33.600	970.000	936.400	391.790	2.484.487	262.793	-1.421.869
45	33.600	970.000	936.400	384.108	2.868.595	255.313	-1.166.556
46	33.600	970.000	936.400	376.577	3.245.172	248.045	-918.511
47	33.600	970.000	936.400	369.193	3.614.365	240.984	-677.527
48	33.600	970.000	936.400	361.954	3.976.319	234.124	-443.403
49	33.600	970.000	936.400	354.857	4.331.176	227.460	-215.943
50	33.600	970.000	936.400	347.899	4.679.075	220.985	5.042

17 Valutazioni d'impatto ambientale

- ✓ Introduzione
- ✓ Le valutazioni ambientali
- ✓ Lo studio d'impatto ambientale

17.1 INTRODUZIONE

Le valutazioni d'impatto ambientale sono procedure che permettono di giudicare un piano, un progetto o un insediamento industriale in funzione dei suoi effetti sull'ambiente; costituiscono quindi uno strumento per la decisione da parte dell'autorità predisposta in relazione ai fini sociali che essa vuole conseguire (tutela della salute, sviluppo dell'occupazione ecc.), con determinate priorità.

Le valutazioni d'impatto ambientale, per la grande quantità di fattori e di parametri su cui sono fondate, sono una procedura complessa nella quale confluiscono numerose discipline e le corrispondenti figure professionali: l'urbanista, l'agronomo, il geologo, l'economista, il giurista ecc. L'estimatore è dunque chi dispone di competenze multidisciplinari o chi si pone come coordinatore di una équipe di specialisti al fine di sviluppare in modo organico il procedimento di stima.

17.1.1 Principi generali

La normativa per la tutela dell'ambiente è dettata in Italia dal **Dlgs n. 152 del 3 aprile 2006** (e modificazioni successive) che rappresenta di fatto il testo unico in materia (*Codice dell'ambiente*).

La normativa in vigore pone alla base alcuni principi generali per la tutela dell'ambiente (art. 3), in conformità con quanto stabilito nel Trattato delle unioni europee in materia ambientale.

1) **Principio dell'azione ambientale.** La tutela dell'ambiente e degli ecosistemi naturali e del patrimonio culturale deve essere garantita da tutti, privati ed enti pubblici, mediante azioni che siano conformi ai principi della *precauzione*, dell'*azione preventiva*, della *correzione* (in via prioritaria alla fonte) dei danni causati all'ambiente, nonché al principio "*chi inquina paga*".
2) **Principio dello sviluppo sostenibile**. Ogni attività umana deve garantire che il soddisfacimento dei bisogni delle generazioni attuali non comprometta la *qualità della vita e le possibilità delle generazioni future*. A tale scopo si

dovrà individuare un rapporto equilibrato tra risorse da consumare e risorse da trasmettere, affinché si inserisca il principio della solidarietà.

3) **Principi di sussidiarietà e di leale collaborazione**. *Lo Stato interviene* nelle questioni che interessano l'ambiente quando gli obiettivi, per la loro dimensione, non possono essere sufficientemente realizzati a livelli territoriali di Regione o, comunque, quando non siano stati effettivamente realizzati. Il principio di sussidiarietà è valido anche nei rapporti tra Regioni ed enti locali minori.
4) **Diritto di accesso alle informazioni ambientali e di partecipazione a scopo collaborativo**. Chiunque, senza essere tenuto a dimostrare la sussistenza di un interesse giuridicamente rilevante, può accedere alle informazioni relative allo stato dell'ambiente e del paesaggio nel territorio nazionale.

Soggetti interessati

La legge definisce i seguenti soggetti interessati alle valutazioni ambientali.

- **Autorità competente**: l'*autorità pubblica con compiti di tutela e valorizzazione dell'ambiente*, che collabora con l'autorità procedente, con il proponente, con i soggetti competenti in materia ambientale, al fine di applicare la normativa ambientale.
- **Autorità procedente**: *la pubblica amministrazione che attiva le procedure di redazione e di valutazione del piano o programma*. Nel caso in cui il proponente sia la pubblica amministrazione, l'autorità procedente coincide con il proponente; se invece il proponente è un privato, l'autorità procedente è la pubblica amministrazione che recepisce il piano o programma, lo adotta e lo approva.
- **Proponente**: il soggetto pubblico o privato che *elabora il piano*, il programma o il progetto.
- **Soggetti competenti in materia ambientale**: le *pubbliche amministrazioni e gli enti pubblici* che, per le loro specifiche competenze o responsabilità in campo ambientale, possono essere *interessate agli impatti sull'ambiente* dovuti all'attuazione dei piani, programmi o progetti. Possono essere i Comuni, le Province, le ASL, le autorità di bacino, le soprintendenze ai beni architettonici, i consorzi di bonifica, gli enti parco ecc.
- **Pubblico interessato**: persone fisiche e/o giuridiche e loro associazioni, organizzazioni o gruppi, che *subiscono gli effetti delle procedure decisionali in materia ambientale* o che hanno un interesse in tali procedure.

Pubblicazione dei documenti

Nelle diverse fasi delle procedure di valutazione ambientale è prevista la *consultazione* del pubblico. Per favorire la partecipazione dei soggetti interessati, devono essere pubblicati i documenti di maggiore importanza. I canali di informazione che per legge devono essere usati a tale scopo sono i seguenti:

- la *Gazzetta Ufficiale della Repubblica Italiana* (GU) per i piani o progetti di competenza statale;
- il *Bollettino Ufficiale della Regione* (BUR) per i piani o progetti di competenza regionale;
- l'albo pretorio dei Comuni;
- la stampa a diffusione nazionale o locale;
- la documentazione cartacea depositata in luoghi aperti al pubblico (sedi di Regioni, enti pubblici ecc.);
- siti web di soggetti istituzionali.

L'obbligatorietà, i tempi e i modi per tali pubblicazioni sono fissati dalla legge.

17.2 LE VALUTAZIONI AMBIENTALI

Il codice dell'ambiente prevede valutazioni ambientali su tre livelli:
- la **valutazione ambientale strategica** (**VAS**) per i *piani e i programmi*, come recepimento della direttiva 2001/42/CE;
- la **valutazione d'impatto ambientale** (**VIA**) per i *progetti*, come recepimento della direttiva 85/337/CEE;
- **l'autorizzazione integrata ambientale** (**AIA** o **IPPC**, *Integrated pollution prevention and control*) per gli *insediamenti industriali*, come recepimento della direttiva 96/61/CE.

La VAS e la VIA possono essere di competenza **statale** o **regionale** in base ai criteri stabiliti negli allegati al Dlgs n. 152/2006.

17.2.1 La valutazione ambientale strategica (VAS)

La valutazione ambientale strategica riguarda i **piani** e i **programmi** che possono avere impatti significativi sull'ambiente e sul patrimonio culturale. Viene effettuata una valutazione per tutti i piani e i programmi:
a) che sono elaborati per la valutazione e gestione della qualità dell'aria, per i settori agricolo, forestale, della pesca, energetico, industriale, dei trasporti, della gestione dei rifiuti e delle acque, delle telecomunicazioni, turistico, della pianificazione territoriale o della destinazione dei suoli, e che definiscono il quadro di riferimento per l'approvazione, l'autorizzazione, l'area di localizzazione dei progetti soggetti a VIA;
b) per i quali si prevedono impatti sulle zone di protezione speciale per la conservazione degli *uccelli selvatici* e sulle zone di importanza comunitaria per la protezione degli *habitat naturali e della flora e della fauna selvatica.*

La VAS costituisce parte integrante del procedimento di adozione e approvazione, senza la quale, ove prescritta, i piani o i programmi sono annullabili.

17.2.2 La valutazione d'impatto ambientale (VIA)

La valutazione d'impatto ambientale, in modo analogo alla VAS, riguarda i **progetti** che possono avere impatti significativi sull'ambiente e sul patrimonio culturale. Deve essere effettuata per:
a) i progetti di cui agli allegati II (**opere di competenza statale**) e III (**opere di competenza regionale**) al Dlgs n. 152/2006;
b) i progetti di cui all'allegato IV al Dlgs n. 152/2006 relativi a **opere che ricadono all'interno di aree naturali protette** (definite dalla legge n. 394/1991).

Progetti di competenza statale e regionale

Nelle opere di competenza statale sono compresi, per esempio, i progetti di raffinerie, centrali termiche (*v.* figura 17.1), elettrodotti, oleodotti e gasdotti di notevole importanza, tronchi ferroviari, aeroporti, autostrade, porti marittimi ecc.

Procedura

La valutazione d'impatto ambientale comprende le seguenti fasi (*v.* figura 17.2):
1) progetto preliminare, studio preliminare ambientale;
2) verifica di assoggettabilità;
3) definizione dei contenuti dello studio di impatto ambientale;
4) studio ambientale e degli esiti delle consultazioni;
5) presentazione del progetto definitivo e dell'istanza;
6) valutazione del progetto e decisione;
7) monitoraggio.

Figura 17.1
La centrale termoelettrica richiede la valutazione d'impatto ambientale.

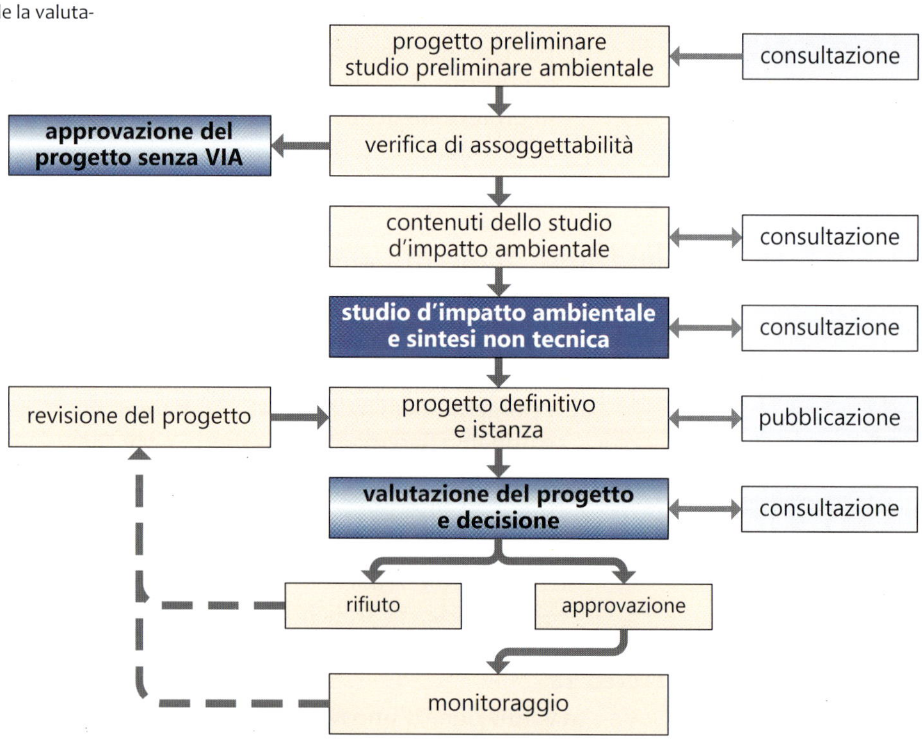

Figura 17.2
Fasi della VIA.

Criteri per la verifica di assoggettabilità (allegato V, Dlgs n. 152/2006)

Verifica di assoggettabilità

Il soggetto proponente trasmette all'autorità competente il **progetto preliminare** e lo **studio preliminare ambientale** da sottoporre alla verifica di assoggettabilità (art. 20). Questi elaborati sono pubblicati. Entro il termine fissato, chiunque abbia interesse può far pervenire le proprie osservazioni.

L'autorità competente, sulla base degli elementi di cui all'*allegato V* del Dlgs n. 152/2006 e tenuto conto dei risultati della consultazione, verifica se il progetto abbia possibili e apprezzabili effetti negativi sull'ambiente. Se il progetto non ha impatti ambientali significativi, l'autorità competente dispone l'esclusione dalle successive fasi di valutazione ambientale. Viceversa il *provvedimento di assoggettabilità*, comprese le motivazioni, è pubblicato, a cura dell'autorità competente.

Definizione dei contenuti dello studio di impatto ambientale

Sulla base del progetto preliminare, dello studio preliminare ambientale e di una relazione che illustra il piano di lavoro per la redazione dello studio di impatto ambientale, il proponente ha la facoltà di richiedere una fase di consultazione con l'autorità competente e i soggetti competenti in materia ambientale al fine di definire la portata delle informazioni da includere (livello di dettaglio, metodologie) (art. 21). La documentazione presentata dal proponente include l'elenco delle autorizzazioni (concessioni, licenze, pareri, nulla osta e assensi comunque denominati).

L'autorità competente apre una fase di consultazione con il proponente e in quella sede:

a) si pronuncia sulle condizioni per l'elaborazione del progetto e dello studio di impatto ambientale;
b) esamina le principali alternative, compresa l'alternativa zero;
c) sulla base della documentazione disponibile, verifica l'esistenza di eventuali elementi di incompatibilità;
d) in carenza di tali elementi, indica le condizioni per ottenere, in sede di presentazione del progetto definitivo, i necessari atti di consenso.

Studio di impatto ambientale

Lo studio di impatto ambientale (art. 22) è predisposto secondo le indicazioni di cui all'*allegato VII* al Dlgs n. 152/2006 e nel rispetto degli esiti della fase di consultazione per la definizione dei contenuti di cui all'articolo 21, qualora attivata.

Lo studio di impatto ambientale contiene almeno le seguenti informazioni:

a) una descrizione del progetto con informazioni relative alle sue caratteristiche, alla sua localizzazione e alle sue dimensioni;
b) una descrizione delle misure previste per evitare, ridurre e possibilmente compensare gli impatti negativi rilevanti;
c) i dati necessari per individuare e valutare i principali impatti sull'ambiente e sul patrimonio culturale che il progetto può produrre, sia in fase di realizzazione che in fase di esercizio;
d) una descrizione sommaria delle principali alternative prese in esame dal proponente, ivi compresa la cosiddetta opzione zero, con indicazione delle principali ragioni della scelta, sotto il profilo dell'impatto ambientale;
e) una descrizione delle misure previste per il monitoraggio.

Ai fini della predisposizione dello studio di impatto ambientale e degli altri elaborati necessari per l'espletamento della fase di valutazione, il proponente ha facoltà di accedere ai dati e alle informazioni disponibili presso la pubblica amministrazione.

Allo studio di impatto ambientale deve essere allegata una *sintesi non tecnica* delle caratteristiche dimensionali e funzionali del progetto e dei dati e informazioni contenuti nello studio stesso, inclusi gli elaborati grafici.

Presentazione dell'istanza

L'istanza (art. 23) è presentata dal proponente l'opera all'autorità competente. A essa sono allegati il progetto definitivo, lo studio di impatto ambientale, la sintesi non tecnica, copia dell'avviso a mezzo stampa e l'elenco delle autorizzazioni, intese, concessioni, licenze, pareri, nulla osta ecc.
L'autorità competente verifica la completezza della documentazione. Qualora questa risulti incompleta viene restituita al proponente con l'indicazione degli elementi mancanti. In tal caso il progetto si intende non presentato.

Consultazione

Contestualmente alla presentazione del progetto i documenti devono essere pubblicati (art. 24). La pubblicazione deve contenere, oltre a una breve descrizione del progetto e dei suoi possibili principali impatti ambientali, l'indicazione delle sedi ove possono essere consultati gli atti nella loro interezza e i termini entro i quali è possibile presentare osservazioni.
Chiunque abbia interesse può prendere visione del progetto e del relativo studio ambientale, presentare proprie osservazioni, anche fornendo nuovi o ulteriori elementi conoscitivi e valutativi. L'autorità competente può disporre che la consultazione avvenga mediante lo svolgimento di un'inchiesta pubblica per l'esame dello studio di impatto ambientale, dei pareri forniti dalle pubbliche amministrazioni e delle osservazioni dei cittadini.
Il provvedimento di valutazione dell'impatto ambientale deve tenere in conto le osservazioni pervenute, considerandole contestualmente, singolarmente o per gruppi.

Valutazione dello studio di impatto ambientale e decisione

L'autorità competente acquisisce e valuta tutta la documentazione presentata, le osservazioni, obiezioni e suggerimenti inoltrati, nonché, nel caso dei progetti di competenza dello Stato, il parere delle Regioni interessate (art. 25).
Contestualmente alla pubblicazione, il proponente, affinché l'autorità competente ne acquisisca le determinazioni, trasmette l'istanza, completa di allegati, a tutti i soggetti, competenti in materia ambientale, interessati.
L'autorità competente conclude con *provvedimento* espresso e motivato il procedimento di valutazione dell'impatto ambientale nei centocinquanta giorni successivi alla presentazione dell'istanza (art. 26). La mancanza di una decisione, nei termini fissati, dell'autorità competente, implica l'esercizio del potere sostitutivo da parte del Consiglio dei Ministri, che provvede su istanza delle amministrazioni o delle parti interessate.
Il provvedimento contiene le condizioni per la realizzazione, esercizio e dismissione dei progetti, nonché quelle relative a eventuali malfunzionamenti. In nessun caso può farsi luogo all'inizio dei lavori senza che sia intervenuto il provvedimento di valutazione dell'impatto ambientale.
I progetti sottoposti alla fase di valutazione devono essere realizzati entro cinque anni dalla pubblicazione del provvedimento di valutazione dell'impatto ambientale. Tenuto conto delle caratteristiche del progetto il provvedimento può stabilire un periodo più lungo.
Il provvedimento di valutazione dell'impatto ambientale è pubblicato nei modi previsti dalla legge (art. 27).

Monitoraggio

Il provvedimento di valutazione dell'impatto ambientale contiene le indicazioni per lo svolgimento delle attività di controllo e monitoraggio degli impatti (art. 28). Il monitoraggio assicura, anche avvalendosi del sistema delle Agenzie ambientali, il controllo sugli impatti ambientali significativi sull'ambiente provocati dalle opere approvate, al fine di individuare tempestivamente gli impatti negativi imprevisti e di consentire all'autorità competente di essere in grado di adottare le opportune misure correttive.

17.2.3 L'autorizzazione integrata ambientale (AIA)

L'autorizzazione integrata ambientale, istituita col **Dlgs 18 febbraio 2005, n. 59**, deve essere richiesta per le **attività industriali** che sono potenzialmente causa di inquinamento (le attività sono descritte nell'*allegato I* al decreto legislativo).

L'autorità competente, nel determinare le condizioni per l'autorizzazione integrata ambientale, tiene conto dei seguenti principi generali (art. 3, Dlgs n. 59/2005):

a) devono essere prese le opportune misure di prevenzione dell'inquinamento, applicando in particolare le migliori tecniche disponibili;
b) non si devono verificare fenomeni di inquinamento significativi;
c) deve essere evitata la produzione di rifiuti; in caso contrario i rifiuti sono recuperati o, ove ciò sia tecnicamente ed economicamente impossibile, sono eliminati evitandone e riducendone l'impatto sull'ambiente;
d) l'energia deve essere utilizzata in modo efficace;
e) devono essere prese le misure necessarie per prevenire gli incidenti e limitarne le conseguenze;
f) deve essere evitato qualsiasi rischio di inquinamento al momento della cessazione definitiva delle attività e il sito stesso deve essere ripristinato.

La *domanda* di autorizzazione deve contenere le descrizioni in merito a (art. 5, Dlgs n. 59/2005):

a) l'impianto, il tipo e la portata delle sue attività;
b) le materie e l'energia usate o prodotte dall'impianto;
c) le fonti di emissione dell'impianto;
d) lo stato del sito di ubicazione dell'impianto;
e) il tipo e l'entità delle emissioni dell'impianto in ogni settore ambientale, nonché un'identificazione degli effetti significativi delle emissioni sull'ambiente;
f) la tecnologia utilizzata e le altre tecniche in uso per prevenire le emissioni dall'impianto oppure per ridurle;
g) le misure di prevenzione e di recupero dei rifiuti prodotti dall'impianto;
h) le misure previste per controllare le emissioni nell'ambiente;
i) le eventuali principali alternative prese in esame dal gestore, in forma sommaria.

Le sostanze inquinanti di cui è obbligatorio tener conto per stabilire i valori limite di emissione nelle IPPC, sono elencate nell'allegato III al Dlgs n. 59/2005.

17.3 LO STUDIO D'IMPATTO AMBIENTALE

Lo studio d'impatto ambientale (SIA) è la parte tecnico-scientifica della procedura di valutazione d'impatto ambientale. Deve essere redatto secondo le indicazioni dell'*allegato VII* al Dlgs n. 152/2006 che prevedono:

1) la *descrizione del progetto*;
2) l'illustrazione delle principali *soluzioni progettuali alternative* prese in esame;
3) l'*analisi della qualità ambientale*;
4) la descrizione dei probabili *effetti rilevanti sull'ambiente*;

ESTIMO AMBIENTALE

Allegato VII al Dlgs n. 152/2006 - Contenuti dello studio di impatto ambientale

5) la descrizione delle *misure previste per evitare, ridurre e se possibile compensare rilevanti effetti negativi* del progetto sull'ambiente;
6) *riassunto non tecnico* delle informazioni trasmesse sulla base dei punti precedenti;
7) *sommario delle eventuali difficoltà* incontrate dal committente nella raccolta dei dati richiesti.

Le *norme tecniche* per la redazione degli studi di impatto ambientale per ciascuna categoria di opere sono contenute nel **DPCM del 27 dicembre 1988** (Norme tecniche per la redazione degli studi di impatto ambientale e la formulazione del giudizio di compatibilità), ancora in vigore dopo l'approvazione del Dlgs n. 152/2006.

17.3.1 Norme tecniche per lo studio d'impatto ambientale

Lo studio d'impatto ambientale assume particolare interesse estimativo in relazione alla sua connotazione previsionale. Si tratta infatti di effettuare un confronto tra le condizioni ambientali che saranno in essere dopo l'esecuzione del progetto di cui si chiede l'autorizzazione e le condizioni ambientali che, alla stessa epoca, si sarebbero realizzate qualora il progetto non fosse stato eseguito. Lo studio d'impatto ambientale, secondo le disposizioni del DPCM del 27 dicembre 1988, è costituito di tre quadri di riferimento:
– *quadro di riferimento programmatico;*
– *quadro di riferimento progettuale;*
– *quadro di riferimento ambientale.*

Quadro di riferimento programmatico

Il quadro di riferimento programmatico contiene ed evidenzia tutte le *relazioni esistenti tra l'opera prevista e gli strumenti di pianificazione territoriale e di programmazione settoriale con i quali il progetto può interagire*. In particolare il quadro comprende:
a) la **descrizione del progetto** in relazione agli stati di attuazione degli strumenti di pianificazione territoriale e di programmazione settoriale nei quali è inquadrabile il progetto stesso (il piano territoriale di coordinamento, il piano di bacino, il piano paesistico, il piano regolatore comunale ecc.);
b) la descrizione dei rapporti di **coerenza del progetto con gli obiettivi perseguiti dagli strumenti pianificatori**;
c) l'indicazione dei **tempi di attuazione** dell'intervento e delle eventuali infrastrutture a servizio e complementari.

Quadro di riferimento progettuale

Il quadro di riferimento progettuale ha il compito di dimostrare che per la realizzazione e per il funzionamento dell'opera sono state previste tecniche che **minimizzano gli effetti negativi sull'ambiente**; a questo scopo devono essere descritti tutti gli accorgimenti tecnici adottati per migliorare l'accettabilità ambientale dell'opera. Il quadro di riferimento progettuale integra le informazioni fornite sul progetto e considera le ricadute ambientali previste. Comprende le seguenti descrizioni (*prima parte*):
a) la natura dei beni e/o dei servizi offerti;
b) il grado di copertura della domanda e i suoi livelli di soddisfacimento in funzione delle diverse ipotesi progettuali esaminate, con riferimento anche all'ipotesi di assenza dell'intervento;

c) la prevedibile evoluzione qualitativa e quantitativa del rapporto domanda-offerta riferita alla presumibile vita tecnica ed economica dell'intervento;
d) l'articolazione delle attività necessarie alla realizzazione dell'opera in fase di cantiere e di quelle che ne caratterizzano l'esercizio;
e) i criteri che hanno guidato le scelte del progettista in relazione alle previsioni delle trasformazioni territoriali di breve e lungo periodo conseguenti alla localizzazione dell'intervento, delle infrastrutture di servizio e dell'eventuale indotto.

Per le opere pubbliche o a rilevanza pubblica si illustrano i risultati dell'*analisi economica di costi e benefici*, quando è richiesta dalla normativa vigente, e si evidenziano i valori unitari assunti dall'analisi e il tasso di redditività interna dell'investimento.

Quadro di riferimento ambientale

Il quadro di riferimento ambientale costituisce il cuore dello studio d'impatto ambientale e deve fornire una valutazione degli impatti che tutti i possibili effetti dell'opera potranno provocare sulle componenti ambientali. Per il quadro di riferimento ambientale lo studio di impatto:

a) **definisce l'ambito territoriale** e i *sistemi ambientali interessati* dal progetto entro cui è da presumere che possano manifestarsi effetti significativi sulla qualità degli stessi;
b) **descrive i sistemi ambientali interessati**, ponendo in evidenza l'eventuale *criticità degli equilibri esistenti*;
c) individua le aree, le componenti, i fattori ambientali e le relazioni esistenti tra essi che manifestano un carattere di eventuale **criticità**, al fine di evidenziare gli approfondimenti di indagine necessari al caso specifico;
d) documenta gli **usi plurimi** previsti delle risorse, la *priorità negli usi* delle medesime e gli ulteriori *usi potenziali* coinvolti dalla realizzazione del progetto;
e) **documenta i livelli di qualità preesistenti** all'intervento per ciascuna componente ambientale e gli eventuali *fenomeni di degrado delle risorse in atto.*

Le componenti e i fattori ambientali da studiare sono descritti negli **allegati I** (*v.* tabella 17.1) e **II** al DPCM 27.12.1988. Sono poi richiesti approfondimenti specifici legati alla tipologia di intervento sul territorio come riportato nell'**allegato III**. Infine il quadro di riferimento ambientale:

a) *stima qualitativamente e quantitativamente gli impatti* indotti dall'opera sul sistema ambientale, nonché le interazioni degli impatti con le diverse componenti e i fattori ambientali, anche in relazione ai rapporti esistenti tra essi;
b) *descrive le modificazioni delle condizioni d'uso e della fruizione potenziale del territorio*, in rapporto alla situazione preesistente;
c) *descrive la prevedibile evoluzione*, a seguito dell'intervento, delle componenti e dei fattori ambientali, delle relative interazioni e del sistema ambientale complessivo;
d) *descrive e stima la modifica, sia nel breve che nel lungo periodo, dei livelli di qualità preesistenti;*
e) *definisce gli strumenti di gestione e di controllo* e, ove necessario, le reti di monitoraggio ambientale, documentando la localizzazione dei punti di misura e i parametri ritenuti opportuni;
f) illustra i sistemi *di intervento* nell'ipotesi del manifestarsi di emergenze particolari.

17.1	Componenti e fattori ambientali - Allegato I al DPCM 27.12.1988
Componente	**Aspetti oggetto di studio di impatto ambientale**
Atmosfera	Qualità dell'aria e caratterizzazione meteoclimatica.
Ambiente idrico	Acque sotterranee e acque superficiali (dolci, salmastre e marine), considerate come componenti, come ambienti e come risorse.
Suolo e sottosuolo	Intesi sotto il profilo geologico, geomorfologico e pedologico, nel quadro dell'ambiente in esame, e anche come risorse non rinnovabili.
Vegetazione, flora, fauna	Formazioni vegetali e associazioni animali, emergenze più significative, specie protette ed equilibri naturali.
Ecosistemi	Complessi di componenti e fattori fisici, chimici e biologici tra loro interagenti e interdipendenti, che formano un sistema unitario e identificabile (un lago, un bosco, un fiume, il mare) per propria struttura, funzionamento ed evoluzione temporale.
Salute pubblica	Come individui e comunità.
Rumore e vibrazioni	Considerati in rapporto all'ambiente sia naturale, sia umano.
Radiazioni ionizzanti e non	Considerati in rapporto all'ambiente sia naturale, sia umano.
Paesaggio	Aspetti morfologici e culturali del paesaggio, identità delle comunità umane interessate e relativi beni culturali.

17.3.2 Gli indicatori ambientali

Le procedure per la redazione degli studi di impatto ambientale si avvalgono di parametri di vario tipo, detti indicatori. Gli indicatori ambientali possono essere definiti come *valori-spia che, mediante la rilevazione di fenomeni misurabili o giudicabili (con l'attribuzione di un voto), sostituiscano e spieghino la complessità del comparto ambientale e di questo individuino la qualità.*

Se pensiamo per esempio all'impatto sulla qualità delle acque di un fiume dovuto al progetto di un impianto industriale, possiamo ricercare quegli indicatori che diano una valutazione sintetica, ma fedele, delle modificazioni indotte sulla qualità ambientale. Così indicatori di impatto potranno essere il pH, il BOD, il COD, la concentrazione di colibatteri e qualsiasi altra misura in grado di descrivere la qualità dell'acqua e la sua variazione.

Un indicatore è quindi un *valore misurato di un'osservazione*. Può essere rappresentato da un singolo parametro oppure da una trasformazione matematica di una serie di parametri aggregati, in modo da fornire una descrizione semplificata di una variabile ambientale (da cui il nome di "descrittore"). Può essere altresì rappresentato dalla semplice descrizione di un particolare fenomeno.

A questo proposito possiamo esaminare quanti e quali tipi di indicatori possiamo conoscere o utilizzare. Poiché un indicatore è una "descrizione" di un fenomeno, di una realtà o di una situazione, è evidente che praticamente qualsiasi cosa può essere utilizzata come indicatore, ma è altrettanto evidente che occorre dare un certo "ordine", ovvero classificare i possibili indicatori a seconda delle loro caratteristiche o del loro utilizzo. La distinzione più importante che si può fare è tra gli indicatori di tipo *qualitativo* e di tipo *quantitativo*, in pratica tra i cosiddetti indicatori "descrittivi" e gli indicatori "numerici".

Indicatori descrittivi

Gli indicatori di tipo descrittivo sono tali in quanto non rapportabili a una scala di misura, ma eventualmente confrontabili tra loro e suscettibili di un giudizio qualitativo (positivo-negativo; sufficiente-insufficiente).
Questo tipo di indicatori è largamente utilizzato nella redazione di liste di controllo e nelle matrici d'impatto. D'altronde, però, è caratterizzato da un'eccessiva prolissità nel caso di impatti e ambiti troppo vasti o complessi, soprattutto a causa di una certa difficoltà di lettura e interpretazione dei dati, che presuppongono una notevole conoscenza specifica del campo di indagine e che quindi potrebbero indurre a decisioni non sufficientemente ponderate da parte di decisori che non siano in possesso di una preparazione adeguata (politici e amministratori).

Indicatori numerici

Gli indicatori numerici sono caratterizzati dalla possibilità di essere espressi tramite un valore quantitativo, ovvero da un dato che può essere il frutto di una precisa rilevazione (concentrazione di SO_2 nell'atmosfera), di un calcolo matematico o statistico (media delle concentrazioni in un dato periodo) o ancora di una stima. Si tratta quindi di indicatori generalmente più oggettivi che forniscono una descrizione più sintetica e permettono l'aggregazione di più dati in un indice globale rappresentativo del fenomeno.
Questo tipo di indicatori è condizionato da tutti i problemi relativi alle stime e alle elaborazioni statistiche, cioè la perdita di informazioni e la possibile distorsione dei dati per errori di applicazione e/o di calcolo. Sono però i più interessanti per quanto riguarda la parte strettamente "valutativa" e decisionale delle indagini ambientali, in quanto permettono il raggiungimento di un risultato il più possibile obiettivo, sintetico e di immediata lettura.

Indicatori principali e secondari

Un altro ordine di classificazione degli indicatori può essere fatto in base alla loro importanza nel descrivere un particolare fenomeno (impatto). In questo caso si partirà da un indicatore "principale" o **descrittore**, generalmente non quantificabile (per esempio "inquinamento dell'atmosfera"), che sarà "spiegato" attraverso *indicatori secondari*, quantificabili e di vario ordine (concentrazione di SO_2, di NO_x, di polveri sottili ecc.). Questo sistema di classificazione trova un ottimo impiego pratico qualora si utilizzino delle ponderazioni (delle quali si parlerà in seguito), le quali porterebbero a pericolose distorsioni qualora non fosse specificata la reciproca importanza.

Proprietà degli indicatori

Abbiamo definito un indicatore "un valore misurato di un'osservazione", ma abbiamo anche visto che in realtà esistono indicatori che non possono assolutamente essere rappresentati da una misura quantitativa. Esistono invece dei dati che non rappresentano un indicatore, anche se sono perfettamente quantificabili. Occorre infatti che il valore misurato abbia determinate caratteristiche per essere considerato un indicatore. Possiamo individuare alcuni importanti criteri che deve possedere il valore misurato per essere definito un indicatore, e precisamente i seguenti.

1) *Indipendenza dalla dimensione del campione*: se l'indicatore è costituito, per esempio, dal numero di volte che il parametro supera una certa soglia, allora

le differenti dimensioni (ampiezze) del campione possono essere ingannevoli.

2) *Robustezza*: l'indicatore non deve essere impropriamente influenzato da pochi valori estremi, soprattutto se i trends sono importanti (a eccezione di quando sono importanti le alte concentrazioni, come nell'inquinamento atmosferico).
3) *Precisione e accuratezza*: l'accuratezza implica che l'indicatore non sia distorto, mentre la precisione misura la variabilità della stima fatta.
4) *Praticabilità* (accessibilità): un indicatore può essere desiderabile, ma non praticabile per le attuali possibilità.
5) *Rilevanza*: l'indicatore deve caratterizzare sufficientemente la situazione.

17.3.3 Individuazione degli impatti

Per impatto ambientale si intende l'interazione tra il progetto e l'ambiente che genera effetti:

- positivi o negativi;
- a lungo o a breve termine (durata);
- di bassa o elevata intensità;
- reversibili o irreversibili;
- diretti o indiretti;
- locali, regionali, nazionali o sovranazionali;
- strategici o non strategici.

L'identificazione degli impatti potenziali utilizza strumenti di vario tipo: mappe sovrapposte, liste di controllo, grafi e matrici.

Sovrapposizione delle mappe (*overlay mapping*)

Le mappe sono usate, soprattutto nelle fasi preliminari dello SIA, al fine di individuare le aree maggiormente soggette a impatti potenziali.

Il punto di partenza della rappresentazione cartografica è costituito dalla **cartografia di base**: carte topografiche, carte dell'Istituto geografico militare, mappe catastali ecc.

Le **carte tematiche** rappresentano graficamente *una o più caratteristiche* del territorio di tipo *naturale* o legate all'*attività antropica*. La rappresentazione avviene con la *zonizzazione* effettuata con colorazioni, retini o altro. Le carte tematiche rappresentano una o comunque poche caratteristiche del territorio e costituiscono quindi la fase analitica del processo di descrizione. Si pone pertanto, successivamente, il problema di trarre una sintesi delle caratteristiche studiate. Il metodo normalmente usato per ricavare *carte di sintesi* è la **sovrapposizione delle mappe**. Si possono così ottenere carte che graficamente, con gradazioni di colore, esprimono la sintesi delle singole mappe che sono state sovrapposte. Si potranno usare per esempio colori più scuri o retini più fitti per le aree più sensibili agli effetti arrecati dal progetto o dal piano.

Liste di controllo (*checklists*)

Le liste di controllo sono il mezzo più semplice per un primo riconoscimento degli impatti. Sono costituite da un elenco di parametri selezionabili relativi a componenti e fattori ambientali, a caratteristiche del progetto, a tipi di impatto ecc. La loro funzione è semplicemente segnaletica ed enumerativa e fornisce un promemoria per una selezione iniziale.

Le *checklists* peccano solitamente di *genericità e astrattezza*. Un altro aspetto negativo è determinato dalla loro *staticità*, non sono in grado cioè di descrivere dinamiche temporali e di tipo causa-effetto.

Le *checklists* possono essere di diversi **tipi**:
- *semplici*, elenchi senza informazioni ulteriori, previsioni ecc.;
- *descrittive*, con istruzioni per la misurazione e previsione o con criteri per elaborare e interpretare i vari parametri;
- *con scale di misurazione*, esiste una scala di misura entro cui inserire ogni impatto previsto;
- *a quesiti*, con un'elencazione di domande relative alle caratteristiche fisiche ed ecologiche dell'area di insediamento e dei dintorni, alle attività umane, comprese infrastrutture e servizi sociali;
- *ponderate*, si attribuiscono dei pesi agli impatti misurati;
- *con classificazione*, si classificano le alternative a disposizione degli impatti misurati come sopra.

Queste due ultime categorie tendono a fornire una prima elaborazione degli impatti, individuando categorie omogenee di impatto o scale di importanza relative.

Nella figura 17.4 (le figure seguono a fine paragrafo, da pag. 316) è riportato un esempio di lista di controllo ponderata messa a punto dall'Istituto Battelle. La *checklist* è formata da 78 parametri suddivisi in quattro categorie. A ciascuno di questi parametri, che possono essere considerati altrettanti indicatori ambientali, è stata assegnata un'importanza relativa all'interno della valutazione complessiva della qualità ambientale (totale 1.000). Per esempio, la presenza nell'aria di monossido di azoto ha un'importanza doppia rispetto alla presenza di monossido di carbonio (peso 10 contro peso 5).

Grafi (*networks*)

I grafi sono stati sviluppati per identificare le relazioni tra le *azioni* proposte e i possibili *effetti* ambientali concatenati. Sono quindi uno strumento che evidenzia l'aspetto dinamico dell'impatto (*v.* esempio nella figura 17.5).

Consistono in vari passaggi tra cause ed effetti collegati tra loro da frecce o linee che indicano la sequenza degli eventi. È possibile quindi, utilizzando i grafi, identificare la catena degli impatti diretti e indiretti causati da un'azione e, inversamente, risalire all'insieme delle azioni che hanno provocato un determinato impatto. Inoltre i grafi semplificano lo studio perché, individuando le catene causa-effetto, consentono di sviluppare in un secondo tempo studi di monitoraggio ambientale laddove si manifestano effetti indiretti più marcati.

L'efficacia illustrativa e riassuntiva dei grafi (è essenzialmente questa la ragione d'uso) è limitata da alcuni lati negativi, tra cui si ricordano:
- la difficoltà di sottolineare gli impatti maggiori da quelli meno importanti; la non sempre comprensibile relazione di causa-effetto riportata (ogni relazione dipende spesso da studi complessi);
- la difficoltà di un confronto tra le diverse varianti progettuali;
- la poca efficacia per interventi molto complessi, dato che in questi casi la visualizzazione delle relazioni causali risulterebbe troppo complessa.

E bene anche sottolineare la natura prettamente qualitativa della rappresentazione, che deve quindi avvalersi di altri elementi per integrarne le informazioni.

Matrici

Il metodo delle matrici, a differenza dei precedenti, possiede una notevole versatilità che ne fa uno strumento assai potente, tanto che può essere impiegato anche per le fasi di valutazione e scelta tra le alternative progettuali.
L'uso più semplice consiste nel considerare la matrice come una lista di controllo bidimensionale, cioè una *tabella a doppia entrata* in cui un asse della tabella descrive le azioni del progetto mentre l'altro elenca le componenti ambientali interessate. L'incrocio tra ciascuna riga e ciascuna colonna individua una casella in cui segnare la presenza o meno di un potenziale impatto, da verificare e studiare dettagliatamente (*v.* figura 17.6). Si parla in questo caso di **matrice di identificazione** degli impatti. Nella figura 17.7 è riportata invece una matrice di un impianto idroelettrico in cui gli indicatori inseriti all'interno della matrice riguardano il tipo di impatto (reversibile o irreversibile; di breve, medio o lungo termine; la dimensione spaziale).
La capacità sintetica ed espositiva delle matrici consente di presentare gli elementi principali dello studio di impatto ambientale in modo chiaro e sinottico; consente inoltre di fornire un supporto metodologico all'interno del gruppo stesso di studio, *evidenziando i settori critici* (quindi che necessitano di studi approfonditi o particolari) *da quelli meno importanti o trascurabili.*

17.3.4 Misura degli impatti

Riprendendo lo strumento delle matrici, possiamo introdurre la fase di misura degli impatti. Se al posto di segnalare semplicemente la presenza di un impatto potenziale all'interno delle caselle delle matrici si inseriscono le valutazioni degli stessi, si ottiene la **matrice di valutazione** degli impatti. Essa costituisce uno *strumento di sintesi* nel quale sono contenuti i risultati delle valutazioni dell'impatto che ciascuna azione provoca su ciascuna componente ambientale.
Una matrice di valutazione, perché possa essere letta e interpretata in modo immediato, deve contenere misure espresse in modo tale da spiegare, con pochi numeri, situazioni ambientali complesse.
Con la **matrice di Leopold**, dal nome dello studioso che l'ha introdotta negli studi di VIA, in ogni cella, barrata con una riga obliqua in fase di identificazione, vengono riportate due misurazioni con numeri da 1 a 10: la *grandezza dell'impatto* (G) e *l'importanza dell'impatto* (I). Nella figura 17.8 è riportata la matrice mentre nella figura 17.3 è riportato il dettaglio di una cella.

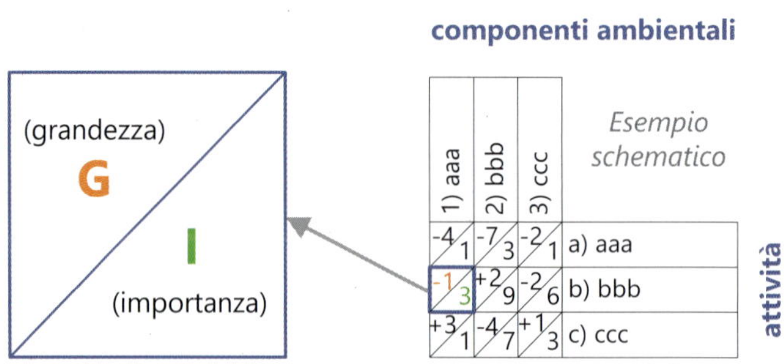

Figura 17.3
Particolare di una cella della matrice di Leopold.

Il primo numero esprime il risultato della valutazione sulla specifica componente ambientale, il secondo evidenzia quanto quella casella sia rilevante nel contesto generale della valutazione. L'importanza dell'impatto è quindi un modo per *pesare* la misura della grandezza effettuata e metterla in relazione con tutte le altre. Davanti al numero di ciascuna grandezza è necessario anteporre il segno "+" se l'impatto è positivo, il segno "–" se l'impatto è negativo.

I valori che definiscono la grandezza dell'impatto, moltiplicati per quelli che ne definiscono l'importanza, vengono sommati tra loro per calcolare l'*impatto ambientale complessivo* del progetto:

$$Impatto\ totale = \Sigma(G \times I)$$

L'operazione può essere ripetuta per progetti alternativi in modo da selezionare quello che presenta il massimo impatto positivo (o il minimo impatto negativo).

Limiti delle valutazioni non monetarie

Anche le valutazioni non monetarie, come le stime in genere, non sono esenti da difficoltà di ordine pratico. Si citano in particolare le seguenti.

- Alcuni impatti hanno effetto contemporaneamente su più aspetti ambientali in modo sinergico, per cui risulta difficile scorporare i singoli effetti introdotti nella procedura di valutazione.
- In alcuni casi la relazione tra una particolare emissione e l'ambiente non è definibile.
- La "pesatura" con indici o punteggi risulta sovente estremamente soggettiva e costituisce una sorta di valutazione monetaria.

17.3.5 Confronto tra le alternative progettuali

L'utilizzo degli indicatori, oltre ad assumere una notevole importanza nella fase di **misurazione** degli impatti fisici, diventa indispensabile per procedere all'**aggregazione** degli impatti per arrivare a una valutazione complessiva e aggregata di ciascuna alternativa, consentendo in tal modo il confronto tra le alternative stesse.

Questa fase, pur avvalendosi dei risultati ottenuti dallo studio di impatto ambientale, contiene alcune assunzioni di tipo soggettivo in quanto il confronto tra impatti diversi, su componenti ambientali diverse, richiede necessariamente delle valutazioni che dipendono da considerazioni non tecniche. Per chiarire meglio questo aspetto consideriamo due progetti alternativi relativi all'insediamento di una cava. Il primo progetto provoca dei danni alla falda freatica, ma rispetta la qualità del paesaggio; il secondo provoca effetti opposti, cioè non causa danni rilevanti alla falda, ma deturpa il paesaggio. È chiaro che stabilire quale progetto causi il minore impatto ambientale significa stabilire se è più importante proteggere la falda o il paesaggio. Ciò vuol dire anche definire se l'opinione pubblica è più sensibile al problema estetico del paesaggio o alla salvaguardia degli usi cui sono soggette le acque di falda.

In ogni caso il problema, come detto, non è più tecnico, ma essenzialmente **politico**, nel senso che la scelta non dipende più dai risultati della valutazione. Questa può dire di **quanto** peggiora la qualità del paesaggio e quella delle falde; può anche dire quali saranno gli scenari complessivi dell'ambiente a seguito della realizzazione di un'alternativa rispetto all'altra, ma il problema della scelta dell'alternativa progettuale diventa un problema di **scelte pubbliche**, innestando quindi la tematica della valutazione d'impatto ambientale su un filone di ricerca assai vasto e che coinvolge tutte le regole che stanno alla base della convivenza civile.

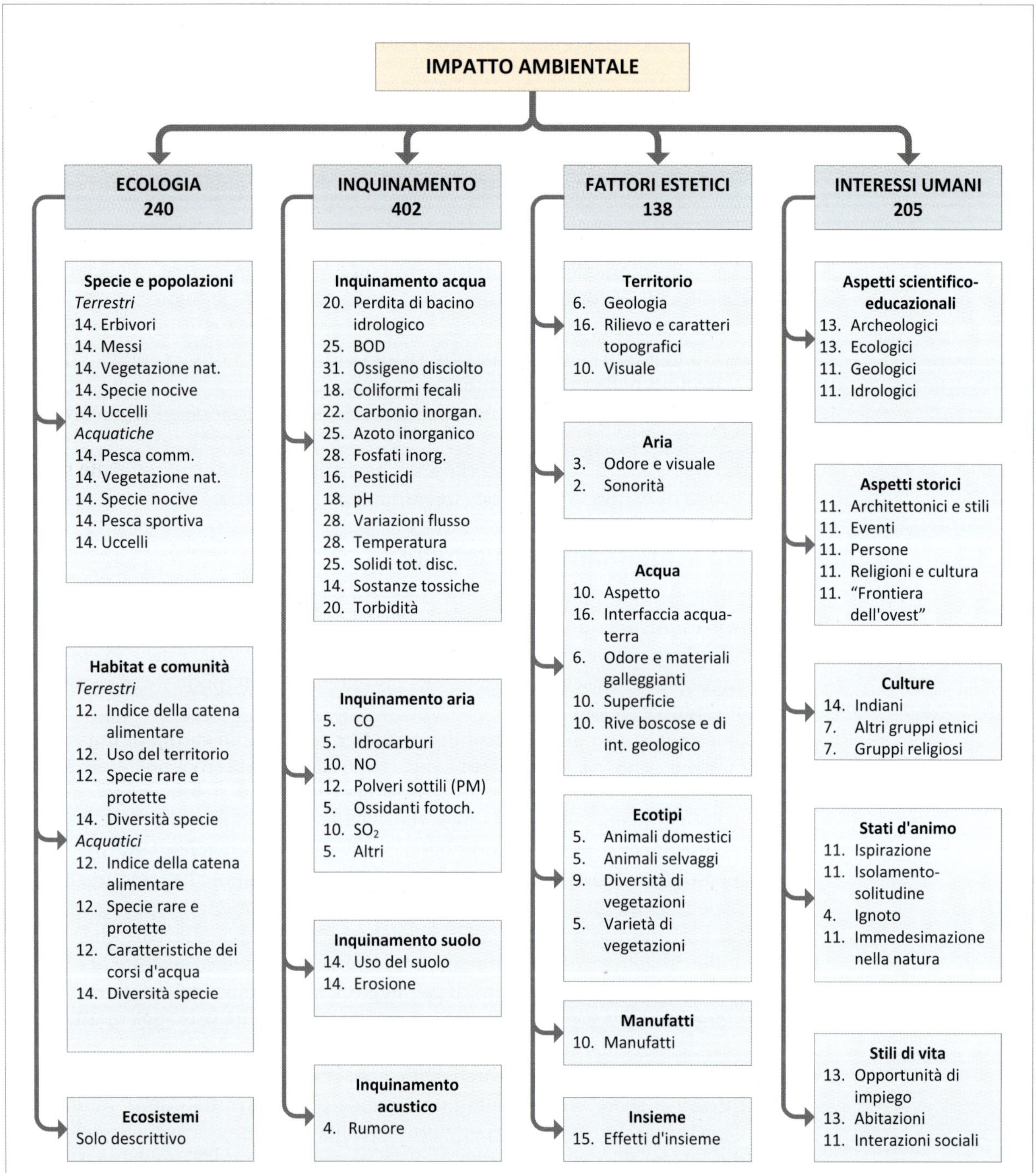

Fonte: Dee e altri (1972)

Figura 17.4 Checklist. Sistema di valutazione degli impatti Battelle (i numeri indicano i pesi di importanza).

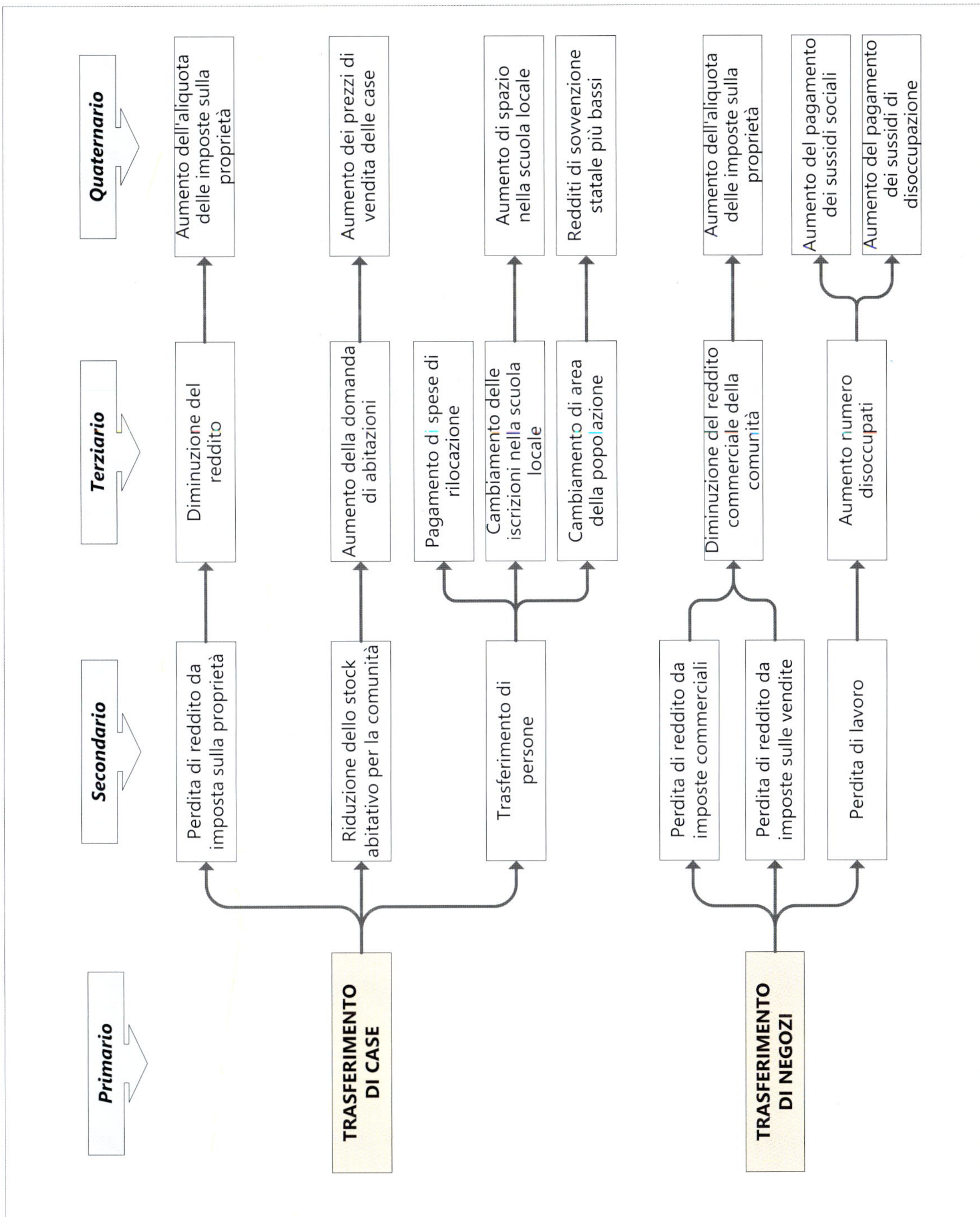

Figura 17.5 Grafo dell' impatto di una nuova strada nel distretto commerciale di una città. Fonte: IRER.

Attività secondo le fasi di realizzazione

Possibili effetti ambientali		Studi e predisposizione del terreno											
		Strade d'accesso	Rilievi topografici	Studio geologico	Ricerche idrografiche	Studio ambientale	Sgombero del terreno	Scavi	Modifiche del drenaggio	Attraversamento di corsi d'acqua	Infrastrutture	Diserbanti e insetticidi	Servizi
Effetti fisici e chimici	Suolo							●	●				
	Acqua	●						●	●	●			
	Rumore	●					●	●					
	Atmosfera	●											
Effetti ecologici	Habitat terrestre	●	●			●	●	●				●	
	Habitat acquatico					●		●		●		●	
Effetti estetici	Suolo	●		●			●	●	●				
	Atmosfera												
	Acqua				●		●	●	●	●			
	Flora e fauna	●	●				●	●			●	●	
	Manufatti						●	●			●		●
	Caratteri d'insieme	●					●	●					
Effetti sociali													

Possibili effetti ambientali		Costruzione																						
		Strade d'accesso	Sgombero del terreno	Scavi	Esplosioni e perforazioni	Demolizioni	Spostamento di edifici	Scavi e riporti	Tunnel e costruzioni sotterranee	Controllo dell'erosione	Modifiche del drenaggio	Attraversamento di corsi d'acqua	Rettifica e drenaggio di canali	Banchinamento di canali	Dighe, bacini artificiali	Moli, scogliere artificiali	Piattaforme marine	Infrastrutture	Diserbanti e insetticidi	Servizi	Manodopera	Deposito e trattamento dei rifiuti	Deposito di prodotti	Recupero ambientale
Effetti fisici e chimici	Suolo			●	●			●			●							●	●					●
	Acqua	●		●	●			●	●		●							●	●					●
	Rumore	●	●	●	●			●																
	Atmosfera	●			●																			
Effetti ecologici	Habitat terrestre	●	●	●	●													●	●	●	●			●
	Habitat acquatico			●	●							●						●	●					●
Effetti estetici	Suolo	●	●	●	●			●	●	●	●							●			●			●
	Atmosfera				●																			
	Acqua		●	●	●			●	●		●	●						●			●			
	Flora e fauna		●	●	●			●										●			●			●
	Manufatti		●	●	●	●	●											●		●	●			
	Caratteri d'insieme	●	●	●	●	●	●	●										●			●			●
Effetti sociali																				●	●			●

Possibili effetti ambientali		Funzionamento a regime																
		Disboscamenti	Scavi	Rifiuti, materiali esauriti	Esplosioni e trivellazioni	Drenaggio	Utilizzazione delle infrastrutture	Fabbisogno energetico	Produzione energetica	Circolazione dei mezzi di trasporto	Circolazione dei pedoni	Servizi	Deposito e trattamento dei rifiuti	Deposito dei prodotti	Esplosioni	Smaltimento della neve	Diserbanti e insetticidi	Dismissione
Effetti fisici e chimici	Suolo																	
	Acqua																	
	Rumore																	
	Atmosfera																	
Effetti ecologici	Habitat terrestre						●			●								
	Habitat acquatico																	
Effetti estetici	Suolo						●			●								
	Atmosfera																	
	Acqua																	
	Flora e fauna						●											
	Manufatti						●											
	Caratteri d'insieme						●											
Effetti sociali									●			●						

Possibili effetti ambientali		Attività future			
		Urbanizzazione	Sviluppo industriale	Trasporti	Fabbisogno energetico
Effetti fisici e chimici	Suolo				
	Acqua				
	Rumore				
	Atmosfera				
Effetti ecologici	Habitat terrestre				
	Habitat acquatico				
Effetti estetici	Suolo				
	Atmosfera				
	Acqua				
	Flora e fauna				
	Manufatti	●	●	●	
	Caratteri d'insieme				
Effetti sociali		●	●		●

Figura 17.6 Matrice degli impatti di un metanodotto. Primo livello.

COMPONENTI AMBIENTALI		IMPATTO COSTRUZIONE							IMPATTO DELLE OPERE				IMPATTO ESERCIZIO	
		Occupazione suolo Recinzioni	Strade e accessi	Scavi e trasporti materiali di risulta	Costruzione delle opere	Trasporto mezzi di cantiere, rumori	Servizi e forniture per il cantiere	Assorbimento manodopera	Occupazione suolo Recinzioni	Strade e accessi	Gallerie e pozzi	Opere di presa, condotte forzate	Portata corsi d'acqua	Forniture e appalti
AMBIENTE NATURALE														
Geologia	Tipologia tettonica													
Regime delle acque	Superficiali				RBT						ILZ		ILZ	
	Corpi idrici, falde										ILZ		ILZ	
	Sorgenti				RBT						ILZ		ILZ	
Aspetti ecolog ci naturalistici	Vegetazione naturale												ILZ	
	Boschi, pascoli												ILZ	
	Seminativo												ILZ	
	Fauna ittica				RBZ								ILZ	
	Fauna terricola e avicola					RBS							ILZ	
	Ecosistemi	ILS	RMT	ILS	RBZ					ILT			ILZ	
	Paesaggio	ILS	RMT	ILS	RBZ					ILT		ILS	ILZ	
AMBIENTE ANTROPICO														
Utilizzazione delle acque	Acquedotti												ILZ	
	Qualità acque												ILZ	
	Incendi												ILZ	
Situazione socioeconomica e ricreativa	Abitazioni							MZ						
	Alberghi, esercizi pubblici							MZ						
	Agricoltura, zootecnia							MZ	ILS				ILZ	
	Industrie, imprese						MZ	MZ						MZ
	Commercio						MZ	MZ						
	Occupazione						MZ	MZ						
	Turismo, escursionismo					RBS				ILZ			ILZ	
	Caccia e pesca					RBS							ILZ	

I = Impatto irreversibile
R = Impatto reversibile

B = Impatto di breve periodo
M= Impatto di medio periodo
L = Impatto di lungo periodo

S = Impatto con influenza locale (subcomunale)
T = Impatto con influenza comunale
Z = Impatto con influenza sul bacino

Figura 17.7 Matrice degli impatti di un impianto idroelettrico. Fonte: Polelli (1989).

Componenti chimiche													
a) Risorse minerali	b) Materiali da costruzione	c) Suoli	d) Aspetto del territorio	e) Campi di forza e radiazioni di fondo	f) Caratteristiche uniche	g) Superficie	h) Oceano	i) Sottosuolo	j) Qualità	k) Temperatura	l) Ricambio	m) Neve, ghiaccio	
1. Terra						2. Acqua							**A) Modifiche di regime**
													a) Introduzione di flora e fauna esotica
													b) Controllo biologico
													c) Modifica dell'habitat
													d) Alterazione del manto superficiale
													e) Alterazione dell'idrologia sotterranea
													f) Alterazione del drenaggio
													g) Controllo dei fiumi e modifiche dei regimi
													h) Canalizzazione
													i) Irrigazione
													j) Modifiche nel clima
													k) Combustione
													l) Pavimentazione
													m) Rumori e vibrazioni
													B) Trasformazioni e costruzioni del territorio
													a) Urbanizzazione
													b) Zone ed edifici industriali
													c) Aeroporti
													d) Superstrade e ponti
													e) Strade
													f) Ferrovie
													g) Funivie ed elevatori
													h) Linee di trasmissione
													i) Barriere, incluse le recinzioni
													j) Drenaggio di canali e raddrizzamenti
													k) Riconversione di canali
													l) Canali
													m) Dighe e sbarramenti
													n) Moli, argini, marine e terminali marini
													o) Strutture fuori costa
													p) Strutture ricreative
													q) Esplosioni e perforazioni
													r) Tagli e riempimenti
													s) Gallerie e strutture sotterranee
													C) Estrazione di risorse
													a) Esplosioni e perforazioni
													b) Scavi di superficie
													c) Scavi sotterranei
													d) Perforazione di pozzi e produzione di fluidi
													e) Drenaggi
													f) Tagli e altri abbattimenti
													g) Pesca e caccia commerciali

Figura 17.8 Matrice di Leopold per la valutazione degli impatti.

17. VALUTAZIONI D'IMPATTO AMBIENTALE

QUESTIONARIO	IN SINTESI
1. Che cos'è la VAS?	La **valutazione ambientale strategica** (**VAS**) riguarda i *piani* che possono avere impatti significativi sull'ambiente e sul patrimonio culturale.
2. Che cos'è la VIA? 3. Secondo quale procedura viene effettuata?	La **valutazione d'impatto ambientale (VIA)**, in modo analogo alla VAS, riguarda i *progetti* che possono avere impatti significativi sull'ambiente e sul patrimonio culturale. Con la *verifica di assoggettabilità*, basata sul progetto preliminare e lo studio preliminare ambientale, si esamina la presenza di effetti negativi sull'ambiente, in base ai quali saranno definiti i *contenuti dello studio di impatto ambientale.* Lo *studio di impatto ambientale* contiene le informazioni sul progetto, i principali impatti sull'ambiente e sul patrimonio culturale che il progetto può produrre, la descrizione delle misure previste per evitare o ridurre gli impatti negativi, una descrizione delle principali alternative prese in esame dal proponente, ivi compresa la cosiddetta opzione zero, e una descrizione delle misure previste per il monitoraggio. Allo studio di impatto ambientale deve essere allegata una *sintesi non tecnica* delle caratteristiche dimensionali e funzionali del progetto. Contestualmente alla presentazione del progetto, i documenti devono essere pubblicati (*consultazione*). Chiunque abbia interesse può prendere visione del progetto e del relativo studio ambientale e presentare proprie osservazioni. L'autorità competente acquisisce e valuta tutta la documentazione e le osservazioni inoltrate dal pubblico e quindi esprime e motiva la propria *decisione* in merito. I progetti sottoposti alla fase di valutazione devono essere realizzati entro cinque anni dalla pubblicazione del provvedimento di valutazione dell'impatto ambientale. Il successivo *monitoraggio* assicura il controllo sugli impatti ambientali al fine di individuare in tempo utile le eventuali misure correttive.
4. Che cos'è la AIA?	L'**autorizzazione integrata ambientale (AIA)** deve essere richiesta per le attività industriali che sono potenzialmente causa di inquinamento. L'autorità competente, nel determinare le condizioni per l'autorizzazione, verifica che non vi siano fenomeni di inquinamento, che sia minima la produzione di rifiuti, che l'energia sia utilizzata in modo efficace. La domanda di autorizzazione deve contenere le descrizioni dell'impianto, delle materie e dell'energia usate, il tipo e l'entità delle emissioni, le misure di prevenzione e di recupero dei rifiuti prodotti, le eventuali principali alternative prese in esame dal gestore ecc.
5. Secondo quali modalità deve essere redatto lo studio di impatto ambientale? Quali sono attualmente le fonti normative?	Lo **studio d'impatto ambientale** (SIA) effettua un confronto tra le condizioni ambientali che saranno in essere dopo l'esecuzione del progetto di cui si chiede l'autorizzazione e le condizioni ambientali che, alla stessa epoca, si sarebbero realizzate qualora il progetto non fosse stato eseguito. Viene eseguito secondo le disposizioni del DPCM del 27 dicembre 1988, che prevede tre quadri di riferimento.

Il *quadro di riferimento programmatico* che contiene tutte le relazioni esistenti tra l'opera prevista e gli strumenti di pianificazione territoriale con i quali il progetto può interagire.

Il *quadro di riferimento progettuale che* ha il compito di dimostrare che, per la realizzazione e per il funzionamento dell'opera, sono state previste tecniche che minimizzano gli effetti negativi sull'ambiente.

Il *quadro di riferimento ambientale* che deve fornire una valutazione degli impatti che l'opera potrà provocare sulle componenti ambientali.

6. Che cosa sono gli indicatori ambientali? Come possono essere?

Per la redazione degli studi di impatto ambientale si usano parametri di vario tipo, detti *indicatori ambientali* (per esempio per le acque il pH, il BOD, il COD ecc.).
Gli indicatori possono essere essenzialmente di tipo qualitativo e quantitativo ("descrittivi" e "numerici"). Un'ulteriore classificazione può essere fatta, in funzione dell'importanza, tra indicatori principali e secondari.

7. In quali modi è possibile individuare gli impatti di un progetto sull'ambiente?
8. In quale modo è possibile misurare gli impatti?
9. In che modo e in quale contesto si conclude la procedura di VIA?

Per l'individuazione degli impatti si utilizzano strumenti di vario tipo. Con la *sovrapposizione delle mappe* (*overlay mapping*), usate soprattutto nelle fasi preliminari dello SIA, si individuano le zone maggiormente soggette a impatti potenziali.

Le *liste di controllo* (*checklists*) sono costituite da un elenco di parametri selezionabili relativi a componenti e fattori ambientali, a caratteristiche del progetto, a tipi di impatto ecc. Danno una rappresentazione semplice e statica degli impatti.

I *grafi* (*networks*) offrono una rappresentazione dinamica degli impatti, presentando le correlazioni tra causa ed effetto con collegamenti di frecce che indicano la sequenza degli eventi.

Le *matrici*, sono tabelle in cui un asse descrive le azioni del progetto mentre l'altro asse elenca le componenti ambientali interessate. L'incrocio tra ciascuna riga e ciascuna colonna individua una casella in cui segnare la presenza o meno di un potenziale impatto (*matrice di identificazione degli impatti*). Se nella casella si riporta una quantificazione dell'impatto si ha una *matrice di valutazione degli impatti.* Con la matrice di Leopold in ogni cella, barrata con una riga obliqua in fase di identificazione, vengono riportate due misurazioni con numeri da 1 a 10: la grandezza dell'impatto (G) e l'importanza dell'impatto (I). L'impatto totale sarà dato da: $\Sigma(G \times I)$.

VIA PER UNA CAVA

CASO DI STIMA

Per la produzione dei calcestruzzi per una diga a gravità si è resa necessaria l'apertura di una cava di prestito con annessa discarica per il deposito dei materiali di scarto. La roccia da cavare e l'area di discarica sono state individuate a mezza costa entro l'invaso. La cava è stata dimensionata per un fabbisogno di 800.000 tonnellate di inerti in due anni.

L'aver previsto la realizzazione della cava e della discarica entro l'invaso ha annullato ogni interferenza ambientale post-coltivazione. La VIA è stata pertanto richiesta per la sola attività di coltivazione.

FASI DELLO STUDIO D'IMPATTO AMBIENTALE

Il metodo di stima dell'impatto ambientale è simile a quello messo a punto dall'Istituto Battelle: si individuano la grandezza e l'importanza di ciascun impatto su ogni componente ambientale e quindi si calcola la misura dell'impatto totale. Lo studio viene svolto attraverso le seguenti fasi:

1. analisi del *contesto geologico e ambientale*;
2. individuazione delle *componenti ambientali* che potrebbero essere alterate;
3. *individuazione degli impatti* che potrebbero alterare le preesistenti condizioni di equilibrio ambientale;
4. individuazione della *grandezza* di ciascun impatto (magnitudo);
5. definizione del grado di *correlazione* tra ciascun impatto e ciascuna componente ambientale (importanza dell'impatto);
6. valutazione dell'impatto ambientale complessivo mediante una *matrice*.

1) CONTESTO GEOLOGICO E AMBIENTALE

L'area di cava è sita in montagna, a 3 km dal paese più vicino e a 25 km dal mare (in Sardegna).

La progettazione della diga aveva reso necessari studi geologici che sono stati acquisiti per lo studio di VIA.

La destinazione d'uso dei terreni circostanti è per il 70% a bosco (macchia bassa mediterranea) e prato-pascolo per il rimanente 30%; in aree ristrette erano coltivati uliveti, vigneti e orti per uso familiare. L'attività più diffusa è la pastorizia.

Per la caratterizzazione meteorologica sono stati elaborati i dati ISTAT relativi alla piovosità, alle temperature, all'umidità relativa, alle precipitazioni, alla pressione atmosferica, alla frequenza, velocità e direzione dei venti ecc. (*omissis*).

2) COMPONENTI AMBIENTALI

L'ambiente che potrebbe essere alterato durante la fase di coltivazione della cava è stato schematicamente scomposto nelle seguenti 11 componenti elementari:

a. salute e sicurezza pubblica;
b. relazioni umane (intese come rapporti sociali tra individui e qualità della vita);
c. qualità dell'acqua;
d. qualità dell'aria;
e. territorio (inteso come risorse naturalistiche e paesaggistiche);
f. flora e fauna;
g. suolo;
h. sottosuolo;
i. paesaggio;
j. rumorosità;
k. economia (attività socio-economiche).

ESERCIZI SVOLTI

3) INDIVIDUAZIONE DEGLI IMPATTI

Per la valutazione sono stati presi in considerazione i seguenti elementi d'impatto associabili alla coltivazione della cava.

Destinazione d'uso e potenziali risorse del sito

Sia l'area di cava che l'area di discarica sono interamente ricoperte da boschi incolti. Ultimati i lavori di costruzione della diga, l'area sarà totalmente sommersa.

Visibilità della cava

Cava e discarica sono visibili fino a una distanza di 5 km per un angolo di circa 130°, sia dal paese vicino che dal sistema viario afferente.

Interferenza con il sistema idrico superficiale

L'ubicazione della cava, delle piste, dei piazzali e la quota di fine scavo sono state stabilite in modo da minimizzare le interferenze col sistema idrico superficiale. L'estensione della cava è minima rispetto al bacino idraulico e non porterà quindi significative modifiche dell'equilibrio idrologico.

Interferenza con il sistema idrico sotterraneo

La scarsa permeabilità dei terreni interessati dalla cava non consente interferenze significative col sistema idrico sotterraneo.

Aumento del traffico sulla rete viaria afferente

L'accesso all'area di cava per le maestranze, per il rifornimento di materiali di consumo, esplosivi ecc. potrà avvenire tramite la viabilità ordinaria. Il trasporto degli inerti scavati sarà effettuato mediante piste interne all'area di cantiere, senza interferenze con la viabilità ordinaria.

Emissioni solide e gassose

Le emissioni solide, acustiche e le vibrazioni sono gli impatti prevalenti per le attività di cava con esplosivi. Le attività di perforazione produrranno polveri che il vento, piuttosto frequente e intenso durante tutto l'anno, potrà trasportare a distanza.

Lancio di materiale abbattuto

La volata d'abbattimento controllato è stata prevista per contenere il lancio d'abbattuto entro il piazzale di cava (la "volata" è lo scoppio contemporaneo di più mine).

Emissioni foniche

Le attività della cava (macchine operatrici per il movimento terra, traffico veicolare pesante ecc.) produrranno un impatto acustico persistente, di bassa ampiezza e frequenza. Le volate d'abbattimento con esplosivi produrranno invece un impatto acustico di ampiezza e frequenza elevate. Gli effetti di queste emissioni sonore sulla fauna non sono ancora ben conosciuti (mancano studi e ricerche specifiche). L'esperienza induce a ritenere che, dopo una fase di allontanamento della fauna, ne segue una di assuefazione durante la quale le aree abbandonate sono gradualmente recuperate. L'ampiezza dell'area inizialmente abbandonata varia, a seconda della fase di attività lavorativa e della specie animale, fino a un'ampiezza massima di circa 2 km.

Vibrazioni indotte dal brillamento delle cariche esplosive

Il brillamento delle volate produce vibrazioni che possono essere avvertite anche a grande distanza e generare malumore nella popolazione. I residenti del vicinato lamentano a volte, fondatamente o meno, lesioni ai manufatti edilizi.

Occupazione delle maestranze locali

L'attività estrattiva si inserirà nel contesto socio-economico della zona creando occupazione e occasioni per l'indotto (servizi e forniture).

4) GRANDEZZA DI CIASCUN IMPATTO (G)

La misura di ogni impatto viene determinata usando una scala numerica, detta *magnitudo*, compresa tra 1 e 10, crescente con l'aumentare dell'entità dell'alterazione indotta. Nella **tabella 1** sono indicati i criteri adottati.

Tabella 1 - Criteri per la magnitudo di ogni impatto

Impatti	Scenari	Magnitudo
Destinazione d'uso	Parchi, aree protette Area urbana Area agricola - prato pascolo - boschi Area industriale - servizi	8÷10 6÷8 3÷6 1÷3
Visibilità della cava	Visibile dai centri abitati Visibile da strade principali Non visibile	6÷10 2÷6 1÷2
Interferenza col sistema idrico superficiale	Interferenze con laghi e fiumi Interferenze con corpi idrici secondari Nessuna interferenza con corpi idrici	6÷10 3÷6 1÷3
Interferenza col sistema idrico sotterraneo	Falda superficiale e terreni permeabili Falda profonda e terreni permeabili Falda profonda e terreni impermeabili	5÷10 2÷5 1÷2
Aumento del traffico sulla rete viaria afferente	Aumento del 200% Aumento del 100% Nessuna sostanziale modifica	6÷10 3÷6 1÷3
Emissioni solide e gassose in atmosfera	Emissione libera in atmosfera Abbattimento di polveri e aeriformi Abbattimento e recupero	7÷10 2÷7 1÷2
Lancio di materiale abbattuto con l'esplosivo	Carenza di progetto sgombero Carenza di procedure sgombero Progettazione e procedure sgombero	9÷10 4÷9 1÷4
Emissioni foniche	Picco di sovrappressione aerea a 1 km: <141 dB < 131 dB < 121 dB	 8÷10 4÷8 1÷4
Vibrazioni	Superamento soglie di danno cosmetico Superamento soglie di tollerabilità Non superamento soglie di tollerabilità	7÷10 3÷7 1÷3
Occupazione maestranze locali	Offerta occupazionale: – alta – media – bassa	 7÷10 3÷6 1÷2

A ogni impatto vengono quindi assegnate le seguenti *magnitudo*.

1) Destinazione d'uso dei terreni

La coltivazione della cava modificherà significativamente la destinazione d'uso. Questo aspetto, irrilevante per la fase post-coltivazione in conseguenza dell'allagamento dell'invaso, non può essere trascurato per la fase d'esercizio. Considerato che l'area era precedentemente destinata a uso agricolo, è stata pertanto adottata la *magnitudo* massima prevista per questa destinazione d'uso. *Magnitudo*: 6.

ESERCIZI SVOLTI

2) Visibilità della cava

La cava modificherà in modo significativo un contesto paesaggistico caratterizzato da boschi e prati, peggiorandone l'aspetto. La scarsa frequentazione dei luoghi suggerisce l'attribuzione di una magnitudo pari a 4, intermedia tra quelle relative allo scenario "visibile da centri abitati". *Magnitudo*: 4.

3) Interferenza con il sistema idrico superficiale

L'ubicazione della cava è stata scelta in modo da minimizzare l'alterazione del bacino idraulico. Alcune interferenze saranno prodotte dal rimodellamento delle scarpate. Nei piazzali di cava saranno realizzate canalette per la raccolta e il deflusso delle acque meteoriche. *Magnitudo*: 3.

4) Interferenza con il sistema idrico sotterraneo

In conseguenza della scarsa permeabilità dell'ammasso roccioso da coltivare non sono previste significative interferenze con il sistema idrico sotterraneo. *Magnitudo*: 1.

5) Aumento del traffico sulla rete viaria afferente

Il traffico sarà costituito da 4 autocarri (che opereranno tra cava, frantoio e impianto per la produzione del calcestruzzo), da una pala caricatrice, dalle autovetture degli addetti ai lavori. I trasporti saranno effettuati su piste interne. L'incremento di traffico sulla rete viaria afferente alla cava sarà quasi nullo. *Magnitudo*: 1.

6) Emissioni solide e gassose in atmosfera

In fase di coltivazione saranno adottati accorgimenti tecnici per contenere le emissioni solide e gassose entro i valori di soglia: le perforatrici saranno equipaggiate con filtri per l'abbattimento delle polveri, piste e piazzali saranno bagnati periodicamente ecc. L'inquinamento per i gas di scarico delle macchine operatrici e dalle volate sarà trascurabile, sia per i quantitativi esigui che per la rapida azione di diluizione dei frequenti venti. *Magnitudo*: 2.

7) Lancio di materiale abbattuto con l'esplosivo

La volata è stata progettata per contenere la distanza di proiezione entro l'area di cava. L'interferenza con l'ambiente esterno è quasi nulla. *Magnitudo*: 1.

8) Emissioni foniche

La volata d'abbattimento conterrà la sovrappressione aerea molto al di sotto dei valori di sopportabilità per i residenti nel vicinato. La rumorosità degli impianti (frantumazione ecc.) e dei mezzi meccanici sarà smorzata, dalla distanza e dalla morfologia del territorio, a valori molto al di sotto di quelli di tollerabilità previsti dalla normativa. *Magnitudo*: 4.

9) Vibrazioni

Per minimizzare la pezzatura del materiale estratto la carica totale della volata sarà frazionata il più possibile. Non si prevedono quindi vibrazioni ad alta frequenza trasmissibili a lunga distanza. *Magnitudo*: 2.

10) Occupazione maestranze locali

Per la coltivazione della cava sarà necessario ricorrere a maestranze non qualificate locali oltre ad autisti e operatori di mezzi d'opera. Anche l'indotto si avvantaggerà per acquisti di materiale e servizi. *Magnitudo*: 3.

5) IMPORTANZA DELL'IMPATTO (I)

Il grado di correlazione tra ciascun impatto e ciascuna componente ambientale, posta uguale a 10 l'importanza totale, viene determinato con i coefficienti di ponderazione indicati nella **tabella 2**.

Tabella 2 - Magnitudo di ogni impatto

Impatti ↓ / Componenti ambientali →	A) Salute pubblica	B) Relazioni umane	C) Qualità dell' acqua	D) Qualità dell' aria	E) Territorio	F) Flora e fauna	G) Suolo	H) Sottosuolo	I) Paesaggio	J) Rumorosità	K) Economia
1) Destinazione d'uso	0,8	0,8			5,7	0,6			2,9		
2) Visibilità della cava		0,8			2,9				2,9	2,0	
3) Interferenza con il sistema idrico superficiale	1,6		4,5			2,5	6,7		2,9		
4) Interferenza con il sistema idrico sotterraneo	0,4		4,5					6,7			
5) Aumento del traffico sulla rete viaria afferente	1,6	3,0			1,4	2,5			0,7		
6) Emissioni solide e gassose in atmosfera	1,6	0,8	1,0	10,0		2,5	3,3		0,6		
7) Lancio di materiale abbattuto con l'esplosivo	1,6					1,3					
8) Emissioni foniche	0,8	3,0				0,6				8,0	
9) Vibrazioni	1,6	1,6						3,3			
10) Occupazione maestranze locali											10,0
Totale	**10,0**	**10,0**	**10,0**	**10,0**	**10,0**	**10,0**	**10,0**	**10,0**	**10,0**	**10,0**	**10,0**

6) MATRICE DI VALUTAZIONE

L'impatto di ogni componente si ottiene moltiplicando la magnitudo per il rispettivo peso (**tabella 3**).

Per esempio:

(1) Destinazione d'uso × (A) Salute pubblica, 6 × 0,8 = 4,8 ≈ 5

oppure:

(2) Visibilità cava × (E) Territorio, 4 × 2,9 = 11,6 ≈ 12

CONCLUSIONI

L'impatto massimo teorico per ogni componente ambientale è pari a 100 (magnitudo 10 × peso 10). Dalla valutazione effettuata risultano bassi, ma comunque significativi, gli impatti sulle componenti "uso del territorio" (47), "rumorosità" (40) e "paesaggio" (40). Sono invece poco significativi gli impatti su "salute pubblica" (23), "relazioni umane" (28), "qualità dell'acqua" (19), "qualità dell'aria" (20), "flora e fauna" (24), "suolo" (27) e "sottosuolo" (14). Qualche vantaggio può essere attribuito all'incremento dei livelli occupazionali, componente "economia" (30). Gli impatti si verificano poi in un contesto limitato temporalmente (due anni) e geograficamente (area di 2 km di raggio). Pertanto nel complesso:

non si rileva una significativa alterazione dell'ambiente in conseguenza dell'esercizio dell'attività estrattiva.

Tabella 3 - Matrice di valutazione

Componenti ambientali → **Impatti ↓**	**A) Salute pubblica**	**B) Relazioni umane**	**C) Qualità dell' acqua**	**D) Qualità dell' aria**	**E) Territorio**	**F) Flora e fauna**	**G) Suolo**	**H) Sottosuolo**	**I) Paesaggio**	**J) Rumorosità**	**K) Economia**
1) Destinazione d'uso	5	5			34	4			17		
2) Visibilità della cava		3			12				12	8	
3) Interferenza con il sistema idrico superficiale	5		13			8	20		9		
4) Interferenza con il sistema idrico sotterraneo	0		4					7			
5) Aumento del traffico sulla rete viaria afferente	2	3			1	3			1		
6) Emissioni solide e gassose in atmosfera	3	2	2	20		5	7		1		
7) Lancio di materiale abbattuto con l'esplosivo	2					1					
8) Emissioni foniche	3	12				3				32	
9) Vibrazioni	3	3						7			
10) Occupazione maestranze locali											30
Totale	**23**	**28**	**19**	**20**	**47**	**24**	**27**	**14**	**40**	**40**	**30**

Parte sesta
Estimo catastale

18 Catasto dei terreni

- ✓ Generalità
- ✓ Formazione
- ✓ Pubblicazione e attivazione
- ✓ Il sistema informativo catastale
- ✓ Conservazione

18.1 GENERALITÀ

18.1.1 Catasto dei terreni e dei fabbricati

Il "catasto" e il "censo"
Il significato etimologico di catasto (dal greco *catasticon*) è registro, elenco.
Il termine censo ha origine latina (*census* = valutare). Gli antichi Romani tenevano liste dei cittadini con la valutazione dei loro beni per fini fiscali (un vero catasto).

Il catasto è *l'inventario dei beni immobili esistenti nel territorio nazionale*. È costituito da un complesso di documenti (oggi in formato elettronico) in cui si registrano le caratteristiche tecnico-economiche degli immobili e i dati identificativi dei relativi possessori e in cui si tiene nota delle mutazioni che si verificano nel tempo.

Esistono due tipi di catasto: il **catasto dei terreni** e il **catasto dei fabbricati** (di cui si parlerà nel prossimo capitolo). Entrambi appartengono al medesimo apparato statale, l'*Agenzia delle entrate*, costituito per i seguenti scopi:

- **fiscali**, per la *determinazione del reddito degli immobili* ai fini dell'applicazione delle imposte dirette e indirette (IRPEF, IMU, imposta di registro, imposte ipotecaria e catastale ecc.);
- **civili**, per l'esatta *individuazione dei terreni e dei fabbricati* e per tenere distinti i *diritti reali* gravanti su di essi (proprietà, usufrutto ecc.), al fine anche di fornire i necessari riferimenti per le procedure private, amministrative e giudiziarie relative agli immobili (compravendite, successioni ereditarie, espropri ecc.).

18.1.2 L'Agenzia delle entrate

L'Agenzia delle entrate, oltre alla riscossione tributaria, svolge le funzioni catastali: servizi geocartografici, gestione dell'Osservatorio del mercato immobiliare (OMI), servizi estimativi e ancora altro. Di recente è stata costituita presso l'Agenzia delle entrate l'**Anagrafe immobiliare integrata** che accorpa per fini fiscali le banche dati disponibili per ciascun immobile, individuandone il soggetto titolare di diritti reali.

L'Agenzia delle entrate ha **sede centrale** a Roma ed è articolata a livello locale in direzioni regionali, uffici provinciali e poli catastali. Le **direzioni regionali** hanno funzioni di coordinamento tra la sede centrale e le sedi provinciali. Gli

uffici provinciali, ex uffici tecnici erariali (UTE), si occupano dei servizi operativi e dei rapporti con i Comuni.

Ai **poli catastali**, decentrati a livello comunale sono delegate le funzioni operative degli uffici provinciali. Il polo catastale può comprendere un solo Comune o un gruppo di Comuni di piccola dimensione. Il decentramento a livello comunale ha lo scopo di portare i servizi catastali più vicino ai cittadini e di rendere agevoli le operazioni tributarie dei Comuni (soprattutto per fini IMU), ma anche di ottenere a livello locale informazioni più accurate in merito ai valori immobiliari necessari per le operazioni di classamento degli immobili e per la fase di aggiornamento delle tariffe d'estimo.

I servizi catastali, in particolare le visure, sono oggi accessibili via internet tramite i professionisti accreditati, i CAF e anche direttamente ai cittadini.

18.1.3 Le origini storiche del catasto italiano

Al momento dell'unificazione in Italia erano già presenti, negli Stati preesistenti, catasti differenti gli uni dagli altri per tipologia, metodi di rilievo, unità di misura, scale di rappresentazione, metodologie estimative, moneta ecc. Nel Lombardo-Veneto esisteva, già nel Settecento, un catasto geometrico e particellare di impostazione austriaca (*catasto teresiano* o *censo milanese*), che costituì, con l'avvento della cartografia geodetica moderna, il prototipo del catasto attuale. Nel Meridione, dove la proprietà fondiaria era di tipo latifondista e il potere politico ancora di tipo feudale, i catasti erano invece *descrittivi* o per *masse di proprietà*. Prima dell'unità d'Italia esistevano infatti ben 24 catasti, appartenenti a 9 *compartimenti*:

- *Piemonte e Liguria*, comprendente il Piemonte, la Liguria, la Valle d'Aosta, l'Oltrepò Pavese e la Lomellina (attualmente in Lombardia in Provincia di Pavia);
- *Lombardo-Veneto*, comprendente la Lombardia, il Veneto e il Friuli (senza la Venezia-Giulia);
- *ex Ducato di Parma e Piacenza*, comprendente le Province di Parma e Piacenza e il territorio di Pontremoli (ora in Provincia di Massa-Carrara);
- *ex Ducato di Modena e Reggio*, comprendente le Province di Modena e Reggio Emilia e la Lunigiana (ora in Provincia di Massa-Carrara);
- *Toscana*, comprendente il territorio delle Province toscane (con esclusione della Provincia di Massa-Carrara);
- *ex Stato Pontificio*, comprendente il Lazio, l'Umbria, le Marche e la Romagna;
- *ex Stato Napoletano*, comprendente Abruzzo, Molise, Campania, Puglia, Calabria e Basilicata;
- *Sicilia*;
- *Sardegna*.

Nel momento dell'unificazione (1861), tra i primi interventi governativi volti a unificare di fatto la nuova entità politica, vi fu pertanto l'esigenza di formare un catasto unico per tutto il territorio del Regno.

Il primo intervento legislativo di interesse catastale fu la legge del **conguaglio provvisorio dell'imposta fondiaria**, n. 1831, del 14 luglio **1864**, con lo scopo di ripartire il gettito fiscale previsto allora (110 milioni di lire) tra i nove compartimenti, all'incirca corrispondenti ai vecchi Stati. All'interno di ogni compartimento l'imposta fondiaria veniva determinata secondo i criteri previsti dai catasti preesistenti. Fu quindi una legge a carattere provvisorio, con finalità essenzialmente fiscali. L'imposta fondiaria era infatti, al contrario di oggi, la principale voce attiva per le finanze dello Stato.

Con la legge 26 gennaio 1865, n. 2136, l'imposta sui fabbricati venne separata da quella dei terreni e quindi, nel **1871**, fu istituito il primo e sommario catasto dei fabbricati.

Con la **legge sulla perequazione fondiaria** del 1° marzo **1886**, n. 3682, nota anche come *legge fondamentale* o *legge Messedaglia*, fu istituito il **nuovo catasto terreni** (**NCT**), geometrico e particellare. Le operazioni di formazione si svolsero nell'arco di 70 anni, con le interruzioni di due guerre mondiali e con grandi difficoltà di natura tecnica e burocratica. Le operazioni di rilievo e di stima si sono così protratte fino al 1956 quando le operazioni di formazione del catasto terreni furono dichiarate chiuse in tutto il territorio nazionale. Il catasto entrò così definitivamente nella fase di conservazione.

18.1.4 Le caratteristiche del catasto italiano

L'articolo 1 della legge fondamentale del 1886 definisce le caratteristiche fondamentali del nuovo catasto: "Sarà provveduto, a cura dello Stato, in *tutto il regno*, alla formazione di un catasto *geometrico e particellare*, uniforme, *fondato sulla misura e sulla stima*, allo scopo:
1) di *accertare le proprietà immobili* e *tenerne in evidenza le mutazioni*;
2) di *perequare l'imposta fondiaria*."

A tale scopo il territorio nazionale fu suddiviso in porzioni omogenee, dette particelle (in totale, oggi, circa 75 milioni). La **particella** è "una porzione continua di terreno, situata in un medesimo Comune, appartenente al medesimo possessore e della medesima qualità e classe"(art. 2, RD n. 1572/1931).

La **misura** riguarda il rilievo dei terreni allo scopo di determinarne l'*esatta ubicazione* e la *superficie*; la **stima** riguarda invece la determinazione delle caratteristiche reddituali delle particelle: *qualità* (tipo di coltura), *classe* (livello di produttività) e *rendite* (o *estimi catastali*). Nel catasto terreni esistono due tipi di rendite: il *reddito dominicale* e il *reddito agrario*.

Tariffe e rendite
Le tariffe sono unitarie (per ettaro di superficie), mentre le rendite si riferiscono alla superficie effettiva di ogni particella.

Le **tariffe d'estimo** sono le rendite catastali *per ettaro* di superficie di *ogni qualità e classe*, con riferimento alla moneta corrente in una determinata *epoca censuaria*. Vi sono due modalità di calcolo delle tariffe d'estimo:
- a *estimo diretto*, sulla base di procedure eseguite per ogni singola particella;
- a *estimo indiretto*, sulla base di procedure applicate ad aziende agrarie prese per campione (aziende studio) e applicando procedure comparative (stima per valori tipici) per calcolare le tariffe applicabili a ogni qualità e classe.

Il catasto terreni nacque a estimo diretto ma, per accelerare i tempi di formazione, nel 1905 divenne a estimo indiretto. Il nuovo catasto terreni, attualmente in vigore, ha quindi le seguenti caratteristiche:
- **geometrico**, in quanto si basa sulla *misura* (rilievo topografico dei terreni);
- **particellare**, in quanto ha per oggetto *porzioni omogenee di terreno*;
- **a estimo indiretto**, in quanto *le rendite sono calcolate sulla base della qualità e classe* e non direttamente per ogni particella;
- **non probatorio**, in quanto *non è attribuito un valore probatorio* ai fini legali.

Nel catasto le particelle sono *intestate a persone fisiche o giuridiche* in funzione del diritto reale di cui sono titolari (proprietà, usufrutto, superficie ecc.). Pertanto si parlerà di *"possessori"* e non di *"proprietari"*.

Il catasto tavolare probatorio dell'ex impero austro-ungarico

Le origini storiche e tecniche del **catasto fondiario ex-austriaco**, attivato da Maria Teresa d'Austria fin dal 1759 (*catasto teresiano*), derivano dal *Censo milanese*

ESTIMO CATASTALE

del 1714, sempre di impostazione austriaca, con il quale fu introdotta la rappresentazione grafica delle proprietà. Si differenzia dall'attuale catasto italiano per il *valore probatorio indiretto*, in quanto collegato all'istituto del Libro fondiario che ha piena efficacia giuridica.

Il **Libro fondiario** (o *tavolare*) è un complesso di registri, atti e documenti che raccoglie e riporta tutti gli immobili di un determinato Comune catastale, con la loro posizione giuridica e con le variazioni di fatto e di diritto che si sono verificate nel tempo.

Il catasto tavolare è tuttora in vigore nei seguenti territori: le intere Province di Trieste, Gorizia, Trento e Bolzano, due Comuni del distretto d'imposte di Salò (Provincia di Brescia); alcuni Comuni dei distretti d'imposte di Cervignano del Friuli, Palmanosa e Pontebba (Provincia di Udine), due Comuni del distretto d'imposte di Asiago (Provincia di Vicenza). Non è più in vigore nei Comuni di Cortina d'Ampezzo, Colle S. Lucia e Livinallongo del Col di Lana (Provincia di Belluno) dove è stato disposto l'impianto del NCT.

18.1.5 Le fasi del catasto

La fase di **formazione** del catasto italiano ha avuto inizio con la legge fondamentale del 1886 e si è conclusa con:

- la **pubblicazione** degli atti catastali provvisori;
- l'**attivazione** degli atti catastali definitivi.

Queste fasi storiche hanno avuto termine nel 1956, quando il catasto terreni è entrato nella fase di **conservazione**. Le operazioni catastali hanno, a questo punto, solo lo scopo di tenere aggiornati gli atti definitivi.

18.2 FORMAZIONE

L'impianto dell'attuale catasto terreni ha origine essenzialmente dalle seguenti leggi:

- *RD 8 ottobre* **1931**, *n. 1572, Approvazione del* **testo unico** *delle leggi sul nuovo catasto*, che riunì in un'unica legge tutta la normativa preesistente, a partire dalla legge fondamentale;
- *RD 12 ottobre* **1933**, *n. 1539, Approvazione del* **regolamento** *per l'esecuzione delle disposizioni legislative sul riordinamento dell'imposta fondiaria.*

Per la formazione del catasto terreni sono state eseguite storicamente operazioni di due tipi: topografiche ed estimative.

18.2.1 Operazioni topografiche

Le operazioni di rilievo topografico hanno lo scopo di **rappresentare le particelle su fogli di mappa**. Tali operazioni furono precedute da una fase preliminare di ricognizione delle linee di confine tra i Comuni e tra le proprietà all'interno dei Comuni (*delimitazione*). La delimitazione si svolse inizialmente in presenza dei possessori e, quando necessario, di persone "probe ed esperte del territorio", designate dai Comuni (*indicatori catastali*), chiamate in causa per risolvere eventuali disaccordi sul posizionamento dei confini.
Quando è necessario sono posti dei riferimenti fissi sul posto, da riportare in mappa (*terminazione*).

La mappa particellare

Il catasto italiano è composto da circa 300.000 **fogli di mappa** che rappresentano il territorio degli 8.003 Comuni italiani suddiviso in particelle. I fogli sono numerati con numeri arabi a partire da nord-ovest (in alto a sinistra) a seguire fino a sud-est (in basso a destra). La dimensione di ciascun foglio è di 70 × 100 cm (il disegno è compreso in un rettangolo di 60 × 95 cm).

La *scala* di rappresentazione è normalmente **1:2000**, ma sono previste anche le seguenti scale:

- *1:1000*, per i centri abitati e dove la dimensione media delle particelle è inferiore a 20 are;
- *1:500*, per le porzioni di territorio dove la dimensione media delle particelle è inferiore a 3 are;
- *1:4000*, dove la dimensione media delle particelle è maggiore di 5 ha (zone montane per le quali non si prevede una suddivisione in particelle di minore dimensione).

L'insieme dei fogli di mappa di un Comune forma il **quadro d'unione** in scala 1:25.000 o anche 1:20.000 e 1:10.000. Tramite il quadro d'unione è possibile risalire al foglio di mappa in cui si trova una determinata particella.

Ogni particella è contrassegnata da un **numero di mappa** (*v.* figura 18.1). Il contorno della particella è rappresentato graficamente da una *linea continua* che rappresenta l'*oggetto del rilievo* topografico. Di ogni particella deve essere calcolata la *superficie in ettari*. La superficie occupata dai fabbricati è colorata o tratteggiata.

La mappa catastale riporta anche i fabbricati, la rete stradale, la rete idrica, i confini amministrativi e le servitù prediali. Un fabbricato può essere rappresentato nella mappa con un proprio numero di mappa o insieme all'area di pertinenza.

Figura 18.1
Estratto di mappa catastale in una zona montuosa.

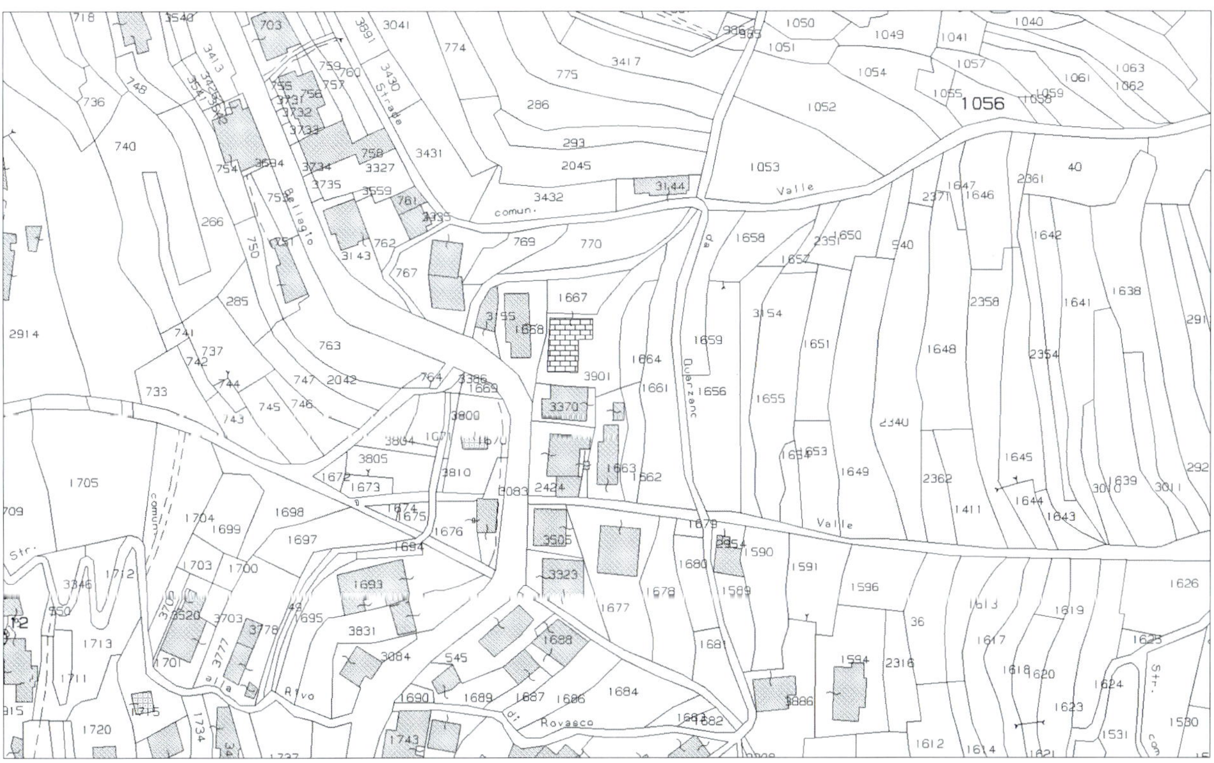

Le tecniche di rappresentazione cartografica

I lavori di rilievo per la formazione del catasto iniziarono con le tecniche (celerimensura) e i mezzi (teodoliti ottici) dell'epoca (fine Ottocento). Col passare del tempo si sono evolute sia le tecniche di rappresentazione cartografica sia gli strumenti per il rilievo.

Evoluzione dei sistemi di rappresentazione
Nelle mappe storiche sono presenti diversi sistemi di rappresentazione cartografica: Sanson-Flamsteed, Cassini-Soldner e Gauss-Boaga. Vi sono però anche mappe, derivanti da mappe di catasti preunitari, prive di riferimenti alla rete di inquadramento nazionale e realizzate con sistemi di rappresentazione diversi dai tre appena citati.

Il rilievo è collegato a punti trigonometrici inseriti nella rete di riferimento geodetico dell'*Istituto geografico militare italiano* (IGMI). Questi punti di riferimento topografico sono diventati oggi i **punti fiduciali**. Se è stato eseguito anche il rilievo altimetrico, nelle mappe sono riportati i punti quotati o le curve di livello. Sulle mappe sono inseriti appositi simboli di riferimento (*v.* tabella 18.1).

18.1 Simboli grafici sulle mappe catastali

Simbolo		Significato
___	Linea continua	Contorno della particella.
....	Linea punteggiata	Parte di fabbricato interrata.
___ - - - -	Doppia linea (una continua e una tratteggiata)	Servitù di passaggio.
~	Graffa (dimensioni 2 × 1 mm)	Indica che due porzioni adiacenti (per esempio un fabbricato e un cortile) costituiscono una particella unica, individuabile quindi con un solo numero di mappa.
>—<	Segno di unione, "Osso di morto" (lunghezza 3 mm, parte interna 2 mm)	Indica che la parte punteggiata o tratteggiata e l'adiacente parte fuori terra costituiscono una sola particella.
T	Termine di proprietà (testa 1 mm, stelo 1 mm)	Luogo in cui viene posto un segno lapideo o altro riferimento fisico di segnalazione del confine.

Con l'avvento dell'informatizzazione è stato introdotto un nuovo sistema di gestione della cartografia catastale, denominato WEGIS (*Web enable geographic information system*). Il sistema si basa su due distinti modelli di dati, in formato raster e vettoriale. Il *formato raster* è costituito dalle vecchie mappe cartacee acquisite tramite scanner; nel *formato vettoriale* si archiviano le coordinate dei vertici "appoggiate" ai punti fiduciali (**mappa numerica**). I "numeri" sono appunto le coordinate che identificano con esattezza topografica il contorno di ogni particella. L'archiviazione numerica e le nuove tecnologie consentono una maggiore precisione nell'identificazione dei confini e l'automazione informatica, via Web, delle procedure di aggiornamento.

18.2.2 Operazioni estimative

Le operazioni estimative hanno due finalità:

- attribuire a ogni particella la qualità e la classe che le competono (*classamento*);
- calcolare le rendite da applicare a ogni qualità e classe (*tariffe d'estimo*).

Esse comprendono (*v.* figura 18.2):

1) qualificazione;
2) classificazione;
3) classamento;
4) calcolo delle tariffe.

Zone censuarie del catasto terreni

Per le operazioni di formazione il territorio nazionale è stato suddiviso in 21 **zone**, ciascuna delle quali comprende un gruppo di Province uniformi per l'ordinamento colturale delle aziende agrarie.

Ogni Provincia viene suddivisa in **circoli censuari**, in tutto circa 300. Ciascun circolo censuario comprende un gruppo di Comuni omogenei per caratteristiche *topografiche*, *agrarie* ed *economiche*. All'interno di ogni circolo censuario viene scelto un Comune che comprenda le qualità di coltura predominanti e che possa servire come *tipo* per le operazioni estimative (**Comune tipo**). All'interno del Comune tipo viene scelta un'**azienda studio**. Per le qualità di coltura eventualmente non presenti nel Comune tipo si ricorre a *comuni tipo sussidiari*, dove si individuano *aziende studio sussidiarie*.

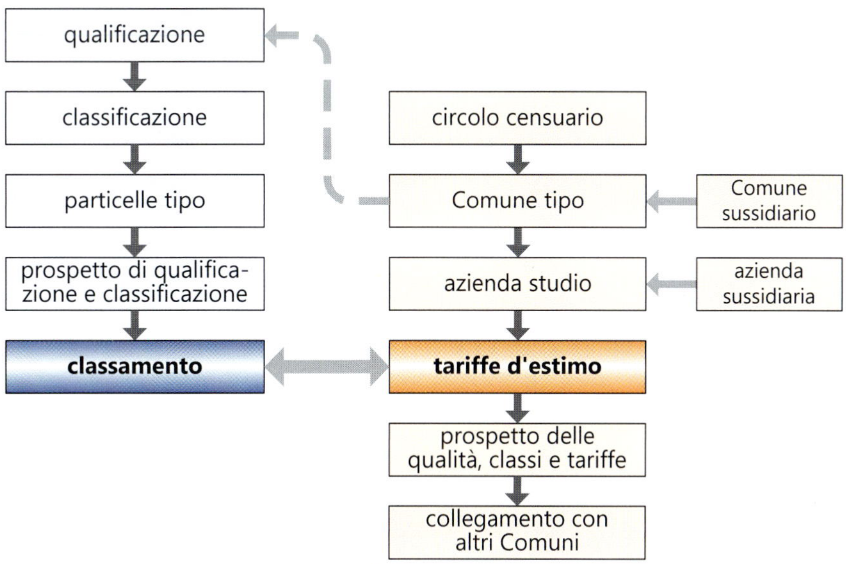

Figura 18.2
Schema delle operazioni di formazione del catasto terreni.

Qualificazione

La qualificazione consiste nel **distinguere i terreni secondo la qualità di coltura**. La qualificazione fa riferimento alla diversa coltivazione a cui vengono di solito destinati i terreni, ma anche, eventualmente, al loro diverso prodotto spontaneo o, anche, ad altre condizioni permanenti (art. 58, RD n. 1539/1933).

La terminologia per indicare le qualità di coltura è uniforme per tutto il territorio nazionale. Nella tabella 18.2 sono descritte le 30 qualità previste dalla normativa. Le qualità sono di tre tipi:

- **qualità di suolo**, se è prevalente il suolo (seminativo, prato ecc.);
- **qualità di soprassuolo**, se è prevalente il soprassuolo (vigneto, frutteto ecc.);
- **qualità mista**, se non prevale né il suolo né il soprassuolo.

Non sono comprese nella qualificazione le aree destinate a fabbricati urbani, strade, parchi, cave e miniere, fiumi, canali, laghi, spiagge, rocce nude ecc.

Le strade intrapoderali e i fossi di prima raccolta delle acque sono considerati superficie produttiva e pagano la relativa imposta.

I *fabbricati rurali* costituiscono con le loro pertinenze (cortili, concimaie ecc.) una particella con attribuzione di rendita propria, ma esente da imposta. La rilevanza fiscale della rendita si verifica quando il fabbricato perde la caratteristica di pertinenza del fondo rustico (requisito di ruralità).

18.2	Qualità di coltura nel catasto terreni
Qualità	**Descrizione**
1) *Seminativo*	Terreno lavorato con l'aratro o con la zappa, senza distinzione di posizione, la cui coltivazione è avvicendata, o suscettibile di esserlo, a cereali o anche a legumi, a tuberi, a piante tessili, foraggiere e industriali.
2) *Seminativo irriguo*	Terreno come sopra, irrigato con acqua propria o di affitto, sia che nell'avvicendamento le coltivazioni richiedano necessariamente l'irrigazione come per esempio il riso, sia che l'irrigazione non sia indispensabile.
3) *Seminativo arborato*	Seminativo come al n. 1, in cui esistano viti o alberi allineati o sparsi, il cui prodotto costituisca un fattore notevole del reddito del fondo.
4) *Seminativo irriguo arborato*	Seminativo come sopra, cui si applichi l'irrigazione come al n. 2.
5) *Prato*	Terreno, comunque situato, che produce erba falciabile almeno una volta l'anno.
6) *Prato irriguo*	Terreno a prato perenne come sopra, che goda del beneficio di una regolare irrigazione, con acqua propria o con acqua di affitto.
7) *Prato arborato*	Terreno come sopra al n. 5 in cui esistano alberi come al n. 3.
8) *Prato irriguo arborato*	Terreno come sopra al n. 7, in cui si applichi l'irrigazione come al n. 6.
9) *Prato a marcita*	Terreno a prato perenne irrigato con acqua propria o di affitto, che fornisce almeno un taglio di erba nell'autunno avanzato o alla fine dell'inverno.
10) *Risaia stabile*	Terreno fornito di acqua di irrigazione propria o di affitto, coltivato esclusivamente a riso.
11) *Pascolo*	Terreno che produce erba utilizzabile come foraggio, la quale non si può economicamente falciare e si fa pascolare dal bestiame.
12) *Pascolo arborato*	Terreno come sopra al n. 11, in cui esistano alberi come ai n. 3 e 7.
13) *Pascolo cespugliato*	Terreno pascolativo, sparso di cespugli che limitano a ristrette zone la produzione dell'erba.
14) *Giardino*	Terreno destinato a scopo di delizia, a colture che richiedono speciali ripari o riscaldamento o, in generale, sottratto per qualsivoglia uso all'ordinaria coltivazione, in quanto non sia da considerarsi come accessorio dei fabbricati rurali.
15) *Orto*	Terreno coltivato a ortaggi per scopo commerciale.
16) *Orto irriguo*	Terreno come sopra al n. 15, che gode di una regolare irrigazione.
17) *Agrumeto*	Terreno coltivato ad agrumi di ogni specie.
18) *Vigneto*	Terreno coltivato a viti allo scopo di ottenere, esclusivamente o principalmente, dal suolo, il massimo raccolto di uva, attribuendosi agli altri prodotti un'importanza secondaria.
19) *Frutteto*	Terreno coltivato a piante da frutto, esclusivamente o principalmente, attribuendosi agli altri prodotti un'importanza secondaria.
20) *Oliveto*	Terreno coltivato a olivi, esclusivamente o principalmente, attribuendosi agli altri prodotti un'importanza secondaria.
21) *Gelseto*	Terreno coltivato a gelsi, esclusivamente o principalmente, attribuendosi agli altri prodotti un'importanza secondaria.
22) *Colture speciali di alcune parti d'Italia*	Tutte le colture che non rientrano nelle rotazioni agrarie e che non possono essere assegnate ad altre qualità del presente quadro.
23) *Castagneto da frutto*	Terreno coltivato, esclusivamente o principalmente, a castagni da frutto, attribuendosi un'importanza secondaria agli altri prodotti.
24) *Canneto*	Terreno che produce canne destinate al servizio delle vigne o al commercio.
25) *Bosco di alto fusto*	Terreno occupato da alberi di alto fusto di ogni genere.
26) *Bosco ceduo*	Terreno occupato da alberi di ogni genere, che si tagliano a intervalli generalmente non maggiori di 15 anni, sia di ceppaia che di piante a capitozza.
27) *Bosco misto*	Bosco composto promiscuamente di piante ad alto fusto e di cedui.
28) *Incolto produttivo*	Qualunque terreno, non compreso nei precedenti titoli, che senza l'intervento della mano dell'uomo dia un prodotto valutabile anche minimo.
29) *Ferrovia*	
30) *Incolto sterile*	Terreno assolutamente improduttivo.

Classificazione

La classificazione consiste nel *suddividere ogni qualità in tante classi quanti sono i gradi diversi di produttività*. Le classi possono essere al *massimo cinque*; la prima è la migliore e il salto di produttività tra due classi contigue è del 20%.
Per ogni Comune tipo i periti catastali eseguono un sopralluogo, in presenza di una commissione nominata dal Comune o di un delegato, durante il quale rilevano i terreni migliori e peggiori di ogni qualità di coltura e quindi determinano il numero delle classi in cui ciascuna qualità deve essere suddivisa.
Per ogni qualità e classe viene definita e adeguatamente descritta la **particella tipo**, che deve rappresentare il merito medio dei terreni che vi debbono essere compresi. L'insieme delle particelle tipo costituisce il *campionario* alla base della successiva fase di classamento.
Per ciascun Comune tipo viene infine redatto un elenco in cui compare il numero di classi in cui ciascuna qualità è stata divisa e la descrizione delle particelle tipo (**prospetto di qualificazione e classificazione**) (art. 69, RD n. 1539/1933).

Classamento

Il classamento è un'operazione "di campagna" mediante la quale *è stata attribuita a ogni particella la qualità e la classe di competenza*. Il perito catastale incaricato del classamento ha assegnato la qualità e la classe in base al confronto con la particella tipo del campionario. L'attribuzione della qualità e della classe deve essere fatta con *criteri di ordinarietà e di permanenza delle condizioni*, escludendo quindi circostanze straordinarie e transitorie.
L'amministrazione del catasto deve selezionare il personale da incaricare per questo compito, come per il calcolo delle tariffe d'estimo, con criterio qualitativo e, comunque, riducendone al minimo il numero, in modo da rendere il classamento quanto più omogeneo è possibile.

Calcolo delle tariffe

Le **tariffe d'estimo** esprimono "*il reddito dominicale o il reddito agrario per ogni qualità e classe, per ettaro di superficie, in moneta legale, con riferimento all'epoca censuaria*".

Il **reddito dominicale** (*RD*) è il reddito ordinario ritraibile dal titolare del diritto reale (in genere il proprietario, dal latino *dominus*), il **reddito agrario** (*RA*) è invece il reddito ordinario spettante a *chi gestisce l'attività agricola sul fondo* (l'imprenditore agricolo). Se il proprietario gestisce anche il fondo dovrà quindi dichiarare al fisco entrambi i redditi.

L'azienda studio

L'azienda studio è un'azienda "reale e ordinaria", rappresentativa del circolo censuario, che viene presa in considerazione, anche per le successive revisioni, per l'esecuzione di un *bilancio estimativo* avente lo scopo di *determinare le tariffe delle qualità e classi in essa presenti*.
Il bilancio estimativo dell'azienda studio viene eseguito con modalità standard utilizzando il **Quaderno di stima**, mod. 23 (mod. 26 per le qualità boschive). Tale modello è composto di *22 prospetti*, ciascuno dei quali rappresenta una fase del bilancio (prodotti, spese varie, salari, interessi ecc.):
- il *prospetto 21* è il quadro riepilogativo per il calcolo del reddito dominicale;
- il *prospetto 22* è il quadro riepilogativo per il calcolo del reddito agrario.

18.2.4 Le revisioni degli estimi

La revisione consiste nel ricalcolare gli estimi con riferimento ai prezzi correnti in un periodo recente preso come riferimento e con le eventuali modifiche procedurali stabilite dal Ministero delle finanze. Le revisioni sono indette con provvedimento legislativo. Al termine di ogni revisione le tariffe d'estimo e le relative deduzioni di reddito dominicale sono pubblicate nella Gazzetta Ufficiale della Repubblica Italiana (*v.* figura 18.3) e saranno operative ai fini fiscali alla data fissata per legge.

La prima revisione

La prima revisione degli estimi è del **1923** (RDL 7 gennaio 1923, n. 17). Si rese necessaria al termine della prima guerra mondiale per l'aggiornamento dell'epoca censuaria in seguito all'inflazione verificatasi durante il conflitto. Si fece riferimento ai prezzi medi del decennio 1904-1913 (il periodo precedente era 1874-1886), fissando l'epoca censuaria al *1° gennaio 1914*. Le tariffe furono espresse in *lire oro*, moneta legale dell'epoca.

La seconda revisione

La seconda revisione degli estimi del **1939** (legge 29 giugno 1939, n. 976) è sicuramente la più importante in quanto ha introdotto importanti novità nelle modalità di calcolo delle tariffe, tra cui le seguenti.

- I bilanci vengono eseguiti su *aziende studio reali e ordinarie*, non più su astratte particelle tipo.
- In aggiunta al reddito dominicale viene determinato anche il *reddito agrario*.
- Non si considera più la produzione lorda totale, ma la *produzione lorda vendibile*, che tiene conto del valore aggiunto con la trasformazione dei prodotti vegetali (foraggi in latte e carne, uva in vino ecc.).
- L'*epoca di riferimento* per l'acquisizione delle informazioni statistiche necessarie per la determinazione dei prezzi e delle quantità medie e ordinarie dei prodotti e dei mezzi produttivi è stata stabilita nel triennio 1937-39 (epoca censuaria al *1° gennaio 1940*), tuttavia è consentito eccezionalmente fare ricorso a un periodo più lungo per quanto riguarda i prezzi dei prodotti particolarmente oscillanti.
- Il *saggio di interesse* da applicare al capitale di esercizio è stabilito nella misura del 6%.

Questa revisione è stata preceduta da un nuovo classamento.

La terza revisione

Con la terza revisione degli estimi del **1979** (DPR 29 settembre 1973, n. 604, attuato con DM 13 dicembre 1979) a quarant'anni di distanza dalla precedente, si è proceduto all'aggiornamento degli estimi in conseguenza dei grandi cambiamenti che si sono verificati in agricoltura in questo lungo periodo (*v.* figura 18.3). Tali cambiamenti erano dovuti a:

- *meccanizzazione* dei lavori agricoli, con emigrazione della manodopera in eccesso dalle campagne alle città industrializzate;
- *evoluzione delle tecniche di coltivazione* con la diffusione dei concimi chimici, dei diserbanti, degli antiparassitari, della selezione genetica delle varietà e delle razze ecc. che hanno consentito un grande aumento delle produzioni;
- *evoluzione delle strutture economiche* di produzione e dei mercati internazionali (nascita del Mercato comune europeo), che hanno influito sui costi di produzione e sui prezzi dei prodotti.

Il limite di questa revisione è stato quello di non aver modificato le qualità, le classi e il classamento, un'operazione probabilmente necessaria per l'entità dei cambiamenti intervenuti in quasi mezzo secolo.

Supplemento straordinario alla GAZZETTA UFFICIALE n. 269 del 29 settembre 1984 15

COMUNI DI: ALBIATE, BIASSONO, DESIO, GIUSSANO, LISSONE

QUALITA'	Classi	Tariffa in lire per ettara		Classi istituite in ciascun Comune				
		Reddito dominicale	Reddito agrario	Albiate	Biassono	Desio	Giussano	Lissone
Seminativo	I II	120.000 95.000	110.000 90.000	I II	I II	I II	I II	I II
Seminativo arborato	Unica	120.000	110.000	Unica	Unica	Unica	Unica	Unica
Seminativo irriguo	Unica	220.000	185.000	—	Unica	—	—	—
Prato	I II III	100.000 85.000 65.000	110.000 100.000 75.000	I II —	I II III	I II III	I II III	I — —
Prato irriguo	Unica	210.000	130.000	—	Unica	—	—	—
Orto	Unica	200.000	55.000	—	—	Unica	Unica	—
Orto irriguo	Unica	800.000	300.000	—	—	—	—	—
Incolto produttivo	Unica	6.000	2.000	—	Unica	Unica	Unica	Unica
Bosco ceduo	I II	40.000 40.000	6.000 6.000	I II	I II	I II	I II	I II

DEDUZIONI ALLE TARIFFE DI REDDITO DOMINICALE,
PER OPERE PERMANENTI DI DIFESA, SCOLO E BONIFICA E PER SPESE DI IRRIGAZIONE

TITOLI DELLE DEDUZIONI	Simboli	Gradi	Importo della deduzione in lire		Gradi di deduzione istituiti in ciascun Comune				
			per ettara	Per ogni 100 lire di reddito dominicale	Albiate	Biassono	Desio	Giussano	Lissone
Fiume Lambro – Roggia Folla	I_1	a	20.000	—	—	a	—	—	—
Acque sollevate meccanicamente dal Fiume Lambro	I_2	a	70.000	—	—	a	—	—	—
Acque sollevate meccanicamente dal sottosuolo	P_{10}	b	70.000	—	—	—	b	—	—

L'applicazione delle deduzioni fuori tariffa per fitti d'acqua e spese di irrigazione non deve determinare tariffe derivate inferiori a quelle delle corrispondenti qualità asciutte. La tariffa da applicare sarà quella più prossima della corrispondente qualità asciutta. In assenza di questa, si farà riferimento alla tariffa del seminativo asciutto. Tale principio non si applica nel caso di tariffe principali dell'irriguo inferiori a quelle corrispondenti dell'asciutto.

Figura 18.3
Pubblicazione delle tariffe nella *Gazzetta Ufficiale* in seguito alla terza revisione degli estimi.

Con la terza revisione sono state introdotte le seguenti innovazioni.

- L'*epoca di riferimento* per l'acquisizione delle informazioni statistiche sui prezzi è stabilita nel biennio 1978-79 (epoca censuaria *1° gennaio 1980*).
- Le *quote* di reintegrazione, di manutenzione e di assicurazione vengono calcolate sul *valore a nuovo delle macchine*.
- Le quote di *reintegrazione delle spese di impianto delle colture arboree* vengono calcolate come media aritmetica.

- Le quantità di prodotti e di mezzi produttivi si determinano con media aritmetica sui 6-7 anni passati per le colture a ciclo annuo, su tutto il ciclo per quelle arboree, con eliminazione del massimo e del minimo.
- Il compenso per il *lavoro manuale*, compreso quello prestato dallo stesso conduttore del fondo, viene calcolato con riferimento alle tariffe sindacali dei lavoratori dipendenti, al lordo dei contributi.
- L'*interesse sulle scorte* (macchine) viene calcolato sulla *metà del valore a nuovo*.
- Il *saggio di interesse* da applicare al capitale di esercizio è stabilito nella misura dell'8% per tutto il territorio nazionale.

Le scale di merito e di collegamento, essendo rimasti invariati i Comuni tipo, non sono variate.

Gli estimi così determinati sono entrati in vigore per la prima volta per la dichiarazione dei redditi relativi al 1988 e sono attualmente in uso.

La quarta revisione

La quarta revisione degli estimi del **1990**, indetta col DMF 20 gennaio 1990, n. 3/355, rientra nell'attuale orientamento di tenere aggiornati gli estimi dei terreni con cadenza decennale. Sono previste le seguenti modalità operative.

- L'*epoca di riferimento* per l'acquisizione delle informazioni statistiche è stabilita nel periodo 1988-89 (epoca censuaria al *1° gennaio 1990*).
- L'*impostazione tecnica dei lavori e lo svolgimento operativo* sono gli stessi della terza revisione.

Tariffe d'estimo: procedure anacronistiche nei bilanci estimativi

I risultati di questa revisione non sono ancora stati pubblicati.

18.3 PUBBLICAZIONE E ATTIVAZIONE

Al termine della fase di formazione furono esposti al pubblico per 60 giorni i seguenti *documenti catastali provvisori*:

1) la **mappa particellare**;
2) la **tavola censuaria**, riportante per ogni Comune le particelle in ordine progressivo, con la relativa qualità, classe, simboli di deduzione, superficie, reddito dominicale e reddito agrario;
3) il **quadro generale delle qualità, classi e tariffe** (allegato alla tavola censuaria), riportante le qualità e classi individuate nel Comune con le relative tariffe e simboli di deduzione;
4) gli **estratti partitari** in cui sono riportate le particelle in carico a ogni ditta;
5) le **schedine di collegamento**.

Gli interessati, cioè i possessori, poterono prenderne visione e segnalare eventualmente errori e omissioni.

La fase di **attivazione** è consistita nella *correzione* dei documenti catastali provvisori in seguito alle segnalazioni dei possessori e alle mutazioni avvenute durante la fase di pubblicazione e nell'approntare i documenti definitivi. Furono quindi consegnati alla successiva fase di conservazione i seguenti atti catastali definitivi:

1) la *mappa particellare*;
2) l'*elenco* e lo *schedario delle particelle* (ex tavola censuaria);
3) il *registro* o *schedario delle partite*;
4) la *matricola* o *schedario dei possessori*.

Gli atti storici del catasto

Con l'avvento dell'informatica, i documenti catastali hanno cambiato di molto il loro aspetto. Non di rado, però, nella documentazione relativa agli immobili, sono presenti ancora gli atti catastali storici.

Schedario delle partite

Nella partita catastale vengono riportate le particelle in carico a una determinata ditta catastale. Quando una particella viene trasferita per compravendita, successione o altro viene "scaricata" dalla partita dell'alienante e "caricata" nella partita del nuovo possessore. La scheda è costituita di tre sezioni.

Intestazione o ditta catastale, con le generalità dei possessori, il loro codice fiscale e, quando gli intestatari sono più di uno, la quota di possesso di ciascuno in millesimi.

Particelle in carico, su ogni riga, rappresentante una particella, sono riportati il foglio e il numero di mappa, la superficie in ettari-are-centiare, la qualità, la classe, il reddito dominicale e agrario e gli eventuali simboli di deduzione.

Mutazioni, sono indicate le variazioni intervenute con i relativi estremi (numero della voltura, notaio, partita di provenienza o di destinazione ecc.).

Elenco delle particelle

L'elenco delle particelle (ex *schedario delle particelle* o ex *prontuario dei numeri di mappa* o ex *tavola censuaria*) riporta in ordine progressivo per ciascun foglio di mappa le particelle presenti con i relativi dati (qualità, classe, superficie, reddito dominicale e agrario ecc.) e con il numero della partita in cui risultano in carico.

Elenco dei possessori

L'elenco dei possessori (ex *schedario dei possessori* o ex *matricola dei possessori*) riporta in ordine alfabetico i possessori presenti in un determinato Comune con i relativi dati identificativi e con a fianco il numero della partita in cui risultano intestati.

18.3.1 La partita catastale

Una partita catastale è *l'insieme delle particelle intestate a una ditta*. Una **ditta catastale** è formata da *uno o più intestati titolari degli stessi diritti su uno o più immobili*. La ditta può essere individuale o collettiva. Gli intestati possono essere persone fisiche o persone giuridiche.

Ogni partita è identificata con un numero. Nel gergo catastale si definisce *carico* l'operazione di attribuzione di una particella a una ditta e *scarico* l'operazione inversa.

Il concetto di partita ha perso la sua importanza con l'avvento dell'archiviazione elettronica. Nell'interrogazione del database (*v.* paragrafo 18.4.1) si possono effettuare ricerche per soggetto e per immobile, non per partita.

Nel catasto sono presenti delle **partite speciali**, numerate da 0 a 5, utilizzate per esigenze di servizio dall'ufficio:
- *partita 0*, elenco numeri di mappa soppressi (e quindi utilizzabili per creare nuove particelle);
- *partite da 1* a *3*, sono utilizzate per il catasto dei fabbricati;
- *partita 4*, acque esenti da estimo;
- *partita 5*, strade pubbliche.

18.4 IL SISTEMA INFORMATIVO CATASTALE

I documenti o atti catastali hanno avuto nel tempo, sotto l'aspetto formale e materiale, una notevole evoluzione. Fino all'avvento della meccanizzazione gli atti cartacei del catasto erano dei registri da compilare a mano. Con l'impianto del sistema meccanografico, negli anni '80, gli atti catastali sono diventati una scheda o un tabulato stampati dalle macchine dell'epoca. In seguito all'evoluzione delle tecnologie informatiche è stata attuata nel 1991 la riforma dell'amministrazione finanziaria dello Stato ed è stato creato il *nuovo sistema informativo del catasto* (NSIC).

Il nuovo sistema si basa su una nuova e più moderna architettura informatica (di tipo *client-server*) e su un database relazionale che gestisce l'**archivio dei dati censuari** e la **mappa particellare numerica**. Con la nuova piattaforma informatica sono state introdotte le seguenti profonde innovazioni:

- un ***database* unico per i terreni e i fabbricati**, che consente di accorpare per ogni soggetto i dati delle due banche dati;
- **fusione del catasto con le conservatorie dei registri immobiliari**, con la possibilità di aggiornare automaticamente gli archivi catastali nella fase di trascrizione degli atti traslativi;
- superamento del concetto di partita catastale (che rimarrà un semplice attributo della particella) in favore di un'**archiviazione basata sul soggetto intestato**;
- sostituzione del codice catastale dei Comuni con quello in uso a livello nazionale (per esempio per il codice fiscale).

Il nuovo sistema informativo consente agli uffici predisposti e all'utente i seguenti vantaggi:

- facile consultazione degli atti (visure da terminale);
- modalità di aggiornamento, con procedure informatiche, più facili e rapide, sia per quanto riguarda gli estimi sia per le variazioni soggettive e oggettive;
- attivazione di servizi telematici (tramite Internet);
- interfacciabilità con altri sistemi (per esempio per fini fiscali).

18.4.1 La visura

La "visura" è una consultazione degli atti catastali da cui risulta lo stato attuale o storico degli atti o degli elaborati. La visura si rende necessaria per diverse esigenze pratiche:

- per acquisire i redditi imponibili ai fini IRPEF, IMU e delle imposte sul trasferimento dei diritti immobiliari;
- per verificare corrispondenza tra quanto risulta negli atti catastali e lo stato di fatto dell'immobile (intestazione, qualità ecc.), soprattutto nelle fasi di trasferimento delle particelle per compravendita e successione ereditaria;
- per svolgere incarichi di aggiornamento tecnico (conservazione del catasto).

La visura può riguardare gli atti o gli elaborati:

- presenti nel *sistema informativo*, per i quali viene fornita una stampa;
- su *supporto cartaceo*, per i quali è consentita la visura a vista con facoltà di estrarre brevi note e appunti.

La visura è consentita a chiunque. Solo per le planimetrie delle unità immobiliari urbane la visura deve essere richiesta dal proprietario, dal possessore, dal titolare di diritti reali o da chiunque possa dimostrare di agire per conto di questi.

La **visura nel sistema informatico** ("atti meccanizzati") può essere effettuata in base ai seguenti tipi di ricerca:

- *per soggetto intestato* (o cointestato), mediante i dati anagrafici (cognome, nome, codice fiscale ecc.) (*v.* figura 18.4);
- *attuale per immobile*, mediante l'identificativo catastale (numero della particella nel catasto terreni o dell'unità immobiliare nel catasto fabbricati);

- *storica per immobile*, riferita a un periodo determinato (decennale, ventennale ecc. e comunque fino al momento dell'impianto del sistema meccanizzato);
- *porzioni della mappa;*
- *elenco immobili;*
- *planimetrie* delle unità immobiliari urbane ed elaborati planimetrici;
- *libretti delle misure* degli atti di aggiornamento geometrico;
- *monografie dei punti fiduciali;*
- *elenchi delle coordinate dei punti fiduciali.*

La visura può essere richiesta agli sportelli degli Uffici dell'Agenzia delle entrate o dei poli catastali decentrati o direttamente dai soggetti interessati per via telematica tramite il sito internet dell'AdE. Le stampe ottenute non contengono attestazioni di conformità e non costituiscono certificazione.

La **visura a vista**, effettuata quando i documenti storici non inclusi nel sistema informativo elettronico, può riguardare:

- gli *atti catastali su supporto cartaceo;*
- gli *atti di aggiornamento geometrico;*
- le *monografie dei punti trigonometrici catastali;*
- in genere, gli *elaborati grafici* non ancora introdotti negli archivi informatici.

Figura 18.4
Visura per soggetto negli atti informatizzati (pagina 2, elenco delle particelle).

Agenzia Entrate
Ufficio Provinciale di Mantova - Territorio
Servizi Catastali

Visura per soggetto
limitata ad un comune
Situazione degli atti informatizzati al 01/12/2015

Data: 01/12/2015 - Ora: 10.15.32 Segue
Visura n.: T66074 Pag: 2

2. Immobili siti nel Comune di PONTI SUL MINCIO(Codice G862) - Catasto dei Terreni

N.	DATI IDENTIFICATIVI				DATI DI CLASSAMENTO							ALTRE INFORMAZIONI	
	Foglio	Particella	Sub	Porz	Qualità	Classe	Superficie(m²) ha are ca		Deduz.	Reddito Dominicale	Reddito Agrario	Dati derivanti da	Dati ulteriori
1	5	68		-	SEMINAT IVO	4	07	40		Euro 2,68 L. 5.180	Euro 2,48 L. 4.810	Tabella di variazione del 13/01/1976 n. 11477 in atti dal 03/02/1982	Annotazione
2	5	92		-	SEMINAT IVO	3	54	13		Euro 20,97 L. 40.598	Euro 19,57 L. 37.891	FRAZIONAMENTO n. 16283 in atti dal 26/11/1985	Riserve Annotazione
3	5	121		-	SEMIN ARBOR	3	00	20		Euro 0,08 L. 160	Euro 0,07 L. 140	FRAZIONAMENTO del 29/09/1974 n. 12377 in atti dal 03/02/1982	Riserve Annotazione
4	5	159		-	BOSCO CEDUO	3	00	33		Euro 0,03 L. 66	Euro 0,01 L. 20	FRAZIONAMENTO n. 287 in atti dal 16/03/1988	Annotazione
5	5	169		-	SEMINAT IVO	4	01	04		Euro 0,38 L. 728	Euro 0,35 L. 676	FRAZIONAMENTO n. 287 in atti dal 16/03/1988	Annotazione
6	5	170		-	SEMINAT IVO	4	02	70		Euro 0,98 L. 1.890	Euro 0,91 L. 1.755	FRAZIONAMENTO n. 287 in atti dal 16/03/1988	Annotazione
7	5	171		-	PASCOLO	2	00	40		Euro 0,02 L. 40	Euro 0,01 L. 8	FRAZIONAMENTO n. 287 in atti dal 16/03/1988	Annotazione
8	5	173		-	SEMIN ARBOR	3	00	20		Euro 0,08 L. 160	Euro 0,07 L. 140	Tabella di variazione del 13/01/1976 n. 11477 in atti dal 03/02/1982	Annotazione
9	5	304		-	SEMINAT IVO	3	27	81		Euro 10,77	Euro 10,05	FRAZIONAMENTO del 28/05/2015 n. 37794.1/2015 in atti dal 28/05/2015 (protocollo n. MN0037794) presentato il 28/05/2015	
10	5	308		-	SEMINAT IVO	3	64	82		Euro 25,11	Euro 23,43	FRAZIONAMENTO del 28/05/2015 n. 37794.2/2015 in atti dal 28/05/2015 (protocollo n. MN0037794) presentato il 28/05/2015	Annotazione
11	5	310		-	SEMINAT IVO	3	00	06		Euro 0,02	Euro 0,02	FRAZIONAMENTO del 28/05/2015 n. 37794.1/2015 in atti dal 28/05/2015 (protocollo n. MN0037794) presentato il 28/05/2015	

18.5 CONSERVAZIONE

La fase di conservazione consiste nel tenere aggiornati i documenti catastali, secondo la normativa dettata dal RD 8 dicembre 1938, n. 2153, e successive modificazioni.

La *denuncia di una variazione* deve essere fatta tempestivamente, nei tempi previsti dalla legge. Tuttavia la situazione attuale del catasto italiano risente di un arretrato di *variazioni non introdotte negli atti* che si è via via accumulato col tempo. Con le nuove tecnologie le variazioni ora sono introdotte nell'archivio elettronico in tempo reale e molte situazioni sono sanate in fase di trasferimento immobiliare (anche con la voltura che segue la successione ereditaria). È quindi plausibile la previsione di un progressivo recupero dell'arretrato che porterà probabilmente, in futuro, a un catasto probatorio su tutto il territorio nazionale.

Le variazioni possono essere di due tipi:

- **soggettive**, se avvengono *nell'intestazione*;
- **oggettive**, se avvengono *nello stato e nel reddito*.

18.5.1 Variazioni soggettive (la voltura)

Le variazioni soggettive si verificano quando *cambiano i diritti reali sugli immobili* e cioè quando cambia:

- *l'intestazione*, in seguito a compravendita, successione ereditaria, donazione, esproprio o sentenza dell'autorità giudiziaria;
- *il titolo di possesso*, per la variazione del diritto reale in capo all'intestatario (proprietà, usufrutto, uso, superficie, enfiteusi ecc.).

Si ha, per esempio, una variazione dell'intestazione quando la particella 123, intestata a Rossi, per effetto di una compravendita viene intestata a Bianchi e si ha una variazione del titolo di possesso quando Rossi, già intestatario della particella 123 come nudo proprietario, con ricongiungimento di usufrutto diventa pieno proprietario.

I modelli catastali
I più comuni modelli del catasto terreni e fabbricati sono contenuti nel prontuario allegato al testo.

La denuncia di variazione deve essere effettuata inoltrando all'ufficio dell'Agenzia delle entrate la **domanda di volture** (modello cartaceo 13 TP/A). Ogni domanda di volture è composta da una o, solitamente, da più **note di voltura**.

La richiesta di voltura è a carico:

- del *notaio*, in caso di *compravendita* o *donazione*;
- dell'*erede*, in caso di *successione ereditaria;*
- del *soggetto a cui viene trasferito il diritto* in seguito a *sentenza* o per altra causa.

La domanda di volture viene presentata tramite gli studi notarili per gli *atti soggetti a trascrizione nei pubblici registri immobiliari meccanizzati* (tipicamente, le compravendite immobiliari) con il **modello unico informatico (MUI)**. Negli altri casi il soggetto su cui ricade l'obbligo di presentare la domanda di volture (per esempio l'erede) dovrà presentare il modello su supporto cartaceo (ma di solito questo compito è affidato a un professionista). Per la compilazione è disponibile la procedura informatica Voltura. Solo i professionisti abilitati possono effettuare l'invio telematico all'AdE.

Procedura informatica

Con Voltura viene prodotto il **file** contenente i dati delle note di voltura e il **modello stampabile** in formato PDF.

Ogni nota di voltura coinvolge un diverso numero di soggetti intestati e di particelle oggetto della variazione. In altri termini una nota di voltura ha gli stessi "soggetti contro" (da cui i beni sono trasferiti) e "soggetti a favore" (a cui i beni sono trasferiti). Come si può notare nella figura 18.5, la nota di voltura comprende infatti due tipi di informazioni: i *soggetti da intestare* e *le relative particelle*.

La **particella oggetto della variazione** può essere una particella del catasto terreni e/o un'unità immobiliare urbana.

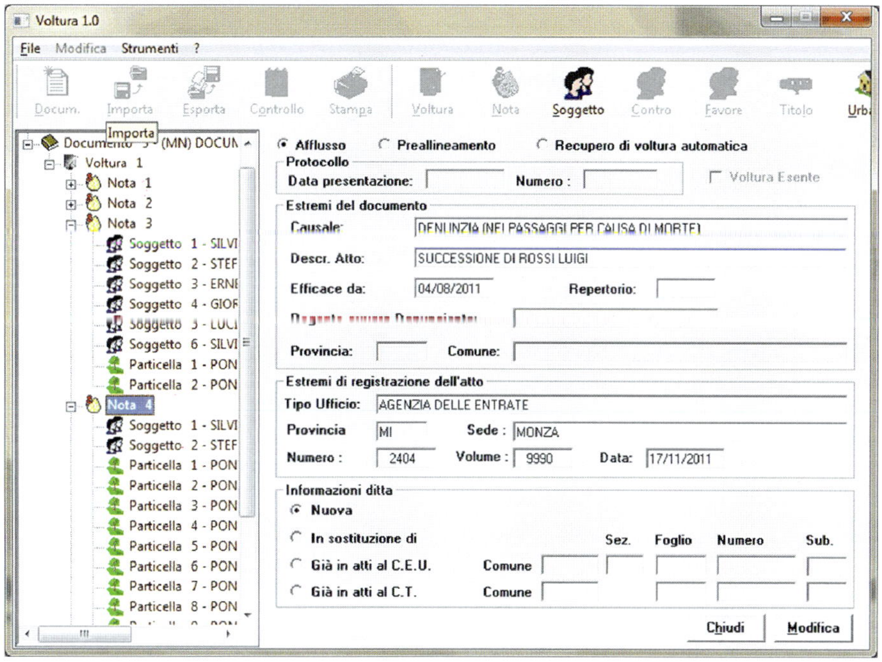

Figura 18.5
Schermata di Voltura con le relative note.

Ogni **soggetto "da intestare"** può essere una *persona fisica* o una *persona giuridica*. I suoi dati sono dichiarati con un'apposita schermata. Si deve specificare il *titolo* del diritto (proprietà, nuda proprietà, usufrutto, proprietà superficiaria ecc.) e la *quota di possesso* con una frazione (1/2, 1/3, 2/15 ecc.). Non è necessario dichiarare i dati del "soggetto contro" in quanto sono impliciti nei dati delle particelle da trasferire. Si deve anche indicare se sono "beni personali" (come quelli che si ricevono per successione ereditaria) o soggetti al regime coniugale di comunione dei beni.

Il **modello cartaceo** ottenuto da *file* PDF è costituito, per ogni nota, di un *frontespizio*, che riporta i dati generali (dichiarante, causa della voltura ecc.) e dai seguenti quadri:

- *quadro A1*, per l'indicazione dei soggetti a cui i beni sono trasferiti;
- *quadro B1*, con gli estremi dell'unità immobiliare urbana trasferita oppure *quadro B2* con gli estremi della particella di terreno trasferita.

Per quanto detto in precedenza, non è predisposto il *quadro A2*, presente nel modello cartaceo 13 TP/A per l'indicazione dei soggetti da cui i beni sono trasferiti.

La procedura Voltura, consente di presentare tre tipi di voltura:

- *di afflusso*, in particolare per denunce di successione o ricongiungimento di usufrutto;
- *di preallineamento*, per risolvere i casi di disallineamento della banca dati catastale dovuti all'assenza negli atti informatizzati di domande di voltura pregresse;
- *di recupero di voltura automatica*, per risolvere i casi di documenti provenienti dalla voltura automatica che non hanno superato la fase di registrazione o per integrarne i dati.

Il *file* prodotto con la procedura Voltura è archiviato nella sottocartella di installazione "DOC" ed è denominato NCN*XXX*.DAT e NCN*XXX*.idx (per esempio NCN002.DAT e NCN002.idx). Il *file* di stampa è salvato nella sottocartella di installazione "OUT" in formato PDF.

18.5.2 Variazioni oggettive

Le variazioni oggettive o *nello stato e nel reddito* si hanno quando in una particella:

- avvengono modificazioni che portano a una variazione della **qualità di coltura**, con conseguente modificazione dei redditi dominicali e agrari;
- aumenta o diminuisce la **consistenza** (frazionamento, fusione).

La variazione della consistenza dà luogo a variazione nella cartografia catastale, da introdurre con gli atti di aggiornamento geometrico.
Le variazioni sono definite dall'art. 43 testo unico del 1931 come segue.

In aumento:

- la revisione del classamento dei terreni migliorati per qualità di coltura o per classe;
- il passaggio di suolo pubblico in proprietà privata;
- l'introduzione di terreni ancora non censiti;
- la cessazione di vincoli forestali o delle servitù militari che abbiano dato luogo a diminuzione di estimo;
- il passaggio a carico dello Stato di spese gravanti sui possessori per la manutenzione di opere di difesa, scolo o bonifica.

In diminuzione:

- la revisione del classamento dei terreni per i quali alla qualità di coltura iscritta in catasto corrisponda in realtà una qualità di minor reddito imponibile (per esempio, da vigneto a seminativo);
- l'applicazione di nuovi vincoli forestali o di nuove servitù militari o l'aggravamento dei vincoli o delle servitù preesistenti in quanto producano un'effettiva diminuzione della rendita imponibile;
- il passaggio a carico dei possessori di spese prima gravanti sullo Stato per la manutenzione di opere di difesa, scolo o bonifica;
- il passaggio di un terreno dal catasto terreni al catasto dei fabbricati urbani.

Denuncia di variazione della qualità di coltura

La variazione di qualità di coltura, per esempio da seminativo a vigneto o viceversa, deve essere dichiarata *entro il 31 gennaio dell'anno successivo* a quello in cui la variazione è avvenuta. La dichiarazione può essere effettuata su supporto cartaceo, su apposito *modello 26*, oppure *online* con la procedura denominata **DocTe**; in quest'ultimo caso viene prodotto un modello elettronico di dichiarazione stampabile (PDF).
La procedura DocTE è utilizzata in particolare dagli ordini professionali e dalle associazioni di categoria (CAA, centri di assistenza agricola) e consente l'aggiornamento degli archivi catastali in tempo reale. La procedura permette di attribuire alle particelle variate una nuova qualità di coltura, dichiarata dalla parte, e fornisce in automatico la *classe prevalente* per quel foglio di mappa. Nel caso in cui non sia presente nel foglio la qualità indicata, il sistema fornisce, in automatico, la *classe media* nel Comune.

Verifiche ordinarie quinquennali

Il catasto esegue ogni cinque anni delle **verifiche ordinarie** o **lustrazioni** (artt. 118 e 119 del regolamento, RD n. 2153/1938). Il territorio sottoposto a verifica viene suddiviso in 5 gruppi di Comuni che, a turno, sono oggetto di verifica. A tale scopo viene esposto al pubblico un avviso con il quale si invitano i possessori a segnalare le variazioni entro il 31 gennaio dell'anno successivo.

Le verifiche ordinarie quinquennali sono gratuite; possono essere richieste in ogni momento **verifiche straordinarie** a richiesta e a spese dell'interessato.

Edificazione di un fabbricato

Quando una particella viene edificata cessa di appartenere al catasto terreni e viene iscritta nel catasto edilizio. Le operazioni di accatastamento di un fabbricato iniziano quindi nel catasto terreni, dove la particella subirà una mutazione nello stato e nel reddito dovuta all'edificazione, e continuano poi al catasto dei fabbricati, dove si dichiareranno le caratteristiche del nuovo edificio (*v.* capitolo successivo).

18.5.3 Atti di aggiornamento geometrico

Tutti i modelli di aggiornamento geometrico sono stati *dematerializzati* e devono essere presentati online con il **modello unico informatico catastale (MUIC)**, redatto da un professionista abilitato iscritto all'Ordine.

L'atto di aggiornamento geometrico per il catasto terreni è gestito dalla procedura informatica **Pregeo**, che contiene i dati necessari per aggiornare la mappa e i documenti catastali a essa collegati.

Tale documento si compone di due sezioni articolate ciascuna in modelli:

- sezione **atto di aggiornamento**, che comprende i modelli *informazioni generali, informazioni censuarie, informazioni geometriche;*
- sezione **elaborati tecnici**, che comprende i modelli *informazioni geometriche, libretto delle misure, relazione tecnica, schema del rilievo* e *sviluppo, informazioni sui soggetti.*

Pregeo: elaborati tecnici

Il programma Pregeo assiste il tecnico nell'esecuzione dell'atto di aggiornamento e raccoglie i dati rilevati dal professionista. Vi sono *quattro tipi* di atto di aggiornamento geometrico:

- **tipo frazionamento**, quando una particella viene divisa in due o più porzioni;
- **tipo mappale**, quando una particella intera viene edificata;
- **tipo mappale con frazionamento**, quando una particella viene prima frazionata e quindi edificata;
- **tipo particellare**, quando, nel documento che dà origine al trasferimento delle particelle, viene dichiarato che il trasferimento stesso ha luogo a misura e non a corpo (questo tipo di atto viene usato raramente).

Il tipo mappale può prevedere anche la *fusione* di particelle preesistenti.

L'esecuzione pratica dell'atto di aggiornamento comporta per il professionista lo svolgimento delle seguenti operazioni:

- *richiesta dell'estratto di mappa;*
- *rilievo* dell'oggetto dell'aggiornamento;
- *inserimento dei dati* del rilievo nella procedura Pregeo;
- *invio* della procedura all'Agenzia delle entrate.

L'estratto di mappa

L'estratto di mappa digitale fornisce:

- i dati di una particella censita nel catasto terreni relativa alla cartografia e ai punti fiduciali, nel raggio di 1.000 m;
- dati anagrafici e codice fiscale dei soggetti intestatari;
- le quote di possesso.

Rilievo

Il rilievo ha per oggetto le nuove **linee dividenti** (*frazionamento*) o il **contorno del fabbricato** (*tipo mappale*) e deve poggiare su punti fiduciali (PF).

I **punti fiduciali** sono "punti di coordinate cartografiche analitiche o di coordinate cartografiche lette". Sono indicati con PF*xx*, dove *xx* indica il numero d'ordine del punto fiduciale adottato dall'Ufficio all'interno del foglio di mappa (per esempio: PF02). L'archivio dei punti fiduciali è fornito dall'Agenzia del territorio a corredo del software Pregeo per ogni Provincia del territorio nazionale (file con estensione .TAF).

Le **tecniche di rilievo** sono scelte in funzione dell'oggetto dell'aggiornamento geometrico, della necessità di rilevare i punti fiduciali e della precisione richiesta. Sono previste le seguenti tecniche: per *allineamenti e squadri*, *celerimensura*, *poligonazioni*, *tecnologie GPS* (quest'ultima è oggi la più utilizzata).
In caso di rilievo celerimetrico (strumenti ottici) le stazioni devono essere indicate con numerazione progressiva utilizzando numeri multipli di 100 (per esempio 100, 200, 300 ecc.); i punti di dettaglio (i punti battuti) devono avere una numerazione progressiva nell'ambito della stazione (per esempio, i punti di dettaglio della stazione 200 saranno numerati 201, 202, 203 ecc.).

Nella **relazione tecnica** allegata si descrivono le eventuali difficoltà incontrate, per esempio: impossibilità di osservazione di un punto fiduciale; artifici utilizzati per la determinazione di osservazioni indirette del rilievo; impossibilità di rilievo dell'intero contorno dell'oggetto perché non materializzato ecc.

Inserimento dei dati

I dati del rilievo e gli altri dati che compongono l'atto di aggiornamento devono essere inseriti nella procedura utilizzando la tastiera o interfacciando Pregeo con dispositivi dotati di software proprietario compatibile (stazioni totali, GPS ecc.). Al termine delle operazioni si otterrà, sullo schermo o in stampa, l'elaborato grafico che contiene le *linee dividenti*, in caso di frazionamento, o i *contorni dei nuovi fabbricati* in caso di mappale nonché i *collegamenti fra i punti generatori del rilievo* (le stazioni) *e i punti fiduciali*.

Pregeo: modello censuario

Il modello censuario è ottenuto con Pregeo tramite apposite schermate del programma con le quali si compilano virtualmente i seguenti modelli, a cui corrispondono diversi schemi di variazione (*v.* esempio 18.4):

- **tipo frazionamento** (modello 51 FTP), per tipi di aggiornamento geometrico che contengono uno o più frazionamenti di particelle;
- **tipo mappale** (modello 3 SPC), per tipi di aggiornamento in cui almeno una delle particelle passa al catasto fabbricati;
- **schema ausiliario**, da compilare solo nel caso in cui gli schemi precedenti non comprendano tutte le informazioni necessarie per l'aggiornamento (in genere quando è prevista una fusione preventiva delle particelle che successivamente dovranno essere frazionate).

La memorizzazione dei dati avviene in una struttura di dati costituita da *righe tipo 6*. Ogni riga rappresenta una particella e un'operazione da eseguire. Per esempio, in caso di frazionamento, la particella originaria viene soppressa e vengono create due o più particelle derivate da frazionamento, ciascuna con la propria superficie. La somma delle superfici delle particelle derivate dal frazionamento dovrà risultare uguale alla superficie della particella originaria.

Il primo dato da immettere nella maschera di creazione di una riga del modello censuario è il tipo di operazione, che può contenere i seguenti valori (*v.* ancora l'esempio 18.4):

- O, particella originaria (situazione prima dell'aggiornamento);
- V, particella in variazione;
- S, particella in soppressione;
- C, particella in costituzione;
- D, duplicazione della riga della particella precedente (per proseguire la codifica di annotazione nello schema ausiliario).

ESEMPIO 18.4 **FRAZIONAMENTO CON TIPO MAPPALE**

Nell'immagine che segue sono riportate le schermate dei modelli per un *tipo mappale con frazionamento* della particella 24.

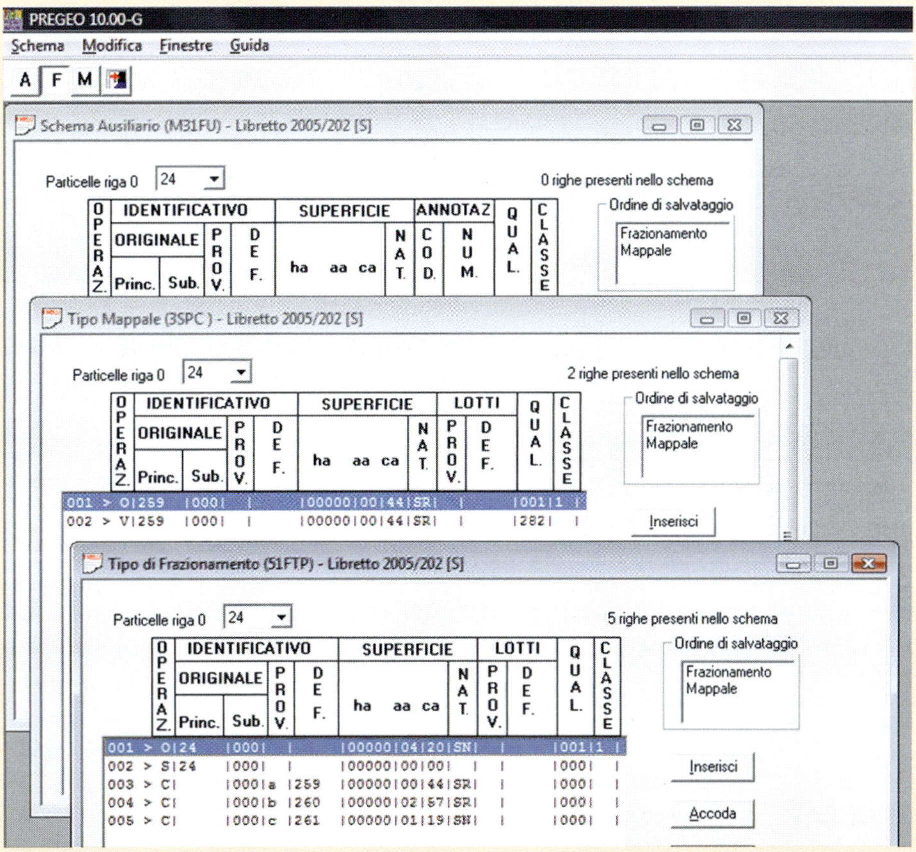

Nel **tipo di frazionamento** (51 FTP) la particella originale 24 (prima riga, O) viene soppressa (seconda riga, S). Dal frazionamento si ottengono tre particelle (successive tre righe, C) con numero 259, 260 e 261.

Nel **tipo mappale** (3SPC) la particella 259 originale (prima riga, O) di qualità seminativo (codice 001) subisce una variazione per edificazione (seconda riga, V) e diventa Ente urbano (codice 282).

Lo **schema ausiliario** (M31FU) è vuoto.

18. Catasto dei terreni

Questionario

1. Quali sono le caratteristiche dell'attuale catasto italiano? Che cos'è una particella?
2. Che cosa sono le tariffe di reddito dominicale e agrario?
3. In che cosa consistono le operazioni topografiche nella formazione del catasto terreni?
4. In che cosa consistono le operazioni estimative?
5. In che cosa consiste il classamento?
6. In quale modo è stato suddiviso il territorio per la formazione del catasto terreni?
7. Che cos'è l'azienda studio? Come viene scelta?

In sintesi

Il catasto è l'inventario dei beni immobili esistenti nel territorio nazionale per fini fiscali, civili e giuridici. A tale scopo il territorio nazionale è diviso in *particelle*, definite come "una porzione continua di terreno, situata in un medesimo Comune, appartenente al medesimo possessore e della medesima qualità e classe".

Le *tariffe d'estimo* sono le rendite catastali per ettaro di superficie di ogni qualità e classe, con riferimento alla moneta corrente in una determinata epoca censuaria. Nel catasto terreni esistono due tipi di rendite: il reddito dominicale e il reddito agrario.

Vi sono due modalità di calcolo delle tariffe d'estimo: a *estimo diretto*, sulla base di procedure eseguite per ogni singola particella, e a *estimo indiretto*, sulla base di procedure applicate ad aziende agrarie prese per campione (aziende studio).

Il catasto attualmente in vigore ha le seguenti caratteristiche: *geometrico* (basato sul rilievo topografico), *particellare*, a *estimo indiretto*, non probatorio (non ha valore di prova ai fini giuridici).

Formazione. Con le *operazioni topografiche* si provvede a rappresentare le particelle su fogli di mappa in scala, normalmente, 1:2000. L'insieme dei fogli di mappa di un Comune forma il *quadro d'unione* in scala 1:25.000 o anche 1:20.000.

Ogni particella è contrassegnata da un numero. Il contorno della particella è rappresentato graficamente da una linea continua che rappresenta l'oggetto del rilievo topografico. Di ogni particella deve essere calcolata la superficie in ettari.

Le *operazioni estimative* hanno due finalità:

- attribuire a ogni particella la qualità e la classe che le competono (classamento);
- calcolare le rendite da applicare a ogni qualità e classe (tariffe d'estimo).

Per le operazioni di formazione il territorio nazionale è stato suddiviso in 21 *zone*, ciascuna delle quali comprende un gruppo di Province uniformi per l'ordinamento colturale.

Ogni Provincia viene suddivisa in *circoli censuari*, in tutto circa 300. Ciascun circolo censuario comprende un gruppo di Comuni omogenei per caratteristiche topografiche, agrarie ed economiche. All'interno del circolo censuario viene scelto un *Comune tipo*; all'interno del Comune tipo viene scelta un'*azienda studio* sulla quale viene eseguito il bilancio estimativo per il calcolo delle tariffe.

Il *bilancio estimativo* dell'azienda studio viene eseguito con modalità standard utilizzando il Quaderno di stima, mod. 23 (mod. 26 per le qualità boschive).

La *qualificazione* consiste nel distinguere i terreni secondo la qualità di coltura. La terminologia per indicare le qualità di coltura è uniforme per tutto il territorio nazionale.

La *classificazione* consiste nel suddividere ogni qualità in tante classi quanti sono i gradi diversi di produttività. Le classi possono essere al massimo cinque.

Il *classamento* è un'operazione mediante la quale viene attribuita a ogni particella la qualità e la classe di competenza.

8. Come vengono calcolate le tariffe di reddito dominicale e agrario? Che cos'è il quaderno di stima?	Il *reddito dominicale* (*RD*) è il reddito ordinario ritraibile dal titolare del diritto reale (in genere il proprietario, il *reddito agrario* (*RA*) è invece il reddito ordinario spettante a chi gestisce l'attività agricola sul fondo (l'imprenditore agricolo). Il reddito dominicale è calcolato in due fasi: si detraggono dalla produzione lorda vendibile le spese di produzione (tra cui le quote agrarie), ottenendo in tal modo il reddito padronale lordo (*Rpl*) e quindi si detraggono dal reddito padronale lordo le quote fondiarie. Il reddito dominicale è dato quindi da: $Bf + Tr$. Il reddito agrario è dato invece dagli interessi sul capitale agrario più la parte degli stipendi corrispondenti al lavoro direttivo.
9. Che cosa sono le revisioni? Quante ne sono state fatte fino a oggi?	La revisione consiste nel ricalcolare gli estimi con riferimento ai prezzi correnti in un periodo recente preso come riferimento e con le eventuali modifiche procedurali stabilite per legge. La *prima revisione* è del 1923 e si rese necessaria al termine della prima guerra mondiale per l'aggiornamento dell'epoca censuaria. Si fece riferimento ai prezzi medi del decennio 1904-1913. La *seconda revisione* è del 1939; l'epoca di riferimento per la rilevazione dei prezzi e delle quantità medie e ordinarie dei prodotti e dei mezzi produttivi è stata stabilita nel triennio 1937-39. Con la *terza revisione* del 1979, si è proceduto all'aggiornamento degli estimi in conseguenza dei grandi cambiamenti che si sono verificati in agricoltura. L'epoca di riferimento è stabilita nel biennio 1978-79 (epoca censuaria 1° gennaio 1980). Gli estimi così determinati sono attualmente in uso. La *quarta revisione* degli estimi, indetta col DMF 20 gennaio 1990, non è ancora stata attuata.
10. Quali sono gli atti del catasto attualmente in uso? **11.** In che modo vengono consultati gli atti catastali?	**Pubblicazione e attivazione**. Al termine della fase di formazione i documenti catastali provvisori sono esposti al pubblico per eventuali osservazioni degli interessati. La fase di attivazione consiste infatti nella correzione dei documenti catastali provvisori. Gli atti catastali definitivi passati alla fase di conservazione furono: la mappa particellare, l'elenco delle particelle (ex tavola censuaria), il registro delle partite e la matricola o schedario dei possessori. Attualmente l'archiviazione catastale è basata su un database relazionale, accessibile da terminale e via web, che gestisce i dati censuari e la mappa particellare numerica. La *visura* è una consultazione degli atti catastali da cui risulta lo stato attuale o storico degli atti o degli elaborati. La visura nel sistema informatico può essere effettuata per soggetto intestato, mediante i dati anagrafici, o per immobile, mediante l'identificativo catastale. Sono possibili altri tipi di visura (storica, planimetrie, punti fiduciali ecc.).
12. In che modo si denunciano in catasto le variazioni nell'intestazione delle particelle?	**Conservazione**. La fase di conservazione consiste nel tenere aggiornati i documenti catastali. Le *variazioni soggettive* si verificano quando cambiano i diritti reali sugli immobili, per esempio quando cambia l'intestazione in seguito a compravendita, successione ecc. La denuncia di variazione deve essere effettuata inoltrando all'ufficio dell'Agenzia delle entrate la *domanda di volture* prodotta anche con procedura informatica (Voltura 1.0). Ogni domanda di volture è composta da più note di voltura.

13. Quali sono gli elaborati tecnici da presentare per il frazionamento di una particella e per l'esecuzione di un tipo mappale?	Le *variazioni oggettive* si hanno quando in una particella avvengono modificazioni che portano a una variazione della qualità di coltura o aumenta o diminuisce la consistenza. La denuncia di variazione della qualità di coltura deve essere dichiarata online con la procedura informatica denominata DocTe 2.0.
14. Secondo quali metodologie e criteri si eseguono i rilievi catastali?	Gli atti di *aggiornamento geometrico* (della mappa) sono prodotti con la procedura Pregeo. Il documento elettronico contiene una sequenza di righe di informazioni standardizzate suddivise in 4 sezioni: il libretto delle misure, la relazione tecnica, il modello censuario e la proposta di aggiornamento. Gli atti di aggiornamento geometrico sono comunemente il *frazionamento*, il *tipo mappale*, quando una particella intera viene edificata e il *tipo mappale con frazionamento*, quando una particella viene prima frazionata e quindi edificata. La procedura ha inizio dall'estratto di mappa, contenente le particelle richieste. Il rilievo ha per oggetto le nuove linee dividenti (frazionamento) o il contorno del fabbricato (tipo mappale) e deve poggiare su punti fiduciali (PF).
15. Che cos'è il modello censuario?	Il *modello censuario* ottenuto con Pregeo contiene i dati anagrafici dei possessori e quelli numerici delle particelle (superficie, redditi ecc.). Si compone del modello 51 FTP per i frazionamenti, del modello 3 SPC per i tipi mappale e dello schema ausiliario, da compilare solo nel caso in cui gli schemi precedenti non comprendano tutte le informazioni necessarie per l'aggiornamento.

AREA DIGITALE

QUESTIONARIO A RISPOSTA MULTIPLA

1. Quali sono le caratteristiche del catasto terreni?
   - ☐ a. geometrico, particellare, probatorio, ad estimo diretto
   - ☐ b. geometrico, particellare, probatorio, ad estimo indiretto
   - ☐ c. geometrico, particellare, non probatorio, ad estimo indiretto

2. Le tariffe d'estimo sono:
   - ☐ a. l'elenco delle particelle, con i rispettivi dati censuari (superficie, qualità, classe, RD e RA)
   - ☐ b. i redditi catastali per unità di consistenza, per ogni qualità e classe, con riferimento all'epoca censuaria
   - ☐ c. i redditi catastali di ogni particella, per ogni qualità e classe, con riferimento all'epoca censuaria

3. La qualità di una particella del catasto terreni indica:
   - ☐ a. il tipo di coltura
   - ☐ b. il livello di reddito
   - ☐ c. il tipo di coltura e il livello di reddito

4. Il classamento è l'attribuzione:
   - ☐ a. della classe
   - ☐ b. della qualità e della classe
   - ☐ c. della qualità, della classe e della rendita

5. Il reddito dominicale è riferibile:
   - ☐ a. al proprietario
   - ☐ b. al proprietario che gestisce il fondo
   - ☐ c. all'imprenditore che gestisce il fondo

6. Il reddito riferibile a chi coltiva il fondo è:
   - ☐ a. il reddito dominicale
   - ☐ b. il reddito agrario
   - ☐ c. il reddito dominicale e agrario

7. Il reddito dominicale è dato da:
   - ☐ a. $RD = Bf + Tr$
   - ☐ b. $RD = Rpl - Q_{agrarie}$
   - ☐ c. $RD = Plv$ – tutte le spese a carico del proprietario

8. Le revisioni catastali servono per:
   - ☐ a. aggiornare il classamento
   - ☐ b. ricalcolare le tariffe d'estimo
   - ☐ c. modificare la mappa in seguito ai rilievi effettuati

9. La domanda di volture serve per:
   - ☐ a. cambiare l'intestazione delle particelle
   - ☐ b. cambiare la qualità e la classe delle particelle
   - ☐ c. trasferire una particella edificata dal catasto dei terreni a quello dei fabbricati

10. Il "tipo mappale" si redige per:
    - ☐ a. inserire in mappa un nuovo fabbricato
    - ☐ b. inserire in mappa una nuova particella
    - ☐ c. frazionare una particella e inserire in mappa il fabbricato edificato

11. Il modello 3 SPC serve per:
    - ☐ a. dimostrare numericamente il frazionamento di una particella
    - ☐ b. denunciare il cambio di destinazione di una particella in seguito a edificazione
    - ☐ c. domandare la voltura

12. Pregeo è un software con il quale:
    - ☐ a. si dichiarano le caratteristiche di un fabbricato rurale
    - ☐ b. si realizzano gli elaborati grafici per un frazionamento o per un tipo mappale
    - ☐ c. si inseriscono i dati relativi a un rilievo

13. In seguito a edificazione di una particella occorre presentare, nel catasto dei terreni:
    - ☐ a. il tipo mappale e il modello 3 SPC
    - ☐ b. il modello D e il modello N1 parte I e parte II
    - ☐ c. il tipo mappale, il modello 3 SPC, il modello D e il modello N1 parte I e parte II

14. Il modello 51 FTP serve per:
    - ☐ a. eseguire graficamente il frazionamento
    - ☐ b. dimostrare numericamente il frazionamento
    - ☐ c. la domanda di volture

19 Catasto dei fabbricati

- ✓ Dall'unità d'Italia al catasto attuale
- ✓ Formazione
- ✓ Conservazione

19.1 DALL'UNITÀ D'ITALIA AL CATASTO ATTUALE

La legislazione italiana sul catasto fabbricati ha inizio nel **1871**, RD 5 giugno 1871, n. 267, "*Regolamento per la formazione del catasto dei fabbricati*", con il quale si era provveduto a istituire un catasto basato sulle denunce dei possessori. L'individuazione dei fabbricati era descrittiva, basata su un registro, detto "*sommarione*", in cui si annotavano le caratteristiche principali dei fabbricati: ubicazione, destinazione, numero di vani, numero di mappa, reddito imponibile. Questo primo catasto dimostrò evidenti carenze sotto ogni punto di vista:

- le *denunce dei possessori* spesso non erano complete e fedeli;
- non esisteva una *rilevazione geometrica* che mettesse in evidenza in modo oggettivo la consistenza;
- il *reddito lordo* era determinato sulla base del canone di locazione denunciato dai possessori, seguiva poi, eventualmente, l'accertamento dell'Ufficio (per i fabbricati non locati era determinato un reddito presunto sulla base di analogie con fabbricati simili);
- il *reddito imponibile* era determinato detraendo dal reddito lordo le spese a carico dei possessori in misura fissa pari a 1/3 per tutto il territorio nazionale e per tutte le categorie di fabbricati, quando in realtà l'incidenza delle spese varia da zona a zona e in funzione del tipo di fabbricato.

Si rese così necessaria la formazione di un nuovo catasto. Con il RDL 13 aprile 1939, n. 652 fu approvata la formazione del **nuovo catasto edilizio urbano** (**NCEU**) basato su:

- il *rilievo geometrico* dei fabbricati;
- la determinazione del *reddito ordinario per classi e tariffe* per gli immobili a destinazione ordinaria e della *rendita catastale per stima diretta* degli immobili a destinazione speciale e particolare.

Le operazioni di formazione del NCEU ebbero termine nel 1962 e iniziò così la fase di conservazione in tutto il territorio nazionale.

Recentemente, con la legge n. 133/1994, è stato istituito il **catasto dei fabbricati** (**CdF**), che comprende nel preesistente catasto anche i *fabbricati rurali*.

19.2 FORMAZIONE

19.2.1 Normativa

La formazione del catasto edilizio urbano fu indetta con il Regio decreto-legge 13 aprile 1939, n. 652, *Accertamento generale dei fabbricati urbani, rivalutazione del relativo reddito e formazione del nuovo catasto edilizio urbano*: "È disposta in tutto il regno l'esecuzione a cura dello Stato dell'accertamento generale dei fabbricati e delle altre costruzioni stabili non censite al catasto rustico, allo scopo di:

1) accertare le proprietà immobiliari urbane e determinare la rendita;
2) costituire un catasto generale dei fabbricati e degli altri immobili urbani che si denomina nuovo catasto edilizio urbano" (art. 1).

Le operazioni di formazione consistono, in modo analogo al catasto terreni, nel determinare l'ubicazione, la consistenza e la rendita catastale delle unità immobiliari esistenti sul territorio nazionale, nonché i nominativi delle persone fisiche o giuridiche che hanno diritto di proprietà o diritti reali di godimento (pur in mancanza di valore probatorio).

Le norme tecniche per la formazione del catasto dei fabbricati sono contenute:

- nel **DPR 1° dicembre 1949, n. 1142**, "*Regolamento per la formazione del nuovo catasto edilizio urbano*";
- nel **DPR 23 marzo 1998, n. 138**, "*Revisione generale delle tariffe d'estimo delle unità immobiliari urbane e dei relativi criteri*".

Attualmente è in vigore il vecchio regolamento, ma gli atti di aggiornamento devono essere già predisposti per attuare le profonde riforme introdotte con la revisione generale dell'ormai lontano 1998.

L'unità immobiliare

La struttura del catasto dei fabbricati è imperniata sull'unità immobiliare (UI), definita come "*una porzione di fabbricato, o un fabbricato, o un insieme di fabbricati ovvero un'area che nello stato in cui si trova e secondo l'uso locale, presenta potenzialità di* **autonomia funzionale e reddituale**" (art. 2, DM n. 28 del 2 gennaio 1998).

L'unità immobiliare è il modulo minimo dell'inventario del catasto fabbricati ed è l'oggetto dell'accertamento estimativo; equivale quindi al concetto di particella nel catasto terreni. La *particella edilizia* comprende invece, nella maggior parte dei casi, più unità immobiliari (i comuni fabbricati condominiali sono composti da molte unità immobiliari).

Nella definizione di unità immobiliare **sono esclusi** i seguenti manufatti edilizi:

- i fabbricati di *superficie inferiore a 8 m²*;
- le *serre* per coltivazioni sul suolo naturale;
- le *vasche di accumulo dell'acqua per fini agricoli o allevamenti ittici;*
- i fabbricati *privi di copertura*;
- *pollai, porcili, casotti, concimaie* ecc.;
- manufatti precari *non stabilmente infissi al suolo.*

Ai soli fini identificativi possono essere iscritti in catasto, senza attribuzione di rendita: i fabbricati in corso di costruzione, i fabbricati che non producono reddito a causa del grave stato di degrado, le aree urbane (categoria F).

Non è possibile eseguire atti di trasferimento di qualsiasi fabbricato (quindi comprare, ereditare ecc.) se questo non risulta iscritto nel catasto.

ESTIMO CATASTALE

19.2.2 Rilievo geometrico

Il rilievo geometrico ha lo scopo di determinare l'*ubicazione* e la *consistenza* del fabbricato. La prima è individuata con la *mappa urbana*, la seconda risulta dalle *planimetrie* delle singole unità immobiliari.

La mappa

La mappa rappresenta in fogli numerati il territorio del Comune. Con l'avvento del **catasto numerico**, la mappa è unica per il catasto terreni e per il catasto fabbricati (*v.* figura 18.1 nel capitolo precedente).
Nella mappa sono rappresentate le **particelle edilizie**, costituite dall'*area coperta dal fabbricato* e dalle sue *attinenze scoperte* (giardino, cortile ecc.). Ogni particella, identificata con un *numero di mappa*, è delimitata da una *linea continua* chiusa. Un fabbricato viene rappresentato circoscrivendo la proiezione sul terreno dei muri perimetrali. Le attinenze scoperte possono costituire una particella a se stante o possono essere unite al fabbricato con il segno ~. Le parti del fabbricato interrate, sporgenti dall'area coperta, sono rappresentate con una *linea punteggiata*, e unite col segno >—< ("osso di morto") alla particella principale. Le parti del fabbricato interne all'area di sedime, ma non chiuse da muri (porticati, chiostri ecc.) e aperte al transito pubblico, sono indicate con una *linea tratteggiata.*

Le planimetrie

La particella edilizia non è, come si è detto, l'oggetto dell'accertamento estimativo: è solo la rappresentazione della superficie su cui sorge il fabbricato. La mappa urbana è perciò corredata dalle **planimetrie** delle singole unità immobiliari e da **elaborati grafici** che rappresentano la suddivisione di un edificio in:

- *unità immobiliari;*
- *parti censibili comuni a più unità immobiliari;*
- *parti non censibili comuni a più unità immobiliari.*

Ogni unità immobiliare è contraddistinta da un **numero principale**, cioè il numero di mappa della particella edilizia, comune a tutte le unità immobiliari dello stesso fabbricato, e da un proprio **numero subalterno**.

19.2.3 Operazioni estimative

Le unità immobiliari urbane sono classificate in *gruppi*, i gruppi in *categorie* e le categorie in *classi*.
Per ogni categoria e classe dei gruppi a **destinazione ordinaria** vengono calcolate le *tariffe*. Per ogni unità immobiliare viene dichiarata e accertata la *consistenza* (la dimensione). Nota la tariffa e la consistenza, è possibile calcolare il *reddito imponibile catastale* di ogni unità immobiliare (*v.* esempio 19.1).
Per gli immobili a **destinazione speciale** la determinazione degli estimi è invece diretta per ogni unità immobiliare (*v.* più avanti, l'esempio 19.3).

ESEMPIO 19.1 CALCOLO DELLA RENDITA CATASTALE DI UN'UNITÀ IMMOBILIARE

Categoria: A/3; classe: 2; consistenza: 5,5 vani

Con una tariffa, corrispondente alla categoria e classe, di 148,62 €/vano, la rendita catastale risulta:

148,62 €/vano × 5,5 vani = 817,41 €

Le operazioni estimative per la formazione del catasto dei fabbricati sono (*v.* figura 19.1):
- suddivisione del territorio in zone censuarie e in microzone;
- qualificazione;
- classificazione;
- classamento;
- calcolo delle tariffe per le categorie a destinazione ordinaria e delle rendite per le categorie a destinazione speciale.

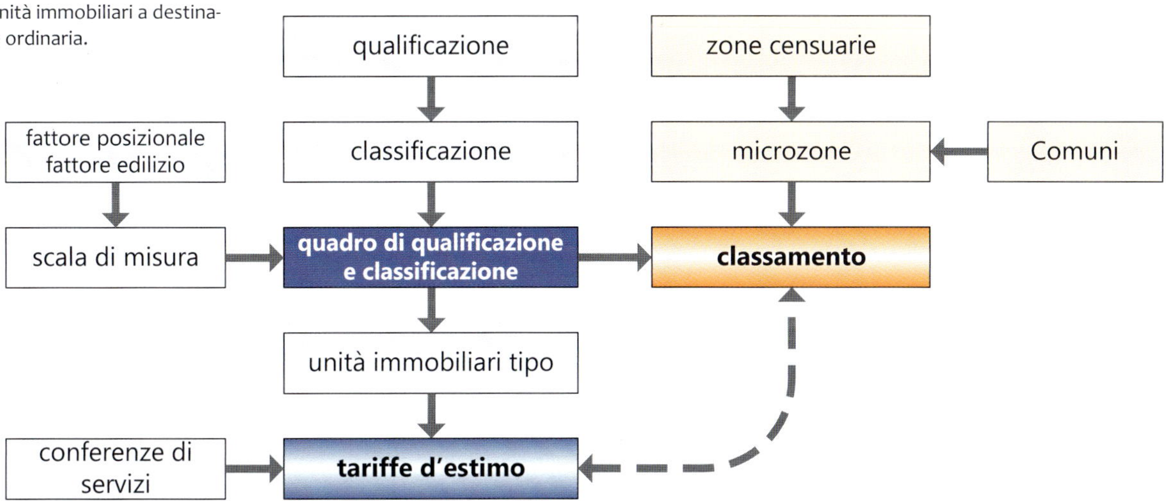

Figura 19.1
Schema delle operazioni di formazione del catasto fabbricati per unità immobiliari a destinazione ordinaria.

Le zone censuarie e le microzone

Nella fase di formazione del nuovo catasto edilizio urbano il territorio è stato suddiviso in zone censuarie corrispondenti ai Comuni amministrativi (*Comune censuario*). I Comuni più grandi (Roma, Milano, Torino, Bari ecc.) sono stati suddivisi in più zone censuarie.
Con il DPR n. 138/1998 è stato definito, per la revisione degli estimi, un nuovo concetto di **zona censuaria**: "una *porzione omogenea del territorio provinciale, che può comprendere un solo Comune o porzione del medesimo o gruppi di Comuni aventi simili caratteristiche ambientali e socioeconomiche*" (art. 1).
Ogni zona censuaria viene suddivisa in microzone. La **microzona** rappresenta una "*porzione del territorio comunale o di più Comuni o un Comune intero che presenta omogeneità per quanto riguarda posizione, caratteri urbanistici, socioeconomici, storico-ambientali, dotazione di servizi e infrastrutture urbane.* In ciascuna microzona le unità immobiliari sono uniformi per caratteristiche tipologiche, epoca di costruzione e destinazione prevalente. Essa *individua ambiti territoriali di mercato omogeneo sul piano dei redditi e dei valori*".

Qualificazione

La qualificazione consiste nel distinguere le varie tipologie di fabbricato in **categorie**. Le categorie rappresentano le diverse tipologie edilizie: appartamenti, ville, negozi, uffici ecc. Il nuovo regolamento stabilisce che "la categoria è assegnata in base alla *normale destinazione funzionale* per l'unità immobiliare, tenuto conto dei *caratteri tipologici e costruttivi specifici e delle consuetudini locali*" (art. 8, DPR n. 138/1998).

Vecchie categorie

Secondo il vecchio regolamento del 1949, tuttora in uso, le categorie sono suddivise nell'ambito di **tre tipologie** e **cinque gruppi** (*v.* tabella 19.1):

- immobili a **destinazione ordinaria**, *gruppo A* (abitazioni), *gruppo B* (alloggi collettivi) e *gruppo C* (negozi, magazzini, autorimesse ecc.);
- immobili a **destinazione speciale**, *gruppo D*, a destinazione produttiva;
- immobili a **destinazione particolare**, *gruppo E*, i fabbricati edificati per particolari esigenze.

Nuove categorie

Con la revisione generale del 1998 le categorie sono suddivise in **cinque gruppi** contrassegnati dalle lettere R, P, T, V, Z, nell'ambito di *due tipologie* di fabbricati (*v.* tabella 19.2). A distanza ormai di molti anni, queste categorie non sono ancora in vigore.

Dalla categoria A alla R
Con la nuova qualificazione il numero delle categorie del gruppo A (la categoria la cui rendita complessiva è circa i 2/3 del totale) è stato notevolmente ridotto e accorpato, soprattutto, nella categoria R/1. Complessivamente da 11 si è scesi a 3 categorie.

1) Unità immobiliari a **destinazione ordinaria**:
   - *gruppo R*, edifici residenziali;
   - *gruppo P*, edifici pubblici;
   - *gruppo T*, edifici a destinazione terziaria.
2) Unità immobiliari a **destinazione speciale**:
   - *gruppo V*, edifici pubblici speciali;
   - *gruppo Z*, edifici a destinazione produttiva.

Classificazione

La **classificazione** consiste nel "*suddividere ogni categoria in tante classi quanti sono i gradi diversi delle rispettive capacità di reddito*" (art. 7, DPR n. 1142/1949).
Il nuovo regolamento dà una definizione più specifica in funzione dei nuovi criteri: "la **classe** rappresenta il *livello di reddito* ordinariamente ritraibile dall'unità immobiliare nell'ambito del mercato edilizio della microzona, in funzione della *qualità urbana e ambientale* nonché delle *caratteristiche edilizie dell'unità immobiliare e del fabbricato che la comprende*. Per qualità urbana si intende il livello delle infrastrutture e dei servizi. Per qualità ambientale si intende il livello di pregio o di degrado dei caratteri paesaggistici e naturalistici." (art. 8, DPR n. 138/1998).
Per ciascuna zona censuaria viene compilato un **quadro di qualificazione e classificazione** che deve indicare *le categorie riscontrate e il numero delle classi in cui ciascuna categoria è stata divisa*. I quadri di qualificazione e classificazione devono essere approvati dalle Commissioni censuarie provinciali.

Classamento

Il **classamento** consiste nell'*attribuire a ogni unità immobiliare a destinazione ordinaria la categoria e la classe di competenza* e a quelle a destinazione speciale la sola categoria, con riferimento ai quadri di qualificazione e classificazione.
Il classamento è basato, per ogni singola unità immobiliare, sul confronto con *unità immobiliari tipo* tra quelle prestabilite per la zona censuaria. Attualmente viene effettuato all'interno della procedura informatica DOCFA (*v.* pag. 371) a opera del tecnico che presenta la dichiarazione di un nuovo fabbricato. La rendita dichiarata viene acquisita negli atti come **rendita proposta** fino a quando l'Ufficio non provvede, con accertamenti informatici o tradizionali, alla determinazione della **rendita definitiva** (art. 1, DMF 19 aprile 1994, n. 701).

19.1	Quadro generale delle categorie
	Immobili a destinazione ordinaria
A/1	Abitazioni di tipo signorile.
A/2	Abitazioni di tipo civile.
A/3	Abitazioni di tipo economico.
A/4	Abitazioni di tipo popolare.
A/5	Abitazioni di tipo ultrapopolare.
A/6	Abitazioni di tipo rurale.
A/7	Abitazioni in villini.
A/8	Abitazioni in ville.
A/9	Castelli, palazzi con eminenti pregi artistici o storici.
A/10	Uffici e studi privati.
A/11	Abitazioni e alloggi tipici dei luoghi.
B/1	Collegi e convitti, ricoveri, orfanotrofi, ospizi, conventi, seminari, caserme.
B/2	Case di cura e ospedali (senza fine di lucro).
B/3	Prigioni e riformatori.
B/4	Uffici pubblici.
B/5	Scuole, laboratori scientifici.
B/6	Biblioteche, pinacoteche, musei, gallerie, accademie.
B/7	Cappelle e oratori non destinati all'esercizio pubblico dei culti.
B/8	Magazzini sotterranei per depositi di derrate.
C/1	Negozi e botteghe.
C/2	Magazzini e locali di deposito.
C/3	Laboratori per arti e mestieri.
C/4	Fabbricati e locali per esercizi sportivi (senza fine di lucro).
C/5	Stabilimenti balneari e di acque curative (senza fine di lucro).
C/6	Stalle, scuderie, rimesse, autorimesse (senza fine di lucro).
C/7	Tettoie chiuse o aperte.
	Immobili a destinazione speciale
D/1	Opifici.
D/2	Alberghi e pensioni (con fine di lucro).
D/3	Teatri, cinematografi, sale per concerti, discoteche e spettacoli simili (con fine di lucro).
D/4	Case di cura e ospedali (con fine di lucro).
D/5	Istituti di credito, cambio e assicurazione (con fine di lucro).
D/6	Fabbricati e locali per esercizi sportivi (con fine di lucro).
D/7	Fabbricati costruiti o adattati per le speciali esigenze di un'attività industriale e non suscettibili di destinazione diversa senza radicali trasformazioni.
D/8	Fabbricati costruiti o adattati per le speciali esigenze di un'attività commerciale e non suscettibili di destinazione diversa senza radicali trasformazioni. Autosilo dotato di rampe di accesso. Parcheggi a pagamento su aree private. Campeggi.
D/9	Edifici galleggianti o sospesi assicurati a punti fissi del suolo; ponti privati soggetti a pedaggio.
D/10	Fabbricati per funzioni produttive connesse ad attività agricole.
D/11	Scuole private.
D/12	Posti barca turistici, stabilimenti balneari.
	Immobili a destinazione particolare
E/1	Stazioni per servizi di trasporto, terrestri, marittimi e aerei.
E/2	Ponti comunali e provinciali soggetti a pedaggio.
E/3	Costruzioni e fabbricati per speciali esigenze pubbliche.
E/4	Recinti chiusi per speciali esigenze pubbliche.
E/5	Fabbricati costituenti fortificazioni e loro dipendenze.
E/6	Fari, semafori, torri per rendere d'uso pubblico l'orologio comunale.
E/7	Fabbricati destinati all'esercizio pubblico dei culti.
E/8	Fabbricati e costruzioni nei cimiteri, esclusi i colombari, i sepolcri e le tombe di famiglia.
E/9	Edifici a destinazione particolare non compresi nelle categorie precedenti del gruppo E.

19.2	Quadro generale delle nuove categorie (allegato B al DPR n. 138/1998)	
	Unità immobiliari a destinazione ordinaria	**Corrispondenza**
Gruppo R - *Unità immobiliari a destinazione abitativa di tipo privato e locali complementari*		
R/1	Abitazioni in fabbricati residenziali e promiscui.	A/1, A/2, A/3, A/4, A/5, A/6, A/9
R/2	Abitazioni in villino e in villa.	A/7, A/8
R/3	Abitazioni tipiche dei luoghi.	A/11
R/4	Posti auto coperti, posti auto scoperti su aree private, locali per rimesse di veicoli.	C/6, C/7
Gruppo P - *Unità immobiliari a destinazione pubblica o di interesse collettivo*		
P/1	Unità immobiliari per residenze collettive e simili.	B/1
P/2	Unità immobiliari per funzioni sanitarie.	B/2
P/3	Unità immobiliari per funzioni rieducative.	B/3
P/4	Unità immobiliari per funzioni amministrative, scolastiche e simili.	B/4, B/5
P/5	Unità immobiliari per funzioni culturali e simili.	B6/, B/7
Gruppo T - *Unità immobiliari a destinazione terziaria*		
T/1	Negozi e locali assimilabili.	C/1
T/2	Magazzini, locali da deposito e laboratori artigianali.	C/2, C/3, C/7
T/3	Fabbricati e locali per esercizi sportivi.	C/4
T/4	Pensioni.	D/2
T/5	Autorimesse, autosilos e parcheggi a raso di tipo pubblico.	C/7, D/8
T/6	Stalle, scuderie e simili.	C/6
T/7	Uffici, studi e laboratori professionali.	A/10, C/3
	Unità immobiliari a destinazione speciale	
Gruppo V - *Unità immobiliari speciali per funzioni pubbliche o di interesse collettivo*		
V/1	Stazioni per servizi di trasporto terrestri, marittimi, aerei e impianti di risalita.	E/1
V/2	Stabilimenti balneari e di acque curative.	C/5
V/3	Fiere permanenti, recinti chiusi per mercati, posteggio bestiame e simili.	E/4
V/4	Fabbricati destinati all'esercizio pubblico dei culti, cappelle e oratori.	E/7
V/5	Ospedali.	D/4
V/6	Fabbricati, locali, aree attrezzate per esercizi sportivi e per divertimento, arene e parchi zoo.	D/6
V/7	Unità immobiliari a destinazione pubblica o di interesse collettivo non censibili nelle categorie di gruppo P per la presenza di caratteristiche non ordinarie ovvero non riconducibili, per destinazione, alle altre categorie del gruppo V.	E/3
Gruppo Z - *Unità immobiliari a destinazione terziaria, produttiva e diversa*		
Z/1	Unità immobiliari per funzioni produttive.	D/1, D/7
Z/2	Unità immobiliari per funzioni produttive connesse all'agricoltura.	D/10
Z/3	Unità immobiliari per funzioni terziario-commerciali.	D/5
Z/4	Unità immobiliari per funzioni terziario-direzionali.	
Z/5	Unità immobiliari per funzioni ricettive.	D/2
Z/6	Unità immobiliari per funzioni culturali e per lo spettacolo.	
Z/7	Stazioni di servizio e per la distribuzione dei carburanti agli autoveicoli.	
Z/8	Posti barca compresi in porti turistici.	D/12
Z/9	Edifici galleggianti o sospesi assicurati a punti fissi del suolo.	D/9
Z/10	Unità immobiliari a destinazione residenziale o terziaria, non censibili nelle categorie dei gruppi R e T, per la presenza di caratteristiche non ordinarie, ovvero unità immobiliari non riconducibili, per destinazione alle altre categorie del gruppo Z.	E/9

Fabbricati rurali

Costituiscono unità immobiliari del catasto fabbricati anche le *abitazioni* e i *fabbricati strumentali per l'esercizio dell'attività agricola* che un tempo erano incluse nel catasto terreni. L'obbligo di dichiarazione nel catasto fabbricati è scaduto il 30 novembre 2012 (ma si può fare ancora con le sanzioni del caso).

Per l'accatastamento sono previste due specifiche categorie:
- A6, per le abitazioni rurali;
- D10, per i fabbricati strumentali all'esercizio delle attività agricole, comprese quelle agrituristiche.

Tuttavia la circolare n. 2/2012 della direzione centrale del catasto prevede che ai fabbricati rurali sia attribuito il classamento in base alle regole ordinarie, in una delle categorie catastali previste nel quadro generale di qualificazione. Le abitazioni saranno quindi classate nelle normali categorie del gruppo A in funzione delle caratteristiche costruttive (A/2, A/3, A/7 ecc.). Tuttavia alla sussistenza del requisito di ruralità è apposta negli atti catastali una specifica **annotazione**, che ha valore per fini fiscali.

Requisiti di ruralità fiscale dei fabbricati

Per il riconoscimento della ruralità ai fini fiscali e delle relative agevolazioni, la legge prevede requisiti di tipo oggettivo (inerenti all'azienda) e soggettivo (inerenti al titolare dell'attività). Tali requisiti, istituiti dall'art. 9 della legge 26 febbraio 1994, n. 133, sono stati ridefiniti da ultimo dall'art. 42 *bis* della legge n. 222/2007 e sono in vigore dal 1° dicembre 2007.

Fabbricati ad uso abitativo

a) Il fabbricato deve essere utilizzato quale abitazione:
   1) dal *soggetto titolare del diritto di proprietà* o di altro diritto reale sul terreno per esigenze connesse all'attività agricola svolta;
   2) dall'*affittuario* del terreno stesso o dal soggetto che con altro titolo idoneo conduce il terreno a cui l'immobile è asservito;
   3) dai *familiari conviventi a carico* dei soggetti di cui ai numeri 1) e 2) risultanti dalle certificazioni anagrafiche e dai coadiuvanti iscritti come tali a fini previdenziali;
   4) dai *pensionati agricoli* (soggetti titolari di trattamenti pensionistici corrisposti a seguito di attività svolta in agricoltura);
   5) da uno dei *soci o amministratori delle società agricole* aventi la qualifica di imprenditore agricolo professionale.

   I soggetti di cui ai numeri 1), 2) e 5) devono rivestire la qualifica di imprenditore agricolo ed essere iscritti nel registro delle imprese.

b) Il terreno cui il fabbricato è asservito deve avere *superficie* non inferiore a 10.000 m^2 ed essere censito al catasto terreni con attribuzione di reddito agrario. Qualora sul terreno siano praticate colture specializzate in serra o la funghicoltura o altra coltura intensiva, ovvero il terreno è ubicato in Comune considerato montano (legge n. 97/1994) il suddetto limite viene ridotto a 3.000 m^2.

c) Il *volume di affari* derivante da attività agricole del soggetto che conduce il fondo deve risultare *superiore alla metà del suo reddito complessivo*, determinato senza far confluire in esso i trattamenti pensionistici corrisposti a seguito di attività svolta in agricoltura. Se il terreno è ubicato in un Comune considerato montano, il volume di affari deve risultare superiore a un quarto del suo reddito complessivo. Il volume d'affari dei soggetti che non presentano la dichiarazione ai fini dell'IVA si presume pari al limite massimo previsto per l'esonero (7.000 €).

d) I fabbricati a uso abitativo, che hanno le caratteristiche delle unità immobiliari urbane appartenenti alle *categorie A/1* (tipo signorile) e *A/8* (ville) ovvero *di lusso* (definite dal DM 2 agosto 1969) non possono comunque essere riconosciuti rurali.

Fabbricati strumentali

Hanno carattere di ruralità le costruzioni strumentali destinate alla protezione delle piante, alla conservazione dei prodotti agricoli, alla custodia delle macchine agricole, all'allevamento e al ricovero degli animali, a uso di ufficio dell'azienda agricola, alla manipolazione, trasformazione, conservazione o commercializzazione dei prodotti agricoli, all'agriturismo ecc. (art. 9, comma 3 bis della legge n. 133/1994).

Categorie speciali (gruppo F)

Le entità urbane di tipo F sono state istituite contemporaneamente alla procedura DOCFA per identificare quei casi in cui l'unità immobiliare non produce reddito. È composto dalle categorie che seguono.

- F/1 *Aree urbane*. Aree che, per qualche motivo (di solito per effettuare una successiva compravendita), non sono legate ad alcuna unità immobiliare appartenente agli altri gruppi.
- F/2 *Unità collabenti*. Unità che, in parte o in toto, sono inabitabili o che, in ogni caso, non producono reddito (unità parzialmente demolite).
- F/3 *Unità in corso di costruzione*. Unità immobiliari di nuova costruzione per le quali non risulta ancora ultimata l'edificazione.
- F/4 *Unità in corso di definizione*. Unità immobiliari non ancora definite, come per esempio le porzioni di fabbricato derivate da un frazionamento per essere poi vendute.
- F/5 *Lastrici solari*. Qualora una ditta diversa da quella proprietaria del piano sottostante intenda sopraelevare, si istituisce il lastrico solare per poter procedere alla compravendita del lastrico stesso.

19.2.4 Formazione delle tariffe e delle rendite catastali

Il catasto dei fabbricati, a differenza del catasto dei terreni, è a *estimo indiretto* per le unità immobiliari a destinazione ordinaria e a *estimo diretto* per quelle a destinazione speciale o particolare.
L'estimo indiretto è basato sulle **tariffe** che esprimono, in modo analogo al catasto terreni, la *rendita catastale per ogni categoria e classe, per unità di consistenza, con riferimento ai prezzi medi correnti nel periodo censuario fissato per legge*.

La consistenza catastale

La dimensione è il parametro che, moltiplicato per la tariffa, consente di ottenere la rendita catastale delle unità immobiliari a destinazione ordinaria.
I parametri per la misurazione della consistenza catastale dei fabbricati sono stati di recente modificati, coesistono pertanto quelli vecchi e i nuovi. I primi sono destinati a scomparire, ma la loro importanza pratica perdurerà a lungo in quanto sono riportati in tutti i documenti relativi a fabbricati già edificati.

Vecchio regolamento, DPR n. 1142/1949

Fino all'entrata in vigore delle nuove tariffe la consistenza catastale delle unità immobiliari urbane si continua a misurare assumendo come elementi unitari i seguenti parametri:

- per le categorie del gruppo A, il *vano utile*;
- per le categorie del gruppo B, il *metro cubo*;
- per le categorie del gruppo C, il *metro quadrato*.

Nuovo regolamento, DPR n. 138/1998

Il parametro per misurare la consistenza per tutte le nuove categorie è il **metro quadrato di superficie catastale**. Le norme tecniche per il calcolo della superficie catastale sono definite nell'allegato C al DPR n. 138/1998 e corrispondono, in linea di massima, ai criteri di calcolo della superficie commerciale. Infatti:

- i muri interni e quelli perimetrali esterni vengono computati per intero (fino a uno spessore massimo di 50 cm);
- i muri in comunione sono calcolati nella misura del 50% (fino a uno spessore massimo di 25 cm).

La superficie degli *"elementi di collegamento verticale"* interni alle unità immobiliari (scale, ascensori e simili) è computata in misura pari alla loro proiezione orizzontale indipendentemente dal numero di piani collegati. Vi sono poi norme specifiche per le diverse categorie di immobile. La superficie catastale viene poi arrotondata al metro quadrato.
La superficie dei *vani aventi altezza utile inferiore a 1,50 m* non entra nel computo della superficie catastale.

Calcolo della consistenza per le vecchie categorie

Il calcolo della consistenza deve essere tuttora effettuato all'interno della procedura DOCFA nella fase di accatastamento di un fabbricato.

Gruppo A

Per vano utile si intende un locale a destinazione principale nell'unità immobiliare (camera, soggiorno ecc.) dotato di luce diretta e superficie minima di 8 m^2. Anche la cucina abitabile, se ha i requisiti citati, si calcola come un vano.
Si considerano **vani accessori** quelli necessari al servizio o al disimpegno dei vani principali (bagni, dispense, ripostigli, ingressi, corridoi e simili), nonché quelli che pur non essendo strettamente necessari all'utilizzazione dei vani principali ne integrano la funzione (soffitte, cantine e simili). I vani accessori si computano per *un terzo* di vano utile se sono collegati direttamente ai vani principali (servizio diretto), per *un quarto* di vano utile in caso diverso (servizio complementare).
Si computano per più di un vano utile i vani principali che abbiano superficie maggiore di quella massima stabilita per ciascuna categoria e classe (*vani ragguagliati*). Se per esempio la superficie netta calpestabile massima di una categoria è 27 m^2 e la superficie di un vano è 35 m^2, il numero dei vani è 35 : 27 = 1,3.
Il numero complessivo dei vani può essere aumentato fino a un massimo del 10% per tenere conto delle utilità comuni (cortile, giardino ecc.) o di utilità esclusive (terrazzi, giardino ecc.). Analogamente si potrà diminuire fino a un massimo del 10% il numero dei vani se la superficie media dei vani è molto bassa.
La somma complessiva del numero dei vani deve essere arrotondata al mezzo vano.

Gruppo B

Per le unità immobiliari del gruppo B si calcola il *volume vuoto per pieno in metri cubi* a partire dalla quota del marciapiede fino all'intradosso dell'ultimo piano abitabile. Il volume interrato si calcola al 50% solo nel caso che vi siano spazi utilizzabili (depositi, laboratori, autorimesse ecc.).
Si può aumentare la cubatura fino a un massimo del 10% per la presenza di utilità comuni.

Gruppo C

La consistenza si calcola in *metri quadrati di superficie commerciale* dei locali a destinazione principale e accessori a servizio diretto, a cui si somma un quarto della superficie dei locali accessori a servizio indiretto. Per i negozi (categoria C/1) la superficie del retrobottega si calcola al 50%, i vani accessori a servizio indiretto al 25%.
Anche in questo caso si può aumentare la cubatura fino a un massimo del 10% per la presenza di utilità comuni.

Calcolo delle tariffe per i fabbricati a destinazione ordinaria

Consultazione online
Le tariffe in vigore per fini fiscali dal 1° gennaio 1992, relative all'epoca censuaria 1988-89, sono disponibili nel sito:
www.tariffecatastali.it

Le tariffe d'estimo determinate nella fase di formazione del catasto fabbricati, riferite al lontano triennio 1937-39, sono state usate per alcuni decenni, dal 1983 al 1991, applicando coefficienti di aggiornamento. È stata così lungamente attesa la *prima revisione generale degli estimi*, indetta con il DPR n. 604/1973 e autorizzata con il **DMF 20 gennaio 1990**.
Con questa nuova normativa la revisione, al fine di determinare la redditività media ordinariamente ritraibile, è avvenuta in base ai criteri del **valore di**

La riforma del catasto
Con la legge n. 23/2014 il governo è stato delegato a emanare i decreti legislativi per attuare una riforma del catasto, basata sui *valori* e sulle *rendite*, da applicare alle nuove categorie definite dal DPR n. 138/1998, ma questa azione è ancora ferma per difficoltà tecniche e per gli effetti dell'incremento del carico fiscale sui cittadini.
La riforma prevederebbe *funzioni statistiche* per esprimere la relazione tra il valore di mercato, la *localizzazione* (fattore posizionale) e le *caratteristiche edilizie* (fattore edilizio) per ciascuna destinazione catastale e per ciascun ambito territoriale.

mercato e del **valore locativo** dei fabbricati con riferimento all'epoca censuaria del *biennio 1988-89*.
Il calcolo delle tariffe è stato effettuato mediante lo studio di *unità immobiliari tipo* individuate per ogni categoria e classe presente nel quadro di qualificazione e classificazione. La procedura prevede poi due fasi:
- la determinazione della rendita *dal canone di locazione;*
- la determinazione della rendita *in base ai valori di mercato.*

Le tariffe d'estimo sono ottenute dalla **media** dei due "valori reddituali" così ottenuti (*v.* esempio 19.2).

Le operazioni di revisione catastale si concludono con la pubblicazione dei **prospetti delle tariffe**, che contengono l'elenco delle categorie del *quadro di qualificazione e classificazione* con le tariffe corrispondenti.

Calcolo della rendita dal canone di locazione

La determinazione del reddito derivante dalla locazione deve avvenire secondo le disposizioni degli articoli da 14 a 26 del vecchio regolamento (n. 1142/1949).
La rendita catastale (*Rc*) si ottiene dal reddito lordo annuo del proprietario depurato da tutte le spese e perdite eventuali, escluse soltanto quelle relative all'imposta sui fabbricati e ai contributi di ogni specie. La rendita catastale si ottiene perciò dalla seguente formula:

$$Rc = Rlt - (Q + Svz + Amn + Sf/In)$$

Pertanto risulta che la rendita imponibile catastale è costituita dal beneficio fondiario al lordo dei tributi:

$$Rc = Bf + Tr$$

Il *reddito lordo* (*Rlt*) è costituito da:
- canone annuo di locazione ordinariamente ritraibile dall'unità immobiliare;
- gli interessi sulle rate;
- l'interesse sul deposito cauzionale (oggi non applicabile).

Le spese a carico del proprietario sono le seguenti.
- *Quote* (*Q*). Spese di manutenzione straordinaria e di conservazione del fabbricato (reintegrazione, assicurazione).
- *Servizi* (*Svz*). Spese sostenute dal proprietario per fornitura di acqua potabile, per il servizio di portineria, per l'illuminazione delle scale ecc. quando esse non vengano rimborsate dal locatario (come di solito avviene oggi).
- *Amministrazione* (*Amn*). Determinate in base alla relativa contabilità nel caso in cui la gestione dell'immobile sia affidata dal proprietario a terzi. Nell'ipotesi di gestione da parte del proprietario, tali spese si calcolano presuntivamente, con riferimento agli immobili della stessa categoria e classe la cui gestione sia affidata a terzi.
- *Sfitto e inesigibilità* (*Sf/In*). La perdita relativa agli sfitti si determina tenendo presente l'ordinario periodo di tempo intercorrente fra locazioni successive, nonché la periodicità e la durata dello sfitto necessario per l'esecuzione di opere di manutenzione straordinaria. L'inesigibilità è dovuta alle rate di affitto dovute e non pagate.

Le spese sopra indicate si determinano con riferimento a condizioni normali e si esprimono con una percentuale sul reddito lordo. In mancanza di dati espliciti, queste percentuali si determinano con apprezzamento sintetico, sulla base di dati raccolti per unità immobiliari analoghe.

Calcolo della rendita dal valore di mercato

Il reddito dei fabbricati viene calcolato sulla base del valore di mercato degli immobili, *determinandone la redditività attraverso l'applicazione di saggi di rendimento* ordinariamente rilevabili nel mercato edilizio locale per unità immobiliari analoghe. Le modalità di calcolo di questo tipo di reddito sono quelle previste negli articoli da 27 a 29 del regolamento del 1949. Si determina applicando un saggio di rendimento al valore medio di mercato. Si ha così la formula:

$$\bar{R}c = V \times r$$

dove:

- V è il *capitale fondiario* ovvero il valore medio di mercato del fabbricato corrispondente alla categoria e alla classe, con riferimento all'epoca censuaria stabilita per legge; si determina sulla base dei prezzi correnti nell'epoca censuaria per la vendita di unità immobiliari analoghe;
- r è il *saggio di rendimento*, al lordo dei tributi, da attribuire al valore di mercato per determinare la rendita.

Il saggio di rendimento utilizzato dall'amministrazione catastale è stato dell'1%, tranne per la categoria A/10 dove è stato usato il 2% e per la categoria C/1 alla quale si applica il 3%. La capitalizzazione con questi saggi equivale a moltiplicare la rendita per 100, 50 e 34.

ESEMPIO 19.2 **CALCOLO DELLE TARIFFE D'ESTIMO PER FABBRICATI A DESTINAZIONE ORDINARIA**

Si ipotizza il calcolo delle tariffe con valori e saggi di mercato con riferimento, come epoca censuaria, all'attualità (e non al biennio 1988-89).
Un appartamento di civile abitazione è inquadrabile nella categoria R1. I "valori reddituali" previsti per la microzona in cui si trova sono i seguenti:

- canone ordinario, 85 €/m^2 di superficie catastale;
- valore di mercato, 2.200 €/m^2.

Reddito ordinariamente ritraibile dal canone di locazione

Il reddito lordo del proprietario (*Rlt*), considerato un pagamento del canone in rate mensili anticipate e un saggio di interesse commerciale del 2,5%, risulta:

$$Rlt = 85 : 12 \times \left(12 + 0{,}025 \times \frac{12+1}{2}\right) = 86{,}15 \text{ €/m}^2$$

Spese a carico del proprietario (% sul reddito lordo):

– quote	10%
– servizi	1%
– amministrazione	4%
– sfitto e inesigibilità	3%
Totale	18%

$R_c = 86{,}15 \times (1 - 18\%) = 70{,}64$ €/m^2

Reddito ordinariamente ritraibile dal valore di mercato

Se si considera un saggio di rendimento lordo dell'investimento immobiliare del 3%, la rendita risulta:

$R_c = 2.200 \times 3\% = 66{,}00$ €/m^2

Tariffa d'estimo:

$(70{,}64 + 66{,}00) : 2 = 68{,}32$ €/m^2

Per un appartamento di 100 m^2 di superficie catastale si avrebbe una rendita di 6.832,00 € (ma attualmente le rendite catastali sono molto più basse).

Calcolo delle rendite per gli immobili a destinazione speciale

Per le unità immobiliari urbane a destinazione speciale le rendite si calcolano per ogni singola unità in base al "reddito ordinario ritraibile", "al netto delle spese e al lordo delle imposte". Se non è possibile fare riferimento ai valori di mercato, come avviene spesso per i fabbricati a destinazione speciale, si utilizza il criterio del costo o della redditività.

Nella procedura di accatastamento automatica con DOCFA è richiesta una valutazione sommaria dell'immobile secondo l'aspetto economico del valore di ricostruzione, in base al quale, applicando un saggio di rendimento al lordo dei tributi, si ottiene la rendita catastale proposta (esempio 19.3).

ESEMPIO 19.3 CALCOLO DELLA RENDITA CATASTALE PER IMMOBILI A DESTINAZIONE SPECIALE

Si prende in esame un capannone industriale con le seguenti aree:

- totale lorda 1.500 m^2;
- coperta (escluse le tettoie) 500 m^2;
- passaggi e piazzali di manovra 795 m^2.

L'area è recintata. Il fabbricato è dotato di una gru a ponte (impianto fisso).

(1) **Rif.**	(2) **Tipologia**	(3) **Destinazione**	(4) **U.m.**	(5) **Consistenza**	(6) **Valori a nuovo (€/U.m.)**	(7) **Deprezzamento (%)**	(8) **Oneri (%)**	(9) **Valore u. (€/U.m.)**	(10) **Valori (€)**
A1	Area	Industriale	m^2	1.500	100	0	15	115	172.500
F1	Capannone	Laboratorio	m^2	500	125	20	15	115	57.500
M2	Asfalto	Cortile	m^2	795	40	20	15	92	12.512
M1	Mista	Recinzione	m	136	100	20	15	36,8	73.140
I	Impianti	Gru a ponte							18.000
								Totale	**333.652**

I dati delle colonne (1), (2), (3), (5), (9) e (10) devono essere riportati in analoghe colonne nel quadro H del modello 2N redatto con procedura informatica DOCFA. I dati della colonna (6) sono desunti dal prezzario degli uffici dell'Agenzia del territorio, appositamente allestito, con epoca di riferimento il biennio 1988-89 (epoca censuaria tuttora in vigore).

La rendita proposta si ottiene applicando al valore così determinato il saggio di rendimento lordo del 2%:

333.652 × 2% = 6.673 €

La seconda revisione generale

Con il **DMF 18 marzo 1991** è stata indetta una *Revisione generale della qualificazione, della classificazione e del classamento delle unità immobiliari urbane*, motivata con "le rilevanti e diffuse diversità venutesi a creare tra il classamento in atto e la realtà immobiliare, per effetto delle variazioni verificatesi nel tessuto socioeconomico dei centri urbani". Si deve infatti tenere conto delle trasformazioni avvenute dal lontano 1939, come per esempio la trasformazione di interi quartieri che al momento della formazione del catasto venivano giudicati di periferia e che oggi hanno assunto un elevato valore di mercato per l'espansione della città e per la loro caratteristica di "palazzi d'epoca"; al contrario certe zone possono aver subito un degrado che ha comportato una drastica riduzione dei prezzi. Con questo decreto si procede dunque all'attuazione di un nuovo classa-

mento dei fabbricati e non a una semplice revisione degli estimi. A tale scopo è stato anche modificato il prospetto delle categorie, con l'abrogazione di quelle ritenute obsolete e la creazione di nuove. Per l'attuazione della revisione è stato emanato un nuovo regolamento: il più volte citato DPR n. 138/1998.
La seconda revisione degli estimi in realtà non è mai approdata a una conclusione (non sono mai state pubblicate nuove tariffe); pertanto, successivamente (da ultimo con la legge n. 23/2014, "Riforma del catasto"), si è cercato di superare le difficoltà operative che hanno impedito di portarla a compimento. Tali difficoltà sono dovute in buona parte agli "algoritmi" estimativi per il calcolo di tariffe basate *sui valori* e *sulle rendite per metro quadrato di superficie catastale*. Tali soluzioni operative sono ancora in fase di studio.

19.2.5 Pubblicazione e attivazione

Con la pubblicazione furono esposti al pubblico per trenta giorni gli atti catastali provvisori affinché i possessori potessero presentare eventuali reclami e segnalare errori. Con l'*attivazione* furono approntati i documenti (o atti) catastali definitivi, che oggi, dopo molti cambiamenti, sono di fatto i seguenti:
- la *mappa urbana* e le *planimetrie*;
- l'*archivio elettronico dei dati censuari*.

Gli atti catastali informatizzati sono consultabili tramite **visura**, che si effettua con le modalità già viste per il catasto terreni (*v.* paragrafo 18.4.1 a pag. 346).
Le *copie delle planimetrie* delle unità immobiliari possono essere rilasciate in visura solo su richiesta del proprietario o di chi ha diritti reali di godimento ed in genere di chi ha legittimo interesse o possa dimostrare di agire per conto di questi. Le modalità operative prevedono che i professionisti incaricati dell'esecuzione degli elaborati tecnici di aggiornamento si premuniscano di una delega scritta del titolare, mentre i notai devono sottoscrivere una dichiarazione di ricevuto incarico per la stipula degli atti immobiliari.

19.3 CONSERVAZIONE

La fase di conservazione consiste nel tenere aggiornati gli atti catastali. Le variazioni possono essere di due tipi:
- **nell'intestazione** (variazioni soggettive);
- **nuovi fabbricati** o **variazione di fabbricati esistenti** (variazioni oggettive).

Per quanto riguarda le variazioni nell'intestazione si rimanda a quanto detto per la **domanda di volture** del catasto terreni, nel paragrafo 18.5.1.

19.3.1 Dichiarazione delle unità immobiliari urbane

A differenza del catasto terreni, dove in genere non è possibile aumentare la consistenza aggiungendo nuove particelle (se non frazionando quelle esistenti), nel catasto edilizio tali variazioni si hanno comunemente con l'edificazione di nuovi fabbricati.
L'accatastamento di un nuovo fabbricato si effettua con procedura informatica utilizzando il programma **DOCFA** a opera di tecnici iscritti nell'albo professionale (geometri, architetti, ingegneri ecc.). Il software consente la redazione dei documenti tecnici di aggiornamento, compresa la gestione degli elaborati grafici. Il file prodotto con DOCFA viene acquisito dagli uffici del territorio su supporto elettronico. L'invio può essere effettuato per via telematica.

La procedura informatica consente di tenere aggiornati "in tempo reale" gli archivi catastali, evitando i ritardi nel classamento e nell'aggiornamento delle intestazioni che hanno caratterizzato per lungo tempo il funzionamento di questo importante strumento fiscale dello Stato.
Le operazioni di **accertamento e classamento** che si effettuano con DOCFA sono le seguenti:
- identificazione catastale e toponomastica;
- calcolo della consistenza;
- attribuzione della categoria e della classe (classamento).

La dichiarazione catastale di una nuova costruzione deve essere allegata alla domanda per il rilascio del *certificato di agibilità del fabbricato* (art. 24, TU dell'edilizia, DPR n. 380/2001).

I modelli di DOCFA

La procedura DOCFA consente di:
- dichiarare fabbricati urbani di *nuova costruzione* (accatastamento);
- denunciare *variazioni* (fusioni, demolizioni, cambio di destinazione ecc.);
- denunciare *unità afferenti* a enti urbani di categoria F/1.

I modelli DOCFA
Esempi dei principali modelli catastali sono presenti nel prontuario allegato al testo.

I modelli prodotti automaticamente e quindi stampati con la procedura informatica (DOCFA) sono i seguenti:
- **modello D1**, "*Accertamento della proprietà immobiliare urbana*";
- **modello 1NB** o **2NB**, per la dichiarazione rispettivamente dei fabbricati a *destinazione ordinaria* o dei fabbricati a *destinazione speciale e particolare;*
- **elaborati grafici**.

Modello D1

Il modello D1 contiene i dati censuari delle unità immobiliari, dei soggetti intestatari e del tecnico redattore della procedura. È composto di 4 quadri:
- *quadro A*, "**Dichiarazione di fabbricato urbano o nuova costruzione**", in cui si riportano il riferimento al tipo mappale, il numero di unità immobiliari da accatastare, dove intestare le nuove unità immobiliari (in una ditta catastale esistente o in una nuova ditta con *n* intestati), la causale della presentazione del modello (tipicamente, nuova costruzione);
- *quadro I*, "**Ditta da intestare**", con i dati relativi alla ditta da intestare (cognome e nome per le persone fisiche o denominazione e ragione sociale per le persone giuridiche, codice fiscale ecc.);
- *quadro U*, "**Unità immobiliari**", con i dati riepilogativi delle unità immobiliari dichiarate (foglio, numero di particella, subalterno, zona censuaria, categoria, classe, consistenza, rendita proposta, esatta ubicazione ecc.);
- *quadro D*, "**Note relative al documento e relazione tecnica**", uno spazio a disposizione per le osservazioni del tecnico.

Contiene inoltre i dati del *soggetto dichiarante* e del *tecnico redattore* della procedura con DOCFA.

Modello 1 NB

Il modello viene predisposto quando la dichiarazione riguarda un fabbricato urbano a *destinazione ordinaria*. È composto di due parti:
- **parte I**, "*Dichiarazione di* **fabbricato urbano** *a destinazione ordinaria*", per la descrizione delle caratteristiche dell'intero fabbricato;
- **parte II**, "*Dichiarazione di* **unità immobiliare** *a destinazione ordinaria*", per la descrizione delle caratteristiche di ciascuna unità immobiliare che compone il fabbricato o per ogni porzione censibile comune a più unità immobiliari.

Per esempio, per un fabbricato condominiale si presenterà un modello 1NB parte I relativo all'intero fabbricato e un modello 1NB parte II per ciascuna unità immobiliare che compone il condominio, portineria compresa, essendo quest'ultima una porzione comune censibile.
Il modello 1NB parte I è composto da 11 quadri contrassegnati dalle lettere da A a M. Il modello 1NB parte II da 6 quadri contrassegnati dalle lettere da A a F.

Modello 2 NB

Il modello viene predisposto quando la dichiarazione riguarda un fabbricato urbano a destinazione produttiva (fabbricati industriali, commerciali ecc.).
Anche questo modello, analogamente al modello 1NB, è composto di due parti:
- **parte I**, *"Dichiarazione di immobili urbani compresi nell'art. 10 della legge 1249/1939"*;
- **parte II**, *"Consistenza e caratteristiche degli immobili dell'azienda"*.

Il modello 2NB parte I è composto di 8 quadri contrassegnati dalle lettere da A a H. Il modello 2NB parte II da 11 quadri contrassegnati dalle lettere da A a M.

Planimetrie

Con DOCFA viene attuata l'informatizzazione degli elaborati grafici. Le planimetrie devono essere incluse nella procedura in formato raster, ottenuto con la scannerizzazione a 200 DPI del disegno cartaceo (formato TIF, JPG, GIF, BMP ecc.), o in formato CAD (DXF). Il programma supporta direttamente lo scanner. La procedura consente poi il calcolo automatico delle superfici tramite la misurazione dei poligoni compresi nel disegno acquisito (*v.* figura 19.2). I dati dei poligoni sono anch'essi acquisiti nell'archivio informatizzato del catasto; si passa quindi gradualmente a un archivio digitale degli elaborati grafici.

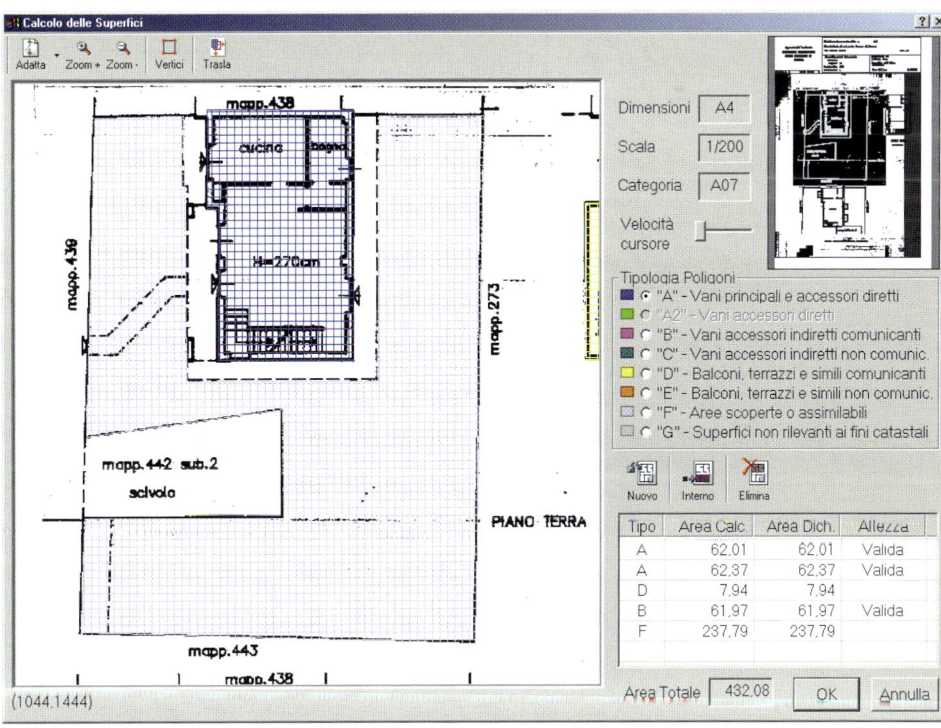

Figura 19.2
Calcolo automatico delle superfici con DOCFA.

Le planimetrie riguardano:
- *ciascuna unità immobiliare;*
- *l'elaborato planimetrico per la dimostrazione della suddivisione in subalterni.*

L'esecuzione grafica deve essere "leggera", senza quotatura e arredi. Si devono invece indicare le destinazioni d'uso dei locali, l'altezza utile e le coerenze (mappali adiacenti).
Possono essere realizzate in formato A4 e A3. La scala è 1:100 o 1:200 per le planimetrie, 1:500 per l'elaborato planimetrico.
L'elaborato planimetrico per la dimostrazione della suddivisione in subalterni deve riportare la rappresentazione dell'*intero lotto* (area di sedime e di pertinenza) con l'indicazione:
- della suddivisione delle *aree scoperte*;
- della rappresentazione del *perimetro di ciascun piano* dell'edificio;
- nell'interno di detto perimetro, per ciascun piano, delle *porzioni comuni* e gli *accessi* alle singole unità immobiliari;
- del *subalterno assegnato a ciascuna unità immobiliare*;
- dei *subalterni che individuano le parti comuni*;
- dell'*orientamento*;
- del *riferimento al tipo mappale* della particella interessata.

L'elenco dei subalterni assegnati viene prodotto e stampato con DOCFA.

Attribuzione della rendita proposta

L'attribuzione della rendita proposta all'interno della procedura DOCFA, per le unità immobiliari a destinazione ordinaria, avviene tuttora secondo i criteri del vecchio regolamento, utilizzando le vecchie categorie, le vecchie unità di misura (vano utile per il gruppo A ecc.). È tuttavia obbligatorio dichiarare la superficie catastale (la nuova unità di consistenza).
Il classamento di un nuovo fabbricato viene effettuato dal tecnico durante la fase di accatastamento con la procedura DOCFA. All'Agenzia delle entrate spettano le funzioni di controllo.
L'attribuzione della **categoria** viene effettuata secondo la descrizione delle unità immobiliari tipo stabilite dal Ministero.
Per **l'attribuzione della classe** il criterio basilare che il tecnico deve seguire è il confronto con i valori medi approvati con le microzone e il reale valore dell'immobile da censire. Il criterio suggerito dall'amministrazione è di fare riferimento inizialmente alla classe media presente nella microzona, si procederà poi ad aumentare o a diminuire la classe in funzione della dotazione di servizi e dell'età del fabbricato. Risulta pertanto che ai fabbricati di nuova costruzione risultano assegnate le classi medio-alte. Si dovrà in ogni caso evitare sperequazioni (anche per evitare il contenzioso) e cioè che a unità immobiliari dello stesso tipo e ubicate nella stessa zona sia assegnata una diversa classe.
La rendita proposta sarà ottenuta moltiplicando la consistenza per la tariffa corrispondente. Il calcolo è automatico grazie al database di tariffe integrato nella procedura.
Il programma DOCFA prevede anche la possibilità di eseguire un **classamento automatico** sulla base dei dati dichiarati nei modelli 1NB o 2NB. Il tecnico può decidere poi se convalidare il proprio classamento o quello eseguito automaticamente dal programma.

Dichiarazioni di porzioni comuni a più unità immobiliari

Le porzioni immobiliari comuni a più unità immobiliari urbane sono registrate con autonoma rilevanza. Ai fini dell'accatastamento le porzioni comuni si suddividono in censibili e non censibili. Detti beni vengono caricati in due *partite speciali*, intestate rispettivamente ai *beni comuni censibili* e *non censibili*.

Le **porzioni censibili** sono parti di fabbricato costituenti *autonome unità immobiliari*, in quanto portatrici di autonoma capacità di reddito, ma che forniscono servizi comuni o sono fruibili da più unità immobiliari, quali l'alloggio del portiere, un complesso sportivo ecc.

Le **porzioni non censibili** comuni a più unità immobiliari sono parti che non possiedono autonoma capacità di reddito e che sono comuni a tutte o ad alcune unità immobiliari, per destinazione (androne, scale, locale centrale termica, ascensore ecc.) ovvero per la loro specifica funzione di utilizzazione indivisa.

Anche la dichiarazione delle porzioni comuni avviene all'interno di DOCFA.

19. Catasto dei fabbricati

Questionario	In sintesi
1. In che cosa consistono le operazioni estimative di formazione del catasto edilizio? 2. Che cosa si intende per unità immobiliare? E per particella edilizia? Come avviene la loro rappresentazione grafica?	Le operazioni di formazione consistono nel determinare l'ubicazione, la consistenza e la rendita delle unità immobiliari esistenti sul territorio nazionale, nonché i nominativi delle persone fisiche o giuridiche che hanno diritti reali di godimento. L'unità immobiliare catastale è definita come "una porzione di fabbricato, o un fabbricato, o un insieme di fabbricati ovvero un'area che nello stato in cui si trova e secondo l'uso locale, presenta potenzialità di autonomia funzionale e reddituale". Le unità immobiliari urbane sono classificate in gruppi, i gruppi in categorie e le categorie in classi. Per ogni categoria e classe dei gruppi a destinazione ordinaria vengono calcolate le tariffe. Per gli immobili a destinazione speciale la determinazione degli estimi è invece diretta per ogni unità immobiliare. Con l'avvento del catasto numerico, la mappa è unica per il catasto terreni e per il catasto fabbricati. Nella mappa sono rappresentate le *particelle edilizie*, costituite dall'area coperta dal fabbricato e dalle sue attinenze scoperte. Ogni unità immobiliare è contraddistinta da un numero principale (della particella edilizia) e da un proprio numero subalterno.
3. Che cosa sono le zone censuarie? E le microzone? Secondo quali criteri sono formate?	Nella fase di formazione il territorio è stato suddiviso in **zone censuarie** corrispondenti ai Comuni amministrativi (Comune censuario). Con il DPR n. 138/1998 è stato definito un nuovo concetto di zona censuaria: "una porzione omogenea del territorio provinciale, che può comprendere un solo Comune o porzione del medesimo o gruppi di Comuni aventi simili caratteristiche ambientali e socioeconomiche". Ogni zona censuaria viene suddivisa in **microzone**, che rappresentano una "porzione del territorio comunale o di più Comuni o un Comune intero che presenta omogeneità per quanto riguarda posizione, caratteri urbanistici, socioeconomici, storico-ambientali, dotazione di servizi e infrastrutture urbane.
4. Che cosa sono le categorie e le classi? 5. Quali sono le più importanti novità introdotte col nuovo Regolamento (DPR n. 138/1998)?	La **qualificazione** consiste nel distinguere le varie tipologie di fabbricato in categorie. Le categorie rappresentano le diverse tipologie edilizie: appartamenti, ville, negozi, uffici ecc. Secondo il vecchio regolamento del 1949, tuttora in uso, le categorie sono suddivise nell'ambito di tre tipologie e cinque gruppi: gruppo A (abitazioni), gruppo B (alloggi collettivi) e gruppo C (negozi, magazzini, autorimesse ecc.), gruppo D (a destinazione produttiva) e, gruppo E (fabbricati per altre esigenze). La **classificazione** consiste nel suddividere ogni categoria in tante classi quanti sono i gradi diversi delle rispettive capacità di reddito.
6. In che cosa consiste il classamento nel catasto dei fabbricati? Come viene eseguito?	Il **classamento** consiste nell'attribuire a ogni unità immobiliare a destinazione ordinaria la categoria e la classe di competenza. Viene effettuato all'interno della procedura informatica DOCFA a opera di un tecnico abilitato.

7. Come si misura la consistenza catastale dei fabbricati?

8. In base a quali criteri devono essere calcolate attualmente le tariffe d'estimo per gli immobili a destinazione ordinaria? Qual è la procedura?

9. Il catasto edilizio è a estimo diretto o indiretto?

10. Come si calcolano le tariffe per gli immobili a destinazione speciale?

Formazione delle tariffe e delle rendite catastali. Con il vecchio regolamento, DPR n. 1142/1949, la consistenza catastale delle unità immobiliari urbane si misura con il vano utile per le categorie del gruppo A, il metro cubo per le categorie del gruppo B, il metro quadrato per le categorie del gruppo C. Con il nuovo regolamento, DPR n. 138/1998, il parametro è il metro quadrato di superficie catastale.
Le tariffe per gli immobili a destinazione ordinaria attualmente in uso (vecchio regolamento) sono calcolate in funzione di due elementi: il canone di locazione e il valore di mercato.
Nel primo caso la rendita catastale (*Rc*) si ottiene dal reddito lordo annuo del proprietario depurato da tutte le spese e perdite eventuali, escluse quelle relative all'imposta sui fabbricati:

$$Rc = Rlt - (Q + Svz + Amn + Sf/In)$$

Le spese a carico del proprietario sono le seguenti: le quote (*Q*), servizi (*Svz*), amministrazione (*Amn*), sfitto e inesigibilità (*Sf/In*).
Nel secondo caso la rendita viene calcolata sulla base del valore di mercato degli immobili:

$$Rc = V\,r$$

dove *V* è il valore medio di mercato del fabbricato e *r* il saggio di rendimento.
Per le unità immobiliari a destinazione speciale si procede con stima diretta utilizzando parametri specifici per le diverse tipologie di immobile. Se non è possibile fare riferimento ai valori di mercato, si dovranno utilizzare in alternativa il criterio del costo o della redditività.

11. Come deve avvenire la dichiarazione di un nuovo fabbricato? Quali sono i modelli da presentare? Come vengono redatti?

Conservazione. L'accatastamento di un nuovo fabbricato si effettua con procedura informatica utilizzando il programma DOCFA. Le operazioni di accertamento e classamento che si effettuano con DOCFA sono le seguenti: identificazione catastale e toponomastica, calcolo della consistenza e attribuzione della categoria e della classe (classamento). La procedura DOCFA consente di allestire i seguenti modelli:

- il modello D1 contiene i dati censuari delle unità immobiliari, dei soggetti intestatari e del tecnico redattore della procedura;
- il modello 1 NB composto di due parti: parte I per la descrizione delle caratteristiche dell'intero fabbricato e parte II per la descrizione delle caratteristiche di ciascuna unità immobiliare che compone il fabbricato.

Il modello 2 NB viene predisposto quando la dichiarazione riguarda un fabbricato urbano a destinazione speciale.
Le planimetrie che integrano la procedura riguardano ciascuna unità immobiliare e l'elaborato planimetrico per la dimostrazione della suddivisione in subalterni.

Per le variazioni soggettive si procede in modo analogo al catasto terreni con la domanda di volture in formato elettronico.

ATTIVITÀ PRATICHE E DI VERIFICA

AREA DIGITALE — QUESTIONARIO A RISPOSTA MULTIPLA

1. Il catasto dei fabbricati è geometrico, particellare e:
   - [ ] a. a estimo diretto e indiretto, non probatorio
   - [ ] b. a estimo indiretto, non probatorio
   - [ ] c. a estimo diretto, probatorio

2. L'accertamento estimativo ha per oggetto nel catasto dei fabbricati:
   - [ ] a. la particella edilizia
   - [ ] b. l'unità immobiliare
   - [ ] c. il fabbricato

3. Per i fabbricati a destinazione ordinaria le tariffe d'estimo devono essere calcolate in base a:
   - [ ] a. valore di mercato, applicando un saggio di rendimento
   - [ ] b. canone di locazione, detraendo dal *Rpl* le spese di parte padronale
   - [ ] c. valore di mercato e canone di locazione

4. La rendita catastale di un'unità immobiliare di categoria A si ottiene:
   - [ ] a. mediante stima diretta
   - [ ] b. moltiplicando la tariffa per il numero di vani
   - [ ] c. moltiplicando la tariffa per la superficie

5. Con il nuovo regolamento (DPR n. 138/1998) la consistenza catastale dei fabbricati a uso abitazione si misura in:
   - [ ] a. numero di vani utili
   - [ ] b. metri quadrati di superficie commerciale
   - [ ] c. metri quadrati di superficie catastale

6. La determinazione degli estimi catastali per gli immobili a destinazione speciale è:
   - [ ] a. indiretta, per classi e tariffe
   - [ ] b. diretta, per classi e tariffe
   - [ ] c. diretta, applicando un saggio di rendimento al costo deprezzato delle strutture

7. Con DOCFA si procede a dichiarare un nuovo fabbricato e quindi:
   - [ ] a. l'Ufficio delle entrate provvederà al classamento e all'attribuzione della rendita
   - [ ] b. il tecnico procede al classamento, l'Ufficio provvederà poi all'attribuzione della rendita
   - [ ] c. il tecnico procede al classamento e all'attribuzione della rendita proposta

8. Gli elaborati grafici da associare con la procedura DOCFA sono:
   - [ ] a. la mappa urbana
   - [ ] b. le planimetrie delle unità immobiliari
   - [ ] c. le planimetrie delle unità immobiliari e l'elaborato planimetrico

9. Il modello 1NB parte prima serve per dichiarare le caratteristiche di:
   - [ ] a. un'unità immobiliare a destinazione ordinaria
   - [ ] b. un intero fabbricato a destinazione ordinaria
   - [ ] c. un intero fabbricato a destinazione speciale

10. Il classamento di un fabbricato nel catasto fabbricati consiste nell'attribuire a ogni unità immobiliare a destinazione ordinaria la categoria e la classe di competenza in base:
    - [ ] a. al fattore posizionale ed edilizio
    - [ ] b. alle scale di merito e di collegamento appositamente costituite dall'Ufficio tecnico del catasto
    - [ ] c. alla dichiarazione di un tecnico in merito alle caratteristiche del fabbricato e della zona in cui si trova

Parte settima
L'attività professionale del perito

20 L'attività professionale del perito

- ✓ Il contesto estimativo
- ✓ La mediazione civile
- ✓ Il processo civile
- ✓ Le esecuzioni immobiliari
- ✓ L'arbitrato
- ✓ Le stime cauzionali

20.1 IL CONTESTO ESTIMATIVO

L'attività professionale del perito consiste in genere nel *rispondere a un quesito di stima* e cioè a una domanda in merito al valore di beni economici. Questa attività è richiesta di norma quando il committente riconosce di non avere da sé sufficienti competenze per fornire una risposta adeguata e quindi si rivolge a un esperto. L'elaborato tecnico, redatto dal professionista, che risponde al quesito, reso di solito in forma scritta, è detto **relazione di stima** (o in vari modi: *perizia di stima*, *relazione peritale*, *rapporto di valutazione* negli IVS ecc.).

Il contesto in cui è richiesta la stima può essere *conflittuale*, tra soggetti aventi interessi contrapposti, o *non conflittuale* (*v.* figura 20.1).

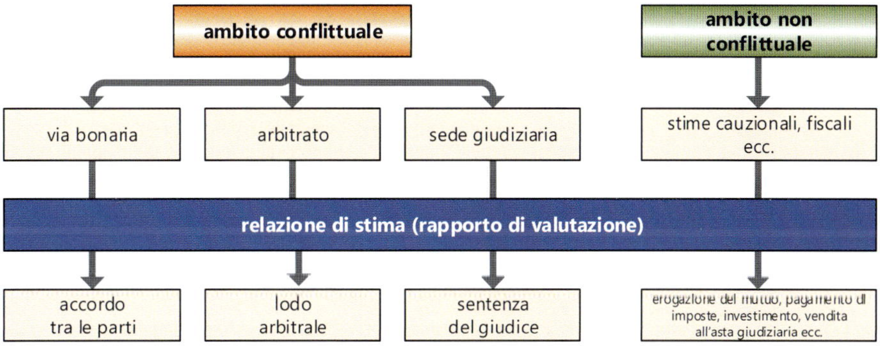

Figura 20.1
Ambiti dell'attività professionale.

Nel primo caso la risoluzione del conflitto costituisce lo scopo della stima stessa. Per esempio può essere richiesto al perito di stimare alcuni immobili che fanno parte di un'eredità in merito ai quali gli aventi diritto hanno una cognizione di valore molto diversa e quindi non trovano un accordo per la divisione. Se la conflittualità è solo tendenziale, può essere ricomposta in **via bonaria**, con un libero accordo tra le parti. In questo caso il compito del perito è, sostanzialmente, di mettere a disposizione il supporto tecnico-estimativo, proprio delle

sue competenze professionali, che costituirà la base dell'accordo, da perfezionare eventualmente in sede legale con l'assistenza di un avvocato o di un notaio (*consulenza stragiudiziaria*). Se invece la conflittualità è esasperata, la sua ricomposizione avviene in **sede giudiziaria**, nel corso del processo civile. Il committente della stima è, in questo caso, il giudice che si avvale, per emettere la sentenza, delle competenze tecniche del perito (*consulenza giudiziaria*). Altri consulenti sono nominati dai contendenti per la difesa dei rispettivi interessi nel corso del procedimento.
Una soluzione alternativa al processo civile è l'**arbitrato**, che consiste essenzialmente in un preventivo accordo tra le parti sulla modalità di gestione di eventuali controversie future, compresa la nomina dei periti (*arbitri*).

Le perizie di stima possono essere richieste anche in un **ambito non conflittuale**, con lo scopo di determinare il valore per gli scopi definiti dal committente, indipendentemente da una divergenza di interessi in atto. Queste stime sono richieste per esempio dalle banche, per l'erogazione di mutui ipotecari, dal giudice delle esecuzioni, per stabilire il prezzo base per immobili venduti all'asta, per fini fiscali ecc.

La perizia giurata
Per fini fiscali è stata introdotta la *perizia giurata* (o asseverata) per la determinazione del valore delle aree edificabili. La stima di un tecnico iscritto all'albo professionale ha valore di prezzo di acquisto dell'area, da portare in diminuzione dal corrispettivo ottenuto con la vendita, ai fini della determinazione delle plusvalenze da dichiarare ai fini IRPEF.

20.2 LA MEDIAZIONE CIVILE

Dal 21 marzo 2011 è in vigore il sistema della mediazione civile, con l'obiettivo di ridurre il numero dei processi e, quindi, di offrire ai cittadini uno strumento più semplice e veloce per risolvere le controversie, con tempi brevi e costi contenuti.
Per accedere alla **mediazione volontaria** le parti, assistite dai rispettivi avvocati, si incontrano presso un *Organismo di mediazione* accreditato dal Ministero della giustizia per cercare un accordo attraverso il fondamentale intervento del mediatore, un professionista che si è formato e preparato a tale scopo.
Oggi la **mediazione è obbligatoria** nei casi di una controversia in materia di diritti reali (proprietà, usufrutto, usucapione, compravendite immobiliari ecc.), divisione e successioni ereditarie, locazione e comodato, condominio, affitto di aziende, contratti assicurativi, bancari e finanziari e altro ancora.
È obbligatoria anche quando la mediazione è demandata da un giudice oppure quando è prevista da clausole contrattuali (clausole compromissorie).

Il mediatore

Il mediatore è un professionista con requisiti di onorabilità, competenza, terzietà e imparzialità che ha il compito di aiutare le parti in lite a trovare una soluzione, portandole al raggiungimento di un accordo condiviso ed evitando quindi il ricorso al giudice. Il mediatore è però privo, in ogni caso, del potere di rendere i giudizi vincolanti per le parti. Anche in caso di successo, il **verbale di conciliazione** che riporta l'accordo raggiunto, deve essere omologato dal Presidente del tribunale di competenza e solo così costituisce titolo esecutivo per i contraenti.

Gli organismi di mediazione

Gli organismi di mediazione sono enti pubblici o privati abilitati a svolgere il procedimento di mediazione e iscritti nell'apposito **Registro degli organismi di mediazione** tenuto dal Ministero della giustizia, dopo aver dato particolari garanzie di serietà ed efficienza.

Ogni organismo deve dotarsi di un *regolamento* e di un *codice etico*, che garantiscano i requisiti di terzietà, imparzialità e riservatezza di chi svolge il procedimento di mediazione.
Anche i *compensi* che le parti dovranno pagare per il procedimento devono rientrare nelle tabelle fissate dal Ministero.
Attualmente l'istituto si avvale di circa 300 mediatori accreditati, in massima parte avvocati, dottori commercialisti e docenti universitari.

20.3 IL PROCESSO CIVILE

Il processo civile ha inizio quando una **parte ricorrente** (*o attore*) chiama in causa di fronte all'autorità predisposta (il giudice), mediante l'*atto di citazione* redatto da un legale, la **parte resistente** (o *convenuto*) per la risoluzione di un conflitto sorto tra di loro (*v.* figura 20.2).

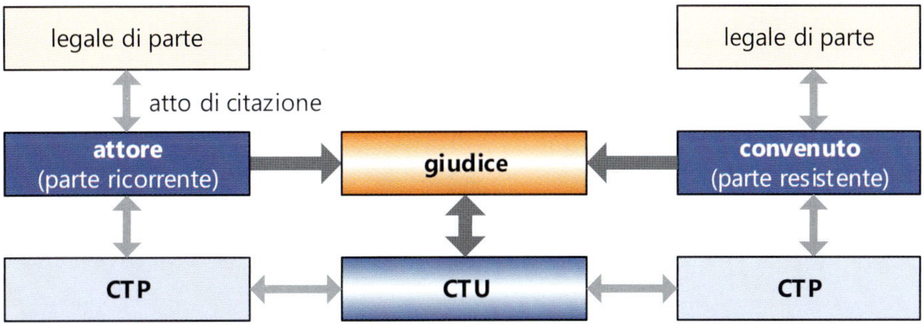

Figura 20.2
Le "forze" in campo nel processo civile.

Il giudice, in merito ai problemi tecnici alla base del suo giudizio, può nominare uno o più consulenti tecnici (**consulente tecnico d'ufficio** o **CTU**) affinché rispondano a un preciso **quesito**. Così facendo il giudice non delega alcun potere decisionale, ma si limita a chiedere informazioni aggiuntive in un ramo in cui il perito ha particolare competenza. Il giudice può disattendere il parere del consulente quando, per esempio, le sue conclusioni non siano adeguatamente motivate. Le parti in causa a loro volta possono farsi assistere da un consulente di fiducia (**consulente tecnico di parte** o **CTP**) che ha essenzialmente un ruolo di *controllo tecnico* dell'operato del CTU.

I consulenti tecnici sono previsti nel codice di procedura civile come **ausiliari del giudice** e vengono scelti in appositi *albi* istituiti presso i Tribunali per ogni categoria professionale.
Il consulente che accetta l'incarico deve pronunciare o accettare per iscritto durante il procedimento la formula di rito:

> *"Giuro di bene e fedelmente adempiere alle funzioni affidatemi, al solo scopo di fare conoscere al giudice la verità".*

L'albo dei consulenti comprende le seguenti categorie: medico-chirurgica, industriale, commerciale, agricola, bancaria, assicurativa.

Nella normativa giudiziaria il concetto di **consulenza** ha superato quello di *perizia*. Nella perizia il tecnico si limita alla redazione di un elaborato scritto in risposta al quesito, nella consulenza vi è la partecipazione attiva del professionista in tutto l'iter processuale. Partecipa infatti alle udienze a cui è invitato, dove risponde alle domande del giudice e degli avvocati.

20.3.1 Attività del CTU

Il primo atto formale del CTU è **l'accettazione dell'incarico** effettuata con il giuramento, pronunciando la formula di rito, durante l'*udienza di comparizione* (art. 193 c.p.c.). Il perito si impegna in tal modo a "far conoscere al giudice la verità".
Il giudice può affidare al perito due tipi di incarico:
- l'accertamento tecnico preventivo;
- la risposta a un preciso quesito.

La consulenza tecnica preventiva

L'**accertamento tecnico preventivo** (art. 696 c.p.c.) si concretizza in una relazione in cui il perito descrive lo stato dei luoghi o delle cose implicate nella stima *prima che abbia inizio la fase giudiziale*, quindi con carattere di urgenza.
In questa fase preventiva il consulente, prima di provvedere al deposito della relazione, tenta, se possibile, la conciliazione delle parti. Se le parti si sono conciliate, e le operazioni sono state condotte in presenza del giudice e degli avvocati, il CTU redige il **processo verbale della conciliazione**. Il giudice con decreto attribuisce efficacia di titolo esecutivo al processo verbale ai fini dell'espropriazione e dell'esecuzione mobiliare e immobiliare. Se la conciliazione non riesce, ciascuna parte può chiedere che la relazione depositata dal consulente sia acquisita agli atti del successivo giudizio di merito (art. 696-*bis* c.p.c).
Il ruolo svolto dal CTU non si limita pertanto alla fase tecnico-estimativa, ma svolge anche il ruolo di *conciliatore* in grado di far emergere gli interessi alla base del contenzioso e quindi, in taluni casi, di risolvere il conflitto prima della fase giudiziaria.

La consulenza tecnica giudiziale

Durante la fase giudiziale il CTU è chiamato a rispondere a un preciso quesito formulato dal giudice. A tale scopo svolge i sopralluoghi e gli altri adempimenti previsti dall'incarico agendo in piena libertà coerentemente con i principi deontologici della sua professione. Può altresì far eseguire analisi o farsi assistere da specialisti di uno specifico settore.
Se le operazioni peritali sono state condotte in presenza del giudice, si redige un **processo verbale** (art. 195 c.p.c), ma il giudice istruttore può comunque disporre che il consulente rediga una relazione scritta.

Se le indagini sono svolte senza la presenza del giudice, come avviene di solito, il consulente dovrà redigere una relazione scritta, detta **relazione peritale preliminare** (o *bozza*). In questo atto, su carta legale, il CTU verbalizza le generalità dei presenti, le attività svolte, gli atti consultati e acquisiti, le osservazioni e le istanze dei presenti. Tutti coloro che sono stati registrati nell'atto devono firmare. La relazione deve essere trasmessa dal consulente alle parti nel termine stabilito dal giudice.

Gli organi della giustizia civile

L'insieme delle operazioni eseguite dal CTU, compresa la sua analisi, lo svolgimento e la conseguente valutazione conclusiva, sono riportate nella **relazione peritale** che deve essere depositata nella Cancelleria del tribunale entro il termine fissato dal giudice.
I contenuti della relazione di stima e compiti dell'esperto sono definiti dall'art. 173 *bis* del codice di procedura civile.

20.4 L'ARBITRATO

Nelle controversie civili il ricorso alla giustizia ordinaria si rivela non di rado deludente, per l'onerosità e la durata dei procedimenti. Il ricorso all'arbitrato è quindi una valida alternativa alla soluzione di *controversie nate nell'ambito del rispetto di clausole contrattuali*. L'arbitrato permette la risoluzione dei conflitti in una sede ritenuta più idonea dalle parti, con regole scelte di comune accordo e con i seguenti vantaggi.

- *Rapidità*: sono noti i tempi lunghi della giustizia ordinaria.
- *Competenza tecnica*: la scelta dei consulenti è affidata alle parti che possono individuare il perito ritenuto più competente o, comunque, il cui giudizio sarebbe più facilmente accettato. Questo aspetto è particolarmente sentito per cause di particolare specificità e complessità tecnica.
- *Flessibilità*: il procedimento arbitrale non è condizionato dal formalismo a cui i giudici ordinari sono vincolati; le regole procedurali possono essere scelte direttamente dalle parti, in modo consono all'oggetto del contendere.
- *Onerosità*: i costi sono spesso correlati alla durata del procedimento ordinario che, dal giudizio di primo grado alla cassazione, può durare fino a 10 anni. L'arbitrato si risolve in tempi molto più brevi.
- *Riservatezza*: a differenza dei giudizi ordinari, che sono atti pubblici, l'arbitrato garantisce discrezione.
- È facilitata la risoluzione delle controversie, mantenendo in molti casi *rapporti costruttivi tra le parti*.

Opzione per l'arbitrato

Clausola per l'arbitrato

Il ricorso all'arbitrato è previsto nei contratti in cui è stata preventivamente inclusa una **clausola compromissoria** o quando è stato redatto un apposito *atto scritto* (**compromesso**) nel quale viene precisato l'oggetto della controversia. Sono escluse dall'arbitrato le controversie in materia di eredità, di separazione tra coniugi, contratti di lavoro collettivo e altro ancora. È invece espressamente previsto per legge l'arbitrato nelle controversie relative agli appalti e all'esecuzione di opere pubbliche (Dlgs n. 50/2016, art. 209). La procedura arbitrale è prevista anche, dalla normativa in vigore, per la determinazione dell'indennità di esproprio.

Tipi di arbitrato

L'**arbitrato rituale** o *istituzionale* si svolge applicando la procedura e le modalità stabilite dal *codice di procedura civile*. Il lodo emesso dall'arbitro unico o dal collegio arbitrale si sostituisce alla sentenza. Si ha così una struttura permanente e collaudata, utilizzabile in una vasta gamma di procedimenti, sollevando le parti e gli arbitri dal peso dei problemi organizzativi che sono invece a carico del tribunale.

Nell'**arbitrato irrituale** o *libero* la decisione dell'arbitro ha valore di *contratto*, come se fosse stato stipulato dalle parti (pertanto vale la disciplina giuridica prevista in materia di contratti). Viene espletato in un contesto privato, con *norme e procedura che vengono fissate totalmente dai contendenti*.

L'**arbitrato amministrativo** è un tipo di arbitrato irrituale in cui la procedura di giudizio è predisposta da un'apposita istituzione (*Camera arbitrale*), con un apposito *regolamento*. Le Camere arbitrali hanno sede in genere nell'ambito delle Camere di commercio e possono rispondere a vertenze nazionali e internazionali. Le *Camere arbitrali per i lavori pubblici* previste dalla legge Merloni-*ter* (legge

n. 415/1998), per esempio, sono chiamate a rispondere a vertenze sorte nell'ambito dell'esecuzione di appalti pubblici.

Gli arbitri

Gli arbitri possono essere uno (*arbitrato unico*) o più (*collegio arbitrale*), ma sempre in numero dispari. Il numero e i criteri di nomina degli arbitri sono stabiliti nel compromesso o nella clausola compromissoria.
Gli arbitri possono essere nominati direttamente dalle parti o dal presidente del Tribunale. Nel caso di collegio arbitrale composto da tre arbitri, ciascuna parte nomina un arbitro (*arbitro di parte*), mentre il terzo (*presidente*) è nominato con i criteri previsti.
Nel caso di controversie di notevole importanza, come nel caso del capitolato generale delle opere pubbliche, la composizione del collegio arbitrale può essere definita con una legge.
Gli arbitri possono farsi assistere da *uno o più consulenti tecnici*. Possono essere nominati consulenti tecnici sia persone fisiche, sia enti.
Il compenso degli arbitri è previsto nelle *tariffe forensi* ufficiali. In caso di collegio arbitrale (tre arbitri) il compenso totale va ripartito per il 40% al presidente e per il 30% a ciascuno degli altri membri del collegio.

Sentenza arbitrale

La sentenza arbitrale, detta **lodo**, deve essere pronunciata entro 180 giorni dalla data di costituzione del collegio arbitrale e ha valore di sentenza. Con la nuova normativa, infatti, non necessita più di una successiva pronuncia del giudice. Può essere impugnata per nullità presso l'autorità competente (il giudice del tribunale). Il *lodo irrituale* ha invece, come si è detto, valore di contratto.

20.5 LE ESECUZIONI IMMOBILIARI

Con le esecuzioni immobiliari si procede alla **vendita forzata** degli immobili intestati al debitore al fine di ricavare i fondi per reintegrare quanto è dovuto al creditore. La legge prevede infatti che "il debitore risponde dell'adempimento delle obbligazioni con tutti i suoi beni presenti e futuri" (art. 2740 c.c.).
I debiti che danno origine alle esecuzioni immobiliari sono di vario tipo e vanno dai fallimenti societari al mancato pagamento delle spese condominiali. Sono effettuate anche in seguito al mancato pagamento dei mutui ipotecari.
Per i debiti nei confronto dell'Agenzia delle entrate per il mancato pagamento dei tributi è stata inibita la possibilità di procedere a esecuzione forzata sulla prima e unica casa di abitazione, in cui il debitore risiede anagraficamente, purché l'abitazione non sia di lusso o comunque classificata nelle categorie catastali A/8 e A/9 (ville e castelli). Il limite del credito complessivo necessario per procedere a esecuzione forzata per le abitazioni non prima casa o di lusso e delle succitate categorie catastali è stato elevato a 120.000 €.
La procedura per le esecuzioni immobiliari, regolata dal codice di procedura civile, è diretta dal *giudice dell'esecuzione*, nominato dal presidente del tribunale in seguito alla presentazione, a cura del cancelliere, del *fascicolo dell'esecuzione*.
Nel fascicolo sono inclusi tutti gli atti compiuti dal cancelliere, dall'ufficiale giudiziario, dal giudice e dalle parti interessate nonché ogni altro documento depositato. Con la riforma della procedura delle esecuzioni immobiliari il giudice può delegare a professionisti esterni al tribunale alcune fasi delle operazioni di vendita.

La **procedura di esecuzione** immobiliare viene attivata dal creditore pre-tando al giudice un'istanza di vendita dell'immobile pignorato. Le fa dell'espropriazione forzata sono: pignoramento, istanza di vendita, vendita, trasferimento del diritto e distribuzione del ricavato della vendita.

Pignoramento

Il pignoramento è la perdita da parte del debitore del diritto di poter disporre liberamente del bene pignorato, che non può essere venduto, dato in garanzia a terzi ecc. L'*atto di pignoramento* di un immobile viene notificato dall'ufficiale giudiziario al debitore. Il creditore procedente deve quindi depositare l'atto di pignoramento e la relativa *nota di trascrizione nei pubblici registri immobiliari* nella Cancelleria del tribunale.

Istanza di vendita

Il creditore, entro 120 giorni dalla data di trascrizione dell'atto di pignoramento, deve presentare l'istanza di vendita.
All'istanza di vendita deve essere allegata la **documentazione** prescritta:
- estratto della mappa catastale;
- certificato notarile attestante le risultanze delle visure catastali;
- certificato notarile attestante le iscrizioni e trascrizioni nei pubblici registri immobiliari, relative all'immobile pignorato, nei 20 anni precedenti;
- certificato di destinazione urbanistica (art. 18 della legge n. 47/1985) per i terreni e per le aree di pertinenza degli edifici censiti al catasto dei fabbricati.

In qualsiasi momento prima della vendita il debitore può chiedere, con apposita istanza depositata nella Cancelleria del tribunale, di riscattare il bene pignorato pagando una somma di denaro che comprende, oltre al debito, le spese di esecuzione e gli interessi ("*conversione*" del pignoramento). Col versamento dell'intera somma, i beni immobili vengono liberati dal pignoramento.

Vendita dell'immobile

Il giudice dell'esecuzione, verificata la regolarità e la completezza della documentazione depositata, fissa l'udienza preliminare con la quale *nomina l'esperto* per la valutazione dell'immobile.

Vendita con o senza incanto

Il **prezzo base** per la vendita è determinato, secondo i criteri dell'art. 15 c.p.c., moltiplicando la rendita catastale per appositi coefficienti. Se però il giudice ritiene tale valore "manifestamente inadeguato" (come avviene nella maggior parte dei casi), il valore viene fissato dal giudice stesso sulla base della perizia dell'esperto da lui nominato. Il giudice dispone quindi con un'ordinanza la vendita dell'immobile che può essere effettuata con incanto o senza.

Trasferimento dell'immobile

L'aggiudicatario del bene deve *versare il prezzo* nel termine e nel modo indicato. Il versamento può essere effettuato anche tramite l'erogazione di un mutuo ipotecario da parte di un istituto di credito (i tribunali hanno istituti di credito convenzionati). Se il prezzo non è versato entro il termine fissato (in genere 60 giorni) il giudice provvede con decreto a dichiarare la *decadenza dell'aggiudicatario* (con perdita della cauzione) e ordina una nuova vendita. Il versamento è presupposto necessario per l'emissione del **decreto di trasferimento** del bene da parte del giudice. Tale decreto ha effetto traslativo del diritto di proprietà e costituisce quindi un titolo valido per l'iscrizione nei registri immobiliari e per l'esecuzione del rilascio. Il cancelliere del tribunale deve provvedere infine alla cancellazione delle trascrizioni dei pignoramenti e delle iscrizioni ipotecarie.

Distribuzione del ricavato della vendita

Alla conclusione del processo espropriativo si procede alla formazione del progetto di distribuzione del ricavato (**piano di riparto**) che si articola in due parti:

- il *progetto di graduazione* tra i creditori in base alle norme di diritto processuale che stabiliscono un diverso rango dei creditori (a seconda della loro condotta processuale, per esempio per i creditori intervenuti tardivamente);
- il *progetto di liquidazione*, che prevede la determinazione della somma da distribuire a ogni creditore.

La somma da ripartire comprende, oltre al ricavato della vendita, le rendite e i proventi di ogni tipo emersi nella procedura (canoni di locazione, multe, risarcimento di danni ecc.). A tale importo saranno detratte le spese sostenute (spese processuali, oneri per la cancellazione delle iscrizioni e delle trascrizioni, i compensi dovuti al notaio e al perito ecc.). La parte eventualmente non utilizzata viene restituita al debitore.

20.6 LE STIME CAUZIONALI

La stima cauzionale viene richiesta dagli istituti di credito per l'erogazione di un mutuo bancario (*v.* paragrafo 11.3.2 del primo volume).

Nel 2009 l'ABI, l'associazione delle banche italiane, ha aderito agli standard internazionali di valutazione, proponendo un proprio documento tecnico ("Codice per la valutazione degli immobili in garanzia delle esposizioni creditizie") basato sulle procedure contenute negli standard di valutazione internazionali (IVS) e nel Codice delle valutazioni immobiliari di Tecnoborsa. Lo scopo di questa iniziativa è di rendere omogenee le procedure di valutazione immobiliare secondo modelli di stima e di *reporting* (relazioni di stima) basati sulle *best practices* (migliori pratiche) esistenti a livello internazionale. La trasparenza e la corretta valutazione degli immobili rappresentano infatti per le imprese bancarie un elemento essenziale per garantire la stabilità sia nelle operazioni di erogazione dei crediti sia nelle emissioni di titoli, al fine di riconoscere gli immobili come idonei strumenti di mitigazione del rischio.

Tuttavia questa netta scelta di campo dell'ABI non è vincolante per le banche associate. In molti casi è sufficiente la dichiarazione del professionista incaricato, di cui le banche hanno fiducia, al fine di determinare un valore stimato che copra effettivamente l'ammontare della somma erogata. A tale scopo il professionista dedica particolare attenzione alle circostanze che possono minare alla fonte l'attendibilità del valore stimato, mediante un'attenta analisi dello stato di diritto e riportando nella relazione di stima eventuali vincoli che potrebbero far considerare l'immobile una garanzia non adeguata. Le verifiche più comuni riguardano per esempio la regolarità degli atti relativi all'edificazione (concessione o permesso di costruire, certificazione di agibilità ecc.), le ipoteche preesistenti, i diritti reali di terze persone (coniuge separato, usufruttuario, locatario ecc.), la regolarità catastale ecc.

20 . L'ATTIVITÀ PROFESSIONALE DEL PERITO

QUESTIONARIO	IN SINTESI
1. Quali tipi di stime è in genere chiamato a svolgere il perito? In quali ambiti?	L'attività professionale del perito consiste in genere nel rispondere a un quesito di stima che viene posto per esigenze pratiche conflittuali o non conflittuali. La risposta al quesito è una perizia di stima. La conflittualità all'origine del quesito può essere sanata in via bonaria, con un accordo tra le parti. In caso contrario si procede in sede giudiziale.
2. In che cosa consiste la mediazione civile? Da chi viene esercitata?	La **mediazione civile** è uno strumento semplice e veloce per risolvere le controversie, che può evitare il processo. La mediazione è gestita da un Organismo di mediazione accreditato dal Ministero della giustizia, di cui fanno parte i mediatori. La mediazione è obbligatoria in materia di diritti reali, divisione e successioni ereditarie, locazione e comodato, condominio e altro ancora. Il mediatore è un professionista con requisiti di onorabilità, competenza e imparzialità; è però privo, in ogni caso, del potere di rendere i giudizi vincolanti per le parti. In caso di successo viene redatto il *verbale di conciliazione* che deve essere omologato dal Presidente del tribunale di competenza.
3. Come si svolge l'attività del perito nell'ambito del processo civile?	**Processo civile**. Il giudice si avvale delle competenze tecniche del consulente (CTU) da lui nominato. Altri consulenti sono nominati eventualmente dalle parti (CTP). Il primo atto formale del CTU è l'accettazione dell'incarico effettuata con il giuramento, pronunciando la formula di rito. Con l'*accertamento tecnico preventivo* il perito descrive lo stato dei luoghi o delle cose implicate nella stima prima che abbia inizio la fase giudiziale. In questa fase il consulente tenta la conciliazione delle parti: se le parti si sono conciliate, redige il processo verbale della conciliazione. Durante la fase giudiziale il CTU è chiamato a rispondere a un preciso quesito e ad assistere il giudice in merito a ogni questione tecnica per cui è interpellato. L'insieme delle operazioni eseguite dal CTU viene riportato in una relazione di stima (o relazione peritale) che deve essere depositata nella Cancelleria del tribunale entro il termine fissato.
4. Che cos'è l'arbitrato? Come si svolge?	**Arbitrato**. È una soluzione alternativa al processo civile. Consiste in un preventivo accordo tra le parti sulla modalità di gestione di eventuali controversie future. L'arbitrato ha i vantaggi di rapidità, competenza tecnica degli arbitri, flessibilità del procedimento, minori costi e riservatezza degli atti. Il ricorso all'arbitrato è previsto nei contratti in cui è stata inclusa una clausola compromissoria o quando è stato redatto un apposito atto scritto (compromesso). L'*arbitrato rituale* si svolge applicando la procedura e le modalità stabilite dal codice di procedura civile. La sentenza arbitrale, detta *lodo*, ha valore di sentenza. Nell'*arbitrato libero*, che si svolge in un contesto privato, con una procedura stabilita dai contendenti, la decisione dell'arbitro (o dei tre arbitri) ha valore di contratto. L'*arbitrato amministrativo* è un tipo di arbitrato libero in cui la procedura di giudizio è predisposta da un'apposita istituzione (Camera arbitrale) con un apposito regolamento. Il compenso degli arbitri è previsto nelle tariffe forensi ufficiali.

IN SINTESI 389

…le esecuzioni immo- …uò essere gestita la … Come viene stabi- …e di vendita?

Con le **esecuzioni immobiliari** si procede alla vendita forzata degli immobili intestati al debitore al fine di ricavare i fondi per costituire quanto è dovuto al creditore.
La procedura di esecuzione immobiliare viene attivata dal creditore presentando al giudice un'*istanza di vendita* dell'immobile pignorato.
In qualsiasi momento prima della vendita il debitore può chiedere di riscattare il bene pignorato pagando una somma di denaro che comprende, oltre al debito, le spese di esecuzione e gli interessi.
Il giudice dell'esecuzione fissa l'udienza preliminare con la quale nomina l'esperto per la valutazione dell'immobile. Il giudice predispone quindi l'*ordinanza di vendita* dell'immobile che può essere effettuata con incanto o senza.
L'aggiudicatario del bene deve versare il prezzo nel termine e nel modo indicato. Il versamento può essere effettuato anche tramite l'erogazione di un mutuo ipotecario. Il giudice emette quindi il *decreto di trasferimento* che ha effetto traslativo del diritto di proprietà.
Alla conclusione del processo espropriativo si procede alla formazione del progetto di distribuzione del ricavato (piano di riparto) che si articola in due parti: il *progetto di graduazione* tra i creditori e il *progetto di liquidazione*, che prevede la determinazione della somma da distribuire a ogni creditore.
La parte eventualmente non utilizzata viene restituita al debitore.

6. Che cos'è un mutuo? Come si stima l'immobile dato in garanzia?

Le perizie di stima possono essere richieste anche in un ambito non conflittuale, per esempio dalle banche per l'erogazione di mutui ipotecari (**stima cauzionale**). In questo caso il compito del perito è di garantire adeguatamente l'esposizione creditizia della banca. La valutazione sarà quindi prudenziale e con un'attenta analisi dello stato di diritto dell'immobile.

ATTIVITÀ PRATICHE E DI VERIFICA

AREA DIGITALE — QUESTIONARIO A RISPOSTA MULTIPLA

1. Quale delle seguenti stime si svolge in un contesto non conflittuale?
   - ☐ **a.** per una successione ereditaria
   - ☐ **b.** per una espropriazione
   - ☐ **c.** per l'erogazione di un mutuo
2. Nel processo civile il consulente del giudice è:
   - ☐ **a.** il CTP
   - ☐ **b.** il CTG
   - ☐ **c.** il CTU
3. Si accede all'arbitrato, piuttosto che a un processo civile, quando esiste:
   - ☐ **a.** un atto di citazione
   - ☐ **b.** una clausola compromissoria
   - ☐ **c.** un deposito cauzionale
4. Con quale atto si conclude l'arbitrato (rituale)?
   - ☐ **a.** con la sentenza
   - ☐ **b.** con il lodo
   - ☐ **c.** con la stima
5. L'arbitrato irrituale si conclude con un giudizio che ha valore di:
   - ☐ **a.** sentenza
   - ☐ **b.** lodo
   - ☐ **c.** contratto
6. Le stime cauzionali degli immobili sono in genere richieste:
   - ☐ **a.** dalle parti in conflitto
   - ☐ **b.** dal giudice del tribunale
   - ☐ **c.** dalle banche

Note

Note

Il coupon che trovi nella pagina a fianco (terza di copertina) ti consente di:
· scaricare gratuitamente la versione digitale del libro (eBook+);
re a tutti i materiali digitali integrativi (risorse online) riservati a questo volume presenti sul sito www.hoepliscuola.it alla pagina web del testo.

Titolo
Autore
ISBN

Grattando la vernice del coupon troverai il codice di accesso.

E-BOOK +

COME UTILIZZARE IL COUPON PER SCARICARE LA VERSIONE DIGITALE DEL LIBRO (E-BOOK+)

Il coupon riportato nella pagina a fianco (terza di copertina) è utilizzabile una sola volta per accedere alla versione digitale del libro, scaricabile seguendo le istruzioni riportate alla pagina web:

www.hoepliscuola.it/libri_digitali

La versione digitale del libro (eBook+) è disponibile a partire da settembre 2020.

ATTENZIONE: l'accesso alla versione digitale del libro (eBook+), utilizzabile su tablet, LIM e computer è a titolo gratuito ed è riservato all'utente registrato che ha accettato le relative condizioni generali di licenza d'uso e ha inserito il codice di attivazione. Tale codice può essere attivato una sola volta e la relativa utenza e la connessa licenza di utilizzo hanno durata temporalmente illimitata e non sono trasferibili a terzi. Per le condizioni di licenza d'uso, vedi www.hoepliscuola.it.

RISORSE ONLINE

COME UTILIZZARE IL COUPON PER SCARICARE I CONTENUTI DIGITALI INTEGRATIVI (RISORSE ONLINE)

Il coupon riportato nella pagina a fianco (terza di copertina) ti consente di accedere a un'area riservata all'interno del sito dell'editore, dove troverai MyBookBox, il contenitore virtuale con risorse e contenuti digitali integrativi.
Segui questi passaggi.

1. Registrati al sito www.hoepliscuola.it utilizzando un indirizzo email valido.
2. Accedi alla pagina dedicata a questo volume.
3. Nello spazio bianco accanto al logo MyBookBox inserisci il codice coupon riportato nella pagina a fianco (terza di copertina) e nascosto sotto la vernice grattabile; avrai così accesso a tutte le risorse digitali del tuo volume.

ATTENZIONE: l'accesso gratuito ai contenuti digitali integrativi in MyBookBox (risorse online) è riservato all'utente registrato che ha inserito il codice di attivazione e accettato le condizioni generali d'uso presenti su www.hoepliscuola.it.

STEFANO AMICABILE

CORSO DI ECONOMIA ED ESTIMO

Nuova Edizione
in preparazione all'Esame di Stato

Volume 1

Economia politica
Matematica finanziaria

EDITORE ULRICO HOEPLI MILANO

via Hoepli 5, 20121 Milano (Italy)
tel. +39 02 864871 - fax +39 02 8052886
e-mail hoepli@hoepli.it

www.hoepliscuola.it

Ristampa:

4 3 2 2021 2022 2023 2024

Copertina realizzata da Federico Gerli – Design Evolution

Stampato da Arti Grafiche Franco Battaia S.r.l., Zibido San Giacomo (Milano)

Printed in Italy

Indice

Prefazione

Parte prima: Economia politica

1 L'economia **3**
1.1 Che cos'è l'economia? 3
1.2 L'economia politica 4
1.3 I sistemi economici 6
In sintesi 7
Attività pratiche e di verifica 8

2 Breve storia dell'economia **9**
2.1 Dall'economia di sussistenza al mercato globale 9
2.2 Evoluzione storica del pensiero economico 10
2.2.1 Il feudalesimo 10
2.2.2 Il mercantilismo 10
2.2.3 La fisiocrazia 11
2.2.4 L'economia moderna: la scuola classica 11
2.2.5 La critica al capitalismo di Marx 12
2.2.6 L'intervento dello Stato nell'economia 13
2.2.7 L'economia del benessere 14
2.2.8 La stagflazione e il nuovo classicismo 14
2.2.9 Il capitalismo globale 15
In sintesi 17
Attività pratiche e di verifica 19

3 Il consumo dei beni economici **20**
3.1 I bisogni 20
3.1.1 La nozione di bisogno 20
3.1.2 La classificazione dei bisogni 21
3.1.3 La scala decrescente dei bisogni individuali 22
3.2 I beni 22
3.2.1 Classificazione dei beni 23
3.3 L'utilità 24
3.3.1 La misurazione dell'utilità 25
3.4 Il consumo 26
3.4.1 Il consumo di un bene non economico 26
3.4.2 Il consumo di un bene economico 26
3.4.3 Il consumo di più beni economici 27
In sintesi 29
Attività pratiche e di verifica 30

4 La produzione **32**
4.1 Il concetto di produzione 32
4.1.1 La produzione di beni materiali 33
4.1.2 La produzione di beni non materiali 33
4.1.3 I settori della produzione 33
4.2 I fattori della produzione 34
4.2.1 La natura e il capitale fondiario 34
4.2.2 Il capitale di esercizio 35
4.2.3 Il lavoro 35
4.2.4 L'organizzazione 36

4.3 Il prodotto netto ... 36
4.3.1 Le spese per i beni consumati (quote, spese varie e tributi) 37
4.4 Il reddito netto ... 38
4.4.1 Imprenditore lavoratore e capitalista ... 38
4.4.2 Imprenditore capitalista ... 38
4.4.3 Imprenditore puro ... 39
4.5 L'attività d'impresa in base alla normativa italiana ... 40
4.5.1 L'impresa e l'azienda ... 40
4.5.2 Classificazione delle imprese ... 40
4.5.3 Le società ... 42
4.5.4 I consorzi ... 44
4.5.5 Il franchising ... 44
In sintesi ... 45
Attività pratiche e di verifica ... 47

5 La combinazione dei fattori produttivi ... 48
5.1 L'impiego dei fattori produttivi ... 48
5.1.1 I fini economici dell'imprenditore e l'efficienza dell'impresa ... 48
5.1.2 Le caratteristiche dei fattori della produzione ... 49
5.1.3 Le leggi della produzione ... 50
5.2 I prodotti ... 51
5.2.1 La produttività ... 51
5.3 I costi ... 53
5.3.1 Costi fissi, costi variabili e costo totale ... 53
5.3.2 Costo marginale, costo unitario marginale e costo unitario medio ... 54
5.4 La combinazione ottimale dei fattori produttivi ... 55
5.4.1 Impiego ottimale dei fattori variabili (periodo breve) ... 55
5.4.2 Scelta del livello di produzione (periodo lungo) ... 57
In sintesi ... 59
Attività pratiche e di verifica ... 61

6 Il mercato ... 63
6.1 Introduzione ... 63
6.1.1 Lo scambio ... 63
6.1.2 La concorrenza e la specializzazione ... 64
6.1.3 Il ruolo dello Stato ... 64
6.1.4 Tipi di mercato ... 64
6.2 La domanda ... 65
6.2.1 Variazioni della domanda indipendenti dal prezzo ... 65
6.2.2 L'elasticità della domanda ... 66
6.2.3 La domanda globale ... 67
6.2.4 La domanda individuale ... 67
6.2.5 La propensione al consumo e al risparmio ... 68
6.3 L'offerta ... 68
6.3.1 Variazioni dell'offerta indipendenti dal prezzo ... 69
6.3.2 L'elasticità dell'offerta ... 69
6.4 Il prezzo di equilibrio ... 70
6.5 Le diverse forme di mercato ... 71
6.5.1 Concorrenza bilaterale ... 71
6.5.2 Oligopolio ... 73
6.5.3 Monopolio ... 74

6.6 La politica dei prezzi ... 76
In sintesi ... 78
Attività pratiche e di verifica ... 80

7 Il mercato immobiliare ... 81
7.1 Prezzo, costo e valore ... 81
7.1.1 La teoria del valore ... 81
7.2 Caratteristiche del mercato immobiliare ... 83
7.2.1 I segmenti di mercato ... 83
7.2.2 Il mercato residenziale ... 83
7.2.3 Il mercato per uso commerciale ... 84
7.2.4 Analisi del mercato immobiliare ... 84
7.3 La compravendita immobiliare ... 86
7.3.1 La proposta di acquisto ... 87
7.3.2 Il contratto preliminare ... 87
7.3.3 Il rogito ... 87
7.4 La locazione dei fabbricati ... 88
7.4.1 Normativa essenziale ... 88
7.4.2 Contratti a uso abitazione ... 88
7.4.3 Contratti a uso diverso da abitazione ... 91
7.4.4 Registrazione del contratto ... 92
7.5 La mediazione immobiliare ... 92
7.5.1 Requisiti richiesti ... 92
7.5.2 Inizio dell'attività ... 93
7.5.3 Svolgimento dell'attività ... 93
In sintesi ... 93
Attività pratiche e di verifica ... 96

8 Il mercato del lavoro ... 97
8.1 Il reddito da lavoro ... 97
8.1.1 I tipi di lavoro ... 97
8.2 Il lavoro dipendente ... 98
8.2.1 Il costo del lavoro e la retribuzione netta ... 98
8.2.2 Il lavoro a orario pieno ... 100
8.2.3 Lavoro a orario ridotto o flessibile ... 101
8.2.4 Apprendistato ... 103
8.2.5 Lavoro accessorio ... 103
8.2.6 Tirocini (*stage*) ... 104
8.3 Il lavoro autonomo ... 105
8.3.1 Nozione di lavoro autonomo ... 105
8.3.2 Le professioni intellettuali ... 105
8.3.3 Lavoro autonomo occasionale ... 106
In sintesi ... 107
Attività pratiche e di verifica ... 108

9 I tributi ... 109
9.1 Generalità ... 109
9.1.1 Gli scopi dell'imposizione fiscale ... 109
9.1.2 Come dovrebbe funzionare un buon sistema fiscale ... 110
9.1.3 L'amministrazione tributaria dello Stato e i soggetti d'imposta ... 110
9.1.4 Imposte, tasse e contributi ... 111
9.1.5 Tipi di imposte ... 112

9.1.6 Il calcolo del tributo ... 112
9.1.7 I modelli di pagamento unificato ... 113
9.2 Imposta sul reddito delle persone fisiche (IRPEF) ... 114
9.2.1 Schema dell'imposta ... 114
9.2.2 Imponibile lordo ... 114
9.2.3 Oneri deducibili dal reddito complessivo ... 117
9.2.4 Imposta lorda ... 117
9.2.5 Detrazioni d'imposta ... 118
9.2.6 Addizionali regionali e comunali ... 119
9.2.7 La *flat-tax* per le partite IVA ... 120
9.2.8 La dichiarazione dei redditi ... 120
9.2.9 Versamenti ... 121
9.3 Imposta sul reddito delle società (IRES) ... 121
9.4 Imposta sul valore aggiunto (IVA) ... 122
9.4.1 Generalità ... 122
9.4.2 Calcolo dell'imposta ... 122
9.4.3 La contabilità IVA ... 123
9.4.4 I regimi IVA ... 126
9.5 Imposta regionale sulle attività produttive (IRAP) ... 127
9.5.1 I soggetti attivi e passivi ... 127
9.5.2 L'imponibile ... 127
9.5.3 L'imposta ... 127
9.5.4 Dichiarazione e versamenti ... 127
9.6 Imposta municipale propria (IMU) ... 128
9.6.1 Requisiti impositivi ... 128
9.6.2 Calcolo dell'imposta ... 128
9.6.3 Versamenti ... 129
9.7 La tassa sui rifiuti (TARI) ... 130
9.7.1 Calcolo della tassa ... 130
9.8 Imposta di registro ... 131
9.8.1 Generalità ... 131
9.8.2 Base imponibile e imposta ... 132
9.8.3 Imposte per la compravendita di un fabbricato ... 132
9.8.4 Imposte per la compravendita di terreni agricoli ... 134
9.8.5 Registrazione dei contratti di locazione ... 134
9.9 Imposte ipotecaria e catastale ... 135
9.9.1 Imposta ipotecaria ... 135
9.9.2 Imposta catastale ... 136
9.10 Imposta sulle successioni e donazioni ... 136
9.10.1 Imponibile ... 136
9.10.2 Aliquote ... 137
9.11 Imposta di bollo ... 137
9.11.1 Pagamento dell'imposta ... 137
9.12 Tassa di occupazione di spazi e aree pubbliche (TOSAP) ... 138
9.13 Contributi previdenziali dei lavoratori parasubordinati ... 138
In sintesi ... 140
Attività pratiche e di verifica ... 144

10 La moneta ... 146
10.1 Generalità ... 146
10.1.1 I tipi di moneta ... 146
10.1.2 Funzioni e caratteristiche della moneta ... 149
10.1.3 Emissione della moneta ... 149

10.2 I sistemi monetari ... 150
10.2.1 Dalla moneta-merce alla moneta a corso forzoso ... 150
10.2.2 L'euro ... 151
10.3 L'inflazione della moneta ... 152
10.3.1 Effetti dell'inflazione ... 152
10.3.2 Cause dell'inflazione ... 153
10.3.3 Le politiche di rivalutazione della moneta ... 154
In sintesi ... 155
Attività pratiche e di verifica ... 157
11 I titoli di credito ... 158
11.1 Generalità ... 158
11.1.1 Emissione ... 158
11.1.2 Trasferimento ... 159
11.1.3 La quotazione dei titoli di credito ... 159
11.1.4 Il rendimento dei titoli di credito ... 159
11.1.5 Il mercato dei titoli di credito ... 160
11.2 L'assegno e la cambiale ... 161
11.2.1 L'assegno bancario ... 161
11.2.2 L'assegno circolare ... 162
11.2.3 La cambiale ... 162
11.2.4 Il mancato pagamento dell'assegno e della cambiale ... 164
11.3 I titoli di Stato ... 166
11.3.1 Tipi di titoli di Stato ... 166
11.4 I titoli privati ... 167
11.4.1 Le obbligazioni ... 167
11.4.2 Le azioni ... 168
11.5 I fondi comuni di investimento ... 169
11.5.1 Gestione ... 169
11.5.2 Classificazione ... 170
11.5.3 Offerta al pubblico ... 170
11.5.4 Rendimento ... 171
11.6 I fondi pensione ... 171
11.6.1 Costituzione del fondo ... 171
11.6.2 Finanziamento del fondo ... 172
11.6.3 Prestazioni erogate ... 172
11.7 La Borsa valori ... 172
11.7.1 Il sistema elettronico di negoziazione ... 173
11.7.2 Gli indici di borsa ... 173
In sintesi ... 174
Attività pratiche e di verifica ... 176
12 Le banche ... 177
12.1 Generalità ... 177
12.1.1 L'attività bancaria ... 177
12.1.2 Autorizzazione per l'attività bancaria ... 177
12.1.3 Le banche cooperative ... 178
12.2 La raccolta del risparmio ... 178
12.2.1 Il deposito in conto corrente ... 179
12.2.2 Il deposito su libretto ... 179
12.2.3 Certificati di deposito ... 179
12.2.4 Obbligazioni ... 180
12.2.5 Assegni e cambiali ... 180

12.3 Il credito ... 180
12.3.1 Credito al consumo ... 181
12.3.2 Il mutuo ... 181
12.3.3 Lo sconto delle cambiali ... 182
12.4 I tassi di riferimento ... 182
12.4.1 Il tasso ufficiale di riferimento (TUR) ... 182
12.4.2 I tassi di riferimento europei ... 183
12.4.3 Tasso di riferimento per i prestiti al consumo (TAEG) ... 183
12.5 I servizi di incasso e pagamento ... 183
12.5.1 Le coordinate bancarie ... 184
12.5.2 Bonifico ... 184
12.5.3 Pagamento mediante avviso (MAV e RAV) ... 184
12.5.4 Ricevuta bancaria elettronica (RIBA) ... 185
12.5.5 SEPA Direct Debit (SDD) ... 185
12.6 Altri servizi offerti dalle banche ... 186
12.6.1 Il deposito dei titoli ... 186
12.6.2 Il leasing ... 186
12.6.3 Il factoring ... 186
12.6.4 Il cambio delle valute estere ... 186
In sintesi ... 187
Attività pratiche e di verifica ... 189

13 Il sistema economico nazionale ... 190
13.1 Il reddito nazionale ... 190
13.1.1 Prodotto interno lordo (PIL) ... 190
13.2 Il bilancio dello Stato ... 192
13.2.1 La bilancia dei pagamenti ... 193
13.3 Il sistema previdenziale pubblico ... 193
13.3.1 Criticità attuali della previdenza sociale ... 194
13.3.2 L'assicurazione dei lavoratori ... 194
13.3.3 I trattamenti assistenziali per motivi di salute ... 196
13.3.4 I trattamenti assistenziali per il sostegno al reddito ... 197
13.3.5 L'assicurazione contro gli infortuni sul lavoro ... 198
13.4 Il sistema sanitario nazionale ... 199
In sintesi ... 200

14 L'Unione Europea ... 202
14.1 Le tappe della storia dell'Unione Europea ... 202
14.2 Le istituzioni dell'Unione Europea ... 204
14.2.1 Il Consiglio ... 204
14.2.2 La Commissione ... 204
14.2.3 Il Parlamento ... 204
14.2.4 La Corte di giustizia ... 204
14.2.5 La Corte dei conti ... 205
14.3 Gli strumenti normativi ... 205
14.3.1 Gli atti giuridici ... 205
In sintesi ... 206

Parte seconda: Matematica finanziaria

15 Interesse semplice ... 209
15.1 Introduzione ... 209
15.1.1 La matematica finanziaria e l'estimo ... 209
15.1.2 Definizioni ... 209
15.1.3 I regimi finanziari ... 210

15.2 Interesse semplice ... 211
15.3 Montante semplice ... 211
15.4 Montante semplice di rate costanti ... 212
15.4.1 Montante ... 212
15.4.2 Calcolo della rata ... 214
15.5 Calcolo del beneficio fondiario ... 215
Attività pratiche e di verifica ... 217

16 Interesse composto ... 221
16.1 Montante composto ... 221
16.1.1 Montante ... 221
16.1.2 Capitale iniziale ... 222
16.2 Interesse composto ... 223
Attività pratiche e di verifica ... 223

17 Annualità ... 226
17.1 Annualità limitate ... 226
17.1.1 Accumulazione finale ... 226
17.1.2 Accumulazione iniziale ... 228
17.1.3 Accumulazione in un anno qualsiasi ... 229
17.1.4 Ricerca dell'annualità ... 229
17.1.5 Ricerca del saggio ... 231
17.1.6 Ricerca del tempo ... 232
17.2 Reintegrazione ... 233
17.3 Ammortamento ... 234
17.3.1 Piano di ammortamento con rate annue ... 234
17.3.2 Piano di ammortamento con rate frazionate ... 235
17.4 Annualità illimitate ... 237
17.4.1 Accumulazione iniziale ... 237
Attività pratiche e di verifica ... 238

18 Periodicità ... 244
18.1 Periodicità limitate ... 244
18.1.1 Accumulazione finale ... 244
18.1.2 Accumulazione iniziale ... 245
18.1.3 Ricerca della periodicità ... 246
18.2 Periodicità illimitate ... 246
18.2.1 Accumulazione iniziale ... 246
Attività pratiche e di verifica ... 247

19 Interesse convertibile ... 249
19.1 Montante ... 249
19.2 Interesse ... 251
19.3 Saggio nominale convertibile, effettivo ed equivalente ... 251
19.4 Rate frazionate ... 252
19.4.1 Accumulazione finale ... 253
19.4.2 Accumulazione iniziale ... 254
19.4.3 Calcolo della rata ... 254
19.4.4 Ricerca del saggio ... 255
Attività pratiche e di verifica ... 256

20 Matematica finanziaria applicata all'estimo ... 257
20.1 Valore di capitalizzazione di un immobile ... 257
20.1.1 Il saggio di capitalizzazione ... 257
20.1.2 Valore ordinario e valore reale ... 257

20.2 Capitalizzazione di un reddito annuo costante illimitato 258
20.3 Capitalizzazione di redditi transitori e permanenti 259
20.4 Costo totale di una trasformazione 261
Attività pratiche e di verifica 263

21 Riparti 268
21.1 Introduzione 268
21.2 Riparto semplice diretto 268
21.3 Riparto semplice inverso 269
21.4 Riparto semplice misto 270
21.5 Riparto composto diretto 271
21.6 Riparto composto inverso 272
Attività pratiche e di verifica 272

22 Elementi di statistica 273
22.1 Introduzione 273
22.2 Le medie 273
22.2.1 La mediana 273
22.2.2 La moda 274
22.2.3 La media aritmetica 274
22.2.4 La media aritmetica ponderata 275
22.2.5 La media geometrica 276
22.3 Le misure della dispersione 276
22.3.1 Scostamento medio 276
22.3.2 Varianza e deviazione standard 277
22.4 La distribuzione gaussiana 278
22.5 La relazione tra variabili 279
22.5.1 La regressione multipla 281
Attività pratiche e di verifica 282

Prefazione

Questa nuova edizione del *Corso di economia ed estimo* non si limita al puntuale aggiornamento dei contenuti, con costante riferimento alla nuova normativa, ma propone un testo rinnovato anche dal punto di vista didattico, per una più facile e rapida lettura e con una diversa collocazione di alcuni argomenti nel primo e nel secondo volume, e quindi nel quarto e quinto anno.

Per quanto riguarda il primo aspetto, l'ampio colonnino laterale di ogni pagina riporta informazioni aggiuntive che potrebbero inizialmente appesantire la lettura del testo principale, ma che, in molti casi, rendono i contenuti più completi e, a volte, più interessanti. La trattazione è quindi sempre concisa, ma comunque esaurientemente fondata sui capisaldi della disciplina estimativa, che potranno costituire solide basi per futuri sviluppi nel mondo del lavoro o in cicli di studio successivi.

Per quanto riguarda la struttura del testo, i capitoli relativi al mercato immobiliare e locativo (la "gestione dei fabbricati") sono stati spostati dal secondo al primo volume, in quanto collegati al capitolo che tratta il mercato in generale e utili per l'attività di *stage* nelle agenzie immobiliari già nel quarto anno. Viceversa la trattazione degli standard internazionali di valutazione (IVS), indicata dalle linee guida per il secondo biennio, è stata trasferita nel secondo volume. Tutto ciò consente al docente di affrontare quanto prima, nel quinto anno, i temi estimativi veri e propri e di preparare gli studenti, in tempo utile e in modo più completo, per le prime simulazioni ministeriali della seconda prova scritta. A tale scopo è stato anche posticipato in coda al secondo volume il capitolo che tratta dell'attività professionale del perito.

I due volumi mantengono in ogni capitolo una breve sintesi dei contenuti e un complesso di suggerimenti per supportare l'attività dell'insegnante tecnico-pratico che affianca il docente per circa il 50% dell'orario di lezione per esercitazioni e attività di laboratorio.

I cambiamenti in questa nuova edizione, in ogni caso coerenti con un'organica trattazione della materia, derivano da una riflessione sull'esperienza acquisita "sul campo", giorno dopo giorno per molti anni. L'insegnamento dell'estimo non è infatti facile, per molti motivi, ma il continuo riferimento alla realtà scolastica e professionale ha permesso di produrre un testo utilizzato da anni, reso sempre attuale dal costante aggiornamento e apprezzato dai docenti e dagli studenti.

STEFANO AMICABILE

Parte prima
Economia politica

1 L'economia

✓ Che cos'è l'economia?
✓ L'economia politica
✓ I sistemi economici

1.1 CHE COS'È L'ECONOMIA?

"Economia"
Il termine economia ha origine dal greco *oikonomía* e significa "amministrazione della casa". L'espressione "economia politica" è stata usata per la prima volta da *A. de Montchrétien* nel 1615 con il significato di "amministrazione del patrimonio della città".

Una definizione di economia
La definizione più famosa di economia è probabilmente la seguente: "L'economia è la scienza che studia la *condotta umana* nel momento in cui, data una graduatoria di obiettivi, si devono operare delle scelte su *mezzi scarsi* applicabili ad usi alternativi" (L. Robbins, 1932).

Per capire che cos'è l'economia si può iniziare con una definizione molto semplice: è la scienza che *studia i modi in cui gli individui gestiscono le limitate risorse che hanno a disposizione*. Ogni persona, infatti, consapevole della scarsità dei propri mezzi, ha comportamenti alterni, che oscillano tra la possibile realizzazione dei desideri che avverte e il consumo, a tale scopo, di una certa quantità di risorse a disposizione. Questo modo di agire è spontaneo in ogni individuo; chi per esempio possiede una certa quantità di denaro cerca il modo di spenderlo (o di risparmiarlo) in modo da soddisfare il maggior numero di desideri. Ma che cosa si può intendere per "desideri"?
I desideri (o *bisogni*) spaziano negli infiniti campi in cui si manifestano le attività umane. Mentre le necessità biologiche sono molto simili per tutti, altri desideri sono avvertiti in modo diverso da individuo a individuo. Alcuni si possono soddisfare con il possesso di beni materiali, altri derivano da manifestazioni più complesse dell'animo umano e si possono soddisfare solamente su un piano spirituale o ideologico. L'economia non si occupa però di qualsiasi desiderio, ma solo di quelli che possono essere soddisfatti con il possesso di determinati beni che, per essere disponibili, richiedono un corrispettivo (il pagamento di un prezzo). Non si occupa quindi di quei desideri annidati nell'intima natura dell'essere umano, la cui soddisfazione, di per sé aleatoria, va ricercata in altri campi (nella filosofia, nella religione ecc.). L'economia limita il suo studio ai desideri che *si possono concretamente realizzare utilizzando beni disponibili in quantità limitata che, essendo suscettibili di usi diversi, devono essere utilizzati in modo ottimale.*

Il "problema economico"

Data la scarsità dei beni disponibili e il loro prezzo per poterne fruire, il "problema economico" di ogni individuo riguarda le **scelte** (*trade-off*) da effettuare per:
- soddisfare il maggior numero possibile degli illimitati desideri personali;
- sacrificare la minor quantità possibile di risorse a disposizione.

L'economia studia le forme che assume il comportamento umano nel compiere scelte tra possibili alternative, ponendo alla base, quale ipotesi fondamentale, che esse vengano compiute in modo razionale, tale da *massimizzare l'effetto utile e da rendere minimo il sacrificio o il costo* (**principio edonistico**). Ogni individuo, infatti, a tale scopo, compie un'azione di scambio solo quando, in seguito a un'analisi dei costi e dei benefici, rileva un *margine* positivo.

L'economia moderna
Lo studio dei "comportamenti umani" rientra nella sfera delle materie umanistiche (filosofia, sociologia, diritto ecc.). Non a caso si ritiene che l'economia moderna abbia origine dalla *filosofia morale* e, in particolare, all'opera *Ricerche sopra la natura e le cause della ricchezza delle nazioni* (1776) del filosofo scozzese **Adam Smith** (1723-1790).

Tuttavia è evidente la complessità dei fattori (psicologici, sociali, politici ecc.) che determinano le scelte umane. Dare spiegazioni a un fenomeno economico e formulare previsioni o proposte è quindi difficile e privo di quel grado di certezza che hanno le scienze esatte. Per questo motivo lo studio dell'economia si avvale, a volte, dei contributi di altre discipline; per esempio con la psicologia e la sociologia si tenta di spiegare come si formano i fini umani nei singoli individui e nei contesti sociali oppure con la matematica si cerca di calcolare le grandezze che determinano i fenomeni economici per ricavare poi, con particolari algoritmi, una soluzione razionale.

1.2 L'ECONOMIA POLITICA

I soggetti economici

Nello scenario economico agiscono soggetti che svolgono un ruolo specifico:
- le **famiglie**, che avvertono i bisogni e che pertanto *consumano* i beni in grado di soddisfarli;
- le **imprese**, che *producono* i beni richiesti dalle famiglie;
- lo **Stato**, che *regola il sistema economico*, cercando di equilibrare i rapporti tra le famiglie e le imprese, perseguendo l'interesse comune della società.

La *famiglia*, anche se può essere costituita di un solo individuo, è in genere formata da più persone. Una o più di queste persone producono un reddito che serve a soddisfare i bisogni di tutti, con criteri di solidarietà. Il nucleo familiare si presenta pertanto come un unico soggetto economico, coeso al suo interno, con risorse condivise e "fini umani" interdipendenti.

Micro e macroeconomia

Lo studio dell'economia può riguardare i singoli soggetti economici o il sistema economico nel suo complesso.

La **microeconomia** studia il comportamento delle singole unità economiche e in particolare si occupa del modo con il quale:
- gli individui domandano beni e servizi;
- le imprese decidono quali e quanti beni produrre e con quale combinazione dei fattori produttivi;
- la domanda e l'offerta interagiscono sul mercato.

La **macroeconomia** si occupa invece dell'intero sistema economico: reddito nazionale, politica fiscale, moneta, occupazione, stato sociale ecc.

Il mercato

Il mercato è il luogo, fisico o virtuale, in cui i soggetti economici si incontrano: le famiglie si procurano ciò di cui hanno bisogno e le imprese vendono le loro merci.
Storicamente il luogo del mercato era la città, da cui la definizione di **economia politica** (da *polis*, che significa appunto città). Oggi il termine economia politica è riferibile a un sistema economico omogeneo, che può essere individuato a di-

L'azione dello Stato nell'economia di mercato

✓ *Produce servizi pubblici*: promulga leggi, regola la giustizia, mantiene l'ordine pubblico, difende gli interessi nazionali, istruisce la popolazione, eroga l'assistenza sanitaria, assiste i meno abbienti ecc.

✓ *Assume manodopera*, che in molti casi non troverebbe una collocazione nel settore privato.

✓ Acquista *una parte dei beni prodotti dalle imprese*, contribuendo, anche con gli investimenti pubblici, a creare sviluppo e occupazione (costruisce strade, ponti, acquisisce fonti di energia ecc.).

versi livelli territoriali: regionale, nazionale, dell'Unione Europea, del mondo globalizzato ecc. In questi ambiti si cercano di individuare le leggi che regolano i fenomeni della produzione, dello scambio e del consumo di beni.

Nel mercato lo scambio di moneta contro beni e servizi avviene a condizioni accettabili sia per le famiglie sia per le imprese, in quanto ciascuno realizza un vantaggio (*margine o utilità marginale netta*). Ma il mercato è anche il volano che alimenta la circolazione della ricchezza. Le famiglie pagano infatti alle imprese il prezzo dei beni che acquistano e le imprese pagano alle famiglie il prezzo del lavoro necessario per la produzione; entrambi ricavano in questo modo, reciprocamente, il proprio reddito. Questo sistema è alimentato in continuazione dalla *nuova ricchezza* prodotta dalle imprese (in prodotto netto aziendale o il PIL nazionale, come si vedrà in seguito).

Lo Stato, da parte sua, acquista una certa quantità di beni dalle imprese e una certa quantità di lavoro dalle famiglie e "vende" a entrambi i propri servizi. Nel mercato si crea quindi un equilibrio tra i soggetti economici, con flussi monetari e cessioni di beni e servizi, entro cui lo Stato gioca un proprio ruolo (*v.* figura 1.1).

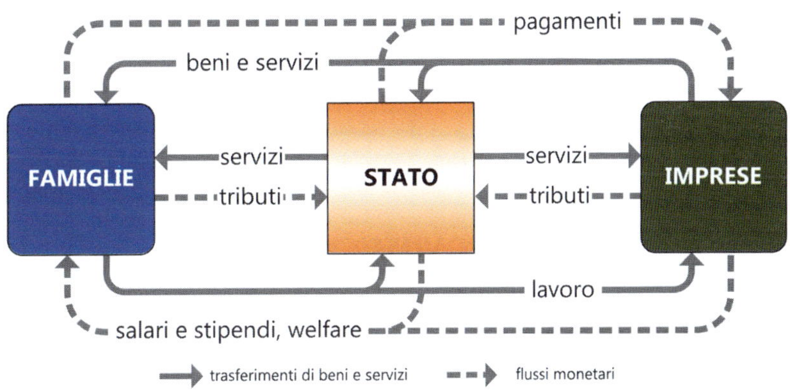

Figura 1.1
Interazioni tra i soggetti economici.

L'autoregolazione del mercato

Il meccanismo dello scambio ha dimostrato nel tempo di essere vantaggioso per tutti. Le imprese diventano sempre più efficienti per effetto della concorrenza, mentre le famiglie possono scegliere tra una grande varietà di beni, di migliore qualità e a prezzi contenuti. Pertanto, nonostante l'"egoismo" di ognuno che agisce nel proprio interesse, nel mercato opera una specie di **mano invisibile** che porta benessere a tutta la società fino all'utopica piena occupazione. È questa la famosa metafora di Adam Smith che, con il suo trattato sulle cause della ricchezza delle nazioni del 1776, ha posto le basi dell'economia moderna.

Tuttavia la realtà dimostra che non sempre il mercato trova il suo equilibrio, per la mancanza, principalmente, di una *concorrenza perfetta* (*v.* in seguito) e quindi, periodicamente e continuamente, si verificano **crisi** che mettono le famiglie nelle condizioni di non poter acquistare tutti i beni di cui hanno bisogno, a causa anche della disoccupazione, e le imprese di non poter vendere tutto quanto hanno prodotto.

Il ruolo dello Stato

In uno scenario realistico di crisi, sempre attuale, lo Stato ha un ruolo molto importante, in quanto cerca di intervenire sulle cause che hanno determinato il *fallimento del mercato*. Può per esempio sostenere l'occupazione e il reddito delle famiglie, affinché possano acquistare una maggiore quantità di quei beni che le imprese non riescono più a vendere, o finanziare opere pubbliche per dare op-

ECONOMIA

portunità di lavoro e di profitto per le imprese. Svolge dunque un'azione regolatrice del sistema economico, che consiste essenzialmente nel:
- *creare le condizioni che consentano alle imprese di essere efficienti*, tanto da essere competitive, nell'attuale scenario di globalizzazione, anche sui mercati mondiali;
- *ridistribuire la ricchezza prodotta dalle imprese* (con la politica fiscale, la politica del lavoro, lo stato sociale ecc.), evitando o riducendo le tensioni sociali che si vengono a creare tra un'esigua classe di imprenditori di successo (che accumulano capitali) e una moltitudine di consumatori costituita di lavoratori o pensionati con redditi al livello di sussistenza (*v.* oggi il reddito di cittadinanza).

Tuttavia le azioni concrete dello Stato al fine di regolare il mercato non di rado sembrano contraddittorie: le azioni a favore delle imprese sembrano a volte danneggiare le famiglie e viceversa. Per esempio la riduzione delle tasse per le imprese aumenta la loro competitività, ma riduce le risorse destinate al sostegno sociale (per esempio alle pensioni attuali e future); viceversa una tassazione elevata può determinare il fallimento delle imprese o può indurle a delocalizzare la produzione nei Paesi cosiddetti emergenti, causando disoccupazione. Ne consegue che un "buon governo" deve essere in grado di attuare provvedimenti che riescano a conciliare queste esigenze apparentemente contrapposte e di convincere i soggetti interessati (elettori e *lobbies*) che le misure politiche che sono state prese sono, al momento, le migliori possibili per la società nel suo complesso.

Le lobbies

Una *lobby* è un gruppo di soggetti in grado di influenzare le istituzioni per favorire particolari interessi.

L'azione delle *lobbies* è regolamentata in Italia con il *Registro dei rappresentanti di interessi*, tenuto presso la Camera dei deputati, che raccoglie i nomi di aziende, professionisti, sindacati ecc. che intendono incontrare i deputati o altri soggetti istituzionali in grado di regolamentare l'attività di loro interesse. Il registro comprende per esempio Tim, Mediaset, Enel, ABI, ANIA, CGIL, Confindustria, Consiglio nazionale dei geometri, ANCE, FIAIP ecc.

1.3 I SISTEMI ECONOMICI

Un sistema economico altro non è che l'*organizzazione della società finalizzata alla produzione, scambio e consumo di beni*. È definito in ogni ambito nazionale in funzione dei soggetti economici che possono interagire e dell'insieme delle regole a cui sono sottoposti, considerando anche criticità e obiettivi di sviluppo. In Italia il sistema economico è coordinato con quello dell'Unione Europea.
I sistemi economici sono molto simili in tutti gli Stati del mondo, in quanto aderiscono, in sostanza, a due soli modelli organizzativi: il liberismo e il collettivismo.

L'**economia liberistica** è quella in cui si ha:
- la *proprietà privata dei mezzi di produzione*;
- la *libera concorrenza* tra le imprese.

Le attività economiche di produzione e di scambio sono lasciate quindi alla libera iniziativa degli individui e sono regolate dal mercato che, con i suoi prezzi, determina il successo delle imprese e i livelli dei consumi delle famiglie (*economia di mercato*). L'intervento dello Stato è minimo e svolge un'azione di controllo sulla leale ed effettiva concorrenza tra le imprese; non interferisce quindi in modo attivo col sistema economico.

L'**economia collettivistica** o *pianificata* è invece il sistema economico in cui *i mezzi di produzione sono di proprietà pubblica* e pertanto tutte le decisioni relative alla produzione e al consumo sono prese dall'autorità centrale. Il prezzo dei beni e il successo delle imprese non è più determinato dal mercato, ma dalle decisioni prese unilateralmente dallo Stato.
L'economia collettivistica rigidamente applicata ("*socialismo reale*") ha praticamente avuto termine con la caduta del muro di Berlino (1989). Oggi infatti i

sistemi economici che ancora si ispirano al collettivismo concedono pragmaticamente spazi sempre più ampi all'iniziativa dei privati.

Si può quindi affermare che nel mondo oggi vige ovunque un'**economia mista**, in cui l'intervento dello Stato, volto a limitare la libera iniziativa degli imprenditori, può essere minimo, come nei Paesi tradizionalmente liberisti (i Paesi anglosassoni), o più accentuato, come nei Paesi che tuttora si ispirano politicamente al comunismo (per esempio la Cina). In ogni caso è universalmente riconosciuta alla *libera iniziativa*, e quindi alla concorrenza, la capacità di rendere efficiente un sistema economico e al *capitalismo* il ruolo di strumento operativo più efficace per la pianificazione dell'economia globalizzata. D'altra parte la necessità dell'intervento dello Stato nell'economia con gli investimenti pubblici (*capitali pubblici*) è stata affermata, fin dalla crisi del 1929 (crollo di Wall Street), anche dai Paesi più liberisti e da alcuni tra gli economisti più famosi, tra cui J. M. Keynes (*v.* capitolo successivo).

Il sistema economico cinese

Nel 2003 nella Costituzione della Repubblica popolare cinese (RPC), governata dal Partito comunista, è stato introdotto per la prima volta il diritto alla proprietà privata. La Cina è passata quindi da un'economia pianificata al "socialismo di mercato".

1. L'ECONOMIA

QUESTIONARIO	IN SINTESI
1. Di che cosa si occupa l'economia? Dai una definizione di questa disciplina. 2. In che cosa consiste il problema economico?	L'**economia** studia i modi in cui gli individui gestiscono le limitate risorse che hanno a disposizione al fine di soddisfare i numerosi bisogni che avvertono. Data la scarsità dei mezzi che ognuno ha a disposizione, l'economia studia le *scelte* che meglio soddisfano il principio edonistico: conseguire la massima soddisfazione sacrificando la minor quantità di mezzi disponibili.
3. Chi sono i soggetti dell'economia?	I **soggetti** che interagiscono nel sistema economico sono: – le *famiglie*, che avvertono i bisogni (i desideri); – le *imprese*, che producono i beni richiesti dalle famiglie; – lo *Stato*, che regola il sistema economico.
4. Qual è il ruolo dello Stato nell'economia? 5. Qual è la differenza tra macro e microeconomia? 6. Che cosa si intende per "liberismo" in economia? 7. Qual è il sistema economico oggi vigente?	Il **mercato** è il luogo in cui famiglie e imprese si incontrano. Lo scambio tra beni richiesti e beni offerti determina il prezzo dei beni. Anche se il mercato è regolato dalla libera iniziativa di produttori e consumatori (*economia liberista*), lo Stato svolge un ruolo di controllo e regolazione, interviene inoltre direttamente come consumatore di determinati beni e come produttore di servizi pubblici. Quando invece lo Stato detiene tutti i mezzi di produzione, ed è quindi l'unico produttore, i prezzi sono fissati unilateralmente dall'autorità centrale (*economia collettivistica*). Questo sistema economico ha però oggi un'importanza marginale. Nella maggior parte dei casi l'intervento dello Stato si limita a regolare il mercato, soprattutto quando si verifica una situazione di crisi economica o sociale.

ATTIVITÀ PRATICHE E DI VERIFICA

AREA DIGITALE

QUESTIONARIO A RISPOSTA MULTIPLA

1. Il "problema economico" nasce dal fatto che:
   - ☐ a. i bisogni sono limitati
   - ☐ b. i bisogni sono illimitati
   - ☐ c. i beni a disposizione sono illimitati

2. Il principio edonistico consiste:
   - ☐ a. nel soddisfare molti bisogni con il minimo impiego di risorse disponibili
   - ☐ b. nell'incentivare comportamenti virtuosi delle famiglie basati sulla riduzione dei consumi
   - ☐ c. nel consentire la massima libertà di azione alle imprese

3. In un sistema liberista classico lo Stato:
   - ☐ a. non interviene nell'attività produttiva che rientra, invece, nella sfera privata
   - ☐ b. si sostituisce agli imprenditori privati quando agiscono in modo egoistico
   - ☐ c. nell'interesse della società, compie le scelte produttive più importanti

4. L'economia mista è un'organizzazione economica in cui:
   - ☐ a. interagiscono imprese di diverse nazioni
   - ☐ b. i mercati non sono completamente liberi, in quanto condizionati dalla presenza di grandi imprenditori
   - ☐ c. lo Stato interviene, anche con imprese proprie, nel mercato delle merci e del lavoro

5. La libera concorrenza è tipica dell'economia:
   - ☐ a. di mercato
   - ☐ b. di sussistenza
   - ☐ c. collettivista

6. Quale delle seguenti affermazioni è valida in un sistema economico collettivista:
   - ☐ a. i prezzi della maggior parte dei beni sono fissati dallo Stato
   - ☐ b. le imprese sono di proprietà privata
   - ☐ c. l'attività economica è libera ma lo Stato interviene per regolarla

7. La microeconomia studia:
   - ☐ a. i problemi economici quotidiani
   - ☐ b. la programmazione delle attività economiche a breve termine
   - ☐ c. il comportamento economico di singoli consumatori e produttori

8. I soggetti economici sono:
   - ☐ a. i risparmiatori
   - ☐ b. gli investitori
   - ☐ c. i consumatori e i produttori

9. La famiglia è un soggetto economico che:
   - ☐ a. compete sul mercato con le imprese
   - ☐ b. soddisfa i bisogni dei suoi componenti
   - ☐ c. non è un soggetto economico

10. L'impresa è un soggetto economico che produce beni e servizi:
    - ☐ a. per spirito di competizione
    - ☐ b. per un profitto
    - ☐ c. per un fine sociale

ESERCIZI

1. Elenca alcuni "desideri" che possono rientrare nella sfera dell'economia e altri che invece non possono.

2. Consulta un quotidiano economico e fai una breve sintesi (o cita i titoli) degli articoli riferibili al contesto microeconomico o macroeconomico.

3. Consulta un quotidiano, economico o di informazione generale, e fai una sintesi (o cita i titoli) degli articoli in cui individui comportamenti economici che tendono al liberismo o, viceversa, al collettivismo.

2 Breve storia dell'economia

- ✓ Dall'economia di sussistenza al mercato globale
- ✓ Evoluzione storica del pensiero economico

2.1 DALL'ECONOMIA DI SUSSISTENZA AL MERCATO GLOBALE

Nell'*economia antica* i beni erano prodotti nell'ambito della **famiglia** ai fini del solo sostentamento (*economia di sussistenza*). L'agricoltura era la principale attività produttiva; gli scambi erano minimi e prevalentemente in natura.

Successivamente, con la specializzazione del lavoro, venne praticato l'artigianato per fabbricare utensili, armi, suppellettili, tessuti, oggetti di lusso e numerosi altri beni. Iniziarono quindi gli scambi tra gli agricoltori e i produttori di utensili. Fu così che, in *epoca feudale*, la **città** divenne centro di produzione artigiana e di scambi sia con le campagne, da cui si otteneva un surplus di prodotti alimentari da destinare al mercato, sia con le altre città.

Alla fine del quindicesimo secolo inizia il periodo del potere delle **nazioni** che, in seguito alle *grandi scoperte geografiche*, aumentarono le proprie ricchezze e i propri sbocchi commerciali. In questo periodo si modificarono anche le abitudini dei consumatori con l'importazione dal Nuovo Mondo di spezie e di importanti colture agrarie (mais, patata, pomodoro, tabacco ecc.). L'afflusso di metalli preziosi aumentò le disponibilità monetarie, nacquero così le prime forme di *capitalismo commerciale* (che consiste sostanzialmente nell'acquisto di beni all'ingrosso e nella vendita al dettaglio) e il sistema bancario. L'espansione dei rapporti commerciali e l'incremento demografico impressero nuovo ritmo anche alla produzione e dal capitalismo commerciale nacque il *capitalismo industriale*.

Nella seconda metà del Settecento con la *rivoluzione industriale* aumentò l'interdipendenza tra le varie economie nazionali (acquisto di materie prime, vendita dei prodotti finiti).

Nell'Ottocento lo sviluppo dell'attività industriale fu caratterizzato da uno spinto *liberismo economico*: dal *laissez-faire* ("lasciate fare") teorizzato dagli economisti classici (*v.* in seguito).

Nel Novecento si sono temporaneamente affermati, in certe zone del mondo, i sistemi economici collettivistici, mentre alcune crisi, tra cui quella gravissima del 1929-32, hanno minato alla base alcune convinzioni dei sistemi capitalistici, imponendo nuove politiche economiche e sociali.

Infine, nei tempi attuali, all'economia delle nazioni è seguita **l'economia mondiale**. Le diverse aree economiche del pianeta interagiscono sempre più intensamente tra loro, grazie anche al grande miglioramento, dovuto al progresso tecnologico, dei trasporti e delle comunicazioni e i capitali migrano verso le zone del mondo in cui realizzano maggiori profitti. Con la fine del socialismo reale, sono cadute infatti molte barriere ideologiche e si sono instaurati rapporti sempre più intensi di interdipendenza economica tra tutti gli Stati.

2.2 EVOLUZIONE STORICA DEL PENSIERO ECONOMICO

Già nell'antica Grecia **Aristotele** e **Platone** analizzarono a livello filosofico i problemi legati alla ricchezza, alla proprietà e agli scambi. Il loro pensiero fu poi recepito dai Romani che, da parte loro, non apportarono rilevanti contributi all'interpretazione dei fenomeni economici. I temi filosofici di Aristotele e Platone furono invece ripresi e rielaborati in età feudale.

2.2.1 Il feudalesimo

San Tommaso d'Aquino, 1225-1274, autore della *Somma Teologica* (ritratto attribuito a Botticelli).

Il pensiero economico dell'età medievale (1200) fu ispirato ai principi del cristianesimo; suo massimo rappresentante fu **Tommaso d'Aquino**, il principale esponente della *filosofia scolastica*. Tommaso riprende nella *Somma Teologica*, la sua opera più importante, il pensiero filosofico aristotelico, cercando di armonizzarlo con la teologia cristiana. I principali problemi analizzati, in un'ottica etico-economica, furono quelli del giusto prezzo e della illiceità dell'usura.
La **teoria del giusto prezzo** dei beni deriva dalla prospettiva teologica della giustizia, che non deve portare, in sostanza, a illeciti guadagni speculando sull'ignoranza o sulle difficoltà altrui, anche se sono riconosciute come valide e moralmente accettabili le fondamentali dinamiche dei mercati che, in determinate circostanze (carestie, guerre ecc.), determinano notevoli aumenti dei prezzi.
Per quanto riguarda l'*usura*, intesa semplicemente come prestito del denaro in cambio di un interesse, Tommaso la giudica innaturale e peccaminosa. La moneta infatti non è considerata come un bene economico fruttifero, ma solo come mezzo per agevolare gli scambi che non può generare altra moneta (**principio della sterilità del denaro**).

2.2.2 Il mercantilismo

La nascita del pensiero economico evoluto avviene solo quando si formano, verso la fine del 1400, i moderni Stati nazionali (Francia, Spagna, Inghilterra). Il potere delle nazioni era in quei tempi teso al predominio mediante il raggiungimento dell'**autosufficienza economica** e dell'**arricchimento**, con l'esportazione di beni e il corrispondente introito di metalli preziosi. Le quantità di oro e argento possedute erano infatti l'unica ricchezza che valesse la pena di accumulare e indicatori della potenza della nazione (*bullionismo*); con essi si potevano assumere truppe mercenarie, acquistare armi e cibo per i soldati e affrontare così le frequenti guerre di conquista.
È proprio in questo periodo che viene enunciata la **legge di Gresham**, secondo cui "*la moneta cattiva scaccia quella buona*". La moneta buona è quella a elevato contenuto aureo, la cattiva quella di minor valore intrinseco (*v.* capitolo 10). I mercantilisti, per esempio, suggerivano agli importatori di pagare gli acquisti con merci e di trattenere la moneta aurea.

Protezionismo e interventismo
Il *protezionismo* difende le attività produttive nazionali mediante *interventi* statali che impediscono o limitano la concorrenza di Stati esteri. Il modo principale, oggi tornato d'attualità, è l'imposizione di dazi doganali. È quindi in contrapposizione al liberismo economico.

Il mercantilismo, sviluppato appunto da mercanti e da amministratori pubblici, consiste sostanzialmente in misure di *politica economica di tipo protezionista e interventista*, con lo scopo di ridurre le importazioni e di incoraggiare le esportazioni. Sostenevano per esempio l'utilità dell'incremento demografico quale mezzo per la creazione di una grande quantità di manodopera (che comprendeva i bambini) disponibile per un misero salario, consentendo la produzione di beni a basso costo facilmente esportabili.
Benché non costituisse una corrente di pensiero organica e coerente, il mercantilismo fu il primo esempio di dottrina economica indipendente da considerazioni moralistiche e religiose, tendente solo al conseguimento della ricchezza (della nazione).

2.2.3 La fisiocrazia

François Quesnay, 1694-1774. La sua opera più importante è il *Tableau économique* (*Quadro Economico*) del 1758.

Per trovare il primo impianto di analisi economica con ambizioni scientifiche, la prima "scuola", bisogna giungere, intorno alla metà del 1700, alla fisiocrazia. I fisiocratici erano definiti gli "economisti" per antonomasia. Il fondatore fu il francese **François Quesnay**, un medico di corte di Luigi XV.
Per i fisiocratici il cardine del sistema economico è nelle leggi della *natura* (da cui deriva il nome): tutta la ricchezza ha origine dall'**agricoltura** (*attività produttiva*); attraverso le attività manifatturiere e il commercio (*attività sterili*) avviene solo una trasformazione e distribuzione ad altri gruppi. L'agricoltura invece era considerata come l'unica attività che producesse un surplus: della produzione annua solo una parte viene reimpiegata, come semente, per la produzione dell'anno successivo; la rimanenza viene immessa sul mercato e dà avvio alla circolazione monetaria e alle altre attività economiche.
Le loro idee erano in opposizione a quelle mercantiliste, opponevano infatti al protezionismo il *laissez-faire*, all'interventismo statale l'iniziativa privata, alla ricchezza come denaro (monete d'oro e d'argento) la ricchezza come produzione di beni.

2.2.4 L'economia moderna: la scuola classica

Adam Smith, 1723-1790, filosofo ed economista scozzese. La sua opera più famosa è *Ricerche sopra la natura e la causa della ricchezza delle nazioni* del 1776.

Tra la fine del 1700 e la prima metà del 1800 gli economisti Adam Smith (1723-1790), David Ricardo (1772-1823) e Thomas Robert Malthus (1766-1834) fondano la scuola classica, che culmina nella sintesi di John Stuart Mill (1773-1836). Essi credono, come i fisiocratici, nella proprietà privata, nei liberi mercati e ritengono che solo attraverso il principio della **concorrenza** possa esserci sviluppo economico. Al riguardo è celebre la metafora della *mano invisibile* di Smith, che tenta di spiegare l'autoregolazione del mercato per effetto della concorrenza: gli individui hanno comportamenti economici egoistici, tesi al conseguimento del profitto personale, ma una "mano invisibile" fa sì che tali comportamenti portino all'interesse complessivo della società. La concorrenza migliora infatti l'efficienza delle imprese e provoca una diminuzione dei prezzi di cui beneficiano tutti i consumatori. L'effetto positivo sui prezzi e sulla produzione di ricchezza di una nazione non sono quindi dovuti a comportamenti "buonisti", ma sono determinati, al di là delle intenzioni dei singoli, dal meccanismo di **autoregolazione del mercato**. Pertanto, conclude Smith, lo Stato non deve cercare di regolare il mercato, ma limitarsi ad assicurare che venga garantita la concorrenza.
In contrapposizione ai fisiocratici, gli economisti classici ritenevano che il **lavoro** umano (e non l'agricoltura) fosse la fonte iniziale di ogni ricchezza. Smith riteneva la *divisione del lavoro* in fasi separate, svolte da persone diverse, una tappa

ECONOMIA

basilare dello sviluppo economico. La **specializzazione** che ne deriva fa aumentare la produttività della manodopera e promuove l'evoluzione delle tecnologie. Si producono quindi più beni, di più elevata qualità e a costi più bassi, per i quali si aprono nuovi e più ampi mercati.
I classici vedono nella **scarsità delle risorse naturali** il limite per lo sviluppo economico futuro. Questo limite per Malthus è aggravato pesantemente dallo sviluppo demografico, superiore a quello della produzione di mezzi di sussistenza.
Più o meno integralmente accettate o modificate, molte loro teorie essenziali animano ancora la problematica economica moderna.

Il neoclassicismo

Alfred Marshall, 1842-1924. La sua opera *Principi di economia* (1890) è considerata il capolavoro del neoclassicismo.

Nella seconda metà dell'Ottocento la scuola classica ebbe nuovo impulso. Gli economisti neoclassici come William Stanley Jevons (1835-1882) e Alfred Marshall in Inghilterra, Léon Walras (1834-1910) in Francia e Karl Menger (1840-1921) in Austria spostarono l'attenzione sull'interpretazione della scelta del consumatore in termini psicologici. Concentrandosi sull'utilità o soddisfazione procurata dall'ultima "dose" di merce acquistata, detta "marginale" (da cui il nome di *marginalisti*), questi economisti spiegarono i prezzi di mercato facendo riferimento alla **preferenza del consumatore** per una o più unità di ogni dato bene disponibile in scarsa quantità piuttosto che alla diversa quantità di lavoro umano necessaria per produrlo (come sostenevano gli economisti classici).
L'indagine scientifica passò quindi dal livello "oggettivo" dei classici a quello "soggettivo". Assunse particolare importanza il concetto di **utilità** e fu introdotto un nuovo strumento di analisi: il principio dell'*utilità marginale*. Marshall, in particolar modo, spiegò la domanda in termini di utilità marginale e l'offerta in termini di produttività marginale.
La tendenza intrinseca della dottrina neoclassica, in ambito macroeconomico, è stata politicamente conservatrice. I suoi sostenitori preferivano mercati concorrenziali all'intervento governativo e, almeno fino alla *grande depressione del 1929*, sottolinearono che le migliori politiche pubbliche erano quelle conformi alla dottrina di Adam Smith: *imposte basse, risparmio nelle spese pubbliche* e *bilanci in pareggio*. I neoclassicisti non indagano le origini della ricchezza, spiegano per lo più le disparità nel reddito e nella ricchezza con le differenze fra talento, intelligenza, energia e ambizione dei singoli. Pertanto, il successo o l'insuccesso dipendono dalle doti personali e non da speciali vantaggi o da particolari impedimenti.

2.2.5 La critica al capitalismo di Marx

L'opposizione alla scuola classica venne inizialmente dai primi autori socialisti (definiti *socialisti utopici*): i filosofi francesi Claude-Henri de Saint-Simon (1760-1825), Charles Fourier (1772-1837) e l'inglese Robert Owen (1771-1858). Fu tuttavia Karl Marx a formulare le principali teorie del *socialismo scientifico* basato sulla critica al sistema capitalistico.

Il prolerariato
Questo termine, che è sinonimo di salariato, deriva da *prole*, cioè da colui che ha come unica ricchezza, oltre la forza delle proprie braccia, quella delle braccia dei propri figli...

Autoesiliatosi a Londra dalla Germania, Marx, grazie all'aiuto dell'amico e collaboratore Friedrich Engels, svolse ricerche che lo condussero alla convinzione che il profitto e altri redditi derivanti dalla proprietà erano il risultato di azioni fraudolente o violente dei forti contro i più deboli. Per Marx esisteva quindi un conflitto radicale tra la classe dei **capitalisti**, che possiede i mezzi di produzione (fabbriche e terreni), e la classe dei **lavoratori** (il *proletariato*), che non possiede altro che la forza delle proprie braccia. Lo sfruttamento, cuore della dottrina marxista, ha origine nella capacità dei capitalisti di pagare meri salari di sussi-

Karl Marx, 1818-1883. La sua opera più importante è *Il capitale* del 1867, oltre al celebre *Manifesto del partito comunista* scritto con Engels nel 1848.

stenza agli operai e di tenere per se stessi come **plusvalore** la differenza tra il prezzo di vendita dei prodotti e i salari.

Marx credeva che a lungo andare il capitalismo sarebbe crollato a causa della tendenza a concentrare il reddito e la ricchezza nelle mani di un numero sempre più ristretto di individui e questo avrebbe causato crisi sempre più gravi per eccesso di produzione, in quanto alle masse lavoratrici sarebbe mancato un reddito sufficiente per acquistare i beni prodotti in sempre maggiore quantità. La crisi del capitalismo si sarebbe manifestata inizialmente con la caduta dei margini di profitto e quindi con depressioni economiche sempre più gravi, alimentando ulteriormente l'antagonismo tra operai e datori di lavoro. La *lotta di classe* sarebbe divenuta rivoluzionaria, sfociando dapprima nel socialismo e poi nel comunismo. Nel socialismo il lavoro sarebbe stato compensato secondo il contributo dato da ciascuno alla produzione; nella società comunista invece ciascuno sarebbe stato remunerato secondo il proprio bisogno.

La filosofia marxista è sfociata nel *socialismo reale* in seguito alla rivoluzione russa del 1917 che ha portato il mondo alla divisione in due blocchi contrapposti (anche militarmente): i Paesi comunisti, con a capo l'Unione Sovietica, e quelli liberisti, con a capo gli Stati Uniti d'America.

2.2.6 L'intervento dello Stato nell'economia

Nei primi anni del 1900 gli economisti dedicarono le loro energie a perfezionare e a sviluppare le conquiste dei teorici che li avevano preceduti. In questo secolo le innovazioni più rilevanti furono introdotte da **John Maynard Keynes**, ispiratore della *nuova analisi macroeconomica* (le teorie del 1800 erano essenzialmente microeconomiche) e del *nuovo liberismo*. Furono elaborati nuovi metodi di indagine e si accese l'interesse degli studiosi intorno a nuovi problemi, relativi non tanto al funzionamento dei meccanismi della produzione e del mercato, ma al funzionamento dei sistemi economici come tali, siano capitalisti o socialisti: sono i problemi del benessere, dello sviluppo, delle fluttuazioni cicliche tra boom economico e recessione, della piena occupazione, della pianificazione ecc.

John Maynard Keynes, 1883-1946, economista inglese. La sua opera principale è *Teoria generale dell'occupazione, dell'interesse e della moneta* del 1936.

Keynes, discepolo di Marshall, fu un esponente dell'economia neoclassica fino agli anni Trenta, ma in seguito si sforzò di dare spiegazioni sulle cause alla Grande depressione del 1929 che sorprese economisti e politici. Keynes individuò la causa delle crisi cicliche dei sistemi economici liberisti nella **domanda aggregata**, cioè nella spesa totale dei *consumatori* e degli *investitori privati e pubblici* (più le esportazioni). Quando la domanda aggregata è bassa il lavoro e le vendite ne risentono (*fase di recessione*), quando è alta si creano i presupposti per la prosperità (*fase di sviluppo)*; da queste premesse scaturiva una visione completa del funzionamento del sistema economico. Dato che i consumatori sono limitati dall'entità dei propri redditi, essi non possono essere la causa degli alti e bassi del ciclo economico; ne consegue che le forze dinamiche sono gli investitori e i governi: *in caso di recessione è dunque necessario aumentare l'investimento privato o sopperire con l'investimento pubblico all'insufficienza di quello privato*. In particolare l'espansione del credito e i bassi tassi di interesse (politica monetaria) possono stimolare l'investimento dell'impresa e riportare la domanda aggregata a un livello compatibile con la piena occupazione. Quando la domanda aggregata è molto bassa sono necessari invece rimedi drastici: avanzi di bilancio statale, ottenuti anche con un aumento della pressione fiscale, per finanziare opere pubbliche o sussidi al reddito di gruppi svantaggiati in grado di stimolare la domanda di beni e servizi e quindi di dare impulso al sistema produttivo.

La teoria keynesiana, sostenuta da molti economisti, ha rappresentato per decenni una spiegazione convincente sul funzionamento dei mercati e dei sistemi economici, nonché, dopo gli accordi di Bretton Woods del 1944 (*v.* capitolo 10), la principale ispirazione per le politiche di programmazione economica e monetaria di molti governi fino agli anni Settanta.

2.2.7 L'economia del benessere

Arthur Cecil Pigou, 1877-1959, economista inglese. La sua opera più famosa è *The Economics of Welfare* del 1920.
Fu grande amico di J.M. Keynes, di cui condivideva l'idea della necessità dell'intervento dello Stato nell'economia.

È nota come economia del benessere quella corrente di pensiero economico fondata, nell'ambito del neoclassicismo, da **Arthur Cecil Pigou** che arriva a dimostrare come il massimo *benessere individuale* non coincida con il massimo *benessere sociale* e quindi giustifica l'intervento dello Stato a tutela di quest'ultimo. Vi possono essere infatti nei comportamenti individuali effetti esterni nelle azioni di produzione o consumo che danneggiano la collettività (**esternalità**). È il caso per esempio di quelle industrie che, per ridurre i costi di produzione, inquinano l'acqua o l'aria. Questo fenomeno è presente ancora oggi a livello globale tra nazioni che inquinano di più il pianeta e altre che si sforzano di tutelarlo.
Pigou distingue tra il *benessere sociale*, esprimibile come qualità della vita, e il *benessere economico*, che è solo quella parte del benessere sociale misurabile in moneta. Il compito dell'economia è, per Pigou, studiare le cause economiche che hanno influenza sul benessere sociale: l'aumento del benessere economico è legato all'aumento del reddito nazionale, tuttavia il benessere sociale può aumentare solo se la ricchezza prodotta viene ridistribuita in modo tale che la quota ricevuta dai più poveri possa aumentare.
Egli riteneva che le soddisfazioni o utilità, benché non misurabili, potessero essere oggetto di confronti sia intrapersonali, sia interpersonali. Riteneva inoltre che ogni incremento di reddito individuale accrescesse il benessere sociale e che ogni trasferimento ridistributivo di reddito da un soggetto più abbiente a uno meno abbiente aumentasse anch'esso il benessere sociale, in quanto consente l'appagamento di bisogni più intensi a svantaggio di altri meno intensi.
L'economia del benessere è tuttora di particolare importanza per le possibili applicazioni nelle valutazioni di impatto ambientale.

2.2.8 La stagflazione e il nuovo classicismo

Milton Friedman, 1912-2006, economista statunitense, premio Nobel nel 1976.

Negli anni '70 si verificò un nuovo e imprevisto fenomeno, determinato dalla presenza contemporanea di due grandi mali delle economie occidentali: la **stagnazione** (quindi disoccupazione) e l'**inflazione**, da cui "stagflazione". La teoria keynesiana, che non ammette la possibilità di presenza contemporanea di disoccupazione e inflazione, non fu in grado di spiegare questa nuova situazione di crisi economica. Per Keynes infatti non era concepibile la coesistenza della disoccupazione con i prezzi in aumento: la diminuzione dei salari doveva viceversa determinare una diminuzione della domanda e quindi dei prezzi.
La stagflazione determinò quindi il fallimento delle politiche economiche basate sul pensiero keynesiano; si tornò pertanto a un nuovo liberismo e a un minore intervento dello Stato nell'economia. Ebbero nuovo impulso le teorie economiche classiche sostenute nel XX secolo soprattutto da **Milton Friedman** (*scuola di Chicago*) e da **Friedrich Von Hayek** (*scuola austriaca*). La fiducia nel libero mercato si contrappose, anche polemicamente, all'interventismo dello Stato sociale che comunque, nel dopo guerra, ha permesso un grande sviluppo economico e un benessere generalizzato. In Italia si ebbe il "mitico" *boom* economico degli anni Sessanta, sostenuto dai finanziamenti del piano Marshall.

Friedrich Von Hayek, 1899-1992, economista angloaustriaco, premio Nobel nel 1974.

Negli anni Ottanta le politiche economiche dei governi furono quindi ispirate dal nuovo liberismo, in cui credettero, in modo coordinato, soprattutto il presidente americano Ronald Reagan e la premier inglese Margaret Thatcher.
La politica economica del presidente Reagan (detta anche *Reaganomics*) si basò fondamentalmente sul taglio dell'imposta sui redditi (per aumentare la domanda) e sulla riduzione dei tassi d'interesse (per favorire gli investimenti privati e aumentare l'offerta). Dopo una breve recessione l'economia statunitense, a partire dal 1983, iniziò una rapida ripresa che portò alla rielezione del presidente nel 1984. Nel Regno Unito la signora Thatcher seguì soprattutto la strada della privatizzazione delle grandi industrie statali, che causarono non di rado perdite di posti di lavoro e accesi conflitti sindacali (a cui la "lady di ferro" non si piegò mai).
In Italia in questo periodo le politiche economiche, pur con le solite ambiguità dovute all'instabilità cronica dei governi e ai mali endemici della politica italiana, seguirono le tendenze internazionali, nel tracciato della politica economica europea che ha portato poi all'unificazione monetaria.

ECONOMIA

2.2.9 Il capitalismo globale

Con la caduta del muro di Berlino nel 1989, e quindi dalla fine del Novecento, si verifica il fenomeno della globalizzazione dell'economia che trae origine principalmente da due fattori:

- la *caduta delle ideologie* che dividevano il mondo in due blocchi economici contrapposti (anche militarmente) e impermeabili tra di loro: i Paesi capitalisti, guidati dagli Stati Uniti d'America, e i Paesi collettivisti (o comunisti), guidati dall'Unione Sovietica;
- l'*evoluzione delle comunicazioni e dei trasporti* e quindi la facilità di trasferimento dei capitali, delle tecnologie e delle merci.

Questi fattori hanno determinato un'inarrestabile migrazione delle imprese dei Paesi più sviluppati economicamente (Europa e nord America) verso le aree del mondo in cui i costi di produzione sono più bassi. I prodotti ottenuti sono poi venduti negli stessi Paesi occidentali a prezzi altrettanto bassi, contro i quali le imprese rimaste sul posto non possono competere. Questa pratica viene definita come **dumping**.
Il dumping trova le sue motivazioni nel fatto che, nei Paesi in via di sviluppo:

- è disponibile abbondante manodopera a costi bassi; il costo basso del lavoro è dovuto anche all'assenza, o all'incidenza minima, dei contributi previdenziali e assistenziali a favore dei lavoratori (*dumping sociale*);
- è minore la pressione fiscale sui beni nel corso del ciclo produttivo e sui profitti (*dumping fiscale*);
- sovente non sono richieste adeguate garanzie per la tutela dell'ambiente dall'inquinamento (*dumping ambientale*).

L'efficienza delle imprese nell'ambito dell'economia globalizzata deriva quindi dall'integrazione tra i capitali e le tecnologie dei Paesi sviluppati e la manodopera dei Paesi in via di sviluppo (est europeo, estremo oriente, India, Brasile ecc.). Questi ultimi offrono forza-lavoro a basso salario, ma colgono l'occasione per l'avvio di un processo di industrializzazione e pertanto i loro governi promuovono le condizioni che possono attirare i capitali stranieri.
Le imprese "delocalizzate" possono offrire nel mercato globale prodotti estremamente competitivi, ma è anche evidente che questa capacità concorrenziale è dovuta in buona parte alle diverse regole che si devono rispettare nei vari Paesi (come si è detto per il dumping: fisco, sicurezza e previdenza per i lavo-

ratori, inquinamento ecc.). Quindi non si può certo dire che la competizione si svolga "ad armi pari" e per questo motivo alcuni Paesi (*in primis* gli Stati Uniti) stanno introducendo o pensando di introdurre *dazi doganali* con l'intento di riequilibrare i prezzi dei prodotti d'importazione con quelli prodotti dalle imprese nazionali.

L'evoluzione in corso

La caduta del muro di Berlino si può considerare in economia come il simbolo della vittoria del capitalismo sul collettivismo: i Paesi del blocco comunista erano infatti in uno stato di evidente arretratezza per quanto riguarda le tecnologie (anche militari) e il benessere sociale.

Il riaffermarsi di un'economia liberista crea oggi una situazione simile, per molti aspetti, a quella antecedente l'avvento del marxismo; infatti i profitti derivanti dalle attività produttive sono continuamente accumulati da grandi imprese e società finanziarie multinazionali che gestiscono immensi capitali (*capitalismo finanziario*). Della nuova ricchezza generata solo una parte, assai modesta, viene ridistribuita ai lavoratori e ciò avviene prevalentemente nei Paesi emergenti che passano da uno stato di povertà ad uno di maggior benessere (o di minore indigenza); i lavoratori dei Paesi storicamente più sviluppati risentono invece della concorrenza della manodopera a basso costo utilizzata dalle imprese delocalizzate.

Si è affermato quindi nel mondo un capitalismo transnazionale, a cui in molti casi non si può nemmeno attribuire una identità fisica (grandi capitali sono detenuti anche dai grandi produttori di petrolio nei Paesi arabi) in grado di influenzare gli indici delle Borse più importanti e i governi di molti Paesi. Per ironia della sorte, il Paese che ha maggiormente beneficiato del nuovo capitalismo è quello che ancora oggi si ispira ufficialmente al comunismo (la Cina, ovviamente).

Sembra quindi inarrestabile il trasferimento dei capitali nei luoghi in cui possono produrre un profitto e questo rende i loro possessori, più o meno occulti, occidentali od orientali, sempre più potenti. I lavoratori restano invece in balia, come sempre, degli interessi di un capitalismo che comunque ha permesso, dal secondo Dopoguerra, un generale aumento del benessere sociale, ritenuto però, in base agli standard di vita attuali, per alcuni accettabile, per altri di mera sussistenza.

2. BREVE STORIA DELL'ECONOMIA

QUESTIONARIO	IN SINTESI
1. La famiglia, la città, la nazione e il mondo sono "nuclei economici" che hanno caratterizzato le fasi storiche dello sviluppo economico. Perché? **2.** In che cosa consiste il pensiero economico in età feudale?	In **epoca feudale** il pensiero economico è ispirato ai principi del cristianesimo. Con San Tommaso d'Aquino la teoria del "giusto prezzo" è basata su considerazioni teologiche e morali più che sulle dinamiche dei mercati (abbondanza o scarsità di beni). Il prestito del denaro in cambio di un interesse è considerato attività di usura. La moneta non è considerata infatti come un bene economico fruttifero (principio della sterilità del denaro).
3. Quali sono gli obiettivi del mercantilismo? Su quali concetti si basa? **4.** Qual è la fonte di ogni ricchezza per i mercantilisti?	Con il **mercantilismo** (dal 1400) le nazioni sono tese al predominio mediante il raggiungimento dell'autosufficienza economica e dell'arricchimento, con l'esportazione di beni e il corrispondente introito di metalli preziosi, a cui si aggiunsero l'oro e le spezie ottenute con la scoperta del Nuovo mondo. Le ricchezze accumulate consentono politiche di espansionismo militare. Viene enunciata la *legge di Gresham*, secondo cui la moneta cattiva scaccia quella buona. Per i **fisiocratici** (dalla metà del 1700) la ricchezza ha origine dall'agricoltura (attività produttiva); attraverso le attività manifatturiere e il commercio (attività "sterili") avviene solo una trasformazione e distribuzione della ricchezza ad altri gruppi.
5. Che cosa si intende per economia classica? Su quali principi si basa? **6.** Che cosa vuole descrivere la metafora della "mano invisibile"?	L'**economia classica** (dalla fine del 1700) si basa sulla proprietà privata, sui liberi mercati e sul principio della concorrenza. La metafora della mano invisibile di Adam Smith spiega l'autoregolazione del mercato: la concorrenza migliora l'efficienza delle imprese e provoca una diminuzione dei prezzi di cui beneficiano tutti i consumatori. Lo Stato quindi non deve cercare di regolare il mercato, ma di garantire la concorrenza. Lo sviluppo economico, secondo gli economisti classici, è favorito dalla divisione del lavoro in fasi separate svolte da persone diverse. La *specializzazione* che ne deriva fa aumentare la produttività della manodopera e promuove l'evoluzione delle tecnologie. I classici vedono nella scarsità delle risorse naturali il limite per lo sviluppo economico futuro.
7. Che cosa aggiunge all'economia classica il neoclassicismo? **8.** L'economia classica è ancora attuale?	Il **neoclassicismo** (dalla seconda metà del 1800), pur confermando i principi dell'economia classica, spiega i fenomeni economici e il mercato a livello soggettivo. Le scelte del consumatore, su base psicologica, sono determinate dall'utilità o soddisfazione che egli attribuisce all'ultima "dose" di merce consumata, detta "marginale". Spiegarono quindi i prezzi di mercato facendo riferimento alla preferenza del consumatore per una o più unità di ogni dato bene disponibile in scarsa quantità piuttosto che alla diversa quantità di lavoro umano necessaria per produrlo (come sostenevano gli economisti classici).
9. In che cosa consiste la critica di Marx al capitalismo? Potrebbe essere ancora attuale?	**Marx** (nel 1800) era convinto che il profitto e altri redditi derivanti dalla proprietà privata fossero il risultato di azioni vessatorie dei forti contro i più deboli.

Esiste quindi un conflitto radicale tra la classe dei capitalisti, che possiede i mezzi di produzione (fabbriche e macchinari), e la classe dei lavoratori (il proletariato). I capitalisti si arricchiscono sfruttando i lavoratori, a cui pagano salari di sussistenza, mentre a loro resta la gran parte della ricchezza (o *plusvalore*) come differenza tra il prezzo di vendita dei prodotti e i salari.
Marx credeva che a lungo andare il capitalismo sarebbe crollato in quanto alla classe operaia sarebbe mancato un reddito sufficiente per acquistare i beni prodotti in sempre maggiore quantità.

10. Quali sono le novità del pensiero economico keynesiano? Da quali osservazioni hanno origine?
11. Che cos'è la "domanda aggregata"?

Keynes (dal primo '900) individuò la causa delle crisi cicliche dei sistemi economici liberisti nella domanda aggregata, cioè nella spesa totale dei consumatori e degli investitori privati e pubblici. Quando la domanda aggregata è bassa il lavoro e le vendite ne risentono (fase di recessione), quando è alta si creano i presupposti per la prosperità (fase di sviluppo).
Date le limitate risorse dei privati, solo i governi hanno la capacità, in caso di crisi, di intervenire nel sistema economico. L'espansione del credito, grazie ai bassi tassi di interesse (politica monetaria), può stimolare l'investimento privato e portare così la domanda aggregata verso il livello della piena occupazione dei lavoratori.

12. Quali sono i principi dell'economia del benessere?
13. Che cosa si intende per "esternalità"?

Arthur Cecil Pigou è ritenuto il fondatore, nell'ambito del neoclassicismo, dell'*economia del benessere*. Egli afferma che il benessere individuale non coincide con il massimo benessere sociale a causa delle *esternalità*, cioè degli effetti esterni sui beni pubblici causati dai privati nelle loro azioni di produzione e di consumo. Auspica quindi l'intervento dello Stato a tutela del benessere sociale.
Le nozioni dell'economia del benessere sono necessarie per lo sviluppo delle stime che riguardano i beni pubblici.

14. Quali sono state le politiche economiche degli anni '80 e '90?
15. Che cos'è la stagflazione?

La **stagflazione** (negli anni '70 e '80) è la presenza contemporanea di due grandi mali dell'economia: la *stagnazione* (quindi disoccupazione) e l'*inflazione*.
Per l'economia keynesiana non era concepibile la coesistenza della disoccupazione con i prezzi in aumento: la diminuzione dei salari doveva viceversa determinare una diminuzione della domanda e quindi dei prezzi. Le politiche economiche dei governi furono quindi ispirate da un nuovo liberismo, in cui credettero soprattutto il presidente americano Ronald Reagan e la premier inglese Margaret Thatcher.

16. Elencare vantaggi e svantaggi che derivano dal processo di globalizzazione dell'economia.

Con la **globalizzazione dell'economia**, in seguito alla caduta del muro di Berlino, si assiste alla migrazione delle imprese dei Paesi più sviluppati verso le aree del mondo in cui i costi di produzione sono più bassi. I prodotti ottenuti delocalizzando le imprese sono poi venduti nei Paesi occidentali a prezzi bassi, contro i quali le imprese rimaste sul posto non possono competere (*dumping*). Il dumping trova le sue motivazioni nel fatto che nei Paesi in via di sviluppo è disponibile abbondante manodopera a costi bassi (dumping sociale), è minima la pressione fiscale (dumping fiscale) e non sono richieste adeguate garanzie per la tutela dell'ambiente (dumping ambientale).

ATTIVITÀ PRATICHE E DI VERIFICA

AREA DIGITALE

Questionario a risposta multipla

1. Il principio della sterilità del denaro è stato affermato nell'ambito del:
   - ☐ a. feudalesimo
   - ☐ b. mercantilismo
   - ☐ c. marxismo

2. Il mercantilismo ha dato impulso:
   - ☐ a. all'economia di mercato
   - ☐ b. alla rivoluzione industriale
   - ☐ c. al potere degli Stati nazionali

3. La legge di Gresham afferma il principio:
   - ☐ a. della sterilità del denaro
   - ☐ b. del *laissez-faire*
   - ☐ c. che la moneta di scarso valore intrinseco sostituisce quella d'oro e d'argento

4. Per la scuola classica il fondamento di ogni ricchezza è:
   - ☐ a. l'approvvigionamento di oro, di argento e di ogni metallo prezioso
   - ☐ b. l'agricoltura, da cui deriva ogni altra ricchezza
   - ☐ c. il lavoro

5. Secondo l'economia classica le imposte devono essere:
   - ☐ a. alte
   - ☐ b. basse
   - ☐ c. eque

6. Per i neoclassici l'approccio economico è:
   - ☐ a. di tipo soggettivo, basato sullo studio dei bisogni individuali
   - ☐ b. di tipo oggettivo, basato su fattori misurabili
   - ☐ c. di tipo sociale, valutando gli effetti del capitalismo sui lavoratori

7. Il plusvalore, alla base del pensiero economico di Marx, è:
   - ☐ a. il ricavo del capitalista con la vendita dei prodotti
   - ☐ b. la retribuzione dei lavoratori
   - ☐ c. il valore dei beni prodotti al netto dei salari

8. Secondo l'economia keynesiana:
   - ☐ a. le imprese devono poter agire pienamente in regime di libera concorrenza, senza condizionamenti
   - ☐ b. la crisi economica non può essere spiegata solo in termini di crisi di mercato, pertanto lo Stato deve intervenire con investimenti pubblici
   - ☐ c. il fallimento dei mercati deve comportare la detenzione, in buona parte, dei mezzi di produzione da parte dello Stato

9. Il termine stagflazione indica una fase dell'economia mondiale in cui si ha:
   - ☐ a. disoccupazione e aumento dei prezzi
   - ☐ b. riduzione dei prezzi e quindi crisi per le imprese
   - ☐ c. globalizzazione dell'economia

10. Il processo di globalizzazione dell'economia è dovuto:
    - ☐ a. alla migrazione della manodopera dei Paesi poveri verso i Paesi economicamente sviluppati
    - ☐ b alla migrazione dei capitali verso le aree del mondo dove i costi di produzione sono più bassi
    - ☐ c. alla domanda di beni di consumo da parte delle società che un tempo aderivano al collettivismo

Ricerche e approfondimenti

1. Si scelga a piacere un economista noto, di qualsiasi epoca storica, e si esponga alla classe, con una relazione o con una presentazione a slide, una breve biografia e il contributo dato all'evoluzione del pensiero economico.

ECONOMIA

3 Il consumo dei beni economici

- ✓ I bisogni
- ✓ I beni
- ✓ L'utilità
- ✓ Il consumo

3.1 I BISOGNI

3.1.1 La nozione di bisogno

Maffeo Pantaleoni, 1857-1924, economista italiano aderente al neoclassicismo. Il suo capolavoro è *Principi di economia pura* del 1889.

Abraham Maslow, 1908-1970, psicologo americano.

Il **bisogno** è stato definito da Maffeo Pantaleoni come "*il desiderio di disporre di un mezzo reputato idoneo a far cessare una sensazione dolorosa, o a prevenirla, o a prolungare una sensazione piacevole, o a provocarla*". Più semplicemente per bisogno si può intendere **la mancanza di qualcosa che sia ritenuto da ognuno utile o indispensabile**. Tale mancanza costituisce uno *stato di insoddisfazione* che porta un soggetto a compiere azioni atte a porvi rimedio. Avvertire un bisogno è quindi uno *stato psicologico* che ha origine nella complessa natura dell'essere umano e spazia negli infiniti campi in cui essa si manifesta (i desideri o fini umani).

Non a caso una importante definizione di bisogno è stata data da uno psicologo americano, Abraham Maslow: "Un bisogno si manifesta quando una necessità di base per la vita umana non è stata soddisfatta". In questa situazione un bisogno si traduce in una tensione tale da spingere l'individuo all'azione per soddisfare il bisogno stesso.

Maslow effettua una classificazione dei bisogni basata sulla constatazione che l'individuo soddisfa i bisogni "superiori" solo dopo avere soddisfatto quelli "fondamentali" (fisiologici) e li ordina pertanto gerarchicamente secondo lo schema di una piramide su 5 livelli:

1) bisogni *fisiologici* (fame, sete, vestiti, salute, sesso ecc.);
2) bisogni di *sicurezza* (sicurezza fisica, economica, ambiente salubre, ordine pubblico, pace internazionale ecc.);
3) bisogni di *appartenenza* e *riconoscimento sociale* (amicizia, affetto, compagnia, gruppi sociali);
4) bisogni di *stima* (autostima e stima da parte degli altri con il rispetto, l'ammirazione, il riconoscimento di uno *status*, di uno stile personale ecc.);
5) bisogni di *autorealizzazione* (essere consapevoli delle proprie risorse e capacità, per raccogliere nuove sfide con se stessi e con la società).

La classificazione dei bisogni di Maslow del 1954 è tutt'ora considerata basilare per gli studi di *marketing*.

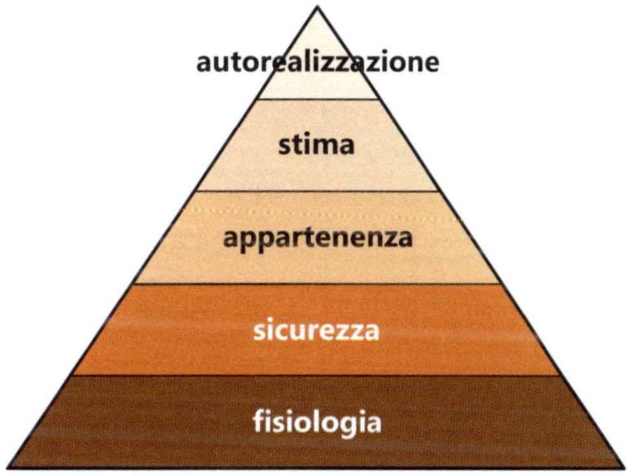

Figura 3.1
La piramide di Maslow.

I bisogni economici

L'economia non si occupa però di bisogni di qualsiasi tipo e non dà risposte ideali a quella particolare insoddisfazione che giace nel profondo dell'animo umano (chi siamo, dove andiamo, che senso ha la vita ecc.); non si occupa quindi, se non marginalmente, di quei bisogni "superiori" la cui soddisfazione, di per sé aleatoria, ha origine nella profonda complessità dell'essere umano e di cui si occupa, più direttamente, la psicologia. L'economia si occupa invece dei bisogni per i quali:

- **esiste** certamente un mezzo adatto al loro soddisfacimento;
- tale mezzo **è raggiungibile** (non è un ideale astratto, un sogno, un'utopia ecc.), pur sostenendo un sacrificio (cioè pagando un prezzo);
- tale mezzo **è disponibile in quantità limitata** in rapporto alla richiesta di tutti gli individui.

I bisogni economici hanno anche le seguenti *caratteristiche*:

- sono **soggettivi** in quanto, per la loro componente psicologica, sono avvertiti con intensità diversa da persona a persona;
- sono **illimitati** in quanto, soddisfatto un bisogno, altri se ne presentano in continuazione.

3.1.2 La classificazione dei bisogni

Per fini economici i bisogni possono essere classificati in funzione della loro *necessità* in:

- **primari**, se sono indispensabili per la vita (corrispondono ai primi due livelli della piramide di Maslow, come la fame, la sete, la casa ecc.);
- **secondari**, se derivano da esigenze che sorgono nell'individuo dopo aver soddisfatto i bisogni primari.

In funzione della loro *saziabilità* i bisogni possono essere:

- **totalmente saziabili**, se vengono definitivamente soddisfatti con il consumo di un determinato bene;
- **risorgenti**, se, una volta soddisfatti, a distanza di tempo si ripresentano con la stessa intensità (per esempio la fame).

In funzione del *contesto sociale* possono essere:

- **individuali**, a cui ciascuno provvede autonomamente;
- **collettivi** o **pubblici**, dei quali invece si occupa l'autorità centrale (l'ordine pubblico, la viabilità, la salubrità dell'ambiente ecc.).

Considerando *l'ambito temporale* si possono definire:
- **attuali**, se devono essere soddisfatti in breve tempo (per esempio avere un lavoro);
- **futuri**, il cui soddisfacimento deve essere programmato per tempo (per esempio avere la pensione).

In funzione della loro *origine* i bisogni si possono definire:
- **originari**, se dipendono da una manifestazione autonoma della personalità dell'individuo;
- **indotti**, se conseguenti all'azione esercitata da circostanze esterne. Nuovi bisogni possono infatti essere determinati dal desiderio d'imitazione, dall'influenza della pubblicità, dalla disponibilità di nuovi beni ecc.

3.1.3 La scala decrescente dei bisogni individuali

Ogni individuo ordina quindi i bisogni in funzione della loro intensità: al primo posto quello avvertito più intensamente e via via tutti gli altri. Si forma così la *scala decrescente dei bisogni individuali.*

I bisogni primari rispondono in genere a esigenze fisiologiche della persona. Sono quindi prioritari e avvertiti più o meno con la stessa intensità da tutti (sono poco soggettivi); di conseguenza sono ordinati, nella scala dei bisogni individuali, sostanzialmente nello stesso modo. I secondari, invece, variano molto da individuo a individuo (sono molto soggettivi) e, per lo stesso individuo, possono variare nel tempo. Dipendono inoltre dai rapporti che egli instaura con l'ambiente sociale di cui fa parte. Per esempio il turismo, in una società che ha raggiunto il benessere, è considerato un bene primario, in un Paese in via di sviluppo è un bene secondario.

Quando il bisogno posto in cima alla scala viene soddisfatto, aumenta l'intensità con cui è avvertito il successivo (che è salito al primo posto); inoltre nuovi bisogni, non avvertiti in precedenza, si aggiungono in coda. Ogni individuo infatti può osservare in se stesso come, per esempio, dopo aver saziato la fame, sente la necessità di soddisfare la sete e come, dopo aver mangiato e bevuto, sente il bisogno di uno svago. Questo comportamento, del tutto ovvio e naturale, dimostra come l'interesse dell'individuo si sposti in continuazione verso nuovi bisogni, ciascuno dei quali è avvertito inizialmente con la massima intensità. La scala dei bisogni è dunque, come il bisogno stesso, soggettiva e illimitata.

3.2 I BENI

Per *bene* in senso lato si intende ciò che ha in sé le caratteristiche atte a soddisfare un bisogno. Si può dire quindi che è un bene **tutto ciò che è utile**, che dà piacere, felicità ecc. Tuttavia, come si è detto, l'economia non si occupa di qualsiasi bisogno e quindi di qualsiasi bene, ma solo di quei bisogni che possono essere soddisfatti con beni **disponibili in quantità limitata**, inferiore alla richiesta dei possibili fruitori. Solo a questa condizione il bene può essere definito **economico**. Per esempio l'aria che respiriamo è sicuramente un bene indispensabile, ma non è un bene economico perché esiste in natura in quantità illimitata (l'aria che si respira in una rinomata località di villeggiatura può essere invece un bene economico, a volte assai caro).

La scarsità dei beni può derivare da:
- *fattori naturali* (alcuni metalli sono preziosi perché molto scarsi in natura);
- dal fatto che, pur esistendo in natura in quantità superiori al fabbisogno, per poterli utilizzare *è richiesto un sacrificio* e quindi un costo.

L'utilità e la scarsità non sono qualità intrinseche del bene, ma derivano dal rapporto tra bene e bisogno: una cosa può essere utile o scarsa per un individuo (o per una collettività) e inutile o abbondante per un altro individuo. Per esempio la bicicletta da corsa è un bene molto utile per lo sportivo cicloamatore, ma lo è di meno per chi pratica il calcio o ama la vita sedentaria.
D'altra parte una stessa cosa può acquistare o perdere nel tempo la qualità di bene economico:
- quando **varia la disponibilità** rispetto al fabbisogno (diventa economico o perde questa caratteristica);
- quando **variano i bisogni** degli individui per effetto del cambiamento delle mode, dei gusti, del reddito ecc.

Art. 810 c. c. – *Nozione di bene*
"I beni sono le cose che possono formare oggetto di diritti".
La definizione di bene che dà la legge è aderente al concetto della sua utilità per l'uomo. Si può parlare in questo ambito di *bene giuridico*.

Inoltre i beni devono essere realisticamente ottenibili, perché disponibili in natura e nel dominio dell'essere umano; devono essere, in altri termini, "raggiungibili".
Il bene *economico* ha quindi tre fondamentali caratteristiche:
- l'**utilità**, cioè la capacità intrinseca di soddisfare un bisogno;
- la **scarsità** in rapporto alla richiesta di tutti i possibili utilizzatori;
- l'**accessibilità** in quanto è nella disponibilità dell'uomo.

3.2.1 Classificazione dei beni

In funzione della loro *necessità* possono essere:
- **primari**, se sono indispensabili per tutti;
- **secondari e di lusso**, se vi si può rinunciare, almeno in parte, o se sono superflui e acquistabili solo dalle persone più abbienti.

In base alla *natura* si può distinguere tra:
- **beni materiali**, identificabili in base alle caratteristiche chimiche, fisiche o biologiche (sono visibili e toccabili con mano);
- **beni immateriali** (detti anche *servizi*, *servigi* o *prestazioni*), privi di consistenza fisica. I servizi possono essere:
  - *personali*, se sono resi da una persona (la prestazione di un professionista);
  - *reali*, se sono resi da una cosa (l'affitto di una casa, il noleggio di una macchina ecc.).

I beni immateriali hanno una grande importanza nelle società economicamente avanzate, dove costituiscono la maggior parte del prodotto nazionale lordo.
In funzione della *durata* i beni sono detti:
- a **fecondità semplice** o *non durevoli* se soddisfano un bisogno solo una volta (un drink, la benzina);
- a **fecondità ripetuta** o *durevoli* se soddisfano un bisogno più volte (un bicchiere, l'automobile).

In funzione del *modo* in cui soddisfano i bisogni i beni sono detti:
- **di consumo** o **finali**, quando soddisfano direttamente i bisogni senza subire ulteriori trasformazioni (il pane, un abito ecc.);
- **strumentali** o **intermedi** o **di produzione**, se servono a produrre altri beni (un utensile, una macchina ecc.).

In funzione delle *caratteristiche fisico-chimiche*, i beni si dicono **succedanei** o **surrogati** se si possono sostituire tra di loro per soddisfare lo stesso bisogno (per esempio il burro e la margarina, il carbone e la legna ecc.).

ECONOMIA

In funzione delle loro *caratteristiche funzionali*, i beni si dicono:
- **complementari** quando soddisfano un determinato bisogno solo se sono impiegati insieme (per esempio hardware e software);
- **supplementari** quei beni che possono essere impiegati insieme per soddisfare un bisogno, ma si limitano ad aumentare l'utilità del bene principale (lo zucchero nel caffè).

Si ha cioè nei due casi una sinergia tra i beni che può essere necessaria oppure opzionale. Il codice civile definisce come *pertinenze* "le cose destinate in modo durevole a servizio di un'altra cosa" (art. 817 c.c.).

Infine sono detti **a offerta congiunta** quei beni derivanti da uno stesso processo produttivo e di cui quindi non si può produrre l'uno senza produrre anche l'altro (il grano e la paglia).

Art. 812 c. c. – *Distinzione dei beni*
"Sono beni immobili il suolo, le sorgenti e i corsi d'acqua, gli alberi, gli edifici e le altre costruzioni, anche se unite al suolo a scopo transitorio, e in genere tutto ciò che naturalmente o artificialmente è incorporato al suolo. [...]
Sono mobili tutti gli altri beni."

Art. 823 c. c. – *Condizione giuridica del demanio pubblico*
"I beni che fanno parte del demanio pubblico sono inalienabili e non possono formare oggetto di diritti a favore di terzi, se non nei modi e nei limiti stabiliti dalle leggi che li riguardano. Spetta all'autorità amministrativa la tutela dei beni che fanno parte del demanio pubblico. [...]"

Beni immobili e mobili

I beni **immobili** sono tutte quelle cose che per loro natura non si possono trasportare da un luogo a un altro. Si tratta in definitiva del terreno e di tutto ciò che vi è incorporato in modo permanente (edifici, piantagioni, sorgenti d'acqua ecc.). Per esclusione sono **beni mobili** tutti quelli che non appartengono alla categoria degli immobili (art. 812 c.c.). Le principali differenze tra loro, al di là delle caratteristiche fisiche, riguardano il regime giuridico e la forma degli atti di trasferimento.

Beni pubblici

I beni pubblici sono quei beni che, per la loro utilità sociale, non possono essere di proprietà esclusiva di nessuno (art. 823 c.c.), sono pertanto goduti da tutti gli individui che sono membri di una società. Sono per esempio beni pubblici gli ambienti naturali (il mare, i parchi, la fauna ecc.), i monumenti, i reperti storici, ma anche le strade, le autostrade e le ferrovie, gli aeroporti, gli acquedotti ecc. I beni che appartengono allo Stato costituiscono il **demanio pubblico**.

3.3 L'UTILITÀ

L'utilità è un concetto astratto che viene usato in economia per definire *la quantità di soddisfazione che prova il consumatore di beni o servizi*; rappresenta quindi l'attitudine di un bene a soddisfare un bisogno. L'utilità può essere marginale o totale.

L'**utilità marginale** (*Um*) esprime il *grado di soddisfazione che il consumatore avverte nel consumo dell'ultima unità (o dose) di un determinato bene*.
È facile osservare come l'utilità marginale sia decrescente: la prima unità soddisfa infatti l'*intensità iniziale* del bisogno e ha pertanto utilità marginale massima; con le dosi successive, che soddisfano meno intensamente il bisogno, l'utilità marginale diminuisce. Proseguendo nel consumo, l'utilità marginale è uguale a zero quando il consumatore non avverte più alcuna soddisfazione e può essere negativa se, raggiunta la sazietà, un'ulteriore dose consumata produce una sensazione sgradevole. Da queste considerazioni si deduce la **legge dell'utilità decrescente**.

Valutatore certificato
La norma UNI 11558:2014 include "conoscenze approfondite" di "principi di economia" per la formazione del valutatore immobiliare.
Nei principi di economia la teoria dell'utilità marginale, sviluppata dagli economisti neoclassici (v. capitolo precedente), è tuttora di fondamentale importanza per i suoi effetti nella formazione del prezzo di mercato.

L'**utilità totale** (*Ut*) si ottiene sommando le utilità marginali di tutte le unità di un bene che sono state consumate. Al contrario dell'utilità marginale, l'utilità totale aumenta con il consumo, ma sempre più lentamente, seguendo la legge dell'utilità decrescente.

L'**utilità totale massima** viene raggiunta quando l'utilità marginale è uguale a zero in quanto, successivamente, l'utilità marginale diventa negativa (*v.* esempio 3.1).

ESEMPIO 3.1 **UTILITÀ MARGINALE E TOTALE**

Nella tabella che segue si riportano le utilità marginali e totali attribuite a ogni dose consumata di un determinato bene. La settima dose consumata ha utilità marginale nulla (le successive hanno utilità marginali negative) e quindi è massima l'utilità totale.

Nota bene
La quantificazione numerica dell'utilità riportata nella tabella indica in modo astratto e soggettivo il grado di soddisfazione che un consumatore avverte nel soddisfare un bisogno, non rappresenta quindi una quantità fisica.

Quantità	Utilità marginale	Utilità totale
1	200	200
2	155	355
3	115	470
4	80	550
5	50	600
6	15	615
7	**0**	**615**
8	–10	605
9	–20	585
10	–25	560

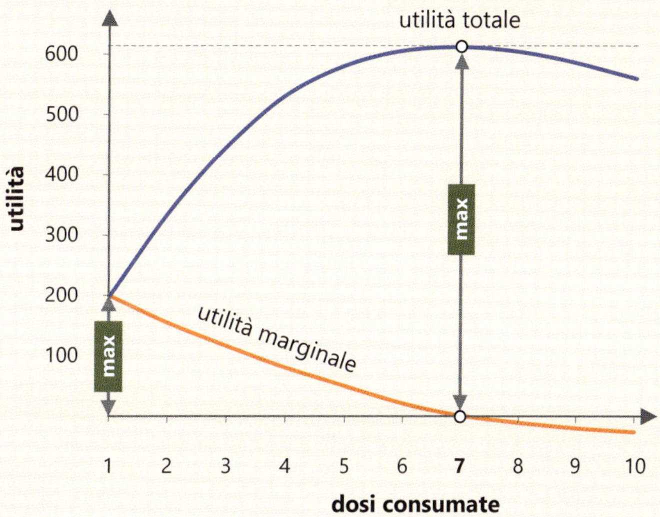

3.3.1 La misurazione dell'utilità

Il problema della misurazione dell'utilità è stato affrontato da molti economisti, ma con interpretazioni diverse. Per alcuni l'utilità è misurabile in termini di calcolo infinitesimale, come funzioni continue e limiti (Jevons, Walras, Marshall), o puramente aritmetico (Menger, von Wieser). Per altri, invece, l'utilità non è misurabile quantitativamente (come è stato fatto nell'esempio 3.1), ma si possono effettuare *confronti* tra situazioni diverse per arrivare ad affermare solamente che una situazione è preferibile a un'altra, senza poter precisare di quanto. Si può per esempio affermare di preferire una cena al ristorante a una serata al cinema, ma non avrebbe senso dire che alla prima situazione corrisponde un'utilità pari a 30, alla seconda pari a 20, e che l'utilità totale è uguale a 50.

La misurazione dell'utilità dei beni pubblici
Mentre l'utilità dei beni privati si riflette normalmente nel prezzo di mercato, il problema della misurazione dell'utilità dei beni pubblici è più complesso e fa parte dello studio dell'estimo ambientale.

Sulla base di questo principio ogni consumatore valuta le condizioni di consumo che per lui sono indifferenti, in quanto hanno la medesima utilità totale. Può dire per esempio che consumare 10 unità del *bene A* più 7 unità del *bene B* dà la stessa utilità, rispettivamente, di 30 e 3 unità (*v.* nella figura 3.1 la **curva di indifferenza**). Oppure, considerando due panieri che contengono ciascuno diversi beni, il consumatore può affermare che l'utilità complessiva di entrambi è equivalente (o diverso).

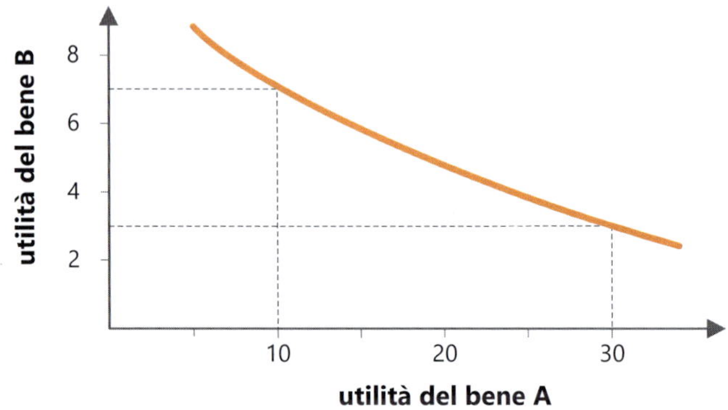

Figura 3.2
Una curva di indifferenza per il consumo di due beni.

3.4 IL CONSUMO

Le attività economiche dell'uomo sono orientate in due direzioni antagoniste: la produzione e il consumo dei beni. Con la produzione, come si vedrà nel capitolo successivo, i beni aumentano il loro contenuto di utilità, con il consumo questa utilità viene impiegata per soddisfare i bisogni.

3.4.1 Il consumo di un bene non economico

Quando un bene è disponibile gratuitamente (beni non economici), perché è presente in natura in quantità sovrabbondante rispetto alle esigenze dei consumatori e non si devono sostenere costi per la sua fruizione, il consumo individuale continua fino alla totale sazietà, cioè fino a quando viene consumata una dose che non dà alcuna soddisfazione. In altri termini, fino a quando l'utilità marginale è uguale a zero:

$$Um = 0$$

Questo punto corrisponde, come si è visto, al raggiungimento dell'utilità totale massima. Se il consumatore volesse proseguire ulteriormente nel consumo avvertirebbe, anziché soddisfazione, una sensazione sgradevole. Il bene a questo punto è inutile, in quanto portatore di *utilità marginale negativa* (o *disutilità marginale*).

3.4.2 Il consumo di un bene economico

A differenza dei beni non economici, i beni economici richiedono, per essere consumati, un sacrificio pari alla quantità di moneta necessaria per acquistarli. A ogni dose consumata corrisponde quindi, nel bilancio del consumatore:
- un'**attività** pari all'*utilità marginale* attribuita al bene consumato;
- una **passività** pari alla *disutilità marginale* (*Dm*) e cioè all'utilità marginale attribuita alla quantità di moneta necessaria per l'acquisto.

Il consumo continuerà fino a quando l'*utilità marginale del bene consumato sarà maggiore o uguale alla disutilità marginale della moneta spesa*:

$$Um \geq Dm$$

La differenza tra utilità marginale e disutilità marginale dà l'**utilità marginale netta**.
La somma delle utilità nette di tutte le unità consumate forma la **rendita (o surplus) del consumatore** (*v.* esempio 3.2).

ESEMPIO 3.2 **UTILITÀ E DISUTILITÀ MARGINALE, RENDITA DEL CONSUMATORE**

Nella tabella che segue sono riportate le utilità marginali e le disutilità marginali che un consumatore avverte per un determinato bene.

La **disutilità marginale è costante** (40) in quanto rappresenta il prezzo unitario del bene).

Dose consumata	Utilità marginale (*Um*)	Disutilità marginale (*Dm*)	Utilità marginale netta	Rendita del consumatore
1	200	40	160	160
2	140	40	100	260
3	90	40	50	310
4	60	40	20	330
5	40	40	0	330
6	20	40	– 20	310
7	0	40	– 40	270

Il consumo continuerà fino alla dose 5, dove la rendita del consumatore è massima. A questa dose l'utilità marginale è uguale alla disutilità marginale e l'utilità marginale netta è uguale a zero.

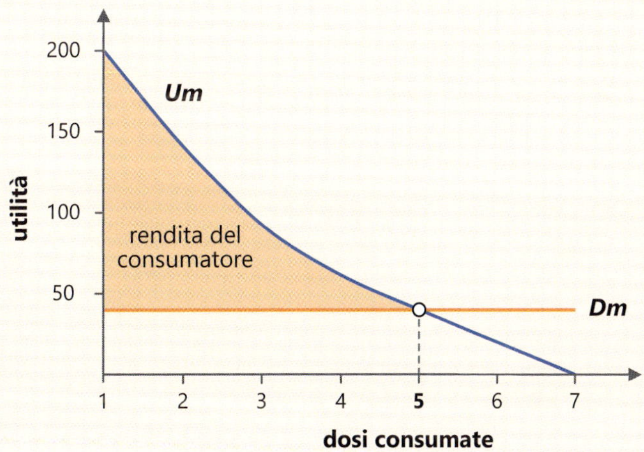

3.4.3 Il consumo di più beni economici

In realtà il problema del consumo deve essere affrontato nell'ambito della molteplicità dei bisogni che sono avvertiti e della quantità limitata di risorse a disposizione (il reddito individuale). Il consumatore deve quindi stabilire la priorità nel fruire dei diversi beni, ciascuno dei quali ha un diverso prezzo (P) e una diversa curva decrescente dell'utilità marginale. Per rendere omogeneo il confronto è necessario fare riferimento all'*utilità marginale ottenuta con l'impiego di una unità di moneta* per l'acquisto di uno qualsiasi dei diversi beni e cioè all'**utilità marginale ponderata** (*Ump*):

$$Ump = \frac{Um}{P}$$

Inizialmente verrà consumata la dose del bene che ha utilità marginale ponderata più elevata e via via tutte le altre.
Il consumatore è in una situazione di **equilibrio** quando un'unità di moneta spesa in più gli dà lo stesso benessere qualunque bene acquisti. Il consumatore tende infatti a uguagliare le utilità marginali dei diversi beni:

$$Ump_A = Ump_B = \ ... \ = Ump_n$$

Se infatti l'*Ump* di un qualsiasi bene A fosse più elevata di quella di un qualsiasi bene B, egli ne consumerebbe una dose, ma la dose successiva dello stesso bene A avrebbe utilità marginale inferiore (per la legge della decrescenza) e quindi diminuirebbe anche l'*Ump*, avvicinandosi a quella del bene B. E così fino a quando le due *Ump* si eguagliassero (*v.* esempio 3.3).

ESEMPIO 3.3 CONSUMO DI PIÙ BENI ECONOMICI

Si immagini per semplicità che un consumatore debba soddisfare solo due bisogni utilizzando i beni A e B che hanno diverse utilità marginali (*Um*) e diversi prezzi unitari (*P*), come indicato nella tabella che segue. Si procede pertanto, per ogni dose, al calcolo dell'utilità marginale ponderata. Il consumatore dispone di un reddito di 1.000 €.
Come si può notare nella colonna "Ordine di consumo", la prima dose da consumare non è quella che ha la massima *utilità marginale* (la prima del bene A), ma è quella che ha la massima *utilità marginale ponderata* (la prima del bene B). Infatti, per il bene A, a una maggiore utilità marginale corrisponde un prezzo più alto.
Il consumatore avrà pertanto il *massimo benessere in relazione al suo reddito* consumando 4 dosi del bene A e 7 del bene B per un totale di 960 €.

Dosi consumate	Bene A (*P* = 100)				Bene B (*P* = 80)			
	Um	*Ump*	Ordine di consumo	Spesa totale	*Um*	*Ump*	Ordine di consumo	Spesa totale
1	1000	10,0	3	260	900	11,3	1	80
2	900	9,0	6	520	850	10,6	2	160
3	800	8,0	9	780	800	10,0	4	340
4	700	7,0	11	960	750	9,4	5	420
5	600	6,0			700	8,8	7	600
6	500	5,0			650	8,1	8	680
7	400	4,0			600	7,5	10	860
8	300	3,0			550	6,9		
9	200	2,0			500	6,3		
10	100	1,0			450	5,6		

3. IL CONSUMO DEI BENI ECONOMICI

QUESTIONARIO	IN SINTESI
1. Che cosa si intende per bisogno? 2. Che cosa sono i bisogni economici? Quali caratteristiche hanno? 3. Come si possono classificare i bisogni? 4. Che cos'è la scala individuale dei bisogni? 5. Che cosa si intende per bene economico?	Il **bisogno** economico è la mancanza di qualcosa che sia ritenuto da ognuno utile o indispensabile. Tale mancanza costituisce uno stato psicologico di insoddisfazione che porta la persona a compiere azioni atte a porvi rimedio. Per un bisogno economico esiste realmente un mezzo adatto al suo soddisfacimento e tale mezzo è disponibile in quantità limitata. Dato che i bisogni sono soggettivi e illimitati, ogni individuo li ordina in sé in funzione della loro intensità: al primo posto il bisogno avvertito più intensamente e via via tutti gli altri. Si forma così la *scala decrescente dei bisogni individuali*. I bisogni economici possono essere classificati come: primari e secondari, totalmente saziabili o risorgenti, individuali e collettivi, attuali e futuri, originari e indotti.
6. Che cos'è un bene? 7. Come si possono classificare i beni?	Un **bene** è tutto ciò che può soddisfare un bisogno. Un bene economico ha tre fondamentali caratteristiche: l'utilità, la scarsità e l'accessibilità. I beni si possono classificare come: primari e secondari, materiali e immateriali, a fecondità semplice e a fecondità ripetuta, di consumo o strumentali, succedanei o surrogati, complementari o supplementari, mobili e immobili, privati e pubblici.
8. Che cos'è l'utilità di un bene? Come si può esprimere? 9. In che cosa consiste la legge dell'utilità decrescente?	L'**utilità** rappresenta la quantità di soddisfazione che un consumatore attribuisce a un bene. Può essere marginale o totale. L'*utilità marginale* (*Um*) esprime il grado di soddisfazione che il consumatore avverte nel consumo dell'ultima unità (o dose) di un determinato bene. L'utilità marginale è decrescente: è massima per la prima unità consumata e minima per l'ultima. L'*utilità totale* (*Ut*) si ottiene sommando le utilità marginali di tutte le unità di un bene che sono state consumate. L'utilità totale massima viene raggiunta quando l'utilità marginale è uguale a zero.
10. In che cosa consiste il consumo? 11. Che cosa sono le curve di indifferenza? 12. Fino a quale punto avviene il consumo di un bene non economico? E fino a quale punto quello di un bene economico? 13. Che cos'è il bilancio del consumatore? Quando un consumatore raggiunge il massimo benessere in relazione al suo reddito?	Con il **consumo** l'utilità dei beni viene utilizzata per soddisfare i bisogni. Quando un bene è disponibile gratuitamente (beni non economici), il consumo continua fino alla totale sazietà, cioè fino a quando l'utilità marginale è uguale a zero. Per i beni economici il consumo continuerà solo fino a quando l'utilità marginale del bene consumato sarà maggiore o uguale alla disutilità marginale della moneta spesa per acquistarlo (bilancio del consumatore). La differenza tra utilità marginale e disutilità marginale dà l'utilità marginale netta. La somma delle utilità nette di tutte le unità consumate forma la rendita del consumatore. Nel caso di più beni aventi diversa utilità marginale e diverso prezzo, il consumatore farà riferimento all'utilità marginale ottenuta con l'impiego dell'ultima unità di moneta (*utilità marginale ponderata*, *Ump*), data dal rapporto tra utilità marginale e prezzo. Il consumatore acquisterà inizialmente l'unità di un bene con la massima utilità marginale ponderata e via via le altre, fino alla capienza del proprio reddito.

ATTIVITÀ PRATICHE E DI VERIFICA

AREA DIGITALE

QUESTIONARIO A RISPOSTA MULTIPLA

1. Il bisogno economico è:
- [ ] a. la necessità di qualcosa di indispensabile
- [ ] b. uno stato psicologico di insoddisfazione che si può placare con un mezzo idoneo
- [ ] c. una condizione di vita imposta dalla povertà

2. I bisogni individuali sono quelli che:
- [ ] a. sono necessari per la sopravvivenza
- [ ] b. rispondono a esigenze personali
- [ ] c. si soddisfano uno per volta

3. I beni economici sono:
- [ ] a. scarsi
- [ ] b. cari
- [ ] c. a utilità ripetuta

4. I beni strumentali sono:
- [ ] a. materie prime, macchine, fabbricati ecc.
- [ ] b. oggetti per la produzione di servizi di intrattenimento
- [ ] c. la terra e le sue ricchezze

5. I beni immateriali sono:
- [ ] a. i servizi
- [ ] b. disponibili gratuitamente
- [ ] c. privi di valore di mercato

6. L'utilità marginale è riferita all'ultima unità di:
- [ ] a. fattore produttivo
- [ ] b. moneta spesa
- [ ] c. bene consumato

7. Il consumo di un bene non economico si verifica fino a quando:
- [ ] a. l'utilità marginale è uguale a 0
- [ ] b. l'utilità marginale è uguale alla disutilità marginale
- [ ] c. l'utilità marginale ponderata è uguale a 0

8. Il consumo di un bene economico si verifica fino a quando:
- [ ] a. l'utilità marginale è uguale a 0
- [ ] b. l'utilità marginale è uguale alla disutilità marginale
- [ ] c. l'utilità marginale ponderata è uguale a 0

9. L'utilità marginale netta rappresenta:
- [ ] a. l'utilità totale meno la disutilità totale
- [ ] b. la differenza tra quanto il consumatore è disposto a pagare e quanto paga in realtà
- [ ] c. l'utilità iniziale

10. L'utilità marginale ponderata si ottiene da:
- [ ] a. utilità marginale / prezzo
- [ ] b. utilità totale / prezzo
- [ ] c. utilità totale diviso il numero di dosi consumate

11. Nell'azione di consumo di diversi beni, il consumatore tende a:
- [ ] a. azzerare le utilità marginali
- [ ] b. massimizzare le utilità marginali
- [ ] c. uguagliare le utilità marginali ponderate

FOGLIO DI CALCOLO ELETTRONICO

1. Riprodurre nel foglio di calcolo elettronico la tabella dell'esempio 3.2 per ottenere il grafico corrispondente all'utilità marginale, alla disutilità marginale e alla rendita del consumatore (*v.* figure nella pagina successiva).

2. Riprodurre nel foglio di calcolo elettronico la tabella dell'esempio 3.3 e quindi ottenere un grafico in cui siano presenti le utilità marginali ponderate dei beni A e B.

3. Un bene è consumato da un individuo che avverte le seguenti utilità marginali: 100, 75, 55, 40, 28, 18, 10, 4, 0. Utilizzando un foglio elettronico, riporta in una tabella le utilità marginali e totali e crea i relativi grafici.

4. Dati il bene A con le seguenti utilità marginali: 100, 75, 55, 40, 28, 18, 10, 4, 0 e il bene B con le seguenti utilità marginali: 80, 60, 45, 35, 27, 22, 19, 17. Il bene A ha un prezzo di 15 € e il bene B di 10 €. Il consumatore ha a disposizione per questi beni 100 €. Utilizzando un foglio di calcolo elettronico per riprodurre una tabella simile a quella dell'esempio 3.3, determinare il numero di unità consumate del bene A e del bene B.

Figure relative all'esercizio n. 1

E4 *fx* =E3+D4

	A	B	C	D	E
1–2	**Dose consumata**	**Utilità marginale (*Um*)**	**Disutilità marginale (*Dm*)**	**Utilità marginale netta**	**Rendita del consumatore**
3	1	200	40	=B3-C3	=D3
4	2	140	40	=B4-C4	=E3+D4
5	3	90	40	=B5-C5	=E4+D5
6	4	60	40	=B6-C6	=E5+D6
7	**5**	40	40	=B7-C7	=E6+D7
8	6	20	40	=B8-C8	=E7+D8
9	7	0	40	=B9-C9	=E8+D9

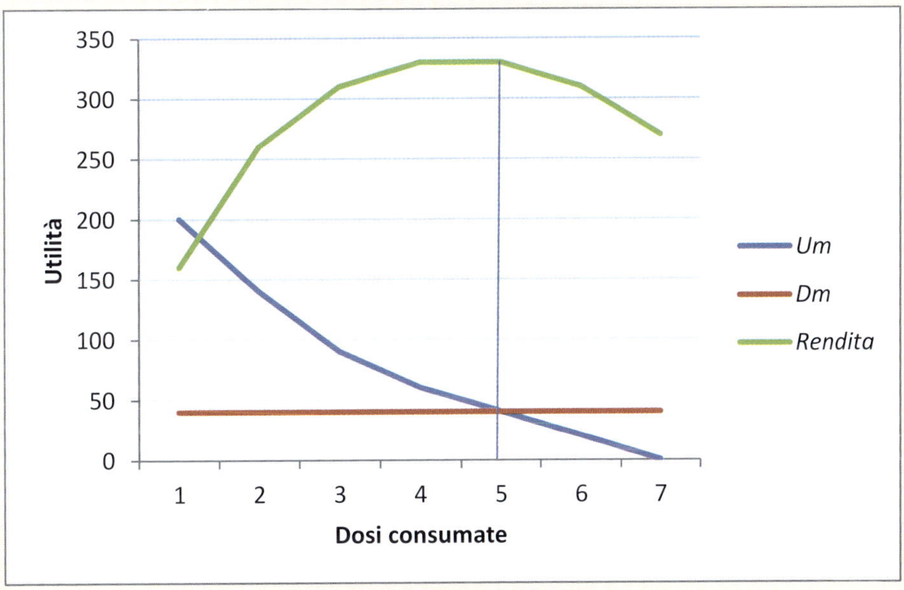

4 La produzione

- ✓ Il concetto di produzione
- ✓ I fattori della produzione
- ✓ Il prodotto netto
- ✓ Il reddito netto
- ✓ L'attività d'impresa in base alla normativa italiana

4.1 IL CONCETTO DI PRODUZIONE

Per produzione si intende l'*impiego di beni materiali e servizi quali fattori della produzione per ottenere altri beni materiali o servizi di maggior utilità (o valore)*. Il concetto di produzione comprende quindi due tipi di attività:
- **aumentare l'utilità di beni preesistenti** (*produzione di beni materiali*);
- **fornire servizi** (*produzione di beni non materiali*).

Le due attività sono di solito connesse. Per esempio le imprese che producono esclusivamente servizi (come gli studi professionali dei geometri) impiegano anche una certa quantità di beni materiali per svolgere la loro attività (computer, strumenti di misura, mobili e arredi ecc.). Le imprese che producono beni materiali, come le imprese edili, utilizzano servizi per ottenere il loro prodotto principale; per produrre una casa serve infatti un progetto, una pratica edilizia, l'accatastamento ecc.

L'attività professionale del geometra può riguardare quindi entrambi i settori (*v.* figura 4.1):
- il geometra libero professionista produce servizi (progetti, rilievi, stime ecc.);
- l'impresa edile produce beni materiali (fabbricati).

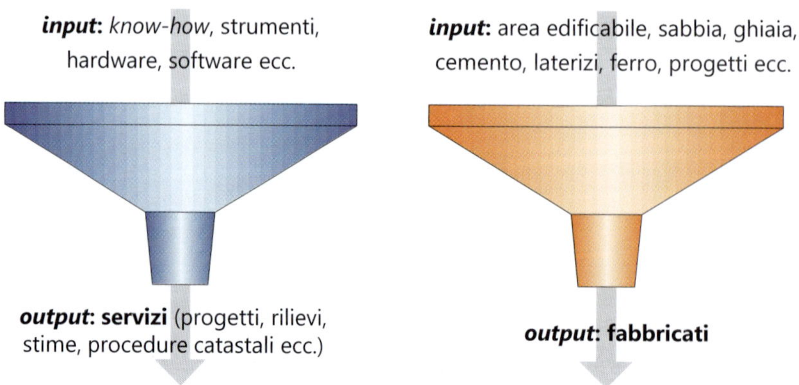

Figura 4.1
Schema delle attività produttive tipiche della professione del geometra.

4.1.1 La produzione di beni materiali

La produzione ha lo scopo, come si è detto, di aumentare l'utilità di beni preesistenti. Questo obiettivo si può ottenere con *operazioni che servano a portare i beni stessi nella* **condizione**, *nel* **luogo** *e nel* **tempo** *in cui sono richiesti*. Questo concetto di produzione prevede quindi l'utilizzo iniziale di beni materiali (*materie prime* o *semilavorati*) e la successiva esecuzione di operazioni di diverso tipo, classificabili come:

- **trasformazione della materia**, con le lavorazioni tipiche delle attività manifatturiere;
- **trasporto nello spazio**, da un luogo originario in cui i beni hanno utilità minore a un altro luogo in cui l'utilità è maggiore;
- **trasporto nel tempo**, non consumando i beni quando la loro utilità è minore e utilizzandoli (o producendoli) invece quando l'utilità è aumentata.

La *trasformazione della materia* si può ottenere con infiniti modi. Per restare nel settore edilizio, un fabbricato si ottiene estraendo dal suolo le materie prime che poi servono a produrre cemento, calcestruzzo, infissi ecc., in modo concettualmente simile a come si costruivano le case nell'antichità utilizzando sassi, fango e legname reperibili sul posto.

Il *trasporto nello spazio* consiste nello spostare i beni dal luogo di produzione a dove sono più richiesti. Il legname nel bosco di montagna è utile, ma lo è molto di più a valle, nella segheria che lo taglia, o in città dove viene utilizzato per costruire un tetto.

Il *trasporto nel tempo* consiste nel conservare i beni, posticipando il loro consumo o producendoli quando sono più richiesti. Per esempio durante il periodo naturale di raccolta di un ortaggio la sua utilità è inferiore, perché quel bene è abbondante, ma costruendo una serra è possibile ottenere un prodotto fuori stagione, più utile, perché la disponibilità è scarsa.

In sintesi, la produzione dei beni materiali comprende le attività volte a:

- **procurare i beni naturali**;
- **trasformare i beni naturali**;
- **trasportare**, **conservare** e **vendere** i prodotti finiti.

4.1.2 La produzione di beni non materiali

I beni non materiali sono i *servizi personali* o *reali* prestati dai privati (imprese di servizi, attività professionali) o dagli enti pubblici (lo Stato e gli enti locali). Rientra per esempio nell'attività dei servizi la stima di un fabbricato effettuata da un geometra o la gestione della sicurezza pubblica effettuata dallo Stato.

Nell'economia postindustriale, tipica degli Stati economicamente avanzati, la richiesta e la produzione di servizi hanno un'importanza prevalente. Dopo il *boom* economico degli anni '50 e '60 legato allo sviluppo industriale, si sono sviluppate infatti le attività legate ai servizi finanziari e bancari, alle telecomunicazioni, all'informatica ecc. In Italia la produzione di servizi dà occupazione a circa il 63% della forza lavoro e costituisce quasi il 60% del prodotto interno lordo, grazie anche al ruolo molto importante ricoperto dal settore turistico.

4.1.3 I settori della produzione

La produzione di beni materiali e non materiali consente di classificare i settori della produzione nel modo che segue.

- **Settore primario**: l'*agricoltura*, la *pesca*, l'*estrazione dei minerali*. Queste attività hanno come risorsa iniziale la **natura** (il suolo, il sottosuolo, il mare ecc.). L'attività produttiva consente di *estrarre minerali* (come l'alluminio, il ferro, il rame, il petrolio ecc.) o di *attuare un ciclo biologico* per ottenere legno, cereali, carne, latte ecc.

- **Settore secondario**: l'*industria*, che comprende le attività manifatturiere e l'edilizia. Queste attività **trasformano** i beni prodotti nel settore primario (con il legno si producono i mobili, con il latte si producono i prodotti caseari, con il petrolio si producono i carburanti e la plastica ecc.). Nell'attività edilizia si utilizzano materie prime estratte dal suolo (sabbia, ghiaia, rocce e altri materiali) per costruire fabbricati.
- **Settore terziario**: i **servizi** comprendono le attività di commercio, trasporti e comunicazioni, turismo, credito e assicurazione, sanità, libere professioni, prestazioni rese dallo Stato e dagli enti pubblici. Questo settore, ancora più ampio, comprende attività di vario genere. Possono essere servizi resi *alle imprese*, per le attività di produzione, o direttamente alle *famiglie*. Molto importanti sono i servizi collettivi (trasporti, sicurezza, telecomunicazioni ecc.).

4.2 I FATTORI DELLA PRODUZIONE

I fattori della produzione sono *le risorse necessarie per attuare un ciclo produttivo*. I fattori tradizionalmente individuati nella teoria economica sono la **natura**, il **capitale**, il **lavoro** e l'**organizzazione**. A ognuno di essi corrisponde una persona economica, ciascuna delle quali percepisce il relativo compenso (*v.* tabella **4.1**).

Il capitale
Nei corsi di economia per fini estimativi il capitale viene suddiviso tradizionalmente in due sottospecie: il *capitale fondiario* (o natura) e il *capitale di esercizio* (o agrario). Questa distinzione, che deriva dall'economia agraria (ai fini dell'estimo rurale), in realtà si riferisce a un unico fattore della produzione. La produzione e il profitto sono dunque funzione di due soli fattori: il capitale e il lavoro.

4.1 Le persone economiche e i relativi compensi

Fattore produttivo	Persona economica	Compenso	Simbolo
Capitale fondiario (natura)	Proprietario	Beneficio fondiario	*Bf*
Capitale di esercizio	Capitalista	Interesse	*I*
Lavoro	Lavoratore manuale Lavoratore intellettuale	Salario Stipendio	*Sa* *St*
Organizzazione	Imprenditore puro	Profitto o tornaconto	±*T*

4.2.1 La natura e il capitale fondiario

Per "natura" (o *capitale naturale*) si intendono i **beni non prodotti dall'uomo**. Il fattore natura è quindi costituito dalla *terra*, da intendersi in senso lato: i terreni coltivabili, le aree edificabili, le materie prime presenti nel sottosuolo, il mare e le altre risorse idriche ecc.

I fattori naturali della produzione sono sovente *non riproducibili* e, in tal caso, una volta impiegati non si possono più riutilizzare. Si può per esempio utilizzare una sola volta un'area edificabile, un minerale o una fonte di energia estratta dal suolo. Altri beni naturali sono invece fruibili illimitatamente (sono "rinnovabili"), come l'energia solare che alimenta l'impianto elettrico di un'abitazione.

Non di rado il fattore terra è oggetto di *modificazioni permanenti* che si rendono necessarie per un determinato uso produttivo. Queste modificazioni, eseguite con apporti di capitale, sono i miglioramenti fissi, che formano con la terra un

tutt'uno denominato **capitale fondiario**. Il capitale fondiario è composto pertanto di due parti: la *terra nuda* e i *miglioramenti fondiari.*
Nell'economia agraria il capitale fondiario è tipicamente l'azienda agraria, costituita dal terreno agricolo (bene naturale) e da fabbricati, piantagioni, sistemazioni della superficie ecc. (miglioramenti), ma anche un fabbricato urbano, essendo formato dalla terra (edificabile) e dal manufatto edilizio (miglioramento), è capitale fondiario.

Al fattore natura corrisponde la persona economica del **proprietario**, il cui compenso è la *rendita fondiaria.* Al capitale fondiario corrisponde invece un compenso che viene detto **beneficio fondiario**.

4.2.2 Il capitale di esercizio

Per capitale di esercizio (o *capitale prodotto dall'uomo* o semplicemente *capitale*) si intende **qualsiasi bene materiale prodotto reimpiegato nella produzione**. Il capitale può essere costituito di:
- **beni strumentali** prodotti in altri processi produttivi, come i macchinari, gli utensili ecc. (capitale tecnicamente differenziato);
- **importi monetari**, necessari per anticipare le spese di produzione (capitale tecnicamente indifferenziato).

Inoltre il capitale può essere:
- **fisso**, se è costituito di beni a fecondità ripetuta, che non si logorano in un solo ciclo produttivo e che quindi possono essere usati più volte (per esempio una macchina);
- **circolante**, se è costituito di beni a fecondità semplice (per esempio il cemento o un fertilizzante).

Secondo la teoria classica il capitale, creato con il lavoro, è un prodotto destinato alla produzione di ricchezze ulteriori. I neoclassici diedero invece una spiegazione psicologica dell'origine del capitale, individuandola nel comportamento degli individui che rinunciano al consumo immediato dei beni per ottenere, dal capitale accumulato, un compenso futuro (*teoria dell'astinenza*). L'astinenza patita giustifica poi il compenso del capitalista, come la fatica del lavoro giustifica il salario.

Al fattore capitale corrisponde la figura economica del **capitalista**, il cui compenso è **l'interesse**.

4.2.3 Il lavoro

Per lavoro si intende l'impiego delle **forze del corpo** (lavoro manuale) o delle **facoltà della mente** (lavoro intellettuale) in un'attività produttiva. Ovviamente un lavoro *prevalentemente* manuale non esonera dalle seconde, oggi sempre più importanti in processi produttivi frequentemente assistiti da nuove tecnologie.
Al fattore lavoro venne attribuita la massima importanza dagli economisti classici, che lo consideravano come l'unica vera fonte di produzione e quindi di ricchezza. Tuttavia non fu difficile obiettare che il solo lavoro, senza la cooperazione degli altri fattori, non è in grado di produrre alcunché.
Il lavoro, in quanto fattore della produzione, è diverso dal capitale in quanto è inseparabile dalla persona del lavoratore. Tuttavia nella società attuale, in un'economia liberista, il lavoro ha comunque la caratteristica di una merce, seppur particolare, per la quale esiste una domanda e un'offerta di mercato. È però evidente che i lavoratori sono anche i destinatari di gran parte di ciò che si produce e che pertanto il livello retributivo non dipende esclusivamente dall'equi-

libro del mercato del lavoro ma, più in generale, dall'equilibrio dell'intero sistema economico ormai diventato globale.

Al fattore lavoro corrisponde la figura economica del **lavoratore**, il cui compenso è il **salario** per il lavoro manuale e lo **stipendio** per il lavoro intellettuale.

4.2.4 L'organizzazione

L'organizzazione è l'attività svolta da una persona, l'**imprenditore**, al fine di realizzare la produzione. Il suo ruolo è quello di:
- **decidere** cosa e quanto produrre (l'indirizzo produttivo);
- **acquistare** i fattori produttivi necessari (capitale, lavoro);
- **coordinare** i fattori e decidere in merito alle scelte del loro impiego;
- **assumersi i rischi** economici dell'attività svolta.

Il fattore organizzazione non è costituito di capitali né può considerarsi un'attività di lavoro, ma è un'attività essenziale nella realizzazione del ciclo produttivo. È, si può dire, il "motore" che inizialmente muove e attiva tutti i fattori produttivi, rendendoli tali. Per esempio la terra in sé non produce reddito, ma nelle mani dell'imprenditore produce beni alimentari o fabbricati destinati al mercato.
In molti casi l'imprenditore apporta anche capitali e lavoro all'impresa che conduce, ma queste attività aggiuntive, che pur fanno capo alla stessa persona, sono da considerarsi economicamente separate, in quanto ciascuna di esse genera un proprio reddito.

Art. 2086 c.c.
L'imprenditore è il capo dell'impresa e da lui dipendono gerarchicamente i suoi collaboratori.

Il compenso corrispondente alla figura economica dell'imprenditore è il **profitto** o **tornaconto**. Il tornaconto, a differenza dei compensi delle altre persone economiche, può essere positivo o negativo. Infatti non è determinato a priori, ma è ciò che rimane nelle mani dell'imprenditore dopo che ha pagato *tutte* le persone economiche corrispondenti ai fattori che ha dovuto utilizzare. Se ha speso "troppo" il profitto potrà risultare negativo.

4.3 IL PRODOTTO NETTO

Gli sforzi dell'imprenditore di coordinare i fattori della produzione hanno come risultato una determinata quantità di beni da immettere sul mercato il cui valore costituisce il **prodotto lordo totale** (*Plt*). Per l'imprenditore edile, per esempio, il prodotto lordo è dato dal prezzo delle case che ha costruito.
Per attuare la produzione l'imprenditore deve però acquistare, e quindi consumare, una certa quantità di beni che danno luogo a tre tipi di spesa: le *quote* (*Q*), le *spese varie* (*Sv*) e i *tributi* (*Tr*). Detraendo dal prodotto lordo totale, e cioè dal ricavato dalla vendita, queste spese, si ottiene il **prodotto netto** (*Pn*) (*v.* figura 4.2):

$$Pn = Plt - (Q + Sv + Tr) \qquad [1]$$

Il prodotto netto è pertanto il *valore aggiunto*, con il processo di produzione, ai beni impiegati inizialmente: è la **nuova ricchezza prodotta**. *Tale ricchezza viene distribuita a coloro che hanno contribuito a produrla con apporti di capitale, di lavoro o con l'organizzazione*; rappresenta quindi l'insieme dei compensi spettanti a tutte le persone economiche. Per cui:

$$Pn = Sa + St + I + Bf \pm T \qquad [2]$$

Le due formule precedenti si possono quindi eguagliare:

$$Plt - (Q + Sv + Tr) = Sa + St + I + Bf \pm T \qquad [3]$$

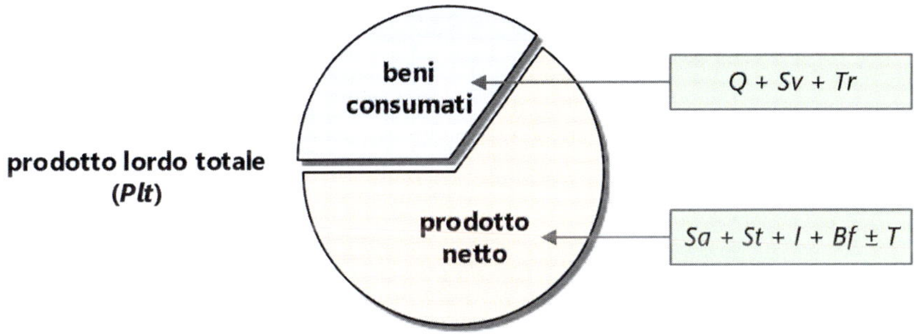

Figura 4.2
Schema del prodotto netto.

4.3.1 Le spese per i beni consumati (quote, spese varie e tributi)

Quote

Le quote sono spese sostenute per l'impiego dei mezzi produttivi costituiti di *beni a utilità ripetuta* (**capitale fisso**), come le *macchine* e i *fabbricati*. Questi beni si consumano gradualmente col tempo; per questo motivo la spesa relativa al loro impiego deve essere ripartita, addebitandone una parte (quota), al costo di produzione di ciascun anno in cui sono utilizzati. Occorre poi sostenere spese per il mantenimento della loro efficienza e per i rischi a cui sono soggetti. Le quote sono perciò di tre tipi (*v.* esempio 4.1):

- di *reintegrazione*, per riacquistare il bene quando è consumato oppure obsoleto;
- di *manutenzione*, per mantenerne l'uso efficiente;
- di *assicurazione*, per coprire i rischi (incendio, furto, responsabilità civile ecc.).

ESEMPIO 4.1 CALCOLO DELLE QUOTE

Un automezzo viene acquistato per 50.000 € e viene utilizzato per 6 anni. Al termine del suo impiego si potranno ricavare, vendendolo, 10.000 €.

Quota di reintegrazione:
Q_{rein} = (50.000 – 10.000) : 6 = 6.667 €

Quota di manutenzione, pari al 6% del valore a nuovo:
Q_{man} = 50.000 × 6% = 3.000 €

Quota di assicurazione, pari al 5% del suo valore medio nei 6 anni:
Q_{ass} = (50.000 + 10.000) : 2 × 5% = 1.500 €

Totale quote annue: 11.167 €

Spese varie

Le spese varie si riferiscono all'impiego di mezzi produttivi costituiti di *beni a utilità semplice* (**capitale circolante**). Riguardano quindi l'acquisto di beni che si possono usare una sola volta come, in genere, le materie prime e i servizi. Nell'impresa edile sono per esempio le spese per laterizi, cemento, progetti, pratiche tecnico-amministrative ecc. In agricoltura si acquistano sementi, fertilizzanti ecc.

Tributi

I tributi (*v.* capitolo 9) sono spese che l'imprenditore deve sostenere per pagare i *servizi pubblici* offerti dallo Stato e dalle pubbliche amministrazioni (Regioni,

ECONOMIA

Comuni e altri enti) che, indirettamente, sono necessari al processo di produzione. Questi servizi sono erogati nell'ambito di un complesso normativo che regola l'attività delle imprese; il rispetto di queste regole e gli adempimenti formali necessari ("burocrazia statale") rappresentano per le imprese un costo notevole (e da tempo, quindi, si chiede una semplificazione). Ma al di là del "sistema di regole", per le attività produttive sono richiesti efficienti servizi che possono essere erogati direttamente dallo Stato (per esempio l'ordine pubblico) o appaltati a società private o miste (pubblico-private): infrastrutture per i trasporti (strade, porti, rete ferroviaria), erogazione di energia, telecomunicazioni, smaltimento dei rifiuti ecc.

4.4 IL REDDITO NETTO

Il reddito netto è la definizione generica del compenso spettante all'imprenditore; occorre tuttavia precisare, a questo punto, che cosa si può intendere per imprenditore. Nel paragrafo 4.2 si è parlato dei fattori della produzione e delle rispettive persone economiche; queste ultime sono state concepite come entità astratte per ognuno dei fattori della produzione. In realtà, invece, l'imprenditore, che coordina la produzione, è una persona fisica o giuridica che detiene più di un fattore della produzione. È quindi necessario distinguere tra imprenditore puro e concreto.

L'**imprenditore puro** è una *persona economica astratta* a cui corrisponde *solo l'organizzazione* dei fattori produttivi e il suo compenso è il profitto (o tornaconto).

L'**imprenditore concreto** è invece una *persona fisica* o *giuridica* (una società) *che detiene più di un fattore della produzione* (l'organizzazione più almeno uno degli altri fattori) e il suo compenso è il reddito netto. Tale reddito è dato dalla somma dei compensi delle persone economiche che egli rappresenta. Oppure si ottiene detraendo dal prodotto netto i compensi pagati ad *altri soggetti* economici intervenuti nel ciclo produttivo.

Le figure tipiche di imprenditore concreto sono:
- il piccolo imprenditore, *lavoratore e capitalista;*
- il medio e grande imprenditore *capitalista.*

4.4.1 Imprenditore lavoratore e capitalista

Una figura comune di imprenditore concreto è colui che detiene tutti i fattori della produzione (lavoro e capitale). È il caso del **piccolo imprenditore** come l'artigiano o il coltivatore diretto (art. 2083 c.c.): ognuno di essi è imprenditore, proprietario, capitalista, lavoratore manuale e lavoratore intellettuale. La dimensione di questa attività è limitata in genere a un solo soggetto e a pochi collaboratori.
In questo caso il reddito netto dell'imprenditore coincide con il prodotto netto:

$$Rn = Plt - (Q + Sv + Tr)$$

che corrisponde a (*v.* formula [3]):

$$Rn = Sa + St + I + Bf \pm T$$

4.4.2 Imprenditore capitalista

Nella realtà economica delle medie e grandi imprese l'imprenditore detiene di solito i capitali (tutti o in parte) e deve retribuire i lavoratori sulla base della normativa vigente. Ciò che rimane è il suo reddito netto. Per cui:

$$Rn = Pn - (Sa + St)$$

Sostituendo Pn con la formula [1]:

$$Rn = Plt - (Q + Sv + Tr + Sa + St)$$

che equivale alla formula:

$$Rn = Bf + I \pm T$$

Il profitto e l'utile netto
Nel bilancio contabile l'utile netto di esercizio corrisponde al reddito netto del capitalista.

Eguagliando le due formule precedenti:

$$Plt - (Q + Sv + Tr + Sa + St) = I + Bf \pm T$$

Figura 4.3
Reddito netto di un imprenditore capitalista.

Ulteriore suddivisione del reddito da capitale

Il reddito complessivo attribuito al capitale potrà essere eventualmente suddiviso tra coloro che lo hanno conferito. Nel caso per esempio di una società di persone i capitalisti sono più di uno, e possono essere moltissimi nel caso di una società per azioni (*v.* la Classificazione delle imprese nel paragrafo successivo). Questi soci possono essere o meno anche imprenditori. Nel primo caso avranno diritto anche a una parte dei profitti, nel secondo caso avranno solo la retribuzione per il capitale conferito (l'interesse).
Mantenendo per fini estimativi la distinzione tra capitale fondiario e capitale di esercizio, il reddito netto dell'imprenditore-proprietario (ma non "capitalista") è dato da:

$$Plt - (Q + Sv + Tr + Sa + St + I) = Bf \pm T$$

È dato cioè dal solo beneficio fondiario al netto o al lordo del profitto. Questa formula si avvicina alla successiva, che fa riferimento all'imprenditore puro.

4.4.3 Imprenditore puro

L'imprenditore puro è, come si è detto, una figura economica astratta, che ha comunque una grande importanza teorica in estimo per la determinazione, con l'ipotesi del profitto nullo, del reddito ordinario continuativo del proprietario (*v.* la parte di estimo nel secondo volume).
Il profitto dell'imprenditore puro si ottiene detraendo dal prodotto netto i compensi di tutte le altre persone economiche:

$$\pm T = Plt - (Q + Sv + Tr + Sa + St + I + Bf)$$

4.5 L'ATTIVITÀ D'IMPRESA IN BASE ALLA NORMATIVA ITALIANA

La *libertà di iniziativa economica* è riconosciuto dalla Costituzione italiana (art. 41), ma è sottoposta alla vigilanza dello Stato allo scopo di tutelare l'interesse generale dell'economia nazionale (art. 2085 c.c.) e l'integrità fisica e la personalità morale dei lavoratori (art. 2087 c.c.). A tale scopo la legge definisce innanzitutto i concetti di impresa e azienda, due termini che, nel linguaggio comune, sono usati spesso in modo improprio.

4.5.1 L'impresa e l'azienda

Il codice civile definisce l'**azienda** come *"il complesso dei beni organizzati dall'imprenditore per l'esercizio dell'impresa"* (art. 2555 c.c.). Per il Serpieri, uno dei più importanti economisti italiani nel settore estimativo, l'azienda è *la combinazione elementare dei fattori produttivi*. In entrambi i casi il concetto di azienda corrisponde a una determinata quantità di beni strumentali ("complesso di beni") per i quali non è rilevante ai fini dell'attività economica, in quanto "elementare", la loro "combinazione".

L'**impresa** è invece definita dalla normativa (art. 2082 c.c.) come *"l'attività economica esercitata professionalmente dall'imprenditore al fine della produzione o dello scambio di beni o di servizi"*.

L'impresa è costituita quindi dall'unificazione di due elementi:
- quello *soggettivo*, che è l'*organizzazione* creata dall'imprenditore;
- quello *oggettivo*, che è l'*azienda*, lo strumento nelle mani dell'imprenditore.

La definizione di impresa in base alla legge

La figura dell'imprenditore, definita dal citato art. 2082 c.c., ha tre caratteristiche essenziali.

Attività professionale

L'attività economica dell'imprenditore è professionale in quanto *sistematica* e **abituale**, anche se non necessariamente continuativa o esclusiva. Non può quindi essere considerato imprenditore chi svolge un'attività economica in modo sporadico o occasionale. Per esempio l'albergatore che svolge un'attività stagionale, e quindi in modo discontinuo nell'anno, è comunque imprenditore se l'attività è svolta abitualmente.

Organizzazione

L'impresa è "organizzata" e cioè è costituita di *elementi strutturali* che sono l'azienda e l'imprenditore stesso con i suoi collaboratori.

Attività orientata al mercato

L'attività economica dell'impresa ha come *destinazione il mercato* ed è inserita quindi nella logica dell'economia di scambio. Non costituisce impresa, per esempio, la produzione per autoconsumo (bricolage, produzione di ortaggi in orti familiari ecc.).

4.5.2 Classificazione delle imprese

Le imprese possono essere classificate sulla base dei seguenti criteri: *soggetto giuridico*, *attività economica* e *dimensione*.

Soggetto giuridico

Le imprese sono identificate con un *nome commerciale* o *ditta*. Possono essere *individuali* o si possono costituire come *società*.

La **forma individuale** è giuridicamente semplice, con formalità di costituzione minime. Il titolare della ditta è l'unico responsabile dell'attività e quindi si assume per intero i rischi dell'impresa; risponde delle obbligazioni assunte in nome della ditta con il proprio patrimonio presente e futuro (*responsabilità illimitata*).

La **forma societaria** consente all'impresa un *maggiore apporto di capitali* e di capacità imprenditoriali, mentre *il rischio è ripartito* tra più persone o è limitato al solo capitale versato (*v.* paragrafo 4.5.3).

Le imprese possono essere ulteriormente classificate, in base al soggetto giuridico, in **private**, **pubbliche** o **miste**. Le imprese con la presenza di capitale pubblico si occupano in genere della produzione di servizi (trasporti, servizi sanitari, beni di interesse strategico e militare ecc.).

Attività economica

L'impresa si può classificare, in funzione delle *finalità generali* per cui viene costituita, in:
- impresa **di produzione**, se ha fine di lucro;
- impresa **di erogazione**, se non ha fine di lucro.

L'impresa di produzione

Le imprese di produzione producono *beni destinati al mercato*, con i quali si sostentano. Si distinguono in: commerciali e agricole.

È **impresa commerciale** quella che esercita professionalmente e in forma organizzata un'attività di *produzione industriale* o un'*attività legata all'immissione sul mercato e vendita dei prodotti*. Rientra nelle attività commerciali anche la *produzione di servizi*, considerata giuridicamente accessoria alla produzione industriale in senso stretto (trasporti, l'attività bancaria e assicurativa e altre attività ausiliarie) (art. 2195 c.c.).
Le imprese commerciali hanno l'obbligo di iscrizione nel *Registro delle imprese* istituito presso le *Camere di commercio* in ogni Provincia. L'iscrizione garantisce la pubblicità legale di tutti gli atti che le riguardano.

Art. 2195 c.c.
Sono soggetti all'obbligo dell'iscrizione nel *Registro delle imprese* gli imprenditori che esercitano:
1) un'attività industriale diretta alla produzione di beni o di servizi;
2) un'attività intermediaria nella circolazione dei beni;
3) un'attività di trasporto per terra, per acqua o per aria;
4) un'attività bancaria o assicurativa;
5) altre attività ausiliarie alle precedenti.

[...].

È **impresa agricola** (art. 2135 c.c.) quella in cui si esercita un'attività diretta alla "*coltivazione del fondo, alla silvicoltura, all'allevamento di animali e attività connesse*". Sono connesse, per esempio, le attività di trasformazione e commercializzazione dei prodotti ottenuti con la coltivazione del fondo o l'allevamento di animali. Le imprese agricole si distinguono in *piccole* (del *coltivatore diretto*) e *ordinarie*.

L'impresa di erogazione

Le imprese di erogazione perseguono il soddisfacimento di bisogni umani di vario tipo (non commerciali) attraverso il reperimento e il successivo impiego delle risorse necessarie. Queste imprese hanno una gestione aziendale simile a quelle commerciali solo che, in mancanza del ricavo di beni immessi sul mercato, *si sostentano con donazioni* che derivano da "erogazioni liberali" di privati, detraibili ai fini fiscali, o dal 5 per mille delle imposte sui redditi deliberatamente destinate a tale scopo dal contribuente.
Le imprese di erogazione si distinguono in:
- organizzazioni non lucrative di utilità sociale (ONLUS);
- organizzazioni non governative (ONG).

Le **ONLUS** sono le associazioni, i comitati, le fondazioni, le società cooperative e gli altri enti di carattere privato i cui statuti prevedono espressamente lo svolgimento di attività di assistenza sociale, assistenza sanitaria, beneficenza, istruzione, formazione, sport dilettantistico, tutela e valorizzazione delle cose d'interesse artistico e storico, tutela e valorizzazione della natura e dell'ambiente, promozione della cultura e dell'arte, tutela dei diritti civili, ricerca scientifica di particolare interesse sociale (art. 10, Dlgs n. 460/1997).

Le **ONG** operano invece per finalità di assistenza ai Paesi del Terzo Mondo. Sono anch'esse disciplinate, prevalentemente per fini fiscali, dal Dlgs n. 460/1997.

Dimensione

Per quanto riguarda le dimensioni si distinguono le **piccole** imprese da quelle **ordinarie** (medie e grandi). Le prime sono sottoposte a obblighi contabili e burocratici di minore entità.

Agli effetti dell'*esenzione dall'obbligo d'iscrizione nel Registro delle imprese* vale la definizione di **piccolo imprenditore** fornita dall'art. 2083 del codice civile: "sono piccoli imprenditori i coltivatori diretti del fondo, gli artigiani, i piccoli commercianti e coloro che esercitano un'attività professionale organizzata *prevalentemente con il lavoro proprio e dei componenti della famiglia*".

4.5.3 Le società

La società deriva da un contratto con cui *due o più persone conferiscono beni o servizi per l'esercizio di un'attività economica, allo scopo di dividerne gli utili* (art. 2247 c.c.). Le società possono essere di tre tipi: di persone, di capitali e cooperative.

Società di persone

Le società di persone non hanno personalità giuridica, vale a dire non sono riconosciute come soggetti giuridici, mentre lo sono i singoli soci. I soci rispondono *illimitatamente e solidalmente* per qualsiasi obbligazione contratta dalla società (tranne i soci accomandanti). Anche dal punto di vista fiscale lo Stato intrattiene rapporti direttamente con i singoli soci e non con la società nel suo complesso. La denominazione (o *ragione sociale*) è costituita dal nome di uno o più soci e dall'indicazione del tipo di società (Ss, Snc, Sas). Per esempio "Bianchi & Rossi Verdepiù Snc".

La **società semplice** (**Ss**) non può esercitare attività commerciali, ma solo attività agricole, professionali, di gestione di patrimoni immobiliari.

Nella **società in nome collettivo** (**Snc**) i soci apportano capitali o prestazioni lavorative. Gli utili (o le perdite) sono ripartiti proporzionalmente al capitale conferito. La responsabilità è illimitata e solidale per tutti i soci.

Nella **società in accomandita semplice** (**Sas**), come nella Snc, i soci apportano capitali o prestazioni lavorative e gli utili sono ripartiti proporzionalmente al capitale conferito. Per quanto riguarda invece la responsabilità vi sono due tipi di soci: i soci *accomandanti*, con responsabilità limitata al capitale conferito, e i soci *accomandatari*, con responsabilità illimitata.

Società di capitali

Le società di capitali hanno personalità giuridica; lo Stato distingue pertanto, per fini fiscali, la società e i soci (vale a dire che fanno distinte dichiarazioni dei redditi). Si identificano con la *denominazione sociale*, composta da un nome e dall'indicazione del *rapporto sociale* (per esempio "Ellegì Srl").

Nelle società di capitali i creditori possono rivalersi *solo sul patrimonio aziendale* e non su quello personale dei soci.

Società a responsabilità limitata (Srl). I soci apportano quote di capitale e sono responsabili nei confronti di terzi solo per il capitale sottoscritto. Non è necessaria la pluralità dei soci (Srl unipersonali). Il capitale sociale minimo è di 10.000 € di cui almeno il 25% deve essere versato presso un istituto di credito al momento della costituzione.

L'assemblea dei soci approva il bilancio, delibera sugli utili, nomina gli amministratori ecc. Gli amministratori possono essere o non essere soci e durano in carica illimitatamente. È previsto un organismo di controllo, il *collegio sindacale*, solo quando il capitale sociale è di almeno 120.000 €. I sindaci vengono scelti tra persone iscritte all'albo dei revisori.

Società in accomandita per azioni (Sapa)
Nelle Sapa si hanno i soci accomandanti, con responsabilità limitata al capitale investito in azioni, e i soci accomandatari, con responsabilità illimitata, che amministrano la società. Unisce quindi le caratteristiche della società in accomandita e della società per azioni (ma è poco usata).

Società per azioni (Spa). Il capitale della società è suddiviso in quote uguali, dette azioni. Il capitale minimo versato dagli azionisti è di 120.000 €. Gli amministratori sono eletti dall'assemblea dei soci e durano in carica per tre esercizi (possono essere rieletti). La società per azioni è controllata dal collegio sindacale, che ha il compito di verificare la corretta tenuta della contabilità, la formazione del bilancio, l'amministrazione e il rispetto delle norme previste dal codice civile.

Società cooperative

Le società cooperative sono imprese che hanno **fine mutualistico**, che consiste nell'assicurare ai soci il lavoro, beni di consumo o servizi a condizioni migliori di quelle che otterrebbero dal libero mercato. Nelle imprese cooperative l'aspetto economico-finanziario (la realizzazione di profitti), pur importante, è subordinato a quello sociale; la persona-socio prevale sull'elemento puramente economico. La maggior parte degli utili deve essere reinvestita per rafforzare la cooperativa e per migliorare il perseguimento dei fini mutualistici. Tuttavia la dimensione grande che assume a volte l'impresa cooperativa le consente di ottimizzare l'impiego dei fattori produttivi e di agire da una posizione di forza sul mercato.

Sono aspetti tipici delle cooperative:
- la **variabilità del capitale sociale**, che aumenta o si riduce in relazione all'ingresso o all'uscita dei soci;
- l'**attività specifica** (di consumo, di lavoro, di produzione);
- la **democraticità**, che emerge nelle assemblee dove ogni socio ha un solo voto a prescindere dal numero di quote di capitale sociale che possiede.

Le cooperative possono essere costituite per esercitare attività di diverso tipo:
- *cooperazione edilizia*, per la costruzione di alloggi per i propri soci;
- *cooperazione di trasporto*, per il trasporto di cose o persone;
- *cooperazione agricola*, per la coltivazione, trasformazione, conservazione, distribuzione di prodotti agricoli o zootecnici (in modo analogo per la pesca);
- *cooperazione di produzione e lavoro*, il cui scopo consiste nel procurare lavoro ai propri soci;
- *cooperazione di consumo*, finalizzate ad acquistare beni a prezzi vantaggiosi destinati al consumo dei soci;
- *cooperazione sociale*, per la gestione di servizi socio-sanitari ed educativi, nonché finalizzate all'inserimento lavorativo di persone svantaggiate;
- *cooperazione mista*, per le attività non classificabili all'interno delle categorie precedenti (per esempio cooperative turistiche, ricettive, di credito quali le banche di credito cooperativo ecc.).

4.5.4 I consorzi

I consorzi sono contratti fra imprenditori che istituiscono *"un'organizzazione comune per la disciplina e lo svolgimento di determinate fasi delle rispettive imprese"* (art. 2602 c.c.).
I consorzi svolgono la loro attività, in modo simile alle cooperative, in un contesto di mutualità in quanto l'attività svolta è nell'interesse di tutte le imprese associate. A differenza delle cooperative, i consorzi hanno una gestione amministrativa particolare e una ripartizione tra i soci delle responsabilità sociali proporzionale alle quote sottoscritte.

I consorzi possono avere le seguenti **attività**:
- *interna*, se si occupano solo di regolare i rapporti fra le imprese che vi aderiscono (obblighi reciproci, risoluzione dei conflitti ecc.);
- *esterna*, se agiscono in rapporto con terzi (tutela e promozione di prodotti tipici, trasformazione, commercializzazione, acquisto di materie prime ecc.).

Sono stati ritenuti con attività esterna, per esempio, i consorzi fra imprese per la costruzione di opere pubbliche, i consorzi di difesa dalle avversità ambientali delle produzioni intensive, i consorzi per la fornitura d'acqua ai Comuni.

Il **contratto** deve indicare l'oggetto e la durata del consorzio, gli obblighi assunti dai consorziati, i poteri degli organi consortili (e altro).

Gli **organi** del consorzio sono l'*assemblea*, con funzioni di deliberazione, e una struttura di dirigenti.

I consorzi obbligatori
I consorzi obbligatori (art. 2616 c.c.) hanno per oggetto *opere di interesse pubblico* (bonifica e miglioramento fondiario, fognature e depurazione delle acque, costruzione di strade ecc.) e beneficiano di sovvenzioni pubbliche. Sono istituiti con provvedimento dell'autorità costituita (Stato, enti locali).

4.5.5 Il franchising

Il franchising (o *affiliazione commerciale*) è una forma di collaborazione tra imprenditori particolarmente adatta per chi vuole avviare una nuova impresa senza partire da zero, ma associando la propria attività a un marchio già affermato. Il franchising, regolato dalla legge n. 129/2004, è quindi un accordo di collaborazione che vede da una parte un'azienda con una formula commerciale consolidata (*affiliante* o *franchisor*) e dall'altra una società o una persona fisica (*affiliato* o *franchisee*) che aderisce a questa formula.
Le attività in franchising riguardano la distribuzione di prodotti o servizi di una determinata marca o insegna. L'azienda madre concede all'affiliato il diritto di commercializzare i propri prodotti e/o servizi utilizzando l'insegna dell'affiliante oltre l'assistenza tecnica e la consulenza sui metodi di lavoro. In cambio l'affiliato si impegna a rispettare standard e modelli di gestione e produzione stabiliti dal franchisor nel contratto che regola il rapporto. L'affiliato deve poi pagare all'affiliante un corrispettivo (*royalties*).

4. LA PRODUZIONE

QUESTIONARIO	IN SINTESI
1. Qual è il concetto di produzione?	Per produzione si intende l'impiego di beni materiali e servizi quali fattori della produzione per ottenere altri beni materiali o servizi di maggior utilità. L'attività di produzione di beni materiali consiste nella *trasformazione della materia*, nel *trasporto nello spazio* e nel *trasporto nel tempo*.
2. Quali sono i fattori della produzione? 3. Quali sono le persone economiche? Quale compenso spetta a ciascuna?	I *fattori della produzione* sono la natura, il capitale, il lavoro e l'organizzazione. Per **natura** si intendono i beni non prodotti dall'uomo. Per **capitale fondiario** si intende la terra naturale con i miglioramenti fissi creati dall'uomo (terreno e fabbricato, terreno agricolo con piantagioni ecc.). Al fattore natura corrisponde la figura economica del *proprietario*, il cui compenso è la rendita fondiaria. Al capitale fondiario corrisponde invece un compenso detto *beneficio fondiario* (*Bf*). Per **capitale** si intende qualsiasi bene materiale prodotto reimpiegato nella produzione (macchinari, utensili, denaro ecc.). Il capitale può essere *fisso* (a fecondità ripetuta) o *circolante* (a fecondità semplice). Al fattore capitale corrisponde la figura economica del *capitalista*, il cui compenso è l'*interesse* (*I*). Per **lavoro** si intende l'impiego delle forze del corpo (lavoro manuale) o delle facoltà della mente (lavoro intellettuale) in un'attività produttiva. Al fattore lavoro corrisponde la figura economica del lavoratore, il cui compenso è il *salario* (*Sa*) per il lavoro manuale e lo *stipendio* (*St*) per il lavoro intellettuale. L'**organizzazione** è l'attività svolta da una persona, l'*imprenditore*, al fine di realizzare la produzione. Il suo ruolo è quello di decidere cosa e quanto produrre (l'indirizzo produttivo), acquistare i fattori produttivi necessari, coordinare i fattori e assumersi i rischi economici dell'attività svolta. Il compenso corrispondente alla figura economica dell'imprenditore è il *profitto* o *tornaconto* (*T*) che potrà risultare positivo o negativo.
4. Che cos'è il prodotto netto? Come si calcola? 5. Che cosa si intende per beni consumati nel ciclo produttivo?	Il **prodotto netto** è la nuova ricchezza ottenuta con il processo di produzione. È dato dalla differenza tra prodotto lordo totale (*Plt*) e la somma delle seguenti spese: *quote* (Q), *spese varie* (Sv) e *tributi* (Tr). Tale ricchezza viene distribuita tra tutti coloro che hanno contribuito con apporti di capitale, di lavoro o con l'organizzazione. Si ha quindi la seguente relazione: $Pn = Plt - (Q + Sv + Tr)$ $Pn = Sa + St + I + Bf \pm T$
6. Qual è la differenza tra quote e spese varie? 7. Perché si pagano i tributi?	Le *quote* sono spese sostenute per l'impiego dei mezzi produttivi costituiti di beni a utilità ripetuta (capitali fissi). Le *spese varie* si riferiscono invece all'impiego di mezzi produttivi costituiti di beni a utilità semplice (capitale circolante). I *tributi* sono spese per i servizi pubblici offerti dallo Stato o da altri enti pubblici.

8. Che cosa si intende per imprenditore puro e per imprenditore concreto?
9. Che cos'è il reddito netto? Come si calcola?

Il **reddito netto** è il compenso spettante all'imprenditore concreto, cioè a chi detiene, oltre all'organizzazione, almeno uno degli altri fattori. Nel caso dell'imprenditore capitalista:

$$Rn = Plt - (Q + Sv + Tr + Sa + St)$$

$$Rn = I + Bf \pm T$$

Il profitto dell'imprenditore puro è dato invece da:

$$\pm T = Plt - (Q + Sv + Tr + Sa + St + I + Bf)$$

10. Che differenza c'è tra azienda e impresa?
11. Come viene definita l'impresa dalla normativa italiana?
12. Quali elementi caratterizzano la figura dell'imprenditore in base alla legge italiana?
13. In che modo si possono classificare le imprese ?

L'**azienda** è il complesso dei beni organizzati dall'imprenditore per l'esercizio dell'impresa. Il concetto di azienda corrisponde a una determinata quantità di beni strumentali.

L'**impresa** è l'attività economica esercitata professionalmente e in modo organizzato dall'imprenditore al fine della produzione o dello scambio di beni o di servizi.
Le imprese si possono classificare:
- in base al *soggetto giuridico*, individuali o collettive (società), private, pubbliche o miste;
- in base all'*attività economica*, in imprese di produzione e imprese di erogazione;
- in base alla *dimensione* in piccole imprese e imprese ordinarie.

Le *imprese di produzione* si distinguono in commerciali e agricole.

Le *imprese di erogazione* si distinguono in organizzazioni non lucrative di utilità sociale (ONLUS) e organizzazioni non governative (ONG).

14. Che cos'è una società? Di che tipo può essere?
15. Quali sono le caratteristiche dei diversi tipi di società?
16. Quali sono le caratteristiche dei diversi tipi di società di capitali?
17. Che cosa sono le società cooperative?

La **società** deriva da un contratto con cui due o più persone conferiscono beni o servizi per l'esercizio di un'attività economica, allo scopo di dividerne gli utili (art. 2247 c.c.).
Le *società di persone* non hanno personalità giuridica, mentre ce l'hanno i singoli soci. I soci rispondono illimitatamente e solidalmente per qualsiasi obbligazione contratta dalla società.
Vi sono diversi tipi di società di persone: la società semplice (Ss), la società in nome collettivo (Snc), la società in accomandita semplice (Sas).

Le *società di capitali* hanno personalità giuridica. I creditori possono rivalersi solo sul patrimonio aziendale e non su quello personale dei soci. Vi sono diversi tipi di società di capitali, le principali sono:
- società a responsabilità limitata (Srl), in cui i soci apportano quote di capitale e sono responsabili nei confronti di terzi solo per il capitale sottoscritto;
- società per azioni (Spa), in cui il capitale è suddiviso in quote uguali.

Le *società cooperative* sono imprese che hanno fine mutualistico, che consiste nell'assicurare ai soci lavoro, beni di consumo o servizi a condizioni migliori di quelle che otterrebbero dal libero mercato. La maggior parte degli utili deve essere reinvestita per rafforzare la cooperativa e per migliorare il perseguimento dei fini mutualistici.

AREA DIGITALE

QUESTIONARIO A RISPOSTA MULTIPLA

1. Il concetto basilare di produzione è:
- [ ] a. ricavare dalla terra le materie prime
- [ ] b. fornire servizi
- [ ] c. aumentare l'utilità di beni preesistenti

2. Per interesse si intende:
- [ ] a. la volontà dell'imprenditore di coordinare i fattori produttivi e di ottenere un reddito
- [ ] b. l'utile dell'imprenditore al termine della gestione
- [ ] c. il prezzo pagato dall'imprenditore per il fattore "capitale"

3. La rendita è il compenso a cui corrisponde il fattore:
- [ ] a. organizzazione
- [ ] b. capitale
- [ ] c. natura

4. Per imprenditore "concreto" si intende chi:
- [ ] a. si assume i rischi dell'attività
- [ ] b. è presente in modo attivo sui mercati
- [ ] c. apporta l'organizzazione e altri fattori alla produzione

5. Il compenso che spetta all'imprenditore concreto è:
- [ ] a. il reddito netto
- [ ] b. il profitto
- [ ] c. il prodotto netto

6. Il prodotto netto si ottiene da:
- [ ] a. $Plt - (Q + Sv + Tr + Sa + St + I + Bf)$
- [ ] b. $Plt - (Q + Sv + I + Bf)$
- [ ] c. $Plt - (Q + Sv + Tr)$

7. L'attività dell'imprenditore "puro" consiste nel:
- [ ] a. apportare i capitali
- [ ] b. organizzare i fattori produttivi
- [ ] c. apportare lavoro

8. Il "complesso di beni organizzati dall'imprenditore" corrisponde alla definizione di:
- [ ] a. azienda
- [ ] b. cooperativa
- [ ] c. impresa

9. Le imprese di erogazione:
- [ ] a. producono servizi
- [ ] b. operano con finalità di assistenza ai Paesi in via di sviluppo
- [ ] c. non hanno fine di lucro

10. I soci di una società per azioni sono:
- [ ] a. i proprietari
- [ ] b. gli amministratori
- [ ] c. i lavoratori

11. Le società in nome collettivo sono:
- [ ] a. società di persone nelle quali tutti i soci hanno responsabilità illimitata
- [ ] b. società di capitali nelle quali tutti i soci hanno responsabilità illimitata
- [ ] c. società di persone nelle quali tutti i soci hanno responsabilità limitata

12. Le società a responsabilità limitata sono:
- [ ] a. società di persone nelle quali tutti i soci hanno responsabilità limitata
- [ ] b. società di capitali nelle quali tutti i soci hanno responsabilità limitata
- [ ] c. società che possono operare solo in determinati settori

5 La combinazione dei fattori produttivi

- ✓ L'impiego dei fattori produttivi
- ✓ I prodotti
- ✓ I costi
- ✓ La combinazione ottimale dei fattori produttivi

5.1 L'IMPIEGO DEI FATTORI PRODUTTIVI

5.1.1 I fini economici dell'imprenditore e l'efficienza dell'impresa

Scopo dell'imprenditore è di produrre beni e servizi e conseguire un utile con la loro vendita. Acquista quindi i fattori produttivi al costo più basso possibile e tenta di vendere il prodotto ottenuto al prezzo più alto possibile o, quantomeno, a un prezzo più alto del costo sostenuto per produrlo.
Quando le imprese producono "su commessa", cosa produrre è stabilito in anticipo dal committente (per esempio nelle gare d'appalto nell'edilizia). Negli altri casi l'imprenditore produrrà un bene con determinate caratteristiche nella speranza che il mercato, cioè i consumatori, lo considerino valido e siano indotti ad acquistarne una certa quantità a un certo prezzo.
L'imprenditore dovrà quindi prevedere o sapere anticipatamente:
- la quantità e il prezzo dei prodotti che potrà vendere (**prodotto lordo totale**, *Plt*);
- la quantità e il prezzo dei fattori produttivi che dovrà acquistare (**costo totale**, *Ct*).

Il profitto dell'imprenditore (T) risulta infatti da:

$$\pm T = Plt - Ct$$

Va da sé che il profitto aumenta quando aumenta il prodotto lordo totale e/o diminuisce il costo di produzione. È su queste due grandezze che l'imprenditore deve agire per ottenere i suoi fini economici e, se le sue previsioni risultassero errate, non verrà conseguito un utile, ma una perdita (**rischio d'impresa**).
Mentre il prodotto lordo dipende essenzialmente dall'interesse del mercato nei confronti del bene offerto, in funzione del suo rapporto qualità-prezzo, il costo di produzione dipende anche dalla capacità dell'imprenditore di combinare efficacemente i fattori della produzione (materie prime, capitali, lavoro ecc.) e cioè dall'efficienza tecnica ed economica dell'impresa.

L'**efficienza tecnica** consiste nel riuscire a *ricavare da un insieme limitato di risorse* (quantità di lavoro, di beni naturali, di capitali) *la maggior quantità possibile di prodotto finale* ("massimizzazione di risorse scarse").
La tecnica è quella specifica del ciclo produttivo ed è predisposta dall'imprenditore e dai suoi collaboratori. La conoscenza delle modalità di attuazione di un determinato processo produttivo costituisce il cosiddetto *know-how*. Vi sono particolari tecnologie in possesso di pochi imprenditori in quanto "segreti industriali" o perché tutelate legalmente da brevetti o marchi.

L'**efficienza economica** riguarda le variabili monetarie legate all'impiego dei fattori della produzione e dipendono principalmente dalla dimensione. La grande azienda può infatti effettuare importanti *investimenti* in pubblicità, ricerca ecc. (e cioè marketing, innovazione tecnologica ecc.), utilizzando anche strumenti finanziari come il credito bancario o l'emissione di titoli di credito. Oppure può effettuare *economie di scala*, che consistono in una riduzione dei costi acquistando le materie prime, in grandi quantità, a prezzi vantaggiosi.
È anche noto, però, che nelle aziende grandi si possono verificare "diseconomie organizzative" e che la produttività della manodopera è di solito inferiore. Si può allora affermare che le aziende, per essere efficienti, devono avere la giusta dimensione in funzione dell'attività svolta. Per esempio, oggi una fabbrica di automobili deve essere molto grande per competere con le multinazionali che operano nel mercato mondiale, ma si avvale ancora della collaborazione di molte piccole e medie aziende (che costituiscono l'"indotto") particolarmente efficienti in determinati settori (la vendita e l'assistenza postvendita, la fabbricazione di un componente ecc.).
Anche negli appalti pubblici per l'edilizia la società che si aggiudica una grande opera si avvale, in fase di esecuzione, della collaborazione di molte piccole aziende e anche di artigiani.

5.1.2 Le caratteristiche dei fattori della produzione

Per ottenere il massimo profitto l'imprenditore può agire su due fattori:
- il **capitale proprio** (o dei soci), detto capitale "di rischio" in quanto diverso dal capitale costituito dai prestiti ottenuti (in quest'ultimo caso rischia il creditore);
- il **lavoro** di qualsiasi genere (direttivo, dipendente, collaborativo ecc.).

La diversa combinazione di questi fattori determina una **funzione di produzione**, che si può scrivere genericamente con l'espressione:

$$Q = f(K, L)$$

dove Q è la quantità di produzione, K il capitale e L il lavoro.

Per organizzare la produzione in modo ottimale l'imprenditore deve innanzitutto tenere conto delle seguenti caratteristiche dei fattori che può impiegare.

Fattori variabili e fissi

I **fattori variabili** della produzione sono quelli che *si possono agevolmente aumentare* anche nel breve periodo in quanto, al contrario dei fattori fissi, si possono aumentare in "*piccole dosi*" e quindi *gradualmente*.

I **fattori fissi,** invece, sono quelli che *non si possono agevolmente aumentare* in quanto richiedono *tempi lunghi* e *ingenti investimenti* di capitale e lavoro. Per questo motivo i fattori fissi non si possono aumentare gradualmente, in piccole dosi, ma in modo discontinuo o "*a scatti*".

Pertanto, per aumentare la produzione, l'imprenditore può agire:

- nel **periodo breve** aumentando l'impiego dei fattori variabili, per esempio aumentando l'impiego della forza-lavoro "flessibile";
- nel **periodo medio o lungo** aumentando anche l'impiego dei fattori fissi, per esempio investendo capitali in un nuovo e più grande stabilimento, in grado di contenere un maggior numero di macchinari e di lavoratori (o acquisendo altre aziende).

Fattori limitazionali, sostituzionali e alternativi

I **fattori limitazionali** sono quelli che *non possono essere sostituiti* con altri e che pertanto devono essere assolutamente impiegati nel ciclo produttivo. Vi sono per esempio degli elementi, più o meno rari, necessari per certi prodotti. Per esempio il litio per le batterie, il rame per i cavi elettrici, il silicio per i microprocessori ecc.

I **fattori sostituzionali** sono quelli che *si possono parzialmente sostituire* tra di loro, ma che devono essere sempre impiegati insieme. Un esempio evidente e storicamente importante è l'avvento della meccanizzazione: l'uso delle macchine ha determinato una drastica riduzione del lavoro manuale (ma devono essere impiegati insieme).

I **fattori alternativi** sono quelli che *si possono sostituire* tra loro, ma la sostituzione non può che essere *totale*. Per esempio si può alimentare un motore a scoppio con benzina o GPL, ma non contemporaneamente.

Fattori limitati e illimitati

I **fattori illimitati** sono quelli che si possono acquistare sul mercato senza particolari limitazioni e che quindi possono essere aumentati a piacimento, cioè fino a quando è stata raggiunta la combinazione ottimale dei fattori produttivi.

I **fattori limitati**, al contrario, si possono aumentare solo in parte, come nel caso dei beni non riproducibili (la terra, le risorse naturali in genere).

5.1.3 Le leggi della produzione

Legge delle proporzioni definite

I **fattori della produzione devono essere impiegati nelle giuste proporzioni tra di loro**. È infatti ovvio, per esempio, che in un ufficio il numero di personal computer e delle relative scrivanie è proporzionale al numero degli impiegati. Alterando questa proporzionalità la combinazione dei fattori produttivi non sarebbe ottimale e si avrebbero evidenti effetti negativi sull'efficienza aziendale. Dalla legge generale delle proporzioni definite derivano le leggi *del minimo* e *della produttività decrescente*.

Legge della produttività decrescente

Quando si aumenta l'impiego di un fattore produttivo variabile si ottengono, come è ovvio, incrementi di produzione. Infatti, inizialmente, aumentando l'impiego di un fattore scarsamente utilizzato si ottiene una migliore combinazione dei fattori produttivi e quindi incrementi di produzione *più che proporzionali* (per ogni aumento di un fattore si ottengono aumenti di produzione crescenti). Continuando però ad aumentare lo stesso fattore e mantenendo invariati gli altri si avrà una dose di fattore a cui corrisponde il massimo incremento e poi, successivamente, gli incrementi diminuiranno progressivamente fino ad annullarsi. Si arriverà a un punto in cui un ulteriore aumento del fattore produttivo variabile

potrà alterare a tal punto la combinazione dei fattori produttivi da determinare incrementi di produzione negativi. Un esempio molto evidente è dato dall'impiego dei fertilizzanti chimici usati in agricoltura. Se si concima un terreno per la prima volta si noterà un vistoso effetto sulla crescita della vegetazione. Aumentando però esageratamente la dose di concime si noterà un effetto nullo e poi, a causa dell'alterazione delle proprietà chimiche del terreno (per esempio del pH), il deperimento della coltivazione.
Si deduce quindi la legge della produttività decrescente: **aumentando l'impiego di un fattore produttivo variabile, si ottengono incrementi di produzione via via decrescenti**.

Legge del minimo

Justus von Liebig, 1803-1873.

Questa legge ha origine dagli esperimenti in ambito agricolo del chimico tedesco Justus von Liebig, da cui anche il nome di **legge di Liebig**. Egli osservò che la crescita delle coltivazioni è condizionata dall'elemento nutritivo, tra quelli indispensabili, presente nel terreno in minima quantità. Aumentando per esempio il contenuto di fosforo e potassio, a un certo punto non si ottengono più incrementi di produzione se, contemporaneamente, non si aumenta anche il contenuto di azoto, che condiziona quindi l'efficacia degli altri due fattori. Pertanto, secondo la legge del minimo, *gli incrementi di produzione che si ottengono aumentando l'impiego dei fattori produttivi variabili sono condizionati dal fattore disponibile in minima quantità.*
Questa legge, ricavata sperimentalmente, ha trovato poi applicazione in svariati campi dell'economia.

5.2 I PRODOTTI

Il **prodotto lordo totale** (*Plt*), o *ricavo totale*, è dato dal valore dei beni e servizi ottenuti da un'impresa in un ciclo produttivo e immessi sul mercato. Esso dipende dalla *quantità di prodotto* (*Q*) e dal *prezzo di vendita* (*P*) secondo la relazione (*v.* esempio 5.1):

$$Plt = Q \times P$$

ESEMPIO 5.1 PRODOTTO LORDO TOTALE

Un'impresa di costruzioni edifica un fabbricato per 2.234 m^2 di superficie commerciale e lo vende in media per 2.100 €/m^2.

Prodotto lordo totale:
2.234 $m^2 \times$ 2.100 €/m^2 = 4.691.400 €

5.2.1 La produttività

La produttività misura gli *incrementi di produzione in relazione all'impiego addizionale di uno o più fattori della produzione*. Si può considerare per esempio la produttività del lavoro umano o di una macchina.
I parametri che misurano la produttività, secondo i principi dell'economia neoclassica, sono il prodotto marginale e il ricavo marginale. Il primo misura l'incremento di produzione come quantità fisica, il secondo in termini monetari.

Il prezzo marginale
Per fini estimativi, in particolare con gli standard internazionali, si usa il concetto simile di prezzo marginale, che esprime la variazione del prezzo di mercato in relazione alla variazione di un parametro di stima (una caratteristica dell'immobile).

Il **prodotto marginale** (Pm) è l'incremento di produzione *riferito all'incremento di un'unità di un fattore variabile*, mantenendo fissi tutti gli altri. Si ottiene dal rapporto tra incremento di produzione (ΔQ) e l'incremento del fattore variabile (Δx):

$$Pm = \frac{\Delta Q}{\Delta x}$$

Il **ricavo marginale** (Rm) è l'incremento di produzione in termini monetari ed è dato dal prodotto marginale per il prezzo (*v.* esempio 5.2):

$$Rm = Pm \times P$$

ESEMPIO 5.2 PRODOTTO E RICAVO MARGINALI

Un'impresa edile assume 3 operai in più (fattore produttivo variabile), con i quali riesce a incrementare la produzione di case, in un anno, di 120 m^2.

Prodotto marginale:

$$Pm = \frac{120}{3} = 40 \text{ m}^2 \text{ per unità di lavoro}$$

Dato un prezzo di vendita di 3.000 €/m^2, il ricavo marginale potrà essere:
$Rm = 40 \text{ m}^2 \times 3.000 \text{ €/m}^2 = 120.000 \text{ €}$

Il concetto di produttività marginale si discosta da quello di produttività media. La prima fa riferimento all'*ultima* unità di fattore variabile impiegato, la seconda a *tutte* le unità di fattore. La **produttività media** si ottiene infatti dal rapporto tra quantità di produzione e quantità totale (n) di un fattore impiegato (*v.* esempio 5.3):

$$P_{media} = \frac{Q}{n}$$

ESEMPIO 5.3 PRODUTTIVITÀ MEDIA

Un'impresa edile con 15 operai porta a termine ogni anno mediamente fabbricati per 580 m^2 di superficie commerciale. La produttività media annua di ogni lavoratore risulta:

$$P_{media} = \frac{580}{15} = 38,67 \text{ m}^2$$

pari a: $38,67 \text{ m}^2 \times 3.000 \text{ €/m}^2 = 116.000 \text{ €}$

La scelta del fattore produttivo

L'imprenditore può ottenere incrementi di produzione agendo su diversi fattori produttivi variabili, deve quindi stabilire la priorità del loro impiego. Il primo fattore che aumenterà sarà quello da cui, a parità di costo, potrà ottenere il maggiore incremento di produzione. Considererà pertanto *l'incremento di ricavo riferito all'ultima unità di moneta spesa* per quel fattore, detto **produttività marginale ponderata** (Pmp), che si ottiene dal rapporto (*v.* esempio 5.4):

$$Pmp = \frac{Rm}{P}$$

dove P è il prezzo da pagare per acquistare un'unità di fattore produttivo (o costo marginale, come si vedrà in seguito).

ESEMPIO 5.4 **PRODUTTIVITÀ MARGINALE PONDERATA DI PIÙ FATTORI**

Un imprenditore può aumentare la produzione in due modi:
- assumendo un lavoratore in più, con un costo annuo di 30.000 € e un ricavo marginale di 65.000 €;
- acquistando nuovi impianti di produzione con un costo di 80.000 € e un ricavo marginale di 190.000 €.

$$Pmp_1 = \frac{65.000}{30.000} = 2{,}17$$

$$Pmp_2 = \frac{190.000}{80.000} = 2{,}38$$

Sarebbe quindi più conveniente investire in nuovi impianti.

5.3 I COSTI

5.3.1 Costi fissi, costi variabili e costo totale

I **costi fissi** o *generali* (*Cf*) sono quelli che *non variano qualunque sia il livello di produzione*. Si verificano quindi anche quando la produzione è nulla e non cambiano con l'aumentare della quantità prodotta. Rientrano per esempio tra i costi fissi l'uso degli immobili (reintegrazione, manutenzione ecc.), la manodopera a tempo indeterminato e così via. I costi fissi restano tali entro certi limiti; se la produzione oltrepassa un certo livello l'imprenditore dovrà aumentare le strutture dell'azienda e quindi anche i costi fissi; ma ciò potrà essere attuato solo in un periodo di tempo più lungo.

I **costi variabili** o *diretti* (*Cv*) sono quelli che *variano in proporzione con la quantità di produzione*. Sono costi variabili l'acquisto delle materie prime, dell'energia, dei servizi specifici. Rientrano per esempio nei costi variabili i materiali da costruzione utilizzati, le provvigioni sulle vendite ecc.

Il **costo totale** (*Ct*) è costituito dalla somma dei costi fissi e dei costi variabili (*v.* figura 5.1):

$$Ct = Cf + Cv$$

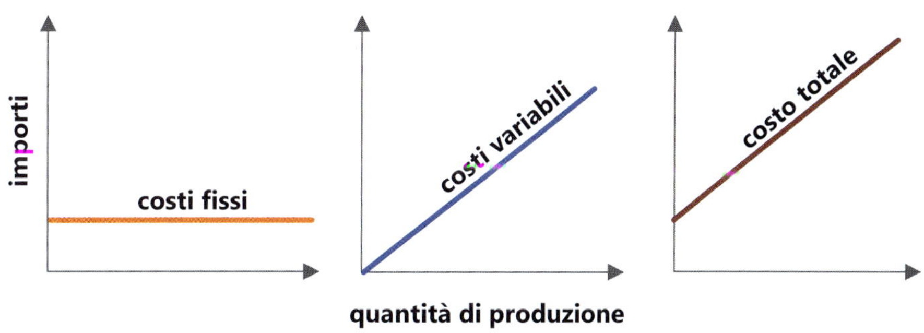

Figura 5.1
Costi fissi, costi variabili e costo totale.

5.3.2 Costo marginale, costo unitario marginale e costo unitario medio

Per aumentare il livello di produzione l'imprenditore aumenta inizialmente, nel breve periodo, l'impiego dei fattori produttivi variabili. Il *costo relativo all'impiego dell'ultima unità di fattore variabile* è detto **costo marginale** (*Cm*). Il costo marginale può essere riferito, per esempio, all'incremento della quantità di manodopera impiegata.

Il **costo unitario marginale** (*Cum*) è invece *il costo da sostenere per aumentare di un'unità la produzione* (*P*). Si ottiene dal rapporto tra costo marginale e prodotto marginale (*v.* esempio 5.5):

$$Cum = \frac{Cm}{Pm}$$

Il costo unitario marginale è riferito, come si è appena visto, all'*ultima* unità di prodotto ottenuta e all'incremento di *un* fattore variabile.

Il **costo unitario medio** (*K*) considera invece il costo di *una qualsiasi* unità di prodotto, con l'impiego di *tutti* i fattori della produzione. Si ottiene infatti dal rapporto tra costo totale e quantità totale prodotta (*v.* esempio 5.5):

$$K = \frac{Ct}{Q}$$

Sia il costo unitario marginale sia il costo unitario medio sono riferiti a una unità di prodotto, ma il primo dipende solo dal costo di *un fattore variabile*, il secondo dipende invece *sia dai costi fissi sia dai costi variabili*.
Il costo unitario medio viene di solito confrontato con il *prezzo unitario medio di vendita*: se risulterà inferiore, la differenza (al netto delle imposte) costituirà l'utile dell'imprenditore per ogni unità di prodotto.

ESEMPIO 5.5 **COSTO MARGINALE, COSTO UNITARIO MARGINALE E COSTO UNITARIO MEDIO**

Un'impresa artigiana, dedita alla fornitura e posa in opera di pavimentazioni, è formata da due lavoratori, ha una capacità massima di lavoro di 800 m^2 al mese.
I *costi fissi* (*Cf*, colonna 2) comprendono la retribuzione lorda dei lavoratori pari a 6.000 € mensili.
I *costi variabili* (*Cv*, colonna 3 e 4) sono dati dall'acquisto delle materie prime (piastrelle, colla ecc.) decrescenti con la quantità, da 25 €/m^2 meno 0,5 €/m^2 ogni 100 m^2.
L'incremento di produzione (*prodotto marginale*) è di 100 m^2.

1	2	3	4	5	6 = ΔCv	7 = [6]/*Pm*	8=[5]/[1]
Q di pavimento (m^2)	***Cf* (€)**	***Cv* unitario (€/m^2)**	***Cv* totale (€)**	***Ct* (€)**	***Cm* (€/100 m^2)**	***Cum* (€/m^2)**	***K* (€/m^2)**
400	6.000	25,00	10.000	16.000			40,00
500	6.000	24,50	12.250	18.250	2.250	22,50	36,50
600	6.000	24,00	14.400	20.400	2.150	21,50	34,00
700	6.000	23,50	16.450	22.450	2.050	20,50	32,07
800	6.000	23,00	18.400	24.400	1.950	19,50	30,50

Osservando la tabella si può notare come il costo marginale (colonna 6) e il costo unitario marginale (colonna 7) diminuiscano per effetto delle economie di scala (diminuzione del costo delle pasterelle).

Diminuisce ancor di più il costo unitario medio (*K, colonna 8*) per effetto della distribuzione dei costi fissi su una quantità maggiore di prodotto. Se, per esempio, il prezzo di vendita del pavimento fosse 34 €/m², l'artigiano avrà un profitto solo quando la quantità venduta è di almeno 600 m² (cioè maggiore o uguale al costo unitario medio) e tanto maggiore quanto aumenterà la produzione. Oppure dovrà ridurre i costi fissi che, in questo caso, sono costituiti in gran parte dal costo della manodopera.

5.4 LA COMBINAZIONE OTTIMALE DEI FATTORI PRODUTTIVI

L'analisi di bilancio

In questo paragrafo si considera l'impiego ottimale dei fattori produttivi secondo i principi generali della teoria marginalista; un diverso e più articolato approccio per valutare la combinazione ottimale dei fattori produttivi è basato sugli *indici di bilancio* nell'ambito della contabilità aziendale.

ECONOMIA

5.4.1 Impiego ottimale dei fattori variabili (periodo breve)

Nel breve periodo, al fine di ottenere il **profitto massimo**, l'imprenditore può agire, come si è detto sui fattori variabili della produzione. Le scelte da effettuare sono quindi:
- determinare *quale fattore* variabile della produzione aumentare inizialmente;
- stabilire *quante dosi* di quel fattore deve impiegare.

Variazione di un fattore

La scelta del fattore da aumentare inizialmente viene effettuata in funzione della produttività marginale ponderata (*Pmp*) e cioè dell'incremento di produzione relativo all'ultima unità di moneta spesa per quel fattore. La produttività marginale ponderata si ottiene dal rapporto tra ricavo marginale e costo marginale:

$$Pmp = \frac{Rm}{Cm}$$

Confrontando le produttività marginali di più fattori produttivi, l'imprenditore potrà individuare quello da aumentare inizialmente (ovviamente quello che ha produttività marginale più elevata).
Individuato il fattore variabile su cui agire, l'imprenditore ha convenienza ad aumentarne l'impiego *fino a quando il ricavo marginale sia maggiore e infine uguale al costo marginale*:

$$Rm \geq Cm$$

e cioè, in altri termini, fino a quando la sua produttività marginale sia uguale a 1:

$$Pmp = \frac{Rm}{Cm} = 1$$

Infatti quando il costo marginale di un fattore produttivo è inferiore al ricavo marginale, l'imprenditore avrà interesse ad aumentarne l'impiego di un'ulteriore unità. Tuttavia aumentando quel fattore e mantenendo invariati gli altri si otterranno, per la legge della produttività decrescente, ricavi marginali decrescenti (mentre il costo marginale resterà costante); a un certo punto il ricavo marginale eguaglierà il costo marginale. È questo il limite della convenienza per l'imprenditore, nel quale ottiene il *profitto massimo* (*v.* esempio 5.6).

Nella figura 5.2 sono rappresentati, con i dati dell'esempio, il prodotto lordo totale, il costo totale, il ricavo marginale e il costo marginale.

Si può notare nella figura che:

- il profitto massimo si verifica nel punto in cui il ricavo marginale eguaglia il costo marginale;
- il profitto massimo non coincide con il punto di massimo della curva della *Plt*, ma con la massima distanza tra la curva della *Plt* e quella del *Ct*;
- il punto di massimo della curva del ricavo marginale corrisponde al punto di flesso della curva della *Plt*, quando cioè essa cambia inclinazione.

Variazione di più fattori

La combinazione ottimale di più fattori si ottiene quando, investendo l'unità monetaria in un fattore, l'imprenditore ottiene lo stesso aumento di ricavo che gli deriverebbe dall'investire la stessa unità monetaria in uno qualsiasi degli altri fattori. In altri termini, quando sono uguali le produttività marginali ponderate di tutti i fattori:

$$\frac{Rm_1}{Cm_1} = \frac{Rm_2}{Cm_2} = \ldots = \frac{Rm_n}{Cm_n} = 1$$

Se infatti la produttività marginale ponderata di un fattore qualsiasi fosse più elevata rispetto agli altri, l'imprenditore ne impiegherebbe una dose in più, che però farebbe decrescere il ricavo marginale e quindi la produttività marginale ponderata. Quando la produttività marginale di un fattore scende al di sotto di quella di altri fattori, saranno quelli a essere aumentati. E così di seguito fino a quando la produttività marginale ponderata di tutti i fattori sarà uguale a uno.

ESEMPIO 5.6 **PROFITTO MASSIMO DELL'IMPRENDITORE NEL PERIODO BREVE**

Si ipotizza di aumentare l'impiego di un fattore variabile che ha costo marginale uguale a 90. Il prezzo unitario di vendita del prodotto è 30. Le produzioni (*Q*) ai diversi livelli di impiego del fattore considerato sono riportate nella tabella che segue. I costi fissi sono di 1.200 €.

Dosi di fattore variabile	Prodotti				Spese				Profitto
	Q	*Pm*	*Rm*	*Plt*	*Cm*	*Cf*	*Cv*	*Ct*	
0	35			1.050		1.200	0	1.200	–150
1	39	4	120	1.170	90	1.200	90	1.290	–120
2	47	8	240	1.410	90	1.200	180	1.380	30
3	57	10	300	1.710	90	1.200	270	1.470	240
4	64	7	210	1.920	90	1.200	360	1.560	360
5	68	4	120	2.040	90	1.200	450	1.650	390
6	71	3	**90**	2.130	**90**	1.200	540	1.740	**390**
7	72	1	30	2.160	90	1.200	630	1.830	330
8	72	0	0	2.160	90	1.200	720	1.920	240
9	71	–1	–30	2.130	90	1.200	810	2.010	120
10	68	–3	–90	2.040	90	1.200	900	2.100	–60

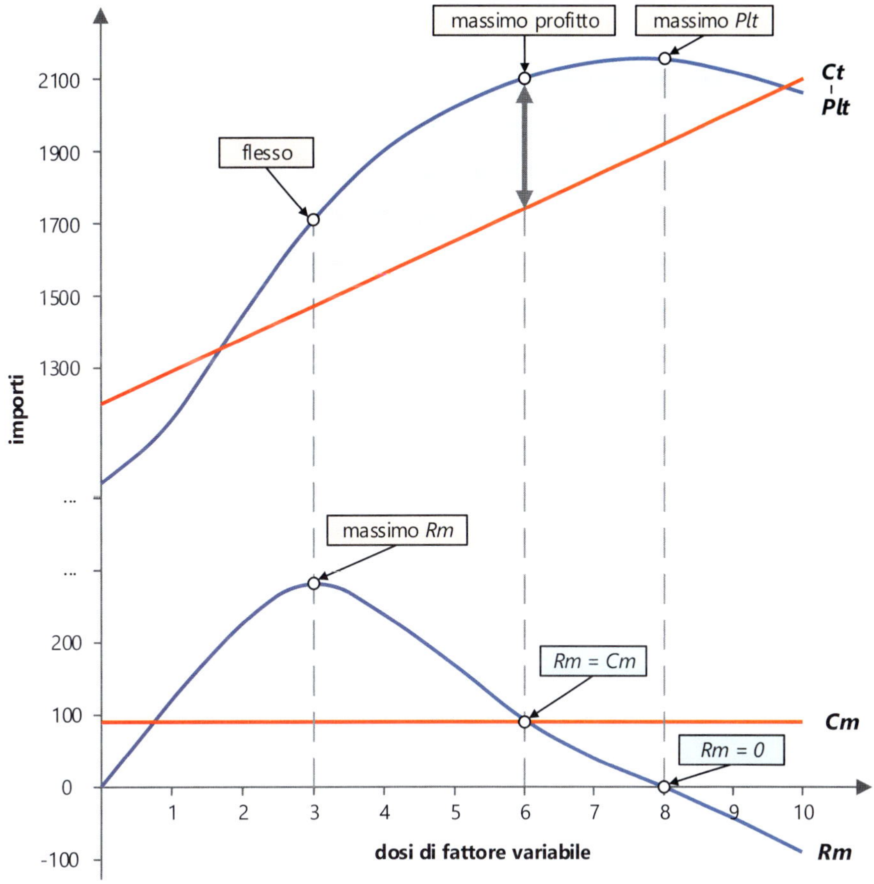

Figura 5.2
Profitto massimo nel periodo breve.

5.4.2 Scelta del livello di produzione (periodo lungo)

Nel periodo lungo l'imprenditore può agire strutturalmente sull'azienda, modificando il livello produttivo e cioè agendo anche sui fattori fissi; dovrà pertanto considerare, oltre ai costi variabili, anche i costi fissi e quindi il costo totale di produzione. Dal costo totale si ottiene il costo unitario medio (*K*). In questo scenario l'imprenditore avrà interesse ad aumentare la produzione fino a quando il costo dell'ultima unità di prodotto ottenuto (costo unitario marginale, *Cum*) sia inferiore o uguale al prezzo di vendita (*P*):

$$Cum \leq P$$

In tal modo a ogni aumento di produzione corrisponde un margine di profitto (profitto unitario). Quando il costo unitario marginale uguaglia il prezzo si avrà il profitto massimo dell'imprenditore come si può notare nell'esempio 5.7 e nella figura 5.3.

Nella figura al livello di prezzo di mercato *P* corrisponde il rettangolo OPAQ che ha per base la quantità di prodotto (il livello ottimale) e per altezza il prezzo; l'area ($P \times Q$) rappresenta quindi il prodotto lordo totale.

Il rettangolo OCBQ ha per base la stessa base (la quantità di prodotto) e per altezza il costo unitario medio; l'area rappresenta quindi il costo totale ($K \times Q$). Per differenza si ricava il rettangolo CPAB che rappresenta il profitto massimo.

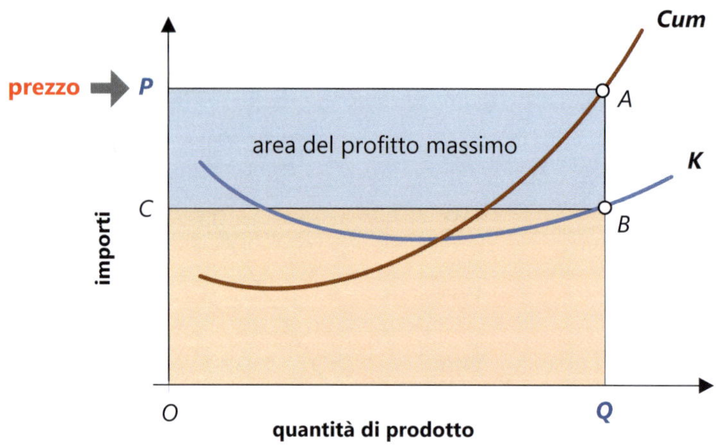

Figura 5.3
Profitto massimo nel periodo lungo.

ESEMPIO 5.7 PROFITTO MASSIMO DELL'IMPRENDITORE NEL PERIODO LUNGO

Con i dati dell'esempio 5.6 si ottengono gli importi corrispondenti al costo unitario marginale e al costo unitario medio, con i quali si potrà costruire un grafico simile a quello riportato nella figura 5.3. Il prezzo unitario di vendita è 30.

Dosi	*Q*	*Pm*	*Plt*	*Cm*	*Cf*	*Cv*	*Ct*	*Cum*	*K*	*Profitto*
0	35		1.050		1.200		1.200		34	-150
1	39	4	1.170	90	1.200	90	1.290	23	33	-120
2	47	8	1.410	90	1.200	180	1.380	11	29	30
3	57	10	1.710	90	1.200	270	1.470	9	26	240
4	64	7	1.920	90	1.200	360	1.560	13	24	360
5	68	4	2.040	90	1.200	450	1.650	23	24	390
6	71	3	2.130	90	1.200	540	1.740	30	25	390
7	72	1	2.160	90	1.200	630	1.830	90	25	330
8	72	0	2.160	90	1.200	720	1.920		27	240
9	71	-1	2.130	90	1.200	810	2.010		28	120
10	68	-3	2.040	90	1.200	900	2.100		31	-60

5. LA COMBINAZIONE DEI FATTORI PRODUTTIVI

QUESTIONARIO	IN SINTESI
1. Quali sono i fini economici dell'imprenditore? In che modo li può realizzare?	Scopo dell'imprenditore è produrre beni e servizi e conseguire un utile con la loro vendita. L'utile è dato dalla differenza tra prodotto lordo totale (*Plt*) e costo totale (*Ct*).
2. Che cosa si può intendere per efficienza aziendale?	Per ottenere il massimo profitto l'imprenditore deve combinare efficacemente i fattori della produzione. L'efficienza tecnica consiste nel riuscire a ricavare da un insieme limitato di fattori la maggior quantità di prodotto. L'efficienza economica riguarda le variabili monetarie per l'impiego dei fattori della produzione e dipende principalmente dalla dimensione.
3. Cosa si intende per fattori fissi e variabili della produzione?	**Fattori della produzione**. I *fattori variabili* si possono agevolmente aumentare nel breve periodo, in piccole dosi, gradualmente. I *fattori fissi* richiedono invece tempi lunghi e ingenti investimenti di capitale e lavoro (aumentano "a scatti"). I *fattori limitazionali* sono quelli che non possono essere sostituiti con altri e che pertanto devono essere assolutamente impiegati nel ciclo produttivo. I *fattori sostituzionali* invece si possono sostituire tra di loro, ma devono essere impiegati insieme. I *fattori alternativi* sono quelli che si possono sostituire tra di loro, ma la sostituzione non può che essere totale.
4. Quali sono le leggi della produzione? Ripetine l'enunciato.	**Leggi della produzione**. Per ottenere il massimo profitto, i fattori della produzione devono essere impiegati nelle giuste proporzioni tra di loro (*legge delle proporzioni definite*). Dalla legge generale delle proporzioni definite si sono ricavate le leggi del minimo e della produttività decrescente. Secondo la *legge del minimo*, gli incrementi di produzione che si ottengono aumentando l'impiego dei fattori produttivi variabili sono condizionati dal fattore disponibile in minima quantità. Secondo la *legge della produttività decrescente* all'aumentare di un fattore produttivo variabile si ottengono incrementi di produzione via via decrescenti.
5. Qual è la differenza tra produzione e produttività?	**Prodotti**. Il *prodotto lordo totale* (*Plt*), o ricavo totale, è dato dal valore dei beni e servizi ottenuti da un'impresa in un ciclo produttivo. Esso dipende dalla quantità di prodotto (*Q*) e dal prezzo di vendita (*P*) secondo la relazione: $Plt = Q \times P$ La *produttività* misura gli incrementi di produzione in relazione all'impiego addizionale di uno o più fattori della produzione. Si può considerare per esempio la produttività del lavoro umano o di una macchina.
6. Che cos'è il prodotto marginale?	Il *prodotto marginale* (*Pm*) è l'incremento di produzione riferito all'incremento di un'unità di un fattore variabile, mantenendo fissi tutti gli altri. Si ottiene dal rapporto tra incremento di produzione (ΔQ) e l'incremento del fattore variabile (Δx): $Pm = \frac{\Delta Q}{\Delta x}$

ECONOMIA

Il *ricavo marginale* (*Rm*) è dato dal prodotto marginale per il prezzo.

Il fattore produttivo da aumentare inizialmente è quello che ha *produttività marginale ponderata* (*Pmp*) più elevata:

$$Pmp = \frac{Rm}{Cm}$$

7. In quale modo si possono classificare i costi di produzione?
8. Cosa si intende per costi fissi e variabili?
9. Che cos'è il costo marginale? Come si ottiene?
10. Qual è la differenza tra costo unitario marginale e costo unitario medio?

Costi. I *costi fissi* (*Cf*) sono quelli che non variano qualunque sia il livello di produzione. I *costi variabili* (*Cv*) sono quelli che variano in proporzione con la quantità di produzione. Il costo totale (*Ct*) è costituito dalla somma dei costi fissi e dei costi variabili.

Il *costo marginale* (*Cm*) è relativo all'impiego dell'ultima unità di fattore variabile.

Il *costo unitario marginale* (*Cum*) è invece il costo da sostenere per aumentare di un'unità la produzione ed è dato da:

$$Cum = \frac{Cm}{Pm}$$

Il *costo unitario medio* (*K*) infine si ottiene infatti dal rapporto tra costo totale e quantità totale prodotta:

$$K = \frac{Ct}{Q}$$

11. In quale modo l'imprenditore può individuare il fattore produttivo variabile da aumentare inizialmente?

Combinazione ottimale nel periodo breve. Il fattore variabile da aumentare inizialmente è quello che ha la maggiore produttività marginale ponderata (*Pmp*). Tale fattore sarà aumentato fino a quando il ricavo marginale sia maggiore e infine uguale al costo marginale:

$$Rm \geq Cm$$

12. In quale modo l'imprenditore può ottenere il massimo profitto agendo su un fattore produttivo variabile?

Quando il ricavo marginale eguaglia il costo marginale si avrà il profitto massimo.
La combinazione ottimale di più fattori si ha quando sono uguali le produttività marginali ponderate di tutti i fattori variabili.

13. In quale modo l'imprenditore può ottenere il massimo profitto agendo sul livello di produzione?

Combinazione ottimale nel periodo lungo. L'imprenditore può agire sia sui fattori variabili sia sui fattori fissi. Avrà interesse ad aumentare la produzione fino a quando il costo dell'ultima unità di prodotto (costo unitario marginale, *Cum*) è inferiore o uguale al prezzo di vendita (*P*):

$$Cum \leq P$$

AREA DIGITALE — QUESTIONARIO A RISPOSTA MULTIPLA

1. Quali sono i fini economici dell'imprenditore?
- [ ] a. massimizzare il profitto
- [ ] b. massimizzare i ricavi
- [ ] c. ridurre i costi

2. Il ricavo marginale si ottiene da:
- [ ] a. prodotto lordo totale / quantità totale
- [ ] b. prodotto marginale × prezzo
- [ ] c. prodotto lordo totale – costo totale

3. I fattori della produzione devono essere:
- [ ] a. impiegati in dosi via via decrescenti
- [ ] b. aumentati gradualmente
- [ ] c. impiegati nelle giuste proporzioni

4. I fattori fissi della produzione:
- [ ] a. non possono essere sostituiti
- [ ] b. non si possono agevolmente aumentare
- [ ] c. non variano al variare della produzione

5. I costi fissi sono quelli che:
- [ ] a. aumentano "a scatti" in seguito a forti investimenti di capitale
- [ ] b. sono indipendenti dalla quantità di produzione
- [ ] c. sono dovuti a fattori produttivi fissi

6. Il costo totale, all'aumentare della produzione, aumenta:
- [ ] a. per l'aumentare dei costi variabili
- [ ] b. per l'aumentare dei costi fissi
- [ ] c. per l'aumentare sia dei costi fissi sia dei costi variabili

7. Il costo unitario medio si ottiene da:
- [ ] a. costo marginale / prodotto marginale
- [ ] b. (costi fissi + costi variabili) / quantità totale
- [ ] c. costi fissi + costi variabili

8. Il costo sostenuto per aumentare di un'unità la produzione è detto:
- [ ] a. costo marginale
- [ ] b. costo unitario marginale
- [ ] c. costo unitario medio

9. La produttività marginale ponderata si ottiene da:
- [ ] a. ricavo marginale / costo marginale
- [ ] b. prodotto marginale x prezzo
- [ ] c. prodotto lordo totale – costo totale

10. Si ha l'impiego ottimale dei fattori variabili quando:
- [ ] a. le produttività marginali ponderate dei fattori variabili sono tutte uguali a 1
- [ ] b. il prodotto netto è massimo
- [ ] c. i costi fissi sono inferiori ai costi variabili

11. Il massimo profitto si ha, sulla curva del prodotto lordo totale, nel punto:
- [ ] a. di massimo
- [ ] b. di flesso
- [ ] c. in cui il ricavo marginale è uguale al costo marginale

12. Il giusto livello di produzione si ottiene, nel periodo lungo, quando:
- [ ] a. il costo unitario marginale è inferiore o uguale al prezzo di vendita
- [ ] b. il costo unitario medio eguaglia il prezzo di vendita
- [ ] c. il costo unitario medio è uguale a zero

FOGLIO DI CALCOLO ELETTRONICO

1. Riprodurre nel foglio di calcolo elettronico la tabella dell'esempio 5.6 per ottenere poi i seguenti grafici: a) ricavo marginale e costo marginale; b) produzione lorda totale e costo totale; c) le quattro curve precedenti in un solo grafico (v. figure che seguono).

2. Riprodurre nel foglio di calcolo elettronico la tabella dell'esempio 5.7 e quindi ottenere un grafico come nella figura 5.3.

Figure relative all'esercizio n. 1

J5 | fx | =E5-I5

	A	B	C	D	E	F	G	H	I	J
1	Prezzo unitario		30							
2										
3	Dosi di fattore variabile	Prodotti				Spese				Profitto
4		Q	Pm	Rm	Plt	Cm	Cf	Cv	Ct	
5	0	35			=B5*$C$1		1200	0	=G5+H5	=E5-I5
6	1	39	=B6-B5	=C6*$C$1	=B6*$C$1	90	1200	=A6*F6	=G6+H6	=E6-I6
7	2	47	=B7-B6	=C7*$C$1	=B7*$C$1	90	1200	=A7*F7	=G7+H7	=E7-I7
8	3	57	=B8-B7	=C8*$C$1	=B8*$C$1	90	1200	=A8*F8	=G8+H8	=E8-I8
9	4	64	=B9-B8	=C9*$C$1	=B9*$C$1	90	1200	=A9*F9	=G9+H9	=E9-I9
10	5	68	=B10-B9	=C10*$C$1	=B10*$C$1	90	1200	=A10*F10	=G10+H10	=E10-I10
11	6	71	=B11-B10	=C11*$C$1	=B11*$C$1	**90**	1200	=A11*F11	=G11+H11	=E11-I11
12	7	72	=B12-B11	=C12*$C$1	=B12*$C$1	90	1200	=A12*F12	=G12+H12	=E12-I12
13	8	72	=B13-B12	=C13*$C$1	=B13*$C$1	90	1200	=A13*F13	=G13+H13	=E13-I13
14	9	71	=B14-B13	=C14*$C$1	=B14*$C$1	90	1200	=A14*F14	=G14+H14	=E14-I14
15	10	68	=B15-B14	=C15*$C$1	=B15*$C$1	90	1200	=A15*F15	=G15+H15	=E15-I15

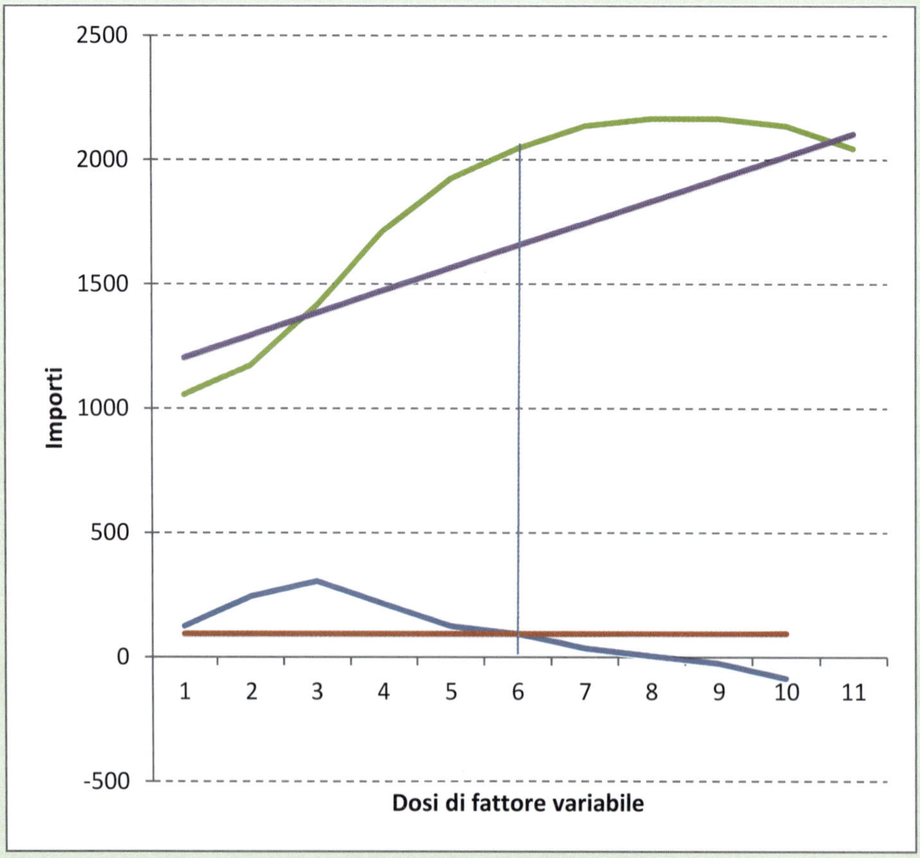

6 Il mercato

- ✓ Introduzione
- ✓ La domanda
- ✓ L'offerta
- ✓ Il prezzo di equilibrio
- ✓ Le diverse forme di mercato
- ✓ La politica dei prezzi

6.1 INTRODUZIONE

6.1.1 Lo scambio

Il meccanismo dello scambio

Fin dall'antichità chi aveva merci in abbondanza era disposto a cederne il surplus in cambio di altra merce di cui era invece carente. Era infatti spontaneamente intuita la maggiore utilità di una merce rara rispetto a una disponibile in quantità esuberante.

Il meccanismo dello scambio è stato poi spiegato dagli economisti aderenti al neoclassicismo, come si è visto, in termini di *utilità marginale*. Per i "marginalisti" l'utilità viene attribuita in misura diversa a uno stesso bene in funzione della quantità posseduta; ne consegue che un individuo è disposto a cedere un bene a cui attribuisce soggettivamente una bassa utilità marginale (perché abbondante) in cambio di un bene a cui attribuisce una maggiore utilità marginale (perché scarso). La differenza tra l'utilità marginale del bene ricevuto e quella del bene ceduto (**surplus** o **rendita del consumatore**) è l'incentivo che spinge a effettuare lo scambio.

Il luogo dello scambio

Gli individui, per soddisfare l'esigenza di scambiare i beni, si incontrano in un luogo: **il mercato**. Questo luogo fisico, in cui si presentano coloro che sono interessati a vendere e coloro che sono interessati all'acquisto, ha esercitato storicamente una funzione importante nella formazione delle città. Oggi, tuttavia, l'incontro tra compratori e venditori non avviene necessariamente in un luogo fisico anche perché in molti casi è superfluo esibire il prodotto offerto (si vende in rete Internet o in base al catalogo). Il mercato di un bene è costituito quindi, in senso lato, dall'**incontro della domanda e dell'offerta**, ovunque siano ubicati i compratori, i venditori e le merci. Per esempio il mercato della Fiat 500 è costituito dall'offerta esercitata da una casa produttrice (FCA) che ha sede legale in Olanda, sede fiscale nel Regno Unito e fabbriche in molti Paesi e dalla domanda esercitata nelle moltissime concessionarie presenti su tutto il territorio italiano e all'estero.

6.1.2 La concorrenza e la specializzazione

La possibilità di procurarsi altri beni scambiando quelli prodotti autonomamente ha consentito ai produttori di specializzarsi in ciò che sanno fare meglio. Solo chi si è specializzato riesce a competere nel mercato con gli altri produttori, perché offre quel bene, di migliore qualità, a prezzi contenuti. Questa competizione, grazie al progresso delle comunicazioni e dei trasporti, è ormai estesa a livello globale.

L'azione di produzione di tutti gli imprenditori in regime di concorrenza, ciascuno specializzato nel proprio settore, determina una riduzione dei costi di tutti i beni e pertanto l'interesse individuale conduce, con lo scambio, alla realizzazione di un interesse comune. È questo il principio basilare dell'economia classica fondato sul mercato, descritto da Adam Smith con la famosa metafora della "mano invisibile": i consumatori e i produttori, pur agendo in modo egoistico, come se fossero guidati da una mano invisibile, determinano risultati ottimali per la società nel suo complesso (*ottimo sociale*).

6.1.3 Il ruolo dello Stato

Se il mercato è in grado di autoregolarsi, grazie alla concorrenza, con vantaggi per tutta la società, qual è allora il ruolo dello Stato (terzo soggetto dell'economia)?

Per gli economisti classici il compito dello Stato è esclusivamente quello di garantire un'effettiva concorrenza fra le imprese, ma a volte questo non è sufficiente. Assistiamo infatti, periodicamente e regolarmente, al *fallimento del mercato*, con gravi difficoltà per le imprese e per le famiglie. In questi casi gli economisti (da Keynes in poi) sostengono che lo Stato deve intervenire e mettere in atto politiche economiche in grado di "far ripartire l'economia", che in sostanza significa far sì che:

Lo Stato, tutore del benessere sociale

- le imprese possano produrre, avendo un mercato per i loro prodotti, e che possano accumulare profitti da reinvestire, creando occupazione;
- i consumatori, che ricavano il proprio reddito offrendo lavoro alle imprese, abbiano sufficienti risorse per acquistare quanto si produce.

6.1.4 Tipi di mercato

Possiamo distinguere due tipologie di mercato: il *mercato delle merci* e il *mercato del lavoro*. La domanda delle merci è esercitata dalle *famiglie*, mentre l'offerta è esercitata dalle imprese; per il mercato del lavoro vale il contrario (*v.* figura 6.1).

Il **mercato delle merci** ha per oggetto beni immobili (*mercato fondiario*) e beni necessari a soddisfare i principali bisogni delle famiglie (*mercato dei beni di consumo*). Vi è poi il mercato dei beni intermedi (*mercato dei beni strumentali*) in cui sia la domanda che l'offerta sono esercitate dalle imprese. Un particolare mercato delle merci è quello che ha per oggetto i titoli di credito (*mercato monetario e finanziario*).

Il mercato può essere delimitato territorialmente e definito: *locale*, *nazionale*, *mondiale*. Secondo le quantità trattate si può distinguere il mercato all'*ingrosso* e al *dettaglio*.

Il **mercato del lavoro** ha per oggetto il lavoro umano. Proprio per il suo particolare contenuto, il mercato del lavoro si pone su un piano diverso rispetto a quello delle merci. Il lavoro infatti non è solo merce oggetto di scambio (lavoro in cambio di salario) che si può trasferire agevolmente da un luogo all'altro, ma è la fonte del sostentamento delle famiglie e, quindi, il fine stesso di un sistema economico.

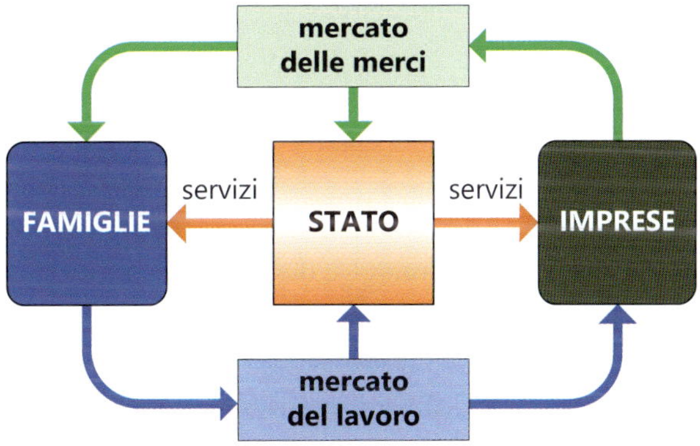

Figura 6.1
Relazioni tra operatori economici (famiglie, imprese e Stato) e mercati.

6.2 LA DOMANDA

Per domanda s'intende **la quantità di un dato bene che i compratori sono disposti ad acquistare a un certo prezzo**. Esiste infatti un'evidente correlazione tra prezzo del bene (P) e quantità domandata (Q): se il prezzo aumenta diminuisce la quantità e viceversa, come si può notare nella figura 6.2 in corrispondenza dei prezzi P_1 e P_2.

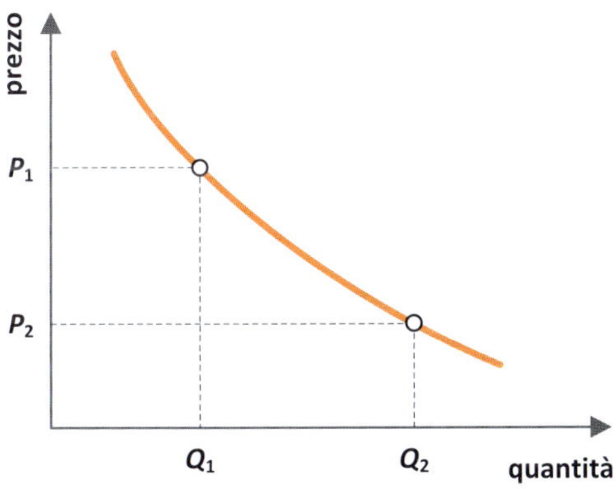

Figura 6.2
La curva della domanda

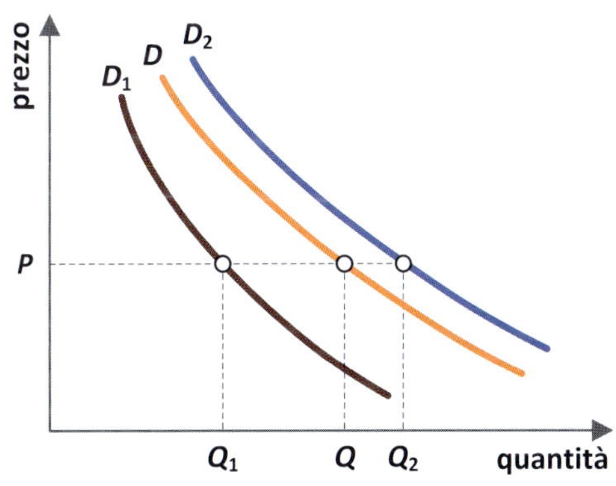

Figura 6.3
Lo spostamento della curva della domanda indipendentemente dal prezzo.

6.2.1 Variazioni della domanda indipendenti dal prezzo

Mentre le variazioni del prezzo fanno variare la quantità domandata con spostamenti lungo la curva stessa, determinati eventi fanno spostare l'intera curva verso destra o verso sinistra, in modo tale che allo stesso prezzo corrisponda una diversa quantità (*v.* figura 6.3). Tale spostamento può avvenire parallelamente alla curva originaria (curva D_2) o può dar luogo a una curva con diversa inclinazione (curva D_1).
Le cause che possono far traslare la curva della domanda, o modificarne l'inclinazione, sono le seguenti.

1) L'**incremento del reddito dei consumatori** fa aumentare la domanda della maggior parte dei beni; diminuisce invece la domanda dei beni di minor contenuto qualitativo. Il consumatore acquista più beni o beni più costosi per soddisfare lo stesso bisogno e inizia ad acquistare o incrementa l'acquisto di beni di lusso (per esempio abbigliamento firmato, vacanze in luoghi esclusivi ecc.).
2) I **gusti** dei consumatori sono spesso influenzati dalla pubblicità, dalla moda e dal desiderio di emulazione (dei soggetti meno abbienti nei confronti dei "benestanti"); aumenta quindi la domanda dei beni più pubblicizzati, di moda o che rappresentano uno *status symbol*.
3) Con la variazione del **numero dei consumatori**, dovuta a incrementi o decrementi della popolazione, varia ovviamente la domanda di beni.
4) Le **aspettative sui prezzi futuri**: se si prevedono prezzi in aumento, la domanda attuale aumenta (si accumulano scorte).
5) Il **prezzo dei beni complementari**: se aumenta (o diminuisce) il prezzo del bene complementare, diminuisce (o aumenta) la domanda del bene. Per esempio: se *aumenta* il prezzo del gasolio, *diminuirà* la domanda di automobili che utilizzano questo carburante.
6) Il **prezzo dei beni alternativi**: se aumenta (o diminuisce) il prezzo di un bene alternativo, aumenta (o diminuisce) la domanda del bene. Per esempio: se *diminuisce* il prezzo dei PC portatili se ne venderanno di più, ma *diminuirà* la domanda dei PC da tavolo.

6.2.2 L'elasticità della domanda

Quando varia il prezzo di mercato di un bene si verificano variazioni della quantità domandata che sono più o meno ampie in funzione delle caratteristiche del bene stesso. In alcuni casi *al variare del prezzo si ottengono minime variazioni della quantità domandata* (**domanda rigida**), in altri casi le variazioni della quantità sono molto più consistenti (**domanda elastica**) (*v.* figura 6.4).
È tipicamente rigida la domanda dei beni di prima necessità per le famiglie (pane, pasta, latte, carne ecc.) o per le imprese (per esempio il petrolio da parte dei Paesi industrializzati privi di fonti alternative). È invece elastica la domanda dei beni voluttuari (o comunque di beni di minore necessità), che risentono maggiormente delle variazioni dei redditi dei consumatori e, a volte, del decorso estemporaneo delle mode.

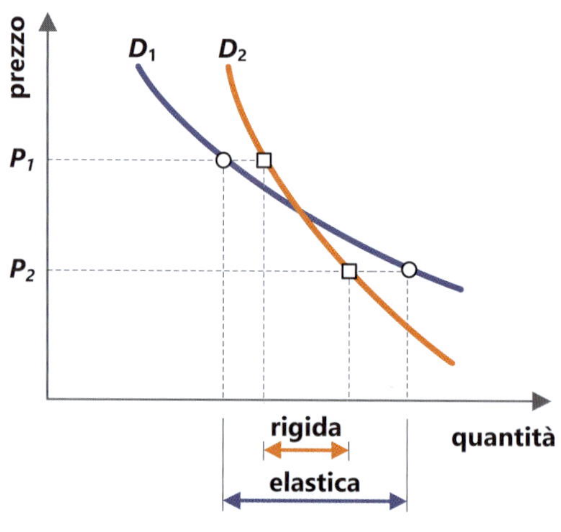

Figura 6.4
Domanda rigida e domanda elastica.

Il coefficiente di elasticità

Il coefficiente di elasticità (e) è dato dal *rapporto tra la variazione percentuale della quantità domandata* (ΔQ) *e la variazione percentuale del prezzo* (ΔP):

$$e = \frac{\Delta Q}{\Delta P}$$

Se la variazione della quantità è maggiore della variazione del prezzo, il rapporto e è *maggiore di 1* e la domanda è **elastica**; se invece è inferiore il coefficiente di elasticità è *inferiore a 1* la domanda è **rigida** o **anelastica** (*v.* esempio **6**.1).

ESEMPIO 6.1 **COEFFICIENTE DI ELASTICITÀ DELLA DOMANDA**

Il prezzo medio del vino aumenta da 2,15 € a 2,30 € per ogni litro. La quantità di domanda diminuisce da un consumo medio annuo pro capite di 85 litri a 81.

Variazione della quantità: $\frac{85-81}{85} = 0{,}047 = 4{,}7\%$

Variazione del prezzo: $\frac{2{,}30-2{,}15}{2{,}15} = 0{,}07 \ = 7\%$

$e = \frac{4{,}7}{7{,}0} = \ 0{,}67$ (domanda rigida)

6.2.3 La domanda globale

La domanda globale (o domanda di mercato) è la quantità di un bene che l'insieme dei consumatori è disposto ad acquistare a un certo prezzo. È quindi *l'insieme delle domande individuali*. Mentre per un singolo individuo può non essere rilevante una certa variazione di prezzo (nel caso del ricco, per esempio), a livello globale *a un aumento di prezzo corrisponde sempre, proporzionalmente, una diminuzione della quantità domandata (e viceversa).*

Connesse alle variazioni di prezzo vi sono poi l'uscita o l'entrata dal mercato di *consumatori marginali* e cioè di consumatori che, di fronte a un aumento di prezzo, non ritengono più il bene interessante e ne sospendono quindi l'acquisto, mentre una diminuzione di prezzo li spinge ad acquistarlo per la prima volta.

6.2.4 La domanda individuale

La domanda individuale è la quantità di un bene che un consumatore è disposto ad acquistare a un dato prezzo. Poiché il compratore destinerà una certa parte del suo reddito per l'acquisto di più beni e servizi, la domanda individuale di un bene dipende anche dal prezzo e dalle quantità acquistate degli altri beni secondo un **bilancio del consumatore** del tipo:

$$Sp = Q_1P_1 + Q_2P_2 + \ldots + Q_nP_n$$

dove Sp è la spesa (la parte di reddito utilizzata per i consumi), Q_1, Q_2 ... Q_n sono le quantità dei beni 1, 2 ... n che sono consumati e P_1, P_2 ... P_n sono i loro prezzi unitari. È evidente che all'aumento di un prezzo o della quantità consumata di un bene deve corrispondere una diminuzione di prezzo o, più verosimilmente, delle quantità consumate di altri beni (nell'ipotesi che il consumatore mantenga costante la spesa totale). Il consumatore ha infatti un *vincolo di bilancio* da rispettare. Queste variazioni sono diverse da individuo a individuo; sono infatti sog-

gettive le inclinazioni delle curve dell'utilità marginale attribuite dal consumatore a ciascun bene.
Se invece **aumenta il reddito del consumatore** la domanda varia in diversi modi:

- *aumenta* il numero dei bisogni che vengono soddisfatti (vengono acquistati più beni di genere diverso);
- *cambia*, almeno in parte, la tipologia dei bisogni che vengono soddisfatti, aumentano i consumi "di qualità" e diminuiscono i consumi di qualità inferiore.

Se il reddito diminuisce le variazioni saranno ovviamente di segno opposto.

6.2.5 La propensione al consumo e al risparmio

La **propensione marginale al consumo** (c) indica la quota di incremento del reddito disponibile che viene destinata ai consumi. Si ottiene dal rapporto tra l'incremento della domanda e l'incremento dei redditi (*v.* esempio 6.2):

$$c = \frac{\Delta Consumi}{\Delta Redditi}$$

Il coefficiente c è sempre inferiore o uguale a 1, poiché ogni incremento di reddito non è sempre interamente consumato, ma in parte è risparmiato (soprattutto dai consumatori che percepiscono redditi elevati) e comunque l'incremento dei consumi non può essere maggiore all'incremento del reddito.
La propensione al consumo è calcolata di solito sulla domanda globale. Si vuol vedere per esempio di quanto l'aumento dei salari è confluito in un aumento dei consumi totali delle famiglie o nei consumi di una determinata tipologia di beni (alimentari, abbigliamento, casa, turismo ecc.).

Si indica quindi con il simbolo s (da *saving)* la **propensione marginale al risparmio**, dato dal rapporto fra l'incremento del risparmio e l'incremento del reddito disponibile. In pratica, essendo $c + s = 1$, la propensione al risparmio si ottiene per differenza: $s = 1 - c$

La propensione al risparmio
La propensione al risparmio delle famiglie è un indice importante dello stato di benessere sociale. L'ISTAT ha calcolato che, dopo 4 anni di calo, la propensione al risparmio è aumentata in Italia nel 2018 all'8,1%

ESEMPIO 6.2 PROPENSIONE MARGINALE AL CONSUMO E AL RISPARMIO DELLA DOMANDA

Incremento del reddito:	500
Parte dell'incremento di reddito destinata al consumo:	450
Parte dell'incremento di reddito destinata al risparmio:	50

Propensione marginale al consumo e al risparmio:

$c = 450 / 500 = 0{,}9 = 90\%$

$s = 50 / 500 = 0{,}1 = 10\%$

6.3 L'OFFERTA

Per offerta si intende la *quantità di bene che i produttori sono disposti a vendere a un certo prezzo*. Anche l'offerta può essere globale (o di mercato) o individuale (di una singola impresa).
L'andamento della curva dell'offerta è opposto a quello della domanda: i prezzi bassi fanno diminuire l'offerta e i prezzi alti la fanno aumentare, come si può osservare nel grafico (*v.* figura 6.5). Se per esempio il prezzo delle case aumenta, l'attività edilizia è più remunerativa e l'imprenditore cercherà di aumentare l'offerta (acquistando terreni edificabili).

6.3.1 Variazioni dell'offerta indipendenti dal prezzo

La quantità offerta di un bene può subire variazioni che non dipendono dal prezzo, con spostamenti della curva verso destra quando si verifica un aumento dell'offerta globale (curva O_2 nella figura 6.5) o verso sinistra in caso contrario (curva O_1). In ogni caso si avrà che a prezzo zero la quantità offerta è uguale a zero e pertanto la curva nasce sempre dall'origine degli assi.

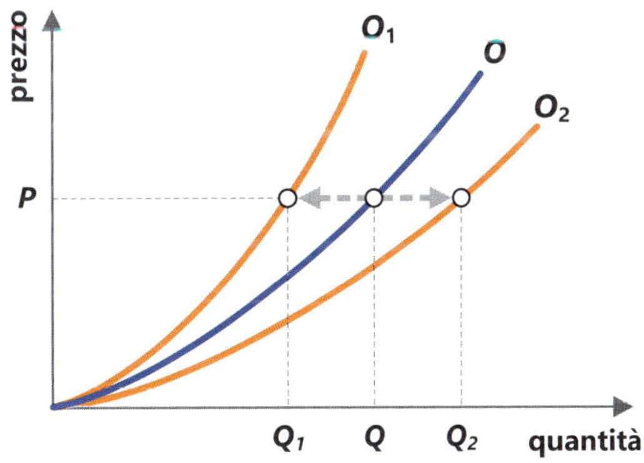

Figura 6.5
Variazioni della curva dell'offerta.

Lo spostamento della curva dell'offerta può dipendere dai seguenti fattori.

1) **Variazioni dei costi di produzione**. Se diminuiscono i costi dei mezzi di produzione, il maggior profitto spingerà l'imprenditore ad aumentarne l'offerta; viceversa, in caso di aumento, l'imprenditore si dedicherà ad attività più remunerative, riducendo (o troncando in certi casi) l'offerta del prodotto per il quale si sono verificati aumenti di costo.
   I fattori che di solito fanno variare i costi di produzione sono: i prezzi delle materie prime (in particolare l'energia), i livelli salariali, i progressi nella tecnica di produzione, le variazioni del costo del denaro (tassi di interesse nei prestiti alle imprese), le tasse sulla fabbricazione ecc.
2) **Variazione del numero dei produttori**. Se aumenta il numero degli imprenditori, vi sarà una maggiore offerta del loro prodotto. Questo fenomeno è particolarmente presente oggi nel mercato globalizzato.

Le variazioni dell'offerta possono essere dovute anche alla speculazione dei produttori. Se pensano che in futuro il prezzo aumenterà, possono diminuire l'offerta, accumulando scorte, e offrire i prodotti sul mercato quando il prezzo sarà aumentato. Vi possono essere anche variazioni dell'offerta dovute a guerre, carestie determinate da eventi climatici ecc. che causano la mancata immissione sul mercato globale della produzione di alcune nazioni (per esempio il blocco dell'esportazione di petrolio da parte dei Paesi produttori).

6.3.2 L'elasticità dell'offerta

L'offerta di un bene può essere, come si è visto per la domanda, *elastica* o *rigida*. L'offerta è rigida tipicamente per i beni non riproducibili (per esempio: le aree edificabili) o per i prodotti che richiedono un certo tempo per poter essere immessi sul mercato (per esempio: per aumentare l'offerta di frutta bisogna impiantare i frutteti e aspettare che entrino in produzione).

Il **coefficiente di elasticità** è dato dal rapporto tra variazione percentuale della quantità offerta e variazione percentuale del prezzo:

$$e = \frac{\Delta Q}{\Delta P}$$

Se la quantità varia di più rispetto alla variazione del prezzo, il rapporto è superiore a 1 e si ha un'offerta elastica, quando invece è inferiore a 1 l'offerta è rigida (*v.* figura 6.6).

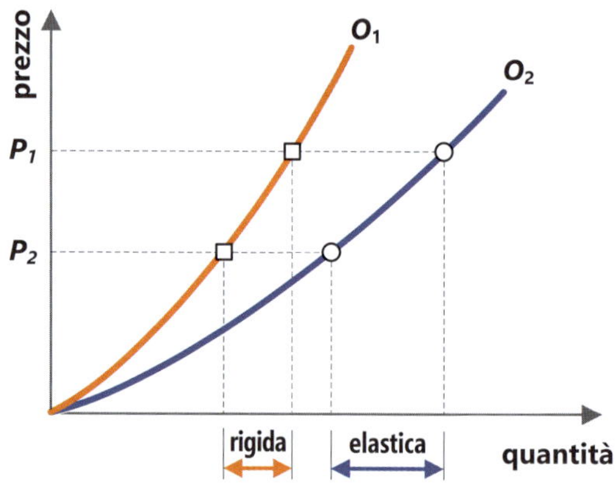

Figura 6.6
Offerta rigida ed elastica.

6.4 IL PREZZO DI EQUILIBRIO

Sovrapponendo le curve che rappresentano il mercato di un determinato bene, si può notare come la curva della domanda (D) e quella dell'offerta (O) si incontrino in un punto, a cui corrisponde un certo prezzo (P) e una certa quantità (Q) (*v.* figura 6.7). Ciò significa che l'insieme dei compratori è disponibile ad acquistare una certa quantità di un bene e l'insieme dei venditori è disponibile a vendere la stessa quantità. Esiste quindi un **prezzo di equilibrio** *che rende uguali la quantità domandata e la quantità offerta.*

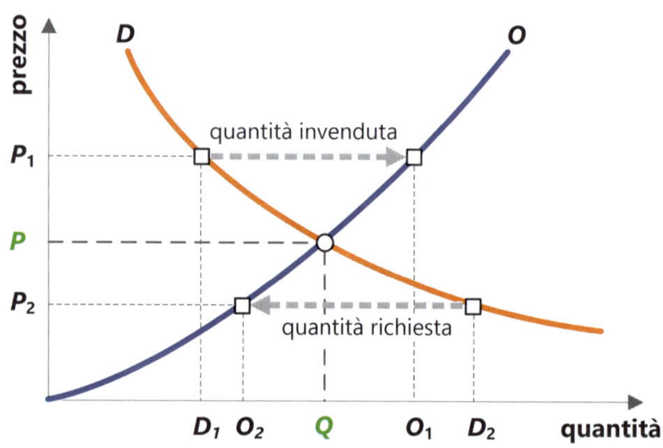

Figura 6.7
Prezzo di equilibrio.

Se il prezzo è più alto di quello di equilibrio (P_1 nella figura 6.7), si ha un **eccesso di offerta**, in quanto si presentano per l'acquisto solo coloro che desiderano di più quel bene, cioè coloro che, in relazione al proprio reddito, sono disposti a pagare il massimo. Non si presenteranno invece coloro che desiderano quel bene con minore intensità; questi ultimi si limiteranno all'acquisto di una piccola quantità, comunque sufficiente ad abbassarne l'utilità marginale. A questo prezzo i produttori non potranno vendere tutta la merce, che resterà in parte invenduta, e dovranno affrontare i costi di stoccaggio, il rischio di obsolescenza dei beni dovuto al passare del tempo, le conseguenze, anche occupazionali, della necessaria riduzione della produzione. I produttori saranno quindi disposti a diminuire il prezzo.

Se, viceversa, il prezzo è inferiore a quello di equilibrio (P_2 nella figura 6.7), si ha un **eccesso di domanda**. In questo caso non tutti i compratori potranno essere soddisfatti con l'acquisto; quelli esclusi, in competizione con gli altri acquirenti, saranno disposti a pagare qualcosa in più pur di saziare il bisogno. Il prezzo tenderà quindi ad aumentare. Si può ritrovare il punto estremo di questo concetto nel caso delle vendite all'asta, dove il prezzo discrimina i compratori in maniera tale che il bene perviene a uno solo, a quello che lo desidera di più ed è perciò disposto a offrire il prezzo più alto.

Variazioni del prezzo di equilibrio per gli spostamenti delle curve della domanda e dell'offerta

Si può quindi affermare che **il mercato in regime di libera concorrenza tende "naturalmente" verso l'equilibrio**. L'equilibrio consente di adeguare la quantità del bene che i consumatori vorrebbero acquistare a quella che i produttori hanno a disposizione per la vendita (*stabilità del mercato*).

ECONOMIA

6.5 LE DIVERSE FORME DI MERCATO

Il mercato può assumere forme diverse a seconda delle condizioni in cui compratori e venditori si trovano ad operare.

6.5.1 Concorrenza bilaterale

La concorrenza tra i consumatori
Si ha l'evidenza della concorrenza tra i consumatori, per esempio, in una vendita promozionale sottocosto di una quantità limitata. Gli acquirenti meglio informati saranno i primi a presentarsi per l'acquisto, gli ultimi troveranno il prodotto esaurito.

Secondo l'economia classica, il mercato concorrenziale è il volano di un sistema economico efficiente ed è quindi, tutt'oggi, la forma di mercato auspicabile e, di fatto, più diffusa. Si ha una concorrenza bilaterale quando vi sono *molti produttori* e *molti consumatori*.

I **produttori** offrono le loro merci in competizione con gli altri operatori: chi è in grado di offrire beni di migliore qualità a prezzi più bassi (quindi sostenendo ridotti costi di produzione), vende e guadagna di più. Grazie a questa concorrenza, il prezzo di mercato tende quindi a scendere.

Anche i **consumatori** sono in competizione tra di loro per acquistare i beni offerti alle condizioni più favorevoli e soddisfare così, con il reddito disponibile, il maggior numero di bisogni. La concorrenza si verifica soprattutto quando la quantità offerta non è sufficiente per tutti i possibili compratori.

Il mercato perfetto

Gli economisti, a partire dai classici fino a oggi, hanno dato grande importanza allo studio della concorrenza, tanto da ipotizzare l'esistenza di una *concorrenza perfetta*. Le condizioni che determinano la perfezione del mercato sono le seguenti.

1) Il mercato deve essere **aperto a tutti.** Quando sono presenti molti produttori e molti consumatori, nessuno di essi, con la propria quantità offerta o domandata, piccola rispetto al totale, può influenzare il prezzo (*polverizzazione della domanda e dell'offerta*). Inoltre le imprese possono entrare in un mercato quando vi sono possibilità di profitto e uscire, per chiudere o trasferire in altro luogo l'attività, quando non è più conveniente (*mobilità delle imprese e dei fattori della produzione*).
2) Il mercato deve riguardare **prodotti omogenei**, chiaramente confrontabili e sostituibili l'uno all'altro, in modo da consentire al consumatore di valutarne obiettivamente le caratteristiche e di scegliere razionalmente.
3) Il mercato deve essere **trasparente**. I compratori devono disporre tutti delle medesime informazioni e conoscere le alternative che il mercato offre (tutto quanto si vende e a quali prezzi). La mancanza di tali informazioni impedisce al consumatore di effettuare confronti tra beni dello stesso tipo.

William Stanley Jevons, 1835-1882, economista inglese aderente al neoclassicismo.

Il mercato imperfetto
L'imperfezione del mercato è nell'esperienza di tutti i consumatori che, soprattutto quando devono affrontare una spesa importante, si dedicano a più o meno lunghe ricerche per trovare, anche con siti dedicati, nelle "pieghe" del mercato le condizioni più vantaggiose. Se il prezzo fosse unico non sorgerebbe, evidentemente, la necessità di questa ricerca...

Cause lecite e illecite di imperfezione dei mercati

4) Il mercato deve essere **privo di preferenze**. I consumatori e gli imprenditori agiscono rigorosamente secondo il principio edonistico (massimo utile con il minimo mezzo), senza condizionamenti di altra natura (abitudini di consumo dettate dalle comodità o dalle mode, accordi tra imprenditori coinvolti negli stessi interessi e quant'altro).

Nel mercato perfetto **per uno stesso bene in un determinato istante vige un unico prezzo** (*legge di indifferenza del prezzo* o *legge di Jevons*). Se infatti un qualsiasi imprenditore fissasse un prezzo più alto, i compratori, che agiscono secondo i criteri sopra descritti, si rivolgerebbero immediatamente a uno dei concorrenti.

Le "deformazioni" del mercato perfetto

Il mercato perfetto, proprio per la sua impegnativa definizione, non esiste nella realtà, ma è comunque utile sul piano teorico come punto di riferimento per valutare l'efficienza dei mercati. È vero infatti che per uno stesso bene, in uno stesso istante, sono pagati prezzi diversi. Si può quindi affermare che il mercato si avvicina sempre più alla perfezione quanto è minore la differenza tra il prezzo minimo e massimo di uno stesso bene

Uno dei fattori che più frequentemente rende imperfetto il mercato reale è la presenza di *grandi imprenditori* che possono agire da una posizione contrattuale di forza sia per gli acquisti (da tanti piccoli produttori) sia per la vendita (a tanti piccoli consumatori) e quindi possono influenzare il prezzo.

Un'altra causa di imperfezione dei mercati, purtroppo non trascurabile, sono i comportamenti "sleali" degli imprenditori, che possono prevaricare con *mezzi illeciti* i concorrenti, i lavoratori, gli investitori, i consumatori ecc. (evadendo i tributi, utilizzando manodopera "in nero", pagando tangenti a uomini politici ecc.).

Per questi e per molti altri motivi il mercato "degenera", si può dire, verso forme imperfette dove l'offerta, la domanda o entrambe si concentrano non di rado nelle mani di poche persone (oligopolio) o di una sola persona (monopolio). Pertanto, per garantire una reale concorrenza tra le imprese e per evitare un eccessivo e pericoloso potere economico da parte di pochi imprenditori, gli Stati, anche i più liberisti, si sono dotati di una legislazione *antitrust* (antimonopolistica o antioligopolio).

La formazione del prezzo nel mercato perfetto

Il regime di mercato concorrenziale si caratterizza per l'entrata e l'uscita di nuovi operatori. Escono dal mercato gli imprenditori che soccombono nella concorrenza, perché si presentano con prodotti di scadente qualità o troppo cari e/o perché non sono riusciti a contenere i costi di produzione. L'uscita dal mercato di imprenditori falliti non determina però una diminuzione della quantità offerta, che invece aumenta per effetto dell'attività degli imprenditori di successo rimasti sul mercato. Quindi, per il continuo aumento dell'offerta, *nel lungo periodo il prezzo tende a diminuire*.

Si deve però considerare, a questo punto, l'esistenza sul mercato di imprenditori con diverse caratteristiche, classificabili sommariamente nel seguente modo.

- Imprenditori **ordinari**, mediamente dotati di capacità e mezzi. Sono la maggior parte degli imprenditori e da loro proviene gran parte della produzione che soddisfa il mercato. Anche il loro costo unitario medio di produzione si può definire ordinario (poniamo uguale a 100, figura 6.8).

– Imprenditori **incapaci**, scarsamente dotati o comunque in posizione svantaggiata rispetto agli altri. Essi sono una minoranza come numero e come quantità di produzione. Il loro costo unitario medio di produzione è più elevato rispetto a quello degli imprenditori ordinari (poniamo uguale a 110).
– Imprenditori **capaci**, ottimamente dotati o comunque in posizione favorevole rispetto agli altri. Anch'essi sono una minoranza. Il loro costo unitario medio di produzione è inferiore rispetto a quello degli imprenditori ordinari (poniamo uguale a 90).

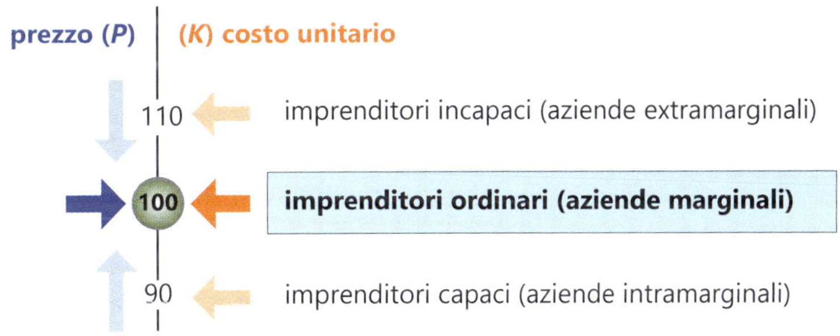

Figura 6.8
Schema dell'ipotesi di annullamento del profitto degli imprenditori ordinari nel lungo periodo.

Quando il prezzo di mercato scende per effetto dell'aumento della produzione, gli imprenditori che sostengono un costo unitario superiore al prezzo di vendita falliscono. Inizialmente escono quindi dal mercato gli imprenditori "incapaci" (**imprese extramarginali**), ma gli imprenditori ordinari (che sono la maggioranza) continuano a produrre e ad aumentare di numero (**imprese marginali**) e quindi la discesa del prezzo continua fino a eguagliare il loro costo unitario medio. Al di sotto di questo limite il prezzo non può scendere: se infatti uscissero dal mercato anche gli imprenditori ordinari, la quantità offerta dalle imprese rimaste sul mercato (**imprese intramarginali**) non sarebbe sufficiente a soddisfare la quantità domandata e il prezzo salirebbe immediatamente.
Pertanto, nel periodo lungo e in condizioni di mercato perfetto, il prezzo di mercato tende a **eguagliare il costo unitario medio degli imprenditori ordinari** (*K*) e conseguentemente tende a rendere nullo il profitto:

$$P = K \quad \text{e quindi} \quad \pm T = 0$$

L'ipotesi del profitto nullo ha una certa importanza nella teoria estimativa, essendo un presupposto indispensabile per la stima del valore di mercato mediante la capitalizzazione dei redditi.

6.5.2 Oligopolio

L'oligopolio è una forma di mercato imperfetto che si caratterizza per la presenza di poche imprese (**oligopolio di offerta**), di pochi consumatori (**oligopolio di domanda**) o di entrambi (**oligopolio bilaterale**).
Si arriva all'oligopolio di offerta (il più comune) per effetto della concorrenza: gli imprenditori che si sono affermati sul mercato acquistano o fanno fallire le aziende in crisi concorrenti.
L'oligopolio in alcuni casi è inevitabile: per essere efficienti occorrono imprese di grandi dimensioni. La disponibilità di grandi capitali permette infatti di effettuare investimenti in tecnologie, pubblicità, ricerca ecc. e sostanziali economie di scala. Gli esempi sono evidenti nel settore automobilistico, petrolifero (le "famose" multinazionali americane), chimico, delle telecomunicazioni, dell'elettronica di consumo ecc.

La formazione del prezzo nel regime di oligopolio

In regime di oligopolio gli imprenditori possono:

- continuare a farsi concorrenza, abbassando i prezzi e cercando di contenere i costi di produzione;
- accordarsi fra loro, almeno temporaneamente, fissando prezzi di vendita a cui tutti si adeguano (*cartello*).

John Nash, 1928-2015, premio Nobel per l'economia nel 1994, autore della teoria dei giochi.

Nel primo caso per prendere una decisione in merito ai prezzi da praticare i membri di un oligopolio ricorrono spesso alla *teoria dei giochi*, che consiste nel formulare previsioni sul comportamento dei concorrenti in determinate situazioni e nell'impostare conseguentemente la propria strategia. Il gioco si svolge quindi in modo interattivo; definiti il numero di giocatori e le regole, le decisioni che portano al successo possono essere prese anche secondo calcoli matematici. L'esito positivo di un gioco dipende però, in gran parte, dal fatto che i giocatori agiscano razionalmente, in modo tale che il loro comportamento sia prevedibile.

Nel secondo caso gli oligopolisti cercano di eludere la concorrenza con un accordo sui prezzi da praticare, creando un *cartello*. La competizione avverrebbe, a questo punto, solo evidenziando i vantaggi, sovente non essenziali, legati all'acquisto di un certo prodotto piuttosto che di quello concorrente. Questa forma di collusione fra gli oligopolisti è però considerata come un sostanziale monopolio, che viola le leggi sulla concorrenza a danno dei consumatori.

6.5.3 Monopolio

Il monopolio (*trust*) è una forma di mercato imperfetto in cui l'offerta di un bene, di cui non esistono succedanei, è esercitata da un solo imprenditore, mentre la domanda è frazionata fra una moltitudine di acquirenti (**monopolio d'offerta**). Quando l'offerta è esercitata da numerosi produttori, mentre la domanda da un solo consumatore si parla di **monopsonio**.

Vi può essere anche un **monopolio bilaterale**, quando esiste un solo produttore e un solo consumatore. Questa situazione si può creare anche nel mercato immobiliare, per esempio quando l'unico potenziale acquirente di un terreno, ubicato in una particolare posizione, è solo il confinante.

La legislazione antitrust
La vigilanza sulla concorrenza è affidata dallo Stato italiano all'*Autorità garante della concorrenza e del mercato*. L'AGCM si occupa, tra l'altro, di verificare la posizione dominante sul mercato di un'impresa in seguito a fusione o acquisizioni, ma anche della tutela dei consumatori per pubblicità ingannevole, clausole vessatorie ecc.

Si può arrivare al monopolio per effetto della concorrenza quando un imprenditore particolarmente abile riesce a eliminare tutti gli altri, facendoli fallire o comprando le loro aziende (*monopolio di fatto*). Più realisticamente si può arrivare alla presenza di un solo attore economico sul mercato quando gli imprenditori si accordano tra di loro e, palesemente o meno, fondono le loro aziende.

Il monopolio è però combattuto dagli Stati con un'apposita legislazione, in quanto ritenuto svantaggioso per i consumatori e, in genere, per lo sviluppo economico di un Paese. La mancanza di concorrenza consente al monopolista di fissare prezzi alti e non lo stimola ad aumentare l'efficienza dell'impresa.

Data la legislazione *antitrust*, le forme di monopolio "tollerate" sono sostanzialmente di tre tipi: delle risorse, naturale e legale.

Monopolio delle risorse

Si ha un monopolio delle risorse quando **un solo imprenditore detiene in modo esclusivo un fattore della produzione**. La risorsa può essere una *materia prima* particolare, per esempio la sorgente di un'acqua minerale o termale con caratteristiche uniche. Il monopolio delle risorse si può formare anche per la *capacità tecnologica* esclusiva di un imprenditore di ottenere un certo prodotto (per esempio i codici di Microsoft Windows).

In realtà i monopoli che si formano per questo motivo non sono molti. Le risorse sono disponibili su scala globale e in molti casi si possono trovare dei succedanei.

Monopolio naturale

Questo tipo di monopolio è dovuto a **condizioni che rendono efficiente l'offerta di un determinato bene o servizio solo se viene effettuata da un solo imprenditore**. Infatti, per certe produzioni, i *costi fissi* per gli impianti sono talmente elevati che possono essere compensati solo soddisfacendo tutta la domanda disponibile. Inoltre la sovrapposizione di impianti di imprese concorrenti sarebbe tecnicamente impossibile. Il monopolio naturale si rende quindi necessario per le condizioni oggettive in cui avviene l'offerta di un determinato bene e per la dimensione molto grande che deve avere l'impresa produttrice (pubblica, privata o mista).

Il regime di monopolio naturale era praticato in passato per l'erogazione di servizi di pubblica utilità, che richiedono imponenti strutture sul territorio (acqua potabile, energia elettrica, rete ferroviaria, autostrade ecc.), ma oggi, con il "mercato libero", anche questi servizi sono frazionati fra più operatori.

Monopolio legale (o di Stato)

Si ha un monopolio legale quando **lo Stato autorizza un solo imprenditore a offrire un determinato bene**. La legge prevede infatti la tutela del *brevetto* o del *diritto d'autore*. I benefici economici che derivano agli inventori e agli autori, tutelati dalla legge, li spinge a ricercare nuovi prodotti. Per esempio una casa farmaceutica ottiene, dopo molti anni di investimenti e ricerca, un nuovo principio attivo per la cura di una malattia; ne ha quindi il diritto esclusivo di vendita per 20 anni. Senza l'incentivo del brevetto, la ricerca non sarebbe stata pianificata da una società privata.

In altri casi lo Stato lascia agire i produttori liberamente, in regime di concorrenza, ma **interferisce nella formazione del prezzo di quel bene**, imponendo una *tassa di fabbricazione* (accisa) molto alta che di fatto porta a far eguagliare il prezzo di vendita.

Si ha infine un monopolio di Stato per le **esigenze di un servizio pubblico** essenziale. Per esempio il servizio di ordine pubblico è prodotto esclusivamente dallo Stato (polizia e carabinieri) e non è possibile sostituirlo con agenti privati o ronde armate.

Il prezzo delle sigarette
Il prezzo delle sigarette, prodotte da più aziende, è fissato dallo Stato su livelli alti (accisa del 77%, circa) per ottenere due obiettivi diversi: incassare denaro, per sostenere la spesa pubblica; ridurre i costi a carico del sistema sanitario nazionale, grazie al minor numero di prestazioni che devono essere erogate per la cura delle malattie che sono causate dal fumo.

Formazione del prezzo nel regime di monopolio

In regime di monopolio il prezzo non si forma nel mercato, ma è fissato a priori dal monopolista. Se il prezzo è alto i consumatori reagiscono con una riduzione della quantità domandata, se il prezzo è fissato invece a livelli bassi (comunque superiore al costo di produzione) il monopolista potrà vendere una maggiore quantità di prodotto. Il prezzo si forma quindi **in base alla curva della domanda** (l'offerta non influisce nella formazione del prezzo).

Nella teoria economica l'analisi del monopolio è stata sviluppata, soprattutto da Cournot, in funzione della curva della domanda (D) e del costo unitario di produzione (K). È possibile infatti individuare un punto sulla curva della domanda a cui corrisponde una quantità che rende *massimo il profitto del monopolista* (**punto di Cournot**).

La strategia del monopolista per massimizzare il profitto può consistere anche nel praticare **prezzi differenziati nel tempo**. Inizialmente il prezzo viene fissato ai massimi livelli: i consumatori in questo caso saranno pochi e nei ceti più ab-

Antoine Augustin Cournot, 1801-1877, economista e matematico francese.

bienti. Saturata questa fascia di mercato il prezzo viene abbassato, ampliando progressivamente la base dei consumatori e la quantità prodotta. In questo modo il monopolista aumenta ulteriormente il proprio utile, facendo pagare a ciascuna fascia di consumatori il massimo in funzione del proprio reddito. Per esempio, nella rappresentazione teatrale di un'opera lirica, la "prima" ha per pubblico i personaggi *vip*, che pagano cifre altissime pur di comparire nell'importante avvenimento mondano. Successivamente lo spettacolo viene portato a livello del grande pubblico, con prezzi "normali". Infine il pubblico è costituito di studenti che pagano prezzi estremamente ridotti.

6.6 LA POLITICA DEI PREZZI

Per politica dei prezzi si intende la strategia che gli imprenditori possono adottare per fissare, almeno inizialmente, il prezzo di un bene. Sarà poi il mercato a determinare le variazioni che portano "naturalmente" il prezzo verso il punto di equilibrio. I criteri per la definizione dei prezzi di vendita sono studiati da una disciplina, sorta in seno all'economia, denominata ***marketing***. Questo termine anglosassone indica tutte le azioni dell'impresa aventi lo scopo di vendere i prodotti sul mercato ("piazzare", letteralmente) al fine di ottenere il maggiore profitto. Si occupa anche dello studio dei prodotti che hanno le maggiori possibilità di conseguire tale obiettivo. Al di là delle strategie di *marketing*, che analizzano in modo sofisticato le caratteristiche del prodotto in relazione al suo *target* (la fascia di consumatori considerata come obiettivo per la vendita), il prezzo viene fissato sostanzialmente in due modi.

Il primo metodo per fissare il prezzo consiste nel *calcolare il costo di produzione e aggiungere un margine in percentuale (il profitto) per arrivare al prezzo*. Si pensi per esempio a una gara d'appalto per la costruzione di un fabbricato. Ogni impresa concorrente fissa il prezzo in funzione dei costi che pensa di dover sostenere per l'edificazione; questo importo viene poi maggiorato del profitto d'impresa, calcolato in percentuale, che ha due significati:

- una garanzia contro il rischio di dover sostenere in pratica costi maggiori di quelli stimati (copre il rischio di lavorare in perdita);
- il profitto sperato nel caso in cui l'edificazione avvenga senza gravi imprevisti.

Maggiore è questo margine di guadagno determinato a priori e minore sarà la probabilità di riuscire a vendere il prodotto. Se invece il profitto d'impresa è fissato a livelli bassi il prezzo di vendita risulterà inferiore, aumenterà quindi la probabilità di vendere il prodotto, ma l'imprenditore guadagnerà di meno e rischierà, in caso di imprevisti, di dover lavorare in perdita.

L'altro metodo consiste nello *stimare il prezzo a cui un prodotto può essere venduto sul mercato e quindi produrlo (o acquistarlo da terzi in caso di attività commerciali) a un costo tale da garantire un profitto.*

Vi sono altre motivazioni che possono influenzare il prezzo di vendita. L'impresa potrebbe per esempio decidere di attuare una politica di prezzi bassi per facilitare l'afflusso di pubblico e farsi conoscere sul mercato; potrebbe invece mantenere prezzi alti se volesse rafforzare nel consumatore la percezione che il prodotto è di qualità superiore a quelli della concorrenza. Oppure può decidere di adeguarsi a quanto fanno i concorrenti e abbattere i prezzi quando anche gli altri lo fanno.

Tipi di prezzo

Dall'ingrosso al dettaglio...
È diverso, per esempio, vendere il vino sfuso (a 2,00 €/l) o in bottiglie etichettate (a 4,50 €/750 ml e cioè 6,00 €/l). La differenza serve per pagare il vetro della bottiglia, il tappo, l'etichetta, per le operazioni di imbottigliamento, per i trasporti, per il guadagno del grossista e del dettagliante ecc. Se poi il vino è servito direttamente in calici da 100 ml a 1,50 €/cad., il prezzo del vino sale a 15,00 €/l!

Il prezzo di un bene dipende anche dalle fasi o dalle strategie entro cui avviene il processo di vendita. Si hanno così, in base alle condizioni, ai tempi, alle quantità ecc., diversi tipi di prezzo.

- **Prezzi alla produzione, all'ingrosso e al dettaglio**. Nelle diverse fasi di commercializzazione i prezzi dei beni aumentano per l'incremento dei costi di trasporto, mediazione, stoccaggio, confezionamento ecc. Il prezzo alla produzione, presso lo stabilimento dell'impresa produttrice, aumenta pertanto nelle fasi successive, con andamento inversamente proporzionale alle quantità trattate.
- **Prezzi imposti, consigliati o controllati**. Il produttore fissa il prezzo di vendita e il rivenditore non può modificarlo oppure consiglia un prezzo giudicato idoneo a salvaguardare gli obiettivi delle strategie di *marketing* dell'azienda oppure ancora agisce sui venditori per evitare oscillazioni di prezzo tra zone o punti di vendita diversi.
- **Prezzi civetta**. È un prezzo particolarmente conveniente per attirare i compratori verso un punto di vendita, dove probabilmente saranno attirati da altri prodotti. Per esempio le frequenti offerte dei supermercati "3 per 2" o "sottocosto" attirano i consumatori nell'esercizio commerciale dove poi acquisteranno, insieme ai prodotti in offerta, quelli in vendita a prezzi normali.
- **Prezzi calmierati**. Sono prezzi massimi che, in situazioni particolari (crisi economica), lo Stato può imporre per certi beni di prima necessità (pane, latte, medicine, benzina ecc.).
- **Prezzi pubblici** (o **tariffe**). Sono inerenti a beni o servizi venduti dallo Stato o da altri enti pubblici a prezzi anche inferiori al costo. Per esempio il prezzo del servizio scolastico o sanitario, i trasporti pubblici ecc.

Considerando l'*ambito temporale*, si definiscono:

- i prezzi **correnti**, che quantificano situazioni attuali di mercato;
- i prezzi **preventivi**, che sono la previsione di situazioni di mercato future;
- i prezzi **storici** o *consuntivi*, che sono la quantificazione esatta di situazioni già verificate in un certo luogo e tempo.

Il sistema dei prezzi

Quando si considerano i prezzi, si deve osservare come ci si trovi in presenza di un **sistema di prezzi**, nel senso che la variazione di uno solo di essi influirà in misura maggiore o minore su tutti gli altri in conseguenza dei rapporti che legano i vari beni tra loro. Per esempio la variazione del prezzo del petrolio avrà un'influenza determinante sul sistema economico mondiale, perché tutti i principali Paesi industrializzati importano questa importante materia prima pagandola con la valuta americana. Tutti i prezzi dei beni prodotti da questi Paesi risentiranno della variazione del prezzo del petrolio.

6. IL MERCATO

QUESTIONARIO	IN SINTESI
1. In che modo i "marginalisti" spiegarono lo scambio che avviene nel mercato?	Il mercato è il luogo in cui avviene lo scambio. Lo scambio conviene sia ai compratori sia ai venditori, perché entrambi cedono un bene a bassa utilità marginale in cambio di un altro bene con maggiore utilità.
2. Che cosa si intende per domanda globale di mercato? 3. Quali sono i fattori che possono far cambiare la curva della domanda, indipendentemente dal prezzo?	Per **domanda** s'intende la quantità di un dato bene che i compratori sono disposti ad acquistare a un certo prezzo. La quantità domandata è inversamente proporzionale al prezzo. In alcuni casi però la domanda varia indipendentemente dal prezzo, con spostamenti della curva. Tra le cause principali vi sono: l'incremento o la diminuzione del reddito dei consumatori, le variazioni dei gusti, la variazione del numero dei consumatori, le aspettative sui prezzi futuri, il prezzo dei beni complementari e alternativi.
4. Che cosa si intende per domanda rigida e domanda elastica?	L'*elasticità della domanda* (e) si misura come rapporto tra la variazione della quantità e la variazione del prezzo. Se la domanda è rigida ($e < 1$), a forti variazioni di prezzo corrispondono modeste variazioni di quantità e viceversa per la domanda elastica ($e > 1$).
5. Che cosa sono la domanda individuale e il bilancio del consumatore? Cosa accade quando aumenta il prezzo di uno dei beni consumati?	Si distingue anche la *domanda globale* da quella *individuale*. Nel primo caso vi è sempre una variazione della quantità al variare del prezzo, nel secondo caso la domanda è funzione del reddito e delle preferenze del consumatore.
6. Che cosa sono la propensione marginale al consumo e al risparmio? Come si calcolano?	La *propensione marginale al consumo* (c) indica la parte dell'incremento del reddito che viene destinata ai consumi. Si ottiene dal rapporto tra l'incremento della domanda e l'incremento del reddito. La parte di incremento di reddito che non viene destinata ai consumi è destinata al risparmio e si ottiene così la *propensione marginale al risparmio* (s). E quindi: $s = 1 - c$.
7. Che cosa si intende per offerta di mercato? 8. Quali fattori possono far ruotare la curva dell'offerta?	Per **offerta** si intende la quantità di un bene che i produttori sono disposti a vendere a un dato prezzo. L'offerta è direttamente proporzionale al prezzo. In alcuni casi, tuttavia, l'offerta varia indipendentemente dal prezzo, con rotazione della curva dal suo origine, per esempio quando variano i costi di produzione o il numero dei produttori. Anche l'offerta di un bene può essere elastica o rigida. Il coefficiente di elasticità è dato dal rapporto tra variazione percentuale della quantità offerta e variazione percentuale del prezzo.
9. Come si forma il prezzo di mercato? Che cos'è il prezzo di equilibrio? 10. Che cosa si intende per mercato "perfetto"? 11. Che cosa dice la legge di indifferenza del prezzo? 12. Che cosa si intende per mercato in regime di libera concorrenza bilaterale? 13. Come si forma il prezzo di mercato con riferimento a un periodo lungo? 14. Che cosa si intende per imprese marginali, intramarginali ed extramarginali?	Il **prezzo di equilibrio** è così detto perché rende uguali la quantità domandata e la quantità offerta. In un mercato in regime di libera concorrenza il prezzo tende verso l'equilibrio. In un *mercato perfetto* per uno stesso bene e nello stesso istante vige un unico prezzo (*legge di Jevons*). Un mercato è considerato perfetto se: è aperto a tutti i produttori e consumatori, riguarda prodotti omogenei, è trasparente, è privo di preferenze. Nella realtà il mercato presenta imperfezioni di vario tipo e quindi il prezzo di uno stesso bene non è unico. In un mercato perfetto il prezzo tende a eguagliare il costo unitario medio degli imprenditori ordinari e cioè degli imprenditori mediamente dotati di capacità e mezzi (la maggior parte degli imprenditori). In tal modo il profitto di questi imprenditori (detti marginali) tende ad annullarsi. Gli imprenditori incapaci (detti extra-marginali) sono destinati a uscire dal mercato, avendo costi troppo elevati, mentre quelli capaci (detti intramarginali) realizzeranno un utile.

15. Che cos'è l'oligopolio? In che modo gli oligopolisti fissano il prezzo? **16.** Che cosa si intende per "cartello"?	L'**oligopolio** è una forma di mercato imperfetto che si caratterizza per la presenza di poche imprese (oligopolio di offerta), di pochi consumatori (oligopolio di domanda) o di entrambi (oligopolio bilaterale). Pur essendo obbligati alla concorrenza, a volte gli imprenditori oligopolisti possono accordarsi fra loro fissando prezzi di vendita a cui tutti si adeguano (cartello). Per competere l'oligopolista può ricorrere alla teoria dei giochi, basata su calcoli matematici che simulano il comportamento dei competitori.
17. Che cos'è il monopolio? Di che tipo può essere? **18.** In che modo il monopolista può massimizzare il suo profitto?	Il **monopolio** è una forma di mercato imperfetto in cui l'offerta di un bene è esercitata da un solo imprenditore, mentre la domanda è frazionata (monopolio d'offerta). In caso contrario si ha un *monopsonio*. Il monopolio è in genere combattuto dagli Stati, in quanto ritenuto svantaggioso, ma in determinati casi è considerato inevitabile o necessario. Si ha un *monopolio delle risorse* quando un solo imprenditore detiene in modo esclusivo un fattore della produzione. Si ha un *monopolio naturale* quando è l'unico regime di mercato possibile, per la grande dimensione che deve avere l'impresa, per la produzione di un determinato bene o servizio. Nel *monopolio legale* lo Stato autorizza un solo imprenditore a offrire un determinato bene o interferisce con la formazione del prezzo con una sostanziosa tassa di fabbricazione. Oppure lo Stato detiene esclusivamente per sé l'offerta di certi servizi pubblici in nome di un superiore interesse pubblico. Nel regime di monopolio il prezzo è fissato a priori dal monopolista in funzione della domanda. Il monopolista può anche fissare prezzi differenziati nel tempo, inizialmente ai massimi livelli e quindi prezzi più bassi per aumentare la platea dei consumatori.
19. Che cosa si intende per sistema dei prezzi? **20.** Che tipi di prezzi si possono individuare? **21.** In quale modo l'imprenditore può determinare il prezzo al quale offrire i suoi prodotti?	In ambito commerciale i criteri per la definizione dei **prezzi di vendita** sono fissati secondo strategie di marketing. In ogni caso il prezzo deve essere maggiore del costo di produzione, a cui si aggiunge un margine per ottenere il prezzo di vendita. In alternativa si pone come obiettivo un prezzo di mercato invalicabile e quindi si cerca di produrre un bene a un costo inferiore. Nel mercato vi sono diverse tipologie di prezzo: alla produzione, all'ingrosso e al dettaglio, prezzi imposti, consigliati o controllati, prezzi civetta, prezzi calmierati, prezzi pubblici (o tariffe).

ATTIVITÀ PRATICHE E DI VERIFICA

AREA DIGITALE

QUESTIONARIO A RISPOSTA MULTIPLA

1. Per domanda di mercato si intende la quantità di un bene che i consumatori:
   - ☐ **a.** hanno a disposizione per l'acquisto
   - ☐ **b.** sono disposti ad acquistare a un determinato prezzo
   - ☐ **c.** vorrebbero acquistare se non avessero limitazioni di reddito

2. La domanda dei beni alimentari è tipicamente:
   - ☐ **a.** elastica
   - ☐ **b.** rigida
   - ☐ **c.** condizionata dal reddito dei consumatori

3. La domanda individuale di un bene, all'aumentare del prezzo:
   - ☐ **a.** aumenta
   - ☐ **b.** diminuisce
   - ☐ **c.** dipende dal consumatore

4. L'offerta di un bene aumenta quando il prezzo:
   - ☐ **a.** diminuisce
   - ☐ **b.** rimane uguale
   - ☐ **c.** aumenta

5. Il prezzo di equilibrio è quello che:
   - ☐ **a.** aumenta la competizione tra le imprese
   - ☐ **b.** si mantiene stabile nel tempo
   - ☐ **c.** rende uguali la quantità domandata e l'offerta

6. Nel mercato in regime di libera concorrenza i prezzi sono determinati:
   - ☐ **a.** dalle imprese più grandi
   - ☐ **b.** dalla domanda e dall'offerta
   - ☐ **c.** in base ad accordi tra le organizzazioni sindacali e dei datori di lavoro

7. Se aumenta il prezzo di un bene alternativo, la domanda di un bene:
   - ☐ **a.** aumenta
   - ☐ **b.** diminuisce
   - ☐ **c.** si sposta lungo il proprio asse

8. In un mercato in regime di concorrenza perfetta i beni sono prodotti:
   - ☐ **a.** da tante imprese
   - ☐ **b.** da poche imprese molto efficienti
   - ☐ **c.** da una sola impresa

9. In un regime di mercato perfetto il prezzo tende a uguagliare, nel lungo periodo, per gli imprenditori ordinari:
   - ☐ **a.** il costo unitario medio
   - ☐ **b.** il profitto normale
   - ☐ **c.** il costo unitario marginale

10. Sono imprese marginali quelle condotte da imprenditori:
    - ☐ **a.** capaci
    - ☐ **b.** ordinari
    - ☐ **c.** incapaci

11. In un mercato in regime di oligopolio i beni sono prodotti:
    - ☐ **a.** da tante imprese
    - ☐ **b.** da poche imprese
    - ☐ **c.** da una sola impresa

12. Nel regime di monopolio di offerta il monopolista:
    - ☐ **a.** può fissare sia la quantità da produrre sia il prezzo di vendita
    - ☐ **b.** non può decidere il prezzo, che invece è fissato dal mercato
    - ☐ **c.** può fissare solo il prezzo di vendita e quindi la corrispondente quantità da produrre

13. Per monopolio naturale si intende:
    - ☐ **a.** la disponibilità esclusiva di un fattore della produzione
    - ☐ **b.** l'effetto della competizione fra le imprese che determina la sopravvivenza di una sola
    - ☐ **c.** le condizioni che rendono possibile l'offerta di un bene solo da parte di un'impresa

7 Il mercato immobiliare

- ✓ Prezzo, costo e valore
- ✓ Caratteristiche del mercato immobiliare
- ✓ La compravendita immobiliare
- ✓ La locazione dei fabbricati

7.1 PREZZO, COSTO E VALORE

I termini prezzo, costo e valore sono usati, a volte superficialmente, come sinonimi; in realtà a questi vocaboli corrispondono significati ben diversi.

Con il termine **prezzo** si intende *la quantità di moneta scambiata o scambiabile in un certo luogo e istante* con un determinato bene economico, deriva cioè da una compravendita.

Il **costo**, come si è visto nel capitolo 5, è invece *la somma di denaro che l'imprenditore deve spendere per produrre un bene*. Mentre i terreni, edificabili o meno, non sono riproducibili (non si possono aumentare) gli edifici invece lo sono, in quanto manufatti prodotti dall'uomo, e quindi si può determinare un costo.

Il **valore** ha invece il significato di una *quantificazione monetaria derivante da un criterio di stima* (come si vedrà nella parte di estimo, nel secondo volume). Il concetto di valore è quindi assai più ampio e sfumato, in quanto può comprendere il concetto di prezzo, di costo o di rendimento.

7.1.1 La teoria del valore

Le diverse scuole di pensiero economico che si sono succedute nel tempo hanno elaborato diverse **teorie del valore**, tuttora alla base della teoria estimativa. Nella teoria classica gli economisti ritenevano che il costo di produzione, inteso come fattore lavoro, fosse la sola o la principale determinante del valore di un bene. Tale approccio fu successivamente considerato inadeguato da molti economisti, in quanto incapace di attribuire il giusto peso a fattori soggettivi, come la scarsità e la desiderabilità, che determinano la domanda di un prodotto. Con la scuola marginalista e il riconoscimento di questi fattori soggettivi, gli economisti compresero che il valore di un bene emerge nel momento dello scambio: il valore deriva quindi dal prezzo pagato sul mercato.

Il valore secondo i classici

Nell'economia classica (A. Smith, D. Ricardo, K. Marx) la parola "valore" ha due diversi significati: a volte l'utilità del bene stesso, intesa come capacità di soddisfare direttamente un bisogno, a volte il potere di acquistare altri beni mediante lo scambio; il primo viene chiamato *valore d'uso*, il secondo *valore di scambio*. In entrambi i casi il valore di un bene deriva dalla *quantità di lavoro in esso contenuto* (teoria del *valore-lavoro*). Il concetto di valore viene individuato quindi al livello del **costo di produzione** (K):

$$V = f(K)$$

Il valore secondo i neoclassici

Il pensiero neoclassico intende mediare tra due correnti di pensiero emerse nell'ambito della teoria classica:

- la "soluzione inglese" (Smith e Ricardo) che pone l'origine del valore nel *lavoro*, definita "troppo limitata" in quanto "rifiuta valore a beni che ne hanno";
- la "soluzione francese" (Condillac e Say) che pone l'origine del valore più genericamente nel concetto di *utilità*, ritenuta "troppo ampia" in quanto "attribuisce valore a beni che, in realtà, non ne hanno".

Nell'economia neoclassica il valore di un bene emerge nel momento dello scambio e quindi il **prezzo** pagato, che rappresenta quanto il bene sia desiderato dal consumatore, è l'indicatore più affidabile del valore. È anche evidente che il valore è notevolmente condizionato dalla scarsità o dall'abbondanza del bene stesso, come si è visto nel precedente capitolo (domanda e offerta). Il comportamento individuale legato ai consumi è dunque il perno dell'economia neoclassica; il valore dei beni si riflette nel prezzo di mercato, per cui si ha la relazione:

$$V = f(P)$$

Il valore secondo l'economia del benessere

Il valore dei beni ambientali
In alcuni casi l'indicazione del valore non può nemmeno essere espressa in termini monetari, come nel caso della stima dei beni pubblici. Nelle valutazioni ambientali (che sono parte dei beni pubblici) si può per esempio affermare solo che l'impatto di un progetto è positivo o negativo (senza specificare di quanto).

L'economia del benessere è stata teorizzata da A. C. Pigou, che ha definito il benessere economico come *l'insieme delle utilità (o delle soddisfazioni) provate dai singoli*. Il benessere degli individui è funzione dei beni e dei servizi consumati, compresi i beni pubblici. In particolare i beni ambientali, un tempo considerati "non economici", in quanto disponibili in quantità illimitata, ora, per la loro scarsità, sono diventati "economici".

Per i beni pubblici il valore non può essere espresso secondo i criteri dell'economia classica e neoclassica in quanto:

- il costo non può essere un parametro idoneo a misurare il valore di beni non riproducibili (nella maggior parte dei casi);
- non essendo di proprietà privata, non sono scambiati sul mercato e quindi non ne sono noti i prezzi.

Si dovrebbe dunque concludere che tali beni non hanno valore, quando è evidente il contrario. È necessario allora individuare un nuovo criterio per esprimere il valore dei beni pubblici; tale criterio è l'*utilità totale* (o il benessere totale) prodotta in funzione dei *bisogni avvertiti dalla società*. Viene quindi introdotto nella teoria estimativa il criterio del **valore d'uso sociale**, determinabile con la somma delle utilità (U) arrecate a tutti gli individui che ne possono fruire. Si ha quindi la relazione:

$$V = f(U)$$

L'estimo studia quindi, in questo ambito, le metodologie per misurare l'utilità sociale dei beni pubblici.

7.2 CARATTERISTICHE DEL MERCATO IMMOBILIARE

7.2.1 I segmenti di mercato

Il mercato immobiliare, che ha per oggetto i terreni e i fabbricati, ha particolare caratteristiche dovute alla natura specifica di questa tipologia di beni ed è pertanto suddiviso in **segmenti**, ciascuno con le proprie dinamiche: *fabbricati, aree fabbricabili* e *terreni agricoli* (*v.* figura 7.1).

Il mercato dei fabbricati comprende a sua volta due principali tipologie di immobili: per uso *residenziale* e *commerciale*. Il primo dei due è, per numero di contrattazioni, di gran lunga il più importante.

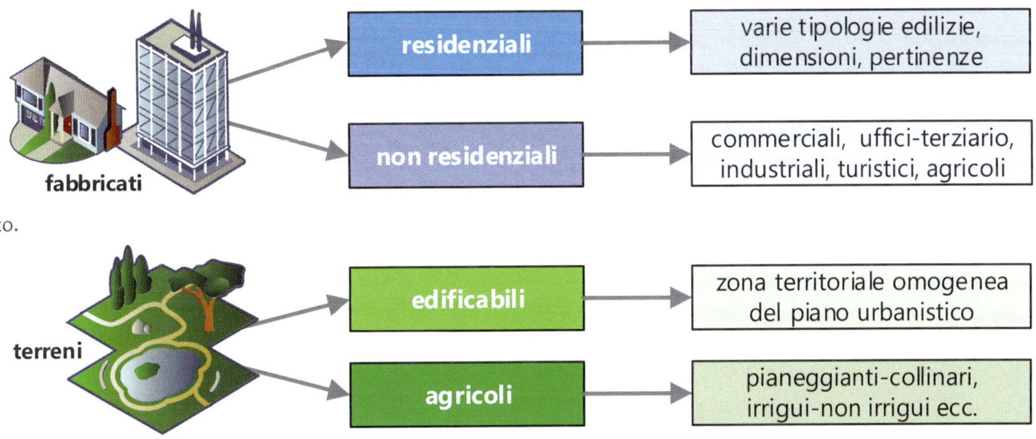

Figura 7.1
I segmenti di mercato.

7.2.2 Il mercato residenziale

> **Il numero delle abitazioni**
> L'Osservatorio immobiliare dell'Agenzia delle Entrate ha comunicato che negli archivi catastali risultano, nel 2018, 35 milioni di abitazioni su un totale di 75,5 milioni di immobili.
> Il 71% degli italiani sono proprietari della casa in cui abitano.

I fabbricati a uso abitativo soddisfano uno dei più essenziali bisogni primari. Per questo motivo lo Stato incentiva l'acquisto della **prima casa** con agevolazioni fiscali, con mutui agevolati e con le leggi per l'edilizia convenzionata o sovvenzionata.

Indipendentemente dal loro uso, da cui è comunque possibile ottenere un reddito, i fabbricati riscuotono un particolare interesse da parte degli investitori. Il loro valore è infatti stabile nel tempo e quindi sfuggono agli eventuali effetti dell'inflazione e all'andamento spesso incerto dei mercati mobiliari. Il "mattone" è considerato quindi un valido investimento e un "bene rifugio" contro l'inflazione. Tuttavia, in funzione dell'andamento dell'economia globale (sviluppo o recessione), vi possono essere periodi in cui le quotazioni sono decrescenti.

L'interesse per l'investimento immobiliare alimenta anche il mercato delle **seconde case**, soprattutto di quelle ubicate in zone turistiche. Questo tipo di investimento consente, oltre all'eventuale fruizione diretta, da un lato un rendimento monetario, in caso di locazione, dall'altro la liquidità del capitale. Infatti le case per uso turistico possono essere locate per tempi brevi o vendute con relativa facilità. Non tutte le zone turistiche hanno però un mercato immobiliare in crescita: in certe zone montane, dove gli sport alpini sono in declino, il mercato può essere stagnante o in recessione. Lo stesso fenomeno si verifica in quei paesi, soprattutto nel meridione e in montagna, dove l'emigrazione fa diminuire la domanda di abitazioni.

7.2.3 Il mercato per uso commerciale

I fabbricati per uso commerciale sono di diverso tipo: negozi, uffici, centri direzionali e commerciali, alberghi, laboratori, magazzini, capannoni industriali. Si può distinguere eventualmente tra immobili per il settore *terziario* (negozi, uffici ecc.) e per il settore *industriale* (capannoni).
Il mercato dei negozi e degli uffici è particolarmente attivo nei centri urbani, il mercato dei capannoni per uso industriale è invece più attivo nelle zone periferiche delle aree più industrializzate (zone artigianali e industriali, ZAI), dove sono pianificati e più agevoli i collegamenti stradali.
I fabbricati industriali, edificati per le esigenze specifiche di un'attività produttiva (per esempio una fonderia), sono invece privi di un mercato. Lo studio delle procedure di stima di questi immobili rientra in una particolare e specialistica sezione dell'estimo (*estimo industriale*), dove si fa uso in prevalenza dei criteri di stima del valore di costo e di capitalizzazione.

7.2.4 Analisi del mercato immobiliare

L'analisi del mercato immobiliare si basa sullo studio delle sue caratteristiche e delle variazioni che si verificano nel tempo, evidenziate da appositi studi di settore effettuati dall'**Osservatorio del mercato immobiliare** (OMI) dell'Agenzia delle entrate o da altri enti pubblici o privati (Censis, Nomisma, Camere di commercio, periodici specializzati, Gabetti, Tecnocasa ecc.).

Caratteristiche economiche degli immobili

Eterogeneità

La prima caratteristica è la variabilità delle tipologie di immobile. La distinzione principale è ovviamente tra terreni e fabbricati. I terreni si suddividono a loro volta in due categorie: edificabili e non edificabili (agricoli). Le categorie dei fabbricati sono ben più numerose in funzione dell'ubicazione, della destinazione d'uso e della tipologia costruttiva. È perciò necessario suddividere il mercato in segmenti omogenei, come si è visto nel paragrafo 7.2.1.

Sicurezza

A differenza dei beni mobili a utilità ripetuta, che sono soggetti a deperimento in tempi abbastanza brevi (le macchine, per esempio), il terreno è indistruttibile e ha quindi una durata illimitata; pertanto il rischio di perdere questo bene è praticamente nullo. I fabbricati invece, presi separatamente dal suolo, hanno una lenta obsolescenza e quindi una durata economica molto lunga, ma comunque limitata. Questa durata può però essere prolungata di molto con lavori di manutenzione straordinaria, restauro o ristrutturazione per arrivare così a una vita economica quasi illimitata. Ne sono un esempio i fabbricati storici nei centri delle città che, nonostante l'età, possono avere valori molto elevati. Si può pertanto definire l'investimento immobiliare a rischio tecnico molto basso.

Immobilità

L'investimento immobiliare è in genere a lungo termine e richiede, per essere riconvertito in liquidità, tempo e costi della compravendita (notaio, fisco, catasto, mediazione).

Rendimento

Il rendimento di un immobile è collegato al mercato locativo (*v.* paragrafo successivo). Il reddito lordo è dato dal canone di locazione, il reddito netto tiene conto delle spese padronali (come si vedrà nella parte di estimo). Il rapporto tra reddito (Bf) e valore (V) dà un saggio di rendimento (r) che l'investitore può confrontare con beni alternativi (mercato mobiliare):

$$r = \frac{Bf}{V}$$

Caratteristiche del mercato immobiliare

Trasparenza ridotta

Il mercato immobiliare è poco trasparente; vi sono infatti, nonostante i progressi tecnologici e il rilievo continuativo ed organico dei *dati immobiliari* da parte di enti pubblici o privati, difficoltà nel reperire informazioni che consentono all'acquirente di confrontare l'immobile con beni simili e al tecnico di effettuare stime su basi rigorose.

Numero di transazioni

Il numero di transazione, cioè di variazioni dei diritti immobiliari, è un indicatore del *volume del mercato.* I dati dell'OMI evidenziano dei **cicli immobiliari** che vedono periodi di espansione del mercato (1997-2005), di declino (2006-2013) e poi, dal 2014, una ripresa (*v.* figura 7.2 NTN sta per *Numero di transazioni normalizzate*, ossia ponderate con la quota di proprietà effettivamente compravenduta).

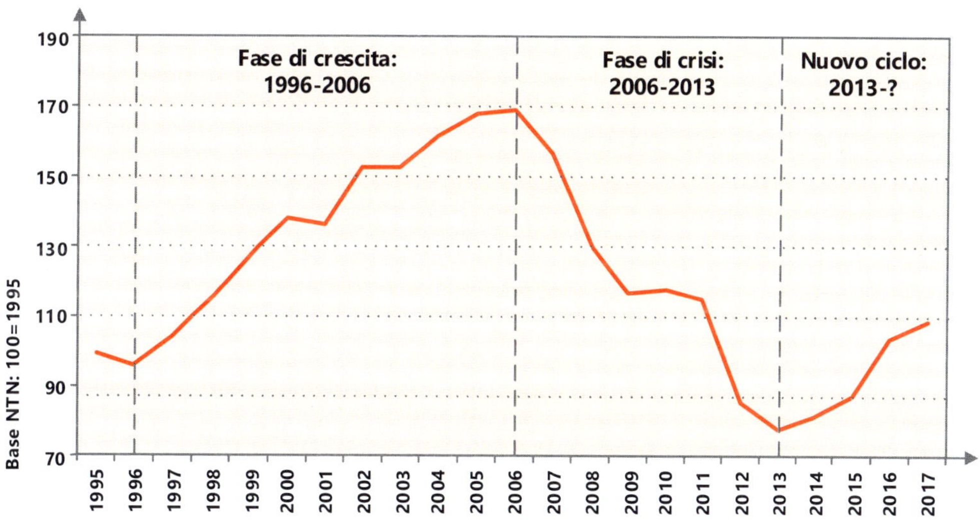

Figura 7.2
I cicli immobiliari (OMI, Rapporto immobiliare 2018).

Andamento dei prezzi

Le quotazioni di mercato, in funzione della domanda e dell'offerta, dipendono da vari fattori. Per esempio fanno aumentare la **domanda** i tassi bassi sui mutui (favoriscono l'accesso al credito), la fanno diminuire l'aumento dell'imposizione fiscale (come è avvenuto recentemente). L'**offerta** è invece limitata principalmente dalla limitata disponibilità di aree edificabili (sono beni non riproducibili, a offerta rigida) o dall'aumento dei costi di edificazione (rendono incerti i profitti degli imprenditori).

All'andamento dei prezzi è collegato, in gran parte, il volume del mercato. Si può notare nella figura 7.3 che all'aumento dei prezzi è collegata una riduzione delle transazioni e viceversa, anche se i due fenomeni non sono perfettamente sincronizzati. Per esempio una diminuzione dei prezzi può determinare *successivamente* un aumento delle transazioni.

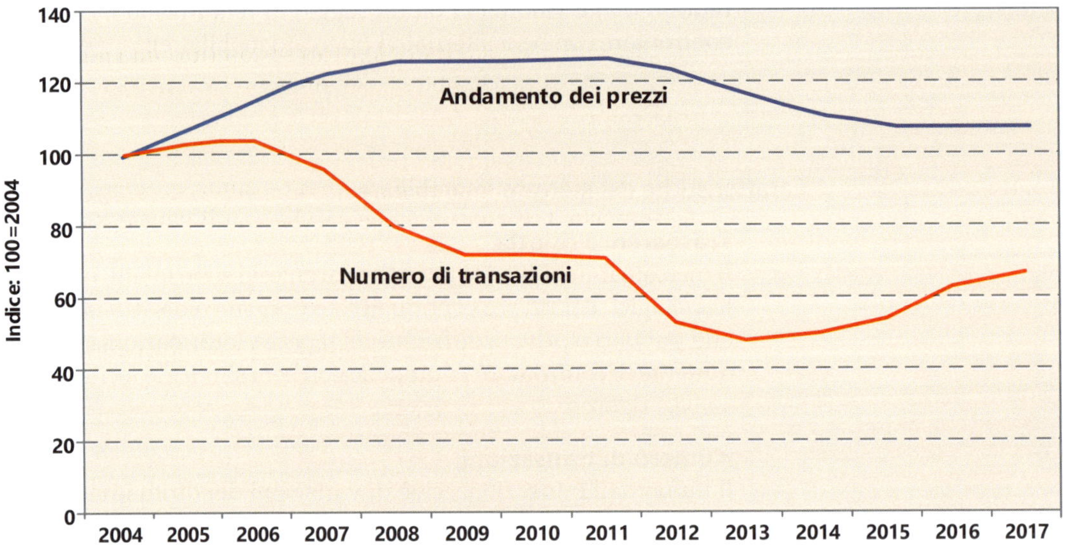

Figura 7.3 Andamento dei prezzi dei fabbricati residenziali dal 2004 (OMI, Rapporto immobiliare 2018)

Nomisma è una società indipendente che realizza attività di ricerca e consulenza economica per imprese, associazioni e pubbliche amministrazioni.

Tempo medio di esposizione sul mercato

Per esposizione sul mercato si intende il tempo che trascorre da quando l'immobile è messo in vendita fino a quando la vendita è perfezionata. È indicatore di *vivacità* del mercato, e cioè di come la domanda risponde all'offerta. Per Nomisma per vendere una casa servono in media 8,5 mesi per gli immobili residenziali, 10,4 mesi per gli uffici, 9,8 mesi per i negozi e 7 mesi per i box auto (2018).

Il *sentiment* del mercato
Lo sconto accettato dal venditore è indice del *sentiment* e cioè dal comportamento, anche emotivo, che ha la maggioranza di coloro che partecipano al mercato.

Sconto tra valore di offerta e prezzo

La contrattazione inizia con una richiesta del venditore basata sulla sua percezione del valore, di solito influenzata dai consigli (stima) di un mediatore. Successivamente si valutano le offerte che, in genere, sono inferiore a quanto richiesto dal venditore. La trattativa si conclude ovviamente con la migliore offerta, che dipende però anche dal tempo di esposizione al mercato (all'aumentare del tempo aumentano le probabilità di ricevere un'offerta migliore).
Il divario dei valori tra inizio e fine trattativa si attesta al 14,6% per l'usato e 9,6% per il nuovo (fonte: OMI).

7.3 LA COMPRAVENDITA IMMOBILIARE

Il contratto di vendita di un immobile (casa o terreno) viene redatto in *forma scritta* (art. 1350 c.c.), con *atto pubblico*, da un *notaio*. Il notaio garantisce la correttezza formale del contratto e il pagamento del prezzo, a tutela dell'acquirente, e completa l'*iter* di trasferimento della proprietà iniziato dalle parti.
A causa dei tempi tecnici necessari (per ottenere un mutuo, vendere altri immobili, liquidare investimenti mobiliari, cancellare un'ipoteca, liberare l'immobile dall'occupante ecc.), il contratto definitivo è preceduto di solito da un contratto preliminare. L'*iter* per la compravendita immobiliare prevede quindi, di solito, tre fasi:

- la proposta di acquisto (solo in presenza di un mediatore);
- il contratto preliminare (*compromesso*);
- il contratto definitivo (*rogito*).

7.3.1 La proposta di acquisto

La proposta di acquisto è un accordo sottoscritto tra l'*acquirente* e il *mediatore* con il quale il primo si obbliga a mantenere fissa la propria offerta per un certo tempo (art. 1329 c.c.), mentre al *venditore* è riservata la facoltà o meno di accettare la proposta di acquisto, valutando eventualmente altre offerte più convenienti. Il modulo prestampato di prenotazione contiene, fra l'altro, la durata della proposta, l'irrevocabilità, le condizioni di pagamento con le relative scadenze, l'entità della provvigione spettante al mediatore e le ulteriori spese.
La proposta di acquisto non è un contratto di vendita: il venditore infatti non ha ancora manifestato in modo esplicito la propria volontà contrattuale. È quindi irrevocabile solo per l'acquirente. Entro il termine fissato il venditore deve rispondere per iscritto se accetta o meno l'offerta (art. 1333 c.c.).
Con la proposta viene pagato un primo acconto (**caparra**), che garantisce l'impegno preso dall'acquirente e tutela la provvigione del mediatore (le parti, una volta a contatto, potrebbero accordarsi direttamente per escludere il mediatore). Se l'acquirente recede dall'acquisto, perde la caparra versata; se però è il venditore a non accettare la proposta, questi si limiterà a restituire la caparra senza pagare una penale. Tuttavia dopo la risposta affermativa del venditore la caparra diventa confirmatoria ai sensi dell'art. 1385 c.c. e, in caso di recesso, il venditore la deve restituire raddoppiata.

7.3.2 Il contratto preliminare

Contratto preliminare di vendita di un fabbricato

Il contratto preliminare o "compromesso" ha per oggetto la *promessa di vendere* alle condizioni stabilite. Può essere redatto direttamente tra le parti (parte "promittente" e parte "promissoria") come *scrittura privata* oppure come *atto pubblico trascritto nei pubblici registri immobiliari* (art. 2645-*bis* c.c.). La trascrizione non è obbligatoria, ma tutela l'acquirente da eventuali truffe; evita per esempio che per lo stesso immobile vengano sottoscritti più contratti con persone diverse (con versamento dei relativi importi). Il documento deve contenere:
- i dati anagrafici completi dei contraenti;
- l'individuazione esatta dell'immobile con riferimento alle risultanze catastali e agli immobili confinanti;
- il prezzo dell'immobile;
- i mezzi di pagamento (bonifico, assegno circolare ecc.) e le relative scadenze;
- la data prevista del rogito;
- la presenza di eventuali vincoli (ipoteche o servitù varie);
- la regolarità delle norme edilizie;
- il versamento di caparra confirmatoria, penitenziale o acconti;
- il titolo del possesso con la data di inizio ed eventuali limitazioni;
- l'eventuale clausola dell'arbitrato da utilizzare in caso di rescissione; data e firma dei contraenti.

7.3.3 Il rogito

Il rogito è il contratto con cui avviene solennemente, davanti a un notaio, la compravendita di un immobile. È l'atto conclusivo con cui avviene il trasferimento della proprietà.
Per la stipula del rogito il venditore dovrà presentare i seguenti documenti:
- la carta d'identità e il codice fiscale;
- il rogito d'acquisto o la dichiarazione di successione in cui sia compreso l'immobile da vendere;

- le licenze o le concessioni in base a cui il fabbricato è stato costruito;
- il certificato di agibilità;
- le eventuali domande di condono edilizio, con le ricevute dei versamenti, che sono approdate alla relativa sanatoria (i condoni edilizi sono stati tre, nel 1985, nel 1994 e nel 2003);
- i certificati e le planimetrie catastali corrispondenti allo stato di fatto;
- l'eventuale regolamento condominiale con i relativi millesimi;
- le dichiarazioni di conformità degli impianti rilasciati da tecnici abilitati;
- l'attestato di prestazione energetica (APE).

Adempimenti per la vendita di un fabbricato
Il proprietario deve dichiarare il cambio di residenza al Comune e trasferire o chiudere le utenze dei servizi in atto (luce, gas, telefono ecc.).
Nel condominio deve comunicare all'amministratore il cambio di proprietà affinché possa procedere all'aggiornamento dell'anagrafe condominiale e al corretto addebito delle spese.

I documenti tecnici da presentare al notaio per il rogito sono allestiti da un professionista o direttamente dal venditore. È possibile affidare questo compito al notaio che, di norma, si occupa solo della verifica ipotecaria presso la Conservatoria dei registri immobiliari. Senza un mandato preciso, il notaio è responsabile solo della corretta redazione dell'atto di vendita e della successiva trascrizione.
Davanti al notaio si effettua il pagamento del prezzo pattuito nei modi previsti nel contratto preliminare. Si procederà anche a regolare i pagamenti delle eventuali mediazioni. I costi di stipula del contratto sono a carico dell'acquirente, a cui compete la scelta del notaio.

7.4 LA LOCAZIONE DEI FABBRICATI

7.4.1 Normativa essenziale

Art. 1615 c.c.
Quando la locazione ha per oggetto il godimento di una cosa produttiva, mobile o immobile, l'affittuario deve curarne la gestione in conformità della destinazione economica della cosa e dell'interesse della produzione. A lui spettano i frutti e le altre utilità della cosa.

La **locazione** è il contratto col quale una parte (*locatore*) si obbliga a far godere all'altra (*locatario* o *conduttore* o *inquilino*) una cosa mobile o immobile per un dato tempo, verso un determinato corrispettivo (art. 1571 c.c.).

Il codice civile (art. 1615) definisce invece l'**affitto** come una particolare forma di locazione che ha per oggetto il godimento di una cosa produttiva, come un negozio, un ufficio, un'azienda, un fondo rustico ecc.

La locazione dei fabbricati è regolata da due leggi speciali:
- la **legge n. 392 del 27 luglio 1978**, che tratta principalmente della locazione a uso diverso da abitazione;
- la **legge n. 431 del 9 dicembre 1998**, per la locazione abitativa.

7.4.2 Contratti a uso abitazione

I canoni secondo l'OMI
Il canone medio nazionale rilevato dall'OMI è di 65÷75 €/m². Nelle grandi città come Roma, Milano e Firenze i canoni sono di circa 120÷130 €/m²; nei capoluoghi di Regione del nord come Torino, Genova, Bologna 80÷90 €/m²; al sud come Napoli e Palermo a 60÷70 €/m².

Ogni anno vengono stipulati e registrati presso l'Agenzia delle Entrate circa 1,7 milioni i nuovi contratti di locazione, di cui l'80% a uso residenziale. Con la legge n. 431/1998 è possibile stipulare tre tipi di contratto:
- *a canone libero*;
- *a canone convenzionato*;
- *per esigenze abitative di natura transitoria*.

Sono esclusi dal campo di applicazione di questa legge (art. 1):
- gli *immobili vincolati* (immobili di interesse storico, artistico e archeologico ai sensi del Dlgs n. 490/1999) o inclusi nelle *categorie catastali A/1* (signorile), *A/8* (ville) e *A/9* (palazzi storici), che sono sottoposti esclusivamente alla disciplina di cui agli articoli 1571 e seguenti del c.c.;
- gli alloggi di *edilizia residenziale pubblica*, ai quali si applica la relativa normativa statale e regionale (case "popolari");
- gli alloggi locati esclusivamente *per finalità turistiche*.

Sono pertanto presenti diversi **segmenti di mercato** in base alla normativa applicabile.

Contratti a canone libero

Il canone è liberamente contrattabile; non sono quindi previsti limiti massimi. La legge fissa però la durata del contratto che deve essere di almeno **4 anni**.

Il canone a libero mercato ammonta indicativamente al 3,5÷5% del valore del fabbricato.

Contratti a canone concordato (o agevolato) o convenzionato

Il decreto 16 gennaio 2017
Questo decreto interministeriale contiene i criteri generali e i *contratti-tipo*, per la definizione degli accordi in sede locale, per la stipula dei contratti di locazione a uso abitativo a canone concordato, per uso transitorio e per studenti universitari.
Il decreto prevede anche che, in mancanza di accordi territoriali, le fasce di oscillazione del canone sono determinate secondo i criteri del DM 14.7.2004, anche con riferimento ad accordi stipulati in un Comune "demograficamente omogeneo di minore distanza territoriale, anche situato in altra Regione".

Il canone è determinato entro i limiti fissati da un *accordo territoriale* sottoscritto tra le organizzazioni che rappresentano la proprietà (per esempio l'UPPI, Unione piccoli proprietari immobiliari) e i conduttori (per esempio il SUNIA, Sindacato unitario nazionale inquilini e assegnatari) su livelli inferiori a quelli che si formerebbero in un mercato non vincolato (*canone concordato*). Gli accordi territoriali sono conformi ai criteri definiti dal *decreto interministeriale 16 gennaio 2017* per tutto il territorio nazionale. Questo tipo di contratto può essere applicato in qualsiasi Comune (non solo nei Comuni ad alta tensione abitativa). L'assistenza alla stesura del contratto delle organizzazioni sindacali o dei proprietari è facoltativa.

Accordi simili sono previsti (art. 18, DPR 380/2001, TU per l'edilizia) mediante convenzioni tra i Comuni e i costruttori privati (spesso in forma di cooperativa) in cambio di agevolazioni legate alla costruzione degli alloggi (*canone convenzionato*).

Al fine di favorire la locazione di alloggi a canone ridotto, la legge prevede a favore dei proprietari due tipi di incentivi: *agevolazioni fiscali* e una *minore durata del contratto*. La durata minima del contratto è in questo caso di **3 anni**. Le agevolazioni fiscali consistono in una riduzione dell'imponibile ai fini IRPEF e dell'imposta di registro del 30% o la "cedolare secca" al 10 o 21% (*v.* par. 9.2.2).

Il canone concordato ammonta indicativamente al 2,8÷4,2% del valore di mercato del fabbricato.

Contratti per esigenze abitative di natura transitoria

Le locazioni brevi
Le locazioni *inferiori a 30 giorni*, di solito per uso turistico, richiedono la *forma scritta*, la *comunicazione alla questura* e il *codice identificativo*. Possono poi includere *servizi aggiuntivi* come pulizia dei locali, fornitura di biancheria, colazione ecc.

Per le **esigenze abitative di natura transitoria** (per motivi di lavoro, salute o altro) possono essere stipulati contratti convenzionati, conformi al decreto interministeriale 16 gennaio 2017, con durata *da 1 a 18 mesi*. Il canone è concordato nei Comuni con più di 10.000 abitanti, altrimenti è libero.

Per le esigenze degli **studenti universitari** la convenzione nazionale prevede un accordo con regole specifiche (obbligo di regolare iscrizione a un corso di laurea da parte dello studente, residenza al di fuori del Comune ove si trova l'immobile locato), con durata *da 6 a 36 mesi*. Il canone è concordato.

Non sono considerate come esigenze abitative transitorie i contratti per **uso turistico** che, al di fuori del campo di applicazione della legge n. 431/1998, sono liberamente contrattabili.

Rinnovo, recesso e risoluzione del contratto

Rinnovo del contratto

Alla **prima scadenza** il contratto è automaticamente rinnovato per una durata di 4 anni per i contratti a canone libero o di 2 anni per i contratti a canone convenzionato (art. 2). La *durata iniziale* è pertanto, rispettivamente **8 anni** (4 + 4) e **5 anni** (3 + 2).

Fabbricati residenziali: le condizioni per rifiutare il rinnovo alla prima scadenza

Il rinnovo automatico alla prima scadenza non avviene nei casi previsti dall'art. 3 della legge 431/1998, per esempio quando il locatore intenda ristrutturare o vendere l'immobile (a determinate condizioni) oppure destinarlo all'uso proprio, del coniuge, dei genitori o dei figli (parenti entro il secondo grado).
Qualora il locatore abbia rifiutato di rinnovare il contratto alla prima scadenza, ma poi non lo abbia usato entro 12 mesi secondo le finalità per le quali si è avvalso della facoltà di disdetta, il conduttore ha diritto al ripristino del contratto di locazione alle medesime condizioni o, in alternativa, a *36 mensilità* dell'ultimo canone pagato.
Dalla **seconda scadenza** le parti negoziano il rinnovo del contratto a nuove condizioni o comunicano la rinuncia, inviando la propria intenzione all'altra parte con lettera raccomandata almeno sei mesi prima della scadenza. La parte interpellata deve rispondere (ancora con lettera raccomandata) entro 60 giorni dalla data di ricezione. In mancanza di risposta o di accordo il contratto si intenderà scaduto alla data fissata (*finita locazione*). Nel caso in cui nessuna delle parti invii una comunicazione scritta il contratto è invece rinnovato tacitamente alle medesime condizioni (4 anni o 2 anni per i contratti agevolati).

Coppie di fatto
In caso di morte del conduttore, il convivente di fatto può succedergli nel contratto.

Recesso del conduttore

La disdetta del contratto da parte del conduttore può avvenire in qualsiasi momento, per "gravi motivi", con lettera raccomandata almeno sei mesi prima della data da cui il recesso deve avere inizio. In pratica il conduttore deve indicare nella disdetta i motivi che l'hanno causata, la cui gravità non può che essere opinabile.

Risoluzione del contratto

La risoluzione del contratto di locazione può avvenire, oltre al caso di finita locazione, anche per *inadempienza contrattuale* del conduttore, per il mancato pagamento del canone o degli oneri accessori, quando l'importo non pagato superi le due mensilità del canone (art. 5 legge n. 392/1978 e art. 1455 c.c.). La morosità del conduttore può essere sanata in sede giudiziale per non più di tre volte nel corso di un quadriennio (art. 55 legge n. 392/1978).

Altre norme contrattuali

Pagamento del canone

Il pagamento del canone può avvenire secondo le disposizioni contrattuali convenute tra i contraenti (contratti liberi) o tra le associazioni di categoria (contratti convenzionati). Potrà essere un canone mensile anticipato, ma anche un importo annuo anticipato o, al limite, un unico importo complessivo di tutti gli anni di durata del contratto. Il pagamento deve però avvenire con modalità tracciabili e quindi non in contanti (legge n. 147/2013).

Deposito cauzionale

Il deposito cauzionale non può essere superiore a *tre mensilità* del canone. Esso è produttivo di interessi legali che debbono essere corrisposti al conduttore alla fine di ogni anno (art. 11 della legge n. 392/1978).

Spese a carico del conduttore

Sono a carico del conduttore gli "oneri accessori" (art. 9, legge n. 392/1978) dovuti per il servizio di pulizia, il funzionamento e l'ordinaria manutenzione dell'ascensore, la fornitura dell'acqua, dell'energia elettrica e del riscaldamento, lo spurgo dei pozzi neri, nonché la fornitura di altri servizi comuni condominiali. Le spese per il servizio di portineria sono a carico del conduttore nella misura del 90%, mentre il 10% può essere addebitato al proprietario.

Aggiornamento del canone

L'aggiornamento annuo del canone di locazione è liberamente contrattabile; è stato infatti abrogato l'articolo 24 della legge n. 392/1978 che prevedeva un aggiornamento del canone nei limiti del 75% dell'indice ISTAT degli aumenti dei prezzi per le famiglie di operai e impiegati (indice FOI). Pertanto la clausola di aggiornamento dei canoni prevista nei contratti liberi può prevedere un aggiornamento del canone pari anche al 100% dell'indice ISTAT. Nei contratti agevolati e convenzionati è invece fissato il limite del 75%, mentre non è previsto in caso di opzione per la "cedolare secca".

7.4.3 Contratti a uso diverso da abitazione

La normativa sull'affitto di immobili per uso produttivo, destinati ad attività industriali, commerciali, artigianali e turistiche rimane regolata dall'articolo 27 e seguenti della legge n. 392/1978. La normativa in questo caso ha come obiettivo la tutela degli interessi economici legati alle attività svolte nel fabbricato. Si hanno così, per esempio, una durata maggiore del contratto e l'indennità di avviamento commerciale. La *durata del contratto* è infatti di:

- **6 anni** per le attività industriali, commerciali, artigianali;
- **9 anni** per le attività alberghiere.

L'aggiornamento annuo del canone, per contratti stipulati per una durata non superiore a 6 anni, è fissato al 75% dell'indice FOI (art. 32, legge 392/1978).

Rinnovo del contratto

Le condizioni per rifiutare il rinnovo alla prima scadenza

Il rinnovo del contratto è tacito, alle medesime condizioni del precedente, se nessuna delle parti comunica la disdetta con lettera raccomandata almeno 12 mesi prima della scadenza (18 mesi per le attività alberghiere).
Alla **prima scadenza** contrattuale il locatore può esercitare la facoltà di diniego del rinnovo soltanto per particolari motivi. Pertanto la durata iniziale del contratto è in genere di 12 anni (18 anni per le attività alberghiere).

L'indennità di avviamento commerciale

In caso di cessazione del rapporto di affitto di fabbricati per uso produttivo, che non sia dovuta a risoluzione per inadempimento o recesso del conduttore, il locatore deve pagare a quest'ultimo un'indennità per la perdita dell'avviamento commerciale pari a **18 mensilità dell'ultimo canone corrisposto** (21 per le attività alberghiere) (art. 34, legge n. 392/1978). L'importo è *raddoppiato* qualora l'immobile venga, da chiunque, adibito all'esercizio della stessa attività o di attività incluse nella stessa tabella merceologica *entro un anno dalla cessazione del precedente esercizio.*
L'indennità **non è dovuta** quando il contratto di affitto riguarda attività che non comportino contatti diretti con il pubblico. Non è altresì dovuta per attività professionali, per attività a carattere transitorio, nonché per gli immobili complementari o interni a stazioni ferroviarie, porti, aeroporti, aree di servizio stradali o autostradali, alberghi e villaggi turistici (art. 35, legge n. 392/1978).
In caso di mancato pagamento dell'indennità di avviamento il conduttore ha **diritto di ritenzione** dell'immobile, anche se è stato chiarito dalla giurisprudenza che trattenere l'immobile non consente all'ex affittuario il godimento dell'immobile per scopi commerciali, ma solo la sua custodia in difesa di un preciso interesse.

7.4.4 Registrazione del contratto

Il contratto di locazione deve essere registrato presso gli uffici dell'Agenzia delle entrate entro 30 giorni dalla firma. L'obbligo della registrazione, solidalmente a carico dei contraenti, viene meno solo per i contratti che riguardano locazioni abitative di *durata non superiore a 30 giorni in un anno* (locazioni brevi).
La registrazione del contratto deve essere effettuata utilizzando il **modello RLI** (*Registrazione locazione immobili*) per via telematica, usando l'apposito software scaricabile gratuitamente dal sito Internet dell'Agenzia delle entrate, direttamente o tramite soggetti abilitati (organizzazioni della proprietà edilizia, agenzie di mediazione, commercialisti, geometri ecc.). È obbligatorio indicare gli *estremi catastali* identificativi dell'unità immobiliare.
La registrazione comporta il pagamento della relativa imposta (*v.* paragrafo 9.8.5).

7.5 LA MEDIAZIONE IMMOBILIARE

L'agente d'affari in mediazione è una persona che mette in relazione due o più parti per la conclusione di un affare (compravendita o locazione nel settore immobiliare) senza essere legata ad alcuna di esse da rapporti di dipendenza, collaborazione o rappresentanza (art. 1754 c.c.).

7.5.1 Requisiti richiesti

Per svolgere l'attività di mediatore sono richiesti requisiti di natura generale, morale e professionale:
- **di natura generale** (maggiore età, cittadinanza italiana, residenza nella provincia in cui si richiede l'iscrizione alla Camera di commercio, industria, artigianato e agricoltura (CCIAA) godimento dei diritti civili ecc.);
- **di natura morale** (nessun fallimento, assenza di condanne per particolari reati).

I requisiti **professionali o formativi** sono, in alternativa:
- aver conseguito un diploma di scuola secondaria di secondo grado, aver frequentato un corso di formazione e aver superato un esame diretto ad accertare l'attitudine e la capacità professionale dell'aspirante in relazione al ramo di mediazione prescelto,

oppure

- aver conseguito il diploma di scuola secondaria di secondo grado e aver effettuato un periodo di pratica di almeno dodici mesi continuativi con l'obbligo di frequenza di uno specifico corso di formazione professionale.

7.5.2 Inizio dell'attività

Chi intende svolgere l'attività di mediatore deve presentare una **segnalazione certificata di inizio di attività** (SCIA) alla Camera di commercio tramite lo sportello unico del Comune competente per territorio, corredata delle certificazioni attestanti il possesso dei requisiti prescritti dalla legge.
La CCIAA verifica il possesso dei requisiti e iscrive i dati nel **Repertorio delle notizie economiche e amministrative** (**REA**) oppure nel *Registro delle imprese*, se l'attività è svolta in forma di impresa.

L'iscrizione è a titolo personale (l'agente non può delegare funzioni di mediazione se non a un altro agente regolarmente iscritto) ed è **incompatibile** con il

lavoro dipendente (con esclusione delle imprese di mediazione) e con l'esercizio di *attività imprenditoriali e professionali* che siano in conflitto di interessi con l'attività di mediazione (l'agente immobiliare non può per esempio fare l'amministratore di condominio).
L'agente iscritto è abilitato a esercitare la propria attività su tutto il territorio italiano (non è vincolato a una zona specifica).

7.5.3 Svolgimento dell'attività

I mediatori del settore immobiliare agiscono in base a un **incarico di mediazione** reso in forma scritta dal venditore; tuttavia la mediazione non presuppone il preventivo conferimento dell'incarico e può quindi riconoscersi anche nella segnalazione del nominativo del contraente con il quale il contratto è stato in pratica stipulato. È necessario tuttavia che sia provata la volontà delle parti, manifestata sia esplicitamente che per *facta concludentia* (significa "cose fatte da concludere", cioè un'accettazione implicita dell'attività di mediazione), di avvalersi dell'attività del mediatore.

Le associazioni professionali
I mediatori aderiscono ad associazioni professionali di categoria, ciascuna con una propria organizzazione e codice deontologico. Le più importanti sono la FIAIP (Federazione italiana agenti immobiliari professionali), la FIMAA (Federazione italiana mediatori agenti d'affari) e l'ANAMA (Associazione nazionale agenti e mediatori d'affari).

La **provvigione** per la compravendita è a carico sia del venditore sia dell'acquirente. La misura delle provvigioni è negoziata di volta in volta fra le parti interessate. In base alle consuetudini locali, la provvigione ammonta in tutte le province italiane, per il venditore e per l'acquirente, al 2,5÷3% sul prezzo (5÷6% in totale). Per il contratti di locazione la provvigione è in genere del 10% a carico del locatore.

Per l'esercizio della professione di mediatore è richiesta una **garanzia assicurativa** a copertura dei rischi professionali e a tutela dei clienti.

All'atto della cessione dell'immobile le parti contraenti hanno l'obbligo, per fini fiscali, di rendere apposita dichiarazione sostitutiva di atto di notorietà recante i **dati identificativi del mediatore** (i dati del legale rappresentante, se diverso da persona fisica) e l'ammontare della spesa sostenuta per la sua attività con le modalità di pagamento.

ECONOMIA

7. IL MERCATO IMMOBILIARE

QUESTIONARIO	IN SINTESI
1. Qual è il concetto di valore espresso dall'economia classica, neoclassica e del benessere?	Con il termine **prezzo** si intende la quantità di moneta scambiata o scambiabile in un certo luogo e istante con un determinato bene economico. Il **costo** è la somma di denaro che l'imprenditore deve spendere per produrre un bene. Il **valore** ha invece il significato di una quantificazione monetaria derivante da un criterio di stima. Secondo l'economia classica il valore di un bene deriva dal *costo del lavoro* necessario per produrlo. Per gli economisti neoclassici il valore di un bene emerge con il *prezzo* pagato, che è maggiore per i beni più scarsi e più desiderati e viceversa. Secondo l'economia del benessere, il valore dei beni pubblici dipende dalle utilità, intese anche come benessere, fruibili dalla collettività di utenti. Viene quindi definito come *valore d'uso sociale*.

2. Quali sono le caratteristiche del mercato immobiliare?	Il mercato immobiliare si caratterizza per: – *eterogeneità*, essendo composto di fabbricati e terreni con diversa destinazione d'uso e caratteristiche; – *elevata sicurezza dell'investimento*, in quanto a basso rischio monetario e tecnico (obsolescenza); – *trasparenza ridotta*, in quanto non è facile confrontare le caratteristiche e i prezzi di beni simili; – *immobilità del capitale*, che non può essere convertito in liquidità in breve tempo.
3. Quali sono i parametri che in genere vengono rilevati per l'analisi del mercato immobiliare?	L'analisi del mercato immobiliare rileva in genere: – il *numero di transazioni*, come indice del volume del mercato; – l'*andamento dei pezzi*, con periodi di crescita e di recessione; – il *tempo medio di esposizione sul mercato*, che trascorre da quando l'immobile è messo in vendita fino a quando la vendita è perfezionata; – lo *sconto tra valore di offerta e prezzo di vendita effettivo*; – il *rendimento* che si ottiene dal rapporto tra ricavo locativo e valore.
4. La proposta irrevocabile di acquisto equivale a un contratto di vendita?	**Compravendita di un immobile.** La *proposta irrevocabile di acquisto* è un contratto con il quale l'acquirente si obbliga con il mediatore a mantenere fissa la propria offerta per un certo tempo, mentre il venditore ha facoltà o meno di accettare la proposta. Se l'acquirente recede, perde la caparra versata.
5. Che cos'è il compromesso?	Con il *contratto preliminare* l'acquirente acquisisce il diritto di acquistare alle condizioni stabilite (prezzo, data prevista del rogito ecc.). Il contratto preliminare può essere redatto come scrittura privata oppure, eventualmente, come atto pubblico trascritto nei pubblici registri immobiliari.
6. Che cos'è il rogito? Quali sono i documenti da allegare?	Il *rogito* è il contratto con cui avviene il trasferimento della proprietà. Per la stipula del rogito il venditore, tra i documenti obbligatori, dovrà presentare: il rogito d'acquisto o la dichiarazione di successione, le licenze o le concessioni edilizie, il certificato di agibilità, i certificati e le planimetrie catastali corrispondenti allo stato di fatto, l'eventuale regolamento condominiale con i relativi millesimi, le dichiarazioni di conformità degli impianti, l'attestato di prestazione energetica ecc.
7. Secondo quali modalità si determina attualmente il canone di locazione per i fabbricati a uso abitazione? **8.** Quali sono i fattori che possono indurre i proprietari a concedere in locazione un alloggio per un canone concordato?	**Contratti locativi a uso abitazione**. Con la legge n. 431/1998 è possibile stipulare tre tipi di contratto: a canone libero, a canone convenzionato e per esigenze abitative di natura transitoria. Nei *contratti normali* il canone è liberamente contrattabile; la legge fissa però una durata minima di 4 anni. Nei *contratti a canone concordato o convenzionato* il canone è determinato entro i limiti fissati da una convenzione sottoscritta tra le organizzazioni che rappresentano la proprietà e i conduttori. Come contropartita, i proprietari beneficiano di agevolazioni fiscali. La durata minima del contratto è in questo caso di 3 anni. I *contratti per le esigenze abitative di natura transitoria* sono stipulati sulla base di una convenzione nazionale con durata da 1 a 18 mesi. Per le esigenze degli studenti universitari sono previste regole specifiche e una durata da 6 a 36 mesi.

9. In quali casi il proprietario può recedere dal contratto alla prima scadenza? A quali obblighi è sottoposto in questo caso?

10. Qual è la durata minima e massima di un contratto di locazione?

11. Quando può avvenire il recesso dal contratto da parte del conduttore?

12. Quando può avvenire la risoluzione del contratto da parte del locatore?

13. Che cosa sono gli "oneri accessori"? Chi li deve pagare?

14. Con quali modalità avviene la locazione di fabbricati a uso diverso da abitazione?

15. Che cos'è e come si calcola l'indennità di avviamento commerciale? Quando deve essere pagata?

16. In che modo si diventa mediatore immobiliare?

17. Quando devono essere pagati gli oneri di un'eventuale mediazione?

Alla *prima scadenza* il contratto è automaticamente rinnovato per una durata di 4 anni per i contratti a canone libero o di 2 anni per i contratti a canone convenzionato. Il rinnovo automatico alla prima scadenza non avviene nei casi previsti dalla legge.

Dalla seconda scadenza le parti contrattano il rinnovo a nuove condizioni o comunicano la rinuncia. Nel caso in cui nessuna delle parti invii una comunicazione scritta il contratto è rinnovato tacitamente.

Il *recesso del conduttore* può avvenire in qualsiasi momento, per "gravi motivi", con lettera raccomandata almeno sei mesi prima della data da cui il recesso deve avere inizio.

La *risoluzione del contratto* può avvenire per inadempienza contrattuale del conduttore, per il mancato pagamento del canone o degli oneri accessori, quando l'importo non pagato superi le due mensilità del canone.

Il *pagamento del canone* può avvenire secondo le disposizioni contrattuali convenute tra i contraenti (contratti liberi) o tra le associazioni di categoria (contratti convenzionati).

L'*aggiornamento del canone* è liberamente contrattabile. Nei contratti convenzionati è invece fissato il limite del 75% dell'indice FOI.

Il *deposito cauzionale* non può essere superiore a tre mensilità del canone.

Sono a carico del conduttore le *spese* per il servizio di pulizia, ordinaria manutenzione, il riscaldamento, le utenze ecc.

Contratti a uso diverso da abitazione. L'ammontare del *canone* è liberamente contrattabile. L'aggiornamento del canone è limitato invece al 75% dell'indice ISTAT. La durata del contratto è di 6 anni, ma di 9 anni per le attività alberghiere.

Il *rinnovo del contratto* è tacito se nessuna delle parti comunica la disdetta con lettera raccomandata almeno 12 mesi prima della scadenza (18 mesi per le attività alberghiere). Alla *prima scadenza* contrattuale il locatore può esercitare la facoltà di diniego del rinnovo soltanto per particolari motivi.

In caso di cessazione del rapporto di affitto che non sia dovuta a risoluzione o a recesso del conduttore, il locatore deve pagare un'*indennità per la perdita dell'avviamento commerciale* pari a 18 mensilità dell'ultimo canone corrisposto (21 per le attività alberghiere).

Registrazione del contratto. Il contratto di locazione è soggetto a registrazione e quindi al pagamento della relativa imposta. L'obbligo della registrazione è a carico di entrambi i contraenti.

La mediazione. L'agente d'affari in mediazione è una persona che mette in relazione due o più parti per la conclusione di un affare.

Chi intende svolgere l'attività di mediatore deve presentare una *segnalazione certificata di inizio di attività* alla CCIAA corredata delle certificazioni attestanti il possesso dei requisiti morali e professionali richiesti. La CCIAA iscrive i dati nel Repertorio delle notizie economiche e amministrative (REA), assegnando la qualifica di intermediario.

I mediatori del settore immobiliare agiscono in base a un *incarico di mediazione* reso in forma scritta dal venditore.

La *provvigione* è a carico sia del venditore sia dell'acquirente. Per le locazioni è a carico del proprietario.

ATTIVITÀ PRATICHE E DI VERIFICA

AREA DIGITALE — QUESTIONARIO A RISPOSTA MULTIPLA

1. La quantificazione monetaria nella stima immobiliare viene detta:
- [ ] a. prezzo
- [ ] b. costo
- [ ] c. valore

2. Il grado di rischio in un investimento immobiliare è:
- [ ] a. basso
- [ ] b. medio
- [ ] c. alto

3. La trasparenza del mercato immobiliare è:
- [ ] a. massima
- [ ] b. ridotta
- [ ] c. dipende dal tipo di fabbricato

4. La proposta di acquisto è:
- [ ] a. revocabile
- [ ] b. irrevocabile
- [ ] c. irrevocabile per l'acquirente

5. Quali dei seguenti immobili sono soggetti alla legge n. 431/1998?
- [ ] a. gli immobili di categoria A/1, A/8 e A/9
- [ ] b. le abitazioni
- [ ] c. gli immobili a uso diverso da abitazione

6. Con la normativa vigente la locazione dei fabbricati a uso abitazione a canone libero ha una durata iniziale di:
- [ ] a. 3 + 2 anni
- [ ] b. 4 + 4 anni
- [ ] c. 3 + 4 anni

7. Con la normativa vigente la locazione dei fabbricati a uso abitazione a canone convenzionato ha una durata di:
- [ ] a. 3 + 2 anni
- [ ] b. 4 + 4 anni
- [ ] c. 3 + 4 anni

8. I contratti concordati consentono al conduttore i seguenti vantaggi:
- [ ] a. un canone più basso
- [ ] b. una durata maggiore del contratto e un canone più basso
- [ ] c. un canone più basso e risparmi fiscali

9. La locazione dei fabbricati a uso diverso da abitazione ha in genere una durata di:
- [ ] a. 3 anni
- [ ] b. 4 anni
- [ ] c. 6 anni

10. L'indennità di avviamento commerciale è di norma pari a:
- [ ] a. 12 mensilità del canone
- [ ] b. 18 mensilità del canone
- [ ] c. 21 mensilità del canone

11. Il recesso del conduttore può avvenire:
- [ ] a. solo alla scadenza contrattuale
- [ ] b. in qualsiasi momento
- [ ] c. in qualsiasi momento pagando la metà del canone residuo

12. La registrazione del contratto di locazione:
- [ ] a. è obbligatoria in ogni caso
- [ ] b. è obbligatoria per i contratti con canone superiore a 1000 euro
- [ ] c. è obbligatoria per i contratti convenzionati

13. Per svolgere l'attività di mediatore è necessario:
- [ ] a. l'iscrizione a un albo professionale (es. geometri)
- [ ] b. avere un diploma e aver frequentato un corso con esame finale
- [ ] c. avere una laurea

8 Il mercato del lavoro

- ✓ Il reddito da lavoro
- ✓ Il lavoro dipendente
- ✓ Il lavoro autonomo

8.1 IL REDDITO DA LAVORO

Il salario
L'etimologia della parola ha origine dall'antica Roma, dove i legionari venivano pagati con il sale.

Il lavoro è la principale fonte di reddito per la maggior parte delle famiglie, mentre per l'imprenditore è uno dei costi più importanti che deve sostenere.
Con il termine **salario** si indica la remunerazione del fattore produttivo "lavoro" inteso nella sua accezione più ampia, tuttavia permane la differenziazione tra salario, il compenso del *lavoro manuale*, e **stipendio**, il compenso del *lavoro intellettuale* (impiegatizio e dirigenziale).
In un'economia di mercato il prezzo del lavoro si forma sul mercato. È però evidente che questa "merce" ha un contenuto particolare, in quanto ha come fonte la *persona* del lavoratore. Per questo motivo la legge regolamenta in modo articolato e preciso le diverse forme che può assumere il rapporto di lavoro, secondo gli orientamenti della politica economica nazionale e universali criteri etici. La normativa basilare è data dallo *Statuto dei lavoratori* (legge n. 300/1970) e dal codice civile. Profonde innovazioni furono introdotte con la *legge Biagi* (l. n. 30/2003) e con le successive modificazioni fino ad oggi.
L'art. 4 della *Costituzione* va oltre la mera regolamentazione del rapporto di lavoro, in quanto asserisce che "la Repubblica riconosce a tutti i cittadini il *diritto al lavoro* e promuove le condizioni che rendano effettivo questo diritto".

Il lavoro, dai classici alla globalizzazione

8.1.1 I tipi di lavoro

L'attività lavorativa può essere svolta nell'ambito di due diversi tipi di rapporto con il datore di lavoro:
- il **lavoro dipendente** (o subordinato);
- il **lavoro autonomo** (o indipendente o non subordinato).

Nel primo caso la "tecnica" di esecuzione dell'attività lavorativa è decisa dall'imprenditore, a cui il lavoratore presta le proprie capacità di lavoro manuale o intellettuale. Nel secondo caso l'imprenditore affida al lavoratore determinate mansioni o il compito di produrre una certa quantità di beni o servizi, che il lavoratore esegue con modalità decise in modo autonomo.

8.2 IL LAVORO DIPENDENTE

I sindacati e le associazioni degli imprenditori

La legge prevede le tipologie di contratto di lavoro che possono essere stipulati (*v.* figura 8.1). I contratti sono sottoscritti a livello nazionale dalle rappresentanze sindacali dei lavoratori (per esempio la CGIL) e dalle associazioni dei datori di lavoro (per esempio la Confindustria) in una trattativa, quindi, in regime di monopolio bilaterale. I **contratti collettivi nazionali di lavoro** (CCNL) possono essere ulteriormente definiti da **contratti integrativi** a livello regionale, provinciale o aziendale.

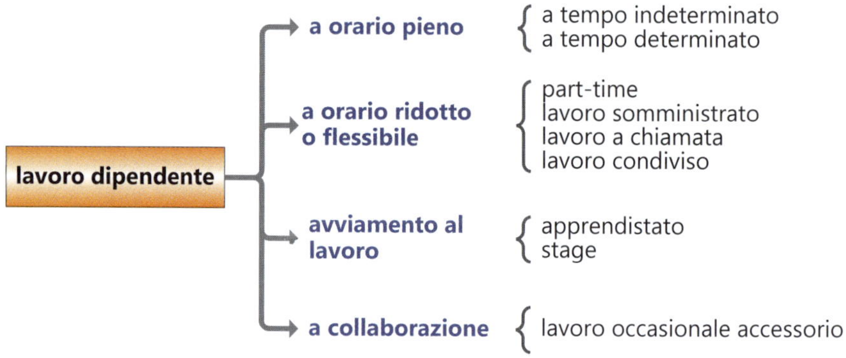

Figura 8.1
Tipologie di rapporto di lavoro.

8.2.1 Il costo del lavoro e la retribuzione netta

Con il termine **costo del lavoro** si intende la somma di tutte le spese che un imprenditore deve sostenere per mantenere alle proprie dipendenze un lavoratore. Il costo del lavoro si compone di due parti: la **retribuzione lorda** e gli **oneri a carico del datore di lavoro**.

La retribuzione lorda comprende gli importi che, per contratto, devono essere corrisposti al lavoratore. Con tale somma il lavoratore deve però pagare i contributi previdenziali e sanitari e le imposte, che per legge sono **trattenute** direttamente dal datore di lavoro. Tra gli oneri a carico del datore di lavoro vi è l'*assicurazione contro gli infortuni* gestita dall'INAIL (*v.* figura 8.2).

La differenza tra costo del lavoro dipendente e retribuzione netta ("netto in busta"), detta *cuneo fiscale*, è davvero molto consistente. Indicativamente, a ogni 1.000 € di retribuzione netta corrisponde un costo del lavoro di circa 2.100 €.

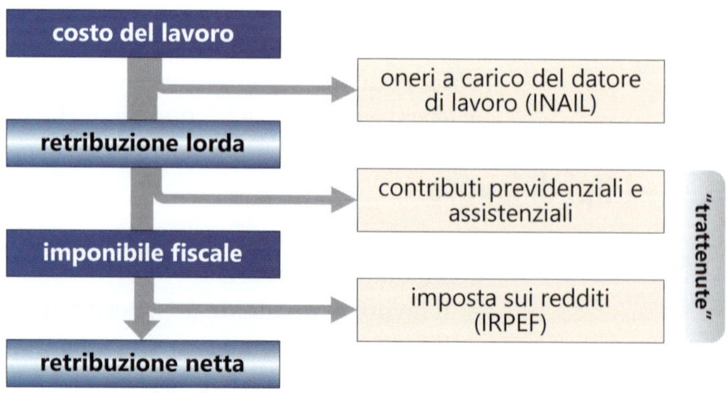

Figura 8.2
Schema della composizione del costo del lavoro.

La retribuzione

Nel rapporto di lavoro dipendente la remunerazione del lavoratore è riferita a un certo *numero di ore settimanali di lavoro ordinario* ed è fissata dai contratti collettivi delle singole categorie produttive private o pubbliche.
La **paga-base** è attualmente garantita per 40 ore settimanali per la maggior parte dei lavoratori (39 ore per i lavoratori dell'agricoltura).
La paga-base viene fissata contrattualmente in funzione della *qualifica* del lavoratore (operaio, impiegato) e del *livello* acquisito con l'anzianità. Gli scatti di anzianità sono un riconoscimento dell'acquisizione nel tempo da parte del lavoratore di una superiore professionalità.
La retribuzione può essere maggiorata di un'**indennità per condizioni particolari di lavoro**: straordinario (quando supera le ore di lavoro ordinarie contrattuali), festivo, notturno, su turno, indennità meccanografica, indennità di reperibilità, indennità sostitutiva per festività non godute, compensi per mansioni di categoria superiore ecc.
Altre **voci aggiuntive** della retribuzione sono: la tredicesima mensilità o gratifica natalizia, gratifiche straordinarie e mensilità eccedenti la tredicesima, premi di produzione (corrisposti ove vengano raggiunti certi livelli produttivi globali o specifici).
In alcuni casi la retribuzione del dipendente, appartenente in genere a livelli alti di inquadramento, è integrata da **benefici accessori** (*fringe benefit*) corrisposti "in natura". Per la loro consistenza non monetaria questi benefici non figurano in busta-paga e pertanto sfuggono in gran parte all'imposizione fiscale. L'elenco dei *fringe benefit* è molto lungo: alloggio gratuito, auto aziendale, telefono cellulare, personal computer portatile, assicurazioni sulla vita, viaggi premio ecc.

Il lavoro a cottimo
Il codice civile (art. 2099) prevede che il lavoro possa essere pagato anche "a cottimo" e cioè sul parametro della quantità di prodotto lavorato. In questo caso la retribuzione tiene conto non soltanto del tempo impiegato, ma anche del rendimento fornito dal lavoratore. Questo rendimento può essere retribuito anche con una partecipazione agli utili dell'impresa.

La contingenza

Le trattenute

Le trattenute sono prelievi dalla busta paga del lavoratore effettuate dal datore di lavoro in qualità di *sostituto d'imposta*. Il datore di lavoro è obbligato a sostituirsi al soggetto creditore di un tributo nel momento stesso dell'erogazione del reddito (trattenute *alla fonte*); gli importi prelevati sono poi girati, nei tempi previsti dalla legge, al soggetto pubblico che ne ha diritto (i lavoratori autonomi devono invece versare direttamente i contributi di loro competenza). Le trattenute sono di due tipi: i contributi previdenziali e sanitari e le imposte.

I contributi

I contributi previdenziali e sanitari servono, rispettivamente, a finanziare il *fondo per l'erogazione delle pensioni* gestito dall'Istituto nazionale di previdenza sociale (INPS) o da altri enti previdenziali e il *servizio sanitario nazionale e regionale* (ospedali, medici di base, medicine, esami di laboratorio ecc.). L'ammontare del contributo è calcolato sugli elementi della retribuzione che rappresentano il "corrispettivo di prestazione di lavoro" (*imponibile previdenziale*). La legge ha definito la nozione di retribuzione agli effetti contributivi e ha elencato le somme esenti (per esempio risultano esenti gli assegni familiari o le indennità di malattia e di maternità). All'imponibile previdenziale sono applicate le *aliquote contributive* previste per legge.

Le imposte

Come ogni altro reddito, la retribuzione del lavoratore è soggetta all'imposizione fiscale. Il reddito da lavoro dipendente è gravato dall'**IRPEF** e dalle relative addizionali regionali e comunali.
La base imponibile è costituita dalla retribuzione lorda al netto dei contributi previdenziali e sanitari. Alle trattenute mensili fa seguito il conguaglio fiscale a

fine anno, con il prelievo di ulteriori somme dovute o con l'eventuale accredito degli importi trattenuti e non dovuti.

Trattamento di fine rapporto (TFR)

In ogni caso di cessazione del rapporto di lavoro subordinato, il lavoratore ha diritto a un trattamento di fine rapporto (o *liquidazione*).

Rivalutazione del fondo
Il fondo è rivalutato ogni anno in misura pari al 75% dell'indice ISTAT dei prezzi al consumo per le famiglie di operai e impiegati, più l'1,5% fisso.

La liquidazione si calcola per i lavoratori privati e pubblici sommando per ciascun anno di lavoro un importo pari alla *retribuzione annua divisa per 13,5*, pari al 7,41% (art. 2120 del c.c.). A tale importo si deve sottrarre lo 0,5% destinato all'INPS per la costituzione di un *fondo di garanzia* al fine di garantire al lavoratore in qualunque evenienza, e quindi anche in caso di fallimento o di insolvenza del datore di lavoro, l'erogazione del TFR. Il trattamento di fine rapporto maturato è pertanto pari al *6,91%*.

I lavoratori dipendenti, pubblici o privati, possono attuare *forme pensionistiche complementari* destinando il TFR ai fondi pensione istituiti ai sensi del DPR del 5 dicembre 2005. In questo caso il lavoratore rinuncia, in tutto o in parte, al TFR per ricevere una pensione integrativa.

8.2.2 Il lavoro a orario pieno

La normativa che regolamenta i contratti di lavoro è data attualmente dal **Dlgs n. 81/2015** per la "disciplina organica dei contratti di lavoro".

Lavoro a tempo indeterminato e a termine

Contratto a termine fino a 24 mesi
Il contratto a termine può avere una durata fino a 24 mesi in casi eccezionali:
- esigenze temporanee e oggettive, estranee alla ordinaria attività, ovvero per sostituire altri lavoratori;
- esigenze connesse a incrementi temporanei, significativi e non programmabili, dell'attività ordinaria.

In assenza di queste condizioni, il contratto si trasforma a tempo indeterminato dalla data di superamento dei 12 mesi.

Il contratto di lavoro subordinato è *comunemente* a tempo indeterminato, così almeno stabilisce la legge ad eccezione delle pubbliche amministrazioni. È tuttavia ammissibile porre un **termine** al contratto, fino a un massimo di *12 mesi* (24 mesi per casi particolari).

La durata dei rapporti di lavoro a tempo determinato tra lo stesso datore di lavoro e lo stesso lavoratore, per effetto di una *successione di contratti* conclusi per lo svolgimento delle stesse mansioni, non può superare i 24 mesi, salvo diverse disposizioni dei contratti collettivi e per le attività stagionali. Qualora il limite dei 24 mesi sia superato, il contratto si trasforma a tempo indeterminato dalla data di tale superamento.

Il termine finale del contratto può essere prorogato per un massimo di *quattro volte*. Qualora il numero delle proroghe sia superiore, il contratto si trasforma in contratto a tempo indeterminato dalla data di decorrenza della quinta proroga.

Se il lavoratore viene *riassunto* con contratto a termine entro 10 o 20 giorni dalla scadenza, a seconda che il primo contratto fosse di durata rispettivamente inferiore o superiore a 6 mesi, il secondo contratto viene considerato a tempo indeterminato (escluse le attività stagionali).

Brevi prosecuzioni

Fermi i limiti di durata massima, se il rapporto di lavoro continua dopo la scadenza del termine inizialmente fissato o successivamente prorogato, il datore di lavoro deve corrispondere al lavoratore una *maggiorazione della retribuzione* complessiva pari al 20% fino al decimo giorno successivo alla scadenza, e pari al 40% per ogni giorno ulteriore.

È previsto un termine massimo per la prosecuzione oltre la scadenza, termine pari a 30 giorni, se il contratto a termine aveva una durata inferiore a 6 mesi, e a 50 giorni negli altri casi. Se il rapporto di lavoro prosegue oltre i suddetti termini, il contratto deve essere considerato a tempo indeterminato a partire dalla scadenza dei termini.

Divieti nel lavoro a termine
L'assunzione a termine non è ammessa:
- per sostituire lavoratori in sciopero;
- se sono stati effettuati licenziamenti collettivi nei sei mesi precedenti l'assunzione;
- se sono operanti sospensioni o riduzioni dell'orario in regime di Cassa integrazione guadagni;
- per i datori non in regola con la normativa in materia di sicurezza sul lavoro.

Limiti quantitativi

Il numero complessivo di rapporti di lavoro a termine costituiti da ciascun datore di lavoro non può eccedere il 20% del numero dei lavoratori a tempo indeterminato in forza al 1° gennaio dell'anno di assunzione.
Per le imprese che occupano fino a cinque dipendenti è sempre possibile stipulare un contratto di lavoro a tempo determinato.

Forma del contratto

L'apposizione del termine deve risultare da *atto scritto*; in mancanza, il contratto si considera a tempo indeterminato. Una copia dell'atto scritto deve essere consegnata al lavoratore entro cinque giorni dall'inizio del rapporto di lavoro. La forma scritta non è richiesta quando la durata del rapporto di lavoro non supera 12 giorni.

Diritti di precedenza

Il lavoratore che abbia prestato attività lavorativa a termine presso la stessa azienda per un periodo superiore ai *6 mesi*, ha diritto di precedenza nelle assunzioni a tempo indeterminato per mansioni equivalenti, effettuate dal datore di lavoro entro i 12 mesi successivi con riferimento alle mansioni già espletate in esecuzione dei rapporti a termine.

Licenziamento

Il lavoratore assunto a tempo determinato non può essere licenziato prima della scadenza del termine se non per giusta causa, cioè per un fatto talmente grave da non consentire la prosecuzione, neppure provvisoria, del rapporto di lavoro. Non è possibile quindi il licenziamento per un motivo di altra natura (per esempio la riduzione dell'attività dell'impresa).

ECONOMIA

8.2.3 Lavoro a orario ridotto o flessibile

Lavoro a tempo parziale (part-time)

Il contratto di lavoro part-time è un contratto di lavoro subordinato, a tempo determinato o indeterminato, che si caratterizza per un orario inferiore al normale (*full-time*). È un rapporto di lavoro stabile, che permette di soddisfare le esigenze di flessibilità delle imprese e, nello stesso tempo, di adattarsi a particolari esigenze dei lavoratori, specialmente di giovani, anziani, lavoratori usciti dal mercato e soprattutto di donne che desiderano conciliare lavoro e famiglia.

Trasformazione del contratto a tempo parziale
Su accordo tra le parti è ammessa la trasformazione del rapporto di lavoro a tempo pieno a tempo parziale, in particolare, per i soggetti affetti da patologie oncologiche nonché da gravi patologie cronico-degenerative ingravescenti, per i quali risulti una ridotta capacità lavorativa. A richiesta del lavoratore il rapporto di lavoro a tempo parziale è trasformato nuovamente a tempo pieno.

Il rapporto a tempo parziale può essere:
- **orizzontale**, quando la riduzione è riferita al normale orario giornaliero;
- **verticale**, quando la prestazione è svolta a tempo pieno, ma per periodi predeterminati della settimana, del mese o dell'anno;
- **misto**, quando il rapporto di lavoro a tempo parziale è articolato combinando le modalità orizzontale e verticale.

Il contratto, in forma scritta, deve indicare la durata della prestazione lavorativa e della collocazione temporale dell'orario (al giorno, alla settimana, al mese e all'anno).

Il lavoratore *part-time* ha gli stessi diritti del lavoratore a tempo pieno:
- ha diritto alla stessa retribuzione oraria;
- ha diritto allo stesso trattamento normativo per quanto riguarda la durata del periodo di ferie annuali, la durata del congedo di maternità e del congedo parentale, il trattamento della malattia e infortunio ecc.

Lavoro supplementare

Il datore di lavoro può richiedere al lavoratore a tempo parziale lo svolgimento di prestazioni di lavoro supplementare in misura non superiore al 25% delle ore di lavoro settimanali concordate. In tale ipotesi il lavoratore può rifiutare lo svolgimento del lavoro supplementare ove giustificato da comprovate esigenze lavorative, di salute, familiari o di formazione professionale.
Il lavoro supplementare è retribuito con una maggiorazione del 15% della retribuzione oraria.

Lavoro intermittente (o "a chiamata")

Il contratto di lavoro intermittente è il contratto, anche a tempo determinato, mediante il quale un lavoratore si pone a disposizione di un datore di lavoro per **prestazioni lavorative discontinue**, secondo le esigenze individuate dai contratti collettivi. Questi contratti sono comunemente stipulati, per esempio, per il lavoro durante il fine settimana, nelle festività, nei periodi di vacanze scolastiche dagli esercizi commerciali (ma anche per il turismo, steward negli stadi, personale di sicurezza nelle discoteche ecc.).
Il contratto di lavoro intermittente può, in ogni caso, essere concluso con soggetti con meno di 24 anni di età e con più di 55 anni.
Con l'eccezione dei settori del turismo, dei pubblici esercizi e dello spettacolo, il contratto di lavoro intermittente è ammesso, per ciascun lavoratore con il medesimo datore di lavoro, per un periodo complessivamente *non superiore a 400 giornate di effettivo lavoro nell'arco di tre anni solari*. In caso di superamento del predetto periodo il relativo rapporto si trasforma in un rapporto di lavoro a tempo pieno e indeterminato.
Nei periodi in cui non ne viene utilizzata la prestazione il lavoratore intermittente non matura alcun trattamento economico e normativo, salvo che abbia garantito al datore di lavoro la propria disponibilità a rispondere alle chiamate, nel qual caso gli spetta l'*indennità di disponibilità*.

Lavoro somministrato

Il contratto di somministrazione di lavoro (*staff leasing*) coinvolge tre soggetti: il **somministratore**, l'**utilizzatore** e il **lavoratore**. Il lavoratore è assunto da un'agenzia di somministrazione lavoro iscritta in un apposito albo, ma viene mandato a svolgere la propria attività presso l'utilizzatore nel periodo in cui è richiesto. Tra somministratore e utilizzatore viene stipulato un contratto di fornitura di manodopera, che è un normale contratto commerciale. Il contratto può essere a tempo determinato o indeterminato e non trova applicazione nei confronti delle pubbliche amministrazioni.
Come previsto dai contratti collettivi nazionali di lavoro, questo tipo di contratto è stipulato per esempio per: gestione di *call-center;* servizi di pulizia, custodia, portineria; servizi di assistenza alla persona (badanti); gestione di biblioteche, parchi, musei, archivi, servizi di economato; attività di consulenza, *marketing*, certificazione, sviluppo organizzativo, ricerca e selezione del personale ecc.).
I lavoratori del somministratore hanno diritto, a parità di mansioni svolte, a condizioni economiche e normative complessivamente non inferiori a quelle dei dipendenti di pari livello dell'utilizzatore.
Il numero dei lavoratori somministrati con contratto di somministrazione di lavoro a *tempo indeterminato* non può eccedere il 20% del numero dei lavoratori a tempo indeterminato in forza presso l'utilizzatore.
Il numero dei lavoratori assunti con contratto a *tempo determinato* non può ecce-

dere complessivamente il 30% del numero dei lavoratori a tempo indeterminato in forza presso l'utilizzatore.
I lavoratori somministrati sono informati dall'utilizzatore dei posti vacanti presso quest'ultimo.

8.2.4 Apprendistato

L'apprendistato è un contratto a *contenuto formativo*, in cui il datore di lavoro, oltre a pagare una retribuzione per il lavoro svolto, garantisce all'apprendista una formazione professionale. Si applica a tutti i settori di attività, compreso quello agricolo. Sono previste tre tipologie di contratto, come segue.

a) Apprendistato per la qualifica e per il diploma professionale, il diploma di istruzione secondaria superiore e il certificato di specializzazione tecnica superiore. Questo tipo di apprendistato, per soggetti di età compresa tra 15 e 25 anni, è strutturato in modo da coniugare la formazione effettuata in azienda con l'istruzione e la formazione professionale svolta dalle istituzioni formative che operano nell'ambito dei *sistemi regionali di istruzione e formazione*. Possono essere, altresì, stipulati contratti di apprendistato, di durata non superiore a quattro anni, rivolti ai giovani iscritti a partire dal secondo anno dei percorsi di istruzione secondaria superiore, per l'acquisizione, oltre che del diploma di istruzione secondaria superiore, di *ulteriori competenze tecnico-professionali* rispetto a quelle già previste dai vigenti regolamenti scolastici, utili anche ai fini del conseguimento del certificato di specializzazione tecnica superiore.

b) Apprendistato professionalizzante, per il conseguimento di una qualifica professionale a fini contrattuali. È rivolto a lavoratori di età compresa tra 18 e 29 anni. Questo tipo di apprendistato, detto anche **contratto di mestiere**, si connota per gli aspetti pratici (più che teorici) dell'apprendistato, per conseguire *on the job* una qualifica.
La durata massima del periodo di apprendistato non può essere superiore a 3 anni (5 anni per particolari figure artigianali).

c) Apprendistato di alta formazione e ricerca, per il conseguimento di un diploma di istruzione secondaria superiore, di titoli di studio universitari e della alta formazione, compresi i dottorati di ricerca, nonché per il praticantato per l'accesso alle professioni ordinistiche (come i geometri). I lavoratori interessati sono di età compresa tra 18 e 29 anni.

La **durata minima** dell'apprendistato è di *6 mesi*, tranne i casi di apprendistato con ciclo stagionale.

Le **competenze acquisite** dall'apprendista sono certificate dall'istituzione formativa.

8.2.5 Lavoro accessorio

Le prestazioni di lavoro accessorio sono attività lavorative di natura occasionale svolte da soggetti non ancora entrati nel mercato del lavoro o in procinto di uscirne: studenti, pensionati, disoccupati, casalinghe, extracomunitari con regolare permesso di soggiorno ecc. Il contratto di lavoro occasionale ha la finalità di far emergere il sommerso (lavoro "in nero") che caratterizza alcune prestazioni lavorative e di favorire l'inserimento lavorativo di fasce deboli del mercato del lavoro.
Le disposizioni riguardanti il lavoro occasionale effettuato per una persona fisica sono contenute nel *libretto famiglia*, quelle per le imprese nel *contratto di prestazione occasionale*.

Comunicazione preventiva
L'utilizzatore del lavoro occasionale è tenuto a trasmettere all'INPS, almeno un'ora prima della prestazione, una dichiarazione contenente le seguenti informazioni: dati anagrafici del lavoratore, luogo di svolgimento, oggetto, data e ora di inizio e di termine della prestazione, compenso pattuito.
Per il Libretto famiglia, invece, la comunicazione deve essere trasmessa al termine della prestazione.

Libretto di famiglia. Si tratta di un libretto nominativo prefinanziato, dove vengono caricate le somme da spendere per piccoli lavori domestici, assistenza domiciliare a bambini e a persone anziane, ammalate o con disabilità, insegnamento privato supplementare (le ripetizioni scolastiche).
Potrà essere acquistato attraverso il *sito INPS* oppure presso gli uffici postali.
Il valore nominale lordo di un'ora di lavoro (*buono per il lavoro* o *voucher*) è fissato in 12 €. A carico del lavoratore però vi sono i contributi INPS (1,65 €), l'assicurazione INAIL (0,25 €) e 0,10 € per gli oneri gestionali (sempre all'INPS). Il valore netto del *voucher* è pari quindi a 10 €.

Contratto di prestazione occasionale. Il valore nominale lordo orario del buono per il lavoro è ancora di 12 €, composto di 9 € netti per il lavoratore e il rimanente per contributi e oneri di gestione.
Questo contratto è regolato in modo particolare in agricoltura ed è vietato per attività lavorative nelle miniere, cave e torbiere, nelle attività di escavazione o lavorazione di materiale lapideo, nell'ambito dell'esecuzione di appalti e nelle aziende con più di 5 dipendenti a tempo indeterminato.

In entrami i casi all'erogazione del compenso e al relativo accredito della contribuzione provvederà direttamente l'INPS.

8.2.6 Tirocini (*stage*)

Le attività di tirocinio *non sono da considerarsi rapporti di lavoro*, ma esperienze formative. Sono regolamentate e promosse a livello regionale.

Stage in azienda

Lo stage in azienda è un'esperienza lavorativa svolta all'interno di un'azienda con obiettivo formativo rivolto a *soggetti che abbiano adempiuto gli obblighi scolastici*. Le proposte di stage derivano da una collaborazione tra aziende ed enti di formazione (scuole e università). Attraverso lo stage si acquisiscono competenze professionali e un'idea più chiara relativa al lavoro che si svolgerà in seguito. La durata massima è di sei mesi, da svolgere nei 12 mesi successivi al conseguimento del titolo di studio.
Per attivare uno stage deve esistere un contratto basato su una convenzione tra l'*ente promotore* e il *soggetto ospitante* includente il *progetto formativo*. Lo svolgimento del progetto formativo e il tirocinante sono seguiti rispettivamente dal *tutor aziendale* e dal *tutor del soggetto promotore*. Il tutor aziendale è un dipendente dell'azienda ospitante, il tutor del soggetto promotore è nominato dall'ente che promuove lo stage (per esempio dal tutor accademico se il contratto di stage è promosso dall'università).
Gli stage in azienda possono prevedere un rimborso spese, a discrezione dell'ente erogatore. L'unico obbligo dell'azienda è quello di sostenere la spesa per la copertura assicurativa antinfortunistica.

Stage estivo di orientamento

Lo stage estivo di orientamento è praticato dai *giovani regolarmente iscritti a un ciclo di studi* presso gli istituti scolastici di ogni ordine e grado durante le vacanze estive. Ha una durata non superiore a tre mesi e si svolge nel periodo compreso tra la fine di un anno accademico e/o scolastico e l'inizio di quello successivo. Le attività svolte durante il tirocinio possono avere valore di credito formativo. Per ogni tirocinante deve essere elaborato un progetto formativo e di orientamento nel quale sono indicati obiettivi e modalità di svolgimento del tirocinio.

8.3 IL LAVORO AUTONOMO

8.3.1 Nozione di lavoro autonomo

Il lavoro autonomo è una prestazione lavorativa *senza vincoli di subordinazione* verso il committente. Il rapporto giuridico che si crea tra prestatore d'opera e committente è regolato dal **contratto d'opera** secondo il quale "*una persona si obbliga a compiere verso un corrispettivo un'opera o un servizio, con lavoro prevalentemente proprio*" (art. 2222 c.c.). Il lavoratore autonomo è quindi libero di scegliere i tempi e i modi per svolgere il lavoro; è obbligato solo al risultato richiesto dal committente, in cambio del corrispettivo in denaro pattuito. Il compenso per il lavoro svolto viene liberamente convenuto tra le parti.
Se il lavoratore non esegue l'opera secondo le condizioni stabilite dal contratto e a regola d'arte, il committente, fissata inizialmente una scadenza per l'adempimento, può recedere dal contratto e richiedere il risarcimento del danno.

8.3.2 Le professioni intellettuali

Il lavoro autonomo viene svolto anche, tipicamente, nell'esercizio di *professioni intellettuali per le quali è obbligatoria l'iscrizione in un albo, ordine o collegio professionale* (geometri, architetti ecc.) (art. 2229 c.c.). Il professionista deve eseguire personalmente l'incarico assunto; può tuttavia avvalersi, sotto la propria direzione e responsabilità, di "sostituti o ausiliari" (art. 2232 c.c.).
L'accertamento dei requisiti per l'iscrizione negli albi, la tenuta dei medesimi e il potere disciplinare sugli iscritti sono demandati alle associazioni professionali sotto la vigilanza dello Stato. Tali elenchi prendono la denominazione di *ordine* quando è richiesto un titolo di studio di livello non inferiore alla laurea, di *collegio* quando è sufficiente un diploma. Per svolgere per esempio l'attività di geometra è necessaria l'iscrizione al *Collegio provinciale dei geometri e dei geometri laureati*. All'ordine o al collegio fa capo il *Consiglio nazionale*.

Iscrizione al Collegio dei geometri

Per l'iscrizione all'albo il candidato deve superare l'**esame di Stato per l'abilitazione professionale**. I requisiti per l'ammissione all'esame sono stati fissati dal Consiglio nazionale dei geometri secondo uno dei percorsi formativi che seguono (delibera del Consiglio nazionale dei geometri del 17 settembre 2014 modificata con delibera del 12 maggio 2015).

- *18 mesi di tirocinio.*
- *18 mesi di attività tecnica subordinata*, anche al di fuori di uno studio tecnico professionale.
- *Diploma di istruzione tecnica superiore* (ITS) della durata di 4 semestri, comprensivi di tirocinio non inferiore a 6 mesi, coerenti con le attività libero-professionali previste dall'albo.
- *Diploma di istruzione e formazione tecnica superiore* (IFTS) della durata di 4 semestri, comprensivi di tirocinio non inferiore a 6 mesi coerenti con le attività libero-professionali previste dall'albo.
- *Laurea triennale, comprensiva di 6 mesi di tirocinio*, nelle classi di edilizia, ingegneria delle infrastrutture o sistemi informativi territoriali (classi 4, 7, 8).
- Frequenza con profitto di specifici *corsi di formazione professionale* organizzati da ordini o collegi per un periodo non superiore a 6 mesi.

Corsi CAT
Per i diplomati degli attuali corsi CAT il titolo di *geometra* spetta solo all'atto di iscrizione all'albo professionale

I geometri laureati
Il geometra laureato è chi, al termine della scuola secondaria di secondo grado (corsi CAT), ha proseguito gli studi ottenendo una *laurea triennale* in campo tecnico. Dopo la laurea ha preferito iscriversi al Collegio dei geometri piuttosto che nelle sezioni B dell'ordine degli ingegneri o degli architetti.

Presso ciascun Collegio è tenuto un **registro dei praticanti** nel quale vengono iscritti coloro che intraprendono l'*iter* formativo per l'ammissione all'esame di abilitazione.
Nell'attività di tirocinio, effettiva e continuativa, il **professionista affidatario** (geometra, architetto, ingegnere) ha il dovere di impartire al praticante le nozioni tecniche e deontologiche alla base della professione.
Ciascun professionista può accogliere nel proprio studio, contemporaneamente, *non più di 3 praticanti*. Al tirocinante è riconosciuto un **rimborso spese** forfettariamente concordato dopo i primi 6 mesi di tirocinio.
Il praticante, al termine del periodo, deve produrre un **curriculum**, sottoscritto anche dal professionista, attestante le funzioni svolte, che sarà allegato alla domanda di ammissione all'esame di Stato.

Retribuzione professionale

Tariffe forensi
I criteri per determinare i compensi dei periti in sede giudiziaria, dopo l'abolizione delle tariffe minime, sono stabiliti dal DM n. 55/2014.

La legge n. 27/2012 ha abolito per i lavoratori autonomi iscritti in albi professionali le *tariffe minime* fissate dalla precedente normativa (legge n. 144/1949). Il compenso per le prestazioni professionali è pattuito quindi al momento del conferimento dell'incarico. Il professionista deve rendere noto al cliente il grado di complessità del lavoro, fornendo tutte le informazioni utili circa gli oneri ipotizzabili dal momento del conferimento fino alla conclusione dell'incarico e deve altresì indicare i dati della propria *polizza assicurativa* per i danni provocati nell'esercizio dell'attività professionale. In ogni caso la misura del compenso è resa nota al cliente con un *preventivo* di massima.

8.3.3 Lavoro autonomo occasionale

Il lavoro autonomo occasionale, rispetto a quello abituale, ha carattere discontinuo e non può essere svolto quindi all'interno dell'azienda o del ciclo produttivo del committente. La distinzione tra le due tipologie di lavoro ha valore soprattutto in *ambito fiscale*.

I **lavoratori autonomi abituali** devono aprire una partita IVA e i corrispettivi sono soggetti all'imposta sul valore aggiunto. Sono poi soggetti ai seguenti tributi: IRPEF, IRAP e contributi previdenziali INPS.

Ai **lavoratori autonomi occasionali** non è richiesta l'apertura di una partita IVA. L'unica imposta che devono pagare è l'IRPEF. Se però il reddito annuo da lavoro occasionale è superiore a 5.000 €, è obbligatoria l'iscrizione nella gestione separata INPS e il pagamento dei relativi contributi.

Sui corrispettivi da lavoro autonomo deve essere effettuata, al momento del pagamento, una **ritenuta d'acconto** ai fini IRPEF pari al 20%, sia per i lavoratori autonomi abituali sia per quelli occasionali.

8. IL MERCATO DEL LAVORO

QUESTIONARIO	IN SINTESI
1. Quali sono le fondamentali differenze tra il rapporto di lavoro dipendente e quello autonomo? 2. Come avviene la contrattazione tra lavoratori e datori di lavoro? 3. Cosa si intende con il termine "costo del lavoro"? Cosa comprende? Che cos'è il "cuneo fiscale"? 4. Che cos'è la paga-base? Da quali fattori è determinata? 5. Che cosa sono i contributi che gravano sulla retribuzione da lavoro dipendente? 6. Quanto può essere la durata del contratto di lavoro subordinato?	Le norme che regolano i rapporti di **lavoro subordinato** sono contenute nei contratti collettivi nazionali di lavoro (CCNL) sottoscritti dalle rappresentanze sindacali dei lavoratori e dalle associazioni dei datori di lavoro. Il *costo del lavoro* comprende tutte le spese che un imprenditore deve sostenere per mantenere alle proprie dipendenze un lavoratore. Si compone di due parti: la retribuzione lorda e l'assicurazione sugli infortuni sul lavoro (INAIL). La *retribuzione lorda* comprende i contributi previdenziali e sanitari e le imposte dovute dal lavoratore e trattenute dal datore di lavoro. La remunerazione del lavoratore è dovuta per 40 ore settimanali di lavoro. La retribuzione può essere maggiorata di un'indennità per condizioni particolari di lavoro: straordinario, festivo, notturno ecc. In caso di cessazione del rapporto di lavoro il lavoratore ha diritto a un *trattamento di fine rapporto*. I lavoratori possono destinare il TFR a un fondo per la pensione integrativa. Il contratto di lavoro subordinato è normalmente a tempo indeterminato. È tuttavia ammissibile prevedere un termine al contratto di lavoro purché tale limite non sia superiore a 12 mesi e nel limite del 20% dell'organico. Il contratto di *lavoro part-time* è un contratto di lavoro subordinato che si caratterizza per un orario di lavoro ridotto. Può essere orizzontale, verticale, misto.
7. Che cosa sono i contratti di somministrazione lavoro? 8. Che cosa si intende per lavoro a chiamata? Quali regole si devono rispettare? 9. Quali sono i tipi di apprendistato? Che obiettivi ha? 10. Che cosa si intende per lavoro accessorio? Quali regole si devono rispettare?	Con il contratto di **somministrazione di lavoro** il lavoratore è assunto da un'agenzia di somministrazione, ma viene mandato a svolgere la propria attività presso l'utilizzatore nel periodo in cui è richiesto. Tra somministratore e utilizzatore viene stipulato un contratto di fornitura di manodopera. Il contratto di **lavoro intermittente** o "a chiamata" prevede l'utilizzo del lavoratore durante il fine settimana, nelle festività, nei periodi di vacanze scolastiche. È previsto per i soggetti con meno di 24 o più di 55 anni. L'**apprendistato** è un contratto a contenuto formativo che deve garantire all'apprendista una formazione professionale. Si applica a tutti i settori di attività, compreso quello agricolo. Il **lavoro accessorio** è un'attività di lavoro subordinato svolta in modo occasionale (lavori agricoli stagionali, lavori domestici ecc.). È limitato a compensi non superiori a 7.000 € netti all'anno e 2.000 € per un singolo datore di lavoro. I lavoratori sono retribuiti con la consegna di buoni orario (*voucher*) del valore nominale di 10 € lordi per ora di lavoro (7,5 € netti),
11. Quali sono le caratteristiche del lavoro autonomo ? 12. Che cosa si intende per professioni intellettuali? 13. Come si diventa geometra abilitato alla professione?	Con il **lavoro autonomo** il rapporto giuridico che si crea tra prestatore d'opera e committente è regolato dal *contratto d'opera*. Il compenso viene liberamente convenuto tra le parti. Nel *lavoro autonomo occasionale* si hanno minimi obblighi di natura fiscale: non è richiesta l'apertura di una partita IVA e l'unica imposta dovuta è l'IRPEF. Se però il reddito annuo supera 5.000 €, è obbligatorio il pagamento dei contributi INPS.

ATTIVITÀ PRATICHE E DI VERIFICA

AREA DIGITALE

QUESTIONARIO A RISPOSTA MULTIPLA

1. Dalla retribuzione lorda del lavoratore dipendente il datore di lavoro trattiene:
   - ☐ **a.** i contributi sociali
   - ☐ **b.** l'imposta sul reddito
   - ☐ **c.** i contributi e l'imposta sul reddito

2. I "fringe benefit" sono:
   - ☐ **a.** premi di produzione
   - ☐ **b.** retribuzioni pagate "in natura"
   - ☐ **c.** le mensilità aggiuntive alla tredicesima

3. L'imponibile fiscale della retribuzione di un lavoratore dipendente è dato da:
   - ☐ **a.** costo del lavoro meno contributi a carico del lavoratore
   - ☐ **b.** retribuzione lorda meno oneri a carico del datore di lavoro
   - ☐ **c.** retribuzione lorda meno contributi a carico del lavoratore

4. Il trattamento di fine rapporto è accantonato ogni anno in misura pari a:
   - ☐ **a.** 75% dell'ultima mensilità pagata
   - ☐ **b.** retribuzione annua diviso 13,5
   - ☐ **c.** ultima mensilità pagata

5. In quali casi può essere stipulato un contratto di lavoro a termine?
   - ☐ **a.** per attività stagionali o nel fine settimana
   - ☐ **b.** in ogni caso, per una durata fino a 12 mesi
   - ☐ **c.** per attori, musicisti, sportivi ecc.

6. Il contratto con cui il lavoratore di età inferiore a 25 anni o maggiore di 55 si pone a disposizione del datore di lavoro per determinati periodi nell'arco della settimana è:
   - ☐ **a.** un contratto di lavoro ripartito
   - ☐ **b.** un contratto part-time
   - ☐ **c.** un contratto di lavoro intermittente

7. Quale tipo di apprendistato avvia all'apprendimento di un "mestiere" di tipo artigianale?
   - ☐ **a.** per la qualifica
   - ☐ **b.** professionalizzante
   - ☐ **c.** per il diploma professionale

8. Il lavoro accessorio è di tipo:
   - ☐ **a.** autonomo
   - ☐ **b.** intermittente
   - ☐ **c.** occasionale

9. Quali sono i tributi a cui è soggetto un lavoratore autonomo professionista?
   - ☐ **a.** IVA e IRPEF
   - ☐ **b.** IVA, IRPEF e contributi previdenziali
   - ☐ **c.** IVA, IRPEF, IRAP e contributi previdenziali

10. Un contratto di prestazione d'opera rientra nel lavoro:
    - ☐ **a.** accessorio
    - ☐ **b.** autonomo
    - ☐ **c.** intermittente

9 I tributi

- ✓ Generalità
- ✓ IRPEF
- ✓ IRES
- ✓ IVA
- ✓ IRAP
- ✓ IMU
- ✓ TARI
- ✓ Imposta di registro
- ✓ Imposte ipotecaria e catastale
- ✓ Imposta sulle successioni e donazioni
- ✓ Imposta di bollo
- ✓ TOSAP
- ✓ Contributi previdenziali nella gestione separata INPS

9.1 GENERALITÀ

9.1.1 Gli scopi dell'imposizione fiscale

Lo Stato moderno, nei Paesi sviluppati, ha ampliato in modo rilevante la quantità di servizi che ha deciso di rendere alla collettività, "gratuitamente" o a prezzi (tariffe, *tickets*) che in genere sono inferiori al loro costo di produzione. L'erogazione di questi servizi avviene, schematicamente, in tre ambiti:

- il **funzionamento delle istituzioni** (parlamento, enti amministrativi locali, magistratura, corpi dello Stato per la difesa e l'ordine pubblico ecc.);
- una vasta categoria di servizi che, nel loro complesso, prendono il nome di **stato sociale** o *welfare* (previdenza, assistenza sanitaria, istruzione, ammortizzatori sociali, edilizia popolare ecc.);
- **opere pubbliche** (strade, ponti, porti marittimi, edifici pubblici ecc.).

Il pagamento di questi servizi deve essere effettuato da tutti, cittadini e imprese, in quanto tutti ne sono beneficiari. Non è consentito per esempio a un "ambientalista" di ridurre il proprio debito fiscale in misura proporzionale al finanziamento di opere pubbliche che soggettivamente ritiene dannose per gli ecosistemi o per la salute dell'uomo (trivellazioni, termovalorizzatori ecc.).

Per le proprie attività istituzionali lo Stato utilizza la manodopera fornita da una parte dei cittadini, che divengono pertanto suoi dipendenti. Poiché i dipendenti dello Stato producono esclusivamente servizi pubblici, è evidente che altre entità del sistema economico devono produrre per il mercato, affinché si crei nuova ricchezza. Sono infatti ben diverse le finalità del "sistema produttivo" statale che, a differenza di quello privato, non ha fine di lucro, ma di rendere massimo il *benessere sociale*. Il risultato di questa azione viene poi giudicato dai cittadini in relazione al peso del carico fiscale e alla qualità dei servizi ricevuti in cambio. Il giudizio di gradimento viene espresso in termini politici, con il sistema elettorale.

9.1.2 Come dovrebbe funzionare un buon sistema fiscale

Un sistema fiscale è considerato buono, o meno, principalmente sulla base delle seguenti considerazioni.

Ridistribuzione del reddito

Il sistema fiscale deve consentire una certa **ridistribuzione del reddito** fra i cittadini, chiedendo di più a chi ha redditi alti e ha accumulato capitali nel tempo per finanziare l'assistenza alle persone più bisognose. Tuttavia, pur essendo condivisibile l'affermazione che le imposte debbano essere pagate in maggior misura dai ricchi (salvo aver definito prima il limite per essere considerati tali), si deve tener conto delle esigenze del sistema produttivo. Se le *imprese e i consumatori hanno poco denaro a disposizione* (perché hanno pagato molte tasse), la loro ridotta capacità di spesa si rifletterà negativamente sulla domanda, rispettivamente, di beni strumentali e di consumo. Le imprese incontreranno quindi difficoltà a vendere i loro prodotti e, se la crisi sarà duratura, licenzieranno i lavoratori.

Poca evasione

Tutti devono contribuire, evitando l'evasione e l'elusione fiscale: se tutti pagano, il gettito tributario complessivo sarà distribuito su un numero maggiore di contribuenti, creando le premesse per un'eventuale riduzione della pressione fiscale.
Per *evasione fiscale* s'intende il deliberato proposito posto in atto, da un cittadino o da un'impresa, di non dichiarare per intero o in parte allo Stato i propri cespiti (redditi e capitali). Danno origine a *elusione fiscale*, invece, quegli espedienti tecnici, al limite della legalità, che consentono al contribuente di dichiarare un imponibile inferiore a quello reale, per esempio, pur operando in Italia, una società può fissare la sede fiscale in un Paese straniero dove la tassazione è favorevole.

Esazione poco costosa

La lotta contro l'evasione fiscale è condizionata dal costo dell'accertamento necessario. L'accertamento *diretto* viene quindi limitato ai casi in cui si presume che l'introito per lo Stato sia maggiore del costo dell'accertamento stesso. Inoltre, essendo molti i contribuenti e relativamente poco il personale a disposizione per i controlli, questi vengono decisi sulla base di parametri oggettivi, indicativi di una possibile evasione, e con strumenti informatici.
Nel tempo, allo scopo di rendere meno costosa l'esazione, lo Stato ha applicato due strategie:

- ha delegato alle imprese il compito di prelevare direttamente parte del reddito da esse corrisposto ai propri dipendenti e di versarglielo, facendole agire come *sostituti d'imposta*;
- ha imposto ai cittadini e alle imprese di determinare autonomamente il proprio reddito annuale e di calcolare la parte da versare come imposta (*autodichiarazione dei redditi*).

Al personale statale addetto all'esazione spetta solo il compito della vigilanza e dell'eventuale sanzionamento.

9.1.3 L'amministrazione tributaria dello Stato e i soggetti d'imposta

La gestione del sistema tributario dello Stato italiano, detto anche *erario*, viene effettuata da organismi, di competenza del Ministero delle finanze, denominati *Agenzie*: *entrate* (di cui fa parte il catasto), *dogane* e *demanio*.

L'**Agenzia delle entrate (Ae)** ha le funzioni di gestione, accertamento e riscossione dei tributi e per questo interagisce con i soggetti dell'imposta.

I **soggetti attivi** sono coloro che incassano il tributo. Sono pertanto lo Stato, le Regioni, i Comuni o altri enti amministrativi locali (l'ente per il soggiorno, un consorzio di bonifica ecc.). I **soggetti passivi** sono coloro che pagano il tributo. Possono essere, in funzione del tipo di imposta, persone fisiche o giuridiche titolari di redditi, i possessori o gli acquirenti di beni immobili ecc.

I **sostituti d'imposta** sono coloro che, per legge, devono trattenere dalla retribuzione dei dipendenti o dei collaboratori autonomi una parte dell'imposta da loro dovuta (*ritenuta d'acconto* o *ritenuta alla fonte*) per poi versarla allo Stato.
I sostituti d'imposta devono rilasciare ogni anno al lavoratore la certificazione dei prelievi effettuati (il modello CU, certificazione unica dei lavoratori dipendenti o autonomi); devono altresì dichiarare al fisco, con il modello Unico o con il modello 770, tutti i versamenti effettuati.

Il codice fiscale

La tessera sanitaria
La tessera sanitaria è il documento personale che ha sostituito il tesserino del codice fiscale.

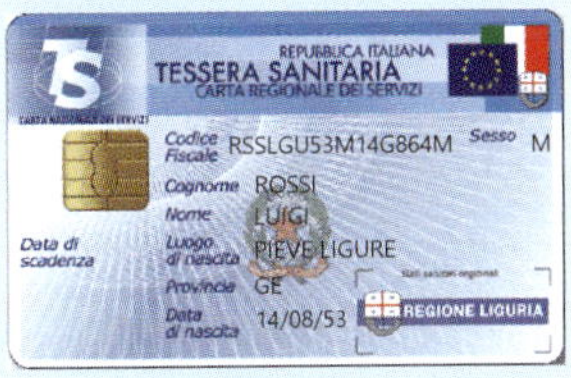

Il codice fiscale identifica il contribuente verso l'amministrazione tributaria dello Stato. Deve quindi essere riportato in ogni documento fiscale (dichiarazioni, pagamenti, fatture ecc.). È composto di 16 caratteri alfanumerici:

- 3 caratteri alfabetici per il **cognome**;
- 3 caratteri alfabetici per il **nome**;
- *5 caratteri alfanumerici* per la **data di nascita**, composti di 2 numeri per l'anno, 1 carattere alfabetico per il mese (Gennaio A, Febbraio B, Marzo C, Aprile D, Maggio E, Giugno H, Luglio L, Agosto M, Settembre P, Ottobre R, Novembre S, Dicembre T), 2 numeri per il giorno e per il sesso (se il sesso è femminile il numero dei giorni è incrementato di 40 unità);
- *5 caratteri alfanumerici*: 1 carattere alfabetico + 3 numeri per il **codice del Comune** italiano o lo Stato estero di nascita, **1 carattere alfabetico di controllo** determinato con uno specifico algoritmo sulla base degli altri quindici.

9.1.4 Imposte, tasse e contributi

Imposte e tasse
Questi due termini sono spesso usati, nel linguaggio comune, come sinonimi, ma hanno significati diversi. Si dice per esempio pagare le tasse con riferimento all'IRPEF (che è un'imposta)...

Con il termine **tributo** si intende qualsiasi esborso monetario dovuto allo Stato o ad altre amministrazioni pubbliche. I tributi si possono classificare come imposte, tasse e contributi,.

Le **imposte** sono dovute per i *servizi di carattere generale* che lo Stato offre, per i suoi scopi istituzionali, alla collettività dei cittadini (ordine pubblico, difesa, trasporti ecc.). Tutti sono obbligati a contribuire in proporzione ai propri redditi o alla dimensione dei propri patrimoni. Manca quindi, per chi effettua il pagamento, un "vantaggio diretto" relativo al pagamento dell'imposta, in quanto il servizio è rivolto genericamente a tutti.

La **tassa** viene pagata da chiunque richieda allo Stato o a un qualsiasi altro ente pubblico un *servizio specifico*. Per esempio le *tasse scolastiche* sono dovute da chi usufruisce del servizio dell'istruzione secondaria o universitaria, la *tassa sui rifiuti* (TARI) da chi usufruisce del servizio di raccolta e smaltimento dei rifiuti, la *tassa automobilistica* (o "bollo auto") da chi è proprietario di un automobile ecc.

Il **contributo** ha contemporaneamente i requisiti dell'imposta e della tassa. È infatti *obbligatorio* come le imposte e dovuto per un *servizio specifico* come la tassa. I contributi più comuni e onerosi sono quelli previdenziali e sanitari.

9.1.5 Tipi di imposte

Le imposte **personali** colpiscono i redditi che fanno capo a una persona fisica o giuridica; le imposte **reali** colpiscono invece un singolo cespite patrimoniale (una casa, una barca ecc.).
Le imposte possono essere anche classificate in:

- **dirette**, se colpiscono la *nuova ricchezza* prodotta;
- **indirette**, se colpiscono la *ricchezza esistente* nel momento del consumo, in quanto esiste o quando viene trasferita a terzi.

Sono quindi dirette le imposte che colpiscono il reddito nel momento del suo sorgere (*reddito prodotto*) mentre sono indirette le imposte che colpiscono il reddito accantonato per essere destinato ai *consumi* e il reddito accumulato nel tempo (i *patrimoni*).

Nel sistema fiscale italiano la più importante imposta diretta, per la consistenza del gettito complessivo, è l'IRPEF, imposta sul reddito delle persone fisiche, mentre l'imposta indiretta più importante è l'IVA, imposta sul valore aggiunto (*v.* tabella 9.1).

9.1 Le principali imposte del sistema fiscale italiano

Imposta	Soggetto attivo	Tipo	Aliquota
Imposta sui redditi (IRPEF)	Stato, Regioni, Comuni	Diretta, personale	Progressiva per scaglioni
Imposta sul reddito delle società (IRES)	Stato	Diretta, personale	Proporzionale
Imposta sul valore aggiunto (IVA)	Stato	Indiretta, reale	Proporzionale
Imposta regionale attività produttive (IRAP)	Regioni	Diretta, reale	Proporzionale
Imposta di registro	Stato	Indiretta, reale	Proporzionale o fissa
Imposte ipotecaria e catastale	Stato	Indirette, reali	Proporzionali o fisse

Imposte *una tantum*
Non mancano a volte imposte a carattere eccezionale: nel 1992 l'imposta straordinaria sugli immobili e la tassa sui depositi bancari e postali.

Vi sono poi tributi che si pagano in modo quasi inconsapevole sui consumi (e quindi "indirettamente" sul reddito): sono le **accise** o *imposte di fabbricazione* sulla benzina, sul gasolio, sul gas naturale, sull'energia elettrica, sulla birra, sull'alcol etilico ecc. L'accisa sui carburanti è il terzo tributo per importanza dopo l'IRPEF e l'IVA. Anche le Regioni possono imporre un'accisa sui carburanti (lo hanno fatto Toscana, Lazio, Liguria, Umbria, Marche).

9.1.6 Il calcolo del tributo

L'imposizione fiscale ha per oggetto l'**imponibile** espresso come:

- *importo monetario* (imposta *ad valorem*), che può essere un reddito o un valore;
- *quantità fisica* (imposta *specifica*), come il metro quadrato di superficie di un'abitazione, il kW di potenza, il litro di benzina ecc.

Effetto regressivo della tassa sulla benzina
Se due contribuenti hanno rispettivamente un reddito annuo di 20.000 e 40.000 € e acquistano in un anno la stessa quantità di benzina (1.200 € di accisa), pagheranno entrambi al fisco la stessa somma, con un'incidenza però doppia sul reddito inferiore (6% contro 3%).

Un tributo è **proporzionale** quando alla base imponibile, qualunque essa sia, viene applicata una sola aliquota (*flat-tax*). Per esempio nell'IVA si applica normalmente l'aliquota del 22%.
Quando all'aumentare della base imponibile si applicano aliquote crescenti, l'imposta si dice **progressiva**. Nel sistema fiscale italiano le imposte sono progressive *per scaglioni di reddito*. Lo scaglione è una porzione della base imponibile a cui si applica una diversa aliquota (*v.* figura 9.1).
Nelle imposte proporzionali la crescita dell'imposta al variare dell'imponibile è lineare, nelle imposte progressive è esponenziale. In tal modo lo Stato intende colpire maggiormente i redditi elevati secondo le direttive di politica fiscale che

si è dato. Le imposte sui consumi (tipicamente l'IVA e le imposte di fabbricazione) hanno invece effetto *regressivo*, pesano infatti in misura maggiore su chi ha un reddito basso.

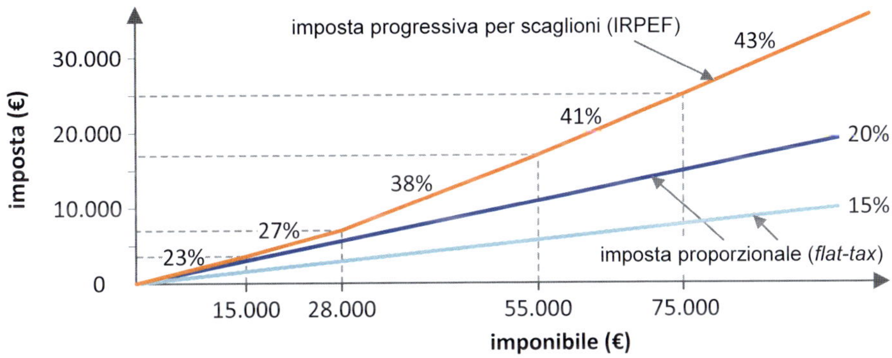

Figura 9.1
Imposta progressiva e *flat-tax*.

Vi sono tributi che si calcolano indipendentemente dalla base imponibile, sono cioè a **importo fisso**. Per esempio nell'acquisto dell'abitazione principale l'imposta ipotecaria è di 200 o 50 € indipendentemente dal valore dell'immobile.

Vi sono infine le cosiddette imposte **addizionali**, che consistono in un ulteriore prelievo fiscale su beni già tassati in via ordinaria per incamerare fondi a favore delle Regioni e dei Comuni.

ECONOMIA

9.1.7 I modelli di pagamento unificato

Il codice tributo
Sono comuni i seguenti codici:
- 4001, IRPEF saldo;
- 4033, IRPEF acconto prima rata;
- 4034, IRPEF acconto seconda rata o acconto in unica soluzione

... e molti altri.

F24

Per il pagamento dei tributi si devono utilizzare i *modelli di pagamento unificato* F23 o F24. Il pagamento e l'invio di questi modelli avviene prioritariamente per *via telematica*, impartendo alla propria banca, convenzionata con l'Agenzia delle entrate, uno speciale ordine di bonifico.
Ogni somma versata, indicata nei modelli F23 o F24, deve essere contrassegnata con un **codice di tributo**.

Il **modello F24** è utilizzato per il pagamento di tributi di vario tipo raggruppati per soggetto attivo in *sezioni*:
- *Erario*: IRPEF statale, IRES, IVA, imposte sostitutive delle imposte sui redditi e dell'IVA, interessi previsti in caso di pagamento rateale ecc.;
- *INPS*: contributi previdenziali e assistenziali;
- *Regioni*: IRAP, addizionale regionale all'IRPEF;
- *tributi locali*: IMU, TASI, TARI, addizionale comunale all'IRPEF;
- *altri enti previdenziali e assicurativi* (INAIL, ENPALS e INPDAI).

È possibile *compensare crediti e debiti* tra tributi diversi.

Il **modello F23** è utilizzato per il pagamento di tributi inerenti, in genere, al trasferimento dei diritti sui beni immobili:
- imposta di registro, ipotecaria e catastale (per contratti di locazione, di compravendita ecc.);
- imposta di bollo;
- imposta sulle successioni e donazioni;
- imposta sulle assicurazioni;
- tassa di istruzione superiore (laurea e abilitazione professionale);
- sanzioni di vario tipo.

9.2 IMPOSTA SUL REDDITO DELLE PERSONE FISICHE (IRPEF)

L'imposta sul reddito delle persone fisiche è stata istituita nel 1974 ed è regolata attualmente dal *Testo unico dell'imposta sui redditi* (TUIR), DPR n. 917/1986. È l'imposta con il maggior numero di contribuenti, al primo posto anche per quanto riguarda il gettito fiscale dello Stato (circa un terzo del totale).

9.2.1 Schema dell'imposta

L'IRPEF è calcolata su un imponibile netto ottenuto dalla differenza tra l'ammontare di tutti i redditi del contribuente (**imponibile lordo**) e gli oneri deducibili (*v.* figura 9.2):

imponibile netto = *imponibile lordo – oneri deducibili*

L'imposta lorda si ottiene applicando all'imponibile netto le aliquote progressive:

imposta lorda = *imponibile netto × aliquote*

L'imposta netta si ottiene sottraendo dall'imposta lorda le detrazioni d'imposta:

imposta netta = *imposta lorda – detrazioni d'imposta*

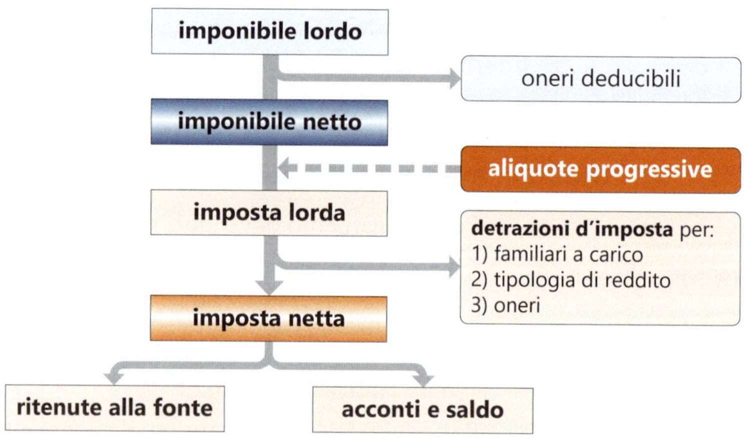

Figura 9.2
Schema dell'IRPEF.

9.2.2 Imponibile lordo

L'IRPEF grava sui redditi, di tutti i tipi, che fanno capo a una persona fisica. I redditi più comuni sono quelli fondiari (terreni e fabbricati) e da lavoro dipendente o autonomo. Rientrano nella base imponibile anche i redditi derivanti da impresa, capitali, partecipazione a società di persone, plusvalenze di natura finanziaria, allevamenti ecc.

Fabbricati

Il reddito imponibile deve essere dichiarato da chi possiede l'immobile a titolo di proprietà, usufrutto o altro diritto reale (usufrutto e abitazione, per esempio).

> **I quadri del mod. 730**
> I redditi dei fabbricati sono dichiarati nel **quadro B**, quelli dei terreni nel **quadro A.**

I redditi dei fabbricati e dei terreni devono essere rapportati al **periodo di possesso** (giorni/365) e alla **quota di possesso** (in percentuale).

Sono **esenti** da imposta i seguenti fabbricati:

- i *fabbricati rurali* effettivamente adibiti agli usi agricoli;
- le unità immobiliari per le quali sono stati rilasciati permessi o autorizzazioni per *restauro, risanamento conservativo* o *ristrutturazione edilizia*, limitatamente al periodo di validità del provvedimento.

Con l'introduzione dell'IMU è stata introdotta, con particolari modalità e casi, l'alternatività parziale di questa imposta con l'IRPEF (tabella 9.2).

9.2 Alternatività tra IRPEF e IMU

Tipo di immobile	IMU	IRPEF
Abitazione principale e relative pertinenze	NO	NO
Abitazione principale di categoria A1, A8 e A9	SÌ	NO
Abitazioni non locate	SÌ	NO o 50%
Fabbricati in locazione	SÌ	SÌ

Fabbricati a disposizione del proprietario

Abitazione principale: il reddito dell'abitazione principale e delle relative pertinenze è soggetto a IRPEF in misura pari alla rendita catastale rivalutata del 5%. Beneficia però di una deduzione pari alla stessa rendita catastale rivalutata e pertanto non concorre alla formazione del reddito complessivo.

Altre abitazioni non locate (case a disposizione o date in comodato gratuito). Questi fabbricati sono assoggettati all'IMU e quindi non pagano l'IRPEF. Solo i fabbricati situati nello stesso Comune dell'abitazione principale dichiarano il 50% della rendita catastale rivalutata del 5%.

Fabbricati dati in locazione

I fabbricati dati in locazioni possono essere tassati ai fini IRPEF con due diverse modalità, a scelta del contribuente: la tassazione ordinaria o la cedolare secca (*v.* esempio 9.1)

Tassazione ordinaria. Per i fabbricati locati il reddito imponibile è di norma pari al *95% del canone* e comunque pari al maggiore importo tra la rendita catastale rivalutata del 5% e il 95% del canone.
Se l'immobile è locato con *canone concordato*, il reddito imponibile è ridotto del 30% (e quindi è imponibile il 70% del 95% del canone, pari al 66,5%).
Se l'immobile è riconosciuto di *carattere storico o artistico* è imponibile il 65% del canone.

Cedolare secca. Consiste nella possibilità di tassare il canone di locazione di un'abitazione con un'aliquota fissa del *21%* per i contratti normali o del *10%* per i contratti concordati, su un imponibile pari al 100% del canone. La cedolare incorpora le addizionali IRPEF e l'imposta di registro.
Con questa tassazione il canone non viene quindi sommato agli altri redditi del proprietario, con conseguente possibile innalzamento dello scaglione di reddito marginale in corrispondenza di aliquote più elevate (38%, 41% ecc., *v.* in seguito). Lo scopo è quindi di ridurre la pressione fiscale sui redditi più alti per diminuire l'evasione. Il proprietario di casa ha infatti la possibilità di valutare il sistema impositivo per lui più conveniente.

Locazione brevi. Dal 1° giugno 2017 anche le locazioni brevi (inferiori a 30 giorni) sono soggette all'IRPEF. Gli intermediari (agenzie e portali online come Airbnb o Booking) devono agire come sostituti d'imposta effettuando una ritenuta d'acconto del 21%.
In caso di opzione per il regime di cedolare secca la ritenuta esaurisce gli obblighi fiscali, in caso contrario la ritenuta dovrà essere certificata e costituirà acconto d'imposta per la tassazione ordinaria.

Venezia centro e isole della Giudecca, di Murano e di Burano
In questa città particolare il reddito locativo è pari al 75% del canone (invece del 95%).

Cedolare secca al 10%
Si applica solo nelle grandi città metropolitane (Bari, Bologna, Catania, Firenze, Genova, Milano, Napoli, Palermo, Roma, Torino e Venezia), nei Comuni confinanti con esse, nei Comuni capoluogo di provincia, in altri Comuni ad alta tensione abitativa individuati dal CIPE e, infine, nei Comuni in stato di emergenza in seguito al verificarsi di eventi calamitosi.

ESEMPIO 9.1 **TASSAZIONE DEL CANONE DI LOCAZIONE**

In base alla riduzione del canone concordato o convenzionato rispetto a quello libero e alle aliquote applicate si può determinare la tassazione più conveniente per il locatore. Si può notare nella tabella che, anche applicando nella tassazione ordinaria l'aliquota progressiva minima (23% più 3% di addizionali e imposta di registro), la cedolare secca appare più conveniente. Alla riduzione IRPEF si aggiunge poi, per il canone concordato, la riduzione al 75% dell'IMU.

Tipo di tassazione	Canone annuo (€)	Quota imponibile	Aliquota IRPEF	Imposta (€)	Reddito netto (€)
A libero mercato (700 € al mese):					
– tassazione ordinaria	8.400	95,0%	26%	2.074,80	6.325,20
– cedolare secca	8.400	100,0%	21%	1.764,00	6.636,00
A canone concordato (600 € al mese):					
– tassazione ordinaria	7.200	66,5%	26%	1.244,88	5.955,12
– cedolare secca	7.200	100,0%	10%	720,00	6.480,00

Terreni

Terreni agricoli

I terreni producono fiscalmente due tipi di reddito: il *reddito dominicale* e il *reddito agrario*.

Il reddito imponibile a partire dal 2021 è ridotto al 50%per **coltivatori diretti** (CD) e **imprenditori agricoli professionali** (IAP) iscritti nella previdenza agricola; pertanto l'imposta si applica pienamente solo a coloro che non sono iscritti all'INPS.

Il reddito imponibile è dato dal *reddito dominicale* rivalutato dell'80% e dal *reddito agrario* rivalutato del 70%; i redditi dominicale e agrario così ottenuti sono ulteriormente rivalutati del 30% per i coltivatori non iscritti nella previdenza agricola (*v.* tabella 9.3).

CD
Piccolo imprenditore che si dedica abitualmente alla *coltivazione manuale* dei fondi, di cui soddisfa almeno 1/3 del fabbisogno di lavoro.

IAP
Colui che, in possesso di *competenze professionali*, dedichi alle attività agricole almeno il 50% del proprio tempo di lavoro e ne ricavi almeno il 50% del proprio reddito.

9.3 Reddito imponibile di terreni agricoli non affittati

Soggetto passivo	Reddito imponibile
CD o IAP (iscritti nella previdenza agricola)	(RD + 80%) × 50% (RA + 70%) × 50%
Possessori non iscritti nella previdenza agricola	RD + 80% + 30% RA + 70% + 30%

Per i **terreni affittati** il proprietario deve dichiarare il reddito dominicale e l'affittuario, se non è CD o IAP iscritto nella previdenza agricola, il reddito agrario (*v.* tabella 9.4).

9.4 Reddito imponibile di terreni agricoli affittati

	Proprietario	Conduttore
Proprietario	RD + 80% + 30%	
Affittuario CD o IAP (iscritto all'INPS)		(RA + 70%) × 50%
Affittuario non iscritto all'INPS agricola		RA + 70% + 30%

Terreni edificabili

I terreni edificabili sono tassati con particolari modalità solo in caso di vendita, in base alla *plusvalenza ottenuta sul prezzo di acquisto*. Nella dichiarazione dei redditi si indicano il reddito dominicale e agrario come si è visto in precedenza, a seconda dei casi.

Redditi da lavoro dipendente e autonomo

I quadri del mod. 730
I redditi da lavoro dipendente devo essere dichiarati nel **quadro C**.

I redditi da lavoro dipendente e assimilati (pensione) devono essere dichiarati con i dati contenuti nel **modello CU** (*certificazione unica*) rilasciato dal datore di lavoro o dall'ente che eroga la pensione. Su questo modello sono riportati i **redditi** ai fini dell'IRPEF e delle addizionali regionali e comunali e le **ritenute d'acconto** operate dal sostituto d'imposta.

Redditi da lavoro autonomo

I redditi da lavoro autonomo con le relative ritenute alla fonte, certificati anch'essi con il modello CU, devono essere dichiarati nel quadro E del modello Redditi o, nei casi previsti, nel quadro D (Redditi diversi) del modello 730.

9.2.3 Oneri deducibili dal reddito complessivo

Gli oneri deducibili sono importi che è consentito detrarre dall'imponibile lordo e che quindi fanno diminuire l'imposta da pagare.
I più importanti oneri deducibili previsti dall'art. 10 del TUIR sono i seguenti:

- la *rendita catastale dell'abitazione principale e delle relative pertinenze*;
- le *spese mediche e di assistenza specifica per i soggetti disabili* (prestazioni rese da un medico, ricoveri ospedalieri, analisi mediche, indagini radioscopiche, acquisto di protesi sanitarie ecc.);
- *assegno periodico corrisposto al coniuge separato*, con esclusione della quota di mantenimento dei figli;
- *contributi previdenziali obbligatori e volontari* versati all'ente pensionistico di appartenenza (i contributi INPS di lavoratori autonomi, agricoltori ecc.);
- *contributi per gli addetti ai servizi domestici e familiari* (*colf*, *baby-sitter*, badanti), per la parte a carico del datore di lavoro (massimo 1.549,37 €);
- *contributi a consorzi obbligatori* gravanti sul reddito degli immobili (contributi di bonifica, irrigazione ecc.);
- *contributi per previdenza complementare* per un importo complessivo non superiore a 5.164,57 €;
- *contributi versati ai fondi integrativi al Servizio sanitario nazionale* per un importo non superiore a 3.615,20 €;
- *erogazioni liberali a ONG od ONLUS* per un importo non superiore al 2% del reddito complessivo;
- *contributi ed erogazioni a favore di istituzioni religiose*, della Chiesa cattolica italiana o per altre confessioni previste dalla legge (massimo 1.032,91 €);
- *indennità per la perdita dell'avviamento commerciale* pagate dal locatore.

I quadri del mod. 730
Gli oneri *deducibili dal reddito complessivo* devo essere indicati nel **quadro E**, "Oneri e spese", *sezione II*.

9.2.4 Imposta lorda

L'imposizione fiscale sui redditi delle persone fisiche prevede cinque scaglioni di reddito, a cui si applicano le aliquote riportate nella tabella 9.5 (*v.* esempio 9.2).

9.5 Aliquote IRPEF

Scaglione di reddito (€)	Aliquote (%)
Fino a 15.000	23
Oltre 15.000 fino a 28.000	27
Oltre 28.000 fino a 55.000	38
Oltre 55.000 fino a 75.000	41
Oltre 75.000	43

ESEMPIO 9.2 CALCOLO DELL'IMPOSTA LORDA

Reddito complessivo:	31.284 €
Oneri deducibili:	625 €
Imponibile	30.659 €

Scaglioni di reddito	Importo	Aliquota (%)	Imposta
Fino a 15.000	15.000	23	3.450
Oltre 15.000 fino a 28.000	13.000	27	3.510
Oltre 28.000 fino a 55.000	2.659	38	1.010
Oltre 55.000 fino a 75.000	-	41	-
Oltre 75.000	-	43	-
Totale	**30.659**		**7.970**

Risulta pertanto applicata un'aliquota media, sul reddito imponibile, pari a:

$$\frac{7.970}{30.659} = 26{,}0\%$$

9.2.5 Detrazioni d'imposta

Dall'imposta lorda il contribuente può effettuare delle detrazioni per:
a) *familiari a carico*;
b) *tipologia di reddito*;
c) *altri oneri*.

Detrazioni per familiari a carico

Sono considerati a carico i familiari che *non hanno redditi propri di un ammontare superiore a 4.000 €* (dal 2020). I familiari a carico possono essere:
- il *coniuge* non legalmente ed effettivamente separato;
- i *figli*, compresi i figli naturali, adottivi e affidatari;
- ogni *altra persona* indicata nell'art. 433 del c.c. (discendenti, ascendenti ecc.) che conviva con il contribuente.

Per il **coniuge a carico** è prevista una detrazione teorica di **800 €**, decrescente all'aumentare del reddito. Si azzera se il reddito supera gli 80.000 €.

Per i **figli a carico** sono previste le seguenti detrazioni:
- *950 €* per ciascun figlio di età superiore a tre anni;
- *1.220 €* per ciascun figlio di età inferiore a tre anni.

Sono previste ulteriori detrazioni in presenza di figli disabili.
Tali detrazioni sono solo teoriche in quanto l'importo della detrazione effettivamente spettante dipende dal reddito complessivo. Si azzera se il reddito supera i 95.000 €.

Se entrambi i coniugi sono titolari di redditi, la detrazione per i figli può essere ripartita nella misura del 50% a ciascuno di essi (**percentuale di spettanza**). Tuttavia i coniugi possono decidere di comune accordo di attribuire l'intera detrazione al genitore con il reddito complessivo più alto.

Tutte le detrazioni per familiari a carico devono essere rapportate al **numero di mesi** nei quali il familiare è stato effettivamente a carico.

Detrazioni per tipologia di reddito

Per i redditi di lavoro (dipendente, di pensione, di lavoro autonomo ecc.) sono previste specifiche detrazioni di importo variabile in funzione della tipologia di reddito e dell'ammontare del reddito complessivo fino a un importo massimo teorico di **1.880 €** (1.104 € per particolari tipi di reddito). L'importo della detrazione effettivamente spettante diminuisce al crescere del reddito fino ad annullarsi del tutto se il reddito complessivo supera i 55.000 €.

Detrazioni per oneri

L'art. 15 del TUIR prevede le detrazione ammissibili dall'imposta lorda. Le più comuni sono le seguenti:

- *19% delle spese sanitarie* (compresi i familiari a carico), per la parte che eccede 129,11 €;
- *spese sanitarie per disabili* (di vario tipo), compreso *l'acquisto e la riparazione di veicoli* (una sola volta in quattro anni, nei limiti di spesa di 18.075,99 €);
- *interessi passivi* per mutui contratti per l'acquisto dell'abitazione principale e per mutui agrari (massimo 4.000 €);
- *spese di istruzione*, dagli asili nido fino ai corsi universitari (in misura non superiore a quella stabilita per le scuole statali);
- *canoni di locazione per gli studenti iscritti a un corso di laurea* presso un'università ubicata a una distanza di almeno 100 km dal Comune di residenza (nei limiti di spesa di 2.633 €);
- *iscrizione ad associazioni sportive, palestre, piscine ecc.* per i ragazzi compresi tra 5 e 18 anni di età (nei limiti di spesa di 210 €);
- per le *spese per gli addetti all'assistenza personale* nei casi di non autosufficienza nel compimento degli atti della vita quotidiana (massimo 2.100 €);
- *spese veterinarie* (nei limiti di spesa di 387,34 €);
- *spese funebri* per la morte di persone indicate nell'art. 433 c.c. (nei limiti di spesa di 1.550 €);
- *intermediazione immobiliare* (nei limiti di spesa di 1.000 €);
- *erogazioni liberali* verso enti pubblici di vario genere.

I quadri del mod. 730
Gli oneri *detraibili dall'imposta lorda* devo essere indicati nel **quadro E**, "Oneri e spese", *sezione I*, del modello 730.

La legge consente poi **altre detrazioni**, tra cui le seguenti:

- per i lavori di *recupero edilizio* (manutenzioni straordinarie, restauri, ristrutturazioni ecc.) e per la *riqualificazione energetica degli edifici*, da frazionare in 10 rate annue;
- per gli *inquilini di unità immobiliari adibite ad abitazione principale*.

9.2.6 Addizionali regionali e comunali

Per aumentare le risorse delle amministrazioni locali è stato introdotto un prelievo fiscale IRPEF supplementare a favore delle Regioni e dei Comuni.

L'addizionale regionale è destinata al finanziamento del sistema sanitario regionale (SSR).

ECONOMIA

Il *reddito imponibile* per le addizionali è lo stesso dell'IRPEF statale (reddito complessivo meno oneri deducibili). Le aliquote sono fissate dalle Regioni o dai Comuni entro i limiti di legge.

Per l'**addizionale regionale** le aliquote variano dall'**1,23%** al **3,33%**. Alcune Regioni applicano un'aliquota fissa per qualunque reddito, altre applicano aliquote progressive per scaglioni di reddito. Le Regioni che hanno un dissesto finanziario della sanità sono obbligate a imporre le aliquote massime.

Per l'**addizionale comunale** l'aliquota massima è pari allo **0,8%**. Alcuni Comuni hanno fissato una soglia di esenzione (per esempio, fino a 10.000 €).

9.2.7 La *flat-tax* per le partite IVA

Dal 2020 le **persone fisiche** esercenti **attività d'impresa, arti o professioni** titolari di partita IVA (*v.* paragrafo 9.4) che hanno un volume d'affari inferiore a 65.000 € possono beneficiare di una tassazione IRPEF sostitutiva del **15%** (*flat-tax*) e il regime IVA forfettario. Viene però escluso da questo regime agevolato il contribuente che:
- possiede un reddito da lavoro dipendente o pensione superiore a 30.000 €;
- sostiene spese per il personale dipendente o per i collaboratori superiore a 20.000 €.

9.2.8 La dichiarazione dei redditi

Non tutte le persone sono obbligate a presentare la dichiarazione dei redditi ai fini IRPEF. Sono **esonerati** i soggetti che hanno già subito alla fonte per intero il prelievo fiscale o i soggetti per i quali la dichiarazione non comporterebbe il pagamento di alcuna imposta. Sono per esempio esonerati:
- coloro che hanno *solo redditi da lavoro dipendente* (corrisposti da un solo datore di lavoro);
- coloro che hanno *solo il reddito dell'abitazione principale;*
- coloro che hanno *solo redditi fondiari* (terreni e fabbricati) per un importo non superiore a 500 €.

I soggetti esonerati possono comunque presentare la dichiarazione dei redditi per far valere eventuali oneri sostenuti oppure per chiedere il rimborso di eccedenze di imposta o di acconti versati e non dovuti negli anni precedenti.
La dichiarazione dei redditi delle persone fisiche può essere effettuata utilizzando due modelli: il *modello 730* e il *modello Redditi persone fisiche.*

Il **modello 730** è il modello per la dichiarazione dei redditi dedicato ai *lavoratori dipendenti e pensionati* e quindi è il più comune. Nella versione *precompilata,* disponibili online nel sito dell'Agenzia delle entrate (Fisconline), il contribuente non deve eseguire calcoli (i calcoli sono fatti in tempo reale nel sito) e ottiene il rimborso dell'imposta direttamente nella busta paga (o nella pensione); se, invece, deve versare delle somme, queste vengono trattenute dalla retribuzione. Per accedere al sito serve il codice PIN dei servizi telematici oppure un'identità SPID (Sistema pubblico dell'identità digitale).

In alternativa, sono obbligati a utilizzare il **modello Redditi persone fisiche** (anch'esso disponibile online in versione precompilata) i contribuenti che nell'anno precedente (cioè quello oggetto di dichiarazione) hanno posseduto *redditi d'impresa* o *redditi da lavoro autonomo* con partita IVA.

Il modello 730 deve essere presentato entro il 30 settembre, il modello Redditi entro il 30 novembre per via telematica direttamente dal contribuente o tramite un intermediario abilitato. Gli intermediari per la presentazione del modello sono i *centri di assistenza fiscale* (CAF) e i *professionisti abilitati* (i commercialisti).

L'8 per mille, il 5 per mille e il 2 per mille

Tramite il modello 730, il modello Redditi o la certificazione unica (modello CU), il contribuente può esprimere la preferenza, apponendo la propria firma, in merito alla destinazione dell'**8 per mille** del gettito fiscale IRPEF da utilizzare per attività benefiche, scegliendo tra Stato e confessioni religiose (Chiesa cattolica e altre Chiese minori). La parte destinata allo Stato serve a finanziare interventi straordinari nei seguenti ambiti: fame nel mondo, calamità naturali, assistenza ai rifugiati, conservazione di beni culturali.
Analogamente può essere destinato il **5 per mille** per il sostegno alle ONLUS e il **2 per mille** per il finanziamento ai partiti politici.

9.2.9 Versamenti

L'IRPEF viene pagata con **acconti** nel corso dell'anno fiscale per il quale è dovuta l'imposta e con un **saldo** nell'anno successivo, in occasione della presentazione della dichiarazione dei redditi.
Gli acconti sono calcolati sulla base della *differenza* tra l'imposta dovuta al netto delle detrazioni spettanti e delle ritenute subite alla fonte nell'anno precedente. Se l'importo così ottenuto è *inferiore a 51,65 €*, l'acconto non deve essere versato, in caso contrario deve essere pagato in misura pari al *100% della differenza*. Se tale importo è *inferiore a 257,52 €* l'acconto è versato in un'unica soluzione nel mese di novembre, se è *maggiore di 257,52 €* si devono versare due rate, rispettivamente del 40% (con il saldo dell'anno precedente) e del 60% (entro il mese di novembre).
I contribuenti che presentano il modello 730 e hanno un sostituto d'imposta (datore di lavoro, INPS) i versamenti a saldo e per il primo acconto sono effettuati a partire dal mese di ottobre con trattenute (o accrediti) dalla retribuzione o dalla pensione. La scadenza per l'eventuale seconda o unica rata di acconto è invece il mese di novembre.

ECONOMIA

9.3 IMPOSTA SUL REDDITO DELLE SOCIETÀ (IRES)

Normativa
L'IRES è regolata dal Testo unico delle imposte sui redditi, DPR n. 917/1986, modificato dal Dlgs n. 344/2003 ed è in vigore dal 1° gennaio del 2004.

L'imposta sul reddito delle società grava sui redditi delle società comprendendo:

- **società di capitali** e **cooperative** residenti nel territorio dello Stato;
- **enti pubblici e privati**, diversi dalle società, nonché i *trust* (un insieme di rapporti giuridici di natura patrimoniale), indipendentemente dalla loro residenza nel territorio dello Stato.

Sono esclusi gli organi e le amministrazioni dello Stato (Regioni, Comuni ecc.).

Il reddito imponibile è il **reddito d'impresa** ottenuto dalla differenza tra i *ricavi considerati tassabili* e i *costi ammessi in detrazione*, come risultano dal conto economico della società.

L'imposta è calcolata con metodo proporzionale applicando l'aliquota del **24%**.

9.4 IMPOSTA SUL VALORE AGGIUNTO (IVA)

9.4.1 Generalità

L'imposta sul valore aggiunto, istituita col DPR n. 633/1972, è la principale imposta indiretta, seconda solo all'IRPEF per il gettito fiscale complessivo. Colpisce l'incremento di valore che i beni acquisiscono nel corso del processo di produzione (valore aggiunto). Per la sua applicazione devono coesistere due condizioni: il requisito *soggettivo* e il requisito *oggettivo*.

Requisito soggettivo

Il requisito soggettivo consiste nell'esercizio di un'**impresa**, **arte** o **professione**. Sono soggette a IVA le attività produttive esercitate da *imprese* di qualsiasi tipo: commerciali e agricole, individuali e societarie. Per *professione* si intende invece l'esercizio abituale di un'attività di lavoro autonomo, indipendentemente dall'iscrizione in albi professionali. Per *arti* si intendono le attività svolte abitualmente da musicisti, cantanti, attori ecc.
Ne consegue che la vendita di beni da parte di *privati* (fabbricati, automobili o di qualsiasi altra cosa), trattandosi di attività svolta al di fuori di un'attività professionale o di impresa, non è soggetta a IVA.

Requisito oggettivo

Il requisito oggettivo consiste nella **cessione di beni** o nella **prestazione di servizi**.

Prestazioni esenti da IVA
Sulla ricevuta fiscale, valida ai fini IRPEF, si dovrà annotare: "esente da IVA ai sensi dell'art. 10 del DPR n. 633/1972".

Le *cessioni di beni* che danno luogo all'applicazione dell'IVA sono le vendite ("alienazioni verso corrispettivo"). Sono escluse quindi le cessioni gratuite e l'autoconsumo. In particolare non sono considerate cessioni i trasferimenti di denaro.
Sono *prestazioni di servizi* le attività svolte da lavoratori autonomi abituali (per esempio il geometra libero professionista) o derivanti da contratti di agenzia, mediazione, trasporto ecc.

Dichiarazione di inizio dell'attività (apertura della partita IVA)

Chi intende esercitare un'attività soggetta a IVA deve presentare all'ufficio locale dell'Agenzia delle entrate per via telematica la *dichiarazione di inizio attività* utilizzando l'apposito modulo (mod. AA9/12 per le persone fisiche). L'attività deve essere individuata in un elenco messo a disposizione dal Ministero delle finanze (a ciascuna attività corrisponde un codice).
L'ufficio rilascia un **numero di partita IVA** che consente al contribuente di emettere il documento fiscale valido per la riscossione del tributo. Il numero di partita IVA è composto di *11 caratteri numerici*: i primi 7 sono il numero progressivo del contribuente, i successivi 3 sono il codice dell'ufficio e l'ultimo è un carattere di controllo calcolato in base ai primi 10.

9.4.2 Calcolo dell'imposta

L'**imponibile** è dato dal valore dei beni trasferiti o delle prestazioni effettuate. La somma degli imponibili di un anno solare costituisce il *volume d'affari* del contribuente.

L'**imposta** viene calcolata applicando una delle seguenti aliquote in funzione del tipo di operazione imponibile:
– aliquota normale del **22%**;

- aliquota ridotta al **10%**, applicata a molti prodotti alimentari (carne, pesce ecc.), all'energia elettrica per uso domestico, alle ristrutturazioni edilizie ecc.;
- aliquota ridotta al **4%** per i beni di prima necessità (pane, frutta, ortaggi, latticini, l'acquisto della prima casa da impresa costruttrice ecc.).

L'**IVA da versare** si ottiene dalla *differenza tra l'IVA incassata con le vendite e l'IVA pagata con gli acquisti*. L'imposta grava quindi solo sul valore aggiunto ed è pagata in definitiva solo dal consumatore finale che, non avendo IVA da incassare, paga per intero l'imposta. Se, al termine del periodo d'imposta, l'IVA pagata con gli acquisti è maggiore di quella incassata coi ricavi, la differenza viene portata in detrazione dal successivo versamento. A fine anno il contribuente può chiedere il rimborso dell'eventuale credito residuo (*v.* esempio 9.3).

ESEMPIO 9.3 CALCOLO DELL'IVA

Si consideri un'attività con un fatturato di 500.000 € e con 200.000 € di spese, che ha prodotto quindi un *valore aggiunto* di 300.000 €.

IVA incassata con le vendite:	500.000 × 22% =	110.000
IVA pagata con gli acquisti	200.000 × 22% =	–44.000
IVA da versare		**66.000**

Che equivale al 22% del valore aggiunto di 300.000 €.

Se però, a parità di fatturato e di spese, si considera un'impresa del settore alimentare che vende il prodotto finito al 4% e acquista materie prime al 10 e al 22%, si potrà avere:

IVA incassata con le vendite:	500.000 × 4% =	20.000
IVA pagata con gli acquisti:	100.000 × 10% =	–10.000
	100.000 × 22% =	–22.000
IVA da rimborsare		**–12.000**

9.4.3 La contabilità IVA

Fattura

La **fattura** è il documento fondamentale della contabilità IVA. Essa prova l'avvenuta cessione di beni o prestazione di servizi e dà diritto a riscuoterne il prezzo.

La fatturazione può essere *immediata*, quando viene emessa congiuntamente alla consegna dei beni, o *differita* se viene emessa successivamente (entro 15 giorni del mese successivo a quello in cui è avvenuta la prestazione o la consegna della merce).

Il trasporto delle merci deve avvenire con il relativo *Documento di trasporto* (DDT) emesso dal venditore prima della spedizione. In alternativa può essere emesso, nei casi consentiti, un unico documento: la *fattura accompagnatoria*.

La fattura deve contenere:
- numero progressivo e data;
- denominazione e indirizzo del fornitore, suo codice fiscale e partita IVA;
- denominazione e indirizzo del cliente, codice fiscale ed eventuale partita IVA;
- numero e data dell'eventuale DDT;
- descrizione della natura, qualità e quantità dei beni e servizi;

- imponibile, aliquota, ammontare dell'IVA e totale;
- se la fattura è emessa da un professionista e il cliente è una società o un altro professionista, questi deve agire da sostituto d'imposta; pertanto nella fattura si dovranno indicare la *ritenuta d'acconto operata ai fini IRPEF* (*v.* esempio 9.4).

È possibile emettere delle fatture negative, dette **note di accredito**, che fanno riferimento a un credito invece di un debito, per esempio nel caso di una precedente fatturazione erronea di un importo eccessivo. Le fatture integrative di una fattura già emessa vengono denominate invece *note di variazione*.

ESEMPIO 9.4 **FATTURAZIONE PER PRESTAZIONI DI LAVORO AUTONOMO**

Il geometra Mario Ronchi, titolare di partita IVA aperta come ditta individuale (iscritto al collegio), collabora con lo studio associato di ingegneria Gualtieri & Marchetti e matura un compenso di 1.000 €. La fattura riporterà quanto segue:

Corrispettivo	1.000,00
Contributo Cassa geometri (5%)	50,00
Imponibile totale	**1.050,00**
IVA 22%	231,00
Totale lordo	**1.281,00**
Ritenuta d'acconto IRPEF (20%)	210,00
Netto pagato	**1.071,00**

La fattura elettronica

Dal 1° gennaio 2019 è obbligatoria la fattura elettronica, redatta tramite un PC e trasmessa al cliente tramite il **Sistema di interscambio** (**SDI**) gestito dall'Agenzia delle entrate.
Il SdI svolge i seguenti compiti:
- verifica che la fattura contenga almeno i dati obbligatori ai fini fiscali e l'indirizzo telematico dove il cliente vuole che venga consegnata la fattura (codice destinatario o indirizzo PEC);
- controlla che la partita IVA del fornitore e la partita IVA del cliente esistano.

In caso di esito positivo dei controlli precedenti, il Sistema di interscambio consegna la fattura al destinatario comunicando, a chi ha trasmesso la fattura, la data e l'ora di consegna ("ricevuta di recapito").

Per compilare una fattura elettronica è necessario quindi disporre di:
- un PC (o un tablet o smartphone);
- un software che consenta la compilazione del file della fattura nel *formato XML* previsto dall'Agenzia delle entrate.

Ricevuta fiscale, scontrino fiscale

La fattura può essere sostituita, mediante opzione esplicita nella dichiarazione annuale, dallo *scontrino fiscale* o dalla *ricevuta fiscale*. Di questa opzione si avvalgono soprattutto i contribuenti che effettuano la vendita al dettaglio. Rimane comunque fermo l'obbligo di emissione della fattura su richiesta esplicita del cliente.

Gli **scontrini fiscali** sono emessi da "misuratori fiscali" conformi alle prescrizioni ministeriali. Possono essere *registratori di cassa*, *terminali elettronici* (POS), *bilance elettroniche* munite di stampante o *apparecchi per ambulanti* dotati di alimentazione autonoma. I dati stampati sullo scontrino fiscale sono memorizzati su supporto elettronico (giornale di fondo elettronico) o su carta (giornale di fondo cartaceo). Alla fine della giornata il contribuente deve stampare lo *scontrino di chiusura giornaliera* che riporta sia il totale dei corrispettivi del giorno sia il totale dei corrispettivi dei giorni precedenti. Ogni apparecchio misuratore è dotato di un libretto ed è soggetto a verifica annuale da parte di un tecnico abilitato.

La **ricevuta fiscale**, tipicamente utilizzata dai ristoratori, è compilata su moduli predisposti con *numerazione prestampata* per anno solare. L'importo da riportare è *comprensivo di IVA*.

ECONOMIA

Le registrazioni

Le fatture emesse e le fatture pagate ai fornitori devono essere registrate nei tempi di legge in appositi registri. I registri fondamentali della contabilità IVA sono tre:

- il **registro delle vendite** (*registro delle fatture emesse*) o il **registro dei corrispettivi** per chi emette scontrini o ricevute fiscali;
- il **registro degli acquisti**;
- il **registro dei beni ammortizzabili** (nel regime ordinario e semplificato).

La registrazione delle fatture immediate deve essere effettuata entro 15 giorni dalla data di emissione; le fatture differite si registrano entro il giorno 15 del mese successivo a quello di consegna dei beni. La registrazione dei corrispettivi deve essere fatta giornalmente o mensilmente sulla base dei dati stampati sullo scontrino di chiusura giornaliera.
Nel *registro dei beni ammortizzabili* si annotano le spese che riguardano beni che sono contabilizzati in più esercizi consecutivi. L'ammontare dell'IVA detraibile sarà ripartito fra questi anni in misura pari al *coefficiente di ammortamento* stabilito dal Ministero delle finanze (DM 31/12/1988). I coefficienti sono differenti per tipologia di bene (*v.* esempio 9.5). Ai beni che hanno una vita utile più lunga (fabbricati e terreni) si applicano coefficienti bassi, in modo tale che il periodo di ammortamento risulti diluito nel tempo.

ESEMPIO 9.5 **L'IVA DEI BENI AMMORTIZZABILI**

L'impresa edile acquista un escavatore pagandolo 100.000 € + 20.000 € di IVA. L'IVA pagata non sarà detratta interamente nell'anno di acquisto, ma con un coefficiente di ammortamento del 10%. Ogni anno, *per 10 anni*, l'IVA detraibile sarà:

20.000 × 10% = 2.000 €

Versamenti

I versamenti dell'imposta a debito devono essere effettuati **mensilmente**, entro il giorno 16, per le operazioni registrate il mese precedente. I contribuenti minori possono scegliere di effettuare i versamenti **trimestralmente** con una *maggiorazione d'imposta dell'1%*, da effettuare entro il giorno 16 dei mesi di maggio, agosto e novembre (per il primo, secondo e terzo trimestre). L'ultimo trimestre viene liquidato con la dichiarazione annuale IVA.
I versamenti sono effettuati nel **conto corrente fiscale** del contribuente, gestito dal Ministero delle finanze, dove sono registrati i versamenti effettuati e i rimborsi ottenuti dal titolare della partita IVA.

Dichiarazione annuale

I titolari di partita IVA devono presentare la dichiarazione annuale, che costituisce il riepilogo delle attività soggette a IVA svolte nel corso dell'anno solare. La dichiarazione deve essere presentata, a seconda dei casi:
- *congiuntamente alla dichiarazione dei redditi*, utilizzando il modello Unico;
- in *forma autonoma*, utilizzando l'apposito modello.

La presentazione autonoma è prevista solo per le società di capitali e per poche e particolari categorie di contribuenti.

9.4.4 I regimi IVA

Un regime IVA è dato dall'insieme degli obblighi contabili e delle modalità di calcolo dell'IVA da versare a cui è soggetto un contribuente. Alcuni regimi sono adatti per le grandi società per azioni, altri per le piccole imprese individuali e per i lavoratori autonomi. Per l'agricoltura sono previsti regimi particolari.

Il regime ordinario

Il regime ordinario è obbligatorio per le **società di capitali** e per le imprese di altro tipo che superano un determinato volume d'affari (*v.* regime semplificato). In ogni caso chiunque, indipendentemente dal volume d'affari, può optare per questo regime IVA (*regime ordinario facoltativo*).
Nel regime ordinario il calcolo dell'IVA viene effettuato nel modo normale: IVA incassata meno IVA pagata. In modo analogo viene calcolato il reddito ai fini delle imposte dirette (IRPEF o IRES): nel bilancio di esercizio, dall'ammontare dei ricavi si detraggono le spese sostenute. Il bilancio di esercizio deve essere tenuto secondo lo schema UE col metodo della partita doppia. Pertanto, oltre ai registri IVA, devono essere tenuti i libri contabili: giornale, inventario, mastro, beni ammortizzabili e magazzino.

Il regime semplificato

Il regime semplificato delle **imprese minori** è in genere adottato dalle *società di persone* e dalle *imprese individuali* che non superano il volume d'affari fissato (altrimenti devono rientrare nel regime ordinario). Il limite di fatturato è 400.000 € per i professionisti e le imprese di servizi e 700.000 € per le altre attività.
Il regime semplificato beneficia di *agevolazioni contabili* che consistono essenzialmente nella tenuta dei soli registri ai fini IVA: quello delle fatture emesse e quello degli acquisti. Sui registri IVA si annotano anche gli incassi e i pagamenti (ai fini delle imposte dirette) e i beni ammortizzabili.
L'IVA da versare è calcolata in modo normale. La determinazione del reddito ai fini IRPEF o IRES viene ottenuta dalla differenza fra i ricavi e i costi dell'esercizio (secondo le modalità previste nel TUIR, art. 66).

Il regime dei contribuenti minimi (regime forfettario)

I contribuenti minimi sono le **persone fisiche** esercenti *attività d'impresa*, *arti* o *professioni* che nell'anno solare precedente hanno conseguito ricavi non superiori a 65.000 € (*v.* paragrafo 9.2.7 a pag. 120). Questi soggetti sono esonerati da tutti gli adempimenti IVA: dichiarazione, versamenti, contabilità.
Le fatture, ancora in forma cartacea, devono essere emesse senza l'addebito dell'IVA. Resta l'obbligo di conservare le fatture relative agli acquisti.

9.5 IMPOSTA REGIONALE SULLE ATTIVITÀ PRODUTTIVE (IRAP)

Normativa
L'IRAP è in vigore dal 1° gennaio 1998 in seguito all'approvazione del Dlgs n. 446/1997.

Il requisito impositivo dell'IRAP è l'esercizio abituale di un'attività diretta alla *produzione o allo scambio di beni*, ovvero alla *prestazione di servizi*.
Questa imposta assolve di fatto il ruolo di un contributo sanitario, in quanto il gettito che ne deriva, come l'addizionale regionale all'IRPEF, viene utilizzato per finanziare le prestazioni del sistema sanitario regionale.

9.5.1 I soggetti attivi e passivi

L'IRAP è un'imposta locale applicabile alle attività produttive esercitate nel territorio di ciascuna Regione (soggetto attivo dell'imposta). Qualora l'attività sia esercitata nel territorio di più Regioni occorre ripartire l'imponibile e l'imposta corrispondente tra le Regioni interessate.

I soggetti passivi sono le *società* e gli *enti commerciali pubblici e privati*, gli *esercenti arti e professioni*, gli *enti non commerciali*.

ECONOMIA

9.5.2 L'imponibile

L'imposta si applica sul **valore della produzione netta** determinato con diverse modalità in funzione di diversi tipi di contribuente, con diverso regime contabile: società di capitali, società di persone, enti commerciali, imprese individuali, produttori agricoli, banche, società finanziarie, imprese di assicurazione ecc.

IRAP in agricoltura
Dal 2016 l'agricoltura ("titolari di reddito agrario") è sostanzialmente esclusa dall'imposta, tranne alcune attività connesse e l'agriturismo (aliquota all'1,9%).

Schematicamente lo si ottiene sottraendo dal valore della produzione lorda (*componenti positive*) alcune voci del costo della produzione (*componenti negative*). Per le società le componenti positive e negative sono individuate nel *conto economico* della contabilità aziendale. Sono previste particolari deduzioni in base al numero di dipendenti assunti a tempo indeterminato, per le spese per apprendisti e dipendenti disabili, per gli addetti alla ricerca e sviluppo, per le spese relative ad assicurazioni obbligatorie contro gli infortuni, per i contributi previdenziali e assistenziali versati e altro.
Le piccole imprese con volume d'affari inferiore a 180.919,91 € beneficiano di una *franchigia* (da 2.000 a 8.000 euro).

9.5.3 L'imposta

L'IRAP è calcolata applicando al valore della produzione netta l'aliquota del **3,9%**. Le Regioni possono variare l'aliquota ordinaria nei limiti dello *0,92%* per determinate categorie di contribuenti (imprese giovanili, in località montane, società sportive dilettantistiche ecc.). L'aliquota può quindi variare tra un massimo del 4,82% e un minimo del 2,98%.
La normativa prevede inoltre aliquote base più elevate per alcune tipologie di contribuenti: per esempio 4,65% per istituti di credito ed enti finanziari, 5,90% per le compagnie di assicurazione.

9.5.4 Dichiarazione e versamenti

I codici fiscali delle Regioni

I soggetti passivi devono presentare, per ciascun periodo di imposta, la dichiarazione dei componenti positivi e negativi del valore netto della produzione e liquidare la relativa imposta. Tale dichiarazione deve essere presentata per via telematica usando l'apposito modello entro il 31 luglio dell'anno successivo.

9.6 IMPOSTA MUNICIPALE PROPRIA (IMU)

La nuova IMU, in vigore dal 1° gennaio 2020, grava sui *fabbricati* e sulle *aree fabbricabili*; in casi particolari grava anche sui *terreni agricoli*.
I **soggetti attivi** sono i Comuni, tranne i fabbricati del gruppo catastale D il cui gettito è riservato allo Stato (nei limiti dell'aliquota dello 0,76%).
I **soggetti passivi** sono i *possessori* degli immobili: proprietari o titolari del diritto reale (usufrutto, uso o abitazione).

9.6.1 Requisiti impositivi

L'abitazione principale o "prima casa"...
...è quella dove il possessore e il suo nucleo familiare dimorano abitualmente e risiedono anagraficamente. Nell'abitazione principale è compresa al massimo un'unità pertinenziale di categoria C/2, C/6 o C/7.

L'**abitazione principale** è esente dall'IMU, tranne quella di categoria catastale A/1, A/8 e A/9. Sono considerate abitazione principali anche:
- la *casa familiare assegnata al genitore affidatario*, a cui il giudice ha conferito il diritto di abitazione;
- se i Comuni lo deliberano, l'abitazione non locata posseduta da anziani o disabili che acquisiscono la residenza in istituti di ricovero permanente.

Sono **esenti** i fabbricati *a destinazione particolare* (categoria catastale E), *culturale*, per *l'esercizio del culto* e della *Santa Sede*. Sono esenti anche gli *immobili dello Stato* e di altri enti pubblici (unioni montane, ASL ecc.).

Sono considerate **aree edificabili** i terreni utilizzabili a scopo edificatorio in base agli strumenti urbanistici generali o attuativi, tranne quelli posseduti da coltivatori diretti (CD) e imprenditori agricoli professionali (IAP).

Per **terreno agricolo** si intende qualsiasi terreno inscritto in catasto, anche non coltivato.

9.6.2 Calcolo dell'imposta

L'imposta si ottiene moltiplicando il valore imponibile per l'aliquota fissata:

imposta = *valore dell'immobile* × *aliquota*

Imponibile

Fabbricati
Per i **fabbricati iscritti in catasto** il valore è ottenuto moltiplicando la *rendita catastale rivalutata del 5%* per coefficienti moltiplicativi (*v.* tabella 9.6).
Per i fabbricati non iscritti in catasto si dovrà fare riferimento alla categoria e alla rendita attribuita a fabbricati simili.

9.6 Coefficienti per calcolare il valore catastale

Tipo di immobile	Categoria catastale	Coefficiente
Abitazioni Magazzini, autorimesse, tettoie	A (esclusa A/10) C/2, C/6, C/7	160
Alloggi collettivi Laboratori, fabbricati per lo sport ecc.	Gruppo B C/3, C/4, C/5	140
Uffici Istituti di credito, cambio e assicurazioni	A/10 D/5	80
Immobili a destinazione speciale (opifici ecc.)	D (esclusa D/5)	65
Negozi	C/1	55

La riduzione per il comodato
Questo beneficio è accordato a condizione che il contratto sia registrato e il comodante (che colui che concede il fabbricato) possieda una sola abitazione in Italia e dimori abitualmente nello stesso Comune in cui si trova la casa data in comodato; la deduzione si applica anche nel caso in cui il comodante possieda un altro immobile nello stesso Comune adibita ad abitazione principale.

La base imponibile è **ridotta del 50%** nei seguenti casi:
- per i *fabbricati di interesse storico o artistico;*
- per i *fabbricati inagibili* e di fatto non utilizzati;
- per *abitazioni date in comodato gratuito a parenti di primo grado in linea retta* (figlio o genitore), se utilizzate come prima casa e se diverse da quelle di categoria a/1, a/8 e a/9, a condizione che il contratto sia registrato e il comodante (che colui che concede il fabbricato) possieda una sola abitazione in Italia e dimori abitualmente nello stesso Comune in cui si trova la casa data in comodato; la deduzione si applica anche nel caso in cui il comodante possieda un altro immobile nello stesso Comune adibita ad abitazione principale

L'imponibile è ridotto al **75%** per le *abitazioni locate a canone concordato.*

Aree edificabili

La base imponibile è il **valore venale** corrente al 1° gennaio dell'anno di imposta determinato con riferimento alle quotazioni di aree simili e tenendo conto di ubicazione, indice di edificabilità, destinazione d'uso (residenziale, industriale ecc.), incidenza degli oneri di urbanizzazione. In molti casi i Comuni deliberano i valori di riferimento per le diverse zone urbanistiche.
Non sono considerati fabbricabili ai fini fiscali i terreni effettivamente condotti per l'attività agricola da CD e IAP.
Le aree edificabili *su cui è iniziata la costruzione* di un fabbricato si considerano come aree fino all'ultimazione dei lavori, senza considerare il valore del fabbricato in corso d'opera.

I Comuni esenti nelle aree montane o collinari
L'elenco dei Comuni è allegato alla circolare del Ministero delle finanze n. 9 del 14/06/1993 e riguarda in genere zone svantaggiate.

Terreni agricoli

Il valore imponibile si ottiene moltiplicando il **reddito dominicale**, come risulta in catasto, *rivalutato del 25%* e moltiplicato per **135**.
Sono esenti da IMU i terreni:
- *condotti da coltivatori diretti e imprenditori agricoli professionali* inscritti nella previdenza agricola;
- ubicati in *aree montane o di collina* e incluse in un apposito elenco.

Aliquote

L'**aliquota base** è *8,6 per mille* (0,86%), che i Comuni potranno aumentare fino a un massimo dell'*11,4 per mille* (1,14%) o ridurre fino a *zero* (*v.* esempio 9.6).

Per l'**abitazione principale di categoria A/1, A/8 e A/9** si applica invece l'aliquota base del *5 per mille* (0,5%), che i Comuni potranno aumentare fino a un massimo del *6 per mille* o ridurre fino a *zero*. Inoltre è prevista, eventualmente, una *detrazione d'imposta fino a 200 €.*

Per i **fabbricati rurali a uso strumentale** (magazzini, stalle ecc.) l'aliquota è dell'*1 per mille* (0,1%), che i Comuni potranno solo diminuire fino a *zero.*

Per i **terreni agricoli** l'aliquota base è *7,6 per mille* (0,76%), che i Comuni potranno aumentare fino a un massimo del *10,6 per mille* o ridurre fino a *zero.*

Le aliquote deliberate dai Comuni devono essere per legge pubblicate in tempo utile nel sito *internet* del Ministero dell'economia e delle finanze.

9.6.3 Versamenti

I versamenti sono effettuati dai soggetti passivi in proporzione alla quota di possesso e ai mesi di possesso (il possesso protratto per almeno 15 giorni è computato come mese intero). Devono essere effettuati nel corso di ogni anno in due rate di pari importo: la prima rata d'**acconto**, entro il 16 giugno, e la seconda rata a **saldo**, entro il 16 dicembre, oppure con un'unica rata entro 16 giugno.

ESEMPIO 9.6 **CALCOLO DELL'IMU PER UN FABBRICATO A USO ABITAZIONE**

Altra abitazione (non prima casa) di circa 110 m^2 in un capoluogo di provincia.

Rendita catastale (categoria A/3, tipo economico): 856,03 €
856,03 × 1,05 × 160 × 0,86% = **1.237 €**

Abitazione principale

Rendita catastale (categoria A/8, villa): 2.756,18 €
2.756,18 × 1,05 × 160 × 0,5% = 2.231 €

Imposta netta (in caso di applicazione della detrazione d'imposta massima):
2.315 – 200 = **2.115€**

9.7 LA TASSA SUI RIFIUTI (TARI)

La TARI è dovuta da chi *occupa*, a qualunque titolo, locali o aree suscettibili di produrre rifiuti urbani. Questa tassa è diretta alla copertura dei costi relativi al servizio di gestione dei rifiuti nel rispetto del principio "chi inquina paga" sancito dalla legge (Dlgs n. 152/2006, Testo unico sull'ambiente).

9.7.1 Calcolo della tassa

Il regolamento comunale per la determinazione delle tariffe è redatto secondo i criteri contenuti nel DPR n. 158/1999. L'*allegato 1* al decreto stabilisce il metodo normalizzato per calcolare la tariffa.

La tariffa è commisurata alle *quantità e qualità medie ordinarie di rifiuti prodotti per unità di superficie* in relazione agli usi e alla tipologia delle attività svolte nonché al costo del servizio di raccolta e smaltimento. Il regolamento deve prevedere la suddivisione della tariffa in:

- una **parte fissa** determinata in relazione al costo del servizio, con riferimento agli investimenti per le opere necessarie e ai relativi ammortamenti;
- una **parte variabile** rapportata alle quantità di rifiuti conferita e al servizio fornito.

Paga anche chi abbandona i rifiuti...
L'art. 255 del Dlgs 152/2006 prevede per chi abbandona rifiuti, o li immette nelle acque superficiali o sotterranee, una sanzione pecuniaria da 300 a 3.000 €. Se l'abbandono riguarda rifiuti pericolosi, la sanzione è aumentata fino al doppio.

La tariffa è poi articolata nelle fasce di utenza **domestica e non domestica** e quindi, a livello territoriale, è ulteriormente articolata con riferimento alle *caratteristiche delle diverse zone* (destinazione a livello di pianificazione urbanistica e territoriale, densità abitativa, frequenza e qualità dei servizi da fornire).

Le **tariffe** (*TF*) sono quindi determinate moltiplicando la *quota unitaria* del costo del servizio (*Qu*, €/m^2) per la *superficie imponibile* (*S*, m^2) per ogni categoria o sottocategoria omogenea, per uno o più *coefficienti di produttività quantitativa e qualitativa di rifiuti* (*K*) determinati in funzione del *numero di componenti del nucleo familiare* (*n*):

$$TF = Qu \times S \times K(n)$$

La superficie calpestabile (superficie imponibile) delle unità immobiliari a destinazione ordinaria (A, B e C) iscritte o iscrivibili nel catasto dei fabbricati può essere calcolata in misura pari all'80% della superficie catastale.

Il regolamento comunale stabilisce le modalità di calcolo del numero di componenti del nucleo familiare, soprattutto nel caso di fabbricati in cui non sono dichiarati soggetti residenti (seconde case).

Riduzioni ed esenzioni

Sono escluse dalla TARI le aree scoperte pertinenziali o accessorie a locali tassabili, non operative, e le aree comuni condominiali.

Il Comune può prevedere riduzioni tariffarie ed esenzioni nel caso di: abitazioni con unico occupante; abitazioni tenute a disposizione per uso stagionale o altro uso limitato e discontinuo; locali, diversi dalle abitazioni, ed aree scoperte adibiti ad uso stagionale o ad uso non continuativo, ma ricorrente; abitazioni occupate da soggetti che risiedano o abbiano la dimora, per più di sei mesi all'anno, all'estero; fabbricati rurali ad uso abitativo.

9.8 IMPOSTA DI REGISTRO

9.8.1 Generalità

L'imposta di registro, regolata dal DPR n. 131/1986, deve essere pagata per gli atti soggetti *obbligatoriamente* o *volontariamente* alla registrazione. Si tratta in genere di:

- atti traslativi a titolo oneroso della proprietà di beni immobili (atti di compravendita);
- atti traslativi o costitutivi di diritti reali immobiliari di godimento (per esempio la costituzione dell'usufrutto);
- provvedimenti di espropriazione per pubblica utilità;
- trasferimenti coattivi (espropriazione forzata);
- contratti di locazione e di affitto;
- contratti preliminari di ogni specie;
- testamenti ("atti di ultima volontà").

Sono obbligati a richiedere la registrazione:

- i *notai*, gli *ufficiali giudiziari* o gli altri pubblici ufficiali per gli atti da essi redatti, ricevuti o autenticati;
- le *parti contraenti* per le scritture private non autenticate (per esempio il contratto di locazione);
- i *cancellieri* e i *segretari comunali* per le sentenze, i decreti e gli altri atti degli organi giurisdizionali alla cui formazione hanno partecipato nell'esercizio delle loro funzioni.

L'ufficio dell'Agenzia delle entrate conserva gli originali e le copie trattenute e, trascorsi dieci anni, li trasmette all'archivio notarile. Su richiesta delle parti contraenti, l'ufficio rilascia copia delle scritture di cui è ancora in possesso.

Registrazione di un atto privato

L'atto pubblico, redatto da un notaio, ha valore legale di fronte a terzi; è infatti provata l'esistenza dell'atto stesso e la sua data di validità a norma dell'art. 2704 del c.c. Per contestare questa prova, e negare quindi l'attendibilità dell'atto, è necessario che, chi vi abbia interesse, ricorra a un particolare procedimento che prende il nome di *querela di falso*. Per gli atti privati, invece, solo la registrazione successiva ne attesta l'esistenza e attribuisce a essi *data certa di fronte ai terzi*.

Per effettuare la registrazione, per esempio nel caso di un contratto di locazione o di comodato, è necessario presentare:

- l'*atto da registrare* in almeno due originali;
- il *modello 69* di richiesta della registrazione (anche il modello RR se gli atti sono più di uno);
- una copia del *modello F23* attestante l'avvenuto pagamento delle imposte.

9.8.2 Base imponibile e imposta

L'imposta può essere calcolata, in funzione del tipo di atto:
- **in misura proporzionale**, applicando un'aliquota alla base imponibile;
- **in misura fissa**.

In misura proporzionale la base imponibile è costituita dal **valore del bene o del diritto** dichiarato nell'atto dalle parti o, in mancanza o se superiore, dal corrispettivo pattuito o dal valore venale in comune commercio.
Nel *trasferimento dei diritti reali sui beni immobili* l'imposta di registro è applicata unitamente all'imposta ipotecaria e catastale, di bollo e, a seconda dei casi, all'IVA.
In caso di *successione o donazione* l'imposta di registro non è dovuta, ma al suo posto si applica, eventualmente, un'imposta specifica (*v.* in seguito).
Le imposte ipotecaria e catastale hanno la stessa base imponibile e le stesse modalità di calcolo dell'imposta di registro.

9.8.3 Imposte per la compravendita di un fabbricato

In caso di compravendita (*trasferimento a titolo oneroso*) le modalità di calcolo dell'imposta di registro, ipotecaria e catastale dipendono dal *soggetto alienante* (privato o impresa costruttrice) e dal *tipo di fabbricato* (prima casa o altro fabbricato), come si può notare nella tabella 9.7 e nell'esempio 9.7 (con le modifiche, a partire dal 1° gennaio 2014, per effetto dell'art. 10 del Dlgs n. 23/2011 e dell'art. 26 del Dlgs n. 104/2013).

9.7 Aliquote dell'imposta di registro, ipotecaria, catastale e IVA

Tipo di atto	Imposta di registro	Imposta ipotecaria	Imposta catastale	IVA
Vendita da privato:				
– fabbricati e terreni edificabili	9%	2%	1%	-
– "prima casa", comprese le pertinenze (escluse cat. A1, A8, A9)	2%	50 €	50 €	-
Vendita da impresa costruttrice o in cooperativa:				
– "prima casa" (escluse categorie A/1, A/8, A/9)	200 €	200 €	200 €	4%
– altra abitazione	200 €	200 €	200 €	10%
– fabbricato strumentale	200 €	3%	1%	22% o 10% o esente
– aree edificabili	200 €	200 €	200 €	22%
Vendita di terreni agricoli:				
– a soggetti non agricoltori	12%	50 €	50 €	-
– terreni agricoli e fabbricati pertinenziali a coltivatori diretti e IAP (proprietà contadina)	200 €	200 €	1%	-
Successione ereditaria, donazioni al coniuge o a parenti:				
– "prima casa" (comprese le pertinenze)	-	200 €	200 €	-
– altri immobili	-	2%	1%	-
– aziende agricole in linea retta a favore di coltivatori diretti	-	200 €	-	-
Espropriazione per pubblica utilità o forzata	9%	200 €	200 €	-
Contratto preliminare di vendita	200 €	-	-	-

Per gli atti in cui il trasferimento sia assoggettato a IVA, l'imposta di registro e le imposte ipotecaria e catastale vengono pagate in misura fissa. Pertanto si hanno i seguenti casi.

1) Il **venditore è un privato**:
   - l'alienazione è esente da IVA;
   - si applicano le imposte di registro, ipotecaria e catastale con calcolo proporzionale (rispettivamente 9%, 2% e 1%, per un totale del 12%).

2) Il **venditore è l'impresa costruttrice**:
   - l'alienazione è soggetta a IVA (10%);
   - le imposte di registro, ipotecaria e catastale sono pagate in misura fissa (200 € cadauna).

La prima casa...
Se l'interessato ha già una prima casa, per beneficiare nuovamente delle agevolazioni deve vendere la precedente abitazione entro un anno dall'acquisto di quella nuova.

Se però l'acquisto (da un privato o dall'impresa costruttrice) riguarda un'abitazione da destinare ad abitazione principale, sono previste le seguenti **agevolazioni per la "prima casa"** (escluse le abitazioni di categoria catastale A/1, A/8, A/9):
1) in caso di acquisto da privato, l'*imposta di registro è ridotta al 2%* (invece del 9%) e *le imposte ipotecaria e catastale sono determinate in misura fissa;*
2) in caso di acquisto dall'impresa costruttrice, l'*IVA è ridotta al 4%* (invece del 10%).

Per l'imposta di registro determinata in modo proporzionale (2%, 9% e 12%) l'importo minimo è di **1.000 €**.

Queste imposte sono interamente a carico dell'acquirente.

Base imponibile

Per le alienazioni di **fabbricati a uso abitativo** (comprese le pertinenze) effettuate **nei confronti di privati** (persone fisiche che non agiscano nell'esercizio di attività commerciali, artistiche o professionali), la base imponibile può essere costituita dal *valore catastale*, anziché dal *prezzo* effettivamente pagato (sistema "prezzo-valore"). L'agevolazione spetta a condizione che nell'atto di vendita sia indicato tale importo (l'importo effettivamente pagato).
L'acquirente, per poter fruire dell'applicazione delle imposte su base catastale, deve farne esplicita richiesta al notaio. Il valore catastale si ottiene moltiplicando la *rendita catastale rivalutata del 5%* per uno dei seguenti *coefficienti*:
- 120 per le abitazioni in genere;
- 110 per la prima casa;
- 140 per i fabbricati appartenenti al gruppo catastale B;
- 60 per i fabbricati delle categorie A/10 (uffici e studi privati) e D;
- 40,8 per i fabbricati delle categorie C/1 (negozi e botteghe) ed E.

La dichiarazione sostitutiva di atto di notorietà
È il documento con cui si possono dichiarare situazioni, non note alle amministrazioni pubbliche, che riguardano l'interessato o altre persone. Viene presentata nei casi in cui non è consentita l'autocertificazione.

Per le **compravendite di altro tipo**, in cui l'acquirente non è un privato o che riguardano fabbricati a uso diverso dall'abitazione (uffici, negozi ecc.) o terreni, la base imponibile è il *prezzo netto* pattuito e dichiarato nell'atto. Tale importo costituisce eventualmente anche la base imponibile ai fini IVA.
Al fine di contrastare l'evasione fiscale dei soggetti coinvolti, nel rogito relativo alla compravendita le parti devono inserire una *dichiarazione sostitutiva di atto di notorietà* in cui segnalare:
- le modalità di pagamento (assegno, bonifico ecc.),
- la partita IVA (o il codice fiscale) e il compenso del mediatore (se ci si è avvalsi della sua attività).

ESEMPIO 9.7 IMPOSTE PER L'ACQUISTO DI UN IMMOBILE

1° esempio: prima casa acquistata dall'impresa costruttrice

Prezzo netto di acquisto: 240.000 €

Imposta di registro:		200,00 €
Imposta ipotecaria:		200,00 €
Imposta catastale:		200,00 €
IVA:	240.000 × 4% =	9.600,00 €
Totale		**10.200,00 €**

2° esempio: seconda casa acquistata da un privato

Rendita catastale: 1.110,38 €
Valore catastale: 1.110,38 × 1,05 × 120 = 139.907,88 €

Imposta di registro:	139.907,88 × 9% =	12.591,71 €
Imposta ipotecaria:	139.907,88 × 2% =	2.798,16 €
Imposta catastale:	139.907,88 × 1% =	1.399,08 €
IVA:		- €
Totale		**16.788,95 €**

9.8.4 Imposte per la compravendita di terreni agricoli

La tassazione per l'acquisto dei terreni agricoli è, in via ordinaria, pari al 12% (imposta di registro) del *prezzo concordato* tra le parti. L'elevato livello impositivo ha l'intento di scoraggiare l'acquisto dei terreni agricoli a scopo d'investimento non produttivo o speculativo.

Invece per la **piccola proprietà contadina** (art. 2, comma 4 *bis*, legge n. 25/2010) sono previste agevolazioni. Queste riguardano i coltivatori diretti e gli imprenditori agricoli professionali iscritti nella relativa gestione previdenziale e assistenziale (INPS). In questo caso le imposte di registro e ipotecarie sono fissate in misura fissa (200 € ciascuna), mentre l'imposta catastale si applica nella misura dell'1%. I predetti soggetti decadono dalle agevolazioni se, prima che siano trascorsi cinque anni dalla stipula degli atti, alienano volontariamente i terreni ovvero cessano di coltivarli o di condurli direttamente.

9.8.5 Registrazione dei contratti di locazione

Per i contratti di locazione, per cui non è stata esercitata l'opzione per la cedolare secca, l'importo imponibile ai fini dell'imposta di registro è il *canone complessivo del periodo di validità del contratto* (canone annuo per numero anni di durata). Il pagamento può essere effettuato:

- *annualmente*, calcolata sul canone annuo;
- *una sola volta* all'inizio della locazione, calcolato sul canone annuo moltiplicato per il numero di anni di durata.

All'imponibile si applicano le aliquote della tabella 9.8 (minimo 67 €). L'imposta è a carico per il 50% di entrambi i contraenti. In quest'ultimo caso il contribuente può detrarre dall'imposta un importo pari alla *metà del saggio legale moltiplicato per il numero di anni di durata del contratto.* Se però viene esercitata l'opzione per la *cedolare secca*, l'imposta di registro non si applica.

9.8 Aliquote dell'imposta di registro per i contratti di locazione	
Locazioni di beni immobili	**Imposta (% sul canone)**
Fabbricati in genere	2,0%
Abitazioni a canone concordato (2% × 70%) in Comuni "ad elevata tensione abitativa"	1,4%
Locazione effettuata da soggetti passivi IVA	1,0%
Fondi rustici	0,5%

ESEMPIO 9.8 IMPOSTA DI REGISTRO SUL CONTRATTO DI LOCAZIONE

Importo annuo del canone:	9.600 €
Durata del contratto:	4 anni
Saggio legale:	0,8%
Tipo di contratto:	libero

Pagamento unico

Imposta totale:
9.600 × 4 anni × 2% = 768

Riduzione:
50% × 0,8% × 4 anni = 1,6%

Imposta dovuta:
768 – 1,6% = 755,71 € (377,86 € per ciascuno dei contraenti)

Pagamento annuale

Imposta dovuta:
9.600 × 2% = 192 € (96 € per ciascuno dei contraenti)

9.9 IMPOSTE IPOTECARIA E CATASTALE

Le imposte ipotecaria e catastale sono entrambe regolate dal Dlgs n. 347/1990.

9.9.1 Imposta ipotecaria

L'imposta ipotecaria ha per oggetto le trascrizioni, le iscrizioni, i rinnovi, le cancellazioni e le annotazioni nei *pubblici registri immobiliari*.

Le *Conservatorie dei registri immobiliari* sono gli uffici in cui sono annotati i singoli immobili e i rispettivi proprietari nonché ogni modificazione o atto soggetto per legge a iscrizione nei registri. Le Conservatorie hanno competenza in uno specifico territorio.

L'ipoteca
È un diritto reale di garanzia. Attraverso l'ipoteca, che si costituisce mediante iscrizione nei pubblici registri, il creditore ottiene il diritto di priorità sul ricavo della vendita forzata del bene.

Le formalità di trascrizione sono previste per gli atti di trasferimento dei diritti di proprietà su beni immobili (contratti di vendita, successioni e donazioni ecc.) o dei relativi diritti di godimento (usufrutto, servitù, superficie ecc.), da eseguire entro 30 giorni dalla data dell'atto. Le iscrizioni, i rinnovi, le cancellazioni e le annotazioni riguardano invece le ipoteche.

La *base imponibile per le trascrizioni* è la stessa base imponibile determinata ai fini dell'imposta di registro o, se questa non è dovuta, dell'imposta sulle successioni e donazioni. La *base imponibile per le iscrizioni e rinnovazioni e sulle relative annotazioni* è commisurata all'ammontare del credito garantito.

ECONOMIA

L'imposta si calcola, in funzione del tipo di atto, applicando l'aliquota del **2** o **3%** o in misura fissa pari a **50** o **200 €** (*v.* tabella 9.7 a pag. 132). Per la trascrizione dei *contratti preliminari* ai sensi dell'articolo 2645-*bis* del codice civile l'imposta è dovuta nella misura fissa.

9.9.2 Imposta catastale

L'imposta catastale ha invece per oggetto le **volture catastali** e cioè la registrazione in catasto delle variazioni soggettive.
La base imponibile è la stessa dell'imposta di registro (come per l'imposta ipotecaria). L'imposta può essere determinata, come si è visto, in modo proporzionale, con l'aliquota dell'**1%**, o in misura fissa, pari a **50** o **200 €**.

9.10 IMPOSTA SULLE SUCCESSIONI E DONAZIONI

L'imposta sulle successioni e donazioni (*trasferimenti a titolo gratuito*) è stata reintrodotta in Italia, dopo alcuni anni di interruzione, con la legge n. 286/2006, con decorrenza dal 3 ottobre 2006.

9.10.1 Imponibile

La base imponibile dell'imposta di successione è costituita dalla *somma algebrica del valore di tutti i beni trasferiti* agli eredi o ai donatari. Si detraggono pertanto i debiti e, nella parte attiva, non si considerano alcuni particolari cespiti (i titoli di Stato). Nella base imponibile sono inclusi i seguenti beni:

- gli **immobili**, valutati con il *criterio catastale* (moltiplicando la rendita catastale per i coefficienti già visti per l'imposta di registro);
- le **aziende**, il cui valore è determinato in misura pari al valore del *patrimonio netto contabile*, ma solo in caso di trasferimenti a soggetti diversi dai discendenti (nel trasferimento ai figli il valore dell'azienda non viene calcolato);
- le **azioni** e le **quote di partecipazione al capitale** di una società (anche in questo caso con l'esenzione per i discendenti);
- le **obbligazioni**;
- il **denaro**;
- i **beni mobili**, come per esempio i gioielli, le opere d'arte, i mobili ecc.

I **titoli di Stato** sono esenti dall'imposta di successione, ma non dall'imposta sulle donazioni. Pertanto, se nella successione sono inclusi *fondi comuni di investimento mobiliare* (*v.* paragrafo 11.5), il valore delle relative quote deve essere calcolato al netto del valore dovuto ai titoli di Stato.

Su ciascuna quota si applica poi una **franchigia**, cioè una quota esente, per i parenti più stretti:

- 1.000.000 di € per il *coniuge* e i *parenti in linea retta* (1.500.000 € se il beneficiario è portatore di handicap);
- 100.000 € per *fratelli* e *sorelle*.

Non viene quindi applicata alcuna franchigia per i trasferimenti verso altri parenti in linea collaterale (diversi dai fratelli), verso gli affini e verso coloro che non hanno rapporti di parentela col defunto o con il donante (per esempio i conviventi).

Per le donazioni la base imponibile è il valore dei beni donati.

9.10.2 Aliquote

Le aliquote sono differenziate, in funzione del grado di parentela, dal 4 all'8% (*v.* tabella 9.9).

9.9 Imposta sulle successioni e donazioni

Grado di parentela	Imponibile	Aliquota
Coniuge e parenti in linea retta	Sul valore dell'asse ereditario o dei beni donati al netto della franchigia di 1.000.000 di €	4%
Fratelli e sorelle	Sul valore dell'asse ereditario o dei beni donati al netto della franchigia di 100.000 €	6%
Altri parenti fino al 4° grado, affini in linea retta, affini in linea collaterale fino al 3° grado	Sul valore dell'asse ereditario o dei beni donati	6%
Altri soggetti	Sul valore dell'asse ereditario o dei beni donati	8%

9.11 IMPOSTA DI BOLLO

L'imposta di bollo, regolata dal DPR n. 642/1972, ha per oggetto gli atti, documenti e registri elencati nel **tariffario** allegato alla legge. Si applica per contratti di vendita, per atti di successione e donazione, sentenze e atti giudiziari, formalità al Pubblico registro automobilistico (PRA), cambiali, prodotti e strumenti finanziari (conti correnti bancari, certificati di deposito, azioni, opzioni ecc., *v.* capitolo 11) e in molti altri casi.

9.11.1 Pagamento dell'imposta

Il tariffario prevede due categorie di atti soggetti all'imposta:

- atti soggetti all'imposta **fin dall'origine** (parte I del tariffario), il cui presupposto per l'applicazione del tributo è la semplice formazione dell'atto (tipicamente gli atti notarili);
- atti soggetti all'imposta **solo in caso d'uso** (parte II del tariffario), il cui presupposto è l'utilizzo dell'atto (quando gli atti, i documenti o i registri sono presentati all'Ufficio del registro).

La legge prevede anche casi di *esenzione* "in modo assoluto", come per esempio i documenti necessari alla frequenza o per esami della scuola dell'obbligo, i documenti riguardanti i diritti elettorali ecc.

L'imposta di bollo si paga nei seguenti modi:

- in modo **ordinario**, mediante l'impiego dell'apposita *carta filigranata e bollata;*
- in modo **straordinario**, mediante *marche da bollo, visto per bollo, bollo a punzone;*
- in modo **virtuale**, mediante pagamento dell'imposta all'Agenzia delle entrate, mediante versamento col modello F24 o pagamento a intermediario convenzionato con l'Agenzia delle entrate (comunemente la "tabaccheria") che rilascia, con modalità telematiche, un apposito contrassegno che sostituisce a tutti gli effetti la marca da bollo.

Sulla *carta bollata* non si può scrivere fuori dei margini né oltre il numero delle linee in essa tracciate. Per gli atti scritti a mezzo stampa è tuttavia consentito scrivere fuori dai margini, fermo restando il divieto di eccedere le 100 linee per foglio.

Marca da bollo

La comune marca da bollo da 2 € sulle fatture deve avere una data antecedente a quella del documento su cui viene applicata.

Le *marche da bollo* devono essere annullate mediante perforazione o mediante l'apposizione della firma di una delle parti, della data o di un timbro (parte sulla marca parte sul foglio).

Il **calcolo dell'imposta** può essere *proporzionale* o *fisso* (*v.* alcuni esempi nella tabella 9.10).

9.10 Imposta di bollo (alcuni esempi)

Tipo di imposizione	Imposta
In misura fissa (per esempio, capitolato generale, certificato di collaudo, certificato di regolare esecuzione ecc.)	16,00 €
Atti rogati, ricevuti o autenticati da notai	230,00 €
Istanze, memorie, ricorsi	16,00 €
Quietanza di pagamento rilasciata dal creditore riferita a operazioni esenti da IVA. Fatture o ricevute fiscali di importo superiore a 77,47 €	2,00 €
Conto corrente bancario con giacenza media oltre 5.000 €, all'anno	34,20 €
Cambiali (contrassegno telematico)	12 ‰

9.12 TASSA DI OCCUPAZIONE DI SPAZI E AREE PUBBLICHE (TOSAP)

La disciplina di questa tassa è contenuta nel Dlgs n. 507/1993. I presupposti per l'applicazione del tributo sono:

- le occupazioni di **spazi** e **aree pubbliche** di qualsiasi natura (strade, piazze ecc.);
- le occupazioni di **spazi soprastanti** e **sottostanti il suolo pubblico**.

Sono escluse dall'imposizione le aree appartenenti al demanio statale in quanto sottratte al potere impositivo degli enti locali.

La **tariffa** varia secondo la classe e secondo che si tratti di *occupazione permanente* o *temporanea*. Il Comune fissa la tariffa **per metro quadrato di superficie** entro il 31 ottobre di ogni anno e questa entra in vigore il 1° gennaio dell'anno successivo. Per l'applicazione della TOSAP i Comuni sono divisi in 5 classi tariffarie a seconda della popolazione residente.

Gli **adempimenti** a carico del contribuente sono due: la *presentazione della denuncia* e il *versamento*. Per le *occupazioni permanenti* del suolo pubblico i soggetti passivi del tributo devono presentare la denuncia al Comune entro 30 giorni dalla data di rilascio della concessione e comunque non oltre il 31 dicembre dell'anno di rilascio; entro lo stesso termine va effettuato il versamento.

9.13 CONTRIBUTI PREVIDENZIALI NELLA GESTIONE SEPARATA INPS

I lavoratori autonomi e una folta schiera di collaboratori a vario titolo, privi di una copertura previdenziale (cassa di categoria), si devono iscrivere nella **gestione separata INPS**. L'obbligo riguarda principalmente:

- il *lavoro autonomo abituale* con partita IVA (eccetto i liberi professionisti iscritti negli albi professionali, come geometri, architetti ecc.);
- il *lavoro occasionale* autonomo o accessorio.

Il contributo all'INPS di questi lavoratori ha lo scopo di finanziare un fondo obbligatorio che garantisca una pensione calcolata con il sistema contributivo in presenza di un minimo di 5 anni di versamenti. Inoltre l'iscrizione alla gestione separata dà diritto ad alcune prestazioni: indennità di maternità, indennità di malattia, assegno per il nucleo familiare.
Il contributo all'INPS aggrava pertanto il carico tributario sui lavoratori autonomi, come si può notare nella tabella 9.11.

9.11 Trattamento fiscale dei lavoratori autonomi

Tipo di lavoro	IRPEF	IVA	IRAP	Contributo INPS
Abituale	sì	sì	sì	sì
Occasionale	sì	no	no	sì oltre 5.000 €

Aliquote e versamenti

Il contributo nel 2020 è dovuto per i liberi professionisti nella misura del (fino a un imponibile massimo di 102.543 €):
- 34,23% del reddito imponibile per i soggetti non iscritti ad alcun fondo previdenziale obbligatorio;
- 24% per i soggetti iscritti ad altre forme di previdenza obbligatoria, per i titolari di pensione diretta o di reversibilità.

9. I TRIBUTI

QUESTIONARIO	IN SINTESI
1. Quali sono gli scopi dell'imposizione fiscale? **2.** Quali sono gli aspetti che caratterizzano un buon sistema fiscale?	Il sistema fiscale ha lo scopo di finanziare il funzionamento delle istituzioni, lo Stato sociale e le opere pubbliche. I *soggetti attivi* sono lo Stato, le Regioni, i Comuni o gli enti locali, i *soggetti passivi* sono i cittadini e le imprese. In un buon sistema fiscale tutti devono contribuire in ragione delle proprie possibilità, evitando l'evasione e l'elusione fiscale. Anche il sistema di controllo e sanzionamento, gestito dell'Agenzia delle entrate, deve essere efficiente e quindi poco costoso in relazione ai tributi evasi recuperati.
3. Come si suddividono i tributi? **4.** Come si suddividono le imposte? **5.** In quali modi può essere calcolata l'imposta? Che cos'è l'imponibile? **6.** Che tipo di imposta è l'IRPEF?	I tributi comprendono le *imposte*, dovute obbligatoriamente per i servizi pubblici di carattere generale, le *tasse*, pagate solo da chi richieda un servizio specifico e i *contributi* (previdenziali e sanitari), obbligatori, ma relativi a un servizio specifico. Le imposte *personali* colpiscono i redditi che fanno capo a una persona fisica o giuridica; le imposte *reali* colpiscono invece un singolo cespite patrimoniale. Le imposte possono essere anche classificate in *dirette*, se colpiscono la nuova ricchezza prodotta, e *indirette*, se colpiscono la ricchezza esistente nel momento del consumo, in quanto esiste o quando viene trasferita a terzi. Il calcolo di un tributo è *proporzionale* quando alla base imponibile viene applicata una sola aliquota, *progressivo* quando l'aliquota aumenta con l'imponibile. Alcuni tributi sono a importo fisso. Per il pagamento si utilizzano i modelli F23 o F24.
7. Chi deve pagare l'IRPEF? **8.** Quali sono i redditi imponibili ai fini IRPEF?	**Imposta sul reddito delle persone fisiche (IRPEF)**. L'imponibile lordo è dato da tutti i redditi della persona. I *redditi da lavoro dipendente e pensione* devono essere dichiarati con i dati contenuti nella certificazione unica (CU) rilasciata dal datore di lavoro.
9. In quale modo l'IRPEF grava sui fabbricati?	Il reddito dell'*abitazione principale* non è soggetto all'IRPEF. Per i *fabbricati locati* il reddito imponibile è pari al 95% del canone di locazione. In caso di opzione per la *cedolare secca* il canone è tassato con un'aliquota fissa (10 o 21%) sul 100% del canone. Anche le locazioni brevi (inferiori a 30 giorni) sono soggette all'IRPEF. I redditi degli immobili devono essere rapportati al *periodo* e alla *quota di possesso*.
10. Gli agricoltori devono pagare l'IRPEF? Qual è lo schema di calcolo dell'IRPEF?	Per i *terreni agricoli*, i coltivatori iscritti nella previdenza agricola pagano l'IRPEF sul reddito dominicale rivalutato dell'80% e sul agrario ridotto rivalutato del 70% ridotti al 50%, gli altri pagano sui rediti dominicali e agrari rivalutati incrementati del 30%.
11. Qual è lo schema dell'imposta? **12.** Qual è la differenza tra oneri deducibili e detrazioni d'imposta? **13.** Quali sono le principali detrazioni d'imposta ai fini IRPEF?	Detraendo dall'imponibile lordo gli oneri deducibili, si ottiene l'*imponibile netto*. Applicando all'imponibile netto le aliquote progressive per scaglione, si ottiene l'*imposta lorda*. Dall'imposta lorda si possono sottrarre detrazioni per familiari a carico, per tipologia di reddito (dipendente, autonomo ecc.) e per altri oneri (spese sanitarie, spese scolastiche ecc.). Si ottiene così l'*imposta netta*.

14. Come si dichiara e come si paga l'IRPEF?

La *dichiarazione dei redditi*, ai fini delle imposte dirette, può essere fatta con il modello 730 o col modello Redditi. Il pagamento viene effettuato dal sostituto d'imposta con trattenute o rimborsi alla fonte, oppure si utilizza il modello F24.

15. Che cosa si intende per contribuenti "minimi"?

I *contribuenti minimi* sono le persone fisiche esercenti attività d'impresa, arti o professioni che hanno conseguito ricavi annui non superiori a 65.000 €. Questi soggetti pagano un'imposta sostitutiva all'IRPEF, alle addizionali e all'IRAP in modo proporzionale, in misura pari al 15% del reddito imponibile.

16. Che cos'è l'IRES? Quali sono i criteri di tassazione?

Imposta sul reddito delle società. L'imponibile è il reddito d'impresa ottenuto dalla differenza tra i ricavi considerati tassabili e i costi ammessi in detrazione, come risultano dal conto economico della società. L'imposta è calcolata in modo proporzionale applicando l'aliquota del 24%.

17. Quali sono le condizioni che determinano l'applicazione dell'IVA?

Imposta sul valore aggiunto. Colpisce l'incremento di valore che i beni acquisiscono nel corso del processo di produzione (valore aggiunto).

18. Come si calcola l'IVA da versare? Quando si versa?

L'imposta si calcola proporzionalmente applicando al valore dei beni trasferiti l'aliquota del 22% o del 10% o del 4%. L'IVA da versare si ottiene dalla differenza tra l'IVA incassata con le vendite e l'IVA pagata con gli acquisti.

I *versamenti* dell'imposta devono essere effettuati mensilmente o eventualmente ogni trimestre per i contribuenti minori. A fine anno deve essere presentata una dichiarazione annuale riepilogativa.

19. Quali sono i principali obblighi contabili nell'IVA?

La *contabilità IVA* ha come documento base la fattura elettronica (o la ricevuta fiscale o lo scontrino fiscale).

Le fatture emesse e le fatture pagate ai fornitori devono essere registrate nel *registro delle vendite* e nel *registro degli acquisti*. Nel *registro dei beni ammortizzabili* si annotano le spese che riguardano beni che sono contabilizzati in più esercizi consecutivi.

20. Quali sono i regimi IVA? In che cosa differiscono?

Nel *regime ordinario* l'imposta da versare è calcolata in modo normale (IVA incassata meno IVA pagata). Nel *regime semplificato* delle imprese minori vi sono importanti agevolazioni contabili. I *contribuenti minimi* sono esonerati da tutti gli adempimenti contabili.

21. Che cos'è l'IRAP? Quali sono i principi impositivi?

IRAP. I soggetti passivi sono le società e gli enti commerciali pubblici e privati, gli esercenti arti e professioni, gli enti non commerciali.

L'imposta si applica sul *valore della produzione netta* determinato con diverse modalità in funzione di diversi tipi di contribuente.

L'imposta è calcolata applicando al valore della produzione netta l'aliquota del 3,9%. Le Regioni possono variare l'aliquota ordinaria nei limiti dello 0,92% per determinate categorie di contribuenti (imprese giovanili, in località montane ecc.).

22. Come si calcola l'IMU? Qual è la base imponibile?

IMU. Per i fabbricati grava solo sulle seconde case e sulle prime abitazioni di categorie A1, A8 e A9. L'imponibile è dato dalla rendita catastale rivalutata del 5% moltiplicata per appositi coefficienti. L'aliquota base per le seconde case è 8,6 per mille, per l'abitazione principale 5 per mille.

Sui terreni agricoli paga solo a chi non è iscritto nella previdenza agricolo e solo se il terreno non è in una zona svantaggiata. I valore imponibile si ottiene moltiplicando il reddito dominicale rivalutato del 25% e moltiplicato per 135. L'aliquota base è 7,6 per mille.

ECONOMIA

23. In base a quali criteri viene fissato il tributo comunale sui rifiuti?

TARI. È dovuta da chi occupa locali o aree suscettibili di produrre rifiuti urbani. È calcolata sulla base di una tariffa per unità di superficie calpestabile e per anno solare.
Le tariffe sono determinate moltiplicando la *quota unitaria* del costo del servizio per la *superficie* imponibile per ogni categoria di immobile, per un *coefficiente di produttività di rifiuti* determinato in funzione del *numero di componenti del nucleo familiare*.

24. Quando si deve pagare l'imposta di registro?

25. Qual è la base imponibile dell'imposta di registro? Come si calcola l'imposta?

26. Quando si devono pagare l'imposta ipotecaria e quella catastale? Come si calcolano?

Imposta di registro. Deve essere pagata per gli atti presentati alla registrazione presso l'ufficio dell'Agenzia delle entrate (atti di compravendita, contratti di locazione ecc.).
L'imposta può essere calcolata in misura *proporzionale* o in misura *fissa*. Per l'imposta proporzionale la base imponibile è costituita dal valore del bene o del diritto dichiarato nell'atto.
In caso di *compravendita di un fabbricato*, se il venditore è un privato, si applicano le imposte di registro, ipotecaria e catastale con calcolo proporzionale, se invece il venditore è l'impresa costruttrice l'alienazione è soggetta a IVA e le imposte di registro, ipotecaria e catastale sono pagate in misura fissa (200 € cadauna). Se però l'acquisto riguarda un'abitazione da destinare ad abitazione principale, in caso di acquisto da privato l'imposta di registro è ridotta al 2% (invece del 9%) e le imposte ipotecaria e catastale sono determinate in misura fissa, mentre in caso di acquisto dall'impresa costruttrice l'IVA è ridotta al 4% (invece del 10%).
Per l'acquisto di *terreni agricoli* l'imposta di registro è, in via ordinaria, pari al 12% del prezzo concordato tra le parti. Per la piccola proprietà contadina le imposte di registro e ipotecarie sono fissate in misura fissa (200 € ciascuna), mentre l'imposta catastale si applica nella misura dell'1%.

27. Come si paga l'Imposta sulle successioni e donazioni?

Imposta sulle successioni e donazioni. La base imponibile è costituita dalla somma del valore di tutti i beni trasferiti agli eredi o ai donatari al netto dei debiti e dei titoli di Stato. I titoli di Stato sono esenti dall'imposta di successione, ma non dall'imposta sulle donazioni. Su ciascuna quota si applica poi una franchigia di 1.000.000 di € per il coniuge e i parenti in linea retta (1.500.000 € se il beneficiario è disabile) e 100.000 € per fratelli e sorelle. Le aliquote sono differenziate, in funzione del grado di parentela, dal 4 all'8%.

28. Quando si deve pagare l'imposta di bollo? Come si paga?

Imposta di bollo. Ha per oggetto gli atti, documenti e registri elencati nel *tariffario* allegato alla legge. Si applica per contratti di vendita, per atti di successione e donazione, sentenze e atti giudiziari, cambiali, prodotti ecc. Il calcolo dell'imposta può essere proporzionale o fisso.
Il tariffario prevede due categorie di atti soggetti all'imposta: atti per i quali l'applicazione del tributo è la semplice formazione dell'atto e atti soggetti all'imposta solo in caso d'uso.
L'imposta di bollo si può pagare in *modo ordinario* mediante l'impiego dell'apposita carta filigranata e bollata, in *modo straordinario* mediante marche da bollo e in *modo virtuale* mediante pagamento direttamente all'Agenzia delle entrate o tramite un intermediario convenzionato che rilascia un contrassegno che sostituisce a tutti gli effetti la marca da bollo.

29. Che cosa si deve pagare per l'occupazione di suolo pubblico?	**Tassa per l'occupazione di aree e suoli pubblici.** Questa tassa è dovuta per le occupazioni di spazi e aree pubbliche di qualsiasi natura. La tariffa varia secondo la classe e secondo che si tratti di occupazione permanente o temporanea. Il Comune fissa ogni anno la tariffa per metro quadrato di superficie.
30. Chi sono i lavoratori parasubordinati? Che imposizione fiscale subiscono?	**Contributi previdenziali dei lavoratori parasubordinati**. Sono dovuti dai lavoratori autonomi iscritti alla gestione separata INPS che hanno redditi derivanti da attività professionale con partita IVA, lavoro autonomo occasionale (se il reddito annuo è superiore a 5.000 €) e per altri casi. Il contributo è dovuto nella misura del 34,23% del reddito imponibile per i soggetti non iscritti ad alcun fondo previdenziale obbligatorio e del 24% per i soggetti iscritti ad altre forme di previdenza obbligatoria.

ATTIVITÀ PRATICHE E DI VERIFICA

AREA DIGITALE — QUESTIONARIO A RISPOSTA MULTIPLA

1. Lo Stato ridistribuisce la ricchezza quando:
- ☐ a. acquista dalle imprese beni e servizi
- ☐ b. incassa i tributi per finanziare le proprie spese
- ☐ c. amministra la giustizia

2. L'IRPEF è un'imposta:
- ☐ a. diretta e proporzionale
- ☐ b. indiretta e proporzionale
- ☐ c. diretta e progressiva

3. Il modello 730 viene utilizzato da chi:
- ☐ a. ha redditi inferiori al limite fissato per legge
- ☐ b. ha solo redditi da lavoro e da fabbricati
- ☐ c. si avvale dell'assistenza fiscale

4. I lavoratori autonomi dichiarano i redditi utilizzando:
- ☐ a. il modello 730 o Redditi
- ☐ b. il modello 730
- ☐ c. il modello Redditi

5. Per un terreno agricolo dato in affitto il proprietario dichiara ai fini IRPEF:
- ☐ a. il reddito dominicale
- ☐ b. il reddito agrario
- ☐ c. il reddito dominicale e il reddito agrario

6. La base imponibile ai fini IRPEF di un fabbricato dato in locazione è in genere:
- ☐ a. il 95% del canone di locazione
- ☐ b. la rendita catastale rivalutata del 5% e aumentata di un terzo
- ☐ c. il canone di locazione

7. L'IRES è un'imposta:
- ☐ a. diretta e proporzionale
- ☐ b. diretta e progressiva
- ☐ c. indiretta e proporzionale

8. L'imponibile IRAP è:
- ☐ a. il valore dei beni ceduti
- ☐ b. il valore della produzione netta
- ☐ c. l'utile di esercizio

9. Gli oneri deducibili dall'IRPEF si sottraggono:
- ☐ a. dall'imposta lorda
- ☐ b. dall'imponibile lordo
- ☐ c. dall'imponibile netto

10. Le spese sanitarie, nella misura del 19%, si detraggono da (IRPEF):
- ☐ a. imponibile lordo
- ☐ b. imponibile netto
- ☐ c. imposta lorda

11. I contribuenti minimi sono:
- ☐ a. persone fisiche
- ☐ b. piccole società
- ☐ c. lavoratori dipendenti

12. Quale dei seguenti tributi può essere pagato con un importo fisso?
- ☐ a. IRPEF
- ☐ b. registro
- ☐ c. IVA

13. La vendita di un appartamento da parte di un privato a un soggetto che lo utilizza come prima abitazione è esente da IVA in quanto:
- ☐ a. manca il requisito soggettivo
- ☐ b. manca il requisito oggettivo
- ☐ c. è stabilito per legge

14. Quale delle seguenti prestazioni di lavoro è soggetta a IVA?
- ☐ a. lavoro autonomo abituale
- ☐ b. lavoro autonomo occasionale
- ☐ c. lavoro a chiamata

15. L'IVA da versare è calcolata sulla base di:
- ☐ a. valore dei beni ceduti
- ☐ b. valore dei beni acquistati
- ☐ c. incremento di valore dei beni

16. Nell'acquisto di un fabbricato dall'impresa costruttrice si devono pagare:
- ☐ a. IVA e imposte di registro, ipotecaria e catastale in misura proporzionale
- ☐ b. IVA
- ☐ c. IVA e imposta di registro, ipotecaria e catastale in misura fissa

17. La base imponibile dell'IMU per un fabbricato è:
- ☐ a. il reddito catastale
- ☐ b. il valore catastale
- ☐ c. il canone di locazione × 95%

FOGLIO DI CALCOLO ELETTRONICO

1. Calcolare l'IRPEF lorda su un reddito imponibile di 37.853 €.

C6 — fx =SE($E$2>B6;B6-A6;SE($E$2>A6;$E$2-A6;0))

	A	B	C	D	E
1					
2	**Imponibile**				**37.853,00**
3					
4	Scaglioni di reddito			Aliquota	Imposta
5	Minimo	Massimo	Imponibile		
6	-	15.000	15.000	23%	3.450,00
7	15.000	28.000	13.000	27%	3.510,00
8	28.000	55.000	9.853	38%	3.744,14
9	55.000	75.000	-	41%	-
10	75.000	99.999.999	-	43%	-
11	**Totale**		**37.853**		**10.704,14**
12					
13	Aliquota media			28,28%	

2. Calcolare l'IMU, con aliquota a piacere, per un immobile adibito a ufficio. Rendita catastale: 2.164,56 €.

G3 — fx =E3*F3

	A	B	C	D	E	F	G	H	I
1									
2	**Tipo**	**Rendita catastale**	**Rendita cat. rivalutata**	**Coefficiente**	**Valore (€)**	**Aliquota**	**IMU (€)**	**Quota spettante**	**IMU (€)**
3	Ufficio (A10)	2.164,56	2.272,79	80	181.823,04	0,76%	1.381,86	100%	1.381,86

3. Calcolare l'IMU, con aliquota a piacere, di un'abitazione principale di categoria A/8 (rendita catastale: 1.767,34 €).

4. Calcolare le imposte da pagare per l'acquisto della prima casa da un privato. Rendita catastale: 898,39 €.

C10 — fx =SOMMA(C7:C9)

	A	B	C
1			
2	Rendita catastale abitazione		898,39
3	Rendita catastale rivalutata		943,31
4	Coefficiente		120
5	Valore catastale		113.197,14
6			
7	Imposta di registro	2%	2.263,94
8	Imposta ipotecaria		50,00
9	Imposta catastale		50,00
10	**Totale**		**2.363,94**

10 La moneta

✓ Generalità
✓ I sistemi monetari
✓ L'inflazione della moneta

10.1 GENERALITÀ

Con l'affermarsi della *specializzazione*, poi teorizzata da Adam Smith, i produttori tendono a svolgere un solo tipo di attività produttiva (l'agricoltore, il falegname, il fabbro ecc.). Aumenta in tal modo la quantità e la qualità dei beni a disposizione dei consumatori rispetto a quanto un singolo individuo avrebbe potuto ottenere da solo, ma è poi necessario scambiare il proprio prodotto con quello di altri "specialisti". In questo ambito nasce la moneta, come *merce accettata da tutti come mezzo di scambio.*

10.1.1 I tipi di moneta

La moneta-merce

Monete e metalli preziosi
Le monete avevano contorni zigrinati e figure impresse sulle due facce per impedire contraffazioni con l'erosione del metallo prezioso. Oggi la modellazione della moneta metallica ha il solo scopo di un rapido riconoscimento.

Il superamento della fase antica del baratto è avvenuto grazie all'utilizzo di una merce che, per il suo universale *valore intrinseco*, era accettata da tutti quale mezzo di scambio. Tale merce è l'oro e gli altri metalli rari che, per la loro scarsità, sono considerati preziosi. I *metalli preziosi coniati* formano la **moneta-merce**, il cui valore corrisponde al valore del metallo di cui è composta (peso e qualità della lega). I metalli preziosi, coniati con altri metalli non nobili per aumentarne la resistenza al logorio, dominarono per lungo tempo la scena monetaria. Fino al 1200, i metalli più usati erano l'*argento* e il *rame*; l'oro infatti, per la sua rarità, veniva usato solo per gli scambi internazionali e di maggior valore. Successivamente la merce monetaria per eccellenza divenne l'*oro.*

La cartamoneta

Col tempo, con l'intensificarsi dei commerci, la moneta-merce perse in una certa misura la sua fondamentale funzione di agevolare gli scambi: nonostante il suo valore intrinseco, si dimostrava infatti ingombrante, scomoda da trasportare e da conservare.
Con l'inizio dell'attività bancaria venne introdotto l'uso della **cartamoneta**, costituita di biglietti di carta (*banconote* o *biglietti di banca*) emessi dalle banche in seguito al deposito della corrispondente quantità di moneta-merce. La cartamo-

neta circolava grazie alla sua capacità di conversione, in qualsiasi momento, in moneta metallica (**corso fiduciario**). La quantità d'oro depositato nelle banche (*riserve auree*) era pertanto proporzionale alle richieste di convertibilità e quindi alla quantità di cartamoneta in circolazione. Quest'ultima poteva aumentare solo con l'aumentare delle riserve auree.
In Italia, in seguito alle misure adottate dallo Stato a partire dal 1866 per risanare il debito pubblico e per sostenere le spese militari per i grandi eventi bellici della prima metà del Novecento, la banca centrale italiana è stata autorizzata a stampare una quantità di cartamoneta di gran lunga superiore alle riserve auree e quindi è venuta meno la convertibilità con la moneta-merce. La cartamoneta ha continuato però a circolare per il *valore legale* a essa conferito (**corso forzoso**). Il valore legale viene attribuito per legge dagli Stati che emettono moneta priva di valore intrinseco e conferisce a essa *potere liberatorio*, cioè la capacità di liberare dalle obbligazioni (dai debiti). La moneta cartacea dotata di potere liberatorio deve quindi essere *per forza* accettata quale mezzo di pagamento.
Il passaggio da un sistema monetario a corso fiduciario a uno a corso forzoso è avvenuto gradualmente ed è stato definitivamente introdotto in tutto il mondo nel 1944 con gli accordi di *Bretton Woods* (*v.* in seguito).

La moneta sussidiaria

La moneta sussidiaria (moneta *divisionale o spicciola*) è un sottomultiplo della moneta principale, che diventa così divisibile e assolve la funzione, altrettanto indispensabile, di agevolare i piccoli pagamenti.
Le monete spicciole sono coniate in metalli non nobili. Le monete metalliche in euro sono di nichel, ottone, nordic gold (una lega a base di rame), rame e acciaio.

La moneta bancaria

I miniassegni
L'importanza della moneta spicciola e degli assegni ha avuto un momento di particolare importanza, dal 1975 al 1978, quando la Zecca di Stato, a causa dell'inflazione e l'utilità pratica delle monete (gettoni telefonici, flipper ecc.), non riusciva a coniare a sufficienza le monete metalliche. In quel periodo furono allora emessi da molte banche assegni circolari di piccolo taglio (da 50 a 350 lire) che circolavano come sostituto delle monete. Successivamente i miniassegni furono oggetto di collezionismo.

Con l'industrializzazione e l'ulteriore intensificazione dei commerci, anche la cartamoneta si dimostrò uno strumento non sempre adeguato a facilitare gli scambi. Fu ideato pertanto un nuovo strumento monetario, che consente la convertibilità tra una certa quantità di cartamoneta e un solo biglietto di banca: l'**assegno**. La cartamoneta è depositata nelle banche, l'assegno è il *titolo di credito* che ne autorizza il prelievo a favore del beneficiario (*v.* paragrafo 11.2). L'importo del prelievo viene fissato di volta in volta dal debitore, scrivendolo a penna direttamente sul titolo cartaceo. È evidente quindi la flessibilità di questo sistema di pagamento. L'assegno non sostituisce comunque la moneta cartacea, non avendo tra l'altro potere liberatorio, ma si affianca a essa per la grande agevolazione dei pagamenti che consente, anche se oggi, con l'avvento della moneta elettronica, ha perso molta della sua importanza.
L'attività bancaria non si limita all'emissione di assegni, ma consiste essenzialmente nella raccolta del risparmio e nell'erogazione del credito (*v.* capitolo 12). In questa attività specifica le banche trattengono nelle proprie casse solo una parte dei depositi, come *riserva* per far fronte ai prelievi, e impiegano la parte rimanente per il credito. In tal modo il denaro "esiste" nello stesso istante due volte: è contabilizzato come deposito ed è disponibile come liquidità nelle mani di chi ha ottenuto un credito. Il sistema creditizio è pertanto artefice di un'ulteriore emissione di moneta (**moneta bancaria**), in misura proporzionale ai depositi, è il cosiddetto *fenomeno moltiplicativo* della moneta bancaria.
Per porre un freno alla moltiplicazione della moneta posta in atto dalle banche, che può generare inflazione, gli istituti di credito sono obbligati a versare alla Banca d'Italia una parte dei loro depositi (*riserva obbligatoria*). La grandezza di questa riserva è di fatto uno strumento importante che la banca centrale ha a disposizione per regolare l'attività delle banche ordinarie.

Moneta elettronica e sistemi elettronici di pagamento

Moneta elettronica e uso dei contanti
Nei sistemi economici più evoluti il denaro contante è sostituito sempre di più dalla moneta elettronica. In alcuni casi è lo Stato a imporre un limite all'uso dei contanti per poter tracciare i movimenti di denaro per fini antievasione e antiriciclaggio.

Il sistema bancario consente oggi a tutti di effettuare **pagamenti online** tramite il sito internet della banca in cui è aperto un conto corrente (*homebanking*). I movimenti di denaro consistono in un'operazione contabile, data da un numero che viene spostato dal conto del debitore a quello del creditore, anche da un continente a un altro, con conseguente *dematerializzazione della moneta*.
Per moneta elettronica in senso stretto si intende invece un credito nei confronti dell'emittente (una banca o un istituto di moneta elettronica) che sia **memorizzato su un dispositivo elettronico**, emesso in seguito al deposito di fondi di importo tale da coprire il valore monetario emesso (art. 55, legge n. 39/2002).
L'uso del supporto elettronico per effettuare pagamenti, basato su una tessera dotata di microprocessore e di banda magnetica, è oggi molto comune e comprende principalmente il Bancomat e la carta di credito.

Bancomat e Postamat

La tessera elettronica è abbinata a un codice segreto (PIN, *personal identification number*) e a un conto corrente bancario o postale per gli addebiti (per cui è detta anche *carta di debito*).
Per effettuare un prelievo di **denaro contante** è sufficiente inserire la tessera nell'apposito lettore (ATM, *automated teller machine*) collegato in rete con il circuito degli sportelli bancari o postali. Il Bancomat permette di prelevare da qualsiasi banca che aderisca al sistema interbancario internazionale di sportelli automatici, tutti i giorni a qualsiasi ora, in Italia o all'estero.
Il Bancomat consente anche di effettuare **pagamenti** dai terminali installati negli esercizi commerciali e negli studi professionali (**POS**, *point of sale*, punti di pagamento), con addebito contestuale all'operazione.
L'uso del Bancomat ha limiti giornalieri (circa 250÷500 €) e mensili (circa 1.000÷1.500 €) predeterminati, indipendentemente da ulteriori disponibilità di fondi nel conto. In modo analogo, la tessera Postamat per gli uffici postali.

Carta di credito

La carta di credito elettronica consente al possessore di effettuare pagamenti (o anche prelievi in contanti) con addebito differito su un conto corrente. L'addebito può essere effettuato:
- **a saldo**, nel mese successivo, con un importo pari al credito utilizzato;
- **con rate mensili**, di importo proporzionale al credito utilizzato.

Il credito massimo dipende dalle credenziali del correntista. È di circa 1.500 € mensili per le carte di credito con rimborso a saldo e di circa 4.000 € per le carte con rimborso rateale. Molte tessere in circolazione hanno doppia funzione: Bancomat e carta di credito (*carte multifunzione*).
Le principali carte di credito sono accettate da negozi, alberghi e ristoranti di tutto il mondo, consentono inoltre di effettuare pagamenti attraverso la rete Internet. Per effettuare il pagamento può essere sufficiente la lettura dei dati registrati nella banda magnetica e la firma del possessore sullo scontrino, ma nelle carte di ultima generazione, per maggiore sicurezza, può essere abbinato un PIN, come per il Bancomat (il PIN è sempre necessario per i prelievi di contante). Per gli acquisti via Internet i dati della carta di credito (intestatario, numero, mese e anno di emissione e di scadenza) devono essere digitati con la tastiera; in questo caso, però, è possibile abbinare una password.
Proprio per ragioni di sicurezza, legate in particolare ai pagamenti online, si possono utilizzare le **carte di credito prepagate**. In questo caso l'addebito dei pagamenti non è collegato a un conto corrente, ma è anticipato dall'intestatario

con ricariche effettuate con bonifici, contanti ecc.; la carta è quindi utilizzabile solo per l'importo versato.

10.1.2 Funzioni e caratteristiche della moneta

La moneta (dal greco *nòmisma*) svolge tre *funzioni* fondamentali:
1) **mezzo di scambio**;
2) **riserva di valore**;
3) **unità di conto**.

Per queste sue funzioni deve possedere le seguenti *caratteristiche*:
- **trasportabilità**, avendo molto valore in poco peso;
- **conservabilità**, per la capacità di mantenere valore nel tempo;
- **divisibilità**, mediante unità monetarie di diverso valore.

Mezzo di scambio

La moneta è innanzitutto un **mezzo accettato da tutti quale pagamento di beni e servizi**. Nasce come merce "universale" accettata nello scambio con altre merci, per diventare poi uno strumento di pagamento che ha efficacia per la forza della legge.

Riserva di valore

La moneta deve **conservare nel tempo la ricchezza** che le famiglie e le imprese possono accumulare con i risparmi e con i profitti. Questa funzione era egregiamente svolta dalla moneta-merce, ma con l'avvento della cartamoneta a corso forzoso, non convertibile con l'oro e quindi svuotata del suo valore intrinseco, la moneta diventa il *simbolo* (o *segno*, secondo l'espressione keynesiana) dei beni e dei servizi con cui può essere scambiata.
Il problema della conservazione della ricchezza si pone, a volte drammaticamente, quando la moneta perde il suo potere d'acquisto (*inflazione*). In questi casi il risparmiatore cerca di scambiare la moneta con beni a elevato valore intrinseco come, tipicamente, i beni immobili, i metalli preziosi non coniati (lingotti d'oro, diamanti), le opere d'arte ecc. Questi beni, per l'aumento della domanda, aumentano di valore in breve tempo, in proporzione alla gravità dell'inflazione.

Unità di conto

Un'ulteriore funzione della moneta è quella di unità di conto, in quanto rappresenta l'**unità di misura del valore** dei beni e dei redditi derivanti dalle attività economiche. È infatti in termini monetari che si quantifica il valore di un fabbricato o di un terreno oppure si rilevano i ricavi e i costi sostenuti da un'impresa, da un ente pubblico o da una famiglia (bilanci gestionali, statali, familiari ecc.).

10.1.3 Emissione della moneta

L'emissione della moneta in euro è effettuata oggi dalle banche centrali nazionali (Banca d'Italia) sotto il controllo della Banca centrale europea (BCE).
In Italia il servizio di stampa delle banconote è affidato all'**Istituto poligrafico dello Stato**, di cui fa parte la *Zecca di Stato* per la coniazione delle monete.
Un tempo lo Stato recuperava le spese di coniazione assegnando alle monete un valore legale superiore a quello del metallo fino in esse contenuto: se tale maggiorazione era superiore alle spese di coniazione, si pagava una tassa (*signoraggio*). Quando il valore intrinseco della moneta superava quello legale si aveva una moneta forte, debole nel caso inverso. Successivamente gli Stati resero gratuita la coniazione, uniformando al valore intrinseco quello legale (*moneta perfetta*).

ECONOMIA

10.2 I SISTEMI MONETARI

Per sistema monetario si intende l'insieme di regole che disciplinano gli aspetti monetari del funzionamento di un singolo sistema economico e delle relazioni di questo con altri sistemi economici. Un sistema monetario deve prevedere norme che:

- definiscano l'*unità monetaria* utilizzata;
- regolino l'*emissione di moneta*;
- definiscano i *rapporti con le monete estere* in termini di valore, circolazione e convertibilità.

10.2.1 Dalla moneta-merce alla moneta a corso forzoso

La lira
In Italia la *lira* fu dichiarata unità monetaria nel 1862. Nel nostro sistema monetario una lira equivaleva a 0,290322 g d'oro fino o a 4,5 g di argento fino (rapporto 1 a 15,5). Furono coniate monete d'oro da 5, 10, 20, 50 e 100 lire e lo scudo d'argento da 5 lire.

Argento e Argentina...
L'argento dà il nome a una nazione (Argentina) e al suo più grande fiume, il Rio de la plata, che si significa proprio fiume dell'argento.

Thomas Gresham, 1519-1579, finanziere e agente delle imposte della corona inglese.

Nelle varie epoche storiche si svilupparono sistemi monetari *monometallici*, basati sulla coniazione di un solo metallo nobile (oro), e sistemi monetari *bimetallici*, che prevedevano l'uso di due metalli nobili (oro e argento). Nell'Ottocento il bimetallismo fu per esempio adottato dagli Stati Uniti e dalla Francia, seguite poi da numerosi altri Paesi, tra cui l'Italia. L'unico Paese a monometallismo aureo fu l'Inghilterra.

Il sistema monometallico impone la libera fusione e coniazione delle monete, così come la libera importazione ed esportazione del metallo, per adeguare il valore intrinseco della moneta a quello del metallo coniato. Nel bimetallismo è necessario, in più, fissare un *rapporto legale di cambio* tra i due tipi di moneta in circolazione, che deve rimanere costante nel tempo.

Tale rapporto venne ad alterarsi, verso la fine dell'Ottocento, con la scoperta di nuovi grandi giacimenti d'argento in America latina e il bimetallismo venne abbandonato per la progressiva scomparsa della moneta d'oro, che veniva tesaurizzata da chi ne entrava in possesso. Quando infatti in un sistema monetario circola moneta dotata di elevato valore intrinseco insieme a una moneta dotata di minor valore, aventi entrambe potere liberatorio, si assiste alla progressiva scomparsa della moneta del primo tipo. Il fenomeno è stato definito come **legge di Gresham**, al quale è attribuita l'espressione: "la moneta cattiva scaccia quella buona".

Il **sistema monetario aureo tipico** (**Gold standard**), basato sulla libera circolazione delle monete d'oro (libertà di fusione, coniazione, esportazione, importazione) e della *cartamoneta convertibile*, adottato dai principali Paesi industrializzati e favorito da un aumento della produzione del metallo, assicurò fino alla prima guerra mondiale una certa stabilità dei cambi e l'equilibrio del sistema internazionale dei pagamenti (*cambi fissi*). La successiva sospensione della convertibilità e del libero scambio verificatisi in seguito all'inizio della prima guerra mondiale alterarono gravemente le funzioni fino ad allora svolte dall'oro (tra l'altro tesaurizzato dai Paesi belligeranti) e anche i successivi tentativi di ritornare al regime aureo, almeno nell'ambito internazionale, non sopravvissero alla grave crisi economica del 1929.

Il monometallismo aureo si affermò così solo fino al 1914, ma fu ufficialmente e definitivamente abbandonato nel 1944 con gli *accordi di Bretton Woods* (è il nome di una piccola località statunitense del New Hampshire), quando si passò a un sistema monetario denominato **Gold exchange standard**, basato sulla convertibilità con un'altra moneta (il dollaro) a sua volta convertibile in oro.

Nel 1971 anche il dollaro perse la convertibilità in oro, ma rimase comunque nello scenario monetario mondiale la moneta di riferimento; era infatti l'espressione dell'economia più importante. Il sistema monetario fu pertanto denominato **Dollar standard**.

Gli accordi di *Bretton Woods*

Con la fine del sistema monetario aureo tipico, il ruolo centrale nel sistema monetario fu quindi assunto dalla *cartamoneta* dotata di un potere liberatorio stabilito per legge (sistema monetario a corso forzoso). Il valore della moneta dipende a questo punto dalla gestione dei governi e dalle loro politiche economiche (*monete amministrate*).

10.2.2 L'euro

Il sistema monetario europeo (SME)
Negli anni Settanta del '900 i principali Paesi dell'attuale Unione Europea, nel contesto del disordine monetario esistente allora, decisero di creare un sistema monetario basato sul contenimento della banda di oscillazione nei cambi fra le diverse monete nei limiti del 2,25% (6% per l'Italia); la variabilità dei cambi costituisce infatti un serio ostacolo per le attività commerciali.

L'unione monetaria europea, il cui progetto fu inserito nel *trattato di Maastricht* (1992), ha l'obiettivo di creare un mercato unico veramente efficiente, basato su cambi fissi tra i Paesi aderenti, ma ha anche lo scopo di rappresentare l'economia dell'Unione Europea e di contrastare, eventualmente, nel contesto del mercato globale, la potenza della moneta americana e delle altre monete importanti. Il dollaro è infatti amministrato dal governo degli Stati Uniti, i cui interessi non sono sempre convergenti con quelli dell'Unione Europea.
La moneta europea, denominata **euro**, ha avuto corso legale dal *1° gennaio del 2002* in 12 Stati: Italia, Austria, Belgio, Germania, Francia, Finlandia, Grecia, Irlanda, Lussemburgo, Olanda, Spagna e Portogallo. Per l'Italia il rapporto di cambio è stato di *1.936,27 lire* per un euro. Hanno poi aderito all'euro, a partire dal 2007, nell'ordine: Slovenia, Estonia, Cipro, Malta, Slovacchia, Lettonia e infine, dal 1° gennaio 2015, la Lituania.
Un'unificazione monetaria di questa portata non ha precedenti nella storia, in quanto sancisce la fine di monete che sono state per molti Paesi simbolo di prestigio economico e di sovranità nazionale. L'euro è diventato la seconda valuta mondiale per importanza e, come il dollaro, è diventato una moneta di riserva e di pagamento internazionale.
Per il governo della nuova moneta è stata creata la **Banca centrale europea** (**BCE**) con sede a Francoforte, in Germania. La BCE, fondata il 1° giugno 1998, è un organismo indipendente che elabora, fissandone le direttive, e mette in atto la politica monetaria comune.

ECONOMIA

I parametri di convergenza economica

Gli Stati dell'UE possono scegliere di non aderire alla nuova moneta oppure, se scelgono di aderire, devono dimostrare di avere in ordine i conti pubblici. Infatti i fattori che più di altri conferiscono valore e stabilità alla moneta sono i bilanci statali attivi e l'inflazione bassa. Gli Stati che aderiscono all'euro devono pertanto rispettare alcuni parametri, detti di "convergenza economica", contenuti nel Trattato di Maastricht e nel *patto di stabilità e crescita* (PSC). I parametri di maggiore importanza sono i seguenti:
- il **deficit pubblico** deve tendere al livello del 3% del PIL (rapporto deficit/PIL);
- il **debito pubblico** deve tendere al 60% del PIL (rapporto debito/PIL);
- il **tasso di inflazione** medio annuo di ogni Paese non dovrà essere superiore di 1,5% all'inflazione dei tre Paesi con minore inflazione.

All'Italia fu permesso di adottare l'euro fin da subito anche in presenza di un rapporto debito/PIL largamente superiore al 60%, in quanto giudicata in grado di far rientrare il parametro entro i limiti stabiliti dal trattato nel medio periodo. Attualmente, però, il rapporto debito/PIL è attestato ancora su valori molto alti (circa il 135% nel 2019).
Per i Paesi che non attuano misure efficaci per la vigilanza sui deficit e sui debiti pubblici viene aperta dall'Unione Europea un'apposita *procedura di infrazione per deficit eccessivo* (PDE).

10.3 L'INFLAZIONE DELLA MONETA

Con l'avvento in tutto il mondo dei sistemi monetari basati sulla cartamoneta a corso forzoso, il valore della moneta diventa *simbolo di una certa quantità di beni e servizi che si possono acquistare* (e non di una riserva di metallo prezioso). L'inflazione della moneta è la diminuzione di questo potere d'acquisto, mentre la *deflazione* è il processo opposto.

Il *tasso d'inflazione* è l'incremento dei prezzi in percentuale. Il *tasso mensile*, trasformato su base annua, dà il tasso *tendenziale*. Il tasso *effettivo* si ottiene invece sommando gli incrementi mensili di dodici mesi consecutivi.

Per confrontare nel tempo il potere d'acquisto della moneta, si predispone un elenco di beni (*paniere*) particolarmente significativi per una determinata categoria di consumatori e si sommano i loro prezzi in due periodi differenti. Considerato uguale a 100 l'importo iniziale, se si rileva, dopo un certo tempo, che la sommatoria dei prezzi del paniere è pari a 105, si potrà affermare che l'aumento del costo della vita, cioè l'inflazione, è stato pari al 5%.

La misura dell'inflazione

L'**indice FOI** dei prezzi al consumo per le *famiglie di operai e impiegati* si riferisce alle famiglie che fanno capo a un lavoratore dipendente (extragricolo). È l'indice usato per adeguare periodicamente i valori monetari (aggiornamento annuo dei canoni di locazione, gli assegni dovuti al coniuge separato ecc.). Il calcolo di questo e di altri indici viene effettuato in Italia ogni mese dall'ISTAT.

L'inflazione *strisciante* (l'inflazione lieve, fino al 2÷3%) è ritenuta da molti economisti cronica, cioè pressoché normale in un sistema economico in espansione. L'inflazione *galoppante* è invece sintomo di un serio malessere dell'economia o della società dovuto a fatti gravi. Nella figura 10.1 si può osservare l'andamento del tasso di inflazione nel Dopoguerra.

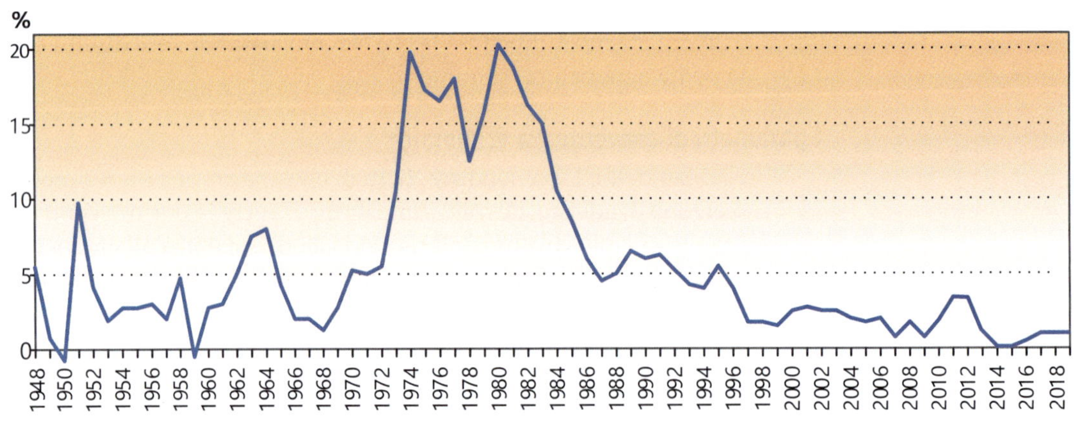

Figura 10.1
Inflazione annua dal 1948 al 2019 in Italia.
Nel grafico si possono notare i due picchi al 20% causati dal forte e improvviso aumento del prezzo del petrolio effettuato dal cartello dei Paesi produttori (OPEC, Organizzazione dei Paesi esportatori di petrolio, *Organization of the Petroleum Exporting Countries*).

10.3.1 Effetti dell'inflazione

Con l'inflazione si ha una diversa distribuzione della ricchezza: qualcuno diventerà più ricco e qualcun altro diventerà più povero.

Diventeranno **più poveri** coloro che percepiscono un reddito fisso (lavoratori dipendenti e pensionati): quando i prezzi aumentano possono acquistare una quantità inferiore di beni e servizi. Anche i risparmiatori saranno danneggiati: con la moneta accantonata, in futuro, potranno acquistare di meno e quindi tenderanno a spendere di più per i consumi immediati (e così faranno salire ulteriormente i prezzi). Solo i più benestanti potranno acquistare beni rifugio (immobili, metalli preziosi ecc.), che resteranno però al di fuori del ciclo produttivo.

Diventeranno **più ricchi** coloro che percepiscono redditi variabili (commercianti, industriali, liberi professionisti, speculatori). Costoro possono adeguare i compensi e i listini dei prezzi al tasso di inflazione, mantenendo così invariato il loro reddito reale. Gli imprenditori inizialmente avranno un vantaggio, in quanto i prezzi di vendita si adeguano prima dei costi di produzione e la differenza rappresenta per loro un aumento di reddito. Nel lungo periodo, però, anch'essi saranno danneggiati, avranno infatti difficoltà a vendere i prodotti e a effettuare investimenti. L'inflazione determina quindi una situazione di grave difficoltà alla società nel suo complesso.
Quando invece i prezzi diminuiscono (**deflazione**), si dovrebbe assistere a una crescita dei redditi reali dei compratori in modo tale da stimolarne la domanda. In realtà, invece, diminuiscono prima e più rapidamente i ricavi delle attività produttive (i compratori tendono a posticipare l'acquisto di un bene che domani potrebbero pagare meno), cosicché le imprese sono costrette a chiudere e a licenziare e quindi a ridurre, anziché aumentare, il reddito disponibile dei consumatori. Per questi motivi la deflazione non è meno pericolosa dell'inflazione, tanto da essere stata una delle cause della grande depressione degli anni Trenta e la conseguenza in Europa della grave crisi del 2008.

ECONOMIA

10.3.2 Cause dell'inflazione

Irving Fisher, 1867-1947, economista americano.

Sulle cause dell'inflazione i pareri degli studiosi sono divergenti, anche perché, in effetti, può essere causata da molteplici fattori. Determinare le cause esatte può essere quindi molto difficile, anche se è di grande importanza individuare una causa prevalente per la scelta delle misure adatte per controllarla.
La **teoria quantitativa**, esposta da Irving Fisher nel 1911, ha cercato di spiegare le cause dell'inflazione sulla base dell'equilibrio tra *volume della moneta* (massa di moneta per velocità di circolazione con gli scambi) e *volume degli scambi* (quantità di beni prodotti per il prezzo medio di vendita). Ma questa teoria, tra l'altro criticata da J. M. Keynes, non spiega sempre l'inflazione che, in genere, è determinata dall'aumento dei costi, dall'aumento della domanda di mercato e dall'aumento della circolazione monetaria.

Inflazione dovuta all'aumento dei costi

Una causa importante dell'inflazione è l'**aumento del costo delle materie prime**. Il conseguente aumento del costo totale di produzione viene scaricato sul consumatore con un aumento del prezzo di vendita.
Inflazione di questo tipo si è verificata negli anni '70 e si verifica anche oggi con l'aumento del prezzo del petrolio, materia prima per eccellenza, da parte dei Paesi produttori (i due *shock petroliferi* del 1973-74 e del 1979-80). Altre materie prime in grado di innescare spinte inflazionistiche nel nostro Paese sono i metalli (ferro, rame, piombo, alluminio), la gomma naturale, il legname, il cotone, la lana.

La teoria quantitativa dell'inflazione

Un'altra causa importante dell'inflazione è stata, ancora negli anni '70, l'**aumento del costo del lavoro**, superiore a quello della produttività media della manodopera, in seguito alle imponenti rivendicazioni sindacali di quegli anni.

Inflazione dovuta all'aumento della domanda

L'inflazione da domanda si verifica quando *a un aumento della domanda globale non corrisponde, da parte del sistema produttivo, un equivalente aumento dell'offerta.* La domanda può infatti aumentare in breve tempo, mentre alle imprese serve un tempo più lungo per effettuare nuovi investimenti e adeguare la capacità produttiva. I prezzi quindi salgono.

Alcuni economisti considerano auspicabile questo tipo di inflazione, se mantenuta entro limiti molto contenuti, ai fini di una costante espansione del sistema. In tal caso, si sostiene, una certa eccedenza della domanda globale sull'offerta, e perciò un aumento dei prezzi superiore a quello dei costi, costituirebbe per gli imprenditori un incentivo a investire, favorendo così l'innalzamento del livello di occupazione.

Inflazione dovuta all'eccessiva circolazione della moneta

Questo tipo di inflazione si ha quando *il tasso di crescita della moneta in circolazione è maggiore del tasso di crescita dell'economia reale* (aumento del PIL). Si verifica per esempio quando le spese individuali per consumi eccedono il reddito disponibile e sono finanziate con i prestiti, attivando così il fenomeno moltiplicativo della moneta da parte del sistema bancario.
Anche il deficit di bilancio dello Stato è fonte di inflazione monetaria, nel caso in cui il finanziamento del deficit avvenisse mediante l'emissione di nuova moneta (tramite la banca centrale). Oggi però i Paesi ammessi all'unione monetaria non hanno la possibilità di emettere nuova moneta.

10.3.3 Le politiche di rivalutazione della moneta

Le misure per combattere l'inflazione non sono sempre facili da individuare, in quanto non è sempre agevole risalire alle cause dell'inflazione stessa. In genere sono adottate politiche fiscali, monetarie e dei redditi.

Politica monetaria

In Italia la politica monetaria è regolata dalla Banca centrale europea (BCE) e, per quanto di competenza, dalla Banca d'Italia. Le misure più frequenti che possono essere adottate sono le seguenti.
La Banca centrale può tenere elevato il **tasso ufficiale di riferimento** (TUR) applicato nei prestiti alle banche ordinarie. Si avrà, per conseguenza, un elevato *costo del denaro* nel credito delle banche ordinarie alle imprese e alle famiglie, che determinerà a sua volta un calo della domanda di denaro e quindi della circolazione monetaria. Sarà però difficile per le imprese effettuare nuovi investimenti e quindi offrire nuovi posti di lavoro.
La Banca centrale può aumentare la **riserva obbligatoria** delle banche ordinarie. In tal modo diminuisce la disponibilità di fondi per le banche e si riduce l'effetto moltiplicatore della moneta bancaria.
Con l'**emissione di titoli di credito a medio o lungo termine**, che immobilizza una consistente quantità di denaro. Anche se, successivamente, lo Stato dovrà restituire una maggiore quantità di moneta (*interessi passivi*), nel frattempo ha contribuito a diminuire l'inflazione.

Politica fiscale

Il prelievo fiscale fa diminuire il reddito delle famiglie e delle imprese, diminuiscono quindi i consumi e gli investimenti. Conseguentemente, per la minore domanda, diminuiscono i prezzi. L'aumento dell'imposizione fiscale ha però pesanti ripercussioni negative. Se diminuiscono i consumi e se le imprese riducono gli investimenti si avrà anche:
- una *diminuzione del gettito fiscale* e quindi della spesa pubblica per fini sociali;
- una *diminuzione dell'occupazione*.

Politica dei redditi

Con la *riduzione dei redditi* distribuiti tramite lo Stato sociale (numero di dipendenti, pensioni, assegni sociali ecc.) è possibile ridurre la circolazione monetaria e quindi l'inflazione (e lo Stato riduce il proprio deficit di bilancio). È però evidente che tali riduzioni causeranno tensioni sociali e perdita di consenso politico. D'altra parte mantenere standard minimi di reddito (al di sopra della soglia di povertà) e livelli adeguati di assistenza sanitari sono tra i compiti ineludibili dello Stato centrale di un Paese economicamente sviluppato.
In modo analogo la riduzione del *costo del lavoro* consentirebbe alle imprese di "raffreddare" i prezzi di vendita. Il costo della manodopera può essere influenzato da interventi di tipo politico, in particolare dalla regolazione degli oneri fiscali a carico dei lavoratori e dei datori di lavoro (cuneo fiscale). Lo Stato può intervenire, per esempio, riducendo o fiscalizzando gli oneri sociali a carico dei datori di lavoro. Tuttavia ottenere una riduzione dei salari, o aumenti al di sotto del tasso di inflazione, non è mai facile: i lavoratori, già provati dall'aumento dei prezzi al consumo, ben difficilmente sono disposti ad accettare ulteriori sacrifici.

10. LA MONETA

QUESTIONARIO	IN SINTESI
1. Perché nasce la moneta? Che cos'è la specializzazione?	La moneta è un mezzo di scambio accettato da tutti. Oltre alla funzione di mezzo di scambio, la moneta svolge funzione di *riserva di valore* e di *unità di conto*. Deve quindi essere facilmente *trasportabile*, *conservabile* e *divisibile*.
2. Quali tipi di moneta esistono?	In origine il mezzo di scambio era la **moneta-merce** formata di metalli preziosi. In età rinascimentale, con l'intensificarsi dei commerci, aumenta l'uso della **cartamoneta**, costituita di banconote emesse dalle banche in seguito al deposito della corrispondente quantità di moneta-merce.
3. Che cosa si intende per corso di una moneta?	La cartamoneta, a *corso fiduciario*, circolava grazie alla sua convertibilità in oro depositato nelle banche. All'inizio del '900 la carta-moneta inizia a perdere, per le insufficienti riserve auree, la sua convertibilità ed è pertanto subentrato un sistema monetario a *corso forzoso* (o legale) con il quale il potere liberatorio della moneta è stabilito per legge.

4. Che cos'è la moneta bancaria? Che cosa sono le riserve bancarie? **5.** Quali sono oggi le funzioni della moneta?	La **moneta bancaria** è uno strumento che consente di effettuare pagamenti con denaro depositato in una banca mediante l'emissione di assegni. L'emissione della moneta bancaria si ha con l'attività di credito esercitata dalle banche, che mettono nuovamente in circolazione i depositi dei risparmiatori. La banca centrale pone però il vincolo di una *riserva obbligatoria*. La **moneta elettronica** è costituita di una tessera dotata di microprocessore e di banda magnetica usata come mezzo di pagamento. Con il *Bancomat* (e Postamat) la tessera è abbinata a un codice segreto (PIN) e a un conto corrente per gli addebiti. La *carta di credito* consente di effettuare pagamenti con addebito differito.
6. Che cos'è un sistema monetario? Quali sistemi monetari sono esistiti in passato? Che sistema monetario vige oggi?	Un **sistema monetario** è dato dalle regole che disciplinano l'unità monetaria utilizzata. Nel 1944, in seguito agli accordi di Bretton Woods, si passò da un sistema monetario aureo tipico (*Gold standard*) a un sistema monetario denominato *Gold exchange standard*, basato sulla convertibilità con il dollaro a sua volta convertibile in oro. Nel 1971 anche il dollaro perse la convertibilità in oro, ma rimase la moneta di riferimento a livello internazionale (il sistema monetario fu definito *Dollar standard*). Attualmente il sistema monetario è basato sulla cartamoneta dotata di potere liberatorio stabilito per legge (corso legale). Il valore della moneta, è dato dal suo potere d'acquisto, che dipende dalla gestione del sistema economico da parte dei governi (moneta amministrata).
7. Quali sono gli scopi della moneta unica europea? Quali sono i parametri economici per poterne fare parte?	Dal 1° gennaio del 2002 nell'ambito dell'Unione europea è nata una moneta comune, l'**euro**, che è stata adottata da 19 Stati. Il governo della nuova moneta è affidato alla Banca centrale europea (BCE). Per la stabilità del valore della nuova moneta gli Stati che aderiscono devono rispettare i parametri di convergenza economica: rapporto deficit/PIL, rapporto debito/PIL e tasso di inflazione.
8. Che cos'è l'inflazione della moneta? Che cos'è il tasso tendenziale?	L'**inflazione** è la diminuzione del potere d'acquisto della moneta. Il tasso d'inflazione è l'incremento dei prezzi calcolato su un paniere di beni utilizzati come riferimento. L'*indice FOI* dei prezzi al consumo per le famiglie di operai e impiegati si riferisce alle famiglie che fanno capo a un lavoratore dipendente. Con l'inflazione diventano più poveri coloro che percepiscono un reddito fisso e anche i risparmiatori con la moneta accantonata, in futuro, potranno acquistare di meno. Invece chi ha un reddito variabile, come gli imprenditori, può adeguare, almeno inizialmente, il prezzo di vendita all'inflazione e mantenere invariato il reddito.
9. Quali sono le cause dell'inflazione? Chi colpisce maggiormente l'inflazione?	Una delle cause più comuni dell'inflazione è l'*aumento del costo delle materie prime*; il conseguente aumento del costo di produzione viene scaricato sul consumatore con un aumento del prezzo di vendita. Un'altra causa frequente è l'*aumento della domanda* senza un corrispondente aumento dell'offerta. Infine storicamente in Italia si è verificata un'inflazione a causa dell'*eccessiva circolazione della moneta* emessa dalla banca centrale.
10. In quali modi si può cercare di ridurre l'inflazione?	Per correggere l'inflazione possono essere adottate politiche monetarie, fiscali e dei redditi. Le prime due sono più facilmente applicabili rispettivamente dalla banca centrale europea (regolazione dei tassi di interesse) e del governo italiano (aumento o diminuzione delle tasse).

ATTIVITÀ PRATICHE E DI VERIFICA

AREA DIGITALE

QUESTIONARIO A RISPOSTA MULTIPLA

1. Il valore della moneta è dato:
- [ ] a. dal suo potere di acquisto
- [ ] b. dalla sua convertibilità in metalli preziosi
- [ ] c. dall'importo stampato o coniato

2. L'oro fu preferito come materiale per coniare le monete perché:
- [ ] a. leggero
- [ ] b. malleabile
- [ ] c. scarso

3. Il fenomeno moltiplicativo della moneta bancaria è dovuto:
- [ ] a. ai prelievi Bancomat e con carte di credito
- [ ] b. al credito offerto dalle banche
- [ ] c. ai depositi presso le banche

4. Con gli accordi di *Bretton Woods* si passò a un sistema monetario definito:
- [ ] a. Dollar standard
- [ ] b. Dollar exchange standard
- [ ] c. Gold exchange standard

5. I sistemi monetari, per favorire il commercio internazionale, tendono a conseguire:
- [ ] a. rapporti di cambio fissi
- [ ] b. rapporti di cambio flessibili
- [ ] c. la convertibilità con l'oro

6. I criteri di convergenza economica per l'euro prevedono un rapporto deficit/PIL:
- [ ] a. inferiore al 3%
- [ ] b. maggiore del 3%
- [ ] c. inferiore al 60%

7. L'inflazione è:
- [ ] a. l'offerta di una grande quantità di beni
- [ ] b. la riduzione del livello generale dei prezzi
- [ ] c. l'aumento del livello generale dei prezzi

8. Chi ha un reddito fisso:
- [ ] a. è favorito dall'inflazione
- [ ] b. è danneggiato dall'inflazione
- [ ] c. non subisce gli effetti dell'inflazione

9. Quale dei seguenti fattori non è causa di inflazione:
- [ ] a. l'aumento del numero di beni inseriti dall'ISTAT nel paniere dei prezzi
- [ ] b. l'aumento del prezzo delle materie prime
- [ ] c. l'aumento rapido della domanda

10. Secondo la teoria quantitativa l'inflazione dipende:
- [ ] a. dall'equilibrio tra volume della moneta e volume della produzione
- [ ] b. dalle speculazioni finanziarie effettuate in Borsa dagli investitori globali
- [ ] c. dall'equilibrio monetario a livello mondiale tra l'euro e il dollaro

11 I titoli di credito

- ✓ Generalità
- ✓ L'assegno e la cambiale
- ✓ I titoli di Stato
- ✓ I titoli privati
- ✓ I fondi comuni di investimento
- ✓ I fondi pensione
- ✓ La borsa valori

11.1 GENERALITÀ

I titoli di credito sono documenti rappresentativi di un importo monetario che il debitore deve versare, con le modalità stabilite, al beneficiario.
La vita di un titolo di credito attraversa tre fasi:
1) *emissione*, creazione di un'obbligazione da parte di un soggetto privato o pubblico;
2) *circolazione*, trasferimento da un soggetto all'altro;
3) *riscossione*, pagamento del debito.

11.1.1 Emissione

Un titolo di credito può essere costituito di due parti: la cartella e le cedole.
La **cartella** (o *mantello*) è il titolo vero e proprio e contiene l'oggetto dell'obbligazione: emittente, valore nominale, scadenza, numero di serie ecc.
Le **cedole** (o *coupon*) sono tagliandi che vengono staccati periodicamente per l'incasso degli *interessi* (il loro numero è pari a quello delle rate di interesse). Oltre alle cedole di interesse, vi sono cedole di altro tipo, per esempio quelle che rappresentano un diritto di opzione.
Alcuni titoli di credito molto importanti sono costituiti solo dalla cartella e per questo motivo sono detti **titoli senza cedola** (o *zero coupon*). In mancanza del pagamento degli interessi, il loro rendimento è dato esclusivamente dalla differenza tra l'importo rimborsato alla scadenza e il prezzo di acquisto.
Un tempo i titoli di credito erano emessi in *forma cartacea* e dovevano essere custoditi dall'acquirente o da un gestore (banca, agente di cambio ecc.) nello stesso modo con cui si conservano le banconote. Oggi i titoli di credito sono stati "dematerializzati" e vengono emessi in *forma virtuale*; esistono solo come registrazione contabile in un *conto titoli* gestito da una banca, da un intermediario o dalla Posta nell'ambito di un sistema nazionale accentrato nel *Monte Titoli SpA*.
I titoli dematerializzati, rispetto a quelli cartacei, garantiscono maggiore sicurezza (per furti, falsificazioni ecc.) e facilità di trasferimento. L'obbligo della dematerializzazione vige per tutti i titoli di Stato e per i titoli quotati (azioni e obbligazioni).

11.1.2 Trasferimento

In base alle modalità di trasferimento, i titoli di credito sono di tre tipi:

- **al portatore**, si trasferiscono con la consegna;
- **nominativi**, il trasferimento si effettua mediante l'annotazione del nome dell'acquirente sul titolo e nel registro dell'emittente o col rilascio di un nuovo titolo intestato al nuovo titolare;
- **all'ordine**, si trasferiscono mediante *girata*. Il girante appone la sua firma, la data e indica il giratario. Se il girante appone la sua firma, e non il nominativo del giratario, il titolo diventa in pratica al portatore e può essere incassato da chiunque lo possegga (*girata in bianco*).

11.1.3 La quotazione dei titoli di credito

La negoziazione dei titoli di credito ha come punto di riferimento il loro **valore nominale** (l'importo stampato sulla cartella per i titoli in forma cartacea). Il valore nominale di una quota si ottiene dividendo l'importo complessivo del prestito per il numero di titoli emessi.

L'acquirente di un titolo non paga in genere il valore nominale, ma un **prezzo di emissione** (*Pe*) o *prezzo di acquisto* che può essere inferiore al valore nominale (per esempio il 98,7%). La differenza tra valore nominale e prezzo di emissione costituisce lo *scarto di emissione* e contribuisce a formare il rendimento del titolo stesso.

Alla scadenza viene pagato un **prezzo di rimborso** (*Pr*) che può essere:

- *alla pari*, se il valore nominale e il prezzo di rimborso coincidono;
- *sotto la pari*, se il prezzo di rimborso è inferiore al valore nominale;
- *sopra la pari*, se il prezzo di rimborso è maggiore del valore nominale.

La quotazione corrente di un titolo sul mercato mobiliare è detta *corso*. Con la locuzione di **corso secco** si indica la quotazione di mercato del solo valore capitale di un titolo, rappresenta cioè solo il valore nominale. Si indica invece con la locuzione di **corso *tel quel*** il prezzo di negoziazione di un titolo, comprensivo anche del rateo di interesse o del dividendo maturato. Sono per esempio quotate a corso secco le obbligazioni, i BTP, i CCT, le cartelle fondiarie e, a corso *tel quel*, le azioni e i BOT.

11.1.4 Il rendimento dei titoli di credito

Il **saggio annuo di rendimento netto** di un titolo di credito (*performance*) è dovuto agli *interessi pagati* e alla variazione della quotazione di mercato (*plusvalenza*). Dipende poi dal prelievo fiscale, dallo scarto di emissione, dalle commissioni per gli intermediari, dal dividendo azionario ecc. Viene calcolato con apposite e complesse formule di matematica finanziaria.

Il rendimento di un titolo di credito può essere **fisso** o **variabile**. Chi acquista titoli a rendimento fisso avrà un vantaggio quando diminuiscono i tassi di interesse nel sistema economico e viceversa (l'inflazione è il parametro fondamentale che regola la variazione dei saggi). Chi invece acquista titoli a rendimento variabile vedrà aumentare il rendimento quando aumentano i tassi di mercato, ma lo vedrà diminuire in caso contrario. I titoli a rendimento fisso sono quindi più rischiosi, in quanto soggetti all'incognita della variazione dei saggi; i titoli a rendimento variabile sono più "tranquilli", in quanto si adeguano nel tempo ai tassi di mercato.

11.1.5 Il mercato dei titoli di credito

I titoli di credito (o *valori mobiliari*) sono oggetto di compravendita sul mercato monetario e finanziario.

Mercato monetario e finanziario

> **Liquidità di un titolo di credito**
> Per liquidità si intende la capacità che ha il titolo di trasformarsi, prima della scadenza, in denaro contante.

Il **mercato monetario** riguarda l'insieme delle contrattazioni di titoli rappresentativi di prestiti monetari o di denaro a vista o a *breve termine* (non superiore a 18 mesi). I titoli oggetto delle contrattazioni sono i BOT, i titoli a medio-lungo termine prossimi alla scadenza, le cambiali finanziarie, gli assegni circolari ecc. La caratteristica di questi titoli è la forte liquidità e il basso grado di rischio.
Il **mercato finanziario** riguarda invece il complesso delle negoziazioni di titoli di credito a *medio o lungo termine*: le obbligazioni, le azioni, i titoli del debito pubblico, le cartelle agrarie e fondiarie.

Mercato primario e secondario

Il termine di **mercato primario** fa riferimento alle *emissioni di titoli*, cioè alla creazione di nuovi valori mobiliari sottoscritti dal pubblico.
Il mercato primario consente il finanziamento diretto delle aziende senza l'intermediazione del sistema bancario, in quanto mette direttamente in contatto coloro che richiedono capitali (le imprese) con coloro che li offrono (i risparmiatori). Per questo motivo il mercato primario è controllato dalla Banca d'Italia e dal Ministero del tesoro che autorizzano le nuove emissioni in funzione della loro compatibilità, per importo e caratteristiche, alla politica monetaria della banca centrale.
Il termine di **mercato secondario** indica la circolazione dei titoli sul mercato borsistico. Questo mercato offre la possibilità a chi vuole acquistare titoli "vecchi" di comperarli e a chi vuole disfarsene di venderli. Il mercato secondario non contribuisce quindi a finanziare le aziende, ma ne facilita indirettamente le esigenze di finanziamento. I titoli ammessi alla quotazione ufficiale, infatti, a parità di condizioni economiche hanno un requisito in più che li rende estremamente appetibili: la facile liquidità.

Mercato borsistico

Sono denominati ***blue chips*** i titoli guida del listino borsistico, ossia i titoli sui quali si concentrano molti scambi, in quanto emessi da società di provata solidità.
Il **mercato ristretto** è un mercato regolamentato che consente lo scambio di titoli che, per le loro caratteristiche, non possono accedere al mercato borsistico. Esso svolge la funzione di "acclimatamento" in quanto, durante il periodo di quotazione al mercato ristretto, la società che ha emesso i titoli si consolida o acquisisce alcuni requisiti formali per accedere in Borsa.
A partire dalla fine degli anni '90 il mercato dei titoli di credito è stato interessato dalla presenza di titoli emessi da società che, nel loro insieme, sono state definite come appartenenti alla **New economy**. Con questo nuovo termine si indicano le imprese che operano nel settore delle nuove tecnologie: software, telecomunicazioni, Internet, commercio elettronico ecc. Nonostante il modesto valore intrinseco delle aziende (come capitali fissi, numero di dipendenti ecc.), l'interesse degli investitori è dovuto alle enormi potenzialità che essi intravedono per le nuove tecnologie nel contesto del mercato globale, in grado di determinare, grazie anche alla rete Internet, il modo di produrre e forse di vivere. I titoli della New economy, detti anche *tecnologici*, sono seguiti in borsa con appositi indici (NASDAQ, NUMTEL ecc.).

11.2 L'ASSEGNO E LA CAMBIALE

L'assegno e la cambiale sono mezzi di pagamento che, per i vantaggi che a volte consentono, sostituiscono la moneta.

L'assegno può essere utilizzato da chi ha una disponibilità di fondi presso una banca o la Posta. Il titolare di un conto corrente, anziché prelevare i soldi per pagare un creditore, può dare l'ordine alla banca di effettuare il pagamento emettendo l'assegno a favore di quest'ultimo. L'assegno può essere incassato fin da subito. La cambiale viene utilizzata invece per pagamenti differiti nel tempo. Infatti, se per l'assegno la data di emissione rappresenta anche la data del pagamento, nel caso della cambiale è necessario indicare anche la scadenza.

L'assegno e la cambiale hanno le seguenti analogie:

- l'*assegno bancario* ha analogia con la *cambiale tratta*, dove intervengono tre soggetti (il traente, il trattario e il beneficiario);
- l'*assegno circolare* ha analogia con il *pagherò cambiario*, dove intervengono due soggetti (l'emittente e il beneficiario).

Oggi la cambiale, per la sua onerosità (imposta di bollo) e per le conseguenze dovute a un eventuale mancato pagamento, è un po' caduta in disuso.

11.2.1 L'assegno bancario

La "piazza" di pagamento
Il *luogo di emissione* identifica la "piazza" di pagamento. Si dice "su piazza" se la banca del traente e del beneficiario sono nello stesso Comune e, viceversa, "fuori piazza".

L'assegno bancario è un titolo di credito contenente l'**ordine** incondizionato che il **traente** (colui che ha un conto corrente presso una banca) rivolge al **trattario** (la banca) perché paghi a un terzo **beneficiario** la cifra indicata.

L'assegno bancario deve essere compilato dal traente per quanto riguarda: la data e il luogo di emissione, l'importo da pagare, il beneficiario, la firma (*v.* figura 11.1).

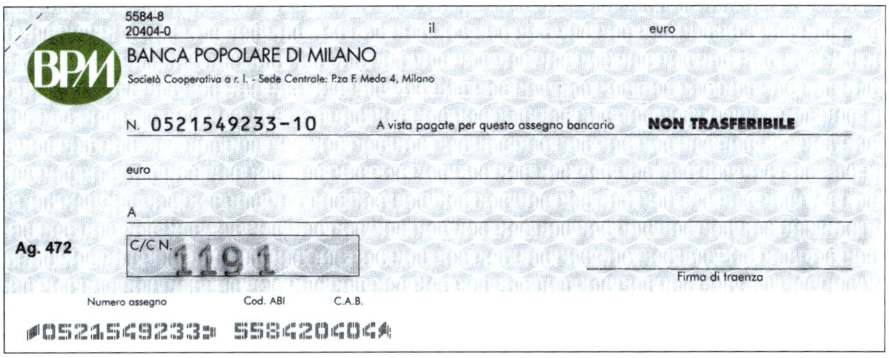

Figura 11.1
Assegno: parti da compilare.

L'assegno è un titolo all'ordine, che pertanto si può trasferire mediante girata apponendo la propria firma sul retro. Tuttavia con le recenti norme antiriciclaggio e antievasione l'assegno superiore a 1.000 € è sempre **non trasferibile**. Per il rilascio degli assegni "liberi" è necessaria la richiesta scritta alla propria banca e il pagamento di un'imposta di bollo di 1,50 € per ogni assegno.

Incasso dell'assegno

L'assegno bancario deve essere presentato all'incasso entro i termini previsti dalla legge (8 giorni "su piazza" e 15 giorni "fuori piazza"). Decorsi i termini di presentazione, il traente può dare l'ordine alla banca di non pagare e può disporre altrimenti dei fondi senza incorrere nel reato di emissione di assegni a vuoto. In mancanza di tale ordine la banca può pagare ugualmente, anche dopo la scadenza del termine. L'incasso si effettua in genere "girando" l'assegno alla

La Cassa di compensazione e garanzia
La CC&G ha la funzione di controparte centrale per i mercati gestiti da Borsa Italiana. È cioè il soggetto che, in una transazione, si interpone tra due contraenti evitando che questi siano esposti al rischio di inadempienza della controparte e garantendo il buon fine dell'operazione. Questa funzione è detta anche *clearing house*.

propria banca, che provvederà ad accreditare l'importo nel relativo conto corrente o a versare i contanti.
L'assegno bancario può essere pagato al beneficiario solo se sul conto corrente del traente vi sono fondi sufficienti (si dice che l'assegno è *coperto* o, in caso contrario, *scoperto*). La banca, comunque, non rischia mai: accetta sempre gli assegni con la formula "*salvo buon fine*", che consente di accreditare la somma corrispondente all'assegno solo in caso di solvenza del debitore.
Le banche effettuano il servizio di incasso adottando procedure gestite dalla **Cassa di compensazione e garanzia**, basate sull'utilizzazione di procedure elettroniche interbancarie che rendono più sicuro lo scambio dei titoli e più veloce l'invio delle comunicazioni di insoluto. Con tali modalità avviene anche più agevolmente, per le banche, la liquidazione delle reciproche posizioni debitorie e creditorie (a saldo).

L'assegno a vuoto

L'emissione di assegni a vuoto è un **illecito amministrativo**; non viene quindi applicata una condanna penale (la reclusione), ma una sanzione economica.
Il trasgressore che regolarizza la sua posizione entro 60 giorni deve comunque pagare una penale pari al 10% della somma indicata sul titolo. In caso contrario la sanzione prevede il divieto di emettere assegni bancari per un periodo che va dai 2 ai 5 anni e, nei casi più gravi, potrà essere interdetto dall'esercizio di un'attività professionale o imprenditoriale e reso incapace a contrattare con la pubblica amministrazione.
Il creditore potrà successivamente agire nei confronti del debitore con modalità simili a quelle previste per il mancato pagamento della cambiale.

11.2.2 L'assegno circolare

L'assegno circolare contiene la **promessa** incondizionata della **banca emittente** di pagare una somma determinata al **beneficiario**.
L'assegno circolare è un mezzo di pagamento ben visto dai creditori, spesso equiparato al denaro contante. Infatti *il debitore è la banca* che, a sua volta, si è assicurata la copertura dell'assegno con i fondi versati in anticipo dal richiedente. Anche per questo motivo l'assegno circolare viene accreditato sul conto del beneficiario più velocemente di un normale assegno bancario e quindi gli interessi cominciano a maturare prima.
A differenza dell'assegno bancario, l'assegno circolare non può essere emesso al portatore, in quanto tali tipi di assegno potrebbero sostituirsi alla carta moneta per la facilità di circolazione e per la certezza del loro pagamento.
L'assegno circolare si prescrive dopo 3 anni dalla data di emissione, pertanto dopo tale data non verrà più pagato.
Uno degli utilizzi più comuni dell'assegno circolare è il pagamento al rogito di un grande importo per l'acquisto di un immobile. Solo in presenza dell'assegno circolare (oppure oggi di un bonifico online in tempo reale) il notaio redigerà l'atto traslativo.

11.2.3 La cambiale

La cambiale è un titolo di credito che contiene la promessa o l'ordine di un soggetto a pagare il suo creditore entro la scadenza fissata. Esistono due tipi di cambiali: la *tratta* e il *pagherò*.

La **tratta** è un *ordine* incondizionato del *traente*, rivolto al *trattario* (il debitore), di pagare al *beneficiario* (o prenditore) la cifra indicata nel tempo e nel luogo indicati sul titolo stesso. Se il trattario accetta l'ordine, apponendo la propria firma sulla cambiale, diventa obbligato verso il prenditore, se al contrario non accetta (o avendo accettato, non paga), obbligato verso il prenditore resterà il traente. Spesso, in pratica, il traente e il beneficiario sono la stessa persona e quindi la persona obbligata è solo il trattario.

Il **pagherò** (o vaglia cambiario) è una *promessa* incondizionata dell'*emittente* di pagare al *beneficiario* la cifra indicata nel tempo e nel luogo indicati sul titolo stesso.
L'emissione della cambiale avviene apponendo sull'apposito modulo il *contrassegno telematico* relativo al pagamento dell'imposta di bollo nella misura del 12‰.

La scadenza

La cambiale contiene due date, quella di emissione e quella di scadenza. La scadenza può essere determinata in diversi modi:
- **a vista**, quando la data non è indicata il titolo di credito è pagabile al momento della sua presentazione al debitore;
- **a giorno fisso**, quando la cambiale è pagabile nella data esatta di scadenza indicata nel titolo (è il caso più comune, per esempio, 27 luglio 20…);
- **a certo tempo a vista**, quando la cambiale è pagabile dopo un certo numero di mesi o di giorni dopo l'accettazione;
- **a un certo tempo data**, dopo giorni o mesi dalla data di emissione.

La girata

La cambiale, come l'assegno, è un titolo di credito all'ordine, in quanto si può trasferire mediante girata. Il beneficiario della cambiale può pertanto:
- conservarla e incassarla nel giorno della scadenza;
- girarla a terzi per regolare i propri debiti;
- presentarla alla banca per lo sconto.

Ognuno dei giranti garantisce il pagamento della cambiale e potrà pertanto essere chiamato nel caso in cui il debitore principale (emittente o trattario) non esegua il pagamento. Infatti il portatore della cambiale potrà agire contro uno qualsiasi dei giranti, poiché tutti sono solidalmente obbligati in via di regresso.

Il pagamento

Alla scadenza della cambiale, il legittimo possessore ha il diritto al pagamento presentando il titolo all'obbligato principale (il trattario, se è una tratta; l'emittente, se è un pagherò), all'indirizzo indicato sulla cambiale stessa. Se l'obbligato principale non paga, il possessore del titolo può rivolgersi per il pagamento agli obbligati di regresso (traente, giranti, avallanti). Questi, infatti, rispondono in solido (ovvero, insieme all'obbligato principale) verso il portatore del titolo, il quale potrà anche agire giudizialmente nei confronti di questi ultimi, individualmente o congiuntamente.
Oggi quasi tutte le cambiali vengono riscosse **tramite banca**; intervengono pertanto due banche. La prima è quella che ha ricevuto tramite girata l'effetto con l'incarico di incassarlo. La seconda (la cui denominazione può essere stata indicata sul titolo dallo stesso debitore) provvede materialmente all'operazione di incasso per conto della prima banca. Qualche giorno prima della scadenza, la banca invia al debitore un avviso scritto con l'invito a eseguire il pagamento.

L'avallo della cambiale
L'avallo è l'impegno assunto da un soggetto (*avallante*) di pagare la cambiale (o l'assegno bancario) al posto del debitore (*avallato*) qualora quest'ultimo non provvedesse nei tempi stabiliti.

ECONOMIA

Questo avviso prende il nome di *avviso di scadenza* e spesso è costituito da una fotocopia della cambiale stessa, allo scopo di facilitarne il riconoscimento.

Lo sconto

Con il contratto di sconto la banca anticipa al cliente il ricavo netto dell'effetto cambiario. La possibilità di scontare la cambiale rende questo titolo particolarmente utile per chi ha necessità di trasformare il credito in liquidità di cassa prima della scadenza. Le banche, però, scontano solo le cambiali che hanno un'elevata solvibilità.

L'importo pagato dalla banca è pari al valore nominale della cambiale, a cui si detraggono:

- gli *interessi* che vanno dal giorno di presentazione a quello di scadenza (più i tempi tecnici della banca) applicando il saggio di sconto commerciale;
- le *commissioni d'incasso*;
- il *diritto di brevità*, per ogni cambiale per scadenza inferiore a 12 giorni su piazza e 20 giorni fuori piazza.

11.2.4 Il mancato pagamento dell'assegno e della cambiale

Il protesto

Il registro informatico dei protesti

Il mancato pagamento dell'assegno o della cambiale all'atto della presentazione per l'incasso deve risultare dal protesto, che è un *atto pubblico* redatto da un notaio (può essere redatto anche da un pubblico ufficiale o da un ufficiale giudiziario) nel quale si accerta in *forma solenne* l'avvenuta presentazione del titolo in tempo utile e il conseguente rifiuto della banca (per l'assegno bancario) o del debitore (per le cambiali) di pagare.

L'azione diretta e di regresso

Chi è in possesso di una cambiale o di un assegno non pagato, può scegliere tra due possibili azioni:

- l'**azione diretta**, rivolta contro gli obbligati principali (l'*emittente* per il pagherò, il *trattario-accettante* nella tratta, il *traente* per l'assegno);
- l'**azione di regresso**, rivolta contro gli obbligati di regresso (i *giranti* per il pagherò e l'assegno, il *traente e i giranti* nel caso della tratta).

Nell'azione di regresso il creditore può rivolgersi sia all'ultimo girante sia a uno qualunque, scegliendo chi dà più affidamento per una rapida riscossione.

Per poter dar corso all'azione di regresso è indispensabile l'atto di protesto. È infatti evidente che gli obbligati di regresso non vorranno estinguere la cambiale senza la prova che essa non è stata pagata dal principale obbligato.

L'assegno o la cambiale protestata (in regola con il bollo) costituisce **titolo esecutivo** per l'ammontare non pagato (hanno il valore di una *sentenza definitiva*, già passata in giudicato). Il portatore del titolo potrà quindi immediatamente iniziare la procedura di rivalsa sul patrimonio del debitore (*esecuzione*).

Sia in fase di azione diretta che di regresso si hanno le seguenti fasi: il *precetto*, il *pignoramento* e l'*espropriazione forzata*.

Il precetto

Il precetto è un atto che costituisce il necessario presupposto per l'inizio del procedimento esecutivo. È redatto per conto della parte creditrice che *intima* al debitore di eseguire entro un termine perentorio (non inferiore ai 10 giorni) il pa-

gamento dovuto. Soltanto dopo che sia decorso il termine indicato nell'atto di precetto è possibile iniziare l'esecuzione forzata sui beni del debitore.
L'atto di precetto va redatto in carta da bollo, di solito da un avvocato. Occorre un originale e una copia da ritirare come ricevuta dal debitore.

Il creditore potrà richiedere un importo pari a (*conto di ritorno*):
- l'ammontare dell'importo non pagato;
- gli interessi al tasso legale dal giorno della scadenza;
- le spese per il protesto, legali ed eventuali altre spese.

Il pignoramento

Il pignoramento è l'atto con cui si inizia l'espropriazione forzata dei beni appartenenti al debitore inadempiente. Consiste in un'*ingiunzione* che l'ufficiale giudiziario fa al debitore di *astenersi da qualunque atto diretto a sottrarre alla garanzia del credito i beni che sono oggetto dell'espropriazione e i relativi frutti*. L'ufficiale giudiziario, munito di titolo esecutivo, procede al pignoramento ricercando le cose nella casa del debitore e negli altri luoghi a lui riferibili, e anche sulla persona stessa. In questa azione può avvalersi dell'assistenza della forza pubblica.
Il pignoramento può riguardare cose mobili e immobili. Non può riguardare invece le cose non pignorabili.

Ordine di pignoramento
Nel pignoramento sono in ogni caso preferiti, nell'ordine: il denaro contante, gli oggetti preziosi e i titoli di credito che l'ufficiale giudiziario ritiene di sicura realizzazione e deve essere eseguito di preferenza sulle cose indicate dallo stesso debitore.

Per **cose non pignorabili** si intendono i seguenti beni mobili:
- oggetti di prevalente *valore morale* (per esempio la fede nuziale);
- *beni di stretta necessità nella vita domestica* (per esempio il frigorifero);
- *oltre un quinto dei beni indispensabili per l'esercizio dell'impresa o dell'attività professionale* del debitore (per esempio su cinque PC se ne può pignorare solo uno).

In mancanza di altri beni può essere pignorato il *reddito* del debitore derivante da lavoro dipendente nella misura massima di *un quinto*.

L'espropriazione forzata

Se il debito non viene saldato in tempo utile, i beni pignorati sono venduti all'incanto. Con il ricavato si rimborsa il creditore e l'eventuale residuo viene restituito al debitore.

La vendita dei **beni mobili** avviene tramite l'*asta giudiziaria*. Nella zona di competenza di ogni tribunale opera un singolo *Istituto vendite giudiziarie* (IVG), autorizzato con decreto ministeriale. L'attività di vendita viene poi data in concessione a società private appositamente costituite. Gli oggetti vengono venduti come "visti e piaciuti, nello stato di fatto e di diritto in cui si trovano", senza pertanto alcuna garanzia sulla loro funzionalità o possibilità di recesso da parte dell'acquirente insoddisfatto.

Per i **beni immobili** e i **beni mobili registrati** la vendita all'incanto ha luogo davanti al giudice con le procedure previste dal codice di procedura civile. Al giudice spetta poi il compito di emettere il *decreto di trasferimento* della proprietà dell'immobile.

Il **pignoramento immobiliare** si esegue mediante notificazione al debitore e successiva trascrizione nei registri immobiliari di un atto contenente l'esatta descrizione dell'immobile e l'ingiunzione al debitore di non compiere atti dispositivi (vendita, donazione ecc.).

11.3 I TITOLI DI STATO

Deficit e debito
Il debito pubblico è dato dalla somma dei deficit di bilancio accumulati nel tempo dallo Stato centrale, dalle amministrazioni locali e dagli istituti previdenziali.

Sono titoli di credito emessi dallo Stato per la copertura del *debito pubblico* che ammonta a circa 2350 miliardi di euro. Sono in circolazione titoli di Stato che coprono circa l'80% del debito, i cui interessi gravano sul debito stesso (circa 65 miliardi di euro all'anno).
Il debito dello Stato viene di solito rapportato al prodotto interno lordo: più è grande il PIL e più è "sopportabile" il debito in relazione agli effetti sulla moneta europea, per la quale si devono rispettare precisi parametri.

11.3.1 Tipi di titoli di Stato

Tutti i titoli di credito emessi dallo Stato non esistono più in forma cartacea (*dematerializzazione*), ma solo in versione "elettronica", come registrazione contabile informatizzata (*conto titoli*).
Il Ministero dell'economia e delle finanze (MEF) emette regolarmente sul mercato interno cinque categorie di titoli di Stato, disponibili, mediante il meccanismo dell'asta, sia per gli investitori privati sia per gli investitori istituzionali (banche).
Il taglio minimo di emissione è per tutti di 1.000 €. La tassazione del rendimento è del 12,5% (per tutti).

I **Buoni ordinari del tesoro** (**BOT**) sono nati come strumento deputato a compensare temporanei squilibri di cassa del tesoro. Hanno scadenze brevi: 3, 6, 12 mesi o con durata flessibile (comunque inferiore all'anno). Sono tecnicamente titoli senza cedola (*zero coupon bond*), il cui rendimento è costituito dal solo *scarto di emissione* (rimborso alla pari).

I **Certificati del tesoro zero coupon** (**CTZ**) sono titoli senza cedola, il cui rendimento è pertanto costituito esclusivamente dallo scarto di emissione (rimborso alla pari). La differenza con i BOT è la maggiore durata: 24 mesi.
La gestione di questi titoli è estremamente semplice e non impegna il risparmiatore a reinvestire gli interessi periodicamente maturati.

I **Certificati di credito del tesoro** (**CCT** e **CCTeu**) sono titoli con durata di 5÷7 anni a *rendimento variabile*. La cedola è ancorata a parametri di rivalutazione (al tasso di rendimento dei BOT o all'Euribor a 6 mesi) che consentono all'investitore di mantenere una certa aderenza al mercato dei tassi a breve termine. Il rendimento comprende, oltre la cedola variabile, l'eventuale scarto di emissione.

I **Buoni del tesoro poliennali** (**BTP**) sono i titoli di Stato per eccellenza, che vantano la più lunga tradizione nell'assolvimento del compito di finanziare il debito pubblico. La durata dell'investimento è medio-lunga, attualmente di 3, 5, 7, 10, 15, 20, 30 e 50 anni. Il rendimento di questi titoli è costituito da cedole fisse semestrali, eventuale scarto di emissione e rivalutazione del capitale a scadenza.

I **Buoni del tesoro poliennali indicizzati** (**BTP€I**) sono titoli indicizzati sull'inflazione europea. Hanno durata di 5, 10, 15 e 30 anni. Il rendimento è costituito da una cedola semestrale indicizzata (indice Eurostat), dall'eventuale scarto di emissione e dalla rivalutazione del capitale alla scadenza.

I **BTP Italia** hanno durata di 4, 6 e 8 anni. Il rendimento è costituito da una cedola semestrale, dalla rivalutazione del capitale e dal premio fedeltà alla scadenza.

11.4 I TITOLI PRIVATI

Gli imprenditori, per i propri scopi produttivi, hanno necessità di investire; si rivolgono pertanto ai soggetti con avanzi di bilancio (le famiglie o altri risparmiatori) per ottenere a vario titolo la disponibilità di capitali. Questo avviene attraverso il *mercato finanziario*. La principale funzione economica dei valori mobiliari è quindi di servire da tramite tra coloro che hanno risorse finanziarie, ma che non sanno investire direttamente, e chi, pur sapendo come investire, non ha tali risorse.
I titoli privati sono sostanzialmente di due tipi: titoli *obbligazionari* e titoli *azionari*. L'obbligazionista è semplicemente un creditore della società, l'azionista è invece un socio che, come tale, partecipa al rischio della società con tutte le conseguenze e i diritti che da ciò derivano.

11.4.1 Le obbligazioni

Le obbligazioni (*bond*) sono titoli che *attestano un credito*, attribuiscono infatti al possessore il diritto di ricevere un interesse e il rimborso del capitale nei tempi stabiliti. I principali motivi che portano la società a emettere obbligazioni sono:
- il fatto che il ricorso diretto al pubblico risparmio, superando l'intermediazione delle banche, consente di ottenere finanziamenti a costi inferiori;
- la possibilità di ottenere i finanziamenti necessari anche quando non si può o non si vuole ricorrere all'aumento del capitale sociale e al conseguente aumento del numero degli azionisti;
- i vantaggi fiscali legati al fatto che gli interessi pagati sono, per la società emittente, una componente negativa del reddito imponibile.

Le obbligazioni sono titoli **al portatore** (ma possono essere anche nominative) a medio-lungo termine (in media 10-15 anni). Sono emesse da società private (per azioni, in accomandita per azioni), dallo Stato o da enti pubblici.

In funzione del **rendimento** possono essere:
- a *tasso fisso* o *indicizzate*;
- *con cedola periodica* o *zero coupon*.

Infine per quanto riguarda il **rimborso** possono essere:
- a *scadenza fissa*;
- *convertibili* o *non convertibili* in azioni.

Obbligazioni senza cedola
Sono titoli obbligazionari caratterizzati dal fatto che, per tutto il periodo di durata del prestito, non viene corrisposto alcun tipo di interesse periodico (*zero coupon bond*, ZCB). Il rendimento è pertanto costituito dalla sola differenza tra il prezzo di rimborso alla scadenza e il prezzo di emissione (come BOT e CTZ).

Le **obbligazioni ordinarie** sono titoli di credito che attribuiscono ai loro possessori il diritto a un interesse periodico a *tasso fisso*, predeterminato per tutta la durata del prestito, in aggiunta naturalmente al diritto di rimborso del valore nominale. Gli interessi sono pagati in seguito allo stacco, alle scadenze prescritte dall'emittente, di *cedole* al portatore. Il pagamento avviene presso la società emittente o soggetti da questa autorizzati (in genere una banca).

Le **obbligazioni indicizzate** hanno lo scopo di neutralizzare gli effetti della svalutazione monetaria adeguando il loro rendimento e/o il valore di rimborso a indici di varia natura. I parametri di indicizzazione possono essere:
- *tassi di interesse* nominali del mercato (rendimento dei titoli di Stato, indici azionari, TUS ecc.);
- *indici dei prezzi* (per esempio l'indice FOI);
- *valute estere* prese a campione.

La scelta dell'uno o dell'altro di tali parametri di indicizzazione (o di una combinazione di questi) dipende dalla natura economico-istituzionale dell'emittente oppure dal segmento di investitori che si intende coinvolgere.

Obbligazioni con warrant
Le obbligazioni con *warrant* (o con *diritto d'opzione*) sono titoli obbligazionari che incorporano uno speciale diritto che conferisce al portatore la facoltà di acquistare o sottoscrivere azioni della società emittente a un *prezzo determinato* ed entro un *periodo di tempo prefissato.*

Le **obbligazioni convertibili in azioni** sono titoli di credito che attribuiscono al possessore il diritto agli interessi e la possibilità di scegliere, alla scadenza, tra esercitare il diritto al rimborso o il diritto alla sottoscrizione di azioni, secondo il rapporto di cambio predefinito (*prezzo di conversione*). In questo caso il valore delle obbligazioni è collegato a quello delle azioni. Se durante la durata del prestito il valore delle azioni aumenta, aumenterà anche il valore delle obbligazioni, in quanto consentono l'acquisto delle azioni a un prezzo vantaggioso. Se invece il valore delle azioni scende a un livello inferiore al prezzo di conversione, il possessore dell'obbligazione avrà interesse alla scadenza ad accontentarsi della restituzione del valore nominale.
Le obbligazioni convertibili hanno per la società emittente un costo minore rispetto al normale prestito obbligazionario (l'interesse sulla cedola è più basso); inoltre alla scadenza non dovrà restituire per intero il capitale ricevuto in prestito, ma avrà aumentato il capitale sociale con l'ingresso di nuovi azionisti. Per i risparmiatori l'acquisto di questi titoli dà la possibilità di diventare azionisti dopo aver potuto valutare l'andamento economico della società emittente.

11.4.2 Le azioni

Assemblea ordinaria di una Spa
Ogni anno approva il bilancio, nomina gli amministratori, i sindaci, delibera inoltre su tutti gli altri oggetti di sua competenza risultanti dall'atto costitutivo.

Le **azioni ordinarie** sono titoli *nominativi* che conferiscono all'azionista il diritto di comproprietà della società. Questo diritto può essere esercitato con il *voto* nell'assemblea ordinaria e straordinaria: a ciascun azionista spetta un voto in ragione di ciascuna azione posseduta.
L'azionista ha il diritto di incassare il dividendo, di partecipare alla liquidazione del patrimonio in caso di fallimento, di sottoscrivere azioni in caso di aumento del capitale (diritto di opzione), di esaminare il bilancio, di impugnare il bilancio in caso di irregolarità ecc.

Rendimento

Il **valore nominale** di un'azione è dato dal *capitale sociale diviso il numero delle azioni*. È un valore poco più che convenzionale, essendo rappresentativo del solo capitale sociale, non del reale valore di mercato dell'azienda (strutture, capacità di reddito, potenzialità di espansione nei mercati ecc.).
Il rendimento di un'azione è costituito dal dividendo e dalla plusvalenza. Il **dividendo** rappresenta la remunerazione annuale di ogni azione degli utili prodotti dalla società. La distribuzione del dividendo dipende, oltre che dal conseguimento di utili, da una decisione in tal senso presa dall'assemblea dei soci. La **plusvalenza** (*capital gain*) è invece l'incremento del valore di mercato delle azioni, pari alla differenza tra il prezzo di acquisto e quello di vendita. Le azioni infatti non sono acquistate a un prezzo pari al valore nominale, ma alla quotazione corrente di mercato.

Azioni privilegiate
Sono azioni nominative che consentono alcuni benefici aggiuntivi: un dividendo superiore rispetto alle azioni ordinarie e la precedenza nella ripartizione dell'attivo in caso di liquidazione della società. Per contro, danno il diritto di voto solo nelle *assemblee straordinarie* e non partecipano quindi alla gestione aziendale.

La parte più consistente del rendimento delle azioni è in genere la plusvalenza. Chi le acquista a scopo speculativo, compra quando prevede un aumento delle quotazioni di mercato e vende in caso contrario; infatti solo vendendo l'investitore può incassare la plusvalenza. D'altra parte le azioni hanno scadenza indeterminata (o meglio, la scadenza corrisponde in pratica allo scioglimento della società) e vendere è l'unico modo per tornare in possesso del capitale investito.
Come si può notare, le azioni sono caratterizzate da un maggior grado di rischio, sia nella componente reddituale sia nella componente patrimoniale, non essendo determinati a priori né il rendimento annuo, né la data e il valore di rimborso delle azioni. Tuttavia, in un sistema economico in salute, questo investimento si caratterizza per una rivalutazione continua, che consente a volte rendimenti superiori a quelli delle obbligazioni o dei titoli di Stato.

Azioni di risparmio

Le azioni di risparmio sono titoli *al portatore* e possono essere emesse solo da società quotate in borsa. Il sottoscrittore non partecipa alle decisioni inerenti all'attività aziendale, in quanto non gode del diritto di voto, ha però alcuni privilegi economici. Innanzitutto la distribuzione del dividendo non dipende da una delibera assembleare, ma sorge di diritto in presenza di utili approvati in bilancio ed è comunque superiore al dividendo cui dà diritto la sottoscrizione di azioni ordinarie. Inoltre, se nell'esercizio chiuso non vi sono risultati economici positivi, il diritto al dividendo non muore, ma viene rinviato agli anni seguenti. In caso di liquidazione della società, le azioni di risparmio devono essere rimborsate, in proporzione all'attivo disponibile, prima delle azioni ordinarie e delle azioni privilegiate.

Le azioni di risparmio hanno quindi un minor rischio rispetto alle ordinarie, ma anche, sovente, un rendimento inferiore. Infatti, poiché mancano del diritto di voto, tali titoli non risultano appetibili per quegli investitori che mirano al controllo della società emittente e conseguentemente non beneficiano dei rialzi di prezzo dovuti alle operazioni di mercato di questi titoli.

Gli strumenti finanziari derivati

ECONOMIA

11.5 I FONDI COMUNI DI INVESTIMENTO

11.5.1 Gestione

Un **fondo comune di investimento mobiliare** (**FCIM**) è un patrimonio accumulato da una pluralità di individui, ciascuno dei quali possiede un numero di **quote** proporzionale all'importo versato. Il patrimonio del fondo viene investito in valori mobiliari (azioni, obbligazioni, titoli di Stato) cercando di perseguire gli obiettivi di una *diversificazione del rischio* e dell'*incremento nel tempo del valore dei capitali conferiti*.

La CONSOB
Le competenze della CONSOB (*Commissione nazionale per le società e la Borsa*) riguardano la vigilanza al fine di assicurare la trasparenza del mercato, l'ordinato svolgimento delle negoziazioni e la tutela degli investitori.

La gestione dei fondi è affidata a **società di gestione del risparmio** (**SGR**), appositamente costituite e attrezzate, che operano sotto la sorveglianza della Banca d'Italia e della CONSOB. I titoli e le disponibilità liquide sono custoditi dalla **banca depositaria**, che ha funzione di garanzia, regola le operazioni di compravendita, controlla che le operazioni effettuate siano conformi al regolamento del fondo e alla legge in generale.

Il **valore delle quote** viene calcolato dalla società di gestione quotidianamente sulla base delle quantità e dei valori unitari relativi al giorno precedente di borsa aperta: si somma il valore dei titoli costituenti il patrimonio del fondo e si divide per il numero di quote in circolazione. Il valore della quota così ottenuto viene pubblicato il giorno successivo sui principali quotidiani.

I fondi comuni sono forme di investimento che, in seguito alla caduta del rendimento dei titoli di Stato negli anni Novanta, stanno incontrando grande favore tra i risparmiatori. Consentono infatti di avvicinare il piccolo risparmiatore e le famiglie al mercato azionario, tradizionalmente riservato agli "specialisti". Solleva inoltre il risparmiatore dall'impegno di seguire il fondo quotidianamente e dalle, spesso non facili, scelte tecniche (che cosa comprare, quando comprare, quando vendere ecc.). Tutta la gestione viene infatti affidata a società specializzate, con personale qualificato, che propone agli investitori prodotti finanziari per tutte le esigenze.

11.5.2 Classificazione

La classificazione dei fondi prevede le seguenti tipologie:

- **azionari**, che investono prevalentemente (oltre il 70%) in azioni e obbligazioni convertibili;
- **obbligazionari**, che investono prevalentemente in titoli di Stato e obbligazioni ordinarie;
- **bilanciati**, che investono parte in titoli azionari (dal 20 al 70%) e parte in titoli obbligazionari;
- **di liquidità**, che investono in attività liquide (valute, per esempio) o in titoli a breve termine (BOT a 3 e 6 mesi);
- **flessibili**, che hanno la caratteristica dell'illimitata variabilità del portafoglio a discrezione del gestore (può investire anche la totalità del patrimonio del fondo in titoli azionari).

Nell'ambito di questa classificazione si sono via via affermate ulteriori suddivisioni, determinate da specializzazioni per **area geografica** (Europa, Nordamerica, Paesi emergenti, asiatici ecc.) o per **settore** (tecnologici, bancari, fondiari ecc.).

In base a queste loro caratteristiche i fondi possono essere definiti:

- a **basso rischio**, con rendimenti sicuri ma modesti (fondi obbligazionari, fondi di liquidità);
- a **medio rischio**, con caratteristiche intermedie (fondi bilanciati);
- ad **alto rischio**, con rendimenti incerti, ma potenzialmente molto elevati (fondi azionari).

Una particolare tipologia di fondi comuni sono quelli gestiti dalle **Società di investimento a capitale variabile** (**SICAV**). Si tratta di società per azioni con sede legale e direzione generale in Italia la cui attività consiste esclusivamente nell'investimento collettivo del patrimonio raccolto mediante l'offerta al pubblico di proprie azioni. I partecipanti di una SICAV, essendo soci a tutti gli effetti, possono influire sulle politiche di gestione mediante l'esercizio del diritto di voto.

11.5.3 Offerta al pubblico

I fondi vengono offerti al pubblico tramite gli sportelli bancari o le reti dei promotori finanziari, che informano il potenziale investitore e gli forniscono un prospetto informativo.

I **fondi aperti** possono essere sottoscritti in ogni momento e in ogni momento se ne può chiedere il rimborso. I **fondi chiusi** sono sottoscrivibili solo in un certo lasso di tempo (il numero delle quote è fisso) e il rimborso può essere richiesto alla scadenza del fondo o comunque a scadenze predeterminate.

Le sottoscrizioni dei fondi possono essere fatte con un **versamento unico** (**PIC**, piano investimento capitale), per il quale è sempre previsto un importo minimo (che varia da fondo a fondo) oppure con un **piano di accumulo capitale** (**PAC**), che rappresenta un programma di investimento a rate.

Per *uscire da un fondo aperto* è sufficiente inoltrare la richiesta di disinvestimento (o riscatto o rimborso), in forma scritta, alla società di gestione. Il valore di rimborso è quello corrispondente al giorno di ricezione della richiesta da parte della società di gestione. È possibile anche il passaggio da un fondo comune di investimento a un altro gestito dalla medesima società (*switch*). Alcune società consentono tali spostamenti gratuitamente, altre esigono una commissione.

11.5.4 Rendimento

La *performance* o il rendimento di un fondo è costituito dalla differenza tra il valore delle quote in due periodi diversi. L'incremento di valore delle quote dipende dalla maturazione degli interessi o dalle plusvalenze realizzate sui titoli in portafoglio al netto dei costi di gestione e delle trattenute fiscali.

I **costi** che gravano sui fondi comuni, detti commissioni, sono di diverso tipo. Innanzitutto vi è la spesa per la gestione dei titoli in portafoglio (*commissione di gestione annua*), che dipende dalla complessità della gestione da svolgere: è più elevata per i fondi azionari ed esteri, più bassa per gli obbligazionari (il valore della quota che viene pubblicata sui giornali è già al netto di questi costi).
A carico del sottoscrittore dei fondi vi sono però ulteriori spese per commissioni. La maggior parte dei fondi fanno pagare all'atto della sottoscrizione una *commissione di entrata* (o di sottoscrizione), che può essere fissa o proporzionale all'investimento effettuato. In alcuni casi vi può essere una *commissione di uscita*, che viene applicata se il sottoscrittore chiede il rimborso prima di un certo periodo. Altri fondi invece non fanno pagare commissioni né di entrata né di uscita e vengono definiti *no load*.
Alcuni fondi prevedono una *commissione di performance* a favore della società di gestione nel caso in cui il rendimento registrato nel corso di un certo periodo sia superiore ai limiti prefissati. Anche questa commissione non viene pagata direttamente dal sottoscrittore, ma viene addebitata automaticamente al patrimonio del fondo.

ECONOMIA

11.6 I FONDI PENSIONE

I fondi pensione hanno lo scopo di realizzare una forma previdenziale complementare a quella pubblica gestita dall'INPS. A tale scopo i lavoratori versano le risorse finanziarie necessarie, che il gestore investe in strumenti finanziari nell'interesse esclusivo dei soci, secondo linee guida definite dal regolamento del fondo stesso. Sono stabiliti per legge limiti agli investimenti, allo scopo di assicurare la diversificazione degli investimenti e del rischio e un'efficiente gestione del patrimonio.
Le risorse dei fondi sono depositate presso una banca distinta dal gestore.

11.6.1 Costituzione del fondo

La COVIP
L'attività dei fondi pensione è autorizzata dalla *Commissione di vigilanza sulle forme pensionistiche complementari*. La COVIP è a sua volta sotto la vigilanza del Ministero del lavoro e delle politiche sociali.

Ai fondi pensione possono aderire, in modo individuale o collettivo, i lavoratori dipendenti, sia privati sia pubblici, i lavoratori autonomi, i liberi professionisti e i soci lavoratori di cooperative.

Fondi chiusi (o negoziali)
Sono istituiti con *accordi collettivi tra i lavoratori e i datori di lavoro* di una intera categoria oppure di un'impresa o di un gruppo di imprese. Il fondo pensione negoziale è un soggetto giuridico autonomo dotato di organi propri (l'assemblea, gli organi di amministrazione ecc.). Gli organi di amministrazione e controllo sono costituiti per metà dai rappresentanti dei lavoratori iscritti e per l'altra metà dai rappresentanti dei datori di lavoro.
Per lo svolgimento di alcune attività, il fondo pensione negoziale si avvale di soggetti specializzati ed esterni alla sua struttura (banche depositarie, compagnie di assicurazione, società di gestione del risparmio).

Fondi aperti

Sono istituiti direttamente da *banche, compagnie di assicurazione e società di gestione del risparmio*. L'adesione al fondo aperto può avvenire in forma individuale o anche in forma collettiva (accordi aziendali o di categoria).

Il patrimonio del fondo deve essere separato e distinto dall'attività più generale dell'organismo che lo promuove (banca, compagnia di assicurazione o società di gestione del risparmio).

11.6.2 Finanziamento del fondo

Il finanziamento può essere attuato mediante il versamento di **contributi** a carico del lavoratore dipendente o del datore di lavoro e attraverso il **conferimento del TFR maturando**.

Il contributo può essere stabilito in cifra fissa oppure, per i lavoratori dipendenti, in percentuale della retribuzione; per i lavoratori autonomi in percentuale del reddito d'impresa o di lavoro autonomo dichiarato ai fini IRPEF.

11.6.3 Prestazioni erogate

Il diritto alla prestazione si acquisisce al momento della maturazione dei requisiti per la pensione stabiliti nel regime obbligatorio di appartenenza, con almeno cinque anni di partecipazione alle forme pensionistiche complementari.

Le prestazioni pensionistiche possono essere erogate in **capitale**, fino a un massimo del 50% del montante finale accumulato, e in **rendita**.

In caso di morte del titolare della prestazione pensionistica, il montante residuo o, in alternativa, l'erogazione della rendita vengono pagati alle persone a suo tempo indicate dal titolare.

Gli aderenti alle forme pensionistiche complementari possono richiedere un'anticipazione della posizione individuale maturata:

- in qualsiasi momento, per un importo non superiore al 75%, per spese sanitarie a seguito di gravissime situazioni relative a sé, al coniuge e ai figli;
- decorsi otto anni di iscrizione, per un importo non superiore al 75%, per l'acquisto della prima casa di abitazione per sé o per i figli;
- decorsi otto anni di iscrizione, per un importo non superiore al 30%, per ulteriori esigenze degli aderenti.

11.7 LA BORSA VALORI

La Borsa valori italiana è un mercato organizzato dai pubblici poteri per disciplinare e controllare la compravendita dei valori mobiliari e dei cambi, la cui negoziazione rientra nella specifica competenza di qualificati operatori in possesso di precisi requisiti di carattere tecnico, morale e professionale.

Il ruolo della Borsa valori consiste nel facilitare l'incontro nel tempo e nello spazio della domanda e dell'offerta, per offrire al risparmiatore la possibilità di effettuare consapevoli scelte di investimento e alle imprese di disporre di un più ampio e diversificato ventaglio di fonti di finanziamento.

La gestione della Borsa e di tutte le attività connesse è affidata a **Borsa Italiana Spa**, ora fusa con *London Stock Exchange Group* (la società che gestisce la Borsa di Londra), una società indipendente e autorizzata dalla CONSOB. La Borsa Italiana Spa gestisce il *sistema telematico di negoziazione dei titoli*, mentre la conduzione tecnica è affidata al **CED Borsa**.

Gli unici **soggetti autorizzati** a operare in borsa (*brokers* o intermediatori finanziari) sono:

- le *Società d'Intermediazione Mobiliare* (SIM);
- le *banche della UE* e le *banche extracomunitarie autorizzate* dalla CONSOB;
- gli *agenti di cambio iscritti all'albo.*

11.7.1 Il sistema elettronico di negoziazione

Il mercato di borsa italiano utilizza un sistema elettronico di negoziazione che permette di eseguire scambi di titoli in tempo reale, indipendentemente dalla presenza fisica degli operatori. I titoli non sono trasferiti materialmente, ma in modo *virtuale.*

In Italia il sistema accentrato di gestione titoli è affidato a due entità: Monte Titoli Spa e Banca d'Italia. **Monte Titoli Spa** ricopre il ruolo di gestore centralizzato dei titoli azionari e obbligazionari mediante un sistema di trasferimento, da chi ha venduto a chi ha comprato, basato su accrediti e addebiti di appositi conti. **Banca d'Italia** gestisce il sistema di amministrazione centralizzata dei titoli di Stato.

ECONOMIA

Il sistema di negoziazione computerizzato è articolato in tre differenti segmenti del mercato:

- la prima supporta il *mercato azionario* di borsa e il *mercato ristretto* costituito da azioni ordinarie, azioni privilegiate, azioni di risparmio, obbligazioni convertibili, diritti di opzione e warrant;
- la seconda è il *mercato degli strumenti derivati* (IDEM) dove sono scambiati *future* e diritti di opzione;
- la terza è il mercato delle obbligazioni e dei titoli di Stato (MOT e MTS).

Ciascuno di questi diversi segmenti di mercato ha propri orari e modalità di negoziazione.

La *Cassa di compensazione e garanzia* si interpone tra compratore e venditore assicurando la regolarità delle operazioni eseguite sul mercato di Borsa. La necessità di una simile istituzione è fondamentale in un mercato virtuale quale è attualmente quello telematico. Se infatti un operatore risultasse insolvente verrebbe minato alla base, per mancanza di credibilità, tutto il sistema di trasferimento dei titoli.

11.7.2 Gli indici di borsa

Gli indici di Borsa esprimono l'andamento giornaliero delle contrattazioni. Possono essere indici generali, di tutti i titoli trattati, o indici riferiti a titoli particolarmente significativi.

FTSE MIB
Significa *Financial Times Stock Exchange*, denominazione acquisita dopo la fusione di Borsa Italiana SpA con *London Stock Exchange Group.*
MIB significa *Milano indice di Borsa.*

Per l'Italia l'indice più importante è **FTSE MIB** (o *footsie* MIB), che rappresenta i 40 titoli più rappresentativi della Borsa italiana.

Le più importanti Borse europee sono:

- Francoforte (Germania), indice **DAX 30**;
- Londra (Regno Unito), indice **FTSE 100**;
- Parigi (Francia), indice **CAC 40;**
- Madrid (Spagna), indice **IBEX 35**.

Oltre agli indici dei principali Paesi europei, l'indice internazionale di maggiore importanza è **DOW JONES**, della Borsa di New York, la borsa più importante del mondo. Deve il suo nome a Charles Dow, padre dell'analisi tecnica di Borsa e fondatore del *Wall Street Journal.*

11. I TITOLI DI CREDITO

QUESTIONARIO	IN SINTESI
1. Che cos'è un titolo di credito? In che modo si può trasferire?	Un titolo di credito cartaceo è costituito di due parti: la *cartella* e le *cedole* (*coupons*). Oggi sono emessi in prevalenza in forma "dematerializzata" e registrati in un conto titoli gestito da una banca, da un intermediario o dalla Posta. Possono essere al portatore, nominativi e all'ordine.
2. Da che cosa è dato il rendimento dei titoli di credito?	La negoziazione dei titoli di credito ha come punto di riferimento il loro *valore nominale*. Il *prezzo di emissione* è l'effettivo prezzo di acquisto, che può essere inferiore al valore nominale. La differenza tra valore nominale e prezzo di emissione costituisce lo scarto di emissione. Alla scadenza viene pagato un *prezzo di rimborso* che può essere alla pari, sotto la pari, sopra la pari.
3. Come può essere il mercato dei titoli di credito?	Con *corso secco* si indica la quotazione di mercato del solo valore capitale di un titolo, il *corso tel quel*, comprende anche il rendimento. Il *mercato monetario* riguarda l'insieme delle contrattazioni di titoli a breve termine, il *mercato finanziario* a medio o lungo termine. Con il termine di *mercato primario* si fa riferimento alle emissioni di titoli, il *mercato secondario* indica la successiva circolazione dei titoli sul mercato.
4. Quali sono le differenze tra un assegno bancario e un assegno circolare?	L'**assegno bancario** è un titolo di credito contenente l'ordine che il traente (colui che ha un conto corrente presso una banca) rivolge al trattario (la banca) perché paghi una somma al beneficiario. L'emissione di un assegno a vuoto è un illecito amministrativo. L'**assegno circolare** contiene la promessa incondizionata della banca emittente di pagare una somma al beneficiario. La sua copertura è garantita dai fondi versati in anticipo dal richiedente.
5. Che cos'è la cambiale? Quali sono le differenze con l'assegno?	La **cambiale** è un titolo di credito che contiene la promessa o l'ordine di un soggetto a pagare il suo creditore entro la scadenza fissata. La *cambiale tratta* è un ordine del traente, rivolto al trattario, di pagare al beneficiario la cifra indicata nel tempo e nel luogo indicati sul titolo stesso, il *pagherò* è una promessa dell'emittente di pagare al beneficiario L'emissione della cambiale avviene in seguito al pagamento dell'imposta di bollo del 12‰. Con il contratto di *sconto* la banca anticipa al cliente il ricavo netto dell'effetto cambiario.
6. Quali sono gli effetti dell'emissione di un assegno a vuoto o del mancato pagamento di una cambiale?	Il **protesto** è un atto pubblico emesso in caso di mancato pagamento dell'assegno o della cambiale nel quale si accerta in forma solenne il rifiuto al pagamento. Chi è in possesso di una cambiale o di un assegno non pagato, può agire contro il debitore principale con l'*azione diretta*, o contro i giranti con l'*azione di regresso*. Il **precetto** intima al debitore di eseguire entro un termine perentorio il pagamento del conto di ritorno che comprende l'importo non pagato, gli interessi e le spese legali. Il **pignoramento** consiste in un'ingiunzione al debitore di astenersi da qualunque atto diretto a sottrarre alla garanzia del credito i beni che sono oggetto dell'espropriazione. La **vendita** dei beni pignorati avviene tramite l'asta giudiziaria. Per i beni immobili la vendita all'incanto ha luogo davanti al giudice con le procedure previste dal codice di procedura civile.

7. Che cosa sono i titoli di Stato? Quali caratteristiche hanno? Quali sono i più comuni?	**Titoli di Stato.** Sono titoli di credito emessi per la copertura del debito pubblico. I *Buoni ordinari del tesoro* (BOT) hanno scadenze brevi: 3, 6, 12 mesi. Sono titoli senza cedola (zero coupon bond), il cui rendimento è costituito dal solo scarto di emissione. I *Certificati del tesoro zero coupon* (CTZ) sono titoli senza cedola di durata pari a 24 mesi. I *Certificati di credito del tesoro* (CCT e CCTeu) hanno durata di 5 anni e rendimento variabile. La cedola è ancorata a parametri di rivalutazione. I *Buoni del tesoro poliennali* (BTP) hanno durata medio-lunga: 3, 5, 10, 15 e 30 anni. Il rendimento di questi titoli è costituito da cedole fisse semestrali ed eventualmente dallo scarto di emissione.
8. Che cosa sono le obbligazioni? Da chi e perché sono emesse?	**Obbligazioni.** Sono titoli che attestano un credito nei confronti di società private o miste. Sono titoli al portatore a medio-lungo termine (in media 10÷15 anni). Possono essere a rendimento fisso o indicizzate, con cedola periodica o zero coupon, a scadenza fissa o convertibili in azioni.
9. Che cosa sono le azioni? Sono molto diverse dalle obbligazioni? Quali sono i tipi più comuni?	**Azioni.** Sono titoli nominativi che conferiscono il diritto di comproprietà della società. L'azionista incassa il dividendo, partecipa alla liquidazione del patrimonio in caso di fallimento, esamina il bilancio ecc. Il *valore nominale* di un'azione è dato dal capitale sociale diviso il numero delle azioni. Il *rendimento* è costituito dal dividendo e dalla plusvalenza. Il dividendo rappresenta la remunerazione annuale di ogni azione degli utili prodotti dalla società. La plusvalenza è invece l'incremento del valore di mercato delle azioni.
10. Che cosa sono i fondi comuni di investimento? Come "funzionano"? Quali sono i tipi? **11.** Come si applica l'imposizione fiscale sulle rendite finanziarie?	**Fondi comuni di investimento mobiliare (FCIM)**. È un patrimonio accumulato da una pluralità di individui, ciascuno dei quali possiede un numero di quote proporzionale all'importo versato. Il patrimonio del fondo viene investito in valori mobiliari cercando di perseguire gli obiettivi di una diversificazione del rischio e dell'incremento del valore dei capitali conferiti. In base alla composizione del portafoglio titoli, i fondi comuni possono essere classificati come *azionari*, *obbligazionari*, *bilanciati*, *di liquidità* (valute e titoli a breve termine) e *flessibili* (composizione variabile nel tempo). Si possono classificare ulteriormente per *area geografica* o per *settore produttivo*. In base a queste loro caratteristiche i fondi possono essere definiti a basso, medio e alto rischio. Il rendimento di un fondo è costituito dalla differenza tra il valore delle quote in due periodi diversi
12. Che cosa sono i fondi pensione?	**I fondi pensione.** Hanno lo scopo di realizzare una forma previdenziale complementare. Il finanziamento dei fondi può essere attuato anche mediante il conferimento del TFR maturando. I *fondi chiusi* sono istituiti con accordi collettivi tra i lavoratori e i datori di lavoro. I *fondi aperti* sono istituiti da banche, compagnie di assicurazione e società di gestione del risparmio. I *piani individuali pensionistici* sono forme pensionistiche attuate mediante contratti di assicurazione sulla vita.
13. Che cos'è la Borsa valori? Come funziona oggi? **14.** Quali sono gli indici di Borsa più importanti?	**La Borsa valori italiana.** Il ruolo della Borsa valori consiste nel facilitare l'incontro della domanda e dell'offerta dei titoli. La gestione della Borsa è affidata a *Borsa Italiana Spa*, una società indipendente e autorizzata dalla CONSOB. Gli unici soggetti autorizzati a operare in borsa sono le Società d'Intermediazione Mobiliare (SIM), le banche della UE e le banche extracomunitarie autorizzate dalla CONSOB, gli agenti di cambio iscritti all'albo.

ATTIVITÀ PRATICHE E DI VERIFICA

AREA DIGITALE

QUESTIONARIO A RISPOSTA MULTIPLA

1. Il mercato monetario riguarda le contrattazioni:
- [ ] a. di moneta
- [ ] b. di titoli a breve termine (fino a 12÷18 mesi)
- [ ] c. di valute

2. Il mercato primario si riferisce a titoli:
- [ ] a. emessi dal debitore
- [ ] b. acquistati in Borsa
- [ ] c. del settore primario

3. Il titolo di credito che consente di effettuare pagamenti con addebito sul proprio conto corrente bancario è:
- [ ] a. l'assegno circolare
- [ ] b. l'assegno bancario
- [ ] c. il pagherò

4. Quale dei seguenti titoli ha analogia formale:
- [ ] a. assegno circolare e cambiale tratta
- [ ] b. assegno bancario e pagherò cambiario
- [ ] c. assegno bancario e cambiale tratta

5. L'atto redatto per conto del creditore che intima al debitore di pagare una cambiale ormai scaduta è:
- [ ] a. il protesto
- [ ] b. il precetto
- [ ] c. il pignoramento

6. Quali dei seguenti titoli è zero coupon?
- [ ] a. BOT
- [ ] b. BTP
- [ ] c. CCT

7. Chi acquista un'obbligazione è, rispetto alla società emittente:
- [ ] a. creditore
- [ ] b. comproprietario
- [ ] c. socio

8. Le azioni rappresentano:
- [ ] a. il credito verso una Spa
- [ ] b. il debito verso una Spa
- [ ] c. la quota di proprietà di una Spa

9. Per plusvalenza di un'azione si intende:
- [ ] a. il rendimento complessivo netto
- [ ] b. l'incremento di valore di mercato
- [ ] c. la quota parte dell'utile di esercizio

10. Per valore nominale di un'azione si intende:
- [ ] a. la quotazione di mercato corrente
- [ ] b. la quota parte del capitale sociale
- [ ] c. l'importo pagato per acquistarla

11. Il titolo azionario che consente di avere sempre un rendimento minimo è l'azione:
- [ ] a. ordinaria
- [ ] b. privilegiata
- [ ] c. di risparmio

12. I fondi comuni di investimento sono emessi:
- [ ] a. da società per azioni
- [ ] b. da società per azioni quotate in borsa
- [ ] c. da società autorizzate

13. I fondi comuni di investimento con maggiore rischio di rendimento sono:
- [ ] a. azionari
- [ ] b. bilanciati
- [ ] c. obbligazionari

SIMULAZIONE DI BORSA

1. Un investitore decide di acquistare 10.000 € di azioni e 40.000 € di fondi comuni di investimento. Tramite un sito Internet dedicato, si individuino poche azioni e altrettanti FCIM e si effettui l'investimento annotando in un foglio di calcolo le quotazioni e le quantità acquistate alla data corrente. Si proceda poi settimanalmente ad aggiornare le quotazioni per evidenziare il guadagno oppure la perdita.

12 Le banche

- ✓ Generalità
- ✓ La raccolta del risparmio
- ✓ Il credito
- ✓ I tassi di riferimento
- ✓ I servizi di incasso e pagamento
- ✓ Altri servizi offerti dalle banche

12.1 GENERALITÀ

La "banca"
Il termina banca deriva dai "banchi" in luoghi pubblici usati inizialmente per questa attività.

L'attività bancaria nasce con lo scopo di ridurre i rischi e le difficoltà legati alla custodia e alla movimentazione del denaro contante. La banca storicamente più importante in Italia fu la *Banca dei Medici*, al servizio dei floridi commerci, anche internazionali, dell'inizio del Quattrocento. A quest'epoca si fa in genere riferimento per la nascita del sistema bancario, principalmente a Firenze e a Venezia.

12.1.1 L'attività bancaria

Normativa
L'attività bancaria è regolata dal *decreto legislativo 1° settembre 1993, n. 385*, "Testo unico delle leggi in materia bancaria e creditizia".

L'attività bancaria consiste essenzialmente nella **raccolta di risparmio** tra il pubblico e **nell'esercizio del credito**. La banca svolge quindi una funzione di intermediazione tra chi ha accumulato capitali, che al momento non sa o non vuole utilizzare, e chi invece ha necessità di denaro per effettuare investimenti o per l'acquisto di beni di consumo. Il denaro è depositato dalle famiglie e dalle imprese ed è richiesto da altre famiglie e imprese.
La differenza tra il saggio medio applicato sui crediti (**operazioni attive**) e quello applicato sui depositi (**operazioni passive**), detta *forbice dei tassi*, è alla base del ricavo lordo della banca, con il quale essa deve provvedere al suo sostentamento (strutture e personale). Le banche infatti sono costituite come *imprese* e dalla loro attività devono ricavare un utile come qualsiasi altra impresa commerciale in regime di mercato. A tale scopo le banche esercitano anche attività finanziarie di vario tipo come servizi di intermediazione finanziaria, cambi di valute estere, leasing finanziario, forme pensionistiche complementari, custodia e amministrazione di valori mobiliari ecc.

12.1.2 Autorizzazione per l'attività bancaria

L'autorizzazione per esercitare l'attività bancaria è rilasciata dalla BCE, su proposta della **Banca d'Italia** quando sussistono i requisiti di legge.
La Banca d'Italia iscrive in un apposito *albo* le banche italiane e le succursali in Italia di banche extracomunitarie, nonché le succursali delle banche comunitarie stabilite nel territorio italiano.

L'ABI
L'Associazione Bancaria Italiana è una associazione senza finalità di lucro che opera per la tutela degli interessi degli associati, ma senza alcun potere decisionale nei confronti di ciascuna banca.

I principali requisiti necessari per effettuare l'attività bancaria sono:
- sia adottata la forma di *società per azioni* e *società cooperative per azioni a responsabilità limitata*;
- il *capitale versato* sia di ammontare non inferiore a quello determinato dalla Banca d'Italia (10 milioni di euro per le SpA e per le banche popolari, 5 milioni per le banche di credito cooperativo);
- venga presentato un *programma* concernente l'attività iniziale, unitamente *all'atto costitutivo* e allo *statuto*.
- i *soggetti* che svolgono funzioni di amministrazione, direzione e controllo, se hanno quote azionarie tali da poter esercitare un'influenza notevole sulla banca stessa, devono essere appositamente autorizzati.

Sull'attività bancaria vigila il **Comitato interministeriale per il credito e il risparmio** (**CICR**), presieduto dal ministro del tesoro.

12.1.3 Le banche cooperative

Le banche cooperative, a differenza delle altre banche, hanno particolari **finalità sociali**. Devono comunque produrre utili, parte dei quali potrà essere destinata secondo i fini previsti nello *statuto* della società.
L'esercizio dell'attività bancaria da parte di società cooperative per azioni a responsabilità limitata è riservato a **banche popolari** e a **banche di credito cooperativo** nelle quali manca la figura dell'azionista di maggioranza in quanto:
- ogni socio ha un voto, qualunque sia il numero delle azioni possedute;
- nessuno può detenere azioni oltre lo 0,5% del capitale sociale;
- il numero minimo dei soci non può essere inferiore a 200.

I due tipi di banca si differenziano principalmente nel seguente modo:
- le *banche popolari* devono destinare almeno il 10% degli utili netti annuali a riserva legale e la quota non assegnata a riserva legale è destinata ai soci o a scopi di beneficenza, assistenza o pubblico interesse;
- le *banche di credito cooperativo* devono destinare almeno il 70% degli utili netti annuali a riserva legale ed *esercitano il credito prevalentemente a favore dei soci* alle migliori condizioni possibili.

12.2 LA RACCOLTA DEL RISPARMIO

La raccolta del risparmio tra il pubblico è vietata ai soggetti diversi dalle banche.
Con la raccolta del risparmio la banca è *debitrice* nei confronti dei propri clienti e sui depositi paga un interesse stabilito contrattualmente.
La banca è obbligata per legge a pubblicizzare i **tassi di interesse** praticati sia per le *operazioni attive*, sia per quelle *passive*.
Il saggio pagato sui depositi varia in funzione del tempo di immobilizzo del capitale versato. Il tasso minimo è applicato sui conti correnti a giacenza libera, quello massimo sui depositi vincolati.

La **raccolta globale** di una banca è composta da:
- raccolta *diretta*, costituita dall'insieme dei fondi depositati dai clienti;
- raccolta *indiretta*, costituita dall'insieme di titoli di credito affidati alla banca per custodia, amministrazione o in garanzia di altre operazioni;
- raccolta *interbancaria*, costituita dall'insieme di fondi acquisiti da altre banche.

La **raccolta diretta** è basata sulle seguenti forme di deposito: conti correnti, depositi a risparmio, certificati di deposito, obbligazioni, cambiali e assegni.

12.2.1 Il deposito in conto corrente

Per conto corrente bancario si intende un deposito regolato da un sistema di contabilità costituito da un prospetto di dare e avere. Il correntista ha facoltà di variare in ogni momento, con versamenti e prelevamenti successivi, l'importo del suo credito. Il prelievo può essere effettuato con *assegni bancari* o con *tessera elettronica*.

La banca si obbliga poi, tramite il conto corrente, ad accettare versamenti e a effettuare pagamenti a terzi per conto del cliente, nei limiti della sua organizzazione (*servizi di cassa*). Tra questi, oltre a quelli elencati nel successivo paragrafo 12.5, si possono elencare l'emissione e gestione di mezzi di pagamento elettronico (Bancomat, carte di credito ecc.), la "domiciliazione" delle bollette (energia elettrica, telefono, gas e altre), i pagamenti negli esercizi commerciali (POS) con carte di credito e Bancomat, compravendita di titoli di credito ecc.

Le banche offrono anche contratti di conto corrente per esigenze particolari, per esempio il "conto condominio" per le esigenze di gestione condominiale.

Il conto corrente è considerato un servizio reso dalla banca e come tale ha un costo di "tenuta conto". Grava poi l'imposta di bollo e, sugli interessi maturati, la ritenuta fiscale del 26% (*v.* esempio 12.1).

ECONOMIA

ESEMPIO 12.1 **RENDIMENTO DI UN CONTO CORRENTE BANCARIO**

Giacenza media:	6.000 €
Saggio annuo lordo di interesse:	1,8%

Interessi annui lordi:
6.000 × 1,8% = 108,00 €

Ritenuta fiscale:
108,00 × 26% = 28,08 €

Spesa annua di tenuta conto (canone base, carte di credito, bonifici ecc.): 65,00 €

Imposta di bollo: 34,20 €

Rendimento netto:
108,00 – 28,08 – 65,00 – 34,20 = –19,28 €

12.2.2 Il deposito su libretto

Il deposito *su libretto o a risparmio* avviene mediante versamenti effettuati in contanti allo sportello della banca; in modo analogo vengono effettuati i prelievi. Ogni operazione viene annotata su un *libretto nominativo* conservato dal risparmiatore.

Nel deposito a risparmio non si possono effettuare prelievi con assegni bancari o tessera elettronica ed è completamente privo di servizi di cassa. È pertanto una tipica forma di deposito da cui il cliente, in genere, non preleva di frequente. Per questo motivo la banca paga un interesse maggiore, soprattutto quando il deposito è *vincolato* per un tempo predeterminato e sufficientemente lungo o quando il prelievo può essere effettuato solo su preavviso.

12.2.3 Certificati di deposito

I certificati di deposito sono titoli di credito emessi dalle banche per ottenere finanziamenti. I certificati di deposito non sono "smobilizzabili"; per la restituzione del capitale bisogna attendere la data di scadenza (o almeno i primi 18

mesi): e questo è il loro principale svantaggio. La **durata** dei certificati di deposito va da un minimo di 18 fino, in genere, a 60 mesi.
Il calcolo dell'**interesse** per la gamma dei certificati di deposito può essere *a tasso fisso* (gli interessi sono pagati a scadenza semestrale o annuale), *a tasso fisso zero coupon* (gli interessi vengono capitalizzati alla scadenza) e *a tasso indicizzato* (gli interessi sono calcolati con tasso variabile e pagati a scadenza semestrale o annuale).

12.2.4 Obbligazioni

Le obbligazioni bancarie sono titoli di credito emessi dalla banca aventi durata minima di tre anni. La facoltà di rimborso anticipato da parte della banca, quando prevista, può essere esercitata solo dopo 18 mesi dal giorno dell'emissione. Le differenze con i certificati di deposito sono essenzialmente:
- durata maggiore del prestito;
- possibilità di vendita del titolo sul mercato mobiliare.

Il rischio di questo strumento finanziario è il fallimento della banca. In questo caso, oggi non raro, la priorità di rimborso del capitale, se possibile, dipende dal tipo di obbligazione.

12.2.5 Assegni e cambiali

L'**assegno circolare** viene emesso dalla banca in seguito al versamento in contanti o con addebito immediato in conto corrente del relativo importo. Il servizio di emissione degli assegni circolari viene effettuato gratuitamente dalle banche, che possono beneficiare, senza pagare alcun interesse, della giacenza dell'importo dell'assegno nel periodo che intercorre tra il versamento e il prelievo da parte del beneficiario (come con le carte prepagate).
Le banche che hanno effettuato lo **sconto delle cambiali**, per necessità di denaro liquido per i propri impieghi, possono presentare al risconto presso la Banca d'Italia gli effetti che avevano a loro volta scontati ai propri clienti. In queste operazioni la banca centrale applica il tasso ufficiale di riferimento (TUR).
Le **cambiali finanziarie** sono titoli di credito all'ordine emessi in serie aventi una scadenza non inferiore a tre mesi e non superiore a dodici mesi dalla data di emissione. Le cambiali finanziarie sono equiparate per ogni effetto di legge alle cambiali ordinarie. L'emissione di cambiali finanziarie costituisce raccolta del risparmio autorizzata dal DL n. 385/1993 da cui è disciplinata.

12.3 IL CREDITO

Con i depositi acquisiti le banche effettuano prestiti alla propria clientela. Il credito è un'**operazione attiva**, in quanto la banca incassa gli interessi. Il credito può essere richiesto per finanziare:
- i **consumi** (alle famiglie);
- gli **investimenti** per le attività produttive (alle imprese).

In funzione del tipo di garanzia richiesta il credito può essere:
- **garantito** da garanzie *personali*, come la *fideiussione* (il credito è garantito da una terza persona) o *reali*, come l'*ipoteca* su un bene mobile o immobile;
- **allo scoperto** o *non garantito* o *in bianco* quando è privo di garanzie specifiche (la banca concede il credito facendo affidamento solo sulle doti personali del cliente: capacità, moralità, qualità imprenditoriali).

L'apertura di credito può essere:
- **semplice** se il cliente utilizza il credito una sola volta;
- **in conto corrente** (**fido**) nel quale la banca autorizza il cliente a prelevare dal suo conto con saldi a debito fino all'importo stabilito.

12.3.1 Credito al consumo

Per credito al consumo o **prestiti personali** si intende la concessione di credito sotto forma di finanziamento o di altra analoga facilitazione finanziaria a favore di una persona fisica che agisce per scopi estranei all'attività imprenditoriale o professionale eventualmente svolta. I prestiti personali vengono accordati per importi limitati, che possono raggiungere i 10.000÷15.000 €, rimborsabili con rate mensili comprensive di quote di capitale e interessi. Rientra tra i prestiti al consumo anche l'erogazione di crediti per l'acquisto di beni mobili con garanzia ipotecaria (per esempio l'acquisto dell'automobile).

L'**istruttoria** per la concessione del prestito si basa sull'entità del reddito del richiedente oltre che su informazioni di tipo personale (composizione familiare, età, tipo di lavoro, pendenze giudiziarie o fiscali ecc.). I richiedenti presenteranno al funzionario incaricato l'attestazione del reddito percepito (la busta paga, il modello CU, il modello Redditi o altri documenti fiscali.). Alle persone sposate viene inoltre richiesta la documentazione del regime patrimoniale dei coniugi che può essere di comunione legale o separazione dei beni.

Chi richiede il prestito bancario, oltre all'onere degli interessi, è tenuto a pagare il bollo per i documenti sottoscritti, le spese di istruttoria ed eventuali commissioni bancarie.

ECONOMIA

12.3.2 Il mutuo

Art. 1813 c.c.
Il mutuo è il contratto col quale una parte consegna all'altra una determinata quantità di danaro o di altre cose fungibili e l'altra si obbliga a restituire altrettante cose della stessa specie e qualità.

Il *contratto di mutuo* è una forma di credito che ha per oggetto il prestito concesso dalla banca. Il mutuatario si obbliga a restituire la somma di denaro secondo un *piano di ammortamento* concordato. Per la concessione del mutuo viene richiesta una *garanzia* costituita da un'ipoteca su un bene immobile. I tipi classici di mutui sono:
- il mutuo **fondiario**, destinato all'acquisto di un immobile (la garanzia offerta è di solito la casa usata come prima abitazione);
- il mutuo **edilizio**, destinato a imprenditori edili, erogato gradualmente per la costruzione di un edificio (la garanzia offerta è lo stato di avanzamento lavori);
- il mutuo **agrario**, destinato a imprenditori agricoli per l'acquisto di terreni o macchinari o per l'esecuzione di miglioramenti fondiari (la garanzia è il fondo rustico).

I diversi tipi di mutuo differiscono per:
- il *tipo di saggio* applicato (fisso o variabile);
- la *durata* (fissa o variabile);
- il *tipo di garanzia*.

Il **saggio** variabile ha come riferimento il saggio EURIBOR, il saggio fisso ha come riferimento il saggio EURIRS (*v.* in seguito). Si aggiunge uno *spread* della banca dello 0,6÷1 %.

La **durata** può essere di pochi anni fino a 30 anni e oltre. Nei mutui a saggio variabile è possibile optare per il rimborso con *rata costante* e far così variare la durata del mutuo: se aumenta il saggio, non potendo variare la rata, cambia la durata dell'ammortamento. In questo modo il debitore può meglio gestire le proprie risorse, sapendo di dover pagare una rata che non può aumentare.

La **garanzia** è quasi sempre l'ipoteca di primo grado su un immobile (a volte può essere una fideiussione).

L'**importo massimo erogabile** dipende dal valore del bene dato in garanzia. Oggi vengono erogati mutui che coprono al massimo l'80% del valore risultante dalla perizia dell'immobile (la stima è comunque "prudenziale").

L'***iter*** per ottenere un mutuo inizia con il deposito della documentazione necessaria (*domanda*) presso la banca. L'istruttoria si conclude con un *contratto* davanti al notaio (*atto di mutuo*). Il notaio iscrive l'ipoteca nella Conservatoria dei registri immobiliari. Quindi la banca versa il denaro convenuto al mutuatario contro il rilascio di una quietanza. Le spese di istruttoria, comprese quelle peritali, le spese notarili, le imposte ecc. sono a carico di chi ha richiesto il mutuo. L'immobile dato in garanzia deve essere assicurato contro l'incendio a spese del debitore.

La *concessione del mutuo* è in genere subordinata all'entità e alla stabilità del reddito e all'età del mutuatario. In caso di *inadempimento del mutuatario* (mancato o ritardato pagamento di un certo numero di rate), il bene dato in garanzia viene pignorato e si procede all'esecuzione forzata. I debitori, se le norme contrattuali lo prevedono, hanno facoltà di estinguere anticipatamente, in tutto o in parte, il proprio debito, corrispondendo l'importo previsto dal piano di ammortamento.

12.3.3 Lo sconto delle cambiali

Lo sconto è il contratto con il quale la banca, previa deduzione dell'interesse, anticipa al cliente l'importo di un credito verso terzi non ancora scaduto, mediante la cessione, salvo buon fine, del credito stesso (art. 1858 c.c.).

Nella pratica bancaria, per essere ammesse allo sconto, le cambiali devono avere specifici requisiti (i cosiddetti *requisiti di bancabilità*) per quanto riguarda l'ammontare, la scadenza, la piazza di pagamento e la solvibilità degli obbligati.

Sull'importo della cambiale ammessa allo sconto la banca trattiene un compenso (sconto in senso lato) comprensivo di sconto (propriamente detto), commissioni e spese accessorie (spese postali, spese di incasso, spese di bollo ecc.).

Lo sconto viene calcolato per il periodo che intercorre tra la data di ammissione allo sconto e la data di scadenza dell'effetto.

I *tassi di sconto* sono diversificati dalla banca in funzione di:

- qualità degli effetti presentati;
- credito goduto dall'impresa scontataria;
- condizioni del mercato;
- tasso ufficiale di riferimento (rispetto al quale è sempre superiore).

12.4 I TASSI DI RIFERIMENTO

Il tasso (o saggio) di interesse rappresenta il *prezzo d'uso di una somma di denaro.* Nelle diverse attività finanziarie effettuate dalle banche il saggio di interesse può essere fissato secondo diversi criteri, che comunque dipendono dai saggi che seguono.

12.4.1 Il tasso ufficiale di riferimento (TUR)

Il tasso ufficiale di riferimento è il tasso a cui la Banca centrale (oggi la BCE) concede prestiti alle altre banche ordinarie.

Il tasso ufficiale di riferimento è così chiamato perché determina i tassi di interesse applicati dalle banche ai propri clienti e nei prestiti fra le banche (*tasso*

interbancario). Il tasso applicato dalle banche ai clienti più importanti è detto *prime rate*.
Quando il TUR aumenta, si è in presenza di una stretta creditizia cioè di una tendenza atta a ridurre i crediti e quindi a ridurre la circolazione monetaria. Quando invece la banca centrale riduce il costo del denaro, si avrà una tendenza all'aumento dei consumi e investimenti, in conseguenza del minor costo del denaro. Attualmente, dal 10 marzo 2016, il TUR è 0%.

12.4.2 I tassi di riferimento europei

Per l'erogazione dei prestiti con garanzia ipotecaria (ma non solo) si applicano in genere i tassi di riferimento europei, l'EURIBOR e l'EURIRS.

Il **tasso EURIBOR** (*Euro Interbank Offered Rate*) è rilevato come media ponderata dei saggi praticati dalle banche operanti nell'Unione monetaria europea per i *prestiti a breve termine*. È comunemente usato come riferimento per i mutui a tasso variabile. Vi sono diversi EURIBOR definiti per durate di tempo differenti. Attualmente (novembre 2019) il tasso è negativo: –0,41% a 3 mesi e –0,34% a 6 mesi.

Il **tasso EURIRS** (*Euro Interest Rate Swap*) è rilevato come media ponderata dei saggi praticati dalle banche operanti nell'Unione monetaria europea per le operazioni di *rate swap* (conversione di un'operazione a tasso fisso in tasso variabile). È comunemente usato come riferimento per i mutui a tasso fisso. Il tasso minimo è riferito a mutui con durata di 5 anni, quello massimo con durata di 30 anni. Attualmente (novembre 2019) il tasso è –0,14% a 10 anni, 0,57% a 30 anni.

12.4.3 Tasso di riferimento per i prestiti al consumo (TAEG)

Le condizioni alle quali viene effettuato il prestito devono essere chiaramente illustrate dal creditore. In particolare, per legge, al cliente deve essere comunicato il **tasso annuo effettivo globale (TAEG)**, cioè il costo totale a carico del debitore, espresso in percentuale, per un finanziamento. Il TAEG comprende gli interessi e tutti gli oneri da sostenere per utilizzare il credito. Il CICR stabilisce le modalità di calcolo del TAEG, individuando in particolare gli elementi da computare e la formula di calcolo. Si tratta quindi di un tasso virtuale, da usare per scopi comparativi, che non viene realmente utilizzato per calcolare le rate. In questo senso è un tasso di riferimento.

12.5 I SERVIZI DI INCASSO E PAGAMENTO

I servizi di incasso e pagamento avvengono tra le banche su disposizione dei rispettivi clienti. A tali fini il sistema bancario mette a disposizione una serie di strumenti che gli utenti potranno scegliere in funzione delle proprie esigenze. Alcuni strumenti lasciano al debitore ampio margine di flessibilità (come l'assegno o il bonifico), altri danno al creditore una maggiore certezza riguardo al buon esito del pagamento (come gli incassi RIBA e RID). Questi servizi sono resi sul *percorso interbancario* che collega elettronicamente tra di loro, con procedure standard, le banche aderenti all'ABI. In tal modo si ottiene una maggiore velocità nel trasferimento delle informazioni fra banche.
I servizi bancari *online* per l'utente sono ormai entrati nell'uso comune delle imprese e delle famiglie: conti correnti, bonifici, pagamento di tributi col modello F24, pagamenti MAV, ricariche telefoniche, trading ecc. possono essere effettuati comodamente da casa, ogni giorno e a qualsiasi ora, grazie a Internet.

Procedure bancarie elettroniche.
Lo standard elettronico è denominato EDIFACT (*Electronic Data Interchange For Administration, Commerce and Transport*) comprende regole sintattiche per strutturare i dati, un protocollo per lo scambio e messaggi standard.

12.5.1 Le coordinate bancarie

Nel percorso interbancario di incassi e pagamenti ogni correntista è individuato con il **codice IBAN** (*International Bank Account Number*). Questo riferimento è adottato prevalentemente da Paesi dell'area europea, ma anche nei Paesi arabi e del medio oriente. Per i Paesi che non aderiscono alla convenzione IBAN, in tutto il mondo, la banca deve essere identificata con il **codice BIC** (*Bank Identifier Code*), composto da 8 o 11 caratteri (per esempio BAMAIT3A).

L'IBAN è composto di 27 caratteri che derivano dalla sequenza di sei campi:

Codice Paese	Controllo	CIN	Codice ABI	Codice CAB	Numero Conto
IT	27	L	06010	20500	000000012345

- 2 lettere che indicano la *nazione* (IT per l'Italia);
- 2 numeri di *controllo*;
- una lettera, il *carattere di controllo* dei codici ABI e CAB (CIN, *Control internal number*);
- 5 numeri, il *codice di identificazione della banca* (codice ABI, *Associazione bancaria italiana*);
- 5 numeri, il *codice dello sportello bancario* (filiale) presso cui il correntista detiene il conto (codice CAB, *Codice di avviamento bancario*);
- 12 numeri, il *numero del conto corrente* di ciascun correntista (è preceduto da zeri per coprire la lunghezza del campo).

Ogni transazione bancaria è identificata in modo univoco con un **codice riferimento operazione** (**CRO**) di undici cifre frutto di un algoritmo basato sui dati del cliente e della banca. Le ultime due cifre sono frutto di un'operazione matematica tra le prime nove, fungendo così da verifica. I creditori a volte richiedono il CRO della transazione di pagamento per avere la conferma che, per esempio, un bonifico sia stato pagato. Poste Italiane ha un CRO di 15 cifre, ma le prime 4 identificano semplicemente le Poste (7601).

12.5.2 Bonifico

Il bonifico è un **ordine di pagamento** a favore del creditore, che il debitore dispone tramite banca. Il debitore (*ordinante*) presenta alla sua banca l'ordine di bonifico a favore del creditore (*beneficiario*) utilizzando le sue coordinate bancarie. La banca inoltra il bonifico alla banca del beneficiario. Quest'ultima provvede a dare comunicazione al beneficiario dell'accredito effettuato (*v.* figura 12.1).

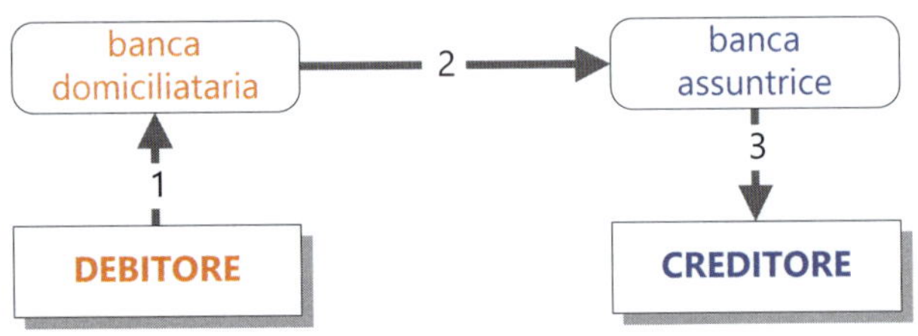

Figura 12.1
Schema del bonifico.

12.5.3 Pagamento mediante avviso (MAV e RAV)

Con il MAV il creditore incarica la propria banca di curare l'incasso dei propri crediti. La banca predispone i *moduli di richiesta di versamento che vengono inviati al debitore*, che può effettuare il pagamento presso qualsiasi sportello bancario.

La banca che ha ricevuto il pagamento inoltra alla banca del creditore un apposito messaggio elettronico di avvenuto incasso, eseguendo contestualmente l'accredito (*v.* figura 12.2).

RAV (Ruoli mediante avviso) è un bollettino di pagamento simile al MAV, ma che riguarda la riscossione di somme iscritte a ruolo nei confronti dello Stato o di altri enti pubblici, come le tasse sulle concessioni governative, contributi consortili, iscrizione agli albi professionali ecc.

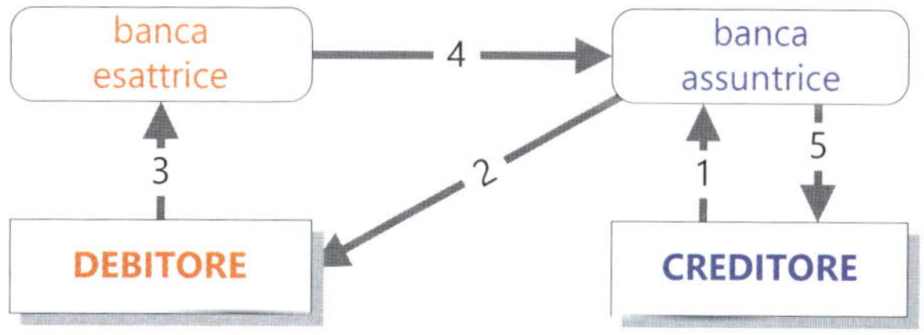

Figura 12.2
Schema del MAV.

Il **CBILL** è un servizio offerto dalla banca, alternativo ai canali tradizionali (RAV), che permette di consultare e pagare *online* bollettini e avvisi di pagamento della pubblica amministrazione.

12.5.4 Ricevuta bancaria elettronica (RIBA)

La ricevuta bancaria elettronica è un incasso di crediti mediante *invio di ricevuta elettronica emessa dal creditore* alla propria banca, la quale assume l'incarico di predisporre le ricevute bancarie e di curare l'incasso mediante l'invio delle ricevute, in forma elettronica, alla banca domiciliataria, dove il debitore effettuerà il pagamento. A scadenza avvenuta, la banca domiciliataria comunicherà alla banca del creditore l'esito del pagamento (*v.* figura 12.3).

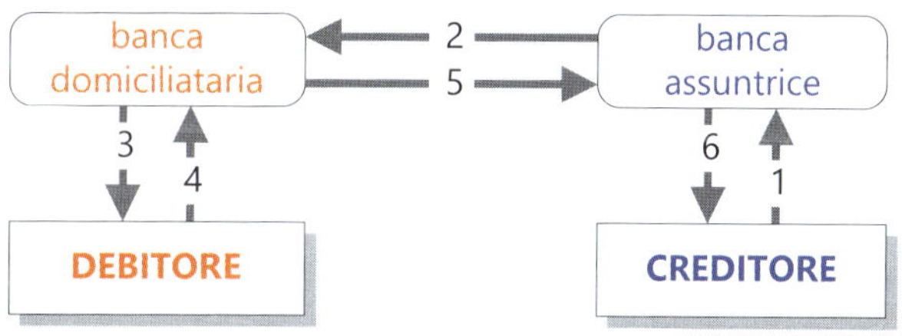

Figura 11.3
Schema del RIBA.

12.5.5 SEPA Direct Debit (SDD)

SEPA Direct Debit (SDD) sostituisce il rapporto interbancario diretto (RID) con la finalità di uniformare i servizi di pagamento a livello europeo.
L'SDD consiste in un incasso di crediti sulla base di un *ordine preventivo e permanente di addebito conferito dal debitore* alla propria banca a favore della banca del creditore (*v.* figura 12.1). È il tipo di pagamento di solito utilizzato per il pagamento delle fatture per i consumi bimestrali di energia elettrica, gas, telefono ecc.

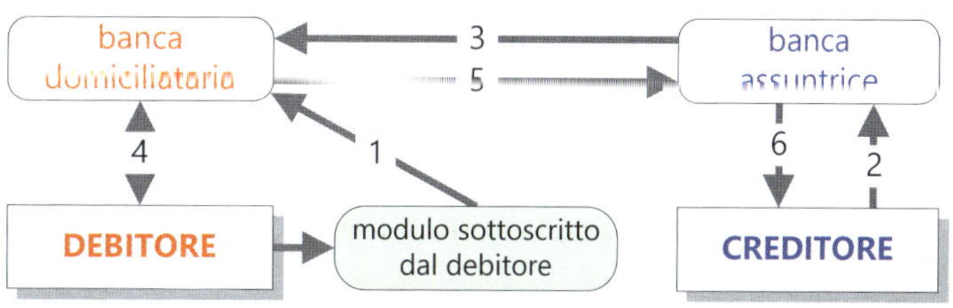

Figura 11.2
Schema del SDD.

12.6 ALTRI SERVIZI OFFERTI DALLE BANCHE

12.6.1 Il deposito dei titoli

Il deposito titoli **a custodia** è un contratto con cui la banca, dietro pagamento di una commissione (*diritto di custodia*), riceve in consegna valori, titoli di credito e altre cose mobili e si assume l'impegno a custodirli e a restituirli a richiesta.
Nel deposito titoli **in amministrazione** alla banca viene conferito, oltre all'incarico della custodia, anche quello dell'amministrazione dei titoli (riscossione cedole e premi, sottoscrizione aumenti di capitale).

12.6.2 Il leasing

Il termine leasing, derivato dall'inglese *to lease* (locare) individua uno strumento di finanziamento nato nei Paesi anglosassoni e ormai presente da decenni nel nostro mercato. Il leasing (o **locazione finanziaria**, nella traduzione italiana) può essere qualificato come un contratto avente per oggetto:
- la cessione in godimento a un determinato soggetto, detto *utilizzatore* o locatario, di beni mobili o immobili da parte di un altro soggetto, detto locatore o *concedente* (in genere una società);
- il pagamento di un corrispettivo rappresentato da un certo numero di canoni periodici, con facoltà da parte dell'utilizzatore di rinnovare il contratto di leasing, di restituire il bene alla scadenza, oppure di acquistarlo a un prezzo prestabilito.

L'evoluzione e lo sviluppo del leasing finanziario, nel corso degli anni, hanno determinato l'individuazione di diverse tipologie del contratto, le più comuni delle quali sono il *leasing mobiliare*, se il bene oggetto del contratto è un bene mobile, e il *leasing immobiliare* se, viceversa, oggetto del contratto è un bene immobile.

12.6.3 Il factoring

Il factoring è un contratto per mezzo del quale la banca (*factor*) acquista da un'impresa i crediti che questa vanta verso i clienti. La banca provvede ad anticipare al *cedente*, in tutto o solo in parte, l'ammontare del credito e si occupa direttamente della riscossione del credito. In cambio il cedente paga un corrispettivo. Si distinguono:
- il *factoring pro solvendo*, quando il rischio di insolvenza resta a carico del creditore cedente;
- il *factoring pro soluto*, quando il rischio di insolvenza viene assunto dal *factor* che si sostituisce in tutto e per tutto all'impresa nel tenere i rapporti con la clientela (la cessione del credito deve essere notificata al debitore).

12.6.4 Il cambio delle valute estere

Le banche acquistano e vendono le valute estere. Su quest'operazione incassano la differenza tra il prezzo della valuta fatto pagare in fase di vendita e il prezzo che pagano in fase di acquisto. In più applicano le commissioni.
Il cambio indica il rapporto tra due monete, cioè quanta moneta di un Paese si può acquistare con quella dell'altro, e può essere:
- **a pronti** (*spot*), se la consegna della valuta negoziata è immediata;
- **a termine** (*forward*), se la consegna della valuta negoziata è differita.

12. LE BANCHE

QUESTIONARIO	IN SINTESI
1. In che cosa consiste l'attività bancaria? 2. Qual è attualmente l'ordinamento giuridico delle banche?	Le banche sono imprese che svolgono l'attività di raccolta di denaro dai risparmiatori, con il quale effettuano prestiti. La differenza tra il saggio medio applicato sui crediti (operazioni attive) e quello applicato sui depositi (operazioni passive) è il ricavo lordo della banca. L'*autorizzazione* per esercitare l'attività bancaria è rilasciata dalla BCE, su proposta della Banca d'Italia. Le forme societari ammesse sono società *per azioni* e *società cooperative per azioni a responsabilità limitata*. L'attività bancaria è *vigilata* da due organismi statali: la Banca d'Italia e il Comitato interministeriale per il credito e il risparmio (CICR). L'esercizio dell'attività bancaria da parte di società cooperative per azioni a responsabilità limitata è riservato a banche popolari e a banche di credito cooperativo. Le *banche popolari* devono destinare parte degli utili a riserva legale o per scopi di beneficenza, assistenza o pubblico interesse; le *banche di credito cooperativo* devono destinare almeno il 70% degli utili netti a riserva legale e al credito prevalentemente a favore dei soci alle migliori condizioni possibili.
3. In che modo le banche raccolgono i fondi?	**Operazioni passive**. Con la raccolta del risparmio tra il pubblico la banca è debitrice nei confronti dei propri clienti e sui depositi paga un interesse. Il *conto corrente bancario* è un deposito regolato da un sistema di contabilità costituito da un prospetto di dare e avere. Il correntista ha facoltà di variare in ogni momento, con versamenti e prelevamenti, l'importo del suo credito. Il *deposito a risparmio o su libretto* avviene mediante versamenti effettuati in contanti allo sportello della banca. Ogni operazione viene annotata su un libretto nominativo. I *certificati di deposito* sono titoli di credito emessi dalle banche di durata di 18÷60 mesi. Le *obbligazioni bancarie* hanno durata minima di tre anni e possono essere vendute sul mercato mobiliare. Le banche che hanno in portafoglio le *cambiali*, possono a loro volta presentarle al risconto presso la Banca d'Italia al tasso ufficiale di riferimento (TUR).
4. In che modo utilizzano i fondi che hanno raccolto?	**Operazioni attive** Il *credito al consumo* viene effettuato per importi limitati per l'acquisto di beni mobili. Il debitore deve dimostrare di avere un reddito sufficiente per restituire l'importo del debito. Il *mutuo* è una forma di credito per il quale viene richiesta una garanzia costituita da un'ipoteca su un bene immobile. I diversi tipi di mutuo differiscono per saggio fisso o variabile e durata. Il saggio variabile ha come riferimento il saggio EURIBOR, il saggio fisso ha come riferimento il saggio EURIRS. Lo *sconto* è il contratto con il quale la banca anticipa al cliente l'importo di un credito (in genere cambiali).

5. In che modo le banche effettuano il credito? Che cos'è il TAEG? 6. Che cos'è un mutuo? Ce ne sono di vari tipi? 7. Quali sono i principali tassi di riferimento per l'attività bancaria?	**Tassi di riferimento**. Il *tasso ufficiale di riferimento* (TUR) è il tasso a cui la Banca centrale concede prestiti alle altre banche ordinarie. Il tasso *EURIBOR* è rilevato come media dei saggi praticati dalle banche operanti nell'Unione monetaria europea per i prestiti a breve termine. Il tasso *EURIRS* è rilevato come media dei saggi praticati dalle banche operanti nell'Unione monetaria europea per le operazioni di conversione di un'operazione a tasso fisso in tasso variabile. Il *tasso annuo effettivo globale* (TAEG) esprime il costo totale a carico del debitore per un finanziamento. Comprende gli interessi e tutti gli oneri da sostenere per utilizzare il credito.
8. Quali sono i servizi di cassa prestati dalle banche? Come funzionano?	**Servizi di incasso e pagamento**. Avvengono tra le banche su disposizione dei rispettivi clienti. Ogni operazione avviene mediante le coordinate bancarie espresse con il codice IBAN. Il *bonifico* è un ordine di pagamento a favore del creditore che il debitore dispone tramite banca. Con il *MAV* (mediante avviso) il creditore incarica la propria banca di curare l'incasso dei propri crediti. La banca predispone i moduli di richiesta di versamento che vengono inviati al debitore, che può effettuare il pagamento presso qualsiasi sportello bancario. La *ricevuta bancaria elettronica* (RIBA) è un incasso di crediti mediante invio di ricevuta elettronica emessa dal creditore alla propria banca, la quale assume l'incarico di predisporre le ricevute bancarie e di curare l'incasso mediante l'invio delle ricevute alla banca domiciliataria. A scadenza avvenuta, la banca domiciliataria comunicherà alla banca del creditore l'esito del pagamento. *SEPA Direct Debit* (SDD) consiste in un incasso di crediti sulla base di un ordine preventivo e permanente di addebito conferito dal debitore alla propria banca a favore della banca del creditore.
9. Che cos'è il leasing? E il factoring?	**Altri servizi bancari**. Il *deposito titoli* a custodia è un contratto con cui la banca, dietro pagamento di una commissione, riceve in consegna valori, titoli di credito e altre cose mobili e si assume l'impegno a custodirli e a restituirli a richiesta. Il *leasing* può essere qualificato come un contratto avente per oggetto la cessione in godimento all'utilizzatore di beni mobili o immobili in cambio del pagamento di un canone periodico. L'utilizzatore alla scadenza può rinnovare il contratto, restituire il bene oppure acquistarlo a un prezzo prestabilito. Il *factoring* è un contratto per mezzo del quale la banca (*factor*) acquista da un'impresa i crediti che questa vanta verso i clienti. La banca provvede ad anticipare al cedente, in tutto o solo in parte, l'ammontare del credito e si occupa direttamente della riscossione del credito. Nel *cambio delle valute estere* le banche incassano la differenza tra il prezzo della valuta fatto pagare in fase di vendita e il prezzo che pagano in fase di acquisto. In più applicano le commissioni.

AREA DIGITALE

QUESTIONARIO A RISPOSTA MULTIPLA

1. Quale tipologia di banca non ha obbligo di produrre utili:
- [ ] **a.** le banche popolari
- [ ] **b.** le banche di credito cooperativo
- [ ] **c.** tutte devono produrre utili

2. Il deposito bancario, per una banca, è:
- [ ] **a.** un'operazione passiva
- [ ] **b.** un'operazione attiva
- [ ] **c.** un investimento

3. Quali delle seguenti operazioni sono attive per la banca:
- [ ] **a.** erogazione di mutui
- [ ] **b.** emissione di obbligazioni
- [ ] **c.** emissione di certificati di credito

4. Quale delle seguenti operazioni è passiva per la banca:
- [ ] **a.** emissione di azioni
- [ ] **b.** pagamento mediante bonifico
- [ ] **c.** emissione di certificato di deposito

5. Il prime rate è il tasso applicato:
- [ ] **a.** dalla banca centrale alle banche ordinarie
- [ ] **b.** dalle banche ordinarie ai clienti più importanti
- [ ] **c.** il tasso applicato nel credito tra banche

6. L'EURIBOR è il tasso europeo calcolato con riferimento a:
- [ ] **a.** gli indici di borsa
- [ ] **b.** i prestiti a breve termine
- [ ] **c.** i prestiti al consumo

7. Il TAEG è il tasso:
- [ ] **a.** applicato dalle banche alla migliore clientela
- [ ] **b.** applicato nei prestiti al consumo calcolato con modalità standard
- [ ] **c.** il tasso applicato dalla banca centrale sui prestiti alle banche ordinarie

8. Lo sconto bancario consiste:
- [ ] **a.** nel "girare" alla banca titoli di credito, che vengono pagati prima della scadenza
- [ ] **b.** nell'ottenere una riduzione del tasso di interesse nei prestiti a breve termine
- [ ] **c.** in un'operazione di cassa per il pagamento di MAV, RIBA o SDD

9. Nei mutui la garanzia può essere:
- [ ] **a.** ipotecaria
- [ ] **b.** fideiussoria
- [ ] **c.** ipotecaria o fideiussoria

10. L'ordine unilaterale dato alla propria banca di pagare un importo all'intestatario delle coordinate bancarie indicate è un:
- [ ] **a.** MAV
- [ ] **b.** RIBA
- [ ] **c.** bonifico

11. Per il pagamento della bolletta per l'energia elettrica l'utente incarica la propria banca di effettuare permanentemente il pagamento su richiesta della banca creditrice. Viene sottoscritto:
- [ ] **a.** SDD
- [ ] **b.** MAV
- [ ] **c.** RIBA

13 Il sistema economico nazionale

- ✓ Il reddito nazionale
- ✓ Il bilancio dello Stato
- ✓ Il sistema previdenziale pubblico
- ✓ Il sistema sanitario nazionale

13.1 IL REDDITO NAZIONALE

Il principale strumento della contabilità pubblica è il **rendiconto economico nazionale**. Questo documento contiene i dati che compongono il *reddito nazionale* e quindi il quadro complessivo della situazione economica italiana. Possiamo conoscere i valori relativi alla produzione dei singoli settori (agricoltura, industria, terziario) nonché il modo in cui il valore della produzione è stato ripartito fra i percettori di redditi (lavoratori, imprenditori, capitalisti, titolari di rendite). Inoltre in esso troviamo:

- come il prodotto è stato impiegato per i *consumi* privati (delle famiglie) e pubblici (dello Stato);
- qual è il valore delle *importazioni* e delle *esportazioni* con il resto del mondo;
- qual è il valore degli *investimenti* delle imprese e della pubblica amministrazione.

Il dato di maggiore importanza rilevato nel rendiconto economico nazionale è il *prodotto interno lordo* (PIL).

13.1.1 Prodotto interno lordo (PIL)

Il prodotto interno lordo (in inglese GDP, *Gross Domestic Product*) è il valore di tutti i beni e servizi prodotti all'*interno* di un Paese, da operatori nazionali ed esteri, da tutti i settori produttivi (agricoltura, industria e terziario), compresa la pubblica amministrazione.

Il PIL si ottiene detraendo dal valore dei beni prodotti da ogni impresa il valore dei beni e servizi acquistati, rappresenta quindi la **nuova ricchezza** prodotta. Il PIL è detto *lordo* in quanto non sono detratti gli ammortamenti.

Nel calcolo del valore dei beni prodotti si devono intendere i prodotti "finali" destinati al consumo, non quindi i beni "intermedi" destinati a ulteriori processi produttivi che, altrimenti, determinerebbero una moltiplicazione del PIL. Per esempio la produzione di telai per biciclette non rientra nel calcolo del PIL, ma vi rientra solo il prodotto finale che è la bicicletta.

Il PIL è dato da:

$$PIL = C + I + G + EX - IM$$

dove:

C = **consumi** di beni e servizi finali delle famiglie (compresi i beni importati);
I = **investimenti** lordi delle imprese (costituiti di investimenti fissi come i macchinari, investimenti immobiliari, variazioni delle scorte e ammortamenti);
G = **spesa pubblica** o consumi collettivi di beni e servizi (sanità, istruzione, giustizia ecc.);
EX = **esportazioni** di beni e servizi;
IM = **importazioni** di beni e servizi.

Il PIL è dato quindi dai consumi totali (privati e pubblici) e dagli investimenti ($C + I + G$) al netto del saldo commerciale con l'estero ($EX - IM$).

Il PIL e il suo incremento annuo sono i parametri di solito considerati per giudicare l'andamento economico di un Paese. Vale la pena ricordare che quando il PIL è in aumento il sistema economico sta attraversando una fase di *espansione*, quando è in diminuzione la fase economica è di *recessione*.

Per confrontare il PIL di anni differenti occorre tenere conto dell'inflazione; si rischierebbe infatti di calcolare come incremento del PIL la svalutazione monetaria. Per questo motivo il PIL viene determinato sulla base di *prezzi correnti* (i prezzi dell'anno considerato, **PIL nominale**) o sulla base di *prezzi costanti* (i prezzi di un anno determinato, **PIL reale**) (*v.* figura 13.1). Il rapporto tra PIL a prezzi correnti e PIL a prezzi costanti costituisce il *deflatore implicito* del prodotto interno lordo.

La classifica del PIL mondiale

Il PIL dell'Italia nel 2019 è stato di 2,1 bilioni di dollari, all'ottavo posto nella graduatoria mondiale dietro a USA (20,5), Cina (13,1), Giappone (5,1), Germania (4,0), Regno Unito (2,81), Francia (2,8), India (2,7) e davanti a Brasile (1,9), Canada (1,7), Corea del sud (1,67), Russia (1,6), Spagna (1,45), Australia (1,4), Messico (1,2), Indonesia (1,0), Paesi Bassi (0,9) ecc.

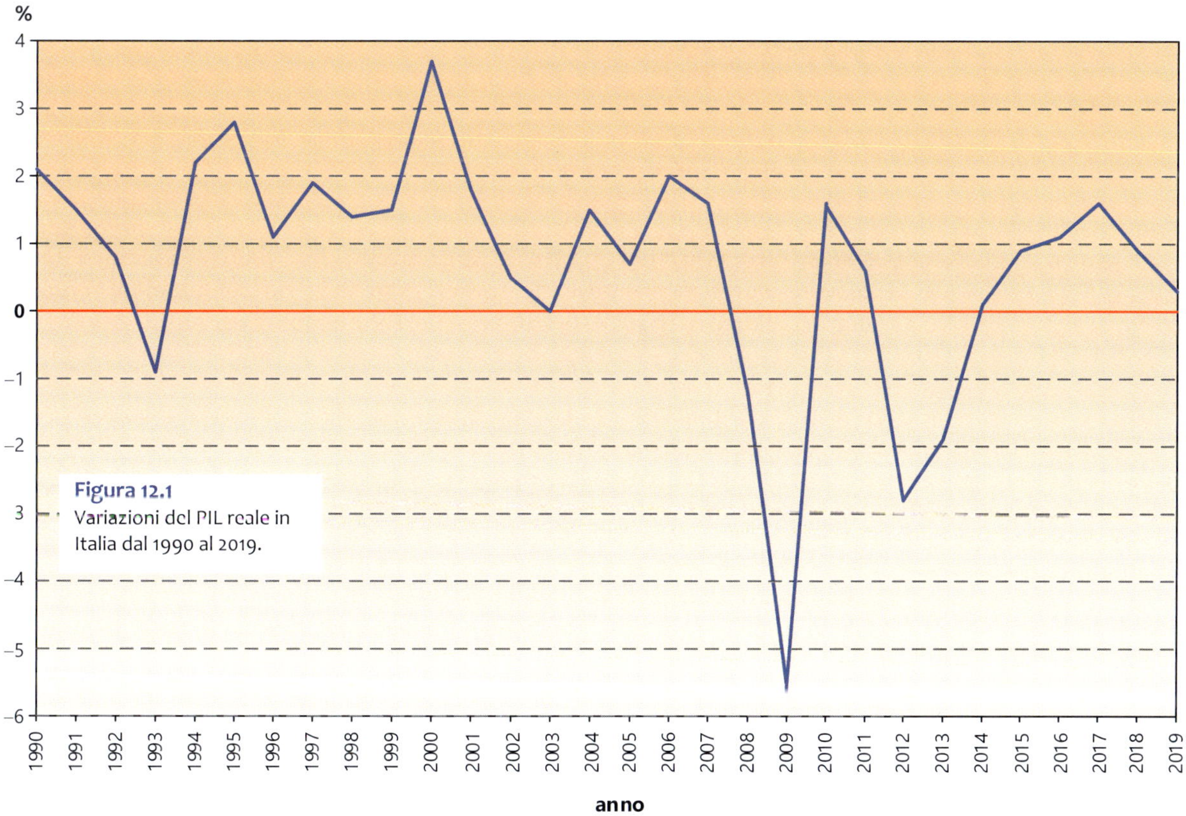

Figura 12.1
Variazioni del PIL reale in Italia dal 1990 al 2019.

Per giudicare l'entità del PIL occorre fare riferimento al numero dei soggetti che ne beneficiano e cioè il numero degli abitanti, ottenendo così il **PIL pro capite** (circa 31.000 € nel 2018).
Viene anche calcolato il **PIL per occupato** o **per ora lavorata**, per evidenziare la produttività di un Paese. Il PIL per ora lavorata viene determinato con riferimento alle *Unità lavorative annue* (ULA) dei lavoratori dipendenti, calcolate secondo modalità decise in ambito UE per la definizione delle piccole e medie imprese (PMI).

13.2 IL BILANCIO DELLO STATO

Lo Stato, con famiglie e imprese, è il terzo operatore del sistema economico; produce beni e servizi pubblici consumati dalla collettività nazionale.
Come entità economica lo Stato ha un proprio bilancio, costituito da attività e passività. La stesura del bilancio spetta al Governo, mentre al Parlamento è attribuito il compito di approvarlo. Il bilancio dello Stato può essere preventivo (*bilancio* propriamente detto) o consuntivo (*rendiconto generale*). Si dice *patrimoniale*, se confronta gli elementi attivi e passivi del patrimonio statale; *economico*, se esamina le spese e le entrate in un esercizio. La differenza tra entrate e spese al termine di un esercizio concretizzerà un **avanzo di bilancio**, se il saldo è negativo, come avviene di solito, si avrà un **disavanzo** (o **deficit**) **di bilancio**.
Quando al deficit di bilancio si somma il debito accumulato negli esercizi precedenti, aumenta il **debito pubblico** complessivo.
L'avanzo o il disavanzo del settore pubblico si definisce come:

$$avanzo/disavanzo = G + TR - TA$$

dove:
G = **spesa pubblica** o consumi collettivi di beni e servizi;
TR = **trasferimenti dallo Stato ai privati**, come pensioni, sussidi alle imprese e alle famiglie e gli interessi sul debito pubblico;
TA = **trasferimenti dai privati allo Stato** (*entrate dello Stato*), costituiti di imposte dirette, indirette e contributi sociali.

Se si scorpora dalla spesa per trasferimento (TR) l'importo degli **interessi passivi**, si ottengono i trasferimenti in senso stretto (TR') che, considerati nella precedente espressione al posto dei trasferimenti in senso lato, danno il **saldo primario** (**avanzo** o **disavanzo primario**) del settore pubblico:

$$saldo\ primario = G + TR' - TA$$

La spesa per interessi rappresenta infatti l'eredità del passato, cioè una spesa dovuta al fatto che nel passato sono stati finanziati disavanzi attraverso l'indebitamento con il settore privato dell'economia. Tale spesa, almeno in linea di principio, non ha niente a che vedere con le funzioni esercitate dallo Stato in un determinato periodo.

Quando il disavanzo si verifica, in mancanza di risparmi accumulati negli esercizi precedenti (come oggi avviene normalmente), lo Stato deve agire attuando politiche economiche in grado di ridurlo, inevitabilmente in due modi:
- l'**aumento delle entrate**, costituite per oltre il 90% dai tributi, con conseguente aggravio dei costi per le imprese e minor reddito disponibile per i cittadini per l'acquisto di beni e servizi;
- la **diminuzione delle uscite** e quindi delle risorse da destinare ai dipendenti pubblici e per lo stato sociale.

Il finanziamento del debito pubblico
Come si è visto per i titoli di Stato, gli interessi pagati annualmente ammontano a circa 65 miliardi di euro.
In passato il disavanzo di bilancio era solo occasionale: in tempo di guerra lo Stato contraeva prestiti che rimborsava a guerra finita con gli *avanzi di bilancio* annuali. Oggi il debito creato dal 1975 al 1995, per la sua enorme entità, sembra difficilmente sanabile.

I suddetti saldi di finanza pubblica trovano una più agevole lettura nel caso in cui essi vengano rapportati al PIL. In tal modo *si può conoscere il peso esercitato dal settore pubblico nell'economia* ed è possibile effettuare confronti internazionali relativi alla politica fiscale in diversi Paesi. Ciò che importa, comunque, è la dimensione del debito in rapporto al PIL. Il PIL rappresenta infatti la ricchezza totale prodotta all'interno di uno Stato che determina, secondo la teoria quantitativa, la quantità di moneta che può circolare senza creare inflazione. Il rapporto *deficit/PIL* e *debito pubblico/PIL* sono pertanto due parametri basilari per l'ammissione degli Stati europei alla moneta unica.

13.2.1 La bilancia dei pagamenti

La transazione economica
Con il termine *transazione economica* si intende il passaggio da un individuo (o ente) a un altro di un bene, di un servizio, o di uno strumento finanziario, aventi valore.
La transazione economica comprende sia i trasferimenti reali (di beni e servizi), sia i trasferimenti finanziari (valute, crediti e titoli).
I trasferimenti possono essere bilaterali, ossia avvenire a titolo oneroso (in contropartita), oppure unilaterali, cioè a titolo gratuito (senza contropartita).

La bilancia dei pagamenti di un Paese è la registrazione sistematica di tutte le transazioni economiche effettuate in un dato periodo di tempo tra i residenti del Paese che compie la rilevazione e i residenti degli altri Paesi.
Possono verificarsi cinque tipologie di transazioni economiche:
- acquisto o vendita di beni e servizi contro moneta;
- scambio di beni e servizi contro beni e servizi (baratto);
- scambio di strumenti finanziari contro altri strumenti finanziari (per esempio acquisto di un titolo estero con pagamento in moneta);
- acquisizione o cessione di beni e servizi senza contropartita (per esempio gli aiuti umanitari ai Paesi in crisi);
- acquisizione o cessione di strumenti finanziari senza contropartita (per esempio un'elargizione monetaria a un non residente).

Il prospetto tipo della *bilancia dei pagamenti* (*BP*) è diviso in due sezioni.
La prima è il conto delle **partite correnti** (*PC*), che comprende tutti i trasferimenti di merci e servizi a titolo oneroso (valore delle esportazioni meno il valore delle importazioni), nonché i trasferimenti unilaterali. Include quindi tutte le transazioni che incrementano o consumano il reddito nazionale.
La seconda sezione è il conto dei **movimenti di capitale** (*MK*), che copre i flussi finanziari *da* e *verso* l'estero, comprese le variazioni delle riserve internazionali. Contiene quindi le variazioni della posizione debitoria o creditoria del Paese verso l'estero. In sintesi il prospetto della *BP* è il seguente:

$$BP = PC - MK$$

13.3 IL SISTEMA PREVIDENZIALE PUBBLICO

L'articolo 38 della Costituzione prevede che "i lavoratori hanno diritto che siano provveduti e assicurati mezzi adeguati alle loro esigenze di vita in caso di infortunio, malattia, invalidità e vecchiaia, disoccupazione involontaria". Stabilisce inoltre che "ai compiti previsti in questo articolo provvedono organi e istituti predisposti o integrati dallo Stato. L'assistenza privata è libera".
Il sistema previdenziale è pertanto articolato in:
- un *sistema previdenziale* **obbligatorio** di tutela dei lavoratori e dei loro familiari, che è disciplinato giuridicamente e affidato a enti istituiti dallo Stato;
- un eventuale *sistema previdenziale* **integrativo**, regolamentato da accordi stipulati tra le parti sociali e gestito da *fondi* o *casse* privati.

Affinché gli enti previdenziali e i fondi possano gestire ed erogare le loro prestazioni, sono dovuti dei **contributi**, in parte a carico dei lavoratori e in parte a carico dei datori di lavoro. L'entità dei contributi è fissata con leggi per quanto riguarda gli enti istituiti dallo Stato, dagli accordi costitutivi per quanto riguarda i fondi privati. Vi sono poi i contributi figurativi, accreditati per legge in particolari circostanze (disoccupazione, malattia ecc.) e volontari.

La gestione delle forme previdenziali obbligatorie è affidata, per la generalità dei lavoratori, privati e pubblici, all'**Istituto nazionale di previdenza sociale** (**INPS**).

L'INPS, costituito con il RD n. 1827/1935, è un ente di diritto pubblico che non si occupa solamente dell'erogazione delle pensioni, ma anche di un'ampia gamma di sussidi a favore di fasce sociali deboli e in difficoltà: disoccupati, invalidi, ammalati, lavoratori di aziende in crisi, famiglie prive di reddito o con reddito insufficiente (famiglie numerose, famiglie che hanno perso il capofamiglia produttore del reddito) ecc. L'INPS gestisce infatti le forme previdenziali e assistenziali previste dal *welfare* italiano, le più importanti delle quali sono sinteticamente descritte di seguito.

Contributi figurativi e volontari

13.3.1 Criticità attuali della previdenza sociale

Il problema demografico

Nel sistema previdenziale italiano esiste un problema demografico dovuto al progressivo invecchiamento della popolazione per effetto dell'aumento della vita media e del notevole rallentamento del ritmo delle nascite.

Nel 2018 i pensionati erano circa 16 milioni, con circa 69 pensionati ogni 100 occupati! I contributi versati dai lavoratori in attività non sono quindi sufficienti a coprire la spesa e l'INPS deve ricorrere all'intervento statale per la copertura del deficit.

Previdenza e assistenza

Il cronico e grave deficit dell'INPS è dovuto anche all'ampiezza delle mansioni che l'ente deve svolgere, che sono di due tipi: quella *previdenziale* e quella *assistenziale*. La **previdenza** è quella attuata dai lavoratori che versano i contributi: il fondo accumulato serve poi a pagare la pensione a chi l'ha "maturata" in misura proporzionale ai versamenti effettuati. L'**assistenza** viene attuata invece a favore di individui ritenuti bisognosi di aiuto da parte dello Stato (assegni sociali, pensioni di invalidità ecc.) indipendentemente dal versamento da parte loro dei contributi.

Oggi quindi, col fondo creato con i contributi dai lavoratori, viene effettuata anche l'assistenza nei confronti di chi non ha mai lavorato e non ha mai versato nulla. Da più parti si auspica pertanto la separazione tra previdenza e assistenza: la previdenza deve rimanere a carico dei lavoratori e con i contributi viene pagato il soddisfacimento di un bisogno futuro (la pensione) e l'assistenza rientra invece tra le finalità proprie dello Stato.

Questa separazione oggi, per motivi di tipo politico e tecnico, non sembra all'orizzonte e quindi lo Stato continua a intervenire nel sistema del *welfare* apportando buona parte delle risorse necessarie, prelevandole dal gettito fiscale (la sola spesa per trattamenti pensionistici è pari a circa il 15% del PIL).

13.3.2 L'assicurazione dei lavoratori

La pensione di vecchiaia e la pensione anticipata

Con la riforma Monti-Fornero l'età minima per la pensione è fissata a **67 anni** (**pensione ordinaria**). Il periodo minimo di contribuzione è 20 anni per tutti.

Si ha diritto al trattamento pensionistico, indipendentemente dall'età (**pensione anticipata**), quando si è raggiunta un'anzianità contributiva di 41 anni e 10 mesi per le donne e di 42 anni e 10 mesi per gli uomini.
Una nuova forma di pensione anticipata operativa dal 2019 (in via sperimentale fino al 2021) è **quota 100**, che consente l'uscita anticipata dal mondo del lavoro per tutti coloro che hanno almeno 38 anni di contributi con un'età anagrafica minima di 62 anni.

Calcolo della pensione

Il calcolo della pensione può essere effettuato con tre metodi:
- ai **nuovi assunti dal 1° gennaio 1996 in poi**, la pensione viene calcolata con il *sistema contributivo*;
- a **coloro che al 31 dicembre 1995 avevano un'anzianità contributiva maggiore di 18 anni**, la pensione viene calcolata con il *sistema retributivo*;
- a **coloro che al 31 dicembre 1995 avevano un'anzianità inferiore ai 18 anni**, la pensione viene calcolata con il *sistema misto* (retributivo fino al 31 dicembre 1995, contributivo successivamente).

In ogni caso a partire **dal 1° gennaio 2012** (riforma Fornero), le anzianità contributive maturate dopo il 31 dicembre 2011 vengono calcolate *per tutti i lavoratori con il sistema di calcolo contributivo.*

Sistema retributivo

La pensione è determinata con riferimento alla retribuzione degli ultimi anni di attività lavorativa (10 anni per i lavoratori dipendenti, 15 per gli autonomi). Per diminuire gli effetti negativi dell'inflazione, la legge rivaluta ogni anno con apposite tabelle ISTAT le retribuzioni e i redditi presi a base per il calcolo.

Sistema contributivo

La pensione è calcolata sulla base dei contributi versati dal lavoratore e dal datore di lavoro durante l'intera vita assicurativa. I contributi versati ogni anno vengono sommati insieme, al termine della vita lavorativa, per dare luogo alla base contributiva complessiva (**montante individuale**). I contributi vengono rivalutati ogni anno in base al prodotto interno lordo (PIL), per consentire al lavoratore di recuperare in parte la diminuzione del potere d'acquisto della moneta. Il montante individuale viene moltiplicato per il **coefficiente di trasformazione** stabilito dalla legge in base all'età del lavoratore e in tal modo si ottiene la misura della pensione lorda annua.

La pensione ai superstiti

La pensione ai superstiti viene corrisposta ai familiari quando il titolare della pensione muore. Può essere di due tipi:
- **di reversibilità**, se il defunto era *già titolare di pensione diretta* (vecchiaia, inabilità, anzianità);
- **indiretta**, se il defunto alla data del decesso aveva *almeno 15 anni di contributi* oppure se aveva versato contributi per almeno 5 anni, di cui almeno 3 nel quinquennio precedente la data di morte.

La pensione spetta:
- al **coniuge**, anche se separato o divorziato (se ha beneficiato di un assegno di mantenimento e se non si è risposato);
- ai **figli a carico** (minorenni, studenti fino a 26 anni, inabili al lavoro).

L'**importo della pensione** è determinato con una percentuale variabile dal 60 al 100% sull'ammontare della pensione della persona deceduta in funzione della presenza del coniuge e del numero di figli. In mancanza del coniuge e dei figli, sono previste quote anche per i genitori e i fratelli. L'importo della pensione ai superstiti è condizionato anche dalla situazione economica del titolare. L'assegno viene ridotto del 25%, del 40% e del 50% a seconda dei redditi percepiti dal beneficiario. Questa regola non vale se sono contitolari i figli minori, studenti o inabili.

13.3.3 I trattamenti assistenziali per motivi di salute

L'indennità di malattia

L'indennità di malattia è un'indennità sostitutiva della retribuzione che viene pagata ai lavoratori in caso di malattia. Per i dipendenti del settore privato l'indennità è pagata dall'INPS, per i lavoratori del settore pubblico dallo Stato. L'indennità è in genere anticipata dal datore di lavoro, il quale procede al relativo conguaglio con i contributi previdenziali dovuti.

L'indennità di maternità

La lavoratrice madre deve assentarsi dal lavoro nei due mesi prima del parto e nei tre mesi successivi (*astensione obbligatoria*). Il periodo di astensione obbligatoria può essere posticipato fino a 1 mese prima del parto, per beneficiare poi di 4 mesi dopo il parto (se non vi sono problemi sanitari per il nascituro). Durante questo periodo (5 mesi) è previsto il pagamento di un'indennità sostitutiva della retribuzione. L'indennità spetta sia alle lavoratrici dipendenti sia alle lavoratrici autonome. Spetta anche alle libere professioniste e alle lavoratrici iscritte alla gestione separata dei lavoratori autonomi. Le lavoratrici autonome non hanno l'obbligo di astensione dal lavoro.
La prestazione economica è pagata dall'INPS (per le lavoratrici dipendenti è anticipata dal datore di lavoro) ed è pari all'80% della retribuzione media giornaliera o della retribuzione "convenzionale" in caso di lavoro autonomo o di libera professione.

La pensione di inabilità, l'assegno di invalidità, l'indennità di accompagnamento

La **pensione di inabilità** viene erogata a chi è gravato da infermità fisica o mentale tale da provocare un'*assoluta e permanente impossibilità a svolgere qualsiasi lavoro.*

L'**assegno di invalidità civile** è erogato dall'INPS a chi è gravato da infermità fisica o mentale tale da provocare una *riduzione permanente della capacità di lavoro in misura pari o superiore a 2/3.* L'assegno ha validità di tre anni ed è rinnovabile per altre tre volte; se confermato diventa definitivo. Il trattamento assistenziale di inabilità e invalidità è erogato ai soggetti che sono assicurati presso l'INPS da almeno 5 anni.

L'**indennità di accompagnamento** (o assegno di accompagnamento) viene erogato dall'INPS alle persone dichiarate *totalmente invalide.* L'indennità di accompagnamento spetta anche:
- ai ciechi assoluti;
- alle persone che sono sottoposte a chemioterapia o a altre terapie in regime di *day hospital* e che non possono recarsi da sole all'ospedale;
- ai minorenni incapaci di camminare senza l'aiuto di una persona e bisognosi di assistenza continua;
- alle persone affette dal morbo di Alzheimer e dalla sindrome di Down;
- alle persone affette da epilessia;

– a coloro che, pur capaci di compiere materialmente gli atti elementari della vita quotidiana (mangiare, vestirsi, pulirsi), necessitano di accompagnatore perché sono incapaci (in ragione di gravi disturbi della sfera intellettiva e cognitiva, addebitabili a forme avanzate di stati patologici) di rendersi conto della portata dei singoli atti che vanno a compiere.

13.3.4 I trattamenti assistenziali per il sostegno al reddito

Il reddito di cittadinanza (Rdc)

La pensione di cittadinanza
La Pdc è un sussidio economico rivolto alle famiglie di anziani in difficoltà, oltre 67 anni di età, erogato con modalità simili al Reddito di cittadinanza.

ISEE
Si ottiene dal rapporto tra l'ISE e un parametro che dipende dal numero di componenti del nucleo familiare.
L'ISE a sua volta si ottiene dalla somma dei redditi e del 20% del patrimonio mobiliare e immobiliare di tutto il nucleo familiare.

È un sostegno per famiglie in difficoltà che mira al *reinserimento nel mondo del lavoro*; chi presenta la domanda di reddito di cittadinanza deve infatti sottoscrivere anche la *dichiarazione di immediata disponibilità al lavoro* (DID).
Il requisito basilare per accedere al reddito di cittadinanza è un ISEE (*Indicatore della situazione economica equivalente)* inferiore a 9.360 €.
Non può comunque accedere al reddito di cittadinanza chi ha un patrimonio immobiliare oltre 30.000 € (senza considerare la casa di abitazione) e un patrimonio finanziario superiore a 6.000 €. Vi sono poi altre limitazioni legate al possesso di beni durevoli: autoveicoli di cilindrata superiore a 1.600 cc o motoveicoli di cilindrata superiore a 250 cc immatricolati per la prima volta nei due anni antecedenti e imbarcazioni da diporto.
Il beneficio economico, accreditato mensilmente su una carta di credito prepagata, è dato dalla somma di una componente a *integrazione del reddito familiare* (*quota A*) e di un contributo *per la locazione o per il mutuo della casa di abitazione* (*quota B*). La quota A può arrivare fino ad un massimo di 6.000 € annui e viene calcolata tenendo conto del numero e della tipologia di componenti il nucleo familiare. La quota B non può essere superiore a 280 € mensili per la locazione e a 150 € mensili per il mutuo.

L'indennità di disoccupazione (NASpI)

La **Nuova Assicurazione Sociale per l'Impiego** è un'indennità mensile di disoccupazione. Spetta ai lavoratori con rapporto di lavoro subordinato che hanno perduto involontariamente l'occupazione, esclusi i dipendenti a tempo indeterminato delle pubbliche amministrazioni, gli operai agricoli e altri soggetti.
La NASpI è corrisposta mensilmente per un numero di settimane pari alla *metà delle settimane contributive negli ultimi quattro anni.* L'indennità è commisurata alla retribuzione imponibile ai fini previdenziali degli ultimi quattro anni, divisa per il totale delle settimane di contribuzione e moltiplicata per 4,33.
A partire dal quarto mese di fruizione, all'indennità si applica una **riduzione** del 3% per ciascun mese.
I periodi di fruizione della NASpI sono coperti da contribuzione figurativa.

L'assegno sociale

Questa forma di assistenza è rivolta ai soggetti anziani, con almeno 67 anni di età, che *non hanno maturato il diritto alla pensione di vecchiaia* per mancanza di contributi minimi e che hanno la *residenza in Italia*. L'assegno spetta a condizione che l'anziano non abbia redditi superiori ai limiti stabiliti dalla legge (5.954 € nel 2019). Alla formazione del reddito concorrono i redditi di qualsiasi natura con alcune esclusioni (per esempio il reddito della prima casa); si considera invece il reddito del coniuge. L'assegno ammonta a 458 € per 13 mensilità (2019).

ECONOMIA

L'assegno per il nucleo familiare

Gli assegni familiari sono un'integrazione al reddito per le famiglie numerose con redditi molto bassi determinato in rapporto al **numero dei componenti** e al **reddito del nucleo familiare**. L'assegno può essere richiesto da lavoratori dipendenti in attività, da pensionati, da disoccupati, da lavoratori cassintegrati.
L'assegno viene materialmente pagato ai lavoratori in attività dal *datore di lavoro* con la retribuzione. Il datore di lavoro chiede poi all'INPS il rimborso delle somme pagate o li detrae dai contributi che deve versare. Per alcune categorie di lavoratori l'assegno viene pagato *direttamente dall'INPS*, senza l'intervento del datore di lavoro (colf, lavoratori agricoli dipendenti, disoccupati ecc.). Ai pensionati l'assegno viene pagato dall'INPS insieme alla rata di pensione.

Cassa integrazione guadagni

La **cassa integrazione guadagni ordinaria** (CIG) è un intervento di natura assistenziale che vuole sostenere le imprese in situazioni di difficoltà e garantire il lavoratore dalla perdita della retribuzione. Spetta agli operai, impiegati e quadri delle imprese industriali in caso di sospensione o contrazione dell'attività produttiva per situazioni aziendali dovute a *eventi temporanei* e non imputabili all'imprenditore o ai lavoratori o crisi temporanee di mercato.
L'integrazione salariale è pari all'80% della retribuzione complessiva che sarebbe spettata per le ore di lavoro non prestate. Il sussidio viene corrisposto al massimo per *13 settimane*, ma può essere prorogato fino a 12 mesi.

La **cassa integrazione straordinaria** (CIGS) ha le stesse finalità generali della cassa ordinaria, ma serve per motivi straordinari quali ristrutturazione, riorganizzazione, conversione, procedure concorsuali. La domanda deve contenere il programma di risanamento che l'impresa intende attuare, il progetto di ristrutturazione o riconversione aziendale, il conto economico e la situazione patrimoniale dell'ultimo triennio.
Gli importi del sussidio sono uguali alla CIG ordinaria. La durata massima della cassa integrazione è 24 mesi per la riorganizzazione, ristrutturazione e riconversione aziendale. I periodi di cassa integrazione sono utili per il diritto e per la misura della pensione.

13.3.5 L'assicurazione contro gli infortuni sul lavoro

L'assicurazione *obbligatoria* contro gli *infortuni sul lavoro* e le *malattie professionali* è gestita dall'Istituto nazionale per gli infortuni sul lavoro (**INAIL**), un ente pubblico dotato di personalità giuridica. L'INAIL tutela il lavoratore che subisce un infortunio sul lavoro o contrae una malattia professionale attraverso:
- l'indennizzo per la mancata retribuzione;
- il risarcimento per la diminuita capacità lavorativa;
- il massimo recupero possibile della capacità lavorativa perduta;
- il sostegno economico ai familiari, in caso di morte.

Ai lavoratori assicurati l'INAIL garantisce le prestazioni economiche, sanitarie e integrative anche nel caso in cui il datore di lavoro non abbia versato regolarmente il premio assicurativo. All'assicurazione sono tenuti tutti i datori di lavoro che occupano lavoratori dipendenti nelle attività che la legge individua come rischiose. Sono inoltre tenuti all'obbligo assicurativo gli artigiani, per se stessi e per i familiari coadiuvanti, e i lavoratori autonomi dell'agricoltura.
Sono ritenuti rischiosi, tra gli altri, i lavori edili e stradali, gli scavi, la nettezza urbana, la vigilanza privata ecc. Il costo dell'assicurazione è a esclusivo carico del datore di lavoro, dell'artigiano o del lavoratore autonomo dell'agricoltura.

Per i lavoratori dipendenti il premio si calcola sulla base delle retribuzioni e della pericolosità della lavorazione svolta. Per gli artigiani, fermo restando il criterio della pericolosità della lavorazione svolta, si fa riferimento alla retribuzione minima annua imponibile agli effetti contributivi. Per i lavoratori autonomi si applica un premio fisso pro capite.

13.4 IL SISTEMA SANITARIO NAZIONALE

Con la legge n. 833/1978 venne istituito il **servizio sanitario nazionale** (SSN) con cui "la Repubblica tutela la salute come fondamentale diritto dell'individuo e interesse della collettività". Il SSN italiano è un sistema pubblico a carattere "universalistico e solidaristico", cioè garantisce l'assistenza sanitaria a tutti "senza distinzioni di genere, residenza, età, reddito, lavoro". Il Ministero della sanità, attraverso il *piano sanitario nazionale*, definisce i livelli di assistenza da assicurare ai cittadini.

Il servizio sanitario nazionale è finanziato attraverso la fiscalità generale, in particolare con l'addizionale regionale IRPEF e l'IRAP, ma anche con la compartecipazione all'IVA e alle accise sulla benzina. Le aziende sanitarie locali dispongono anche di entrate dirette derivanti dai ticket sanitari e dalle prestazioni rese a pagamento.

Il servizio sanitario nazionale è articolato secondo due livelli di responsabilità:
- **livello statale**, che ha il compito di assicurare a tutti i cittadini il diritto alla salute;
- **livello regionale**, che ha competenza esclusiva nella regolamentazione e organizzazione dei servizi sanitari e dei criteri di finanziamento delle strutture predisposte.

Il SSN si avvale delle informazioni fornite dell'**Istituto superiore di sanità**, un organo tecnico-scientifico dotato di strutture e ordinamenti propri.

Le ASL
La denominazione varia con la Regione. È ASL in Abruzzo, Campania, Lazio, Liguria, Piemonte e Puglia. Nelle altre Regioni la denominazione cambia: *Agenzia di tutela della salute* (ATS) in Lombardia e Sardegna, *Azienda Sanitaria Provinciale* (ASP) in Sicilia, *Azienda Unità Sanitaria Locale* (AUSL) in Emilia-Romagna, Toscana e Umbria, *Azienda - Unità Locale Socio Sanitaria* (Azienda ULSS) in Veneto ecc.

Alla gestione del servizio sanitario nazionale provvedono una rete di *aziende sanitarie*, che possono essere **aziende sanitarie locali** (ASL) o **aziende ospedaliere** (AO). L'ambito territoriale di attività di ciascuna ASL è delimitato in base alla popolazione, di regola compresa tra 50.000 e 200.000 abitanti, tenuto conto delle caratteristiche geomorfologiche e socio-economiche della zona.
Le ASL sono dotate di personalità giuridica pubblica, di autonomia organizzativa, amministrativa, patrimoniale, contabile, gestionale e tecnica Anche gli ospedali devono avere bilanci in attivo. Sono finanziati in base al numero e al tipo di prestazioni erogate, sulla base di un tariffario fissato a livello nazionale (non più, quindi, in base al tempo di degenza).

L'**assistenza farmaceutica** viene erogata attraverso le farmacie convenzionate, i cui titolari possono essere enti pubblici (per esempio i Comuni) o privati. Il ministro della sanità approva con proprio decreto il *prontuario terapeutico* del servizio sanitario nazionale in seguito alla proposta di un comitato appositamente costituito (*Commissione unica del farmaco*).

Gli **esami clinici di laboratorio** sono effettuati da strutture ospedaliere o da laboratori privati convenzionati.

I **medici di base** (e pediatri) sono professionisti che hanno un rapporto di lavoro con lo Stato definito in base a una convenzione nazionale. Sono pagati in proporzione al numero di assistiti (massimo 1.500, per i pediatri 800).

13. IL SISTEMA ECONOMICO NAZIONALE

Questionario

1. Che cos'è il PIL? Come è calcolato?
2. Che cos'è l'avanzo di bilancio? Da cosa è dato? Che cos'è il debito pubblico?
3. Che cosa si intende per saldo primario?
4. Che cos'è la bilancia dei pagamenti?
5. Quali sono le spese dello Stato? Che cos'è lo stato sociale?
6. Com'è strutturato il sistema previdenziale italiano? Da chi è gestito?
7. Che differenza c'è tra assistenza e previdenza?
8. Che tipi di pensione esistono?
9. Come si calcolano le pensioni col sistema retributivo e contributivo?

In sintesi

Il **rendiconto economico nazionale** contiene i dati che compongono il reddito dello Stato.

Il **prodotto interno lordo** (PIL) è il valore di tutti i beni e servizi prodotti all'interno di un Paese, da operatori nazionali ed esteri, da tutti i settori produttivi. Si ottiene detraendo dal valore dei beni prodotti dalle imprese il valore dei beni e servizi acquistati al lordo degli ammortamenti. Rappresenta quindi la nuova ricchezza prodotta.
Il PIL viene calcolato sulla base di prezzi correnti (PIL nominale) e sulla base di prezzi costanti nel tempo (PIL reale). Si calcola poi il PIL pro capite, per occupato e per ora di lavoro.

Il **bilancio dello Stato** è dato dalla differenza tra entrate e spese al termine di un anno. Tra le spese dello Stato si hanno gli interessi pagati sul debito pubblico. Si ha un avanzo di bilancio se il saldo è positivo o un disavanzo (o deficit) se il saldo è negativo. Quando al deficit di bilancio si somma il debito accumulato negli esercizi precedenti, aumenta il debito pubblico complessivo (finanziato con i titoli di Stato).

La **bilancia dei pagamenti** è una registrazione di tutte le transazioni economiche effettuate in un dato periodo di tempo tra i residenti di un Paese e i residenti degli altri Paesi.

Il **sistema previdenziale pubblico** è articolato in un sistema previdenziale obbligatorio gestito dall'INPS e da un sistema previdenziale integrativo, regolato da accordi stipulati tra le parti sociali. I lavoratori devono pagare in entrambi i casi dei contributi.
L'INPS non si occupa solamente dell'erogazione delle pensioni, ma anche delle forme previdenziali e assistenziali previste dal welfare italiano.
L'età minima per la *pensione di vecchiaia* è fissata a 67. Il periodo minimo di contribuzione è 20 anni per tutti.
Si ha diritto alla *pensione anticipata*, indipendentemente dall'età, quando si è raggiunta un'anzianità contributiva di 41 anni e 10 mesi per le donne e di 42 anni e 10 mesi per gli uomini oppure, *a quota 100*, con almeno 38 anni di contributi con un'età anagrafica minima di 62 anni.
Il calcolo della pensione può essere effettuato con il sistema contributivo, con il sistema retributivo o con il sistema misto.

Con il *sistema retributivo* la pensione è determinata con riferimento alla retribuzione degli ultimi anni di attività lavorativa, con il *sistema contributivo* la pensione è calcolata sulla base dei contributi versati dal lavoratore e dal datore di lavoro durante l'intera vita assicurativa. A partire dal 1° gennaio 2012 le anzianità contributive vengono calcolate per tutti i lavoratori con il sistema di calcolo contributivo.

La *pensione ai superstiti* viene corrisposta ai familiari quando il titolare della pensione muore. Può essere di reversibilità, se il defunto era già titolare di pensione diretta, indiretta se il defunto aveva almeno 15 anni di contributi.

10. Quali sono le principali forme di assistenza per motivi di salute previste dal welfare italiano?	**Trattamenti assistenziali per motivi di salute**. L'*indennità di malattia* è un'indennità sostitutiva della retribuzione che viene pagata dall'INPS ai lavoratori in caso di malattia. In modo analogo viene pagata l'*indennità di maternità*. La *pensione di inabilità* viene erogata a chi è gravato da infermità fisica o mentale tale da provocare un'assoluta e permanente impossibilità a svolgere qualsiasi lavoro. In modo analogo, l'*assegno di invalidità civile* è erogato a chi è gravato da una riduzione permanente della capacità di lavoro in misura pari o superiore a 2/3. L'*indennità di accompagnamento* viene erogata dall'INPS alle persone dichiarate totalmente invalide.
11. Che cos'è il reddito di cittadinanza? Chi ne ha diritto?	**Trattamenti assistenziali per il sostegno al reddito**. Il *Reddito di cittadinanza* (Rdc) è un sostegno per famiglie in difficoltà che mira al reinserimento nel mondo del lavoro. Il requisito basilare è un ISEE inferiore a 9.360 €. Il beneficio economico, accreditato mensilmente su una carta di credito prepagata, è dato dalla somma di una componente a integrazione del reddito familiare (quota A) e di un contributo per la locazione o per il mutuo della casa di abitazione (quota B).
12. Che cos'è la Naspi?	La *Nuova assicurazione sociale per l'impiego* (NASpI) è un'indennità mensile di disoccupazione. È corrisposta mensilmente per un numero di settimane pari alla metà delle settimane contributive negli ultimi quattro anni. A partire dal quarto mese di fruizione, all'indennità si applica una riduzione del 3% per ciascun mese.
13. A chi è riservato l'assegno per il nucleo familiare? E l'assegno sociale?	L'*assegno sociale* è rivolto ai soggetti anziani, con almeno 67 anni di età, che non hanno maturato il diritto alla pensione di vecchiaia per mancanza di contributi minimi. L'*assegno per il nucleo familiare* è un'integrazione al reddito per le famiglie numerose con redditi molto bassi. L'assegno può essere richiesto da lavoratori dipendenti in attività, da pensionati, da disoccupati, da lavoratori cassintegrati ecc.
14. A cosa serve la cassa integrazione guadagni? Di che tipo può essere?	La *cassa integrazione guadagni ordinaria* (CIG) è un intervento di natura assistenziale per le imprese in situazioni di difficoltà al fine di garantire al lavoratore una retribuzione. L'integrazione salariale è pari all'80% della retribuzione complessiva che sarebbe spettata per le ore di lavoro non prestate. Il sussidio viene corrisposto al massimo per 13 settimane, ma può essere prorogato fino a 12 mesi. La *cassa integrazione straordinaria* (CIGS) ha le stesse finalità generali della cassa ordinaria, ma serve per motivi straordinari quali ristrutturazione, riorganizzazione, conversione, procedure concorsuali.
15. Come vengono tutelati i lavoratori dagli infortuni?	**Assicurazione contro gli infortuni sul lavoro**. È gestita dall'Istituto nazionale per gli infortuni sul lavoro (INAIL), un ente pubblico dotato di personalità giuridica. L'INAIL tutela il lavoratore che subisce un infortunio sul lavoro o contrae una malattia professionale. Il costo dell'assicurazione è a esclusivo carico del datore di lavoro, dell'artigiano o del lavoratore autonomo dell'agricoltura.
16. Quali sono le finalità e come è organizzato il sistema sanitario nazionale? Da quali fondi è alimentato?	Il **servizio sanitario nazionale** (SSN) garantisce l'assistenza sanitaria a tutti "senza distinzioni di genere, residenza, età, reddito, lavoro". È finanziato attraverso la fiscalità generale, in particolare con l'addizionale regionale IRPEF e l'IRAP, a livello statale e regionale. Alla gestione del servizio sanitario nazionale provvedono una rete di *aziende sanitarie*, che possono essere aziende sanitarie locali (ASL) o aziende ospedaliere (AO).

14 L'Unione Europea

- ✓ Le tappe della storia dell'Unione Europea
- ✓ Le istituzioni dell'Unione Europea
- ✓ Gli strumenti normativi

14.1 LE TAPPE DELLA STORIA DELL'UNIONE EUROPEA

Il **18 aprile 1951**, con il **Trattato di Parigi**, sei Paesi (Belgio, Francia, Germania federale, Italia, Lussemburgo e Olanda) istituirono la *Comunità Europea del Carbone e dell'Acciaio* (CECA). Nelle intenzioni dei fondatori essa costituiva il primo passo verso la creazione di "uno spirito comunitario più vasto e più profondo tra popoli da lungo tempo divisi da sanguinose lacerazioni" (l'ultimo conflitto mondiale).

Articolo 2 del Trattato di Roma

"La Comunità ha il compito di promuovere, mediante l'instaurazione di un mercato comune e di un'unione economica e monetaria e mediante l'attuazione delle politiche e delle azioni comuni, uno sviluppo armonioso, equilibrato e sostenibile delle attività economiche, una crescita sostenibile e non inflazionistica, un elevato grado di convergenza dei risultati economici, un elevato livello di protezione dell'ambiente e il miglioramento di quest'ultimo, un elevato livello di occupazione e di protezione sociale, il miglioramento del tenore e della qualità della vita, la coesione economica e sociale e la solidarietà tra Stati membri."

Lo spirito comunitario e, soprattutto, la politica economica avviata con il mercato comune hanno convinto successivamente numerosi altri Paesi dell'area del Mediterraneo e dell'Europa centrale ad aggiungersi ai membri fondatori. L'odierna Unione Europea è composta infatti di **28 Stati**: Austria, Belgio, Bulgaria, Cipro, Croazia, Danimarca, Estonia, Finlandia, Francia, Germania, Grecia, Irlanda, Italia, Lettonia, Lituania, Lussemburgo, Malta, Paesi Bassi, Polonia, Portogallo, Regno Unito, Repubblica Ceca, Romania, Slovacchia, Slovenia, Spagna, Svezia, Ungheria.

Sono *candidati* per l'ingresso nell'Unione Europea la Macedonia, il Montenegro, la Serbia, l'Albania e la Turchia.

Con il fondamentale **Trattato di Roma** del **25 marzo 1957** (detto anche "Trattato CE") vennero istituite due comunità europee:

- la *Comunità Economica Europea* (CEE);
- la *Comunità Europea dell'Energia Atomica* (CEEA o Euratom).

La CEE ha creato un **mercato comune** tra i Paesi fondatori, con l'*abolizione dei dazi doganali*, e avviato una politica comune ad ampio raggio nel settore commerciale, dei trasporti, dell'agricoltura e della pesca, dell'ambiente ecc. Il Trattato CE, con i successivi aggiornamenti, è tuttora l'elemento giuridico fondante dell'attuale Unione Europea.

La recessione mondiale degli anni '70, causata dagli shock petroliferi del '73 e del '79, alimenta in Europa una corrente di "euroscetticismo" che viene accesamente contrastata da Jacques Delors, presidente della Commissione dell'epoca. Delors pubblica nel 1985 il famoso (primo) *Libro bianco* "Il completamento del mercato interno", foriero di nuove speranze per l'Europa unita. L'impulso propositivo di Delors si concretizza con l'**Atto unico europeo** (AUE) del **1986**, che avvia la costruzione di uno "spazio senza frontiere interne" nel quale sono assicurate le *quattro libertà fondamentali*, ovvero la libera circolazione delle persone, delle merci, dei servizi e dei capitali, quale embrione per la realizzazione di un progetto ambizioso: l'Unione Europea.

Con il **Trattato di Maastricht** del **1992** (detto anche "Trattato UE"), sono state poste concretamente le basi per la creazione dell'*Unione Europea* (UE), che integra nel sistema delle Comunità europee un regime di cooperazione intergovernativa con obiettivi sempre più importanti (*v.* figura 14.1):

- l'*unione monetaria*;
- la *politica estera e di sicurezza comune* (PESC);
- la cooperazione in materia di *giustizia e affari interni*.

Figura 14.1
I tre pilastri della UE.

Con il **Trattato di Amsterdam** del **1997** e con il **Trattato di Nizza** del **2001** sono state riformate le istituzioni europee in vista dell'adesione di nuovi Paesi membri e apportate modifiche agli atti connessi ai trattati in merito a libertà, sicurezza, giustizia, politica estera, politica sociale ecc.

Negli anni '90 e nel nuovo secolo gli Stati europei devono affrontare le molteplici sfide della globalizzazione. La risposta europea è un programma di riforme economiche approvato a Lisbona nel marzo del 2000, durante una riunione straordinaria dei capi di governo, che ha l'obiettivo di rendere l'economia europea in grado di confrontarsi sui mercati globali con colossi come gli Stati Uniti, il Giappone, la Cina e gli altri Paesi di recente industrializzazione. L'insieme di queste misure è definito "*strategia di Lisbona*".

L'Unione Europea si rafforza in modo decisivo quando, dal 1° gennaio 2002, ha libero corso, nei Paesi che vi sono ammessi, la nuova moneta unica. L'**euro** assume infatti, da subito, lo "status" di valuta internazionale di riserva, alternativa al dollaro e alle altre monete di riferimento sul mercato mondiale.

Con il **Trattato di Lisbona** del **2007** l'Europa affronta i cambiamenti del mondo globalizzato. Oltre ai fondamentali temi economici, gli Stati europei cercano di affrontare insieme le nuove problematiche relative all'evoluzione demografica, ai cambiamenti climatici, all'approvvigionamento energetico, alla sicurezza; emerge quindi l'esigenza di modernizzare i trattati. Devono essere rinnovati anche gli strumenti istituzionali che regolano il funzionamento di un'unione passata recentemente da 15 a 27 Stati membri. Il trattato definisce per esempio, in modo chiaro, le competenze dell'UE, dei Paesi membri e le competenze condivise.

14.2 LE ISTITUZIONI DELL'UNIONE EUROPEA

14.2.1 Il Consiglio

Il Consiglio è formato dai capi di governo di ciascun Stato membro e da *rappresentanti a livello ministeriale* abilitati a impegnare i rispettivi governi su un tema specifico (agricoltura, ambiente, politica estera ecc.). Ogni Paese dell'Unione Europea esercita la presidenza, a turno, per un periodo di sei mesi. È dotato di ampi poteri decisionali: adotta le leggi europee, insieme al Parlamento, coordina le politiche economiche generali degli Stati membri, conclude accordi internazionali tra l'UE e uno o più Stati oppure organizzazioni internazionali, approva il bilancio, insieme al Parlamento, elabora la politica estera e di sicurezza comune, coordina la cooperazione giudiziaria e di polizia in materia penale.
Prima di ogni riunione del Consiglio europeo, i ministri degli esteri si riuniscono per decidere le linee generali dell'agenda e per intavolare negoziati esplorativi pre-vertice.
Il Consiglio ha tre sedi: Bruxelles (Belgio), Strasburgo (Francia) e Lussemburgo.

14.2.2 La Commissione

La Commissione europea è composta di un membro per ogni Stato, in carica per 5 anni. Ogni commissario, scelto in base alla sua competenza, ha responsabilità per un settore specifico.
Il presidente della Commissione è designato di comune accordo dai governi degli Stati membri e deve ottenere l'approvazione del parlamento. Oggi il presidente è la tedesca *Ursula von der Leyen*, il cui mandato ha avuto dal 1° dicembre 2019.
I membri della Commissione esercitano le loro funzioni in piena indipendenza dagli interessi dei governi nazionali, ma nell'interesse generale dell'Unione.
La Commissione si riunisce a Bruxelles una volta a settimana per adottare proposte, stilare documenti di politica generale e studiare l'evoluzione delle sue politiche. In particolare la Commissione gestisce il bilancio e attribuisce i finanziamenti, propone atti legislativi al parlamento e al Consiglio, vigila sull'applicazione del diritto dell'UE, rappresenta l'Unione Europea a livello internazionale, per esempio nei negoziati con Paesi terzi per la conclusione di accordi.

14.2.3 Il Parlamento

Il Parlamento europeo è composto di 754 membri (l'Italia ne ha 73) eletti a suffragio universale diretto da parte dei 500 milioni circa di abitanti dell'Unione. Ha sede a Strasburgo (in Francia). Le ultime elezioni europee si sono svolte nel giugno del 2019.
I suoi poteri, inizialmente deboli (di proposta e di semplice consultazione), sono stati rafforzati in seguito al trattato di Amsterdam e riguardano ora l'ambito legislativo, il controllo democratico su tutte le altre istituzioni dell'UE e il bilancio.

14.2.4 La Corte di giustizia

La Corte di giustizia assicura il rispetto del diritto nell'interpretazione e nell'applicazione dei trattati. Si compone di un giudice per ogni Stato membro e il suo compito è garantire che la legislazione dell'UE (il "diritto comunitario") sia interpretata e applicata allo stesso modo in tutti gli Stati membri. La Corte giudica sulle controversie fra Stati membri, istituzioni europee, imprese e normali citta-

dini. Le cause più comuni sulle quali la Corte deve pronunciarsi sono dei seguenti tipi:
- il *rinvio pregiudiziale*, quando i tribunali nazionali chiedono alla Corte di giustizia di interpretare un determinato punto del diritto dell'UE;
- il *ricorso per inadempimento*, presentato qualora uno Stato membro non applichi il diritto dell'UE;
- il *ricorso di annullamento*, presentato qualora si ritenga che il diritto dell'UE violi i trattati o i diritti fondamentali dell'UE;
- il *ricorso per carenza*, presentato qualora un'istituzione dell'UE si astenga dall'obbligo di prendere decisioni;
- *ricorsi diretti*, presentati da privati cittadini.

14.2.5 La Corte dei conti

La Corte dei conti è composta di un rappresentante per ciascuno Stato membro e svolge mansioni di controllo di tutte le entrate e le spese dell'Unione Europea. Per questo compito si avvale di circa 800 funzionari qualificati. La Corte dei conti presenta al Parlamento europeo e al Consiglio una dichiarazione in cui attesta o meno l'affidabilità dei conti e la legittimità e la regolarità delle relative operazioni. Non ha quindi poteri giuridici propri.

14.3 GLI STRUMENTI NORMATIVI

L'Unione Europea si fonda sul principio dello stato di diritto e cioè su *trattati* approvati liberamente e democraticamente da tutti i Paesi membri.
I **trattati istitutivi** sono la fonte primaria del diritto comunitario in quanto creati direttamente dagli Stati membri (*diritto comunitario primario*).
Il secondo livello (*diritto comunitario derivato*) è rappresentato dagli **atti giuridici**, che, per l'applicazione del trattato CE, sono: i regolamenti, le direttive, le decisioni, le raccomandazioni e i pareri.
La terza fonte sono i **trattati internazionali** che regolano i rapporti con i Paesi terzi (accordi commerciali, di associazione, di cooperazione).

14.3.1 Gli atti giuridici

I **regolamenti** sono strumenti normativi di portata generale. Sono:
- *obbligatori* per tutti gli Stati membri;
- *direttamente applicabili*, senza una legislazione nazionale di recepimento, anche se possono richiedere atti statali di adeguamento.

Le **direttive** sono invece vincolanti solo per quanto riguarda gli *obiettivi*, che devono essere recepiti nelle legislazioni nazionali. Tuttavia la definizione degli obiettivi può essere dettagliata a tal punto da lasciare margini minimi di manovra alle normative dei singoli Stati.
Le **decisioni** sono atti giuridici obbligatori, ma indirizzate a specifici destinatari; hanno quindi validità individuale. Le istituzioni della UE possono così esigere da singoli Stati, imprese o cittadini di procedere nel compimento di un'azione o di astenersi, di conferire diritti o imporre doveri.
Le **raccomandazioni** e i **pareri** sono atti giuridici non vincolanti. Le raccomandazioni suggeriscono al destinatario un determinato comportamento; i pareri sono emessi al fine di valutare una situazione determinata. Non essendo obbligatori, lo scopo delle raccomandazioni e dei pareri è di indurre un soggetto a trarre volontariamente deduzioni conformi agli indirizzi di tali atti giuridici.

14. L'UNIONE EUROPEA

QUESTIONARIO	IN SINTESI
1. In che modo si è arrivati all' "unificazione" europea?	Il Trattato di Roma del 1957 è l'elemento giuridico fondante dell'Unione Europea, che ha creato un mercato comune tra i Paesi fondatori, con l'abolizione dei dazi doganali, e avviato una politica comune nel settore commerciale, dell'agricoltura e della pesca, dell'ambiente ecc. Con il Trattato di Maastricht del 1992 sono state poste le basi per la creazione dell'Unione Europea, con obiettivi sempre più importanti: l'unione monetaria, la politica estera (PESC), la cooperazione in materia di giustizia e affari interni. La moneta unica ha libero corso dal 1° gennaio 2002, nei Paesi che vi sono ammessi.
2. Quali sono gli organi istituzionali dell'UE?	Il **Consiglio europeo** è formato dai capi di governo di ciascuno Stato membro e da rappresentanti a livello ministeriale abilitati a impegnare i rispettivi governi su un tema specifico (agricoltura, ambiente, politica estera ecc.). La **Commissione europea** è composta di un membro per ogni Stato. Ogni commissario, scelto in base alla sua competenza, ha responsabilità per un settore specifico. Il **Parlamento europeo** è composto di 754 membri eletti a suffragio universale diretto da parte dei 500 milioni circa di abitanti dell'Unione. Ha sede a Strasburgo (in Francia). La **Corte di giustizia** assicura il rispetto del diritto nell'interpretazione e nell'applicazione dei trattati. Si compone di un giudice per ogni Stato membro. La **Corte dei conti** è composta di un rappresentante per ciascuno Stato membro e svolge mansioni di controllo di tutte le entrate e le spese dell'Unione Europea.
3. Quali sono le fonti normative dell'UE?	I **trattati istitutivi** sono la fonte primaria del diritto comunitario in quanto creati direttamente dagli Stati membri. Il secondo livello normativo è rappresentato dai regolamenti, le direttive, le decisioni, le raccomandazioni e i pareri. Il terzo livello sono i trattati internazionali che regolano i rapporti con i Paesi terzi.

Parte seconda
Matematica finanziaria

15 Interesse semplice

- ✓ Introduzione
- ✓ Interesse semplice
- ✓ Montante semplice
- ✓ Montante semplice di rate costanti
- ✓ Calcolo del beneficio fondiario

15.1 INTRODUZIONE

15.1.1 La matematica finanziaria e l'estimo

Il denaro è un bene fruttifero che, col tempo, produce una certa quantità di altro denaro, detto *interesse*. Gli importi disponibili in tempi diversi hanno quindi anche un "valore" diverso, in funzione della quantità di interesse già maturato o che potrebbe maturare. Questo concetto è evidente al creditore, che si priva temporaneamente del suo denaro solo in cambio, *in futuro*, di una somma maggiore. Ed è evidente anche al debitore, che è disposto ad *anticipare* il pagamento di una somma dovuta solo a condizione di versare un importo scontato.

Date queste esigenze pratiche, la matematica finanziaria si occupa dei calcoli da eseguire per *somme di denaro disponibili in tempi diversi* ed elabora gli importi senza considerare le cause economiche o di altro tipo che ne possono far variare il valore (inflazione, rischio ecc.).

La matematica finanziaria è usata in tutti gli ambiti in cui vi sono movimenti di denaro: nell'attività bancaria, negli investimenti, nel commercio ecc. Nell'attività estimativa il perito usa la matematica finanziaria per riferire i dati monetari utilizzati nel procedimento al medesimo istante: il **momento della stima**.

15.1.2 Definizioni

Interesse, capitale, montante

L'**interesse** (I) è il prezzo che il debitore deve pagare al creditore per l'uso di una certa quantità di moneta detta **capitale** (C). Il pagamento dell'interesse può essere effettuato al momento della restituzione del capitale o a scadenze fisse (ogni anno, semestre ecc.). L'importo totale, costituito da capitale più interessi, è detto **montante** (M o C_n).

Il saggio

Il simbolo r
Il simbolo del saggio di interesse *r* tradizionalmente usato in estimo deriva dal termine inglese *ratio*, rapporto (tra interesse e capitale). È usato anche, in alternativa, il simbolo *i*.

Il **saggio** o **tasso** (r) è *l'interesse maturato da un euro nell'unità di tempo*, è pertanto l'unità di misura dell'interesse. Se, per esempio, un euro produce in un anno un interesse di 5 centesimi, il saggio di interesse è 0,05 o 5%.
Il saggio si dice *annuo* se si riferisce all'interesse maturato da un euro in un anno, *semestrale* in sei mesi ecc. Solitamente, se non meglio specificato, il saggio si intende annuo.

L'entità del saggio dipende da fattori economici come:
- la **durata** dell'impiego del capitale;
- il **rischio** che comporta il prestito o l'investimento;
- il **mercato,** cioè la domanda e l'offerta di denaro.

Dipende anche da fattori macroeconomici come la **politica monetaria** dell'Unione Europea governata dalla BCE, che regola i saggi di riferimento, e dall'**inflazione**.
Per questi motivi il saggio può variare nel tempo e nei diversi ambiti in cui sono richiesti i calcoli finanziari. La matematica finanziaria non considera però le cause economiche che determinano le variazioni dei saggi, ma applica un saggio determinato a priori come dato del problema.

Nei calcoli per scopi estimativi si fa spesso riferimento genericamente al **saggio commerciale**. Per questi scopi, se si ipotizza l'utilizzo di denaro proprio, il saggio di riferimento è quello netto medio dei depositi bancari o delle forme più comuni di risparmio a breve termine (es. BOT annuali); se si ipotizza l'uso di denaro avuto in prestito, il riferimento è ai tassi medi applicati dalle banche per il credito.

In estimo il saggio può avere poi particolari significati; in particolare il **saggio di capitalizzazione**, come si vedrà in seguito, è usato per determinare il valore di un bene che produce un reddito continuativo.

15.1.3 I regimi finanziari

L'interesse maturato nel tempo, con determinate scadenze, viene convertito in capitale e quindi produce a sua volta altro interesse. Un regime finanziario è dato dal *modo in cui l'interesse si converte in capitale*.

Si ha un regime finanziario di **interesse semplice** quando *l'interesse si somma al capitale che lo ha generato solo al momento della sua restituzione*, cioè al momento del pagamento del montante. L'interesse non produce a sua volta altro interesse e quindi è proporzionale solo al capitale iniziale: il suo incremento è lineare (*v.* figura 15.1).

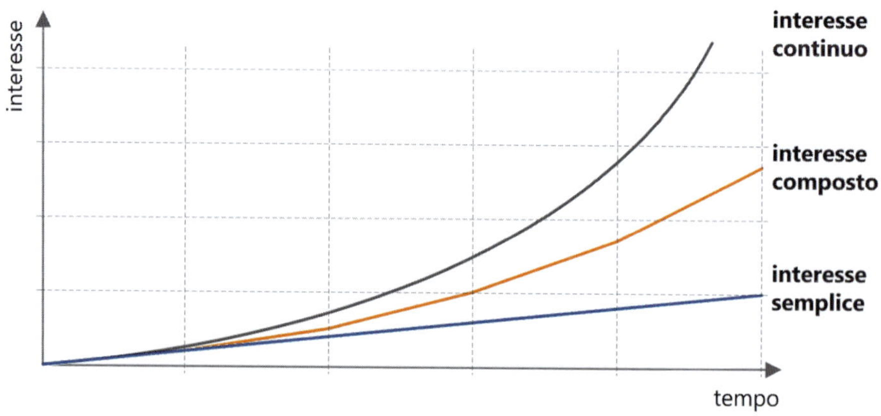

Figura 15.1
Regimi finanziari.

Viceversa si ha un regime finanziario di **interesse composto** quando *l'interesse maturato si somma con scadenze determinate al capitale che lo ha generato*, producendo a sua volta altro interesse. Se la conversione dell'interesse in capitale avviene una sola volta all'anno, si ha un regime di *interesse composto discontinuo annuo*; se la conversione avviene più volte in un anno si ha un regime di *interesse composto convertibile*.

Si ha infine un regime finanziario di **interesse continuo** o *matematico* se la conversione avviene nell'istante infinitesimale in cui l'interesse si forma.

In ambito estimativo sono applicati i regimi finanziari dell'interesse semplice e dell'interesse composto discontinuo annuo. L'interesse composto convertibile, più conveniente per il creditore, è in genere applicato nei prestiti (mutui, prestiti al consumo ecc.). L'interesse continuo ha solo un significato matematico e non ha utilità pratica.

15.2 INTERESSE SEMPLICE

Il tempo *n*
Il tempo viene indicato col simbolo *n* (e non *t*) per omogeneità con i capitoli successivi dove *n* è il numero di anni.

L'**interesse** (I) è direttamente proporzionale al **capitale** impiegato (C), al **saggio** annuo (r) e al **tempo** (n) di impiego secondo la relazione:

$$I = C\,r\,n \qquad [1]$$

Il *tempo* viene espresso in *anni* o frazioni di anno, cioè *giorni* o *mesi*.

I giorni possono essere riferiti all'*anno solare*, 365 giorni e 12 mesi di durata variabile, o all'*anno commerciale*, 360 giorni e 12 mesi di 30 giorni. Nei due casi la differenza di risultato è minima per cui, in ambito estimativo, si possono utilizzare entrambi.

ESEMPIO 15.1 INTERESSE SEMPLICE

1. *Tempo in mesi*

Calcolare l'interesse maturato da 2.400 € in 5 mesi al saggio annuo dell'1,5%.

$$I = 2.400 \times 0{,}015 \times \frac{5}{12} = 15{,}00$$

2. *Tempo in giorni, anno commerciale*

Calcolare l'interesse maturato da 6.700 € in 3 mesi e 12 giorni (r = 2%).

$$I = 6.700 \times 0{,}02 \times \frac{102}{360} = 37{,}97$$

3. *Tempo in giorni, anno solare*

Calcolare l'interesse maturato da 5.000 € dal giorno 8 febbraio al giorno 11 settembre al saggio annuo del 2,5%.

$$I = 5.000 \times 0{,}025 \times \frac{20+31+30+31+30+31+31+11}{365} = 73{,}63$$

15.3 MONTANTE SEMPLICE

Il **montante** (M) si ottiene sommando al *capitale iniziale* (C) *l'interesse* (I) da esso maturato (*v.* figura 15.2):

$$M = C + I$$

Sostituendo I con la formula [1] si ottiene:

$$M = C + C\,r\,n$$

MATEMATICA FINANZIARIA

da cui:

$$M = C\,(1 + r\,n) \qquad [2]$$

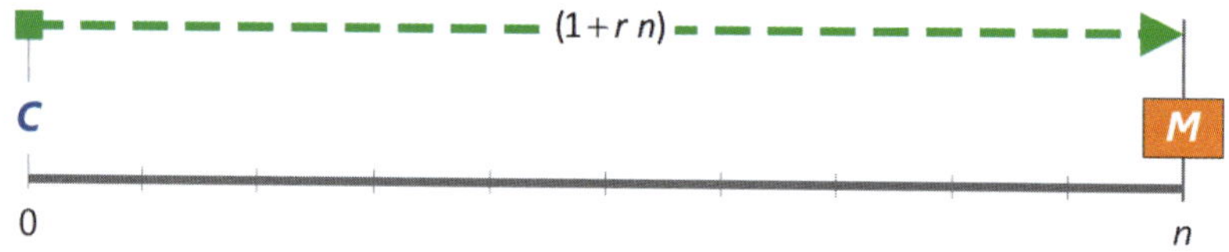

Figura 15.2
Calcolo del montante (posticipazione).

ESEMPIO 15.2 CALCOLO DEL MONTANTE

Calcolare il montante di 1.000 € dopo 3 mesi e 8 giorni al saggio annuo del 3,5%.

$$M = 1.000 \times \left(1 + 0{,}035 \times \frac{98}{360}\right) = 1.000 \times 1{,}009528 = 1.009{,}53$$

Formula inversa

Noti il montante, il tempo di impiego e il saggio, il **capitale iniziale** sarà dato da (utilizzando la formula [2]) (*v.* figura 15.3):

$$C = \frac{M}{1 + r\,n} \qquad [3]$$

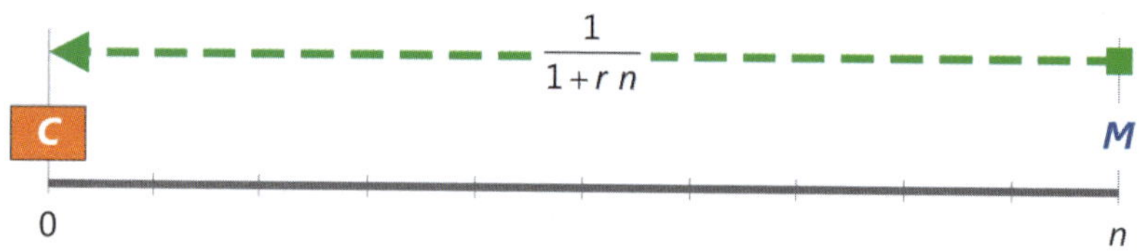

Figura 15.3
Calcolo del capitale (anticipazione).

ESEMPIO 15.3 RICERCA DEL CAPITALE

Calcolare il capitale che ha generato in 10 mesi e 18 giorni, al saggio del 3%, un importo di 5.800 €.

$$C = \frac{5.800}{1 + 0{,}03 \times \dfrac{318}{360}} = \frac{5.800}{1{,}0265} = 5.650{,}27$$

15.4 MONTANTE SEMPLICE DI RATE COSTANTI

15.4.1 Montante

Per *rendita frazionata* si intende una successione di capitali, dette *rate* (R), disponibili k volte in un anno a intervalli regolari. k sarà, per esempio, 12 per rendite mensili, 6 per rendite bimestrali e così via per rendite trimestrali, quadrimestrali e semestrali. Le rate possono essere pagate *anticipatamente* (all'inizio del mese, del bimestre ecc.) o *posticipatamente*.
Il montante totale si ottiene sommando i montanti delle singole rate, applicando la formula [2] (*v.* figura 15.4):

$$M = R\left(1 + r\,\frac{n_1}{12}\right) + R\left(1 + r\,\frac{n_2}{12}\right) + \ldots + R\left(1 + r\,\frac{n_k}{12}\right)$$

dove n_1, n_2 ecc. sono, per ogni rata, il numero di mesi mancanti al termine dell'anno. Raccogliendo si ottiene:

$$M = R\left(k + r\,\frac{\Sigma n_i}{12}\right) \qquad [4]$$

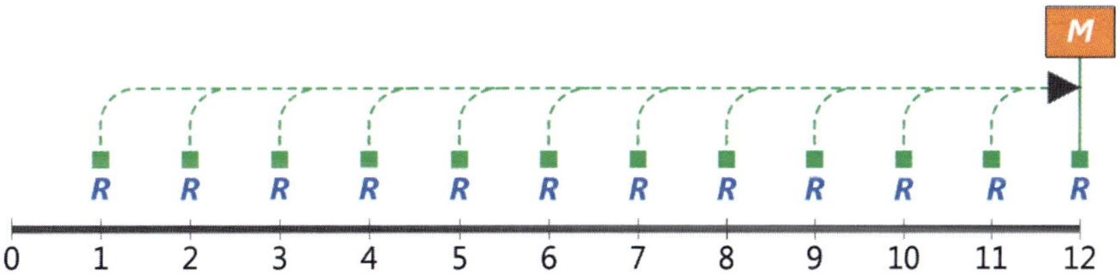

Figura 15.4
Montante di rate.

ESEMPIO 15.4 MONTANTE DI RATE

1. Calcolare il montante a fine anno di una rata mensile anticipata di 500 € (r = 2%).

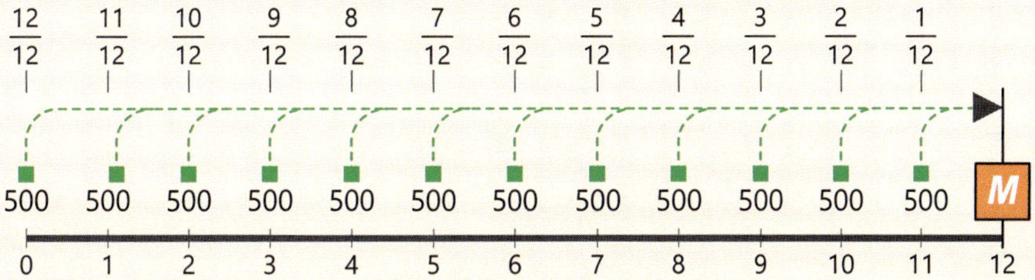

$$M = 500 \times \left(12 + 0{,}02 \times \frac{12+11+10+9+8+7+6+5+4+3+2+1}{12}\right) = 500 \times 12{,}13 = 6.065{,}00$$

2. Calcolare il montante a fine anno di una rata mensile posticipata di 500 € pagata per 6 mesi a partire da aprile (r = 2%).

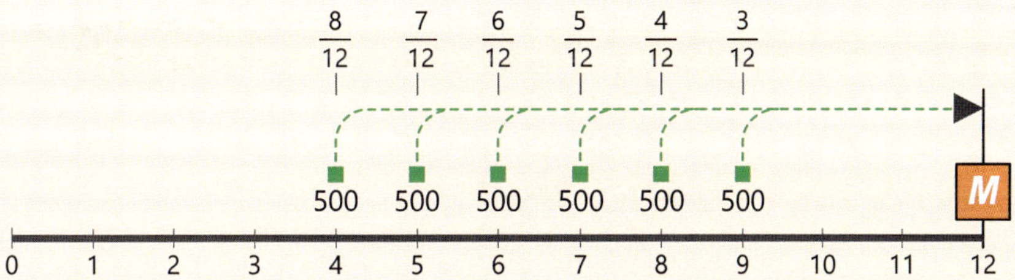

$$M = 500 \times \left(6 + 0{,}02 \times \frac{8+7+6+5+4+3}{12}\right) = 500 \times 6{,}055 = 3.027{,}50$$

Formula pratica

I mesi mancanti a fine anno, per ciascuna rata, sono in *progressione aritmetica*, in cui è costante la differenza, detta *ragione*, tra due termini consecutivi. Applicando le proprietà delle progressioni aritmetiche alla formula [4] si ricava la seguente espressione:

Dimostrazione matematica della formula pratica

$$M = R\left(k + r\,\frac{k \pm 1}{2}\right) \qquad [5]$$

dove il segno ± sarà + per le *rate anticipate* e – per le *rate posticipate*.

Questa formula non richiede il calcolo di Σn_i ed è quindi utile in pratica per la rapidità del calcolo. Può essere usata però solo se la progressione copre tutti i 12 mesi dell'anno.

ESEMPIO 15.5 **MONTANTE DI RATE**

Calcolare il montante a fine anno di una rata mensile anticipata di 500 € (r = 2%).

$$M = 500 \times \left(12 + 0{,}02 \times \frac{12+1}{2}\right) = 500 \times 12{,}13 = 6.065{,}00$$

15.4.2 Calcolo della rata

Noto il montante a fine anno, l'importo della **rata** si ottiene dalla formula [5]:

$$R = \frac{M}{k + r\,\dfrac{k \pm 1}{2}} \qquad [6]$$

ESEMPIO 15.6 **RICERCA DELLA RATA**

Calcolare la rata mensile posticipata che, al saggio annuo del 4%, dà a fine anno un importo di 10.000 €.

$$R = \frac{10.000}{12 + 0{,}04 \times \dfrac{12-1}{2}} = \frac{10.000}{12{,}22} = 818{,}33$$

DA RICORDARE SEMPRE

REGOLA 1

Si possono sommare o sottrarre fra di loro SOLO importi riferiti allo stesso istante. Importi esigibili in tempi diversi devono ancora maturare o scontare gli interessi e quindi non si possono considerare omogenei.

REGOLA 2

Nel calcolo del montante il tempo da considerare inizia da quando il capitale è fruttifero e cioè da quando è esigibile, fino al termine del periodo di utilizzo. Se per esempio un importo è pagabile tra 2 mesi e si vuole calcolare il montante a fine anno, il tempo è 10 mesi (12 – 2).

REGOLA 3

Un importo **mediamente anticipato** si intende pagato a metà dell'anno.

REGOLA 4

La rata (mensile, trimestrale, annua ecc.), se non è diversamente specificato, si intende posticipata.

15.5 CALCOLO DEL BENEFICIO FONDIARIO

Per scopi estimativi non di rado è necessario calcolare il beneficio fondiario capitalizzabile e cioè il **reddito netto annuo ordinario posticipato** ritraibile dal *proprietario che dà in locazione un immobile* (fabbricato o terreno). Si ottiene detraendo dal *reddito lordo totale* (*Rlt*) le *spese a carico del proprietario* (*Sp*):

$$Bf = Rlt - Sp$$

Il reddito lordo

Il **reddito lordo totale** (***Rlt***), o **reddito padronale lordo** (***Rpl***) secondo una vetusta ma comune terminologia catastale, si ottiene *sommando alle rate del canone gli interessi da esse maturati*. È quindi il montante semplice delle rate.
Il dato iniziale del problema, per il calcolo del reddito lordo, può essere il canone annuo o la rata, come segue.

A) È dato il canone annuo

Per esempio il testo riporta che "*il canone è da pagarsi in rate...*". Si dovrà calcolare prima la rata (*v.* figura 15.5):

$$R = \frac{Ca}{k}$$

dove *Ca* è il canone annuo e *k* il numero di rate.

Nota la rata, il reddito lordo si ottiene con la formula del montante semplice di rate, formula [5] (o formula [4] se le rate non sono continue tutto l'anno):

$$Rlt = \frac{Ca}{k}\left(k + r\,\frac{k \pm 1}{2}\right)$$

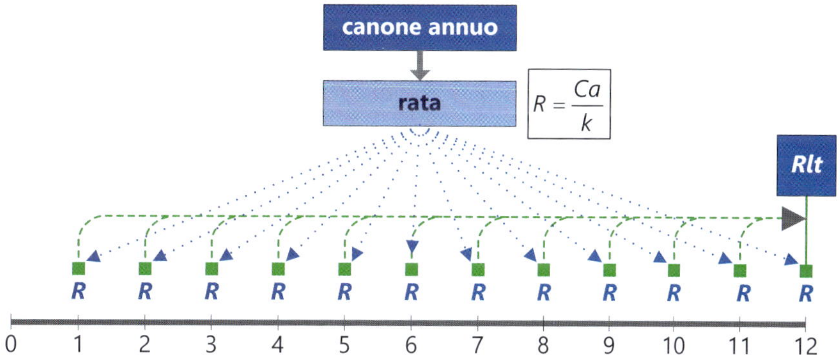

Figura 15.5
Montante delle rate del canone.

B) È data la rata

In questo caso, essendo già nota la rata, si potrà applicare subito la formula [5]:

$$Rlt = R\left(k + r\,\frac{k \pm 1}{2}\right)$$

Le spese

Le spese annue a carico del proprietario (o "spese di parte padronale") sono di solito indicate, in matematica finanziaria, come *incidenza sul canone annuo* (30÷60%). È quindi necessario calcolare questo importo come segue.

A) È dato il canone annuo. Si applica subito la percentuale:

$$Sp = Ca \times \%\ \text{spese}$$

B) È data la rata del canone. Si calcolerà prima il canone annuo, moltiplicando l'importo del canone per il numero di rate, e quindi si applicherà la percentuale di incidenza:

$$Sp = R \times k \times \%\ \text{spese}$$

L'importo annuo delle spese così ottenuto (A o B) potrà essere pagato con diverse modalità, come segue.

1) Unico importo posticipato

Se le spese sono posticipate (*v.* figura 15.6), possono essere subito detratte dal reddito lordo per ottenere il beneficio fondiario:

$$Bf = Rlt - Sp$$

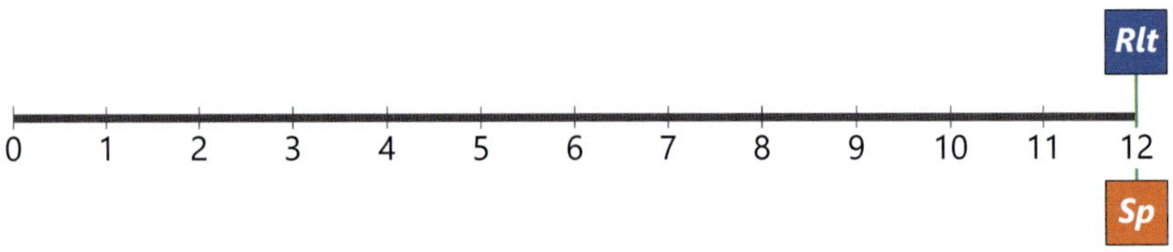

Figura 15.6
Spese posticipate.

2) Unico importo anticipato

Le spese si possono considerare mediamente anticipate (a metà dell'anno) o in un momento qualsiasi dell'anno (*v.* figura 15.7). In questo caso si dovrà eseguire la posticipazione a fine anno con la formula [2]:

$$Sp' = Sp\,(1 + r\,n)$$

e quindi

$$Bf = Rlt - Sp'$$

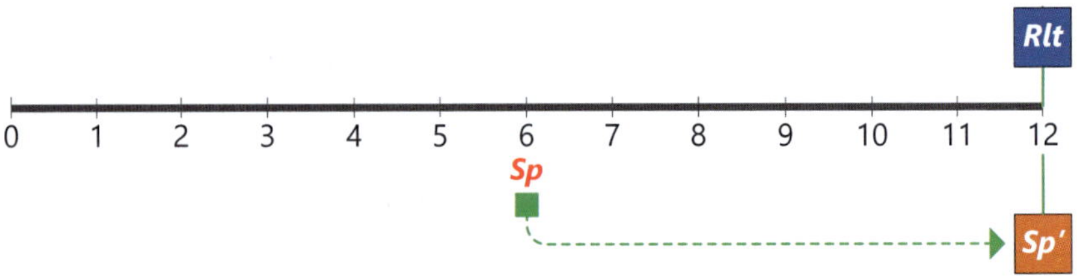

Figura 15.7
Spese mediamente anticipate nell'anno.

3) Rate costanti

La spesa annua dovrà essere prima suddivisa in rate:

$$R_{sp} = \frac{Sp}{k}$$

dove k è il numero di rate.

Se per esempio le spese sono pagate con rate semestrali anticipate (*v.* figura 15.8, $k = 2$) e quindi si calcolerà il montante delle rate delle spese:

$$Sp' = R_{Sp}\left(k + r\,\frac{k \pm 1}{2}\right)$$

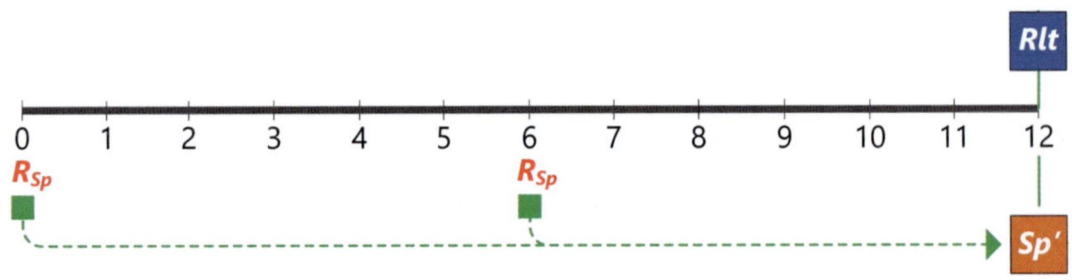

Figura 15.8
Spese in 2 rate semestrali anticipate.

4) Più importi variabili

Le spese possono essere date da importi variabili nel corso dell'anno. Per esempio il 60% delle spese sono pagate a fine maggio e il 40% a fine novembre (*v.* figura 15.9). Ogni importo dovrà essere allora posticipato a fine anno con la formula [2].

$$Sp' = Sp \times 60\% \times \left(1 + r\frac{7}{12}\right) + Sp \times 40\% \times \left(1 + r\frac{1}{12}\right)$$

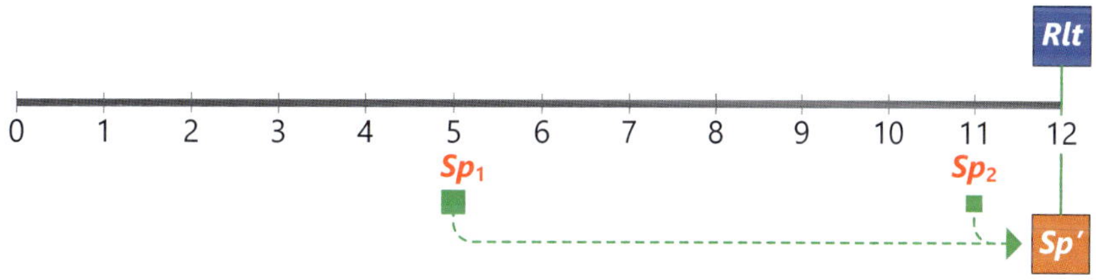

Figura 15.9
Spese con importi variabili.

ESERCIZI FACILITATI

1. Dati i seguenti importi: 3.000 € tra 2 mesi e 1.500 € tra 8 mesi. Calcolare gli importi esigibili a fine anno ($r = 2{,}5\%$).

$$3.000 \times \left(1 + 0{,}025 \times \frac{\quad}{12}\right) = 3.062{,}5$$

$$1.500 \times \left(1 + 0{,}025 \times \frac{\quad}{12}\right) = 1.512{,}5$$

2. Si deve pagare una rata mensile anticipata di 900 € per un anno. Calcolare l'importo pagabile tra 6 mesi in sostituzione delle 12 rate mensili ($r = 2\%$).

Accumulazione delle rate mensili a fine anno:

$$900 \times \left(\quad + 0{,}02 \times \frac{\qquad}{2}\right) = 10.917{,}00$$

Anticipazione a 6 mesi:

$$\frac{10.917}{\quad + 0{,}02 \times \frac{\quad}{12}} = 10.808{,}91$$

3. Un appartamento è locato per un canone annuo di 9.000 € da pagarsi in rate mensili posticipate. Le spese a carico del proprietario sono pari al 45% del canone, da considerarsi mediamente anticipate. Calcolare il reddito netto annuo posticipato del proprietario (beneficio fondiario) ($r = 1{,}4\%$).

Montante delle rate del canone a fine anno:

$$\quad \times \left(12 + 0{,}014 \times \frac{\qquad}{\;}\right) = 9.057{,}75$$

Montante delle spese a fine anno:

$$9.000 \times 45\% \times \left(\quad + 0{,}014 \times \frac{\quad}{12}\right) = 4.078{,}35$$

Reddito netto annuo posticipato:

$9.057{,}75 - 4.078{,}35 =$

ATTIVITÀ PRATICHE E DI VERIFICA

ESERCIZI DA SVOLGERE

Interesse

15.1 Calcolare l'interesse maturato da:
- 500 € in 8 mesi ($r = 2{,}5\%$);
- 5.000 € in 10 mesi e 18 giorni ($r = 4\%$);
- 2.000 € in 1 anno ($r = 6\%$).

[8,33; 174,25; 120,00]

15.2 Si sono acquistati titoli per un importo di 10.000 €. Dopo 6 mesi, con la restituzione del capitale, sono stati pagati 186 € di interessi. A quale saggio è avvenuto l'investimento?

[3,72%]

15.3 Un capitale di 98.000 € produce a fine anno un interesse, al saggio annuo pari al 2,5%, di 2.250 €. Quanti giorni prima è stato versato?

[335 gg]

15.4 Un capitale versato a fine gennaio ha prodotto a fine anno, al saggio del 2,8%, un interesse di 3.890 €. Qual è l'importo versato?

[151.558,44]

15.5 Per il ritardo di 68 giorni nel pagamento di una bolletta vengono addebitati 2,60 € di interessi passivi, applicando un saggio di mora del 5%. Qual è l'importo della bolletta?

[279,12]

15.6 Un capitale di 3.000 € versato alla fine di maggio produce a fine anno un interesse di 62,36 €. A quale saggio è stato impiegato?

[3,56%]

15.7 Il prezzo di acquisto di un'automobile è di 18.000 €. Viene pagato oggi un acconto di 3.000 €. Tra un anno sarà pagato un importo di 5.000 €. Qual è l'importo da pagare a saldo, alla consegna, tra 4 mesi ($r = 7{,}5\%$)?

[10.613,10]

15.8 Si dispone a inizio anno di 9.870 € e si versano a fine giugno 17.000 €. A fine anno vengono liquidati interessi per 865 €. Che saggio è stato applicato?

[4,71%]

Montante

15.9 Ho un debito da pagare oggi di 10.000 €. Chiedo e ottengo dal creditore di posticipare il pagamento di 6 mesi. Quanto dovrò pagare al saggio del 4%:

[10.200,00]

15.10 Calcolare il montante a fine anno dei seguenti importi:
- 5.500 € versato a fine marzo ($r = 3{,}5\%$);
- 1.350 € versato il 18 luglio ($r = 2{,}1\%$).

[5.644,38; 1.362,89]

15.11 Tizio è debitore di 14.834 € da pagare a fine gennaio e di 6.852 € da pagare a fine ottobre. Calcolare l'importo pagabile a metà dell'anno per estinguere entrambi i debiti ($r = 2{,}8\%$).

[21.795,70]

15.12 Tizio presenta alla banca per lo sconto i seguenti effetti:
- 2.400 € con scadenza fra 87 giorni;
- 7.350 € con scadenza fra 198 giorni;
- 1.385 € con scadenza fra 222 giorni.

Calcolare l'importo totale liquidato oggi dalla banca al saggio del 4,2%.

[10.912,98]

15.13 Un importo di 7.300 € è pagabile a fine anno. Qual è, al saggio del 3,5%, l'importo pagabile oggi (19 aprile)?

[7.125,09]

15.14 È disponibile nel conto corrente un importo di 4.654 € al 30 giugno.
Si effettuano i seguenti versamenti:
- 2.500 € al 20 ottobre;
- 7.320 € al 14 novembre

e si effettuano i seguenti prelievi:
- 1.600 € al 5 agosto;
- 4.600 € al 13 settembre.

Calcolare l'importo disponibile a fine anno ($r = 0{,}6\%$).

[8.284,56]

15.15 Il sig. Rossi è debitore oggi verso il sig. Bianchi di 5.300 € e il sig. Bianchi è debitore verso il sig. Rossi:
- tra 2 mesi di 9.100 €;
- tra 8 mesi di 3.500 €.

Calcolare l'importo che il sig. Bianchi deve pagare a saldo tra 6 mesi ($r = 1{,}2\%$).

[7.297,61]

15.16 Si intende affrontare, fra un anno, una spesa di 7.650 €. A tale scopo si depositano in banca, fruttiferi per un saggio annuo del 2,6%, i seguenti importi:
- 1.300 € tra 2 mesi;
- 600 € tra 6 mesi;
- 800 € tra 8 mesi.

Calcolare quanto si deve versare oggi per poter disporre a fine anno della cifra desiderata.

[4.782,75]

15.17 Si dispone oggi di 20.000 €. Al saggio del 3,52%, dopo quanto tempo si disporrà di 500 € in più?

[259 gg]

15.18 Un importo di 95.000 €, pagabile a fine anno, viene liquidato il 30 settembre con un importo di 93.886,58 €. Qual è il saggio applicato?

[4,71%]

Rate

15.19 Si vuol costituire tra un anno una somma di 5.000 €. Qual è la rata bimestrale anticipata da versare da oggi per ottenere l'importo desiderato ($r = 4,5\%$)?

[812,02]

15.20 Per un prestito di 15.000 €, avuti oggi, vengono richieste 12 rate mensili posticipate al saggio del 5,2%, a partire da oggi. Qual è l'importo di ogni rata?

[1.284,39]

15.21 Viene richiesto oggi un prestito di 10.000 € che si dovrebbe estinguere in 12 rate mensili posticipate di 870 €. Qual è il saggio applicato?

[8,44%]

15.22 In sostituzione di una rata mensile anticipata di 500 € da pagare per un anno si vogliono versare nello stesso periodo due rate semestrali posticipate. Qual è l'importo della rata ($r = 2\%$)?

[3.017,41]

15.23 Si depositano al termine di ogni mese 500 €. Nei primi 5 mesi il deposito è fruttifero per un saggio annuo del 2,5% e nella restante parte dell'anno per un saggio annuo del 2,3%. Qual è l'importo totale disponibile a fine anno?

[6.067,00]

15.24 Per un prestito ottenuto oggi di 4.700 €, da estinguere in un anno, vengono pagate 3 rate bimestrali posticipate di 800 € e successivamente 3 rate bimestrali di 850 €. Con quale saggio è avvenuto il prestito?

[9,3%]

15.25 Si dispone oggi di 5.000 € e tra 3 mesi si riscuoterà un credito di 3.200 €. Qual è la rata mensile anticipata che si dovrà versare a partire da oggi per avere a fine anno la disponibilità di 15.000 € ($r = 1,8\%$)?

[550,20]

15.26 In sostituzione dei seguenti crediti:
- 2.000 € con scadenza tra 80 giorni,
- 1.600 € con scadenza tra 5 mesi,
- 1.900 € con scadenza tra 1 anno,

si chiede di ricevere una rata trimestrale posticipata di 1.000 € e la rimanenza a fine anno. Stabilito un saggio del 3%, calcolare l'importo che il debitore dovrà versare a saldo (a fine anno).

[1.529,85]

15.27 Tizio è debitore di 4.900 €, da pagarsi tra 157 giorni, e creditore, nei confronti della stessa persona, dei seguenti importi:
- 500 € da pagarsi tra 2 mesi;
- 2.500 € da pagarsi tra 7 mesi.

Qual è la rata mensile posticipata da pagare a partire da oggi per un anno per saldare ogni pendenza ($r = 4\%$)?

[159,85]

15.28 Il canone annuo di locazione di un appartamento di 8.400 € viene pagato in rate mensili anticipate. A quanto ammonta a fine anno l'importo totale disponibile per il proprietario che ha subito reso fruttifere le rate versate al saggio del 2,5%?

[8.513,75]

Calcolo del beneficio fondiario

15.29 Il canone di locazione di un immobile è una rata mensile anticipata di 718 €. Le spese annue a carico del proprietario sono pari al 40% del canone annuo, da considerarsi mediamente anticipate. Calcolare il reddito netto annuo posticipato del proprietario (r = 2,5%).

[5.243,20]

15.30 Il canone annuo di locazione di un immobile ammonta a 9.600 €, da pagarsi in rate trimestrali anticipate. Le spese annue sono pari al 37,5% del canone, da considerarsi in due semestralità posticipate. Calcolare il reddito netto annuo posticipato del proprietario (r = 2%).

[6.102,00]

15.31 Un immobile viene affittato per un canone annuo di 4.300 € da pagarsi con due semestralità anticipate. Le spese a carico del proprietario sono pari al 24% del canone, da considerarsi mediamente anticipate.
Calcolare il beneficio fondiario (r = 0,5%).

[3.281,54]

15.32 Un immobile viene affittato per un canone quadrimestrale anticipato di 1.800 €. Le spese annue a carico del proprietario ammontano a 850 € a fine giugno e a 700 € a fine novembre.
Calcolare il beneficio fondiario (r = 0,7%).

[3.871,82]

15.33 Con la gestione di un immobile si ottengono i seguenti ricavi:
- 5.300 € mensilmente in tutto l'anno;
- 2.450 € nei mesi di maggio, giugno, luglio e agosto;
- 6.300 € a fine giugno;
- 4.450 € a fine settembre.

Le spese a carico del proprietario ammontano al 92% del prodotto lordo totale, da considerarsi mediamente anticipate.
Calcolare il beneficio fondiario (r = 0,8%).

[6.445,47]

15.34 Il canone annuo di locazione di un immobile ammonta a 9.600 €, da pagarsi in rate trimestrali anticipate. Le spese annue sono pari al 37,5% del canone, da considerarsi in due semestralità posticipate. Calcolare il reddito netto annuo posticipato del proprietario (r = 2%).

[6.102,00]

15.35 Una casa al mare viene locata mensilmente per i seguenti importi:
- gennaio 700 €;
- febbraio 600 €;
- giugno 1.400 €;
- luglio 2.000 €;
- settembre 1.300 €;
- dicembre 800 €.

Le spese a carico del proprietario sono pari a 700 € da pagarsi a fine giugno e a 600 € a fine novembre. Calcolare il reddito netto del proprietario a fine anno (r = 4,5%).

[5.617,01]

15.36 Una casa in montagna viene locata mensilmente per i seguenti importi:
- gennaio 1.800 €;
- febbraio 1.600 €;
- luglio 1.900 €;
- agosto 2.500 €;
- settembre 1.000 €;
- dicembre 1.300 €.

A quale importo si potrebbe locare l'appartamento, per un canone annuo da pagarsi a inizio anno, per avere lo stesso reddito lordo annuo (r = 1,5%)?

[10.022,54]

16 Interesse composto

✓ Montante composto
✓ Interesse composto

16.1 MONTANTE COMPOSTO

16.1.1 Montante

Nel regime finanziario dell'interesse composto discontinuo annuo l'interesse maturato si somma al capitale che lo ha generato al termine di ogni anno; si applica quindi per tempi maggiori di un anno.
Il montante composto può essere calcolato utilizzando la formula [2] del montante semplice, ponendo il tempo $n = 1$,

$$M = C\,(1 + r)$$

e aggiornando al termine di ogni anno il capitale iniziale. Si otterrà così, di anno in anno (*v.* figura 16.1):

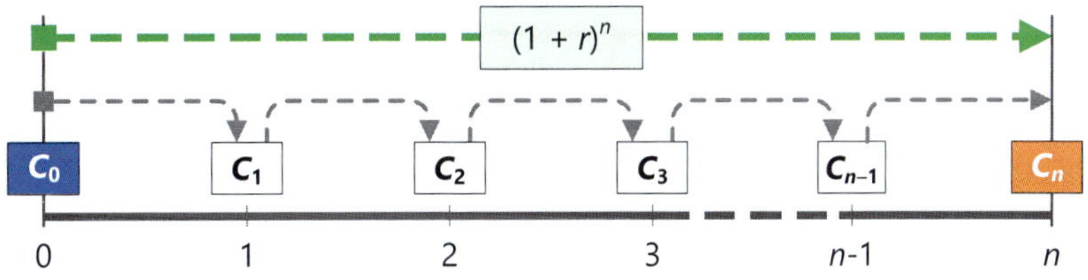

Figura 16.1
Montante composto.

$C_1 = C_0\,(1 + r)$

$C_2 = C_1\,(1 + r) = C_0\,(1 + r)\,(1 + r) = C_0\,(1 + r)^2$

$C_3 = C_2\,(1 + r) = C_0\,(1 + r)^2\,(1 + r) = C_0\,(1 + r)^3$

$C_4 = \ldots$ ecc.

Per cui si può scrivere la relazione:

$$\boxed{C_n = C_0\,(1 + r)^n}$$ [7]

e ponendo $(1 + r) = q$:

$$C_n = C_0\, q^n \qquad [8]$$

C_n è il montante all'anno n;
q è il **montante unitario** e rappresenta il *montante di un euro in un anno*;
q^n è invece il **fattore di capitalizzazione composta** e rappresenta il montante a interesse composto di un euro impiegato per n anni al saggio annuo r.

ESEMPIO 16.1 MONTANTE COMPOSTO DISCONTINUO ANNUO

Dato un importo attuale di 6.000 €, qual è l'importo pagabile fra 3 anni al saggio annuo del 2,8%?

$C_3 = 6.000 \times (1 + 0{,}028)^3 = 6.000 \times 1{,}086374 = 6.518{,}24$

16.1.2 Capitale iniziale

Noto il montante (C_n), cioè il capitale futuro, il capitale attuale (C_0) è ottenuto con la formula inversa (*v.* figura 16.2):

$$C_0 = \frac{C_n}{q^n} \qquad [9]$$

oppure:

$$C_0 = C_n\, q^{-n}$$

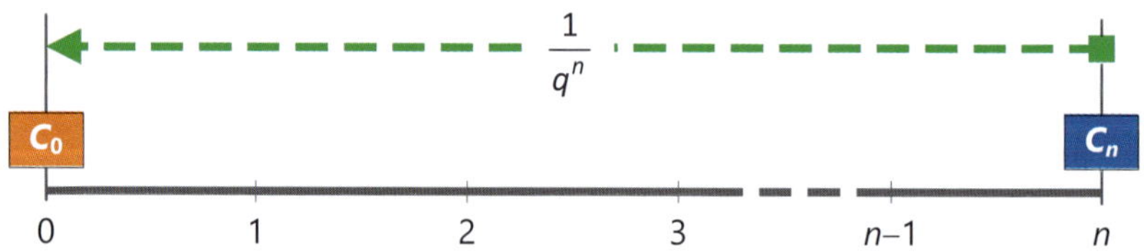

Figura 16.2
Capitale iniziale.

ESEMPIO 16.2 RICERCA DEL CAPITALE INIZIALE

Un importo di 5.000 € è pagabile fra 3 anni. Al saggio annuo del 2,5%, qual è l'importo pagabile oggi?

$$C_0 = \frac{5.000}{1{,}025^3} = \frac{5.000}{1{,}07689} = 4.643{,}00$$

oppure:

$C_0 = 5.000 \times (1 + 0{,}025)^{-3} = 5.000 \times 0{,}928599 = 4.643{,}00$

16.2 INTERESSE COMPOSTO

L'interesse si ricava dalla differenza tra il montante ottenuto dopo n anni e il capitale iniziale impiegato:

$$I = C_n - C_0$$

Sostituendo C_n con la [8] si ottiene:

$$I = C_0\, q^n - C_0$$

da cui

$$I = C_0\,(q^n - 1) \qquad [10]$$

ESEMPIO 16.3 **INTERESSE COMPOSTO**

Qual è l'interesse maturato da 1.200 € in 3 anni (r = 3,25%)?

$I = 1.200 \times (1{,}0325^3 - 1) = 1.200 \times 0{,}100703 = 120{,}84$

ESERCIZI FACILITATI

Completare i dati mancanti e verificare i risultati usando la calcolatrice, un foglio elettronico di calcolo o il programma AmiMate.

1. Sono debitore tra un anno di 25.000 € e creditore nei confronti della stessa persona, fra 6 anni, di 30.000 €. Calcolare l'importo da versare a saldo fra 3 anni (r = 3,5%).

Importo del debito alla fine del 3° anno:

25.000 × = 26.780,63

Importo del credito alla fine del 3° anno:

30.000 : = 27.058,28

Saldo:

– = 277,66

E5 | f_x =E4-E3

	A	B	C	D	E
1	Al 3° anno:				
2		r	n	q^n	Importi
3	25.000,00	3,5%	2	1,071225	26.780,63
4	30.000,00	3,5%	-3	0,901943	27.058,28
5	Saldo				**277,66**

2. Dati i seguenti importi:
- 3.300 € oggi;
- 1.700 € tra 2 anni e mezzo.

Calcolare l'importo totale esigibile alla fine del 5° anno ($r = 2{,}2\%$).

$3.300 \times \quad = 3.679{,}33$

$1.700 \times (1 + 0{,}022 \times \quad) \times \quad = 1.795{,}15$

Totale: ....

G3 | f_x =A3*E3*F3

	A	B	C	D	E	F	G
1	Al 5° anno:						
2		*r*	*mesi*	*n*	(1+*r*×*m*/12)	q^n	Importi
3	3.300,00	2,2%	0	5	1,000000	1,114948	3.679,33
4	1.700,00	2,2%	6	2	1,011000	1,044484	1.795,15
5	Saldo						**5.474,48**

3. Si devono pagare 15.000 € fra tre anni. Si decide di estinguere il debito pagando una rata mensile posticipata per un anno a partire da oggi. Calcolare la rata ($r = 3\%$).

Importo dovuto tra un anno:

$$\frac{15.000}{\quad} = 14.138{,}94$$

Importo della rata mensile:

$$\frac{\quad}{\quad + 0{,}03 \times \quad} = 1.162{,}26$$

4. Un investimento di 5.000 € rende un saggio netto del 3,2%. Dopo quanto tempo avrà maturato un interesse pari alla metà del suo importo? Si esegua il grafico dell'interesse maturato.

Con un foglio elettronico, dopo 13 anni:

B17 | f_x =(1+$B$2)^A17

	A	B	C	D
1	Importo	5.000,00		
2	Saggio	3,20%		
3				
4	**n anni**	**Coefficiente di posticipazione**	**Montante**	**Interesse maturato**
5	1	1,032000	5.160,00	160,00
6	2	1,065024	5.325,12	325,12
7	3	1,099105	5.495,52	495,52
8	4	1,134276	5.671,38	671,38
9	5	1,170573	5.852,86	852,86
10	6	1,208031	6.040,16	1.040,16
11	7	1,246688	6.233,44	1.233,44
12	8	1,286582	6.432,91	1.432,91
13	9	1,327753	6.638,76	1.638,76
14	10	1,370241	6.851,21	1.851,21
15	11	1,414089	7.070,44	2.070,44
16	12	1,459340	7.296,70	2.296,70
17	**13**	**1,506038**	**7.530,19**	**2.530,19**
18	14	1,554232	7.771,16	2.771,16

ESERCIZI DA SVOLGERE

16.1 Siano dati i seguenti importi:
- 20.000 € pagabili oggi;
- 12.750 € pagabili a fine anno;
- 25.000 € pagabili fra 2 anni.

Calcolare l'importo totale pagabile fra 3 anni (r = 3,5%).

[61.707,48]

16.2 Siano dati i seguenti importi:
- 2.440 € fra 1 anno e 7 mesi;
- 8.250 € fra 2 anni;
- 900 € fra 3 anni;
- 2.000 € fra 3 anni e mezzo.

Calcolare l'importo totale pagato alla fine del 4° anno (r = 2%).

[14.081,03]

16.3 Siano dati i seguenti importi:
- 4.040 € fra 11 mesi;
- 2.500 € fra 1 anno e 247 giorni;
- 9.000 € fra 2 anni;
- 6.000 € fra 4 anni.

Calcolare l'importo da pagare oggi per estinguere ogni pagamento futuro (r = 2,5%).

[20.349,97]

16.4 Siano dati i seguenti importi:
- 500 € mensili posticipati da oggi per un anno;
- 600 € mensili posticipati nel secondo anno;
- 10.000 € a metà del terzo anno;
- 12.000 € alla fine del quarto anno.

Calcolare l'importo da pagare oggi per estinguere ogni pagamento futuro (r = 3,5%).

[32.353,77]

16.5 Per l'acquisto di un immobile sono stati pattuiti i seguenti pagamenti:
- 80.000 € tra 6 mesi;
- 50.000 € tra 2 anni;
- 70.000 € tra 3 anni.

Calcolare l'importo da pagare tra un anno, in un'unica soluzione, per estinguere ogni pagamento previsto (r = 1,5%).

[197.807,41]

16.6 Per l'edificazione di un fabbricato si spendono:
- oggi 1.000.000 di €;
- mensilmente nel secondo anno 60.000 €;
- mensilmente nel terzo anno 110.000 €.

A quanto si dovrà vendere l'immobile fra 3 anni affinché ci sia un utile d'impresa (r = 2%)?

[> 3.134.440,00]

16.7 Dati i seguenti importi:
- 18.600 € fra 1 anno;
- 14.200 € fra 7 anni;
- 28.500 € fra 12 anni.

Calcolare l'importo totale pagabile alla fine del 5° anno (r = 3%).

[57.492,43]

16.8 Siano dati i seguenti crediti:
- 2.000 € tra 1 anno;
- 4.000 € tra 4 anni;
- 2.000 € tra 5 anni.

Si ottiene il pagamento in rate trimestrali anticipate a partire da oggi per un anno. Calcolare la rata (r = 2%).

[1.880,74]

16.9 Si vuole costituire un capitale di 45.000 € fra 4 anni. Si dispone oggi di 9.000 €. Fra un anno si verseranno 11.000 € e fra due 14.000 €. Qual è l'importo da versare fra tre anni (r = 1,8%)?

[9.057,96]

16.10 Per un prestito di 100.000 € avvenuto oggi verranno pagati 40.000 € tra 2 anni e 40.000 € tra 4 anni. Per il debito residuo viene concordato il pagamento di una rata mensile posticipata da pagare nel 2° anno. Al saggio del 2,3%, qual è l'importo della rata?

[2.179,63]

16.11 Siano dati i seguenti importi:
- 5.000 € pagabili fra un anno;
- 8.200 € pagabili fra un anno e mezzo;
- 6.100 € pagabili fra 4 anni.

Si vogliono estinguere i pagamenti con una rata quadrimestrale anticipata da pagare nel corso del secondo anno. Al saggio del 2,6%, qual è l'importo della rata?

[6.301,23]

16.12 Sia dato un capitale di 10.000 € impiegato al saggio del 2%. Dopo quanti anni si potrà disporre di un importo raddoppiato?

[35 anni]

16.13 Un capitale di 20.000 € in 15 anni ha prodotto un montante di 30.000 €. A quale saggio è stato impiegato?

[2,74%]

16.14 Per un prestito di 10.000 €, concesso 4 anni fa, viene pagato oggi a saldo un importo di 11.500 €. Qual è il saggio applicato?

[3,56%]

17 Annualità

- ✓ Annualità limitate
- ✓ Reintegrazione
- ✓ Ammortamento
- ✓ Annualità illimitate

17.1 ANNUALITÀ LIMITATE

Per **annualità** (a) si intende *un importo pagabile* o *esigibile costantemente ogni anno*.

Le annualità possono essere:

- *limitate*, se si ripetono per un numero limitato di anni;
- *illimitate*, se si ripetono per un numero illimitato di anni.

Nell'ambito di ogni anno le annualità possono essere:

- *anticipate*, se sono pagate all'inizio di ogni anno;
- *posticipate*, se sono pagate alla fine di ogni anno;
- *mediamente anticipate*, se sono pagate a metà di ogni anno.

Se non diversamente specificato, l'annualità si intende in genere posticipata.

17.1.1 Accumulazione finale

Annualità posticipate

L'accumulazione finale delle annualità, in regime di interesse composto discontinuo annuo, avviene applicando la formula [8] (*v.* figura 17.1):

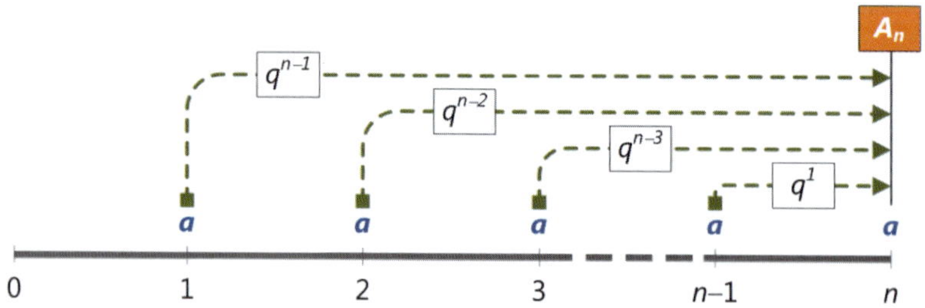

Figura 17.1
Accumulazione finale di annualità limitate.

$$A_n = a\,q^{n-1} + a\,q^{n-2} + \ldots + a\,q^1 + a$$

$$A_n = a\,(q^{n-1} + q^{n-2} + \ldots + q + 1)$$

Nella formula precedente i termini entro parentesi formano una *progressione geometrica* di ragione q. La *ragione* è il risultato costante del rapporto tra due termini qualsiasi consecutivi. La somma dei termini di una progressione geometrica è data dall'*ultimo termine* (il termine più grande) *per la ragione meno il primo termine, diviso la ragione meno il primo termine*:

$$A_n = a\frac{q^{n-1}q-1}{q-1} = a\frac{q^n-1}{1+r-1}$$

da cui (*v.* esempio 17.1):

$$A_n = a\frac{q^n-1}{r} \qquad [11]$$

ESEMPIO 17.1 ACCUMULAZIONE FINALE DI UN'ANNUALITÀ LIMITATA POSTICIPATA

Calcolare l'accumulazione finale di un'annualità posticipata di 500 € che si ripete costantemente per 10 anni da oggi (r = 1,5%).

$$A_{10} = 500 \times \frac{1{,}015^{10}-1}{0{,}015} = 500 \times 10{,}702722 = 5.351{,}36$$

Annualità anticipate o mediamente anticipate

L'accumulazione delle annualità anticipate o mediamente anticipate si effettua posticipando l'annualità a fine anno e quindi applicando la formula [11].
L'annualità anticipata viene posticipata a fine anno con il coefficiente:

$$\left(1+r\frac{12}{12}\right) = q$$

L'annualità mediamente anticipata viene posticipata a fine anno con il coefficiente:

$$\left(1+r\frac{6}{12}\right)$$

E quindi dalla [11] si ottengono le formule che seguono.

Annualità anticipata (*v.* esempio 17.2):

$$A_n = a\,q\,\frac{q^n-1}{r} \qquad [12]$$

Annualità mediamente anticipata:

$$A_n = a\left(1+r\frac{6}{12}\right)\frac{q^n-1}{r} \qquad [13]$$

ESEMPIO 17.2 ACCUMULAZIONE FINALE DI UN'ANNUALITÀ LIMITATA ANTICIPATA

Calcolare l'accumulazione finale di un'annualità anticipata di 500 € che si ripete costantemente per 10 anni da oggi (r = 1,5%).

$$A_{10} = 500 \times 1{,}015 \times \frac{1{,}015^{10}-1}{0{,}015} = 500 \times 1{,}015 \times 10{,}702722 = 5.431{,}63$$

17.1.2 Accumulazione iniziale

L'accumulazione iniziale si ottiene anticipando, con il coefficiente $\frac{1}{q^n}$ (*v.* formula [9]), l'accumulazione finale delle annualità (*v.* figura 17.2):

$$A_0 = \frac{A_n}{q^n}$$

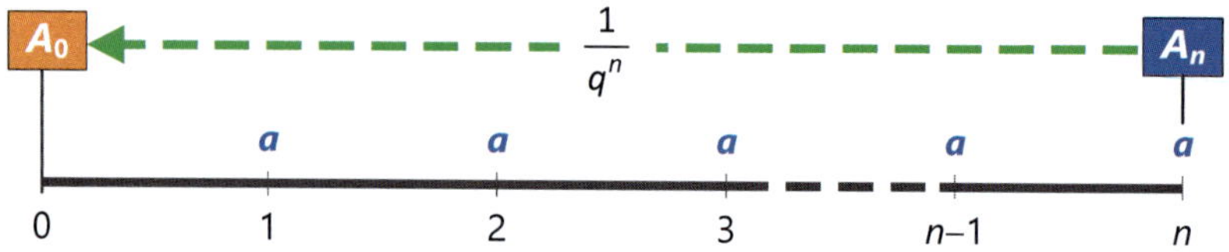

Figura 17.2
Accumulazione iniziale di annualità limitate.

Sostituendo A_n con le formule [11], [12] e [13] si ottengono le formule che seguono (*v.* esempio 17.3).

Annualità posticipate:

$$A_0 = a\frac{q^n - 1}{r\,q^n} \qquad [14]$$

Annualità anticipate:

$$A_0 = a\,q\frac{q^n - 1}{r\,q^n} \qquad [15]$$

Annualità mediamente anticipate:

$$A_0 = a\left(1 + r\frac{6}{12}\right)\frac{q^n - 1}{r\,q^n} \qquad [16]$$

ESEMPIO 17.3 ACCUMULAZIONE INIZIALE DI ANNUALITÀ LIMITATE

Calcolare l'accumulazione iniziale di un'annualità di 500 € che si ripete costantemente per 10 anni (r = 2%).

Annualità posticipata:

$$A_0 = 500 \times \frac{1{,}02^{10} - 1}{0{,}02 \times 1{,}02^{10}} = 500 \times 8{,}9826 = 4.491{,}29$$

Annualità anticipata:

$$A_0 = 500 \times 1{,}02 \times \frac{1{,}02^{10} - 1}{0{,}02 \times 1{,}02^{10}} = 500 \times 1{,}02 \times 8{,}9826 = 4.581{,}12$$

Annualità mediamente anticipata:

$$A_0 = 500 \times \left(1 + 0{,}02 \times \frac{6}{12}\right) \times \frac{1{,}02^{10} - 1}{0{,}02 \times 1{,}02^{10}} = 500 \times 1{,}01 \times 8{,}9826 = 4.536{,}21$$

17.1.3 Accumulazione in un anno qualsiasi

Data un'annualità limitata, si potrà ottenere l'accumulazione in un anno qualsiasi. Tale anno può essere (*v.* figura 17.3):
- anteriore all'annualità (A);
- intermedio all'annualità (B);
- posteriore all'annualità (C).

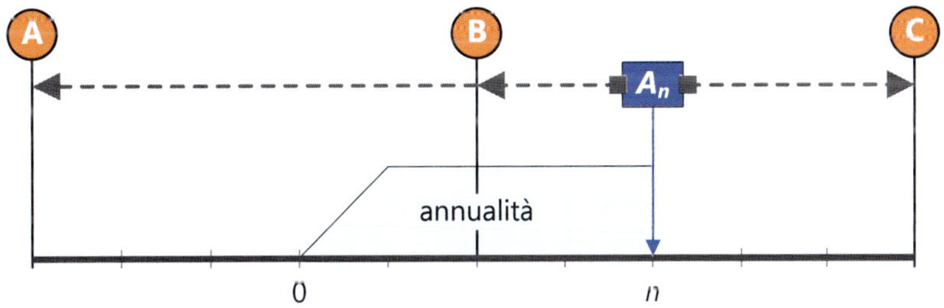

Figura 17.3
Accumulazione in un anno qualsiasi.

In questi casi si dovrà (*v.* esempio 17.4):
- accumulare l'annualità alla fine (A_n) con la formula [11];
- posticipare con la formula [8] o anticipare con la formula [9] l'accumulazione totale all'anno desiderato.

ESEMPIO 17.4 ACCUMULAZIONE DI UN'ANNUALITÀ LIMITATA

Data un'annualità posticipata di 4.800 € dal 3° all'8° anno, calcolare l'accumulazione all'anno 0, al 5° e al 10° anno (r = 2%).

Accumulazione finale dell'annualità (A_n):

$$A_n = 4.800 \times \frac{1,02^6 - 1}{0,02} = 4.800 \times 6,3081 = 30.278,98$$

Anticipazione all'**anno 0** (A):

$$A_0 = 30.278,98 \times \frac{1}{1,02^8} = \frac{30.278,98}{1,171659} = 25.842,82$$

Anticipazione all'**anno 5** (B):

$$A_5 = 30.278,98 \times \frac{1}{1,02^3} = \frac{30.278,98}{1,0612} = 28.532,56$$

Posticipazione all'**anno 10** (C):

$$A_{10} = 30.278,98 \times 1,02^2 = 30.278,98 \times 1,04 = 31.502,25$$

17.1.4 Ricerca dell'annualità

Nota l'accumulazione finale o quella iniziale è possibile, applicando le formule inverse, calcolare l'annualità (*v.* esempio 17.5 e 17.6)

Dall'accumulazione finale

Ricerca dell'**annualità posticipata**. Dalla formula [11]:

$$a = A_n \frac{r}{q^n - 1} \qquad [17]$$

MATEMATICA FINANZIARIA

Ricerca dell'**annualità anticipata**. Dalla formula [12]:

$$a = A_n \frac{1}{q} \cdot \frac{r}{q^n - 1} \qquad [18]$$

Ricerca dell'**annualità mediamente anticipata**. Dalla formula [13]:

$$a = A_n \frac{1}{1 + r\frac{6}{12}} \cdot \frac{r}{q^n - 1} \qquad [19]$$

ESEMPIO 17.5 RICERCA DELL'ANNUALITÀ A PARTIRE DALL'ACCUMULAZIONE FINALE

Calcolare la rata annua da versare a partire da oggi per ottenere tra 15 anni un importo di 50.000 € (r = 2,5%).

Annualità posticipata:

$$a = 50.000 \times \frac{0,025}{1,025^{15} - 1} = 50.000 \times 0,055766 = 2.788,32$$

Annualità anticipata:

$$a = 50.000 \times \frac{1}{1,025} \times \frac{0,025}{1,025^{15} - 1} = 50.000 \times 0,976 \times 0,055766 = 2.720,31$$

Annualità mediamente anticipata:

$$a = 50.000 \times \frac{1}{1 + 0,025 \times \frac{6}{12}} \times \frac{0,025}{1,025^{15} - 1} = 50.000 \times 0,988 \times 0,055766 = 2.753,90$$

Dall'accumulazione iniziale

Ricerca dell'**annualità posticipata**. Dalla formula [14]:

$$a = A_0 \frac{r q^n}{q^n - 1} \qquad [20]$$

Ricerca dell'**annualità anticipata**. Dalla formula [15]:

$$a = A_0 \frac{1}{q} \cdot \frac{r q^n}{q^n - 1} \qquad [21]$$

Ricerca dell'**annualità mediamente anticipata**. Dalla formula [16]:

$$a = A_0 \frac{1}{1 + r\frac{6}{12}} \cdot \frac{r q^n}{q^n - 1} \qquad [22]$$

ESEMPIO 17.6 **RICERCA DELL'ANNUALITÀ A PARTIRE DALL'ACCUMULAZIONE INIZIALE**

Calcolare la rata annua da versare per restituire in 15 anni un capitale di 50.000 € (r = 3%).

Annualità posticipata:

$$a = 50.000 \times \frac{0,03 \times 1,03^{15}}{1,03^{15} - 1} = 50.000 \times 0,083767 = 4.188,33$$

Annualità anticipata:

$$a = 50.000 \times \frac{1}{1,03} \times \frac{0,03 \times 1,03^{15}}{1,03^{15} - 1} = 50.000 \times 0,970874 \times 0,083767 = 4.066,34$$

Annualità mediamente anticipata:

$$a = 50.000 \times \frac{1}{1 + 0,03 \times \frac{6}{12}} \times \frac{0,03 \times 1,03^{15}}{1,03^{15} - 1} = 50.000 \times 0,985222 \times 0,083767 = 4.126,43$$

17.1.5 Ricerca del saggio

Il problema della ricerca del saggio riveste una notevole importanza pratica: consente, per esempio, di valutare l'onerosità di un prestito.
Noti il capitale iniziale e la rata da pagare, la ricerca del saggio r può avvenire a partire dall'equazione (*v.* formula [14]):

$$A_0 = a \frac{(1+r)^n - 1}{r(1+r)^n}$$

Si ottiene quindi un'equazione di grado n che, per essere risolta, se non si dispone di un calcolatore già programmato, richiede calcoli lunghi e complicati.
Con l'utilizzo delle tavole finanziarie si può invece ottenere immediatamente un saggio orientativo e, con una semplice interpolazione, il saggio esatto. Si veda l'esempio 17.7.

ESEMPIO 17.7 **RICERCA DEL SAGGIO**

Una banca effettua un prestito di 10.000 € da restituire in 5 rate annue posticipate di 2.788 €. Qual è il saggio applicato?

Dalla formula [14] si ottiene:

$$\frac{A_0}{a} = \frac{q^n - 1}{r\,q^n} \quad \text{e quindi} \quad \frac{10.000}{2.788} = \frac{q^5 - 1}{r\,q^5} = 3,58680057$$

Dalle *tavole finanziarie* (o utilizzando un foglio elettronico di calcolo) si ricavano i coefficienti $\frac{q^n - 1}{r\,q^n}$ più prossimi a 3,5868006 per $n = 5$:

r (%)	$\frac{q^n - 1}{r\,q^n}$
12,0	3,6047762
x	**3,5868006**
12,5	3,5605683

per cui si può già dire che il saggio è compreso tra il 12 e il 12,5%.

Per calcolare il saggio esatto occorre interpolare i coefficienti impostando la seguente proporzione:

(12 – 12,5) : (3,6047762 – 3,5605683) = (12 – x) : (3,6047762 – 3,5868006)

$$\frac{-0,5}{0,0442079} = \frac{12-x}{0,0179756}$$

$$12 - x = \frac{-0,5}{0,0442079} \times 0,0179756$$

$x = 0,2 + 12 = 12,2$ (%)

17.1.6 Ricerca del tempo

Noti l'*accumulazione finale*, la rata annua da pagare e il saggio, la ricerca del numero di anni può avvenire a partire dalla formula [11], da cui si ricava:

$$\frac{A_n}{a} = \frac{q^n - 1}{r}$$

Dalle tavole finanziarie, noto il rapporto $\frac{A_n}{a}$, si ricava il numero di anni in corrispondenza del coefficiente $\frac{q^n - 1}{r}$ più prossimo (*v.* esempio 17.8).

In modo analogo si procede se è nota l'accumulazione iniziale (A_0).

ESEMPIO 17.8 RICERCA DEL TEMPO

Per acquistare un immobile (prezzo 400.000 €) si accantona ogni anno un importo di 10.000 €. Per quanto tempo dovrà essere fatto l'accantonamento per avere la cifra necessaria ($r = 4\%$)?

$$\frac{A_n}{a} = \frac{q^n - 1}{r} = \frac{400.000}{10.000} = 40$$

Dalle tavole finanziarie si ricavano i coefficienti $\frac{q^n - 1}{r}$ più prossimi a 40 per r = 4%:

n	$\frac{q^n - 1}{r}$
24	39,0826
x	**40,0000**
25	41,6459

Il coefficiente più prossimo a 40 è 39,0826 per $n = 24$. Interpolando:

(x – 24) : (40 – 39,0826) = (25 – 24) : (41,6459 – 39,0826)

$$x - 24 = \frac{(40 - 39,0826) \times (25 - 24)}{41,6459 - 39,0826} = \frac{0,9174}{2,5633} = 0,35789802$$

$x = 24 + 0,35789802 = 24,36$ anni

17.2 REINTEGRAZIONE

La quota di reintegrazione è **la cifra da accantonare ogni anno per costituire in *n* anni un capitale futuro**. Tale capitale può essere il valore di un bene mobile, come una macchina, o di un immobile, come un fabbricato, utilizzati in un ciclo produttivo.

Il *capitale da ricostituire* è il valore a nuovo del bene (*valore iniziale*, V_i) meno il valore al termine della sua durata economica (*valore finale* o di recupero, V_f) (*v.* figura 17.4).

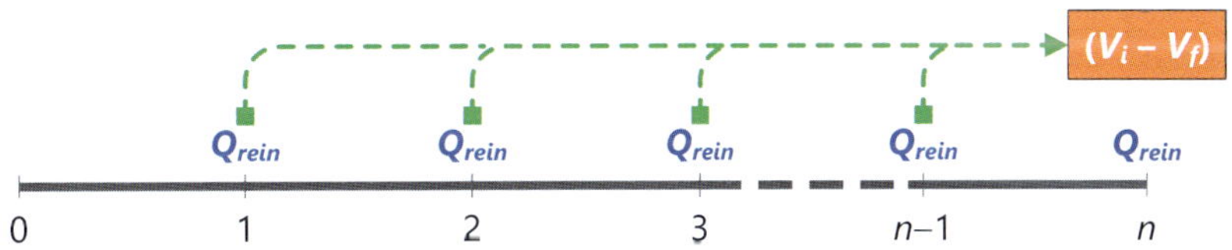

Figura 17.4
Quota di reintegrazione.

$$Q_{rein} = \left(V_i - V_f\right)\frac{r}{q^n - 1} \qquad [23]$$

La *durata* dell'accantonamento dipende dalla longevità economica del bene: pochi anni per macchine di rapida obsolescenza, molti anni per i fabbricati.

Dal punto di vista matematico i problemi relativi al calcolo della quota di reintegrazione (o dell'ammortamento dei capitali avuti in prestito) sono riconducibili ai problemi di ricerca dell'annualità: la quota di reintegrazione non è altro che l'annualità in grado di costituire in n anni un capitale pari a A_n (*v.* formula [17] ed esempi 17.9 e 17.10):

ESEMPIO 17.9 CALCOLO DELLA QUOTA DI REINTEGRAZIONE DI UN'AUTOMOBILE

Valore iniziale:	30.000 €
Valore finale:	7.500 €
Durata economica:	8 anni
Saggio di interesse:	2,5%

$$Q_{rein} = (30.000 - 7.500) \times \frac{0,025}{1,025^8 - 1} = 22.500 \times 0,114467 = 2.575,52$$

pari all'8,6% sul valore a nuovo.

ESEMPIO 17.10 CALCOLO DELLA QUOTA DI REINTEGRAZIONE DI UN FABBRICATO

Valore a nuovo:	500 €/m³
Valore finale:	0
Durata economica:	80 anni
Saggio di interesse:	1,5%

$$Q_{rein} = (500 - 0) \times \frac{0,015}{1,015^{80} - 1} = 500 \times 0,00654832 = 3,27\ €/m^3$$

pari allo 0,82% sul valore a nuovo.

17.3 AMMORTAMENTO

La quota annua di ammortamento (Q_{amm}) è **la cifra da pagare ogni anno per estinguere in *n* anni un debito**.

Dato quindi l'importo attuale del debito, la quota di ammortamento è l'annualità che, accumulata all'attualità, restituisce il capitale avuto in prestito (*v.* figura 17.5). Si applica quindi la formula inversa [20] (*v.* esempio 17.11):

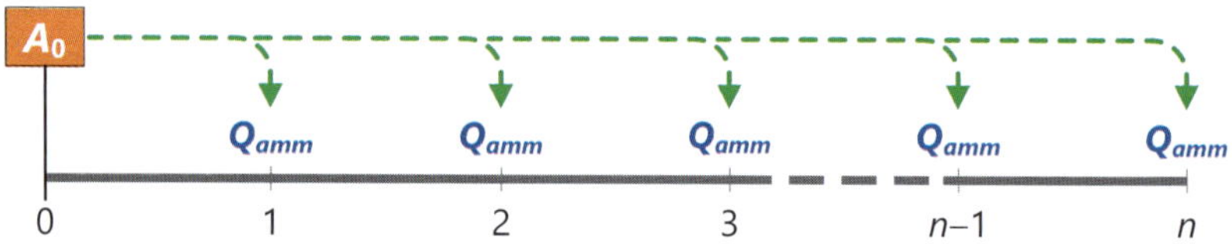

Figura 17.5
Quota di ammortamento.

$$Q_{amm} = A_0 \frac{r\,q^n}{q^n - 1} \qquad [24]$$

ESEMPIO 17.11 CALCOLO DELLA QUOTA DI AMMORTAMENTO

Sia da estinguere un debito di 40.000 € in 15 rate annuali posticipate (r = 3,0%).

Rata annua costante di ammortamento:

$$a = 40.000 \times \frac{0{,}03 \times 1{,}03^{15}}{1{,}03^{15} - 1} = 40.000 \times 0{,}083767 = 3.350{,}66$$

17.3.1 Piano di ammortamento con rate annue

Il piano di ammortamento mette in evidenza, separatamente, la quota di debito estinto e gli interessi pagati. Serve in pratica per calcolare il debito residuo dopo aver pagato *n* rate quando si vuole estinguere anticipatamente un mutuo. Infatti ciascuna **rata costante** di ammortamento comprende una porzione del capitale da restituire (**quota-capitale**) e una porzione degli interessi gravanti sul prestito (**quota-interessi**).

Con i dati dell'esempio 17.12 si può notare che, per estinguere un debito di 40.000 €, sono stati pagati: 50.259,90 € (3.350,66 × 15 rate).

La differenza (50.259,90 – 40.000 = 10.259,90 €) sono gli interessi pagati complessivamente in 15 anni.

Per calcolare la quota interessi e la quota capitale il metodo più utilizzato per ogni tipo di prestito è quello **francese**, basato sul pagamento di una quota-interessi proporzionale al capitale ancora da estinguere. Ne consegue che questa quota sarà massima per la prima rata e minima per l'ultima; viceversa la quota-capitale sarà minima inizialmente e aumenterà di rata in rata (*v.* ancora l'esempio). Pertanto l'estinzione anticipata di un mutuo può essere conveniente se questi interessi sono in gran parte ancora da pagare e cioè nei primi anni; successivamente questa convenienza viene meno.

La convenienza di un'estinzione anticipata, parziale o totale, deve essere comunque valutata in funzione dei possibili impieghi alternativi del capitale, rispetto al tasso del mutuo e alla possibilità di detrarre gli interessi dall'IRPEF.

ESEMPIO 17.12 PIANO DI AMMORTAMENTO CON RATE ANNUE

Debito:	40.000 €
Numero di annualità:	15
Tasso di interesse:	3,0%

Anno	Rata annua			Debito	
	Totale	Q/interessi	Q/capitale	Estinto	Residuo
0					40.000,00
1	3.350,66	1.200,00	2.150,66	2.150,66	37.849,34
2	3.350,66	1.135,48	2.215,18	4.365,85	35.634,15
3	3.350,66	1.069,02	2.281,64	6.647,48	33.352,52
4	3.350,66	1.000,58	2.350,09	8.997,57	31.002,43
5	3.350,66	930,07	2.420,59	11.418,16	28.581,84
6	3.350,66	857,46	2.493,21	13.911,37	26.088,63
7	3.350,66	782,66	2.568,00	16.479,38	23.520,62
8	3.350,66	705,62	2.645,04	19.124,42	20.875,58
9	3.350,66	626,27	2.724,40	21.848,82	18.151,18
10	3.350,66	544,54	2.806,13	24.654,94	15.345,06
11	3.350,66	460,35	2.890,31	27.545,26	12.454,74
12	3.350,66	373,64	2.977,02	30.522,28	9.477,72
13	3.350,66	284,33	3.066,33	33.588,61	6.411,39
14	3.350,66	192,34	3.158,32	36.746,93	3.253,07
15	3.350,66	97,59	3.253,07	40.000,00	0

La *quota-interessi* viene calcolata sul debito residuo:

- anno 1: 40.000 × 0,03 = 1.200
- anno 2: 37.849,34 × 0,03 = 1.135,48 ecc.

La *quota-capitale* si ottiene dalla differenza tra la quota costante e la quota-interessi:

- anno 1: 3.350,66 – 1.200,00 = 2.150,66
- anno 2: 3.350,66 – 1.135,48 = 2.215,18 ecc.

17.3.2 Piano di ammortamento con rate frazionate

Per il piano di ammortamento con rate (R) a **scadenza frazionata** (tipicamente rate mensili) si applica la seguente formula (*v.* formula [44], par. 19.4.3):

$$R = A_0 \frac{\frac{r}{k}\left(1+\frac{r}{k}\right)^{kn}}{\left(1+\frac{r}{k}\right)^{kn}-1}$$

dove k è il numero di rate pagate nell'anno.

Questa formula è di notevole importanza pratica in quanto consente di calcolare (e verificare) l'importo della rata nei prestiti al consumo (ormai un'abitudine nel comportamento di molte persone) e nei prestiti erogati dalle banche per i mutui fondiari.

ESEMPIO 17.13 PIANO DI AMMORTAMENTO CON RATE FRAZIONATE

Prestito al consumo per l'acquisto di un'automobile con rate mensili per 3 anni.

Debito finanziato:	8.000 €
Numero di mensilità:	36
Tasso di interesse:	6,8%

Rata mensile di ammortamento:

$$R = 8.000 \times \frac{\frac{0,068}{12} \times \left(1 + \frac{0,068}{12}\right)^{12\times3}}{\left(1 + \frac{0,068}{12}\right)^{12\times3} - 1} = 246,29$$

N. rata	Rata			Debito	
	Totale	Interessi	Capitale	Estinto	Residuo
0					8.000,00
1	246,29	45,33	200,95	200,95	7.799,05
2	246,29	44,19	202,09	403,04	7.596,96
3	246,29	43,05	203,24	606,28	7.393,72
4	246,29	41,90	204,39	810,67	7.189,33
5	246,29	40,74	205,55	1.016,21	6.983,79
6	246,29	39,57	206,71	1.222,93	6.777,07
7	246,29	38,40	207,88	1.430,81	6.569,19
8	246,29	37,23	209,06	1.639,87	6.360,13
9	246,29	36,04	210,25	1.850,11	6.149,89
10	246,29	34,85	211,44	2.061,55	5.938,45
11	246,29	33,65	212,63	2.274,19	5.725,81
12	246,29	32,45	213,84	2.488,02	5.511,98
13	246,29	31,23	215,05	2.703,08	5.296,92
14	246,29	30,02	216,27	2.919,35	5.080,65
15	246,29	28,79	217,50	3.136,84	4.863,16
16	246,29	27,56	218,73	3.355,57	4.644,43
17	246,29	26,32	219,97	3.575,54	4.424,46
18	246,29	25,07	221,21	3.796,75	4.203,25
19	246,29	23,82	222,47	4.019,22	3.980,78
20	246,29	22,56	223,73	4.242,95	3.757,05
21	246,29	21,29	225,00	4.467,94	3.532,06
22	246,29	20,01	226,27	4.694,21	3.305,79
23	246,29	18,73	227,55	4.921,77	3.078,23
24	246,29	17,44	228,84	5.150,60	2.849,39
25	246,29	16,15	230,14	5.380,75	2.619,25
26	246,29	14,84	231,44	5.612,19	2.387,81
27	246,29	13,53	232,75	5.844,95	2.155,05
28	246,29	12,21	234,07	6.079,02	1.920,98
29	246,29	10,89	235,40	6.314,42	1.685,58
30	246,29	9,55	236,73	6.551,16	1.448,84
31	246,29	8,21	238,08	6.789,23	1.210,77
32	246,29	6,86	239,42	7.028,66	971,34
33	246,29	5,50	240,78	7.269,44	730,56
34	246,29	4,14	242,15	7.511,58	488,42
35	246,29	2,77	243,52	7.755,10	244,90
36	246,29	1,39	244,90	8.000,00	0,00

Dopo aver pagato 20 rate (per esempio) il debito residuo ammonta a 3.757,05 €.

Per calcolare *quota-interessi* tra due rate consecutive si applica la seguente formula (*v.* formula [39], par. 19.2):

$$I = C_0\left[\left(1+\frac{r}{k}\right)^1 - 1\right]$$

La quota-interessi viene calcolata sul debito residuo:

rata 1: $8.000{,}00 \times \left[\left(1+\frac{0{,}068}{12}\right)-1\right] = 45{,}33$

rata 2: $7.799{,}05 \times \left[\left(1+\frac{0{,}068}{12}\right)-1\right] = 44{,}19$

ecc.

La *quota-capitale* si ottiene dalla differenza tra la quota costante e la quota-interessi.

17.4 ANNUALITÀ ILLIMITATE

L'annualità illimitata è un importo costante che si ripete per un numero di anni che tende a essere uguale a infinito. Non è perciò possibile, per questo tipo di annualità, calcolare l'accumulazione finale.

Le annualità illimitate hanno una notevole importanza in estimo in quanto consentono di determinare il valore di un bene immobile accumulando all'attualità i redditi futuri. L'annualità è rappresentata dal reddito netto ordinario (*Bf*) prodotto da un fabbricato o da un terreno (*valore di capitalizzazione*).

17.4.1 Accumulazione iniziale

Ponendo $n = \infty$, la formula [14] diventa (*v.* figura 17.6):

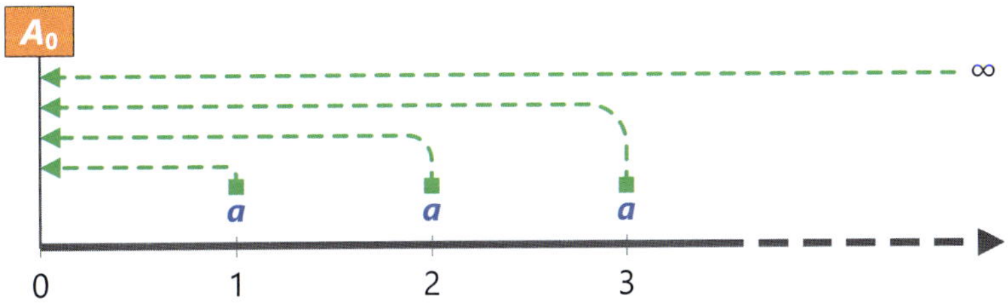

Figura 17.6
Accumulazione iniziale di annualità illimitate.

$$A_0 = \lim_{n\to\infty} a\,\frac{q^n-1}{r\,q^n} = \lim_{n\to\infty} a\,\frac{q^n\left(1-\frac{1}{q^n}\right)}{r\,q^n} = \lim_{n\to\infty} a\,\frac{1-\frac{1}{q^n}}{r} = a\,\frac{1-0}{r} =$$

$$\boxed{A_0 = \frac{a}{r}} \qquad [25]$$

ESEMPIO 17.14 ACCUMULAZIONE INIZIALE DI UN'ANNUALITÀ ILLIMITATA

Calcolare l'accumulazione iniziale di una rata annua illimitata di 6.000 € (r = 1,85%).

$$V = \frac{6.000}{0{,}0185} = 324.324{,}32$$

ESERCIZI FACILITATI

Completare i dati mancanti e verificare i risultati usando la calcolatrice, un foglio elettronico di calcolo o il programma AmiMate.

1. Dato un importo annuo di 1.200 € esigibile dal 3° al 10° anno, calcolare (in sostituzione dell'annualità) l'importo totale pagabile tra 6 anni (r = 2%).

Accumulazione dell'annualità al 10° anno:

$$A_{10} = 1.200 \times \frac{1,02\quad}{\quad} = 10.299,56$$

Importo pagabile al 6° anno:

$$\frac{1}{\quad} = 9.515,20$$

F6	=A6*C6*E6				
A	**B**	**C**	**D**	**E**	**F**
Saggio		2,0%			
Montante unitario		1,02			
Accumulazione all'anno		6			
Annualità	Numero di annualità	Coefficiente accumulazione	Anni post./ant.	Coefficiente post./ant.	Prodotto
1.200,00	8	8,582969	-4	0,923845	9.515,20

2. Un immobile è affittato per un canone trimestrale anticipato di 6.800 €. Le spese annue a carico del proprietario ammontano a 7.850 €, da considerarsi mediamente anticipate. Calcolare il reddito netto posticipato maturato in 6 anni (r = 3%).

Accumulazione delle rate a fine anno (reddito lordo):

$$6.800 \times \left(\quad + 0,03 \times \frac{\quad}{2} \right) = 27.710,00$$

Posticipazione delle spese a fine anno:

$$7.850 \times \left(\quad + 0,03 \times \frac{\quad}{12} \right) = 7.967,75$$

Reddito netto a fine anno (*Bf*):

$$\quad - \quad = 19.742,25$$

Reddito maturato in 6 anni:

$$\quad \times \frac{1,03\quad - 1}{\quad} = 127.700,97$$

E13	=A13*D13			
A	**B**	**C**	**D**	**E**
Reddito lordo				
Rata anticipata	*r*	N. rate	Coeff.	Montante
6.800,00	3,00%	4	4,075000	27.710,00
Spese				
	r	mesi	Coeff.	Montante
7.850,00	3,00%	6	1,015000	7.967,75
Reddito netto annuo (Bf)				**19.742,25**
Accumulazione finale del reddito				
Reddito annuo	*r*	Numero anni	Coefficiente accumulazione	Accumulazione del reddito
19.742,25	3,00%	6	6,468410	127.700,97

3. Si deve pagare oggi un importo di 16.200 €. Si conviene di pagare, in sostituzione, una rata annua posticipata per 5 anni. Calcolare l'importo della rata ($r = 5\%$).

$$16.200 \times \frac{0,05 \times}{} = 3.741,79$$

4. Si devono pagare i seguenti importi:

- 6.000 tra 2 anni;
- 8.500 tra 4 anni.

Si vuole effettuare il pagamento con una rata annua posticipata dal 3° al 7° anno. Calcolare l'importo della rata (r = 2,3%)

Importo totale da pagare alla fine del 7° anno:

$$6.000 \times 1, \quad + 8.500 \times 1, \quad = 15.822,57$$

Importo della rata:

$$\times \frac{0,023}{} = 3.022,26$$

5. Si deve pagare un debito, che scade oggi, di 25.000 €. Si decide di dilazionare il pagamento in 5 rate annue posticipate. Qual è l'importo della rata ($r = 3,5\%$)?

$$\text{Rata:} \quad 25.000 \times \frac{}{} = 5.537,03$$

6. Un immobile in grado di fornire normalmente un reddito annuo di 12.000 € viene occupato per l'esecuzione di lavori di pubblica utilità e per 2 anni non produrrà alcun reddito, mentre nei 10 anni successivi produrrà solo l'80% del reddito normale. Inoltre, al termine dei 2 anni, si sosterranno spese di ripristino di 7.000 €. Calcolare il danno totale subito dal proprietario all'attualità ($r = 2,5\%$).

Mancati redditi nei primi 2 anni:

$$12.000 \times \frac{1, \quad -1}{0, \quad \times 1,} = 23.129,09$$

Mancati redditi nei 10 anni successivi:

$$12.000 \times \quad \% \times \frac{1, \quad -1}{0,} \times \frac{1}{1,} = 19.992,82$$

Spese di ripristino:

$$7.000 \times \frac{1}{} = 6.662,70$$

Danno totale: = 49.784,61

G9 =SOMMA(G6:G8)

	A	B	C	D	E	F	G
1	Saggio		2,5%				
2	Montante unitario		1,025				
3	Reddito annuo ordinario		12.000,00				
4							
5		Mancato reddito	Numero anni	Coefficiente accumulazion	N. anni post./ant.	Coefficiente post./ant.	Prodotto
6	Reddito 0	12.000,00	2	2,025000	-2	0,951814	23.129,09
7	Reddito al 20%	2.400,00	10	11,203382	-12	0,743556	19.992,82
8	Spese di ripristino	7.000,00	1	1,000000	-2	0,951814	6.662,70
9	Danno totale						**49.784,61**

7. Un immobile è in grado di fornire un reddito netto annuo posticipato di 7.200 € per 4 anni da oggi. Successivamente si avrà un reddito annuo illimitato di 8.300 €. Calcolare l'accumulazione all'attualità dei redditi futuri ($r = 2\%$).

Importo totale all'attualità:

$$7.200 \times \frac{\quad}{0{,}02 \times} + 8.300 \times \frac{1}{\quad} \times \frac{1}{1,} = 410.811{,}50$$

8. Si predisponga il piano di ammortamento di un mutuo di 80.000 € da estinguere in 10 rate annue al tasso del 3,4%.

B10 — f_x =E9*$E$3

	A	B	C	D	E
1		Importo del mutuo			80.000,00
2		Durata			10,00
3		Saggio			3,40%
4		Montante unitario			1,034
5					
6		Rata annua costante			**9.570,89**
7					
8		Quota interessi	Quota capitale	Debito estinto	Debito residuo
9	0				80.000,00
10	1	2.720,00	6.850,89	6.850,89	73.149,11
11	2	2.487,07	7.083,82	13.934,70	66.065,30
12	3	2.246,22	7.324,67	21.259,37	58.740,63
13	4	1.997,18	7.573,71	28.833,08	51.166,92
14	5	1.739,68	7.831,21	36.664,29	43.335,71
15	6	1.473,41	8.097,47	44.761,76	35.238,24
16	7	1.198,10	8.372,79	53.134,55	26.865,45
17	8	913,43	8.657,46	61.792,01	18.207,99
18	9	619,07	8.951,82	70.743,82	9.256,18
19	10	314,71	9.256,18	80.000,00	- 0,00

E6 — f_x =E1*(E3*E4^E2)/(E4^E2-1)

	A	B	C	D	E
1		Importo del m			80000
2		Durata			10
3		Saggio			0,034
4		Montante unita			=1+E3
5					
6		Rata annua co:			=E1*(E3*E4^E
7					
8		Quota interessi	Quota capitale	Debito estinto	Debito residuo
9	0				=E1
10	1	=E9*$E$3	=$E$6-B10	=D9+C10	=E9-C10
11	2	=E10*$E$3	=$E$6-B11	=D10+C11	=E10-C11
12	3	=E11*$E$3	=$E$6-B12	=D11+C12	=E11-C12
13	4	=E12*$E$3	=$E$6-B13	=D12+C13	=E12-C13
14	5	=E13*$E$3	=$E$6-B14	=D13+C14	=E13-C14
15	6	=E14*$E$3	=$E$6-B15	=D14+C15	=E14-C15
16	7	=E15*$E$3	=$E$6-B16	=D15+C16	=E15-C16
17	8	=E16*$E$3	=$E$6-B17	=D16+C17	=E16-C17
18	9	=E17*$E$3	=$E$6-B18	=D17+C18	=E17-C18
19	10	=E18*$E$3	=$E$6-B19	=D18+C19	=E18-C19

9. Un fabbricato rurale viene restaurato per essere destinato a uso agrituristico. I costi del restauro ammontano a:

- 120.000 € tra un anno;
- 170.000 € tra due anni.

Dal 3° anno fino al 30° il reddito netto ritraibile sarà di 12.000 € e di 9.500 € fino al 40° anno, quando i lavori dovranno essere rinnovati.

Calcolare se i benefici sono maggiori dei costi all'attualità (r = 1,7%).

Eseguire i calcoli con le annualità oppure usare il foglio di calcolo elettronico con il seguente schema e verificare che i risultati coincidano.

F8 =1/(1+$G$2)^A8

	A	B	C	D	E	F	G
1							
2	Costi e benefici all'attualità						2%
3	Anno	Costi			Benefici		
4		€	Coeff. antic.	Importo attuale	€	Coeff. antic.	Importo attuale
5	0						
6	1	120.000	0,980392157	117.647,06			
7	2	170.000	0,961168781	163.398,69			
8	3				12.000	0,9423223	11.307,87
9	4				12.000	0,9238454	11.086,15
10	5				12.000	0,9057308	10.868,77
34	29				12.000	0,5631123	6.757,35
35	30				12.000	0,5520709	6.624,85
36	31				9.500	0,5412460	5.141,84
37	32				9.500	0,5306333	5.041,02
38	33				9.500	0,5202287	4.942,17
39	34				9.500	0,5100282	4.845,27
40	35				9.500	0,5000276	4.750,26
41	36				9.500	0,4902232	4.657,12
42	37				9.500	0,4806109	4.565,80
43	38				9.500	0,4711872	4.476,28
44	39				9.500	0,4619482	4.388,51
45	40				9.500	0,4528904	4.302,46
46	Totale			281.045,75			292.569,46

10. Tavole finanziarie. Si eseguano le tavole secondo lo schema che segue.

D3 =(B3-1)/($G$1*B3)

	A	B	C	D	E	F	G
1							2,25%
2	N. anni	q^n	$\frac{q^n-1}{r}$	$\frac{q^n-1}{rq^n}$	$\frac{1}{q^n}$	$\frac{r}{q^n-1}$	$\frac{rq^n}{q^n-1}$
3	1	1,022500	1,0000000	0,9779951	0,97799511	1,00000000	1,02250000
4	2	1,045506	2,0225000	1,9344695	0,95647444	0,49443758	0,51693758
5	3	1,069030	3,0680062	2,8698969	0,93542732	0,32594458	0,34844458
6	4	1,093083	4,1370364	3,7847402	0,91484335	0,24171893	0,26421893
7	5	1,117678	5,2301197	4,6794525	0,89471232	0,19120021	0,21370021
8	6	1,142825	6,3477974	5,5544768	0,87502427	0,15753496	0,18003496
9	7	1,168539	7,4906228	6,4102463	0,85576946	0,13350025	0,15600025
10	8	1,194831	8,6591619	7,2471846	0,83693835	0,11548462	0,13798462
11	9	1,221715	9,8539930	8,0657062	0,81852161	0,10148170	0,12398170
12	10	1,249203	11,0757078	8,8662163	0,80051013	0,09028768	0,11278768
13	11	1,277311	12,3249113	9,6491113	0,78289499	0,08113649	0,10363649

ATTIVITÀ PRATICHE E DI VERIFICA

Esercizi da svolgere

Annualità limitate

17.1 Viene pagato un importo annuo posticipato di 8.000 € per 7 anni consecutivi, fruttifero di interessi al saggio del 3%. Calcolare l'importo totale pagato alla fine del 10° anno.

[66.983,83]

17.2 Deve essere pagato ogni anno posticipatamente, per 5 anni, un importo di 2.900 €. Calcolare l'importo totale pagabile alla fine del 3° anno (r = 1,5%).

[14.503,21]

17.3 Si vuole estinguere oggi una rata annua posticipata di 5.000 € da pagare nei prossimi 6 anni. Con un saggio del 2,8%, qual è l'importo da versare?

[27.266,43]

17.4 Si pattuisce di estinguere un debito in più anni, suddividendolo nei seguenti importi:
- 1.000 € tra un anno;
- 2.000 € annui, dal 2° anno per 3 anni;
- 1.700 € annui, dal 6° anno per 5 anni.

Calcolare l'accumulazione iniziale degli importi e l'annualità media in un decennio (r = 1,5%).

[14.270,76; 1.547,44]

17.5 Si devono pagare i seguenti importi:
- 2.300 € annui dal 2° al 5° anno;
- 1.300 € alla fine del 6° anno;
- 1.800 € annui dal 7° al 9° anno.

Calcolare l'importo totale pagabile alla fine del 4° anno (r = 2,1%).

[15.515,65]

17.6 Per l'acquisto di un televisore viene richiesto un pagamento in contanti di 1.800 € oppure di 36 rate mensili posticipate da 55 €. Al saggio del 10%, è più conveniente il pagamento in contanti o a rate?

[A rate: 1.716,55 < 1.800; 2.284,73 < 2.395,80 al 3° anno]

17.7 Tizio acquista oggi un camion per un importo di 178.000 €. Paga subito 40.000 €; concorda di pagare poi:
- 30.000 € alla consegna, tra 8 mesi;
- 20.000 € tra un anno.

La rimanenza viene pagata in rate semestrali anticipate per 5 anni a partire dal 2° anno. Calcolare l'importo della rata semestrale (r = 3,5%).

[9.979,34]

17.8 Sia dato un credito di 20.000 € in scadenza oggi. Si concede il pagamento in rate mensili posticipate al saggio annuo del 2,7% in 3 anni. Calcolare l'importo della rata.

[578,66]

17.9 Si desidera creare un capitale, tra 10 anni, di 200.000 €. Si dispone ora in banca di 28.000 € e si prevedono i seguenti depositi:
- ogni mese 500 € posticipati, da oggi per 6 anni;
- tra 4 anni 60.000 €.

Calcolare l'importo annuo posticipato da versare nei 10 anni per ottenere la cifra desiderata (r = 2,2%)

[4.968,82]

17.10 Un immobile produce al termine di ogni anno, per 10 anni, un reddito netto di 4.780 €. Nei successivi 5 anni il reddito annuo aumenterà a 5.210 €. Al saggio del 2%, calcolare l'accumulazione all'attualità di tutti i redditi futuri.

[63.082,15]

17.11 Un immobile è locato per un canone annuo di 14.800 € da pagarsi in due semestralità anticipate. Le spese a carico del proprietario sono pari al 42,5% del canone, da considerarsi mediamente anticipate. Calcolare il reddito netto prodotto in 80 anni, riferito al 40° anno (r = 2%).

[760.778,22]

17.12 Un immobile fornisce i seguenti redditi annui, al lordo delle imposte:
- 6.000 € nei primi 3 anni;
- 8.600 € nei 3 anni seguenti;
- 9.300 € negli ultimi 2 anni.

Nei successivi 2 anni non si hanno redditi e si sostengono spese per lavori di manutenzione di 3.250 € annui. Le spese annue per imposte ammontano a 940 €. Calcolare il reddito netto medio annuo nel decennio (r = 2%).

[4.773,53]

17.13 Un immobile è locato per un canone annuo di 9.000 €, da pagarsi in rate trimestrali posticipate. Dal terzo anno il canone salirà a 10.000 €, da pagarsi con le stesse modalità. Si trasformino i redditi derivanti dall'affitto dell'immobile in un arco di tempo di 5 anni a partire da oggi in una rata mensile posticipata nello stesso periodo (r = 1,9%).

[797,80]

Reintegrazione

17.14 Per un fabbricato con vita probabile di 75 anni si sostiene una spesa di ricostruzione di 500.000 €. Dalla demolizione si ricavano 10.000 €. Calcolare la quota di reintegrazione ($r = 2\%$).

[2.868,99]

17.15 Il costo di costruzione di un fabbricato è di 350 €/m^3. La vita economica dell'edificio è di 80 anni. Al saggio dell'1,5%, qual è l'importo della quota annua di reintegrazione e la sua incidenza in percentuale sul costo di costruzione?

[2,29 €/m^3; 0,65%]

Ammortamento

17.16 Un imprenditore contrae un mutuo ventennale di 800.000 €. Al saggio del 4,5%, qual è l'importo della rata annua di ammortamento?

[61.500,92]

17.17 Viene acceso un mutuo di 80.000 € da estinguere con una rata annua quindicennale al saggio del 4,5%. Si vuole estinguere anticipatamente il mutuo quando sta per scadere la decima rata. Calcolare l'importo necessario.

[40.150,48]

17.18 Viene concesso un prestito di 200.000 € da estinguere con 10 rate annue al saggio del 5,5%. Calcolare la quota annua di ammortamento e il piano di ammortamento.

[26.533,55]

17.19 Tizio acquista un immobile per 300.000 € da pagare oggi. Per poter effettuare l'acquisto vende un fabbricato per 200.000 €, pagabili tra un anno. Paga inoltre 40.000 € fra due anni. Calcolare la rata annua del mutuo quindicennale da pagare iniziando tra un anno (da oggi) necessaria per estinguere il debito ($r = 2\%$; r mutuo $= 5\%$).

[6.434,15]

Annualità illimitate

17.20 Dati i seguenti importi annui:
- 1.860 € anticipati da oggi per 4 anni;
- 900 € dal 3° al 13°anno;
- 1.270 € dal 2° al 25° anno;
- 20.000 € al 50° anno.

Calcolare l'annualità media annua illimitata a partire da oggi ($r = 2\%$).

[933,41]

17.21 Viene pagata una rendita semestrale illimitata posticipata di 300 €. Calcolare l'importo necessario al debitore per redimere la rendita ($r = 2,3\%$).

[26.236,96]

17.22 Viene occupato un terreno in grado di fornire un *Bf* annuo di 12.200 €. L'occupazione dura 5 anni nei quali non si avranno redditi. Nei 10 anni successivi si avrà un reddito pari al 70% di quello ordinario. Dal 16° anno illimitatamente il reddito sarà il 90% di quello ordinario.
Calcolare all'attualità l'ammontare della perdita subita dal proprietario ($r = 2,4\%$).

[121.057,17]

17.23 Dati i seguenti importi da oggi:
- 1.000 € dal 3° al 5° anno;
- 2.000 € dal 7° al 12° anno;
- 1.500 € dal 4° al 10° anno.

Trasformare gli importi in una rata annua illimitata ($r = 3,1\%$).

[624,42]

17.24 Un immobile rende attualmente un beneficio fondiario di 4.600 €. Trascorsi 4 anni il reddito, disponibile illimitatamente, diventerà di 5.400 €. Si capitalizzino i redditi futuri dell'immobile ($r = 1,6\%$).

[334.424,02]

17.25 Un terreno, in grado di fornire un reddito annuo di 10.000 €, viene occupato per causa di utilità pubblica e per due anni non dà più redditi. Per i tre anni successivi diventa produttivo per un reddito annuo pari a 7.000 €. Dal 6° anno in poi il reddito sarà di 9.000 € illimitatamente.
Per ripristinare il terreno il proprietario spende 13.000 € al 3° anno mediamente anticipati.
Calcolare all'attualità il danno che ha subito il proprietario ($r = 3\%$).

[67.962,33]

18 Periodicità

- ✓ Periodicità limitate
- ✓ Periodicità illimitate

18.1 PERIODICITÀ LIMITATE

La **periodicità** (P) è un importo che si ripete costantemente ogni n anni per un numero di *periodi* o *turni* pari a t (periodicità *limitate*) o pari a ∞ (periodicità *illimitate*).

Le periodicità possono essere:
- *anticipate*, se sono pagate all'inizio di ogni periodo;
- *posticipate*, se sono pagate alla fine di ogni periodo.

Se non diversamente specificato, le periodicità si intendono posticipate.

Il calcolo delle periodicità trova applicazione, in ambito estimativo, per determinare il valore di capitalizzazione relativo ad arboreti e a boschi.

18.1.1 Accumulazione finale

Periodicità posticipate

L'accumulazione finale di una periodicità posticipata è data dalla sommatoria dei montanti di ogni rata periodica nel momento in cui avviene il pagamento dell'ultimo importo (*v.* figura 18.1):

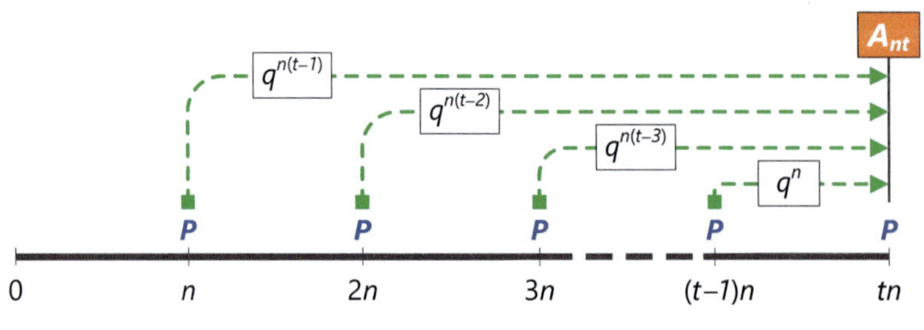

Figura 18.1
Accumulazione finale di periodicità limitate.

$$A_{nt} = P\ q^{n(t-1)} + P\ q^{n(t-2)} + \ldots + P\, q^n + P$$

$$A_{nt} = P\ (q^{n(t-1)} + q^{n(t-2)} + \ldots + q^n + 1)$$

I termini tra parentesi formano una progressione geometrica di *ragione* q^n. La somma dei termini di una progressione geometrica è data dall'ultimo termine per la ragione meno il primo termine, diviso la ragione meno il primo termine:

$$A_{nt} = P\frac{q^{n(t-1)}q^n - 1}{q^n - 1}$$

da cui:

$$A_{nt} = P\frac{q^{nt} - 1}{q^n - 1} \qquad [26]$$

ESEMPIO 18.1 **ACCUMULAZIONE FINALE DI UNA PERIODICITÀ POSTICIPATA LIMITATA**

Calcolare l'accumulazione finale di una periodicità posticipata di 5.000 € che si ripete ogni 3 anni per 5 volte (r = 1,5%).

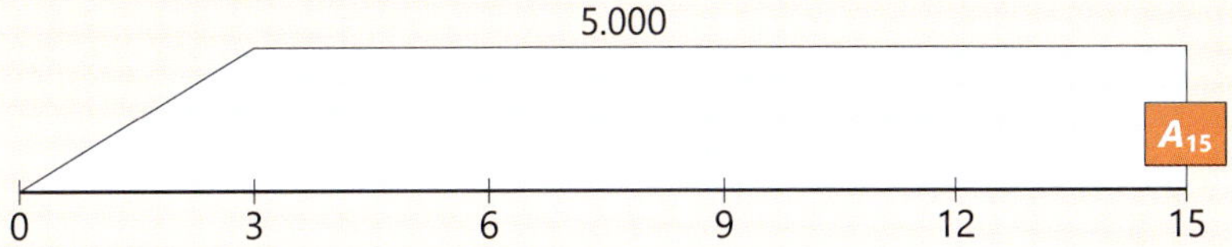

$$A_{15} = 5.000 \times \frac{1{,}015^{3\times5} - 1}{1{,}015^3 - 1} = 27.390{,}65$$

Periodicità anticipate

La periodicità anticipata viene posticipata a fine turno con il coefficiente q^n, diviene così applicabile la formula [26] che diventa:

$$A_{nt} = P\,q^n\frac{q^{nt} - 1}{q^n - 1} \qquad [27]$$

ESEMPIO 18.2 **ACCUMULAZIONE FINALE DI UNA PERIODICITÀ ANTICIPATA LIMITATA**

Calcolare l'accumulazione finale di una periodicità anticipata di 5.000 € che si ripete ogni 3 anni per 5 volte (r = 1,5%).

$$A_{15} = 5.000 \times 1{,}015^3 \times \frac{1{,}015^{3\times5} - 1}{1{,}015^3 - 1} = 28.641{,}81$$

18.1.2 Accumulazione iniziale

L'accumulazione iniziale (A_0) si ottiene anticipando, all'attualità, l'accumulazione finale:

$$A_0 = A_{nt}\frac{1}{q^{nt}}$$

Sostituendo A_{nt} con le formule [26] e [27] si ottiene per le periodicità *posticipate*:

$$A_0 = P\frac{q^{nt} - 1}{q^n - 1}\cdot\frac{1}{q^{nt}} \qquad [28]$$

e per le periodicità *anticipate*:

$$A_0 = P\,q^n\,\frac{q^{nt}-1}{q^n-1}\cdot\frac{1}{q^{nt}} \qquad [29]$$

ESEMPIO 18.3 ACCUMULAZIONE INIZIALE DI UNA PERIODICITÀ POSTICIPATA LIMITATA

Un bosco ceduo fornisce al termine di ogni turno di 15 anni un reddito netto di 20.000 €. Calcolare l'accumulazione all'attualità del reddito prodotto in 60 anni (r = 2%).

$$A_0 = 20.000\times\frac{1{,}02^{60}-1}{1{,}02^{15}-1}\times\frac{1}{1{,}02^{60}} = 40.201{,}29$$

18.1.3 Ricerca della periodicità

La periodicità, *nota l'accumulazione finale,* è data dalla formula [26]:

$$P = A_{nt}\,\frac{q^n-1}{q^{nt}-1} \qquad [30]$$

Se invece è nota l'*accumulazione iniziale*:

$$P = A_0\,\frac{q^n-1}{q^{nt}-1}\,q^{nt} \qquad [31]$$

ESEMPIO 18.4 CALCOLO DELLA PERIODICITÀ NOTO IL MONTANTE FINALE

Calcolare l'importo che, versato ogni 2 anni, costituisca in 20 anni un capitale di 200.000 € (r = 2%).

$$P = 200.000\times\frac{1{,}02^{2}-1}{1{,}02^{20}-1} = 16.627{,}31$$

18.2 PERIODICITÀ ILLIMITATE

18.2.1 Accumulazione iniziale

L'*accumulazione iniziale* di periodicità illimitate posticipate può essere calcolata applicando la formula [28], in cui il numero di periodi t tenderà a più infinito. Si avrà quindi:

$$A_0 = \lim_{t\to\infty} P\frac{q^{nt}-1}{q^n-1}\cdot\frac{1}{q^{nt}} = \lim_{t\to\infty} P\frac{q^{nt}\left(1-\dfrac{1}{q^{nt}}\right)}{q^n-1}\cdot\frac{1}{q^{nt}} = \lim_{t\to\infty} P\frac{1-\dfrac{1}{q^{nt}}}{q^n-1} = P\frac{1-0}{q^n-1}$$

da cui:

$$A_0 = P\frac{1}{q^n-1} \qquad [32]$$

Nel caso di una periodicità *anticipata* la formula precedente diventa:

$$A_0 = P\,q^n \frac{1}{q^n - 1} \qquad [33]$$

ESEMPIO 18.5 **ACCUMULAZIONE INIZIALE DI UNA PERIODICITÀ ILLIMITATA**

Un bosco ceduo fornisce al termine di ogni turno di 15 anni un reddito netto di 20.000 €. Calcolare l'accumulazione all'attualità del suo reddito da considerarsi illimitato (r = 1,4%).

$$A_0 = 20.000 \times \frac{1}{1{,}014^{15} - 1} = 86.250{,}54$$

ESERCIZI FACILITATI

Completare i dati mancanti e verificare i risultati usando la calcolatrice, un foglio elettronico di calcolo o il programma AmiMate.

1. Per i lavori di diradamento di un bosco si spendono ogni 15 anni posticipatamente 8.300 €, fino al 90° anno. Calcolare la spesa totale al 110° anno (r = 1,2%).

$$8.300 \times \frac{1{,}012^{\quad} - 1}{1{,}012^{\quad} - 1} \times \qquad = 103.559{,}30$$

2. Un oliveto produce ad anni alterni un reddito netto di 4.600 € e 6.700 €. Calcolare il reddito totale prodotto dopo 10 anni (r = 1,5%).

Accumulazione finale dei redditi:

$$4.600 \times \frac{1{,}015^{\quad} - 1}{1{,}015^{\quad} - 1} \times \qquad = 24.799{,}51$$

$$6.700 \times \frac{1{,}015^{\quad} - 1}{1{,}015^{\quad} - 1} = 35.587{,}21$$

Reddito totale:

3. Un fondo produce attualmente un reddito annuo posticipato di 18.400 € per 7 anni. Successivamente, per il cambio di indirizzo produttivo, produrrà ogni 20 anni un reddito di 314.000 €, da considerarsi illimitato. Calcolare l'accumulazione all'attualità dei redditi futuri (r = 1,3%).

Accumulazione all'attualità del reddito annuo:

$$18.400 \times \frac{1{,}013^{\quad} - 1}{\qquad} = 122.355{,}35$$

Accumulazione all'attualità del reddito periodico:

$$314.000 \times \frac{1}{\qquad - 1} \times \frac{1}{1{,}013^{\quad}} = 973.187{,}66$$

Reddito totale:

ATTIVITÀ PRATICHE E DI VERIFICA

ESERCIZI DA SVOLGERE

Periodicità limitate

18.1 Un importo di 2.000 € è pagabile ogni 2 anni per 20 anni. Calcolare il montante al termine dei 20 anni (r = 1,2%).

[22.318,95]

18.2 È esigibile ogni 5 anni un importo di 40.000 €. Le periodicità da pagare sono 7 e la prima di esse è pagata oggi. Calcolare l'importo esigibile oggi in sostituzione di ogni pagamento futuro (r = 5%).

[151.281,05]

18.3 È esigibile ogni 5 anni posticipatamente un importo di 15.000 €. Dopo 20 anni l'importo diventa di 17.500 €. Calcolare l'importo esigibile oggi in sostituzione degli importi pagabili nei prossimi 50 anni (r = 4%).

[63.135,53]

18.4 Siano dati i seguenti importi:
- 1.000 € ogni 3 anni dal 6° fino al 20° anno;
- 2.000 € annui da oggi fino al 7° anno;
- 4.000 € al 13° anno mediamente anticipati;
- 5.000 € ogni 4 anni per 20 anni da oggi.

Trovare la mensilità media illimitata anticipata (r = 1,5%).

[51,61]

18.5 Si vuole costituire un importo di 300.000 € esigibile tra 20 anni pagando una rata biennale posticipata. Al saggio del 2%, qual è l'importo della rata?

[24.940,97]

18.6 Per un importo esigibile oggi di 24.000 € si vuol pagare ogni 3 anni per 15 anni una rata posticipata. Al saggio del 2,5%, qual è l'importo della rata?

[5.961,78]

18.7 In sostituzione di una rendita biennale di 15.000 €, da pagarsi per 18 anni, si vuol pagare un importo semestrale. Al saggio dell'1,7%, qual è l'ammontare della semestralità?

[3.702,66]

18.8 Un bosco fornisce a fine ciclo, a 105 anni di età, un reddito di 860.000 €. Per lavori di coltivazione e diradamento si spendono:
- ogni 15 anni 6.950 €;
- ogni 10 anni 1.100 €;
- ogni anno 200 €.

Negli ultimi 15 anni si hanno solo le spese fisse di 200 € annue. Calcolare il reddito netto a fine ciclo e il reddito netto medio annuo (r = 3,5%).

[187.016,64; 181,59]

Periodicità illimitate

18.9 È esigibile un importo annuo di 11.200 € che diventerà, fra 6 anni, una periodicità illimitata, ogni 2 anni, di 25.000 €. Calcolare l'importo pagabile oggi in sostituzione di ogni pagamento futuro (r = 4,5%).

[266.378,80]

18.10 Un fondo produce un reddito annuo di 20.000 €. Trascorsi 4 anni, il reddito sarà poi di 180.000 € ogni 12 anni. Qual è il reddito medio annuo illimitato (r = 4,5%)?

[12.989,56]

18.11 Un fondo fornisce un reddito annuo illimitato di 9.200 €. Qual è il reddito illimitato ogni 15 anni che equivale al predetto reddito annuo (r = 2%)?

[159.099,44]

18.12 È esigibile ogni 5 anni illimitatamente un importo di 7.480 €. Si converta la periodicità in una semestralità anticipata e illimitata (r = 1,6%).

[715,85]

18.13 Un terreno fornisce attualmente un reddito annuo di 9.830 €. A partire dal 4° anno da oggi inizierà il ciclo di un pioppeto che fornirà illimitatamente, ogni 15 anni, un reddito di 155.000 €. Calcolare l'accumulazione iniziale di tutti i redditi futuri (r = 1,5%).

[620.993,59]

18.14 In sostituzione di un importo di 120.000 € pagabile oggi viene pagata ogni 4 anni illimitatamente una rata costante. Al saggio dell'1,8%, qual è l'importo della rata?

[8.876,09]

18.15 Un immobile produce alternativamente e illimitatamente i seguenti redditi netti annui posticipati a partire da oggi: 20.000 €, 18.000 € e 21.000 €. Al saggio del 2,5%, calcolare l'annualità media illimitata.

[19.658,61]

19 Interesse convertibile

- ✓ Montante
- ✓ Interesse
- ✓ Saggio nominale convertibile, effettivo ed equivalente
- ✓ Rate frazionate

19.1 MONTANTE

Nel regime dell'interesse convertibile l'interesse si somma al capitale che lo ha generato k volte in un anno a intervalli regolari: sei mesi, quattro mesi ecc. Si ponga per esempio $k = 2$ (convertibilità semestrale) (*v.* figura 19.1).

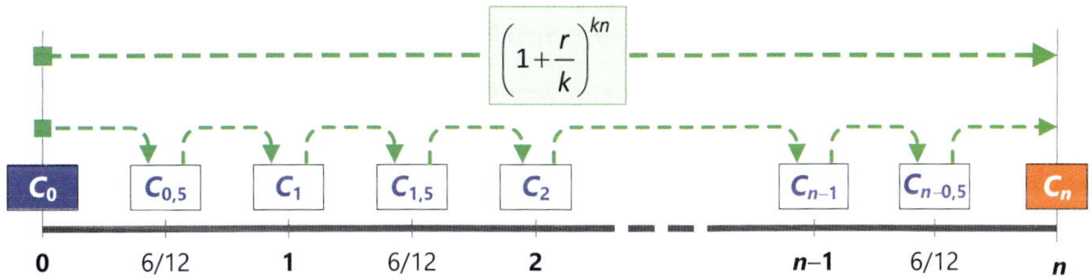

Figura 19.1
Montante convertibile.

Il montante dopo sei mesi, applicando la formula [2], sarà:

$$C_{0,5} = C_0 \left(1 + r\frac{6}{12}\right) = C_0 \left(1 + \frac{r}{2}\right)$$

Il montante al termine del secondo semestre (fine anno):

$$C_1 = C_{0,5} \left(1 + \frac{r}{2}\right) = C_0 \left(1 + \frac{r}{2}\right)\left(1 + \frac{r}{2}\right) = \left(1 + \frac{r}{2}\right)^2$$

Il montante dopo un secondo anno sarà:

$$C_2 = C_1 \left(1 + \frac{r}{2}\right)^2 = C_0 \left(1 + \frac{r}{2}\right)^2 \left(1 + \frac{r}{2}\right)^2 = C_0 \left(1 + \frac{r}{2}\right)^4$$

E così nel terzo anno e negli anni successivi. Per cui si potrà scrivere la relazione:

$$C_n = C_0 \left(1 + \frac{r}{k}\right)^{kn} \qquad [34]$$

in cui k è il numero di volte in cui l'interesse si converte in capitale in un anno, n il numero di anni e r il **saggio nominale convertibile**.

Ponendo:

$$\frac{r}{k} = r_k$$

la formula precedente diventa:

$$C_n = C_0 \left(1 + r_k\right)^{kn} \qquad [35]$$

r_k è il saggio riferito al periodo di conversione (r_2 saggio semestrale, r_{12} saggio mensile ecc.) ed esiste la relazione:

$$r = r_k \, k \qquad [36]$$

Per esempio, un saggio mensile dell'1% equivale a un saggio nominale annuo convertibile del 12%.

ESEMPIO 19.1 **MONTANTE**

Calcolare il montante maturato da 5.000 € dopo 5 anni al saggio nominale annuo convertibile semestralmente del 4%.

$$C_5 = 5.000 \times \left(1 + \frac{0,04}{2}\right)^{2\times5} = 6.094,97$$

Ricerca del capitale iniziale

Dalla formula [34] si potrà ricavare C_0:

$$C_0 = \frac{C_n}{\left(1 + \frac{r}{k}\right)^{kn}} \qquad [37]$$

ESEMPIO 19.2 **RICERCA DEL CAPITALE INIZIALE**

Un importo di 10.000 € è esigibile tra 7 anni. Qual è l'importo pagabile oggi al saggio nominale annuo del 3,4% convertibile semestralmente?

$$C_0 = \frac{10.000}{\left(1 + \frac{0,034}{2}\right)^{2\times7}} = 7.897,81$$

Ricerca del saggio

Noti il montante, il capitale iniziale, il tempo e la conversione, dalla formula [34] il saggio risulterà:

$$\sqrt[kn]{\frac{C_n}{C_0}} - 1 = \frac{r}{k}$$

da cui:

$$r = k\left(\sqrt[kn]{\frac{C_n}{C_0}} - 1\right) \qquad [38]$$

ESEMPIO 19.3 RICERCA DEL SAGGIO

Versando oggi un capitale di 5.000 €, dopo 10 anni è maturato un montante di 6.702,82 € in regime di interesse convertibile trimestralmente. Qual è il saggio nominale annuo applicato?

$$r = 4 \times \left(\sqrt[4\times10]{\frac{6.702,82}{5.000}} - 1 \right) = 0,0294 = 2,94\%$$

19.2 INTERESSE

L'interesse è dato da:

$$I = C_n - C_0$$

Sostituendo C_n con la formula [34] si ottiene:

$$I = C_0 \left(1 + \frac{r}{k}\right)^{kn} - C_0 \qquad \text{da cui:}$$

$$I = C_0 \left[\left(1 + \frac{r}{k}\right)^{kn} - 1 \right] \qquad [39]$$

ESEMPIO 19.4 CALCOLO DELL'INTERESSE

Calcolare l'interesse maturato da 5.000 € dopo 4 anni al saggio nominale annuo del 2,2% convertibile semestralmente.

$$I = 5.000 \times \left[\left(1 + \frac{0,022}{2}\right)^{2\times4} - 1 \right] = 457,32$$

19.3 SAGGIO NOMINALE CONVERTIBILE, EFFETTIVO ED EQUIVALENTE

Dato per esempio un saggio annuo del 10% e un capitale di *un euro*, l'interesse maturato in un anno è pari a 0,1 euro. 0,1 è appunto il saggio del 10% (il saggio è l'interesse di un euro in un anno). Diversamente, se il saggio del 10% fosse convertibile semestralmente, da *un euro* si otterrebbe un interesse annuo, cioè un saggio annuo (formula [39]):

$$I = 1 \times \left[\left(1 + \frac{0,1}{2}\right)^{2\times1} - 1 \right] = 0,1025 = 10,25\%$$

Si ha quindi un **saggio nominale annuo convertibile** (r =10%) a cui corrisponde un **saggio annuo effettivo** maggiore (r' =10,25%).
Posto pertanto I (interesse maturato da 1 euro in 1 anno in regime di convertibilità) uguale a r', si ha la formula:

$$r' = \left(1 + \frac{r}{k}\right)^{k} - 1 \qquad [40]$$

MATEMATICA FINANZIARIA

Se invece è dato il saggio effettivo, dalla [40] si può ricavare il saggio nominale convertibile:

$$1+r' = \left(1+\frac{r}{k}\right)^k \qquad \text{da cui:} \qquad \sqrt[k]{1+r'} = 1+\frac{r}{k}$$

e si ricava:

$$r = k\left(\sqrt[k]{1+r'}-1\right) \qquad [41]$$

Si dicono **equivalenti** due saggi che, *applicati allo stesso capitale, ma a periodi di conversione diversi, danno lo stesso montante* (o lo stesso interesse).

ESEMPIO 19.5 CALCOLO DEL SAGGIO ANNUO EFFETTIVO

Viene fornito un prestito di 10.000 € al saggio mensile dello 0,5%. Qual è l'importo da restituire dopo 8 mesi? Qual è il saggio annuo effettivo?

Saggio nominale annuo:

$r = 0{,}5\% \times 12 = 6\%$

Importo da restituire:

$$C_{8/12} = 10.000 \times \left(1+\frac{0{,}06}{12}\right)^{12\times\frac{8}{12}} = 10.407{,}07$$

Saggio annuo effettivo:

$$r' = \left(1+\frac{0{,}06}{12}\right)^{12} - 1 = 0{,}0617 = 6{,}17\%$$

ESEMPIO 19.6 CALCOLO DEL SAGGIO ANNUO EQUIVALENTE

Viene concordato un pagamento al tasso nominale annuo del 10% convertibile semestralmente. Calcolare il *tasso equivalente* con convertibilità quadrimestrale.

$$C\left(1+\frac{0{,}1}{2}\right)^2 = C\left(1+\frac{x}{3}\right)^3$$

$$1{,}1025 = \left(1+\frac{x}{3}\right)^3$$

$$\sqrt[3]{1{,}1025} = 1+\frac{x}{3}$$

$$x = 3\times\left(\sqrt[3]{1{,}1025}-1\right) = 0{,}099 = 9{,}9\%$$

19.4 RATE FRAZIONATE

Per *rendita frazionata* si intende una successione di capitali, detti *rate* (R), disponibili k volte in un anno a intervalli regolari. k sarà, per esempio, 12 per rendite mensili, 6 per rendite bimestrali e così via per rendite trimestrali, quadrimestrali e semestrali. L'interesse matura, e quindi si converte in capitale, in ogni intervallo di tempo pari a quello che intercorre tra le rate. Se, per esempio, la rata è mensile, il pagamento degli interessi è mensile, se la rata è semestrale, il pagamento degli interessi è semestrale ecc.

Questo regime finanziario è utilizzato in numerose attività di credito con rimborso rateale: credito al consumo, carte di credito *revolving* ecc.

19.4.1 Accumulazione finale

Il montante totale di una successione di rate (A_n) si ottiene sommando i montanti delle singole rate, applicando la formula [34]. Se, per esempio, si avesse una rata trimestrale per tre anni, dato un saggio del 2%, la somma delle rate sarebbe data dalla seguente espressione (*v.* figura 19.2):

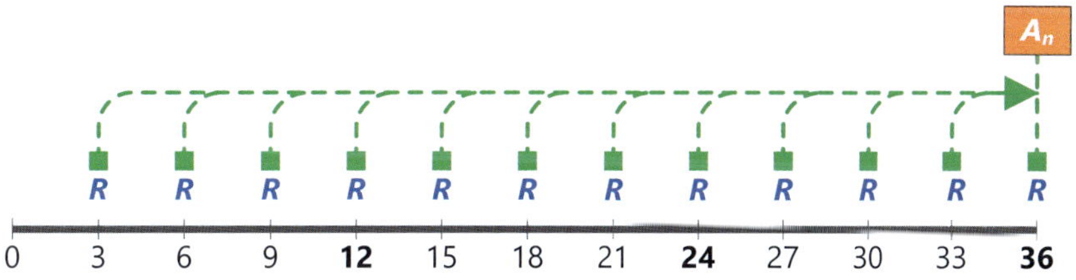

Figura 19.2
Montante di rate frazionate.

$$A_3 = R\left(1+\frac{0,02}{4}\right)^{4\left(\frac{9}{12}+2\right)} + R\left(1+\frac{0,02}{4}\right)^{4\left(\frac{6}{12}+2\right)} + R\left(1+\frac{0,02}{4}\right)^{4\left(\frac{3}{12}+2\right)} + \dots$$

$$\dots + R\left(1+\frac{0,02}{4}\right)^{4\left(\frac{3}{12}+0\right)} + R\left(1+\frac{0,02}{4}\right)^{4\left(\frac{0}{12}+0\right)}$$

Raccogliendo R:

$$A_3 = R\left[\left(1+\frac{0,02}{4}\right)^{11} + \left(1+\frac{0,02}{4}\right)^{10} + \left(1+\frac{0,02}{4}\right)^{9} + \dots + \left(1+\frac{0,02}{4}\right)^{1} + \left(1+\frac{0,02}{4}\right)^{0}\right]$$

Come si può notare, i termini entro la parentesi quadra costituiscono una *progressione geometrica* che si può scrivere come segue:

$$A_n = R\left[\left(1+\frac{r}{k}\right)^{kn-1} + \left(1+\frac{r}{k}\right)^{kn-2} + \left(1+\frac{r}{k}\right)^{kn-3} + \dots + \left(1+\frac{r}{k}\right)^{1} + 1\right]$$

La *ragione* della progressione è pari a $\left(1+\frac{r}{k}\right)$.

La sommatoria dei termini della progressione è data dall'*ultimo termine per la ragione meno il primo termine diviso la ragione meno il primo termine*:

$$A_n = R\frac{\left(1+\frac{r}{k}\right)^{kn-1}\left(1+\frac{r}{k}\right)-1}{\left(1+\frac{r}{k}\right)-1}$$

e quindi:

$$A_n = R\frac{\left(1+\frac{r}{k}\right)^{kn} - 1}{\frac{r}{k}} \qquad [42]$$

ESEMPIO 19.7 ACCUMULAZIONE FINALE

Per un piano di accumulo di risparmio viene versata una rata bimestrale di 400 €. Calcolare l'importo maturato dopo 5 anni al saggio annuo nominale del 2,0%.

$$R = 400 \times \frac{\left(1+\frac{0,02}{6}\right)^{6\times 5} - 1}{\frac{0,02}{6}} = 12.598,46$$

19.4.2 Accumulazione iniziale

Nota l'accumulazione finale, l'accumulazione iniziale si ottiene, applicando la formula [34]:

$$A_0 = A_n \frac{1}{\left(1+\frac{r}{k}\right)^{kn}} \qquad \text{da cui:} \qquad A_0 = R\frac{\left(1+\frac{r}{k}\right)^{kn} - 1}{\left(1+\frac{r}{k}\right)^{kn}\frac{r}{k}} \qquad [43]$$

19.4.3 Calcolo della rata

Nota l'accumulazione iniziale o finale è possibile quindi ricavare la rata.

Dall'accumulazione iniziale:

$$R = A_0 \frac{\frac{r}{k}\left(1+\frac{r}{k}\right)^{kn}}{\left(1+\frac{r}{k}\right)^{kn} - 1} \qquad [44]$$

Questa formula ha una particolare importanza in quanto è utilizzata per calcolare, per esempio, la rata nei mutui bancari o nel credito al consumo.

ESEMPIO 19.8 RATA MENSILE DI UN MUTUO

Viene richiesto un mutuo di 80.000 € da estinguere in un periodo di 10 anni. Calcolare l'importo della rata mensile applicando un saggio annuo del 4,8%.

$$R = 80.000 \times \frac{\frac{0,048}{12}\times\left(1+\frac{0,048}{12}\right)^{12\times 10}}{\left(1+\frac{0,048}{12}\right)^{12\times 10} - 1} = 840,72$$

Lo stesso risultato si può ottenere con la funzione RATA di MS Excel:

$$=\text{RATA}\left(\frac{r}{k}; nk; A_n\right) \qquad =\text{RATA}(0,048/12; 12 * 10; 80.000)$$

Dall'accumulazione finale:

$$R = A_n \frac{\frac{r}{k}}{\left(1+\frac{r}{k}\right)^{kn} - 1} \qquad [45]$$

19.4.4 Ricerca del saggio

Nota l'accumulazione iniziale o finale e la rata è possibile determinare il saggio in modo analogo a quanto si è visto per il regime di interesse discontinuo annuo.

Dalla formula [44] si ottiene:

$$\frac{R}{A_0} = \frac{\frac{r}{k}\left(1+\frac{r}{k}\right)^{kn}}{\left(1+\frac{r}{k}\right)^{kn} - 1}$$

Dalle tavole finanziarie si determina il saggio più vicino al coefficiente:

$$\frac{\frac{r}{k}\left(1+\frac{r}{k}\right)^{kn}}{\left(1+\frac{r}{k}\right)^{kn} - 1}$$

Infine si effettua l'interpolazione (*v.* esempio seguente).

ESEMPIO 19.9 RICERCA DEL SAGGIO

Per l'acquisto di un'automobile è stato richiesto un prestito di 8.550 € estinguibile con 48 rate mensili di 204,78 €. Qual è il saggio applicato?

Dalla formula [44] si ottiene:

$$\frac{204,78}{8.550} = \frac{r_k\,(1+r_k)^{48}}{(1+r_k)^{48} - 1} = 0,023951$$

Dalle *tavole finanziarie* (o usando un foglio di calcolo come MS Excel) si ricavano i coefficienti $\frac{r\,q^n}{q^n - 1}$ più prossimi a 0,023951 per $n = 48$:

r_k (%)	$\frac{r\,q^n}{q^n-1}$
0,5	0,023485
x	0,023951
1	0,026333

Il saggio mensile si ottiene interpolando i coefficienti, impostando la seguente proporzione:

$$(1 - 0,5) : (0,026333 - 0,023485) = (1 - x) : (0,026333 - 0,023951)$$

$$\frac{0,5}{0,002848} = \frac{1-x}{0,002382}$$

$$-x = \frac{0,5}{0,002848} \times 0,002382 - 1$$

$$x = 0,5818$$

Applicando la formula [36]:

$r = r_k \times 12 = 0,5818 \times 12 = 6,9817 =$ **7,0%**

ATTIVITÀ PRATICHE E DI VERIFICA

ESERCIZI DA SVOLGERE

Interesse convertibile

19.1 Su un deposito bancario di 15.000 € viene applicato un saggio annuo del 6% convertibile semestralmente. Calcolare il montante a fine anno.

[15.913,50]

19.2 Viene contratto un prestito di 20.000 € da estinguere con un saggio mensile del 2% dopo 3 anni. Calcolare l'importo da pagare alla scadenza.

[40.797,75]

19.3 Verrà pagato tra 4 anni un importo di 60.000 € al saggio annuo del 6% convertibile semestralmente. Calcolare il capitale iniziale.

[47.364,55]

19.4 Per un capitale di 5.000 € dato in prestito per un saggio annuo convertibile quadrimestralmente, viene restituito dopo 5 anni un importo di 10.000 €. Qual è il saggio applicato?

[14,2%]

19.5 Un importo di 1.200 € è esigibile semestralmente per 7 anni consecutivi. Al saggio del 4% convertibile, qual è l'importo pagabile alla fine del settimo anno?

[19.168,73]

19.6 Un prestito di 12.000 € è fruttifero di un saggio annuo del 9% convertibile trimestralmente. Calcolare l'interesse maturato dopo 3 anni.

[3.672,60]

19.7 Viene contratto un mutuo di 40.000 € da estinguere con una rata mensile in un periodo di 12 anni. Calcolare l'importo della rata (r = 4,5% convertibile semestralmente).

[360,00]

19.8 Viene contratto un mutuo di 30.000 € da estinguere con 20 rate semestrali. Calcolare l'importo della rata (r = 5%).

[1.924,41]

19.9 Per l'acquisto di un'automobile viene chiesto un finanziamento di 9.000 € da estinguere con 48 rate mensili. Calcolare la rata (r = 7,4%).

[217,19]

19.10 Per l'acquisto di un telefono cellulare viene chiesto un finanziamento di 300 € da estinguere con 6 rate bimestrali. Calcolare la rata (r = 10,2%).

[53,02]

19.11 Per l'acquisto a credito di un televisore al plasma per 1.600 € si devono pagare rate mensili per 3 anni. È appena stata pagata la 20ª rata. Calcolare l'importo del debito residuo (r = 9,6%).

[767,98]

20 Matematica finanziaria applicata all'estimo

- ✓ Valore di capitalizzazione di un immobile
- ✓ Capitalizzazione di un reddito annuo costante illimitato
- ✓ Capitalizzazione di redditi transitori e permanenti
- ✓ Costo totale di una trasformazione

20.1 VALORE DI CAPITALIZZAZIONE DI UN IMMOBILE

Il valore di un immobile, come si vedrà nella parte di estimo, può essere determinato mediante l'**accumulazione iniziale dei redditi futuri**.

I redditi futuri, sempre posticipati, sono importi annui esigibili dal proprietario che possono essere:

- **costanti**, e cioè sono un'annualità illimitata;
- **transitori e permanenti**, quando variano nel tempo.

Per capitalizzare un reddito futuro servono i seguenti dati:

- il o i *redditi* da capitalizzare e cioè il o i benefici fondiari (Bf);
- il *saggio* di capitalizzazione (r_c).

20.1.1 Il saggio di capitalizzazione

Il saggio di capitalizzazione viene ottenuto con apposite modalità in funzione dello scopo della stima e ha quindi un significato particolare. Tale saggio non va quindi confuso con il saggio di interesse: il primo è utilizzato solo per determinare un tipo di valore, il secondo è usato nei calcoli finanziari per altri scopi. In ogni caso, in matematica finanziaria, i saggi sono semplicemente un dato del problema.

20.1.2 Valore ordinario e valore reale

Capitalizzando il reddito ordinario si ottiene il **valore ordinario** di un immobile (**valor capitale**). Per valore ordinario si intende il valore determinato sulla base di condizioni *medie*, come tali, permanenti nel tempo.

Il valore ordinario non tiene conto dello stato effettivo dell'immobile nel momento della stima. Per esempio non tiene conto della necessità di lavori di manutenzione straordinaria o di un debito ipotecario. Lo stato reale viene considerato allora apportando al valore ordinario **aggiunte** o **detrazioni**, ottenendo così il **valore reale**.

Le aggiunte e detrazioni sono date, almeno in questa parte di matematica finanziaria, da **spese straordinarie** (K, costi) che non devono quindi essere confuse con le **spese ordinarie** (Sp): le prime *incidono sul valore* (vanno detratte dal valore ordinario), le seconde *incidono sul reddito* (si sostengono ogni anno e vanno detratte dal reddito lordo, anch'esso annuo) (*v.* figura 20.1).
Anche le spese straordinarie devono essere *anticipate al momento della stima* (momento zero) con le formule note. Potranno essere importi singoli, rate annue ecc.

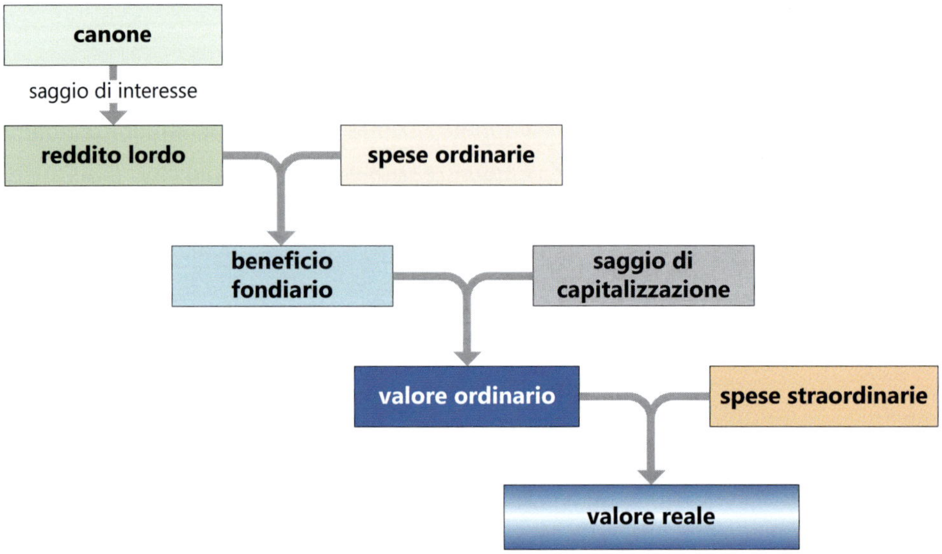

Figura 20.1
Schema del valore di capitalizzazione di un fabbricato.

20.2 CAPITALIZZAZIONE DI UN REDDITO ANNUO COSTANTE ILLIMITATO

Il caso tipico di valore di capitalizzazione è quello di un fabbricato che produce un reddito derivante dal canone di locazione. Essendo il reddito netto (il beneficio fondiario, Bf) un importo annuo posticipato e illimitato, il **valore di capitalizzazione** sarà dato da (*v.* figura 20.2):

$$V_0 = \frac{Bf}{r_c} - K_0 \qquad [46]$$

che deriva dalla formula [25] (par. 17.4.1): $A_0 = \frac{a}{r}$.

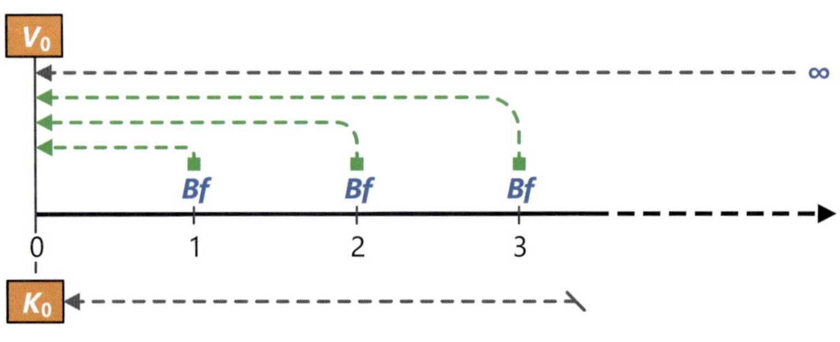

Figura 20.2
Schema del valore di capitalizzazione con spesa straordinaria.

Il calcolo del Bf è invece già stato visto nel paragrafo 15.5.

ESEMPIO 20.1 **VALORE DI UN IMMOBILE PER CAPITALIZZAZIONE DEI REDDITI**

Un appartamento è locato per un canone mensile anticipato di 600 €. Le spese a carico del proprietario sono pari al 30% del canone, da considerarsi mediamente anticipate. L'immobile richiede lavori di manutenzione straordinaria, da sostenere tra un anno, per un importo di 20.000 €. Calcolare il valore di capitalizzazione ($r = 1{,}2\%$; $r_c = 1{,}8\%$).

Reddito lordo ordinario:

$$Rlt = 600 \times \left(12 + 0{,}012 \times \frac{12+1}{2}\right) = 7.247$$

Canone annuo:

$$Ca = 600 \times 12 = 7.200$$

Spese ordinarie:

$$Sp = (7.200 \times 30\%) \times \left(1 + 0{,}012 \times \frac{6}{12}\right) = 2.173$$

Beneficio fondiario ordinario:

$$Bf = 7.247 - 2.173 = 5.074$$

Da notare che il saggio di capitalizzazione è usato solo per calcolare il valore (valor capitale), negli altri casi si usa sempre il saggio di interesse.

Valore ordinario:

$$V = \frac{5.074}{0{,}018} = 281.889$$

Valore reale:

$$V = 281.889 - \frac{20.000}{1{,}012} = 262.126$$

20.3 CAPITALIZZAZIONE DI REDDITI TRANSITORI E PERMANENTI

Quando un immobile è sottoposto a opere di trasformazione e/o di miglioramento si verificano periodi con redditi transitori (cioè temporanei) e permanenti. In tal caso, per la stima del valore di capitalizzazione, si deve tenere conto dei seguenti redditi:

- il ***Bf* attuale** o *antemiglioramento* (Bf_a), che si verifica *prima* dell'esecuzione dei lavori;
- il ***Bf* transitorio** (Bf_t), che si verifica *durante* l'esecuzione dei lavori (*periodo transitorio*);
- il ***Bf* permanente** *o postmiglioramento* (Bf_p), che si verifica *dopo* l'esecuzione dei lavori e che ha durata illimitata.

Si dovrà poi tenere conto dei **costi** (K) necessari per eseguire la trasformazione, sostenuti durante il periodo transitorio.

Il valore dell'immobile sarà ottenuto accumulando all'attualità il beneficio fondiario permanente e, prima del verificarsi di quest'ultimo, il beneficio fondiario attuale. Il reddito transitorio rientra invece nel calcolo del costo della trasformazione, che sarà detratto dall'importo ottenuto scontando all'attualità i redditi futuri.

La capitalizzazione dei redditi transitori e permanenti, secondo i criteri anzidetti, può essere effettuata con tre formule che, da un punto di vista matematico e *applicando un unico saggio di capitalizzazione* (cioè un saggio di capitalizzazione

uguale al saggio di interesse), portano allo stesso risultato. Le formule sono quindi uguali, come è possibile dimostrare con passaggi matematici.
In ambito estimativo, invece, dato che il saggio di capitalizzazione e di interesse hanno significati diversi, le tre formule portano a risultati discordanti. Pertanto, in tale contesto, la formula che meglio corrisponde a una lineare procedura estimativa è la prima (valor capitale meno detrazioni per mancati redditi e per spese straordinarie).

Dimostrazione matematica dell'equivalenza delle tre formule

Prima formula

Si capitalizza il *Bf* permanente e quindi si detraggono i mancati redditi negli anni da 0 a *n* (*v.* figura 20.3):

$$V = \frac{Bf_p}{r} - \left(Bf_p - Bf_a\right)\frac{q^n - 1}{r\,q^n} - K_0 \qquad [47]$$

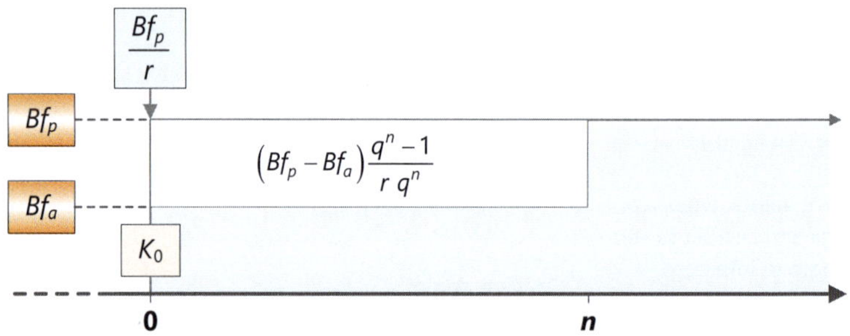

Figura 20.3
Redditi transitori e permanenti.

Seconda formula

Si capitalizza il *Bf* permanente a partire dall'anno *n*, anticipandolo all'anno zero, e quindi si sommano i redditi dovuti al *Bf* attuale (*v.* figura 20.4):

$$V = \frac{Bf_p}{r} \cdot \frac{1}{q^n} + Bf_a \frac{q^n - 1}{r\,q^n} - K_0 \qquad [48]$$

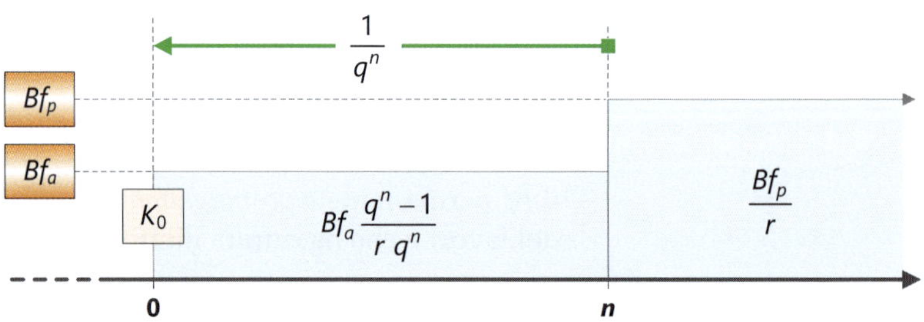

Figura 20.4
Redditi transitori e permanenti.

Terza formula

Si capitalizza il *Bf* attuale e poi si somma il maggior reddito illimitato dall'anno *n* (*v.* figura 20.5):

$$V = \frac{Bf_a}{r} + \frac{Bf_p - Bf_a}{r} \cdot \frac{1}{q^n} - K_0 \qquad [49]$$

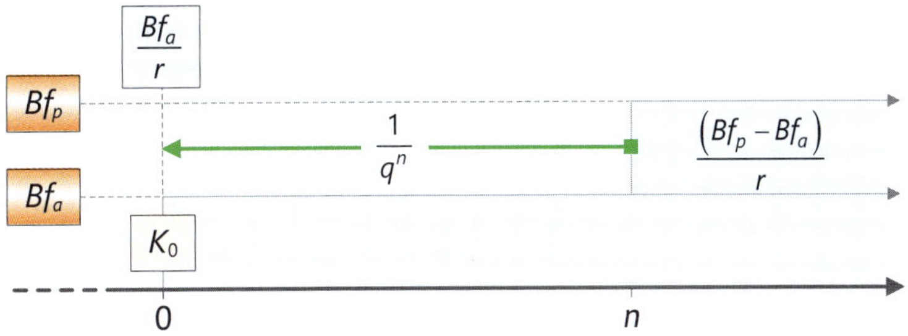

Figura 20.5
Redditi transitori e permanenti.

ESEMPIO 20.2 REDDITI TRANSITORI E PERMANENTI

Beneficio fondiario antemiglioramento:	16.000 €
Beneficio fondiario postmiglioramento:	20.000 €
Costo di trasformazione (K_0):	150.000 €
Durata del periodo transitorio:	4 anni
Saggio unico:	1,5%

Con la prima formula:

$$V = \frac{20.000}{0,015} - (20.000 - 16.000) \times \frac{1,015^4 - 1}{0,015 \times 1,015^4} - 150.000 = 1.167.916$$

oppure, con la seconda formula:

$$V = \frac{20.000}{0,015} \times \frac{1}{1,015^4} + 16.000 \times \frac{1,015^4 - 1}{0,015 \times 1,015^4} - 150.000 = 1.167.916$$

oppure, con la terza formula:

$$V = \frac{16.000}{0,015} + \frac{20.000 - 16.000}{0,015} \times \frac{1}{1,015^4} - 150.000 = 1.167.916$$

20.4 COSTO TOTALE DI UNA TRASFORMAZIONE

Negli esercizi di matematica finanziaria il costo della trasformazione o del miglioramento (K_0) può essere un dato del problema, da anticipare eventualmente all'anno 0. Diversamente il costo totale deve essere calcolato considerando le spese dirette e le spese indirette (*v.* figura 20.6).

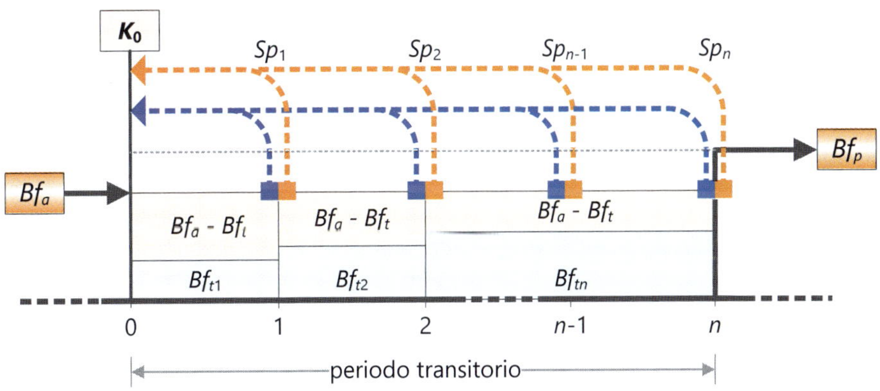

Figura 20.6
Redditi transitori e permanenti: costo della trasformazione.

Le **spese dirette** (K_d) sono quelle effettivamente sostenute per l'esecuzione di un miglioramento o di un intervento trasformativo, riferite al momento della stima (anno 0).

$$K_d = \frac{Sp_1}{q} + \frac{Sp_2}{q^2} + \frac{Sp_3}{q^3} + \ldots + \frac{Sp_n}{q^n}$$

Le **spese indirette** (K_i) sono costituite dai *mancati redditi* che si verificano nel periodo transitorio, cioè nel periodo di passaggio dal reddito attuale (Bf_a) al reddito permanente (Bf_p). Questi mancati redditi devono essere riferiti al Bf_a, cioè si ottengono dalla differenza $Bf_a - Bf_t$.

I mancati redditi saranno accumulati al momento della stima (anno 0) con le appropriate formule della matematica finanziaria (annualità ecc.):

$$K_i = \frac{Bf_a - Bf_{t1}}{q} + \frac{Bf_a - Bf_{t2}}{q^2} + \ldots + \frac{Bf_a - Bf_{tn}}{q^n}$$

Ogni operazione relativa al calcolo delle spese dirette e indirette deve essere effettuata col *saggio commerciale.*

ESEMPIO 20.3 **COSTO DELLA TRASFORMAZIONE**

Spese di esecuzione:
- 1° anno: 100.000 €
- 2° anno: 40.000 €
- 3° anno: 10.000 €
- 4° anno: 5.000 €

Beneficio fondiario antemiglioramento: 16.000 €

Benefici fondiari transitori:
- 1° anno: 5.000 €
- 2° anno: 12.000 €
- 3° anno: 15.000 €
- 4° anno: 17.000 €

Saggio di interesse: 2%

Costi diretti:

$$K_d = \frac{100.000}{1,02} + \frac{40.000}{1,02^2} + \frac{10.000}{1,02^3} + \frac{5.000}{1,02^4} = 150.528,42$$

Costi indiretti:

$$K_i = \frac{16.000 - 5.000}{1,02} + \frac{16.000 - 12.000}{1,02^2} + \frac{16.000 - 15.000}{1,02^3} + \frac{16.000 - 17.000}{1,02^4} = 14.647,47$$

Costo totale:

150.528,42 + 14.647,47 = 165.176

ESERCIZI FACILITATI

Completare i dati mancanti e verificare i risultati usando la calcolatrice, un foglio elettronico di calcolo o il programma AmiMate.

1. Un magazzino è dato in affitto per un canone annuo di 26.000 € da pagarsi in rate quadrimestrali anticipate. Le spese a carico del proprietario ammontano al 36% del canone, da considerarsi mediamente anticipate.
Sull'immobile grava un mutuo ipotecario estinguibile con una rata mensile posticipata di 1.340 € per altri 4 anni.
Calcolare il valore di capitalizzazione (r_c = 1,9%; r = 1,5%; r *mutuo* = 5%).

Reddito lordo annuo posticipato:

$$Rlt = \frac{\qquad}{\qquad} \times \left(3 + 0,015 \times \frac{\quad}{\quad} \right) = 26.260$$

Spese annue posticipate:

$$Sp = 26.000 \times \quad \% \times \left(\quad + 0,015 \times \frac{\quad}{\quad} \right) = 9.430,20$$

Beneficio fondiario:

$$Bf = \qquad\qquad = 16.829,80$$

Valore di capitalizzazione ordinario:

$$V_0 = \frac{\qquad}{\qquad} = 885.778,95$$

Accumulazione iniziale delle rate del mutuo:

$$1.340 \times \left(\quad + 0,05 \times \frac{\quad}{2} \right) \times \frac{1,05}{\qquad} = 58.325,57$$

Valore reale: $\qquad\qquad = 827.453,38$

E23 | f_x =E13-E21

	A	B	C	D	E
1	*Reddito lordo*				
2	Rata anticipata	*r*	N. rate	Coeff.	Montante
3	8.666,67	1,50%	3	3,030000	26.260,00
4					
5	*Spese*				
6		*r*	mesi	Coeff.	Montante
7	9.360,00	1,50%	6	1,007500	9.430,20
8					
9	Reddito netto annuo (Bf)				16.829,80
10					
11	*Capitalizzazione del reddito*				
12	Reddito annuo		*r*	Coefficiente	Valor capitale
13		16.829,80	1,90%	52,631579	**885.778,95**
14					
15	*Rata annua mutuo*				
16	Rata	*r*	*n rate*	Coefficiente	Montante
17	1.340,00	5,00%	12	12,275000	16.448,50
18					
19	*Spese straordinarie/mutuo*				
20	Importo	*r*	*n* annualità	*n* anticipazione	K_0
21	16.448,50	5,00%	4	4	58.325,57
22					
23	**Valore reale**				**827.453,38**

2. Un immobile rende attualmente un canone annuo di 10.000 € da pagarsi in rate mensili anticipate. Fra 3 anni, alla scadenza del contratto in corso, il canone ordinario sarà di 12.500 €. Le spese annue di parte padronale ammontano al 40% del canone, da considerarsi posticipate. Si spenderanno, per lavori di manutenzione straordinaria, 15.000 € alla fine del 3° anno. Calcolare il valore di capitalizzazione ($r_c = 1{,}7\%$; $r = 2{,}2\%$)

Reddito lordo totale *attuale* posticipato:

$$Rlt = \frac{10.000}{\quad} \times \left(\quad + 0{,}022 \times \frac{\quad}{2} \right) = 10.119{,}17$$

Spese annue posticipate di parte padronale:

$$Sp = \qquad\qquad = 4.000{,}00$$

Beneficio fondiario attuale:

$$Bf_a = \qquad\qquad = 6.119{,}17$$

Reddito lordo totale *permanente* posticipato:

$$Rlt = \frac{12.500}{\quad} \times \left(\quad + 0{,}022 \times \frac{\quad}{2} \right) = 12.648{,}96$$

Spese annue posticipate di parte padronale:

$$Sp = \qquad\qquad = 5.000{,}00$$

Beneficio fondiario permanente:

$$Bf_p = \qquad\qquad = 7.648{,}96$$

Capitalizzazione dei redditi:

$$V_0 = \frac{7.648{,}96}{\quad} - \left(\qquad - \qquad \right) \times \frac{1{,}017}{\qquad\qquad} = 445.501{,}18$$

Spese straordinarie:

$$Sp_d = \frac{15.000}{1{,}022^3} = 14.052{,}01$$

Valore reale:

$$V = \qquad\qquad = 431.449{,}17$$

F15 | f_x =((1+D15)^B15-1)/(D15*(1+D15)^B15)

	A	B	C	D	E	F	G
1	***Bf attuale***	Canone annuo	N. rate anticpate	Rata	*r*	Coeff.	Montante
2	Reddito lordo	10.000,00	12	833,33	2,20%	12,143000	10.119,17
3		Canone annuo	Incidenza spese	Importo spese	mesi	Coeff.	Montante
4	Spese	10.000,00	40,00%	4.000,00	0	1,000000	4.000,00
5	Reddito netto annuo (Bfa)						**6.119,17**
6							
7	***Bf permanente***	Canone annuo	N. rate anticpate	Rata	*r*	Coeff.	Montante
8	Reddito lordo	12.500,00	12	1.041,67	2,20%	12,143000	12.648,96
9		Canone annuo	Incidenza spese	Importo spese	mesi	Coeff.	Montante
10	Spese	12.500,00	40,00%	5.000,00	0	1,000000	5.000,00
11	Reddito netto annuo (Bfp)						**7.648,96**
12							
13	***Capitalizzazione del reddito***						
14	*Bfa*	Anni periodo transitorio	*Bfp*	*r*	Coefficiente per Bfp (/*r*)	Coefficiente per (Bfp-Bfa)	Valor capitale
15	6.119,17	3,00	7.648,96	1,70%	58,823529	2,900818	**445.501,08**
16							
17			Importo	*r*	*n* annualità	*n* anticipazione	K_0
18	*Spese straordinarie*		15.000,00	2,20%	1	3	14.052,01
19							
20	***Valore reale***						**431.449,06**

3. Un appartamento rende attualmente un canone mensile anticipato di 650 €. Fra 1 anno, alla scadenza del contratto in corso, il fabbricato sarà trasformato in negozio e per 2 anni non produrrà alcun reddito. Successivamente verrà locato per un canone annuo ordinario di 15.000 €. Le spese annue di parte padronale ammontano al 42% del canone, da considerarsi mediamente anticipate. Per eseguire la trasformazione si spenderanno 30.000 € alla fine del 2° anno e 40.000 alla fine del 3° anno.
Calcolare il valore di capitalizzazione ($r_c = 2{,}1\%$; $r = 1{,}2\%$).

Beneficio fondiario attuale:

$$Bf_a = 650 \times \left(\quad + 0{,}012 \times \frac{\quad}{\quad} \right) - 650 \times 12 \times \quad \times \left(\quad + 0{,}012 \times \frac{\quad}{\quad} \right) = 4.555{,}04$$

Beneficio fondiario *permanente*:

$$Bf_p = \frac{15.000}{\quad} \times \left(\quad + 0{,}012 \times \frac{\quad}{\quad} \right) - 15.000 \times \quad \times \left(\quad + 0{,}012 \times \frac{\quad}{\quad} \right) = 8.759{,}70$$

Capitalizzazione dei redditi:

$$V_0 = \frac{8.759{,}70}{\quad} - \left(\quad - \quad \right) \times \frac{1{,}021}{\quad} = 405.026{,}40$$

Spese straordinarie:

$$Sp_d = \frac{30.000}{\quad} + \frac{40.000}{\quad} = 67.886{,}64$$

Mancati redditti:

$$Sp_1 = 4.555{,}04 \times \frac{1{,}012 \quad -1}{0{,}012 \times \quad} = 8.842{,}57$$

Valore reale:

$$V = \quad = 328.297{,}19$$

G18 =C18*((1+D18)^E18-1)/(D18*(1+D18)^F18)

	A	B	C	D	E	F	G
1	***Bf attuale***	Canone annuo	N. rate anticpate	Rata	*r*	Coeff.	Montante
2	Reddito lordo	7.800,00	12	650,00	1,20%	12,078000	7.850,70
3		Canone annuo	Incidenza spese	Importo spese	mesi	Coeff.	Montante
4	Spese	7.800,00	42,00%	3.276,00	6	1,006000	3.295,66
5	Reddito netto annuo (Bfa)						**4.555,04**
6							
7	***Bf permanente***	Canone annuo	N. rate anticpate	Rata	*r*	Coeff.	Montante
8	Reddito lordo	15.000,00	12	1.250,00	1,20%	12,078000	15.097,50
9		Canone annuo	Incidenza spese	Importo spese	mesi	Coeff.	Montante
10	Spese	15.000,00	42,00%	6.300,00	6	1,006000	6.337,80
11	Reddito netto annuo (Bfp)						**8.759,70**
12							
13	***Capitalizzazione del reddito***						
14	*Bfa*	Anni periodo transitorio	*Bfp*	*r*	Coefficiente per Bfp (/r)	Coefficiente per (Bfp-Bfa)	Valor capitale
15	4.555,04	3,00	8.759,70	2,10%	47,619048	2,878275	**405.026,41**
16							
17			Importo	*r*	*n* annualità	*n* anticipazione	K_0
18	Spese straordinarie		30.000,00	1,20%	1	2	29.292,76
19	Spese straordinarie		40.000,00	1,20%	1	3	38.593,88
20	Mancati redditi		4.555,04	1,20%	2	3	8.842,58
21	*Totale*						**76.729,22**
22							
23	***Valore reale***						**328.297,20**

ESERCIZI DA SVOLGERE

Valore di immobili

20.1 Un'abitazione a uso turistico è ordinariamente locata per i seguenti canoni mensili anticipati:
- 1.000 € per il mese di giugno;
- 1.500 € per il mese di luglio;
- 2.000 € per il mese di agosto;
- 1.200 € per il mese di settembre.

Le spese posticipate a carico del proprietario sono pari al 30% del reddito lordo totale.
Calcolare il valore dell'immobile capitalizzando il reddito netto ordinario (r = 3%; r_c = 2%).

[202.195,00]

20.2 Un immobile fornisce un canone annuo di 8.400 € da pagarsi in rate semestrali anticipate. Le spese posticipate a carico del proprietario sono pari al 45% del canone. Considerando illimitato il reddito netto del proprietario, qual è il valore dell'immobile per capitalizzazione del reddito (r = 1,8%; r_c = 1,45%)?

[326.441,38]

20.3 Un immobile fornisce un canone annuo di 9.000 € pagabile in rate mensili anticipate. Le spese sono pari al 35% del canone, da considerarsi mediamente anticipate. Sull'immobile grava una spesa straordinaria di 5.000 € da sostenere fra sei mesi. Calcolarne il valore (r = 2,5%; r_c = 2,7%).

[214.783,95]

20.4 Un immobile è affittato con canone annuo di 8.600 € pagato in rate mensili anticipate. Le spese di parte padronale sono pari al 45% del canone, da considerarsi posticipate.
Vengono sostenute le spese di manutenzione straordinaria per un importo semestrale di 2.200 € per 2 anni da oggi.
Calcolare il valore reale dell'immobile (r = 2,3%; r_c = 1,8%).

[260.175,64]

20.5 Un immobile viene affittato per un canone annuo di 20.000 € da pagarsi in rate bimestrali. Le spese a carico della proprietà ammontano al 30% del canone, da considerarsi anticipate. Sull'immobile grava un mutuo decennale di 100.000 € (r=4,6%) di cui sta per scadere la sesta rata annua posticipata.
Calcolare il valore dell'immobile (r = 3,5%; r_c = 2,8%).

[444.761,18]

20.6 Un immobile viene affittato per un canone annuo di 7.850 € da pagarsi in rate trimestrali anticipate. Le spese a carico del proprietario ammontano a 1.200 € a fine maggio e 1.050 € a fine novembre, inoltre vi è una spesa mensile di 60 €.
L'immobile richiede una spesa annua di manutenzione di 10.000 € per 2 anni a partire da oggi. Calcolare il valore dell'immobile (r = 2%; r_c = 1,65%).

[280.934,69]

20.7 Un immobile viene locato per un canone annuo di 32.600 € da pagarsi in rate semestrali anticipate. Le spese di parte padronale ammontano al 37% del canone. L'immobile richiede lavori di miglioramento per un importo globale di 140.000 € da pagarsi in due annualità posticipate.
Calcolare il valore capitalizzando il reddito netto (r = 2,4%; r_c = 1,9%).

[976.715,00]

20.8 Un immobile è in grado di fornire un canone annuo di 10.800 € da pagarsi in rate mensili posticipate, con spese ordinarie di parte padronale pari al 40% del canone, da considerarsi mediamente anticipate. Calcolare il valore dell'immobile sapendo che, per l'esecuzione di lavori di manutenzione straordinaria, è stato contratto un mutuo di 40.000 € da estinguersi in 15 rate annue. Al momento della stima è stata pagata la sesta rata (r = 3,5%; r_c = 2,3%; r mutuo = 4,8%).

[258.720,17]

20.9 Per l'esecuzione di opere di pubblica utilità vengono occupati terreni a uso agricolo in grado di fornire un *Bf* ordinario di 6.300 €. Durante l'occupazione, per 4 anni, il reddito del fondo diventerà di 4.700 €. In seguito il fondo, per altri 5 anni, fornirà un beneficio fondiario di 5.500 € e richiederà spese di ripristino per 2.000 € annue. Infine il fondo riprenderà la sua originaria produttività. Calcolare il valore del fondo all'attualità (r = 3,5%; r_c = 2,5%).

[235.106,17]

Redditi transitori e permanenti

20.10 Un immobile a destinazione alberghiera è affittato per un canone annuo di 20.100 € pagabili in 3 rate anticipate. Le spese di parte padronale sono di 6.500 € mediamente anticipate. Alla scadenza dell'attuale contratto di locazione, stipulato 6 anni fa per una durata di 9 anni, la locazione potrà avvenire, con le stesse modalità, per un canone ordinario di 28.000 € al lordo di spese mediamente anticipate per 7.300 €.
Calcolare il valore dell'immobile per capitalizzazione dei redditi ($r = 3\%$; $r_c = 2\%$).

[1.036.628,38]

20.11 Un appartamento al piano terra è locato per un canone anno di 7.800 € da pagarsi in rate mensili anticipate. Le spese di parte padronale sono pari al 42% del canone, da considerarsi mediamente anticipate.
Tra 2 anni, alla scadenza del contratto, si eseguiranno lavori di trasformazione per ottenere un negozio, da cui si ricaverà un canone trimestrale anticipato di 3.500 € a partire dal quarto anno da oggi. L'incidenza delle spese ordinarie è invariata.
Il costo della trasformazione ammonta a 75.000 €, da sostenere a metà del terzo anno (nel terzo anno, ovviamente, non si avrà alcun reddito).
Calcolare il valore dell'immobile per capitalizzazione dei redditi ($r = 2{,}7\%$; $r_c = 2{,}1\%$).

[309.121,36]

20.12 Un immobile fornisce attualmente un canone mensile di 2.000 €. In seguito all'esecuzione di lavori di trasformazione, il canone sarà di 30.000 € annui, da pagarsi in rate mensili. Le spese posticipate rimangono al 40% del canone. La trasformazione inizia oggi e dura tre anni, durante i quali non si avranno redditi.
Le spese di ristrutturazione sono le seguenti:
- 50.000 € anticipatamente (oggi);
- 30.000 € nel 2° anno;
- 20.000 € nel 3° anno.

Vi è poi da pagare una rata annua di ammortamento di un mutuo di 5.000 € per 8 anni
Calcolare il valore di capitalizzazione dell'immobile. ($r = 2{,}5\%$; r mutuo $= 4{,}2\%$; $r_c = 3\%$).

[428.654,86]

21 Riparti

- ✓ Introduzione
- ✓ Riparto semplice diretto
- ✓ Riparto semplice inverso
- ✓ Riparto semplice misto
- ✓ Riparto composto diretto
- ✓ Riparto composto inverso

21.1 INTRODUZIONE

Ripartire significa suddividere un numero in parti proporzionali a una serie di altri numeri. Il criterio di ripartizione può essere:

- con **proporzionalità diretta** e **inversa**;
- in proporzione a **una** o **più serie di numeri** contemporaneamente, si hanno così riparti *semplici* e *composti*.

I riparti sono tipicamente usati nell'estimo condominiale per calcolare i millesimi e per ripartire le spese comuni.

21.2 RIPARTO SEMPLICE DIRETTO

Si deve ripartire una somma S con criterio di **proporzionalità diretta** a **una serie** a_i di numeri (a_1, a_2, a_3 ... a_n).

Si imposterà la seguente proporzione:

$S : (a_1 + a_2 + a_3 + ... + a_n) = s_i : a_i$

Ogni quota s_i sarà ottenuta da:

$$s_i = \frac{S}{a_1 + a_2 + a_3 + ... + a_n} a_i \qquad [50]$$

Il rapporto $\frac{S}{a_1 + a_2 + a_3 + ... + a_n}$ è costante (K) per ogni valore di a_i e quindi:

$$s_i = K\, a_i$$

ESEMPIO 21.1 **RIPARTO SEMPLICE DIRETTO**

Si deve addebitare a due eredi la somma di 15.800 €, per aver sostenuto spese notarili, fiscali ecc., in proporzione al valore della quota di ciascuno, rispettivamente 356.000 € e 261.000 € . Calcolare la quota di spesa spettante a ogni erede.

$15.800 : (356.000 + 261.000) = s_i : a_i$

$$K = \frac{15.800}{356.000 + 261.000} = 0{,}02560778$$

$s_1 = 0{,}02560778 \times 356.000 =$	9.116
$s_2 = 0{,}02560778 \times 261.000 =$	6.684
Totale	15.800

21.3 RIPARTO SEMPLICE INVERSO

Si deve ripartire una somma S con criterio di **proporzionalità inversa a una serie a_i** di numeri (a_1, a_2, a_3 ... a_n).

Si imposterà la seguente proporzione:

$$S : \left(\frac{1}{a_1} + \frac{1}{a_2} + \frac{1}{a_3} + \ldots + \frac{1}{a_n}\right) = s_i : \frac{1}{a_i}$$

Ogni quota s_i sarà ottenuta da:

$$s_i = \frac{S}{\frac{1}{a_1} + \frac{1}{a_2} + \frac{1}{a_3} + \ldots + \frac{1}{a_n}} \cdot \frac{1}{a_i} \qquad [51]$$

Il rapporto $\frac{S}{\frac{1}{a_1} + \frac{1}{a_2} + \frac{1}{a_3} + \ldots + \frac{1}{a_n}}$ è costante (K) per ogni valore di $\frac{1}{a_i}$ e quindi:

$$s_i = K \frac{1}{a_i}$$

ESEMPIO 21.2 **RIPARTO SEMPLICE INVERSO**

Per la costruzione di opere di contenimento delle piene di un fiume si deve spendere la somma di 200.000 € che deve essere ripartita fra due aziende in funzione della quota media di altitudine di ciascuna di esse rispetto al fiume. Tali quote sono rispettivamente di 2,6 m e di 4,1 m. Calcolare la spesa spettante a ciascuna azienda.
Ogni azienda pagherà in proporzione inversa all'altitudine. Infatti l'azienda a quota inferiore, più frequentemente soggetta a inondazione, beneficerà maggiormente del contenimento della piena.

$$200.000 : \left(\frac{1}{2{,}6} + \frac{1}{4{,}1}\right) = s_i : \frac{1}{a_i}$$

$$K = \frac{200.000}{\frac{1}{2{,}6} + \frac{1}{4{,}1}} = 318.208{,}9552$$

$s_1 = 318.208{,}9552 \times \dfrac{1}{2{,}6} =$ 122.388

$s_2 = 318.208{,}9552 \times \dfrac{1}{4{,}1} =$ 77.612

Totale	200.000

21.4 RIPARTO SEMPLICE MISTO

Si deve ripartire una somma S con criterio di **proporzionalità diretta a una serie a_i** di numeri ($a_1, a_2, a_3 \dots a_n$) e con criterio di **proporzionalità inversa a una seconda serie b_i** di numeri ($b_1, b_2, b_3 \dots b_n$).

Si imposterà la seguente proporzione:

$$S : \left(\frac{a_1}{b_1} + \frac{a_2}{b_2} + \frac{a_3}{b_3} + \dots + \frac{a_n}{b_n} \right) = s_i : \frac{a_i}{b_i}$$

Ogni quota s_i sarà ottenuta da:

$$s_i = \frac{S}{\frac{a_1}{b_1} + \frac{a_2}{b_2} + \frac{a_3}{b_3} + \dots + \frac{a_n}{b_n}} \cdot \frac{a_i}{b_i} \qquad [52]$$

Il rapporto $\dfrac{S}{\frac{a_1}{b_1} + \frac{a_2}{b_2} + \frac{a_3}{b_3} + \dots + \frac{a_n}{b_n}}$ è costante (K) per ogni valore di $\dfrac{a_i}{b_i}$ e quindi:

$$s_i = K \frac{a_i}{b_i}$$

ESEMPIO 21.3 RIPARTO SEMPLICE MISTO

Per la costruzione di opere di contenimento delle piene di un fiume si spende la somma di 200.000 € che deve essere ripartita fra due aziende in funzione della quota media di altitudine di ciascuna di esse rispetto al fiume (rispettivamente di 2,6 m e di 4,1 m) e alla dimensione di ciascuna, 120 e 85 ettari. Calcolare la spesa spettante a ciascuna azienda.

Ogni azienda pagherà con criterio di proporzionalità diretta alla dimensione e con criterio di proporzionalità inversa all'altitudine.

$200.000 : \left(\dfrac{120}{2{,}6} + \dfrac{85}{4{,}1} \right) = s_i : \dfrac{a_i}{b_i}$ da cui: $K = \dfrac{200.000}{\frac{120}{2{,}6} + \frac{85}{4{,}1}} = 2.990{,}1823$

$s_1 = 2.990{,}1823 \times \dfrac{120}{2{,}6} =$ 138.008

$s_2 = 2.990{,}1823 \times \dfrac{85}{4{,}1} =$ 61.992

Totale	200.000

21.5 RIPARTO COMPOSTO DIRETTO

Si deve ripartire una somma S con criterio di **proporzionalità diretta** a **più serie di numeri.** Siano date, per esempio, due serie di numeri proporzionali:

$a_1, a_2, a_3 \dots a_n$

$b_1, b_2, b_3 \dots b_n$

Si imposterà la seguente proporzione:

$S : (a_1b_1 + a_2b_2 + a_3b_3 + \dots + a_nb_n) = s_i : (a_ib_i)$

Ogni quota s_i sarà ottenuta da:

$$s_i = \frac{S}{a_1b_1 + a_2b_2 + a_3b_3 + \dots + a_nb_n} a_ib_i \qquad [53]$$

Il rapporto $\frac{S}{a_1b_1 + a_2b_2 + a_3b_3 + \dots + a_nb_n}$ è costante (K) per ogni valore di a_ib_i e quindi:

$$s_i = K \; a_i \; b_i$$

ESEMPIO 21.4 **RIPARTO COMPOSTO DIRETTO**

Per la manutenzione straordinaria delle scale di un fabbricato, composto da 6 unità immobiliari, si spendono 24.000 € da ripartire in funzione del valore e dell'altezza di piano. Calcolare la quota di spesa spettante al proprietario di ogni appartamento.

Unità immobiliare	Piano (a_i)	Valore (b_i)	(a_ib_i)
A	1	200.000	200.000
B	1	240.000	240.000
C	2	220.000	440.000
D	2	270.000	540.000
E	3	220.000	660.000
F	3	270.000	810.000
		1.420.000	2.890.000

$24.000 : 2.890.000 = s_i : a_ib_i$ da cui: $K = \frac{24.000}{2.890.000} = 0{,}0083045$

$s_A = 0{,}0083045 \times 200.000 = 1.661$

$s_B = 0{,}0083045 \times 240.000 = 1.993$

$s_C = 0{,}0083045 \times 440.000 = 3.654$

$s_D = 0{,}0083045 \times 540.000 = 4.484$

$s_E = 0{,}0083045 \times 660.000 = 5.481$

$s_F = 0{,}0083045 \times 810.000 = 6.727$

Totale 24.000

MATEMATICA FINANZIARIA

21.6 RIPARTO COMPOSTO INVERSO

Si deve ripartire una somma S con criterio di **proporzionalità inversa** a **più serie di numeri**. Siano date, per esempio, due serie di numeri proporzionali:

$a_1, a_2, a_3 \ldots a_n$

$b_1, b_2, b_3 \ldots b_n$

Ogni quota s_i sarà ottenuta da:

$$s_i = \frac{S}{\frac{1}{a_1 b_1} + \frac{1}{a_2 b_2} + \frac{1}{a_3 b_3} + \ldots + \frac{1}{a_n b_n}} \cdot \frac{1}{a_i b_i} \qquad [54]$$

Il rapporto $\frac{S}{\frac{1}{a_1 b_1} + \frac{1}{a_2 b_2} + \frac{1}{a_3 b_3} + \ldots + \frac{1}{a_n b_n}}$ è costante (K) per ogni valore di $\frac{1}{a_i b_i}$ e quindi:

$$s_i = K \frac{1}{a_i b_i}$$

ATTIVITÀ PRATICHE E DI VERIFICA

ESERCIZI

1. Con i dati dell'esempio 21.4, eseguire i calcoli con un foglio elettronico.

E11 fx =SOMMA(E5:E10)

	A	B	C	D	E
1	Cifra da ripartire				24.000,00
2					
3-4	**Unità immobiliare**	**Piano (a_i)**	**Valore (b_i)**	**($a_i b_i$)**	**s_i**
5	A	1	200.000	200.000	1.660,90
6	B	1	240.000	240.000	1.993,08
7	C	2	220.000	440.000	3.653,98
8	D	2	270.000	540.000	4.484,43
9	E	3	220.000	660.000	5.480,97
10	F	3	270.000	810.000	6.726,64
11			**1.420.000**	**2.890.000**	**24.000,00**

E11 fx =SOMMA(E5:E10)

	A	B	C	D	E
1	Cifra da ripartire				24000
2					
3-4	**Unità immobiliare**	**Piano (a_i)**	**Valore (b_i)**	**($a_i b_i$)**	**s_i**
5	A	1	200000	=B5*C5	=$E$1/$D$11*D5
6	B	1	240000	=B6*C6	=$E$1/$D$11*D6
7	C	2	220000	=B7*C7	=$E$1/$D$11*D7
8	D	2	270000	=B8*C8	=$E$1/$D$11*D8
9	E	3	220000	=B9*C9	=$E$1/$D$11*D9
10	F	3	270000	=B10*C10	=$E$1/$D$11*D10
11			**=SOMMA(C5:C10)**	**=SOMMA(D5:D10)**	**=SOMMA(E5:E10)**

22 Elementi di statistica

- ✓ Introduzione
- ✓ Le medie
- ✓ Le misure della dispersione
- ✓ La distribuzione gaussiana
- ✓ La relazione tra variabili

22.1 INTRODUZIONE

Le rilevazioni statistiche consentono di studiare l'andamento di un fenomeno, per esempio i prezzi dei terreni, delle abitazioni, l'inflazione ecc. Raccolti i dati, si hanno almeno due esigenze:

- trarre una *sintesi* del fenomeno studiato individuando un valore rappresentativo, detto **valore medio** o anche *valore atteso*;
- valutare il grado di attendibilità del valore medio, misurando la **dispersione** dei valori rilevati attorno al valore medio: maggiore è la misura della dispersione, minore è il grado di attendibilità della media.

L'elaborazione statistica può riguardare tutti i dati relativi al fenomeno osservato (**universo** o **popolazione, *N***) o solo una parte di essi (**campione**).

Il valore medio è di notevole importanza in estimo, perché direttamente collegato al concetto di *ordinarietà*.

22.2 LE MEDIE

In statistica la **media** è un *indicatore di posizione* e cioè un dato che dà un'idea approssimata dell'ordine di grandezza nell'ambito di una serie di numeri (la posizione, appunto). Le medie possono essere calcolate in diversi modi: mediana, moda, media aritmetica, media geometrica ecc. Solitamente, nel linguaggio comune, con questo termine si intende la media aritmetica.

22.2.1 La mediana

La *mediana* di un insieme di numeri ordinati in ordine di grandezza è il **valore centrale** (*v.* esempio 22.1).

La mediana è un parametro idoneo a rappresentare un fenomeno quando la distribuzione dei dati è molto asimmetrica; la mediana infatti è indifferente a forti variazioni dei dati.

ESEMPIO 22.1 **MEDIANA**

I prezzi unitari pagati per la compravendita di appartamenti simili sono stati i seguenti.

n.	€
1	125.000
2	140.000
3	140.000
4	**160.000**
5	165.000
6	180.000
7	185.000
Totale	**1.095.000**

Il valore centrale è la mediana (160.000).

Per la seguente serie:

0, 1, 2, 2, **2, 3,** 5, 5, 8, 10

la mediana è 2,5 (se il numero di elementi è pari la mediana è data dalla media aritmetica dei due valori centrali).

22.2.2 La moda

La *moda* o *valore modale* di un insieme di numeri è il valore che si presenta il maggior numero di volte, è cioè il **valore più frequente** (*v.* esempio 22.2).

ESEMPIO 22.2 **MODA**

Le compravendite di appartamenti in una determinata zona e nel corso di un periodo di tempo considerato hanno riguardato immobili ubicati alle seguenti altezze di piano (0 = piano terreno):

0, 0, 0, 1, 1, 2, 2, 2, 2, 2, 2, 3, 3, 3, 4, 4, 5, 5, 5, 6, 8. La moda è 2 (serie unimodale).

oppure:

0, 0, 0, 0, 0, 1, 1, 2, 2, 2, 2, 2, 3, 3, 3, 4, 4, 5, 5, 5, 6, 8. La moda è 0 e 2 (serie bimodale).

Infine la serie:

0, 1, 2, 3, 5, 6, 8 non ha moda.

22.2.3 La media aritmetica

La *media aritmetica semplice* o *media* $\overline{x}$ di un insieme di n numeri $x_1, x_2, x_3 \ldots x_n$ si ottiene dalla relazione (*v.* esempio 22.3):

$$\overline{x} = \frac{x_1 + x_2 + x_3 + \ldots + x_n}{n} = \frac{\sum_{i=1}^{n} x_i}{n} \qquad [55]$$

ESEMPIO 22.3 **MEDIA ARITMETICA**

I prezzi unitari pagati per appartamenti di tre locali oggetto di compravendita nel corso di un anno sono stati i seguenti (dati dell'esempio 22.1).

n.	€
1	125.000
2	140.000
3	140.000
4	160.000
5	165.000
6	180.000
7	185.000
Totale	**1.095.000**

$$\overline{x} = \frac{1.095.000}{7} = \mathbf{156.428,57\ €}$$

22.2.4 La media aritmetica ponderata

Quando i valori di una distribuzione si ripetono, quando cioè a ogni valore è associata la frequenza con cui compare un parametro che ne consideri l'importanza, si può calcolare la *media ponderata* della distribuzione.
La media ponderata considera i numeri di una serie ($x_1, x_2, x_3 \dots x_n$) ciascuno con un proprio *peso* ($p_1, p_2, p_3 \dots p_n$). Il "peso" è la frequenza, cioè l'"importanza" del dato. Si ottiene dal rapporto tra la sommatoria dei numeri moltiplicati per il proprio peso e la sommatoria dei pesi stessi (*v.* esempio 22.4):

$$\overline{x} = \frac{x_1p_1 + x_2p_2 + x_3p_3 + \dots + x_np_n}{p_1 + p_2 + p_3 + \dots + p_n} \quad \text{oppure:} \quad \overline{x} = \frac{\sum_{i=1}^{n} x_ip_i}{\sum_{i=1}^{n} p_i} \qquad [56]$$

ESEMPIO 22.4 **MEDIA ARITMETICA PONDERATA**

I prezzi degli appartamenti dell'esempio 22.1 sono ponderati con la loro superficie.

n.	€	m²	€ × m²
1	125.000	78	9.750.000
2	140.000	85	11.900.000
3	140.000	88	12.320.000
4	160.000	96	15.360.000
5	165.000	90	14.850.000
6	180.000	86	15.480.000
7	185.000	92	17.020.000
Totale	**1.095.000**	**615**	**96.680.000**

$$\overline{x} = \frac{\mathbf{96.680.000}}{\mathbf{615}} = \mathbf{157.203,25\ €}$$

MATEMATICA FINANZIARIA

22.2.5 La media geometrica

La media geometrica (G) di un insieme di numeri (x_1, x_2, x_3 ... x_n) è data dalla radice n-esima del prodotto dei numeri stessi (*v.* esempio 22.5):

$$G = \sqrt[n]{x_1 \cdot x_2 \cdot x_3 \cdot \ldots \cdot x_n} \qquad [57]$$

Può essere utile calcolare questo tipo di media quando i dati variano secondo un certo tasso di incremento, quando cioè i dati sono disposti in progressione geometrica.

ESEMPIO 22.5 MEDIA GEOMETRICA

Con i dati dell'esempio 22.1 (in migliaia di euro):

$$G = \sqrt[7]{125 \times 140 \times 140 \times 160 \times 165 \times 180 \times 185} = \mathbf{155{,}04550}$$

22.3 LE MISURE DELLA DISPERSIONE

La *variazione* o *dispersione* di una serie di numeri è data dalla loro disposizione attorno a un valore medio.
La misura della dispersione è molto importante dal punto di vista pratico perché fornisce indicazioni sull'attendibilità di una media. Si osservino, per esempio, le seguenti serie di numeri: 40, 50, 60 e 0, 50, 100. Entrambe hanno come media 50, ma la prima serie è composta da numeri molto più prossimi alla media rispetto alla seconda; si tratta quindi di una serie di numeri più omogenea il cui valore medio ha maggiore probabilità di verificarsi.
Un primo e sommario indice dell'attendibilità di una media è il **campo di variazione** o *range* (V), cioè la differenza tra il numero più grande e quello più piccolo. Minore è il campo di variazione e più attendibile è la media. Nell'esempio precedente, le due serie di numeri hanno un campo di variazione ben diverso: 20 e 100. La dispersione può essere tuttavia misurata in modo molto più accurato nei modi che sono descritti di seguito.

22.3.1 Scostamento medio

Si consideri un campione di 10 famiglie, si è rilevato che 5 di esse non sono proprietarie della casa, le altre 5 hanno 2 case ciascuna. Osservando la media (10 case e 10 famiglie) si può affermare che, mediamente, le famiglie hanno 1 casa ciascuna. La media è sicuramente *vera*, ma il dato sicuramente non rappresenta in modo adeguato la *realtà*. Sarà invece più corretto dire che mediamente ciascuna famiglia ha 1±1 case.
La media risulta pertanto molto più utile se è accompagnata da un indice di variabilità. Tale indice può essere lo **scostamento semplice medio assoluto** (s_{ma}), dato dalla media aritmetica semplice dei valori assoluti delle differenze (*scostamenti* o *scarti* o *deviazioni*) tra gli N numeri di una serie x_i e la relativa media $\bar{x}$ (*v.* esempio 22.6):

$$s_{ma} = \frac{\sum_{i=1}^{N} |x_i - \bar{x}|}{N} \qquad [58]$$

ESEMPIO 22.6 **SCOSTAMENTO MEDIO ASSOLUTO**

Dati dell'esempio 22.3. $\overline{x} = 156.428,57$ €

N	€ (x_i)	Scostamento $\lvert x_i - \overline{x} \rvert$
1	125.000	31.428,57
2	140.000	16.428,57
3	140.000	16.428,57
4	160.000	3.571,43
5	165.000	8.571,43
6	180.000	23.571,43
7	185.000	28.571,43
		128.571,43

$$s_{ma} = \frac{128.571}{7} = 18.367{,}29 \text{ €}$$

Per cui si potrà dire che il prezzo medio degli appartamenti venduti è di:

156.428,57 ± 18.367,29 € e cioè il prezzo ordinario oscilla tra 138.061 e 174.796 €

22.3.2 Varianza e deviazione standard

La **varianza** (s^2) totale su base campionaria si ottiene da (*v.* esempio 22.7):

$$s^2 = \frac{\sum_{i=1}^{N} \left(x_i - \overline{x}\right)^2}{N}$$

La radice quadrata della varianza è detta **deviazione standard** o **scarto quadratico medio** (s) ed è una delle più importanti misure della dispersione:

$$s = \sqrt{\frac{\sum_{i=1}^{N} \left(x_i - \overline{x}\right)^2}{N}} \qquad [59]$$

ESEMPIO 22.7 **DEVIAZIONE STANDARD**

Dati dell'esempio 22.3. $\overline{x} = 156.428,57$ €

N	€ (x_i)	Scarti $(x_i - \overline{x})$	Quadrato degli scarti $(x_i - \overline{x})^2$
1	125.000	-31.428,57	987.755.012,24
2	140.000	-16.428,57	269.897.912,24
3	140.000	-16.428,57	269.897.912,24
4	160.000	3.571,43	12.755.112
5	165.000	8.571,43	73.469.412
6	180.000	23.571,43	555.612.312,24
7	185.000	28.571,43	816.326.612,24
		0,01	**2.985.714.285,20**

$$s = \sqrt{\frac{2.985.714.285{,}20}{7}} = 20.652{,}62 \text{ €}$$

Per cui si potrà dire che il prezzo medio degli appartamenti è 156.428,57 ± 20.653 €.

MATEMATICA FINANZIARIA

22.4 LA DISTRIBUZIONE GAUSSIANA

La curva normale
Si può notare la distribuzione gaussiana nelle più svariate attività, anche nella schermata di uno *smartwatch* che rileva l'attività fisica di una persona...

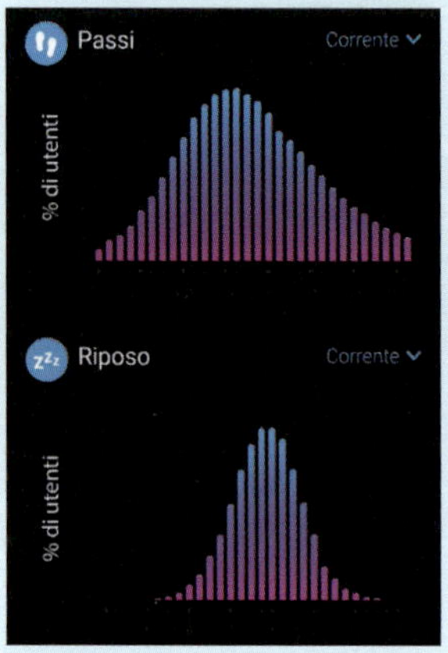

La dispersione dei dati intorno al valore medio può essere visualizzata graficamente utilizzando la *curva di Gauss* (detta anche *curva a campana*). Questo modello è detto anche **normale** in quanto la maggior parte dei fenomeni fisici, biologici, economici ecc. assume un andamento simile alla curva gaussiana.

La formula di Gauss è la seguente:

$$y = \frac{1}{s\sqrt{2\pi}} e^{-\frac{1}{2}\left(\frac{x-\bar{x}}{s}\right)^2} \qquad [60]$$

dove s è la deviazione standard, e la costante logaritmica 2,71828..., $\bar{x}$ la media.

La rappresentazione grafica dà, in modo immediato, un'indicazione della probabilità del verificarsi di un evento. Con i dati dell'esempio 22.3, si può vedere che la massima probabilità è presente nel valore medio e che, oltre determinati valori ($\bar{x} \pm s$), la probabilità scende al di sotto di livelli "accettabili".
A parità di media, quanto più ampia è la dispersione tanto più orizzontale è l'andamento della curva gaussiana e viceversa (*v.* figura 22.1 ed esempio 22.8).

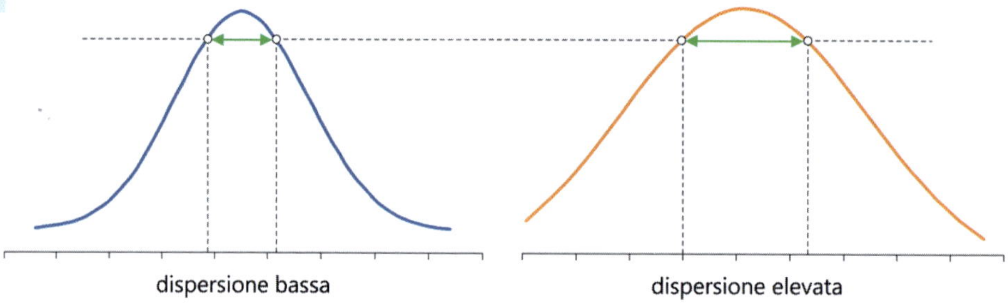

Figura 22.1
Distribuzione gaussiana.

ESEMPIO 22.8 CURVA GAUSSIANA

Dati dell'esempio 22.3.

$\bar{x} = 156.428{,}57$ €

$s = 20.652{,}62$ €

Si pone un intervallo tra il valore minimo e massimo pari a 2 volte la deviazione standard:

minimo = $156.428{,}57 - 20.652{,}62 \times 2 =$ 115.123,33

massimo = $156.428{,}57 + 20.652{,}62 \times 2 =$ 197.733,81

Si calcola il valore di x' per suddividere i dati in classi di uguale ampiezza:

$$x'_i = x'_{i-1} + \frac{\max - \min}{n-1} \qquad y = \frac{1}{s\sqrt{2\pi}} e^{-\frac{1}{2}\left(\frac{x-\bar{x}}{s}\right)^2}$$

n.	x_i	x'_i	y
1	125.000	115.123,34	0,000002614
2	140.000	126.924,83	0,000006963
3	140.000	138.726,33	0,000013378
4	160.000	150.527,82	0,000018544
5	165.000	162.329,32	0,000018544
6	180.000	174.130,82	0,000013378
7	185.000	185.932,31	0,000006963

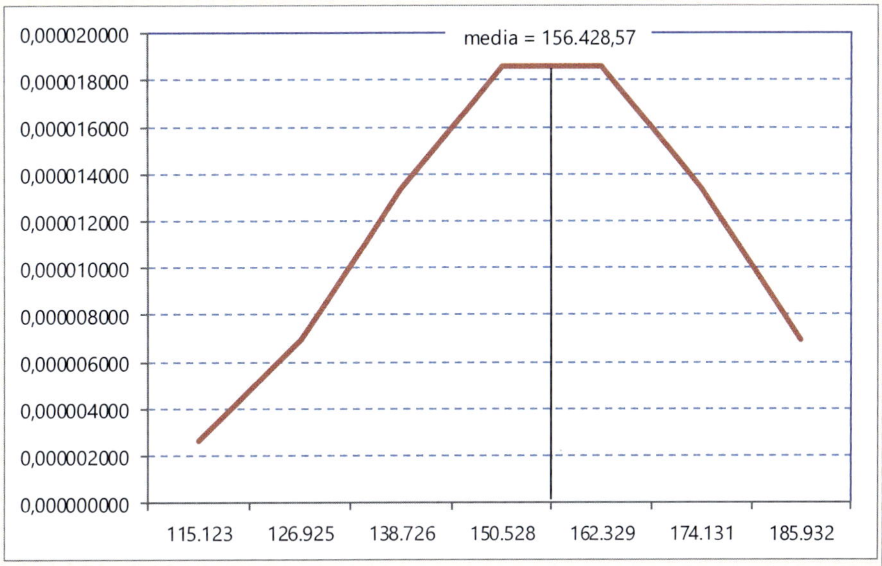

22.5 LA RELAZIONE TRA VARIABILI

Nell'analisi statistica si osserva frequentemente che due o più dati rilevati sono tra loro collegati. Per esempio il peso di una persona è collegato alla sua altezza, il prezzo di un immobile è collegato alla sua dimensione ecc. È possibile allora esprimere con un'equazione il tipo di relazione tra le variabili e ricavare l'una in funzione dell'altra.

Il punto di partenza è costituito dall'insieme dei dati rilevati. Con l'analisi di due sole variabili, x e y, si avrà sul diagramma cartesiano la rappresentazione della **dispersione** dei dati.

La dispersione dei dati può essere sinteticamente raffigurata con una *curva* (curva interpolante) o da una *linea retta* in funzione del tipo di relazione tra le variabili. Nell'esempio 22.9 si può osservare come la linea retta rappresenti adeguatamente la distribuzione dei dati. Ciascun punto della dispersione è collocato più o meno distante, in senso verticale e orizzontale, dalla retta di interpolazione. Tale distanza è detta **deviazione** (D_i) o **errore**.

La retta, che rappresenta anche il tipo più semplice di interpolazione, ha la seguente equazione generale:

$$y = a_0 + a_1 x$$

Dati due punti qualsiasi della retta è possibile calcolare le costanti a_0 e a_1, che rappresentano: a_0 l'*ordinata all'origine* (distanza tra l'origine e il punto in cui la retta interseca l'ordinata) e a_1 il *coefficiente angolare* (l'angolo di inclinazione della retta).

Essendo possibili numerose rette interpolanti, la migliore di esse è quella che dà la *minor somma dei quadrati delle deviazioni*: $D_1^2 + D_2^2 + ... + D_n^2$. Si ottiene in tal modo la **retta dei minimi quadrati** (o una *curva dei minimi quadrati*).

Le costanti a_0 e a_1 vengono determinate dalle formule:

$$a_0 = \frac{\Sigma y \Sigma x^2 - \Sigma x \Sigma xy}{n\Sigma x^2 - (\Sigma x)^2} \quad \text{e} \quad a_1 = \frac{n\Sigma xy - \Sigma x \Sigma y}{n\Sigma x^2 - (x)^2}$$

ESEMPIO 22.9 DIAGRAMMA DELLA DISPERSIONE

Equazione della retta di interpolazione con i dati dell'esempio 22.3.

n.	x (superficie)	y (prezzo in 1.000 €)	xy	x^2	y^2
1	78	125	9.750	6.084	15.625
2	85	140	11.900	7.225	19.600
3	88	140	12.320	7.744	19.600
4	96	160	15.360	9.216	25.600
5	90	165	14.850	8.100	27.225
6	86	180	15.480	7.396	32.400
7	92	185	17.020	8.464	34.225
Totale	**615**	**1095**	**96.680**	**54.229**	**174.275**

$$a_0 = \frac{1.095 \times 54.229 - 615 \times 96.680}{7 \times 54.229 - 615^2} = -56{,}201$$

$$a_1 = \frac{7 \times 96.680 - 615 \times 1.095}{7 \times 54.229 - 615^2} = 2{,}4202$$

L'equazione della retta è dunque: $y = -56{,}201 + 2{,}4202\,x$

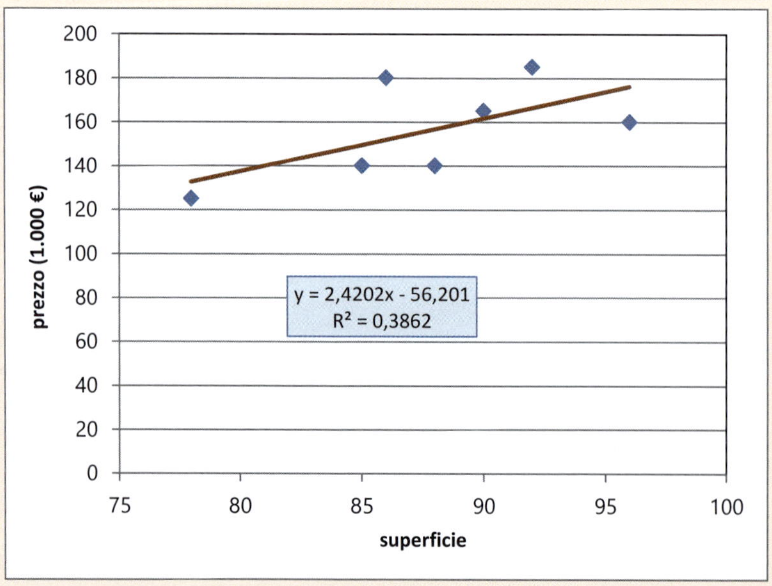

A questo punto è possibile *stimare* una variabile (*variabile dipendente*) in funzione dell'altra (*variabile indipendente*); si ha, in altri termini, una "regressione" dalla variabile indipendente x sulla variabile dipendente y. La linea retta che la rappresenta è detta **retta di regressione lineare**.

L'equazione della regressione lineare non dà però indicazioni sulla qualità dell'interpolazione, se cioè la dispersione è molto prossima alla linea di interpolazione (forte dipendenza fra le due variabili) o se è distribuita su un'area molto vasta (scarsa dipendenza fra le due variabili). Il dato stimato deve pertanto essere accompagnato da un *coefficiente di* **correlazione** che dia l'*indicazione* **di quanto** *le due variabili dipendano effettivamente l'una dall'altra*. Nella correlazione lineare il coefficiente è (*v.* esempio 22.10):

$$R = \frac{n\Sigma xy - \Sigma x \Sigma y}{\sqrt{\left[n\Sigma x^2 - (\Sigma x)^2\right]\left[n\Sigma y^2 - (\Sigma y)^2\right]}}$$

Quanto più R è prossimo a 1, tanto più esiste correlazione tra le due variabili. 0,8÷0,9 è un grado di correlazione medio, inferiore a 0,7 le variabili non sono correlate.

ESEMPIO 22.10 **COEFFICIENTE DI REGRESSIONE LINEARE**

Si usano i dati dell'esempio 22.9, che si elaborano come segue.

$$R = \frac{7 \times 96.680 - 615 \times 1.095}{\sqrt{\left(7 \times 54.229 - 615^2\right) \times \left(7 \times 174.275 - 1.095^2\right)}} = 0{,}621438$$

$R^2 = 0{,}3862$

22.5.1 La regressione multipla

Con l'analisi della *regressione lineare* è possibile studiare statisticamente un fenomeno in cui sono implicate due sole variabili. Quando invece si applicano modelli statistici nell'elaborazione dei dati campionari per fini estimativi si ha la necessità di osservare più di due variabili, corrispondenti alle diverse caratteristiche del bene oggetto di stima e dei beni simili presi a confronto (variabili indipendenti), in funzione delle quali è possibile calcolare il valore di stima (variabile dipendente). Si applica in tal modo un modello di **regressione multipla** su cui si sta oggi concentrando l'interesse degli estimatori, anche per fini catastali: rilevate alcune caratteristiche di un bene oggetto di stima (determinate numericamente), applicando le equazioni di regressione multipla ottenute su una base campionaria di dati, è possibile calcolare il valore. In tal modo la valutazione risulta estremamente oggettiva, perché ancorata a *dati rilevati* e a *modelli matematico-statistici*. Purtroppo però non mancano su questa strada anche notevoli difficoltà di ordine pratico che, per il momento, rendono il modello della regressione multipla non facilmente applicabile sul piano operativo.

ATTIVITÀ PRATICHE E DI VERIFICA

Esercizi

1. Rileva la statura degli alunni della tua classe e calcola l'altezza media e la deviazione standard. Rappresenta quindi con un foglio elettronico la frequenza con la curva di Gauss (come nell'esempio 22.8) e traccia il grafico della dispersione (come nell'esempio 22.9).

Nella tabella che segue sostituire i dati fittizi con l'altezza reale degli studenti di una classe e ordinarli in modo crescente. Nel foglio di calcolo elettronico sono disponibili le funzioni: MEDIA, DEV.ST.C e DISTRIB.NORM (*v.* figure).

n.	Statura in cm	*x'*	*y*
1	152	142,53	0,00045365
2	160	145,97	0,00122888
3	162	149,42	0,00293901
4	165	152,87	0,00620576
5	165	156,32	0,01156885
6	168	159,77	0,01904084
7	168	163,21	0,02766833
8	169	166,66	0,03549612
9	170	170,11	0,04020498
10	172	173,56	0,04020498
11	172	177,01	0,03549612
12	175	180,45	0,02766833
13	175	183,90	0,01904084
14	178	187,35	0,01156885
15	180	190,80	0,00620576
16	185	194,25	0,00293901
17	187	197,69	0,00122888
18	190	201,14	0,00045365

	A	B	C	D
1				
2	Media		=MEDIA(B8:B25)	
3	Dev. standard		=DEV.ST.C(B8:B25)	
4	Minimo		=$C$2-$C$3*3	
5	Massimo		=$C$2+$C$3*3	
6				
7		Statura cm (x)	x'	f(x')
8	1	152	=C4	=DISTRIB.NORM(C8;$C$2;$C$3;FALSO)
9	2	160	=($C$5-$C$4)/17+C8	=DISTRIB.NORM(C9;$C$2;$C$3;FALSO)
10	3	162	=($C$5-$C$4)/17+C9	=DISTRIB.NORM(C10;$C$2;$C$3;FALSO)
11	4	165	=($C$5-$C$4)/17+C10	=DISTRIB.NORM(C11;$C$2;$C$3;FALSO)
12	5	165	=($C$5-$C$4)/17+C11	=DISTRIB.NORM(C12;$C$2;$C$3;FALSO)
13	6	168	=($C$5-$C$4)/17+C12	=DISTRIB.NORM(C13;$C$2;$C$3;FALSO)
14	7	168	=($C$5-$C$4)/17+C13	=DISTRIB.NORM(C14;$C$2;$C$3;FALSO)
15	8	169	=($C$5-$C$4)/17+C14	=DISTRIB.NORM(C15;$C$2;$C$3;FALSO)
16	9	170	=($C$5-$C$4)/17+C15	=DISTRIB.NORM(C16;$C$2;$C$3;FALSO)
17	10	172	=($C$5-$C$4)/17+C16	=DISTRIB.NORM(C17;$C$2;$C$3;FALSO)
18	11	172	=($C$5-$C$4)/17+C17	=DISTRIB.NORM(C18;$C$2;$C$3;FALSO)
19	12	175	=($C$5-$C$4)/17+C18	=DISTRIB.NORM(C19;$C$2;$C$3;FALSO)
20	13	175	=($C$5-$C$4)/17+C19	=DISTRIB.NORM(C20;$C$2;$C$3;FALSO)
21	14	178	=($C$5-$C$4)/17+C20	=DISTRIB.NORM(C21;$C$2;$C$3;FALSO)
22	15	180	=($C$5-$C$4)/17+C21	=DISTRIB.NORM(C22;$C$2;$C$3;FALSO)
23	16	185	=($C$5-$C$4)/17+C22	=DISTRIB.NORM(C23;$C$2;$C$3;FALSO)
24	17	187	=($C$5-$C$4)/17+C23	=DISTRIB.NORM(C24;$C$2;$C$3;FALSO)
25	18	190	=($C$5-$C$4)/17+C24	=DISTRIB.NORM(C25;$C$2;$C$3;FALSO)

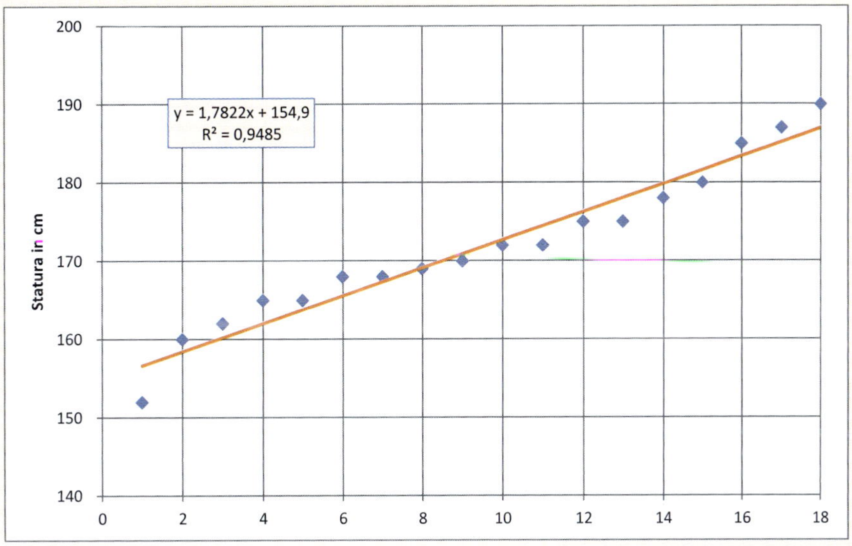
y = 1,7822x + 154,9
R² = 0,9485
Statura in cm
200
190
180
170
160
150
140
0
2
4
6
8
10
12
14
16
18

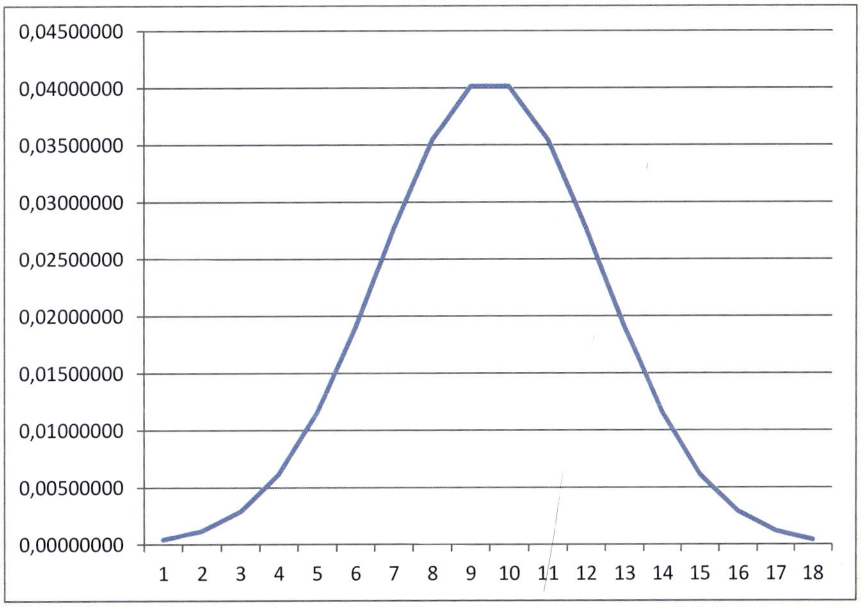
0,04500000
0,04000000
0,03500000
0,03000000
0,02500000
0,02000000
0,01500000
0,01000000
0,00500000
0,00000000
1 2 3 4 5 6 7 8 9 10 11 12 13 14 15 16 17 18

Il coupon che trovi nella pagina a fianco (terza di copertina) ti consente di:
· scaricare gratuitamente la versione digitale del libro (eBook+);
· accedere a tutti i materiali digitali integrativi (risorse online) riservati a questo volume presenti sul sito www.hoepliscuola.it alla pagina web del testo.

Titolo
Autore
ISBN

Grattando la vernice del coupon troverai il codice di accesso.

E-BOOK +

COME UTILIZZARE IL COUPON PER SCARICARE LA VERSIONE DIGITALE DEL LIBRO (E-BOOK+)

Il coupon riportato nella pagina a fianco (terza di copertina) è utilizzabile una sola volta per accedere alla versione digitale del libro, scaricabile seguendo le istruzioni riportate alla pagina web:

www.hoepliscuola.it/libri_digitali

La versione digitale del libro (eBook+) è disponibile a partire da settembre 2020.

ATTENZIONE: l'accesso alla versione digitale del libro (eBook+), utilizzabile su tablet, LIM e computer è a titolo gratuito ed è riservato all'utente registrato che ha accettato le relative condizioni generali di licenza d'uso e ha inserito il codice di attivazione. Tale codice può essere attivato una sola volta e la relativa utenza e la connessa licenza di utilizzo hanno durata temporalmente illimitata e non sono trasferibili a terzi. Per le condizioni di licenza d'uso, vedi www.hoepliscuola.it.

RISORSE ONLINE

COME UTILIZZARE IL COUPON PER SCARICARE I CONTENUTI DIGITALI INTEGRATIVI (RISORSE ONLINE)

Il coupon riportato nella pagina a fianco (terza di copertina) ti consente di accedere a un'area riservata all'interno del sito dell'editore, dove troverai MyBookBox, il contenitore virtuale con risorse e contenuti digitali integrativi.
Segui questi passaggi.

1. Registrati al sito www.hoepliscuola.it utilizzando un indirizzo email valido.
2. Accedi alla pagina dedicata a questo volume.
3. Nello spazio bianco accanto al logo MyBookBox inserisci il codice coupon riportato nella pagina a fianco (terza di copertina) e nascosto sotto la vernice grattabile; avrai così accesso a tutte le risorse digitali del tuo volume.

ATTENZIONE: l'accesso gratuito ai contenuti digitali integrativi in MyBookBox (risorse online) è riservato all'utente registrato che ha inserito il codice di attivazione e accettato le condizioni generali d'uso presenti su www.hoepliscuola.it.

STEFANO AMICABILE

CORSO DI ECONOMIA ED ESTIMO

Nuova Edizione

in preparazione all'Esame di Stato

Prontuario

EDITORE ULRICO HOEPLI MILANO

via Hoepli 5, 20121 Milano (Italy)
tel. +39 02 864871 - fax +39 02 8052886
e-mail hoepli@hoepli.it

www.hoepliscuola.it

Ristampa:

4 3 2 2021 2022 2023 2024

Copertina realizzata da Federico Gerli – Design Evolution

Stampato da Arti Grafiche Franco Battaia S.r.l., Zibido S. Giacomo (Milano)

Printed in Italy

Indice

Estimo immobiliare

1 Quotazioni dei fabbricati **3**
1.1 Superficie commerciale 3
1.2 Capoluoghi di provincia 4
1.3 Località turistiche 9
1.4 Coefficienti di differenziazione 11
1.4.1 Abitazioni 11
1.4.2 Negozi 12
1.5 Capannoni 12
1.6 Box 13
1.7 Aree edificabili 13
1.8 Locazione 13
1.8.1 Canone di locazione 13
1.8.2 Spese di gestione 13
2 Costruzione dei fabbricati **14**
2.1 Normativa essenziale 14
2.1.1 Titolo abilitativo per l'edificazione 14
2.1.2 Attività edilizia in assenza di strumenti edilizi 15
2.1.3 Contributo di costruzione 16
2.1.4 La segnalazione certificata di agibilità (SCAGI) 17
2.1.5 Lo sportello unico per l'edilizia (SUE) 17
2.1.6 Piano regolatore e zone urbanistiche 18
2.1.7 Limiti inderogabili (DM n. 1444/1968) 19
2.1.8 Definizione degli interventi di recupero edilizio 21
2.1.9 Definizioni urbanistiche 21
2.2 Costo di costruzione 24
2.2.1 Costo di costruzione a nuovo 24
2.2.2 Costi di recupero 25
2.2.3 Alcuni dati tecnici 26
2.3 Listino prezzi opere edili 27
3 Condominio **32**
3.1 Coefficienti per le tabelle millesimali 32
3.2 Amministrazione 33

4 Quotazioni dei terreni agricoli **35**
4.1 Quotazioni dei terreni 35
4.2 Quotazioni degli affitti 45

Estimo legale

5 Diritti reali **50**
5.1 Espropriazioni per causa di pubblica utilità 50
5.2 Usufrutto 67
5.3 Successioni ereditarie 72

Catasto

6 Catasto **76**
6.1 Modelli catastali 76
6.2 Classamento dei fabbricati 91
6.2.1 Attribuzione della classe 91
6.2.2 Descrizione delle categorie di fabbricati ai fini del classamento 91

Tributi

7 Tributi **103**
7.1 IRPEF 103
7.2 IMU 105
7.3 Imposte di registro e ipocatastali 107
7.4 Imposta di successione 108
7.5 Valore fiscale dell'usufrutto 108

Matematica finanziaria

Tavole di matematica finanziaria **110**

Estimo immobiliare

1 Quotazioni dei fabbricati

- ✓ Superficie commerciale
- ✓ Capoluoghi di provincia
- ✓ Località turistiche
- ✓ Coefficienti di differenziazione
- ✓ Capannoni
- ✓ Box
- ✓ Aree edificabili
- ✓ Locazione

Le quotazioni di mercato qui riportate hanno valore indicativo e finalità didattiche. Dati aggiornati sono periodicamente pubblicati da Camere di commercio, da riviste specializzate e da agenzie immobiliari.
Le quotazioni sono riferite ad appartamenti *liberi*, in case *nuove* (meno di 5 anni) o *usate* (*ristrutturate* o *recenti* meno di 35 anni) per **metro quadrato di superficie commerciale** con riferimento alla tipologia media della zona centrale, intermedia o periferica. I valori minimi e massimi dipendono dallo stato di manutenzione, dalla particolare ubicazione ecc. Il valore medio di mercato individuato potrà essere modificato per eventuali comodi positivi o negativi applicando i coefficienti di differenziazione riportati.

1.1 SUPERFICIE COMMERCIALE

1.1 Coefficienti per il calcolo della superficie commerciale

Tipo di superficie	%
Balconi e terrazzi scoperti	25
Balconi e terrazzi coperti (chiusi su tre lati)	35
Patii e porticati	35
Verande	60
Giardini di appartamento (nei limiti del 30% della superficie coperta)	15
Giardini di ville e villini (nei limiti del 30% della superficie coperta)	10

Le percentuali della tabella 1.1 possono variare in rapporto alla particolare ubicazione dell'immobile, alle superfici esterne, fatti salvi tutti quei fattori incrementativi o decrementativi che caratterizzano il loro particolare livello di qualità ambientale.
Per le pertinenze si applicano in genere le seguenti percentuali:
- 20÷35% per le *cantine* e le *soffitte*;
- 50% per le *taverne* nel piano interrato.

1.2 CAPOLUOGHI DI PROVINCIA

1.2 Piemonte e Valle d'Aosta

Città	Nuove	Usate	Città	Nuove	Usate
ALESSANDRIA			CUNEO		
centro	2600	2000	centro	4000	2500
zona intermedia	2000	1500	zona intermedia	2500	2000
periferia	1500	1300	periferia	2000	1500
AOSTA			NOVARA		
centro	3500	2500	centro	3500	2300
zona intermedia	2600	2000	zona intermedia	2500	1800
periferia	2300	1700	periferia	1900	1500
ASTI			TORINO		
centro	4000	3000	centro	4700	3300
zona intermedia	2800	2000	zona intermedia	3200	2500
periferia	1800	1400	periferia	2500	1800
BIELLA			VERCELLI		
centro	2400	1800	centro	2300	1500
zona intermedia	1700	1400	zona intermedia	1500	1100
periferia	1500	1200	periferia	1300	900

1.3 Lombardia

Città	Nuove	Usate	Città	Nuove	Usate
BERGAMO			MANTOVA		
centro	4500	3500	centro	3500	2500
zona intermedia	2800	2300	zona intermedia	2200	1900
periferia	2200	1650	periferia	1700	1300
BRESCIA			MILANO		
centro	5000	3500	centro	12000	9000
zona intermedia	3000	2200	zona intermedia	7000	5000
periferia	2300	1700	periferia	4000	3000
COMO			MONZA BRIANZA		
centro	4500	3500	centro	5500	4000
zona intermedia	3500	2700	zona intermedia	3500	3000
periferia	2500	2000	periferia	2600	2000
CREMONA			PAVIA		
centro	3000	2500	centro	4500	3500
zona intermedia	2200	1900	zona intermedia	3000	2500
periferia	1900	1600	periferia	2400	2000
LECCO			SONDRIO		
centro	4000	3000	centro	3000	2400
zona intermedia	2700	2300	zona intermedia	2200	1800
periferia	2100	1700	periferia	1700	1400
LODI			VARESE		
centro	3300	2500	centro	4000	3000
zona intermedia	2500	2100	zona intermedia	3000	2800
periferia	2300	1650	periferia	2300	1900

1.4 Veneto, Trentino

Città	Nuove	Usate	Città	Nuove	Usate
BELLUNO			VENEZIA		
centro	2500	2000	centro	10000	7000
zona intermedia	2000	1500	zona intermedia	6000	4500
periferia	1700	1350	periferia (terra f.)	4200	3500
PADOVA			VERONA		
centro	5000	3600	centro	6500	4500
zona intermedia	3000	2300	zona intermedia	4000	3000
periferia	2300	1600	periferia	2400	1750
ROVIGO			VICENZA		
centro	2300	1800	centro	4000	3000
zona intermedia	1900	1600	zona intermedia	3000	2500
periferia	1500	1250	periferia	2000	1800
TREVISO			TRENTO		
centro	5500	4200	centro	5000	3700
zona intermedia	3500	2500	zona intermedia	3500	2700
periferia	2200	1700	periferia	2700	2200

1.5 Friuli Venezia Giulia

Città	Nuove	Usate	Città	Nuove	Usate
GORIZIA			TRIESTE		
centro	1800	1500	centro e mare	3400	2800
zona intermedia	1500	1200	zona intermedia	3000	2300
periferia	1300	1050	periferia	2300	1900
PORDENONE			UDINE		
centro	2700	2000	centro	3500	2500
zona intermedia	2300	1500	zona intermedia	2500	1900
periferia	1900	1200	periferia	1900	1500

1.6 Emilia Romagna

Città	Nuove	Usate	Città	Nuove	Usate
BOLOGNA			PIACENZA		
centro	5500	4500	centro	4000	3000
zona intermedia	4000	3300	zona intermedia	3000	2300
periferia	3000	2200	periferia	2400	1750
FERRARA			RAVENNA		
centro	3500	3000	centro e mare	3000	2500
zona intermedia	2700	2200	zona intermedia	2400	1900
periferia	2000	1500	periferia	1800	1400
FORLÌ			REGGIO EMILIA		
centro	3000	2500	centro	3500	2500
zona intermedia	2500	2000	zona intermedia	2500	2000
periferia	1900	1700	periferia	2000	1700
MODENA			RIMINI		
centro	4500	3500	centro e mare	6000	4250
zona intermedia	3000	2500	zona intermedia	4000	3000
periferia	2500	1800	periferia	2800	2100
PARMA					
centro	5500	4500			
zona intermedia	4000	2900			
periferia	2800	2100			

1.7 Liguria

Città	Nuove	Usate	Città	Nuove	Usate
GENOVA			LA SPEZIA		
Centro e mare	5500	4500	centro e mare	3200	2500
zona intermedia	3800	2800	zona intermedia	2300	2000
periferia	2500	2000	periferia	1800	1500
IMPERIA			SAVONA		
centro e mare	5000	3500	centro e mare	4300	3300
zona intermedia	3300	2500	zona intermedia	3000	2500
periferia	2300	1500	periferia	2200	1500

1.8 Marche

Città	Nuove	Usate	Città	Nuove	Usate
ANCONA			MACERATA		
centro	4200	3500	centro	3000	2400
zona intermedia	3000	2500	zona intermedia	2500	2000
periferia	2800	2400	periferia	2000	1600
ASCOLI PICENO			PESARO		
centro	2100	1500	centro	4000	3500
zona intermedia	1600	1200	zona intermedia	3700	3200
periferia	1200	1000	periferia	3200	3000

1.9 Umbria

Città	Nuove	Usate	Città	Nuove	Usate
PERUGIA			TERNI		
centro	4000	3000	centro	2700	2000
zona intermedia	2500	2000	zona intermedia	1900	1500
periferia	1900	1400	periferia	1600	1200

1.10 Toscana

Città	Nuove	Usate	Città	Nuove	Usate
AREZZO			MASSA CARRARA		
centro	3500	2900	centro	3400	2750
zona intermedia	2700	2100	zona intermedia	2200	2000
periferia	2000	1600	periferia	1900	1700
FIRENZE			PISA		
centro	7000	5500	centro	4500	3700
zona intermedia	4500	3750	zona intermedia	3500	3000
periferia	3500	3000	periferia	2800	2400
GROSSETO			PISTOIA		
centro	3700	3200	centro	3500	2800
zona intermedia	3000	2500	zona intermedia	2500	2300
periferia	2500	2000	periferia	2200	1800
LIVORNO			SIENA		
centro e mare	4750	3500	centro	6000	5000
zona intermedia	3400	2800	zona intermedia	4400	3600
periferia	2800	2100	periferia	3500	2800

1.11 Lazio

Città	Nuove	Usate	Città	Nuove	Usate
FROSINONE			ROMA		
centro	2500	2000	centro	11000	8500
zona intermedia	1800	1400	zona intermedia	6000	5500
periferia	1500	1100	periferia	3800	3200
LATINA			VITERBO		
centro	3500	2900	centro	3000	2400
zona intermedia	2700	2200	zona intermedia	2500	1750
periferia	2100	1600	periferia	1750	1450
RIETI					
centro	2500	2000			
zona intermedia	2000	1600			
periferia	1500	1200			

1.12 Abruzzo

Città	Nuove	Usate	Città	Nuove	Usate
L'AQUILA			PESCARA		
centro	3000	2500	centro	3500	2600
zona intermedia	2300	1700	zona intermedia	2500	1800
periferia	1800	1500	periferia	1800	1300
CHIETI			TERAMO		
centro	2400	1900	centro	2300	1800
zona intermedia	1800	1600	zona intermedia	1700	1400
periferia	1500	1300	periferia	1250	1100

1.13 Molise

Città	Nuove	Usate	Città	Nuove	Usate
CAMPOBASSO			ISERNIA		
centro	3000	2100	centro	2400	1700
zona intermedia	2000	1600	zona intermedia	1700	1300
periferia	1500	1100	periferia	1200	1100

1.14 Puglia

Città	Nuove	Usate	Città	Nuove	Usate
BARI			LECCE		
centro	4500	3800	centro	2700	2000
zona intermedia	3500	2800	zona intermedia	1800	1400
periferia	2600	2000	periferia	1300	1000
BRINDISI			TARANTO		
centro	2100	1600	centro e mare	3300	2600
zona intermedia	1700	1300	zona intermedia	2600	2000
periferia	1300	1100	periferia	2000	1600
FOGGIA					
centro	3000	2300			
zona intermedia	2200	1800			
periferia	1700	1350			

1.15 Campania

Città	Nuove	Usate	Città	Nuove	Usate
AVELLINO			NAPOLI		
centro	3200	2400	centro	9000	7200
zona intermedia	2000	1500	zona intermedia	5000	4000
periferia	1400	1100	periferia	2700	1800
BENEVENTO			SALERNO		
centro	2800	2000	centro	6000	4500
zona intermedia	1700	1400	zona intermedia	4000	3300
periferia	1300	1100	periferia	2600	2000
CASERTA					
centro	3800	2800			
zona intermedia	3000	2300			
periferia	2100	1700			

1.16 Basilicata

Città	Nuove	Usate	Città	Nuove	Usate
MATERA			POTENZA		
centro	3000	2300	centro	3000	2200
zona intermedia	2000	1500	zona intermedia	2300	1900
periferia	1600	1300	periferia	1800	1500

1.17 Calabria

Città	Nuove	Usate	Città	Nuove	Usate
CATANZARO			REGGIO CALABRIA		
centro	2500	1900	centro	3300	2600
zona intermedia	1700	1400	zona intermedia	2500	1800
periferia	1400	1100	periferia	1600	1200
COSENZA			VIBO VALENTIA		
centro	3000	2000	centro	1700	1400
zona intermedia	2000	1400	zona intermedia	1400	1100
periferia	1500	1200	periferia	1100	900
CROTONE					
centro	2300	1700			
zona intermedia	1500	1300			
periferia	1300	1100			

1.18 Sicilia

Città	Nuove	Usate	Città	Nuove	Usate
AGRIGENTO			MESSINA		
centro	3000	1900	centro	3500	2700
zona intermedia	1700	1400	zona intermedia	2400	1900
periferia	1300	1000	periferia	1600	1300
CALTANISSETTA			PALERMO		
centro	2000	1700	centro	4300	3100
zona intermedia	1900	1500	zona intermedia	3300	2400
periferia	1800	1300	periferia	2200	1700
CATANIA			TRAPANI		
centro	4500	3100	centro	2300	1700
zona intermedia	2700	2200	zona intermedia	1300	1200
periferia	2100	1650	periferia	1100	1000
ENNA					
centro	2200	1700			
zona intermedia	1500	1300			
periferia	1300	1000			

1.19 Sardegna					
Città	**Nuove**	**Usate**	**Città**	**Nuove**	**Usate**
CAGLIARI			ORISTANO		
centro	4500	3700	centro	2500	1900
zona intermedia	3500	2700	zona intermedia	1800	1400
periferia	2300	1800	periferia	1300	1000
NUORO			SASSARI		
centro	2000	1500	centro	2600	2100
zona intermedia	1600	1200	zona intermedia	2100	1700
periferia	1200	900	periferia	1600	1300

1.3 LOCALITÀ TURISTICHE

1.20 **Località di mare** (fabbricati nuovi)							
Città		**Centro**	**Perif.**	**Città**		**Centro**	**Perif.**
Liguria				**Toscana**			
Alassio	SV	12000	8000	Castiglione della P.	GR	6000	4300
Bordighera	IM	6000	4000	Cecina	LI	4300	3000
Chiavari	GE	6000	4300	Orbetello	GR	4800	3300
Diano Marina	IM	6000	4300	Marciana (Elba)	LI	3300	2500
Finale Ligure	SV	6000	4300	Porto Ercole	GR	8500	5500
Loano	SV	7000	4300	Viareggio	LU	11000	6000
Rapallo	GE	7500	4000				
Recco	GE	5500	3300	**Emilia Romagna**			
Sanremo	IM	6000	4500	Bellaria	RN	3300	2700
Varazze	SV	7500	4500	Cattolica	RN	4800	3300
				Cervia	RA	4800	3300
Veneto				Cesenatico	FO	5500	4000
Caorle	VE	4300	3000	Lido delle Nazioni	FE	3000	2500
Jesolo	VE	6000	4000	Milano Marittima	RA	6000	4800
				Riccione	RN	7500	4300
Friuli V. G.				**Marche**			
Lignano Sabbiadoro	UD	4300	3000	Civitanova Marche	MC	3300	2500
				Fano	PS	3300	2500
Abruzzo e **Molise**				Porto Recanati	MC	4000	3000
Giulianova	TE	3300	2400	Porto San Giorgio	AP	3300	2800
Roseto degli A.	TE	3000	2000	San Benedetto d. T.	AP	4300	3000
				Senigallia	AN	4300	2800
Lazio				**Puglia**			
Anzio	RM	4000	2800	Gallipoli	LE	3300	2300
Civitavecchia	RM	3000	2400	Manfredonia	FG	3000	2200
Fregene	RM	4800	3300	Molfetta	BA	3000	2000
Gaeta	LT	4000	3000	Otranto	LE	3300	2200
Ostia Lido	RM	4800	3300	Polignano a Mare	BA	3000	1900
Ponza	LT	4800	2800	Trani	BA	2600	2200
Terracina	LT	4000	3000	Vieste	FG	2500	2000
Campania				**Sicilia**			
Amalfi	SA	8000	6000	Acireale mare	CT	2500	1500
Capri	NA	13000	8000	Castellammare G.	TR	2200	1700
Castellammare di S.	NA	6000	4000	Cefalù	PA	3300	2700
Cava dei Tirreni	SA	4300	3000	Giardini Naxos	ME	3000	2500
Positano	SA	10000	4800	Marsala	TR	1900	1500
Pozzuoli	NA	4800	3000	Milazzo mare	ME	2200	1500
Sorrento	NA	8000	5500	Licata	AG	3000	2000
Torre del Greco	NA	3300	2500	Taormina	ME	6000	3300

(continua)

(*segue*)

Città		Centro	Perif.	Città		Centro	Perif.
Calabria				**Sardegna**			
Isola Capo Rizzuto	KR	2300	1700	Olbia	SS	3000	2000
Paola	CS	1600	1300	Palau	SS	4300	3000
Tropea	VV	4000	2200	Porto Rotondo	SS	8500	5500
				S. Teodoro	NU	2700	2000
Basilicata				S. Teresa di Gallura	SS	4000	2500
Metaponto	MT	2000	1500	Villasimius	CA	4000	2500

1.21 **Località di montagna**

Città		Centro	Perif.	Città		Centro	Perif.
Valle d'Aosta				**Trentino**			
Cervinia	AO	6000	4300	Canazei	TN	6000	4300
Chatillon	AO	3000	2500	Folgaria	TN	3300	2500
Courmayeur	AO	11000	8500	Madonna di C.	TN	12000	7000
Gressoney	AO	7500	4300	Moena	TN	4800	3300
				Pinzolo	TN	5500	3700
Piemonte							
Claviere	TO	2300	2000	**Veneto**			
Sestrière	TO	7500	5500	Arabba	BL	4000	3000
Susa	TO	2200	1800	Cortina d'Ampezzo	BL	11000	9000
Lombardia				**Toscana**			
Bormio	SO	5500	3300	Abetone	PT	3300	2500
Chiesa di Valmalenco	SO	3300	2500				
Clusone	BG	2700	2300	**Lazio**			
Foppolo	BG	2200	1700	Fiuggi	FR	2400	1600
Madesimo	SO	7000	4800				
Montecampione	BS	2100	1600	**Abruzzo**			
Ponte di Legno	BS	4000	3000	Roccaraso	AQ	5500	3300

1.22 **Località di lago**

Città		Centro	Perif.	Città		Centro	Perif.
Bellano	LC	2600	1900	Manerba	BS	3800	2500
Cernobbio	CO	4500	3000	Malcesine	VR	4000	3000
Castiglione del Lago	PG	2600	1850	Menaggio	CO	4000	2800
Desenzano	BS	6500	4000	Moltrasio	CO	3500	2400
Garda	VR	4000	3000	Peschiera del Garda	VR	3500	2500
Gardone Riviera	BS	4300	2500	Salò	BS	4300	3300
Iseo	BS	3000	2000	Sirmione	BS	8000	4500
Luino	VA	2800	2200	Stresa	VB	4000	2800

1.4 COEFFICIENTI DI DIFFERENZIAZIONE

1.4.1 Abitazioni

1.23 Coefficienti per la qualità edilizia

Tipo di fabbricato	Coefficiente
Signorile, elevata	Fino a 1,10
Media	1,00
Popolare	Fino a 0,90

1.24 Coefficienti per il piano

Piano	Edifici con ascensore	Edifici senza ascensore
Piano terreno o rialzato	0,90	0,90÷0,97
Primo piano	0,93÷0,95	0,92÷1,00
Secondo piano	0,95÷0,97	0,90
Terzo piano	0,97÷1,00	0,80
Piani superiori	1,00	0,70 per il 4° piano, 0,60 per il 5° ecc.
Ultimo piano	1,00÷1,20	

1.25 Coefficienti per la dimensione

Dimensione dell'appartamento	Coefficiente
Piccole dimensioni (inferiori a 70÷75 m^2, monolocali e bilocali)	1,10÷1,20
Grandi dimensioni (> di 125 m^2) con doppi servizi	0,90
Grandi dimensioni (> di 125 m^2) senza doppi servizi	0,80÷0,85

1.26 Coefficienti per lo stato di manutenzione

Età dell'edificio	Ottimo	Normale	Scadente
20÷40 anni	Fino a 1,05	1,00	Fino a 0,90
Oltre 40 anni	Fino a 1,10	1,00	Fino a 0,80

1.27 Coefficienti per la funzionalità

Funzionalità	Coefficiente
Unità immobiliari dotate di **riscaldamento autonomo**	1,10
Unità immobiliari **sprovviste di autorimessa**:	
– con facilità di parcheggio su suolo pubblico	0,90
– con difficoltà di parcheggio su suolo pubblico	0,85
– senza possibilità di parcheggio su suolo pubblico entro 100 m di distanza	0,80
Unità immobiliari dotate di una **seconda autorimessa**	1,05
Edifici **non raggiungibili con auto** per mancanza di strada fino a 100 m di distanza (meno 0,10 per ogni ulteriore 100 m di distanza, fino a 0,45)	0,75

1.28 Coefficienti per lo stato di diritto	
Tipo di contratto di locazione	**Coefficiente**
Abitazioni locate a canone libero	0,95
Abitazioni locate a canone convenzionato (legge n. 431/1998)	0,90÷0,95
Immobili in regime di vendita forzata (per fallimento o altra causa)	0,80÷0,85

1.4.2 Negozi

1.29 Coefficienti per caratteristiche particolari del negozio	
Caratteristica	**Coefficiente**
Mancanza di servizi igienici	0,96÷0,98
Solai in legno	0,90
Zone particolarmente favorevoli per il commercio (grandi arterie ecc.)	1,20÷1,50
Zone particolarmente negative per il commercio (vie secondarie ecc.)	0,75÷0,85
Altezza dei vani superiore a 4,5 m	1,15÷1,25

1.5 CAPANNONI

1.30 Quotazioni indicative di mercato dei capannoni	
Città	**€/m² (2014)**
Bari	600
Bergamo	1.000
Bologna	1.000
Brescia	1.000
Cagliari	750
Caltanissetta	600
Caserta	500
Firenze	1.000
Genova	800
Messina	700
Milano	1.100
Napoli	850
Reggio Emilia	1.000
Piacenza	1.000
Pisa	700
Potenza	600
Roma	1.000
Siracusa	600
Torino	750
Trento	800
Udine	700
....	....

1.6 BOX

1.31	Quotazioni indicative di mercato dei box
Zona	**€/cad. (2014)**
Centro di grandi città metropolitane	40.000÷70.000
Zona intermedia di grandi città, centro di medie città di provincia	20.000÷35.000
Periferia di grandi città, centro di Comuni minori	15.000÷25.000
Periferia di Comuni minori	13.000÷20.000

1.7 AREE EDIFICABILI

1.32	Incidenza indicativa sul valore di mercato del fabbricato residenziale
Zona	**%**
Centrali	30÷50
Intermedie	20÷35
Periferie	15÷25
Incidenza minima nelle città minori, massima nelle grandi metropoli.	

1.8 LOCAZIONE

1.8.1 Canone di locazione

Importi minimi per le zone periferiche, massimi per quelle centrali. Anche per le locazioni si applicano i coefficienti di differenziazione visti per le quotazioni di mercato nelle compravendite.

1.33	Incidenza del canone annuo sul valore di mercato
Tipo di fabbricato	**% sul valore**
Abitazioni	3,50÷5,00
Negozi	4,50÷9,00
Capannoni	7,00÷8,50

1.8.2 Spese di gestione

1.34	Incidenza indicativa delle spese a carico del proprietario
Tipo di spesa	**% sul canone annuo**
Quote (totale)	6,00÷12,00
– *reintegrazione*	2,00÷4,00
– *assicurazione*	1,00÷2,00
– *manutenzione straordinaria*	3,00÷6,00
Amministrazione e servizi	3,00÷5,00
Tributi	20,00÷40,00
Sfitto e inesigibilità	1,50÷3,00
Interessi	0,50÷2,00
Totale	**31,00÷62,00**

2 Costruzione dei fabbricati

- ✓ Normativa essenziale
- ✓ Costo di costruzione
- ✓ Listino prezzi opere edili

2.1 NORMATIVA ESSENZIALE

L'attività edilizia è oggi regolata dal DPR n. 380 del 6 giugno 2001, "*Testo unico delle disposizioni legislative e regolamentari in materia edilizia*" e successive modificazioni.

2.1.1 Titolo abilitativo per l'edificazione

Attività edilizia totalmente libera

Gli interventi edilizi per i quali non è richiesto alcun titolo abilitativo né è prevista alcuna specifica comunicazione sono in genere gli interventi di *manutenzione ordinaria* e gli interventi volti all'*eliminazione di barriere* architettoniche che non comportino la realizzazione di rampe o di ascensori esterni, ovvero di manufatti che alterino la sagoma dell'edificio.

Sono in ogni caso da rispettare le prescrizioni degli strumenti urbanistici comunali e le altre normative di settore aventi incidenza sulla disciplina dell'attività edilizia e, in particolare, delle norme antisismiche, di sicurezza, antincendio, igienico-sanitarie, di quelle relative all'efficienza energetica nonché delle disposizioni contenute nel codice dei beni culturali e del paesaggio.

Comunicazione di attività edilizia libera (CILA)

L'articolo 6 *bis* del TUE prevede che per determinate opere la comunicazione di inizio lavori deve essere asseverata da un tecnico abilitato. Richiedono la CILA gli interventi di **manutenzione straordinaria**, che *non riguardino le parti strutturali* del fabbricato, come:

- l'apertura o spostamento di porte interne;
- consolidamento delle strutture portanti di fondazione o in elevazione;
- sostituzione, senza modifiche geometriche, della struttura portante di un tetto;
- realizzazione o integrazione di servizi igienico-sanitari o di impianti tecnologici (riscaldamento, elettrico ecc.);
- realizzazione o adeguamento di canne fumarie;

- rifacimento o sostituzione di scale interne;
- frazionamento o accorpamento di unità immobiliari senza modificare al volumetria complessiva e la destinazione d'uso;
- recinzioni della proprietà;
- pompeiane e pergolati;
- realizzazione di manufatti esterni per la protezione dei contatori.

L'asseverazione deve riguardare:
- la conformità dei lavori agli strumenti urbanistici e ai regolamenti edilizi;
- la compatibilità delle opere con la normativa antisismica;
- la compatibilità con la normativa sul risparmio energetico;
- l'attestazione che i lavori non interessino le parti strutturali dell'edificio.

Permesso di costruire

Gli interventi che determinano la *trasformazione urbanistica ed edilizia del territorio* sono subordinati al permesso di costruire (ex concessione edilizia). Rientrano in questa tipologia le *nuove costruzioni*, gli interventi di *ristrutturazione urbanistica* e di *ristrutturazione edilizia*.
Nel permesso di costruire sono indicati i termini di inizio e di ultimazione dei lavori. Il termine per l'inizio dei lavori non può essere superiore a un anno dal rilascio del permesso; quello di ultimazione non può superare i tre anni dall'inizio dei lavori. Entrambi i termini possono essere prorogati, con provvedimento motivato, per fatti sopravvenuti estranei alla volontà del titolare del permesso.

Segnalazione certificata di inizio attività (SCIA)

Gli interventi diversi da quelli di attività edilizia libera e da quelli subordinati al permesso di costruire richiedono una "segnalazione certificata di inizio attività" (SCIA). Si tratta di interventi minori per i quali è sufficiente una segnalazione del professionista incaricato e possono essere iniziati contestualmente alla presentazione della documentazione necessaria presso il Comune.

La "super-DIA"

Questo titolo abilitativo è richiesto per gli interventi edilizi per i quali, in base alla normativa statale o regionale, si può ricorrere alla *dichiarazione di inizio attività* (DIA) in via alternativa o sostitutiva rispetto al permesso di costruire e per i quali non è possibile applicare la SCIA. Si applica a particolari interventi:
- ristrutturazione edilizia "pesante";
- nuova costruzione o ristrutturazione urbanistica disciplinata da piani attuativi;
- nuova costruzione in esecuzione di PRG secondo precise disposizioni planivolumetriche.

La "super-DIA" è onerosa; è dovuto infatti il pagamento del contributo di costruzione come per il permesso di costruire.

2.1.2 Attività edilizia in assenza di strumenti edilizi

L'attività edilizia in assenza di un piano comunale è limitata agli interventi di manutenzione ordinaria, straordinaria e di restauro e risanamento conservativo che riguardino singole unità immobiliari o parti di esse. Nel caso sia stato approvato un piano comunale, ma manchino i piani attuativi, sono consentiti anche gli interventi di ristrutturazione edilizia.
Fuori dal perimetro dei centri abitati (zone agricole) gli interventi di nuova edificazione sono limitati alla *densità massima fondiaria di 0,03* m^3/m^2. In caso di

interventi a destinazione produttiva, la superficie coperta non può comunque superare il 10% dell'area di proprietà.

2.1.3 Contributo di costruzione

Il contributo relativo al permesso di costruire è dovuto per interventi di nuova costruzione, ampliamento di edifici esistenti e ristrutturazione edilizia. Il contributo, da versare al Comune in cui si trova l'area da edificare, è commisurato a:
- *costo di costruzione;*
- *oneri di urbanizzazione primaria e secondaria.*

Il contributo afferente è ridotto alla sola quota degli oneri di urbanizzazione qualora il titolare del permesso si impegni, a mezzo di una *convenzione con il Comune,* ad applicare prezzi di vendita e canoni di locazione determinati ai sensi della convenzione÷tipo definita ai sensi dell'art. 18 del TU.

Il contributo *non è dovuto*:
- per le nuove costruzioni nelle zone agricole, comprese le abitazioni;
- per le opere pubbliche realizzate dai soggetti competenti, nonché per le opere di urbanizzazione, eseguite anche da privati, in attuazione di strumenti urbanistici.

Contributo commisurato al costo di costruzione

Il contributo è determinato applicando un'aliquota variabile dal 5 al 20% sul costo di costruzione determinato periodicamente dalle Regioni con riferimento ai "costi massimi ammissibili per l'edilizia agevolata" e agli indici ISTAT.
La *superficie complessiva* (*SC*), cui applicare il costo unitario di costruzione, è calcolata con la formula (DM 10 maggio 1977, n. 801):

$$SC = SU + 60\%\ SNR$$

dove:

SU = *superficie utile abitabile,* pari alla superficie netta calpestabile complessiva;

SNR = *superficie non residenziale* destinata a "servizi e accessori": cantine, soffitte, locali tecnici, autorimesse, balconi, logge, porticati, androni di ingresso.

Il costo può essere aumentato fino al 50% per caratteristiche tipologiche del fabbricato al di sopra della media in funzione della dimensione dei singoli alloggi e di altre caratteristiche particolari (più di un ascensore, altezza netta dei vani superiore a 3 m, piscina ecc.). L'aumento è ottenuto maggiorando la superficie complessiva con appositi coefficienti.

Contributo relativo agli oneri di urbanizzazione

Le opere di urbanizzazione primaria e secondaria sono eseguite su iniziativa del Comune, ma chi ha edificato deve pagare il relativo contributo. Il titolare del permesso di costruire può obbligarsi a realizzare direttamente le opere di urbanizzazione, in cambio di una riduzione o dell'esenzione dal pagamento dei relativi oneri.
Il contributo è fissato dai Comuni *per metro cubo vuoto per pieno o per metro quadrato di superficie* in base alle tabelle parametriche che la Regione definisce in relazione:
- all'ampiezza e all'andamento demografico dei Comuni;
- alle caratteristiche geografiche dei Comuni;
- alle destinazioni di zona previste negli strumenti urbanistici vigenti;
- ai limiti inderogabili di densità edilizia, di altezza, di distanza tra i fabbricati, nonché ai rapporti massimi tra spazi destinati agli insediamenti residenziali

e produttivi e spazi pubblici o riservati alle attività collettive, a verde pubblico o a parcheggi.

Tali oneri sono aggiornati periodicamente in relazione ai costi prevedibili per le opere di urbanizzazione primaria e secondaria.

Le **opere di urbanizzazione** sono definite dalla legge come segue:

- *opere di urbanizzazione primaria* (art. 4, legge n. 847 del 29.09.1964): strade residenziali, parcheggi, fognature e impianti di depurazione, rete idrica, elettrica, gas, telecomunicazioni, illuminazione pubblica, verde attrezzato ecc.
- *opere di urbanizzazione secondaria* (art. 44, legge n. 865 del 22.10.1971): asili nido e scuole per l'infanzia, scuole dell'obbligo, mercati di quartiere, edifici per il culto, impianti sportivi di quartiere, centri municipali, sociali, sanitari, aree verdi e per lo sport.

2.1.4 La segnalazione certificata di agibilità (SCAGI)

La sussistenza delle condizioni di *sicurezza, igiene, salubrità, risparmio energetico* degli edifici e degli impianti negli stessi installati, nonché la *conformità dell'opera al progetto presentato* sono attestati mediante **segnalazione certificata di agibilità** (art. 24, DPR n. 380/2001). La segnalazione deve essere effettuata utilizzando l'apposito *modello unico nazionale.*

La segnalazione certificata è corredata dalla seguente documentazione:

a) attestazione del direttore dei lavori o, qualora non nominato, di un professionista abilitato che *assevera la sussistenza delle condizioni di agibilità;*
b) *certificato di collaudo statico* per gli interventi che lo richiedono e la *dichiarazione di regolare esecuzione* resa dal direttore dei lavori;
c) *dichiarazione di conformità delle opere realizzate* alla normativa vigente in materia di accessibilità e superamento delle barriere architettoniche;
d) gli estremi dell'avvenuta *dichiarazione di aggiornamento catastale;*
e) dichiarazione dell'impresa installatrice, che attesta la *conformità degli impianti* installati negli edifici alle condizioni di sicurezza, igiene, salubrità, risparmio energetico prescritte dalla disciplina vigente.

2.1.5 Lo sportello unico per l'edilizia (SUE)

Lo *sportello unico per l'edilizia* cura tutti i rapporti fra il privato e le altre amministrazioni tenute a pronunciarsi in merito all'intervento edilizio. Tale ufficio provvede in particolare:

- alla ricezione delle comunicazioni, oggi per via telematica, per i titoli abilitativi delle attività edilizie;
- a fornire informazioni, anche mediante predisposizione di un archivio informatico, accessibile anche per via telematica, contenente i necessari elementi normativi sugli adempimenti necessari per lo svolgimento delle procedure edilizie;
- a rendere accessibili al privato i documenti amministrativi e le norme comunali di attuazione utili allo svolgimento delle procedure edilizie;
- al rilascio dei permessi di costruire, dei certificati di agibilità e di ogni altra certificazione a carattere urbanistico, paesaggistico-ambientale ecc. rilevanti ai fini degli interventi di trasformazione edilizia del territorio;
- alla cura dei rapporti tra l'amministrazione comunale, il privato e le altre amministrazioni chiamate a pronunciarsi in ordine all'intervento edilizio.

Ogni pratica edilizia ha all'interno dello sportello unico una persona nominata come *responsabile del procedimento.* Il responsabile, coadiuvato da istruttori tecnici, gestisce la pratica edilizia in ogni sua fase: esamina la procedura, richiede documentazioni agli interessati, cura i rapporti con altre amministrazioni ecc. Infine rilascia il permesso di costruire.

2.1.6 Piano regolatore e zone urbanistiche

Il **piano regolatore generale** (PRG) è lo strumento urbanistico che regola l'attività edificatoria in un territorio comunale. In funzione della Regione, può essere denominato anche come *piano di governo del territorio* (PGT) o piano urbanistico comunale (PUC).
Il PRG si compone dei seguenti elaborati:
- *schema regionale* che metta in evidenza la posizione del Comune in rapporto ai centri di più diretto interesse;
- planimetria in scala non inferiore a 1/10.000 dello *stato esistente, divisione del territorio in zone*, indicazione delle *aree destinate a spazi di uso pubblico* e ubicazione delle *opere e degli impianti di uso collettivo;*
- planimetria in scala non inferiore a 1/10.000 con l'indicazione della *rete delle principali vie di comunicazione;*
- *norme urbanistiche-edilizie di attuazione*, integrate dal *regolamento edilizio* comunale;
- *relazione illustrativa* con schemi, dati, grafici ecc. atti a illustrare particolari problemi;
- *piano finanziario* con stima degli espropri delle aree per le sistemazioni generali.

Le zone territoriali omogenee dei piani urbanistici

Zona A. Parti del territorio interessate da agglomerati urbani di *interesse storico, artistico o di particolare pregio ambientale.* Ogni intervento ammesso deve avere come scopo la conservazione e la valorizzazione del patrimonio urbanistico esistente.

Zona B. Parti del territorio *totalmente o parzialmente edificate* diverse da quelle della zona A. Si considerano parzialmente edificate le zone in cui la superficie coperta degli edifici esistenti non sia inferiore a 1/8 della superficie fondiaria della zona e nelle quali la densità territoriale sia superiore a 1,5 m^3/m^2.
La zona B può comprendere a sua volta due sottozone:
- *zona di recupero* (B_1), dove gli interventi sono rivolti alla conservazione e ricostruzione del patrimonio edilizio;
- *zona di completamento* (B_2), dove si prevedono incrementi di volumetria.

Zona C. Parti del territorio destinate a *nuovi complessi insediativi*, che risultino non edificate o in cui l'edificazione esistente non raggiunga i limiti di superficie e densità della zona B. Può comprendere a sua volta due sottozone:
- *zona di espansione residenziale* (C_1), destinata a nuovi insediamenti residenziali;
- *zona di espansione dell'edilizia economico-popolare* (C_2), destinata a nuovi insediamenti residenziali in base ai vincoli della legge n. 167/1962.

Zona D. Parti del territorio destinate a *nuovi insediamenti industriali, artigianali, commerciali e direzionali.*

Zona E. Parti del territorio destinate a *usi agricoli*, escluse quelle in cui, fermo restando il carattere agricolo, il frazionamento delle proprietà richieda insediamenti da considerare come zona C.

Zona F. Parti del territorio destinate ad *attrezzature e impianti di interesse generale.*

2.1.7 Limiti inderogabili (DM n. 1444/1968)

I parametri tecnici per l'edificazione sono definiti dagli strumenti urbanistici in vigore (PGT, regolamento edilizio ecc.). Il DM 2 aprile 1968, n. 1444, fissa però i limiti inderogabili che i piani urbanistici a livello regionale e comunale devono rispettare.

2.1 Limiti di densità edilizia (DM n. 1444/1968)

Zona	Limiti di densità edilizia
A	Per le operazioni di risanamento conservativo e altre trasformazioni conservative, le densità edilizie di zona e fondiarie non debbono superare quelle preesistenti, computate senza tener conto delle soprastrutture di epoca recente prive di valore storico-artistico; per le eventuali nuove costruzioni ammesse, la densità fondiaria non deve superare il 50% della densità fondiaria media della zona e, in nessun caso, i 5 m^3/m^2.
B	Le densità territoriali e fondiarie sono stabilite in sede di formazione degli strumenti urbanistici tenendo conto delle esigenze igieniche, di decongestionamento urbano e delle quantità minime di spazi pubblici. Qualora le previsioni di piano consentano trasformazioni per singoli edifici mediante demolizione e ricostruzione, non sono ammesse densità fondiarie superiori ai seguenti limiti: – 7 m^3/m^2 nei Comuni con popolazione superiore a 200.000 abitanti; – 6 m^3/m^2 nei Comuni con popolazione compresa tra 200.000 e 50.000 abitanti; – 5 m^3/m^2 nei Comuni con popolazione inferiore a 50.000 abitanti. Sono ammesse densità superiori purché non eccedano il 70% delle densità preesistenti.
E	Per le abitazioni in zona agricola non si deve superare la densità fondiaria di 0,03 m^3/m^2.

2.2 Limiti di distanza tra fabbricati (DM n. 1444/1968)

Zona	Limiti di distanza tra fabbricati
A	Per le operazioni di risanamento conservativo e per le eventuali ristrutturazioni, le distanze tra gli edifici non possono essere inferiori a quelle intercorrenti tra i volumi edificati preesistenti, computati senza tener conto di costruzioni aggiuntive di epoca recente e prive di valore storico, artistico o ambientale.
B	La distanza minima tra pareti finestrate di edifici antistanti deve essere di 10 m.
C	La distanza minima tra pareti finestrate di edifici antistanti deve essere di 10 m. È altresì prescritta, tra pareti finestrate di edifici antistanti, la distanza minima pari all'altezza del fabbricato più alto; la norma si applica anche quando una sola parete sia finestrata, qualora gli edifici si fronteggino per uno sviluppo superiore a 12 m. Le distanze minime tra fabbricati tra i quali siano interposte strade destinate al traffico dei veicoli devono corrispondere alla larghezza della sede stradale maggiorata di: – 5,00 m per lato, per strade di larghezza inferiore a 7 m; – 7,50 m per lato, per strade di larghezza compresa tra 7 e 15 m; – 10 m per lato, per strade di larghezza superiore a 15 m. Qualora le distanze tra fabbricati, come sopra computate, risultino inferiori all'altezza del fabbricato più alto, le distanze stesse sono maggiorate fino a raggiungere la misura corrispondente all'altezza stessa. Sono ammesse distanze inferiori, nel caso di gruppi di edifici che formino oggetto di piani particolareggiati o lottizzazioni convenzionate.

2.3	Limiti di altezza massima (DM n. 1444/1968)
Zona	**Limiti di altezza dei fabbricati**
A	Non è consentito superare le altezze degli edifici preesistenti, computate senza tener conto di soprastrutture o di sopraelevazioni aggiunte alle antiche strutture; per le eventuali trasformazioni o nuove costruzioni che risultino ammissibili, l'altezza massima di ogni edificio non può superare l'altezza degli edifici circostanti di carattere storico- artistico.
B	Per i nuovi edifici, l'altezza massima non deve superare quella degli edifici preesistenti e circostanti, con eccezione di edifici compresi nei piani particolareggiati o nelle lottizzazioni convenzionate con previsioni planovolumetriche.
C	Non sono posti specifici limiti. Le altezze massime dei nuovi edifici contigui in diretto rapporto visuale con le zone A non possono superare le altezze di questi edifici. La distanza minima tra le pareti finestrate antistanti si applica solo quando gli edifici si fronteggiano per uno sviluppo superiore ai 12 m; la distanza minima deve essere pari all'altezza dell'edificio più alto.

2.4	Spazi pubblici (DM 1444/1968)
Zona	**Dotazioni minime di suolo per spazi pubblici o riservati alle attività collettive, al verde pubblico o a parcheggi**
A	L'amministrazione comunale, qualora dimostri l'impossibilità di raggiungere le quantità minime per mancanza di aree idonee o per ragioni di rispetto ambientale e di salvaguardia delle caratteristiche della zona stessa, deve precisare come siano altrimenti soddisfatti i fabbisogni dei relativi servizi e attrezzature.
B	Quando sia dimostrata l'impossibilità di raggiungere la quantità minima di spazi su aree idonee, gli spazi stessi vanno reperiti, entro i limiti delle disponibilità esistenti, nelle adiacenze immediate, tenendo conto dei raggi di influenza delle singole attrezzature e dell'organizzazione dei trasporti pubblici. Le aree che verranno destinate agli spazi nell'ambito delle zone A e B saranno computate in misura doppia di quella effettiva.
C	Deve essere assicurata integralmente la quantità minima. Nei Comuni per i quali la popolazione prevista dagli strumenti urbanistici non superi i 10.000 abitanti, la predetta quantità minima di spazio è fissata in 12 m^2 per abitante dei quali 4 riservati alle attrezzature scolastiche. La stessa disposizione si applica agli insediamenti residenziali in Comuni con popolazione prevista superiore a 10.000 abitanti, quando trattasi di nuovi complessi insediativi per i quali la densità fondiaria non superi 1 m^3/m^2. Quando le zone C siano contigue o in diretto rapporto visuale con particolari connotati naturali del territorio (quali coste marine, laghi, lagune, corsi d'acqua importanti; nonché singolarità orografiche di rilievo) ovvero con preesistenze storico-artistiche e archeologiche, la quantità minima di spazio destinata a parco e attività sportive resta fissata in 15 m^2 per abitante; tale disposizione non si applica quando le zone siano contigue ad attrezzature portuali di interesse nazionale.
D	Maggiore o uguale al 10% dell'intera superficie destinata a tali insediamenti.
E	La quantità minima è stabilita in 6 m^2/ab. da riservare complessivamente per attività collettive (religiose, sanitarie, culturali ecc.) e di istruzione.
F	Spazi per attrezzature pubbliche di interesse generale, quando necessarie, debbono essere previsti in misura non inferiore a quanto segue: – 1,5 m^2/ab. per istruzione superiore; – 1,0 m^2/ab. per attrezzature sanitarie; – 15,0 m^2/ab. Per parchi urbani e territoriali.

Nei *nuovi insediamenti di carattere commerciale e direzionale*, a 100 m^2 di superficie lorda di pavimento di edifici previsti deve corrispondere la quantità minima di 80 m^2 di spazio, escluse le sedi viarie, di cui almeno la metà destinata a parcheggi. Tale quantità per le zone A e B è ridotta alla metà purché siano previste adeguate attrezzature integrative.

2.1.8 Definizione degli interventi di recupero edilizio

Le opere sono definite come segue dal TU, DPR n. 380/2001.

Manutenzione ordinaria. Opere di riparazione, rinnovamento e sostituzione delle finiture degli edifici e quelle necessarie a integrare o a mantenere in efficienza gli impianti tecnologici esistenti.

Manutenzione straordinaria. Opere e modifiche necessarie per rinnovare e sostituire parti anche strutturali degli edifici, nonché per realizzare e integrare i servizi igienico÷sanitari e tecnologici, sempre che non alterino i volumi e le superfici delle singole unità immobiliari e non comportino mutazioni di destinazione d'uso.

Restauro e risanamento conservativo. Opere rivolte a conservare l'organismo edilizio e ad assicurarne la funzionalità mediante un insieme sistematico di opere che, nel rispetto degli elementi tipologici, formali e strumentali dell'organismo stesso, ne consentano destinazioni d'uso con esso compatibili. Tali interventi comprendono il consolidamento, il ripristino e il rinnovo degli elementi costitutivi dell'edificio, l'inserimento degli elementi accessori e degli impianti richiesti dalle esigenze d'uso, l'eliminazione degli elementi estranei all'organismo edilizio.

Ristrutturazione edilizia. Interventi rivolti a trasformare gli organismi edilizi mediante un insieme sistematico di opere che possono portare a un organismo edilizio in tutto o in parte diverso dal precedente. Tali interventi comprendono il ripristino o la sostituzione di alcuni elementi costitutivi dell'edificio, l'eliminazione, la modifica e l'inserimento di nuovi elementi e impianti. Nell'ambito degli interventi di ristrutturazione edilizia sono compresi anche quelli consistenti nella demolizione e successiva fedele ricostruzione di un fabbricato identico, quanto a sagoma, volumi, area di sedime e caratteristiche dei materiali, a quello preesistente, fatte salve le sole innovazioni necessarie per l'adeguamento alla normativa antisismica.

Ristrutturazione urbanistica. Interventi di ristrutturazione urbanistica, rivolti a sostituire l'esistente tessuto urbanistico-edilizio con altro diverso, mediante un insieme sistematico di interventi edilizi, anche con la modificazione del disegno dei lotti, degli isolati e della rete stradale.

2.1.9 Definizioni urbanistiche

Con l'*Intesa nazionale del 20 ottobre 2016* tra il Governo, le Regioni e i Comuni le definizioni della tabella che segue devono essere utilizzate in tutto il territorio nazionale per l'adozione del regolamento edilizio-tipo previsto dal DPR n. 380/2001 (TU per l'edilizia).

2.5 Definizioni uniformi (Intesa nazionale del 20 ottobre 2016)		
Voce		**Definizione**
1 Altezza del fronte		L'altezza del fronte o della parete esterna di un edificio è delimitata: – all'estremità inferiore, dalla quota del terreno posta in aderenza all'edificio prevista dal progetto; – all'estremità superiore, dalla linea di intersezione tra il muro perimetrale e la linea di intradosso del solaio di copertura, per i tetti inclinati, ovvero dalla sommità delle strutture perimetrali, per le coperture piane.
2 Altezza dell'edificio		Altezza massima tra quella dei vari fronti.
3 Altezza lorda		Differenza fra la quota del pavimento di ciascun piano e la quota del pavimento del piano sovrastante. Per l'ultimo piano dell'edificio si misura l'altezza del pavimento fino all'intradosso del soffitto o della copertura.
4 Altezza utile		Altezza del vano misurata dal piano di calpestio all'intradosso del solaio sovrastante, senza tener conto degli elementi strutturali emergenti. Nei locali aventi soffitti inclinati o curvi, l'altezza utile si determina calcolando l'altezza media ponderata.
5 Balcone		Elemento edilizio praticabile e aperto su almeno due lati, a sviluppo orizzontale in aggetto, munito di ringhiera o parapetto e direttamente accessibile da uno o più locali interni.
6 Ballatoio		Elemento edilizio praticabile a sviluppo orizzontale, e anche in aggetto, che si sviluppa lungo il perimetro di una muratura con funzione di distribuzione, munito di ringhiera o parapetto.
7 Carico urbanistico	CU	Fabbisogno di dotazioni territoriali di un determinato immobile o insediamento in relazione alla sua entità e destinazione d'uso. Costituiscono variazione del carico urbanistico l'aumento o la riduzione di tale fabbisogno conseguenti all'attuazione di interventi urbanistico-edilizi ovvero a mutamenti di destinazione d'uso.
8 Distanze		Lunghezza del segmento minimo che congiunge l'edificio con il confine di riferimento (di proprietà, stradale, tra edifici o costruzioni, tra i fronti, di zona o di ambito urbanistico ecc.), in modo che ogni punto della sua sagoma rispetti la distanza prescritta.
9 Dotazioni territoriali	DT	Infrastrutture, servizi, attrezzature, spazi pubblici o di uso pubblico e ogni altra opera di urbanizzazione e per la sostenibilità (ambientale, paesaggistica, socio-economica e territoriale) prevista dalla legge o dal piano.
10 Edificio		Costruzione stabile, dotata di copertura e comunque appoggiata o infissa al suolo, isolata da strade o da aree libere, oppure separata da altre costruzioni mediante strutture verticali che si elevano senza soluzione di continuità dalle fondamenta al tetto, funzionalmente indipendente, accessibile alle persone e destinata alla soddisfazione di esigenze perduranti nel tempo.
11 Edificio unifamiliare		Per edificio unifamiliare si intende quello riferito a un'unica unità immobiliare urbana di proprietà esclusiva, funzionalmente indipendente, che disponga di uno o più accessi autonomi dall'esterno e destinato all'abitazione di un singolo nucleo familiare.
12 Indice di copertura	IC	Rapporto tra la superficie coperta e la superficie fondiaria.
13 Indice di edificabilità fondiaria	IF	Quantità massima di superficie o di volume edificabile su una determinata superficie fondiaria, comprensiva dell'edificato esistente.
14 Indice di edificabilità territoriale	IT	Quantità massima di superficie o di volume edificabile su una determinata superficie territoriale, comprensiva dell'edificato esistente.
15 Indice di permeabilità	IPT e IPF	Rapporto tra la superficie permeabile e la superficie territoriale (indice di permeabilità territoriale) o fondiaria (indice di permeabilità fondiaria).
16 Loggia/Loggiato		Elemento edilizio praticabile coperto, non aggettante, aperto su almeno un fronte, munito di ringhiera o parapetto, direttamente accessibile da uno o più vani interni.
17 Numero dei piani		E' il numero di tutti i livelli dell'edificio che concorrono, anche parzialmente, al computo della superficie lorda (SL).

(*continua*)

(*segue*)

18 Pensilina		Elemento edilizio di copertura posto in aggetto alle pareti perimetrali esterne di un edificio e priva di montanti verticali di sostegno.
19 Pertinenza		Opera edilizia legata da un rapporto di strumentalità e complementarità rispetto alla costruzione principale, non utilizzabile autonomamente e di dimensioni modeste o comunque rapportate al carattere di accessorietà.
20 Piano fuori terra		Piano dell'edificio il cui livello di calpestio sia collocato in ogni sua parte ad una quota pari o superiore a quella del terreno posto in aderenza all'edificio.
21 Piano interrato		Piano di un edificio il cui soffitto si trova ad una quota inferiore rispetto a quella del terreno posto in aderenza all'edificio.
22 Piano seminterrato		Piano di un edificio il cui pavimento si trova a una quota inferiore (anche solo in parte) a quella del terreno posto in aderenza all'edificio e il cui soffitto si trova ad una quota superiore rispetto al terreno posto in aderenza all'edificio.
23 Portico/porticato		Elemento edilizio coperto al piano terreno degli edifici, intervallato da colonne o pilastri aperto su uno o più lati verso i fronti esterni dell'edificio.
24 Sagoma		Conformazione planivolumetrica della costruzione fuori terra nel suo perimetro considerato in senso verticale ed orizzontale, ovvero il contorno che viene ad assumere l'edificio, ivi comprese le strutture perimetrali, nonché gli aggetti e gli sporti superiori a 1,50 m.
25 Sedime		Impronta a terra dell'edificio o del fabbricato, corrispondente alla localizzazione dello stesso sull'area di pertinenza.
26 Soppalco		Partizione orizzontale interna praticabile, ottenuta con la parziale interposizione di una struttura portante orizzontale in uno spazio chiuso.
27 Sottotetto		Spazio compreso tra l'intradosso della copertura dell'edificio e l'estradosso del solaio del piano sottostante.
28 Superficie calpestabile		Superficie risultante dalla somma delle superfici utili (SU) e delle superfici accessorie (SA) di pavimento.
29 Superficie complessiva	SC	Somma della superficie utile e del 60% della superficie accessoria (SC = SU + 60% SA).
30 Superficie accessoria	SA	Superficie di pavimento degli spazi di un edificio aventi carattere di servizio rispetto alla destinazione d'uso della costruzione medesima, misurata al netto di murature, pilastri, tramezzi, sguinci, vani di porte e finestre. La superficie accessoria ricomprende: – i portici e le gallerie pedonali; – i ballatoi, le logge, i balconi e le terrazze; – le tettoie con profondità superiore a m 1,50; le tettoie aventi profondità inferiore a m 1,50 sono escluse dal computo sia della superficie accessoria sia della superficie utile; – le cantine poste al piano interrato, seminterrato o al primo piano fuori terra e i relativi corridoi di servizio; – i sottotetti accessibili e praticabili per la sola porzione con altezza pari o superiore a m 1,80, ad esclusione dei sottotetti aventi accesso diretto da una unità immobiliare e che presentino i requisiti richiesti per i locali abitabili che costituiscono superficie utile; – i vani scala interni alle unità immobiliari computati in proiezione orizzontale, a terra, una sola volta; – spazi o locali destinati alla sosta e al ricovero degli autoveicoli ad esclusione delle autorimesse che costituiscono attività imprenditoriale; – le parti comuni, quali i locali di servizio condominiale in genere, i depositi, gli spazi comuni di collegamento orizzontale, come ballatoi o corridoi. Gli spazi comuni di collegamento verticale e gli androni condominiali sono escluse dal computo sia della superficie accessoria sia della superficie utile.
31 Superficie coperta	SC	Superficie risultante dalla proiezione sul piano orizzontale del profilo esterno perimetrale della costruzione fuori terra, con esclusione degli aggetti e sporti inferiori a 1,50 m.
32 Superficie fondiaria	SF	Superficie reale di una porzione di territorio destinata all'uso edificatorio. E' costituita dalla superficie territoriale al netto delle aree per dotazioni territoriali ivi comprese quelle esistenti.

(*continua*)

(*segue*)

33 Superficie lorda	SL	Somma delle superfici di tutti i piani comprese nel profilo perimetrale esterno dell'edificio escluse le superfici accessorie.
34 Superficie permeabile	SP	Porzione di superficie territoriale o fondiaria priva di pavimentazione o di altri manufatti permanenti, entro o fuori terra, che impediscano alle acque meteoriche di raggiungere naturalmente la falda acquifera.
35 Superficie territoriale	ST	Superficie reale di una porzione di territorio oggetto di intervento di trasformazione urbanistica. Comprende la superficie fondiaria e le aree per dotazioni territoriali ivi comprese quelle esistenti.
36 Superficie totale	ST	Somma delle superfici di tutti i piani fuori terra, seminterrati ed interrati comprese nel profilo perimetrale esterno dell'edificio.
37 Superficie utile	SU	Superficie di pavimento degli spazi di un edificio misurata al netto della superficie accessoria e di murature, pilastri, tramezzi, sguinci e vani di porte e finestre.
38 Terrazza		Elemento edilizio scoperto e praticabile, realizzato a copertura di parti dell'edificio, munito di ringhiera o parapetto, direttamente accessibile da uno o più locali interni.
39 Tettoia		Elemento edilizio di copertura di uno spazio aperto sostenuto da una struttura discontinua, adibita ad usi accessori oppure alla fruizione protetta di spazi pertinenziali.
40 Veranda		Locale o spazio coperto avente le caratteristiche di loggiato, balcone, terrazza o portico, chiuso sui lati da superfici vetrate o con elementi trasparenti e impermeabili, parzialmente o totalmente apribili.
41 Volume tecnico		Sono volumi tecnici i vani e gli spazi strettamente necessari a contenere ed a consentire l'accesso alle apparecchiature degli impianti tecnici al servizio dell'edificio (idrico, termico, di condizionamento e di climatizzazione, di sollevamento, elettrico, di sicurezza, telefonico ecc.).
42 Volume totale o volumetria complessiva		Volume della costruzione costituito dalla somma della superficie totale di ciascun piano per la relativa altezza lorda.

2.2 COSTO DI COSTRUZIONE

2.2.1 Costo di costruzione a nuovo

Sono escluse l'area e le spese generali.

2.1 Costi indicativi di costruzione

Tipo di fabbricato	€/m² di sup. comm.	€/m³ vpp
Fabbricati uso abitazione di media dimensione e qualità	1.000÷1.500	300÷400
Abitazioni signorili, uffici, alberghi, case di riposo, ospedali, edifici commerciali di qualità ecc.	1.400÷1.800	350÷500
Stabilimenti industriali o commerciali in prefabbricato, altezza 6÷7 m, con uffici e servizi igienici e finiture di tipo civile medio	450÷550	80÷90
Capannoni per l'industria o per l'agricoltura in prefabbricato, altezza 6÷7 m	100÷150	20÷25

2.2 Incidenza delle spese generali		
Tipo di spesa	**% costo di costruz.**	**€/m²**
Oneri commisurati al costo di costruzione	5÷10	
Oneri di urbanizzazione (massimo al nord, minimo al sud):		
– residenziale, nuove costruzioni	10÷15	25÷75
– residenziale, ristrutturazioni	5÷10	15÷45
– commerciale	10÷20	40÷95
– terziario direzionale	12÷22	45÷100
– industriale e artigianale	5÷15	10÷40
Progetto e direzione lavori, progetto Dlgs 81/2008	4÷10	
Profitto normale di impresa	10÷15	
Totale	**25÷45**	

2.3 Incidenza degli oneri di progettazione e direzione lavori	
Lavori fino a	**% sul costo totale di costruzione**
25.000 €	5,0÷7,0
125.000 €	4,0÷6,0
250.000 €	3,0÷5,0
500.000 €	2,5÷4,0
Oltre 500.000 €	2,5÷3,0

Tali oneri sono così ripartiti: 10÷15% progetto di massima e preventivo; 30÷35% progetto esecutivo e contratto di appalto; 40÷45% direzione lavori; 10÷15% assistenza e liquidazione.
Per lavori di restauro, ristrutturazione ecc. gli importi sono all'incirca doppi.

2.4 Ripartizione del costo di cantiere per categorie di opere in %		
Tipo di costo	**Fabbricati uso abitazione**	**Capannoni industriali**
Scavi, fondazioni e reinterri	7,0÷8,0	6,0÷8,0
Strutture portanti, solai	18,0÷20,0	26,0÷28,0
Copertura	2,0÷3,0	8,0÷10,0
Tamponamento esterno	9,0÷10,0	2,5÷3,5
Impianti (idrico-sanitario, elettrico, termico ecc.)	15,0÷17,0	13,0÷15,0
Fognature (orizzontali e verticali)	1,5÷2,0	2,0÷4,0
Finiture esterne (rivestimenti, serramenti ecc.)	8,0÷9,0	2,0÷4,0
Finiture interne (pavimenti, rivestimenti, serramenti)	22,0÷24,0	3,0÷5,0
Impiantistica specifica	-	3,0÷5,0
Spese generali (direzione, impianto del cantiere, varie)	9,0÷11,0	15,0÷17,0

2.2.2 Costi di recupero

I costi di recupero possono essere stimati in funzione dei costi di costruzione a nuovo, vista anche l'incidenza delle diverse categorie di opere (*v.* tabella 2.4). In caso di restauro o ristrutturazione totale il costo può essere pari a quello di costruzione ex-novo (*v.* tabella 2.1) o anche di più se si devono demolire o recuperare particolari opere edilizie (murature faccia a vista, opere di consolidamento strutturale, parti in legno ecc.).

In caso di manutenzione straordinaria di modesta entità l'incidenza è minima. Indicativamente:
- **restauro o ristrutturazione totale**: 70÷120% del costo di costruzione a nuovo;
- **restauro o ristrutturazione parziale**: 30÷80% del costo di costruzione a nuovo;
- **manutenzione straordinaria**: 5÷35% del costo di costruzione a nuovo.

2.2.3 Alcuni dati tecnici

Superficie commerciale in funzione della cubatura

2.5 Superficie commerciale in funzione della cubatura e del n. di piani

Cubatura (m³)	Superficie commerciale (m²)						
	1 piano	2 piani	3 piani	4 piani	5 piani	6 piani	7 piani
500	230	200	190				
1.000	470	400	370				
1.500	700	590	560				
2.000	930	790	750				
2.500	1.170	990	930	900			
3.000	1.400	1.190	1.120	1.080			
3.500		1.390	1.300	1.260			
4.000		1.580	1.490	1.440	1.420		
4.500		1.780	1.680	1.620	1.590		
5.000		1.980	1.860	1.810	1.770	1.750	
5.500		2.180	2.050	1.990	1.950	1.920	
6.000		2.400	2.200	2.200	2.100	2.100	2.100
6.500			2.400	2.300	2.300	2.300	2.200
7.000			2.600	2.500	2.500	2.400	2.400
7.500			2.800	2.700	2.700	2.600	2.600
8.000			3.000	2.900	2.800	2.800	2.800
8.500			3.200	3.100	3.000	3.000	2.900
9.000			3.400	3.200	3.200	3.100	3.100
9.500			3.500	3.400	3.400	3.300	3.300
10.000			3.700	3.600	3.500	3.500	3.500
10.500				3.800	3.700	3.700	3.600
11.000				4.000	3.900	3.800	3.800
11.500				4.200	4.100	4.000	4.000
12.000				4.300	4.200	4.200	4.200
12.500				4.500	4.400	4.400	4.300
13.000				4.700	4.600	4.500	4.500
13.500				4.900	4.800	4.700	4.700
14.000				5.100	5.000	4.900	4.800
14.500				5.200	5.100	5.100	5.000
15.000				5.400	5.300	5.200	5.200
% sulla Slp	**140%**	**120%**	**112%**	**108%**	**106%**	**105%**	**104%**

La tabella, utilizzabile per la stima del valore di trasformazione di un'area edificabile, è calcolata con i seguenti dati:
- incidenza delle parti comuni sulla superficie lorda, 5%;
- incidenza dei balconi sulla superficie lorda, 8%;
- incidenza delle cantine sulla superficie coperta del fabbricato, 40%;
- incidenza dei box sulla superficie coperta del fabbricato, 80% (oltre i limiti dell'area di sedime);
- coefficiente di destinazione per i balconi, 35%;
- coefficiente di destinazione per le cantine, 25%;
- coefficiente di destinazione per i box, 40%.

Coefficienti di vetustà

2.6	Coefficienti di vetustà (% sul costo di costruzione esclusa l'area)					
Anni	**Base 120 anni**	**Base 100 anni**	**Base 70 anni**	**Base 50 anni**	**Base 40 anni (finiture)**	**Base 30 anni (finiture)**
5	1	2	2	4	5	7
10	3	4	6	9	12	17
15	5	6	9	15	21	32
20	7	9	14	23	32	51
25	9	12	19	32	46	73
30	12	15	25	43	62	100
35	14	19	32	55	80	
40	17	23	40	69	100	
45	21	27	48	84		
50	24	32	57	100		
55	28	37	67			
60	32	43	77			
65	36	49	88			
70	41	55	100			
75	46	62				
80	51	69				
85	56	76				
90	62	84				
95	67	92				
100	73	100				
105	80					
110	86					
115	93					
120	100					

2.3 LISTINO PREZZI OPERE EDILI

Prezzi indicativi per l'edificazione di interi fabbricati di media dimensione e qualità. I prezzi variano anche per area geografica.

2.7 Lavori e opere compiute (prezzi indicativi in euro)		
Descrizione	**U.m.**	**€/U.m.**
PONTEGGI		
Ponteggi metallici per facciate, compreso montaggio, smontaggio, rete di protezione, segnaletica ecc., per mese di utilizzo	m²	15÷25
DEMOLIZIONI		
Demolizione di fabbricati, compreso il trasporto del materiale di risulta alle pubbliche discariche entro 10 km (sono esclusi i corrispettivi per diritti di discarica):		
– con mezzi meccanici	m³ vpp	10÷20
– a mano	m³ vpp	100÷200
Rimozione di elementi costruttivi, con accatastamento a deposito entro l'ambito del cantiere dei materiali recuperabili, trasporto delle macerie al piano di carico in strada, sgombero delle stesse con trasporto alle pubbliche discariche, compresi gli impalcati e i piani di lavoro, nonché le necessarie opere provvisionali e di puntellamento. Esecuzione conforme al disegno. Sono esclusi dal prezzo i corrispettivi per diritti di discarica:		
– tetti in legno	m²	25÷30
– solai, cemento armato	m²	25÷35

(continua)

Descrizione	U.m.	€/U.m.
– scale (rampe, pianerottoli) misurati in proiezione orizzontale	m²	45÷60
– murature in mattoni pieni	m²	22÷30
– tavolati	m²	14÷20
– rivestimenti interni in ceramica	m²	9÷15
– pavimenti	m²	13÷17
– intonaci (scrostamento)	m²	14÷20
– serramenti, con recupero	cad.	40÷60
– apparecchi idrosanitari	cad.	30÷40
Diritti di discarica (in funzione della composizione)	m³	10÷20
....	......	....
SCAVI		
Scavo generale completo fino alla profondità media di 5,00 m sotto la quota di campagna eseguito a sezione aperta fino al pelo delle acque sorgive, compresi la formazione di gradinatura, l'eliminazione delle rampe, lo sgombero dei materiali provenienti dallo scavo, esclusi il reinterro e l'armatura eventualmente necessaria delle pareti di scavo, nonché corrispettivi per diritti di discarica:		
– con sistemazione entro l'area del cantiere	m³	6÷8
– con trasporto alla discarica entro 10 km	m³	10÷15
Scavo di fondazione a sezione obbligata con mezzi meccanici fino a 1,50 m di profondità sotto il piano dello scavo generale compreso lo spianamento del fondo, escluso il reinterro:		
– con mezzi meccanici e sistemazione entro l'area del cantiere	m³	10÷15
– con mezzi meccanici e trasporto alla discarica entro 10 km	m³	12÷17
– a mano	m³	100÷140
Armatura di parete di scavo generale compresa la mano d'opera, nolo e sfrido legname, chioderia e quant'altro occorra per l'armo e disarmo (H 3 o 5 m)	m²	25÷30
....	......	....
CALCESTRUZZO		
Calcestruzzo in opera, esclusi casseri e ferro:		
– per sottofondazioni non armate	m³	130÷160
– per murature di scantinato	m³	160÷220
– per fondazioni armate (plinti, travi rovesce ecc.)	m³	240÷300
– per travi, pilastri, scale, murature in genere	m³	250÷320
Casseforme per getti in calcestruzzo, compreso disarmo, con altezza dal piano di appoggio inferiore a 4 m:		
– per fondazioni	m²	22÷28
– per murature rettilinee	m²	25÷30
– per travi, pilastri, solai	m²	30÷35
– per rampe di scale, balconi, gronde	m²	33÷40
Acciaio tondo per cemento armato, fornito, tagliato, lavorato e posto in opera. Esecuzione conforme al disegno. Compresi i distanziatori, i cavallotti ecc.	kg	1,50÷ 1,80
....	......	....
MURATURA		
Muratura per pareti, per pilastri isolati ecc., altezza fino a 3,50 m. Sono compresi i ponteggi, la formazione di vani porta e finestra, di nicchie, spallette, spigoli di muri, architravi (eseguiti fuori opera con laterizi, ferro e malta cementizia) e il trasporto dei materiali a piè d'opera:		
– in mattoni pieni o multiforo	m³	270÷320
– in blocchi di cls e argilla espansa	m³	220÷270
Muratura a cassavuota per tamponamento di ossatura in cemento armato, con parete interna, intercapedine e parete esterna; sono compresi la formazione di vani porta e finestra:		
– mattoni forati spessore 12 cm + mattoni forati spessore 8 cm	m²	70÷100

(continua)

Descrizione	U.m.	€/U.m.
Tavolato interno, compresi ponteggi fino a 4,5 m:		
– forati 24÷8÷24, spessore 8 cm	m^2	23÷30
Pareti di cartongesso in opera, spessore 10 cm	m^2	60÷70
....	......	....
SOLAI		
Solaio piano in calcestruzzo e laterizio gettato in opera, altezza totale 22 cm, 18 cm laterizio + 4 cm soletta	m^2	55÷70
Solaio di travetti prefabbricati in calcestruzzo armato e blocchi interposti in laterizio, altezza totale 22 cm, 18 cm laterizio + 4 cm soletta	m^2	60÷80
....	......	....
TETTI		
Orditura in cemento e laterizio, fornitura e posa	m^2	40÷65
Copertura di tetto, compresi accessori (listelli, leganti ecc.):		
– con tegole piane marsigliesi	m^2	25÷35
– con coppi	m^2	30÷37
– con lastre ondulate di fibrocemento	m^2	13÷20
Impermeabilizzazione solai	m^2	35÷45
....	......	....
INTONACI		
Intonaco rustico tirato in piano a frattazzo, compresi i ponteggi fino a 4 m	m^2	15÷20
Intonaco civile compresi i ponteggi fino a 4 m di altezza	m^2	20÷27
Rasatura a gesso	m^2	12÷18
Controsoffittatura eseguita con lastre di gesso avvitate a una struttura a U o a C	m^2	30÷40
....	......	....
CANNE		
Canne per fumo ed esalazione in conglomerato vibrocompresso a parete doppia con intercapedine a sezione rettangolare, sigillatura a malta di cemento	m	50÷70
Tubazioni in PVC rigido a sezione circolare per colonne verticali compresi collari, zanche, staffe, sigillatura con mastice	m	15÷20
Comignolo emergente dal tetto eseguito in mattoni doppio÷UNI della dimensione di 12x12x25 cm, compresi piastra di chiusura con foro	cad.	700÷900
....	......	....
SOTTOFONDI		
Ossatura di sottofondo in ghiaia grossa o pietrame di cava per pavimenti contro terra; fornita e posta in opera spianata a livello (H 30 cm)	m^2	10÷15
Sottofondo per pavimenti sabbia e cemento sp. 5 cm	m^2	11÷15
Massetto livellante, spessore 4 cm; fornito e dato in opera su supporto portante per la formazione di piani di posa, tirato in piano	m^2	17÷27
....	......	....
PAVIMENTI		
Pavimento in opera:		
– in cemento per scantinati ecc.	m^2	25÷30
– in piastrelle di gres, graniglia di cemento o marmettoni	m^2	25÷35
– in piastrelle in ceramica monocottura	m^2	30÷60
Pavimenti in legno (parquet), comprese lamatura e ceratura	m^2	50÷150
Pavimento in linoleum	m^2	20÷30

(*continua*)

Descrizione	U.m.	€/U.m.
Moquette	m²	25÷60
Zoccolino per pavimento:		
– in legno	m	5÷8
– in marmo	m	10÷15
Assistenza muraria alla posa in opera di pavimenti compresa manovalanza	m²	13÷17
....	......	....
RIVESTIMENTI		
Rivestimenti interni con piastrelle monocottura posate con collante	m²	30÷40
Rivestimenti esterni:		
– piastrelle di cotto	m²	45÷60
– lastre di porfiroide	m²	80÷110
....	......	....
SERRAMENTI		
Finestre e portafinestre in legno, telai e vetri inclusi	m²	350÷500
Serramenti in PVC o in alluminio anodizzato completi di vetro	m²	300÷400
Persiane ad ante in legno	m²	250÷350
Tapparelle avvolgibili:		
– in legno	m²	80÷100
– in PVC	m²	35÷50
Cassonetti coprirullo	m	80÷130
Porte interne in legno	cad.	250÷500
Portoncino d'ingresso in legno	cad.	700÷900
Porte tagliafuoco omologate	cad.	300÷500
Porte basculanti per box (prezzo indicativo)	cad.	1.200÷1.700
Assistenza muraria alla posa in opera di serramenti	m²	40÷50
....	......	....
LATTONIERE		
Pluviali, canali completi di cicogne, in rame fornitura e posa	m	30÷40
Assistenza muraria, compresa manovalanza in aiuto ai posatori di canali ecc.	%	3÷4
....	......	....
TINTEGGIATURE		
Pittura in due riprese con idropittura pareti interne	m²	3,50÷5,50
Pittura pareti esterne	m²	7÷10
Pittura cancellate e ringhiere	m²	15÷20
....	......	....
FABBRO		
Cancelli e cancellate in ferro, parapetti di balconi e scale, a disegno semplice, con profilati normali	kg	4÷6
....	......	....
IMPIANTO DI RISCALDAMENTO		
Impianto di riscaldamento, compresi caldaia, bruciatore, tubazioni, radiatori in ghisa ecc.	m³ riscald.	25÷50
Assistenza muraria (% sul prezzo dell'impianto)	%	22÷26
....	......	....

(*continua*)

Descrizione	U.m.	€/U.m.
IMPIANTO IDRICO-SANITARIO		
Impianto idrico÷sanitario completo di rete generale di distribuzione acqua fredda, rete di distribuzione acqua fredda e calda ai singoli apparecchi del bagno e della cucina, montaggio apparecchi sanitari, rubinetterie ecc.		
Prezzo per apparecchio	cad.	250÷450
Assistenza muraria (% sul prezzo dell'impianto)	%	22÷26
....	......	....
IMPIANTO ELETTRICO		
Impianto elettrico	m^2	25÷30
Impianto elettrico per punto luce o presa	cad.	60÷70
Automazione cancello	cad.	1.500÷2.000
Assistenza muraria (% sul prezzo dell'impianto)	%	25÷35
....	......	....
IMPIANTO DI ASCENSORE		
Impianto di ascensore installato in vano proprio, portata 4 persone, 6 fermate, compresa cabina	cad.	25.000÷30.000
Assistenza muraria (% sul prezzo dell'impianto)	%	25÷30
....	......	....
OPERE DI SISTEMAZIONE E PAVIMENTAZIONE ESTERNA		
Pavimentazione autobloccante su piano di sabbia	m^2	25÷38
Pavimentazione in cubetti di porfido posati su letto di sabbia	m^2	70÷100
Formazione di passaggi pedonali con lastre di porfido	m^2	35÷50
Recinzione con lastre e pali prefabbricati in cls, altezza 120÷150 cm	m^2	90÷120
Fornitura e posa in opera di tubi per fognatura, ∅ 20÷30 cm	m	40÷50
Fornitura e posa in opera di pozzetto in cls prefabbricato escluso scavo e reinterro	cad.	90÷120
Fornitura e posa in opera di fossa biologica Imohff 10÷12 utenti escluso scavo e reinterro	cad.	1.500÷2.000
Cordoli in conglomerato vibrocompresso	m	25÷30
....	......	....
GIARDINAGGIO		
Terra di coltivo proveniente da strato colturale attivo	m^3	22÷26
Formazione prato (lavorazione del terreno, semina e rullatura)	m^2	5÷7
Taglio erba con motofalciatrice e asportazione di materiale di risulta	m^2	0,20÷0,30
Formazione siepi, compreso piante, scavo, messa a dimora e reinterro	m	23÷30
Alberi di 4,5÷5 m	cad.	150÷700
Messa a dimora di alberi compreso scavo e reinterro, % sul prezzo delle piante	%	30÷40
Scalvatura di piante in parchi, viali ecc. in base all'altezza della pianta	cad.	250÷300
....	......	....

3 Condominio

✓ Coefficienti per le tabelle millesimali
✓ Amministrazione

3.1 COEFFICIENTI PER LE TABELLE MILLESIMALI

3.1 Coefficienti della circolare n. 12.480/1966

	Coefficiente
Destinazione	
Camere	1,00
Servizi (cucina, bagno, ripostiglio)	0,90
Corridoi, disimpegni	0,80
Logge (tre pareti)	0,35÷0,50
Cantine, soffitte (non abitabili)	0,30÷0,45
Balconi coperti	0,30
Balconi scoperti	0,25
Terrazzo a livello	0,22
Giardini e aree di rispetto	0,10÷0,15
Piano	
Scantinato	0,75
Terreno	0,85
Rialzato	0,90
Primo	0,95
Piani sovrastanti	1,00
Orientamento	
Quadranti SE, SO	1,00÷0,97
Quadranti NE÷SE, NO÷SO	0,90÷0,97
Quadranti NO÷NE	0,80÷0,90
Vano senza finestra	0,75
Prospetto	
Giardini, vedute panoramiche, strade	0,95÷1,00
Zone di rispetto	0,85÷0,90
Cortili	0,85
Chiostri	0,80
Locali senza finestre e cantine	0,75

3.2 Coefficienti di destinazione per unità immobiliari	
Destinazione	**Coefficiente**
Abitazioni	1,00
Negozi	1,20÷4,00
Uffici	1,20÷3,00
Autorimesse singole	0,50÷1,50

3.2 AMMINISTRAZIONE

3.3 Criteri per la ripartizione delle spese condominiali	
Criterio di ripartizione	**Tipo di spesa**
In base ai millesimi di proprietà generale	Amministratore Ascensore: installazione, sostituzione, manutenzione straordinaria Assicurazioni Atri, androni ecc.: manutenzione ordinaria e straordinaria Cancello a uso comune: manutenzione, motorizzazione Canna fumaria Citofoni Cortile comune: pavimentazioni, recinzioni ecc. Fognatura, condotta di scarico comune Fondazioni Giardino Impianto idrico, autoclave: sostituzione, manutenzione straord. Impianto termico: sostituzione caldaia, bruciatore ecc. Infiltrazioni in parti comuni Luce parti comuni Muri esterni Portiere: salario, alloggio Rivestimenti esterni: intonaci, mattonelle ecc. Solai e sottotetti di uso comune Spese legali Strada vicinale Terrazzo comune Tetto
In base ai millesimi di ascensore	Ascensore: energia, assicurazione, manutenzione ordinaria Scale: imbiancatura, pulizia
In base ai millesimi di riscaldamento	Caldaia: combustibile, conduttore, manutenzione ordinaria
A metà fra i due piani	Solaio divisorio: ricostruzione Soletta balconi: ricostruzione e manutenzione
1/3 al proprietario e 2/3 al condominio	Solaio e terrazza a uso esclusivo
Per abitante	Acqua potabile: acqua, servizio, manutenzione ordinaria
Proprietario (spese personali)	Box: infiltrazioni dal tetto in box interrati Cassette della posta: sostituzione Infiltrazioni in parti esclusive Pavimenti interni Sottotetto a uso esclusivo

3.4	Deliberazioni nelle assemblee condominiali		
Riferimento normativo	**Numero di condomini**	**Millesimi di proprietà**	**Applicazione**
Primo comma art. 1136 c. c.	Maggioranza dei partecipanti al condominio	2/3 (666,67)	Validità assemblea in prima convocazione. Le delibera è valida se approvata dalla maggioranza degli intervenuti che rappresenti almeno metà del valore.
Secondo comma art. 1136 c. c.	Maggioranza degli intervenuti	1/2 (500,00)	Nomina o revoca dell'amministratore. Manutenzioni straordinarie di notevole entità. Liti attive e passive. Approvazione del regolamento. Innovazioni in materia di sicurezza, barriere architettoniche, contenimento consumo energetico ecc. Modifica dei millesimi quando sono frutto di errore o per mutate condizioni. Attivazione di un sito internet per il condominio.
Terzo comma art. 1136 c. c.	1/3 dei partecipanti al condominio	1/3 (333,33)	Validità dell'assemblea in seconda convocazione. La delibera è valida se approvata dalla maggioranza degli intervenuti che rappresenti almeno 1/3 del valore.
Quinto comma art. 1136 c. c.	Maggioranza degli intervenuti	2/3 (666,67)	Innovazioni. Impianti non centralizzati di ricezione radiotelevisiva e di produzione di energia da fonti rinnovabili.
Primo comma 1 art. 1117 *ter* c. c.	4/5 dei partecipanti al condominio	4/5 (800,00)	Cambio di destinazione d'uso delle parti comuni.
Art. 69, Disposizioni di attuazione del codice civile.	Unanimità		Modifica dei millesimi di condominio. Modifica del regolamento contrattuale.

4 Quotazioni dei terreni agricoli

- ✓ Quotazioni dei terreni
- ✓ Quotazioni degli affitti

4.1 QUOTAZIONI DEI TERRENI

I valori fondiari del CREA (riferiti al 2017) si riferiscono a terreni e/o intere aziende per i quali è stata registrata una significativa attività di compravendita. I valori si intendono relativi al suolo nudo, con l'esclusione, ove possibile, degli investimenti fondiari (fabbricati, piantagioni ecc.). Le quotazioni derivano da interviste effettuate a mediatori e ad altri operatori del settore.

4.1 Quotazioni CREA (1.000 €/ha, 2017)

Tipo di terreno	Min.	Max
Piemonte		
Seminativi irrigui nella pianura alessandrina	15	30
Seminativi irrigui nella pianura tra Fossano e Cuneo (CN)	40	95
Seminativi irrigui nelle zone di Carmagnola e Carignano (TO)	35	55
Seminativi irrigui adatti a risaia nella pianura a sud di Novara	19	35
Seminativi irrigui adatti a risaia nella pianura a sud di Vercelli	21	40
Seminativi irrigui adatti a risaia nella zona delle Baraggie (VC)	16	30
Seminativi a risaia nella pianura di Casale Monferrato (AL)	15	25
Seminativi asciutti nella pianura pinerolese (TO)	23	31
Seminativi asciutti nelle colline del Monferrato alessandrino (AL)	7	15
Seminativi e prati irrigui nella pianura canavesana occidentale (TO)	15	22
Orti irrigui nell'area di Carmagnola (TO)	45	55
Terreni adatti all'orticoltura nel braidese (CN)	55	90
Terreni adatti a colture floricole nelle colline del Verbano occidentale (VCO)	33	70
Frutteti a Cavour (TO)	40	60
Frutteti a Lagnasco (CN)	40	75
Frutteti nell'area del borgodalese (VC)	16	25
Frutteti nella zona di Volpedo (AL)	20	28
Vigneti DOC Erbaluce Caluso (TO)	41	55
Vigneti DOC a Gattinara (VC)	40	70
Vigneti DOC di pregio nell'astigiano (escluso Moscato)	30	60
Vigneti DOC Moscato nella zona di Canelli (AT)	40	70
Vigneti nelle zone del Barolo DOCG nella bassa Langa di Alba (CN)	200	1.500
Altri vigneti DOC (AT)	18	50

(continua)

(segue)

Tipo di terreno	Min.	Max
Valle d'Aosta		
Prati irrigui a St. Denis (AO)	25	70
Pascoli a Gignod (AO)	15	25
Vigneti DOC a Chambave (AO)	100	140
Liguria		
Seminativi irrigui a Cairo Montenotte (SV)	15	30
Seminativi asciutti nella zona di Rossiglione (GE)	13	15
Seminativi asciutti nella zona di Varese Ligure (SP)	5	7
Orti irrigui nella Piana di Sarzana (SP)	155	180
Orti irrigui per colture floricole a San Remo (IM)	170	360
Orti irrigui nella collina litoranea di Genova	100	140
Ortofloricoltura irrigua nella zona di Sestri Levante (GE)	140	180
Ortofloricoltura irrigua nella Piana di Albenga (SV)	260	500
Frutteti nella Piana di Sarzana (SP)	70	90
Oliveti nella zona di Apricale (IM)	22	33
Oliveti nelle colline litoranee di La Spezia (SP)	23	40
Vigneti DOC nell'alta valle del Nervia (IM)	45	80
Vigneti DOC nelle colline litoranee di Albenga (SV)	65	80
Vigneti DOC Cinque Terre (SP)	35	60
Lombardia		
Seminativi irrigui nel cremasco (CR)	37	60
Seminativi e prati nella collina di Como e Lecco	55	100
Seminativi e prati nella pianura comasca	50	75
Seminativi per orticoltura nel Casalasco (CR)	45	60
Frutteti fra Ponte in Valtellina e Tirano (SO)	40	70
Vigneti DOC superiore della Valtellina (SO)	47	85
Vigneti specializzati nella collina bresciana	166	230
Azienda mista viticola nella collina morenica (MN)	55	90
Grande azienda cerealicolo-foraggera nella pianura irrigua bresciana	50	85
Media azienda nell'Oltrepo mantovano (zona sinistra Secchia)	45	65
Piccola e media azienda irrigua nella bassa pianura bergamasca	58	93
Piccola e media azienda a seminativo nella pianura irrigua bresciana	60	85
Piccoli appezzamenti di fondovalle in Valtellina (SO)	20	70
Piccoli appezzamenti nella collina bresciana	50	65
Veneto		
Seminativi nella pianura di Barbarano Vicentino (VI)	24	68
Seminativi nella pianura di Sandrigo (VI)	35	75
Seminativi di pianura a sud di Verona	35	65
Seminativi nella Val Belluna (BL)	20	50
Seminativi nel basso Adige (Cavarzere VE)	30	45
Seminativi nella pianura del basso Piave (Quarto D'Altino VE)	38	70
Seminativi nella pianura del Brenta e Dese (VE)	40	65
Seminativi di pianura a Montebelluna (TV)	70	115
Seminativi di pianura nella bassa padovana (Piove di Sacco, Bovolenta)	38	60
Seminativi di pianura nella zona nord-orientale della provincia di Padova	45	65
Seminativi nel medio Polesine (RO)	26	38
Seminativi nel Polesine orientale (RO)	18	38
Prati nella Val Belluna (BL)	15	30
Prati stabili irrigui nella pianura tra Piave e Livenza (TV)	50	90
Prati irrigui nella zona nord-occidentale della provincia di Padova	55	70
Orticole di pianura nel veronese	50	100
Orticole (radicchio) nella pianura di Treviso	70	100
Orticole nella zona di Chioggia (VE)	48	80
Orticole nel Polesine orientale (RO)	35	55
Orti in pieno campo nella zona centro-settentrionale della provincia di Rovigo	35	50
Terreni coltivati ad asparago nella zona di Bassano (VI)	110	230

(continua)

(segue)

Tipo di terreno	Min.	Max
Vivaio nella provincia di Padova	65	95
Frutteti nella pianura veronese	70	130
Vigneti di collina nella zona occidentale della provincia di Vicenza	50	100
Vigneti di pianura del basso Piave (S. Donà VE)	65	110
Vigneti DOCG di Valdobbiadene (TV)	300	500
Vigneti DOC nei Colli Euganei (PD)	55	100
Vigneto DOCG di Montello (TV)	110	200
Bosco di alto fusto nella zona settentrionale della provincia di Belluno	5	11
Trentino Alto Adige		
Seminativi di fondovalle facilmente arabili (TN)	50	90
Seminativi e prati di fondovalle (BZ)	50	100
Frutteti a Caldonazzo, Val Sugana (TN)	150	250
Frutteti in destra Val di Non (TN)	250	500
Frutteti nella zona nord della Val d'Adige (TN)	170	280
Meleti nella Val d'Adige (Bolzano/Merano)	380	650
Meleti nella Val d'Adige (Salorno/Bolzano)	350	550
Meleti nella Val Venosta (BZ)	450	750
Vigneti a nord di Trento	200	340
Vigneti DOC nella zona del Lago di Caldaro (BZ)	440	690
Vigneti DOC nella bassa Val Venosta (Naturno BZ)	440	690
Vigneti DOC nella Valle Isarco di Bressanone (Varna BZ)	440	690
Friuli Venezia Giulia		
Seminativi irrigui di collina nella provincia di Pordenone	30	65
Seminativi irrigui nella pianura centro-meridionale di Pordenone	40	80
Seminativi nella pianura litoranea di Gorizia	18	40
Seminativi nella pianura litoranea di Udine	30	65
Seminativi nella provincia di Trieste	30	70
Seminativi asciutti nella pianura centro-meridionale di Pordenone	28	43
Prati e pascoli permanenti in Carnia (UD)	3	18
Orti nella pianura litoranea di Gorizia	19	43
Vivai viticoli di Rauscedo (PN)	50	70
Frutteti nella bassa pianura udinese	35	54
Vigneti DOC nei Colli orientali (UD)	40	95
Vigneti DOC nella zona del Collio (GO)	45	85
Vigneti nella zona centrale della provincia di Pordenone	45	120
Emilia Romagna		
Seminativi irrigui nella pianura piacentina	40	60
Seminativi irrigui nella pianura di Parma	40	60
Seminativi irrigui di pianura nel forlivese	35	50
Seminativi nelle colline dell'Arda (PC)	18	23
Seminativi nella pianura di Reggio Emilia	35	58
Seminativi nelle colline del Montone e del Savio (FO)	7	18
Pascoli nelle valli dell'Alto Taro (PR)	6	8
Orti irrigui di pianura nel bolognese	35	50
Orti di pianura nel modenese	35	45
Frutteti parzialmente irrigui, pedecolle a Vignola e Sassuolo (MO)	40	85
Frutteti irrigui nel pedecolle faentino (RA)	25	42
Frutteti irrigui nella pianura di Cesena (FO)	40	55
Vigneti DOC nella collina piacentina	36	45
Vigneti DOC nelle colline di Parma	56	70
Vigneti DOC nelle colline dell'Enza (RE)	50	75
Vigneti nella bassa collina del Sillaro (BO)	35	50
Terreni frutti-viticoli nella pianura modenese	45	65
Azienda zootecnica nel Medio Trebbia (PC)	13	17
Azienda zootecnica bieticola irrigua nel basso Arda (PC)	40	50
Podere zootecnico nelle colline di Salsomaggiore (PR)	20	30
Podere zootecnico nell'alta pianura reggiana	40	60

(continua)

(*segue*)

Tipo di terreno	Min.	Max
Podere fruttiviticolo di fondovalle nella media collina modenese	45	70
Azienda zootecnica nella montagna del medio Reno (BO)	5	10
Media azienda cerealicola-mista nella bassa bolognese	30	38
Podere frutticolo irriguo nell'alto ferrarese	22	35
Azienda mista-industriale nel basso ferrarese	20	30
Podere misto-orticolo nel Delta del Po (FE)	25	45
Azienda cerealicola nella bassa ravennate	30	47
Azienda cerealicola nella pianura riminese	35	65
Podere frutti-viticolo nella collina riminese	40	65
Toscana		
Seminativi irrigui nella pianura di Fucecchio (FI)	10	22
Seminativi irrigui nella pianura di Grosseto	12	20
Seminativi irrigui nella pianura di Lucca	25	40
Seminativi irrigui nella Valtiberina (AR)	25	31
Seminativi nel Valdarno inferiore (PI)	10	25
Seminativi di pianura in provincia di Prato	20	25
Seminativi nella collina di Montalbano (PO)	9	12
Seminativi nella collina litoranea di Grosseto	7	15
Seminativi nella montagna litoranea-Colli di Luni e Apuane (MS)	20	50
Terreni cerealicoli nelle colline estensive di Siena	9	15
Seminativi nelle colline litoranee di Livorno	10	15
Seminativi pianeggianti di Livorno	20	25
Seminativi pianeggianti nella val di Chiana (AR)	15	27
Seminativi orticoli nella val di Cornia (LI)	20	35
Seminativi ortofloricoli nella pianura di Versilia (LU)	100	120
Terreni a seminativi e prato pascolo nel Mugello (FI)	2	37
Seminativi per vigneti nelle colline interne di Grosseto	20	30
Terreni a seminativi e bosco del Casentino (AR)	3	15
Terreni orticoli nella piana fiorentina	30	50
Terreni orticoli nella pianura di Pisa	25	40
Terreni ortofloricoli nella pianura di Massa	150	200
Terreni ortoflorovivaistici nella val di Nievole (PT)	80	105
Terreni nella zona vivaistica di Pistoia	200	270
Oliveti nelle colline della Maremma (GR)	16	18
Oliveti nelle colline della Lunigiana (MS)	19	22
Oliveti nelle colline della Valdinievole (PT)	25	40
Terreni vitiolivicoli nella val d'Elsa senese	25	85
Terreni vitiolivicoli nelle colline di Firenze	20	40
Terreni vitiolivicoli nelle colline di Lucca	20	50
Vigneti DOCG a Carmignano (PO)	40	50
Vigneti DOCG Chianti Classico (FI)	100	135
Vigneti DOCG Chianti Classico (SI)	90	150
Vigneti DOCG nelle colline di Montalcino (SI)	250	600
Vigneti DOC nella Valdinievole (PT)	30	40
Vigneti DOC Bolgheri (LI)	200	350
Terreni boschivi nella montagna pistoiese	2	5
Bosco ceduo nella Garfagnana (LU)	2	4
Azienda vitiolivicola in Valdarno (AR)	25	50
Podere con seminativi nella Lunigiana (MS)	15	25
Podere vitiolivicolo con seminativi nella collina di Pisa	15	35
Seminativi di collina nell'Alto Cecina (PI)	4	8
Seminativi nella val d'Arbia (SI)	8	28
Pascoli nella collina interna di Grosseto	2	4
Bosco nell'Amiata grossetana	2	4

(*continua*)

(segue)

Tipo di terreno	Min.	Max
Umbria		
Seminativi irrigui nell'alta val Tiberina (PG)	18	25
Seminativi asciutti nel pianocolle di Terni	9	12
Seminativi asciutti nelle colline di Perugia	9	13
Prati pascoli nella montagna umbra (PG)	3	6
Oliveti nelle colline del Trasimeno (PG)	12	23
Oliveti nelle colline di Assisi÷Spoleto (PG)	18	25
Oliveti nelle colline di Amelia (TR)	8	11
Vigneti DOC nella collina tipica di Orvieto (TR)	25	35
Vigneti DOC Orvieto (TR)	13	25
Vigneti DOC nelle colline di Montefalco (PG)	35	45
Vigneti DOC nelle colline di Perugia	25	30
Marche		
Seminativi nella pianura irrigua di Ancona	25	35
Seminativi collinari irrigui in provincia di Ancona	18	25
Seminativi irrigui litoranei a Pesaro	25	45
Seminativi irrigui nella pianura di Macerata	25	45
Seminativi irrigui nelle colline litoranee di Ascoli Piceno	16	30
Seminativi nella montagna interna del pesarese	7	12
Seminativi asciutti nelle colline litoranee di Pesaro	14	30
Seminativi non irrigui nella zona montana della provincia di Macerata	10	15
Seminativi non irrigui nelle colline di Macerata	15	23
Seminativi non irrigui nella zona montana della provincia di Ancona	10	15
Seminativi collinari asciutti in provincia di Ancona	15	22
Pascoli nell'alta collina del pesarese	3	5
Orti nelle pianure litoranee di Ascoli Piceno	50	82
Coltivazioni orticole collinari (MC)	35	55
Coltivazioni orticole nella bassa collina di Ancona	24	40
Frutteti nella pianura litoranea di Pesaro	40	60
Oliveti nelle colline litoranee di Ascoli Piceno	20	30
Vigneti DOC del Falerio (AP)	22	40
Vigneti DOC di Matelica (MC)	25	50
Vigneti DOC nella media collina di Ancona	30	50
Lazio		
Seminativi irrigui nel litorale romano	60	80
Seminativi irrigui nella zona di Tarquinia (VT)	20	30
Seminativi irrigui nella piana del Tevere (RI)	20	25
Seminativi asciutti nelle colline di Frosinone	10	12
Seminativi asciutti nell'Agro Romano (RM)	35	45
Seminativi nell'agro-pontino (LT)	30	42
Seminativi arborati (con vite, olivo) collinari (FR)	10	15
Seminativi arborati nella Sabina nord-occidentale (RI)	10	20
Prati-pascoli nella montagna orientale dei Lepini (FR)	5	10
Orti specializzati nella pianura di Latina	35	50
Ortive nel Maccarese (RM)	80	150
Frutteti (actinidia) nella zona di Latina	55	65
Frutteti nelle colline dei Tiburtini (Guidonia, Marcellina RM)	25	40
Frutteti specializzati nei Castelli Romani (RM)	50	60
Frutteti specializzati nelle colline di Frosinone	25	40
Frutteti nelle colline dei Lepini (LT)	20	25
Castagneti da frutto nei Monti Cimini (VT)	12	15
Noccioleti specializzati irrigui nella zona di Vignanello (VT)	30	50
Oliveti specializzati nella zona dei Castelli Romani (RM)	35	40
Oliveti specializzati nella zona di Canino (VT)	15	20
Oliveti specializzati nella zona DOP della Sabina (RI)	15	25
Oliveti specializzati nelle colline del lago di Bolsena (VT)	15	20
Oliveti specializzati nelle colline di Frosinone	15	20

(continua)

(*segue*)

Tipo di terreno	Min.	Max
Vigneti DOC nei Castelli Romani (RM)	80	100
Vigneti DOC nei colli Albani (RM)	60	75
Vigneti DOC nella zona del Piglio (FR)	50	70
Vigneti nelle colline litoranee di Gaeta (LT)	22	26
Vigneti DOC nei monti Ernici (FR)	15	30
Seminativi irrigui nella piana del Tevere (RM)	15	25
Seminativi asciutti nella collina interna della provincia di Roma	20	22
Seminativi nella montagna di Rieti	10	15
Pascoli nella montagna del Turano (RI)	3	10
Pascoli nella montagna di Rieti	6	7
Orti irrigui nelle colline dei Colli Albani (RM)	35	55
Frutteti nelle colline di Viterbo	18	20
Noccioleti specializzati nella zona del Lago di Vico (VT)	25	38
Noccioleti specializzati nelle colline di Palestrina (RM)	30	35
Oliveti specializzati nella zona di Itri (LT)	15	20
Vigneti DOC nella zona di Montefiascone (VT)	18	20
Abruzzo		
Seminativi irrigui nelle colline di Ortona (CH)	17	40
Seminativi irrigui nelle colline di Penne (PE)	14	30
Seminativi irrigui nell'Alto Turano e Alto Salto (AQ)	7	15
Seminativi irrigui nelle colline di Roseto degli Abruzzi (TE)	15	35
Prati permanenti nel versante meridionale del Gran Sasso (AQ)	3	10
Ortofloricole e vivai nelle colline litoranee di Giulianova (TE)	25	55
Ortofloricole e vivai nel Fucino (AQ)	25	55
Frutteti nelle colline litoranee di Vasto (CH)	25	47
Oliveti nell'alto Pescara (PE)	13	30
Oliveti nelle colline di Penne (PE)	17	38
Oliveti nelle colline di Teramo	17	32
Vigneti DOC nelle colline del medio Pescara (PE)	22	47
Vigneti DOC nelle colline litoranee di Chieti	25	60
Vigneti DOC nelle colline litoranee di Ortona (CH)	25	60
Vigneti DOC nelle colline litoranee di Roseto degli Abruzzi (TE)	22	50
Molise		
Seminativi irrigui nel territorio dei Frentani (CB)	23	28
Seminativi irrigui per ortoflorifrutticoltura nella fascia costiera di Campobasso	28	32
Seminativi asciutti nella collina interna dell'isernino	7	8
Seminativi asciutti nella media collina interna e nel fondovalle Trignino (CB)	10	14
Seminativi asciutti nella pianura di Boiano (CB)	12	14
Orti irrigui nel Venafrano (IS)	50	54
Oliveti asciutti nella collina interna di Isernia	17	22
Vigneti DOC nella fascia costiera di Campobasso	30	33
Campania		
Seminativi collinari nella zona del Taburno (BN)	13	22
Seminativi arborati nelle colline del Calore Irpinio Inferiore (BN)	13	20
Frutteti specializzati irrigui nell'Agro Aversano (CE)	30	40
Frutteti specializzati irrigui nell'Agro giuglianese (NA)	30	45
Frutteti specializzati irrigui nella Piana del Sele (SA)	65	80
Noccioleti nelle colline di Avella e del Vallo di Lauro (AV)	25	35
Oliveti collinari nel Matese (CE)	13	18
Oliveti nelle colline del Vallo di Diano (SA)	30	50
Vigneti nella zona di Galluccio (CE)	36	45
Vigneti DOC nelle colline del Calore (BN)	30	55
Vigneti DOC nelle colline del Taburno (BN)	35	45
Vigneti DOC nelle colline di Avellino (AV)	25	50
Vigneti DOC nelle colline dell'Irpinia centrale (AV)	25	45
Azienda con colture ortive sottoserra nel Piano Campano sud-occidentale (NA)	60	90
Azienda ortofloricola nella zona litoranea della provincia di Napoli	80	130

(*continua*)

(segue)

Tipo di terreno	Min.	Max
Seminativi irrigui nella Piana del Sele (SA)	55	70
Ortofloricoltura in serra nell'Agro nocerino sarnese (SA)	100	150
Frutteti nel fondovalle dei Monti del Taburno e del Camposauro (BN)	30	40
Noccioleti nel Monte Partenio (AV)	15	30
Oliveti nelle colline dell'Irpinia Centrale (AV)	30	50
Puglia		
Seminativi irrigui nel Tavoliere (FG)	18	30
Seminativi irrigui nel Tavoliere Salentino (BR)	7	14
Seminativi irrigui nella zona di Fasano (BR)	28	42
Seminativi irrigui nell'arco ionico occidentale (TA)	16	25
Seminativi irrigui a Gallipoli (LE)	16	28
Seminativi asciutti a indirizzo zootecnico nella Murgia sud-orientale (BA)	8	16
Seminativi asciutti nell'Alta Murgia (BA÷BT)	5	10
Seminativi asciutti nella Murgia Ofantina (BT)	9	21
Seminativi cerealicoli asciutti nel Tavoliere (FG)	9	19
Frutteti nella pianura della Capitanata meridionale (FG÷BT)	32	47
Frutteti nelle Murge di Castellana (BA)	15	29
Agrumeti irrigui a Castellaneta (TA)	22	30
Oliveti irrigui nella zona di Fasano (BR)	19	30
Oliveti irrigui specializzati di Andria	29	52
Oliveti nella Pianura di Bari	9	18
Oliveti asciutti nella pianura di Lecce	7	13
Vigneti da tavola irrigui nella pianura di Monopoli (BA)	25	45
Vigneti da tavola nella pianura di Taranto	27	42
Vigneti da vino a tendone a Francavilla F. (BR)	16	26
Vigneti da vino nella zona di Manduria (TA)	18	28
Vigneti nella Capitanata meridionale (FG÷BT)	27	52
Vigneti nella pianura di Copertino (LE)	16	26
Oliveti della Pianura di Leuca (LE)	12	18
Calabria		
Seminativi irrigui nella Piana di Sibari (CS)	5	20
Seminativi irrigui nella provincia di Crotone	9	17
Seminativi irrigui nella provincia di Reggio Calabria	5	30
Seminativi nella collina litoranea di Cosenza	4	9
Seminativi non irrigui nella provincia di Catanzaro	4	5
Seminativi non irrigui nella provincia di Reggio Calabria	5	13
Seminativi non irrigui nella provincia di Vibo Valentia	4	5
Pascoli collinari nel cosentino	3	5
Pascoli nella provincia di Catanzaro	1	2
Pascoli nella provincia di Crotone	2	3
Pascoli nella provincia di Reggio Calabria	1	8
Frutteti irrigui nella Piana di Sibari (CS)	45	55
Agrumeti nella Piana di Gioia Tauro (RC)	30	70
Agrumeti nella pianura litoranea di Cosenza	29	57
Agrumeti nella provincia di Catanzaro	33	38
Castagneti nella provincia di Vibo Valentia	4	4
Oliveti collinari nella provincia di Crotone	9	20
Oliveti di collina in pendio nella provincia di Vibo Valentia	7	14
Oliveti di pianura nella provincia di Vibo Valentia	11	18
Oliveti nella collina di Catanzaro	14	19
Oliveti nella collina di Reggio Calabria	10	23
Oliveti nella Piana di Gioia Tauro (RC)	20	47
Oliveti nella collina litoranea di Cosenza	11	28
Vigneti nella collina litoranea sud-orientale di Cosenza	15	26
Bosco ceduo nella collina litoranea sud-orientale di Cosenza	2	6
Bosco nella provincia di Reggio Calabria	2	5
Bosco nella provincia di Vibo Valentia	5	6

(continua)

(segue)

Tipo di terreno	Min.	Max
Basilicata		
Seminativi irrigui nella collina del Vulture (PZ)	18	32
Seminativi irrigui nella Val d'Agri (PZ)	19	23
Seminativi irrigui nella pianura di Metaponto (MT)	18	28
Seminativi asciutti nelle aree interne del potentino	4	6
Seminativi asciutti nelle colline di Matera	10	12
Frutteti (drupacee) nel materano	20	25
Agrumeti nel materano	18	25
Vigneti DOC nella collina del Vulture (PZ)	18	35
Sicilia		
Seminativi irrigui nella zona costiera di Messina	25	48
Seminativi asciutti nelle aree interne della provincia di Palermo	9	18
Seminativi asciutti di piccole dimensioni nella provincia di Enna	6	12
Seminativi asciutti di piccole dimensioni nelle aree interne della provincia di Trapani	9	17
Seminativi asciutti di piccole e medie dimensioni nella provincia di Caltanissetta	5	13
Seminativi asciutti di piccole dimensioni nelle aree interne del ragusano	8	16
Pascoli naturali nella provincia di Enna	2	5
Pascoli naturali montani nei Nebrodi (ME)	4	7
Appezzamenti irrigui di piccole dimensioni per colture orticole a Marsala (TP)	22	32
Appezzamenti irrigui di piccole dimensioni per colture orticole a Vittoria (RG)	27	44
Appezzamenti irrigui di piccole dimensioni per colture orticole nella Piana di Lentini (SR)	23	37
Vivai irrigui nel messinese (fiumare)	150	225
Pescheti a Bivona (AG)	18	33
Pescheti a Leonforte (EN)	18	33
Frutteti di essenze subtropicali nella Piana di Catania	50	110
Mandorleti ad Avola (SR)	13	26
Mandorleti asciutti di piccole dimensioni nella provincia di Caltanissetta	9	17
Noccioleti nei Nebrodi (ME)	9	16
Noccioleti di piccole dimensioni nelle pendici dell'Etna (CT)	13	22
Carrubeti nelle colline interne di Ragusa	9	13
Diospireti irrigui specializzati nel palermitano (Misilmeri)	21	34
Frassineti da manna di Castelbuono nelle Madonie (PA)	7	12
Pistacchieti nelle colline del Platani (AG)	12	22
Pistacchieti di piccole dimensioni nelle pendici dell'Etna (CT)	15	30
Agrumeti irrigui nella Piana di Lascari (PA)	32	48
Agrumeti irrigui nel messinese	30	47
Agrumeti irrigui nella Piana di Catania	26	50
Agrumeti irrigui nella zona costiera della provincia di Siracusa	29	49
Oliveti da mensa nella Valle del Belice (TP)	18	27
Oliveti nella provincia di Ragusa per la produzione di olio - DOP Monti Iblei	20	28
Vigneti irrigui a Marsala (TP)	21	34
Vigneti da tavola (a tendone) nella provincia di Caltanissetta	24	45
Vigneti da tavola a Naro÷Canicattì (AG)	25	47
Vigneti da vino DOC e IGT nelle pendici dell'Etna (CT)	32	65
Vigneti da vino asciutti di piccole dimensioni a Monreale÷Partinico (PA)	20	33
Sardegna		
Seminativi irrigui nel Sarcidano (CA e OR)	8	12
Seminativi irrigui nelle Baronie (NU)	7	12
Seminativi irrigui adibiti a risaia nella zona di Oristano	20	24
Seminativi irrigui orticoli e maidicoli nell'oristanese	23	28
Seminativi irrigui orticoli nel basso Campidano	22	29
Seminativi pianeggianti in buona parte irrigui nel Logudoro (SS e OT)	10	13
Seminativi in minima parte irrigui adibiti a pascolo nella zona del Mejlogu (SS)	7	9
Seminativi asciutti adibiti a pascolo e foraggere nelle colline della Planargia (OR)	7	11

(continua)

(*segue*)

Tipo di terreno	Min.	Max
Seminativi asciutti cerealicolo-zoot. nella Marmilla e nel Medio Campidano	9	12
Seminativi pianeggianti, seminabili e utilizzati per il pascolo nell'iglesiente (CI)	7	10
Pascoli in parte seminabili nell'altopiano di Campeda (NU)	5	8
Pascoli nel Goceano, nel Logudoro e nel sassarese	5	6
Pascoli nel Sarcidano (CA e OR)	4	5
Incolti produttivi adibiti a pascolo nel Montiferro (OR)	4	6
Incolti produttivi adibiti a pascolo nelle Barbagie (NU)	2	3
Agrumeti nel Campidano e nelle collinee litoranee di Capo Ferrato (CA)	36	43
Oliveti nella zona della Trexenta e del Parteolla (CA)	14	22
Vigneti DOC nella zona del Cannonau dell'Ogliastra (OG)	11	15
Vigneti DOC nella zona del Parteolla (CA)	24	31
Vigneti DOC nella zona del Vermentino di Gallura (OT)	19	29
Oliveti nella zona del Montiferru e della Planargia (OR)	13	19
Frutteti nella zona del Monte Linas (SU)	18	24
Pescheti nel basso Campidano	22	26
Seminativi pianeggianti in parte irrigui nella Nurra (SS)	10	16

4.2 Misure agrarie locali

Unità di misura	Zona d'uso	Superficie (m^2)	Unità/ha
Biolca	Ferrara	6.523,94	1,53
	Guastalla	3.052,54	3,28
	Mantova	3.138,60	3,19
	Mirandola	2.933,63	3,41
	Modena	2.836,47	3,53
	Parma	3.081,44	3,25
	Reggio Emilia	2.922,25	3,42
	Voghera	3.081,44	3,25
Campo	Adria, Dolo, Padova, Vicenza	3.862,57	2,59
	Belluno	3.778,74	2,65
	Feltre	4.210,26	2,38
	Maniago, Pordenone	5.217,02	1,92
	Massa, Ariano	2.862,58	3,49
	Rovigo	4.464,41	2,24
	San Donà di Piave, Mestre	5.204,69	1,92
	San Vito al Tagliamento, Tolmezzo	2.418,39	4,13
	Spilimbergo	3.656,61	2,73
	Treviso	5.104,69	1,96
	Udine	3.503,83	2,85
	Verona	3.047,95	3,28
Campo censario	Verona	3.002,24	3,33
Cannella quadrata	Genova	8,86	1.128,67
Coltra	Arezzo	4.009,94	2,49
Coppa	Urbino	2.824,39	3,54
Giornata	Biella, Vercelli	3.800,96	2,63
	Torino, Cuneo, Voghera	3.810,39	2,62
Giova	Massa	3.750,00	2,67
Mina	Perugia	4.459,46	2,24
Modiolo	Fermo	1.802,01	5,55
	Macerata	3.119,83	3,21
Moggio	Casale	3.233,64	3,09
	Napoli	3.364,86	2,97
	Abruzzo, Campania, Basilicata, Puglia, Calabria	699,87	14,29
	Valsesia	3.066,04	3,26
	Salerno	3.677,71	2,72

(*continua*)

Unità di misura	Zona d'uso	Superficie (m^2)	Unità/ha
Pertica	Bergamo	662,31	15,10
	Cremona	808,05	12,38
	Milano, Como, Varese, Crema	654,52	15,28
	Novi Ligure	783,87	12,76
	Pavia	769,79	12,99
	Piacenza	762,02	13,12
	Robbio	789,64	12,66
	Sondrio	688,08	14,53
	Tortona	659,99	15,15
	Vigevano	738,89	13,53
Pezza	Roma, Frosinone, Viterbo	2.640,63	3,79
Piò	Brescia	3.255,39	3,07
Quadrato	Firenze	3.406,19	2,94
Quattronata	Reggio Calabria	1.144,27	8,74
Rubbio	Ascoli Piceno	12.313,49	0,81
	Orvieto	17.251,42	0,58
	Rieti	12.938,57	0,77
	Roma, Frosinone, Viterbo	18.484,38	0,54
Saccata	Pisa	5.057,91	1,98
Salma	Caltanissetta	433,98	23,04
	Catania	17.148,71	0,58
	Messina	17.896,42	0,56
	Palermo	23.310,91	0,43
	Siracusa	27.908,53	0,36
Seteur	Aosta	2.803,51	3,57
Soma di collina	Ancona	14.261,10	0,70
Soma di piano	Ancona	10.486,00	0,95
Soma mezza costa	Ancona	11.744,43	0,85
Staio	Arezzo	1.750,10	5,71
	Camerino	539,11	18,55
	Firenze	525,01	19,05
	Foligno	281,56	35,52
	Ossola	1.573,11	6,36
	Terni	281,56	35,52
Staio grande	Alessandria	589,50	16,96
Staio piccolo	Alessandria	393,00	25,45
Starello	Cagliari	3.956,75	2,53
	Sassari	1.993,37	5,02
Staro	Acqui	1.012,04	9,88
Stioro	Pisa	561,99	17,79
Tomolata	Gerace	2.502,79	4,00
Tomolo	Lecce, Potenza	4.087,89	2,45
	Sala Consilina	3.559,52	2,81
Tornatura	Bologna	2.080,44	4,81
	Cento	2.263,31	4,42
	Cesena	2.899,53	3,45
	Faenza	2.301,80	4,34
	Forlì	2.383,45	4,20
	Imola	1.933,02	5,17
	Lugo	1.681,43	5,95
	Ravenna	3.417,66	2,93
	Rimini	2.047,93	4,88
Versura	Matera	12.263,66	0,82

4.2 QUOTAZIONI DEGLI AFFITTI

A scopo esemplificativo, si riportano le quotazioni CREA 2017 di alcune Regioni.

4.3 Lombardia

Zona	1.000 €/ha	
	Min.	Max
Contratti in deroga per seminativi irrigui nella bassa pianura bergamasca	850	1.050
Contratti in deroga per seminativi irrigui in provincia di Lodi	430	1.150
Contratti in deroga per seminativi irrigui in provincia di Cremona	750	930
Contratti in deroga per seminativi nella pianura bresciana	750	1.000
Contratti in deroga per seminativi in provincia di Pavia	400	1.000
Contoterzisti per seminativi (MN)	450	750
Contratti in deroga per risaie nel pavese	500	1.000
Contratti verbali per prati e seminativi (CO e LC)	200	600
Contratti per alpeggi (a corpo) nella montagna di Sondrio	100	200
Contratti per alpeggi nella montagna bergamasca	60	150
Contratti stagionali per ortaggi nella collina di Bergamo	1.200	4.200
Contratti stagionali per ortaggi e melone (Viadana, Oltrepò, medio mantovano)	800	1.500
Contratti in deroga per vivai (MN)	1.450	1.900
Contratti in deroga per frutteti nella Valtellina (SO)	250	400
Contratti in deroga per vigneti nella collina bresciana	900	1.500
Contratti in deroga per vigneti DOC nell'Oltrepò Pavese	350	950

4.4 Veneto

Zona	1.000 €/ha	
	Min.	Max
Contratti in deroga per seminativi con titoli nel veneziano	350	900
Contratti in deroga per seminativi nella pianura di Legnago (VR)	600	950
Contratti in deroga per seminativi a Motta di Livenza (TV)	400	600
Contratti in deroga per seminativi nel bellunese	85	300
Contratti in deroga per seminativi di pianura (VI)	250	600
Contratti in deroga per seminativi con PAC (RO)	600	800
Contratti in deroga per il tabacco in provincia di Verona	1.000	1.400
Contratti in deroga per prati nel bellunese	40	170
Contratti in deroga per prati irrigui a Cittadella (PD)	550	850
Contratti in deroga per prati (VI)	220	500
Contratti in deroga per orticole a Chioggia (VE)	500	1.100
Contratti per orticole a ciclo annuale a Badia Polesine (RO)	900	1.100
Orticole nel Polesine orientale	700	1.000
Terreni per vivai a Saonara (PD)	800	1.000
Contratti in deroga per pescheti nella pianura veronese	900	1.500
Vigneti DOC nei Colli Euganei (PD)	850	2.000
Contratti in deroga per vigneti DOCG a Valdobbiadene (TV)	3.000	7.000
Contratti in deroga per vigneti DOCG a Conegliano (TV)	2.500	5.500
Vigneti DOC Prosecco nella pianura di Treviso	1.700	3.000
Contratti in deroga per vigneti a Portogruaro (VE)	1.000	2.400
Contratti in deroga per vigneto nei Colli Berici (VI)	600	1.100

4.5 Marche

Zona	1.000 €/ha	
	Min.	Max
Seminativi nella pianura irrigua (AN)	350	600
Seminativi nella media collina di Pesaro	200	300
Seminativi asciutti nell'alta collina di Pesaro	100	200
Seminativi nell'alta collina di Ancona	150	300
Seminativi asciutti in media collina (MC)	150	300
Seminativi asciutti in alta collina (MC)	100	150
Seminativi in rotazione (AP)	150	300
Contratti per cereali in asciutto nella media collina (AN)	250	400
Contratti per erba medica (PU)	200	300
Coltivazioni ortive irrigue di pianura (MC)	500	850
Orti irrigui nella collina interna (AP)	300	500
Orti irrigui nella collina litoranea e fondovalle (AP)	300	600
Frutteti nella pianura litoranea di Pesaro	400	600
Vigneti DOC a Jesi (AN)	600	1.100
Vigneti DOC Matelica (MC)	600	1.000
Vigneti non DOC (MC)	400	600

4.6 Lazio

Zona	1.000 €/ha	
	Min.	Max
Contratti in deroga per seminativi irrigui nella piana di Rieti	300	400
Contratti in deroga per seminativi irrigui nella piana di Latina	400	500
Contratti in deroga per seminativi irrigui nella Valle del Sacco (FR)	400	500
Contratti in deroga per seminativi asciutti (VT)	350	450
Contratto in deroga seminativi asciutti a Poggio Mirteto (RI)	200	300
Contratto in deroga per seminativi asciutti nella piana di Leonessa (RI)	100	125
Contratti in deroga per cereali (RI)	200	350
Contratto in deroga per seminativi asciutti collinari (RM)	300	400
Contratti in deroga per seminativi asciutti (RM)	250	300
Contratti in deroga per seminativi asciutti (FR)	300	400
Compartecipazione per tabacco (VT)	400	500
Accordi verbali per foraggere (LT)	400	500
Pascoli nelle montagne di Rieti (RI)	50	100
Pascoli di collina nella zona di Allumiere e Tolfa (VT RM)	150	200
Contratti in deroga per seminativi irrigui da destinare a ortive (RM)	1200	1500
Contratti in d. per semin. irr. del litorale romano da destinare a carote (RM)	2200	2500
Contratti in deroga per orticole (VT)	500	750
Contratti in deroga per orticole (LT)	900	1200
Contratti in deroga per frutteti specializzati (RM)	700	900
Compartecipazione per nocciole (VT)	1000	1500
Contratti in deroga per oliveti collinari (RM)	200	350
Contratti in deroga per vigneto comune (RM)	900	1100
Contratti in deroga per vigneti DOC (RM)	1200	1800
Contratti in deroga per prati di medica (RI)	250	300
Contratti in deroga per orticole e actinidia (LT)	1500	2500
Contratti per campi fotovoltaici	3000	3500

4.7 Puglia

Zona	1.000 €/ha	
	Min.	Max
Contratti informali per seminativi asciutti nel Tavoliere (FG)	250	300
Contratti in deroga per seminativi asciutti nella Murgia Ofantina (BA)	110	220
Contratti stagionali per seminativi zootecnici nella murgia tarantina (TA)	250	350
Contratti in deroga per seminativi asciutti (BR)	200	300
Contratti stagionali per pomodoro nel Tavoliere (FG)	750	1.000
Contratti in deroga per ortaggi a Polignano/Monopoli (BA)	800	900
Contratti in deroga per orticole irrigue nella pianura di Brindisi	400	550
Contratti informali per oliveti nel Salento (LE)	250	500
Contratti in deroga per vigneti da tavola nella pianura di Barletta	1.500	2.600
Contratti in deroga per vigneti da tavola nella pianura di Taranto (TA)	1.000	1.800
Contratti in deroga per vigneti da vino a Salice (LE)	800	1.000
Contratti in d. per aziende zoot. con strutture nella Murgia Barese (BA)	220	320

4.8 Sicilia

Zona	1.000 €/ha	
	Min.	Max
Contratti in deroga per seminativi nelle colline del Platani (AG)	180	300
Contratti in deroga per seminativi asciutti per la colt. stagionale di ortaggi da pieno campo (TP)	300	500
Erbai di leguminose (veccia, sulla) nell'ennese	220	370
Pascoli naturali nelle zone interne del palermitano	100	120
Pascoli montani nei Nebrodi (ME)	100	180
Pascoli naturali nel Nisseno	70	100
Contratti in deroga per pascoli naturali nell'ennese	80	110
Contratti in deroga per pascoli naturali nel ragusano	100	170
Contratti in deroga per pascoli nelle colline orientali degli Iblei (SR)	90	120
Seminativi irrigui per la coltivazione di ortaggi nel catanese	1.000	1.500
Seminativi irrigui per la coltivazione di ortaggi nel ragusano	1.000	1.500
Seminativi irrigui per la coltivazione di ortaggi nel siracusano	900	1.500
Contratti in deroga per ortive a Campobello di Mazara (TP)	800	1.400
Contratti in deroga per ortive a Termini Imerese (PA)	850	1.250
Contratti in deroga per ortive a Ribera e Sciacca (AG)	700	1.000
Contratti in deroga per vivai a Milazzo e Barcellona Pozzo di Gotto (ME)	2.400	3.700
Contratti in deroga per oliveti in provincia di Caltanissetta (CL)	230	300
Agrumeti nella Piana di Catania (CT)	800	1.200

Estimo legale

5 Diritti reali

- ✓ Espropriazioni per causa di pubblica utilità
- ✓ Usufrutto
- ✓ Successioni ereditarie

5.1 ESPROPRIAZIONI PER CAUSA DI PUBBLICA UTILITÀ

Il testo unico

DPR 8 giugno 2001, n. 327, testo unico delle disposizioni legislative (L) e regolamentari (R) in materia di espropriazione per pubblica utilità, aggiornato ai Dlgs n. 302/2002 e n. 330/2004 e con la legge n. 244/2008.

TITOLO I
OGGETTO E AMBITO DI APPLICAZIONE
DEL TESTO UNICO

Art. 1 – *Oggetto.*

1. Il presente testo unico disciplina l'espropriazione, anche a favore di privati, dei beni immobili o di diritti relativi a immobili per l'esecuzione di opere pubbliche o di pubblica utilità. (L)

2. Si considera opera pubblica o di pubblica utilità anche la realizzazione degli interventi necessari per l'utilizzazione da parte della collettività di beni o di terreni, o di un loro insieme, di cui non è prevista la materiale modificazione o trasformazione. (L)

3. *(soppresso dal Dlgs 27.12.2002, n. 302)*

4. Le norme del presente testo unico non possono essere derogate, modificate o abrogate se non per dichiarazione espressa, con specifico riferimento a singole disposizioni. (L)

Art. 2 – *Principio di legalità dell'azione amministrativa.*

1. L'espropriazione dei beni immobili o di diritti relativi a immobili di cui all'art. 1 può essere disposta nei soli casi previsti dalle leggi e dai regolamenti. (L)

2. I procedimenti di cui al presente testo unico si ispirano ai principi di economicità, di efficacia, di efficienza, di pubblicità e di semplificazione dell'azione amministrativa. (L)

Art. 3 – *Definizioni.*

1. Ai fini del presente testo unico:
- per "**espropriato**", si intende il soggetto, pubblico o privato, titolare del diritto espropriato;
- per "**autorità espropriante**", si intende, l'autorità amministrativa titolare del potere di espropriare e che cura il relativo procedimento, ovvero il soggetto privato, al quale sia stato attribuito tale potere, in base a una norma;
- per "**beneficiario dell'espropriazione**", si intende il soggetto, pubblico o privato, in cui favore è emesso il decreto di esproprio;
- per "**promotore dell'espropriazione**", si intende il soggetto, pubblico o privato, che chiede l'espropriazione. (L)

2. Tutti gli atti della procedura espropriativa, ivi incluse le comunicazioni e il decreto di esproprio, sono disposti nei confronti del soggetto che risulti proprietario secondo i registri catastali, salvo che l'autorità espropriante non abbia tempestiva notizia dell'eventuale diverso proprietario effettivo. Nel caso in cui abbia avuto notizia della pendenza della procedura espropriativa dopo la comunicazione dell'indennità provvisoria al soggetto che risulti proprietario secondo i registri catastali, il proprietario effettivo può, nei trenta giorni successivi,

concordare l'indennità ai sensi dell'art. 45, comma 2. (L)

3. Colui che risulta proprietario secondo i registri catastali e riceva la notificazione o comunicazione di atti del procedimento espropriativo, ove non sia più proprietario è tenuto a comunicarlo all'amministrazione procedente entro trenta giorni dalla prima notificazione, indicando altresì, ove ne sia a conoscenza, il nuovo proprietario, o comunque fornendo copia degli atti in suo possesso utili a ricostruire le vicende dell'immobile. (L)

Art. 4 – *Beni non espropriabili o espropriabili in casi particolari.*

1. I beni appartenenti al demanio pubblico non possono essere espropriati fino a quando non ne viene pronunciata la sdemanializzazione. (L)

2. I beni appartenenti al patrimonio indisponibile dello Stato e degli altri enti pubblici possono essere espropriati per seguire un interesse pubblico di rilievo superiore a quello soddisfatto con la precedente destinazione.

3. I beni descritti dagli artt. 1, 14, 15 e 16 della legge 27 maggio 1929, n. 810, *non* possono essere espropriati se *non* vi è il previo accordo con la Santa Sede. (L)

4. Gli edifici aperti al culto *non* possono essere espropriati per gravi ragioni *se non* previo accordo:

- con la competente autorità ecclesiastica, se aperti al culto cattolico;
- con l'unione delle chiese cristiane, se aperti al culto pubblico avventista;
- con il presidente delle Assemblee di Dio in Italia, se aperti al culto pubblico delle chiese ad esse associate;
- con l'unione delle comunità ebraiche italiane, se destinati all'esercizio pubblico del culto ebraico;
- con l'unione cristiana evangelica battista d'Italia, se aperti al culto pubblico delle chiese che ne facciano parte;
- con il decano della chiesa evangelica luterana in Italia e dell'organo responsabile della comunità interessata, se aperti al culto della medesima chiesa;
- col rappresentante di ogni altra confessione religiosa, nei casi previsti dalla legge. (L)

5. Si applicano le regole sull'espropriazione dettate dal diritto internazionale generalmente riconosciuto e dai trattati internazionali cui l'Italia aderisce. (L)

Art. 5 – *Ambito di applicazione nei confronti delle Regioni e delle Province autonome di Trento e di Bolzano.*

1. Le Regioni a statuto ordinario esercitano la potestà legislativa concorrente, in ordine alle espropriazioni strumentali alle materie di propria competenza, nel rispetto dei principi fondamentali della legislazione statale nonché dei principi generali dell'ordinamento giuridico desumibili dalle disposizioni contenute nel testo unico. (L)

2. Le Regioni a statuto speciale, nonché le Province autonome di Trento e di Bolzano esercitano la propria potestà legislativa in materia di espropriazione per pubblica utilità nel rispetto dei rispettivi statuti e delle relative norme di attuazione, anche con riferimento alle disposizioni del titolo V, parte seconda, della Costituzione per le parti in cui prevedono forme di autonomia più ampie rispetto a quelle già attribuite. (L)

3. Le disposizioni del testo unico operano direttamente nei riguardi delle Regioni e delle Province autonome di Trento e di Bolzano fino a quando esse non esercitano la propria potestà legislativa in materia, nel rispetto delle disposizioni di cui ai commi 1 e 2. La Regione Trentino-Alto Adige e le Province autonome di Trento e di Bolzano adeguano la propria legislazione ai sensi degli artt. 4 e 8 dello statuto di cui al decreto del Presidente della Repubblica 31 agosto 1972, n. 670, e dell'art. 2 del decreto legislativo 16 marzo 1992, n. 266. (L)

4. Nell'ambito delle funzioni amministrative conferite dallo Stato alle Regioni e alle Province autonome di Trento e di Bolzano ai sensi delle leggi vigenti rientrano anche quelle concernenti i procedimenti di espropriazione per pubblica utilità e quelli concernenti la materiale acquisizione delle aree. (L)

Art. 6 – *Regole generali sulla competenza.*

1. **L'autorità competente alla realizzazione di un'opera pubblica o di pubblica utilità è anche competente all'emanazione degli atti del procedimento espropriativo che si renda necessario**. (L)

2. Le amministrazioni statali, le Regioni, le Province, i Comuni e gli altri enti pubblici individuano e organizzano l'ufficio per le espropriazioni, ovvero attribuiscono i relativi poteri a un ufficio già esistente. (L)

3. Le Regioni a statuto speciale o a statuto ordinario e le Province autonome di Trento e di Bolzano emanano tutti gli atti dei procedimenti espropriativi strumentali alla cura degli interessi da esse gestiti, anche nel caso di delega di funzioni statali. (L)

4. Gli enti locali possono istituire un ufficio comune per le espropriazioni e possono costituirsi in consorzio o in un'altra forma associativa prevista dalla legge. (L)

5. All'ufficio per le espropriazioni è preposto un dirigente o, in sua mancanza, il dipendente con la qualifica più elevata. (L)

6. Per ciascun procedimento, è designato un responsabile che dirige, coordina e cura tutte le operazioni e gli atti del procedimento, anche avvalendosi dell'ausilio di tecnici. (L)

7. Il dirigente dell'ufficio per le espropriazioni emana ogni provvedimento conclusivo del

procedimento o di singole fasi di esso, anche se non predisposto dal responsabile del procedimento. (L)

8. Se l'opera pubblica o di pubblica utilità va realizzata da un concessionario o contraente generale, l'amministrazione titolare del potere espropriativo può delegare, in tutto o in parte, l'esercizio dei propri poteri espropriativi, determinando chiaramente l'ambito della delega nella concessione o nell'atto di affidamento, i cui estremi vanno specificati in ogni atto del procedimento espropriativo. A questo scopo i soggetti privati cui sono attribuiti per legge o per delega poteri espropriativi, possono avvalersi di società controllata. I soggetti privati possono altresì avvalersi di società di servizi ai fini delle attività preparatorie. (L)

9. Per le espropriazioni finalizzate alla realizzazione di opere private, l'autorità espropriante è l'ente che emana il provvedimento dal quale deriva la dichiarazione di pubblica utilità. (L)

Art. 7 – *Competenze particolari dei Comuni.*

1. Il Comune può espropriare:

- le aree inedificate e quelle su cui vi siano costruzioni in contrasto con la destinazione di zona o abbiano carattere provvisorio, a seguito dell'approvazione del piano regolatore generale, per consentirne l'ordinata attuazione nelle zone di espansione;
- l'immobile al quale va incorporata un'area inserita in un piano particolareggiato e non utilizzata, quando il suo proprietario non intenda acquistarla o non comunichi le proprie determinazioni, entro il termine di sessanta giorni, decorrente dalla ricezione di un avviso del dirigente dell'ufficio per le espropriazioni;
- gli immobili necessari per delimitare le aree fabbricabili e per attuare il piano regolatore, nel caso di mancato accordo tra i proprietari del comprensorio;
- le aree inedificate e le costruzioni da trasformare secondo speciali prescrizioni, quando decorre inutilmente il termine, non inferiore a novanta giorni, fissato nell'atto determinativo della formazione del consorzio, notificato ai proprietari interessati. (L)

TITOLO II
DISPOSIZIONI GENERALI

CAPO I
IDENTIFICAZIONE DELLE FASI CHE PRECEDONO IL DECRETO D'ESPROPRIO

Art. 8 – *Le fasi del procedimento espropriativo.*

1. Il decreto di esproprio può essere emanato qualora:

- **l'opera da realizzare sia prevista nello strumento urbanistico generale**, o in un atto di natura ed efficacia equivalente, e sul bene da espropriare sia stato apposto il **vincolo preordinato all'esproprio**;
- vi sia stata la **dichiarazione di pubblica utilità**;
- sia stata determinata, anche se in via provvisoria, l'**indennità di esproprio**. (L)

CAPO II
LA FASE DELLA SOTTOPOSIZIONE DEL BENE AL VINCOLO PREORDINATO ALL'ESPROPRIO

Art. 9 – *Vincoli derivanti da piani urbanistici.*

1. Un bene è sottoposto al vincolo preordinato all'esproprio quando diventa efficace l'atto di approvazione del piano urbanistico generale, ovvero una sua variante, che prevede la realizzazione di un'opera pubblica o di pubblica utilità. (L)

2. Il vincolo preordinato all'esproprio ha la durata di cinque anni. Entro tale termine, può essere emanato il provvedimento che comporta la dichiarazione di pubblica utilità dell'opera. (L)

3. Se non è tempestivamente dichiarata la pubblica utilità dell'opera, il vincolo preordinato all'esproprio decade e trova applicazione la disciplina dettata dall'art. 9 del testo unico in materia edilizia approvato con decreto del Presidente della Repubblica 6 giugno 2001, n. 380. (L)

4. Il vincolo preordinato all'esproprio, dopo la sua decadenza, può essere motivatamente reiterato, con la rinnovazione dei procedimenti previsti al comma 1 e tenendo conto delle esigenze di soddisfacimento degli standard.

5. Nel corso dei cinque anni di durata del vincolo preordinato all'esproprio, il consiglio comunale può motivatamente disporre o autorizzare che siano realizzate sul bene vincolato opere pubbliche o di pubblica utilità diverse da quelle originariamente previste nel piano urbanistico generale. In tal caso, se la Regione o l'ente da questa delegato all'approvazione del piano urbanistico regionale non manifesta il proprio dissenso entro il termine di novanta giorni, decorrente dalla ricezione della delibera del consiglio comunale e della relativa completa documentazione, si intende approvata la determinazione del consiglio comunale, che in una successiva seduta ne dispone l'efficacia. (L)

6. Salvo quanto previsto dal comma 5, nulla è innovato in ordine alla normativa statale o regionale sull'adozione e sull'approvazione degli strumenti urbanistici. (L)

Art. 10 – *Vincoli derivanti da atti diversi dai piani urbanistici generali.*

1. Se la realizzazione di un'opera pubblica o di pubblica utilità non è prevista dal piano urbanistico generale, il vincolo preordinato all'esproprio può essere disposto, ove espressamente se ne dia atto, su richiesta dell'interessato ai sensi dell'art. 14, comma 4, della legge 7 agosto 1990, n. 241, ovvero su iniziativa dell'amministrazione competente all'approvazione del progetto, mediante una conferenza di servizi, un accordo di programma, un'intesa ovvero un altro atto,

anche di natura territoriale, che in base alla legislazione vigente comporti la variante al piano urbanistico. (L)

2. Il vincolo può essere altresì disposto, dandosene espressamente atto, con il ricorso alla variante semplificata al piano urbanistico da realizzare, anche su richiesta dell'interessato, con le modalità e secondo le procedure di cui all'art. 19, commi 2 e seguenti. (L)

3. Per le opere per le quali sia già intervenuto, in conformità alla normativa vigente, uno dei provvedimenti di cui ai commi 1 e 2 prima della data di entrata in vigore del presente testo unico, il vincolo si intende apposto, anche qualora non ne sia stato dato esplicitamente atto. (L)

Art. 11 – *La partecipazione degli interessati.*

1. Al proprietario del bene sul quale si intende apporre il vincolo preordinato all'esproprio, va inviato l'avviso dell'avvio del procedimento:

- nel caso di adozione di una variante al piano regolatore per la realizzazione di una singola opera pubblica, almeno venti giorni prima della delibera del consiglio comunale;
- nei casi previsti dall'art. 10, comma 1, almeno venti giorni prima dell'emanazione dell'atto se ciò risulti compatibile con le esigenze di celerità del procedimento. (L)

2. L'avviso di avvio del procedimento è comunicato personalmente agli interessati alle singole opere previste dal piano o dal progetto. Allorché il numero dei destinatari sia superiore a 50, la comunicazione è effettuata mediante pubblico avviso, da affiggere all'albo pretorio dei Comuni nel cui territorio ricadono gli immobili da assoggettare al vincolo, nonché su uno o più quotidiani a diffusione nazionale e locale e, ove istituito, sul sito informatico della Regione o Provincia autonoma nel cui territorio ricadono gli immobili da assoggettare al vincolo. L'avviso deve precisare dove e con quali modalità può essere consultato il piano o il progetto.
Gli interessati possono formulare entro i successivi trenta giorni osservazioni che vengono valutate dall'autorità espropriante ai fini delle definitive determinazioni. (L)

3. La disposizione di cui al comma 2 non si applica ai fini dell'approvazione del progetto preliminare delle infrastrutture e degli insediamenti produttivi ricompresi nei programmi attuativi dell'art. 1, comma 1, della legge 21 dicembre 2001, n. 443. (L)

4. Ai fini dell'avviso dell'avvio del procedimento delle conferenze di servizi in materia di lavori pubblici, si osservano le forme previste dal decreto del Presidente della Repubblica 21 dicembre 1999, n. 554. (L)

5. Salvo quanto previsto dal comma 2, restano in vigore le disposizioni vigenti che regolano le modalità di partecipazione del proprietario dell'area e di altri interessati nelle fasi di adozione e di approvazione degli strumenti urbanistici. (L)

CAPO III
LA FASE DELLA DICHIARAZIONE DI PUBBLICA UTILITÀ

SEZIONE I
DISPOSIZIONI SUL PROCEDIMENTO

Art. 12 – *Gli atti che comportano la dichiarazione di pubblica utilità.*

1. La dichiarazione di pubblica utilità si intende disposta:

- quando l'autorità espropriante **approva a tale fine il progetto definitivo dell'opera** pubblica o di pubblica utilità, ovvero quando sono approvati il piano particolareggiato, il piano di lottizzazione, il piano di recupero, il piano di ricostruzione, il piano delle aree da destinare a insediamenti produttivi, ovvero quando è approvato il piano di zona;
- in ogni caso, quando in base alla normativa vigente equivale a dichiarazione di pubblica utilità l'approvazione di uno strumento urbanistico, anche di settore o attuativo, la definizione di una conferenza di servizi o il perfezionamento di un accordo di programma, ovvero il rilascio di una concessione, di un'autorizzazione o di un atto avente effetti equivalenti. (L)

2. Le varianti derivanti dalle prescrizioni della conferenza di servizi, dell'accordo di programma o di altro atto di cui all'art. 10, nonché le successive varianti in corso d'opera, qualora queste ultime non comportino variazioni di tracciato al di fuori delle zone di rispetto previste ai sensi del decreto del Presidente della Repubblica 11 luglio 1980, n. 753, nonché ai sensi del decreto ministeriale 1° aprile 1968, sono approvate dall'autorità espropriante ai fini della dichiarazione di pubblica utilità e non richiedono nuova apposizione del vincolo preordinato all'esproprio. (L)

3. Qualora non sia stato apposto il vincolo preordinato all'esproprio la dichiarazione di pubblica utilità diventa efficace al momento di tale apposizione a norma degli artt. 9 e 10.

Art. 13 – *Contenuto ed effetti dell'atto che comporta la dichiarazione di pubblica utilità.*

1. Il provvedimento che dispone la pubblica utilità dell'opera può essere emanato fino a quando non sia decaduto il vincolo preordinato all'esproprio. (L)

2. Gli effetti della dichiarazione di pubblica utilità si producono anche se non sono espressamente indicati nel provvedimento che la dispone. (L)

3. Nel provvedimento che comporta la dichiarazione di pubblica utilità dell'opera può essere stabilito il termine entro il quale il decreto di esproprio va emanato. (L)

4. Se manca l'espressa determinazione del termine di cui al comma 3, il decreto di esproprio può essere emanato entro il termine di cinque anni, decorrente dalla data in cui diventa efficace l'atto che dichiara la pubblica utilità dell'opera. (L)
5. L'autorità che ha dichiarato la pubblica utilità dell'opera può disporre la proroga dei termini previsti dai commi 3 e 4 per casi di forza maggiore o per altre giustificate ragioni. La proroga può essere disposta, anche d'ufficio, prima della scadenza del termine e per un periodo di tempo che non supera i due anni.
6. La scadenza del termine entro il quale può essere emanato il decreto di esproprio determina l'inefficacia della dichiarazione di pubblica utilità. (L)
7. Restano in vigore le disposizioni che consentono l'esecuzione delle previsioni dei piani territoriali o urbanistici, anche di settore o attuativi, entro termini maggiori di quelli previsti nel comma 4. (L)
8. Qualora il vincolo preordinato all'esproprio riguardi immobili da non sottoporre a trasformazione fisica, la dichiarazione di pubblica utilità ha luogo mediante l'adozione di un provvedimento di destinazione ad uso pubblico dell'immobile vincolato, con cui sono indicate le finalità dell'intervento, i tempi previsti per eventuali lavori di manutenzione, nonché i relativi costi previsti. (L)

Art. 14 – *Istituzione degli elenchi degli atti che dichiarano la pubblica utilità.*
1. L'autorità che emana uno degli atti previsti dall'art. 12, comma 1, ovvero esegue un decreto di espropriazione, ne trasmette una copia al Ministero delle infrastrutture e dei trasporti, per le opere di competenza statale, e al presidente della Regione, per le opere di competenza regionale. (L)
2. Con decreto del ministro delle infrastrutture e dei trasporti ovvero del presidente della Regione, rispettivamente per le opere di competenza statale o regionale, sono indicati gli uffici competenti all'aggiornamento degli elenchi degli atti da cui deriva la dichiarazione di pubblica utilità ovvero con cui è disposta l'espropriazione, distinti in relazione alle diverse amministrazioni che li hanno adottati; nello stesso decreto può prevedersi che i medesimi o altri uffici possano dare indicazioni operative alle autorità esproprianti per la corretta applicazione del presente testo unico. (L)
3. L'autorità espropriante comunica all'ufficio di cui al comma 2:
- quale sia lo stato del procedimento d'esproprio, almeno sei mesi e non oltre tre mesi prima della data di scadenza degli effetti della dichiarazione di pubblica utilità;
- se sia stato eseguito entro il prescritto termine il decreto d'esproprio ovvero se il medesimo termine sia inutilmente scaduto;
- se siano stati impugnati gli atti di adozione e di approvazione del piano urbanistico generale, l'atto che dichiara la pubblica utilità dell'opera o il decreto di esproprio.

Sezione II
Disposizioni particolari sull'approvazione del progetto definitivo dell'opera
(*omissis*)

Sezione III
Disposizioni sull'approvazione di un progetto di un'opera non conforme alle previsioni urbanistiche
(*omissis*)

Capo IV
La fase di emanazione del decreto di esproprio

Sezione I
Del modo di determinare l'indennità di espropriazione

Art. 20 – *La determinazione provvisoria dell'indennità di espropriazione.*
1. Divenuto efficace l'atto che dichiara la pubblica utilità, entro i successivi trenta giorni il promotore dell'espropriazione compila l'**elenco dei beni da espropriare**, con una descrizione sommaria, e dei relativi proprietari, e indica **le somme che offre per le loro espropriazioni**. L'elenco va notificato a ciascun proprietario, nella parte che lo riguarda, con le forme degli atti processuali civili. Gli interessati nei successivi trenta giorni possono presentare osservazioni scritte e depositare documenti. (L)
2. Ove lo ritenga opportuno in considerazione dei dati acquisiti e compatibile con le esigenze di celerità del procedimento, l'autorità espropriante invita il proprietario e, se del caso, il beneficiario dell'espropriazione a precisare, entro un termine non superiore a venti giorni ed eventualmente anche in base a una relazione esplicativa, **quale sia il valore da attribuire all'area** ai fini della determinazione dell'indennità di esproprio. (L)
3. Valutate le osservazioni degli interessati, l'autorità espropriante, anche avvalendosi degli uffici degli enti locali, dell'ufficio tecnico erariale o della commissione provinciale prevista dall'art. 41, che intenda consultare, prima di emanare il decreto di esproprio accerta il valore dell'area e determina in via provvisoria la misura dell'indennità di espropriazione. (L)
4. L'atto che determina in via provvisoria la misura dell'indennità di espropriazione è notificato al proprietario con le forme degli atti processuali civili e al beneficiario dell'esproprio, se diverso dall'autorità procedente. (L)
5. Nei trenta giorni successivi alla notificazione, il proprietario può comunicare all'autorità espropriante che **condivide la determinazione**

della indennità di espropriazione. La relativa dichiarazione è irrevocabile. (L)

6. Qualora abbia condiviso la determinazione dell'indennità di espropriazione, il proprietario è tenuto a consentire all'autorità espropriante che ne faccia richiesta l'**immissione nel possesso**. In tal caso, il proprietario ha diritto a ricevere un acconto dell'80 per cento dell'indennità, previa autocertificazione, attestante la piena e libera proprietà del bene. Dalla data dell'immissione in possesso il proprietario ha altresì diritto agli interessi nella misura del tasso legale sull'indennità, sino al momento del pagamento dell'eventuale acconto e del saldo. In caso di opposizione all'immissione in possesso l'autorità espropriante può procedervi egualmente con la presenza di due testimoni. (L)

7. Il proprietario può limitarsi a designare un tecnico di propria fiducia, al fine dell'applicazione dell'art. 21, comma 2. (L)

8. Qualora abbia condiviso la determinazione dell'indennità di espropriazione e abbia dichiarato l'assenza di diritti di terzi sul bene il proprietario è tenuto a depositare nel termine di sessanta giorni, decorrenti dalla comunicazione di cui al comma 5, la documentazione comprovante, anche mediante attestazione notarile, la piena e libera proprietà del bene. In tal caso l'intera indennità, ovvero il saldo di quella già corrisposta a titolo di acconto, è corrisposta entro il termine dei successivi sessanta giorni. Decorso tale termine, al proprietario sono dovuti gli interessi, nella misura del tasso legale anche ove non sia avvenuta l'immissione in possesso. (L)

9. Il beneficiario dell'esproprio ed il proprietario stipulano l'**atto di cessione** del bene qualora sia stata condivisa la determinazione dell'indennità di espropriazione e sia stata depositata la documentazione attestante la piena e libera proprietà del bene. Nel caso in cui il proprietario percepisca la somma e si rifiuti di stipulare l'atto di cessione del bene, può essere emesso senza altre formalità il decreto di esproprio, che dà atto di tali circostanze, e può esservi l'immissione in possesso, salve le conseguenze risarcitorie dell'ingiustificato rifiuto di addivenire alla stipula.

10. L'atto di cessione volontaria è trasmesso per la trascrizione, entro quindici giorni presso l'ufficio dei registri immobiliari, a cura e a spese dell'acquirente. (L)

11. Dopo aver corrisposto l'importo concordato, l'autorità espropriante, in alternativa alla cessione volontaria, può procedere, anche su richiesta del promotore dell'espropriazione, all'emissione e all'esecuzione del decreto di esproprio. (L)

12. L'autorità espropriante, anche su richiesta del promotore dell'espropriazione, può altresì emettere ed eseguire il decreto di esproprio, dopo aver ordinato il deposito dell'indennità condivisa presso la Cassa depositi e prestiti qualora il proprietario abbia condiviso l'indennità senza dichiarare l'assenza di diritti di terzi sul bene, ovvero qualora non effettui il deposito della documentazione di cui al comma 8 nel termine ivi previsto ovvero ancora non si presti a ricevere la somma spettante.

13. Al proprietario che abbia condiviso l'indennità offerta spetta l'importo di cui all'art. 45, comma 2, anche nel caso in cui l'autorità espropriante abbia emesso il decreto di espropriazione ai sensi dei commi 10 e 11. (L)

14. *Decorsi inutilmente 30 giorni dalla notificazione di cui al comma 5,* **si intende non concordata** la determinazione dell'indennità di espropriazione. L'autorità espropriante dispone il deposito, entro trenta giorni, presso la Cassa depositi e prestiti, della somma senza le maggiorazioni di cui all'articolo 45. **Effettuato il deposito, l'autorità espropriante può emettere ed eseguire il decreto d'esproprio**. (L)

15. Qualora l'efficacia della pubblica utilità derivi dall'approvazione di piani urbanistici esecutivi, i termini per gli adempimenti di cui al comma 1 del presente articolo decorrono dalla data di inserimento degli immobili da espropriare nel programma di attuazione dei piani stessi. (L)

Art. 21 – *Procedimento di determinazione definitiva dell'indennità di espropriazione.*

1. L'autorità espropriante forma l'elenco dei proprietari che non hanno concordato la determinazione dell'indennità di espropriazione. (L)

2. Se manca l'accordo sulla determinazione dell'indennità di espropriazione, l'autorità espropriante invita il proprietario interessato, con atto notificato a mezzo di ufficiale giudiziario, a comunicare entro i successivi venti giorni se intenda avvalersi, per la determinazione dell'indennità, del procedimento previsto nei seguenti commi e, in caso affermativo, designare un tecnico di propria fiducia. (L)

3. Nel caso di comunicazione positiva del proprietario, l'autorità espropriante nomina *due tecnici, tra cui quello eventualmente già designato dal proprietario,* e fissa il termine entro il quale va presentata la relazione da cui si evinca la stima del bene. Il termine non può essere superiore a novanta giorni, decorrente dalla data in cui è nominato il tecnico di cui al comma 4, ma è prorogabile per effettive e comprovate difficoltà.

4. Il presidente del tribunale civile, nella cui circoscrizione si trova il bene da stimare, nomina il terzo tecnico, su istanza di chi vi abbia interesse. (L)

5. *Il presidente del tribunale civile sceglie il terzo tecnico* tra i professori universitari, anche associati, di estimo, ovvero tra coloro che risultano inseriti nell'albo dei periti o dei consulenti tecnici

del tribunale civile nella cui circoscrizione si trova il bene. (L)

6. Le spese per la nomina dei tecnici: a) sono liquidate dall'autorità espropriante, in base alle tariffe professionali; b) sono poste a carico del proprietario se la stima è inferiore alla somma determinata in via provvisoria, sono divise per metà tra il beneficiario dell'esproprio e l'espropriato se la differenza con la somma determinata in via provvisoria non supera in aumento il decimo e, negli altri casi, sono poste a carico del beneficiario dell'esproprio. (L)

7. I tecnici comunicano agli interessati il luogo, la data e l'ora delle operazioni, mediante lettera raccomandata con avviso di ricevimento o strumento telematico, almeno sette giorni prima della data stabilita. (L)

8. Gli interessati possono assistere alle operazioni anche tramite persone di loro fiducia, formulare osservazioni orali e presentare memorie scritte e documenti, di cui i tecnici tengono conto. (L)

9. L'opposizione contro la nomina dei tecnici non impedisce o ritarda le operazioni, salvo il diritto di contestare in sede giurisdizionale la nomina e le operazioni peritali. (L)

10. La relazione dei tecnici è depositata presso l'autorità espropriante, che ne dà notizia agli interessati mediante lettera raccomandata con avviso di ricevimento, avvertendoli che possono prenderne visione ed estrarne copia entro i successivi trenta giorni. (L)

11. In caso di dissenso di uno dei tecnici, la relazione è adottata a maggioranza. (L)

12. Ove l'interessato accetti in modo espresso l'**indennità risultante dalla relazione**, l'autorità espropriante autorizza il pagamento o il deposito dell'eventuale parte di indennità non depositata; il proprietario incassa l'indennità depositata a norma dell'art. 26. Ove non sia stata manifestata accettazione espressa entro trenta giorni dalla scadenza del termine di cui al comma 10, l'autorità espropriante ordina il deposito presso la Cassa depositi e prestiti dell'eventuale maggior importo dell'indennità. (L)

13. Il proprietario ha il diritto di chiedere che la somma depositata o da depositare sia impiegata in titoli del debito pubblico. (L)

14. Salve le disposizioni del testo unico, si applicano le norme del codice di procedura civile per quanto riguarda le operazioni peritali e le relative relazioni. (L)

15. Qualora il proprietario non abbia dato la tempestiva comunicazione di cui al comma 2, l'autorità espropriante chiede la **determinazione dell'indennità alla commissione** prevista dall'art. 41 che provvede entro novanta giorni dalla richiesta. (L)

16. La relazione della commissione è depositata e comunicata secondo le previsioni del comma 10 e si procede a norma del comma 12. (L)

Art. 22 – *Determinazione urgente dell'indennità provvisoria.*

1. Qualora l'avvio dei lavori rivesta carattere di urgenza, tale da non consentire l'applicazione delle disposizioni dell'art. 20, *il decreto di esproprio può essere emanato ed eseguito in base alla determinazione urgente dell'indennità di espropriazione, senza particolari indagini o formalità.* Nel decreto si dà atto della determinazione urgente dell'indennità e si invita il proprietario, nei trenta giorni successivi all'immissione in possesso, a comunicare se la condivide. (L)

2. Il decreto di esproprio può altresì essere emanato ed eseguito in base alla determinazione urgente dell'indennità di espropriazione senza particolari indagini o formalità, nei seguenti casi:

- per gli interventi di cui alla legge 21 dicembre 2001, n. 443;
- allorché il numero dei destinatari della procedura espropriativa sia superiore a 50. (L)

3. Ricevuta dall'espropriato la comunicazione di cui al comma 1 e la documentazione comprovante la piena e libera disponibilità del bene, l'autorità espropriante dispone il pagamento dell'indennità di espropriazione nel termine di sessanta giorni. Decorso tale termine al proprietario sono dovuti gli interessi nella misura del tasso legale. (L)

4. Se non condivide la determinazione della misura dell'indennità di espropriazione, entro il termine previsto dal comma 1 l'espropriato può chiedere la nomina dei tecnici, ai sensi dell'art. 21 e, se non condivide la relazione finale, può proporre l'opposizione alla stima. (L)

5. In assenza dell'istanza del proprietario, l'autorità espropriante chiede la determinazione dell'indennità alla commissione provinciale prevista dall'art. 41, che provvede entro il termine di trenta giorni, e dà comunicazione della medesima determinazione al proprietario, con avviso notificato con le forme degli atti processuali civili.

Art. 22-*bis* – *Occupazione d'urgenza preordinata all'occupazione.*

1. Qualora l'avvio dei lavori rivesta carattere di particolare urgenza, tale da non consentire, in relazione alla particolare natura delle opere, l'applicazione delle disposizioni di cui ai commi 1 e 2 dell'art. 20, può essere emanato, senza particolari indagini e formalità, decreto motivato che determina in via provvisoria l'indennità di espropriazione, e che dispone anche l'occupazione anticipata dei beni immobili necessari. Il decreto contiene l'elenco dei beni da espropriare e dei relativi proprietari, indica i beni da occupare e determina l'indennità da offrire in via provvisoria. Il decreto è notificato con le modalità di cui al comma 4 e seguenti dell'art. 20 con l'avvertenza che il proprietario, nei trenta giorni successivi all'immissione in possesso,

può, nel caso non condivida l'indennità offerta, presentare osservazioni scritte e depositare documenti.

2. Il decreto di cui al comma 1, può altresì essere emanato ed eseguito in base alla determinazione urgente dell'indennità di espropriazione senza particolari indagini o formalità, nei seguenti casi:

- per gli interventi di cui alla legge 21 dicembre 2001, n. 443;
- allorché il numero dei destinatari della procedura espropriativa sia superiore a 50. (L)

3. Al proprietario che abbia condiviso la determinazione dell'indennità è riconosciuto l'acconto dell'80% con le modalità di cui al comma 6, art. 20. (L)

4. L'esecuzione del decreto di cui al comma 1, ai fini dell'immissione in possesso, è effettuata con le medesime modalità di cui all'art. 24 e deve aver luogo entro il termine perentorio di tre mesi dalla data di emanazione del decreto medesimo. (L)

5. Per il periodo intercorrente tra la data di immissione in possesso e la data di corresponsione dell'indennità di espropriazione o del corrispettivo, stabilito per l'atto di cessione volontaria è dovuta l'indennità di occupazione, da computare ai sensi dell'art. 50, comma 1. (L)

6. Il decreto che dispone l'occupazione ai sensi del comma 1 perde efficacia qualora non venga emanato il decreto di esproprio nel termine di cui all'art. 13. (L)

Sezione II
Del decreto di esproprio

Art. 23 – *Contenuto ed effetti del decreto di esproprio.*

1. Il decreto di esproprio:

a) è emanato entro il termine di scadenza dell'efficacia della dichiarazione di pubblica utilità;

b) indica gli estremi degli atti da cui è sorto il vincolo preordinato all'esproprio e del provvedimento che ha approvato il progetto dell'opera;

c) indica quale sia l'indennità determinata in via provvisoria o urgente e precisa se essa sia stata accettata dal proprietario o successivamente corrisposta, ovvero se essa sia stata depositata presso la Cassa depositi e prestiti;

d) dà atto dell'eventuale nomina dei tecnici incaricati di determinare in via definitiva l'indennità di espropriazione, precisando se essa sia stata accettata dal proprietario o successivamente corrisposta, ovvero se essa sia stata depositata presso la Cassa depositi e prestiti;

e) dà atto dell'eventuale sussistenza dei presupposti previsti dall'art. 22, comma 1, e della determinazione urgente dell'indennità provvisoria;

e-*bis*) dà atto degli estremi del decreto emanato ai sensi dell'art. 22-*bis* e del relativo stato di esecuzione;

f) dispone il passaggio del diritto di proprietà, o del diritto oggetto dell'espropriazione, sotto la condizione sospensiva che il medesimo decreto sia successivamente notificato ed eseguito;

g) è notificato al proprietario nelle forme degli atti processuali civili, con un avviso contenente l'indicazione del luogo, del giorno e dell'ora in cui è prevista l'esecuzione del decreto di espropriazione, almeno sette giorni prima di essa;

h) è eseguito mediante l'immissione in possesso del beneficiario dell'esproprio, con la redazione del verbale di cui all'art. 24. (L)

2. Il decreto di esproprio è trascritto senza indugio presso l'ufficio dei registri immobiliari.

3. La notifica del decreto di esproprio può avere luogo contestualmente alla sua esecuzione. Qualora vi sia l'opposizione del proprietario o del possessore del bene, nel verbale si dà atto dell'opposizione e le operazioni di immissione in possesso possono essere differite di dieci giorni.

4. Le operazioni di trascrizione e di voltura nel catasto e nei libri censuari hanno luogo senza indugio, a cura e a spese del beneficiario dell'esproprio. (R)

5. Un estratto del decreto di esproprio è trasmesso entro cinque giorni per la pubblicazione nella Gazzetta Ufficiale della Repubblica o nel Bollettino Ufficiale della Regione nel cui territorio si trova il bene. L'opposizione del terzo è proponibile entro i trenta giorni successivi alla pubblicazione dell'estratto. Decorso tale termine in assenza di impugnazioni, anche per il terzo l'indennità resta fissata nella somma depositata. (L)

Art. 24 – *Esecuzione del decreto di esproprio.*

1. L'esecuzione del decreto di esproprio ha luogo per iniziativa dell'autorità espropriante o del suo beneficiario, con il **verbale di immissione in possesso**, entro il termine perentorio di due anni. (L)

2. Lo stato di consistenza del bene può essere compilato anche successivamente alla redazione del verbale di immissione in possesso, senza ritardo e prima che sia mutato lo stato dei luoghi.

3. Lo stato di consistenza e il verbale di immissione sono redatti in contraddittorio con l'espropriato o, nel caso di assenza o di rifiuto, con la presenza di almeno due testimoni che non siano dipendenti del beneficiario dell'espropriazione. Possono partecipare alle operazioni i titolari di diritti reali o personali sul bene. (L)

4. Si intende effettuata l'immissione in possesso anche quando, malgrado la redazione del relativo verbale, il bene continua a essere utilizzato, per qualsiasi ragione, da chi in precedenza ne aveva la disponibilità. (L)
5. L'autorità espropriante, in calce al decreto di esproprio, indica la data in cui è avvenuta l'immissione in possesso e trasmette copia del relativo verbale all'ufficio per i registri immobiliari, per la relativa annotazione. (R)
6. L'autorità che ha eseguito il decreto di esproprio ne dà comunicazione all'ufficio istituito ai sensi dell'art. 14, comma 1. (R)
7. Decorso il termine previsto nel comma 1, entro i successivi tre anni, può essere emanato un ulteriore atto che comporta la dichiarazione di pubblica utilità. (L)

Art. 25 – *Effetti dell'espropriazione per i terzi.*
1. L'espropriazione del diritto di proprietà comporta l'estinzione automatica di tutti gli altri diritti, reali o personali, gravanti sul bene espropriato, salvo quelli compatibili con i fini cui l'espropriazione è preordinata. (L)
2. Le azioni reali e personali esperibili sul bene espropriando non incidono sul procedimento espropriativo e sugli effetti del decreto di esproprio. (L)
3. Dopo la trascrizione del decreto di esproprio, tutti i diritti relativi al bene espropriato possono essere fatti valere unicamente sull'indennità. (L)
4. A seguito dell'esecuzione del decreto di esproprio, il prefetto convoca tempestivamente, e comunque non oltre dieci giorni dalla richiesta, il soggetto proponente e i soggetti gestori di servizi pubblici titolari del potere di autorizzazione e di concessione di attraversamento, per la definizione degli spostamenti concernenti i servizi interferenti e delle relative modalità tecniche. Il soggetto proponente, qualora i lavori di modifica non siano stati avviati entro sessanta giorni, può provvedervi direttamente, attenendosi alle modalità tecniche eventualmente definite ai sensi del presente comma. (L)

CAPO V
IL PAGAMENTO DELL'INDENNITÀ DI ESPROPRIO

SEZIONE I
DISPOSIZIONI GENERALI

Art. 26 – *Pagamento o deposito dell'indennità provvisoria.*
1. Trascorso il termine di 30 giorni dalla notificazione dell'atto determinativo dell'indennità provvisoria, l'autorità espropriante ordina che il promotore dell'espropriazione effettui il pagamento delle indennità che siano state accettate, ovvero il deposito delle altre indennità presso la Cassa depositi e prestiti. (R)
1-*bis*. L'autorità espropriante ordina il pagamento diretto dell'indennità al proprietario nei casi di cui all'art. 20, comma 7. (R)
2. L'autorità espropriante può ordinare altresì il pagamento diretto dell'indennità al proprietario, qualora questi abbia assunto ogni responsabilità in ordine a eventuali diritti dei terzi, e può disporre che sia prestata un'idonea garanzia entro un termine all'uopo stabilito. (R)
3. Se il bene è gravato di ipoteca, al proprietario è corrisposta l'indennità previa esibizione di una dichiarazione del titolare del diritto di ipoteca, con firma autenticata, che autorizza la riscossione della somma. (R)
4. Se il bene è gravato da altri diritti reali, ovvero se sono presentate opposizioni al pagamento dell'indennità, in assenza di accordo sulle modalità della sua riscossione, il beneficiario dell'espropriazione deposita la somma presso la Cassa depositi e prestiti. In tal caso, l'effettivo pagamento ha luogo in conformità alla pronuncia dell'autorità giudiziaria, adita su domanda di chi vi abbia interesse.
5. Qualora manchino diritti dei terzi sul bene, il proprietario può in qualunque momento percepire la somma depositata, con riserva di chiedere in sede giurisdizionale l'importo effettivamente spettante. (R)
6. La Cassa depositi e prestiti provvede al pagamento delle somme ricevute a titolo di indennità di espropriazione e in relazione alle quali non vi sono opposizioni di terzi, quando il proprietario produca una dichiarazione in cui assume ogni responsabilità in relazione a eventuali diritti dei terzi. (R)
7. Dei provvedimenti di cui ai commi 1 e 2 è data immediata notizia al terzo che risulti titolare di un diritto ed è curata la pubblicazione, per estratto, nella Gazzetta Ufficiale della Repubblica o nel Bollettino Ufficiale della Regione nel cui territorio si trova il bene. (R)
8. Il provvedimento dell'autorità espropriante diventa esecutivo col decorso di 30 giorni dal compimento delle relative formalità, se non è proposta dai terzi l'opposizione per l'ammontare dell'indennità o per la garanzia. (R)
9. Se è proposta una tempestiva opposizione, l'autorità espropriante dispone il deposito delle indennità accettate o convenute presso la Cassa depositi e prestiti. (R)
10. Il promotore dell'espropriazione esegue il pagamento dell'indennità accettata o determinata dai tecnici, entro il termine di sessanta giorni, decorrente dalla comunicazione del decreto che ha ordinato il pagamento, salvo il caso in cui egli abbia proposto, entro lo stesso termine, l'opposizione alla stima definitiva dell'indennità. (R)
11. In seguito alla presentazione, da parte del promotore dell'espropriazione, degli atti comprovanti l'eseguito deposito o pagamento dell'indennità di espropriazione, l'autorità espropriante emette senz'altro il decreto di esproprio. (R)

Art. 27 – *Pagamento o deposito definitivo dell'indennità a seguito della perizia di stima dei tecnici o della commissione provinciale.*

1. La **relazione di stima** è depositata dai tecnici ovvero dalla commissione provinciale presso l'ufficio per le espropriazioni. L'autorità espropriante dà notizia dell'avvenuto deposito mediante raccomandata con avviso di ricevimento e segnala la facoltà di prenderne visione ed estrarne copia. (R)

2. Decorsi trenta giorni dalla comunicazione del deposito, l'autorità espropriante, in base alla relazione peritale e previa liquidazione e pagamento delle spese della perizia, su proposta del responsabile del procedimento autorizza il pagamento dell'indennità, ovvero ne ordina il deposito presso la Cassa depositi e prestiti. (R)

3. In seguito alla presentazione, da parte del promotore dell'espropriazione, degli atti comprovanti l'eseguito deposito o pagamento dell'indennità di espropriazione, l'autorità espropriante emette senz'altro il decreto di esproprio. (R)

(*omissis*)

CAPO VI

DELL'ENTITÀ DELL'INDENNITÀ DI ESPROPRIAZIONE

SEZIONE I

DISPOSIZIONI GENERALI

Art. 32 – *Determinazione del valore del bene.*

1. Salvi gli specifici criteri previsti dalla legge, l'indennità di espropriazione è determinata sulla base delle caratteristiche del bene al momento dell'accordo di cessione o alla data dell'emanazione del decreto di esproprio, valutando l'incidenza dei vincoli di qualsiasi natura non aventi natura espropriativa e senza considerare gli effetti del vincolo preordinato all'esproprio e quelli connessi alla realizzazione dell'eventuale opera prevista, anche nel caso di espropriazione di un diritto diverso da quello di proprietà o di imposizione di una servitù. (L)

2. Il valore del bene è determinato senza tenere conto delle costruzioni, delle piantagioni e delle migliorie, qualora risulti, avuto riguardo al tempo in cui furono fatte e ad altre circostanze, che esse siano state realizzate allo scopo di conseguire una maggiore indennità. Si considerano realizzate allo scopo di conseguire una maggiore indennità, le costruzioni, le piantagioni e le migliorie che siano state intraprese sui fondi soggetti a esproprio dopo la comunicazione dell'avvio del procedimento. (L)

3. Il proprietario, a sue spese, può asportare dal bene i materiali e tutto ciò che può essere tolto senza pregiudizio dell'opera da realizzare. (L)

Art. 33 – *Espropriazione parziale di un bene unitario.*

1. Nel caso di esproprio parziale di un bene unitario, il valore della parte espropriata è determinato tenendo conto della relativa diminuzione di valore. (L)

2. Se dall'esecuzione dell'opera deriva un vantaggio immediato e speciale alla parte non espropriata del bene, dalla somma relativa al valore della parte espropriata è detratto l'importo corrispondente al medesimo vantaggio. (L)

3. Non si applica la riduzione di cui al comma 2, qualora essa risulti superiore a un quarto dell'indennità dovuta e il proprietario abbandoni l'intero bene. L'espropriante può non accettare l'abbandono, qualora corrisponda una somma non inferiore ai tre quarti dell'indennità dovuta. In ogni caso l'indennità dovuta dall'espropriante non può essere inferiore alla metà di quella che gli spetterebbe ai sensi del comma 1. (L)

Art. 34. *Soggetti aventi titolo all'indennità.*

1. L'indennità di esproprio spetta al proprietario del bene da espropriare ovvero all'enfiteuta, se ne sia anche possessore. (L)

2. Dopo la trascrizione del decreto di esproprio o dell'atto di cessione, tutti i diritti relativi al bene espropriato possono essere fatti valere esclusivamente sull'indennità. (L)

3. L'espropriante non è tenuto a intervenire nelle controversie tra il proprietario e l'enfiteuta e non sopporta aumenti di spesa a causa del riparto tra di loro dell'indennità. (L)

4. Salvo quanto previsto dall'art. 42, il titolare di un diritto reale o personale sul bene non ha diritto a un'indennità aggiuntiva, può far valere il suo diritto sull'indennità di esproprio e può proporre l'opposizione alla stima, ovvero intervenire nel giudizio promosso dal proprietario. (L)

Art. 35 – *Regime fiscale.*

1. Si applica l'art. 81, comma 1, lettera b), ultima parte, del testo unico delle imposte sui redditi, approvato col decreto del Presidente della Repubblica 22 dicembre 1986, n. 917, qualora sia corrisposta a chi non eserciti un'impresa commerciale una somma a titolo di indennità di esproprio, ovvero di corrispettivo di cessione volontaria o di risarcimento del danno per acquisizione coattiva, di un terreno ove sia stata realizzata un'opera pubblica, un intervento di edilizia residenziale pubblica o un'infrastruttura urbana all'interno delle zone omogenee di tipo A, B, C e D, come definite dagli strumenti urbanistici. (L)

2. Il soggetto che corrisponde la somma opera la ritenuta nella misura del venti per cento, a titolo di imposta. Con la dichiarazione dei redditi, il contribuente può optare per la tassazione ordinaria, col computo della ritenuta a titolo di acconto. (L)

3. Le disposizioni del comma 2 si applicano anche quando il pagamento avvenga a seguito di un pignoramento presso terzi e della conseguente ordinanza di assegnazione. (L)

4. Le modalità di adempimento degli obblighi

previsti nei commi precedenti sono disciplinate con regolamento del ministro dell'economia e delle finanze. (L)

5. Si applica l'art. 28, secondo comma, del decreto del Presidente della Repubblica 29 settembre 1973, n. 600, per il versamento della ritenuta, per gli obblighi della dichiarazione e per le sanzioni da irrogare. (L)

6. Gli interessi percepiti per il ritardato pagamento della somma di cui al comma 1 e l'indennità di occupazione costituiscono reddito imponibile e concorrono alla formazione dei redditi diversi.

SEZIONE II

OPERE PRIVATE DI PUBBLICA UTILITÀ

Art. 36 – *Determinazione dell'indennità nel caso di esproprio per la realizzazione di opere private che non consistano in abitazioni dell'edilizia residenziale pubblica.*

1. Se l'espropriazione è finalizzata alla realizzazione di opere private di pubblica utilità, che non rientrino nell'ambito dell'edilizia residenziale pubblica, convenzionata, agevolata o comunque denominata, nonché nell'ambito dei piani di insediamenti produttivi di iniziativa pubblica, l'indennità di esproprio è determinata nella misura corrispondente al valore venale del bene e non si applicano le disposizioni contenute nelle sezioni seguenti. (L)

1-*bis*. È fatto salvo il disposto dell'art. 27, comma 5, della legge 1° agosto 2002, n. 166.

SEZIONE III

DETERMINAZIONE DELL'INDENNITÀ NEL CASO DI ESPROPRIO DI UN'AREA EDIFICABILE O LEGITTIMAMENTE EDIFICATA

Art. 37 – *Determinazione dell'indennità nel caso di esproprio di un'area edificabile.*

1. L'indennità di espropriazione di un'area edificabile è determinata nella misura pari al **valore venale** del bene. Quando l'espropriazione è finalizzata ad attuare interventi di riforma economico-sociale, l'indennità è **ridotta del 25 per cento**.

2. Nei casi in cui è stato concluso l'accordo di cessione, o quando esso non è stato concluso per fatto non imputabile all'espropriato ovvero perché a questi è stata offerta un'indennità provvisoria che, attualizzata, risulta inferiore agli **otto decimi** in quella determinata in via definitiva, l'indennità è **aumentata del 10 per cento**.

3. Ai soli fini dell'applicabilità delle disposizioni della presente sezione, *si considerano le possibilità legali ed effettive di edificazione*, esistenti al momento dell'emanazione del decreto di esproprio o dell'accordo di cessione. In ogni caso si esclude il rilievo di costruzioni realizzate abusivamente. (L)

4. Salva la disposizione dell'art. 32, comma 1, non sussistono le possibilità legali di edificazione quando l'area è sottoposta a un vincolo di inedificabilità assoluta in base alla normativa statale o regionale o alle previsioni di qualsiasi atto di programmazione o di pianificazione del territorio, ivi compresi il piano paesistico, il piano del parco, il piano di bacino, il piano regolatore generale, il programma di fabbricazione, il piano attuativo di iniziativa pubblica o privata anche per una parte limitata del territorio comunale per finalità di edilizia residenziale o di investimenti produttivi, ovvero in base a un qualsiasi altro piano o provvedimento che abbia precluso il rilascio di atti, comunque denominati, abilitativi della realizzazione di edifici o manufatti di natura privata. (L)

5. I criteri e i requisiti per valutare l'edificabilità di fatto dell'area sono definiti con regolamento da emanare con decreto del ministro delle infrastrutture e dei trasporti. (L)

6. Fino alla data di entrata in vigore del regolamento di cui al comma 5, si verifica se sussistano le possibilità effettive di edificazione, valutando le caratteristiche oggettive dell'area. (L)

7. (*Comma abrogato dalla sentenza della Corte costituzionale n. 338/2011*)

8. Se per il bene negli ultimi cinque anni è stata pagata dall'espropriato o dal suo dante causa un'imposta in misura maggiore dell'imposta da pagare sull'indennità, la differenza è corrisposta dall'espropriante all'espropriato.

9. **Qualora l'area edificabile sia utilizzata a scopi agricoli, spetta al proprietario coltivatore diretto anche un'indennità pari al valore agricolo medio corrispondente al tipo di coltura effettivamente praticato. La stessa indennità spetta al fittavolo**, al mezzadro o al compartecipante che, per effetto della procedura, sia costretto ad abbandonare in tutto o in parte il fondo direttamente coltivato, da almeno un anno, col lavoro proprio e di quello dei familiari. (L)

Art. 38 – *Determinazione dell'indennità nel caso di esproprio di un'area legittimamente edificata.*

1. Nel caso di espropriazione di una **costruzione legittimamente edificata**, l'indennità è determinata nella misura pari al **valore venale**. (L)

2. Qualora la costruzione ovvero parte di essa sia stata realizzata **in assenza della concessione edilizia o dell'autorizzazione paesistica**, ovvero in difformità, l'indennità è calcolata tenendo conto della **sola area di sedime** in base all'art. 37 ovvero tenendo conto della sola parte della costruzione realizzata legittimamente. (L)

2-*bis*. Ove sia pendente una procedura finalizzata alla sanatoria della costruzione, l'autorità espropriante, sentito il Comune, accerta la sanabilità ai soli fini della corresponsione delle indennità. (L)

Art. 39 – *Indennità dovuta in caso di incidenza di previsioni urbanistiche su particolari aree comprese in zone edificabili.*

1. In attesa di un'organica risistemazione della materia, nel caso di reiterazione di un vincolo preordinato all'esproprio o di un vincolo sostanzialmente espropriativo è dovuta al proprietario un'indennità, commisurata all'entità del danno effettivamente prodotto. (L)

2. Qualora non sia prevista la corresponsione dell'indennità negli atti che determinano gli effetti di cui al comma 1, l'autorità che ha disposto la reiterazione del vincolo è tenuta a liquidare l'indennità, entro il termine di due mesi dalla data in cui abbia ricevuto la documentata domanda di pagamento e a corrisponderla entro i successivi trenta giorni, decorsi i quali sono dovuti anche gli interessi legali. (R)

3. Con atto di citazione innanzi alla Corte d'appello nel cui distretto si trova l'area, il proprietario può impugnare la stima effettuata dall'autorità. L'opposizione va proposta, a pena di decadenza, entro il termine di trenta giorni, decorrente dalla notifica dell'atto di stima. (L)

4. Decorso il termine di due mesi, previsto dal comma 2, il proprietario può chiedere alla Corte d'appello di determinare l'indennità. (L)

5. Dell'indennità liquidata ai sensi dei commi precedenti non si tiene conto se l'area è successivamente espropriata. (L)

SEZIONE IV

DETERMINAZIONE DELL'INDENNITÀ NEL CASO DI ESPROPRIO DI UN'AREA NON EDIFICABILE

Art. 40 – *Disposizioni generali.*

1. Nel caso di esproprio di un'area non edificabile, l'indennità definitiva è determinata in base al criterio del **valore agricolo**, **tenendo conto delle colture effettivamente praticate sul fondo e del valore dei manufatti edilizi legittimamente realizzati,** anche in relazione all'esercizio dell'azienda agricola, senza valutare la possibile o l'effettiva utilizzazione diversa da quella agricola. (L)

(*Commi 2 e 3 abrogati con sentenza della Corte costituzionale n. 181 del 10 giugno 2011*)

4. Al proprietario coltivatore diretto o imprenditore agricolo a titolo principale spetta un'indennità aggiuntiva, determinata in misura pari al valore agricolo medio corrispondente al tipo di coltura effettivamente praticata. (L)

5. Nei casi previsti dai commi precedenti, l'indennità è aumentata delle somme pagate dall'espropriato per qualsiasi imposta relativa all'ultimo trasferimento dell'immobile. (L)

Art. 41 – *Commissione competente alla determinazione dell'indennità definitiva.*

1. In ogni provincia, la Regione istituisce una commissione composta:
- dal presidente della Provincia, o da un suo delegato, che la presiede;
- dall'ingegnere capo dell'ufficio tecnico erariale, o da un suo delegato;
- dall'ingegnere capo del genio civile, o da un suo delegato;
- dal presidente dell'Istituto autonomo delle case popolari della provincia, o da un suo delegato;
- da due esperti in materia urbanistica ed edilizia, nominati dalla Regione;
- da tre esperti in materia di agricoltura e di foreste, nominati dalla Regione su terne proposte dalle associazioni sindacali maggiormente rappresentative. (L)

2. La Regione può nominare altri componenti e disporre la formazione di sottocommissioni, aventi la medesima composizione della commissione prevista dal comma 1. (L)

3. La commissione ha sede presso l'ufficio tecnico erariale. Il dirigente dell'ufficio distrettuale delle imposte cura la costituzione della segreteria della commissione e l'assegnazione del personale necessario. (R)

4. Nell'ambito delle singole *regioni agrarie*, delimitate secondo l'ultima pubblicazione ufficiale dell'Istituto centrale di statistica, entro il 31 gennaio di ogni anno la commissione determina il valore agricolo medio, nel precedente anno solare, dei terreni, *considerati non oggetto di contratti agrari, secondo i tipi di coltura effettivamente praticati.* (R)

Art. 42 – *Indennità aggiuntive.*

1. Spetta un'indennità aggiuntiva al fittavolo, al mezzadro o al compartecipante che, per effetto della procedura espropriativa o della cessione volontaria, sia costretto ad abbandonare in tutto o in parte l'area direttamente coltivata da almeno un anno prima della data in cui vi è stata la dichiarazione di pubblica utilità. (L)

2. L'indennità aggiuntiva è determinata ai sensi dell'art. 40, comma 4, ed è corrisposta a seguito di una dichiarazione dell'interessato e di un riscontro dell'effettiva sussistenza dei relativi presupposti. (L)

CAPO VII

CONSEGUENZE DELL'UTILIZZAZIONE DI UN BENE PER SCOPI DI INTERESSE PUBBLICO, IN ASSENZA DEL VALIDO PROVVEDIMENTO ABLATORIO

Art. 43 – *Utilizzazione senza titolo di un bene per scopi di interesse pubblico.*

1. Valutati gli interessi in conflitto, l'autorità che utilizza un bene immobile per scopi di interesse pubblico, modificato in assenza del valido ed efficace provvedimento di esproprio o dichiarativo della pubblica utilità, può disporre che esso vada acquisito al suo patrimonio indisponibile e che al proprietario vadano risarciti i danni. (L)

2. L'atto di acquisizione:
- può essere emanato anche quando sia stato annullato l'atto da cui sia sorto il vincolo preordinato all'esproprio, l'atto che abbia dichiarato la pubblica utilità di un'opera o il decreto di esproprio;

- dà atto delle circostanze che hanno condotto all'indebita utilizzazione dell'area, indicando, ove risulti, la data dalla quale essa si è verificata;
- determina la misura del risarcimento del danno e ne dispone il pagamento, entro il termine di trenta giorni, senza pregiudizio per l'eventuale azione già proposta;
- è notificato al proprietario nelle forme degli atti processuali civili;
- comporta il passaggio del diritto di proprietà;
- è trascritto senza indugio presso l'ufficio dei registri immobiliari;
- è trasmesso all'ufficio istituito ai sensi dell'art. 8, comma 1. (L)

3. Qualora sia impugnato uno dei provvedimenti indicati nei commi 1 e 2 ovvero sia esercitata un'azione volta alla restituzione di un bene utilizzato per scopi di interesse pubblico, l'amministrazione che ne ha interesse o chi utilizza il bene può chiedere che il giudice amministrativo, nel caso di fondatezza del ricorso o della domanda, disponga la condanna al risarcimento del danno, con esclusione della restituzione del bene senza limiti di tempo. (L)

4. Qualora il giudice amministrativo abbia escluso la restituzione del bene senza limiti di tempo e abbia disposto la condanna al risarcimento del danno, l'autorità che ha disposto l'occupazione dell'area emana l'atto di acquisizione, dando atto dell'avvenuto risarcimento del danno. Il decreto è trascritto nei registri immobiliari, a cura e spese della medesima autorità. (L)

5. Le disposizioni di cui ai precedenti commi si applicano, in quanto compatibili, anche quando un terreno sia stato utilizzato per finalità di edilizia residenziale pubblica, agevolata e convenzionata nonché quando sia imposta una servitù di diritto privato o di diritto pubblico e il bene continui a essere utilizzato dal proprietario o dal titolare di un altro diritto reale.

6. Salvi i casi in cui la legge disponga altrimenti, nei casi previsti nei precedenti commi il risarcimento del danno è determinato:

- nella misura corrispondente al valore del bene utilizzato per scopi di pubblica utilità e, se l'occupazione riguarda un terreno edificabile, sulla base delle disposizioni dell'art. 37, commi 3, 4, 5, 6 e 7;
- col computo degli interessi moratori, a decorrere dal giorno in cui il terreno sia stato occupato senza titolo. (L)

6-*bis*. Ai sensi dell'art. 3 della legge 1° agosto 2002, n. 166, l'autorità espropriante può procedere, ai sensi dei commi precedenti, disponendo, con oneri di esproprio a carico dei soggetti beneficiari, l'eventuale acquisizione del diritto di servitù al patrimonio di soggetti, privati o pubblici, titolari di concessioni, autorizzazioni o licenze o che svolgono, anche in base alla legge, servizi di interesse pubblico nei settori dei trasporti, telecomunicazioni, acqua, energia. (L)

CAPO VIII
INDENNITÀ DOVUTA AL TITOLARE DEL BENE NON ESPROPRIATO

Art. 44 – *Indennità per l'imposizione di servitù.*

1. È dovuta un'indennità al proprietario del fondo che, dall'esecuzione dell'opera pubblica o di pubblica utilità, sia gravato da una servitù o subisca una permanente diminuzione di valore per la perdita o la ridotta possibilità di esercizio del diritto di proprietà. (L)

2. L'indennità è calcolata senza tenere conto del pregiudizio derivante dalla perdita di un'utilità economica cui il proprietario non ha diritto. (L)

3. L'indennità è dovuta anche se il trasferimento della proprietà sia avvenuto per effetto dell'accordo di cessione o nei casi previsti dall'art. 43. (L)

4. Le disposizioni dei commi precedenti non si applicano per le servitù disciplinate da leggi speciali. (L)

5. Non è dovuta alcuna indennità se la servitù può essere conservata o trasferita senza grave incomodo del fondo dominante o di quello servente. In tal caso l'espropriante, se non effettua direttamente le opere, rimborsa le spese necessarie per la loro esecuzione. (L)

6. L'indennità può anche essere concordata fra gli interessati prima o durante la realizzazione dell'opera e delle relative misure di contenimento del danno. (L)

CAPO IX
LA CESSIONE VOLONTARIA

Art. 45 – *Disposizioni generali.*

1. Fin da quando è dichiarata la pubblica utilità dell'opera e fino alla data in cui è eseguito il decreto di esproprio, il proprietario ha il diritto di stipulare col soggetto beneficiario dell'espropriazione l'atto di cessione del bene o della sua quota di proprietà. (L)

2. Il corrispettivo dell'atto di cessione:

a) se riguarda un'area edificabile, è calcolato ai sensi dell'articolo 37, con l'aumento del dieci per cento di cui al comma 2;
b) se riguarda una costruzione legittimamente edificata, è calcolato nella misura venale del bene ai sensi del precedente articolo 38;
c) se riguarda un'area non edificabile, è calcolato aumentando del cinquanta per cento l'importo dovuto ai sensi dell'articolo 40 comma 3;
d) se riguarda un'area non edificabile, coltivata direttamente dal proprietario, è calcolato moltiplicando per tre l'importo dovuto ai sensi dell'articolo 40, comma 3. In tal caso non compete l'indennità aggiuntiva di cui all'articolo 40, comma 4 (L)

3. L'accordo di cessione produce gli effetti del decreto di esproprio e non li perde se l'acquirente non corrisponde la somma entro il termine concordato. (L)

4. Si applicano, in quanto compatibili, le disposizioni del capo X. (L)

CAPO X
LA RETROCESSIONE

Art. 46 – *La retrocessione totale.*

1. Se l'opera pubblica o di pubblica utilità non è stata realizzata o cominciata entro il termine di dieci anni, decorrente dalla data in cui è stato eseguito il decreto di esproprio, ovvero se risulta anche in epoca anteriore l'impossibilità della sua esecuzione, l'espropriato può chiedere che sia accertata la decadenza della dichiarazione di pubblica utilità e che siano disposti la restituzione del bene espropriato e il pagamento di una somma a titolo di indennità. (L)

2. Dal rilascio del provvedimento di autorizzazione paesistica e sino all'inizio dei lavori decorre il termine di validità di cinque anni previsto dall'art. 16 del regio decreto 3 giugno 1940, n. 1357, dell'autorizzazione stessa. Qualora i lavori siano iniziati nel quinquennio, l'autorizzazione si considera valida per tutta la durata degli stessi. (L)

Art. 47 – *La retrocessione parziale.*

1. Quando è stata realizzata l'opera pubblica o di pubblica utilità, l'espropriato può chiedere la restituzione della parte del bene, già di sua proprietà, che non sia stata utilizzata. In tal caso, il soggetto beneficiario dell'espropriazione, con lettera raccomandata con avviso di ricevimento, trasmessa al proprietario e al Comune nel cui territorio si trova il bene, indica i beni che non servono all'esecuzione dell'opera pubblica o di pubblica utilità e che possono essere ritrasferiti, nonché il relativo corrispettivo. (L)

2. Entro i tre mesi successivi, l'espropriato invia copia della sua originaria istanza all'autorità che ha emesso il decreto di esproprio e provvede al pagamento della somma, entro i successivi trenta giorni. (R)

3. Se non vi è l'indicazione dei beni, l'espropriato può chiedere all'autorità che ha emesso il decreto di esproprio di determinare la parte del bene espropriato che non serve più per la realizzazione dell'opera pubblica o di pubblica utilità. (L)

Art. 48 – *Disposizioni comuni per la retrocessione totale e per quella parziale.*

1. Il corrispettivo della retrocessione, se non è concordato dalle parti, è determinato dall'ufficio tecnico erariale o dalla commissione provinciale prevista dall'art. 41, su istanza di chi vi abbia interesse, sulla base dei criteri applicati per la determinazione dell'indennità di esproprio e con riguardo al momento del ritrasferimento. (L)

2. Avverso la stima, è proponibile opposizione alla Corte d'appello nel cui distretto si trova il bene espropriato. (L)

3. Per le aree comprese nel suo territorio e non utilizzate per realizzare le opere oggetto della dichiarazione di pubblica utilità, il Comune può esercitare il diritto di prelazione, entro il termine di centottanta giorni, decorrente dalla data in cui gli è notificato l'accordo delle parti, contenente con precisione i dati identificativi dell'area e il corrispettivo, ovvero entro il termine di sessanta giorni, decorrente dalla notifica dell'atto che ha determinato il corrispettivo. Le aree così acquisite fanno parte del patrimonio indisponibile. (L)

CAPO XI
L'OCCUPAZIONE TEMPORANEA

Art. 49 – *L'occupazione temporanea di aree non soggette a esproprio.*

1. L'autorità espropriante può disporre l'occupazione temporanea di *aree non soggette al procedimento espropriativo* anche individuate ai sensi dell'art. 12, se ciò risulti necessario per la corretta esecuzione dei lavori previsti. (L)

2. Al proprietario del fondo è notificato, nelle forme degli atti processuali civili, un avviso contenente l'indicazione del luogo, del giorno e dell'ora in cui è prevista l'esecuzione dell'ordinanza che dispone l'occupazione temporanea. (L)

3. Al momento dell'immissione in possesso, è redatto il verbale sullo stato di consistenza dei luoghi. (L)

4. Il verbale è redatto in contraddittorio con il proprietario o, nel caso di assenza o di rifiuto, con la presenza di almeno due testimoni che non siano dipendenti del soggetto espropriante. Possono partecipare alle operazioni il possessore e i titolari di diritti reali o personali sul bene da occupare. (R)

5. Le disposizioni di cui ai precedenti commi si applicano, in quanto compatibili, nel caso di frane, alluvioni, rottura di argini e in ogni altro caso in cui si utilizzano beni altrui per urgenti ragioni di pubblica utilità. (L)

Art. 50 – *Indennità per l'occupazione.*

1. Nel caso di occupazione di un'area, è dovuta al proprietario un'indennità per ogni anno pari a **un dodicesimo di quanto sarebbe dovuto nel caso di esproprio dell'area e, per ogni mese o frazione di mese, un'indennità pari a un dodicesimo di quella annua**. (L)

2. Se manca l'accordo, su istanza di chi vi abbia interesse la commissione provinciale prevista dall'art. 41 determina l'indennità e ne dà comunicazione al proprietario, con atto notificato con le forme degli atti processuali civili. (R)

3. Contro la determinazione della commissione, è proponibile l'opposizione alla stima. Si applicano le disposizioni dell'art. 54 in quanto compatibili. (L)

TITOLO III
DISPOSIZIONI PARTICOLARI

CAPO I
L'ESPROPRIAZIONE PER OPERE MILITARI E DI BENI CULTURALI

(*omissis*)

CAPO II
DISPOSIZIONI IN MATERIA DI INFRASTRUTTURE LINEARI ENERGETICHE

Art. 52-*bis* – *L'espropriazione per infrastrutture lineari energetiche.*

1. Ai fini del presente decreto si intendono per infrastrutture lineari energetiche i **gasdotti**, gli **elettrodotti**, gli **oleodotti** e le **reti di trasporto di fluidi termici**, ivi incluse le opere, gli impianti e i servizi accessori connessi o funzionali all'esercizio degli stessi, nonché i gasdotti e gli oleodotti necessari per la coltivazione e lo stoccaggio degli idrocarburi.
2. I procedimenti amministrativi relativi alle infrastrutture di cui al comma 1 si ispirano ai principi di economicità, di efficacia, di efficienza, di pubblicità, di razionalizzazione, unificazione e semplificazione.
3. Sono fatte salve le disposizioni dell'art. 19 del regio decreto-legge 2 novembre 1933, n. 1741, convertito dalla legge 8 febbraio 1934, n. 367, dell'art. 31, quarto comma, della legge 21 luglio 1967, n. 613, dell'art. 31 del decreto legislativo 23 maggio 2000, n. 164, dell'art. 1, commi 77 e 82, della legge 23 agosto 2004, n. 239. Alle infrastrutture lineari energetiche strategiche di preminente interesse nazionale si applicano le disposizioni della legge 21 dicembre 2001, n. 443, e del decreto legislativo 20 agosto 2002, n. 190, nonché le disposizioni di cui al presente capo, in quanto compatibili.
4. Le disposizioni di cui al presente capo si applicano, in quanto compatibili, alla realizzazione delle infrastrutture lineari energetiche, alle opere e agli impianti oggetto dell'autorizzazione unica di cui al decreto-legge 7 febbraio 2002, n. 7, convertito, con modificazioni, dalla legge 9 aprile 2002, n. 55.
5. Entro il perimetro della concessione di coltivazione, le opere necessarie per il trasporto e la trasmissione dell'energia **sono considerate di pubblica utilità**.
6. Ai procedimenti di espropriazione finalizzati alla realizzazione di infrastrutture lineari energetiche si applicano, per quanto non previsto dal presente capo, le disposizioni del presente testo unico in quanto compatibili.
7. Le disposizioni del presente capo operano direttamente nei riguardi delle Regioni fino a quando esse non esercitano la propria potestà legislativa in materia.
8. Resta ferma la disciplina prevista dalla normativa vigente in materia di tutela ambientale e di rischi di incidenti rilevanti.

Art. 52-*ter* – *Procedure di comunicazione, notificazione e pubblicità degli atti del procedimento.*

1. Per le infrastrutture lineari energetiche, qualora il numero dei destinatari sia **superiore a cinquanta,** ogni comunicazione, notificazione o avviso previsto dal presente testo unico e riguardante l'iter per l'apposizione del vincolo preordinato all'esproprio o la dichiarazione di pubblica utilità dell'opera è effettuato mediante **pubblico avviso** da affiggere all'albo pretorio dei Comuni nel cui territorio ricadono gli immobili interessati dalla infrastruttura lineare energetica, nonché su uno o più **quotidiani** a diffusione nazionale o locale e, ove istituito, sul **sito** informatico della Regione o Provincia autonoma nel cui territorio ricadono gli immobili interessati dall'opera. L'avviso deve precisare dove e con quali modalità può essere consultato il piano o il progetto. Gli interessati possono formulare entro i successivi trenta giorni osservazioni che vengono valutate dall'autorità espropriante ai fini delle definitive determinazioni.
2. Le comunicazioni o notificazioni non eseguite per irreperibilità o assenza del proprietario sono sostituite da un avviso affisso per almeno venti giorni consecutivi all'albo pretorio dei Comuni interessati dalla infrastruttura lineare energetica e pubblicato su uno o più quotidiani a diffusione nazionale o locale.

Art. 52-*quater* – *Disposizioni generali in materia di conformità urbanistica, apposizione del vincolo preordinato all'esproprio e pubblica utilità.*

1. Per le infrastrutture lineari energetiche, l'accertamento della conformità urbanistica delle opere, l'apposizione del **vincolo preordinato all'esproprio e la dichiarazione di pubblica utilità**, di cui ai capi II e III del titolo II, sono effettuate nell'ambito di un **procedimento unico**, mediante convocazione di una **conferenza dei servizi** ai sensi della legge 7 agosto 1990, n. 241, e successive modificazioni.
2. Fatto salvo quanto disposto dall'articolo 12, comma 1, il procedimento di cui al comma 1 **può essere avviato anche sulla base di un progetto preliminare**, comunque denominato, integrato da un adeguato elaborato cartografico che individui le aree potenzialmente interessate dal vincolo preordinato all'esproprio, le eventuali fasce di rispetto e le necessarie misure di salvaguardia, nonché da una relazione che indichi le motivazioni per le quali si rende necessario avviare il procedimento di cui al comma 1 sulla base di tale progetto.
3. Il provvedimento, emanato a conclusione del procedimento di cui al comma 1 e al quale partecipano anche i soggetti preposti a esprimersi in relazione a eventuali interferenze con altre infrastrutture esistenti, comprende la valutazione

di impatto ambientale, ove prevista dalla normativa vigente, ovvero la valutazione di incidenza naturalistico ambientale di cui al decreto del Presidente della Repubblica 8 settembre 1997, n. 357, e sostituisce, anche ai fini urbanistici ed edilizi, fatti salvi gli adempimenti previsti dalle norme di sicurezza vigenti, ogni altra autorizzazione, concessione, approvazione, parere e nulla osta comunque denominati necessari alla realizzazione e all'esercizio delle infrastrutture energetiche e costituisce variazione degli strumenti urbanistici vigenti. Il provvedimento finale comprende anche l'approvazione del progetto definitivo, con le indicazioni di cui all'art. 16, comma 2, e determina l'inizio del procedimento di esproprio di cui al capo IV del titolo II.

4. Qualora la dichiarazione di pubblica utilità consegua a un procedimento specificatamente instaurato per tale fine con atto propulsivo del beneficiario o promotore dell'espropriazione, il termine entro il quale deve concludersi il relativo procedimento è di **sei mesi** dal ricevimento dell'istanza.

5. **Sono escluse dalla procedura di apposizione del vincolo preordinato all'esproprio le aree interessate dalla realizzazione di linee elettriche per le quali il promotore dell'espropriazione non richieda la dichiarazione di inamovibilità**.

6. Le varianti derivanti dalle prescrizioni della conferenza dei servizi di cui al comma 1, nonché le successive varianti in corso d'opera, qualora queste ultime non comportino variazioni di tracciato al di fuori delle zone di rispetto previste per ciascun tipo di infrastruttura lineare energetica dalle norme vigenti, sono approvate dall'autorità espropriante e non richiedono nuova apposizione del vincolo preordinato all'esproprio.

7. Della conclusione del procedimento di cui al comma 1 è data notizia agli interessati secondo le disposizioni di cui all'art. 17, comma 2.

Art. 52-*quinquies* – *Disposizioni particolari per le infrastrutture lineari energetiche facenti parte delle reti energetiche nazionali.*

1. Alle infrastrutture lineari energetiche facenti parte della rete nazionale di **trasmissione dell'energia elettrica**, individuate nel piano di sviluppo della rete elettrica di cui all'art. 3, comma 2, del decreto legislativo 16 marzo 1999, n. 79, e all'art. 1-*ter*, comma 2, del decreto-legge 29 agosto 2003, n. 239, convertito, con modificazioni, dalla legge 27 ottobre 2003, n. 290, si applicano le disposizioni di cui all'art. 1-*sexies* del citato decreto-legge 29 agosto 2003, n. 239, come modificate dall'art. 1, comma 26, della legge 23 agosto 2004, n. 239, nonché le disposizioni di cui al comma 6 e all'art. 52-*quater*, comma 6.

2. Per le infrastrutture lineari energetiche, individuate dall'autorità competente come appartenenti alla **rete nazionale dei gasdotti** di cui all'art. 9 del decreto legislativo 23 maggio 2000, n. 164, e per gli **oleodotti** facenti parte delle reti nazionali di trasporto, l'**autorizzazione alla costruzione** e all'esercizio delle stesse, rilasciata dalla stessa amministrazione, comprende la dichiarazione di pubblica utilità dell'opera, la **valutazione di impatto ambientale**, ove prevista dalla normativa vigente, ovvero la valutazione di incidenza naturalistico-ambientale di cui al decreto del Presidente della Repubblica 8 settembre 1997, n. 357, l'apposizione del vincolo preordinato all'esproprio dei beni in essa compresi e la variazione degli strumenti urbanistici. L'autorizzazione inoltre sostituisce, anche ai fini urbanistici ed edilizi, ogni altra autorizzazione, concessione, approvazione, parere, atto di assenso e nulla osta comunque denominati, previsti dalle norme vigenti, costituendo titolo a costruire e a esercire tutte le opere e tutte le attività previste nel progetto approvato, fatti salvi gli adempimenti previsti dalle norme di sicurezza vigenti. Per il rilascio dell'autorizzazione, ai fini della verifica della conformità urbanistica dell'opera, è fatto obbligo di richiedere il parere motivato degli enti locali nel cui territorio ricadano le opere da realizzare. Il rilascio del parere non può incidere sul rispetto del termine entro il quale è prevista la conclusione del procedimento. Al procedimento partecipano i soggetti preposti a esprimersi in relazione a eventuali interferenze con altre infrastrutture esistenti. Il procedimento si conclude, in ogni caso, entro il termine di nove mesi dalla data di presentazione della richiesta, o di sei mesi dalla stessa data ove non sia prescritta la procedura di valutazione di impatto ambientale. Il provvedimento finale comprende anche l'approvazione del progetto definitivo e determina l'inizio del procedimento di esproprio di cui al capo IV del titolo II.

3. Qualora l'avvio dei lavori rivesta carattere di urgenza, oltre ai casi previsti dagli artt. 22, comma 2, e 22-*bis*, comma 2, il **decreto di esproprio o di occupazione anticipata** può altresì essere emanato ed eseguito, in base alla determinazione urgente delle indennità di espropriazione, senza particolari indagini o formalità, con le modalità di cui all'art. 52-*nonies*, per le infrastrutture lineari energetiche, dichiarate di pubblica utilità. Gli stessi decreti sono emanati nel termine di sessanta giorni dalla data di ricevimento dell'istanza del beneficiario dell'espropriazione.

4. L'autorizzazione di cui al comma 2 indica le prescrizioni e gli obblighi di informativa posti a carico del soggetto proponente per garantire il coordinamento e la salvaguardia del sistema energetico nazionale e la tutela ambientale e

dei beni culturali, nonché il termine entro il quale l'infrastruttura lineare energetica è realizzata.
5. Per le infrastrutture lineari energetiche di cui al comma 2, l'atto conclusivo del procedimento di cui al comma 2 è adottato d'intesa con le Regioni interessate.
6. In caso di mancata definizione dell'intesa con la Regione o le Regioni interessate nel termine prescritto per il rilascio dell'autorizzazione, nel rispetto dei principi di sussidiarietà e leale collaborazione, si provvede, entro i successivi sei mesi, a mezzo di un collegio tecnico costituito d'intesa tra il ministro delle attività produttive e la Regione interessata, a una nuova valutazione dell'opera e dell'eventuale proposta alternativa formulata dalla Regione dissenziente. Ove permanga il dissenso, l'opera è autorizzata nei successivi novanta giorni, con decreto del Presidente della Repubblica, previa deliberazione del Consiglio dei ministri, integrato con il presidente della Regione interessata, su proposta del ministro delle attività produttive, di concerto con il ministro competente, sentita la Conferenza permanente per i rapporti tra lo Stato, le Regioni e le Province autonome di Trento e di Bolzano.
7. Alle infrastrutture lineari energetiche di cui al comma 2 si applicano le disposizioni dell'art. 52-*quater*, commi 2, 4 e 6.

Art. 52-*sexies* – *Disposizioni particolari per le infrastrutture lineari energetiche non facenti parte delle reti energetiche nazionali.*
1. Fatto salvo quanto disposto dall'art. 5, comma 3, il provvedimento di cui all'art. 52-*quater* relativo a infrastrutture lineari energetiche non facenti parte delle reti energetiche nazionali è adottato dalla Regione competente o dal soggetto da essa delegato, entro i termini stabiliti dalle leggi regionali.
2. Le funzioni amministrative in materia di espropriazione di infrastrutture lineari energetiche che, per dimensioni o per estensione, hanno rilevanza o interesse **esclusivamente locale** sono esercitate dal **Comune**.
3. Nel caso di inerzia del Comune o del soggetto procedente delegato dalla Regione, protrattasi per oltre sessanta giorni dalla richiesta di avvio del procedimento, la Regione può esercitare nelle forme previste dall'ordinamento regionale e nel rispetto dei principi di sussidiarietà e leale collaborazione, il potere sostitutivo.

Art. 52-*septies* – *Disposizioni sulla redazione del progetto.*
1. Fatte salve le disposizioni di cui all'art. 110 del regio decreto-legge 11 dicembre 1933, n. 1775, convertito dalla legge 8 febbraio 1934, n. 367, qualora il numero dei soggetti interessati sia superiore a venti, per lo svolgimento delle operazioni planimetriche e delle altre operazioni preparatorie necessarie per la redazione del progetto di infrastrutture lineari energetiche, i tecnici incaricati, anche privati, possono introdursi nei fondi previa pubblicazione, per venti giorni all'albo pretorio dei Comuni interessati, dell'autorizzazione rilasciata dalla Prefettura che deve contenere i nomi delle persone che possono introdursi nell'altrui proprietà. Tale pubblicazione all'albo pretorio sostituisce a tutti gli effetti le comunicazioni o notificazioni previste all'art. 15, commi 2 e 3.

Art. 52-*octies* – *Decreto di imposizione di servitù.*
1. Il **decreto di imposizione di servitù** relativo alle infrastrutture lineari energetiche, oltre ai contenuti previsti dall'art. 23, dispone l'**occupazione temporanea** delle aree necessarie alla realizzazione delle opere e la costituzione del diritto di servitù, indica l'ammontare delle relative indennità e ha esecuzione secondo le disposizioni dell'art. 24.

Art. 52-*nonies* – *Determinazione dell'indennità di espropriazione.*
1. Per le infrastrutture lineari energetiche, l'autorità espropriante per la determinazione **dell'indennità provvisoria o definitiva** di cui agli artt. 20 e 21, può avvalersi dei soggetti di cui all'art. 20, comma 3, ovvero di propri uffici tecnici.

TITOLO IV
DISPOSIZIONI SULLA TUTELA GIURISDIZIONALE

Art. 53 – *Disposizioni processuali.*
1. Sono devolute alla giurisdizione esclusiva del giudice amministrativo le controversie aventi per oggetto gli atti, i provvedimenti, gli accordi e i comportamenti delle amministrazioni pubbliche e dei soggetti a esse equiparati, conseguenti all'applicazione delle disposizioni del testo unico. (L)
2. Si applicano le disposizioni dell'art. 23-*bis* della legge 6 dicembre 1971, n. 1034, come introdotto dall'art. 4 della legge 21 luglio 2000, n. 205, per i giudizi aventi per oggetto i provvedimenti relativi alle procedure di occupazione e di espropriazione delle aree destinate all'esecuzione di opere pubbliche o di pubblica utilità. (L)
3. Resta ferma la giurisdizione del giudice ordinario per le controversie riguardanti la determinazione e la corresponsione delle indennità in conseguenza dell'adozione di atti di natura espropriativa o ablativa. (L)

Art. 54 – *Opposizioni alla stima.*
1. Decorsi trenta giorni dalla comunicazione prevista dall'art. 27, comma 2, il proprietario espropriato, il promotore dell'espropriazione o il terzo che ne abbia interesse può impugnare innanzi alla Corte d'appello, nel cui distretto si trova il bene espropriato, gli atti dei procedimenti di nomina dei periti e di determinazione dell'indennità, la stima fatta dai tecnici o dalla

commissione provinciale, la liquidazione delle spese di stima e comunque può chiedere la determinazione giudiziale dell'indennità. (L)

2. L'opposizione di cui al comma 1 va proposta, a pena di decadenza, entro il termine di trenta giorni, decorrente dalla notifica del decreto di esproprio o dalla notifica della stima peritale, se quest'ultima sia successiva al decreto di esproprio. (L)

3. L'opposizione alla stima è proposta con atto di citazione notificato all'autorità espropriante, al promotore dell'espropriazione e, se del caso, al beneficiario dell'espropriazione, se attore è il proprietario del bene, ovvero notificato all'autorità espropriante e al proprietario del bene, se attore è il promotore dell'espropriazione. (L)

4. L'atto di citazione va notificato anche al concessionario dell'opera pubblica, se a questi sia stato affidato il pagamento dell'indennità. (L)

5. Trascorso il termine per la proposizione dell'opposizione alla stima, l'indennità è fissata definitivamente nella somma risultante dalla perizia. (L)

(*omissis*)

5.2 USUFRUTTO

Codice civile

TITOLO V
DELL'USUFRUTTO, DELL'USO E DELL'ABITAZIONE

CAPO I
DELL'USUFRUTTO

SEZIONE I
DISPOSIZIONI GENERALI

Art. 978 – *Costituzione*. L'usufrutto è stabilito dalla legge o dalla volontà dell'uomo. Può anche acquistarsi per usucapione.

Art. 979 – *Durata*. La durata dell'usufrutto non può eccedere la vita dell'usufruttuario.
L'usufrutto costituito a favore di una persona giuridica non può durare più di trenta anni.

Art. 980 – *Cessione dell'usufrutto*. L'usufruttuario può cedere il proprio diritto per un certo tempo o per tutta la sua durata, se ciò non è vietato dal titolo costitutivo.
La cessione dev'essere notificata al proprietario; finché non sia stata notificata, l'usufruttuario è solidalmente obbligato con il cessionario verso il proprietario.

SEZIONE II
DEI DIRITTI NASCENTI DALL'USUFRUTTO

Art. 981 – *Contenuto del diritto di usufrutto*. L'usufruttuario ha diritto di godere della cosa, ma deve rispettarne la destinazione economica.
Egli può trarre dalla cosa ogni utilità che questa può dare, fermi i limiti stabiliti in questo capo.

Art. 982 – *Possesso della cosa*. L'usufruttuario ha il diritto di conseguire il possesso della cosa di cui ha l'usufrutto, salvo quanto è disposto dall'articolo 1002.

Art. 983 – *Accessioni*. L'usufrutto si estende a tutte le accessioni della cosa.
Se il proprietario dopo l'inizio dell'usufrutto, con il consenso dell'usufruttuario, ha fatto nel fondo costruzioni o piantagioni, l'usufruttuario è tenuto a corrispondere gli interessi, sulle somme impiegate. La norma si applica anche nel caso in cui le costruzioni o piantagioni sono state fatte per disposizione della pubblica autorità.

Art. 984 – *Frutti*. I frutti naturali e i frutti civili spettano all'usufruttuario per la durata del suo diritto.
Se il proprietario e l'usufruttuario si succedono nel godimento della cosa entro l'anno agrario o nel corso di un periodo produttivo di maggiore durata, l'insieme di tutti i frutti si ripartisce fra l'uno e l'altro in proporzione della durata del rispettivo diritto nel periodo stesso.
Le spese per la produzione e il raccolto sono a carico del proprietario e dell'usufruttuario nella proporzione indicata dal comma precedente ed entro i limiti del valore dei frutti.

Art. 985 – *Miglioramenti*. L'usufruttuario ha diritto a un'indennità per i miglioramenti che sussistono al momento della restituzione della cosa.
L'indennità si deve corrispondere nella minor somma tra l'importo della spesa e l'aumento di valore conseguito dalla cosa per effetto dei miglioramenti.
L'autorità giudiziaria, avuto riguardo alle circostanze, può disporre che il pagamento dell'indennità prevista dai commi precedenti sia fatto ratealmente, imponendo in questo caso idonea garanzia.

Art. 986 – *Addizioni*. L'usufruttuario può eseguire addizioni che non alterino la destinazione economica della cosa.
Egli ha diritto di toglierle alla fine dell'usufrutto, qualora ciò possa farsi senza nocumento della cosa, salvo che il proprietario preferisca ritenere le addizioni stesse. In questo caso deve essere corrisposta all'usufruttuario un'indennità pari alla minor somma tra l'importo della spesa e il valore delle addizioni al tempo della riconsegna.
Se le addizioni non possono separarsi senza nocumento della cosa e costituiscono miglioramento di essa, si applicano le disposizioni relative ai miglioramenti.

Art. 987 – *Miniere, cave e torbiere*. L'usufruttuario gode delle cave e torbiere già aperte e in esercizio all'inizio dell'usufrutto. Non ha facoltà di aprirne altre senza il consenso del proprietario.
Per le ricerche e le coltivazioni minerarie, di cui

abbia ottenuto il permesso l'usufruttuario deve indennizzare il proprietario dei danni che saranno accertati alla fine dell'usufrutto.

Se il permesso è stato ottenuto dal proprietario o da un terzo, questi devono all'usufruttuario un'indennità corrispondente al diminuito godimento del fondo durante l'usufrutto.

Art. 988 – *Tesoro.* Il diritto dell'usufruttuario non si estende al tesoro che si scopra durante l'usufrutto, salve le ragioni che gli possono competere come ritrovatore.

Art. 989 – *Boschi, filari e alberi sparsi di alto fusto.* Se nell'usufrutto sono compresi boschi o filari cedui ovvero boschi o filari di alto fusto destinati alla produzione di legna, l'usufruttuario può procedere ai tagli ordinari, curando il mantenimento dell'originaria consistenza dei boschi o dei filari e provvedendo, se occorre alla loro ricostituzione.

Circa il modo, l'estensione, l'ordine e l'epoca dei tagli, l'usufruttuario è tenuto a uniformarsi, oltre che alle leggi e ai regolamenti forestali, alla pratica costante della regione.

Le stesse regole si applicano agli alberi di alto fusto sparsi per la campagna, destinati a essere tagliati.

Art. 990 – *Alberi di alto fusto divelti, spezzati o periti.* Gli alberi di alto fusto divelti, spezzati o periti per accidente spettano al proprietario. L'usufruttuario può servirsi di essi soltanto per le riparazioni che sono a suo carico.

Art. 991 – *Alberi fruttiferi.* Gli alberi fruttiferi che periscono e quelli divelti o spezzati per accidente appartengono all'usufruttuario, ma questi ha l'obbligo di sostituirne altri.

Art. 992 – *Pali per vigne e per altre coltivazioni.* L'usufruttuario può prendere nei boschi i pali occorrenti per le vigne e per le altre coltivazioni che ne abbisognano, osservando sempre la pratica costante della regione.

Art. 993 – *Semenzai.* L'usufruttuario può servirsi dei piantoni dei semenzai, ma deve osservare la pratica costante della regione per il tempo e il modo della estrazione e per la rimessa dei virgulti.

Art. 994 – *Perimento delle mandrie e dei greggi.* Se l'usufrutto è stabilito sopra una mandra o un gregge, l'usufruttuario è tenuto a surrogare gli animali periti, fino alla concorrente quantità dei nati, dopo che la mandra o il gregge ha cominciato a essere mancante del numero primitivo.

Se la mandra o il gregge perisce interamente per causa non imputabile all'usufruttuario, questi non è obbligato verso il proprietario che a rendere conto delle pelli o del loro valore.

Art. 995 – *Cose consumabili.* Se l'usufrutto comprende cose consumabili, l'usufruttuario ha diritto di servirsene e ha l'obbligo di pagarne il valore al termine dell'usufrutto secondo la stima convenuta.

Mancando la stima, è in facoltà dell'usufruttuario di pagare le cose secondo il valore che hanno al tempo in cui finisce l'usufrutto o di restituirne altre in eguale qualità e quantità.

Art. 996 – *Cose deteriorabili.* Se l'usufrutto comprende cose che, senza consumarsi in un tratto, si deteriorano a poco a poco, l'usufruttuario ha diritto di servirsene secondo l'uso al quale sono destinate, e alla fine dell'usufrutto è soltanto tenuto a restituirle nello stato in cui si trovano.

Art. 997 – *Impianti, opifici e macchinari.* Se l'usufrutto comprende impianti, opifici o macchinari che hanno una destinazione produttiva, l'usufruttuario è tenuto a riparare e a sostituire durante l'usufrutto le parti che si logorano, in modo da assicurare il regolare funzionamento delle cose suddette. Se l'usufruttuario ha sopportato spese che eccedono quelle delle ordinarie riparazioni, il proprietario, al termine dell'usufrutto, è tenuto a corrispondergli una congrua indennità.

Art. 998 – *Scorte vive e morte.* Le scorte vive e morte di un fondo devono essere restituite in eguale quantità e qualità. L'eccedenza o la deficienza di esse deve essere regolata in danaro, secondo il loro valore al termine dell'usufrutto.

Art. 999 – *Locazioni concluse dall'usufruttuario.* Le locazioni concluse dall'usufruttuario, in corso al tempo della cessazione dell'usufrutto, purché constino da atto pubblico o da scrittura privata di data certa anteriore, continuano per la durata stabilita, ma non oltre il quinquennio dalla cessazione dell'usufrutto.

Se la cessazione dell'usufrutto avviene per la scadenza del termine stabilito, le locazioni non durano in ogni caso se non per l'anno e, trattandosi di fondi rustici dei quali il principale raccolto è biennale o triennale, se non per il biennio o triennio che si trova in corso al tempo in cui cessa l'usufrutto.

Art. 1000 – *Riscossione di capitali.* Per la riscossione di somme che rappresentano un capitale gravato d'usufrutto, è necessario il concorso del titolare del credito e dell'usufruttuario. Il pagamento fatto a uno solo di essi non è opponibile all'altro, salve in ogni caso le norme relative alla cessione dei crediti.

Il capitale riscosso dev'essere investito in modo fruttifero e su di esso si trasferisce l'usufrutto. Se le parti non sono d'accordo sul modo d'investimento, provvede l'autorità giudiziaria.

Sezione III
Degli obblighi nascenti dall'usufrutto

Art. 1001 – *Obbligo di restituzione*. Misura della diligenza. L'usufruttuario deve restituire le cose che formano oggetto del suo diritto, al termine dell'usufrutto, salvo quanto è disposto dall'articolo 995.

Nel godimento della cosa egli deve usare la diligenza del buon padre di famiglia.

Art. 1002 – *Inventario e garanzia*. L'usufruttuario prende le cose nello stato in cui si trovano.

Egli è tenuto a fare a sue spese l'inventario dei beni, previo avviso al proprietario. Quando l'usufruttuario è dispensato dal fare l'inventario, questo può essere richiesto dal proprietario a sue spese.

L'usufruttuario deve inoltre dare idonea garanzia. Dalla prestazione della garanzia sono dispensati i genitori che hanno l'usufrutto legale sui beni dei loro figli minori. Sono anche dispensati il venditore e il donante con riserva d'usufrutto; ma, qualora questi cedano l'usufrutto, il cessionario è tenuto a prestare garanzia.

L'usufruttuario non può conseguire il possesso dei beni prima di aver adempiuto agli obblighi su indicati.

Art. 1003 – *Mancanza o insufficienza della garanzia*. Se l'usufruttuario non presta la garanzia a cui è tenuto, si osservano le disposizioni seguenti:

- gli immobili sono locati o messi sotto amministrazione, salva la facoltà dell'usufruttuario di farsi assegnare per propria abitazione una casa compresa nell'usufrutto. L'amministrazione è affidata, con il consenso dell'usufruttuario, al proprietario o altrimenti a un terzo scelto di comune accordo tra proprietario e usufruttuario o, in mancanza di tale accordo, nominato dall'autorità giudiziaria;
- il danaro è collocato a interesse;
- i titoli al portatore si convertono in nominativi a favore del proprietario con il vincolo dell'usufrutto, ovvero si depositano presso una terza persona, scelta dalle parti, o presso un istituto di credito, la cui designazione, in caso di dissenso, è fatta dall'autorità giudiziaria;
- le derrate sono vendute e il loro prezzo è parimenti collocato a interesse.

In questi casi appartengono all'usufruttuario gli interessi dei capitali, le rendite, le pigioni e i fitti.

Se si tratta di mobili i quali si deteriorano con l'uso, il proprietario può chiedere che siano venduti e ne sia impiegato il prezzo come quello delle derrate. L'usufruttuario può nondimeno domandare che gli siano lasciati i mobili necessari per il proprio uso.

Art. 1004 – *Spese a carico dell'usufruttuario*. Le spese e, in genere, gli oneri relativi alla custodia, amministrazione e manutenzione ordinaria della cosa sono a carico dell'usufruttuario.

Sono pure a suo carico le riparazioni straordinarie rese necessarie dall'inadempimento degli obblighi di ordinaria manutenzione.

Art. 1005 – *Riparazioni straordinarie*. Le riparazioni straordinarie sono a carico del proprietario.

Riparazioni straordinarie sono quelle necessarie ad assicurare la stabilità dei muri maestri e delle volte, la sostituzione delle travi, il rinnovamento, per intero o per una parte notevole, dei tetti, solai, scale, argini, acquedotti, muri di sostegno o di cinta.

L'usufruttuario deve corrispondere al proprietario, durante l'usufrutto, l'interesse delle somme spese per le riparazioni straordinarie.

Art. 1006 – *Rifiuto del proprietario alle riparazioni*. Se il proprietario rifiuta di eseguire le riparazioni poste a suo carico o ne ritarda l'esecuzione senza giusto motivo, è in facoltà dell'usufruttuario di farle eseguire a proprie spese. Le spese devono essere rimborsate alla fine dell'usufrutto senza interesse. A garanzia del rimborso l'usufruttuario ha diritto di ritenere l'immobile riparato.

Art. 1007 – *Rovina parziale di edificio accessorio*. Le disposizioni dei due articoli precedenti si applicano anche nel caso in cui, per vetustà o caso fortuito, rovini soltanto in parte l'edificio che formava accessorio necessario del fondo soggetto a usufrutto.

Art. 1008 – *Imposte e altri pesi a carico dell'usufruttuario*. L'usufruttuario è tenuto per la durata del suo diritto, ai carichi annuali, come le imposte, i canoni, le rendite fondiarie e gli altri pesi che gravano sul reddito.

Per l'anno in corso al principio e alla fine dell'usufrutto questi carichi si ripartiscono tra il proprietario e l'usufruttuario in proporzione della durata del rispettivo diritto.

Art. 1009 – *Imposte e altri pesi a carico del proprietario.* Al pagamento dei carichi imposti sulla proprietà durante l'usufrutto, salvo diverse disposizioni di legge, è tenuto il proprietario, ma l'usufruttuario gli deve corrispondere l'interesse della somma pagata.

Se l'usufruttuario ne anticipa il pagamento, ha diritto di essere rimborsato del capitale alla fine dell'usufrutto.

Art. 1010 – *Passività gravanti su eredità in usufrutto.* L'usufruttuario di un'eredità o di una quota di eredità è obbligato a pagare per intero, o in proporzione della quota, le annualità e gli interessi dei debiti o dei legati da cui l'eredità stessa sia gravata.

Per il pagamento del capitale dei debiti o dei legati, che si renda necessario durante l'usufrutto, è in facoltà dell'usufruttuario di fornire la somma occorrente, che gli deve essere rimborsata senza interesse alla fine dell'usufrutto.

Se l'usufruttuario non può o non vuole fare questa anticipazione, il proprietario può pagare tale somma, sulla quale l'usufruttuario deve corrispondergli l'interesse durante l'usufrutto, o può vendere una porzione dei beni soggetti all'usufrutto fino alla concorrenza della somma dovuta.

Se per il pagamento dei debiti si rende necessaria la vendita dei beni, questa è fatta d'accordo tra proprietario e usufruttuario, salvo ricorso all'autorità giudiziaria in caso di dissenso. L'espropriazione forzata deve seguire contro ambedue.

Art. 1011 – *Ritenzione per le somme anticipate.* Nelle ipotesi contemplate dal secondo comma dell'articolo 1009 e dal secondo comma dell'articolo 1010, l'usufruttuario ha diritto di ritenzione sui beni che sono in suo possesso fino alla concorrenza della somma a lui dovuta.

Art. 1012 – *Usurpazioni durante l'usufrutto e azioni relative alle servitù.* Se durante l'usufrutto un terzo commette usurpazione sul fondo o altrimenti offende le ragioni del proprietario, l'usufruttuario è tenuto a fargliene denunzia e, omettendola, è responsabile dei danni che eventualmente siano derivati al proprietario.

L'usufruttuario può far riconoscere l'esistenza delle servitù a favore del fondo o l'inesistenza di quelle che si pretende di esercitare sul fondo medesimo; egli deve in questi casi chiamare in giudizio il proprietario.

Art. 1013 – *Spese per le liti.* Le spese delle liti che riguardano tanto la proprietà quanto l'usufrutto sono sopportate dal proprietario e dall'usufruttuario in proporzione del rispettivo interesse.

Sezione IV

Estinzione e modificazioni dell'usufrutto

Art. 1014-1020 (*omissis*)

Capo II

Dell'uso e dell'abitazione

Art. 1021 – *Uso.* Chi ha diritto d'uso di una cosa può servirsi di essa e, se è fruttifera, può raccogliere i frutti per quanto occorre ai bisogni suoi e della sua famiglia.

I bisogni si devono valutare secondo la condizione sociale del titolare del diritto.

Art. 1022 – *Abitazione.* Chi ha il diritto di abitazione di una casa può abitarla limitatamente ai bisogni suoi e della sua famiglia.

Art. 1023 – *Ambito della famiglia.* Nella famiglia si comprendono anche i figli nati dopo che è cominciato il diritto d'uso o d'abitazione, quantunque nel tempo in cui il diritto è sorto la persona non avesse contratto matrimonio. Si comprendono inoltre i figli adottivi, i figli naturali riconosciuti e gli affiliati, anche se l'adozione, il riconoscimento o l'affiliazione sono seguiti dopo che il diritto era già sorto. Si comprendono infine le persone che convivono con il titolare del diritto per prestare a lui o alla sua famiglia i loro servizi.

Art. 1024 – *Divieto di cessione.* I diritti di uso e di abitazione non si possono cedere o dare in locazione.

Art. 1025 – *Obblighi inerenti all'uso e all'abitazione.* Chi ha l'uso di un fondo e ne raccoglie tutti i frutti o chi ha il diritto di abitazione e occupa tutta la casa è tenuto alle spese di coltura, alle riparazioni ordinarie e al pagamento dei tributi come l'usufruttuario.

Se non raccoglie che una parte dei frutti o non occupa che una parte della casa, contribuisce in proporzione di ciò che gode.

Art. 1026 – *Applicabilità delle norme sull'usufrutto.* Le disposizioni relative all'usufrutto si applicano, in quanto compatibili all'uso e all'abitazione.

Durata probabile della vita della popolazione italiana

5.1 Vita media probabile della popolazione italiana (ISTAT, 2015)

Età attuale	Vita residua probabile (anni)		Età attuale	Vita residua probabile (anni)		Età attuale	Vita residua probabile (anni)	
	Femmine	Maschi		Femmine	Maschi		Femmine	Maschi
0	84,606	80,115	**41**	44,272	40,186	**82**	8,585	7,097
1	83,830	79,377	**42**	43,300	39,227	**83**	7,974	6,591
2	82,847	78,394	**43**	42,329	38,271	**84**	7,393	6,113
3	81,860	77,407	**44**	41,360	37,318	**85**	6,836	5,659
4	80,869	76,418	**45**	40,395	36,370	**86**	6,309	5,233
5	79,876	75,426	**46**	39,432	35,426	**87**	5,810	4,834
6	78,881	74,432	**47**	38,472	34,486	**88**	5,345	4,464
7	77,887	73,439	**48**	37,516	33,551	**89**	4,922	4,128
8	76,892	72,445	**49**	36,564	32,622	**90**	4,539	3,825
9	75,896	71,451	**50**	35,616	31,698	**91**	4,188	3,543
10	74,901	70,457	**51**	34,672	30,780	**92**	3,878	3,295
11	73,905	69,463	**52**	33,731	29,868	**93**	3,603	3,078
12	72,909	68,468	**53**	32,793	28,961	**94**	3,338	2,870
13	71,914	67,475	**54**	31,859	28,061	**95**	3,057	2,643
14	70,920	66,482	**55**	30,929	27,166	**96**	2,762	2,415
15	69,926	65,492	**56**	30,005	26,279	**97**	2,474	2,194
16	68,932	64,505	**57**	29,085	25,400	**98**	2,240	2,001
17	67,940	63,521	**58**	28,170	24,528	**99**	2,057	1,849
18	66,948	62,540	**59**	27,262	23,665	**100**	1,920	1,729
19	65,958	61,562	**60**	26,358	22,812	**101**	1,807	1,626
20	64,967	60,585	**61**	25,458	21,967	**102**	1,664	1,498
21	63,977	59,609	**62**	24,563	21,134	**103**	1,535	1,382
22	62,987	58,634	**63**	23,674	20,315	**104**	1,420	1,279
23	61,997	57,659	**64**	22,791	19,504	**105**	1,316	1,186
24	61,008	56,685	**65**	21,918	18,705	**106**	1,223	1,103
25	60,019	55,711	**66**	21,051	17,917	**107**	1,139	1,029
26	59,030	54,738	**67**	20,192	17,141	**108**	1,065	0,963
27	58,041	53,764	**68**	19,333	16,370	**109**	0,999	0,904
28	57,052	52,788	**69**	18,478	15,607	**110**	0,940	0,853
29	56,063	51,813	**70**	17,631	14,852	**111**	0,888	0,807
30	55,074	50,838	**71**	16,799	14,115	**112**	0,842	0,767
31	54,086	49,865	**72**	15,978	13,391	**113**	0,801	0,732
32	53,099	48,892	**73**	15,175	12,694	**114**	0,765	0,701
33	52,112	47,920	**74**	14,382	12,010	**115**	0,733	0,675
34	51,126	46,948	**75**	13,598	11,341	**116**	0,705	0,651
35	50,141	45,978	**76**	12,825	10,682	**117**	0,680	0,631
36	49,158	45,009	**77**	12,063	10,030	**118**	0,658	0,614
37	48,177	44,042	**78**	11,318	9,393	**119**	0,640	0,599
38	47,198	43,076	**79**	10,596	8,781			
39	46,222	42,111	**80**	9,900	8,193			
40	45,246	41,148	**81**	9,230	7,634			

5.3 SUCCESSIONI EREDITARIE

5.2 Quote di eredità nella successione legittima

Grado di parentela col "de cuius"	Quote di eredità
Figli (in assenza del coniuge)	in parti uguali
Coniuge e figlio unico	1/2 1/2
Coniuge e più figli	1/3 2/3
Coniuge solo (in mancanza di figli legittimi o naturali, di ascendenti, di fratelli o sorelle)	tutto
Coniuge e fratelli e sorelle	2/3 1/3
Coniuge e ascendenti legittimi	2/3 1/3
Coniuge, ascendenti legittimi e fratelli e sorelle	2/3 1/4 1/12
Genitori	in parti uguali
Fratelli e sorelle (*)	in parti uguali
Genitori e fratelli e sorelle (*)	1/2 in parti uguali
Altri ascendenti	1/2 linea paterna 1/2 linea materna
Altri parenti entro il 6° grado	in parti uguali

(*) I fratelli e le sorelle unilaterali ereditano solo la metà dei germani.

5.3 Quote di eredità nella successione testamentaria

Grado di parentela col "de cuius"	Quota di riserva	Quota disponibile
Coniuge solo	1/2	1/2
Figlio unico	1/2	1/2
Più figli	2/3	1/3
Coniuge e figlio unico	1/3 1/3	1/3
Coniuge e più figli	1/4 1/2	1/4
Coniuge e ascendenti legittimi	1/2 1/4	1/4
Solo ascendenti legittimi	1/3	2/3

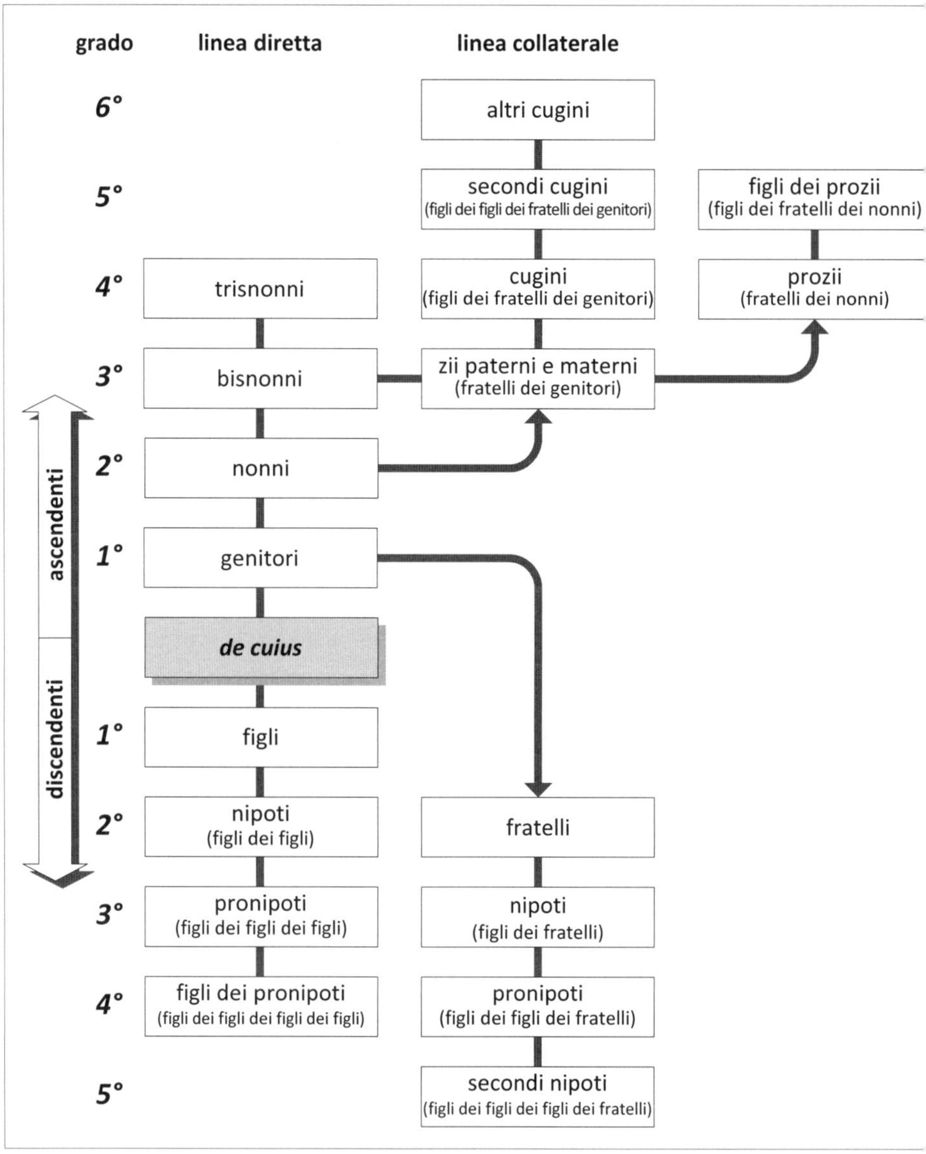

Gradi di parentela

Catasto

6 Catasto

✓ Modelli catastali
✓ Classamento dei fabbricati

6.1 MODELLI CATASTALI

Indice dei modelli

Figure 6.1, 6.2	Domanda di volture.
Figura 6.3 e 6.4	Modello 26 per la dichiarazione di variazione della qualità di coltura.
Figure 6.5, 6.6	Libretto delle misure.
Figura 6.7	Stampa della visualizzazione grafica di un tipo mappale prodotta con Pregeo 10.
Figura 6.8	Dichiarazione di nuova costruzione (mod. D1).
Figure 6.9, 6.10	Dichiarazione di fabbricato urbano a destinazione ordinaria (mod. 1NB, parte I).
Figure 6.11, 6.12	Dichiarazione di unità immobiliare a destinazione ordinaria (mod. 1NB, parte II).
Figura 6.13	Planimetria catastale di unità immobiliare urbana.
Figura 6.14	Elaborato planimetrico.

agenzia del Territorio

Domanda di Volture

RISERVATO AGLI UFFICI		
TIPO DI VOLTURA	**AFFLUSSO**	
NOTA N.	DI	PROT.
UFFICIO ACCETTANTE		
		PROT.
		DATA DI PRESENT.
VOLTURE :	SOGGETTE A TRIBUTO	N. **2**
	ESENTI	N.

COMUNE DI **BARZIO** PROV. DI **LC**
IL SOTTOSCRITTO **SALA** **CINZIA**
NELLA QUALITA' DI **TECNICO**
CON RECAPITO IN **LISSONE** PROV. DI **MI**
VIA **PIAZZA LIBERTA'** N. **43** C.A.P. **20035**

Chiede a norma del D.P.R.n.650 del 26 ottobre 1972 che siano introdotte negli atti catastali le mutazioni indicate nei quadri A e B, con riferimento ai sottoindicati documenti e fattispecie.

VERSAMENTI DATA
EURO
TRIBUTI SPECIALI
IMPOSTA DI BOLLO
TOTALE IMPORTO

NOTE

❑ UFFICIO DEL TERRITORIO
❑ POSTE

AZIENDA	CAB	SPORTELLO

❑ BANCA

AZIENDA	CAB

❑ FORMALITA' (REP. GENERALE) N. DEL
PRESENTATA DALL'UFFICIO DI PROV. DI
O SEZIONE STACCATA DI PROV. DI
❑ DICHIARAZIONE DI SUCCESSIONE INTESTATA DEL
❑ RIUNIONE DI USUFRUTTO
❑ ALTRA FATTISPECIE (es. variazione di ragione sociale)

CAUSALE **DENUNZIA (NEI PASSAGGI PER CAUSA DI MORTE)**
DESCRIZIONE DELL'ATTO **SUCCESSIONE**
REPERTORIO
EFFICACIA DELL'ATTO **20/07/2004**
ROGANTE OVVERO DICHIARANTE
COMUNE PROV. DI

ESTREMI DI REGISTRAZIONE DELLA DICHIARAZIONE
TIPO DI UFFICIO **AGENZIA DELLE ENTRATE**
SEDE **MONZA** PROVINCIA UFFICIO **MI**
NUMERO **34** VOLUME **34** DATA **20/07/2004**

DATA ______________ FIRMA DEL RICHIEDENTE ______________________

Codice di riscontro **000 A0P AX7** Pagina n. 1 **Continua**

Figura 6.1 - Domanda di volture, frontespizio (prodotto con Voltura).

QUADRO A2 — **SOGGETTI DA CUI I BENI SONO TRASFERITI**

N°	Denominazione o Cognome	Nome	Sede legale o Comune di nascita	Prov.	Data di Nascita	Sesso	Codice Fiscale
1	**MAURI**	**REGINALDO**	**COMO**	**CO**	**18/04/1920**	**M**	**MRARNL20D18C933T**

Titolo	Regime	Int. rif.	Natura del Posseso o Godimento	Quota
01			**PROPRIETÀ**	**250 / 1000**

QUADRO A1 — **SOGGETTI A CUI I BENI SONO TRASFERITI**

N°	Denominazione o Cognome	Nome	Sede legale o Comune di nascita	Prov.	Data di Nascita	Sesso	Codice Fiscale
1	**CRESPI**	**CLARA**	**VILLASANTA**	**MI**	**12/04/1949**	**F**	**CRSCLR49D52M017T**

Titolo	Regime	Int. rif.	Natura del Posseso o Godimento	Quota
01			**PROPRIETÀ**	**1/ 1**

QUADRO B2 — **PARTICELLE**

	Riferimenti Catastali				**Operazioni sulle Riserve**	
N°	Comune	Foglio	Particella	Sub.	Introduzione	Cancellazione
1	**SIRTORI**	**4**	**106**		☐	☐

Codice di riscontro **000 A0P AX7** Pagina n. 4 **Fine doc.**

Figura 6.2 - Domanda di volture, quadri A e B (prodotto con Voltura 1).

Agenzia Entrate

13T - Mod. 26

Ufficio provinciale di ______________________ - Territorio

DICHIARAZIONE VARIAZIONI DELLA COLTURA

Con questo modello il Contribuente può segnalare le variazioni della coltura praticata su una particella di terreno, rispetto a quella censita nella banca dati del catasto.

Io sottoscritto/a ____,

nato/a a ________________________ il ______________, residente a __________________ prov. _____,

in ____,

codice fiscale |__|__|__|__|__|__|__|__|__|__|__|__|__|__|__|__|, telefono ____________________,

email ____,

documento di identità: tipo______________________________ n° ____________________,

rilasciato da ______________________________________ il ____________________,

da compilare solo in caso di persona giuridica

in qualità di ____________________ della società (Ragione sociale) ____________________

con sede in ________________________ via ____________________________________

codice fiscale della società |__|__|__|__|__|__|__|__|__|__|__|__|__|__|__|__|

in qualità di ☐ Titolare di diritto reale
☐ Conduttore

come risulta dal contratto n.__________ del __/__/____ data scadenza ________ registrato all'ufficio

__________________ sede ____________________ atto n. ______________ volume

__________________ data __/__/____

chiedo

la modifica della coltura catastale per le seguenti particelle site nel Comune di ____________________

A	MODIFICA DELLA DESTINAZIONE DELLE COLTURE (*vedi istruzioni per la compilazione in fondo al modello*)										
Dati dichiarati								Dati di classamento			
N.	Particelle			Superficie (m^2) ha, a, ca	Potenzialità Irrigua	Avvicendamento Colturale	Qualità	Cl.	Reddito in Euro		Deduzione Attribuita
	Foglio	Particella	Sub./Porz.						Dominicale	Agrario	
									RISERVATO		
									ALL'UFFICIO		

La informiamo che i suoi dati saranno trattati in base al Dlgs n. 196/2003 e che le dichiarazioni false e la formazione o uso di atti falsi sono puniti penalmente (DPR n. 445/2000).

Figura 6.3 - Modello 26 per la dichiarazione di variazione della qualità di coltura (pag. 1).

B	MOTIVO DELLA DICHIARAZIONE (*vedi istruzioni per la compilazione in fondo al modello*):
OSSERVAZIONI:	

Luogo e data ______________________________ Firma ________________________________

delego

il/la signor/a ____

documento di identità: tipo______________________________ n° ____________________ ,

rilasciato da ____ il ____________________ ,

a presentare la dichiarazione e a ricevere la notifica dei dati reddituali attribuiti dall'ufficio.

Luogo e data ___________________________ Firma ________________________________

SEZIONE RISERVATA ALL'UFFICIO		
Data ______________	Prot. ______________	L'incaricato ______________________

Istruzioni per la compilazione

Questo modello va compilato in duplice copia da chi intende comunicare la variazione di coltura su una o più particelle di terreno di sua proprietà. Nel caso di più proprietari, la dichiarazione può essere presentata da uno solo di essi.

QUADRO A:.

Potenzialità irrigua: riportare SI se il terreno ha disponibilità di acqua per irrigare (es.: un pozzo, una canaletta d'irrigazione, altro), NO se il terreno non dispone di acqua per l'irrigazione.

Avvicendamento colturale: indicare "ortivo" o "seminativo" in caso di coltura di tipo ortivo o seminativo. Nel caso in cui non vi sia alternanza, indicare "assente".

Qualità: indicare il nuovo tipo di coltura scelta tra quelle catastali.

QUADRO B:

Motivo della variazione: indicare una tra le seguenti motivazioni:

- Variazione di qualità
- Variazione della destinazione
- Richiesta della variazione di classe in aumento
- Richiesta della variazione di classe in diminuzione.

Osservazioni: riportare le informazioni utili, in particolare nei casi di variazione di classe in diminuzione

La informiamo che i suoi dati saranno trattati in base al Dlgs n. 196/2003 e che le dichiarazioni false e la formazione o uso di atti falsi sono puniti penalmente (DPR n. 445/2000).

Figura 6.4 - Modello 26 per la dichiarazione di variazione della qualità di coltura (pag. 2).

```
                    MINISTERO DELL' ECONOMIA E DELLE FINANZE                    pag. 1/2
                AGENZIA DEL TERRITORIO - Ufficio Provinciale di MILANO
-----------------------------------------------------------------------------------------
                    Pregeo 9.2.0 - Originale - 2005/202 [S] - 2005/202
               Stampa del 24/05/2009 alle ore 18:54:42            pag. 1/2
-----------------------------------------------------------------------------------------
  Allegato all'estratto di mappa N. ____________ del ____ /____ /_______
  Comune                     : E617
  Foglio                     : 0190
  Mappale/i                  : 24
  Tecnico Redattore          : PALLINI ENZO
  Qualifica                  : INGEGNERE
  Provincia di Appartenenza: MILANO
-----------------------------------------------------------------------------
0|02052005|202|E617|0190|24|PALLINI ENZO|INGEGNERE|MILANO|
9|196|10|20|1520151|8.00-G,Stda 3.08|FR|CELERIMENSUA ELETTROOTTICA con DTM20|
3|4|100|200|300|100|
1|100|1.597|cm|
2|PF01|201.318|100.136|129.135|1.895|sf|
2|200|15.572|100.562|13.141|1.334|asse tombino|
2|300|185.734|101.232|18.294|1.373|cm|
2|400|83.384|99.902|38.464|1.320|cm|
2|101|18.582|12.136|sf|
2|102|37.156|6.461|sf|
2|103|68.106|14.038|sf|
2|104|80.756|32.376|sf|
2|105|86.418|13.432|sf|
2|106|79.938|5.060|sf|
2|107|99.736|12.864|sf|
2|108|103.686|7.958|sf|
2|109|188.378|30.320|sf|
2|110|181.436|31.930|sf|
2|111|122.628|100.038|8.771|1.770|sf|
2|112|112.324|13.346|sf|
1|200|1.567|asse tombino|
2|100|237.452|101.520|13.140|1.365|cm|
2|300|220.066|100.988|30.614|1.365|cm|
2|500|315.662|99.844|137.420|1.363|cm|
2|PF01|224.520|100.174|141.984|1.895|cm|
2|201|314.522|56.433|cm|
2|202|313.072|25.107|cm|
1|300|1.1505|cm|
2|100|390.478|99.912|18.294|1.360|cm|
2|200|2.892|99.720|30.622|1.360|asse tombino|
2|PF01|208.586|100.032|111.463|1.700|sf|
2|301|150.444|16.543|sf|
2|302|332.686|9.285|sr|
2|111|22.170|99.052|15.362|1.585|sf|
2|308|147.970|15.872|sf|
1|400|1.53|cm|
2|100|302.096|100.826|38.466|1.340|cm|
2|PF08|0.000|98.178|45.363|1.53|cm|
2|104|315.774|6.261|cm|
1|500|1.605|cm|
2|200|399.320|100.374|137.415|1.339|cm|
2|202|399.902|112.329|cm|
2|501|0.880|108.787|cm|
2|201|0.128|80.995|cm|
2|PF05|202.634|100.032|125.063|1.636|sf|
2|502|0.000|99.806|133.300|2.48|sf|
4|105|301|0|*S*|
5|1|5.38|0|sr|
5|301|31.75|0|sr|
```

Figura 6.5 - Stampa del libretto delle misure prodotta con Pregeo 10, prima pagina.

```
          Stampa del 24/05/2009 alle ore 18:54:42              pag. 2/2
                  Pregeo 9.2.0 - Originale - 2005/202 [S]
-----------------------------------------------------------------------------
4|106|109|0|*S*|
5|2|4.95|0.00|sr|
5|309|31.39|0.00|sr|
6|prima particella derivata|
7|7|1|105|106|NC|
7|0|2|111|112|1|RC|
6|edificio su particella|
7|4|112|107|108|111|RC|
6|seconda particella derivata|
7|4|1|308|109|NC|
7|0|2|RC|
8|PF01/0190/E617|5052000.569000|1520177.047000|52|spig.n/e|
8|PF08/0190/E617|5052182.103000|1520143.293000|09|spig.n.e. cascina mapp.15|
8|PF05/0190/E617|5052033.416000|1519896.133000|52|spig.s/o|
6|                     ***** Relazione  Tecnica *****                      |
6| Il rilievo non e' stato semplice per la presenza di fabbricati,         |
6| recinzioni e alberature, si sono rese necessarie 5 stazioni e la        |
6| particella originaria non è stata rilevata per intero in quanto la      |
6| porzione c, mapp. 261, di fatto e' diventata sede stradale. Sulla       |
6| porzione A, mapp.259,  e' stata realizzata una autorimessa, la          |
6| porzione, mapp. 260 è rimasta seminativo.                               |
6| Le particelle 259 e 260 sono state rilevate per intero, questo non e'   |
6| stato possibile per la particella 261, in mancanza di confini           |
6| materializzati o materializzabili a meno di una onerosa e non utile     |
6| operazione di riconfinazione, la superficie di questa  e' stata         |
6| dedotta per differenza.                                                 |
6|                     *****  Fine   Relazione *****                       |
6|Dati per aggiornare il D.B. Censuario dell'Ufficio Tecnico Erariale|
6|51FTP|005|                                                          |
6|O|24    |000|   |     |000000420|SN|  |     |001|1 |               |
6|S|24    |000|   |     |000000000|  |  |     |000|  |               |
6|C|      |000|a  |259  |000000044|SR|  |     |000|  |               |
6|C|      |000|b  |260  |000000257|SR|  |     |000|  |               |
6|C|      |000|c  |261  |000000119|SN|  |     |000|  |               |
6|3SPC  |002|                                                        |
6|O|259   |000|   |     |000000044|SR|  |     |001|1 |               |
6|V|259   |000|   |     |000000044|SR|  |     |282|  |               |

                         Il codice associato a questo
                         libretto corrisponde a  2.250.475
                               *  fine dati  *
-----------------------------------------------------------------------------
```

Figura 6.6 - Stampa del libretto delle misure prodotta con Pregeo 10, seconda pagina.

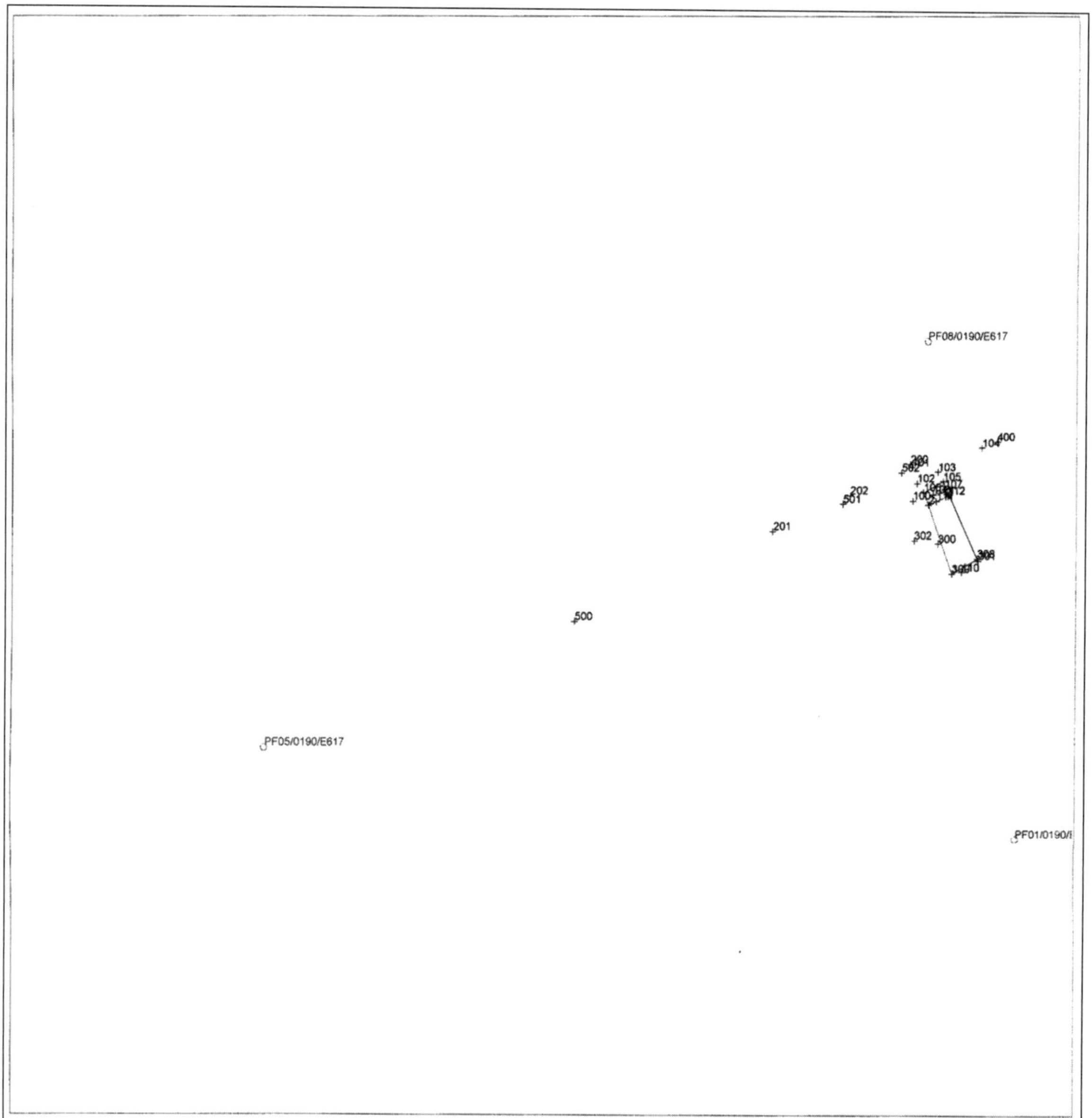

Tipo n. 2005/202

Codice del Comune E617

Foglio 0190

Particella/e: 24

Scala dell'abbozzo 1:2030

stampato il 24/05/2009 alle ore 18:56:43

Coordinate del riquadro:

Vertice in Basso a Sinistra

Nord: 5051900.00

Est: 1519800.00

Vertice in Alto a Destra

Nord: 5052300.00

Est: 1520200.00

Figura 6.7 - Stampa della visualizzazione grafica del mappale con frazionamento prodotta con Pregeo 10. Si notino i punti fiduciali (PF...), i punti di stazione (100, 200 ecc.) e i punti battuti (102, 202 ecc.).

agenzia del Territorio

Ufficio Provinciale di: **MILANO**
Comune di: **SEVESO**

ACCERTAMENTO DELLA PROPRIETA' IMMOBILIARE URBANA — mod. D1

Quadro A | Dichiarazione di Fabbricato Urbano o Nuova Costruzione

Tipo Mappale n. **14040** del **17/04/1998** — Ditta n. **1** di **1**
Causale: **Nuova Costruzione**
Intestati n. **1**

Unita' a destinazione ordinaria n. **2**
speciale e particolare n.
totali in costituzione n. **2**

Documenti allegati: Mod. 1N parte I n. 1 — Mod. 2N parte I n. — planimetrie n. 1
Mod. 1N parte II n. 1 — Mod. 2N parte II n. — pagine elaborato planimetrico n.

Quadro I | Ditta da intestare:

Denominazione	Sede legale	Prov.	Codice Fiscale
Edil Nuova	**Agrate Brianza**	**MI**	**00978670966**

N.	titolo	reg.	rif.	Titolo e Natura del possesso o godimento	Quota
1	**01**		-	**Proprietà**	**100/ 100**

Quadro U | Unita' Immobiliari

Riferimenti Catastali — Utilita' Comuni Censibili — Dati di Classamento Proposti

N.	Part. spec. / Indirizzo	Oper.	Sez.	Foglio	Particella	Sub.	Op.	Sez.	Foglio	Particella	Sub.	Z.C.	Cat. / Piano	Cl.	Cons. / Scala	Superf. cat. / Interno	Rendita € / Lotto	1N/2N	Plan. / Edificio
1	via Mazzini 37	C		31	442	1						U	A/7 / S1-T 1	3	7,5	157	890,89	SI	SI
2	via Mazzini 37	C		31	442	2						U	C/6 / S1	4	40		111,55	SI	

Quadro D | Note Relative al Documento e Relazione Tecnica

Il Dichiarante: BIANCHI SALVATORE
Residente in **residente in SEVESO (MI) - VIA ITALIA n. 00012 c.a.p. 20030**

(firma)

Il Tecnico: **Ing. PALLINI ENZO**
ALBO DEGLI INGEGNERI DELLA PROVINCIA DI MILANO n. 11408
Codice Fiscale: **PLLNZE52E19A390R**

(timbro e firma)

Riservato all'Ufficio — Data ______ — Protocollo ______
Verifica eseguita in data — Eseguita la registrazione — Notifica eseguita in data

l'incaricato — l'incaricato — l'incaricato

Figura 6.8 - Dichiarazione di nuova costruzione (mod. D1).

agenzia del Territorio

Ufficio Provinciale di: **MILANO**
Comune di: **SEVESO**

ACCERTAMENTO DELLA PROPRIETA' IMMOBILIARE URBANA
DICHIARAZIONE DI FABBRICATO URBANO A DESTINAZIONE ORDINARIA

mod. 1NB - parte I

A | Riferimenti Catastali del Fabbricato

C.T. Sez.______ foglio 31 numeri 442 __________
C.E.U. Sez.______ foglio 31 numeri 442 __________

B | Riferimenti Temporali del Fabbricato

Anno:
Di costruzione antec. 1942 Di ristrutturazione totale 1995

C | Elementi Descrittivi del Fabbricato

1. POSIZIONE RISPETTO AI FABBRICATI CIRCOSTANTI

☐ Isolato ☒ Contiguo ☐ A schiera
Fa parte di un complesso immobiliare ☒ NO ☐ SI
Se SI specificare: fabbricati n.______

2. DESTINAZIONE E NUMERO DI U.I. IN CUI E' SUDDIVISO IL FABBRICATO

☒ Abitazioni n. 1 ☐ Negozi n. ______
☐ Laboratori n.______ ☐ Magazzini n. ______
☐ Uffici n.______ ☒ Box, posto auto n. 1
☐ Autorimesse collettive n. ______
☐ Locali per attività sportive n. ______
☐ Unità immobiliari censibili nel gruppo 'B' n. ______

3. IL FABBRICATO SI ARTICOLA IN N. ______ SCALE CON ACCESSO

☐ Unico Esterno ☐ Plurimo Esterno ☒ Dal cortile Interno

4. CARATTERISTICHE DIMENSIONALI DEL FABBRICATO

Piani fuori terra n. 2 Ovvero minimo ______ Massimo ______
Piani entro terra n. 1 Ovvero minimo ______ Massimo ______

5. DENSITA' FONDIARIA

Rapporto tra volume fuori terra ed area del lotto 1 ,10
Rapporto tra volume entro terra ed area del lotto 1 ,70

6. CORPI ACCESSORI

	n. 1	n. 2	n. 3	n. 4
Piani fuori terra	n. ______	n. ______	n. ______	n. ______
Piani entro terra	n. ______	n. ______	n. ______	n. ______

7. IL FABBRICATO E' CON CORTILE INTERNO ☐ NO ☒ SI

D | Destinazione degli Spazi ad Uso Comune

1. DESTINAZIONE DEGLI SPAZI COPERTI DEL FABBRICATO

Guardiola		☐
Alloggio custode		☐
Sala riunioni	(m^2 ______)	☐
Atrio	(m^2 ______)	☐
Porticato - Piloty	(m^2 ______)	☐
Lavatoio	(m^2 ______)	☐
Piscina	(m^2 ______)	☐
Altra destinazione	____________	☐

2. DESTINAZIONE DEGLI SPAZI SCOPERTI NEL FABBRICATO

Terrazza	(m^2 ______)	☐
Cortile e camminamenti	(m^2 ______)	☐
Verde	(m^2 ______)	☐
Parcheggio auto	(posti n. ______)	☐
Tennis	(campi n. ______)	☐
Piscina	(m^2 ______)	☐
Altra destinazione	____________	☐

E | Posizione del Fabbricato

TIPI DI AFFACCIO PREVALENTE

	FACCIATA (*) n. 1	n. 2	n. 3	n. 4
Su strada larga oltre 10 metri	☐	☐	☐	☐
Su strada larga fino 10 metri	☐	☐	☐	☐
Su piazza,largo o simile	☐	☐	☐	☐
Su distacco con fabbricato per abitazioni	☒	☒	☒	☐
Su distacco con fabbricato ad uso diverso	☐	☐	☐	☐
Su verde pubblico	☐	☐	☐	☐
Su verde privato: parco,giardino, attività agricola	☐	☐	☐	☐
Altro ____________	☐	☐	☐	☐
Facciata in aderenza		☐	☐	☒

(*) Dell' accesso principale

Figura 6.9 - Dichiarazione di fabbricato urbano a destinazione ordinaria (mod. 1NB, parte I), pagina 1.

Ufficio Provinciale di: **MILANO**
Comune di: **SEVESO**

mod. 1NB - parte I

ACCERTAMENTO DELLA PROPRIETA' IMMOBILIARE URBANA
DICHIARAZIONE DI FABBRICATO URBANO A DESTINAZIONE ORDINARIA

F | Caratteristiche Costruttive del Fabbricato

1. STRUTTURE PORTANTI VERTICALI
- Muratura [ ]
- Cemento armato [X]
- Ferro [ ]
- Prefabbricate [ ]
- Altre o tipiche del luogo ________ [ ]

2. COPERTURA
- A terrazza praticabile [ ]
- A terrazza non praticabile [ ]
- A tetto [X]

3. TAMPONATURE
- Muratura [ ]
- Muratura con intercapedine isolante [X]
- Pannelli prefabbricati [ ]
- Facciate continue in vetro e metallo [ ]
- Altro o tipiche del luogo ________ [ ]

G | Dotazioni di Impianti nel Fabbricato

IMPIANTO
- Idrico [X]
- Elettrico [X]
- Gas [ ]
- Telefonico [X]
- Fognario [X]
- Riscaldamento centralizzato [ ]
- Acqua Calda centralizzata [ ]
- Condizionamento centralizzato [ ]
- Citofonico [X]
- Video - Citofono [ ]
- Antenna TV centralizzata [ ]
- Ascensore : (impianti n. ______) [ ]
- Montacarichi [ ]
- Altro ________ [ ]
- Fonti energetiche alternative ________ [ ]

H | Recinzioni

INDICARE LA PRESENZA DI RECINZIONI
- Muratura [ ]
- Metalli lavorati [ ]
- Maglie metalliche [X]
- Elementi prefabbricati [ ]
- Altro ________ [ ]

IL TECNICO
data ________
Firma e timbro ________

IL DICHIARANTE
data ________
firma ________

I | Finiture delle Parti Esterne del Fabbricato

1. TIPO PREVALENTE DI FINITURA ESTERNA

	facc. princ.	altre
Tinteggiatura	[ ]	[ ]
Resino-plastica	[ ]	[ ]
Piastrelle di klinker, cotto o simili	[ ]	[ ]
Marmo o pietra naturale	[ ]	[ ]
Pannelli in metallo, materiali plastici	[ ]	[ ]
Legno	[ ]	[ ]
Solo intonaco	[ ]	[ ]
Altre o tipiche del luogo M. PARAMANO	[X]	[X]

2. SERRAMENTI ESTERNI DEGLI ACCESSI AL FABBRICATO

	portone	altri accessi
Legno	[X]	[X]
Metallo	[ ]	[ ]
Altro ________	[ ]	[ ]

3. FINITURE DI PARTICOLARE PREGIO

Indicare eventuali finiture di carattere ornamentale ________

L | Finiture delle Parti interne del Fabbricato

1. TIPO PREVALENTE DI PAVIMENTAZIONE DI ATRIO E SCALE

	atrio	scale
Marmo o pietra naturale	[ ]	[ ]
Piastrelle in ceramica, cotto gres e simili	[X]	[X]
Moquette e altri tessili	[ ]	[ ]
Materiali plastici e simili	[ ]	[ ]
Legno	[ ]	[ ]
Altro o tipiche del luogo ________	[ ]	[ ]

2. TIPO PREVALENTE DI FINITURA DELLE PARETI DI ATRIO E SCALE

Idropittura	[X]	[X]
Resino - plastica	[ ]	[ ]
Smalto	[ ]	[ ]
Laminati plastici	[ ]	[ ]
Legno	[ ]	[ ]
Marmo	[ ]	[ ]
Altro o tipiche del luogo ________	[ ]	[ ]

M | Vincoli Artistici e Storici

L'IMMOBILE E' SOGGETTO A VINCOLI ARTISTICI O STORICI AI SENSI DELLA LEGGE 1/6/1939/ N.1089 : NO [X] SI [ ]

Specificare il tipo di vincolo ________

Riservato all' Ufficio
Partita n. ________
Prot. n. ________
Busta n. ________
L'incaricato ________

Figura 6.10 - Dichiarazione di fabbricato urbano a destinazione ordinaria (mod. 1NB, parte I), pagina 2.

agenzia del Territorio

Ufficio Provinciale di: **MILANO**
Comune di: **SEVESO**

ACCERTAMENTO DELLA PROPRIETA' IMMOBILIARE URBANA
DICHIARAZIONE DI UNITA'IMMOBILIARE A DESTINAZIONE ORDINARIA

mod. 1NB - parte II

A | Riferimenti Catastali dell' Unità Immobiliare

Sezione	Foglio	Particella	Subalterno
______	31	442	1
______	______	______	______
______	______	______	______
______	______	______	______

B | Riferimenti Temporali

Anno:
Di costruzione antec. 1942 Di ristrutturazione totale 1995

C | Dati Metrici dell' Unità Immobiliare

C/1 UNITA' IMMOBILIARE CENSIBILE NEL GRUPPO 'A' E 'B'

[X] Abitazioni o uffici privati
[ ] Alloggi collettivi, uffici pubblici, scuole o istituti di cultura

1. VANI PRINCIPALI
Camere, cucina, stanze,ecc. n. 5 sup. utile m² 76

2. ACCESSORI DIRETTI
Bagni, W.C. n.2 sup. utile m² 11
Corridoi, ripostigli, ecc. n.2 sup. utile m² 8
SUPERFICIE LORDA (relativa ai punti 1 e 2) m² 124

3. ACCESSORI INDIRETTI
Accessori complementari, cantine, soffitte,
lavanderie e simili n. 4 sup. lorda m² 62

4. DIPENDENZE ESCLUSIVE
Balconi, terrazzi, portici sup. lorda m² 8

5. PERTINENE SCOPERTE ESCLUSIVE
Giardino, cortile sup. lorda m² 238
Piscina, tennis, ______ sup. m² ______
Parcheggio auto per posti numero ______

6. DATI RELATIVI ALL'ALTEZZA
Altezza media U.I.U. cm. 300
Superficie dei vani principali ed accessori diretti
aventi altezze medie inferiori a centimetri 230 m² ______

7. PER LE U.I. CENSIBILI NEL GRUPPO 'B' INTEGRARE
CON LE SEGUENTI INFORMAZIONI
Piani fuori terra n. ______ m³. ______
Piani entro terra n. ______ m³. ______

C | Dati Metrici dell' Unità Immobiliare

C/2 UNITA' IMMOBILIARE CENSIBILE NEL GRUPPO 'C'
(Commerciale ed usi diversi da quelli indicati nel prospetto C/1)

1. LOCALI PRINCIPALI:
Piano ______ lordi m² ______ di cui utili m² ______

2. LOCALI ACCESSORI DIRETTI:
Piano ______ lordi m² ______ di cui utili m² ______

3. LOCALI ACCESSORI INDIRETTI:
Piano ______ lordi m² ______ di cui utili m² ______
Piano ______ lordi m² ______ di cui utili m² ______

4. DIPENDENZE ESCLUSIVE
Balconi, terrazzi, portici sup. lorda m² ______

5. PERTINENZE SCOPERTE ESCLUSIVE
Superficie lorda m² ______
Parcheggio auto per posti numero ______

6. IL LOCALE HA ACCESSO CARRABILE
Il locale ha accesso carrabile SI [ ] NO [ ]

7. DATI RELATIVI ALL'ALTEZZA
Altezza media dei locali principali cm ______
Superficie dei locali principali ed accessori diretti
aventi altezze medie inferiori a cm. 230 m² ______

D | Dotazioni Tecnologiche dell' Unità Immobiliare

IMPIANTO AUTONOMO

- Riscaldamento [X]
- Acqua calda [X]
- Condizionamento [ ]
- Citofonico [X]
- Video - citofonico [ ]
- Ascensore ad uso esclusivo [ ]
- Ascensore : (impianti n. ______) [ ]
- Ascensore di servizio [ ]
- Montacarichi [ ]
- Altro ______ [ ]

Figura 6.11 - Dichiarazione di unità immobiliare a destinazione ordinaria (mod. 1NB, parte II), pagina 1.

Ufficio Provinciale di: **MILANO**
Comune di: **SEVESO**

mod. 1NB - parte II

ACCERTAMENTO DELLA PROPRIETA' IMMOBILIARE URBANA
DICHIARAZIONE DI UNITA'IMMOBILIARE A DESTINAZIONE ORDINARIA

E | Caratteristiche Costruttive di Finitura

1. TIPO PREVALENTE DI PAVIMENTAZIONE

	Camere o stanze	Cucina o bagno	Altri accessori
Marmo o pietra naturale	[ ]	[ ]	[ ]
Piastrelle in ceramica, cotto o gres	[X]	[X]	[X]
Piastrelle in scaglie marmo	[ ]	[ ]	[ ]
Moquette o simili	[ ]	[ ]	[ ]
Gomme o sintetici	[ ]	[ ]	[ ]
Parquet	[ ]	[ ]	[ ]
Altro ____________	[ ]	[ ]	[ ]

2. TIPO PREVALENTE DI INFISSI INTERNI

	Porte d'ingresso	Porte interne
Legno	[X]	[ ]
Legno tamburato	[ ]	[X]
Metallo	[ ]	[ ]
Altro ____________	[ ]	[ ]

IL TECNICO

data ____________

Firma e timbro ____________

IL DICHIARANTE

data ____________

Firma ____________

F | Valore Indicativo della U.I.U. e Osservazioni

1. DESTINAZIONE D'USO

ABITAZIONE IN VILLINO

2. OSSERVAZIONI RELATIVE AL VALORE ED AL CLASSAMENTO PROPOSTO

Riservato all'Ufficio

Prot. n. ____________ Partita n. ____________

Busta n. ____________

L' incaricato ____________

Figura 6.12 - Dichiarazione di unità immobiliare a destinazione ordinaria (mod. 1NB, parte II), pagina 2.

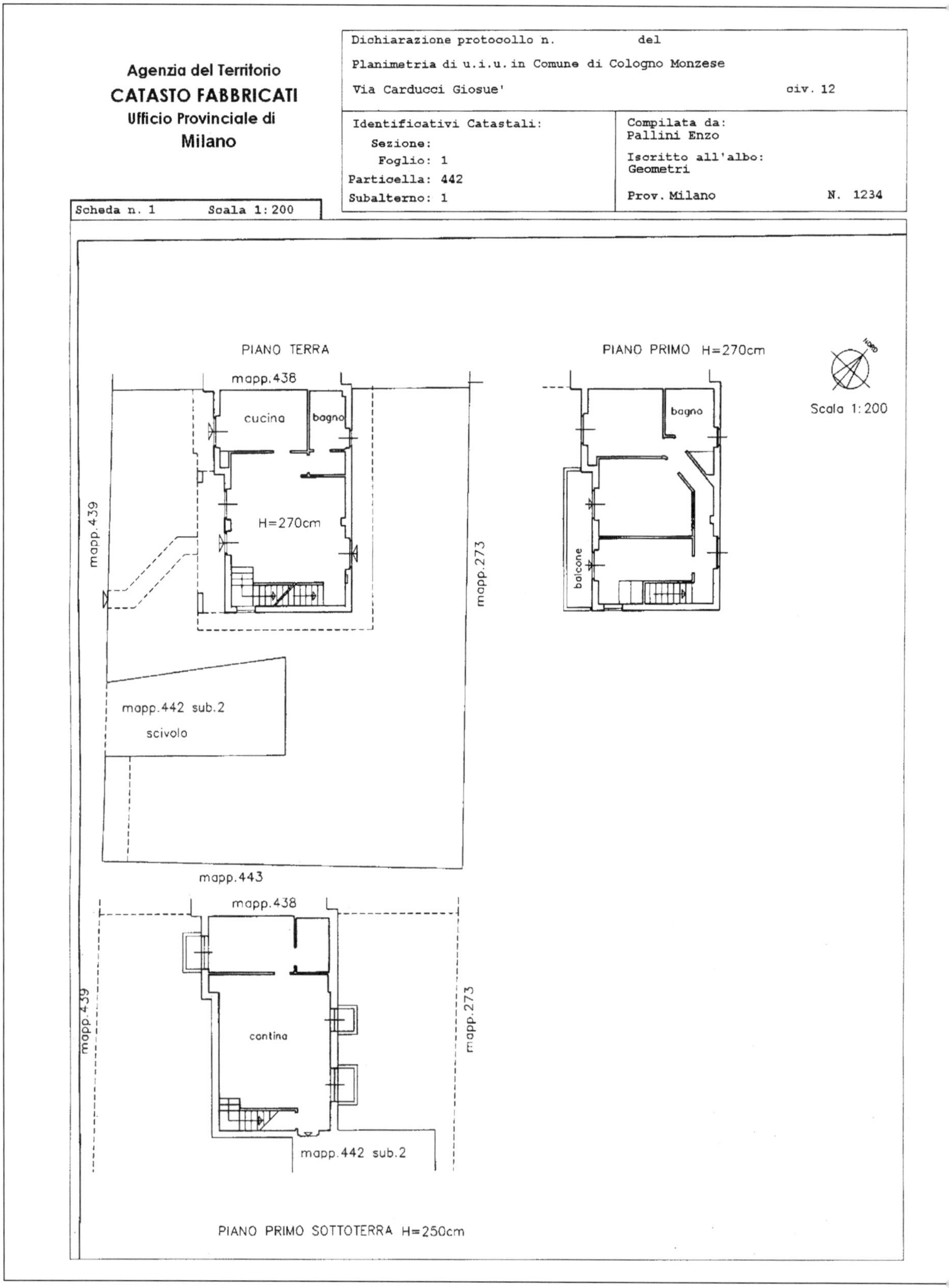

Figura 6.13 - Planimetria catastale di unità immobiliare urbana stampata con DOCFA.

ELABORATO PLANIMETRICO	Agenzia del Territorio
Compilato da: Pallini Enzo Iscritto all'albo: Ingegneri Prov. Milano N. 11408	**CATASTO FABBRICATI** **Ufficio Provinciale di** **Milano**

Comune di Seveso			Protocollo n.	del
Sezione:	Foglio: 31	Particella: 442	Tipo Mappale n. 14040	del 17/04/2001
Dimostrazione grafica dei subalterni				Scala 1 : 500

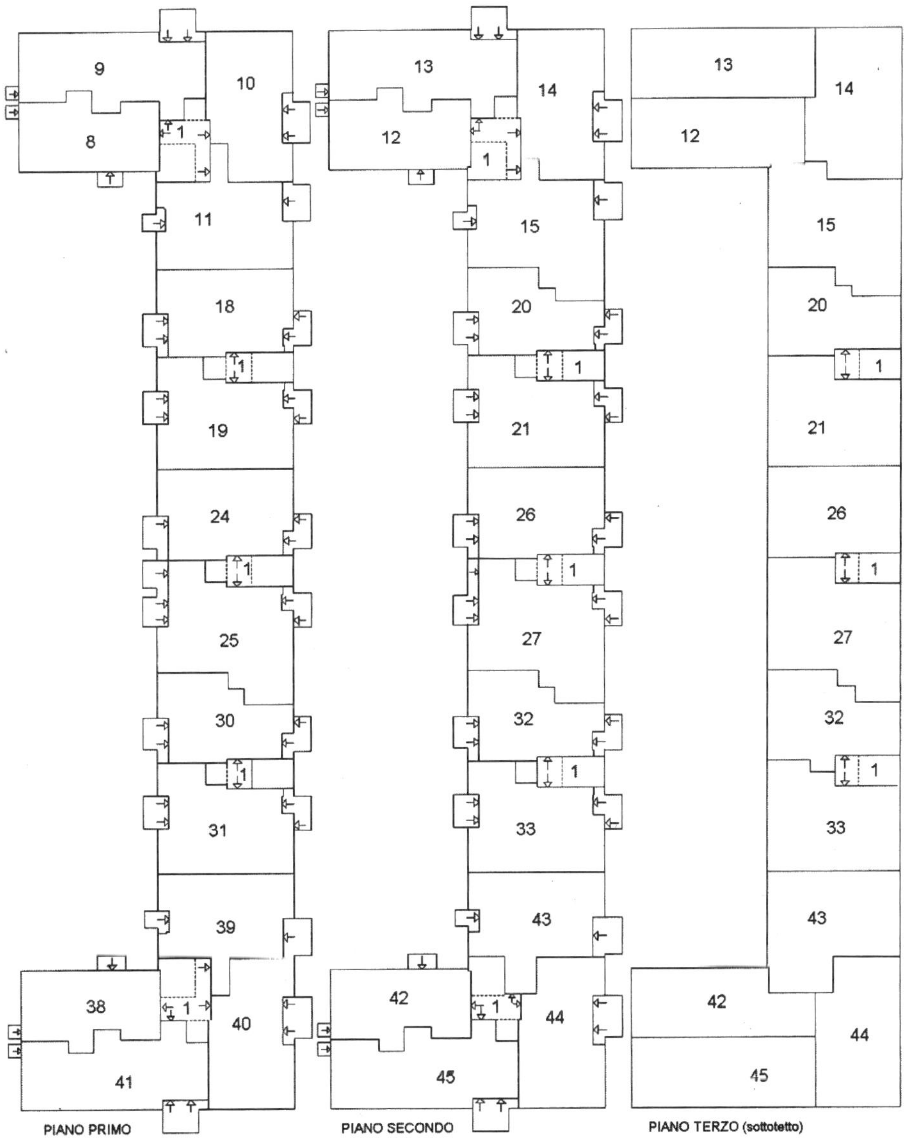

Figura 6.14 - Elaborato planimetrico per la dimostrazione della suddivisione in subalterni stampato con DOCFA di un condominio orizzontale (villette a schiera).

6.2 CLASSAMENTO DEI FABBRICATI

6.2.1 Attribuzione della classe

Il criterio basilare che il tecnico deve seguire è il confronto con i valori medi approvati con le microzone e il reale valore dell'immobile da censire. Il criterio suggerito dall'amministrazione è di fare riferimento inizialmente alla classe media presente nella microzona, si procederà poi ad aumentare o a diminuire la classe in funzione della dotazione di servizi e dell'età del fabbricato. Si dovrà in ogni caso evitare che a unità immobiliari dello stesso tipo e ubicate nella stessa zona sia assegnata una diversa classe.
La rendita proposta sarà ottenuta moltiplicando la consistenza per la tariffa corrispondente. Il calcolo è automatico grazie al database di tariffe integrato nella procedura.
Il programma DOCFA prevede anche la possibilità di eseguire un **classamento automatico** sulla base dei dati dichiarati nei modelli 1NB o 2NB. Il tecnico può decidere poi se convalidare il proprio classamento o quello eseguito automaticamente dal programma.

6.2.2 Descrizione delle categorie di fabbricati ai fini del classamento

Gruppo A, Unità immobiliari per uso di abitazioni o assimilabili

A/1 Abitazione di tipo signorile
Unità immobiliari costituite di un unico fabbricato o comprendenti *almeno un intero piano* ubicate di solito in *ottima posizione*, centrale o eccentrica, isolata o, se contigue, con ampio spazio circostante a verde. Hanno affaccio su strada principale, su piazza o verde pubblico. In alcuni casi possono far parte di questa categoria anche *miniappartamenti ricavati dal frazionamento di ville*, qualora si trovino in posizioni di particolare pregio o prestigio.
Hanno *caratteristiche costruttive* che si differenziano spiccatamente da tutte le altre unità immobiliari per solidità, conservazione e manutenzione delle strutture murarie, ma anche perché costituite di un gran numero di vani, alcuni dei quali di grande ampiezza. I vani sono sempre ben aerati e illuminati e con finiture lussuose o per lo meno ricche; infissi e serramenti in legno di pregio; atrio e scale in marmo o pietra naturale o cotto pregiato. La dotazione di impianti è completa o esuberante. Le parti esterne del fabbricato sono ben rifinite: piastrelle o marmo o pietra naturale con intonaco resino-plastico. Sono dotate di spazio a verde, di parcheggio auto, di eventuale guardiola per il custode, sale per riunioni comuni ecc.
Nei fabbricati a cui appartengono le abitazioni di tipo signorile ai piani sottostanti è ammessa la compresenza delle categorie C/6, C/1, A/10 o D/5 (magazzini e laboratori).

A/2 Abitazioni di tipo civile
Unità immobiliari che, specialmente nelle alte classi, hanno i vani ben disimpegnati, con *minimo due camere più servizi*, ben aerati e illuminati. Gli appartamenti sono *ben rifiniti e decorosi*: parti esterne con facciate semplici ma piacevoli, ingressi più o meno ampi, scale comode e luminose ecc.; parti interne con pavimenti in buon materiale, infissi in legno ben connessi e di lavorazione accurata ecc. Sono munite di impianti fissi di riscaldamento, ascensore (oltre il terzo piano), citofono e bagno.

In detta categoria rientrano altresì i *fabbricati a schiera* (da non comprendere nelle classi minime). Sono compatibili con la categoria anche le unità immobiliari di consistenza notevolmente inferiore a quella propria delle abitazioni di tipo civile (*minialloggi*). Nelle località a vocazione turistica possono essere classificate in A/2 anche abitazioni prive di riscaldamento.

A/3 Abitazioni di tipo economico

Unità immobiliari poste in fabbricati di costruzione alquanto recente e costituite di *alloggi decorosi, ma costruiti con la massima economia*. I vani sono di ampiezza normale (medio-piccola) con accessori e dipendenze strettamente sufficienti; dotazione di non più di un servizio igienico. Munite di riscaldamento centralizzato, ma non sempre di ascensore e di citofono.
Si trovano generalmente nei grandi centri urbani dove costituiscono grandi isolati a più piani con molti alloggi di tre o quattro vani ciascuno ovvero semplici casette a uno o due piani con pochissimi alloggi.

A/4 Abitazioni di tipo popolare

Unità immobiliari costituite di tre o quattro vani con strutture ordinarie, *non sempre ben conservate*. Opere esterne semplici, vani di dimensioni medie quasi sempre *non disimpegnati*, con accessi anche da balconi esterni. *Sprovvisti quasi sempre di impianti di riscaldamento e bagno* o, se esistono, sono sempre di tipo comunissimo. Hanno finiture semplici, anche rustiche.
Tale categoria non trova più applicazione alle unità immobiliari abitative di recente edificazione, ma può essere attribuita ad abitazioni di vecchia costruzione con grado di finitura semplice, con dotazione scarsa di impianti e non corrispondenti agli standard correnti.

A/5 Abitazioni di tipo ultrapopolare

Con la circolare n. 5 del 14 marzo 1992 la categoria A/5 è stata annullata, in quanto non rappresenta più tipologie abitative ordinarie. Rimangono quelle già esistenti nella banca dati catastale, che vengono cambiate di categoria in occasione della prima variazione.
Sono "unità immobiliari appartenenti a fabbricati edificati nel periodo antecedente gli ultimi eventi bellici, non ristrutturati e con livelli costruttivi e di dotazione di impianti e servizi insufficienti oppure ordinariamente inferiori agli standard attuali; rifiniture di modesto livello e vetustà".

A/6 Abitazioni di tipo rurale

Come le abitazioni del tipo ultrapopolare (A/5), rispondono a realtà edilizie e di utilizzazione consuete all'epoca della formazione del catasto edilizio, ma attualmente non rappresentano più tipologie abitative ordinarie perché al di fuori degli standard minimi indispensabili per l'uso cui dette categorie fanno riferimento. Gli immobili già censiti in dette categorie sono caratterizzati dall'assenza o carenza degli indispensabili servizi igienici e, spesso, anche di altre dotazioni ora ritenute indispensabili.
Attualmente dette unità vengono adeguate alle minime condizioni abitative e quindi *meritano un nuovo appropriato classamento*. Se non hanno subito interventi di riadattamento, per il principio dell'ordinarietà non possono che essere classate, sia pure nelle classi più basse, nella categoria che rappresenta le unità più povere di dotazioni (categoria A/4), altrimenti nelle categorie A/3, A/2 o A/7.

A/7 Abitazioni in villini

Costruzioni isolate a pianta irregolare, *piacevoli alla vista*, costituite di *una o due unità immobiliari* con vani di dimensione media ben disimpegnati e aerati; quasi sempre sono circondate da cortile ampio o verde. Il numero di vani non è mai

inferiore a tre più cucina e servizi. Rifiniture interne di discreto pregio. Sono provvisti di impianti completi.
Di regola si trovano alla periferia dei centri urbani più importanti e, nei piccoli Comuni, in posizione amena per villeggiatura.
Sono compatibili con la categoria le unità immobiliari appartenenti a fabbricati a schiera e quelle di consistenza notevolmente inferiore a quella propria delle abitazioni in villini, e cioè i minialloggi stagionali.
In detti fabbricati è ammessa la compresenza di soli C/6 e C/7.
Qualora l'affaccio di queste unità avvenga su zone inquinate o a scarso apprezzamento insediativo si accerterà l'unità immobiliare nella classe minima.

A/8 Abitazioni in ville
Costruzioni isolate e costituite di *una sola unità immobiliare, più o meno lussuosa,* ma sempre con finiture ricche. Hanno impianti completi e sono provviste di tutte le dipendenze e accessori. Sono costituite di un *numero elevato di vani* con rifiniture interne di discreto pregio.
Sono ubicate generalmente nella periferia dei centri più importanti oppure in campagna in zone di villeggiatura circondate da abbondante verde (parco, giardino, cortile).
In detti fabbricati è ammessa la compresenza di soli C/6 e C/7. Se ubicate in zone inquinate si inserirà nella classe minima.

A/9 Castelli, palazzi di eminenti pregi artistici e storici
Castelli e palazzi eminenti che per la loro struttura, la ripartizione degli spazi interni e i volumi edificati non sono comparabili con le unità tipo delle altre categorie. Essi, ordinariamente, costituiscono una sola unità immobiliare. È però compatibile la presenza di altre unità funzionalmente indipendenti, censibili nelle altre categorie.

A/10 Uffici e studi privati
Comprende in genere le seguenti tipologie.
- *Uffici privati open space*: caratterizzati dalla presenza di ampie superfici da attrezzare con pareti mobili, secondo le esigenze temporanee dell'ufficio. Sarà però opportuno individuare la superficie del vano medio, abitualmente definita in sede di modulazione degli spazi.
- *Scuole private, agenzie assicurative, laboratori professionali*: studi medici, laboratori odontotecnici, laboratori per analisi ecc.

A/11 Abitazioni e alloggi tipici dei luoghi
Comprende baite, *chalet*, rifugi di montagna, dammusi, nuraghi, sassi, trulli, baracche in zone terremotate ecc.

Gruppo B, unità immobiliari per uso di alloggi collettivi

B/1 Collegi e convitti
Educandati, ricoveri, orfanotrofi, ospizi, conventi, seminari, caserme.

B/2 Case di cura e ospedali
Edifici pubblici destinati a ospedali, poliambulatori, case di riposo assistenziali ecc.

B/3 Prigioni e riformatori

B/4 Uffici pubblici
Edifici di pubbliche amministrazioni, compresi gli uffici vescovili e parrocchiali adibiti a uffici e costituenti unità immobiliari indipendenti.

B/5 Scuole e laboratori scientifici
Edifici scolastici pubblici di ogni ordine e grado.

B/6 Biblioteche
Edifici pubblici destinati ad attività culturali: pinacoteche, musei, gallerie, accademie che non hanno sede in edifici storici (A/9). I "circoli ricreativi" sono compresi in questa categoria solo se non hanno fine di lucro (in questo senso hanno attività culturale); in caso contrario dovranno essere dichiarati con la categoria propria dell'unità immobiliare secondo l'uso ordinario.

B/7 Cappelle e oratori non destinati all'esercizio pubblico dei culti
Quando la *cappella privata* è annessa ad abitazione, non costituisce separata unità immobiliare e va, pertanto, computata nella consistenza dell'unità immobiliare di cui fa parte, a meno che non abbia accesso diretto da strada, cortile, androne, giardino ecc. Se la cappella privata, oltre a essere adibita all'esercizio pubblico dei culti, ha le caratteristiche proprie all'uso specifico cui è destinata, si assegna alla categoria E/7 e si assoggetta o meno alla determinazione della rendita catastale, secondo che sia ceduta in affitto o gratuitamente.

B/8 Magazzini sotterranei per deposito derrate
La categoria B/8 rappresentava i magazzini sotterranei adibiti alla conservazione delle derrate alimentari. Tale destinazione non è più riscontrabile nella ordinarietà e pertanto le unità censite nella categoria dovranno trovare appropriata collocazione nella categoria del gruppo C, in relazione all'uso cui sono destinate.

Gruppo C, unità immobiliari a uso terziario e commerciale

C/1 Negozi e botteghe
Rientrano in questa categoria i locali che hanno *ingresso diretto dalla strada pubblica* e destinati alle più varie attività commerciali: barbieri, orologiai, ricevitorie postali, agenzie bancarie o assicurative, ambulatori medici ecc. Si applica anche a quei locali dove la vendita si accompagna con prestazioni di servizio: trattorie, ristoranti, pizzerie, panetterie (intese come locali di vendita al minuto del pane), bar, caffè ecc.

C/2 Magazzini e locali di deposito
Edifici dove si esercita la vendita all'ingrosso di merci, manufatti, prodotti, derrate ecc. o solo adibiti a contenere questi ultimi. Generalmente i locali della categoria C/2 sono di maggiori dimensioni di quelli della categoria C/1, sono ubicati in posizione prevalentemente eccentrica e non hanno, di solito, apprestamenti per mostre (vetrine).
Si possono inserire in questa categoria anche le cantine quando sono accatastate come autonome unità immobiliari.

C/3 Laboratori per arti e mestieri
Comprende tutti quei locali nei quali gli artigiani (fabbri, falegnami, pittori, sarti ecc.) o i piccoli imprenditori esercitano un'attività di trasformazione di materie prime o di semilavorati in prodotti finiti. Sono edifici di diverso utilizzo, per esempio:

- *falegnameria* o locali utilizzati per la *lavorazione artigianale del marmo*;
- *edifici per produzioni alimentari* di modesta entità (*caseificio, pasticceria, macelleria* ecc.) quando occupano comuni locali suscettibili di diversa destinazione ordinaria senza radicali trasformazioni;
- *officine* per la riparazione di autoveicoli;

- *impianti per lavaggio autovetture*, se dotati di attrezzature semplici e, quindi, con esclusione di impianti fissi nei locali;

Questi locali adibiti a laboratori artigianali sono normalmente ubicati in periferia o nel corpo della città e solo eccezionalmente in località centrali. Di regola non hanno gli adattamenti delle botteghe per la vendita, sebbene talvolta l'artigiano lavori non soltanto per commissione ma anche per la vendita diretta al pubblico.

C/4 Fabbricati e locali per esercizi sportivi
Fabbricati costruiti o adattati per tali speciali scopi e non suscettibili di destinazione diversa senza radicali trasformazioni, *senza fine di lucro*: palestre, piscine, palazzetti e in genere costruzioni destinate agli atleti (spogliatoi, depositi di attrezzi ecc.). In ogni caso non le palestre private a fine di lucro da classificare come D/6.

C/5 Stabilimenti balneari e di acque curative
Fabbricati costruiti o adattati per tali speciali scopi e non suscettibili di destinazione diversa senza radicali trasformazioni, se non hanno fine di lucro (per esempio le "colonie" estive). Gli stabilimenti balneari a fine di lucro vanno classificati in D/8.

C/6 Stalle, scuderie, rimesse e autorimesse
Box per auto, rimesse per autoveicoli o per imbarcazioni, autorimesse. Per autorimesse si intendono edifici costruiti per tale destinazione e non suscettibili di destinazione diversa senza radicali trasformazioni.

C/7 Tettoie chiuse o aperte
Un tempo lavatoi pubblici coperti, oggi posti auto su aree private coperte o su piani *pilotis*. Queste ultime unità immobiliari, caratterizzate da spazi delimitati con segnaletica a terra, ricavati su aree o spazi coperti privati, che venivano censite nella categoria C/6, troveranno collocazione nella categoria C/7.

Gruppo D, categorie speciali a fine produttivo o terziario

Per un corretto classamento in questo gruppo è necessario un esame preliminare delle caratteristiche dell'immobile, finalizzato da un lato a verificare l'assenza dei requisiti per l'attribuzione di una delle categorie dei gruppi ordinari (A, B e C) e, dall'altro, ad attribuire la categoria speciale o particolare più rispondente alle caratteristiche oggettive dell'immobile.
Sul piano operativo, infatti, per molte tipologie il carattere speciale o particolare è di per sé evidente, in quanto strettamente legato alla destinazione, ma per molte altre non lo è altrettanto. Per esempio è noto come i depositi e i laboratori possono essere qualificati in categoria C/2 (depositi) e C/3 (laboratori artigianali) oppure nelle categorie D/1 (opifici), D/7 (fabbricati costruiti o adattati per le speciali esigenze di un'attività industriale) e D/8 (fabbricati costruiti o adattati per le speciali esigenze di un'attività commerciale). In questi casi, la scelta della categoria più rispondente alle caratteristiche dell'immobile dipende, evidentemente, anche dalle altre caratteristiche (tipologiche, costruttive e dimensionali) con riferimento al principio dell'ordinarietà, ma soprattutto dalla loro diversa localizzazione (centro urbano, zona industriale o commerciale appositamente attrezzata).
Ai fini del classamento di questa tipologia di edifici, il riferimento normativo è l'art. 10 della legge n. 1249/1939: "La rendita catastale delle unità immobiliari costituite da opifici e in genere dai fabbricati di cui all'art. 28 della legge 8 giugno 1936, n. 1231, costruiti per le speciali esigenze di una attività industriale o

commerciale e *non suscettibili di una destinazione estranea alle esigenze suddette senza radicali trasformazioni*, è determinata con stima diretta per ogni singola unità". L'art. 28 della legge n. 1231/1936 definisce "i fabbricati destinati a teatri, a cinematografi e alberghi, nonché i fabbricati costruiti per le speciali esigenze di una specifica attività industriale o commerciale e tali da non essere suscettibili di destinazione ordinaria senza radicali trasformazioni".

D/1 Opifici
Fabbricati ove si svolge un'attività industriale per mezzo di *meccanismi inamovibili* per necessaria infissione ovvero gli stabilimenti o le fabbriche che occupano interi fabbricati o porzioni di fabbricati nei quali si svolge un'attività intesa a produrre un bene economico e, comunque, capace di trasformare la materia prima in prodotti finiti e vendibili (per esempio una fabbrica di automobili o di motocicli, uno zuccherificio, una distilleria ecc.). L'attività può essere più genericamente intesa come produzione di beni e servizi per venderli ad altri e ricavarne un utile. Per esempio rientrano in questa categoria: autosilos dotati di impianti di sollevamento delle autovetture, falegnamerie che non hanno carattere artigianale, cabine elettriche, centrali idroelettriche, panifici, caseifici ecc. di rilevante importanza economica e cioè quando, per le condizioni di fatto, si possono loro riconoscere le caratteristiche di opifici.

D/2 Alberghi e pensioni
Alberghi, villaggi turistici, case di riposo o pensionati per anziani ecc. quando abbiano le caratteristiche per rientrare nell'art. 10 della legge n. 1249/1939.

D/3 Teatri, cinematografi, sale per concerti, spettacoli e simili
Cinema, teatri, discoteche, parchi giochi, parchi zoo e zoosafari, quando abbiano le caratteristiche per rientrare nell'art. 10 della legge n. 1249/1939.

D/4 Case di cura e ospedali, poliambulatori
Quando abbiano fine di lucro.

D/5 Istituti di credito, cambio e assicurazione
Limitatamente ai fabbricati o parti autonome di essi, non le comuni agenzie bancarie o quelle assicurative che devono rientrare, secondo il concetto dell'ordinarietà, in base all'ubicazione e alle caratteristiche costruttive, in una delle categorie dei gruppi A (per esempio A/10) o C (per esempio C/1), quando abbiano le caratteristiche per rientrare nell'art. 10 della legge n. 1249/1939.

D/6 Fabbricati e locali per esercizi sportivi
Quando non abbiano le caratteristiche per rientrare nell'art. 10 della legge n. 1249/1939 e abbiano fine di lucro: sale per bowling, stadi e piscine; aree con attrezzature sportive; campi sportivi senza costruzioni (per esempio: calcetto, tennis, palla a volo, basket, baseball ecc.) o con semplici gradinate; impianti con attrezzature sportive, anche con coperture pressurizzate. Si considerano attrezzature sportive anche i campi da golf, i maneggi e simili.

D/7 Fabbricati costruiti o adattati per le speciali esigenze di un'attività industriale e non suscettibili di destinazione diversa senza radicali trasformazioni
Per esempio un fabbricato costruito per soddisfare determinate esigenze di un opificio industriale al quale non può essere incorporato perché da esso distaccato. Sono compresi:
- i *caselli autostradali* e i *locali per deposito di attrezzi* esistenti lungo le autostrade concesse all'industria privata;
- gli *impianti per lavaggio auto* se del tipo automatico con presenza di attrezzature specifiche e sempreché non facciano parte delle stazioni di servizio;

- le *discariche* per lo smaltimento dei rifiuti solidi urbani con gestione reddituale;
- *aree di deposito di rottami, inerti* ecc. nel caso in cui, oltre al deposito, nelle aree si svolga l'attività di lavorazione e commercializzazione del materiale, anche se con carattere sussidiario;
- gli *impianti di depurazione delle acque di rifiuto* di proprietà di persona o società esterna o estranea al complesso abitativo (condomini "orizzontali" o consorzi residenziali) per cui si possa ipotizzare che la relativa gestione sia reddituale;
- le porzioni di costruzioni utilizzate dai *concessionari d'auto*, se dotati di locali con attrezzature specifiche per le operazioni di manutenzione degli autoveicoli;
- i *caselli ferrotranviari;*
- le *centrali del latte;*
- i fabbricati per gli *impianti di estrazione di acque dal sottosuolo* e in genere le industrie denominate "di occupazione" ovverosia le "industrie estrattive" (quelle che hanno lo scopo di ricavare direttamente dal sottosuolo i suoi prodotti).

D/8 Fabbricati costruiti o adattati per le speciali esigenze di un'attività commerciale e non suscettibili di destinazione diversa senza radicali trasformazioni

Sono comprese le tipologie che seguono:
- aree per deposito di rottami o inerti, qualora la loro destinazione sia di semplice stoccaggio, porti turistici ecc.;
- capannoni industriali utilizzati per la conservazione dei surgelati;
- macelli;
- campeggi;
- fiere, spazi espositivi, mostre, mercati, compendi commerciali;
- fabbricati destinati a grande distribuzione, specialmente nei casi di grossi complessi e con rilevanti caratteristiche prettamente commerciali come i grandi magazzini di supermercati, ipermercati e autogrill autostradali;
- autosilos privi di impianti di sollevamento e i parcheggi "a raso" di tipo pubblico.
- parcheggi a pagamento su aree private;
- serre, nel caso in cui la loro funzione sia di solo stoccaggio di piante e fiori, anche se in stato vegetativo, in quanto è preminente l'attività commerciale.

D/9 Edifici galleggianti o sospesi, assicurati a punti fissi del suolo, ponti privati soggetti a pedaggi

D/10 Fabbricati per funzioni produttive connesse alle attività agricole

Fabbricati in cui le caratteristiche di destinazione e tipologiche sono tali da non consentire, senza radicali trasformazioni, una destinazione diversa da quella per la quale furono costruiti. Sono quindi i fabbricati strumentali all'esercizio dell'attività agricola diversi dalle abitazioni (stalle, fienili, silos in muratura ecc.), comprese le costruzioni destinate ad attività agrituristiche.

I requisiti essenziali, oggettivi e soggettivi, che configurano e caratterizzano l'attività di agriturismo sono:
- l'esistenza di un'azienda agricola condotta da un imprenditore agricolo ai sensi dell'art. 2135 c.c.;
- l'espletamento di un'attività di ricezione e ospitalità in strutture interne all'azienda suddetta;

- la prevalenza delle attività agricole (dirette o connesse) rispetto a quella di gestione dell'agriturismo;
- la somministrazione prevalente di prodotti propri o derivati da materie prime direttamente provenienti dal fondo.

D/11 Scuole private

D/12 Posti barca nei porti turistici
Costituiti di ben delimitati specchi d'acqua, sui quali vengono esercitati diritti reali ancorché *in regime di concessione demaniale*, caratterizzati dalla presenza di servizi quali l'approdo al molo (anche di tipo galleggiante), l'allaccio alla fornitura di acqua, luce, telefono, oltre a eventuali locali di deposito di uso esclusivo. Nella stessa categoria andranno censiti gli stabilimenti balneari, oggetto di concessione demaniale, che hanno *fine di lucro*.

Gruppo E, categorie particolari a uso pubblico o di interesse collettivo

E/1 Stazioni per servizi di trasporto terrestri, marittimi e aerei e impianti di risalita in genere
Stazioni ferroviarie, porti, aeroporti, stazioni per metropolitane, funivie, sciovie ecc.

E/2 Ponti comunali e provinciali soggetti a pedaggio, nonché passi volanti in prosecuzione di strade pubbliche
Sono esenti permanentemente dall'imposta fabbricati.

E/3 Costruzioni e fabbricati per speciali esigenze pubbliche
- Edicole per giornali, chioschi per bar, per rifornimento di autoveicoli, per sale di aspetto di tranvie.
- Stazioni autotranviarie.
- Stazioni di servizio autostradali adibite a vendita di carburanti e lubrificanti dotati di area scoperta pertinente di eventuale autolavaggio (a spazzole rotanti), di chiosco, di piccolo locale di deposito, nonché di locale per una esigua e contenuta attività di vendita dei principali articoli di autoaccessori.
- Tettoie a uso pubblico sulle spiagge, padiglioni di enti comunali di assistenza, pese pubbliche, gli orinatoi pubblici (vespasiani); gli impianti di depurazione delle acque di rifiuto a gestione residenziale pubblica o privata, senza scopo di lucro.

E/4 Recinti chiusi per speciali esigenze pubbliche
Tettoie infisse su suolo pubblico o di transito adibite a mercato pubblico; aree attrezzate a sosta per caravan, senza fine di lucro; l'unità immobiliare destinata a fiera costituita soprattutto di aree scoperte, di volta in volta appositamente attrezzate con strutture e stand amovibili per le esigenze espositive, attrezzate unicamente con semplici costruzioni destinate a soddisfare le esigenze primarie (biglietteria, servizi igienici, accoglienza ecc.). Solo in tale fattispecie, che rappresenta una naturale evoluzione del concetto di "recinto", l'unità immobiliare è censita nel gruppo E e in particolare nella categoria E/4.
Sono esenti permanentemente dalla imposta sui fabbricati.

E/5 Fabbricati costituenti fortificazioni e loro dipendenze
Esenti permanentemente dall'imposta sui fabbricati.

E/6 Fari, semafori, torri per rendere di uso pubblico l'orologio comunale
Esenti permanentemente dall'imposta sui fabbricati.

E/7 Fabbricati destinati all'esercizio pubblico dei culti anche se di proprietà di privati, purché abbiano le caratteristiche proprie per l'uso specifico cui sono destinati
Quando detti fabbricati sono di proprietà di privati si assoggettano o meno alla determinazione della rendita catastale secondo che siano ceduti in affitto o gratuitamente.
Esenti permanentemente dall'imposta sui fabbricati.

E/8 Fabbricati e costruzioni nei cimiteri, esclusi i colombari, i sepolcri e le tombe di famiglia
Esenti permanentemente dall'imposta sui fabbricati.

E/9 Edifici a destinazione particolare non compresi nelle categorie precedenti del gruppo E
Per esempio: le discariche per lo smaltimento di rifiuti solidi urbani (quando la loro gestione non configura fonte reddituale); i magazzini per consorzi agrari, gli acquedotti civici (torri piezometriche, vasche per la riserva idrica, locali per i depuratori e la regolazione dell'acqua potabile).
Sono esenti permanentemente dall'imposta sui fabbricati.

Gruppo F

Le entità urbane di tipo F sono state istituite contemporaneamente alla procedura DOCFA per identificare quei casi in cui l'unità immobiliare non produce reddito. Sono tipologie sempre esistite, ma non codificate. Sono state codificate per permettere al programma informatico di riconoscerle.
Il gruppo F non ha alcuna rendita catastale, non deve essere mai rappresentato in planimetria, ma sempre e solo sull'elaborato planimetrico. È composto dalle categorie che seguono.

F/1 Aree urbane
Aree di corte urbana che, per qualche motivo (di solito per effettuare una successiva compravendita) non sono legate ad alcuna unità immobiliare appartenente agli altri gruppi.

F/2 Unità collabenti
Si tratta delle unità che in parte o *in toto* sono inabitabili o che, in ogni caso, non producono reddito (unità parzialmente demolite). Per queste unità è necessaria una relazione tecnica che sia breve, ma non lapidaria, contenente i dati del tecnico dichiarante; gli identificativi catastali dell'unità immobiliare; la descrizione dello stato dei luoghi, con particolare riferimento alle strutture, le dotazioni tecnologiche e lo stato di manutenzione; documentazione fotografica (consigliabile, ma non obbligatoria). Non è consentito dichiarare unità collabenti partendo da unità già denunciate, quindi è possibile presentare un'unità immobiliare in F/2 solo con documenti di accatastamento, ma mai in variazione. Il solo modo di intervenire con DOCFA su unità immobiliari divenute inagibili è la demolizione totale.

F/3 Unità in corso di costruzione
Si tratta di unità immobiliari esclusivamente di nuova costruzione per le quali non risulta ancora ultimata la costruzione. Si ricorre a questa categoria, in genere, quando è necessario fare una compravendita prima dell'ultimazione del fabbricato. Anche in questo caso deve essere allegata una breve relazione tecnica contenente: i dati del tecnico dichiarante; gli identificativi catastali dell'unità immobiliare; la descrizione dei lavori eseguiti, seguiti dalla dichiarazione

"in vista di una sua utilizzazione per atti traslativi o per altra funzione giuridica".

F/4 Unità in corso di definizione
Sono il corrispondente delle F/3 per la denuncia di variazione. Si tratta di unità immobiliari non ancora definite. Per esempio frazionamento di ville da cui sono ricavati miniappartamenti per i quali non siano ancora definiti la forma e/o il numero delle unità immobiliari e per i quali, come nel caso precedente, è necessario addivenire a un atto di compravendita; oppure le porzioni di unità immobiliare incapaci di produrre reddito autonomamente, come nel caso di stanze che vengono scorporate da un appartamento per essere compravendute ecc. Anche per questa categoria si richiede una breve relazione tecnica.

F/5 Lastrici solari
Qualora una ditta diversa da quella proprietaria del piano sottostante intenda sopraelevare, si istituisce il lastrico solare per poter procedere alla compravendita del lastrico stesso.

Fabbricati rurali

Per l'accatastamento sono previste due specifiche categorie:
- A/6 (nuova categoria R/1), per le *abitazioni rurali* (obsoleta);
- D/10 (nuova categoria Z/2), per i *fabbricati strumentali all'esercizio delle attività agricole*, comprese quelle agrituristiche.

La circolare n. 2/2012 della direzione centrale del catasto prevede però che ai fabbricati rurali destinati ad abitazione e ai fabbricati strumentali all'esercizio dell'attività agricola è attribuito il classamento, in base alle regole ordinarie, in una delle categorie catastali previste nel quadro generale di qualificazione. Le **abitazioni rurali** ("fabbricati diversi da quelli censibili nella categoria D/10") saranno quindi classate nelle normali categorie del gruppo A in funzione delle caratteristiche costruttive (A/2, A3, A/7 ecc.). Tuttavia alla verifica della sussistenza del requisito di ruralità è apposta una specifica *annotazione* (anche nella procedura DOCFA). La ruralità è riconosciuta sulla base di un'*autocertificazione*, a cui seguono verifiche a campione da parte dell'ufficio.

Tributi

7 Tributi

- ✓ IRPEF
- ✓ IMU
- ✓ Imposte di registro e ipocatastali
- ✓ Imposta di successione
- ✓ Valore fiscale dell'usufrutto

7.1 IRPEF

La base imponibile è costituita dal reddito complessivo del contribuente al netto degli *oneri deducibili*.

7.1 Reddito dei fabbricati

Tipo di fabbricato	Reddito imponibile
Abitazione principale	*Zero*. Se l'abitazione principale è utilizzata anche come luogo di esercizio dell'attività di impresa o dell'arte e professione, la deduzione spettante deve essere ridotta del 50%.
Fabbricato a disposizione	*Rendita catastale rivalutata del 5% aumentato di 1/3*. La maggiorazione non si applica alle pertinenze dell'abitazione principale (box).
Fabbricato per il quale sono state rilasciate concessioni o autorizzazioni per l'esecuzione di lavori di restauro, risanamento conservativo o ristrutturazione edilizia.	*Il reddito imponibile è zero* limitatamente alla durata del periodo di validità del provvedimento durante il quale l'unità immobiliare non è utilizzata.
Fabbricati rurali (comprese le abitazioni).	*Zero*.

7.2 Tassazione ordinaria canoni di locazione e cedolare secca

Tipo di tassazione	Imponibile (% del canone)	Aliquote
Ordinaria, contratti a libero mercato	95,0%	progressive
Ordinaria, contratti a canone convenzionato	66,5%	progressive
Cedolare secca, contratti a libero mercato e locazione breve	100,0%	21%
Cedolare secca, contratti a canone convenzionato	100,0%	10%

7.3 Reddito imponibile di terreni agricoli non affittati	
Soggetto passivo	**Reddito imponibile**
CD o IAP (iscritti nella previdenza agricola)	-
Proprietari non iscritti nella previdenza agricola	RD + 80% + 30% RA + 70% + 30%

7.4 Reddito imponibile di terreni agricoli affittati		
Soggetto passivo	**Proprietario**	**Conduttore**
Proprietario	RD + 80% + 30%	-
Proprietario che affitta a giovane agricoltore	RD + 30%	-
Affittuario CD o IAP (iscritti nella previdenza agricola)		-
Affittuario giovane agricoltore		-
Affittuario non iscritti nella previdenza agricola		RA + 70% + 30%

Principali oneri deducibili dal reddito complessivo (art. 10, TUIR)

- La *rendita catastale dell'abitazione principale* e delle relative pertinenze.
- *Contributi a consorzi obbligatori* gravanti sul reddito degli immobili.
- *Spese mediche e di assistenza specifica per i soggetti portatori di handicap* (prestazioni chirurgiche, analisi, indagini radioscopiche, ricerche e applicazioni, prestazioni specialistiche, acquisto di protesi sanitarie, prestazioni rese da un medico, ricoveri ospedalieri, acquisto di medicinali, importo del ticket pagato).
- *Assegno periodico* corrisposto al coniuge separato, con esclusione della quota di mantenimento dei figli.
- *Contributi previdenziali e assistenziali obbligatori* versati in ottemperanza a disposizioni di legge (il contributo INPS versato dai lavoratori autonomi, i contributi agricoli unificati versati all'INPS, i contributi dei collaboratori familiari ecc.).
- *Contributi per previdenza complementare* dei lavoratori autonomi e degli imprenditori per forme pensionistiche complementari per un importo non superiore al 12% del reddito complessivo e non superiore a 5.164,57 €.
- *Erogazioni liberali* a ONG per un importo non superiore al 2% del reddito complessivo.
- *Erogazioni liberali* a favore del fondo di sostentamento del clero della chiesa cattolica italiana (massimo 1.032,91 €) o per altre confessioni previste dalla legge.
- *Indennità per la perdita dell'avviamento commerciale* pagate dal locatore al conduttore.

Imposta lorda

7.5 Aliquote progressive per scaglioni di reddito	
Scaglioni di reddito (€)	**Aliquote (%)**
Fino a 15.000	23
Oltre 15.000 fino a 28.000	27
Oltre 28.000 fino a 55.000	38
Oltre 55.000 fino a 75.000	41
Oltre 75.000	43

Detrazioni per familiari a carico

Sono considerati a carico i familiari che *non hanno redditi propri di un ammontare superiore a 2.840,51 €*. I familiari a carico possono essere:
- il *coniuge* non legalmente ed effettivamente separato;
- i *figli*, compresi i figli naturali, adottivi e affidatari;
- ogni altra persona indicata nell'art. 433 del c.c. (discendenti, ascendenti ecc.) che conviva con il contribuente.

Per il **coniuge a carico** è prevista una detrazione teorica di 800 €, decrescente all'aumentare del reddito (si azzera se il reddito supera 80.000 €).

Per i **figli a carico** sono previste le seguenti detrazioni:
- 950 € per ciascun figlio di età superiore a tre anni;
- 1220 € per ciascun figlio di età inferiore a tre anni.

La detrazione è aumentata di un importo pari a:
- 400 € per ciascun figlio disabile;
- 200 € per ciascun figlio a partire dal primo, per i contribuenti con più di tre figli a carico, più un'ulteriore detrazione di 1.200 €.

Tali detrazioni sono solo teoriche in quanto l'importo della detrazione effettivamente spettante dipende dal reddito complessivo (si azzera se il reddito supera 95.000 €).
Se entrambi i coniugi sono titolari di redditi, la detrazione per i figli deve essere ripartita nella misura del 50% a ciascuno di essi (*percentuale di spettanza*). Se invece il coniuge è a carico la detrazione spetta per intero.
Se il coniuge manca, la detrazione per il coniuge a carico, se più conveniente per il contribuente, viene trasferita al primo figlio.
Per ogni **altro familiare a carico** è prevista una detrazione di 750 €. Anche questa detrazione è solo teorica:
l'importo effettivamente spettante dipende dal reddito complessivo.
Tutte le detrazioni per familiari a carico devono essere rapportate al **numero di mesi effettivamente a carico**.

Detrazioni per tipologia di reddito

Per i redditi di lavoro dipendente, di pensione, di lavoro autonomo, di impresa in contabilità semplificata e alcuni redditi diversi, sono previste specifiche detrazioni di importo variabile in funzione della tipologia di reddito posseduto e dell'ammontare del reddito complessivo (diminuito della deduzione per abitazione principale e relative pertinenze) fino a un importo massimo teorico di 1.840 €. L'importo della detrazione effettivamente spettante diminuisce al crescere del reddito fino ad annullarsi del tutto, se il reddito complessivo supera 55.000 €. Tale detrazione si determina secondo diverse modalità di calcolo corrispondenti a distinte fasce di reddito.

7.2 IMU

Esenzioni

Sono esenti dall'IMU le seguenti unità immobiliari:
- l'abitazione principale, tranne quelle di categoria catastale A1, A8 e A9;
- gli *immobili dello Stato* e di altri enti pubblici (comunità montane, ASL ecc.);
- i fabbricati di cui alla *categoria catastale E* (a destinazione particolare);

- i fabbricati destinati all'*esercizio del culto;*
- i *terreni agricoli ubicati in zone montane*, compresi i fabbricati strumentali, delimitate ai sensi dell'art.15 della legge n. 984/1977.

Fabbricati

La **base imponibile** è il *valore catastale* (o *valore fiscale*), ottenuto moltiplicando la rendita catastale rivalutata del 5% per uno dei seguenti coefficienti:

7.6 Coefficienti per calcolare il valore catastale

Tipo di immobile	Categoria catastale	Coefficiente
Abitazioni	A (tranne A10)	160
Uffici	A/10	80
Alloggi collettivi	B	140
Negozi	C/1	55
Magazzini, autorimesse, tettoie	C/2, C/6, C/7	160
Laboratori, fabbricati per lo sport, stabilimenti balneari	C/3, C/4, C/5	140
Immobili a destinazione speciale (opifici, alberghi ecc.)	D (tranne D/5)	60
Istituti di credito, cambio e assicurazioni	D/5	80

La base imponibile è **ridotta del 50%** nei seguenti casi:
- per i *fabbricati di interesse storico o artistico;*
- per i *fabbricati inagibili* e di fatto non utilizzati;
- per *abitazioni date in comodato gratuito a parenti di primo grado in linea retta* (figlio o genitore), se utilizzate come prima casa e se diverse da quelle di categoria a/1, a/8 e a/9, a condizione che il contratto sia registrato e il comodante (che colui che concede il fabbricato) possieda una sola abitazione in Italia e dimori abitualmente nello stesso Comune in cui si trova la casa data in comodato; la deduzione si applica anche nel caso in cui il comodante possieda un altro immobile nello stesso Comune adibita ad abitazione principale

L'imponibile è ridotto al **75%** per le *abitazioni locate a canone concordato*.

Aree edificabili

La base imponibile è il **valore venale** corrente al 1° gennaio dell'anno di imposta, determinato con riferimento alle quotazioni di aree simili e tenendo conto di ubicazione, indice di edificabilità, destinazione d'uso (residenziale, industriale ecc.), incidenza degli oneri di urbanizzazione.

Le aliquote

L'**aliquota base** è *8,6 per mille* (0,86%), che i Comuni potranno aumentare fino a un massimo dell'*11,4 per mille* (1,14%) o ridurre fino a *zero*.

Per l'**abitazione principale di categoria A/1, A/8 e A/9** si applica invece l'aliquota base del *5 per mille* (0,5%), che i Comuni potranno aumentare fino a un massimo del *6 per mille* o ridurre fino a *zero*. Inoltre è prevista, eventualmente, una *detrazione d'imposta fino a 200 €*.

Per i **fabbricati rurali a uso strumentale** (magazzini, stalle ecc.) l'aliquota è dell'*1 per mille* (0,1%), che i Comuni potranno solo diminuire fino a *zero*.

Per i **terreni agricoli** l'aliquota base è *7,6 per mille* (0,76%), che i Comuni potranno aumentare fino a un massimo del *10,6 per mille* o ridurre fino a *zero*.

Le aliquote deliberate dai Comuni devono essere per legge pubblicate in tempo utile nel sito *internet* del Ministero dell'economia e delle finanze.

7.3 IMPOSTE DI REGISTRO E IPOCATASTALI

Per le **alienazioni di fabbricati a uso abitativo poste in essere a favore di privati** la base imponibile può essere costituita dal *valore catastale*, anziché dal corrispettivo effettivamente pagato. L'agevolazione spetta a condizione che nell'atto di vendita sia indicato tale importo.

Il valore catastale si ottiene moltiplicando la *rendita catastale rivalutata del 5%* per uno dei seguenti *coefficienti*:

- 120 per le abitazioni in genere;
- 110 per la prima casa;
- 60 per i fabbricati della categoria A/10 (uffici e studi privati);
- 40,8 per i fabbricati delle categorie C/1 (negozi e botteghe) ed E;
- 90 per i terreni agricoli.

Per le **compravendite che non avvengono tra privati** (acquisto dall'impresa costruttrice) o che riguardano fabbricati a uso diverso dall'abitazione (uffici, negozi ecc.), la base imponibile è il *prezzo netto* pattuito e dichiarato nell'atto. Tale importo costituisce la base imponibile anche ai fini IVA.

7.7 Imposta di registro, ipotecaria e catastale

Tipo di atto	Imposta di registro	Imposta ipotecaria	Imposta catastale	IVA
Vendita da privato:				
– fabbricati e terreni edificabili	9%	2%	1%	-
– "prima casa", comprese le pertinenze (escluse cat. A1, A8, A9)	2%	50 €	50 €	-
Vendita da impresa costruttrice o in cooperativa:				
– "prima casa"	200 €	200 €	200 €	4%
– altra abitazione	200 €	200 €	200 €	10%
– fabbricato strumentale	200 €	3%	1%	22% o 10% o esente
– aree edificabili	200 €	200 €	200 €	22%
Vendita di terreni agricoli:				
– a soggetti non agricoltori	12%	50 €	50 €	-
– terreni agricoli e fabbricati pertinenziali a coltivatori diretti e IAP (proprietà contadina)	200 €	200 €	1%	-
Successione ereditaria, donazioni al coniuge o a parenti:				
– "prima casa" (comprese le pertinenze)	-	200 €	200 €	-
– altri immobili	-	2%	1%	-
– aziende agricole in linea retta a favore di coltivatori diretti	-	200 €	-	-
Espropriazione per pubblica utilità o forzata	9%	200 €	200 €	-
Contratto preliminare di vendita	200 €	-	-	-

7.8 Aliquote dell'imposta di registro per i contratti di locazione

Locazioni di beni immobili	Imposta (% sul canone)
Fabbricati in genere	2,0%
Abitazioni con canone agevolato (2% × 70%)	1,4%
Abitazioni in regime di cedolare secca	-
Locazione effettuata da soggetti passivi IVA (fabbricati strumentali)	1,0%
Fondi rustici	0,5%

7.4 IMPOSTA DI SUCCESSIONE

7.9	Imposta sulle successioni e donazioni	
Grado di parentela	**Imponibile**	**Aliquota**
Coniuge e parenti in linea retta	Sul valore dell'asse ereditario o dei beni donati al netto della franchigia di 1.000.000 €	4%
Fratelli e sorelle	Sul valore dell'asse ereditario o dei beni donati al netto della franchigia di 100.000 €	6%
Altri parenti fino al 4° grado, affini in linea retta, affini in linea collaterale fino al 3° grado	Sul valore dell'asse ereditario o dei beni donati	6%
Altri soggetti	Sul valore dell'asse ereditario o dei beni donati	8%

7.5 VALORE FISCALE DELL'USUFRUTTO

Dal valore fiscale dell'immobile si ricava il reddito annuo dell'usufruttuario, applicando il saggio legale (0,05% dal 1° gennaio 2020):

$$R_u = V_f \times r_l$$

Moltiplicando il reddito fiscale dell'usufruttuario per un coefficiente *c* stabilito per legge (*v.* tabella), che tiene conto della probabile vita residua dell'usufruttuario, si ottiene il valore fiscale dell'usufrutto:

$$V_u = R_u \times c$$

7.10	Coefficienti per calcolare il valore fiscale dell'usufrutto			
Età del beneficiario	**Tasso legale dall'1.1.2020 0,05%**	**Tasso legale dall'1.1.2019 0,80%**	**Tasso legale dall'1.1.2018 0,30%**	**Tasso legale dall'1.1.2017 0,10%**
Da 0 a 20	1900,00	118,75	118,75	950
da 21 a 30	1800,00	112,50	112,50	900
da 31 a 40	1700,00	106,25	106,25	850
da 41 a 45	1600,00	100,00	100,00	800
da 46 a 50	1500,00	93,75	93,75	750
da 51 a 53	1400,00	87,50	87,50	700
da 54 a 56	1300,00	81,25	81,25	650
da 57 a 60	1200,00	75,00	75,00	600
da 61 a 63	1100,00	68,75	68,75	550
da 64 a 66	1000,00	62,50	62,50	500
da 67 a 69	900,00	56,25	56,25	450
da 70 a 72	800,00	50,00	50,00	400
da 73 a 75	700,00	43,75	43,75	350
da 76 a 78	600,00	37,50	37,50	300
da 79 a 82	500,00	31,25	31,25	250
da 83 a 86	400,00	25,00	25,00	200
da 87 a 92	300,00	18,75	18,75	150
da 93 a 99	200,00	12,50	12,50	100

Matematica finanziaria

Tavole di matematica finanziaria

Saggi di riferimento

Tipo di saggio	Periodo di riferimento	%
Inflazione:		
FOI (famiglie di operai e impiegati)	Anno giugno 2019	0,5
Tasso ufficiale di riferimento (TUR)	dicembre 2019	0,0
Tasso legale (art. 1284 del c.c.)	1° gennaio 2019	0,8
Tassi di riferimento		
Euribor a 12 mesi (*)	Agosto 2019	–0,4
Eurirs a 20 anni (**)	Agosto 2019	0,026
Mutui casa		
tasso variabile		Euribor + 1,5÷3
tasso fisso		Eurirs + 1,5÷3
Rendimento lordo di titoli di Stato		
BOT 6 mesi	Agosto 2019	–0,22
BOT 12 mesi	Agosto 2019	0,11
CTZ 24 mesi	Agosto 2019	0,01
CCT 7 anni	Agosto 2019	2,3
BTP 10 anni	Agosto 2019	0,96

(*) Tasso di riferimento per i mutui a *tasso variabile*. Significa Euro Interbank Offered Rate ed è rilevato come media ponderata dei saggi praticati dalle banche operanti nell'Unione monetaria europea per i prestiti a breve termine.

(**) Tasso di riferimento per i mutui a *tasso fisso*. Significa Euro Interest Rate Swap ed è rilevato come media ponderata dei saggi praticati dalle banche operanti nell'Unione monetaria europea per le operazioni di *rate swap* (conversione di un'operazione a tasso fisso in tasso variabile). Il tasso minimo è riferito a mutui con durata di 5 anni, quello massimo con durata di 20 anni.

Riepilogo delle formule

Formula	Descrizione
$I = C\,r\,n$	Interesse semplice
$M = C\,(1 + r\,n)$	Montante semplice
$M = R\left(k + r\,\frac{\sum n}{12}\right)$	Montante semplice di rate costanti
$M = R\left(k + r\,\frac{k \pm 1}{2}\right)$	Montante semplice di rate costanti (formula pratica)
$\Lambda_n - a\,\frac{q^n - 1}{r}$	Accumulazione finale di annualità limitate posticipate
$A_0 = a\,\frac{q^n - 1}{r\,q^n}$	Accumulazione iniziale di annualità limitate posticipate
$Q_{rein} = \left(V_i - V_f\right)\frac{r}{q^n - 1}$	Quota di reintegrazione
$Q_{amm} = A_0\,\frac{r\,q^n}{q^n - 1}$	Quota di ammortamento
$A_0 = \frac{a}{r}$	Accumulazione iniziale di annualità illimitate posticipate
$I = C_0\left(q^n - 1\right)$	Interesse composto discontinuo annuo
$A_{tn} = P\,\frac{q^{tn} - 1}{q^n - 1}$	Accumulazione finale di periodicità limitate posticipate
$A_0 = P\,\frac{q^{tn} - 1}{q^n - 1} \cdot \frac{1}{q^{tn}}$	Accumulazione iniziale di periodicità limitate posticipate
$A_0 = \frac{P}{q^n - 1}$	Accumulazione iniziale di periodicità illimitate posticipate

Giorni mancanti a fine anno

Giorno del mese	Gennaio	Febbraio	Marzo	Aprile	Maggio	Giugno	Luglio	Agosto	Settembre	Ottobre	Novembre	Dicembre
1	364	333	305	274	244	213	183	152	121	91	60	30
2	363	332	304	273	243	212	182	151	120	90	59	29
3	362	331	303	272	242	211	181	150	119	89	58	28
4	361	330	302	271	241	210	180	149	118	88	57	27
5	360	329	301	270	240	209	179	148	117	87	56	26
6	359	328	300	269	239	208	178	147	116	86	55	25
7	358	327	299	268	238	207	177	146	115	85	54	24
8	357	326	298	267	237	206	176	145	114	84	53	23
9	356	325	297	266	236	205	175	144	113	83	52	22
10	355	324	296	265	235	204	174	143	112	82	51	21
11	354	323	295	264	234	203	173	142	111	81	50	20
12	353	322	294	263	233	202	172	141	110	80	49	19
13	352	321	293	262	232	201	171	140	109	79	48	18
14	351	320	292	261	231	200	170	139	108	78	47	17
15	350	319	291	260	230	199	169	138	107	77	46	16
16	349	318	290	259	229	198	168	137	106	76	45	15
17	348	317	289	258	228	197	167	136	105	75	44	14
18	347	316	288	257	227	196	166	135	104	74	43	13
19	346	315	287	256	226	195	165	134	103	73	42	12
20	345	314	286	255	225	194	164	133	102	72	41	11
21	344	313	285	254	224	193	163	132	101	71	40	10
22	343	312	284	253	223	192	162	131	100	70	39	9
23	342	311	283	252	222	191	161	130	99	69	38	8
24	341	310	282	251	221	190	160	129	98	68	37	7
25	340	309	281	250	220	189	159	128	97	67	36	6
26	339	308	280	249	219	188	158	127	96	66	35	5
27	338	307	279	248	218	187	157	126	95	65	34	4
28	337	306	278	247	217	186	156	125	94	64	33	3
29	336		277	246	216	185	155	124	93	63	32	2
30	335		276	245	215	184	154	123	92	62	31	1
31	334		275		214		153	122		61		0

Per calcolare i giorni intercorrenti tra due date è sufficiente eseguire la differenza tra i due valori corrispondenti.

0,5%

n	q^n	$\frac{q^n-1}{r}$	$\frac{q^n-1}{r\,q^n}$	$\frac{1}{q^n}$	$\frac{r}{q^n-1}$	$\frac{r\,q^n}{q^n-1}$	$\frac{1}{q^n-1}$
1	1,00500000	1,00000000	0,99502488	0,99502488	1,00000000	1,00500000	200,00000000
2	1,01002500	2,00500000	1,98509938	0,99007450	0,49875312	0,50375312	99,75062344
3	1,01507513	3,01502500	2,97024814	0,98514876	0,33167221	0,33667221	66,33444167
4	1,02015050	4,03010012	3,95049566	0,98024752	0,24813279	0,25313279	49,62655860
5	1,02525125	5,05025063	4,92586633	0,97537067	0,19800997	0,20300997	39,60199500
6	1,03037751	6,07550188	5,89638441	0,97051808	0,16459546	0,16959546	32,91909113
7	1,03552940	7,10587939	6,86207404	0,96568963	0,14072854	0,14572854	28,14570711
8	1,04070704	8,14140879	7,82295924	0,96088520	0,12282886	0,12782886	24,56577299
9	1,04591058	9,18211583	8,77906392	0,95610468	0,10890736	0,11390736	21,78147213
10	1,05114013	10,22802641	9,73041186	0,95134794	0,09777057	0,10277057	19,55411455
11	1,05639583	11,27916654	10,67702673	0,94661487	0,08865903	0,09365903	17,73180663
12	1,06167781	12,33556237	11,61893207	0,94190534	0,08106643	0,08606643	16,21328594
13	1,06698620	13,39724018	12,55615131	0,93721924	0,07464224	0,07964224	14,92844774
14	1,07232113	14,46422639	13,48870777	0,93255646	0,06913609	0,07413609	13,82721721
15	1,07768274	15,53654752	14,41662465	0,92791688	0,06436436	0,06936436	12,87287280
16	1,08307115	16,61423026	15,33992502	0,92330037	0,06018937	0,06518937	12,03787337
17	1,08848651	17,69730141	16,25863186	0,91870684	0,05650579	0,06150579	11,30115804
18	1,09392894	18,78578791	17,17276802	0,91413616	0,05323173	0,05823173	10,64634611
19	1,09939858	19,87971685	18,08235624	0,90958822	0,05030253	0,05530253	10,06050546
20	1,10489558	20,97911544	18,98741915	0,90506290	0,04766645	0,05266645	9,53329041
21	1,11042006	22,08401101	19,88797925	0,90056010	0,04528163	0,05028163	9,05632586
22	1,11597216	23,19443107	20,78405896	0,89607971	0,04311380	0,04811380	8,62275946
23	1,12155202	24,31040322	21,67568055	0,89162160	0,04113465	0,04613465	8,22693059
24	1,12715978	25,43195524	22,56286622	0,88718567	0,03932061	0,04432061	7,86412205
25	1,13279558	26,55911502	23,44563803	0,88277181	0,03765186	0,04265186	7,53037139
26	1,13845955	27,69191059	24,32401794	0,87837991	0,03611163	0,04111163	7,22232579
27	1,14415185	28,83037015	25,19802780	0,87400986	0,03468565	0,03968565	6,93712911
28	1,14987261	29,97452200	26,06768936	0,86966155	0,03336167	0,03836167	6,67233326
29	1,15562197	31,12439461	26,93302423	0,86533488	0,03212914	0,03712914	6,42582780
30	1,16140008	32,28001658	27,79405397	0,86102973	0,03097892	0,03597892	6,19578368
31	1,16720708	33,44141666	28,65079997	0,85674600	0,02990304	0,03490304	5,98060788
32	1,17304312	34,60862375	29,50328355	0,85248358	0,02889453	0,03389453	5,77890648
33	1,17890833	35,78166686	30,35152592	0,84824237	0,02794727	0,03294727	5,58945453
34	1,18480288	36,96057520	31,19554818	0,84402226	0,02705586	0,03205586	5,41117120
35	1,19072689	38,14537807	32,03537132	0,83982314	0,02621550	0,03121550	5,24309917
36	1,19668052	39,33610496	32,87101624	0,83564492	0,02542194	0,03042194	5,08438749
37	1,20266393	40,53278549	33,70250372	0,83148748	0,02467139	0,02967139	4,93427722
38	1,20867725	41,73544942	34,52985445	0,82735073	0,02396045	0,02896045	4,79208929
39	1,21472063	42,94412666	35,35308900	0,82323455	0,02328607	0,02828607	4,65721428
40	1,22079424	44,15884730	36,17222786	0,81913886	0,02264552	0,02764552	4,52910373
41	1,22689821	45,37964153	36,98729141	0,81506354	0,02203631	0,02703631	4,40726267
42	1,23303270	46,60653974	37,79829991	0,81100850	0,02145622	0,02645622	4,29124327
43	1,23919786	47,83957244	38,60527354	0,80697363	0,02090320	0,02590320	4,18063937
44	1,24539385	49,07877030	39,40823238	0,80295884	0,02037541	0,02537541	4,07508173
45	1,25162082	50,32416415	40,20719640	0,79896402	0,01987117	0,02487117	3,97423392
46	1,25787892	51,57578497	41,00218547	0,79498907	0,01938894	0,02438894	3,87778877
47	1,26416832	52,83366390	41,79321937	0,79103390	0,01892733	0,02392733	3,78546527
48	1,27048916	54,09783222	42,58031778	0,78709841	0,01848503	0,02348503	3,69700581
49	1,27684161	55,36832138	43,36350028	0,78318250	0,01806087	0,02306087	3,61217380
50	1,28322581	56,64516299	44,14278635	0,77928607	0,01765376	0,02265376	3,53075160
60	1,34885015	69,77003051	51,72556075	0,74137220	0,01433280	0,01933280	2,86656031
70	1,41783053	83,56610549	58,93941756	0,70530291	0,01196657	0,01696657	2,39331484
80	1,49033857	98,06771357	65,80230538	0,67098847	0,01019704	0,01519704	2,03940719

1%

n	q^n	$\frac{q^n-1}{r}$	$\frac{q^n-1}{r\,q^n}$	$\frac{1}{q^n}$	$\frac{r}{q^n-1}$	$\frac{r\,q^n}{q^n-1}$	$\frac{1}{q^n-1}$
1	1,01000000	1,00000000	0,99009901	0,99009901	1,00000000	1,01000000	100,00000000
2	1,02010000	2,01000000	1,97039506	0,98029605	0,49751244	0,50751244	49,75124378
3	1,03030100	3,03010000	2,94098521	0,97059015	0,33002211	0,34002211	33,00221115
4	1,04060401	4,06040100	3,90196555	0,96098034	0,24628109	0,25628109	24,62810939
5	1,05101005	5,10100501	4,85343124	0,95146569	0,19603980	0,20603980	19,60397996
6	1,06152015	6,15201506	5,79547647	0,94204524	0,16254837	0,17254837	16,25483667
7	1,07213535	7,21353521	6,72819453	0,93271805	0,13862828	0,14862828	13,86282829
8	1,08285671	8,28567056	7,65167775	0,92348322	0,12069029	0,13069029	12,06902920
9	1,09368527	9,36852727	8,56601758	0,91433982	0,10674036	0,11674036	10,67403628
10	1,10462213	10,46221254	9,47130453	0,90528695	0,09558208	0,10558208	9,55820766
11	1,11566835	11,56683467	10,36762825	0,89632372	0,08645408	0,09645408	8,64540757
12	1,12682503	12,68250301	11,25507747	0,88744923	0,07884879	0,08884879	7,88487887
13	1,13809328	13,80932804	12,13374007	0,87866260	0,07241482	0,08241482	7,24148197
14	1,14947421	14,94742132	13,00370304	0,86996297	0,06690117	0,07690117	6,69011717
15	1,16096896	16,09689554	13,86505252	0,86134947	0,06212378	0,07212378	6,21237802
16	1,17257864	17,25786449	14,71787378	0,85282126	0,05794460	0,06794460	5,79445968
17	1,18430443	18,43044314	15,56225127	0,84437749	0,05425806	0,06425806	5,42580551
18	1,19614748	19,61474757	16,39826858	0,83601731	0,05098205	0,06098205	5,09820479
19	1,20810895	20,81089504	17,22600850	0,82773992	0,04805175	0,05805175	4,80517536
20	1,22019004	22,01900399	18,04555297	0,81954447	0,04541531	0,05541531	4,54153149
21	1,23239194	23,23919403	18,85698313	0,81143017	0,04303075	0,05303075	4,30307522
22	1,24471586	24,47158598	19,66037934	0,80339621	0,04086372	0,05086372	4,08637185
23	1,25716302	25,71630183	20,45582113	0,79544179	0,03888584	0,04888584	3,88858401
24	1,26973465	26,97346485	21,24338726	0,78756613	0,03707347	0,04707347	3,70734722
25	1,28243200	28,24319950	22,02315570	0,77976844	0,03540675	0,04540675	3,54067534
26	1,29525631	29,52563150	22,79520366	0,77204796	0,03386888	0,04386888	3,38688776
27	1,30820888	30,82088781	23,55960759	0,76440392	0,03244553	0,04244553	3,24455287
28	1,32129097	32,12909669	24,31644316	0,75683557	0,03112444	0,04112444	3,11244356
29	1,33450388	33,45038766	25,06578530	0,74934215	0,02989502	0,03989502	2,98950198
30	1,34784892	34,78489153	25,80770822	0,74192292	0,02874811	0,03874811	2,87481132
31	1,36132740	36,13274045	26,54228537	0,73457715	0,02767573	0,03767573	2,76757309
32	1,37494068	37,49406785	27,26958947	0,72730411	0,02667089	0,03667089	2,66708857
33	1,38869009	38,86900853	27,98969255	0,72010307	0,02572744	0,03572744	2,57274378
34	1,40257699	40,25769862	28,70266589	0,71297334	0,02483997	0,03483997	2,48399694
35	1,41660276	41,66027560	29,40858009	0,70591420	0,02400368	0,03400368	2,40036818
36	1,43076878	43,07687836	30,10750504	0,69892495	0,02321431	0,03321431	2,32143098
37	1,44507647	44,50764714	30,79950994	0,69200490	0,02246805	0,03246805	2,24680491
38	1,45952724	45,95272361	31,48466330	0,68515337	0,02176150	0,03176150	2,17614958
39	1,47412251	47,41225085	32,16303298	0,67836967	0,02109160	0,03109160	2,10915951
40	1,48886373	48,88637336	32,83468611	0,67165314	0,02045560	0,03045560	2,04555980
41	1,50375237	50,37523709	33,49968922	0,66500311	0,01985102	0,02985102	1,98510232
42	1,51878989	51,87898946	34,15810814	0,65841892	0,01927563	0,02927563	1,92756260
43	1,53397779	53,39777936	34,81000806	0,65189992	0,01872737	0,02872737	1,87273705
44	1,54931757	54,93175715	35,45545352	0,64544546	0,01820441	0,02820441	1,82044058
45	1,56481075	56,48107472	36,09450844	0,63905492	0,01770505	0,02770505	1,77050455
46	1,58045885	58,04588547	36,72723608	0,63272764	0,01722775	0,02722775	1,72277499
47	1,59626344	59,62634432	37,35369909	0,62646301	0,01677111	0,02677111	1,67711103
48	1,61222608	61,22260777	37,97395949	0,62026041	0,01633384	0,02633384	1,63338354
49	1,62834834	62,83483385	38,58807871	0,61411921	0,01591474	0,02591474	1,59147393
50	1,64463182	64,46318218	39,19611753	0,60803882	0,01551273	0,02551273	1,55127309
60	1,81669670	81,66966986	44,95503841	0,55044962	0,01224445	0,02224445	1,22444477
70	2,00676337	100,67633684	50,16851435	0,49831486	0,00993282	0,01993282	0,99328207
80	2,21671522	121,67152172	54,88820611	0,45111794	0,00821885	0,01821885	0,82188501

1,5%

n	q^n	$\frac{q^n-1}{r}$	$\frac{q^n-1}{r\,q^n}$	$\frac{1}{q^n}$	$\frac{r}{q^n-1}$	$\frac{r\,q^n}{q^n-1}$	$\frac{1}{q^n-1}$
1	1,01500000	1,00000000	0,98522167	0,98522167	1,00000000	1,01500000	66,66666667
2	1,03022500	2,01500000	1,95588342	0,97066175	0,49627792	0,51127792	33,08519438
3	1,04567838	3,04522500	2,91220042	0,95631699	0,32838296	0,34338296	21,89219735
4	1,06136355	4,09090337	3,85438465	0,94218423	0,24444479	0,25944479	16,29631907
5	1,07728400	5,15226693	4,78264497	0,92826033	0,19408932	0,20908932	12,93928821
6	1,09344326	6,22955093	5,69718717	0,91454219	0,16052521	0,17552521	10,70168098
7	1,10984491	7,32299419	6,59821396	0,90102679	0,13655616	0,15155616	9,10374430
8	1,12649259	8,43283911	7,48592508	0,88771112	0,11858402	0,13358402	7,90560164
9	1,14338998	9,55933169	8,36051732	0,87459224	0,10460982	0,11960982	6,97398823
10	1,16054083	10,70272167	9,22218455	0,86166723	0,09343418	0,10843418	6,22894519
11	1,17794894	11,86326249	10,07111779	0,84893323	0,08429384	0,09929384	5,61958961
12	1,19561817	13,04121143	10,90750521	0,83638742	0,07667999	0,09167999	5,11199953
13	1,21355244	14,23682960	11,73153222	0,82402702	0,07024036	0,08524036	4,68269050
14	1,23175573	15,45038205	12,54338150	0,81184928	0,06472332	0,07972332	4,31488791
15	1,25023207	16,68213778	13,34323301	0,79985150	0,05994436	0,07494436	3,99629038
16	1,26898555	17,93236984	14,13126405	0,78803104	0,05576508	0,07076508	3,71767186
17	1,28802033	19,20135539	14,90764931	0,77638526	0,05207966	0,06707966	3,47197712
18	1,30734064	20,48937572	15,67256089	0,76491159	0,04880578	0,06380578	3,25371878
19	1,32695075	21,79671636	16,42616837	0,75360747	0,04587847	0,06087847	3,05856467
20	1,34685501	23,12366710	17,16863879	0,74247042	0,04324574	0,05824574	2,88304906
21	1,36705783	24,47052211	17,90013673	0,73149795	0,04086550	0,05586550	2,72436634
22	1,38756370	25,83757994	18,62082437	0,72068763	0,03870332	0,05370332	2,58022101
23	1,40837715	27,22514364	19,33086145	0,71003708	0,03673075	0,05173075	2,44871680
24	1,42950281	28,63352080	20,03040537	0,69954392	0,03492410	0,04992410	2,32827346
25	1,45094535	30,06302361	20,71961120	0,68920583	0,03326345	0,04826345	2,21756359
26	1,47270953	31,51396896	21,39863172	0,67902052	0,03173196	0,04673196	2,11546399
27	1,49480018	32,98667850	22,06761746	0,66898574	0,03031527	0,04531527	2,02101787
28	1,51722218	34,48147867	22,72671671	0,65909925	0,02900108	0,04400108	1,93340510
29	1,53998051	35,99870085	23,37607558	0,64935887	0,02777878	0,04277878	1,85191868
30	1,56308022	37,53868137	24,01583801	0,63976243	0,02663919	0,04163919	1,77594588
31	1,58652642	39,10176159	24,64614582	0,63030781	0,02557430	0,04057430	1,70495302
32	1,61032432	40,68828801	25,26713874	0,62099292	0,02457710	0,03957710	1,63847313
33	1,63447918	42,29861233	25,87895442	0,61181568	0,02364144	0,03864144	1,57609583
34	1,65899637	43,93309152	26,48172849	0,60277407	0,02276189	0,03776189	1,51745904
35	1,68388132	45,59208789	27,07559458	0,59386608	0,02193363	0,03693363	1,46224202
36	1,70913954	47,27596921	27,66068431	0,58508974	0,02115240	0,03615240	1,41015970
37	1,73477663	48,98510874	28,23712740	0,57644309	0,02041437	0,03541437	1,36095782
38	1,76079828	50,71988538	28,80505163	0,56792423	0,01971613	0,03471613	1,31440886
39	1,78721025	52,48068366	29,36458288	0,55953126	0,01905463	0,03405463	1,27030865
40	1,81401841	54,26789391	29,91584520	0,55126232	0,01842710	0,03342710	1,22847345
41	1,84122868	56,08191232	30,45896079	0,54311559	0,01783106	0,03283106	1,18873740
42	1,86884712	57,92314100	30,99405004	0,53508925	0,01726426	0,03226426	1,15095048
43	1,89687982	59,79198812	31,52123157	0,52718153	0,01672465	0,03172465	1,11497658
44	1,92533302	61,68886794	32,04062223	0,51939067	0,01621038	0,03121038	1,08069201
45	1,95421301	63,61420096	32,55233718	0,51171494	0,01571976	0,03071976	1,04798403
46	1,98352621	65,56841398	33,05648983	0,50415265	0,01525125	0,03025125	1,01674972
47	2,01327910	67,55194018	33,55319195	0,49670212	0,01480342	0,02980342	0,98689492
48	2,04347829	69,56521929	34,04255365	0,48936170	0,01437500	0,02937500	0,95833331
49	2,07413046	71,60869758	34,52468339	0,48212975	0,01396478	0,02896478	0,93098561
50	2,10524242	73,68282804	34,99968807	0,47500468	0,01357168	0,02857168	0,90477888
60	2,44321978	96,21465171	39,38026889	0,40929597	0,01039343	0,02539343	0,69289516
70	2,83545629	122,36375295	43,15487183	0,35267692	0,00817235	0,02317235	0,54482365
80	3,29066279	152,71085247	46,40732349	0,30389015	0,00654832	0,02154832	0,43655487

2%

n	q^n	$\frac{q^n-1}{r}$	$\frac{q^n-1}{r\,q^n}$	$\frac{1}{q^n}$	$\frac{r}{q^n-1}$	$\frac{r\,q^n}{q^n-1}$	$\frac{1}{q^n-1}$
1	1,02000000	1,00000000	0,98039216	0,98039216	1,00000000	1,02000000	50,00000000
2	1,04040000	2,02000000	1,94156094	0,96116878	0,49504950	0,51504950	24,75247525
3	1,06120800	3,06040000	2,88388327	0,94232233	0,32675467	0,34675467	16,33773363
4	1,08243216	4,12160800	3,80772870	0,92384543	0,24262375	0,26262375	12,13118763
5	1,10408080	5,20404016	4,71345951	0,90573081	0,19215839	0,21215839	9,60791971
6	1,12616242	6,30812096	5,60143089	0,88797138	0,15852581	0,17852581	7,92629062
7	1,14868567	7,43428338	6,47199107	0,87056018	0,13451196	0,15451196	6,72559781
8	1,17165938	8,58296905	7,32548144	0,85349037	0,11650980	0,13650980	5,82548996
9	1,19509257	9,75462843	8,16223671	0,83675527	0,10251544	0,12251544	5,12577187
10	1,21899442	10,94972100	8,98258501	0,82034830	0,09132653	0,11132653	4,56632639
11	1,24337431	12,16871542	9,78684805	0,80426304	0,08217794	0,10217794	4,10889714
12	1,26824179	13,41208973	10,57534122	0,78849318	0,07455960	0,09455960	3,72797983
13	1,29360663	14,68033152	11,34837375	0,77303253	0,06811835	0,08811835	3,40591763
14	1,31947876	15,97393815	12,10624877	0,75787502	0,06260197	0,08260197	3,13009851
15	1,34586834	17,29341692	12,84926350	0,74301473	0,05782547	0,07782547	2,89127361
16	1,37278571	18,63928525	13,57770931	0,72844581	0,05365013	0,07365013	2,68250629
17	1,40024142	20,01207096	14,29187188	0,71416256	0,04996984	0,06996984	2,49849204
18	1,42824625	21,41231238	14,99203125	0,70015937	0,04670210	0,06670210	2,33510511
19	1,45681117	22,84055863	15,67846201	0,68643076	0,04378177	0,06378177	2,18908832
20	1,48594740	24,29736980	16,35143334	0,67297133	0,04115672	0,06115672	2,05783591
21	1,51566634	25,78331719	17,01120916	0,65977582	0,03878477	0,05878477	1,93923845
22	1,54597967	27,29898354	17,65804820	0,64683904	0,03663140	0,05663140	1,83157003
23	1,57689926	28,84496321	18,29220412	0,63415592	0,03466810	0,05466810	1,73340488
24	1,60843725	30,42186247	18,91392560	0,62172149	0,03287110	0,05287110	1,64355486
25	1,64060599	32,03029972	19,52345647	0,60953087	0,03122044	0,05122044	1,56102192
26	1,67341811	33,67090572	20,12103576	0,59757928	0,02969923	0,04969923	1,48496154
27	1,70688648	35,34432383	20,70689780	0,58586204	0,02829309	0,04829309	1,41465431
28	1,74102421	37,05121031	21,28127236	0,57437455	0,02698967	0,04698967	1,34948358
29	1,77584469	38,79223451	21,84438466	0,56311231	0,02577836	0,04577836	1,28891776
30	1,81136158	40,56807921	22,39645555	0,55207089	0,02464992	0,04464992	1,23249611
31	1,84758882	42,37944079	22,93770152	0,54124597	0,02359635	0,04359635	1,17981736
32	1,88454059	44,22702961	23,46833482	0,53063330	0,02261061	0,04261061	1,13053037
33	1,92223140	46,11157020	23,98856355	0,52022873	0,02168653	0,04168653	1,08432655
34	1,96067603	48,03380160	24,49859172	0,51002817	0,02081867	0,04081867	1,04093364
35	1,99988955	49,99447763	24,99861933	0,50002761	0,02000221	0,04000221	1,00011046
36	2,03988734	51,99436719	25,48884248	0,49022315	0,01923285	0,03923285	0,96164263
37	2,08068509	54,03425453	25,96945341	0,48061093	0,01850678	0,03850678	0,92533894
38	2,12229879	56,11493962	26,44064060	0,47118719	0,01782057	0,03782057	0,89102831
39	2,16474477	58,23723841	26,90258883	0,46194822	0,01717114	0,03717114	0,85855719
40	2,20803966	60,40198318	27,35547924	0,45289042	0,01655575	0,03655575	0,82778739
41	2,25220046	62,61002284	27,79948945	0,44401021	0,01597188	0,03597188	0,79859418
42	2,29724447	64,86222330	28,23479358	0,43530413	0,01541729	0,03541729	0,77086473
43	2,34318936	67,15946777	28,66156233	0,42676875	0,01488993	0,03488993	0,74449667
44	2,39005314	69,50265712	29,07996307	0,41840074	0,01438794	0,03438794	0,71939696
45	2,43785421	71,89271027	29,49015987	0,41019680	0,01390962	0,03390962	0,69548080
46	2,48661129	74,33056447	29,89231360	0,40215373	0,01345342	0,03345342	0,67267080
47	2,53634352	76,81717576	30,28658196	0,39426836	0,01301792	0,03301792	0,65089610
48	2,58707039	79,35351927	30,67311957	0,38653761	0,01260184	0,03260184	0,63009178
49	2,63881179	81,94058966	31,05207801	0,37895844	0,01220396	0,03220396	0,61019820
50	2,69158803	84,57940145	31,42360589	0,37152788	0,01182321	0,03182321	0,59116049
60	3,28103079	114,05153942	34,76088668	0,30478227	0,00876797	0,02876797	0,43839829
70	3,99955822	149,97791114	37,49861929	0,25002761	0,00666765	0,02666765	0,33338243
80	4,87543916	193,77195780	39,74451359	0,20510973	0,00516071	0,02516071	0,25803527

2,5%

n	q^n	$\frac{q^n-1}{r}$	$\frac{q^n-1}{r\,q^n}$	$\frac{1}{q^n}$	$\frac{r}{q^n-1}$	$\frac{r\,q^n}{q^n-1}$	$\frac{1}{q^n-1}$
1	1,02500000	1,00000000	0,97560976	0,97560976	1,00000000	1,02500000	40,00000000
2	1,05062500	2,02500000	1,92742415	0,95181440	0,49382716	0,51882716	19,75308642
3	1,07689063	3,07562500	2,85602356	0,92859941	0,32513717	0,35013717	13,00548669
4	1,10381289	4,15251562	3,76197421	0,90595064	0,24081788	0,26581788	9,63271511
5	1,13140821	5,25632852	4,64582850	0,88385429	0,19024686	0,21524686	7,60987444
6	1,15969342	6,38773673	5,50812536	0,86229687	0,15654997	0,18154997	6,26199884
7	1,18868575	7,54743015	6,34939060	0,84126524	0,13249543	0,15749543	5,29981719
8	1,21840290	8,73611590	7,17013717	0,82074657	0,11446735	0,13946735	4,57869383
9	1,24886297	9,95451880	7,97086553	0,80072836	0,10045689	0,12545689	4,01827560
10	1,28008454	11,20338177	8,75206393	0,78119840	0,08925876	0,11425876	3,57035053
11	1,31208666	12,48346631	9,51420871	0,76214478	0,08010596	0,10510596	3,20423823
12	1,34488882	13,79555297	10,25776460	0,74355589	0,07248713	0,09748713	2,89948508
13	1,37851104	15,14044179	10,98318497	0,72542038	0,06604827	0,09104827	2,64193083
14	1,41297382	16,51895284	11,69091217	0,70772720	0,06053652	0,08553652	2,42146100
15	1,44829817	17,93192666	12,38137773	0,69046556	0,05576646	0,08076646	2,23065824
16	1,48450562	19,38022483	13,05500266	0,67362493	0,05159899	0,07659899	2,06395954
17	1,52161826	20,86473045	13,71219772	0,65719506	0,04792777	0,07292777	1,91711080
18	1,55965872	22,38634871	14,35336363	0,64116591	0,04467008	0,06967008	1,78680322
19	1,59865019	23,94600743	14,97889134	0,62552772	0,04176062	0,06676062	1,67042461
20	1,63861644	25,54465761	15,58916229	0,61027094	0,03914713	0,06414713	1,56588515
21	1,67958185	27,18327405	16,18454857	0,59538629	0,03678733	0,06178733	1,47149309
22	1,72157140	28,86285590	16,76541324	0,58086467	0,03464661	0,05964661	1,38586424
23	1,76461068	30,58442730	17,33211048	0,56669724	0,03269638	0,05769638	1,30785513
24	1,80872595	32,34903798	17,88498583	0,55287535	0,03091282	0,05591282	1,23651281
25	1,85394410	34,15776393	18,42437642	0,53939059	0,02927592	0,05427592	1,17103684
26	1,90029270	36,01170803	18,95061114	0,52623472	0,02776875	0,05276875	1,11074987
27	1,94780002	37,91200073	19,46401087	0,51339973	0,02637687	0,05137687	1,05507489
28	1,99649502	39,85980075	19,96488866	0,50087778	0,02508793	0,05008793	1,00351731
29	2,04640739	41,85629577	20,45354991	0,48866125	0,02389127	0,04889127	0,95565074
30	2,09756758	43,90270316	20,93029259	0,47674269	0,02277764	0,04777764	0,91110563
31	2,15000677	46,00027074	21,39540741	0,46511481	0,02173900	0,04673900	0,86956010
32	2,20375694	48,15027751	21,84917796	0,45377055	0,02076831	0,04576831	0,83073249
33	2,25885086	50,35403445	22,29188094	0,44270298	0,01985938	0,04485938	0,79437528
34	2,31532213	52,61288531	22,72378628	0,43190534	0,01900675	0,04400675	0,76027003
35	2,37320519	54,92820744	23,14515734	0,42137107	0,01820558	0,04320558	0,72822329
36	2,43253532	57,30141263	23,55625107	0,41109372	0,01745158	0,04245158	0,69806307
37	2,49334870	59,73394794	23,95731812	0,40106705	0,01674090	0,04174090	0,66963597
38	2,55568242	62,22729664	24,34860304	0,39128492	0,01607012	0,04107012	0,64280472
39	2,61957448	64,78297906	24,73034443	0,38174139	0,01543615	0,04043615	0,61744613
40	2,68506384	67,40255354	25,10277505	0,37243062	0,01483623	0,03983623	0,59344933
41	2,75219043	70,08761737	25,46612200	0,36334695	0,01426786	0,03926786	0,57071422
42	2,82099520	72,83980781	25,82060683	0,35448483	0,01372876	0,03872876	0,54915027
43	2,89152008	75,66080300	26,16644569	0,34583886	0,01321688	0,03821688	0,52867533
44	2,96380808	78,55232308	26,50384045	0,33740376	0,01273037	0,03773037	0,50921473
45	3,03790328	81,51613116	26,83302386	0,32917440	0,01226751	0,03726751	0,49070042
46	3,11385086	84,55403443	27,15416962	0,32114576	0,01182676	0,03682676	0,47307027
47	3,19169713	87,66788530	27,46748255	0,31331294	0,01140669	0,03640669	0,45626742
48	3,27148956	90,85958243	27,77315371	0,30567116	0,01100599	0,03600599	0,44023975
49	3,35327680	94,13107199	28,07136947	0,29821576	0,01062348	0,03562348	0,42493939
50	3,43710872	97,48434879	28,36231168	0,29094221	0,01025806	0,03525806	0,41032228
60	4,39978975	135,99158995	30,90865649	0,22728359	0,00735340	0,03235340	0,29413584
70	5,63210286	185,28411421	32,89785698	0,17755358	0,00539712	0,03039712	0,21588467
80	7,20956782	248,38271265	34,45181722	0,13870457	0,00402605	0,02902605	0,16104180

3%

n	q^n	$\frac{q^n-1}{r}$	$\frac{q^n-1}{r\,q^n}$	$\frac{1}{q^n}$	$\frac{r}{q^n-1}$	$\frac{r\,q^n}{q^n-1}$	$\frac{1}{q^n-1}$
1	1,03000000	1,00000000	0,97087379	0,97087379	1,00000000	1,03000000	33,33333333
2	1,06090000	2,03000000	1,91346970	0,94259591	0,49261084	0,52261084	16,42036125
3	1,09272700	3,09090000	2,82861135	0,91514166	0,32353036	0,35353036	10,78434544
4	1,12550881	4,18362700	3,71709840	0,88848705	0,23902705	0,26902705	7,96756817
5	1,15927407	5,30913581	4,57970719	0,86260878	0,18835457	0,21835457	6,27848571
6	1,19405230	6,46840988	5,41719144	0,83748426	0,15459750	0,18459750	5,15325002
7	1,22987387	7,66246218	6,23028296	0,81309151	0,13050635	0,16050635	4,35021179
8	1,26677008	8,89233605	7,01969219	0,78940923	0,11245639	0,14245639	3,74854629
9	1,30477318	10,15910613	7,78610892	0,76641673	0,09843386	0,12843386	3,28112857
10	1,34391638	11,46387931	8,53020284	0,74409391	0,08723051	0,11723051	2,90768355
11	1,38423387	12,80779569	9,25262411	0,72242128	0,07807745	0,10807745	2,60258159
12	1,42576089	14,19202956	9,95400399	0,70137988	0,07046209	0,10046209	2,34873618
13	1,46853371	15,61779045	10,63495533	0,68095134	0,06402954	0,09402954	2,13431813
14	1,51258972	17,08632416	11,29607314	0,66111781	0,05852634	0,08852634	1,95087797
15	1,55796742	18,59891389	11,93793509	0,64186195	0,05376658	0,08376658	1,79221935
16	1,60470644	20,15688130	12,56110203	0,62316694	0,04961085	0,07961085	1,65369498
17	1,65284763	21,76158774	13,16611847	0,60501645	0,04595253	0,07595253	1,53175098
18	1,70243306	23,41443537	13,75351308	0,58739461	0,04270870	0,07270870	1,42362320
19	1,75350605	25,11686844	14,32379911	0,57028603	0,03981388	0,06981388	1,32712935
20	1,80611123	26,87037449	14,87747486	0,55367575	0,03721571	0,06721571	1,24052359
21	1,86029457	28,67648572	15,41502414	0,53754928	0,03487178	0,06487178	1,16239255
22	1,91610341	30,53678030	15,93691664	0,52189250	0,03274739	0,06274739	1,09157983
23	1,97358651	32,45288370	16,44360839	0,50669175	0,03081390	0,06081390	1,02713009
24	2,03279411	34,42647022	16,93554212	0,49193374	0,02904742	0,05904742	0,96824720
25	2,09377793	36,45926432	17,41314769	0,47760557	0,02742787	0,05742787	0,91426237
26	2,15659127	38,55304225	17,87684242	0,46369473	0,02593829	0,05593829	0,86460968
27	2,22128901	40,70963352	18,32703147	0,45018906	0,02456421	0,05456421	0,81880701
28	2,28792768	42,93092252	18,76410823	0,43707675	0,02329323	0,05329323	0,77644111
29	2,35656551	45,21885020	19,18845459	0,42434636	0,02211467	0,05211467	0,73715570
30	2,42726247	47,57541571	19,60044135	0,41198676	0,02101926	0,05101926	0,70064198
31	2,50008035	50,00267818	20,00042849	0,39998715	0,01999893	0,04999893	0,66663096
32	2,57508276	52,50275852	20,38876553	0,38833703	0,01904662	0,04904662	0,63488728
33	2,65233524	55,07784128	20,76579178	0,37702625	0,01815612	0,04815612	0,60520406
34	2,73190530	57,73017652	21,13183668	0,36604490	0,01732196	0,04732196	0,57739878
35	2,81386245	60,46208181	21,48722007	0,35538340	0,01653929	0,04653929	0,55130972
36	2,89827833	63,27594427	21,83225250	0,34503243	0,01580379	0,04580379	0,52679314
37	2,98522668	66,17422259	22,16723544	0,33498294	0,01511162	0,04511162	0,50372081
38	3,07478348	69,15944927	22,49246159	0,32522615	0,01445934	0,04445934	0,48197800
39	3,16702698	72,23423275	22,80821513	0,31575355	0,01384385	0,04384385	0,46146172
40	3,26203779	75,40125973	23,11477197	0,30655684	0,01326238	0,04326238	0,44207926
41	3,35989893	78,66329753	23,41239997	0,29762800	0,01271241	0,04271241	0,42374696
42	3,46069589	82,02319645	23,70135920	0,28895922	0,01219167	0,04219167	0,40638910
43	3,56451677	85,48389234	23,98190213	0,28054294	0,01169811	0,04169811	0,38993701
44	3,67145227	89,04840911	24,25427392	0,27237178	0,01122985	0,04122985	0,37432823
45	3,78159584	92,71986139	24,51871254	0,26443862	0,01078518	0,04078518	0,35950586
46	3,89504372	96,50145723	24,77544907	0,25673653	0,01036254	0,04036254	0,34541793
47	4,01189503	100,39650095	25,02470783	0,24925876	0,00996051	0,03996051	0,33201688
48	4,13225188	104,40839598	25,26670664	0,24199880	0,00957777	0,03957777	0,31925913
49	4,25621944	108,54064785	25,50165693	0,23495029	0,00921314	0,03921314	0,30710461
50	4,38390602	112,79686729	25,72976401	0,22810708	0,00886549	0,03886549	0,29551648
60	5,89160310	163,05343680	27,67556367	0,16973309	0,00613296	0,03613296	0,20443196
70	7,91782191	230,59406374	29,12342135	0,12629736	0,00433663	0,03433663	0,14455417
80	10,64089056	321,36301855	30,20076345	0,09397710	0,00311175	0,03311175	0,10372486

3,5%

n	q^n	$\frac{q^n-1}{r}$	$\frac{q^n-1}{r\,q^n}$	$\frac{1}{q^n}$	$\frac{r}{q^n-1}$	$\frac{r\,q^n}{q^n-1}$	$\frac{1}{q^n-1}$
1	1,03500000	1,00000000	0,96618357	0,96618357	1,00000000	1,03500000	28,57142857
2	1,07122500	2,03500000	1,89969428	0,93351070	0,49140049	0,52640049	14,04001404
3	1,10871788	3,10622500	2,80163698	0,90194271	0,32193418	0,35693418	9,19811944
4	1,14752300	4,21494287	3,67307921	0,87144223	0,23725114	0,27225114	6,77860399
5	1,18768631	5,36246588	4,51505238	0,84197317	0,18648137	0,22148137	5,32803923
6	1,22925533	6,55015218	5,32855302	0,81350064	0,15266821	0,18766821	4,36194882
7	1,27227926	7,77940751	6,11454398	0,78599096	0,12854449	0,16354449	3,67269982
8	1,31680904	9,05168677	6,87395554	0,75941156	0,11047665	0,14547665	3,15647562
9	1,36289735	10,36849581	7,60768651	0,73373097	0,09644601	0,13144601	2,75560015
10	1,41059876	11,73139316	8,31660532	0,70891881	0,08524137	0,12024137	2,43546765
11	1,45996972	13,14199192	9,00155104	0,68494571	0,07609197	0,11109197	2,17405617
12	1,51106866	14,60196164	9,66333433	0,66178330	0,06848395	0,10348395	1,95668426
13	1,56395606	16,11303030	10,30273849	0,63940415	0,06206157	0,09706157	1,77318779
14	1,61869452	17,67698636	10,92052028	0,61778179	0,05657073	0,09157073	1,61630654
15	1,67534883	19,29568088	11,51741090	0,59689062	0,05182507	0,08682507	1,48071627
16	1,73398604	20,97102971	12,09411681	0,57670591	0,04768483	0,08268483	1,36242373
17	1,79467555	22,70501575	12,65132059	0,55720378	0,04404313	0,07904313	1,25837519
18	1,85748920	24,49969130	13,18968173	0,53836114	0,04081684	0,07581684	1,16619545
19	1,92250132	26,35718050	13,70983742	0,52015569	0,03794033	0,07294033	1,08400929
20	1,98978886	28,27968181	14,21240330	0,50256588	0,03536108	0,07036108	1,01031648
21	2,05943147	30,26947068	14,69797420	0,48557090	0,03303659	0,06803659	0,94390248
22	2,13151158	32,32890215	15,16712484	0,46915063	0,03093207	0,06593207	0,88377355
23	2,20611448	34,46041373	15,62041047	0,45328563	0,02901880	0,06401880	0,82910869
24	2,28332849	36,66652821	16,05836760	0,43795713	0,02727283	0,06227283	0,77922372
25	2,36324498	38,94985669	16,48151459	0,42314699	0,02567404	0,06067404	0,73354387
26	2,44595856	41,31310168	16,89035226	0,40883767	0,02420540	0,05920540	0,69158275
27	2,53156711	43,75906024	17,28536451	0,39501224	0,02285241	0,05785241	0,65292601
28	2,62017196	46,29062734	17,66701885	0,38165434	0,02160265	0,05660265	0,61721844
29	2,71187798	48,91079930	18,03576700	0,36874815	0,02044538	0,05544538	0,58415379
30	2,80679370	51,62267728	18,39204541	0,35627841	0,01937133	0,05437133	0,55346662
31	2,90503148	54,42947098	18,73627576	0,34423035	0,01837240	0,05337240	0,52492571
32	3,00670759	57,33450247	19,06886547	0,33258971	0,01744150	0,05244150	0,49832871
33	3,11194235	60,34121005	19,39020818	0,32134271	0,01657242	0,05157242	0,47349777
34	3,22086033	63,45315240	19,70068423	0,31047605	0,01575966	0,05075966	0,45027595
35	3,33359045	66,67401274	20,00066110	0,29997686	0,01499835	0,04999835	0,42852421
36	3,45026611	70,00760318	20,29049381	0,28983272	0,01428416	0,04928416	0,40811894
37	3,57102543	73,45786930	20,57052542	0,28003161	0,01361325	0,04861325	0,38894987
38	3,69601132	77,02889472	20,84108736	0,27056194	0,01298214	0,04798214	0,37091832
39	3,82537171	80,72490604	21,10249987	0,26141250	0,01238775	0,04738775	0,35393573
40	3,95925972	84,55027775	21,35507234	0,25257247	0,01182728	0,04682728	0,33792235
41	4,09783381	88,50953747	21,59910371	0,24403137	0,01129822	0,04629822	0,32280621
42	4,24125799	92,60737128	21,83488281	0,23577910	0,01079828	0,04579828	0,30852219
43	4,38970202	96,84862928	22,06268870	0,22780590	0,01032539	0,04532539	0,29501118
44	4,54334160	101,23833130	22,28279102	0,22010231	0,00987768	0,04487768	0,28221947
45	4,70235855	105,78167290	22,49545026	0,21265924	0,00945343	0,04445343	0,27009810
46	4,86694110	110,48403145	22,70091813	0,20546787	0,00905108	0,04405108	0,25860234
47	5,03728404	115,35097255	22,89943780	0,19851968	0,00866919	0,04366919	0,24769127
48	5,21358898	120,38825659	23,09124425	0,19180645	0,00830646	0,04330646	0,23732737
49	5,39606459	125,60184557	23,27656450	0,18532024	0,00796167	0,04296167	0,22747618
50	5,58492686	130,99791016	23,45561787	0,17905337	0,00763371	0,04263371	0,21810599
60	7,87809090	196,51688288	24,94473412	0,12693431	0,00508862	0,04008862	0,14538918
70	11,11282526	288,93786459	26,00039664	0,08998612	0,00346095	0,03846095	0,09888433
80	15,67573754	419,30678685	26,74877567	0,06379285	0,00238489	0,03738489	0,06813968

4%

n	q^n	$\frac{q^n-1}{r}$	$\frac{q^n-1}{r\,q^n}$	$\frac{1}{q^n}$	$\frac{r}{q^n-1}$	$\frac{r\,q^n}{q^n-1}$	$\frac{1}{q^n-1}$
1	1,04000000	1,00000000	0,96153846	0,96153846	1,00000000	1,04000000	25,00000000
2	1,08160000	2,04000000	1,88609467	0,92455621	0,49019608	0,53019608	12,25490196
3	1,12486400	3,12160000	2,77509103	0,88899636	0,32034854	0,36034854	8,00871348
4	1,16985856	4,24646400	3,62989522	0,85480419	0,23549005	0,27549005	5,88725113
5	1,21665290	5,41632256	4,45182233	0,82192711	0,18462711	0,22462711	4,61567784
6	1,26531902	6,63297546	5,24213686	0,79031453	0,15076190	0,19076190	3,76904756
7	1,31593178	7,89829448	6,00205467	0,75991781	0,12660961	0,16660961	3,16524030
8	1,36856905	9,21422626	6,73274487	0,73069021	0,10852783	0,14852783	2,71319580
9	1,42331181	10,58279531	7,43533161	0,70258674	0,09449299	0,13449299	2,36232482
10	1,48024428	12,00610712	8,11089578	0,67556417	0,08329094	0,12329094	2,08227361
11	1,53945406	13,48635141	8,76047671	0,64958093	0,07414904	0,11414904	1,85372598
12	1,60103222	15,02580546	9,38507376	0,62459705	0,06655217	0,10655217	1,66380432
13	1,66507351	16,62683768	9,98564785	0,60057409	0,06014373	0,10014373	1,50359320
14	1,73167645	18,29191119	10,56312293	0,57747508	0,05466897	0,09466897	1,36672433
15	1,80094351	20,02358764	11,11838743	0,55526450	0,04994110	0,08994110	1,24852751
16	1,87298125	21,82453114	11,65229561	0,53390818	0,04582000	0,08582000	1,14549998
17	1,94790050	23,69751239	12,16566885	0,51337325	0,04219852	0,08219852	1,05496305
18	2,02581652	25,64541288	12,65929697	0,49362812	0,03899333	0,07899333	0,97483320
19	2,10684918	27,67122940	13,13393940	0,47464242	0,03613862	0,07613862	0,90346546
20	2,19112314	29,77807858	13,59032634	0,45638695	0,03358175	0,07358175	0,83954376
21	2,27876807	31,96920172	14,02915995	0,43883360	0,03128011	0,07128011	0,78200264
22	2,36991879	34,24796979	14,45111533	0,42195539	0,02919881	0,06919881	0,72997028
23	2,46471554	36,61788858	14,85684167	0,40572633	0,02730906	0,06730906	0,68272642
24	2,56330416	39,08260412	15,24696314	0,39012147	0,02558683	0,06558683	0,63967078
25	2,66583633	41,64590829	15,62207994	0,37511680	0,02401196	0,06401196	0,60029907
26	2,77246978	44,31174462	15,98276918	0,36068923	0,02256738	0,06256738	0,56418451
27	2,88336858	47,08421440	16,32958575	0,34681657	0,02123854	0,06123854	0,53096352
28	2,99870332	49,96758298	16,66306322	0,33347747	0,02001298	0,06001298	0,50032438
29	3,11865145	52,96628630	16,98371463	0,32065141	0,01887993	0,05887993	0,47199835
30	3,24339751	56,08493775	17,29203330	0,30831867	0,01783010	0,05783010	0,44575248
31	3,37313341	59,32833526	17,58849356	0,29646026	0,01685535	0,05685535	0,42138381
32	3,50805875	62,70146867	17,87355150	0,28505794	0,01594859	0,05594859	0,39871474
33	3,64838110	66,20952742	18,14764567	0,27409417	0,01510357	0,05510357	0,37758916
34	3,79431634	69,85790851	18,41119776	0,26355209	0,01431477	0,05431477	0,35786929
35	3,94608899	73,65222486	18,66461323	0,25341547	0,01357732	0,05357732	0,33943306
36	4,10393255	77,59831385	18,90828195	0,24366872	0,01288688	0,05288688	0,32217195
37	4,26808986	81,70224640	19,14257880	0,23429685	0,01223957	0,05223957	0,30598914
38	4,43881345	85,97033626	19,36786423	0,22528543	0,01163192	0,05163192	0,29079798
39	4,61636599	90,40914971	19,58448484	0,21662061	0,01106083	0,05106083	0,27652068
40	4,80102063	95,02551570	19,79277388	0,20828904	0,01052349	0,05052349	0,26308723
41	4,99306145	99,82653633	19,99305181	0,20027793	0,01001738	0,05001738	0,25043441
42	5,19278391	104,81959778	20,18562674	0,19257493	0,00954020	0,04954020	0,23850502
43	5,40049527	110,01238169	20,37079494	0,18516820	0,00908989	0,04908989	0,22724715
44	5,61651508	115,41287696	20,54884129	0,17804635	0,00866454	0,04866454	0,21661361
45	5,84117568	121,02939204	20,72003970	0,17119841	0,00826246	0,04826246	0,20656139
46	6,07482271	126,87056772	20,88465356	0,16461386	0,00788205	0,04788205	0,19705122
47	6,31781562	132,94539043	21,04293612	0,15828256	0,00752189	0,04752189	0,18804714
48	6,57052824	139,26320604	21,19513088	0,15219476	0,00718065	0,04718065	0,17951619
49	6,83334937	145,83373429	21,34147200	0,14634112	0,00685712	0,04685712	0,17142810
50	7,10668335	152,66708366	21,48218462	0,14071262	0,00655020	0,04655020	0,16375501
60	10,51962741	237,99068520	22,62348997	0,09506040	0,00420185	0,04420185	0,10504613
70	15,57161835	364,29045876	23,39451498	0,06421940	0,00274506	0,04274506	0,06862656
80	23,04979907	551,24497675	23,91539185	0,04338433	0,00181408	0,04181408	0,04535189

4,5%

n	q^n	$\frac{q^n-1}{r}$	$\frac{q^n-1}{r\,q^n}$	$\frac{1}{q^n}$	$\frac{r}{q^n-1}$	$\frac{r\,q^n}{q^n-1}$	$\frac{1}{q^n-1}$
1	1,04500000	1,00000000	0,95693780	0,95693780	1,00000000	1,04500000	22,22222222
2	1,09202500	2,04500000	1,87266775	0,91572995	0,48899756	0,53399756	10,86661233
3	1,14116613	3,13702500	2,74896435	0,87629660	0,31877336	0,36377336	7,08385245
4	1,19251860	4,27819112	3,58752570	0,83856134	0,23374365	0,27874365	5,19430329
5	1,24618194	5,47070973	4,38997674	0,80245105	0,18279164	0,22779164	4,06203643
6	1,30226012	6,71689166	5,15787248	0,76789574	0,14887839	0,19387839	3,30840861
7	1,36086183	8,01915179	5,89270094	0,73482846	0,12470147	0,16970147	2,77114373
8	1,42210061	9,38001362	6,59588607	0,70318513	0,10660965	0,15160965	2,36910341
9	1,48609514	10,80211423	7,26879050	0,67290443	0,09257447	0,13757447	2,05721044
10	1,55296942	12,28820937	7,91271818	0,64392768	0,08137882	0,12637882	1,80841826
11	1,62285305	13,84117879	8,52891692	0,61619874	0,07224818	0,11724818	1,60551515
12	1,69588143	15,46403184	9,11858078	0,58966386	0,06466619	0,10966619	1,43702641
13	1,77219610	17,15991327	9,68285242	0,56427164	0,05827535	0,10327535	1,29500784
14	1,85194492	18,93210937	10,22282528	0,53997286	0,05282032	0,09782032	1,17378480
15	1,93528244	20,78405429	10,73954573	0,51672044	0,04811381	0,09311381	1,06919574
16	2,02237015	22,71933673	11,23401505	0,49446932	0,04401537	0,08901537	0,97811932
17	2,11337681	24,74170689	11,70719143	0,47317639	0,04041758	0,08541758	0,89816852
18	2,20847877	26,85508370	12,15999180	0,45280037	0,03723690	0,08223690	0,82748661
19	2,30786031	29,06356246	12,59329359	0,43330179	0,03440734	0,07940734	0,76460765
20	2,41171402	31,37142277	13,00793645	0,41464286	0,03187614	0,07687614	0,70835876
21	2,52024116	33,78313680	13,40472388	0,39678743	0,02960057	0,07460057	0,65779037
22	2,63365201	36,30337795	13,78442476	0,37970089	0,02754565	0,07254565	0,61212547
23	2,75216635	38,93702996	14,14777489	0,36335013	0,02568249	0,07068249	0,57072207
24	2,87601383	41,68919631	14,49547837	0,34770347	0,02398703	0,06898703	0,53304511
25	3,00543446	44,56521015	14,82820896	0,33273060	0,02243903	0,06743903	0,49864507
26	3,14067901	47,57064460	15,14661145	0,31840248	0,02102137	0,06602137	0,46714150
27	3,28200956	50,71132361	15,45130282	0,30469137	0,01971946	0,06471946	0,43821026
28	3,42969999	53,99333317	15,74287351	0,29157069	0,01852081	0,06352081	0,41157345
29	3,58403649	57,42303316	16,02188853	0,27901502	0,01741461	0,06241461	0,38699144
30	3,74531813	61,00706966	16,28888854	0,26700002	0,01639154	0,06139154	0,36425651
31	3,91385745	64,75238779	16,54439095	0,25550241	0,01544345	0,06044345	0,34318769
32	4,08998104	68,66624524	16,78889086	0,24449991	0,01456320	0,05956320	0,32362658
33	4,27403018	72,75622628	17,02286207	0,23397121	0,01374453	0,05874453	0,30543396
34	4,46636154	77,03025646	17,24675796	0,22389589	0,01298191	0,05798191	0,28848693
35	4,66734781	81,49661800	17,46101240	0,21425444	0,01227045	0,05727045	0,27267662
36	4,87737846	86,16396581	17,66604058	0,20502817	0,01160578	0,05660578	0,25790621
37	5,09686049	91,04134427	17,86223979	0,19619921	0,01098402	0,05598402	0,24408935
38	5,32621921	96,13820476	18,04999023	0,18775044	0,01040169	0,05540169	0,23114871
39	5,56589908	101,46442398	18,22965572	0,17966549	0,00985567	0,05485567	0,21901492
40	5,81636454	107,03032306	18,40158442	0,17192870	0,00934315	0,05434315	0,20762548
41	6,07810094	112,84668760	18,56610949	0,16452507	0,00886158	0,05386158	0,19692401
42	6,35161548	118,92478854	18,72354975	0,15744026	0,00840868	0,05340868	0,18685946
43	6,63743818	125,27640402	18,87421029	0,15066054	0,00798235	0,05298235	0,17738554
44	6,93612290	131,91384220	19,01838305	0,14417276	0,00758071	0,05258071	0,16846012
45	7,24824843	138,84996510	19,15634742	0,13796437	0,00720202	0,05220202	0,16004485
46	7,57441961	146,09821353	19,28837074	0,13202332	0,00684471	0,05184471	0,15210468
47	7,91526849	153,67263314	19,41470884	0,12633810	0,00650734	0,05150734	0,14460755
48	8,27145557	161,58790163	19,53560654	0,12089771	0,00618858	0,05118858	0,13752405
49	8,64367107	169,85935720	19,65129813	0,11569158	0,00588722	0,05088722	0,13082719
50	9,03263627	178,50302828	19,76200778	0,11070965	0,00560215	0,05060215	0,12449213
60	14,02740793	289,49795390	20,63802201	0,07128901	0,00345426	0,04845426	0,07676124
70	21,78413558	461,86967955	21,20211187	0,04590497	0,00216511	0,04716511	0,04811362
80	33,83009643	729,55769854	21,56534493	0,02955948	0,00137069	0,04637069	0,03045986

5%

n	q^n	$\frac{q^n-1}{r}$	$\frac{q^n-1}{r\,q^n}$	$\frac{1}{q^n}$	$\frac{r}{q^n-1}$	$\frac{r\,q^n}{q^n-1}$	$\frac{1}{q^n-1}$
1	1,05000000	1,00000000	0,95238095	0,95238095	1,00000000	1,05000000	20,00000000
2	1,10250000	2,05000000	1,85941043	0,90702948	0,48780488	0,53780488	9,75609756
3	1,15762500	3,15250000	2,72324803	0,86383760	0,31720856	0,36720856	6,34417129
4	1,21550625	4,31012500	3,54595050	0,82270247	0,23201183	0,28201183	4,64023665
5	1,27628156	5,52563125	4,32947667	0,78352617	0,18097480	0,23097480	3,61949596
6	1,34009564	6,80191281	5,07569207	0,74621540	0,14701747	0,19701747	2,94034936
7	1,40710042	8,14200845	5,78637340	0,71068133	0,12281982	0,17281982	2,45639637
8	1,47745544	9,54910888	6,46321276	0,67683936	0,10472181	0,15472181	2,09443627
9	1,55132822	11,02656432	7,10782168	0,64460892	0,09069008	0,14069008	1,81380160
10	1,62889463	12,57789254	7,72173493	0,61391325	0,07950457	0,12950457	1,59009150
11	1,71033936	14,20678716	8,30641422	0,58467929	0,07038889	0,12038889	1,40777783
12	1,79585633	15,91712652	8,86325164	0,55683742	0,06282541	0,11282541	1,25650820
13	1,88564914	17,71298285	9,39357299	0,53032135	0,05645577	0,10645577	1,12911530
14	1,97993160	19,59863199	9,89864094	0,50506795	0,05102397	0,10102397	1,02047939
15	2,07892818	21,57856359	10,37965804	0,48101710	0,04634229	0,09634229	0,92684575
16	2,18287459	23,65749177	10,83776956	0,45811152	0,04226991	0,09226991	0,84539816
17	2,29201832	25,84036636	11,27406625	0,43629669	0,03869914	0,08869914	0,77398283
18	2,40661923	28,13238467	11,68958690	0,41552065	0,03554622	0,08554622	0,71092445
19	2,52695020	30,53900391	12,08532086	0,39573396	0,03274501	0,08274501	0,65490021
20	2,65329771	33,06595410	12,46221034	0,37688948	0,03024259	0,08024259	0,60485174
21	2,78596259	35,71925181	12,82115271	0,35894236	0,02799611	0,07799611	0,55992214
22	2,92526072	38,50521440	13,16300258	0,34184987	0,02597051	0,07597051	0,51941017
23	3,07152376	41,43047512	13,48857388	0,32557131	0,02413682	0,07413682	0,48273644
24	3,22509994	44,50199887	13,79864179	0,31006791	0,02247090	0,07247090	0,44941802
25	3,38635494	47,72709882	14,09394457	0,29530277	0,02095246	0,07095246	0,41904915
26	3,55567269	51,11345376	14,37518530	0,28124073	0,01956432	0,06956432	0,39128641
27	3,73345632	54,66912645	14,64303362	0,26784832	0,01829186	0,06829186	0,36583720
28	3,92012914	58,40258277	14,89812726	0,25509364	0,01712253	0,06712253	0,34245061
29	4,11613560	62,32271191	15,14107358	0,24294632	0,01604551	0,06604551	0,32091030
30	4,32194238	66,43884750	15,37245103	0,23137745	0,01505144	0,06505144	0,30102870
31	4,53803949	70,76078988	15,59281050	0,22035947	0,01413212	0,06413212	0,28264241
32	4,76494147	75,29882937	15,80267667	0,20986617	0,01328042	0,06328042	0,26560838
33	5,00318854	80,06377084	16,00254921	0,19987254	0,01249004	0,06249004	0,24980087
34	5,25334797	85,06695938	16,19290401	0,19035480	0,01175545	0,06175545	0,23510891
35	5,51601537	90,32030735	16,37419429	0,18129029	0,01107171	0,06107171	0,22143414
36	5,79181614	95,83632272	16,54685171	0,17265741	0,01043446	0,06043446	0,20868914
37	6,08140694	101,62813886	16,71128734	0,16443563	0,00983979	0,05983979	0,19679589
38	6,38547729	107,70954580	16,86789271	0,15660536	0,00928423	0,05928423	0,18568456
39	6,70475115	114,09502309	17,01704067	0,14914797	0,00876462	0,05876462	0,17529248
40	7,03998871	120,79977424	17,15908635	0,14204568	0,00827816	0,05827816	0,16556322
41	7,39198815	127,83976295	17,29436796	0,13528160	0,00782229	0,05782229	0,15644585
42	7,76158756	135,23175110	17,42320758	0,12883962	0,00739471	0,05739471	0,14789426
43	8,14966693	142,99333866	17,54591198	0,12270440	0,00699333	0,05699333	0,13986666
44	8,55715028	151,14300559	17,66277331	0,11686133	0,00661625	0,05661625	0,13232501
45	8,98500779	159,70015587	17,77406982	0,11129651	0,00626173	0,05626173	0,12523469
46	9,43425818	168,68516366	17,88006650	0,10599668	0,00592820	0,05592820	0,11856407
47	9,90597109	178,11942185	17,98101571	0,10094921	0,00561421	0,05561421	0,11228422
48	10,40126965	188,02539294	18,07715782	0,09614211	0,00531843	0,05531843	0,10636861
49	10,92133313	198,42666259	18,16872173	0,09156391	0,00503965	0,05503965	0,10079291
50	11,46739979	209,34799572	18,25592546	0,08720373	0,00477674	0,05477674	0,09553471
60	18,67918589	353,58371788	18,92928953	0,05353552	0,00282818	0,05282818	0,05656369
70	30,42642554	588,52851071	19,34267665	0,03286617	0,00169915	0,05169915	0,03398306
80	49,56144107	971,22882134	19,59646048	0,02017698	0,00102962	0,05102962	0,02059247